Carl Helbling   Personalvorsorge und BVG

Prof. Dr. oec. Carl Helbling, Zürich

dipl. Wirtschaftsprüfer
anerkannter Experte für berufliche Vorsorge (Art. 53 Abs. 2 BVG)

Personalvorsorge und BVG

Gesamtdarstellung der rechtlichen, betriebswirtschaftlichen, organisatorischen und technischen Grundlagen der beruflichen Vorsorge in der Schweiz

mit Beiträgen von Hans Peter Conrad, lic. iur., Dr. iur. Bruno Lang, Dr. math. ETH Oskar Leutwiler, dipl. Pensionsversicherungsexperte, und Dr. iur. Hermann Walser
sowie der Gesetzgebung im Anhang

7., vollständig überarbeitete und erweiterte Auflage

Verlag Paul Haupt Bern · Stuttgart · Wien

Dieses Buch erscheint auch als Band 63 der Schriftenreihe der *Treuhand-Kammer*,
Schweizerische Kammer der Wirtschaftsprüfer, Steuerexperten und Treuhandexperten,
Limmatquai 120, 8001 Zürich

Eine gekürzte französische Fassung dieser Publikation ist 1991 unter dem Titel
«Les institutions de prévoyance et la LPP» im Verlag Paul Haupt Bern
und als Band 100 der Schriftenreihe der *Treuhand-Kammer*,
Schweizerische Kammer der Wirtschaftsprüfer, Steuerexperten und Treuhandexperten,
Limmatquai 120, 8001 Zürich, erschienen.

1. Auflage: 1964
2. Auflage: 1984
3. Auflage: 1987
4. Auflage: 1989
5. Auflage: 1990
6. Auflage: 1995

Die Deutsche Bibliothek – CIP-Einheitsaufnahme

Helbling Carl:
Personalvorsorge und BVG: Gesamtdarstellung der rechtlichen,
betriebswirtschaftlichen, organisatorischen und
technischen Grundlagen der beruflichen Vorsorge in der Schweiz;
sowie der BVG-Gesetzgebung im Anhang/
Carl Helbling. Mit Beitr. von Hans Peter Conrad ... –
7., vollständig überarbeitete und erweiterte Aufl. –
Bern; Stuttgart; Wien: Haupt, 2000
Auch als: Schriftenreihe der Treuhand-Kammer, Schweizerische Kammer
der Wirtschaftsprüfer, Steuerexperten und Treuhandexperten; Bd. 63
    ISBN 3-258-05992-6

Alle Rechte vorbehalten
Copyright © 2000 by Verlag Paul Haupt Berne
Jede Art der Vervielfältigung ohne Genehmigung des Verlages ist unzulässig
Umschlaggestaltung: Atelier Mühlberg, Basel

"Mit dem Wissen wächst der Zweifel"

J.W. Goethe

Vorwort zur siebten Auflage

Durch das BVG hat das Gebiet der beruflichen Vorsorge eine eingehende gesetzliche Regelung erfahren. Vor 1984 regelten lediglich fünf Gesetzesartikel im ZGB und OR die Personalvorsorge, seither sind es einschliesslich aller Verordnungen zum BVG über 25 Verordnungen und Reglemente mit über 400 Artikeln geworden (siehe Anhang 2). Weitere Erlasse werden noch folgen. Zurzeit stehen wir vor einer grösseren Revision des BVG. Ähnlich steht es auf dem Gebiet der Sozialversicherung. *Man sollte eine Vereinfachung anstreben, die wieder einen Überblick erlaubt.* Durch Weglassung von Unnötigem, Anpassung der Selbstbehalte an die allgemein gestiegenen Einkommen, Vermeidung von Überversicherungen, Vereinfachung der Verwaltung usw. könnten in der beruflichen Vorsorge und Sozialversicherung noch Kosteneinsparungen erzielt werden.

Wichtig ist, dass die Revision des BVG nicht eine weitere Detaillierung, sondern umgekehrt eine wesentliche Vereinfachung bringt. Nur ein einfaches Gesetz mit wenigen einfachen Verordnungen ist milztauglich und gewährleistet ein politisches Überleben des BVG. Die heutigen 15 Verordnungen mit mehreren weiteren Weisungen, Kreisschreiben und Reglementen sind eindeutig zu viel. Eine Besinnung auf die wesentlichen Zielsetzungen des BVG ist dringend notwendig. Die BVG-Gesetzgebung muss stark vereinfacht werden – auf die Hälfte der Vorschriften –, wenn sie Bestand haben soll. Dies auch im Vergleich zum Ausland.

Das vorliegende Buch entstand aus Unterlagen zu Vorlesungen und Kursen zur beruflichen Vorsorge an der *Universität Zürich* und an der *Höheren Fachschule der Treuhand-Kammer (Kammerschule)*. Die Veranstaltungen an der Universität Zürich finden seit vielen Jahren alle vier Semester im Rahmen einer Ringvorlesung über die berufliche Vorsorge statt, an der auch *Prof. Dr. iur. Hans Michael Riemer, Prof. Dr. rer. pol. Helmut Schneider, Dr. math. Oskar Leutwiler*, dipl. Pensionsversicherungsexperte, und *RA Dr. iur. Hermann Walser* mitwirken.

Die erste Fassung der in den Abschnitten 14 und 17 wiedergegebenen Beiträge von *Dr. iur. Bruno Lang* und *RA Dr. iur. Hermann Walser* wurde als Referate an einem gemeinsamen Seminar der Stiftung für juristische Weiterbildung an der Universität Zürich im Juli 1984 gehalten.

Meine berufliche Tätigkeit, die mich (nach zweieinhalb Jahren Praxis bei einer Lebensversicherungsgesellschaft, Abt. Mathematik/Kollektivversicherungen, und nach einer Dissertation über ein zentrales Pensionskassenproblem) seit über 30 Jahren als Abschlussprüfer und Berater immer wieder mit zahlreichen Vorsorgeeinrichtungen zusammenführt, bot mir Gelegenheit, die einzelnen Probleme in der Praxis zu sehen und mit Sachbearbeitern und Spezialisten zu besprechen. Als Präsident von Personalvorsorgestiftungen, darunter einer Einrichtung mit über 1'000 Versicherten, konnte ich viele der dargelegten Ausführungen auch an Fällen in der Praxis überprüfen.

Wertvolle Hinweise bei der Ausarbeitung der vorliegenden Schrift verdanke ich meinen Kollegen und Mitarbeitern von der *Schweizerischen Treuhandgesellschaft und Coopers & Lybrand* (heute *PricewaterhouseCoopers*). Namentlich danke ich *Dr. math. Oskar Leutwiler,* dipl. Pensionsversicherungsexperte, für die Mitarbeit an den versicherungstechnischen Abschnitten 8 und 9 und seinen Beitrag in Abschnitt 15. Ich danke sodann *lic. iur. Hans Peter Conrad* von der *Rentenanstalt/Swiss Life* für die Überarbeitung des Abschnittes 7 (Steuerliche Behandlung der Vorsorge) sowie *Dr. iur. Bruno Lang* und *Dr. iur. Hermann Walser* für ihre Beiträge zu diesem Werk. Frau *Arlette Gabathuler* danke ich für die Betreuung der Drucklegung.

Die siebte Auflage wurde *auf den neuesten Stand nachgeführt.* Die Änderungen sind zahlreich, vor allem auch als Folge von Neuerungen in der Gesetzgebung und Entwicklungen in der Vorsorgepraxis. Alle Statistiken wurden nachgeführt.

Diese Gesamtschau der rechtlichen, betriebswirtschaftlichen und technischen Probleme der beruflichen Vorsorge in der Schweiz ist vor allem ein *Lehrmittel,* aber auch ein *Nachschlagewerk und Arbeitsmittel.* Es richtet sich an Leute in der Praxis: Stiftungsräte und Verwalter von Vorsorgeeinrichtungen, Unternehmer, Personalchefs, Personalsachbearbeiter, Buchhalter sowie Versicherte, die an ihrer Vorsorgeeinrichtung interessiert sind.

Zürich, im Dezember 1999

Carl Helbling

Inhaltsübersicht (summarisch)

1.	Einführung	21
2.	Rechtliche Grundlagen	41
3.	Organisation von Vorsorgeeinrichtungen	75
4.	Finanzierung der Vorsorge	151
5.	Leistungen bei Alter, Tod und Invalidität	197
6.	Freizügigkeitsleistungen, Teilliquidation, Wohneigentumsförderung, Orientierungspflichten	243
7.	Steuerliche Behandlung der beruflichen Vorsorge	291
8.	Versicherungstechnische Grundbegriffe	347
9.	Versicherungstechnische Bilanz	383
10.	Buchführung, Alterskonten und Bilanzierung	407
11.	Behandlung der Personalvorsorge in der Jahresrechnung des Unternehmens	459
12.	Vermögensanlage	495
13.	Überwachung, Revision und Verantwortlichkeit	555
14.	Aufsichtsbehörde, Registrierung, Rechtspflege, Teil- und Gesamtliquidation	615
15.	Personalvorsorgekonzepte in der Praxis	663
16.	Koordination mit der staatlichen Sozialversicherung	695
17.	Zukunftsperspektiven der beruflichen Vorsorge	727
18.	Anhang 1: Muster, Tarife, Verzeichnisse	733
19.	Anhang 2: Gesetzgebung der beruflichen Vorsorge (im Wortlaut)	799
	Stichwortverzeichnis	963

Inhaltsverzeichnis

1. Einführung   21

  1.1 Die betriebliche Sozialpolitik als Teil der Unternehmenspolitik   21

  1.2 Das Drei-Säulen-Konzept der sozialen Sicherheit   23

  1.3 Die Entwicklung der Personalvorsorge   32

  1.4 Das Entstehen des Bundesgesetzes über die berufliche Alters-, Hinterlassenen- und Invalidenvorsorge (BVG)   35

  1.5 Volkswirtschaftliche Aspekte   37

2. Rechtliche Grundlagen   41

  2.1 Bundesverfassung (Art. 34quater alte BV/Art. 113 neue BV)   41

  2.2 Stiftungsrecht (Art. 89bis ZGB)   45

  2.3 Arbeitsvertragsrecht (Art. 331–331e OR)   48

  2.4 Berufliches Vorsorgerecht (BVG u.a.)   51

    2.41 Gesetzes- und Verordnungsvielfalt seit 1982   51
    2.42 Stellungnahmen des BSV zu BVG-Problemen   53
    2.43 1. BVG-Revision in Vorbereitung   54

  2.5 Steuerrecht   62

    2.51 Steuerrechtliche Vorschriften des BVG   62
    2.52 Direkte Bundessteuern   63
    2.53 Kantonale Steuern   65

  2.6 Versicherungsrecht   66

  2.7 Eherecht (Scheidungsrecht)   68

  2.8 Weitere gesetzliche Vorschriften   72

  2.9 Gesamtarbeitsverträge   73

3. Organisation von Vorsorgeeinrichtungen   75

  3.1 Wahl des Rechtsträgers   75

    3.11 Stiftung   76
    3.12 Genossenschaft   78
    3.13 Öffentlich-rechtliche Einrichtung   79

Inhaltsverzeichnis

3.2	Arten von Vorsorgeeinrichtungen und -formen	81
	3.21 Registrierte Einrichtungen	81
	3.22 Nichtregistrierte Einrichtungen mit reglementarischen Beiträgen und Leistungen im überobligatorischen Bereich	84
	3.23 Patronale Einrichtungen (Wohlfahrtsfonds)	86
	3.24 Anschluss an eine Sammel- oder Gemeinschaftsstiftung bzw. Verbandseinrichtung	88
3.3	Risikoträgerformen	92
	3.31 Autonome Pensionskasse	92
	3.32 Kollektivversicherung	95
	3.33 Kombinierte Formen (Teilautonome Einrichtungen)	97
	3.34 Spareinrichtung mit Risikoversicherung	99
3.4	Versicherter Personenkreis, Aufnahmebedingungen, Möglichkeiten zur Flexibilisierung	101
	3.41 Abgrenzungen im vor- und überobligatorischen Bereich	101
	3.42 Unterstellung unter das BVG	104
	3.43 Flexibilisierung der beruflichen Vorsorge bis zur freien Wahl der Pensionskasse	110
3.5	Festlegung der Organisation und die Rechtsbeziehungen	116
	3.51 Stiftungsurkunde	116
	3.52 Reglement	117
	3.53 Interne Weisungen und Richtlinien	124
3.6	Paritätische Verwaltung nach BVG und Aufgaben des Stiftungsrates	125
3.7	Auffangeinrichtung und Sicherheitsfonds des BVG	140
	3.71 Auffangeinrichtung BVG	140
	3.72 Sicherheitsfonds BVG	142
4.	***Finanzierung der Vorsorge***	**151**
4.1	Grundsätzliches zur Finanzierung	151
	4.11 Ziel der Personalvorsorge	151
	4.12 Finanzierungsminima gemäss BVG	153
	4.13 Finanzierung der Leistungsziele in der Praxis	155
	4.14 Finanzierung von Sonderleistungen (indexierte Leistungen, flexible Altersgrenze u.a.)	156

Inhaltsverzeichnis

4.2	Arten von Einnahmen	158
	4.21 Beiträge des Arbeitgebers	158
	4.22 Beiträge des Arbeitnehmers	159
	4.23 Vermögenserträge	160
	4.24 Mutationsgewinne bei Austritten	160
	4.25 Verschiedene Einnahmen (Koordinationsgewinne, technische Gewinne, Überschussanteile)	161
4.3	Die Beiträge	164
	4.31 Beitragsarten und Lohnbegriffe	164
	4.32 Koordinationsabzug und Maximalbesoldung	165
	4.33 Das Beitragsprimat im Vergleich zum Leistungsprimat und zur klassischen Pensionskasse	167
	4.34 Gleichbleibende oder altersabhängige Beiträge	171
	4.35 Auswirkungen und Einkauf von Lohnerhöhungen (aus Teuerungsausgleich und Reallohnerhöhungen)	175
	4.36 Behandlung der geschuldeten Eintrittsgelder bei Pensionskassen mit Leistungsprimat	177
	4.37 Contribution Holiday	183
4.4	Aufteilung der Beiträge auf Arbeitgeber und Arbeitnehmer	184
	4.41 Bestimmungen von OR, ZGB und BVG über die Aufteilung der Beiträge	184
	4.42 Ordentliche und ausserordentliche Beiträge des Arbeitgebers und Arbeitnehmers	185
	4.43 Arbeitgeberbeitragsreserven (freiwillige Vorausfinanzierungen)	186
	4.44 Inwieweit sind Arbeitgeberbeitragsreserven und freies Stiftungskapital Eigenkapital des Unternehmens?	189
	4.45 Überlegungen zur angemessenen Höhe der Arbeitgeber- und Arbeitnehmerbeiträge im einzelnen Unternehmen	192
4.5	Auswirkungen der Steuergesetzgebung auf die Finanzierung der Vorsorge	194
	4.51 Steuerliche Vorschriften als Förderer freiwilliger Zuwendungen	194
	4.52 Steuerliche Behandlung der Vorsorge nach dem BVG	195
5.	*Leistungen bei Alter, Tod und Invalidität*	197
5.1	Arten von Leistungen	197
	5.11 Altersleistungen	199

	5.12	Hinterlassenenleistungen	199
	5.13	Invalidenleistungen	200
5.2	Gleichgewicht der Leistungen mit den Beiträgen		202
	5.21	Das Leistungsprimat im Vergleich zum Beitragsprimat	202
	5.22	Individuelles und kollektives Äquivalenzprinzip	205
	5.23	Besondere Leistungspläne (Final Pay-Plan, Career-Average-Plan)	206
5.3	Auszahlung der Leistungen in Kapital- oder Rentenform		209
5.4	Fixes oder flexibles Pensionierungsalter, Frühpensionierungen		213
5.5	Abtretbarkeit und Verpfändbarkeit von Leistungsansprüchen		220
5.6	Anpassung der Leistungen an die Preisentwicklung (Schutz vor der Geldentwertung)		222
	5.61	Allgemeine Betrachtungen	222
	5.62	Anpassung an die Preisentwicklung gemäss BVG	224
5.7	Sondermassnahmen nach BVG		228
5.8	Leistungsabgrenzungen und -begrenzungen		230
	5.81	Lohnzahlung bei Krankheit, Unfall und Tod	230
	5.82	Abgangsentschädigungen	233
	5.83	Reduktion von Leistungen	235
5.9	Umstellung vom Leistungs- auf das Beitragsprimat		236
	5.91	Eigenschaften der beiden Systeme	236
	5.92	Problem der Besitzstandswahrung	239

6. *Freizügigkeitsleistungen, Teilliquidation, Wohneigentumsförderung, Orientierungspflichten* 243

6.1	Regelung der Freizügigkeit		243
	6.11	Grundsätzliches	243
	6.12	Geltungsbereich des Freizügigkeitsgesetzes	247
	6.13	Austrittsleistungen	249
	6.14	Barauszahlungsverbot mit Ausnahmen	254
	6.15	Freizügigkeitsabkommen, Umstrukturierungen und Fusionen	258
6.2	Teilliquidation einer Vorsorgeeinrichtung		262
6.3	Wohneigentumsförderung		280

6.31	Grundsätzliches, Vorbezug oder Verpfändung	280
6.32	Änderungen im BVG und OR von 1993	281

6.4 Orientierungspflicht der Versicherten und Begünstigten
(nach ZGB, OR und BVG) 286

7. Steuerliche Behandlung der beruflichen Vorsorge 291

7.1 Rechtliche Grundlagen und neue Entwicklungen 291

7.2 Steuerbefreiung der beruflichen Vorsorgeeinrichtungen 295

7.3 Abzug der Arbeitgeberbeiträge 298

7.4 Abzug der Arbeitnehmerbeiträge 300

7.41	Laufende Beiträge gemäss Reglement	300
7.42	Einkaufsbeiträge, ausserordentliche Beiträge	301
7.43	Bescheinigungspflicht	306

7.5 Einschluss des Arbeitgebers in die firmaeigene Vorsorge 309

7.6 Besteuerung der Leistungen aus Vorsorgeeinrichtungen 311

7.61	Besteuerung von Renten	311
7.62	Besteuerung von Kapitalauszahlungen	316
7.63	Besteuerung von Freizügigkeitsleistungen	323
7.64	Übergangslösung zur Besteuerung von Renten und Kapitalleistungen	323
7.65	Besteuerung von anwartschaftlichen Ansprüchen	325

7.7 Steuerliche Begünstigung der freiwilligen privaten Vorsorge
im Rahmen der Säule 3a (BVV 3) 326

7.8 Steuerliche Behandlung der Wohneigentumsförderung
mit Mitteln der beruflichen Vorsorge 330

7.81	Grundsätzliches	330
7.82	Meldepflicht an die Eidg. Steuerverwaltung	332
7.83	Rückzahlung des Vorbezugs und Einkauf von Beitragsjahren	332
7.84	Zusatzversicherung zur Deckung der Versicherungslücke	334
7.85	Verpfändung oder Vorbezug?	335

7.9 Verrechnungssteuern, Quellensteuern und weitere Abgaben 336

7.91	Verrechnungssteuer auf Vermögenserträgen	336

7.92	Verrechnungssteuerabzug auf Versicherungsleistungen oder Meldung an die Eidg. Steuerverwaltung		336
7.93	Quellensteuern für Empfänger im Ausland und auf Ersatzeinkünften aus Versicherung		337
7.94	AHV-Beiträge auf Vorsorgeleistungen		344
7.95	Stempelsteuer auf Vorsorgeleistungen		345

8. Versicherungstechnische Grundbegriffe — 347

- 8.1 Versicherungstechnische Grundlagen — 347
  - 8.11 Elemente der Rechnungsgrundlagen — 348
  - 8.12 Allgemeines zu den Wahrscheinlichkeitstafeln — 348
  - 8.13 Sterblichkeit — 351
  - 8.14 Invalidität — 360
  - 8.15 Andere Wahrscheinlichkeiten — 361
  - 8.16 Technischer Zinsfuss — 362
  - 8.17 Verwaltungskostenzuschläge — 364
- 8.2 Arten von Alters-, Todesfall- und Invalidenversicherungen — 366
  - 8.21 Übliche Versicherungsformen — 366
  - 8.22 Spezielle Versicherungsformen — 370
- 8.3 Finanzierungsverfahren — 372
  - 8.31 Anwartschaftsdeckungsverfahren — 372
  - 8.32 Rentenwertumlageverfahren — 378
  - 8.33 Ausgabenumlageverfahren — 378

9. Versicherungstechnische Bilanz — 383

- 9.1 Begriff des Deckungskapitals (technische Rückstellungen) — 383
- 9.2 Wahl der angemessenen Rechnungsgrundlagen — 386
- 9.3 Versicherungstechnische Bilanz für eine geschlossene Kasse — 391
- 9.4 Versicherungstechnische Bilanz für eine offene Kasse — 394
- 9.5 Analyse der versicherungstechnischen Bilanz — 397
  - 9.51 Wahrscheinlichkeitsabweichungen (Risikogewinne/-verluste) — 399
  - 9.52 Zinsabweichungen — 400
  - 9.53 Andere Gewinn- und Verlustquellen — 400
  - 9.54 Massnahmen bei einem technischen Fehlbetrag — 402

9.6 Die dynamische versicherungstechnische Bilanz
im Sinne von US-GAAP, IAS und FER ... 404

10. *Buchführung, Alterskonten und Bilanzierung* ... 407

10.1 Rechnungswesen und Rechnungslegung
(kaufmännische Buchführung) ... 407

    10.11 Ordnungsmässigkeit ... 408
    10.12 Kontenrahmen ... 416
    10.13 Bilanz und Betriebsrechnung ... 417
    10.14 Anhang ... 428

10.2 Technische Buchführung und BVG-Alterskonten ... 435

    10.21 Notwendigkeit von Versichertenkonten ... 435
    10.22 Die BVG-Alterskonten ... 436
    10.23 Hilfsmittel der Informatik ... 439

10.3 Bilanzierung der Aktiven ... 440

    10.31 Rechtsgrundlagen ... 440
    10.32 Bewertung der Nominalwertanlagen ... 440
    10.33 Bewertung der Sachwertanlagen ... 441
    10.34 Bonität und Rechnungsabgrenzung ... 443
    10.35 Allgemeine Bewertungsvorschriften
für Vorsorgeeinrichtungen ... 443

10.4 Bilanzierung des Vorsorgekapitals
(technischen Rückstellungen) ... 448

    10.41 Kaufmännische Bilanz, technische Bilanz
und Begriff der technischen Rückstellung ... 448
    10.42 Ausweis der technischen Rückstellungen
in der kaufmännischen Bilanz ... 449
    10.43 Ausweis der BVG-Alterskonten ... 452
    10.44 Behandlung der Kollektivversicherung ... 452
    10.45 Bilanzierung unter Berücksichtigung künftiger
sicherer Einnahmen ... 454
    10.46 Wie kann die Bilanzierungspflicht vermieden werden? ... 455
    10.47 Rückstellungen für "moralische" (nicht nur für rechtliche) Verpflichtungen des Arbeitgebers ... 456

11. Behandlung der Personalvorsorge in der Jahresrechnung des Unternehmens 459

    11.1 Grundsatz der Fair presentation der Vermögens-, Finanz- und Ertragslage in der Jahresrechnung des Unternehmens 460

    11.2 Umdenken bei der Analyse von Pensionskassen 463

    11.3 Bekannte Regelwerke zur Rechnungslegung 465

        11.31 Fachempfehlungen zur Rechnungslegung FER (FER 16) 465
        11.32 International Accounting Standards IAS (IAS 19) 473
        11.33 US-GAAP (SFAS 87) 480
        11.34 Deutsches Bilanzrichtlinien-Gesetz/ 4. EU-Richtlinie 484
        11.35 Beschränkte Aktivierungszulässigkeit für Überschüsse schweizerischer Personalvorsorgestiftungen 487

    11.4 Beispiele aus der Praxis 489

12. Vermögensanlage 495

    12.1 Grundsätze der Vermögensanlage 495

        12.11 Sicherheit und Risikoverteilung 497
        12.12 Realwerterhaltung 498
        12.13 Angemessener Ertrag 499
        12.14 Genügende Liquidität 500
        12.15 Risikofähigkeit und Schwankungsreserven 502
        12.16 Bewusste Anlagepolitik und -planung 504

    12.2 Vorschriften zur Vermögensanlage 507

        12.21 Bestimmungen des Stiftungsrechts zur Vermögensanlage 507
        12.22 Vermögensanlage nach BVG 508
        12.23 Praxis der kantonalen Aufsichtsbehörden 516
        12.24 Internes Anlagereglement und Controlling 516
        12.25 Vorschriften für Lebensversicherungsgesellschaften 522
        12.26 Der BVG-Index 522

    12.3 Probleme einzelner Vermögensanlagearten 524

        12.31 Liegenschaften 524
        12.32 Aktien 530
        12.33 Derivative Finanzinstrumente 535
        12.34 Anteile bei Anlagestiftungen 538

12.35	Guthaben bei der Arbeitgeberfirma	540
12.36	Hypotheken an Arbeitgeberfirma und an Mitarbeiter	545
12.37	Anlagen im Ausland und in Fremdwährungen	545
12.38	Policendarlehen (Passivum) und Separate Accounts	546

12.4 Probleme der Vermögensverwaltung 552

13. Überwachung, Revision und Verantwortlichkeit 555

13.1 Die verschiedenen Überwachungsinstanzen und Prüfungsstellen 555

    13.11 Aufsicht und Prüfung durch staatliche Behörden 555
    13.12 Prüfung durch Revisoren und Experten 558

13.2 Prüfung durch die Revisionsstelle (Kontrollstelle) 560

    13.21 Voraussetzungen und Unabhängigkeit 560
    13.22 Aufgaben der Revisionsstelle (Kontrollstelle) 566
    13.23 Besonderheiten der Revision von Vorsorgeeinrichtungen 568
        13.231 Vertiefungsgebiete 568
        13.232 Prüfung des internen Kontrollsystems 571
        13.233 Prüfung der Vollständigkeit der Versicherten 573
        13.234 Prüfung der Auszahlungen 574
        13.235 Prüfung der Einhaltung der aufsichtsrechtlichen Vorschriften 575
        13.236 Prüfung der technischen Rückstellungen 575
    13.24 Prüfung der BVG-Alterskonten 576
    13.25 Prüfung der Geschäftsführung 577
    13.26 Berichterstattung 579
    13.27 Verhältnis zur Aufsichtsbehörde 581
    13.28 Bonitätsnachweis für Guthaben beim Arbeitgeber 582
    13.29 Prüfung des Anschlusses an Sammel- und Gemeinschaftsstiftungen 589

13.3 Prüfung durch den Experten für berufliche Vorsorge 596

    13.31 Aufgaben des Experten 596
    13.32 Anerkennung des Expertenstatus, Unabhängigkeit und Verhältnis zur Aufsichtsbehörde 599
    13.33 Zusammenarbeit zwischen Kontrollstelle und Experte 601

13.4 Verantwortlichkeit von Stiftungsrat und Beauftragten 609

14. *Aufsichtsbehörde, Registrierung, Rechtspflege,*
    Teil- und Gesamtliquidation (von Dr. Bruno Lang) 615

    14.1 Anschlusspflicht des Arbeitgebers 615

    14.2 Die Registrierung der Vorsorgeeinrichtungen 619

    14.3 Aufsichtsorganisation und Rechtspflege 635

    14.4 Aufgaben der Aufsichtsbehörden 645

    14.5 Teil- und Gesamtliquidation von Vorsorge-
    einrichtungen 650

15. *Personalvorsorgekonzepte in der Praxis*
    (von Dr. Oskar Leutwiler) 663

    15.1 Bestimmungen des Gesetzes und Anforderungen
    des BVG an Vorsorgeeinrichtungen 663

    15.2 Übersicht über die Vorsorgemodelle
    im Rahmen des BVG 669

    15.3 Die wesentlichsten Vor- und Nachteile der Aufspaltung
    (Splittung) einer Vorsorgeeinrichtung 672

    15.4 Sonderprobleme technischer Art 673

        15.41 Die Methode des modifizierten technischen
    Zinsfusses zur Erhaltung der Kaufkraft 673
        15.42 Beispiele zur Führung des BVG-Alterskontos
    (Schattenrechnung) 677

    15.5 Sonderprobleme praktischer Art 685

        15.51 Kapitaloption bei Altersrenten 685
        15.52 Gestaffelte Beitragssätze 688

    15.6 Eigenheiten des BVG 692

        15.61 Witwenrenten 692
        15.62 Vorsorgeleistungen bei Saisonniers und
    Teilzeitbeschäftigten 692

16. Koordination mit der staatlichen Sozialversicherung 695

16.1 Eidg. Alters- und Hinterlassenenversicherung (AHV) 695

16.11 Begriff und Stellung der AHV 695
16.12 Versicherte Personen 696
16.13 Beitragspflicht und massgebender Lohn 697
16.14 Beiträge 699
16.15 Finanzierung im Umlageverfahren 700
16.16 Art und Berechnung der Renten 701

16.2 Eidg. Invalidenversicherung (IV) 705

16.21 Versicherte Personen und Risiken 705
16.22 Art der IV-Leistungen 706
16.23 Berechnung der Renten 708
16.24 Pensionierung infolge Invalidität oder vorzeitiger Rücktritt 708

16.3 Obligatorische Unfallversicherung 709

16.31 Versicherte Personen und Risiken 709
16.32 Prämienerhebung 710
16.33 Versicherungsleistungen 710

16.4 Weitere Sozialversicherungswerke 714

16.5 Koordination der beruflichen Vorsorgeeinrichtungen mit der staatlichen Sozialversicherung 722

17. Zukunftsperspektiven der beruflichen Vorsorge (von RA Dr. Hermann Walser) 727

18. Anhang 1: Muster, Tarife, Verzeichnisse 733

18.1 Mustertexte für Stiftungsurkunden (Kanton Zürich) 733

18.2 Beispiel für ein Pensionskassenreglement (Ausschnitte) 747

18.3 Prämien und Einmaleinlagen für einige Versicherungsformen 758

18.4 Grundsätze und Richtlinien für Pensionsversicherungsexperten 766

18.5 Abkürzungsverzeichnis 782

18.6 Literaturverzeichnis 785

19. Anhang 2: Gesetzgebung der beruflichen Vorsorge (im Wortlaut) 799
    ZGB, OR, BVG:
    – Art. 89bis ZGB 802
    – Art. 331–331e OR 803
    – BVG 806

    Zur Durchführung des BVG:
    – VO Inkraftsetzung 842
    – BVV 1 843
    – BVV 2 848
    – VO über die Aufsichtsgebühren 870
    – VO Anpassung an Preisentwicklung 873
    – VO Schweigepflicht/Auskunftspflicht 874
    – VO Verpfändung 876
    – VO BVG 878
    – VO 99 881
    – Weisungen Auskunftserteilung 882

    Zur Freizügigkeitsregelung und Wohneigentumsförderung:
    – Freizügigkeitsgesetz 885
    – VO zum Freizügigkeitsgesetz 898
    – VO EDI 906
    – BG über die Wohneigentumsförderung 908
    – VO zum Wohneigentumsförderungsgesetz 914

    Zu Auffangeinrichtung und Sicherheitsfonds:
    – VO Auffangeinrichtung BVG 920
    – VO Sicherheitsfonds BVG 922
    – Organisationsreglement Stiftung Sicherheitsfonds BVG 930

Zur Besteuerung (Bundessteuern):

– Kreisschreiben Nr. 1 der EStV (Anpassung BdBSt an BVG)	933
– Kreisschreiben Nr. 1a der EStV (Änderung von Kreisschreiben Nr. 1)	942
– BVV 3	944
– Kreisschreiben Nr. 2 der EStV zu BVV 3	948
– Kreisschreiben Nr. 22 der EStV zur Freizügigkeit	953
– Kreisschreiben Nr. 23 der EStV zur Wohneigentumsförderung	956
– BG Stabilisierungsprogramm 1998: neuer Art. 79a BVG	960

Stichwortverzeichnis 963

1. Einführung

1.1 Die betriebliche Sozialpolitik als Teil der Unternehmenspolitik

Mit einem Unternehmen sollen verschiedene Ziele verfolgt werden, auch wenn das Hauptziel heute als *Creating Shareholder Value* bezeichnet wird. In der Betriebswirtschaftslehre wird von einem *Zielsystem* gesprochen, als hierarchische Struktur, in der von oben nach unten allgemeine Wertvorstellungen sukzessive in konkrete, schliesslich operationale Ziele und Teilziele aufgegliedert werden. Das Zusammenwirken der verschiedenen Ziele gibt ein System. Das *klassische Ziel des Gewinnstrebens* oder eben des Creating Shareholder Value genügt allein nicht; die Ansprüche, die an ein Unternehmen gestellt werden, sind vielfältiger. Im Zielsystem des Unternehmens werden weitere Ziele meistens gleichzeitig angestrebt. Unterschieden werden in der Regel die drei Gruppen: *Gewinnziele, Sicherheitsziele* und *soziale Ziele*.

Zu den *sozialen Zielen* gehören die soziale Verantwortung gegenüber Arbeitnehmern und deren Angehörigen sowie auch die soziale Verpflichtung gegenüber der Allgemeinheit.

Im folgenden sei die *betriebliche Sozialpolitik des Unternehmens* behandelt, die als Folge des auf den 1. Januar 1985 in Kraft getretenen Bundesgesetzes über die berufliche Vorsorge (BVG) in den Unternehmen weitgehend neu strukturiert wurde.

Die Rolle der gesamten betrieblichen Vorsorge ist *im Rahmen der Unternehmenspolitik zu definieren*. Die betriebliche Sozialpolitik muss der Unternehmenspolitik zugeordnet und ihr wirtschaftlich und finanziell angepasst werden. Das allgemeine Niveau der beruflichen Vorsorge eines Unternehmens ergibt sich aufgrund der von Arbeitgeber und Arbeitnehmer übernommenen finanziellen Verpflichtungen. In der Sozialpolitik spiegelt sich auch ein Teil der *Unternehmenskultur* wider.

Die betriebliche Sozialpolitik ist auch ein *Instrument der Unternehmensführung*. Sie findet ihren Niederschlag in bestimmten Leistungen für die Mitarbeiter und deren Angehörige.

Der Umfang der Sozialleistungen zeigt sich in den Aufwendungen hiefür. Zur *Feststellung der Sozialpolitik eines Unternehmens* kann daher von der Analyse des *Sozialaufwandes* ausgegangen werden. *Darstellung 1A* zeigt die rechtliche Bindung der Sozialpolitik, die von streng "obligatorisch" bis "völlig freiwillig" reichen kann.

Darstellung 1A

Rechtliche Verbindlichkeit der Sozialpolitik

Die staatliche und betriebliche Sozialpolitik kann das ganze Spektrum von obligatorisch bis freiwillig umfassen:
- *obligatorisch für alle Unternehmen von Gesetzes wegen* genau fixiert (z.B. Abgaben für die staatliche Sozialversicherung)
- *obligatorisch für alle Unternehmen von Gesetzes wegen im Sinne von Minimalvorschriften* (z.B. Beitragssätze gemäss BVG)
- *obligatorisch je Branche*, aufgrund einer Verbandszugehörigkeit und dergleichen (z.b. Gesamtarbeitsvertrag)
- *obligatorisch je Unternehmen* (z.b. Beiträge gemäss Reglement der Vorsorgeeinrichtung)
- *fakultativ je Unternehmen* (z.b. periodische Beiträge an patronale Fonds, Prämien für freiwillige Versicherungen einzelner Mitarbeiterkategorien)
- *vertraglich im Einzelfall* (z.B. Aufwendungen für Ruhegehaltszusagen an bestimmte Personen)
- *freiwillig von Fall zu Fall* (z.b. Zuwendungen in Härtefällen, Aufwendungen für Einzelmassnahmen)

1.2 Das Drei-Säulen-Konzept der sozialen Sicherheit

Es ist heute zur Praxis geworden, von drei Säulen der sozialen Sicherheit zu sprechen (siehe *Darstellung 1B*):

a) Die drei Säulen

– *Erste Säule: Staatliche Sozialversicherung*

Die ganze Bevölkerung bildet eine Einheit (z.b. bei der AHV/IV/EO). Der Aktive bezahlt mit seinem Beitrag die laufenden Renten; eine neue Generation wird gemäss Gesetz für seinen Rentenanspruch aufkommen müssen. Es erfolgt ein sozialer Ausgleich: Mindestrenten sollen den Existenzbedarf angemessen decken, Höchstrenten dürften einen bestimmten Prozentsatz (bei der AHV/IV das Doppelte) der Mindestrenten nicht übersteigen.

– *Zweite Säule: Berufliche Vorsorge*

Die Pensionen, die Invalidenrenten und die Auszahlungen an die Familien von verstorbenen Arbeitnehmern waren lange Zeit ein Privileg des Personals öffentlicher Verwaltungen. Erst nach dem Ersten und vor allem nach dem Zweiten Weltkrieg hat die Personalvorsorge in der Privatwirtschaft in verstärktem Masse Fuss gefasst.

Das Obligatorium des BVG will allen Arbeitnehmern eine angemessene Personalvorsorge sichern. Immer mehr wird sich daher die Zweite Säule in einen obligatorischen und einen freiwilligen Teil spalten (auch ohne einen formellen Splitt in zwei juristische Personen). Durch das BVG sind zu den bereits 1984 durch die berufliche Vorsorge erfassten 1,9 Mio. Arbeitnehmern zahlreiche weitere Personen, insbesondere auch Selbständigerwerbende, Teilzeit- und Temporärbeschäftigte, Saisonniers (über 3 Monate) u.a., hinzugekommen. Gemäss Pensionskassenstatistik betrug 1996 die Zahl der aktiv Versicherten rund 3,15 Mio. und die Zahl der Renten- und Kapitalbezüger 0,68 Mio.

– *Dritte Säule: Individuelles Sparen*

Jeder sorgt für sich und seine Familie entsprechend den wirtschaftlichen Möglichkeiten selbst vor (Selbstvorsorge, Einzelversicherung).

Darstellung 1B

Die drei Säulen der sozialen Sicherheit bei Alter, Tod und Invalidität

Soziale Sicherheit bei Alter, Tod und Invalidität

Erste Säule: Staatliche Sozialversicherung		*Zweite Säule:* Berufliche Vorsorge		*Dritte Säule:* Individuelles Sparen	
A	*B*	*A*	*B*	*A*	*B*
Basisleistungen für alle	Ergänzungsleistungen	Obligatorische Versicherung	Freiwillige Zusatzversicherungen	Gebunden (wegen Steuern)	Frei
AHV/ IV	EL	BVG	ZGB/ OR	BVV 3/ Steuer-G.	

1.2 Das Drei-Säulen-Konzept der sozialen Sicherheit

Aufgabe der Gesetzgebung ist es – und dies ist die Besonderheit in der Schweiz –, alle drei Säulen angemessen zu fördern. Die Schweiz ist das erste Land, das die Zweite Säule obligatorisch erklärt und gesetzlich geregelt hat. Dabei sind sich die Sozialpartner einig, dass auf weite Sicht ein entsprechendes Gleichgewicht gewahrt bleiben soll.

Der Begriff der drei Säulen wurde erstmals 1963 mit der *Botschaft zur 6. Revision der AHV* einem breiteren Kreis bekanntgemacht. An der *Expo 1964* in Lausanne wurden die drei Säulen auch graphisch dargestellt. Heute ist der Grundsatz in der Bundesverfassung verankert. Man sollte eher von einem *Drei-Säulen-Konzept* als von einem *-Prinzip* sprechen.

Das Wesentliche an diesem *schweizerischen Drei-Säulen-Konzept* ist – und dies wird oft vergessen und dies ist der Unterschied zum Ausland –, dass jede dieser drei Säulen ungefähr gleich stark sein soll. Messbar ist dies an den *Aufwendungen* hiefür (Beträge stark gerundet 1996):

- Beiträge an die *AHV/IV/EO* ca. 32 Mrd. CHF
- Beiträge an die *berufliche Vorsorge* und Erträgnisse aus deren Vermögensanlagen ca. 41 Mrd. CHF
- private Einzelversicherungen (für Alter, Tod und Invalidität, inkl. Vermögenserträge) und Nettoersparnisse der *Privathaushalte* ca. 50 Mrd. CHF

Der Gesamtaufwand für die Sozialversicherungen und die Personalvorsorge hat sich von *22% der AHV-Lohnsumme im Jahre 1960 auf über 40% im Jahr 1990* erhöht (siehe *Darstellung 1B*). Es wird darauf zu achten sein, in Zukunft diese Entwicklung unter Kontrolle zu halten. Die demographische Entwicklung verlangt ein rechtzeitiges Gegensteuern, was politisch allerdings schwierig ist.

In amtlichen Statistiken wird häufig nur zwischen *Sozialversicherungen* und *privaten Versicherungen* unterschieden. Die Zweite Säule wird dann zur Sozialversicherung gezählt, so nach der Definition im Statistischen Jahrbuch der Schweiz (Jahrgang 2000, S. 308):

"Sozialversicherungen sind staatliche Massnahmen und Institutionen mit dem Ziel, die Bevölkerung in wirtschaftlich und sozial schwierigen Lebenslagen zu unterstützen.

Typische Merkmale der Sozialversicherungen sind:

- Obligatorium für die Gesamtheit oder Teile der Bevölkerung
- öffentlich-rechtliche Regelung, Oberaufsicht des Staates
- gesetzlich vorgeschriebene Mindestleistungen
- keine Gewinnorientierung (im Gegensatz zu den Privatversicherungen)
- Elemente einer Umverteilung zugunsten wirtschaftlich Schwacher
- Die Versicherten decken mit ihren Beiträgen, anders als bei den Privatversicherungen, nur einen Teil der entstehenden Kosten ab; der Rest entfällt auf die Beiträge der Unternehmen oder den Staat."

1. Einführung

Die verschiedenen Zweige der Sozialversicherung sind (nach dem Statistischen Jahrbuch):
- Alters- und Hinterlassenenversicherung (AHV),
- Invalidenversicherung (IV),
- Ergänzungsleistungen (EL) zu AHV und IV,
- Berufliche Vorsorge (BV),
- Krankenversicherung (KV),
- Unfallversicherung (UV),
- Erwerbsersatzordnung (EO),
- Arbeitslosenversicherung (ALV),
- Familienzulagen (FZ).

Die berufliche Vorsorge enthält sehr grosse freiwillige und über die Basis einer Sozialversicherung hinausgehende Komponenten und sollte nicht insgesamt und auch nicht, was allein den BVG-Teil anbetrifft, zur Sozialversicherung gezählt, sondern eigenständig behandelt werden.

Die Zahlen von *Darstellung 1C* sind etwa im Vergleich zum Bruttosozialprodukt von 363 Mrd. CHF (im Jahr 1996) zu betrachten (siehe auch *Darstellung 1F*).

Der überobligatorische Teil der Zweiten Säule ist sehr bedeutend. Die Beiträge an die Zweite Säule betragen rund das Doppelte der gesetzlich erforderlichen Mindestbeträge, und die Arbeitgeberbeiträge erreichen zwei Drittel der Gesamtbeiträge. Die Beiträge an die Zweite Säule übersteigen jene an die staatliche Sozialversicherung (AHV, IV) erheblich, insbesondere wenn noch die Kapitalerträge dazugezählt werden.

Das Schlagwort der *Drei Säulen* ist allerdings zu vereinfachend und auch problematisch. Bei näherem Zusehen ergeben sich *Abgrenzungsschwierigkeiten* zwischen erster und zweiter Säule – man denke z.B. an die SUVA –, aber auch zwischen der zweiten und dritten Säule –, so bei bestimmten Arten der Kadervorsorge, die mehr der privaten Vorsorge, also der dritten Säule, zuzuordnen sind (z.B. angesammelte Gewinnbeteiligungen, wodurch die Einkommensbesteuerung aufgeschoben und bei Auszahlung in Kapitalform vermindert werden soll). Die berufliche Vorsorge ist immer mit einem Arbeitsverhältnis verbunden, und das Obligatorium ist eine gesetzliche Folge des Arbeitsvertrages.

Die berufliche Vorsorge umfasst die *Personalvorsorge* (vom Arbeitgeber errichtet) und die *Verbandsvorsorge* (von Berufsverbänden für ihre Mitglieder organisiert). In der Praxis – so auch in dieser Arbeit – werden die Begriffe berufliche Vorsorge und Personalvorsorge gleichbedeutend verwendet.

Darstellung 1C

Einnahmen der Sozialversicherungswerke und Vorsorgeeinrichtungen in der Schweiz (in Mrd. CHF)

	1996				1991 (zum Vergleich)	1985 (zum Vergleich)
	Beiträge der Versicherten und Arbeitgeber	Beiträge der öffentlichen Hand	Kapitalerträge und übrige Einnahmen	Total		
• *Alters-, Invaliden- und Hinterbliebenenvorsorge*						
Erste Säule: Staatliche Sozialversicherung						
– AHV	18,7	5,0	1,1	24,8	22,0	14,7
– IV	3,1	3,7	0,1	6,9	4,8	2,9
– EL	–	1,9	–	1,9	1,6	0,6
– Übrige	–	–	–	–	–	0,0
Zweite Säule: Berufliche Vorsorge	26,6	–	19,9	46,5	34,6	19,0
• *Unfall- und Krankenversicherung*						
Krankenversicherung (KV)	14,6	2,0	0,5	17,1	13,8	8,9
Unfallversicherung (UV)	4,7	–	1,5	6,1	4,5	2,3
• *Andere Versicherungen*						
Erwerbsersatzordnung (EO)	0,7	–	0,2	0,9	1,2	0,9
Arbeitslosenversicherung (ALV)	5,5	0,4	–	6,0	0,9	0,7
Familienzulagen (FZ)	3,8	0,1	0,2	4,1	1,1	0,6
Total	77,2	13,0	23,4	113,6	84,5	50,6
• *Zum Vergleich*						
Bruttosozialprodukt				363	345	241
Vermögen der Zweiten Säule (inkl. Kollektivversicherung)				426	283	160

Quelle: Statistisches Jahrbuch der Schweiz 1999, S. 309 (und frühere Jahre)

1. Einführung

b) Die berufliche Vorsorge im Ausland

Die *Zweite Säule* war in der Schweiz schon seit Jahrzehnten sehr stark ausgebaut. Zum Vergleich sei erwähnt, dass in den *USA* nur etwa die Hälfte aller Arbeitnehmer in der Privatwirtschaft für eine betriebliche Altersrente versichert ist. In *Deutschland* besteht die betriebliche Altersvorsorge, welche freiwillig ist, hauptsächlich in Form von *unmittelbaren Versorgungszusagen,* daneben auch in *Unterstützungskassen* (ohne direkten Rechtsanspruch und ohne Finanzierungsverpflichtungen), seltener in *Direktversicherungen* (des Arbeitgebers auf das Leben des Arbeitnehmers) und in rechtlich selbständigen *Pensionskassen,* welche der Versicherungsaufsicht unterstehen. Für die unmittelbaren Versorgungszulagen (80–85%) und Unterstützungskassen (15–20%) besteht in Deutschland eine *Insolvenzversicherung,* da die Ansprüche nach 10 und mehr Dienstjahren nicht mehr verlorengehen (sog. *Unverfallbarkeit,* ähnlich unserer Freizügigkeit).

In *Frankreich* besteht eine Art obligatorische Vorsorge im Umlageverfahren. In *Grossbritannien* und in den *Niederlanden* ist die berufliche Vorsorge – wie auch in der Schweiz – insgesamt bedeutender als die staatliche Vorsorge. In vielen Ländern hat die berufliche Vorsorge stark an Bedeutung gewonnen und wird immer wichtiger.

In *Polen* haben am 1. April 1999 private Pensionsfonds ihre operative Tätigkeit aufgenommen. Diese Fonds bilden die obligatorische zweite Säule des neuen Rentensystems (NZZ 3./4. April 1999). In *Kroatien* hat die Regierung kürzlich einen Vorschlag veröffentlicht, der ansatzweise unser Obligatorium der Zweiten Säule übernehmen will (SPV 7/98, S. 525). In *Österreich* ist 1990 eine freiwillige berufliche Vorsorge eingeführt worden. *Italien* hat dies in einem Gesetz von 1993 beschlossen. In *Frankreich* soll das bisher übliche Umlageverfahren durch das Kapitaldeckungsverfahren abgelöst werden. Auch *Chile* hat ein ähnliches Drei-Säulen-Konzept wie die Schweiz.

Das Pensionskassenvermögen in Prozenten des Bruttoinlandproduktes BIP betrug 1993 (SNB, Quartalsheft 3/95):

Schweiz	78%	Japan	6%
Grossbritannien	56%	Deutschland	6%
USA	20%	Frankreich	3%

Erwähnt sind hier die für Vorsorgezwecke ausgesonderten Vermögen, die *Pension Funds* (Aktiven) und nicht die Deckungskapitalien, die *Pension Plans* (Passiven). Deshalb sind Deutschland und Frankreich so tief eingereiht. In Deutschland sind die Ruhegehaltsverpflichtungen grösstenteils als Rückstellungen unter den Passiven in der Unternehmensbilanz ausgewiesen und erscheinen in vorstehender Aufstellung nicht.

Darstellung 1D
Die Zweite Säule in der EU

Land	Anteil der Versicherten in der Zweiten Säule, geschätzt an der Gesamtbeschäftigtenzahl	Charakteristika	Anteil der Zweiten Säule an den Renten insgesamt
Belgien	31%	Freiwillige, auf dem Kapitaldeckungsverfahren beruhende Pensionsfonds und Gruppenversicherungen	8%
Dänemark	80%	Tarifvertraglich geregelte Betriebs-/Berufskassen, die durchwegs auf dem Kapitaldeckungsverfahren beruhen	18%
Deutschland	46%	Freiwillige, zum Teil auf Pensionsrückstellungen (rund 56%) oder auf dem Kapitaldeckungsverfahren (rund 44%) beruhende Pensions-, Unterstützungskassen und Gruppenversicherungen	11%
Griechenland	5%	Freiwillig, zumeist für leitende Angestellte, zum Teil (begrenzt) vorfinanziert	n.a.
Spanien	15%	Freiwillig, angesichts des hohen Niveaus der Sozialversicherungen zumeist für leitende Angestellte, zum Teil vorfinanziert, überwiegend jedoch auf Pensionsrückstellungen beruhend, läuft demnächst aus	3%
Frankreich	90%	Tarifvertraglich geregelte Quasipflichtversicherung, Umlageverfahren, dazu freiwilliges Altersversorgungssystem für leitende Angestellte nach dem Kapitaldeckungsverfahren	21%
Irland	40%	Freiwillige Pensionsfonds nach dem Kapitaldeckungsverfahren und Gruppenversicherung	18%
Italien	5%	Freiwillig, angesichts des hohen Niveaus der Sozialversicherungsrenten zumeist für leitende Angestellte, zum Teil vorfinanziert	2%
Luxemburg	30%	Freiwillig, hauptsächlich Pensionspläne mit Pensionsrückstellungen, in begrenztem Masse findet auch das Kapitaldeckungsverfahren Anwendung	n.a.
Niederlande	85%	Ausschliesslich auf dem Kapitaldeckungsverfahren beruhende Betriebskassen und tarifvertraglich geregelte Branchenversicherungen	32%
Portugal	15%	Freiwillige Pensionspläne (keine Fonds) in Trägerschaft anerkannter Verwaltungs- und Versicherungsgesellschaften nach dem Kapitaldeckungsverfahren, angesichts des hohen Niveaus der Sozialversicherungen zumeist für leitende Angestellte	n.a.
Grossbritannien	48%	Freiwillig, Kapitaldeckungsverfahren	28%

Quelle: Grünbuch der Europäischen Kommission, veröffentlicht im Juni 1997 (aus: SVP 7/98, S. 478)

c) Politische Beurteilung der Ersten und Zweiten Säule

Im Mai 1990 hatte das Eidg. Departement des Innern (EDI) die *Professoren Greber, Kloti, Schips, Schmid* und *Schneider* beauftragt, das 1972 in der Bundesverfassung verankerte Drei-Säulen-Konzept zu überprüfen. Dieser Bericht erschien 1991 und wurde nach der Wahl von Bundesrätin Dreifuss im Oktober 1993 im Departement und 1994 gemäss Auftrag des Bundesrates ergänzt.

Die *"Interdepartementale Arbeitsgruppe Finanzierungsperspektiven der Sozialversicherungen IDA FiSo"* hat in ihrem Bericht vom Mai 1996 über die zu erwartenden Einnahmen und Ausgaben aller zehn Sozialversicherungswerke und deren Finanzierungssicherung Auskunft gegeben. Danach werden im Jahr 2010 die Ausgaben für die Sozialversicherungen um CHF 30 Mrd. höher sein als heute – und im Jahr 2025 werden dies sogar rund CHF 50 Mrd. sein.

Aus dem Bericht der *IDA FiSo 1* ging bereits hervor, dass die Erhaltung des heutigen Niveaus der Sozialwerke bis zum Jahr 2010 massive zusätzliche Mittel von rund CHF 15 Mrd. bzw. 7 Mehrwertsteuerprozente erfordert. Bei einem Ausbau wird mit CHF 18 Mrd. und bei einem Abbau mit CHF 9 Mrd. Zusatzkosten gerechnet. Dabei gingen die Experten von einem Wirtschaftswachstum von 1,3% und einer Arbeitslosigkeit von nur 2,5% aus.

Dem IDA FiSo-Bericht wird vorgeworfen, von zu optimistischen Annahmen auszugehen:

– Wachstum der Löhne um real 1%
– Sinken der Arbeitslosenrate auf 2,5–3,5%
– Wachsen der Gesundheitskosten nach 2010 nur wie die Reallöhne
– kein weiteres Zunehmen der Lebenserwartung nach 2010
– jährliches Wirtschaftswachstum um 1,3%.

Um die Kostenentwicklung besser in den Griff zu bekommen, sollten folgende Massnahmen stärker berücksichtigt werden:

– volle Kostentransparenz
– periodische Lageanalysen
– rechtzeitige Ausgaben- und Einnahmenkontrollen
– Analyse der Situation in der EU.

In Ergänzung zu ihrem ersten Bericht, der im Mai 1996 erschienen ist, hat die IDA FiSo gemäss Auftrag des Bundesrates Vorschläge zur Weiterführung des Sozialversicherungssystems und zu den Finanzierungsperspektiven unter Einbezug der Leistungsseite unterbreitet. Dies ist der sog. IDA FiSo 2-Bericht. Berücksichtigt wurden drei Szenarien:

– gezielter Ausbau zur Schliessung anerkannter Lücken
  (Mehrbedarf 8 MWSt-Prozente)

- Weiterführung des heutigen Leistungssystems
  (Mehrbedarf 6,8 MWSt-Prozente)
- gezielter Leistungsabbau (Mehrbedarf 4 MWSt-Prozente).

Der IDA FiSo 2-Bericht wurde im Dezember 1997 veröffentlicht. Der frühere IDA FiSo 1-Bericht war zu optimistisch. Selbst das Szenario "gezielter Abbau" führt zu einem Kostenanstieg gemäss IDA FiSo 2-Bericht von 4 MWSt-Prozenten.

Die Finanzierungsprobleme der Sozialversicherung zeigen sich nicht nur in der Schweiz, sondern sind auch in vielen anderen Ländern feststellbar. In allen Industrieländern nimmt die Geburtenrate ab und die Lebenserwartung zu. Das Verhältnis von Erwerbstätigen zu Rentenbezügern verschlechtert sich laufend. Ein Ende dieser Entwicklung ist nicht abzusehen.

Die Entwicklung in der Ersten Säule hat grosse Auswirkungen auf die Gestaltung der Zweiten Säule. Die politische Entwicklung aller drei Säulen wird daher auch sehr aufmerksam von den Vertretern und Verbänden der Zweiten Säule verfolgt.

Im März 1998 wurde in Bern der neue zentrale *Schweizerische Pensionskassenverband ASIP* (Association Suisse des Institutions de prévoyance) gegründet. Dieser Verband, der rund 1'500 Mitglieder zählen wird, die rund zwei Drittel der in der Zweiten Säule versicherten Personen umfassen, stellt die Fusion folgender Verbände dar:

- Schweizerischer Verband für privatwirtschaftliche Personalvorsorge
- Interkantonaler Verband für Personalvorsorge
- Konferenz der Geschäftsleiter von Personalversicherungen
- Vereinigung der verbandlich organisierten Vorsorgeeinrichtungen
- Vereinigung für eine freiheitliche Zweite Säule.

Auf europäischer Ebene besteht die *European Federation for Retirement Provision (EFRP),* der auch der Schweizerische Pensionskassenverband angehört. Die EU befasst sich immer mehr mit der betrieblichen Altersversorgung, die in allen Ländern der EU laufend an Bedeutung gewinnt.

Einer der Hauptzwecke dieser Verbände ist die Verfolgung der politischen Entwicklung in der beruflichen Vorsorge.

Daneben besteht in der Schweiz eine sozialpolitisch den Arbeitgeberinteressen nahestehende *Studienkommission* für die Erste und Zweite Säule. Unter der Führung des *Vorsorgeforums Zweite Säule* wurde im Herbst 1999 die *Arbeitsgemeinschaft berufliche Vorsorge ABV* geschaffen, die sich mit der 1. BVG-Revision befasst und an der 20 Verbände und Organisationen beteiligt sind.

1.3 Die Entwicklung der Personalvorsorge

Die staatliche Sozialversicherung legte die Basis und entwickelte sich vor der und parallel zur beruflichen Vorsorge. Die wichtigsten *Etappen der Sozialversicherung und der Personalvorsorge in der Schweiz* aus rechtlicher Sicht sind in *Darstellung 1E* aufgezeichnet.

Darstellung 1E

Etappen der Sozialversicherung und Personalvorsorge

1877	Fabrikgesetz eingeführt mit Bestimmungen zur Sicherheit der Arbeiter
1904	Erste kantonale AHV geschaffen für die ganze Bevölkerung im Kanton Glarus
1911	Kranken- und Unfallversicherungsgesetz (in Kraft seit 1913/18)
1925	AHV wird in die Bundesverfassung aufgenommen (Art. 34quater)
1937	Revision des OR zum besseren Schutz der Wohlfahrtseinrichtungen
1939	Lohnersatzordnung erlassen
1948	AHV wird in Kraft gesetzt (seither zahlreiche Revisionen)
1958	Änderung von ZGB (Art. 89bis) und OR (Art. 343bis) zum besseren Schutz der Personalfürsorge
1960	Invalidenversicherung wird eingeführt
1971	Neues Arbeitsvertragsrecht wird erlassen (mit Art. 331 ff. OR, welche Art. 343bis OR ablösen)
1972	Drei-Säulen-Konzept mit Obligatorium für die berufliche Vorsorge wird in der Verfassung verankert (Art. 34quater)
1982	BVG wird von den eidg. Räten verabschiedet
1984	Obligatorium der Unfallversicherung wird eingeführt
1985	BVG wird in Kraft gesetzt
1995	Freizügigkeitsgesetz FZG und Wohneigentumförderungsgesetz
1998	Vernehmlassungsverfahren für 1. BVG-Revision

In der Schweiz wurden die *ersten Pensionskassen* um die Jahrhundertwende von einzelnen Kantonen und danach vom Bund für die Beamten geschaffen. Einzelne Privatunternehmen hatten schon in den siebziger und achtziger Jahren des letzten Jahrhunderts erste Sterbekassen und Ruhegehaltsordnungen eingeführt. Heute weist *je nach Branche* der Grad der Personalvorsorge erhebliche Schwankungen auf. Am schlechtesten ist er bei der Urproduktion (Landwirtschaft), am besten bei den Dienstleistungsbetrieben (Banken, Verwaltungen,

1.3 Die Entwicklung der Personalvorsorge

Verkehr usw.). Bei den industriellen Berufen entspricht er etwa dem Durchschnitt.
Die *Entwicklung der Personalvorsorge in der Schweiz* ist anhand der Statistik in *Darstellung 1F* gezeigt.

Darstellung 1F
Entwicklung des Vermögens der Personalvorsorgeeinrichtungen

Jahr (Ende)	Vermögen der beruflichen Vorsorge in der Schweiz* (Mrd. CHF)	Zum Vergleich	
		Bruttosozialprodukt (Mrd. CHF)	Index der Konsumentenpreise (1939 = 100)
1941/42	3	10	126,8/141,0
1955/56	9	28	172,6/175,2
1966	25	65	225,0
1970	37	89	254,6
1973	49	131	314,7
1976	68	146	375,0
1979	102	158	397,7
1982	122	205	465,5
1984	144	226	493,2
1987	199	266	521,4
1190	262	328	577,5
1993	335	357	657,3
1996	426	363	680,0

*Inkl. Deckungskapital der Kollektivversicherungen.

Quelle: Pensionskassenstatistiken, Statistisches Jahrbuch der Schweiz

Die erste Vollerhebung der Pensionskassenstatistik seit 1978 fand 1987 statt. Spätere erfolgten 1992 und 1994. Die letzte hat 1996 stattgefunden. In den Zwischenjahren werden die Ergebnisse anhand von Stichproben fortgeschrieben. Die Pensionskassenstatistik beruht auf Art. 89 BVG. Eine Verordnung des Bundesrates über die statistischen Erhebungen in der beruflichen Vorsorge vom 17. Februar 1988 präzisiert das Vorgehen. Die Verletzung der Melde- und Auskunftspflicht steht unter Strafandrohung.

Das gesamte Vermögen der beruflichen Vorsorge beträgt zurzeit (Ende 1999) rund 500 Mrd. CHF und steigt jährlich um etwa 25–30 Mrd. CHF.

Die Schweizerische Pensionskassenstatistik 1998 ist im Gange. Gleichzeitig wird ein neues Konzept ausgearbeitet, das erstmals für die Pensionskassenstatistik 2002 Anwendung finden wird. Die Statistik 2000 soll nochmals gleich wie die laufende von 1998 durchgeführt werden.

1.4 Das Entstehen des Bundesgesetzes über die berufliche Alters-, Hinterlassenen- und Invalidenvorsorge (BVG)

Der politische Weg zum BVG, bezogen auf die wichtigsten Etappen, ist chronologisch in *Darstellung 1G* festgehalten.

Darstellung 1G
Der politische Weg zum BVG

1925	Art. 34quater BV über AHV angenommen (erstes Ausführungsgesetz wurde 1931 verworfen)
1948	AHV-Gesetz tritt in Kraft
1964	Definition der Drei-Säulen-Konzeption (im Zusammenhang mit der 6. AHV-Revision), Darstellung an der Expo in Lausanne
1966	Initiative des Christlichnationalen Gewerkschaftsbundes für ein Obligatorium der beruflichen Vorsorge (Rückzug 1968)
1969	Eine vom Eidg. Departement des Innern eingesetzte Expertenkommission schlägt Obligatorium vor
1969	Volkspensionsinitiative der PdA, welche die Verstaatlichung aller bestehenden Personalfürsorgeeinrichtungen verlangt
1972	Annahme des geänderten Art. 34quater BV (Drei-Säulen-Prinzip) und Verwerfung der PdA-Initiative
1975	Bundesrat veröffentlicht Botschaft und Entwurf zu einem BVG
1977	Nationalrat: Verabschieden eines Entwurfs zum BVG (zu perfektionistische Vorlage)
1978	Integrationsbericht/Rechtsgutachten
1980	Ständerat: Verabschieden eines alternativen Entwurfs zum BVG (praxisnäher)
1981/82	Differenzbereinigung zwischen National- und Ständerat
1982	Verabschieden des BVG durch Ständerat und Nationalrat, kein Referendum
1982/84	Ausarbeitung der Verordnungen zum BVG: BVV 1, BVV 2
1995	Inkrafttreten des BVG (auf den 1. Januar)
1986/88	Zahlreiche Vollziehungsverordnungen zum BVG
1995	Inkrafttreten des Freizügigkeits- und des Wohneigentumsförderungsgesetzes (auf den 1. Januar) als bedeutsamste Ergänzung zum BVG
1996	Neue Rechnungslegungsvorschriften, Ausbau des Insolvenzschutzes
1998	Vernehmlassungsverfahren für 1. BVG-Revision

Das Obligatorium wirkte als Damm gegen einen immer weitergehenden Ausbau der Ersten Säule, der namentlich in den siebziger Jahren stark war. In der Praxis wird weiterhin die *Wirtschaftsentwicklung* eine wichtige Rolle spielen. Wir sehen dies an der wirtschaftlichen Veränderung in den letzten Jahrzehnten, wie sie vielen Bevölkerungsschichten bewusst geworden ist. Diese Entwicklung hat bereits 1983 den Umschwung bei der Ausarbeitung des BVG von der perfektionistischen Vorlage des Nationalrates zur praxisnäheren Vorlage des Ständerates, die dann im wesentlichen 1984 zum Gesetz wurde, begünstigt.

Im Jahre 1996 gab es *11'572 Personalvorsorgeeinrichtungen* in der Schweiz, wovon 11'375 Stiftungen, 29 Genossenschaften und 168 Einrichtungen öffentlichen Rechts (laut Pensionskassenstatistik). 1'684 Vorsorgeeinrichtungen versichern *mehrere Arbeitgeber*. Es sind dies *Sammeleinrichtungen, Gemeinschaftseinrichtungen, Mischformen* (Bund, Kantone) *und Einrichtungen von Konzernen,* die insgesamt 279'000 angeschlossene Arbeitgeber mit 2,83 Mio. Versicherten aufweisen.

Es kann geschätzt werden, dass etwa die Hälfte bis *zwei Drittel* der insgesamt in der Schweiz für die berufliche Vorsorge aufgewendeten Beiträge unter das Obligatorium fallen. Es ist sodann anzunehmen, dass etwa *die Hälfte* der im Rahmen der Zweiten Säule bisher angesammelten Vermögen den obligatorischen Teil der Vorsorge betrifft.

In vielen Unternehmen ist der *über dem Obligatorium liegende Teil* der beruflichen Vorsorge sehr bedeutend. Besonders für mittlere und höhere Einkommen spielt – da angemessene Ersatzeinkünfte bei Lohnausfall zur Verfügung stehen sollen – die freiwillige Vorsorge im Rahmen der Zweiten und namentlich der Dritten Säule eine wesentliche Rolle.

1.5 Volkswirtschaftliche Aspekte

Dem Problem der Zweiten Säule nehmen sich mit Recht auch immer mehr volkswirtschaftliche Untersuchungen an. Es geht hier um die Auswirkungen auf die schweizerische Volkswirtschaft. Im wesentlichen können dabei folgende *Problemkreise* unterschieden werden, die in vielen Bereichen noch ungenügend durchforscht sind:

- Auswirkungen der *Vermögensbildung der Zweiten Säule* (Kapitaldeckungsverfahren), z.b. auf

  - den Kapitalmarkt (Börse),
  - das Risikokapital in der Wirtschaft,
  - den Liegenschaftenmarkt,
  - die private Ersparnisbildung,
  - die Wohneigentumsförderung,
  - die Eigentumsstreuung.

- Auswirkungen auf den *Einkommenskreislauf,* so bezüglich

  - der finanziellen und realen Vorsorge,
  - der Umschichtung von Einkommen (Rentner),
  - der Konjunkturentwicklung (z.b. durch konjunkturgerechte Bildung von Arbeitgeberbeitragsreserven),
  - der Inflation,
  - des Konsums und des Sparens,
  - des Wirtschaftswachstums,
  - der Staatsausgaben.

- *Weitere Auswirkungen,* so u.a.

  - auf das Sparverhalten (allgemein),
  - auf den Arbeitsmarkt,
  - auf den Wohnungsmarkt,
  - auf den Rentnerhaushalt (Unabhängigkeit).

Besondere Beachtung verdienen die Auswirkungen der sehr *grossen Vermögensbildung* in der Hand der Vorsorgeeinrichtungen auf den Kapitalmarkt. Dies wird auch im Ausland festgestellt, obwohl dort die berufliche Vorsorge freiwillig und demzufolge sehr unterschiedlich ausgestaltet ist.

1. Einführung

Darstellung 1H

Pension Funds im Ländervergleich
(betrifft die getrennt vom Unternehmen verwalteten Vermögensanlagen)

Vorsorgevermögen in 16 Ländern in Mia. USD*									
Land	Total			Private VE			Öffentliche VE		
	1989	1994	1999	1989	1994	1999	1989	1994	1999
USA	2'425	3'760	5'936	1'675	2'572	4'078	750	1'188	1'858
Japan	513	1'118	1'750	253	597	929	260	521	821
England	453	775	1'116	392	670	929	61	105	187
Kanada	181	238	381	84	92	193	97	146	188
Holland	202	264	361	118	163	217	84	101	145
Schweiz	150	250	600	90	180	450	60	70	150
Deutschland	84	124	177	69	100	126	15	24	51
Australien	42	82	166	24	43	120	18	39	46
Schweden	60	78	134	–	–	–	60	78	134
Dänemark	33	53	96	17	29	46	16	24	50
Frankreich	19	57	61	19	57	61	–	–	–
Hongkong	8	25	83	8	22	79	–	3	4
Irland	9	20	24	9	20	24	–	–	–
Belgien	6	8	17	6	8	17	–	–	–
Norwegen	11	7	9	3	4	5	8	2	4
Übrige	159	253	581	72	113	255	87	140	326

*Ohne "unfunded" Teile der Pensionszusagen und ohne Ruhegehaltsrückstellungen in den Firmabilanzen. Beachte auch den Unterschied Pension Funds und Pension Plan.
Quelle: InterSec Research Corp. (zitiert von Nussbaum, S. 78)

Die Auswirkungen der Sozialversicherungswerke auf das Sparen sind vor allem seit Einführung des Obligatoriums 1984 wesentlich. Ein *Umlageverfahren* (z.B. jenes der *AHV*) senkt die Sparquote, da die Rentner mehr ausgeben (trotz der auch bei diesen vorhandenen erheblichen Sparneigung) als die Beitragspflichtigen, bei denen das Mindereinkommen zu einem grösseren Teil dem Sparen abgeht. Ein *Kapitaldeckungsverfahren* (z.B. gemäss *BVG*) führt demgegenüber für viele zu einem eigentlichen Sparzwang.

In den USA soll im Zeitpunkt ihrer Pensionierung die Hälfte aller Amerikaner überhaupt kein Vermögen besitzen (*Prof. P. Diamond,* NZZ 9. Juli 1999). In Grossbritannien soll Armut vor allem zu einem Ruhestandsphänomen geworden sein (*Prof. A. Atkinson,* NZZ 9. Juli 1999). Ein sinnvoll ausgestalteter Versicherungszwang (über die staatliche Sozialversicherung oder wie in der Schweiz über die obligatorische Zweite Säule) verhindert, dass kurzfristig denkende oder einkommensschwächere Leute im Alter zu Fürsorgefällen werden.

2. Rechtliche Grundlagen

2.1 Bundesverfassung (Art. 34quater alte BV/Art. 113 neue BV)

Im Sinne eines Überblicks sind nachstehend die *wichtigsten gesetzlichen Grundlagen* der Personalvorsorge in der Schweiz aufgeführt. Für Einzelheiten sei auf die Literaturangaben im Anhang verwiesen.

Im Jahr *1972* wurde mit grossem Mehr der Stimmen und der Stände *Art. 34quater BV* in der heute geltenden Form verabschiedet. Darin wird das *Drei-Säulen-Konzept* verfassungsmässig verankert; der Ausbau der AHV zur Volkspension als Alternative wurde stark verworfen.

Art. 34quater BV (gültig von 1972 bis Ende 1999)

¹Der Bund trifft Massnahmen für eine ausreichende Alters-, Hinterlassenen- und Invalidenvorsorge. Diese beruht auf einer eidgenössischen Versicherung, der beruflichen Vorsorge und der Selbstvorsorge.

²Der Bund richtet auf dem Wege der Gesetzgebung eine für die ganze Bevölkerung obligatorische Alters-, Hinterlassenen- und Invalidenversicherung ein. Diese gewährt Geld- und Sachleistungen. Die Renten sollen den Existenzbedarf angemessen decken. Die Höchstrente darf das Doppelte der Mindestrente nicht übersteigen. Die Renten sind mindestens der Preisentwicklung anzupassen. Die Durchführung der Versicherung erfolgt unter Mitwirkung der Kantone; es können Berufsverbände und andere private oder öffentliche Organisationen beigezogen werden. Die Versicherung wird finanziert:

a. durch die Beiträge der Versicherten; sind die Versicherten Arbeitnehmer, so tragen ihre Arbeitgeber die Hälfte der Beiträge;
b. durch einen Beitrag des Bundes von höchstens der Hälfte der Ausgaben, der vorab aus den Reineinnahmen aus der Tabaksteuer und den Tabakzöllen sowie der fiskalischen Belastung gebrannter Wasser gemäss Artikel 32bis Absatz 9 zu decken ist;
c. wenn das Ausführungsgesetz dies vorsieht, durch einen Beitrag der Kantone, der den Beitrag des Bundes entsprechend vermindert.

³Der Bund trifft im Rahmen der beruflichen Vorsorge auf dem Wege der Gesetzgebung folgende Massnahmen, um den Betagten, Hinterlassenen und Invaliden zusammen mit den Leistungen der eidgenössischen Versicherung die Fortsetzung der gewohnten Lebenshaltung in angemessener Weise zu ermöglichen:

a. Er verpflichtet die Arbeitgeber, ihre Arbeitnehmer bei einer Vorsorgeeinrichtung der Betriebe, Verwaltungen und Verbände oder einer ähnlichen Einrichtung zu versichern und mindestens die Hälfte der Beiträge der Arbeitnehmer zu übernehmen.
b. Er umschreibt die Mindestanforderungen, denen diese Vorsorgeeinrichtungen genügen müssen; für die Lösung besonderer Aufgaben können gesamtschweizerische Massnahmen vorgesehen werden.
c. Er sorgt dafür, dass jeder Arbeitgeber die Möglichkeit erhält, seine Arbeitnehmer bei einer Vorsorgeeinrichtung zu versichern; er kann eine eidgenössische Kasse errichten.

d. Er sorgt dafür, dass Selbständigerwerbende freiwillig und zu gleichwertigen Bedingungen wie die Arbeitnehmer sich bei einer Vorsorgeeinrichtung versichern können. Die Versicherung kann für bestimmte Gruppen von Selbständigerwerbenden allgemein oder für einzelne Risiken obligatorisch erklärt werden.

[4]Der Bund sorgt dafür, dass sich sowohl die eidgenössische Versicherung als auch die berufliche Vorsorge auf weite Sicht ihrem Zweck gemäss entwickeln können.

[5]Die Kantone können verpflichtet werden, Einrichtungen der eidgenössischen Versicherung und der beruflichen Vorsorge von der Steuerpflicht zu befreien sowie in bezug auf Beiträge und anwartschaftliche Ansprüche den Versicherten und ihren Arbeitgebern Steuererleichterungen zu gewähren.

[6]Der Bund fördert in Zusammenarbeit mit den Kantonen die Selbstvorsorge, insbesondere durch Massnahmen der Fiskal- und Eigentumspolitik.

[7]Der Bund fördert die Eingliederung Invalider und unterstützt Bestrebungen zugunsten Betagter, Hinterlassener und Invalider. Für diesen Zweck kann er Mittel aus der eidgenössischen Versicherung heranziehen.

Art. 11 Übergangsbestimmungen der BV

[1]Solange die Leistungen der eidgenössischen Versicherung den Existenzbedarf im Sinne von Artikel 34quater Absatz 2 nicht decken, richtet der Bund den Kantonen Beiträge an die Finanzierung von Ergänzungsleistungen aus. Er kann für diesen Zweck die Einnahmen aus den Steuern verwenden, die zur Finanzierung der eidgenössischen Versicherung bestimmt sind. Bei der Berechnung des höchstzulässigen Beitrages der öffentlichen Hand gemäss Artikel 34quater Absatz 2 Buchstaben b und c sind die Aufwendungen des Bundes und der Kantone für Ergänzungsleistungen voll zu berücksichtigen.

[2]Die Versicherten, die zur Eintrittsgeneration der obligatorischen beruflichen Vorsorge gemäss Artikel 34quater Absatz 3 gehören, sollen je nach der Höhe ihres Einkommens nach 10 bis 20 Jahren seit Inkrafttreten des entsprechenden Gesetzes in den Genuss des gesetzlich vorgeschriebenen Mindestschutzes gelangen. Das Gesetz bestimmt den Kreis der Personen, die zur Eintrittsgeneration gehören, und legt die während der Übergangszeit zu gewährenden Mindestleistungen fest; es trägt durch Sondervorschriften den Verhältnissen derjenigen Versicherten Rechnung, für die ein Arbeitgeber vor Inkrafttreten des Gesetzes Vorsorgemassnahmen getroffen hatte. Die Beiträge zur Deckung der Leistungen haben spätestens nach fünf Jahren die volle Höhe zu erreichen.

In Abs. 3 von Art. 34quater wird ausdrücklich festgehalten, dass die Erste und Zweite Säule zusammen den Betagten, Hinterlassenen und Invaliden "die Fortsetzung der gewohnten Lebenshaltung und in angemessener Weise" ermöglichen soll. Abs. 3 lit. a legt fest, dass der Arbeitgeber "mindestens die Hälfte der Beiträge" zu tragen hat. Das Übrige wird einem zu schaffenden Gesetz überlassen (siehe Abschnitt 2.4).

Auf den 1. Januar 2000 ist die *neue Bundesverfassung,* die vom Volk am 18. April 1999 angenommen wurde, in Kraft getreten. Die drei Säulen wurden wie folgt geregelt:

Art. 111 BV Alters-, Hinterlassenen- und Invalidenvorsorge
(gültig ab 1. Januar 2000

¹Der Bund trifft Massnahmen für eine ausreichende Alters-, Hinterlassenen- und Invalidenvorsorge. Diese beruht auf drei Säulen, nämlich der eidgenössischen Alters-, Hinterlassenen- und Invalidenversicherung, der beruflichen Vorsorge und der Selbstvorsorge.

²Der Bund sorgt dafür, dass die eidgenössische Alters-, Hinterlassenen- und Invalidenversicherung sowie die berufliche Vorsorge ihren Zweck dauernd erfüllen können.

³Er kann die Kantone verpflichten, Einrichtungen der eidgenössischen Alters-, Hinterlassenen- und Invalidenversicherung sowie der beruflichen Vorsorge von der Steuerpflicht zu befreien und den Versicherten und ihren Arbeitgeberinnen und Arbeitgebern auf Beiträgen und anwartschaftlichen Ansprüchen Steuererleichterungen zu gewähren.

⁴Er fördert in Zusammenarbeit mit den Kantonen die Selbstvorsorge namentlich durch Massnahmen der Steuer- und Eigentumspolitik.

Art. 112 BV Alters-, Hinterlassenen- und Invalidenversicherung

¹Der Bund erlässt Vorschriften über die Alters-, Hinterlassenen- und Invalidenversicherung.

²Er beachtet dabei folgende Grundsätze:
a. Die Versicherung ist obligatorisch.
b. Die Renten haben den Existenzbedarf angemessen zu decken.
c. Die Höchstrente beträgt maximal das Doppelte der Mindestrente.
d. Die Renten werden mindestens der Preisentwicklung angepasst.

³Die Versicherung wird finanziert:
a. durch Beiträge der Versicherten, wobei die Arbeitgeberinnen und Arbeitgeber für ihre Arbeitnehmerinnen und Arbeitnehmer die Hälfte der Beiträge bezahlen;
b. durch Leistungen des Bundes und, wenn das Gesetz es vorsieht, der Kantone.

⁴Die Leistungen des Bundes und der Kantone betragen zusammen höchstens die Hälfte der Ausgaben.

⁵Die Leistungen des Bundes werden in erster Linie aus dem Reinertrag der Tabaksteuer, der Steuer auf gebrannten Wassern und der Abgaben aus dem Betrieb von Spielbanken gedeckt.

⁶Der Bund fördert die Eingliederung Invalider und unterstützt Bestrebungen zugunsten Betagter, Hinterlassener und Invalider. Für diesen Zweck kann er Mittel aus der Alters-, Hinterlassenen- und Invalidenversicherung verwenden.

Art. 113 BV Berufliche Vorsorge

¹Der Bund erlässt Vorschriften über die berufliche Vorsorge.

²Er beachtet dabei folgende Grundsätze:
a. Die berufliche Vorsorge ermöglicht zusammen mit der Alters-, Hinterlassenen- und Invalidenversicherung die Fortsetzung der gewohnten Lebenshaltung in angemessener Weise.
b. Die berufliche Vorsorge ist für Arbeitnehmerinnen und Arbeitnehmer obligatorisch; das Gesetz kann Ausnahmen vorsehen.
c. Die Arbeitgeberinnen und Arbeitgeber versichern ihre Arbeitnehmerinnen und Arbeitnehmer bei einer Vorsorgeeinrichtung; soweit erforderlich, ermöglicht ihnen der Bund, die Arbeit-

2. Rechtliche Grundlagen

nehmerinnen und Arbeitnehmer in einer eidgenössischen Vorsorgeeinrichtung zu versichern.
d. Selbständigerwerbende können sich freiwillig bei einer Vorsorgeeinrichtung versichern.
e. Für bestimmte Gruppen von Selbständigerwerbenden kann der Bund die berufliche Vorsorge allgemein oder für einzelne Risiken obligatorisch erklären.

[3]Die berufliche Vorsorge wird durch die Beiträge der Versicherten finanziert, wobei die Arbeitgeberinnen und Arbeitgeber mindestens die Hälfte der Beiträge ihrer Arbeitnehmerinnen und Arbeitnehmer bezahlen.

[4]Vorsorgeeinrichtungen müssen den bundesrechtlichen Mindestanforderungen genügen; der Bund kann für die Lösung besonderer Aufgaben gesamtschweizerische Massnahmen vorsehen.

2.2 Stiftungsrecht (Art. 89bis ZGB)

Das Stiftungsrecht, Teil des Zivilgesetzbuches (ZGB), enthält hinsichtlich der Personalvorsorgeeinrichtungen nachstehende Bestimmungen:

Art. 89bis ZGB

G. Personalfürsorgestiftungen

¹Für Personalfürsorgeeinrichtungen, die gemäss Artikel 331 des Obligationenrechts in Form der Stiftung errichtet worden sind, gelten überdies noch folgende Bestimmungen.

²Die Stiftungsorgane haben den Begünstigen über die Organisation, die Tätigkeit und die Vermögenslage der Stiftung den erforderlichen Aufschluss zu erteilen.

³Leisten die Arbeitnehmer Beiträge an die Stiftung, so sind sie an der Verwaltung wenigstens nach Massgabe dieser Beiträge zu beteiligen; soweit möglich haben die Arbeitnehmer ihre Vertretung aus dem Personal des Arbeitgebers zu wählen.

⁴*Aufgehoben*

⁵Die Begünstigten können auf Ausrichtung von Leistungen der Stiftung klagen, wenn sie Beiträge an diese entrichtet haben oder wenn ihnen nach den Stiftungsbestimmungen ein Rechtsanspruch auf Leistungen zusteht.

⁶Für Personalfürsorgestiftungen, die auf dem Gebiet der Alters-, Hinterlassenen- und Invalidenvorsorge tätig sind, gelten überdies die folgenden Bestimmungen des Bundesgesetzes vom 25. Juni 1982 über die berufliche Alters-, Hinterlassenen- und Invalidenvorsorge: Artikel 52 (Verantwortlichkeit), Artikel 53 (Kontrolle), die Artikel 56 Absatz 1 Buchstabe c und Absätze 2–5, 56a, 57 und 59 (Sicherheitsfonds), die Artikel 61 und 62 (Aufsicht), Artikel 71 (Vermögensverwaltung), die Artikel 73 und 74 (Rechtspflege) sowie die Artikel 75–79 (Strafbestimmungen).

Abs. 4 und 6 geändert am 21. Juni 1996 und gültig ab 1. Januar 1997.

Die Stiftungen unterstehen "der Aufsicht des Gemeinwesens (Bund, Kanton, Gemeinde), dem sie nach ihrer Bestimmung angehören". Und: "Die Aufsichtsbehörde hat dafür zu sorgen, dass das Stiftungsvermögen seinen Zwecken gemäss verwendet wird" (Art. 84 ZGB).

Vorsorgestiftungen müssen (im Gegensatz zu Familienstiftungen und kirchlichen Stiftungen) ins *Handelsregister* eingetragen werden (vgl. Art. 101–104 HRV).

Daneben sind die jeweiligen *kantonalen Vorschriften* zum Stiftungsrecht zu beachten (Einführungsbestimmungen zum ZGB, Kreisschreiben, Verordnun-

2. Rechtliche Grundlagen

gen zur Stiftungsaufsicht, Verordnungen zur Vermögensanlage von Stiftungen usw.). Gemäss *Art. 393 Ziff. 4 ZGB* kann gegebenenfalls über eine Stiftung eine Beistandschaft errichtet werden.

Als besondere Formen von Vorsorgestiftungen können die *Gemeinschaftsstiftungen, Sammelstiftungen* und *Anlagestiftungen* genannt werden. Auch die Verbandsvorsorgeeinrichtungen sind in der Regel in der Rechtsform einer Stiftung errichtet.

Zurzeit ist eine Revision des gesamten Stiftungsrechts eingeleitet. Das Vernehmlassungsverfahren dazu fand 1993 statt. Nach dem Vorentwurf von 1993 wird vorgeschlagen, Art. 89bis (neu Art. 89c) im wesentlichen unverändert zu lassen. Der Begriff "Fürsorge" wird in "Vorsorge" abgeändert (wie im BVG und Arbeitsrecht). Der neue Art. 89c würde neu wie folgt lauten:

Art. 89c ZGB (Vorentwurf 1993)

K. Personalvorsorgestiftungen
^{1}Für Personalvorsorgeeinrichtungen, die nach Artikel 331 des Obligationenrechts in Form der Stiftung errichtet worden sind, gelten überdies folgende Bestimmungen.

^{2}*Bisheriger Art. 89bis Abs. 2*

^{3}*Bisheriger Art. 89bis Abs. 3*

^{4}*Bisheriger Art. 89bis Abs. 4*

^{5}*Bisheriger Art. 89bis Abs. 5*

^{6}Für Personalvorsorgestiftungen, die auf dem Gebiet der Alters-, Hinterlassenen- und Invalidenvorsorge tätig sind, gelten überdies die folgenden Bestimmungen des Bundesgesetzes vom 25. Juni 1982 über die berufliche Alters-, Hinterlassenen- und Invalidenvorsorge: Artikel 52 betreffend die Verantwortlichkeit, Artikel 53 betreffend die Kontrolle, die Artikel 61 und 62 betreffend die Aufsicht, Artikel 71 betreffend die Grundsätze der Vermögensverwaltung sowie die Artikel 73 und 74 betreffend die Rechtspflege.

Zurzeit ist die Revision des Stiftungsrechts aufgeschoben.

In den letzten Jahren ist die Idee aufgekommen, den *Personalvorsorgeeinrichtungen eine neue, eigenständige Rechtsform* zu geben, da die Stiftung in der heutigen Wirtschaft sehr schwerfällig ist. Dies würde Gelegenheit geben, verschiedene Gesetze zu entlasten (ZGB, OR, BVG). Sodann könnten die Sammel- und Gemeinschaftsstiftungen besser geregelt und auch die klare Aufgabenteilung zwischen den Überwachungsorganen darin festgehalten werden. Die Rechtsform der Stiftung (Fondation) wird weltweit nirgends für Pensionskassen verwendet und ist in der Handhabung in Anbetracht der rasch ändernden Wirtschaft (mit Fusionen, Restrukturierungen usw.) schwerfällig. Die Schaffung einer neuen Rechtsform für Pensionskassen, wie dies Nationalrat Hochreutener in seiner Motion von 1998 fordert, wäre zu begrüssen. Der Bundesrat hat den Vorstoss als Postulat entgegengenommen, will ihn aber erst nach der 1. BVG-Revision behandeln.

2.3 Arbeitsvertragsrecht (Art. 331–331e OR)

Auf den 1. Januar 1972 wurde das Arbeitsvertragsrecht, Teil des Obligationenrechts (OR), vollständig revidiert (Gesetz vom 25. Juni 1971). Damals wurde der aus dem Jahr 1958 stammende Art. 343bis OR des früheren Dienstvertragsrechts abgelöst. Davon gilt heute noch Art. 331 OR.

Art. 331 OR

D. Personalvorsorge
I. Pflichten des Arbeitgebers

[1]Macht der Arbeitgeber Zuwendungen für die Personalvorsorge oder leisten die Arbeitnehmer Beiträge daran, so hat der Arbeitgeber diese Zuwendungen und Beiträge auf eine Stiftung, eine Genossenschaft oder eine Einrichtung des öffentlichen Rechtes zu übertragen.

[2]Werden die Zuwendungen des Arbeitgebers und allfällige Beiträge des Arbeitnehmers zu dessen Gunsten für eine Kranken-, Unfall-, Lebens-, Invaliden- oder Todesfallversicherung bei einer der Versicherungsaufsicht unterstellten Unternehmung oder bei einer anerkannten Krankenkasse verwendet, so hat der Arbeitgeber die Übertragung gemäss vorstehendem Absatz nicht vorzunehmen, wenn dem Arbeitnehmer mit dem Eintritt des Versicherungsfalles ein selbständiges Forderungsrecht gegen den Versicherungsträger zusteht.

[3]Hat der Arbeitnehmer Beiträge an eine Personalvorsorgeeinrichtung zu leisten, so ist der Arbeitgeber verpflichtet, zur gleichen Zeit mindestens gleich hohe Beiträge wie die gesamten Beiträge aller Arbeitnehmer zu entrichten; er erbringt seine Beiträge aus eigenen Mitteln oder aus Beitragsreserven der Vorsorgeeinrichtung, die von ihm vorgängig hiefür geäufnet worden und gesondert ausgewiesen sind.

[4]Der Arbeitgeber hat dem Arbeitnehmer über die ihm gegen eine Vorsorgeeinrichtung oder einen Versicherungsträger zustehenden Forderungsrechte den erforderlichen Aufschluss zu erteilen.

(Abs. 3 gültig ab 1. Januar 1985; durch das Freizügigkeitsgesetz ist in diesem Artikel der Begriff Personalfürsorge durch -vorsorge ersetzt worden)

Auf den *1. Januar 1995* sind im Zusammenhang mit dem Freizügigkeitsgesetz (Art. 331a–c) und dem *Wohneigentumsförderungsgesetz* (Art. 331d–e) folgende neuen Artikel des Obligationenrechts in Kraft getreten, welche die früheren Art. 331a–c ersetzt haben:

Art. 331a OR

II. Beginn und Ende des Vorsorgeschutzes

[1]Der Vorsorgeschutz beginnt mit dem Tag, an dem das Arbeitsverhältnis anfängt, und endet an dem Tag, an welchem der Arbeitnehmer die Vorsorgeeinrichtung verlässt.

²Der Arbeitnehmer geniesst jedoch einen Vorsorgeschutz gegen Tod und Invalidität, bis er in ein neues Vorsorgeverhältnis eingetreten ist, längstens aber während eines Monats.

³Für den nach Beendigung des Vorsorgeverhältnisses gewährten Vorsorgeschutz kann die Vorsorgeeinrichtung vom Arbeitnehmer Risikobeiträge verlangen.

Art. 331b OR

Die Forderung auf künftige Vorsorgeleistungen kann vor der Fälligkeit gültig weder abgetreten noch verpfändet werden.

III. Abtretung und Verpfändung

Art. 331c OR

Vorsorgeeinrichtungen dürfen für die Risiken Tod und Invalidität einen Vorbehalt aus gesundheitlichen Gründen machen. Dieser darf höchstens fünf Jahre betragen.

IV. Gesundheitliche Vorbehalte

Art. 331d OR

¹Der Arbeitnehmer kann bis drei Jahre vor Entstehung des Anspruchs auf Altersleistungen seinen Anspruch auf Vorsorgeleistungen oder einen Betrag bis zur Höhe seiner Freizügigkeitsleistung für Wohneigentum zum eigenen Bedarf verpfänden.

III. Wohneigentumsförderung
1. Verpfändung

²Die Verpfändung ist auch zulässig für den Erwerb von Anteilscheinen einer Wohnbaugenossenschaft oder ähnlicher Beteiligungen, wenn der Arbeitnehmer eine dadurch mitfinanzierte Wohnung selbst benutzt.

³Die Verpfändung bedarf zu ihrer Gültigkeit der schriftlichen Anzeige an die Vorsorgeeinrichtung.

⁴Arbeitnehmer, die das 50. Altersjahr überschritten haben, dürfen höchstens die Freizügigkeitsleistung, auf die sie im 50. Altersjahr Anspruch gehabt hätten, oder die Hälfte der Freizügigkeitsleistung im Zeitpunkt der Verpfändung als Pfand einsetzen.

⁵Ist der Arbeitnehmer verheiratet, so ist die Verpfändung nur zulässig, wenn sein Ehegatte schriftlich zustimmt. Kann er die Zustimmung nicht einholen oder wird sie ihm verweigert, so kann er das Gericht anrufen.

⁶Wird das Pfand vor dem Vorsorgefall oder vor der Barauszahlung verwertet, so finden die Artikel 30d-f und 83a des Bundesgesetzes vom 25. Juni 1982 über die berufliche Alters-, Hinterlassenen- und Invalidenvorsorge Anwendung.

⁷Der Bundesrat bestimmt:
a. die zulässigen Verpfändungszwecke und den Begriff "Wohneigentum zum eigenen Bedarf";
b. welche Voraussetzungen bei der Verpfändung von Anteilscheinen einer Wohnbaugenossenschaft oder ähnlicher Beteiligungen zu erfüllen sind.

2. Rechtliche Grundlagen

Art. 331e OR

2. Vorbezug

¹Der Arbeitnehmer kann bis drei Jahre vor Entstehung des Anspruchs auf Altersleistungen von seiner Vorsorgeeinrichtung einen Betrag für Wohneigentum zum eigenen Bedarf geltend machen.

²Arbeitnehmer dürfen bis zum 50. Altersjahr einen Betrag bis zur Höhe der Freizügigkeitsleistung beziehen. Versicherte, die das 50. Altersjahr überschritten haben, dürfen höchstens die Freizügigkeitsleistung, auf die sie im 50. Altersjahr Anspruch gehabt hätten, oder die Hälfte der Freizügigkeitsleistung im Zeitpunkt des Bezuges in Anspruch nehmen.

³Der Arbeitnehmer kann diesen Betrag auch für den Erwerb von Anteilscheinen einer Wohnbaugenossenschaft oder ähnlicher Beteiligungen verwenden, wenn er eine dadurch mitfinanzierte Wohnung selbst benutzt.

⁴Mit dem Bezug wird gleichzeitig der Anspruch auf Vorsorgeleistungen entsprechend den jeweiligen Vorsorgereglementen und den technischen Grundlagen der Vorsorgeeinrichtung gekürzt. Um eine Einbusse des Vorsorgeschutzes durch eine Leistungskürzung bei Tod oder Invalidität zu vermeiden, bietet die Vorsorgeeinrichtung eine Zusatzversicherung an oder vermittelt eine solche.

2.4 Berufliches Vorsorgerecht (BVG u.a.)

Das *Bundesgesetz über die berufliche Alters-, Hinterlassenen- und Invalidenvorsorge (BVG)* vom 25. Juni 1982 (SR 831.40), in Kraft gesetzt auf den 1. Januar 1985, regelt das Obligatorium der Zweiten Säule. Der Gesetzestext ist im Anhang wiedergegeben. (Zur Entstehungsgeschichte siehe Abschnitt 14 und namentlich die Botschaft des Bundesrates zum Gesetzesentwurf vom 19. Dezember 1975.)

2.41 Gesetzes- und Verordnungsvielfalt seit 1982

Bisher sind zum BVG (in chronologischer Reihenfolge) folgende *Verordnungen und weitere gesetzliche Vorschriften* erschienen (die noch geltenden sind im Anhang abgedruckt):

- *Verordnung über die Inkraftsetzung und Einführung des BVG* vom 29. Juni 1983 (SR 831.401)
- *Verordnung über die Beaufsichtigung und Registrierung der Vorsorgeeinrichtungen (BVV 1)* vom 29. Juni 1983 (SR 831.435.1)
- *Verordnung über die berufliche Alters-, Hinterlassenen- und Invalidenvorsorge (BVV 2)* vom 18. April 1984 mit Änderung vom 29. Mai 1985 betreffend Art. 53 lit. e (SR 831.441.1)
- *Verordnung über die Gebühren für die Beaufsichtigung von Einrichtungen der beruflichen Vorsorge (VGBV)* vom 17. Oktober 1984 (SR 831.435.2)
- *Verordnung über die Eidgenössiche Beschwerdekommission der beruflichen Alters-, Hinterlassenen- und Invalidenvorsorge* vom 12. November 1984 (SR 831.451)
- *Verordnung über die Errichtung der Stiftung Sicherheitsfonds BVG (SFV 1)* vom 17. Dezember 1984 (SR 831.432.1) (ausser Kraft)
- *Verordnung über die Aufrechterhaltung des BVG-Vorsorgeschutzes* vom 27. Februar 1985 mit Änderung vom 6. November 1985 betreffend Art. 4 (SR 831.424) (überholt)
- *Bundesgesetz zur Anpassung des Bundesratsbeschlusses über die Erhebung einer direkten Bundessteuer an das Bundesgesetz über die berufliche Vorsorge* vom 22. März 1985 (SR 642.11), siehe dazu auch *Kreisschreiben Nr. 1* der Eidg. Steuerverwaltung vom 30. Januar 1986 sowie *Kreisschreiben Nr. 1a* vom 20. August 1986
- *Reglement über die Organisation der Stiftung Sicherheitsfonds BVG* vom 17. Mai 1985 (SR 831.432.2) (ausser Kraft)
- *Verordnung über die Ansprüche der Auffangeinrichtung der beruflichen Vorsorge* vom 28. August 1985 (SR 831.434)
- *Bundesratsbeschluss über den Aufschub der Beitragspflicht an den Sicherheitsfonds* (Art. 54–59, 63 und 64 BVG) vom 28. August 1985 (überholt) (ausser Kraft)
- *Verordnung über die steuerliche Abzugsberechtigung für Beiträge an anerkannte Vorsorgeformen (BVV 3)* vom 13. November 1985 (SR 831.461.3), siehe dazu auch *Kreisschreiben Nr. 2* der Eidg. Steuerverwaltung vom 31. Januar 1986
- *Verordnung über die Verwaltung des Sicherheitsfonds BVG (SFV 2)* vom 7. Mai 1986 (SR 831.432.3) (ausser Kraft)

2. Rechtliche Grundlagen

- *Verordnung über die Wohneigentumsförderung mit den Mitteln der beruflichen Altersvorsorge* vom 7. Mai 1986 (SR 831.426.4) (ersetzt durch das Bundesgesetz vom 17. Dezember 1993)
- *Beitrags- und Leistungsreglement der Stiftung Sicherheitsfonds BVG* vom 23. Juni 1986, vom Bundesrat genehmigt am 22. September 1986 (SR 831.432.4) (ausser Kraft)
- *Verordnung über die Erhaltung des Vorsorgeschutzes und die Freizügigkeit* vom 12. November 1986 (SR 831.425) (aufgehoben am 3. Oktober 1994)
- *Verordnung über die Anpassung der laufenden Hinterlassenen- und Invalidenrenten an die Preisentwicklung* vom 16. September 1987 (SR 831.426.3)
- *Verordnung über die Ausnahmen von der Schweigepflicht in der beruflichen Vorsorge und über die Auskunftspflicht der AHV/IV-Organe (VSABV)* vom 7. Dezember 1987 (SR 831.462.2)
- *Verordnung über die statistischen Erhebungen in der beruflichen Vorsorge* vom 17. Februar 1988 (SR 431.834)
- *Verordnung über die Verpfändung von Ansprüchen einer Vorsorgeeinrichtung* vom 17. Februar 1988 (SR 831.447)
- *Weisungen über die Pflicht der registrierten Vorsorgeeinrichtungen zur Auskunfterteilung an ihre Versicherten* vom 11. Mai 1988 (Erlass des Bundesrates) (BBl. 1988 II 641)
- *Bundesbeschluss über Anlagevorschriften für Einrichtungen der beruflichen Vorsorge und für Versicherungseinrichtungen* vom 6. Oktober 1989 (SR 211.437.5) (ausser Kraft gemäss VO vom 27. März 1991)
- *Verordnung über die Bewertung der Grundstücke von Einrichtungen der beruflichen Vorsorge und von Versicherungseinrichtungen* vom 18. Oktober 1989 (SR 211.437.55) (ausser Kraft gemäss VO vom 27. März 1991)
- *Bundesgesetz über die Freizügigkeit in der beruflichen Alters-, Hinterlassenen- und Invalidenvorsorge* vom 17. Dezember 1993 (SR 831.42)
- *Bundesgesetz über die Wohneigentumsförderung mit Mitteln der beruflichen Vorsorge* vom 17. Dezember 1993
- *Verordnung über die Freizügigkeit in der beruflichen Alters-, Hinterlassenen- und Invalidenvorsorge* vom 3. Oktober 1994 (SR 831.425)
- *Verordnung über die Wohneigentumsförderung mit Mitteln der beruflichen Vorsorge* vom 3. Oktober 1994 (SR 831.411)
- *Kreisschreiben Nrn. 22 und 23 der Eidg. Steuerverwaltung* vom 4. Mai 1995 zur Freizügigkeit in der beruflichen Vorsorge bzw. zur Wohneigentumsförderung
- *Verordnung 99 über die Anpassung der Grenzbeträge bei der beruflichen Vorsorge* vom 11. November 1998
- *Verordnung über die obligatorische berufliche Vorsorge von arbeitslosen Personen* vom 3. März 1997 (SR 837.174)
- *Verordnung über den Sicherheitsfonds BVG* vom 22. Juni 1998 (SR 831.432.1)

Die vom Bundesrat am 22. Juni 1998 erlassene neue *Verordnung über den Sicherheitsfonds BVG,* die am 1. Juli 1998 in Kraft getreten ist, drängte sich im wesentlichen wegen der Leistungserweiterung des Sicherheitsfonds auf. Sie umfasst auch die neue Finanzierungsregelung.

Auf den 1. Mai 1999 wurden im Freizügigkeitsgesetz Änderungen in Kraft gesetzt, um die Frage der vergessenen Guthaben in der beruflichen Vorsorge zu regeln.

Die Personalvorsorge, die vor 1984 durch fünf Gesetzesartikel im ZGB und OR geregelt war, erfährt nun durch das BVG mit 98 Artikeln und zahlreichen Verordnungen mit weiteren über 400 Artikeln eine einlässliche gesetzliche

Regelung. Weitere Verordnungen werden noch folgen. In der Sozialversicherung insgesamt – also für die AHV, IV, EO, ALV, EL ohne BVG – gelten weitere *215* gesetzliche Erlasse, Verordnungen, zwischenstaatliche Vereinbarungen, Kreisschreiben, Wegleitungen, Weisungen, Zirkularschreiben, Richtlinien, Anleitungen und Tabellen (zusammengestellt im Mitteilungsblatt des Verbandes Zürcher Handelsfirmen vom 14. März 1986).

Weitere Verordnungen über die Einführung des BVG sind auch auf *eidgenössischer* und *kantonaler* Basis entstanden, so beim Staatspersonal (z.b. die *Verordnung über die Einführung des Bundesgesetzes über die berufliche Vorsorge (BVG) beim Bundespersonal* vom 4. Juli 1984).

Im *Kanton Zürich* sind die Ausführungen zu Art. 61 Abs. 1 und Art. 73 Abs. 1 und 2 BVG in der *Verordnung über die berufliche Vorsorge* (vom 17. August 1983) festgelegt. Für die einzelnen Vorsorgeeinrichtungen ist diese Verordnung weniger von Bedeutung als das weiterhin geltende *Kreisschreiben von 1978*. Es soll vorgesehen sein, dieses Kreisschreiben zu ersetzen.

Weitere Verordnungen auf Bundes- und Kantonsebene stehen wohl noch aus. Durch verschiedene Bestimmungen, so für den Rechtsweg, die Aufsicht usw., ist das Recht der beruflichen Vorsorge – entgegen der ursprünglichen Absicht – immer mehr zum Teil des Sozialversicherungsrechts geworden.

Vor der zunehmenden Reglementierung und Uniformierung der Zweiten Säule, wozu auch der Versuch gehört, den obligatorischen Teil zur Sozialversicherung zu zählen (z.B. bei den bilateralen Abkommen mit der EU), muss nachdrücklich gewarnt werden. In das Dossier der EU des freien Personenverkehrs gehört auch der Bereich der Sozialversicherungen. Der obligatorische Teil des BVG darf nicht Teil der Sozialversicherungen werden. Beispielsweise Barauszahlungen im Freizügigkeitsfalle wären dann nur noch bei Verlassen des EU-Raumes möglich.

Zur Rechtsprechung des Eidg. Versicherungs- und Bundesgerichts zum BVG in den Jahren 1990–1994 siehe *W. Meyer-Blaser,* in: SZS 1995, S. 81 ff.

2.42 Stellungnahmen des BSV zu BVG-Problemen

Das *Bundesamt für Sozialversicherung (BSV)* hat zu Fragen aus dem Recht der beruflichen Vorsorge *Stellungnahmen* abgegeben, die in der Zeitschrift *ZAK* veröffentlicht wurden.

– *Probleme im Zusammenhang mit der Unterstellung im BVG* (ZAK 1985, S. 362 ff.)
– *Die Auslegung der Begriffe "Arbeitnehmer" und "Selbständigerwerbender" im BVG* (ZAK 1985, S. 498/99)

2. Rechtliche Grundlagen

- *Die Berechnung der in der obligatorischen beruflichen Vorsorge nach BVG versicherten Leistungen* (ZAK 1985, S. 198 ff. und 253 ff.)
- *Der Invalide und die Zweite Säule* (ZAK 1984, S. 519–523)
- *Die Deckung des erhöhten Invaliditäts- und Todesfallrisikos durch die berufliche Vorsorge* (ZAK 1986, S. 499–500)

Für einzelne heikle Fragen dürften erst letztinstanzliche *Gerichtsentscheide* Klarheit schaffen.

Das BSV gibt sodann bereits seit Oktober 1986 *"Mitteilungen über die berufliche Vorsorge"* heraus (orange Blätter). Bis Ende 1999 sind *48 Nummern* erschienen mit 288 behandelten Themen (fortlaufend numeriert). Das BSV weist selbst darauf hin (in Nr. 11), dass die Mitteilungen ein *Informationsorgan* sind und ihr Inhalt "nur dann als Weisung" gelte, "wenn dies im Einzelfall ausdrücklich gesagt wird".

Viele dieser "Mitteilungen" und Stellungnahmen des BSV sind in den Zeitschriften ZAK (bis 1993), Soziale Sicherheit (ab 1993) oder Schweizer Personalvorsorge abgedruckt worden. Ein Gesamtverzeichnis der Mitteilungen über die berufliche Vorsorge (Nrn. 1–40) enthält die Mitteilung Nr. 41 vom 1. Juli 1998.

2.43 1. BVG-Revision in Vorbereitung

Durch das 1993 verabschiedete Freizügigkeitsgesetz und Wohneigentumsförderungsgesetz ist die ursprünglich auf anfangs 1995 geplante Änderung des BVG verschoben worden. Die erste Revision des BVG ist zurzeit (1999) in Bearbeitung und soll frühestens im Jahr 2002 in Kraft treten. Die Entstehungsgeschichte geht auf mehrere Jahre zurück.

Das BSV hatte zur Behandlung durch die Eidg. Kommission für die berufliche Vorsorge schon 1988 eine ganze Anzahl Themenbereiche aufgelistet (veröffentlicht in: Mitteilungen über die berufliche Vorsorge Nr. 9 vom 5. Mai 1988, Ziff. 52). Anlass dazu gaben verschiedene Postulate und Motionen im National- und Ständerat. Siehe *Darstellung 2A*.

Darstellung 2A

Themenbereiche zur Revision des BVG (aufgelistet 1988 vom BSV)

"Revision des BVG: Durch die Eidgenössische Kommission für die berufliche Vorsorge zu behandelnde Themenbereiche

Die Eidgenössische Kommission für die berufliche Vorsorge hat kürzlich ihre Arbeiten im Hinblick auf die Revision des BVG aufgenommen. Nach Kenntnisnahme der bis heute vorliegenden Revisionspostulate legte sie das Verfahren für die Vorbereitungsarbeiten fest. Sie bildete zwei Ausschüsse, deren einer sich mit den Verbesserungen im Leistungsbereich und der andere mit jenen der Durchführung befassen wird.

Die Revisionspunkte sind zum grössten Teil das Ergebnis parlamentarischer Vorstösse. Andere ergeben sich aus den seit der Einführung des BVG in der Praxis gemachten Erfahrungen. In Anbetracht des allgemein festgestellten Interesses an diesen Arbeiten veröffentlichen wir hier die Liste der zur Diskussion stehenden Revisionspunkte. Dabei handelt es sich nur um eine provisorische Liste, die je nach der Entwicklung der Arbeiten abgeändert und ergänzt werden kann. Die Revision selbst ist für 1995 vorgesehen. Der Bundesrat erachtet es jedoch unter Umständen für möglich, bezüglich der Freizügigkeit schon während der laufenden Legislaturperiode mit einer Vorlage zur Revision der Art. 331 ff. des Obligationenrechts an das Parlament zu gelangen.

Die Liste der zu behandelnden Diskussionspunkte umfasst zurzeit folgende Themenbereiche:

1. Freizügigkeit*

2. Eintrittsgeneration

Schrittweise Realisierung des gesetzlichen Mindestschutzes, so dass der Forderung von Art. 11 Abs. 2 der Übergangsbestimmung zur Bundesverfassung Rechnung getragen wird.
(Art. 1 Abs. 2 BVG)

3. Anpassung der Altersrenten an die Teuerung

Massnahmen im Hinblick auf die Erhaltung des vorherigen Lebensstandards.
(Art. 34quater Abs. 3 BV)

4. Finanzierung: Verstärkung der Umlagekomponenten

Die Zweite Säule basiert im wesentlichen auf dem Kapitaldeckungsverfahren. Es sind Mittel und Wege zu suchen, um die Finanzierung nach dem Umlageverfahren zu stärken, einerseits auf der Stufe der Vorsorgeeinrichtung selber, andererseits auf nationaler Ebene.
(Postulat Jelmini vom 20. März 1986)

5. Situation der älteren Arbeitnehmer auf dem Arbeitsmarkt

Problem der mit dem Alter der Arbeitnehmer zunehmenden Beiträge. Analyse der Staffelung der Ansätze für die Altersgutschriften.
(Postulate Darbellay und Jelmini vom 3. Oktober 1984 sowie Postulat Etique vom 19. Dezember 1985)

---

*Durch das neue Bundesgesetz über die Freizügigkeit in der beruflichen Alters-, Hinterlassenen- und Invalidenvorsorge vom 17. Dezember 1993 erledigt.

6. Teilzeitbeschäftigte

Problem des Koordinationsabzuges, der vor allem bei einer Kumulation von Leistungen der Ersten und der Zweiten Säule eine Überversicherung zu vermeiden bezweckt, der aber auch die Teilzeitbeschäftigten benachteiligt.
(Postulate Bührer und Uchtenhagen vom 17. Juni 1987)

7. Flexibilität des Rücktrittsalters

Auswirkung der 10. AHV-Revision auf das BVG.

8. Gleichbehandlung von Mann und Frau

Verwirklichung parallel zur 10. AHV-Revision. Im weiteren erneute Prüfung des Problems der Barauszahlung der Freizügigkeitsleistung für die verheiratete Frau.
(Postulat Camenzind vom 10. Juni 1987)

9. Ansprüche des geschiedenen Ehepartners

Anpassung des BVG an die künftigen Bestimmungen des Scheidungsrechts, Revision des Scheidungsrechts ist zurzeit in Vorbereitung.
(Vorschlag des Bundesamtes für Justiz, eventuell Motion Nabholz vom 16. März 1988)

10. Invalidenviertelsrente

Anpassung des BVG an das IVG (Viertelsrente für Invalide, die zumindest 40% invalid sind und Wohnsitz in der Schweiz haben).
(Revision IVG, Botschaft des Bundesrates vom 21. November 1984, Ziff. 219)

11. Erhöhtes Todes- und Invaliditätsrisiko

Problem der Arbeitnehmer mit angeschlagener Gesundheit, die deswegen Schwierigkeiten bei der Suche nach einer Arbeitsstelle haben. Eventuell Massnahmen auf nationaler Ebene ins Auge fassen.
(Postulat Lanz vom 18. September 1985)

12. Deckung des Todes- und Invaliditätsrisikos beim Übertritt von einer Vorsorgeeinrichtung zu einer anderen

Problem, weil in vielen Fällen, in denen der teilinvalide Versicherte die Stelle wechselt, sich auch der Invaliditätsgrad ändert.
(Problem aus der Praxis)

13. Wohneigentumsförderung*

14. Koordination mit anderen Sozialversicherungen

Die Koordination mit den Einrichtungen der Kranken-, Unfall- und Arbeitslosenversicherung, welche Taggelder entrichten, verbessern. Erneute Überprüfung der Koordination mit der Unfall- und der Militärversicherung (Frage der Priorität).
(Problem aus der Praxis)

---

*Durch das neue Bundesgesetz über die Wohneigentumsförderung mit Mitteln der beruflichen Vorsorge vom 17. Dezember 1993 erledigt.

2.4 Berufliches Vorsorgerecht

15. Verbesserter Schutz im Fall der Zahlungsunfähigkeit einer Vorsorgeeinrichtung oder eines Arbeitgebers

Den durch den Sicherheitsfonds gebotenen Schutz für den Fall der Zahlungsunfähigkeit des Arbeitgebers ausdehnen. Möglichkeit prüfen, diese Garantie auf die weitergehende Vorsorge auszudehnen.
(Diskussion im Rahmen der Eidg. BVG-Kommission anlässlich der Vorbereitung der Verordnung über die Verwaltung des Sicherheitsfonds BVG; SFV 2)

16. Spezieller Status für die Sammel- oder Gemeinschaftsvorsorgeeinrichtungen

Problematik der Vorsorgewerke im Rahmen einer Sammelvorsorgeeinrichtung, insbesondere bezüglich deren Zahlungsunfähigkeit (vgl. Ziff. 15). Schwierigkeiten bei der Auflösung der Vorsorgewerke, bei der paritätischen Verwaltung sowie bei der Kontrolle und Aufsicht usw. analysieren und entsprechende Verbesserungen prüfen.
(Postulat Allenspach vom 18. September 1984)

17. Paritätische Verwaltung

Die Bestimmungen des BVG über die paritätische Verwaltung präzisieren, damit diese besser funktioniert.
(Individueller Vorschlag)

18. Deckung der Verwaltungskosten der Auffangeinrichtung

Die Deckung der Verwaltungskosten regeln, welche der Auffangeinrichtung anfallen, nicht in ihrer Eigenschaft als Vorsorgeeinrichtung, sondern als Behörde, die durch Verfügung säumige Arbeitgeber anzuschliessen hat.
(Individueller Vorschlag)

19. Beteiligung der Arbeitgeber am Versicherungsgewinn

Die diesbezüglichen rechtlichen Beziehungen zwischen Vorsorgeeinrichtungen, Versicherten und Arbeitgebern klären; Missbräuche bekämpfen.
(Individueller Vorschlag)

20. Vermögensanlage der Vorsorgeeinrichtungen

Prüfung der Möglichkeiten zur Einschränkung der Vermögensanlagen in Immobilien*.
(Postulat Wick vom 6. Juni 1984, Postulat Bundi vom 3. Oktober 1984, eventuell Postulat Engler vom 9. März 1988)

21. Verwendung der nicht geltend gemachten Altersguthaben

Problem der Erhaltung der Vorsorge von Versicherten, die Inhaber einer Freizügigkeitspolice oder eines Freizügigkeitskontos sind, aber verschwunden sind oder nichts von ihrem Rechtsanspruch auf ihre Altersguthaben wissen.
(Fragen aus der Praxis)

22. Anschlusskontrolle der Arbeitgeber

Das Kontrollverfahren vereinfachen und die Art der Kostendeckung festlegen.
(Jahresberichte der Aufsichtsbehörden)

---

*Durch die Revision von Art. 54 BVV 2 und die Entwicklung erledigt.

2. Rechtliche Grundlagen

23. Koordination der Rechtswege

Die Koordinationsprobleme lösen, die sich aus den verschiedenen Rechtswegen (Eidgenössisches Versicherungsgericht, Bundesgericht) ergeben.
(Tätigkeitsbericht 1986 der Eidgenössischen Gerichte)

24. Administrative Vereinfachungen

Systematische Prüfung der Vereinfachungen zur Anwendung des BVG.
(Postulat Eisenring vom 25. September 1986, Postulat Oehler vom 5. Oktober 1987)

25. Zunahme der Lebenserwartung

Prüfung der Auswirkungen auf die Höhe der Renten sowie auf das Vorsorgeziel.
(Individueller Vorschlag)"

Riemer (in: SZS 1988, S. 335/36) möchte die Liste der *Darstellung 2A* um weitere Punkte ergänzen:

– Kodifikation der freiwilligen beruflichen Vorsorge (d.h. insbesondere Herübernahme von Art. 331 ff. OR),
– Erweiterung des Katalogs der auf die freiwillige berufliche Vorsorge anwendbaren BVG-Bestimmungen,
– verbesserte Koordination mit der AHV/IV-Gesetzgebung,
– Verfügungskompetenz der Vorsorgeeinrichtungen (wird von *Riemer* abgelehnt).

Claude Chuard möchte das BVG auf weiten Strecken radikal vereinfachen, um es wirklich miliztauglich zu machen. Auch *Leo von Deschwanden* schlägt verschiedene administrative Vereinfachungen vor, so die Aufhebung des Koordinationsabzuges und Verzicht auf Zuschüsse bei ungünstiger Altersstruktur durch den Sicherheitsfonds (siehe für beide Autoren: SHZ vom 18. Mai 1989, gekürzt auch in NZZ 13. Mai 1989).

Von verschiedenen Seiten wurden *weitere Begehren* an die BVG-Revision gestellt (z.B. Christlichnationaler Gewerkschaftsbund: 15 Thesen, in: AWP-Nachrichten 30. November 1989; weitere Wünsche siehe Schweizer Personalvorsorge 1989, S. 196–198, 268–271, 392–393).

Das BSV bzw. das EJPD hat 1998 einen Bericht verfasst, der auch aufgrund der Beratungen der Eidg. BVG-Kommission einem Vernehmlassungsverfahren unterzogen wurde. Wesentlich ist, dass die *Handhabung des Gesetzes soweit wie möglich vereinfacht* wird, ohne am Grundsätzlichen zu rütteln. Die Kritik ist heute in vielen Kreisen gross und muss ernst genommen werden. *Die Revision des BVG erhält grosses politisches Gewicht und wird sehr schwierig sein.* Es wird auch das *Verhältnis zur AHV* zu untersuchen sein.

Die wichtigsten Revisionsthemen für die 1. BVG-Revision betreffen gemäss der Vernehmlassungsvorlage vom 28. August 1998 die in *Darstellung 2B* aufgezeigten Bereiche.

Darstellung 2B
Wichtigste Revisionsthemen für die 11. AHV-Revision und die 1. BVG-Revision (Sicht 1998)

11. AHV-Revision Koordination	1. BVG-Revision 1. Teil Konsolidierung	1. BVG-Revision 2. Teil Weiterentwicklung
Gleiches Rentenalter von Frau und Mann	Anpassung des Umwandlungssatzes und Erhaltung der Rentenhöhe	Verbesserte Vorsorge für Versicherte mit kleinen und mittleren Einkommen
Flexibilisierung des Rentenalters für Frau und Mann	Einfachere Kontrolle der Arbeitgebererfassung	Verbesserte Vorsorge für Teilzeitbeschäftigte
Als Ergänzung zu den Flexibilisierungsmodellen der AHV: Beginn für das Ansparen der Altersrente ab Alter 22	Verbesserte Information der Versicherten	Anpassung der Altersrenten an die Preisentwicklung
Einführung der Witwerrente im BVG	Einheitliche Regelung der Verjährung von Leistungsansprüchen	Weiterführung der Massnahmen für die Eintrittsgeneration
	Vereinfachte Regelung zur Aufsicht von Gesamt- und Teilliquidationen bei Sammel- und Gemeinschaftseinrichtungen	Einheitliche Begünstigtenordnung in der Zweiten Säule
	Rechtsweg im Zusammenhang mit Freizügigkeitseinrichtungen	

Quelle: Mitteilungen über die berufliche Vorsorge Nr. 42, Ziff. 240 (hrsg. vom BSV 29. Oktober 1998)

Otto Piller, Direktor des BSV, hat 1998 die Ziele der 1. BVG-Revision wie folgt zusammengefasst (siehe AWP 4. März 1998). Die Revision soll
- das ursprünglich gefasste Vorsorgeziel sicherstellen,
- das Vorsorgesystem den Änderungen im Arbeitsverhalten der Gesellschaft anpassen,
- das Vorsorgesystem der demographischen Entwicklung anpassen,

- das Vorsorgesystem der ökonomischen und finanzwirtschaftlichen Entwicklung anpassen,
- die Durchführung des gesamten Vorsorgesystems verbessern.

Die Vernehmlassungsunterlagen wurden durch drei Studien ergänzt, die verschiedene Aspekte vertiefen, nämlich die Begünstigtenordnung Zweite Säule und Säule 3a sowie die mikro- und makroökonomischen Auswirkungen der 1. BVG-Revision. Die Vernehmlassung zur 1. BVG-Revision lief bis 30. November 1998.

Aus den Stellungnahmen zur 1. BVG-Revision ergeben sich wichtige Schlussfolgerungen, denen nachgelebt werden sollte:

- Das BVG muss miliztauglich bleiben, und der Detaillierungsgrad der gesetzlichen Bestimmungen ist zu vereinfachen und keinesfalls zu verkomplizieren.
- Der Umwandlungssatz von heute 7,2% sollte möglichst rasch den demographischen und wirtschaftlichen Gegebenheiten angepasst werden.
- Die in der 1. BVG-Revision zur Diskussion gestellte Herabsetzung des Koordinationsabzuges ist beitragsneutral nicht möglich, wird doch damit das versicherte Einkommen erhöht.

Die Gesetzgebung über die berufliche Vorsorge muss somit eine Rahmengesetzgebung bleiben. Jede Vorsorgeeinrichtung braucht einen Freiraum, um ihr eigenes Konzept verwirklichen zu können. Generelle Minimalvorschriften würden in vielen Bereichen genügen.

Die bundesrätliche Botschaft zur 1. BVG-Revision soll anfangs 2000 veröffentlicht werden. Es ist geplant, die Revision auf den 1. Januar 2002 oder 2003 in Kraft zu setzen.

Bereits liegen neue Begehren und Anregungen vor:

- Nationalrat *Norbert Hochreutener* möchte eine *eigene Rechtsform für Personalvorsorgeeinrichtungen*. Die Rechtsform der Stiftung sei in der heutigen Wirtschaft schwerfällig. Dies schlägt er 1998 in einer Motion vor.
- Die Vertretung im Stiftungsrat der *Rentner*, die einen wesentlichen Teil des Deckungskapitals stellen, sollte – wenn auch ohne Stimmrecht, um die Parität nicht zu stören – Tatsache werden.

Wie schon 1984 bei der Einführung des BVG sind auch heute wieder *Vereinfachungen* gefragt, welche die Administration entlasten.

Im Jahr 1976 hat der Verfasser in der "Neuen Zürcher Zeitung" zum damals vorgesehenen Gesetz über die berufliche Vorsorge geschrieben (NZZ 19. Juli 1976):

"… Die Bestimmungen sind derart kompliziert, dass eine Unternehmung, die schliesslich in erster Linie ihren statutarischen Gesellschaftszweck zu verwirklichen hat, ohne einen eigens dazu ausgebildeten Sachbearbeiter nicht in der Lage sein dürfte, die Kasse sachgemäss zu führen, wie es von einer selbständigen anerkannten Einrichtung verlangt wird …"

Und: "Obwohl es nicht dem Ziel der Vorsorge dient und zu einer unnötigen Aufblähung der Verwaltungsarbeiten führt, werden sehr viele Unternehmungen vermutlich den *obligatorischen Teil der zweiten Säule separat führen* und eine allfällig zusätzliche freiwillige Personalvorsorge – im Sinne einer Kaderversicherung (Bel'étage) – organisatorisch abspalten. Das Führen einer selbständigen anerkannten Kasse bedeutet einen Verwaltungsaufwand, den sich viele privatwirtschaftliche Unternehmen nicht werden leisten können. Viele Arbeitgeber werden die Verwirklichung des Obligatoriums bei der Auffangeinrichtung, bei Versicherungsgesellschaften oder bei dafür errichteten Gemeinschaftsstiftungen suchen müssen …"

Wenn damals auch im Verlaufe der parlamentarischen Beratungen das BVG-Gesetzeswerk dank des Ständerates noch wesentlich vereinfacht worden ist, so muss es doch *auch heute noch als in der Durchführung sehr kompliziert und aufwendig* angesehen werden.

Vermutlich hat man bei den massgebenden Bundesstellen die Probleme des BVG und den mit der Durchführung verbundenen Aufwand in der Wirtschaft *unterschätzt*. Eine Beschränkung auf das Wesentliche – so glaubt der Verfasser nach wie vor – wäre mehr! Die sachliche Kritik in Einzelfragen und Vereinfachungsbegehren dürfen aber nicht in eine allgemeine Ablehnung abgleiten; dies wäre sonst Wasser auf die Mühle jener, die eine staatliche Lösung in Form eines Ausbaus der Ersten Säule anstreben (Volkspension).

Dass der *administrative bürokratische Aufwand* (für Steuerdeklarationen, Sozialabgaben, Statistiken, Bewilligungen, Abrechnungen usw.) relativ besonders die kleinen Unternehmen belastet, überrascht nicht. *Hunkeler* stellte anhand einer Erhebung (im Rahmen seiner Dissertation an der HSG) bereits 1986 fest, dass die "Bürokratiekosten pro Mitarbeiter" bei 1–19 Beschäftigten CHF 1'761.– betragen, bei 50–199 Beschäftigten dagegen mit CHF 408.– am niedrigsten seien.

2.5 Steuerrecht

Das Steuerrecht spielt in verschiedener Beziehung bei der beruflichen Vorsorge eine wesentliche Rolle. Es geht namentlich um die steuerliche Behandlung

- der *Vorsorgeeinrichtung* selbst,
- des *Arbeitgebers* für Beiträge,
- des *Arbeitnehmers* für Beiträge, anwartschaftliche Leistungen und Freizügigkeitsleistungen,
- des *Begünstigten* für empfangene Kapital- oder Rentenleistungen.

Die Organisation und die Formen der Personalvorsorgeeinrichtungen wurden weitgehend von steuerrechtlichen Bestimmungen beeinflusst. Der Bund und die Kantone gewähren auf dem Gebiet der direkten Steuern ausnahmslos und seit jeher *Steuererleichterungen*. Der Ausbau der Personalvorsorge in den letzten Jahrzehnten ist weitgehend diesen Steuerprivilegien zu verdanken.

Vor allem die Zulassung von *Zuwendungen des Arbeitgebers an Personalvorsorgeeinrichtungen* als freies Stiftungskapital, das im einzelnen erst später verwendet werden kann, als abzugsfähigen Aufwand begünstigte die Vermögensbildung in der Personalvorsorge ungemein. Dies ist namentlich dank der separaten Rechtsform der Stiftung (oder Genossenschaft) möglich, welche auf einfache Art gewährleisten kann, dass das *Vermögen, auch wenn es noch nicht auf die einzelnen Versicherten als Rückstellungen aufgeteilt ist, nie mehr zweckentfremdet werden kann.*

Mit Arbeitgeberbeitragsreserven kann Vorsorge für die Zukunft betrieben werden. Handelsrechtlich und steuerlich ist dies eine von ganz wenigen Möglichkeiten, aktive Gewinnausweis- und Bilanzpolitik zu betreiben.

2.51 Steuerrechtliche Vorschriften des BVG

Das BVG enthält zur steuerrechtlichen Behandlung der Vorsorge die *Art. 80–84*. Der Bundesratsbeschluss über die Erhebung einer direkten Bundessteuer (BdBSt) sowie die kantonale Steuergesetzgebung waren demnach an das BVG anzupassen. Unter den Schlussbestimmungen des BVG wird in *Art. 98 Abs. 3* festgehalten, dass "die Vorschriften von Art. 81 Absatz 2 und 3 und in Artikel 82 und 83 ..." innerhalb dreier Jahre nach Inkrafttreten des Gesetzes in Kraft zu setzen waren, *also bis zum 1. Januar 1988.* Damit sollten namentlich die unterschiedliche Behandlung der Beiträge an und Leistungen aus beruflichen Vorsorgeeinrichtungen vereinheitlicht werden.

Auch das Bundesgesetz über die *Steuerharmonisierung* (StHG), das am 1. Januar 1993 in Kraft getreten ist, hat diese Vorschläge des BVG übernommen.

2.52 Direkte Bundessteuern

Als Folge der steuerrechtlichen Vorschriften des BVG wurden folgende *Vorschriften,* die auf den gelben Seiten in diesem Buch im Wortlaut wiedergegeben sind, erlassen:
- *Verordnung über die steuerliche Abzugsberechtigung für Beiträge an anerkannte Vorsorgeformen (BVV 3)* vom 13. November 1985,
- *Kreisschreiben Nr. 1 der EStV zur Anpassung des BdBSt an das BVG* vom 30. Januar 1986,
- *Kreisschreiben Nr. 1a der EStV über eine Änderung des Kreisschreibens Nr. 1* vom 20. August 1986,
- *Kreisschreiben Nr. 2 der EStV über die steuerliche Abzugsberechtigung für Beiträge an anerkannte Vorsorgeformen (BVV 3)* vom 31. Januar 1986.

Der Bundesratsbeschluss über die Erhebung einer direkten Bundessteuer (BdBSt) bzw. das Bundesgesetz zur Anpassung des Bundesratsbeschlusses über die Erhebung einer direkten Bundessteuer an das Bundesgesetz über die berufliche Vorsorge vom 22. März 1985 sind durch das *Bundesgesetz vom 22. März 1985* an die steuerrechtlichen Vorschriften des BVG angepasst worden.

Die Bestimmungen dieses Anpassungsgesetzes sind im *Kreisschreiben Nr. 1 vom 30. Januar 1986* von der Eidg. Steuerverwaltung (Text siehe Anhang 2) erläutert worden. Dieses Kreisschreiben ist in verschiedenen Teilen auf *Kritik* gestossen, indem darin ein Versuch gesehen wird, die gesetzlichen Bestimmungen in unzulässiger Art einzuengen, namentlich hinsichtlich Bedingungen zur Gewährung der Steuerbefreiung, so der Gleichwertigkeit der Vorsorge bei mehreren Vorsorgeeinrichtungen (Ziff. 2 lit. e) und des eingeschränkten Kreises der begünstigten Personen im Todesfall (lit. f). Dem Kreisschreiben wurde vorgeworfen, in verschiedenen Punkten den fallengelassenen Verordnungsentwurf zu einer BVV 4 auf verwaltungsinterner Ebene wieder aufzunehmen. Dieser Kritik hat die Eidg. Steuerverwaltung durch Erlass von Änderungen zum Kreisschreiben Nr. 1 in einem *Kreisschreiben Nr. 1a vom 20. August 1986* Rechnung getragen. Anstelle von "Gleichwertigkeit" der Vorsorge wird nur noch "Angemessenheit" verlangt. Ebenso ist die Begünstigtenordnung gelockert und der Praxis angepasst worden.

In einem *Kreisschreiben Nr. 2 vom 31. Januar 1986* wurde die steuerliche Abzugsberechtigung für Beiträge an anerkannte Vorsorgeformen (BVV 3) erläutert (Text siehe Anhang 2).

Auf den 1. Januar 1995 ist das neue *Bundesgesetz über die direkte Bundessteuer (DBG)* in Kraft getreten. Abschnitt 7 behandelt daraus die die berufliche Vorsorge betreffenden Bestimmungen.

Auf den 1. Januar 1995 ist mit dem neuen Gesetz über die direkten Bundessteuern (DBG) im Bund und in den Kantonen eine *allgemeine Quellensteuer-*

pflicht der Vorsorgeeinrichtungen auf Vorsorgeleistungen, die ins Ausland gehen, sowie auf gewissen Ersatzeinkünften eingeführt worden
Die Kreisschreiben Nrn. 22 und 23 der Eidg. Steuerverwaltung vom 4. Mai 1995 behandeln die Freizügigkeit bzw. die Wohneigentumsförderung aus steuerlicher Sicht.

Immer wieder wird versucht – auch mit Blick auf den zunehmenden Finanzbedarf des Bundes –, steuerliche Privilegien der Zweiten Säule abzuschaffen.

Der *Vorschlag des Bundesrates* von 1998, der dann glücklicherweise abgewendet werden konnte, hätte – gestützt auf das *Stabilisierungsprogramm 1998* – erhebliche Eingriffe und Beschränkungen für die Säulen 2 und 3a gebracht. Vorgeschlagen wurden

– Beschränkungen des versicherten Lohnes auf das Vierfache des oberen Grenzbetrages (neu im BVG),
– Beschränkung der versicherten Leistungen auf 70% des oberen Grenzbetrages (neu im BVG),
– Beschränkung des Einkaufs (neu im BVG und FZG),
– Beschränkung der Beiträge auf solche "im Rahmen des BVG" (neu im BVG und in Steuergesetzen),
– Erhöhung der Besteuerung der Kapitalleistungen (neu im DBG).

Es scheint (im September 1999), dass mit Ausnahme der Beschränkung des Einkaufs alle übrigen Vorschläge vom Tisch sind. Gerade dieser Vorschlag der Beschränkung des Einkaufs ist aber absurd in seiner Formulierung (siehe z.B. *Chuard C.*, in: SPV 11/98, S. 831 ff.) und sollte anders gelöst werden.

Bundesrat Villiger ist, wie er sagte, "überzeugt, dass die heutige Regelung bei der Zweiten und Dritten Säule systematisch dazu benützt wird, um Gelder legal am Fiskus vorbeizuschleusen, die nicht der Vorsorge dienen" (AWP Soziale Sicherheit 1999, Nr. 14 vom 21. Juli 1999, S. 7). Um solchen Auswüchsen zu begegnen, braucht es keine neuen Vorschriften, sondern die allgemeinen Bestimmungen zur Steuerumgehung (ungewöhnliches Vorgehen usw.) dürften genügen; diese sind nur anzuwenden (z.B. im Falle eines Exzesses).

Das *Bundesgesetz über das Stabilisierungsprogramm vom 19. März 1998* vom 19. März 1999 sieht eine Änderung des BVG auf den 1. Januar 2001 vor. Ein neuer Art. 79a BVG wird – aus steuerlichen Gründen – zur Missbrauchsbekämpfung den Einkauf von reglementarischen Pensionskassenleistungen begrenzen. Doch die neuen Bestimmungen weisen in eine falsche Richtung (siehe Beiträge in SPV 3/2000).

2.53 Kantonale Steuern

In den Kantonen gelten weiterhin *unterschiedliche Regelungen* (siehe Abschnitt 7), auch wenn sich diese in den letzten Jahren immer mehr der Regelung der direkten Bundessteuer angeschlossen haben. Durch das BVG war bereits eine Reihe neuer Vorschriften veranlasst worden (Art. 80 ff. und 98 BVG), so insbesondere, dass Beiträge voll steuerbefreit, dafür aber Leistungen voll besteuert werden (vorher war es in den meisten Kantonen umgekehrt). Viele Kantone erwarten daraus Steuerausfälle, da spätere Steuererträge möglicherweise anderen (sonnigeren) Kantonen zukommen (oder ausbleiben, wenn sich der Rentner ins Ausland begibt). Missbräuche, vor allem mit Kapitalabfindungen, sind nicht auszuschliessen, so dass einzelne Kantone Sicherungsmassnahmen einführten (z.B. ZH).

Im *Kanton Zürich* ist an der Volksabstimmung vom 8. Juni 1986 das Steuergesetz u.a. wie folgt geändert worden (gültig ab 1. Januar 1987):

- Anpassung an das BVG betreffend Abziehbarkeit der Beiträge (§ 25 lit. o) und Besteuerung der Leistungen (§ 19 lit. g) usw.,
- Besteuerung der Kapitalzahlungen beim aus der Vorsorge berechtigten Vorsorgenehmer getrennt vom übrigen Einkommen zum Steuersatz, "der sich er-gäbe, wenn anstelle der einmaligen Leistung eine entsprechende jährliche Rente ausgerichtet würde" (§ 32 Abs. 6). Neu werden auch Hinterlassenenkapitalleistungen an den überlebenden Ehegatten auf diese Art behandelt.

Die Kantone haben ihre Steuergesetze bis Ende 2001 an das *Bundesgesetz über die Steuerharmonisierung (StHG)* anzupassen, das seit 1. Januar 1993 in Kraft ist.

Einzelheiten zur steuerlichen Behandlung der Vorsorgeeinrichtungen, der Beiträge und der Leistungen siehe Abschnitt 7.

2.6 Versicherungsrecht

Das *Bundesgesetz betreffend die Aufsicht über die privaten Versicherungseinrichtungen* (vom 23. Juni 1978, Stand 1. Januar 1996), das Versicherungsaufsichtsgesetz *VAG*, regelt die staatliche Versicherungsaufsicht.
Art. 6 und namentlich Art. 31–36 VAG befassen sich mit der *vereinfachten Aufsicht*, der inländische Lebensversicherungseinrichtungen unterstehen. Diese Art. 31–36 VAG enthalten insbesondere folgende Vorschriften:

- Anwendung des Anwartschaftsdeckungsverfahrens für eine geschlossene Kasse,
- Genehmigung der Tarife durch das Bundesamt,
- Bildung eines Schwankungsfonds,
- Bestimmung der Abfindungswerte,
- Anpassungsklausel bei versicherungstechnischem Fehlbetrag.

Die Anwendung dieser Bestimmung auf Vorsorgeeinrichtungen war lange Zeit unklar, da vor dem Bundesgericht mehrere Rekursfälle pendent waren. Schon früher, damals noch vom Eidg. Versicherungsamt, wurde versucht, Versicherungseinrichtungen unter die Aufsicht zu nehmen (siehe BGE 64 I 59 mit dem erfolglosen Versuch betreffend die Pensionskasse der Schweizerischen Elektrizitätswerke).

Am 29. Februar 1988 wurde nun eine Gesetzesänderung zum VAG erlassen. Diese dient der Neuabgrenzung der Aufsichtspflicht und Vermeidung von Doppelspurigkeiten mit der Zweiten Säule. Danach sind die *Personalversicherungseinrichtungen von Berufsverbänden* von der Versicherungsaufsicht gemäss VAG auszunehmen, wenn sie der BVG-Aufsicht unterstehen. Die auf den 1. April 1988 in Kraft getretene Gesetzesänderung lautet wie folgt:

Art. 4 Abs. 1 Bst. c[bis] und c[ter] VAG

[1]Von der Aufsicht ausgenommen sind:

c[bis]. die Personalversicherungseinrichtungen von beruflichen oder zwischenberuflichen Verbänden oder ähnlichen Institutionen, wenn diese die Versicherung nur als Nebenaufgabe betreiben und allein ihr Personal und ihre Mitglieder sowie deren Arbeitnehmer versichern; diese Personalversicherungseinrichtungen müssen im Register für die berufliche Vorsorge (Art. 48 Abs. 1 des Bundesgesetzes vom 25. Juni 1982 über die berufliche Alters-, Hinterlassenen- und Invalidenvorsorge [BVG]) eingetragen sein, wenn es sich nicht um Personalfürsorgestiftungen handelt, die auf dem Gebiet der Alters-, Hinterlassenen- und Invalidenvorsorge tätig sind;

c[ter]. die Auffangeinrichtung nach Artikel 60 BVG.

Das *Bundesgesetz über den Versicherungsvertrag* (vom 2. April 1908 mit späteren Änderungen, Stand am 1. Juli 1995), das *VVG*, ist immer noch gültig und findet Anwendung auf das Vertragsverhältnis zwischen der Stiftung und der Lebensversicherungsgesellschaft (Ausnahmen enthält Art. 101 VVG), also den Kollektivversicherungsvertrag, nicht aber auf jenes zwischen Vorsorgeeinrichtung und Begünstigten.

Daneben bestehen das *Bundesgesetz über die direkte Lebensversicherung* vom 18. Juni 1993 (LeVG) sowie die *Verordnung* dazu vom 29. November 1993 (LeVV), welche den Betrieb einer Lebensversicherungsgesellschaft regeln (Bewilligung, Solvabilität, Eigenmittel, Sicherungsfonds, inländische/ausländische Versicherungseinrichtungen usw.).

2.7 Eherecht (Scheidungsrecht)

Die Änderung des Zivilgesetzbuches vom 26. Juni 1998, die auf den 1. Januar 2000 in Kraft tritt, betrifft vor allem das Personenrecht und das Eherecht. Dazu gehört auch das *Scheidungsrecht* und darin verschiedene Bestimmungen, welche das berufliche Vorsorgerecht betreffen, insbesondere die *Teilung der Austrittsleistungen*. Die Erkenntnis ist heute allgemein, dass häufig das in der Pensionskasse Ersparte einen wesentlichen Teil des Vorschlags darstellt. Es muss also festgestellt werden, welches der Wert der Freizügigkeitsleistung am Tag der Eheschliessung einerseits und am Tag der Scheidung andererseits war. Der Mehrwert ist dann gemäss Art. 22 FZG unter den in Errungenschaftsbeteiligung oder Gütergemeinschaft lebenden Ehegatten hälftig zu teilen. Die neuen Gesetzesvorschriften des BVG und FZG sind im gelben Anhang wiedergegeben.

Die neuen Bestimmungen betreffen verschiedene Gesetze:

- ZGB: Art. 122–126, 141/142
- OR: Art. 311e Abs. 6
- BVG: Art. 30c Abs. 6
- FZG: Art. 22, 22a–c, 24 Abs. 2/3, Art. 25a, 26 Abs. 3

Eine Folge ist, dass künftig die Vorsorgeeinrichtung dem Versicherten auf den Zeitpunkt seiner Eheschliessung hin die Austrittsleistung mitteilen muss. Zudem muss die Vorsorgeeinrichtung diesen Betrag mit den Berechnungsdetails in ihren Unterlagen festhalten, um ihn bei Austritt des Versicherten der neuen Vorsorgeeinrichtung mitteilen zu können. Im Scheidungsfall muss auf Verlangen des Gerichts dieser Betrag mit den Berechnungsdetails bekanntgegeben werden können. Für Versicherte, die zwischen dem 1. Januar 1995 und 1. Januar 2000 geheiratet haben, müssen die Austrittsleistungen auf den Zeitpunkt der Heirat festgestellt werden können, d.h. dass die Unterlagen bei der Vorsorgeeinrichtung verfügbar bleiben müssen.

Art. 122 ZGB

D. Berufliche Vorsorge
I. Vor Eintritt eines Vorsorgefalls
1. Teilung der Austrittsleistungen

¹Gehört ein Ehegatte oder gehören beide Ehegatten einer Einrichtung der beruflichen Vorsorge an und ist bei keinem Ehegatten ein Vorsorgefall eingetreten, so hat jeder Ehegatte Anspruch auf die Hälfte der nach dem Freizügigkeitsgesetz vom 17. Dezember 1993 für die Ehedauer zu ermittelnden Austrittsleistung des anderen Ehegatten.

²Stehen den Ehegatten gegenseitig Ansprüche zu, so ist nur der Differenzbetrag zu teilen.

2.7 Eherecht (Scheidungsrecht)

Art. 123 ZGB

¹Ein Ehegatte kann in der Vereinbarung auf seinen Anspruch ganz oder teilweise verzichten, wenn eine entsprechende Alters- und Invalidenvorsorge auf andere Weise gewährleistet ist.

2. Verzicht und Ausschluss

²Das Gericht kann die Teilung ganz oder teilweise verweigern, wenn sie aufgrund der güterrechtlichen Auseinandersetzung oder der wirtschaftlichen Verhältnisse nach der Scheidung offensichtlich unbillig wäre.

Art. 124 ZGB

¹Ist bei einem oder bei beiden Ehegatten ein Vorsorgefall bereits eingetreten oder können aus anderen Gründen Ansprüche aus der beruflichen Vorsorge, die während der Dauer der Ehe erworben worden sind, nicht geteilt werden, so ist eine angemessene Entschädigung geschuldet.

II. Nach Eintritt eines Vorsorgefalls oder bei Unmöglichkeit der Teilung

²Das Gericht kann den Schuldner verpflichten, die Entschädigung sicherzustellen, wenn es die Umstände rechtfertigen.

Art. 125 ZGB

¹Ist einem Ehegatten nicht zuzumuten, dass er für den ihm gebührenden Unterhalt unter Einschluss einer angemessenen Altersvorsorge selbst aufkommt, so hat ihm der andere einen angemessenen Beitrag zu leisten.

E. Nachehelicher Unterhalt
I. Voraussetzungen

²Beim Entscheid, ob ein Beitrag zu leisten sei und gegebenenfalls in welcher Höhe und wie lange, sind insbesondere zu berücksichtigen:
1. die Aufgabenteilung während der Ehe;
2. die Dauer der Ehe;
3. die Lebensstellung während der Ehe;
4. das Alter und die Gesundheit der Ehegatten;
5. Einkommen und Vermögen der Ehegatten;
6. der Umfang und die Dauer der von den Ehegatten noch zu leistenden Betreuung der Kinder;
7. die berufliche Ausbildung und die Erwerbsaussichten der Ehegatten sowie der mutmassliche Aufwand für die berufliche Eingliederung der anspruchsberechtigten Person;
8. die Anwartschaften aus der eidgenössischen Alters- und Hinterlassenenversicherung und aus der beruflichen oder einer anderen privaten oder staatlichen Vorsorge einschliesslich des voraussichtlichen Ergebnisses der Teilung der Austrittsleistungen.

³Ein Beitrag kann ausnahmsweise versagt oder gekürzt werden, wenn er offensichtlich unbillig wäre, insbesondere weil die berechtigte Person:
1. ihre Pflicht, zum Unterhalt der Familie beizutragen, grob verletzt hat;
2. ihre Bedürftigkeit mutwillig herbeigeführt hat;
3. gegen die verpflichtete Person oder eine dieser nahe verbundenen Person eine schwere Straftat begangen hat.

Art. 126 ZGB

II. Modalitäten des Unterhaltsbeitrages

¹Das Gericht setzt als Unterhaltsbeitrag eine Rente fest und bestimmt den Beginn der Beitragspflicht.

²Rechtfertigen es besondere Umstände, so kann anstelle einer Rente eine Abfindung festgesetzt werden.

³Das Gericht kann den Unterhaltsbeitrag von Bedingungen abhängig machen.

Art. 141 ZGB

G. Berufliche Vorsorge; Teilung der Austrittsleistungen
I. Einigung

¹Haben sich die Ehegatten über die Teilung der Austrittsleistungen sowie die Art der Durchführung der Teilung geeinigt und legen sie eine Bestätigung der beteiligten Einrichtungen der beruflichen Vorsorge über die Durchführbarkeit der getroffenen Regelung und die Höhe der Guthaben vor, die für die Berechnung der zu teilenden Austrittsleistungen massgebend sind, so wird die Vereinbarung mit der Genehmigung durch das Gericht auch für die Einrichtungen der beruflichen Vorsorge verbindlich.

²Das Gericht eröffnet den Einrichtungen der beruflichen Vorsorge das rechtskräftige Urteil bezüglich der sie betreffenden Punkte unter Einschluss der nötigen Angaben für die Überweisung des vereinbarten Betrages.

³Verzichtet ein Ehegatte in der Vereinbarung ganz oder teilweise auf seinen Anspruch, so prüft das Gericht von Amtes wegen, ob eine entsprechende Alters- und Invalidenvorsorge auf andere Weise gewährleistet ist.

Art. 142 ZGB

II. Uneinigkeit

¹Kommt keine Vereinbarung zustande, so entscheidet das Gericht über das Verhältnis, in welchem die Austrittsleistungen zu teilen sind.

²Sobald der Entscheid über das Teilungsverhältnis rechtskräftig ist, überweist das Gericht die Streitsache von Amtes wegen dem nach dem Freizügigkeitsgesetz vom 17. Dezember 1993 zuständigen Gericht.

³Diesem ist insbesondere mitzuteilen:
1. der Entscheid über das Teilungsverhältnis;
2. das Datum der Eheschliessung und das Datum der Ehescheidung;
3. die Einrichtungen der beruflichen Vorsorge, bei denen den Ehegatten voraussichtlich Guthaben zustehen;
4. die Höhe der Guthaben der Ehegatten, die diese Einrichtungen gemeldet haben.

Art. 22 FZG befasst sich mit den Grundsätzen zum Vorgehen bei der zu teilenden Austrittsleistung. Art. 22a FZG gibt detailliert das Verfahren für die Fälle, bei denen die Heirat vor dem 1. Januar 1995 erfolgte. Art. 22c FZG regelt die Möglichkeit des Wiedereinkaufs des verpflichteten Ehegatten und Art. 24 FZG erläutert die Informationspflicht gegenüber den Versicherten.

2.8 Weitere gesetzliche Vorschriften

Für die Personalvorsorgeeinrichtungen können noch weitere gesetzliche Vorschriften von Belang sein, so z.b.

- *Handelsregister-Verordnung* (Art. 101–104),
- *Kantonale Einführungsgesetze zum ZGB*,
- *Alters-, Hinterlassenen- und Invalidenversicherung (AHV/IV)* einschliesslich Gesetz über die Ergänzungsleistungen: für Definition des koordinierten Lohnes (Art. 9 BVG), Kürzung von Leistungen (Art. 35 BVG) u.a.,
- *Unfallversicherungsgesetz(UVG)*, das auf den 1. Januar 1984 in Kraft getreten ist: Anspruchskonkurrenzen (Art. 34 Abs. 2 BVG), Koordinationsprobleme (verschiedene Lohnmaxima bei BVG und UVG) u.a.,
- *Schuldbetreibungs- und Konkursgesetz (SchKG)*: Gemäss Art. 39 Ziff. 12 des revidierten Bundesgesetzes über Schuldbetreibung und Konkurs (SR 281.1), Stand 1. April 1996, erstreckt sich der Anwendungsbereich der Konkursbetreibung *auch auf Schuldner, die in der Eigenschaft als Stiftung* (Art. 80 ZGB) im Handelsregister eingetragen sind.
Art. 219 Abs. 4 SchKG behandelt die Ansprüche der Versicherten aus der nicht obligatorischen beruflichen Vorsorge und die Forderungen von Personalvorsorgeeinrichtungen gegenüber den angeschlossenen Arbeitgebern in der *Ersten Klasse* der Rangordnung der Gläubiger.
Siehe auch Unpfändbarkeit der Ansprüche auf Vorsorgeleistung (Art. 92 Ziff. 13 SchKG), Konkursprivileg erster Klasse für Forderungen der Vorsorgeeinrichtungen an den Arbeitgeber (Art. 219 Abs. 4 SchKG neue Fassung, gültig seit 1996) (siehe dazu BGE 97 III 83 ff.),
- *Bundesgesetz über das internationale Privatrecht (IPRG)*, in Kraft getreten auf den 1. Januar 1989. Infolge der zunehmenden Internationalisierung der Arbeitsverhältnisse kommt diesem Gesetz für die berufliche Vorsorge eine gewisse Bedeutung zu.

2.9 Gesamtarbeitsverträge

In der sozialen Sicherheit spielten vor Einführung des BVG die Gesamtarbeitsverträge eine wichtige Rolle. In der Regel wurden bestimmte *Mindestleistungen* vorgeschrieben, das System der Vorsorge aber der Wahl des einzelnen Arbeitgebers bzw. Stiftungsrates überlassen. Heute haben die Gesamtarbeitsverträge diesbezüglich an Bedeutung stark eingebüsst.

In den Gesamtarbeitsverträgen werden zwischen einer Arbeitgeberorganisation bzw. Arbeitgebern und einer Arbeitnehmerorganisation *verbindliche Vorschriften für die Arbeitsbedingungen* der beteiligten Arbeitgeber und Arbeitnehmer aufgestellt. Grundsätzlich beschränkt sich der Geltungsbereich auf die beteiligten Arbeitgeber und Arbeitnehmer. Durch behördlichen Beschluss kann der Gesamtarbeitsvertrag aber *allgemein verbindlich* erklärt werden. Er gilt dann auch für die Aussenseiter der betreffenden Branche. Auf kantonaler Ebene ist der Regierungsrat und auf Bundesebene der Bundesrat für eine Allgemeinverbindlicherklärung zuständig.

Davon zu unterscheiden sind die *Normalarbeitsverträge,* die für einzelne Branchen von kantonalen oder eidg. Behörden erlassen werden, von Arbeitgeber und Arbeitnehmer aber durch einfache mündliche Abrede wegbedungen werden können (Art. 360 OR).

Die *Gesamtarbeitsverträge* spielten für die *berufliche Vorsorge* wie erwähnt eine bedeutende Rolle. Meist beschränkte man sich auf *Rahmenlösungen.* So haben verschiedene Gesamtarbeitsverträge in ihrem Bereich das Obligatorium schon einige Jahre vor 1984 eingeführt. Ebenso bestanden schon vor Einführung des Freizügigkeitsgesetzes von 1995 beispielsweise in der Maschinenindustrie weitergehende Bestimmungen hinsichtlich *Freizügigkeit*. Die einzelne Vorsorgeeinrichtung wird somit beim Erlass ihres Reglements auch allfälligen gesamtarbeitsvertraglichen Bestimmungen Rechnung tragen müssen.

Durch Gesamtarbeitsvertrag oder *Verbandsbeschluss* kann unter Umständen auch der *Vorsorgeträger bzw. die Durchführungsstelle* (z.B. AHV-Ausgleichskasse) vorgeschrieben sein.

3. Organisation von Vorsorgeeinrichtungen

3.1 Wahl des Rechtsträgers

Gemäss *Art. 331 Abs. 1 OR* besteht die Pflicht, Zuwendungen des Arbeitgebers oder Beiträge der Arbeitnehmer für Zwecke der Personalvorsorge "auf eine Stiftung, eine Genossenschaft oder eine Einrichtung des öffentlichen Rechtes zu übertragen". Dies gilt allgemein. Dasselbe schreibt *Art. 48 Abs. 2 BVG* für die zu registrierenden Vorsorgeeinrichtungen vor.

Insgesamt gibt es gemäss Pensionskassenstatistik 1996

– Stiftungen (für Personalvorsorgezwecke)	11'375
– Genossenschaften	29
– öffentlich-rechtliche Einrichtungen	168
Anzahl Vorsorgeeinrichtungen insgesamt	11'572

Die eigene *Rechtsperson für die Vorsorgeeinrichtung* (ausserhalb des Unternehmens) hat sich in der Schweiz schon sehr früh klar durchgesetzt und ist schon seit dem Zweiten Weltkrieg gesetzlich vorgeschrieben. Eine vom Unternehmen separate Rechtsform weist verschiedene *Vorteile* auf:

– Es ist möglich, die *Vermögensanlagen* der Vorsorgeeinrichtung getrennt von jener für die Unternehmung zu *bewirtschaften*.
– Sodann ist eine *Mitbestimmung der Arbeitnehmer* (im Stiftungsrat) möglich, die sonst erschwert wäre.
– *Arbeitgeberbeitragsreserven* (Verwendung zeitlich noch nicht festgelegt) und freie *Stiftungskapitalien* können gebildet werden (aus steuerlichen Gründen in der Unternehmung kaum möglich).
– Die *Sicherheit der Vorsorgeeinrichtung* lässt sich besser beaufsichtigen (kantonale Aufsicht) und prüfen (Kontrollstelle).
– Es ist besser sichergestellt, dass *steuerliche Begünstigungen* der beruflichen Vorsorge nicht missbraucht werden.

Vom Sicherheitsstandpunkt her gesehen, würde statt einer eigenen Rechtspersönlichkeit auch ein weitergehender Forderungsschutz genügen (z.B. in die erste Klasse, wie dies seit 1996 auch für Forderungen von Personalvorsorgeeinrichtungen gemäss Art. 219 Abs. 4 SchKG der Fall ist; Verpfändung einzelner Vermögenswerte zugunsten der Begünstigten oder Insolvenzversicherung). Im Ausland kennt man in der Regel keine eigenen Rechtspersonen für die Zwecke der beruflichen Vorsorge, sondern bildet hiefür Rückstellungen in der

Bilanz des Unternehmens (siehe Jahresberichte amerikanischer Konzerne oder deutscher Gesellschaften).

Zweckmässig wäre eine *separate Rechtsform* für Personalvorsorgeeinrichtungen, wie dies auch eine Motion fordert (von Nationalrat Hochreutener 1998). Die Rechtsform der Stiftung ist zu schwerfällig in der heutigen Zeit. Der Bundesrat will dies prüfen.

In den USA werden unter *Pension Fund* die Vermögensseite (Aktiven) und unter *Pension Plan* die Verpflichtungen (Passiven) verstanden. Beim Beitragsprimat ist der Pension Fund mit dem Pension Plan identisch. In den USA sind nur knapp 60% der Vollzeiterwerbstätigen von einem Pension Plan erfasst. Wenn die Assets des Pension Fund 100% des Pension Plan decken, ist dieser "funded", bei unter 100% ist er "unfunded", bei mehr als 100% (eher selten) "overfunded".

3.11 Stiftung

Die Rechtsform für Vorsorgeeinrichtungen schlechthin ist in der schweizerischen Praxis die *Stiftung*. Insgesamt bestanden 1996 laut Pensionskassenstatistik 11'375 *Personalvorsorgestiftungen* oder 3'537 weniger als 1987. Viele Stiftungen wurden in Sammelstiftungen überführt oder fusioniert. Der Rückgang, der seit Einführung des BVG und der strengeren kantonalen Aufsicht stetig anhält, ist unverkennbar und hält an.

Die Rechtsform der Stiftung ist für die Personalvorsorgeeinrichtungen unter den in der Schweiz zur Verfügung stehenden Rechtsformen weitaus am besten geeignet. Die dauernde, von der Stiftungsaufsicht überwachte Zweckbestimmung des Vermögens führt zur rechtlichen Verselbständigung. Die Stifterfirma kann ihren Willen für die Zukunft in einer von jeder Dritteinwirkung unbeeinflussbaren rechtlichen Form festlegen.

Die Stiftungsurkunde ist in Form einer öffentlichen Urkunde unter Mitwirkung einer dafür zuständigen Urkundsperson zu errichten (Art. 81 ZGB). Eine Änderung der Stiftungsurkunde ist gemäss Art. 86 ZGB nur mit Zustimmung der kantonalen Aufsichtsbehörde möglich.

Der *Stiftungsrat* ist das oberste und geschäftsführende Organ der Stiftung. Seine Befugnisse werden in der Stiftungsurkunde umschrieben. Er erlässt das Reglement für ihre Tätigkeit, fasst die zu treffenden Einzelbeschlüsse, verwaltet das Vermögen der Stiftung und vertritt diese nach aussen. Er zählt in der Regel 3–10 Mitglieder.

Art. 89bis Abs. 3 ZGB verlangt eine Beteiligung der Arbeitnehmer an der Verwaltung jener Kassen, an die die Arbeitnehmer selbst Beiträge geleistet haben. Soweit möglich haben die Arbeitnehmer ihre Vertretung aus dem Personal zu bestimmen. Für die Mitwirkung der Arbeitnehmer kann auch eine bestehende Organisation innerhalb der Belegschaft, beispielsweise die Arbeiterkommission, herangezogen werden. Die Beteiligung der Destinatäre an der Verwaltung entspricht dem Gedanken der Betriebsgemeinschaft und entlastet auch die staatliche Aufsichtsbehörde von ihrer Verantwortung.

Nach *Art. 51 BVG* gilt für alle *registrierten* Einrichtungen eine *paritätische Verwaltung*, also dieselbe Anzahl von Arbeitgeber- und Arbeitnehmervertretern im Stiftungsrat.

In den meisten Kantonen besteht seit Jahren die Möglichkeit der Aufspaltung der Stiftungsrechnung (Gesamteinrichtung) in getrennte Teilrechnungen (Pensionskasse, Zusatzpensionskasse für Kader, Patronaler Fonds), die unter Aufsicht des Stiftungsrates *Verwaltungskommissionen* unterstehen. Dies ist üblich bei Sammel- und Gemeinschaftsstiftungen. Die Arbeitnehmer sind dann nicht im Stiftungsrat, sondern nur in der entsprechenden Verwaltungskommission vertreten, welche paritätisch zusammenzusetzen ist und in der über Reglement, Leistungen und Vermögensanlage beschlossen wird. Diese durch Abänderung der Stiftungsurkunde mögliche Lösung dürfte vor allem für mittelgrosse Einrichtungen angemessen sein, bei denen nichtreglementierte Fürsorgefonds und versicherungstechnisch verschieden aufgebaute Einrichtungen trotzdem rechtlich in einer Stiftung vereint sind. Versicherungstechnisch können die Kassen gleichwohl als Einheit betrachtet werden. Werden innerhalb einer Stiftung verschiedene Fondsrechnungen geführt (z.B. für Spareinrichtung, für Tochtergesellschaft X, für vorobligatorische Leistungen usw.), was zulässig und zur besseren Übersichtlichkeit oft erwünscht ist, so ist zusätzlich eine Gesamtbilanz und Gesamtbetriebsrechnung zu erstellen, einschliesslich aller Teilrechnungen.

Bei grösseren Verhältnissen werden in der Regel für die verschiedenen Gruppen (Patronale Einrichtung, Einrichtung A, Einrichtung B) separate Stiftungen errichtet. Allgemein lässt sich die Frage aber nicht beantworten, ob eine Firma für die Personalfürsorge *eine, zwei oder mehrere Stiftungen* schaffen soll. Die Alternative von Verwaltungskommissionen (auch als Kassenvorstände bezeichnet) hat sich nicht durchzusetzen vermocht.

Unter Umständen kann als *Zweitstiftung* eine besondere *Finanzierungsstiftung* (Dachstiftung) errichtet oder die rein patronale Fürsorgestiftung zu diesem Zweck ausgebaut werden. Die Zuwendungen des Unternehmens werden dann entsprechend dem jeweiligen Geschäftsergebnis zuerst dieser Finanzierungsstiftung gutgeschrieben, aus der jährlich die im wesentlichen konstanten reglementarischen Beiträge und Einlagen an die eigentlichen Vorsorgestiftungen geleistet werden. Die Dachstiftung dient somit als Speicherbecken, dem in guten Jahren grössere Beträge zugewiesen werden können als in schlechteren und aus dem die einzelnen Einrichtungen entsprechend dem Finanzierungsplan dotiert werden. Soll die Dachstiftung als "Arbeitgeberbeitragsreserve" für andere Stiftungen dienen, so ist dies in der Stiftungsurkunde zu vermerken.

Es besteht auch die Möglichkeit, *eine Stiftung für mehrere rechtlich und wirtschaftlich verbundene Unternehmen zu errichten*. Beim Anschluss eines verbundenen Unternehmens an eine bestehende Personalvorsorgestiftung sollte eine *Anschlussvereinbarung* abgeschlossen werden. Dazu besteht ein Merkblatt der Konferenz der kantonalen Stiftungsaufsichtsbehörden (vgl. SZS 1982, S. 55). Einzelne Kantone verlangen von Vorsorgeeinrichtungen, an die mehrere wirtschaftlich verbundene Unternehmen angeschlossen sind, dass dies in der Stiftungsurkunde vorgesehen ist und dass in der Jahresrechnung die Arbeitgeberbeitragsreserve und die freien Mittel je angeschlossene Firma gesondert aufgeführt werden (z.B. BE). Zur Ausgestaltung einer Anschlussvereinbarung an eine Sammelstiftung siehe Ziff. 283 der Mitteilungen über die berufliche Vorsorge (vom 21. Dezember 1999).

Für Streitfragen um die *Verteilung des freien Stiftungsvermögens bei Auflösung einer Stiftung* ist nicht der Richter, sondern die Aufsichtsbehörde zuständig. Gemäss dem Grundsatz, dass das Personalvorsorgevermögen dem Personal folgen muss, sind grundsätzlich auch *Pensionierte* und kurz vorher *ausgetretene* Arbeitnehmer der Stifterfirma im Verteilungsplan zu berücksichtigen, also nicht nur jene Personen, die zur Nachfolgefirma übertreten. Innerhalb eines bestimmten Ermessens kann der Stiftungsrat den Verteilerplan gestalten, z.B. bei der Berücksichtigung von Alter, Dienstjahren, Lohnhöhe, Zivilstand usw. (BGE vom 10. Dezember 1984, in: SZS 1985, S. 194–201). Das *Freizügigkeitsgesetz* nimmt gemäss Art. 23 unter bestimmten Voraussetzungen eine *Teilliquidation* der Stiftung an, bei der die Austretenden einen Anspruch auf einen Teil der freien Mittel haben (siehe Abschnitte 6.2 und 15.5).

Zur *Verwendung des freien Stiftungskapitals* siehe auch Ziff. 138 der vom BSV herausgegebenen Mitteilungen über die berufliche Vorsorge (vom 22. November 1992). Danach kann dieses Vermögen zu Leistungsverbesserungen, Teuerungszulagen und Wertberichtigungen verwendet werden. Reglementarische Beiträge können daraus nicht finanziert werden. An der Verwendung der freien Mittel, beispielsweise anlässlich einer Teil- oder Gesamtliquidation, partizipieren auch die Rentenbezüger. Möglich sind auch Beitragsreduktionen (siehe Ziff. 282 der Mitteilungen über die berufliche Vorsorge vom 21. Dezember 1999).

3.12 Genossenschaft

Eine Genossenschaft besteht aus einer Anzahl von Einzelpersonen, Personengemeinschaften oder juristischen Personen zur Förderung oder Sicherung bestimmter wirtschaftlicher Interessen ihrer Mitglieder in gemeinsamer Selbsthilfe (Art. 828 Abs. 1 OR).

Die Rechtsform der Genossenschaft ist ihrer Natur nach nur für Pensionskassen mit Rechtsanspruch auf normierte Leistungen geeignet. Für reine Wohlfahrtsfonds kommt sie nicht in Betracht. Genossenschafter sind die versicherten Arbeitnehmer und bei Pensionskassenzusammenschlüssen in der Regel die einzelnen Vorsorgeeinrichtungen. Im Gegensatz zu den Stiftungen, bei denen noch weitgehend das autokratische Prinzip vorherrscht, sind die Genossenschaften auf demokratischer Grundlage organisiert.

Die Form der Genossenschaft führt zu einem *starken Mitspracherecht des Arbeitnehmers* bei der Verwaltung der Personalvorsorgeeinrichtung. Die Statuten können von der Mehrheit der Genossenschafter beliebig abgeändert werden. Sodann sind auch alle Vorstandsmitglieder frei durch die Generalversammlung der Genossenschafter zu wählen. Für die Unternehmung besteht somit nur eine sehr beschränkte Möglichkeit, ein angemessenes Mitspracherecht auszuüben.

Es bestehen nur noch vereinzelt Genossenschaften als Rechtsträger von Vorsorgeeinrichtungen, davon aber einige grosse alte Kassen. Gemäss Pensionskassenstatistik gab es 1996 nur noch 29 *Personalvorsorgegenossenschaften* mit 101'677 Versicherten. Von diesen 29 Genossenschaften waren 18 autonome Kassen. 1992 wurden noch 42 Genossenschaften gezählt; neue werden für Personalvorsorgezwecke nicht mehr gegründet. Davon wäre auch abzuraten, da verschiedene Nachteile bestehen (wie erwähnt: Mitbestimmung aller Genossenschafter; keine Aufsicht, sofern nicht BVG-registriert; Gefahr für Fehlentscheide). Umwandlungen von Genossenschaften in Stiftungen sind schwierig.

Die Rechtsform der Genossenschaft sollte für *neue* Vorsorgeeinrichtungen nicht mehr zugelassen werden und aus Art. 331 Abs. 1 OR und Art. 48 Abs. 2 BVG gestrichen werden.

Personalvorsorge*genossenschaften* unterstehen nur dann der kantonalen Aufsicht, wenn sie gemäss BVG registriert sind. Andernfalls sind sie frei von staatlicher Aufsicht und haben sich beispielsweise auch an keine Vermögensanlagerichtlinien zu halten. In Einzelfällen können Genossenschaften unter die Versicherungsaufsicht fallen (siehe Abschnitt 2.6).

3.13 Öffentlich-rechtliche Einrichtung

Die öffentlich-rechtlichen Einrichtungen kommen nur für Arbeitnehmer von *Bund, Kantonen, Gemeinden* und anderen *öffentlich-rechtlichen Arbeitgebern* (wie Anstalten und Betriebe des Bundes) in Betracht. Vereinzelt können darin auch Angestellte gemeinnütziger oder halbstaatlicher Institutionen inbegriffen sein; andererseits übertragen einzelne Gemeinden die Vorsorge ihres Personals auf Gemeinschaftsstiftungen, die zu den Vorsorgeeinrichtungen privaten

3. Organisation von Vorsorgeeinrichtungen

Rechts zählen. Es bestehen gemäss Pensionskassenstatistik 1996 (1992) 168 (162) *Vorsorgeeinrichtungen öffentlichen Rechts* mit 560'767 (554'828) Versicherten. Diese Einrichtungen, von denen 1996 141 registrierte Einrichtungen waren, werden mit öffentlich-rechtlichem Erlass der zuständigen Behörde geschaffen.

3.2 Arten von Vorsorgeeinrichtungen und -formen

Die Vorsorgeeinrichtungen können ihrer Art nach in verschiedene Gruppen unterteilt werden. Aus der Pensionskassenstatistik 1996 geht hervor, dass die Vorsorgeeinrichtungen wie folgt gruppiert werden können:

– registrierte Einrichtungen	3'075
– nichtregistrierte Einrichtungen mit reglementarischen Leistungen im überobligatorischen Bereich	1'210
– patronale Einrichtungen (Wohlfahrtsfonds), ohne Versicherte	7'287
Anzahl Vorsorgeeinrichtungen insgesamt	11'572

3.21 Registrierte Einrichtungen

Die wichtigste Art von Vorsorgeeinrichtungen ist jene der *gemäss Art. 48 BVG und Art. 5 ff. BVV 1 registrierten Vorsorgeeinrichtung*. Unter den registrierten Einrichtungen können wieder jene, welche

– *nur das Obligatorium* allein abdecken (sog. *BVG-Minimaleinrichtungen*), von den
– *umhüllenden Versicherungseinrichtungen*, welche noch weitergehende Leistungen (überobligatorische Leistungen) versichern,

unterschieden werden.

Jeder Arbeitgeber muss sein Personal einer registrierten Einrichtung anschliessen. Arbeitgeber, die ihre Arbeitnehmer keiner registrierten Vorsorgeeinrichtung angeschlossen haben, werden zwangsweise der *Auffangeinrichtung* zugeführt (Art. 60 BVG).

Die registrierten Vorsorgeeinrichtungen haben eine *paritätische Verwaltung* aufzuweisen, d.h. Arbeitgeber und Arbeitnehmer haben im Stiftungsrat gleich viele Vertreter (Art. 51 BVG).

Ende 1996 bestanden noch 3'075 BVG-registrierte Vorsorgeeinrichtungen und 8'497 nichtregistrierte Personalvorsorgeeinrichtungen. Daneben gab es Ende 1996 281 Gemeinschafts- bzw. Sammelstiftungen im klassischen Sinn, d.h. vor allem solche, die von Versicherungsgesellschaften, Banken und Beratern für Drittfirmen, die unter sich keine Verbindung aufweisen, geschaffen wurden. Insgesamt waren 267'000 Arbeitgeber mit 1'645'000 Versicherten – das sind mehr als 50% aller versicherten Arbeitnehmer/-innen – Sammel- und Gemeinschaftseinrichtungen angeschlossen.

Es kann festgestellt werden, dass die Zahl der registrierten Einrichtungen als Folge von Anschlüssen an Sammelstiftungen, Fusionen usw. in den letzten Jahren stark zurückgegangen ist. 1987 waren 4'348 und 1992 noch 3'457 Einrichtungen registriert; 1996 waren es nur noch, wie erwähnt, 3'075. Der Rückgang ist bedeutend und zeigt, dass sich viele Unternehmen, insbesondere KMU, durch Anschluss an eine Sammelstiftung von der Führung einer eigenen registrierten Einrichtung entlasten wollen.

Voraussetzungen für die Registrierung sind (Art. 50 BVG und Art. 8 BVV 1):

- BVG-konforme Statuten und Reglemente (dem Gesuch beizulegen),
- BVG-anerkannte Kontrollstelle (mit Kontrollstellbericht als Beilage),
- anerkannter Experte für berufliche Vorsorge (mit Bestätigung und letzter technischer Bilanz als Beilagen),
- angemessene Organisation, Finanzierung und Verwaltung (mit Jahresrechnung als Beilage).

Die Registrierung wird mit einer *Feststellungsverfügung* der zuständigen Aufsichtsbehörde vorgenommen. Die Konferenz der kantonalen BVG-Aufsichtsbehörden hat betreffend *Registrierung* eine Stellungnahme abgegeben (in: SZS 1987, S. 318/19). Für die Registrierung bestehen *amtliche Formulare und Merkblätter,* die bei den kantonalen Aufsichtsämtern angefordert werden können, sowie ein Leitfaden des Bundesamtes für Sozialversicherung.

In der Praxis sind für die *Anpassung seit 1985 an das BVG* folgende Lösungen anzutreffen:

1. *Umhüllende Kasse* (eine Stiftung): Bei dieser wohl weitaus häufigsten Lösung konnte die Pensionskasse (mit dem BVG-Kern) nach aussen wie bisher weitergeführt werden unter Anpassung an die BVG-Erfordernisse.

2. *Split in BVG-Kasse und Kadervorsorgekasse* (zwei Stiftungen): Der Versicherte erhält zwei Abrechnungen. Die Kadervorsorge umfasst auch den vorobligatorischen Teil.

3. *Komplementäre Kasse mit BVG-Kasse* (zwei Stiftungen): Nach aussen rechnet die komplementäre Kasse als Zahlstelle die gesamten Beiträge und Leistungen mit den Versicherten ab. Der BVG-Teil ist jedoch rechtlich ausgegliedert in eine separate Stiftung.

In den meisten Unternehmen genügen zwei Stiftungen: eine für die Basisvorsorge (BVG-registriert) und eine für die Kaderzusatzvorsorge, welche gleichzeitig als Finanzierungsstiftung dient. In kleineren Unternehmen kann die Basisvorsorge in Form eines Anschlusses an eine Gemeinschafts- oder Sammelstiftung erfolgen, so dass dann dafür eine eigene Stiftung entfällt.

3.2 Arten von Vorsorgeeinrichtungen und -formen

Die Personalvorsorge als Ganzes kann zwischen zwei oder mehreren Stiftungen eines Arbeitgebers in verschiedener Hinsicht *gesplittet* werden:

- *zeitlich,* z.B. wenn auf den 1. Januar 1985 mit einer BVG-Minimalkasse neu begonnen und die bisherige Stiftung stillgelegt wurde (gemäss Pensionskassenstatistik 1996 waren 2'480 nichtregistrierte Vorsorgeeinrichtungen – aus welchen Gründen auch immer – "auslaufend/stillgelegt");
- *lohnmässig,* wenn z.B. der BVG-Lohn (oder ein anderes Lohnmaximum) in der Basiskasse und, was darüber ist (evtl. nur für einzelne Mitarbeiterkategorien), in einer Zusatzkasse erfasst wird;
- *personell,* z.B. wenn eine Stiftung für Nichtzeichnungsberechtigte und eine solche für Zeichnungsberechtigte besteht oder eine Stiftung für Partner und eine für Mitarbeiter/-innen (so z.b. bei PwC);
- *leistungsmässig,* z.b. wenn einzelne Leistungen in der einen, andere in einer zweiten Stiftung versichert sind (z.b. Altersleistungen in der eigenen Stiftung und übrige Leistungen in einer Sammelstiftung);
- *beitragsmässig,* z.b. wenn der Arbeitgeber seine Beiträge an verschiedene Einrichtungen aufspaltet, so auch an rein patronale Stiftungen (als Finanzierungsstiftungen), um dort seine Arbeitgeberbeitragsreserven und wenn möglich weitere freie Mittel anzusammeln.

Im Zusammenhang mit dem *BVG* denkt man beim Split an eine *zeitliche* oder *lohnmässige* Teilung.

Ein Hauptargument für das durch das BVG verursachte *Splitting*, die Aufteilung der Versicherungseinrichtung auf zwei oder mehrere Stiftungen, liegt bei der vom BVG für registrierte Einrichtungen verlangten paritätischen Verwaltung und der für den BVG-Teil befürchteten, immer stärkeren Einmischung des Staates. In der Deutschschweiz sind gesplittete Einrichtungen häufiger anzutreffen als in der Westschweiz. Dass die Meinungen zur Frage *Split* oder *umhüllende Kasse* bei Einführung des BVG weit auseinandergehen können, zeigen die Entscheide von zwei Grossbanken: Die Schweizerische Bankgesellschaft wählte den Split, der Schweizerische Bankverein die umhüllende Kasse. Beide Gesellschaften begründeten ihre Entscheide mit zahlreichen Argumenten (siehe AWP-Nachrichten, Nr. 128, Dezember 1984). Der Entscheid über das *Splitting* konnte *spätestens noch im Jahr 1989 gefasst* und durchgeführt werden, um ab 1990 wirksam zu sein. Seither müssen die Bestimmungen über Leistungen, Organisation, Verwaltung, Finanzierung, Vermögensanlage dem BVG angepasst sein.

Für die Finanzierung einer *reinen BVG-Kasse* mit ergänzender *komplementärer Kasse*, welche zusätzlich zum Obligatorium die vollen Pensionskassenleistungen garantiert, kann so vorgegangen werden, dass die Beiträge der Arbeitnehmer und der Firma bzw. die Leistungen an die Rentner ausschliesslich an die bzw. von der Komplementärkasse erfolgen. (Diese Lösung wählte mit Zustimmung der zürcherischen Aufsichtsbehörde z.B. die Siemens-Albis, erwähnt in: Ist-Mitteilungen, Juni 1985, S. 7; vgl. auch die Komplementärkasse von Sulzer, beschrieben ebenda, S. 12 ff.; sodann wählten eine Komplementärkasse: Schweizer Rück, IBM, Rieter, Schindler.)

Für Vermögensübertragungen auf andere Stiftungen durch *Abspaltung* oder *Umstrukturierung* verlangen die kantonalen Aufsichtsbehörden eine vorgängige Einholung der Zustimmung. In der Jahresrechnung sind solche Umstrukturierungen offen darzulegen.

3.22 Nichtregistrierte Einrichtungen mit reglementarischen Beiträgen und Leistungen im überobligatorischen Bereich

Neben den BVG-registrierten Vorsorgeeinrichtungen werden nichtregistrierte, *vorobligatorische und/oder überobligatorische Vorsorgeeinrichtungen mit reglementierten Beiträgen und Leistungen* weiter bestehenbleiben. Solche Kassen können aus einem *Split* der zur Zeit der Einführung des BVG sich teilenden alten Vorsorgeeinrichtung oder später durch Neugründung entstanden sein. Diese nichtregistrierten Vorsorgeeinrichtungen, wie erwähnt auch als *Komplementärkassen* bezeichnet, können bestehen

- entweder für *alle Mitarbeiter eines Unternehmens*
- oder nur für einzelne Mitarbeiterkategorien, so z.B. als *Kadervorsorgeeinrichtung*.

Diese Vorsorgeeinrichtungen sind – wie die gemäss BVG registrierten Einrichungen – somit Institutionen, die ihre Mitglieder durch *normierte Vorsorgeleistungen* gegen die wirtschaftlichen Folgen von Alter, Tod und Invalidität schützen. Wesentlichstes Merkmal ist das Bestehen eines *versicherten Risikos*. Die normierten Leistungen sind durch Reglemente festgelegt und erstrecken sich auf eine oder mehrere Versicherungsarten. Solche Einrichtungen sind somit im Gegensatz zu den eigentlichen Fürsorgeeinrichtungen immer *reglementierte Einrichtungen* und müssen nach den Regeln der Versicherungstechnik verwaltet werden.

Zur aufsichtsrechtlichen "Prüfung der Reglemente *nichtregistrierter* Personalvorsorgestiftungen" hat das Amt für berufliche Vorsorge des Kantons Zürich im August 1989 eine *Anleitung* herausgegeben (28 Seiten).

Ebenfalls zu diesen Einrichtungen sind die reinen *Vorsorgeeinlegerkassen* nach dem Sparkassensystem zu zählen. Diese können in bezug auf die Rechte und Pflichten des Begünstigten wie Pensionskassen aufgebaut sein, weisen jedoch kein versicherungstechnisches Risiko auf. Auch diese Einrichtungen sind indessen reglementiert.

3.2 Arten von Vorsorgeeinrichtungen und -formen

Darstellung 3A

Strukturen von Vorsorgeeinrichtungen eines (grösseren) Unternehmens

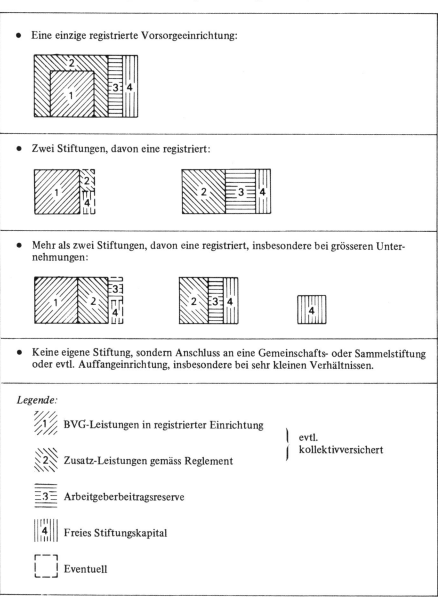

Die Strukturen von Vorsorgeeinrichtungen einer Unternehmung nach Einführung des BVG zeigt *Darstellung 3A*.

Man kann die *Einteilung* wie folgt sehen:

- *BVG-minimale Einrichtung* (rein obligatorische Vorsorge)
- *BVG-umhüllende Einrichtung* (obligatorische und zusätzliche – d.h. vor- und überobligatorische – Vorsorge zusammen)
- *keine eigene BVG-registrierte Einrichtung* (also Anschluss an Sammelstiftung/Gemeinschaftsstiftung oder Auffangeinrichtung)
- *Zusatzeinrichtung zu BVG* (Exzedent über dem Obligatorium, Kadervorsorge, nicht BVG-registrierte Einrichtung) mit folgenden Unterformen:
  - *aktive Zusatzeinrichtung* (mit eigenen reglementarischen Arbeitgeber- und Arbeitnehmerbeiträgen). Diese Zusatzeinrichtung kann auch den Zahlungsverkehr und die Verwaltung der separaten "BVG-minimalen Einrichtung" besorgen, dann wird diese zur *komplementären Einrichtung*.
  - *stillgelegte Zusatzeinrichtung* (ohne eigene Beitragserhebungen; oft Überbleibsel der vorobligatorischen Vorsorge, die bei Einführung des BVG stillgelegt wurde)
- *patronale Zusatzeinrichtung* (ohne Reglement, nur vom Arbeitgeber finanziert; auch als patronaler Fonds oder Finanzierungsstiftung bezeichnet).

3.23 Patronale Einrichtungen (Wohlfahrtsfonds)

Weiterhin werden künftig viele reine Wohlfahrtsfonds im Sinne von *patronalen Stiftungen* zur Vorsorgefinanzierung bzw. zur Äufnung von Arbeitgeberbeitragsreserven anzutreffen sein. Diese Stiftungen werden auch *Finanzierungsstiftungen* genannt. Patronale Stiftungen werden vom Arbeitgeber allein dotiert, und zwar *ohne reglementarische Pflicht,* also frei aufgrund von Einzelzuwendungen der Firma. Die Auszahlungen haben sich in den Grenzen der Stiftungsurkunde zu halten. Ein Reglement besteht nicht. Der Stiftungsrat setzt sich in der Regel nur aus Arbeitgebervertretern zusammen.

Solche Einrichtungen bestehen in Form von Wohlfahrtsfonds ohne genau festgelegten Leistungsplan, freiwilligen Ruhegehaltsordnungen usw. Das Charakteristische ist das *Fehlen eines versicherbaren Risikos und eines Rechtsanspruchs* der einzelnen Begünstigten auf eine normierte Leistung. Bei diesen Kassen handelt es sich also regelmässig um *nichtreglementierte Einrichtungen.* Es gibt somit keine Versicherten.

Es empfiehlt sich für jedes grössere Unternehmen, neben der durch ein Reglement fixierten Vorsorgeeinrichtung einen frei verfügbaren patronalen

Fonds zu schaffen, aus dem in Sonderfällen freiwillige Fürsorgezuwendungen erbracht werden können.
Schon seit langem bestehen *bei fast allen grösseren Unternehmen zwei oder mehrere Stiftungen*. Als Folge des BVG wurde dieser Trend zu zwei Stiftungen noch verstärkt. Eine davon wird BVG-registriert und paritätisch verwaltet sein und die andere mehr patronalen Charakter aufweisen. Gegebenenfalls sind auch verschiedene Vorsorgeeinrichtungen nach Mitarbeiterkategorien denkbar (Innendienst/Aussendienst, Inländer/Ausländer usw.).

Zur Frage der Behandlung der *Rechte von Destinatären gegenüber patronalen Wohlfahrtsfonds bei Umstrukturierung der Stifterfirmen* sei auf BGE 110 II 436 hingewiesen. Danach behalten die ausgeschiedenen Versicherten ihre bisherige Destinatärstellung, solange sie Mitarbeiter der ausgegliederten neuen Gesellschaft sind. Sie können im Rahmen des Stiftungszwecks beim patronalen Wohlfahrtsfonds auch weiterhin Ansprüche geltend machen. Die anteilmässige Aufteilung des Wohlfahrtsfonds ist – obwohl die häufigste – somit nicht die einzige Lösung. Arbeitnehmer, die erst nach der Ausgliederung bei der neuen Gesellschaft eintreten, werden dagegen nicht mehr Destinatäre des alten Wohlfahrtsfonds. Einfacher ist die Lösung im Rahmen einer Teilliquidation, wie sie gemäss Freizügigkeitsgesetz seit 1995 durchzuführen ist.

Es ist wichtig, bei Umstrukturierungen, Unternehmenskäufen usw. die Frage der Personalvorsorge und die Verwendung (evtl. Aufteilung) der patronalen Stiftungen zu prüfen und eindeutig zu regeln.

Die Position der patronalen Stiftungen ist nicht stets klar. An sich sind dies Arbeitgeberbeitragsreserven, die für die künftigen Arbeitgeberbeiträge eingesetzt werden können. Bei Unternehmensbewertungen und auch nach FER 16 und IAS 19 (siehe Abschnitt 11.3) werden die patronalen Stiftungen (und Arbeitgeberbeitragsreserven) teilweise wie Eigenkapital (genauer: unversteuerte stille Reserven) des Unternehmens behandelt.

Es ist zu beachten, dass unter das Freizügigkeitsgesetz alle Vorsorgeeinrichtungen fallen, welche Leistungsversprechen abgegeben haben. Dann kommt auch Art. 23 FZG betreffend Teil- und Gesamtliquidation zur Anwendung. Daraus ist zu schliessen, dass patronale Stiftungen nie direkt einzelne Leistungsversprechen (z.B. an das oberste Kader) abgeben sollten. Allfällige bestehende Zusagen sollten auf die Pensionskasse umgebucht werden. Sodann sollten freiwillige Zuwendungen, auch wenn sie zurzeit reinen patronalen Stiftungen zufliessen, als Arbeitgeberbeitragsreserven deklariert werden. Diese wurden bisher allerdings in der Regel nicht verzinst (im Gegensatz zum freien Stiftungskapital, dem automatisch die Einnahmenüberschüsse gutgeschrieben werden), dafür ist die spätere freie Disposition gesicherter.

Immer mehr werden heute – und dies ist zu empfehlen – Arbeitgeberbeitragsreserven verzinst.

Nach einem Entscheid des Regierungsrates des Kantons *St. Gallen* (vom 17. September 1985) hat auch eine patronale Fürsorgestiftung bei Ausrichtung von Stiftungsleistungen nach pflichtgemässem Ermessen zu entscheiden und den Grundsatz der Gleichbehandlung der Destinatäre zu beachten. Gegen willkürliche Entscheidungen obliegt es der Aufsichtsbehörde einzuschreiten (Verwaltungspraxis des Kantons St. Gallen, Nr. 85).

3.24 Anschluss an eine Sammel- oder Gemeinschaftsstiftung bzw. Verbandseinrichtung

Für jene Arbeitgeber, die keine eigene Vorsorgeeinrichtung errichten oder für einzelne Mitarbeiterkategorien eine Zusatzvorsorge betreiben wollen, besteht die Möglichkeit des Anschlusses an eine *Gemeinschafts- oder Sammelstiftung*. Solche Sammelstiftungen wurden von Lebensversicherungsgesellschaften, Pensionskassenberatern, Banken und Treuhandgesellschaften errichtet, von denen sie auch verwaltet werden. Ähnlich funktionieren Gemeinschaftsstiftungen von *Verbänden*.

Die *Gemeinschaftsstiftung* (im engeren Sinne des Wortes) weist eine starke Einheitlichkeit und Verbundenheit untereinander und keine vollständig getrennte Rechnung je angeschlossenen Arbeitgeber auf. Sie ist besonders für Verbandseinrichtungen geeignet.

Die *Sammelstiftung* (heute in der Praxis noch oft – besonders die älteren Einrichtungen – als "Gemeinschaftsstiftung" bezeichnet) umfasst organisatorische und wirtschaftlich getrennte Vorsorgekassen verschiedener Arbeitgeber. Jede angeschlossene Einrichtung hat ein eigenes Reglement, das lediglich innerhalb von Rahmenbedingungen den anderen entspricht. Das Vermögen wird bei einzelnen Sammelstiftungen gemeinsam, bei anderen getrennt verwaltet.

Beispiele von bekannten Sammelstiftungen (in alphabetischer Reihenfolge):

- *Asga*, Sammelstiftung des Gewerbes, St. Gallen
- *Gemini* – Sammelstiftung für berufliche Vorsorge, Zürich (Schweizerische Treuhandgesellschaft)
- *Interkantonale Gemeinschaftsstiftung* für Personalvorsorge (gegründet 1950, die älteste Einrichtung)
- *Nest* Sammelstiftung, Zürich
- *Revor* – Sammelstiftung 2. Säule, Bern (Regionalbanken)
- *Sarasura* – Sammelstiftung, Basel (Bank Sarasin)
- *Servisa* – Sammelstiftung für Personalvorsorge, Basel (Kantonalbankenverband)
- *Winterthur-Columna*, Gemeinschaftsstiftung der CS Group

3.2 Arten von Vorsorgeeinrichtungen und -formen

Daneben haben die meisten Lebensversicherungsgesellschaften und grossen Banken ihre eigenen Sammelstiftungen.

Bei einer Sammelstiftung werden organisatorisch und wirtschaftlich getrennte Vorsorgekassen verschiedener Arbeitgeber mit jeweils eigenem Reglement geführt. Demgegenüber zeichnen sich Gemeinschaftsstiftungen dadurch aus, dass die einzelnen Abschlüsse rechnungsmässig nicht getrennt sind und über ein gemeinsames Reglement sowie ein gemeinsames Vorsorgevermögen verfügen (aus: Mitteilungen über die berufliche Vorsorge Nr. 42 vom 29. Oktober 1998, Rz 249).

Sammelstiftungen sind in erster Linie von Lebensversicherern, aber auch von Banken und Treuhandgesellschaften gegründet worden. Die Aufsichtsbehörde – für gesamtschweizerische Sammelstiftungen ist dies das Bundesamt für Sozialversicherung – hat nur mit der Sammelstiftung zu verkehren und nicht einzeln mit jeder angeschlossenen Einrichtung. Vor allem kleine Unternehmen haben sich in grosser Zahl Sammelstiftungen angeschlossen. Bereits Ende 1984 bei Einführung des BVG wurde geschätzt, dass *allein bei den 80 Sammelstiftungen der Lebensversicherer über 50'000 individuelle Firmenvorsorgeeinrichtungen angeschlossen waren.* Daneben waren noch über 10'000 Einrichtungen von 38 Verbänden bei der Gemeinschaftsstiftung des Gewerbes angeschlossen. Dazu kommen die Sammelstiftungen von Banken, Treuhändern und weiteren Institutionen (vgl. *Baumann*, in: Zeitschrift für die gesamte Versicherungswissenschaft 1985, S. 308). Seit 1984 ist die Zahl der an Sammel- und Gemeinschaftsstiftungen angeschlossenen Arbeitgeber sehr stark gestiegen Gemäss Pensionskassenstatistik 1996 gab es damals

	Vorsorgeeinrichtungen	Angeschlossene Arbeitgeber	Versicherte
Sammeleinrichtungen	139	173'093	1'076'008
Gemeinschaftseinrichtungen	142	93'839	569'514
Total	281	266'932	1'645'522

Gemäss Betriebszählung 1995 bestanden in der Schweiz rund 288'000 Unternehmen, von denen nur 826 über 250 und 5'894 über 50 Beschäftigte aufwiesen. Auch wenn sich durch Konzernverbindungen das Bild noch etwas verändert, zeigt sich, dass der Kleinbetrieb stark überwiegt.

Im Handelsregister waren 1997 rund 170'000 Aktiengesellschaften, 135'000 Einzelfirmen, 23'000 GmbH und 20'000 Kollektiv- und Kommanditgesellschaften eingetragen.

Diese Zahlen belegen, dass das Wachstum der Sammelstiftungen vor allem als Folge der doch komplizierten eigenen Verwaltung einer Vorsorgeeinrichtung verständlich ist. Besonders bei kleinen und kleinsten Einrichtungen besteht ein *Trend zu Sammelstiftungen* sowie bei Arbeitgebern mit wenigen

Arbeitnehmern, die bisher nicht versichert waren. Andere Unternehmen schliessen sich nur für das Obligatorium einer Sammelstiftung an und führen die bestehende Einrichtung als überobligatorische Kasse, Kaderversicherung oder als patronalen Fonds (für das ungebundene Vermögen) weiter. Viele Firmen, auch grössere, die früher eine eigene Vorsorgeeinrichtung (mit Kollektivversicherung) führten, haben diese stillgelegt und ihre Belegschaft einer Sammelstiftung angeschlossen. Damit lässt sich der starke Zugang bei den Sammelstiftungen der Grossbanken, Versicherungs- und Treuhandgesellschaften erklären.

Bei Sammelstiftungen muss die *Anwendung des BVG* für jede angeschlossene Kasse einzeln geprüft werden. Nach *Riemer* (Das Recht der beruflichen Vorsorge, 1985, S. 89) sollten Sammelstiftungen entweder nur registrierte oder nur nichtregistrierte Kassen umfassen, was aber nicht einzusehen ist. Eine registrierte Stiftung kann auch überobligatorische Teile verwalten. Besondere Regeln sind bei Sammelstiftungen zur Wahl der Arbeitnehmervertreter (wegen der Parität) zu schaffen.

Gemeinschafts- bzw. Sammelstiftungen ersparen vor allem kleineren und mittleren Betrieben die Gründung einer eigenen Stiftung und erleichtern die Stiftungsverwaltung. Die angeschlossenen Firmen werden, je nach Rechtsstruktur, oft *Mitstifter*. Die Personalversicherung wird dabei für jeden angeschlossenen Arbeitgeber seinen Verhältnissen entsprechend individuell geordnet.

Die einzelnen Mitgliederfirmen werden bei *Sammelstiftungen* in der Buchhaltung und im Jahresabschluss getrennt verwaltet, insbesondere auch, was den Risikoausgleich anbetrifft. Dagegen stellt sich das grundsätzliche Problem der gegenseitigen *Haftung* (da innerhalb derselben Rechtsperson) bei Konkurs einer Mitgliedarbeitgeberfirma. Gemäss Art. 44 BVV 2 tritt der Sicherheitsfonds für Deckungslücken ein, wenn die Vorsorgeeinrichtung zahlungsunfähig ist. (Zur *Vertretung der Arbeitnehmer in den Organen* von Sammelstiftungen vgl. RRB ZH Nr. 3950 vom 22. Oktober 1980, in: SZS 1982, S. 204.) Eine Klärung brachte Art. 7 der Verordnung über die Verwaltung des Sicherheitsfonds (SFV 2) vom 7. Mai 1986, wonach jedes Vorsorgewerk innerhalb der Sammelstiftung für sich beurteilt wird (also keine Solidarität). Besondere Fragen ergeben sich für die Geschäftsführung (Überwachung, interne Kontrollen) der Sammelstiftung und auch für die Kontrollstellen bezüglich des Umfanges der Revision bei Sammelstiftungen. Zu den Rechtsverhältnissen innerhalb einer Sammel- oder Gemeinschaftsstiftung siehe Dissertation von *Thomas Lüthy*.

Von Banken wurden auch *Freizügigkeitsstiftungen* errichtet, die den Zweck haben, Freizügigkeitsvermögen von einzelnen Arbeitnehmern zu verwalten.

Die Abteilung Berufliche Vorsorge des Bundesamtes für Sozialversicherung hat auf den 1. Januar 1993 Richtlinien erlassen "über die Prüfung der Auflösung von Anschlussverträgen sowie des Wiederanschlusses des Arbeitgebers" (mit Erläuterungen). Zum Inhalt einer Anschlussvereinbarung siehe Ziff. 281–285 der Mitteilungen über die berufliche Vorsorge vom 21. Dezember 1999.

Im Rahmen der 1. BVG-Revision wurde 1998 auch diskutiert, ob für Sammelstiftungen die Rechtsgrundlagen durch Schaffung einer eigenen Verordnung verbessert werden sollten. Darin wäre auch die Aufsicht, die heute teilweise bei den Kantonen und beim Bund liegt, neu zu regeln, d.h. bei den Kantonen anzusiedeln.

In den letzten Jahren sind einige Sammelstiftungen in Schwierigkeiten geraten und mussten saniert werden oder gingen in Liquidation (vgl. insbesondere die Situation von Vera-Pevos, Olten; siehe dazu Abschnitt 12.38).

Der Anschluss an eine Sammel- oder Gemeinschaftsstiftung erfordert eine Vereinbarung. In den Mitteilungen über die berufliche Vorsorge Nr. 48 vom 21. Dezember 1999 sind in Ziff. 281, 283–285 dazu Hinweise gegeben (siehe auch Abschnitt 13.29).

3.3 Risikoträgerformen

Nach dem Risikoträger können grundsätzlich *autonome Pensionskassen, Kollektivversicherungen und kombinierte Formen (teilautonome Einrichtungen)* unterschieden werden.

In Anlehnung an die *Pensionskassenstatistik 1996* werden hinsichtlich Risikoträger folgende neun Kategorien unterschieden (siehe *Darstellung 3B*):

- Autonome Pensionskasse ohne Rückdeckung (Kollektivversicherung)
- Autonome Pensionskasse mit Rückdeckung (Kollektivversicherung)
- Teilautonome Pensionskasse (Altersrenten durch die Vorsorgeeinrichtung sichergestellt, Deckung der technischen Risiken teilweise bei Versicherungsgesellschaft)
- Teilautonome Pensionskasse (Altersrenten durch Versicherungsgesellschaft sichergestellt, Deckung aller technischen Risiken bei Versicherungsgesellschaft)
- Kollektivversicherung (Deckung aller technischen Risiken und die Vermögensanlage bei einer Versicherungsgesellschaft)
- Spareinrichtung (nur Alterssparen)
- Wohlfahrtsfonds (mit Ermessensleistungen)
- Finanzierungsstiftungen (ohne weitere Zwecke)
- Auslaufende, stillgelegte Vorsorgeeinrichtung.

3.31 Autonome Pensionskasse

Mit autonomer Pensionskasse (Eigenkasse, Selbstversicherungskasse) werden die Einrichtungen bezeichnet, die ihre Mitglieder auf eigene Rechnung und Gefahr versichern und ihnen bei Eintreten eines bestimmten Ereignisses (Alter, Invalidität, Tod) normierte Leistungen ausrichten. *Die Risikogemeinschaft wird von der Gesamtheit der Kassenmitglieder gebildet.*

In der Regel werden autonome Kassen nur für die Angehörigen eines einzigen Unternehmens errichtet. Das Personal dieser Firma bildet die Risikogemeinschaft.

Bei einer *gemeinsamen Kasse mehrerer Unternehmen* schliessen sich, um eine gemeinsame Versicherungskasse zu betreiben, mehrere Unternehmen zusammen. Gemäss Pensionskassenstatistik 1996 gab es 1'278 Vorsorgeeinrichtungen von Konzernen, Holding- oder Muttergesellschaften, die mehreren Arbeitgebern dienen, insgesamt 6'620 mit rund 655'000 Versicherten. Für die versicherten Arbeitnehmer der beteiligten Firmen wird in der Regel ein einheitlicher Versicherungsplan aufgestellt. Die meisten Gemeinschaftskassen sind

Darstellung 3B
Bedeutung der Risikoträgerformen

1992	Anzahl Vorsorge-einrichtungen	Anzahl Versicherte (in 1'000)	Aktiven (in Mio. CHF)	Ertrag/Aufwand	Ertrag (in Mio. CHF) davon (Auswahl)		Aufwand (in Mio. CHF) davon (Auswahl)		
					Beiträge Versicherte und Arbeitgeber	Bruttovermögensertrag	Renten- und Kapitalzahlungen	Austrittsleistungen	Prämien an Versicherungsgesellschaften
Autonome Pensionskassen ohne Rückdeckung	706	1'222	176'654	28'268	13'437	9'999	7'348	2'778	10
Autonome Pensionskassen mit Rückdeckung	444	211	25'632	4'489	1'766	1'452	755	753	50
Teilautonome Pensionskassen (Altersrenten durch Vorsorgeeinrichtungen sichergestellt)	1'540	468	18'578	4'667	1'913	1'035	530	944	449
Teilautonome Pensionskassen (Altersrenten durch eine Versicherungsgesellschaft sichergestellt)	759	212	9'996	3'028	1'129	555	258	811	298
Kollektivversicherung	1'533	1'245	8'870	13'971	5'771	458	1'553	2'963	7'925
Spareinrichtung	208	19	834	159	53	50	35	20	–
Wohlfahrtsfonds	6'308	8	11'729	1'503	375	697	220	32	33
Finanzierungsstiftungen	412	–	1'898	451	225	112	–	–	–
Auslaufend/Stillgelegt	1'779	46	2'489	497	25	154	131	60	11
Total	13'689	3'431	256'680*	57'033	24'694	14'512**	10'830	8'361	8'776
davon Einrichtungen privaten Rechts	13'527	2'877	173'485	42'777	16'829	9'996	6'360	7'785	8'761

*ohne Deckungskapital der Kollektivversicherung von 56 Mrd. CHF
**ohne Kapitalerträge aus dem Deckungskapital der Kollektivversicherung

Quelle: Pensionskassenstatistik 1992 (1996 wurde diese Statistik nicht erhoben)

bei vertikal oder horizontal gegliederten Konzernen anzutreffen, wo die Versicherungskasse von der Holding- oder Muttergesellschaft geführt wird.

Es empfiehlt sich, in einem Konzern nur jene Unternehmen (Arbeitgeber) in einer gemeinsamen Pensionskasse zusammenzufassen, die unwiderruflich zusammengehören. In Mischkonzernen (Konglomeraten) oder bei selbständigen Tochtergesellschaften, die stark eigenständig und möglicherweise nicht "ewig" mit dem Konzern verbunden sind, empfehlen sich einzelne, individuell der finanziellen Leistungsfähigkeit angepasste Vorsorgeeinrichtungen. In diesem Fall ist von einer gemeinsamen Kasse dringend abzuraten. Infolge der Regelungen des Freizügigkeitsgesetzes betreffend Teilliquidation ist ein Aufteilen gemeinsamer Einrichtungen oft schwierig und ungerecht. Gemäss BVG gelten die einzelnen Konzernteile (juristischen Personen) als Arbeitgeber. Das Sozialversicherungs- und berufliche Vorsorgerecht kennt kein Konzernrecht.

In einigen Fällen wird die Personalversicherung auch im Rahmen eines Verbandes geregelt. Der Verband oder eine von ihm geschaffene Rechtsperson wird als Risikoträger der Versicherungskasse gewählt (z.B. Schweizerische Elektrizitätswerke). Es stellt sich dann die Frage, ob eine solche Einrichtung nicht unter die vereinfachte Aufsicht durch das Bundesamt für das Privatversicherungswesen fällt (vgl. Art. 6 VAG) (siehe Abschnitt 2.6).

Eine nach BVG registrierte Vorsorgeeinrichtung, welche die Risiken selbst tragen will, muss gemäss Art. 43 BVV 2 über eine Rückdeckung verfügen, wenn

– der *Experte für berufliche Vorsorge dies als notwendig erachtet* oder
– ihr *weniger als 100 aktive Versicherte angehören*.

Als Rückdeckung kann auch "eine zusätzliche Reserve" bestellt werden, die dann gesondert auszuweisen ist (Art. 43 Abs. 4 BVV 2). Der Gesetzgeber meint hier wohl eine "Rückstellung" (nicht Reserve).

Eine autonome Kasse stellt besondere Anforderungen an die Verwaltung. Dazu besteht eine Fachausbildung mit Abschlussexamen. Bei dieser *Berufsprüfung "Pensionskassenfachmann"* handelt es sich um ein vom BIGA beaufsichtigtes Examen (ähnlich und auf der Stufe des Treuhänders oder Buchhalters mit eidg. Fachausweis). Schwerpunkte in der Ausbildung und Prüfung sind Rechnungswesen, Kapitalanlagen, Rechtsgrundlagen, technische Abwicklung und Geschäftsführung. Damit ist auch eine Abgrenzung dieses *"Pensionskassenfachmannes mit eidg. Fachausweis"* gegenüber dem höheren *"eidg. Pensionsversicherungsexpertendiplom"* gegeben.

3.32 Kollektivversicherung

Durch den Kollektivversicherungsvertrag wird eine in der Schweiz *konzessionierte Lebensversicherungsgesellschaft* zum Träger des versicherten Risikos. (Mit Einführung der Versicherungstarife 1970 wurde die alte Bezeichnung *Gruppenversicherung* in *Kollektivversicherung* geändert.) Als Entgelt hat der Versicherungsnehmer eine nach den Tarifgrundlagen der Versicherungsgesellschaft bemessene Prämie (Jahresprämie oder Einmaleinlage) zu entrichten. Das Wesen der Kollektivversicherung liegt in der *Versicherung mehrerer Personen durch einen einzigen Versicherungsvertrag*. Dieses Vertragswerk wird aufgrund des Reglements erstellt und regelt die Beziehungen zwischen der Vorsorgeeinrichtung und der Versicherungsgesellschaft. Solche Stiftungen werden auch als *Durchgangsstiftungen* bezeichnet. Heute werden jedoch dafür immer mehr Sammelstiftungen eingesetzt.

Den Begünstigten selbst stehen keine direkten Ansprüche gegenüber der Versicherungsgesellschaft zu (im Gegensatz zu Verhältnissen im Ausland). Dies bestätigt beispielsweise auch ein Bundesgerichtsentscheid vom 11. März 1980 (in: SZS 1982, S. 75 ff.). Das Kollektivversicherungsgeschäft wird im Rahmen der allgemeinen Beaufsichtigung der konzessionierten Lebensversicherungsgesellschaften durch das *Bundesamt für Privatversicherungswesen* überwacht. Es betätigen sich alle konzessionierten Lebensversicherungsgesellschaften auf dem Gebiete der Kollektivversicherung. Die Lebensversicherer sind bei rund zwei Dritteln aller versicherten Arbeitnehmer der privatwirtschaftlichen Vorsorgeeinrichtungen beteiligt, und zwar als Voll- oder Risikoversicherer (vgl. *Darstellung 3C*).

Die Kollektivversicherungstarife waren bis 1996 bei allen konzessionierten Lebensversicherungsgesellschaften gleich. Diese Tarife kommen auch bei der Sammelstiftung zur Anwendung. Erst seit 1996 haben einzelne Lebensversicherungsgesellschaften im Zuge der Liberalisierung und Befreiung von Kartellabmachungen eigene Tarife entwickelt. Es sind nur noch die Nettotarife des Kollektivversicherungstarifs für die Versicherungsgesellschaften verbindlich. Die Kostenzuschläge können individuell festgelegt werden, müssen jedoch vom Bundesamt für Privatversicherungen (BPV) genehmigt werden. Der Zinssatz des Kollektivversicherungstarifs 1995 beträgt 3,5%. Es ist verständlich, dass das BPV eine vorsichtige Prämienfestlegung verlangt. Es werden deshalb regelmässig buchmässige Gewinne erzielt, die in Form der Überschüsse oder Gewinnanteile den Kollektivversicherungsnehmern wieder zufliessen. Obwohl es keine versicherungstechnische Vorausberechnung dieser Rückvergütung gibt, müssen diese beispielsweise bei einem Vergleich zwischen Kollektivversicherung und autonomer Kasse mit in Rechnung gestellt werden. Sie können den Kostenvoranschlag erheblich beeinflussen.

3. Organisation von Vorsorgeeinrichtungen

Darstellung 3C

Lebensversicherungsgesellschaften in der Schweiz (Mio. CHF)

1997	Kollektivversicherung/Berufliche Vorsorge		
	Gebuchte Prämien brutto	Versicherungstechnische Rückstellungen für eigene Rechnung	Zahlungen für Versicherungsfälle (inkl. Kapitalleistungen und Rückkaufswerte)
Allianz Leben	66	353	50
American Security	1	12	3
AXA Vie	40	133	23
Basler Leben	1'129	6'882	1'152
Berner Leben	256	1'123	160
Coop Leben	247	1'345	243
Elvia Vie	508	2'740	489
Familia	119	769	94
Fortuna Personal	128	472	82
Genevoise Vie	424	2'146	324
Patria Leben	967	5'365	661
Pax	308	1'690	273
Phenix Vie	18	59	6
Providentia	276	1'176	175
Rentenanstalt	5'600	29'297	2'838
Secura Leben	58	275	45
Suisse Vie	401	2'432	404
UBS Swiss Life	–	10	101
Vaudoise Vie	375	1'919	292
Winterthur Leben	4'035	19'850	2'804
Zenith Vie	36	142	22
Zürich Leben	1'663	9'621	1'414
Total (22 Gesellschaften)	16'665	87'821	11'665

Quelle: Die privaten Versicherungsunternehmen in der Schweiz 1997 (hrsg. vom BPV)

Bei *multinationalen Unternehmen* können beim Versicherer auch *Rahmenverträge* für die Personalfürsorgepläne abgeschlossen werden. Dies ist wichtig bei Konzernen mit grosser Mobilität des Kaders.

Die Sammel- und Gemeinschaftsstiftungen haben das Risiko in der Regel über Kollektivversicherungen abgedeckt.

3.33 Kombinierte Formen (Teilautonome Einrichtungen)

Als kombinierte Einrichtungen können jene Vorsorgeeinrichtungen bezeichnet werden, die nur *einen Teil der Risiken auf eigene Gefahr übernehmen und die übrigen Risiken durch einen Kollektivversicherungsvertrag* auf eine Versicherungsgesellschaft überwälzen. Ein solcher Vertrag stellt eine interne Massnahme dar zur Stärkung der Sicherheit der autonomen Kasse. Die Kollektivversicherung erfüllt hier die Funktion einer *teilweisen Rückdeckung*.

Diese Kollektivversicherung kann entweder einen Teil aus der Versicherungskombination (z.B. Todesfallrisiko) oder bestimmte hohe Risiken als Exzedenten umfassen.

Eine häufige Aufteilungsart ist jene in die beiden *Komponenten Sparteil* und *Risikoteil* (siehe Abschnitt 3.34). Regelmässig werden jene Risiken durch eine Kollektivversicherung gedeckt, die unerwartet schlagartig die Kasse treffen können, also das Todesfall- und das Invaliditätsrisiko. In der Praxis können die mannigfachsten Formen von solchen Aufteilungen festgestellt werden.

Bei der Kollektivversicherung eines Exzedenten gibt es folgende Möglichkeiten (siehe Abschnitt 7.6):

– *"Bel'étage"-Versicherung*

In der Bel'étage-Versicherung (auch Attika-Versicherung genannt) wird nur jener Teil der Besoldung angerechnet, welcher eine vorgegebene Schranke übersteigt.

– *Excess-of-Loss-Versicherung*

In der Excess-of-Loss-Versicherung wird für jeden Versicherten nur jener Teil der Risikosumme versichert, welcher eine vorgegebene Schranke (Selbstbehalt) übersteigt.

3. Organisation von Vorsorgeeinrichtungen

– *Stop-Loss-Versicherung*

In der Stop-Loss-Versicherung werden alle ausbezahlten Schäden in einer Abrechnungsperiode aufaddiert. Übersteigt die gesamte Schadensumme eine festgesetzte Schranke (Selbstbehalt), so wird der übersteigende Teil durch die Stop-Loss-Versicherung rückvergütet.

Es handelt sich hier um die Rückdeckung besonders grosser Risiken oder solcher, die eine bestimmte Höhe übersteigen. Beispielsweise können die Versicherungen des leitenden Personals teilweise von der autonomen Kasse auf die Versicherungsgesellschaft übertragen werden. Oder für die oberen Angestellten werden separate Kollektivversicherungen abgeschlossen, die Teile des über das versicherte Lohnmaximum hinausgehenden Salärs erfassen. Bei der Exzedentenversicherung werden also nur Spitzenrisiken rückgedeckt.

Häufig werden bei grossen Versicherungsverträgen von den Lebensversicherungsgesellschaften den Kunden *Einnahmen- und Ausgabenrechnungen* offeriert, in denen die einzelnen Tarifkomponenten mit ihren Ist-Zahlen (Vermögenserträge, Sterblichkeit, Verwaltungskosten) erfasst werden und nicht mit den Standardkosten der Tarifgrundlagen (inkl. pauschaler Überschussanteil). Entsprechend dem Risikoverlauf des Vertrags erfolgt an das oder vom Kollektiv eine Ausgleichszahlung. Solche Einnahmen- und Ausgabenrechnungen erhöhen die Transparenz und sind sehr zu empfehlen.

Die Lebensversicherungsgesellschaften sind auch bereit, für grössere Kunden *separate Vermögensverwaltungen* für einen *Teil des Deckungskapitals des Kollektivversicherungsvertrages* durchzuführen (z.B. SPA Separate Portefeuille Administration der Rentenanstalt bis 50% des Deckungskapitals). Dadurch ist es möglich, für die Vermögensanlage dieses Teils des Deckungskapitals eigene Anlagerichtlinien aufzustellen, wodurch gegebenenfalls höhere Erträge erwirtschaftet werden können. Zur *individuellen Verwaltung der Vermögen* – mit einer vom Versicherungsnehmer erhofften überdurchschnittlichen Rendite – werden von verschiedenen Lebensversicherungsgesellschaften Modelle angeboten, die jedoch alle zu wenig bekannt sind, da dafür kaum Werbung betrieben wird. Diese Systeme entsprechen einer halbautonomen Kasse, bei der – kurz gesagt – das Risiko versichert ist, die Kapitalanlagen und die Verwaltung aber von der Versicherungsgesellschaft individuell, quasi treuhänderisch, abgerechnet werden. Auch dies ist gewissermassen eine kombinierte Form: versichertes Risiko, verbunden mit selbst getragenem Risiko für einen Teil der Kapitalanlage. Die Lebensversicherungen sind in den letzten Jahren sehr flexibel geworden, um grösseren Versicherungsnehmern eine massgeschneiderte Lösung offerieren zu können.

3.34 Spareinrichtung mit Risikoversicherung

Eine seit Jahrzehnten beliebte und häufig kombinierte Form besonders bei kleineren und mittleren Unternehmen (KMU) ist jene der *selbstverwalteten Spareinrichtung,* verbunden mit einer Risikokollektivversicherung. Diese Form soll nachstehend noch näher behandelt werden.

Mit einem Teil des Jahresbeitrages, dem sog. Sparbeitrag, werden *planmässige Rückstellungen (Sparkapitalien)* geäufnet, die im Terminalter den Betrag des Alterskapitals erreichen. Mit dem anderen Teil, der sog. *Risikoprämie, wird das jeweils vorhandene Risiko (Differenz zwischen Alterskapital und bereits geäufnetem Sparkapital)* versichert. Diese Risikosumme nimmt von Jahr zu Jahr ab, entsprechend dem ansteigenden Sparkapital. Risikosumme und Sparkapital sollen zusammen stets einen gleich hohen, konstanten Betrag ergeben.

Die Risiken werden häufig auf einjähriger Basis bei einer Versicherungsgesellschaft rückgedeckt.

Das Sparendkapital kann im Pensionierungsalter bar bezogen werden, sofern dies das Reglement zulässt, oder es kann damit bei einer Versicherungsgesellschaft eine lebenslängliche Altersrente (mit anwartschaftlicher Witwenrente) eingekauft werden. Um eine Antiselektion zu vermeiden, muss – auch nach Art. 37 Abs. 3 BVG – der Versicherte drei Jahre vor der Pensionierung die Art der Altersleistung schriftlich bekanntgeben, andernfalls kommt der ungünstigere Tarif der Einzelversicherung zur Anwendung.

Aufgrund von angestellten Erhebungen kann gesagt werden, dass sich die kombinierte Spareinrichtung mit Risikoversicherung, sofern keine besonderen Verhältnisse vorliegen, vom finanziellen Standpunkt aus dann besserstellt als eine gemischte Kollektivversicherung, wenn auf lange Sicht mit einer Nettoverzinsung von über etwa 4,5% gerechnet werden kann.

Ein Vorteil dieser Kombination liegt darin, dass die individuellen Bedürfnisse der Versicherten gut berücksichtigt werden können. Der Todesfallschutz kann sich in erster Linie auf Personen mit namhaften Unterstützungspflichten beschränken. Eine Risikodeckung für Ledige und Frauen ist in vielen Fällen sinnwidrig. Das System Spareinrichtung und Risikoversicherung hat in manchen Fällen den Vorteil grosser Beweglichkeit und Anpassungsfähigkeit; so bei Unternehmen mit viel weiblichem Personal. Auch lässt sich die latente Freizügigkeitsleistung gut separat verwalten und anlegen.

Je nach den finanziellen Möglichkeiten der Unternehmen konnte bis anhin vorerst die Personalfürsorge auch nur in Form der reinen Risikoversicherung verwirklicht und die Altersvorsorge auf spätere Zeiten zurückgestellt werden. Damit konnte der ökonomischen Leistungsfähigkeit junger Unternehmen oft gut Rechnung getragen werden. Durch Einführung des BVG-Obligatoriums wird nun eine untere Grenze gesetzt, die für neue und kleine Betriebe bereits relativ hoch ist.

Den Vorteilen stehen aber auch Nachteile gegenüber, so besonders bei den Leistungsauszahlungen, da die Aufteilung in Spar- und Risikoteil zu etwelchen Schwierigkeiten führt.

In *steuerlicher Hinsicht* sind bei der Reglementserstellung von Spareinrichtungen in verschiedenen Kantonen besondere Bestimmungen zu beachten. Im Kanton Zürich beispielsweise wurde bisher bei Spareinrichtungen die Vermögenssteuerfreiheit für den Arbeitnehmer während der Dauer des Dienstverhältnisses nur gewährt, wenn gemäss Reglement ein *beschränkter Destinatärkreis* (ohne grosselterlichen Stamm) besteht.

Das Eidg. Amt für das *Handelsregister* beanstandet die Stiftungsurkunden, in denen das Wort "Sparen" in irgendwelcher Kombination zur Angabe des Stiftungszweckes erscheint. ("Sparen" ist im Bankengesetz besonders geregelt.) Der Verwendung des Begriffes wie seit Jahrzehnten in Reglementen stehen dagegen keine rechtlichen Bestimmungen entgegen. Das Wort "Sparkonto" kann übrigens gut durch "Vorsorgekonto", "Beitragskonto" oder, falls dem BVG-Obligatorium entsprechend, durch "BVG-Alterskonto" ersetzt werden. Nicht verwendet werden sollte in diesem Zusammenhang der Begriff "Sparkasse" (da dem Bankengesetz vorbehalten).

Dienstleistungen, wie Kosten für die Verwaltung, die der Arbeitgeber an die Vorsorgeeinrichtung belastet, unterliegen der Mehrwertsteuerpflicht. Dies ist unangebracht, da Stiftungen als Endverbraucher auch kaum Gelegenheit haben, diese Steuer im Rahmen des Vorsteuerabzugs weiterzubelasten. Der Nationalrat hat einen Vorstoss, hier auf die Steuer zu verzichten, leider abgelehnt.

3.4 Versicherter Personenkreis, Aufnahmebedingungen, Möglichkeiten zur Flexibilisierung

Beim organisatorischen Aufbau einer Vorsorgeeinrichtung sind verschiedene *Rahmenbedingungen* zu klären. Diese haben durch das BVG weitgehend eine Vereinheitlichung erfahren.

3.41 Abgrenzungen im vor- und überobligatorischen Bereich

Der Kreis der in die *überobligatorische Vorsorge* aufzunehmenden Personen wird durch unternehmungspolitische, soziale, rechtliche, steuerrechtliche und andere Faktoren bestimmt. Die Umschreibung des *versicherten Personenkreises* und der *Aufnahmebedingungen* ist eine der ersten Aufgaben bei der Schaffung einer beruflichen Vorsorgeeinrichtung, nebst weiteren *Rahmenbedingungen*, wie die Definition des versicherten (koordinierten) Lohnes.

Bei der freiwilligen überobligatorischen Vorsorge werden auch künftig viele Vorsorgeeinrichtungen für die Aufnahme in die Vollversicherung gewisse Anforderungen an den Gesundheitszustand stellen. Bei *erhöhtem Risiko* besteht die Möglichkeit der Aufnahme in die Vollversicherung: 1. unter Vorbehalt (Ausschluss bestimmter Erkrankungsmöglichkeiten, gilt besonders für das Invaliditätsrisiko), 2. unter erhöhter Beitragsleistung (bei Kollektivversicherungen früher üblich, vielfach aber nicht erwünscht), 3. erst nach einer zusätzlichen Karenzfrist oder 4. zu einem reduzierten Versicherungsgrad. Heute wird am häufigsten, wenn überhaupt, die Möglichkeit des Vorbehalts (1.) gewählt. Es darf auch berücksichtigt werden, dass Leute mit *erhöhter Todesfallwahrscheinlichkeit* nicht immer ein höheres Risiko darstellen. Sie weisen oft eine kleinere Zahl von Hinterbliebenen auf, und für Rentenkassen sind sie vielfach günstige Risiken. Wenn immer möglich, sollten alle Arbeitnehmer/Arbeitnehmerinnen ausnahmslos in die volle Versicherung aufgenommen werden.

Durch den auf 1. Januar 1995 in Kraft getretenen *Art. 331c OR* (im Zusammenhang mit dem Freizügigkeitsgesetz) darf die Dauer für Vorbehalte aus gesundheitlichen Gründen *"höchstens fünf Jahre betragen"*.

Der *Lohnbegriff* hat durch das BVG eine Klärung, aber auch eine Verkomplizierung erfahren (vgl. Art. 8 BVG und Art. 3 BVV 2). Es empfiehlt sich, auch für den *überobligatorischen* Bereich auf diesen Lohnbegriff abzustellen. Bezüglich der verschiedenen Lohnbegriffe siehe Abschnitt 4.31.

Durch das *Obligatorium des BVG* wurde hinsichtlich dieser Rahmenbedingungen weitgehend Klarheit geschaffen. Aber auch hier, bei der Auslegung von Art. 2 und 3 BVG bzw. Art. 1 BVV 2, werden noch zahlreiche Fragen entstehen. Art. 1 BVV 2 nennt die von der obligatorischen Versicherung *aus-*

genommenen Arbeitnehmer. Art. 3 BVG regelt die obligatorische Versicherung von *Selbständigerwerbenden*.

Das Obligatorium wird durch die gemäss Art. 60 BVG bestehende *Auffangeinrichtung* unterstützt, indem Arbeitgeber sich für ihre Firma anschliessen können bzw. müssen und auch Einzelpersonen als freiwillig Versicherte aufgenommen werden.

Die *vor- und überobligatorische* Vorsorge kannte und kennt hinsichtlich des versicherten Personenkreises die vielfältigsten Abgrenzungsmöglichkeiten. Auch für die überobligatorische Versicherung empfiehlt sich eine klare, *betriebsobligatorische Regelung*. Ein Verzicht dürfte jedenfalls nur mit Unterschrift des Ehegatten (als Begünstigter) zulässig sein. Das Obligatorium sollte auch für die Nachversicherung von Besoldungserhöhungen gelten.

Es war bisher üblich und zweckmässig, den Personalvorsorgeeinrichtungen besondere *Einlegerkassen* (Spareinrichtungen) für solche Personen anzugliedern, die infolge zu hohen Alters, vorübergehender Beschäftigung, schlechter Gesundheit oder anderer Gründe nicht in die *Vollversicherung* aufgenommen werden. Die Arbeitnehmer- und Firmabeiträge fliessen dann in diese Einlegerkasse zugunsten von persönlichen Konten, wofür weder Eintrittsgelder notwendig noch finanziell untragbare Risiken zu decken sind. Diese Lösung ist nur für den überobligatorischen Teil der Vorsorge möglich, d.h. die Bestimmungen des BVG gehen vor.

Aktuell ist die Frage der Aufnahme von *AIDS-Virusträgern* (HIV-positiv oder seropositiv) in Pensionskassen. Schweizer Lebensversicherer verlangen bei Todesfalleistungen von über CHF 250'000.– einen Gesundheits- und darin inbegriffen einen AIDS-Test. Eine grosse Pensionskasse, welche solche Tests bei jedem Eintritt fordern wollte, hat inzwischen wieder davon abgelassen. Für das BVG-Obligatorium können keine gesundheitlichen Vorbehalte bei der Aufnahme geltend gemacht werden. Das Risiko für die Kasse ist bei AIDS-Fällen infolge der kurzen Krankheitsdauer und des häufigen Fehlens von Familienangehörigen kleiner als vielfach angenommen.

Bei allen Vorsorgeeinrichtungen sollte der Grundsatz gelten, einen möglichst grossen Teil der Arbeitnehmer in die Vollversicherung aufzunehmen.

Viele Personalversicherungskassen haben früher eine *Karenzfrist* von 1–5 Jahren vorgesehen. Der Arbeitnehmer wurde somit erst nach einer bestimmten Anzahl Dienstjahre voll in die Pensionskasse aufgenommen. Zweckmässigerweise wurden dann schon während der Wartezeit Beiträge erhoben. Diese konnten für eine *Aversalversicherung* (Todesfall- und evtl. Invaliditätskapitalabfindung) oder als Vorfinanzierung für die spätere Vollversicherung verwendet werden. Solche Karenzfristen sind auch im überobligatorischen Bereich heute verschwunden.

Auch das *Niedrigsteintrittsalter* wird häufig durch das Obligatorium bestimmt. Es gilt eine Versicherungspflicht ab 1. Januar nach vollendetem

17. Altersjahr für die Risiken *Tod und Invalidität*, ab 1. Januar nach vollendetem 24. Altersjahr auch für das *Alter* (Art. 7 BVG). Im Rahmen der 1. BVG-Revision wird diskutiert, ob dieses Alter von 24 Jahren auf 20 herabgesetzt werden sollte, um mehr Sparkapital bilden zu können.

Bei der *überobligatorischen Vorsorge* werden oft Personen, die ein *bestimmtes Alter überschritten haben* (z.B. Männer 55 Jahre und Frauen 52 Jahre), nicht mehr in die Vollversicherung aufgenommen, sondern beispielsweise einer Sonderregelung, wie einer "Sparversicherung", zugewiesen.

Schwierig ist die Bestimmung dieser Grenzalter bei den sog. *klassischen Pensionskassen*. Dort müssen nach einem bestimmten Alter (z.B. 32 Jahre) Eintrittssummen geleistet werden, die für ältere Personen sehr hohe Beträge erreichen können, so dass das Höchsteintrittsalter entsprechend herabgesetzt werden muss. Es besteht auch die Möglichkeit, die Normalleistung in solchen Fällen individuell zu kürzen (Staffelversicherung).

Hinsichtlich der *Nationalität* wird grundsätzlich nicht unterschieden, d.h. Gastarbeiter, gleich welcher Aufenthaltskategorie, werden wie Schweizer in die Versicherung aufgenommen. Probleme können sich ergeben, wenn Renten ins Ausland bezahlt werden müssen. In diesen Fällen werden gelegentlich Kapitalablösungen vorgesehen. Vor denselben Problemen steht auch die staatliche Sozialversicherung. Dasselbe gilt für Schweizer, die ins Ausland in Pension gehen.

Zur Auslegung der Begriffe "Arbeitnehmer" und "Selbständigerwerbender" im BVG siehe Stellungnahme des BSV (in: ZAK 1985, S. 498/99; siehe auch Mitteilungen über die berufliche Vorsorge Nr. 5 vom 1. Oktober 1987, Ziff. 33).

Die Frage, ob ein Erwerbstätiger beim BVG als Selbständigerwerbender oder als Unselbständigerwerbender zu betrachten ist, richtet sich nach dem AHV-Gesetz (BGE vom 11. September 1985, in: Verwaltungspraxis 1987, VPB 51.16).

Es ist zu erwarten, dass auf den 1. Januar 2001, wenn das AHV-Rentenalter der Frauen auf 63, und auf den 1. Januar 2005, wenn es auf 64 angehoben wird, auch Art. 13 BVG betreffend das Rentenalter der Frauen in der Zweiten Säule angepasst wird.

Nach Einführung des Freizügigkeitsgesetzes kann man sich fragen, ob eine *externe Mitgliedschaft* bei einer Pensionskasse (z.B. des Bundes oder eines Kantons) noch zulässig ist. Art. 3-5 FZG schreiben eine Übertragung der Austrittsleistung auf einen anderen Vorsorgeträger zwingend vor. Rechtlich sollte eine externe Mitgliedschaft zwar weiterhin möglich sein; in der Regel ist diese aber nicht sinnvoll, sondern verursacht nur Umtriebe.

3.42 Unterstellung unter das BVG

In bezug auf die Unterstellung unter das BVG ergibt sich eine Reihe von Fragen. (Nachstehende Ausführungen stützen sich auf ein Exposé von *D. Chable.*) Über die *Arbeitgeberkontrollen* betreffend Einhaltung des Obligatoriums bestehen Weisungen und Schreiben des BSV, der Konferenz der kantonalen BVG-Aufsichtsbehörden und von kantonalen BVG-Ämtern.

Grundsätzlich sind gemäss BVG a*lle Personen obligatorisch zu versichern,* welche *kumulativ folgende Anforderungen* erfüllen:

a) *Alter* zwischen 18 und 65 für Männer bzw. 62 für Frauen (Art. 7 Abs. 1 BVG). Das Minimalalter beginnt am 1. Januar nach dem 17. Geburtstag, und das Maximalalter endet am 1. Tag des Monats nach dem 65. bzw. 62. Geburtstag.
b) *Jahreslohn* grösser als CHF 24'120.– (Stand 1999) bei demselben Arbeitgeber (Art. 7 Abs. 1 BVG)
c) bei der *AHV* versichert (Art. 5 Abs. 1 BVG)
d) Beschäftigung für *mehr als drei Monate* oder auf unbestimmte Zeit (Art. 2 und 1 lit. b BVG).

Es gibt nun eine Reihe von Sonderfällen. Bei verschiedenen dieser Fälle kann sich ein ganz oder teilweise nicht obligatorisch zu Versichernder bei der Auffangeinrichtung freiwillig versichern.

1. Saisonarbeiter

Saisonarbeiter, welche bei einem Arbeitgeber unterjährig angestellt sind, werden der obligatorischen Versicherung im Ausmass der Arbeitsdauer unterstellt, sofern der theoretische *Jahreslohn* (z.B. Monatslohn x 12) *CHF 24'120.– übersteigt* oder sofern der Monatslohn CHF 2'010.– übersteigt (Art. 2 Abs. 2 BVG und Art. 3 Abs. 2 BVV 2).

Wird ein Saisonarbeiter regelmässig Jahr für Jahr für weniger als *drei Monate* eingestellt, so ist er dem Obligatorium zu unterstellen, es sei denn, er werde jedes Jahr aufgrund eines neuen, zeitlich begrenzten Arbeitsvertrages weniger als drei Monate beschäftigt.

2. Akkordanten und Unterhändler

Akkordanten sind als Arbeitnehmer zu betrachten, sofern die allgemeinen Anforderungen a–d vorstehend erfüllt sind. Andernfalls obliegt die obligatorische Versicherung ihnen persönlich oder ihrem Berufsverband.

Für die *AHV* (und SUVA) werden Akkordanten und Unterhändler hingegen grundsätzlich als Unselbständigerwerbende betrachtet, es sei denn, sie führen ein eigenes Unternehmen und seien in der Lage, auf eigenes Risiko mit der auftraggebenden Firma zu verhandeln (BGE 101 V 87, 97, 218; Entscheid des Eidg. Versicherungsgerichtes vom 14. Februar 1985).

3. Anstellung bei mehreren Arbeitgebern

- Fall A

Bei jedem Arbeitgeber liegt der Jahreslohn unter CHF 24'120.– (Stand 1999): Ein solcher Arbeitnehmer ist dem Obligatorium nicht unterstellt.

Beispiel: Drei Arbeitgeber mit je CHF 15'000.– Jahreslohn. Gesamteinkommen also CHF 45'000.–. Keine obligatorische Versicherung, da das Einkommen bei jedem einzelnen Arbeitgeber unter CHF 24'120.– liegt.

- Fall B

Der Jahreslohn bei einem einzigen von mehreren Arbeitgebern übersteigt CHF 24'120.–: Ein solcher Arbeitnehmer ist obligatorisch durch diesen Arbeitgeber zu versichern.

Beispiel: Drei Arbeitgeber mit CHF 25'000.–, CHF 10'000.– und CHF 10'000.– Jahreslohn. Gesamteinkommen also CHF 45'000.–. Obligatorische Versicherung beim ersten Arbeitgeber für einen Jahreslohn begrenzt auf CHF 25'000.–.

- Fall C

Die Jahreslöhne bei mehreren Arbeitgebern übersteigen je CHF 24'120.–: Der Arbeitnehmer muss nur bei einem der Arbeitgeber obligatorisch versichert werden; die Wahl des betreffenden Arbeitgebers ist gegenseitig zu vereinbaren (unter Vorbehalt der betreffenden Vorsorgereglemente). Vielfach wird dies bei jenem Arbeitgeber sein, bei dem der Versicherte die längste Dienstzeit verbrachte, oder dort, wo der höchste Lohn bezogen wird (hauptberufliche Anstellung). Eine gleichzeitige obligatorische Versicherung bei mehreren Arbeitgebern ist nicht vorgesehen (Art. 46 BVG).

Beispiel: Zwei Arbeitgeber mit CHF 30'000.– und CHF 25'000.– Jahreslohn. Der Arbeitgeber, bei dem die obligatorische Versicherung zu verwirklichen ist, muss durch eine Vereinbarung bestimmt werden.

- Fall D

Der Arbeitnehmer ist bei einem Arbeitgeber angestellt, zusätzlich aber auch Selbständigerwerbender. Übersteigt der Jahreslohn als Arbeitnehmer

CHF 24'120.–, so erfolgt die obligatorische Versicherung beim Arbeitgeber, es sei denn, die selbständige Tätigkeit werde hauptberuflich ausgeübt.

Beispiel: Jahreslohn als Arbeitnehmer CHF 25'000.– und Einkommen als Selbständigerwerbender CHF 27'000.–. Diese Person ist grundsätzlich vom Arbeitgeber obligatorisch zu versichern (Einkommensnachweis durch die Person zu erbringen).

4. Befristete Anstellung

– Personen, die mehrmals im Jahr für kurze Perioden arbeiten

Liegen solche "Kurzperioden" unter drei Monaten, ist die Person dem Obligatorium nicht unterstellt, sofern es sich jedesmal um eine neue Anstellung handelt und die Kurzperioden zeitlich angemessen getrennt sind (gilt auch, wenn alle Kurzperioden zusammen drei Monate übersteigen).

– Probezeiten

Grundsätzlich muss der Arbeitnehmer ab erstem Arbeitstag der Probezeit versichert sein. Arbeitgeber, die Mitarbeiter erst bei der definitiven Anstellung versichern möchten, sollten grundsätzlich zwei Arbeitsverträge vorsehen: einen Vertrag für die auf höchstens drei Monate festgelegte Probezeit und einen zweiten für die definitive Anstellung. Um Auseinandersetzungen zu vermeiden, sollten solche Abmachungen schriftlich festgelegt und vom Arbeitnehmer gegengezeichnet werden.

5. Schwankende Löhne

Für die Festsetzung des massgebenden BVG-Lohnes von *ständigen Arbeitnehmern mit schwankendem Einkommen* kann grundsätzlich auf zwei Arten vorgegangen werden (Art. 3 Abs. 1 lit. b und c BVV 2):

– Bezug nehmend auf den *Vorjahreslohn* mit Berücksichtigung von bereits vereinbarten Änderungen,
– Bezugnahme auf den *Durchschnittslohn* der jeweiligen Berufsgruppe.

6. Teilzeitarbeiter und Invalide

– Sind Teilzeitarbeiter *voll arbeitsfähig* oder zu *weniger als 50% invalid* (im Sinne der IV), so werden sie gemäss den allgemeinen Unterstellungskriterien behandelt.

3.4 Versicherter Personenkreis ...

- Für *Teilinvalide* (im Sinne der IV) zwischen 50% (inklusive) und 66,7% (exklusive) wird die untere Limite des massgebenden Lohnes von CHF 24'120.– auf CHF 12'060.– herabgesetzt.
- Personen, die zu *66,7% oder mehr invalid* sind, sind dem Obligatorium nicht unterstellt.

   Beispiel: Person A arbeitet zu 50% mit einem Jahreslohn von CHF 15'000.–, ohne invalid zu sein; Person B arbeitet ebenfalls zu 50% für den gleichen Lohn, ist aber zu 50% invalid. A ist dem Obligatorium nicht unterstellt, da CHF 15'000.– tiefer liegen als CHF 24'120.–; B hingegen ist unterstellt, da CHF 15'000.– die Limite von CHF 12'060.– übersteigen.

Es ist geplant, im Rahmen der 1. BVG-Revision das Problem der Versicherung der Teilzeitarbeiter neu zu regeln.

7. Im Ausland versicherte Arbeitnehmer

- Arbeitnehmer *ohne Erwerbstätigkeit in der Schweiz* oder deren Erwerbstätigkeit in der Schweiz *nur vorübergehenden* Charakter hat (Grössenordnung weniger als fünf Jahre) und die auch über eine genügende Versicherungsdeckung im Ausland verfügen, sind nicht dem Obligatorium unterstellt. Dazu ist ein Antrag der zuständigen Vorsorgeeinrichtung vorzulegen (Art. 1 Abs. 2 BVV 2).
- Personen, die in der Schweiz nur für eine *begrenzte Zeit* arbeiten und der AHV gemäss gegenseitigen internationalen Abkommen (z.B. Vereinbarung Schweiz–USA) nicht unterstellt sind, sind von der obligatorischen und fakultativen Versicherung ausgeschlossen (Art. 5 BVG).
- Pendente Fälle sind durch den Stiftungsrat (oder die Vorsorgekommission) zu lösen, der gegebenenfalls unter Beizug eines Experten zu entscheiden hat, ob die ausländische Versicherung der BVG-Deckung *gleichwertig* ist oder nicht.
- Personen schweizerischer Nationalität, welche der *AHV freiwillig* angehören, können der fakultativen BVG-Versicherung beitreten (Auffangeinrichtung).

8. Verwaltungsräte

Es sind drei Fälle zu unterscheiden:

- Der Verwaltungsrat übt sein Mandat im *Nebenamt* aus, er ist demnach hauptberuflich selbständig tätig (Anwalt, Berater) oder ist anderswo für eine hauptberufliche Anstellung bereits obligatorisch versichert. In diesen Fällen ist er dem Obligatorium bei der betreffenden Firma nicht unterstellt (Art. 1 Abs. 1 lit. c BVV 2).

- Der Verwaltungsrat übt seine Tätigkeit *hauptberuflich* als Direktionsmitglied und Aktionär aus; als Direktor ist er Arbeitnehmer und dem Obligatorium unterstellt.
- Nicht klar geregelt ist der Fall, wenn der Verwaltungsrat seine Tätigkeit *hauptberuflich* ausführt, *ohne arbeitsvertraglich* mit der Firma eigentlich *verbunden zu sein*. In solchen Fällen wird er in der Regel nicht dem Obligatorium zu unterstellen sein.

9. Der AHV nicht unterstellte Arbeitgeber

Arbeitnehmer, die im Dienst von Arbeitgebern stehen, welche von der AHV-Pflicht ausgenommen sind (z.B. einzelne internationale Organisationen), sind grundsätzlich auch dem BVG-Obligatorium nicht unterstellt, selbst wenn der Arbeitgeber für einen Teil von freiwilligen AHV-Beiträgen aufkommt. Solche Personen können sich von Gesetzes wegen freiwillig bei der Auffangeinrichtung versichern lassen (Art. 1 Abs. 3 BVV 2).

10. Gesundheitszustand

Hinsichtlich des *Gesundheitszustandes* kennt das BVG-Obligatorium keine Ausnahmen. In der obligatorischen beruflichen Vorsorge dürfen *aus gesundheitlichen Gründen keine Vorbehalte* angebracht werden (siehe dazu z.B. *Häberle I.*, Berufliche Vorsorge von Behinderten, in: SZS 1985, S. 132–147). Alle Arbeitnehmer sind ungeachtet ihrer Gesundheit im gesetzlich geforderten Minimum zu versichern. Es ist zu hoffen, dass das Obligatorium für gesundheitlich gefährdete Arbeitnehmer – wie auch als Folge der höheren Beitragssätze für das ältere Personal – nicht zu einer zusätzlichen Schwierigkeit werde, eine angemessene Stelle zu finden. Siehe auch den ab 1. Januar 1995 neu geltenden Art. 331c OR.

11. Merkblatt betreffend Anschlusspflicht

"Probleme im Zusammenhang mit der Unterstellung im BVG" sind in einer Stellungnahme des BSV näher behandelt worden (veröffentlicht in: ZAK 1985, S. 362 ff. – wiedergegeben auf den S. 482–494 der 5. Auflage dieses Buches).

Hinsichtlich der *"Anschlusspflicht an eine Vorsorgeeinrichtung gemäss BVG"* besteht für Arbeitgeber ein von der AHV-Informationsstelle im Dezember 1985 herausgegebenes Merkblatt, das folgenden Wortlaut hat:

"Aufgrund des Bundesgesetzes vom 25. Juni 1982 über die berufliche Alters-, Hinterlassenen- und Invalidenvorsorge (BVG) müssen alle Arbeitgeber, die obligatorisch zu versichernde Arbeitnehmer beschäftigen, einer registrierten Vorsorgeeinrichtung angeschlossen sein (Art. 11 Abs. 1 BVG).

Versicherungspflicht

1 Das Obligatorium der beruflichen Vorsorge gilt grundsätzlich für jedermann, der als Arbeitnehmer in der AHV beitragspflichtig ist.

Ausgenommen davon sind Arbeitnehmer (Art. 2 BVG, Art. 1 Abs. 1 BVV 2),

1.1 bis zum 31. Dezember nach Zurücklegung des 17. Altersjahres und solche, die das 65. Altersjahr (Männer) bzw. das 62. Altersjahr (Frauen) überschritten haben;
1.2 die beim Arbeitgeber einen Jahreslohn von weniger als CHF 17'280.– bzw. einen Monatslohn von weniger als CHF 1'440.– beziehen;*
1.3 deren Arbeitgeber in der AHV nicht beitragspflichtig ist;
1.4 die einen befristeten Arbeitsvertrag von höchstens 3 Monaten haben;
1.5 die nebenberuflich tätig sind und bereits für eine hauptberufliche Erwerbstätigkeit obligatorisch versichert sind oder im Hauptberuf eine selbständige Erwerbstätigkeit ausüben;
1.6 die im Sinne der IV zu mindestens 2/3 invalid sind;
1.7 die als Familienangehörige des Betriebsleiters in auf- und absteigender Linie (Kinder, Eltern) oder als Schwiegersohn, der voraussichtlich den Betrieb zur Selbstbewirtschaftung übernehmen wird, in einem landwirtschaftlichen Betrieb mitarbeiten.

Wahl der Vorsorgeeinrichtung

2 Arbeitgeber, die noch über keine registrierte Vorsorgeeinrichtung verfügen, haben die Wahl der Vorsorgeeinrichtung im Einverständnis mit dem Personal vorzunehmen. Sie haben die Möglichkeit,

– sich an eine bestehende Vorsorgeeinrichtung (beispielsweise Sammel- oder Gemeinschaftsstiftung des Berufsverbandes, einer Versicherungsgesellschaft oder einer Bank) oder
– sich bei der Auffangeinrichtung anzuschliessen, oder
– eine eigene Vorsorgeeinrichtung zu errichten.

Wenn das Obligatorium der beruflichen Vorsorge durch die bereits bestehende, eigene Vorsorgeeinrichtung durchgeführt werden soll, so muss sich diese bei der zuständigen Aufsichtsbehörde in das Register für die berufliche Vorsorge eintragen lassen.

*Ab 1. Januar 1999: CHF 24'120.– bzw. CHF 2'010.–

Erfassungskontrolle und Auskünfte

3   Die AHV-Ausgleichskassen kontrollieren, ob alle Arbeitgeber, die dem Obligatorium unterstehende Arbeitnehmer beschäftigen, einer registrierten Vorsorgeeinrichtung angeschlossen sind. Zu diesem Zweck stellt die zuständige AHV-Ausgleichskasse den Arbeitgebern einen Fragebogen zu, den diese auszufüllen und ihr einzureichen haben.

Die Arbeitgeber müssen zuhanden der AHV-Ausgleichskasse folgende Unterlagen aufbewahren:

- eine Bescheinigung der Vorsorgeeinrichtung, aus der hervorgeht, dass der Anschluss nach den Vorschriften des BVG erfolgt ist, oder
- die Kopie des Entscheides der Aufsichtsbehörde über die Registrierung, wenn eine eigene Vorsorgeeinrichtung errichtet wurde (Art. 9 Abs. 2 BVV 2).

Arbeitgeber, die ihrer Pflicht zum Anschluss an eine Vorsorgeeinrichtung nicht nachkommen, werden der Aufsichtsbehörde gemeldet und der Auffangeinrichtung angeschlossen (Art. 11 Abs. 5; Art. 60 Abs. 2 Bst. a BVG).

Für weitere Auskünfte stehen Ihnen die Vorsorgeeinrichtungen und die kantonalen BVG-Aufsichtsbehörden zur Verfügung.

Wir bitten Sie, in Ihrem eigenen, aber auch im Interesse Ihrer Arbeitnehmer, der Einhaltung der Anschlusspflicht die nötige Aufmerksamkeit zu schenken.

Strafbestimmungen

4   Wer den Fragebogen nicht oder unrichtig ausfüllt, kann mit Haft oder Busse bis zu 5'000 Franken bestraft werden (Art. 75 BVG).

5   Dieses Merkblatt vermittelt nur eine allgemeine Übersicht. Für die Beurteilung von Einzelfällen sind ausschliesslich die gesetzlichen Bestimmungen massgebend."

3.43 Flexibilisierung der beruflichen Vorsorge bis zur freien Wahl der Pensionskasse

Heute wird von vielen Seiten eine Individualisierung und Flexibilisierung in der beruflichen Vorsorge verlangt. Dies zeigt auch ein Vergleich mit dem Ausland. Kaum in einem Gebiet von Belang in der Unternehmensführung sind von Land zu Land so grosse Unterschiede festzustellen wie in der Ausgestaltung der beruflichen Vorsorge. Die Gründe dafür liegen in der unterschiedlichen wirtschaftlichen, politischen, rechtlichen und kulturellen Entwicklung. Der Ruf nach Individualisierung und Flexibilisierung ist in den letzten Jahren immer stärker geworden. Damit sehen viele die Abkehr von der Zwangszugehörigkeit zu einer Pensionskasse und die Abkehr von den Solidaritäten, die zu einer Leistungsprimatkasse gehören.

Wir stellen heute allgemein eine Entsolidarisierung der Pensionskassen fest. Dies hängt auch mit der immer stärkeren Trennung der Pensionskasse von der Arbeitgeberfirma zusammen, nicht zuletzt als Folge der zu befolgenden Parität in der Verwaltung. Auch die Versicherten drängen oft auf eine Individualisierung. Überhöhte Deckungsgrade (d.h. über etwa 120%) bei Leistungsprimatkassen lassen bei vielen den Verdacht aufkommen, dass der heutigen Generation etwas vorenthalten werde. Spätestens bei einer Teilliquidation kann ein Streit darüber entstehen, wenn Austretende mehr gutgeschrieben erhalten als Verbleibende.

Eine *Flexibilisierung* des Altersvorsorgesystems kann sich auf folgende Möglichkeiten beziehen (betreffend den überobligatorischen Bereich), aus denen der versicherte Arbeitnehmer wählen kann:

– aus zwei oder mehreren Leistungsplänen,
– aus zwei oder mehreren Beitragsplänen,
– aus zwei oder mehreren Anlagestrategien (setzt Beitragsprimat voraus),
– ob ganz oder teilweiser Kapital- oder Rentenbezug,
– ob sofortige Erbringung von Eintrittszahlungen oder irgendwann später (inkl. Zins),
– des für ihn angemessenen Rücktrittsalters (bis drei Jahre vorher).

Das Postulat von mehr Individualität der Pensionskasse scheint im heutigen Trend zu liegen (Transparenz, Liberalisierung, Privatisierung, Shareholder Value usw.).

a) Situation im Ausland

Da in Grossbritannien und in den USA wie in fast allen Ländern eine Verpflichtung zur Zweiten Säule fehlt (kein Obligatorium), ist die sehr flexibel ausgestaltete berufliche Vorsorge dort eher mit unserer Säule 3a zu vergleichen.

In *Grossbritannien* war es die Premierministerin Margaret Thatcher, die 1988 verordnete, dass jeder Versicherte seine betriebliche Pensionskasse verlassen könne, um sich einer privaten Einrichtung anzuschliessen. Das Motto war "freie Wahl der Pensionskasse". Bereits nach wenigen Jahren zeigte es sich, dass viele dieser privaten Versicherer viel teurer waren als vorher. Insgesamt entstanden Milliardenverluste.

In *USA* sind die Pensionskassen rechtlich meistens nicht vom Unternehmen getrennt, sondern Aktiven und Passiven sind in der Bilanz der Firma enthalten. Bei den Aktiven kann der Versicherte oft zwischen verschiedenen Anlagefonds wählen. In den USA ist im Gegensatz zu Grossbritannien die freie Wahl der Pensionskasse praktisch nicht bekannt. Das Unternehmen bestimmt die Vorsorgeeinrichtung, bei der der Arbeitnehmer angeschlossen ist. Bei Beitragsprimatplänen kann der Versicherte oft aus einer Palette von Anlagemöglichkeiten auswählen. Es ist auch möglich, die Höhe der Arbeitnehmerbeiträge innerhalb einer unteren und einer oberen Grenze oder aus beispielsweise drei Abstufungen zu wählen. Die Arbeitgeberbeiträge sind dabei fest oder stehen in einem festen Verhältnis zum individuellen Arbeitnehmerbeitrag.

Die sog. *401(k)-Pläne* sind die bekanntesten amerikanischen Beitragsprimatpläne mit individuellen Wahlmöglichkeiten für die Vermögensanlagen. Die Bezeichnung 401(k) bezieht sich auf den betreffenden Artikel im Steuergesetz "Internal Revenue Code". Das im Rahmen eines 401(k)-Planes angesammelte Vermögen gehört dem Arbeitnehmer. Dieser kann dann für die Anlage, also die Risikostreuung, innerhalb von etwa drei bis maximal acht Anlagefonds, die vom Arbeitgeber ausgewählt sind, wählen. Die Pläne sind auf dem amerikanischen Arbeitsmarkt ein Wettbewerbsfaktor. Pläne mit individuellen Anlagewahlmöglichkeiten werden heute sehr geschätzt (vgl. Möglichkeiten und Grenzen einer flexibilisierten Kapitalanlage in der beruflichen Vorsorge, hrsg. vom VPS, Luzern 1999).

b)   Freie Wahl der Pensionskasse

Eine freie Wahl der Pensionskasse, wie dies gelegentlich auch bei uns verlangt wird, würde zu einem Desinteresse des Arbeitgebers führen. In vielen Fällen wäre eine Reduktion auf das gesetzliche Minimum (z.B. gleiche Höhe der Arbeitgeber- und Arbeitnehmerbeiträge) nicht auszuschliessen.

Die Vor- und Nachteile einer *freien Wahl der Pensionskasse* müssen daher sorgfältig abgewogen werden. Der Freiheit der Arbeitnehmer dürfte ein Abbau der Finanzierung (und damit der Leistungen) des Arbeitgebers gegenüberstehen. Weshalb sollte dann ein Arbeitgeber noch Beiträge und freiwillige Zuwendungen erbringen, zu denen er nicht verpflichtet ist, beispielsweise weil sie die Parität übersteigen? Die Solidaritäten würden dann weitestgehend wegfallen. Leistungsprimatkassen wären kaum mehr denkbar. Viele Unternehmen würden wohl ihre berufliche Vorsorge letztlich stark reduzieren und internationalem Niveau anpassen. Die freie Wahl der Pensionskasse gefährdet auch die steuerliche Privilegierung der beruflichen Vorsorge, da die Unterschiede zur Säule 3a und zum privaten Sparen (Säule 3b) nur noch gering wären.

c) Flexibilität in der Kapitalanlage

Bei der *ABB* besteht für das Kader die Möglichkeit, zwischen zwei Anlagemöglichkeiten zu wählen. Es kann gewählt werden zwischen den Anlagestrategien "Basis" (Aktienanteil 25%, davon Ausland 16%) und "Risiko" (Aktienanteil 50%, davon 25% im Ausland). Zum Kader gehören von 12'000 Arbeitnehmern 1'700 Personen, die zwei Zusatzversicherungen angeschlossen sind.

Zur Sicherung des Vermögens wäre es wichtig, die Kategorien auch wechseln zu können. Jüngere mit einem längeren Anlagehorizont können grundsätzlich mehr Risiko eingehen; dann etwa ab 5–10 Jahren vor Pensionsbeginn sollte auf weniger Risiko umgeschaltet werden können. In Grossbritannien werden solche Modelle als "Lifestylepläne" bezeichnet und sind sehr beliebt.

Falls verschiedene Modelle der Flexibilisierung der Vermögensanlagen in derselben Vorsorgeeinrichtung nebeneinander bestehen, ist die Gefahr der Sanierung eines Modells zu Lasten der anderen nicht auszuschliessen, beispielsweise wenn Freizügigkeitsansprüche unterdeckt sind. Bei Leistungsprimatkassen werden Mehrerträge (z.b. aus günstiger Anlagestrategie) für Beitragsreduktionen, Rentenerhöhungen und Frühpensionierungen verwendet. Eine Flexibilisierung der Vermögensanlage führt oft zu einem Splitting der Vorsorge zwischen BVG-Teil und überobligatorischem Teil.

Zur rechtlichen Lage der Flexibilisierung ist zu sagen, dass das BVG auf der Nominalwertbestandesgarantie und der 4%-Ertragsgarantie aufbaut, und zwar für das Alterskapital wie für die Freizügigkeitsleistungen. Eine echte Flexibilisierung der Kapitalanlagen würde eine anlagefondsähnliche Struktur voraussetzen, bei der nicht feste Nominalwerte, sondern täglich entsprechend dem Markt schwankende Werte zugesichert werden. Dies ist im Rahmen des obligatorischen Teils der Vorsorge nicht möglich, aber für den überobligatorischen Pensionskassenteil durchaus zulässig. Probleme dazu können sich lediglich aus dem Freizügigkeitsgesetz und neu dem Sicherheitsfonds wegen der Ausfallgarantie ergeben, doch ist dies zu lösen.

d) Flexibles Beitrags- oder Leistungssystem

ABB hat beispielsweise ihre Pensionskasse stark individualisiert. Der Arbeitgeberbeitrag bleibt gleich, aber für den Arbeitnehmerbeitrag gibt es drei Modelle: Standard (Abzüge wie bisher), Standard Plus (bisher plus 3,2%) oder Standard Minus (bisher minus 3,2%). Das Modell Standard führt im Normalfall im Pensionierungsalter von 65 zu einer Altersrente von 55% des zuletzt versicherten Lohnes, Standard Plus zu 65% und Standard Minus zu 50%. In allen drei Modellen bleiben die Risikoversicherungen (Tod, Invalidität) unverändert (SP 1/98, S. 13). Dieses Modell ist sehr flexibel und – da offenbar auch die Steuerbehörden mitspielen – eine Neuerung, die nur empfohlen werden kann. Es kann als eine Innovation auf dem Gebiet der Personalvorsorge bezeichnet werden.

Der Flexibilisierung der betrieblichen Vorsorge sind Grenzen gesetzt. Es darf nicht zu einer A-la-carte-Lösung werden, die steuerlich als Säule 3a betrachtet werden müsste. Steuerlich sollte aber ein Vorsorgereglement, das bis drei verschiedene Konzepte offeriert, aus denen der Versicherte seinem Bedürfnis entsprechend (z.b. mit oder ohne Angehörige) wählen kann, akzeptabel sein. Wahlmöglichkeiten, wie Kapital oder Rente, Einkauf sofort oder später, Auswahl aus Vermögensanlagevarianten (hoher, mittlerer, kleiner Aktienanteil) usw., die alle auf dem gleichen Reglement basieren, entsprechen immer mehr einem Bedürfnis. Hier sollte der Fiskus offener sein.

Die von den Steuerbehörden verlangte Einhaltung einer strikten *Planmässigkeit* und kollektiv-uniformen Anwendung der Vorsorgepläne als Voraussetzung für die Steuerbefreiung verhindert viele der vorgenannten Wahlmöglichkeiten. Es ist nicht einzusehen, weshalb hier nicht mehr Spielraum gegeben werden kann. Beispielsweise sollten Abweichungen von ±25% vom Standardplan oder Abweichungen bis zu +50% vom Minimalplan einer Personalvorsorgeeinrichtung auch zugelassen werden, um die sich ein Arbeitnehmer höher versichern könnte (unter Tragung der Mehrkosten). Dies würde den individuellen Finanzbedürfnissen vieler Arbeitnehmer sehr entgegenkommen. Dazu wären die Steuerverordnungen anzupassen.

e) Weitere Möglichkeiten

Eine gewisse Individualisierung brachte das Wohneigentumsförderungsgesetz, das ermöglicht, dass jeder Versicherte einen Teil seiner Ansprüche individuell für Wohneigentum einsetzen kann.

Bei der Flexibilisierung der betrieblichen Vorsorge gibt es viele Möglichkeiten, einerseits durch den Stiftungsrat bei der Gestaltung des Vorsorgeplans im Reglement und andererseits durch den Versicherten selbst durch Ausschöpfung der im Reglement gegebenen Wahlmöglichkeiten, so z.B. beim Erbringen von Eintrittsgeldern nach Wohneigentumsförderungsgesetz, bei der Wahl Kapital oder Rente nach Freizügigkeitsgesetz. Varianten in den Vorsorgeplänen zu haben, ist heute ein echtes Bedürfnis der Versicherten. Leider sind hier die steuerlichen Toleranzen immer noch viel zu eng angesetzt.

Eine Individualisierung des Versicherungsplans in der Form, dass den Versicherten zwei oder drei Varianten (tief, mittel, hoch) mit Bezug auf Beitrags- oder Leistungshöhe bzw. Anlagerisiken angeboten werden, wäre sehr zu begrüssen. Dies könnte sich also nicht nur auf den Aktienanteil bei Vermögensanlagen, sondern auch auf die Beitragssätze oder Leistungen beziehen. Der

Versicherte hätte dann eine Wahlmöglichkeit. Dies ist einer freien Wahl der Pensionskasse (wie in Grossbritannien üblich) vorzuziehen, welche mit einem Abschluss von Einzelversicherungen verglichen werden könnte und die ganze Zweite Säule, d.h. deren Steuerprivilegierung, ernsthaft gefährden würde.

Eine falsch verstandene Individualisierung und Flexibilisierung kann zu negativen Auswirkungen auf die ganze Altersvorsorge führen.

Zur zunehmenden Individualisierung in der beruflichen Vorsorge siehe auch die Ausführungen von *Hermann Walser,* Abschnitt 17, *Zukunftsperspektiven der beruflichen Vorsorge.*

3.5 Festlegung der Organisation und die Rechtsbeziehungen

Als Grundlage für die *Aufbau- und Ablauforganisation* sind die Stiftungsurkunde (bei einer Genossenschaft die Statuten), das *Reglement* und allfällige *interne Weisungen* zu betrachten. Darin erfolgt auch die Umschreibung der *Rechtsbeziehungen*.

3.51 Stiftungsurkunde

Für die Stiftungserrichtung bedarf es einer Stiftungsurkunde, in welcher der *Stiftungszweck,* die *Organisation der Stiftung* und die *Widmung eines Vermögens* festzulegen sind. Die Stiftungsurkunde ist in Form einer öffentlichen Urkunde zu errichten unter Mitwirkung einer dafür zuständigen Urkundsperson. Ist dieser Akt vollzogen, so hat aufgrund der Urkunde die Eintragung in das Handelsregister zu erfolgen, womit die Stiftung Rechtspersönlichkeit erwirbt (Art. 81 ZGB).

Darstellung 3C
Inhalt einer Stiftungsurkunde

Die Stiftungsurkunde muss u.a. folgende Bestimmungen enthalten:
- *Erklärung,* eine Stiftung errichten zu wollen,
- *Name und Sitz,*
- *Zweck* (keine Leistungen, zu denen die Stifterfirma gesetzlich verpflichtet ist),
- *Vermögenswidmung,*
- *Grundsätze über Organisation und Art der Verwaltung* (Stiftungsrat und evtl. Kontrollstelle),
- *Liquidation* (Restvermögen darf nicht an Stifterfirma zurückfallen).

Der Zweck der Stiftung sollte von Anfang an so weit gefasst werden, dass künftige Änderungen im voraus weitgehend vermieden werden können.

Im Anhang dieses Buches sind die im Kanton Zürich geltenden *Muster für Stiftungsurkunden* wiedergegeben. Es besteht auch ein Entwurf für Stiftungsurkunden, erarbeitet von der "Konferenz der kantonalen BVG-Aufsichtsbehörden", auf dem die kantonal empfohlenen Texte beruhen (siehe Anhang). Grundsätzlich ist der Stifter in der Ausgestaltung der Stiftungsurkunde weitgehend frei. Aus stiftungs- und auch aus steuerrechtlichen Gründen sowie als Folge des BVG haben sich für die Stiftungsurkunden von registrierten, aber auch nichtregistrierten Vorsorgestiftungen feste Formen ergeben, welche die Stiftungsaufsichtsämter als Muster zur Verfügung halten. Bei einer *gemeinsamen Vorsorgeeinrichtung* für mehrere wirtschaftlich verbundene Arbeitgeber (Konzern) muss zwischen jeder einzelnen angeschlossenen Firma und der Stiftung ein eigentlicher Anschlussvertrag abgeschlossen werden. Später, bei *Ausscheiden einer Gesellschaft aus dem Konzern* durch Verkauf, ist es wichtig, in der Unternehmensbewertung und im *Kaufvertrag über die Aktien* auch an eine Regelung der Vorsorgesituation mit dem neuen Aktionär zu denken. Es geht dann auch um die Frage einer Abspaltung eines Teils der Arbeitgeberbeitragsreserve und des freien Stiftungskapitals, also um eine *Teilliquidation*. Eine solche Ausgliederung ist durch die kantonale Aufsichtsbehörde zu genehmigen. (Hinweise zu einem solchen Anschlussvertrag sind im Anhang, anschliessend an die Stiftungsurkunde für wirtschaftlich und finanziell verbundene Unternehmen, enthalten.)

3.52 Reglement

Bei allen BVG-registrierten Vorsorgeeinrichtungen, aber auch bei allen anderen Stiftungen mit Rechten bzw. Pflichten der Begünstigten, also mit einem festen Leistungs- bzw. Beitragssystem, werden die Einzelheiten des Versicherungsplans nicht in der nur schwer abänderbaren Stiftungsurkunde geregelt, sondern in einem vom Stiftungsrat erlassenen *Reglement* (gelegentlich auch verwirrend "Statuten" genannt). Ähnlich verhält es sich auch bei der Genossenschaft. Für rein patronale Fürsorgestiftungen ohne planmässiges Leistungs- und Finanzierungssystem wird in der Regel neben der Stiftungsurkunde kein besonderes Reglement aufgestellt.

Darstellung 3D
Inhalt eines Reglements einer Vorsorgeeinrichtung

Das Reglement enthält regelmässig folgende Bestimmungen:
- *Hinweis* auf Stiftungsurkunde und deren Zweck,
- *Kreis* der versicherten Personen,
- *Leistungen* der Vorsorgeeinrichtung (z.B. Alters-, Invaliden- und Hinterlassenenleistungen),
- *Beiträge* an die Vorsorgeeinrichtung,
- *Vermögensanlage* (nur Grundsätze),
- *besondere Bestimmungen* (z.B. für nicht in die ordentliche Pensionskasse aufnehmbare Personen: Sparversicherung usw.),
- *Organisation und Verwaltung*,
- *Schlussbestimmungen* (Inkrafttreten usw.)

Das Verhältnis von Reglement zu Stiftungsurkunde entspricht jenem von Verordnung zu Gesetz. Das Reglement darf keine Bestimmungen enthalten, die der Stiftungsurkunde widersprechen.

Das Reglement umschreibt die *Rechte und Pflichten der versicherten Mitglieder*. Das Reglement ist demnach der *Vorsorgevertrag*. Daneben werden auch Anweisungen in bezug auf *Organisation und Verwaltung der Vorsorgeeinrichtung* gegeben. Rein verwaltungsinterne Angelegenheiten (Kontenplan, Art und Weise der Führung der Alters- bzw. Versichertenkonten, Vermögensverwaltung) im Sinne von wirklichen Ausführungsbestimmungen gehören in der Regel nicht in das Reglement. Bei Pensionskassen mit komplizierter technischer Struktur sind dagegen kurze Hinweise im Reglement über Kontenplan und Führung der Mitgliederkonten oft zweckmässig.

Für Teilbereiche können auch separate Reglemente erlassen werden; so sind häufig *Anlagereglemente* anzutreffen. Es ist auch möglich, dass Einzelheiten aus dem Reglement in einer ergänzenden *Verordnung* (z.B. der Fall bei der Migros Pensionskasse) oder *Richtlinie* geregelt werden, die dann nicht den Rechtsstatus eines Reglements haben (keine Vorlage an die Aufsichtsbehörde, keine Revisionspflicht).

Bei Lücken im Reglement stellt sich die Frage, wie diese auszufüllen seien. Das hat im Sinne von Art. 1 und 2 ZGB sowie Art. 18 OR zu geschehen, wobei möglicherweise neben dem Stiftungs- und Arbeitsvertragsrecht auch das BVG und seine Verordnungen und gegebenenfalls auch das Versicherungsvertragsgesetz herangezogen werden können. Oft wird dem Stiftungsrat durch einen sog. *Lückenparagraphen* die Befugnis eingeräumt, dort, wo das Reglement keine Bestimmung enthält, eine dem Zweck der Stiftung entsprechende Regelung zu treffen.

Der Stiftungsrat hat sich in allen seinen Handlungen an das Reglement zu halten. Abänderungen sind als neue Bestimmungen ausdrücklich zu beschliessen und in entsprechender Form bekanntzugeben. Während die Stiftungsurkunde in der Regel nicht viel mehr als 10 Artikel umfasst, kann das Reglement, je nach Versicherungsplan, aus über 50 Paragraphen bestehen.

Gegen eine Verletzung des *Gleichbehandlungsgrundsatzes* im Reglement kann die Aufsichtsbehörde einschreiten (siehe z.B. RRB ZH Nr. 1513 vom 21. April 1982, in: SZS 1984, S. 217 ff.).

Es ist im allgemeinen davon abzuraten, in Reglementen *Schiedsgerichtsklauseln* festzulegen, da solche bei Fragen der Personalvorsorge nicht unbedingt von Vorteil sind (hohe Kosten; auch ein ordentliches Gericht wird einen Experten beiziehen). Art. 51 Abs. 4 BVG sieht bei Parität einen Schiedsrichter vor.

Die Stiftungsurkunde sieht häufig vor, dass das Reglement (auch eine Reglementsänderung) vom Verwaltungsrat der Stifterfirma zu genehmigen ist. Dies ist wichtig wegen der Verpflichtungen der Firma und weil das Reglement auch vom Arbeitgeber getragen werden sollte.

Der Reglementsentwurf sollte auch den kantonalen Aufsichtsbehörden frühzeitig vorgelegt werden. Auf diese Weise lassen sich Bestimmungen, die zu Schwierigkeiten führen könnten, vielfach zum voraus vermeiden. Aus den gleichen Gründen werden meist auch die Steuerbehörden begrüsst, um das Reglement so zu gestalten, dass alle Voraussetzungen für den Erhalt der Steuerprivilegien erfüllt sind.

Ein Reglement oder dessen Änderung tritt zwar grundsätzlich mit dem Erlass durch den Stiftungsrat in Kraft. Der *Genehmigung durch die Firma und die Aufsichtsbehörde* kommt keine konstitutive Kraft zu, es sei denn, diese Zustimmung werde in der Stiftungsurkunde ausdrücklich verlangt. Hinsichtlich Genehmigung des Reglements durch die Aufsichtsbehörde siehe auch den Entscheid des Obergerichts Zürich vom 3. April 1984 (in: SZS 1985, S. 202–205).

Reglementsänderungen, die zu einer Erhöhung der Firmabeiträge führen, müssen *vom Arbeitgeber genehmigt* werden. (Auch hier kann "die Rechnung nicht ohne den Wirt gemacht werden".)

Die Reglemente haben ähnlich wie gewisse Verträge im Handelsverkehr mit der Zeit ganz bestimmte Typen herausgebildet. Das kann auf die Praxis der Steuerbehörden und die Tätigkeit der Lebensversicherungsgesellschaften, die in vielen Fällen die Reglemente ihrer Kollektivversicherungsnehmer formulieren, sowie die mit der Ausarbeitung von Reglementen beauftragten Versicherungsexperten und Treuhandgesellschaften zurückgeführt werden. Es wäre wünschbar, eine einheitliche, den Grundsätzen der Betriebswirtschaftslehre und des Rechnungswesens entsprechende Terminologie zu verwenden (vgl. Begriff: Beiträge/Leistungen, Beiträge/Prämien, Mitglieder/Versicherte/Begünstigte, Rückstellungen/Reserven, Einnahmen/Ertrag, Ausgaben/Aufwand, Vermögen/Kapital usw.).

Wesentlich ist der Bundesgerichtsentscheid 87 II 89, der den Grundsatz bestätigt, unklare Bestimmungen seien zuungunsten der Partei auszulegen, die das Reglement aufgestellt und erlassen habe. Es ist daher wichtig, Reglemente mit *äusserster Sorgfalt und Umsicht zu formulieren,* so dass Rechte und Pflichten klar und unmissverständlich daraus hervorgehen.

Ein Wort zur formalen Gestaltung von Pensionskassenreglementen: Diese sind oft trockener abgefasst als eine Verordnung zum Steuergesetz! Oft werden auch *Unwesentlichkeiten und seltene Ausnahmefälle* langfädig abgehandelt (anstatt diese dem pflichtgemässen Ermessen des Stiftungsrates zu überlassen). Dafür sind wichtige Fragen – wie jene der Eintrittsgelder – sehr kurz und ohne Zahlenangaben oder gar nicht erläutert. *Müssen Reglemente schwer verständlich sein?* Sicher nicht. Es empfiehlt sich auch, eine *Kurzfassung des Reglements* (vier bis maximal zehn Seiten, evtl. illustriert und mit Graphiken

3. Organisation von Vorsorgeeinrichtungen

versehen) zu erstellen und abzugeben (mit dem Hinweis, allein das Reglement sei rechtsverbindlich). Namentlich bei *umfangreichen Reglementen* sollte für die Versicherten und Begünstigten eine *Zusammenfassung des Wesentlichen* erstellt werden. Dies kann in Form eines *Merkblattes* geschehen. Sodann sollte ein *Stichwortverzeichnis* nicht fehlen. Gut redigiert heisst leicht verständlich und doch klar und genau formuliert. Pensionskassenreglemente sollten mindestens alle 10 Jahre von Grund auf überprüft und im Stiftungsrat in einer Lesung behandelt werden.

Das Reglement zeigt auch die verschiedenen Rechtsbeziehungen in der Personalvorsorge (siehe *Darstellung 3E*).

Es ist festzustellen, dass durch die *Vorschriften des BVG, insbesondere der BVV 2*, die Reglemente immer mehr einer einheitlichen Form zustreben. Heute kann aber immer noch eine sehr grosse Zahl grundverschiedener Reglemente (in bezug auf Inhalt und Aufbau) festgestellt werden.

Zur Reglementsprüfung hat die *Konferenz der kantonalen BVG-Aufsichtsbehörden* folgende Mitteilung erlassen (in: SZS 1986, S. 56/57):

"Merkpunkte zur Reglementsprüfung

Vorbemerkungen

Entsprechend der bereits aus Art. 84 Abs. 2 ZGB entwickelten Praxis des Stiftungsaufsichtsrechts ist es Pflicht der Stiftungsorgane, neu erlassene und geänderte Reglemente der Aufsichtsbehörde unverzüglich vorzulegen. Absichtsgemäss und inhaltlich unter der Voraussetzung, dass dieses bisher gültige Stiftungsrecht in den wesentlichen Teilen weitergilt, ist in Art. 62 Abs. 1 BVG unter den *Aufgaben der Aufsichtsbehörde* die *Reglementsprüfung* ausdrücklich genannt worden.

Die Aufsichtsbehörden halten sich bei der Reglementsprüfung an den Grundstz, dass sie *reine Rechtskontrolle* ausüben. Sie prüfen, ob die urkundlichen und die zwingenden gesetzlichen Schranken gewahrt sind. Den Ermessensspielraum der verantwortlichen Organe bei der Reglementsgestaltung dürfen sie nicht beschneiden.

In der Regel treten das neue Reglement und die Reglementsänderung bereits mit dem Erlass in Kraft. Nötigenfalls hat die Aufsichtsbehörde jedoch auf Grund des Prüfungsergebnisses das zuständige Stiftungsorgan zur Streichung oder Korrektur gesetz- oder urkundenwidriger Reglementsbestimmungen anzuhalten.

Je nachdem, ob die Vorsorgeeinrichtung registriert ist oder nicht, ergibt sich für die Aufsichtsbehörde ein unterschiedlicher Prüfungsumfang. Die *Reglementsprüfung nach BVG* und seinen Verordnungen betrifft nur die *registrierten Personalvorsorgeeinrichtungen*.

1. Reglementsprüfung bei nicht registrierten Personalvorsorgestiftungen

Für die nicht registrierten Personalvorsorgestiftungen gilt nach wie vor die bisherige Prüfungspraxis. Die Aufsichtsbehörden üben dabei eine ihnen bereits bekannte Aufgabe aus. Zu berücksichtigen sind jedoch zusätzlich die ab 1. Januar 1985 geltenden neuen Bestimmungen des OR und des ZGB (Art. 331 III OR, Art. 331a IIIbis OR, Art. 331b IIIbis OR, Art. 331c I OR, Art. 339d I OR; Art. 89bis IV ZGB, Art. 89bis VI ZGB).

Darstellung 3E
Wichtigste Rechtsbeziehungen in der Personalvorsorge

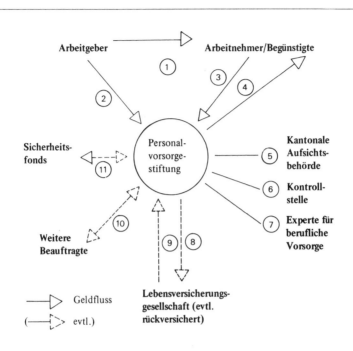

① Arbeitsverhältnis (lt. Arbeitsvertrag)
② Arbeitgeberbeiträge (lt. Reglement)
③ Arbeitnehmerbeiträge (lt. Reglement)
④ Renten, Kapitalauszahlungen, Freizügigkeitsleistungen (lt. Reglement)
⑤ Aufsichtsfunktion (lt. ZGB/kant. Bestimmungen)
⑥ Prüfung der Jahresrechnung und Geschäftsführung (lt. Auftrag/Gesetz, evtl. als Organ)
⑦ Versicherungstechnische Überprüfung (lt. Auftrag/Gesetz)
⑧ Prämien an Versicherungsgesellschaft (lt. Kollektivversicherungsvertrag)
⑨ Renten, Kapitalauszahlungen, Freizügigkeitsleistungen, Überschussanteile (lt. Kollektivversicherungsvertrag)
⑩ Auftrag für Verwaltung, Vermögensverwaltung usw. (lt. individuellem Vertrag)
⑪ Beitragsleistungen bzw. evtl. Zuschüsse (lt. Art. 56–59 BVG) (nur registrierte Einrichtungen)

3. Organisation von Vorsorgeeinrichtungen

II. Reglementsprüfung bei registrierten Personalvorsorgeeinrichtungen

Für die Reglementsprüfung provisorisch registrierter Vorsorgeeinrichtungen ergeben sich aus BVG, BVV 1 und BVV 2 die folgenden *Grundsätze:*
1. Die erstmalige, verbindliche aufsichtsbehördliche Prüfung von Vorsorgereglementen erfolgt mit der Behandlung des Gesuches um definitive Registrierung.
2. Für die Reglementsprüfung müssen im speziellen folgende Voraussetzungen gegeben sein:
   2.1 Urkunde (bei Genossenschaften das Statut) und Reglement müssen von der Aufsichtsbehörde *als Gesamtheit* gewürdigt werden können (Art. 50 Abs. 1 und 2 BVG).
   2.2 Das *paritätische Organ* muss die Anpassung aller Rechtserlasse der Vorsorgeeinrichtung an die gesetzlichen Vorschriften erlassen oder bestätigt haben (Art. 8 Abs. 2 BVV 1).
   2.3 Zwischen der Aufsichtsbehörde und dem Experten für berufliche Vorsorge besteht eine klare Arbeitsteilung. Grundlage für eine umfassende Kontrolle des Reglements durch die Aufsichtsbehörde ist eine Stellungnahme des Experten, ob die versicherungstechnischen Bestimmungen über die Leistungen und die Finanzierung den gesetzlichen Vorschriften entsprechen (Art. 53 Abs. 2 lit. b BVG).

Die strikte Einhaltung dieser Grundsätze ist für die Aufsichtsbehörden aus arbeitsökonomischen und rechtlichen Gründen unerlässlich. Es ist in diesem Zusammenhang besonders auch auf Art. 50 Abs. 3 BVG hinzuweisen, der die rückwirkende (ab 1. Januar 1985) Anwendbarkeit des Gesetzes dann ausschliesst, wenn die Vorsorgeeinrichtung trotz gesetzwidriger Reglementsbestimmungen eine Gesetzeskonformität in gutem Glauben annehmen durfte. Die Aufsichtsbehörden müssen deshalb darauf achten, dass sie nicht durch voreilige Aussagen oder durch konkludentes Verhalten das Entstehen dieses guten Glaubens auf seiten der Vorsorgeeinrichtung begünstigen.

Inhaltlich ist bei der Reglementsprüfung nach BVG zu beachten, dass das *Kernstück des Gesetzes* lediglich Mindestvorschriften enthält. Zu Gunsten des Versicherten sind Besserstellungen möglich. Dies führt oft zu reglementarischen Bestimmungen, die von Gesetz und Verordnungen abweichen, ohne dass sie aber bereits gesetz- oder verordnungswidrig wären."

Für die Vermögensanlage werden oft separate Anlagereglemente erstellt (siehe Abschnitt 12.24).

Bei der *Erstellung oder Abänderung von Reglementen* sind hinsichtlich des *BVG* folgende Bestimmungen zu beachten (zusammengestellt von der Konferenz der kantonalen BVG-Aufsichtsbehörden, August 1985):

3.5 Festlegung der Organisation ...

Stichworte im Reglement:	Zu beachtende Gesetzes- oder VO-Bestimmung:
Zweck	
– Mindestalter, Invalidität, Tod	Art. 42 BVV 2
Versichertenkreis	Art. 2, 7 BVG; Art. 1 BVV 2
Beginn und Ende der Versicherung[1]	Art. 10, 13 BVG; Art. 6 BVV 2
Versicherter Lohn	Art. 7, 8 BVG; Art. 3 BVV 2
Leistungsarten	
– Altersleistungen	Art. 14, 15 BVG; Art. 13, 14, 17 BVV 2
– Kinderrenten, Waisenrenten[2]	Art. 17, 20, 21, 22, 25 BVG
– Witwenrente[2]	Art. 19, 21, 22 BVG
– Anspruch der geschiedenen Frau[3]	Art. 20 BVV 2
– Invalidenrente	Art. 23, 24 BVG
Freizügigkeitsleistungen[4]	Art. 27–30 BVG
Allgemeine Bestimmungen über die Leistungen	Kap. 6 BVG
– Leistungserbringung[5]	Art. 37, 38 BVG
– Verpfändung	Art. 39, 40 BVG
– Verjährung	Art. 41 BVG
– Koordination mit Unfall- und Militärversicherung	Art. 25 BVV 2
– Verhinderung Überentschädigung[6]	Art. 24 BVV 2
– Teuerungsausgleich[7]	Art. 36 BVG
Altersgutschriften	Art. 16, 95 BVG
Finanzierung[8]	Art. 65–70 BVG
– Arbeitgeberbeitragsleistung	Art. 331 Abs. 3 OR
Organisation[9]	Art. 50, 51 und 53 BVG
Erwerbstätigkeit im Dienste mehrerer Arbeitgeber[10]	Art. 46 BVG

[1]Für den Beginn Art. 6 BVV 2 genau beachten. Vorzeitiger Rücktritt kann (muss nicht) im Reglement vorgesehen werden. Anpassung des Umwandlungssatzes durch Experten beurteilen lassen.
[2]Definition der Leistung für Witwen und Waisen von Altersrentnern: 20% der Altersrente!
[3]Rechtliche Unklarheit für den Fall der Kapitalabfindung für eine lebenslängliche Rente.
[4]Hinweis auf bessere Leistungen gemäss Art. 331a und b OR bei umhüllenden Kassen.
[5]Leistungserfüllung erfolgt ausschliesslich im Rahmen des Gesetzes; kein Raum für Ermessensentscheide.
[6]AHV/IV nur teilweise anrechenbar.
[7]Indexierung der Langzeitrenten obligatorisch, Stellungnahme des Experten ist unerlässlich.
[8]Aussage des anerkannten Experten ist unerlässlich.
[9]Genehmigung durch paritätisches Organ besonders wichtig.
[10]Ausschluss der Versicherung von Löhnen aus anderer Erwerbstätigkeit im Reglement möglich.

3.53 Interne Weisungen und Richtlinien

Das Reglement kann ergänzt werden durch interne Weisungen und Richtlinien. Diese betreffen in der Regel die *Geschäftsführung*, die *Vermögensanlage* (siehe Abschnitt 12.24) und gegebenenfalls die *Berichterstattung* (Information der Arbeitnehmer und Begünstigten).

Bei einer Vorsorgeeinrichtung ist wegen der langfristigen Verpflichtungen und der hohen Verantwortung die *Datensicherung* besonders wichtig. Dazu gehört auch eine sorgfältige, unter Verschluss gehaltene Aktenablage.

Im Abschnitt 18.2 ist als Muster ein "Beispiel für ein Pensionskassenreglement (Ausschnitte)" mit ergänzenden Anlage- und Rechnungswesenrichtlinien wiedergegeben.

Interne Weisungen und Richtlinien haben nicht den gleichen Rechtscharakter wie Reglemente, sondern eher wie Protokollbeschlüsse, die jederzeit vom Stiftungsrat wieder geändert werden können. Strenggenommen besteht keine Vorlagepflicht an die Aufsichtsbehörde und keine Revisionspflicht (Prüfung der Reglementskonformität). In der Praxis ist diese Unterscheidung teilweise verwischt, z.B. werden Anlagerichtlinien gleich wie -reglemente behandelt.

3.6 Paritätische Verwaltung nach BVG und Aufgaben des Stiftungsrates

a) *Arbeitgeber- und Arbeitnehmerparität*

Die Parität der Arbeitgeber- und Arbeitnehmervertretung in der Verwaltung von registrierten Einrichtungen (gemäss Art. 51 BVG) wurde vor allem zum Schutz der Arbeitnehmer eingeführt und darf zu deren Ungunsten nicht verändert werden. Die paritätische Verwaltung musste bis spätestens *Ende 1986* (auch wenn die Registrierung vorher erfolgte) bestellt werden (Art. 8 Abs. 1 BVV 1). Das paritätische Organ kann einzelne Aufgaben, z.b. die Vermögensverwaltung, an Stellen delegieren, die nicht mehr paritätisch zusammengesetzt sein müssen.

Bei Aktiengesellschaften stellt sich die Frage, wer *Arbeitnehmervertreter sein kann*. Grundsätzlich ist das Personal in der Wahl seiner Vertretung unter den aktiven Versicherten frei, doch werden Personen der obersten Entscheidungsstufen der Unternehmung (Geschäftsleitungsmitglieder, Direktoren) nicht als Arbeitnehmervertreter in Frage kommen. Nach *Riemer* (Das Recht der beruflichen Vorsorge, 1985, S. 66/67) kann niemand als Arbeitnehmervertreter in Frage kommen, der "auf seiten der Firma an wesentlichen Entscheidungen beteiligt ist". Ebenso sind Nichtversicherte und Pensionierte grundsätzlich nicht wählbar. Art. 51 Abs. 2 lit. b BVG schreibt sodann "eine angemessene Vertretung der verschiedenen Arbeitnehmerkategorien" vor.

Das *Wahlverfahren für die Arbeitnehmervertreter* sollte im Reglement festgelegt werden. Von seiten des BVG besteht weitgehende Freiheit.

Die Wahl der Arbeitnehmervertreter für den Stiftungsrat kann erfolgen

- an einer *Versammlung* der Arbeitnehmer durch offene oder geheime Abstimmung,
- an einer *Urnenwahl* oder *Briefwahl* durch alle Arbeitnehmer,
- an einer *stillen Wahl* durch Verteilung von Mitteilungsblättern und Bekanntmachung am Anschlagbrett mit Angabe einer Einsprachefrist.

Die Möglichkeit der Wahl von *Aussenstehenden* als Arbeitgeber- oder Arbeitnehmervertreter sollte – wenn dies erwünscht ist – in der Stiftungsurkunde oder wenigstens im Reglement ausdrücklich vorgesehen werden.

Ein Problem besteht bei *Stimmengleichheit,* dabei kann dem *Präsidenten der Stichentscheid* zugebilligt oder ein *neutraler Schiedsrichter* beigezogen werden. Als weitere Möglichkeiten wurden vorgeschlagen ein *wechselnder Stichentscheid* zwischen einem Arbeitgeber- und Arbeitnehmervertreter oder – als vollkommene Parität – zwei Copräsidenten ohne Stichentscheid (bei Nullentscheid wird Schiedsgutachter angerufen). Es wird sich zeigen, welche Konstruktionen im Anfechtungsfall haltbar sind (siehe *Riemer,* Paritätische Verwaltung privater und öffentlich-rechtlicher Personalvorsorgeeinrichtungen gemäss BVG, in: SZS 1985, S. 16–27).

Zur Frage der *paritätischen Verwaltung* hat die Konferenz der kantonalen BVG-Aufsichtsbehörden folgende Mitteilung herausgegeben, die in den Mitteilungen über die berufliche Vorsorge Nr. 48 (Ziff. 280) vom 21. Dezember 1999 erschienen ist:

"Paritätische Verwaltung der Vorsorgeeinrichtung

1. Ausgangslage

Gemäss Artikel 51 BVG bestimmt das paritätische Organ der Vorsorgeeinrichtung über den Erlass der reglementarischen Bestimmungen, über die Finanzierung und über die Vermögensverwaltung. Das Gesetz selbst regelt einige wenige Durchführungsfragen (Artikel 51 BVG); auf Verordnungsstufe wird die Durchführung der Parität jedoch nicht näher geregelt. Auch Artikel 49a BVV 2 verdeutlicht die Aufgaben des paritätischen Organs auf Verordnungsstufe nicht weiter.

2. Ermessen der Stiftung bei der Durchführung der Parität

Es stellt sich die Frage, wie sich die Aufsichtsbehörde bezüglich der Durchführungsfragen, die nicht gesetzlich geregelt sind, verhält.

– Welchen Ermessensspielraum haben die Vorsorgeeinrichtungen? Wo sind die Grenzen der Autonomie der Vorsorgeeinrichtungen? Wann muss die Aufsichtsbehörde einschreiten?
– Muss die Aufsichtsbehörde dafür sorgen, dass gewisse Durchführungsfragen in der Urkunde geregelt werden?

Das BSV hat in seiner früheren Praxis von den Vorsorgeeinrichtungen verlangt, dass sie die Durchführung der Parität in den Urkunden ausführlich regeln. Diese Praxis wurde in letzter Zeit dahin geändert, dass das BSV bei der abstrakten Normenkontrolle nur bei klaren Gesetzesverstössen einschreitet. Dafür schreitet das BSV vermehrt ein, wenn es in einem konkreten Anwendungsfall feststellt, dass eine Stiftung dem Sinn und Geist der Parität nicht nachlebt.

3. Materielle Fragen zur Parität

3.1 Parität als Minimalvorschrift zugunsten der Arbeitnehmer?

Artikel 51 BVG geht davon aus, dass Arbeitnehmer und Arbeitgeber das Recht haben, in die Organe der Vorsorgeeinrichtung die gleiche Zahl von Vertretern zu entsenden.

– Handelt es sich bei dieser Vorschrift um zwingendes Recht oder kann der Arbeitgeber zugunsten der Arbeitnehmer auf das Recht verzichten, gleich viele Vertreter ins paritätische Organ zu senden?
– Kann ein entsprechender Verzicht in der Urkunde oder im Reglement festgehalten sein oder ist es zwingend, dass der Arbeitgeber jederzeit (unabhängig von Urkunden- oder Reglementsänderungen) seinen Verzicht widerrufen kann?

Das BSV hat in ständiger Praxis Artikel 51 BVG als Minimalvorschrift zugunsten der Arbeitnehmervertretung verstanden. Entsprechende Regelungen in der Urkunde oder im Reglement bewilligt das BSV.

3.2 Bestimmungen betreffend Quorum

Die Parität macht grundsätzlich nur dann sinn, wenn das paritätische Organ seine Beschlüsse auch in einer paritätischen Besetzung fällt.
- Muss die Vorsorgeeinrichtung deshalb Quorumsbestimmungen erlassen?
- Müssen zwingend mindestens gleich viele Arbeitnehmervertreter wie Arbeitgebervertreter anwesend sein, damit ein Beschluss gültig zustande kommt (Quorum betreffend Anwesenheit)?
- Müssen zwingend mindestens gleich viele Arbeitnehmervertreter wie Arbeitgebervertreter einem Entscheid zustimmen, damit er gültig zustande kommt (Quorum betreffend Zustimmung)?
- Wie sind Stimmenthaltungen zu qualifizieren?

Das BSV verlangte in seiner früheren Praxis, dass die Vorsorgeeinrichtungen Quorumsbestimmungen erlassen. Heute geht das BSV aber davon aus, dass es im Ermessen der Vorsorgeeinrichtung steht, ob sie entsprechende Bestimmungen vorsehen will. Das BSV schreitet aufsichtsrechtlich ein, wenn es feststellt, dass die Arbeitnehmer an der Teilnahme der Sitzungen gehindert werden oder dass der Arbeitgeber auf ihre Willensbildung Einfluss nimmt (Entlassungsdrohungen).

3.3 Verfahren bei Stimmengleichheit

Gemäss Artikel 51 Absatz 2 lit. d BVG hat die Vorsorgeeinrichtung das Verfahren bei Stimmengleichheit zu regeln.
- Welche Freiheiten stehen ihr dabei zu?
- Muss die Vorsorgeeinrichtung zwingend vorsehen, dass der Stichentscheid abwechselnd von den Arbeitgeber- und von den Arbeitnehmervertretern gefällt wird?

Das BSV prüft die Regelungen betreffend Stimmengleichheit der Vorsorgeeinrichtungen und greift nur dann ein, wenn der Stichentscheid immer den Arbeitgebervertretern zusteht.

3.4 Parität bei Sammeleinrichtungen

Bei Sammeleinrichtungen wird die Parität in aller Regel auf Stufe der Vorsorgewerke durchgeführt. Es sind dabei die allgemeinen Regeln der Delegation von Kompetenzen zu beachten. Im übrigen wird auf Ziffer 4 verwiesen.

3.5 Rentner

Artikel 51 BVG spricht in Absatz 1 von Arbeitnehmer- und Arbeitgebervertretern. In Absatz 2 und 3 wird sodann von Versicherten gesprochen. Die Rentner zählen zwar nicht mehr zu den Arbeitnehmern, sind aber weiterhin bei der Vorsorgeeinrichtung versichert (Passivversicherte). Da die Teuerungsanpassung von den Anlageergebnissen abhängig ist, haben sie ein Interesse daran, im paritätischen Organ vertreten zu sein.

3. Organisation von Vorsorgeeinrichtungen

- Können die Vorsorgeeinrichtungen entsprechende Vorschriften erlassen, wonach den Rentnern eine Vertretung im paritätischen Organ zusteht?
- Wie kann eine solche Regelung aussehen? Sind die Rentner eine eigene 'Kategorie' oder sind sie zu den Arbeitnehmern zu zählen?
- Haben die Rentner auch einen Anspruch auf Vertretung im paritätischen Organ, wenn keine entsprechende reglementarische Vorschrift vorliegt?

Gemäss der Praxis des BSV können die Vorsorgeeinrichtungen in der Urkunde vorsehen, dass auch Rentner im paritätischen Organ vertreten sind. Sie können für Rentner sowohl das aktive wie das passive Wahlrecht vorsehen. Ein gesetzlicher Anspruch auf Vertretung im paritätischen Organ steht den Rentnern aber nicht zu; ebensowenig haben sie von Gesetzes wegen das aktive Wahlrecht. Wie eine allfällige Vertretung der Rentner im konkreten Fall aussieht, muss die Vorsorgeeinrichtung selbst regeln (Urkunde oder Reglement). Das BSV kann sich allerdings Einzelfälle vorstellen, bei denen den Rentnern eine Vertretung im paritätischen Organ zugestanden werden muss, so z.b. bei Vorsorgeeinrichtungen mit vielen Rentnern, aber nur noch wenigen Aktivversicherten.

Der Bundesrat beabsichtigt, die Frage der Vertretung der Rentner im paritätischen Organ im Rahmen der 1. BVG-Revision zu regeln.

3.6 Wer ist Arbeitnehmer, wer ist Arbeitgeber im Sinne von Artikel 51 BVG?

Die Begriffe 'Arbeitnehmer' bzw. 'Arbeitgeber' in Artikel 51 BVG sind auslegungsbedürftig. Fest steht, dass 'Arbeitnehmer' weder im Sinne von Artikel 319 ff. OR noch im Sinne von Artikel 2 Absatz 1 BVG zu verstehen ist.

- Auf welche Kriterien ist bei der Unterscheidung 'Arbeitgeber' und 'Arbeitnehmer' abzustützen? Ist das im Haftpflichtrecht entwickelte Unterscheidungskriterium zwischen Organ (Art. 55 Abs. 2 ZGB) und Hilfsperson (Art. 55 OR) sinnvoll?
- Wie sind die Selbständigerwerbenden bei Verbandsvorsorgeeinrichtungen zu behandeln?

Das BSV geht davon aus, dass das Unterscheidungskriterium Organ/Hilfsperson sinnvoll ist. Betreffend die Selbständigerwerbenden musste sich das BSV bisher noch nicht äussern; es neigt aber dazu, sie zu den Arbeitgebern zu zählen.

3.7 Können sich die Arbeitgeber und die Arbeitnehmer durch externe Personen vertreten lassen?

Seit Beginn der Einführung der Parität stellt sich auch die Frage, ob sich die Arbeitgeber und die Arbeitnehmer durch externe Personen vertreten lassen dürfen. Von besonderem Interesse ist die Vertretung durch die Gewerkschaft und durch Arbeitgeberverbände.

- Ist es zulässig, dass sich die Arbeitnehmer bzw. die Arbeitgeber durch externe Personen vertreten lassen?

Gemäss BSV können sich die Arbeitnehmer und die Arbeitgeber extern vertreten lassen, wenn die Urkunde oder das Reglement dies vorsieht. Falls sich die Arbeitgeber extern vertreten lassen dürfen, muss dieses Recht den Arbeitnehmern zwingend auch zustehen. Die Arbeitnehmer und Arbeitgeber müssen aber jederzeit das Recht haben, auf die externe Vertretung zu verzichten und ihre Rechte selbst wahrzunehmen.

4. Lösungsvorschlag für die Parität bei Sammeleinrichtungen

Auch bei den Sammelstiftungen bildet in aller Regel der Stiftungsrat das oberste Stiftungsorgan. Als konstantes Gremium nimmt er die Führungsaufgaben wahr, denn aus praktischen Gründen ist es nahezu unmöglich, diese Führungsaufgabe, wie z.b. die Anlage des Stiftungsvermögens, den Vorsorgewerken resp. den paritätischen Vorsorgekommissionen zu überlassen. Diese Organisationsstruktur stellt für sich allein gesehen noch kein Problem dar, wenn der Stiftungsrat – wie das nicht nur für die firmeneigenen, sondern auch für die Gemeinschaftsstiftungen unumgänglich ist – ein paritätisch zusammengesetztes Organ ist. (Tatsächlich existieren denn auch vereinzelt Sammelstiftungen, welche über einen paritätischen Stiftungsrat verfügen.)

In der Praxis wird die Parität indessen meist erst auf der Stufe des einzelnen Vorsorgewerkes verwirklicht. Um einerseits im Einklang mit Artikel 51 BVG zu bleiben und andererseits die Führung der Sammeleinrichtungen praktikabel zu gestalten, kommt man nicht umhin, die Aufgaben, die von Gesetzes wegen der paritätischen Vorsorgekommission zustehen, auf den nicht paritätischen Stiftungsrat zu delegieren.

Art und Umfang dieser delegierbaren Funktionen ergeben sich sinnvollerweise aus der durch sie betroffenen Reichweite. So können alle diejenigen Kompetenzen auf *Stiftungsebene*, d.h. in der Regel auf den Stiftungsrat, delegiert werden, die sich auf die *Stiftung als Ganzes* auswirken; z.B. Erlass von Reglementen, Vermögensverwaltung, Organisation der Geschäftsführung, Wahl der Kontrollstelle u.a.m. Der Mehrheit der Vorsorgekommissionen steht ein jederzeitiges Widerrufsrecht zu, und die Stiftung kann sich vorbehalten, in einem solchen Falle den Anschluss innert einer bestimmten Frist zu kündigen (z.B. sechs Monate).

Die *Vorsorgekommission* kann sich nur mehr auf die das *jeweilige Vorsorgewerk* betreffenden Aufgaben konzentrieren; z.B. Einsatz von freien Mitteln, Festlegen des Verzinsungssatzes, Anträge zuhanden des Stiftungsrates bei konkreten Anfragen, Überwachung des Geschäftsverkehrs mit der Stiftung, Information der Destinatäre u.a.m. Diese Lösung liegt im übrigen auch im Interesse der Vorsorgewerke, denn oft ist das Interesse an der Mitbestimmung in den komplexen Angelegenheiten, welche die Vorsorgeeinrichtung betreffen, aus den verschiedensten Gründen eher gering. Es kann deshalb davon ausgegangen werden, dass es für die Vorsorgewerke eine Erleichterung darstellt, die Führungsaufgaben an die Stiftung, d.h. von der Vorsorgekommission an den Stiftungsrat, zu delegieren. Es ist sogar denkbar, dass auch vorsorgewerkspezifische Aufgaben an den Stiftungsrat delegiert werden.

Für die Sammeleinrichtungen ergibt sich einerseits die Verpflichtung, die auf den Stiftungsrat delegierten Funktionen in der Urkunde oder im Anschlussvertrag oder im Reglement zu benennen. Andererseits hat sie aber auch sicherzustellen (z.B. durch regelmässige Information der angeschlossenen Arbeitgeber), dass die Parität auf der unteren Ebene angewendet wird und so die Vorsorgekommissionen die ihnen verbleibenden Kompetenzen ausüben können."

(Aus: Mitteilungen Nr. 48, Ziff. 280, vom 21. Dezember 1999)

Die heutige Regelung der Verantwortlichkeit, besonders jene für den Stiftungsrat, ist für eine angemessene Risikopolitik eher hinderlich. Allzu gerne lehnen Stiftungsräte eine etwas aggressivere Vermögensanlage lieber ab. Zurzeit gibt es zwar praktisch noch kaum Verantwortlichkeitsklagen gegen Stiftungsräte (im Gegensatz zu Klagen gegen Organe von Aktiengesellschaften), aber dies könnte sich ändern.

Ein besonderes Problem ist die Frage der Parität bei Sammelstiftungen. Grundsätzlich gilt auch hier Art. 51 BVG.

b) Bestimmung des Präsidenten des Stiftungsrates

Der *Präsident des Stiftungsrates* kann – *und dies ist die* in der Praxis *zu empfehlende Lösung* – vom paritätisch zusammengesetzten Stiftungsrat selbst aus seiner Mitte gewählt werden. Dann ist es möglich, dass stets ein Arbeitgebervertreter, falls er gewählt wird, den Vorsitz innehat, der Vorsitz also nicht abwechselt. Es steht aber dem Stiftungsrat frei, ihn nach Ablauf der Amtsperiode zu ersetzen. Eine solche Lösung wird beispielsweise vom Amt für berufliche Vorsorge des Kantons Zürich akzeptiert. Es kann auch zu Beginn jeder Amtsperiode ausdrücklich mit der Wahl im Stiftungsrat beschlossen werden, dass dem Präsidenten der Stichentscheid zukommt. Der Stichentscheid des Präsidenten kann auch erst für die einer Pattsituation folgende Sitzung vorgesehen werden. Dadurch wird etwas Distanz zum strittigen Geschäft geschaffen. Falls bei Stimmengleichheit weder in der Stiftungsurkunde noch im Reglement eine Regelung vorgesehen ist, ist gemäss Art. 51 Abs. 4 BVG ein externer neutraler Schiedsrichter zu bestimmen. Sofern man sich nicht auf einen neutralen Schiedsrichter einigen kann, müsste dieser wohl von der kantonalen Aufsichtsbehörde ernannt werden. Bei der Durchführung der Parität im Stiftungsrat würde auch die Möglichkeit eines Copräsidiums bestehen, doch in der Praxis ist diese Lösung praktisch nie anzutreffen.

Für wichtige Beschlüsse kann auch ein qualifiziertes Mehr im Stiftungsrat vorgesehen werden, so auch für die Wahl des Vorsitzenden, dem der Stichentscheid übertragen werden soll (gleicher Meinung *Riemer*, Das Recht der beruflichen Vorsorge, 1985, S. 70). (Zur paritätischen Verwaltung siehe auch *Brühwiler Jürg*, S. 346 ff.)

Nach einer Umfrage wählten 80% aller paritätisch geführten Einrichtungen einen Arbeitgebervertreter zum Präsidenten und 5% einen Arbeitnehmervertreter (SPV 3/98, S. 196). In der Regel dürfte es für die Versicherten und Begünstigten vorteilhafter sein, wenn ein Arbeitgebervertreter Präsident des Stiftungsrates ist, ist doch dann die Förderung der überobligatorischen Vorsorge durch den Arbeitgeber eher sichergestellt.

c) Rolle der Rentner im Stiftungsrat

In letzter Zeit ist die Frage gestellt worden, weshalb eigentlich die Rentner, auf die ein wesentlicher Teil des verwalteten Vermögens entfällt – und deren Interessen nicht immer mit jenen der aktiven Arbeitnehmer übereinstimmen –, im Stiftungsrat (unter den Arbeitnehmern) nicht vertreten sind. Nach heutigem Recht gelten Rentner nicht als Arbeitnehmervertreter. Es wäre wünschbar, dieses Thema im Rahmen der 1. BVG-Revision zu diskutieren.

Die Meinungen, ob Rentner als voll berechtigte Mitglieder im Stiftungsrat Einsitz nehmen sollten, sind geteilt. Die Parität der Sozialpartner macht es schwierig, den Rentnern einen Platz zuzubilligen. Andererseits werden nicht unbedingt vom Arbeitgeber oder von den Arbeitnehmervertretern die Interessen der Rentner gewahrt, obwohl diesen in vielen Fällen ein Drittel bis die Hälfte der Deckungskapitalien und damit der Vermögensanlagen zusteht. Zu denken ist hier beispielsweise an Interessenkonflikte bei der Verwendung von Überschüssen aus den Kapitalanlagen.

Nationalrat *Rudolf Steiner* verlangte 1997 in einer von 62 Parlamentariern unterzeichneten Motion die Ergänzung von Art. 51 BVG, wonach den *Rentnern/Rentnerinnen* unter Wahrung der Parität Arbeitnehmer/Arbeitgeber eine angemessene Vertretung in den Organen ihrer Vorsorgeeinrichtungen eingeräumt wird. Der Bundesrat, der diese Motion als Postulat entgegennahm, wies in seine Antwort darauf hin, dass schon heute die Möglichkeit dazu besteht (Art. 49 BVG). Er will das Anliegen prüfen. Rentenbezüger sollten wenigstens mit beratender Stimme im Stiftungsrat vertreten sein. Eine volle Stimme ist infolge der Parität im Stiftungsrat meistens nicht möglich. Nationalrat *Norbert Hochreutener* verlangte 1998 in einer Motion, dass Rentner in den Stiftungsrat Einsitz nehmen sollten. Der Bundesrat will diesen Vorschlag nach der 1. BVG-Revision prüfen.

d) Aufgaben des Stiftungsrates

Der Stiftungsrat hat insbesondere folgende *Aufgaben:*

- Erlass des Reglements,
- Festlegung der Organisation,
- Festsetzung des Beitrags- und Leistungssystems,
- Beschlussfassung über die Unterschriftenregelung und Kompetenzordnung (evtl. Wahl eines Geschäftsführers, Verwalters),
- Wahl der Kontrollstelle und des Experten,
- Zustimmung zur Vermögensanlage- und Geschäftspolitik,
- Verabschiedung von Jahresrechnung und Jahresbericht,
- Veranlassung der Orientierung der Versicherten,
- Verkehr mit der Aufsichtsbehörde (Registrierung usw.).

Der Stiftungsrat kann sich eine *Geschäftsordnung* geben, doch erfolgt dies nur selten. An deren Stelle werden die Aufgaben, Kompetenzen und Verantwortlichkeiten in der Regel im Reglement umschrieben.

Bei grossen Personalvorsorgeeinrichtungen kann es zweckmässig sein, dass der Stiftungsrat *Ausschüsse* bildet, so für die *Anlagepolitik* (z.B. Anlagekommission), für schwierige oder strittige einzelne *Versicherungsfälle* (z.B. Versicherungskommission oder "Fallkommission"). Diese Kommissionen bereiten zusammen mit dem Verwalter auch die betreffenden Geschäfte für die Stiftungsratssitzung vor.

Ein Stiftungsrat kann, sofern damit die Funktionsfähigkeit der Stiftung nicht in Frage gestellt ist, eines seiner Mitglieder aus ihm ausschliessen (BGE vom 17. Dezember 1986, in: Schweizer Personalvorsorge 2/88, S. 61).

Wird ein *Geschäftsführer* ernannt (auch als Verwalter bezeichnet), so sollte für ihn ein klares *Pflichtenheft* erstellt werden.

In immer mehr Fällen werden die Verwaltungskosten für die Vorsorgeeinrichtung nicht mehr vom Arbeitgeber getragen, sondern der Stiftung weiterbelastet. Dies gilt vor allem für grosse autonome Kassen. Dem hat der Stiftungsrat spätestens bei der Rechnungsabnahme zuzustimmen.

Es gibt heute verschiedene Institutionen (Lebensversicherer, Sammelstiftungen oder neuerdings auch private Pensionskassen, wie die ABB), welche Drittfirmen offerieren, die ganze Administration ihrer Pensionskasse zu besorgen. Am begehrtesten sind Kunden in Form von Stiftungen mit 200–1'000 Versicherten, die ihre Verwaltung als halbautonome Einrichtung outsourcen wollen. Dadurch wird der Stiftungsrat entlastet.

3.6 Paritätische Verwaltung ... 133

Darstellung 3F
Aufgabenbereiche in einer Vorsorgeeinrichtung

	Stiftungsrat	PK-Verwalter	Arbeitgeber	Experte	Kontrollstelle**
1. Grundsätzliches	– Oberstes Organ der VE – Zusammengesetzt aus Vertretern des Arbeitgebers und der Versicherten (Parität, wenn VE registriert) – Kann Aufgaben und Kompetenzen delegieren, bleibt aber verantwortlich – Wahrnehmung der Führungsaufgabe gemäss Art. 49a BVV 2*	– Laufende Verwaltung der VE; Führung der individuellen Dossiers – Funktion kann durch verschiedene Personen gemeinsam ausgeübt werden (Personalabteilung) – Handelt im Auftrag des Stiftungsrates gemäss Pflichtenheft	– Definiert die Zielsetzungen im Rahmen der Sozialpolitik der Firma – Bestimmt Kostenniveau und Beitragsaufteilung – Entscheidet mit durch seine Vertreter im Stiftungsrat	– Person mit dem vom BIGA verliehenen Titel des Experten für die berufliche Vorsorge oder juristische Person mit einem oder mehreren Experten – Aufgaben gemäss BVG (Art. 53 BVG und 37–41 BVV 2); in der Praxis weitergehende Beratungsfunktion gemäss Auftragsverhältnis mit der VE	– Natürliche oder juristische Person, die von der Aufsichtsbehörde zur Kontrolle befugt ist – Aufgaben gemäss BVG (Art. 53 BVG und 33–36 BVV 2); in der Praxis weitergehende Arbeiten gemäss Auftrag des Stiftungsrates

	Stiftungsrat	PK-Verwalter	Arbeitgeber	Experte	Kontrollstelle**
2. Wahlen/ Ernennungen	– Ernennt den Experten und die Kontrollstelle, evtl. eine Anlagekommission und einen Ausschuss – Bestimmt das Verfahren für die Wahl der Vertreter der Versicherten im Stiftungsrat – Organisiert die Wahl der Vertreter der Versicherten im Stiftungsrat	– Bereitet die Wahl der Versichertenvertreter vor	– Ernennt seine Vertreter im Stiftungsrat – Ernennt evtl. den Verwalter (Anstellung eines Spezialisten)		
3. Reglement, Anwendungsrichtlinien	– Erlässt das Reglement und Nachträge – Beschliesst Reglementsänderungen – Erlässt andere Dokumente (Zusammenfassung des Vorsorgeplanes usw.)	– Besorgt für den Stiftungsrat die Redaktion von Reglement, Nachträgen und anderen Dokumenten – Unterhält die Aussenbeziehungen (Handelsregister, Notar, Aufsichtsbehörde usw.)	– Erteilt Zustimmung bezüglich Kosten, Zielsetzung des Vorsorgeplans und Koordination mit anderen durch ihn finanzierten Versicherungen	– Prüft, ob die reglementarischen versicherungstechnischen Bestimmungen über die Leistungen und die Finanzierung den gesetzlichen Vorschriften entsprechen (Art. 53 BVG) – Kann zuhanden des Stiftungsrates, der entscheidet, Entwürfe für Reglemente, Nachträge und andere Dokumente vorbereiten	– Prüft Einhaltung des Reglements in bezug auf Geschäftsführung, Rechnungswesen und Vermögensanlage (Art. 53 Abs. 1 BVG)

3.6 Paritätische Verwaltung ...

	Stiftungsrat	PK-Verwalter	Arbeitgeber	Experte	Kontrollstelle**
4. Laufende Verwaltung der VE	– Legt die Aufgaben und Kompetenzen des Verwalters fest und erteilt ihm Weisungen – Überwacht die Anwendung des Reglements – Regelt die Unterschriftsberechtigung – Erstellt einen Jahresbericht zuhanden der Versicherten und der Aufsichtsbehörde (Art. 62 BVG) – Entscheidet Sonderfälle – Beschliesst Leistungsverbesserungen – Lässt sich über die allgemeine Entwicklung der Sozialvorsorge informieren – Orientiert die Versicherten über Dinge von allgemeinem Interesse	– Führt die individuellen Dossiers nach und behandelt die Mutationen – Koordiniert die Zusammenarbeit zwischen Stiftungsrat, Arbeitgeber, Experten und Kontrollstelle – Besorgt das Sekretariat der VE – Erstellt Entwürfe zuhanden des Stiftungsrates (Jahresbericht usw.) – Erteilt Einzelauskünfte an Versicherte	– Muss seiner AHV-Ausgleichskasse alle für die Überprüfung seines Anschlusses notwendigen Auskünfte erteilen (Art. 9 BVV 2) – Muss der VE alle versicherungspflichtigen Arbeitnehmer melden und die erforderlichen Angaben machen (Art. 10 BVV 2) – Schuldet der VE die gesamten Beiträge (Art. 66 BVG) – Zieht die Beiträge der Versicherten vom Lohn ab (Art. 66 BVG)	– Schlägt die Wahl der technischen Grundlagen vor und erstellt die Berechnungsformeln und Tarife – Unterbreitet Vorschläge für die Lösung von Sonderfällen – Kann den Verwalter in der Administration unterstützen – Kann individuelle Informationsunterlagen erstellen	– Prüft die Rechtmässigkeit der Geschäftsführung, insbesondere die Beitragserhebung und Ausrichtung der Leistungen (Art. 35 BVV 2) – Berät in Fragen der Verwaltung – Prüft die Abrechnung mit dem Sicherheitsfonds BVG

	Stiftungsrat	PK-Verwalter	Arbeitgeber	Experte	Kontrollstelle**
5. *Vermögensanlage*	– Nimmt Führungsaufgaben wahr (Art. 49a BVV 2)* – Formuliert die Anlagepolitik im Einklang mit gesetzlichen Bestimmungen und wendet sie an – Erlässt Richtlinien und Pflichtenheft für Personen, die mit der Vermögensanlage betraut werden *Falls eine Anlagekommission besteht* – Organisiert sich und teilt Mitgliedern Aufgaben zu – Formuliert und realisiert Anlagepolitik gemäss Richtlinien – Orientiert den Stiftungsrat periodisch – Stellt für den Stiftungsrat Entscheidungsgrundlagen bereit – Arbeitet mit dem Verwalter gemäss Pflichtenheft zusammen	– Arbeitet mit dem Stiftungsrat und der Anlagekommission zusammen gemäss Pflichtenheft – Tätigt die ihm vom Stiftungsrat delegierten Anlagen	– Stellt einen oder mehrere Mitarbeiter mit besonderen Kenntnissen in Anlagefragen als Mitglied der Anlagekommission oder als Verwalter zur Verfügung		– Prüft die Rechtmässigkeit der Anlage des Vermögens (Art. 35 BVV 2) – Erstellt Bonitätsausweis für Anlagen über 20% beim Arbeitgeber (Art. 59 BVV 2)

	Stiftungsrat	PK-Verwalter	Arbeitgeber	Experte	Kontrollstelle**
6. *Buchhaltung/ Abschluss/ Kontrolle*	– Legt den Kontenplan fest* – Erlässt Richtlinien für den Verwalter und für das Personal der Buchhaltung – Nimmt die Jahresrechnung entgegen – Ernennt die Kontrollstelle (Art. 53 BVG)	– Führt die Buchungen aus oder gibt der Buchhaltung entsprechende Aufträge – Erstellt den Jahresabschluss oder lässt ihn durch die Buchhaltung erstellen – Koordiniert die Zusammenarbeit mit der Firmenbuchhaltung (Beitragszahlung der Versicherten, Überweisung der Arbeitgeberbeiträge) – Koordiniert die Zusammenarbeit mit der Kontrollstelle und stellt die erforderlichen Unterlagen bereit	– Nimmt in der Firmenbuchhaltung die erforderlichen Buchungen vor – Stellt das Personal und die erforderlichen technischen Einrichtungen zur Verfügung – Muss der Kontrollstelle alle Auskünfte erteilen, die sie zur Erfüllung ihrer Aufgabe benötigt (Art. 10 BVV 2)	– Kann Vorschläge zum Kontenplan unterbreiten, die eine Analyse des technischen Ergebnisses ermöglichen*	– Prüft jährlich die Rechtmässigkeit der Jahresrechnung und der Alterskonten – Erstellt jährlich einen Bericht zuhanden der VE (Art. 35 BVV 2) und der Aufsichtsbehörde (Art. 36 BVV 2) – Berät in Fragen der Ordnungsmässigkeit des Rechnungswesens – Prüft Abrechnung mit dem Sicherheitsfonds BVG – Meldet an die Aufsichtsbehörde in wichtigen Fällen (Art. 36 BVV 2)

	Stiftungsrat	PK-Verwalter	Arbeitgeber	Experte	Kontrollstelle**
7. Versicherungstechnisches Gutachten/ Berechnungen	– Beauftragt den Experten mit der periodischen Kontrolle (Art. 53 BVG) – Erteilt dem Experten versicherungsmathematische Aufträge – Informiert die Aufsichtsbehörde über Deckungsfehlbeträge und Sanierungsmassnahmen (Art. 44 BVV 2)	– Besorgt die Koordination mit dem Experten und stellt ihm die erforderlichen Unterlagen zur Verfügung		– Prüft periodisch, a) ob VE jederzeit Sicherheit dafür bietet, dass sie ihre Verpflichtungen erfüllen kann b) ob die reglementarischen versicherungstechnischen Bestimmungen über die Leistungen und die Finanzierungen den gesetzlichen Vorschriften entsprechen (Art. 53 BVG) – Erledigt versicherungsmathematische Aufträge	– Prüft, ob alle paar Jahre reglementsgemäss ein technisches Gutachten erstellt wird, und nimmt Einsicht in das Ergebnis

3.6 Paritätische Verwaltung ...

	Stiftungsrat	PK-Verwalter	Arbeitgeber	Experte	Kontrollstelle**
8. *Sicherheit/Rückdeckung durch Versicherung*	– Entscheidet, ob die VE die Risiken selbst tragen will (Art. 67 BVG) und gegebenenfalls, gestützt auf ein Gutachten des Experten, über Art und Ausmass der Rückdeckung	– Besorgt, falls nötig, die Koordination mit dem Versicherer (Mutationen, Abrechnung usw.)	– Kann Garantiezusagen geben, sofern öffentlichrechtlicher Arbeitgeber (die Garantiezusage eines privatrechtlichen Arbeitgebers gilt nicht als Rückdeckung [Art. 43 BVV 2])	– Schlägt Rückdeckungsmassnahmen vor, wenn er dies als notwendig erachtet oder wenn der VE weniger als 100 aktive Versicherte angehören (Art. 43 BVV 2)	– Prüft die Rechtmässigkeit der Geschäftsführung (Art. 35 BVV 2)

*Nachgeführt.
**Spalte Kontrollstelle durch den Autor ergänzt.

Quelle: F. Wermeille, Prasa S.A., Peseux (Oktober 1986)

140   3. Organisation von Vorsorgeeinrichtungen

3.7 Auffangeinrichtung und Sicherheitsfonds des BVG

3.71 Auffangeinrichtung BVG

Zur Sicherstellung des Obligatoriums und damit alle Arbeitnehmer auch tatsächlich versichert werden, ist gemäss *Art. 54 und 60–64 BVG* eine Auffangeinrichtung errichtet worden. Die Spitzenverbände der Arbeitnehmer und Arbeitgeber haben 1983 die *"Schweizerische Sozialpartner-Stiftung für die Auffangeinrichtung gemäss Art. 60 BVG"* gegründet, die im Geschäftsverkehr mit der Kurzbezeichnung "Stiftung Auffangeinrichtung BVG" auftritt.

Bei dieser Stiftung handelt es sich (gemäss Art. 60 Abs. 1 BVG) um eine Vorsorgeeinrichtung im Sinne des BVG. Ihre Funktionen sind durch das BVG umschrieben (Art. 60 ff.). Die Auffangeinrichtung hatte anfänglich *vier Aufgaben,* kürzlich sind *zwei weitere* dazugekommen:

1. Sie muss Arbeitgeber, die ihrer *Pflicht zum Anschluss an eine Vorsorgeeinrichtung nicht nachkommen,* zwangsweise anschliessen, damit deren Arbeitnehmer in den Genuss der obligatorischen Vorsorge kommen. In einem Kontrollverfahren von AHV-Ausgleichskassen und kantonalen Aufsichtsbehörden werden die säumigen Arbeitgeber ermittelt und der Auffangeinrichtung zum Erlass der Anschlussverfügung gemeldet.

2. Sie muss *Arbeitgeber auf deren Begehren* anschliessen, wenn diese von sich aus die obligatorische Vorsorge für ihr Personal bei der Auffangeinrichtung durchführen wollen.

3. Sie muss Einzelpersonen als *freiwillig Versicherte* aufnehmen. Dies können Selbständigerwerbende sein, ferner Arbeitnehmer ohne AHV-pflichtigen Arbeitgeber (darunter fallen vor allem auch freiwillig in der AHV versicherte erwerbstätige Auslandschweizer); dies können auch Arbeitnehmer im Dienste mehrerer Arbeitgeber sein sowie Personen, die nach dem Ausscheiden aus der obligatorischen Versicherung die Versicherung freiwillig weiterzuführen wünschen. Für bei der Auffangeinrichtung *freiwillig Versicherte* besteht ein *Reglement* (vom Bundesrat Ende Juni 1986 genehmigt). Als freiwillig Versicherte kommen vor allem auch Arbeitnehmer in Betracht, deren gesamtes Arbeitseinkommen höher als CHF 24'120.– (Stand 1999) ist, die aber im Dienste mehrerer Arbeitgeber stehen und daher dem Obligatorium nicht unterstellt sind.

4. Die Auffangeinrichtung muss ferner die *Leistungen in Vorsorgefällen ausrichten, die eintreten, bevor sich ein Arbeitgeber einer Vorsorgeeinrichtung angeschlossen hat.* Dadurch sind die BVG-Mindestleistungen auch für diese Arbeitnehmer garantiert. Solche Arbeitgeber werden gegebenenfalls zwangsweise der Auffangeinrichtung angeschlossen und müssen die rück-

ständigen Beiträge für alle Versicherten sowie in Fällen von Tod und Invalidität noch Schadenersatz zahlen. Die ungedeckten Kosten der Auffangeinrichtung werden vom Sicherheitsfonds im Rahmen der Insolvenzdeckung übernommen.

5. *Vergessene Freizügigkeitskonti* hat die Vorsorgeeinrichtung gemäss Art. 4 Abs. 2 und 3 FZG "spätestens zwei Jahre nach dem Freizügigkeitsfall" an "die Austrittsleistung samt Verzugszins der Auffangeinrichtung ... zu überweisen". Die vergessenen Freizügigkeitskonti betreffen vor allem Bagatellkonti; so sollen 30% der bis Ende 1998 der Auffangeinrichtung überwiesenen Fälle unter CHF 500.– sein.

Ende 1998 bestanden bereits 142'000 Konti mit einem Gesamtbetrag von 856 Mio. CHF. Den Einzahlungen 1998 der Vorsorgeeinrichtungen von 486 Mio. CHF standen 196 Mio. CHF Auszahlungen an Berechtigte gegenüber. Diese Aufgabe wurde 1995 mit dem Freizügigkeitsgesetz eingeführt.

6. Die *obligatorische berufliche Vorsorge von arbeitslosen Personen* ist in der Verordnung vom 3. März 1997 geregelt, die auf den 1. Juli 1997 in Kraft getreten ist (abgedruckt im Anhang 2). Erläuterungen zur Verordnung, die sich auf die neuen Art. 22a Abs. 3 und Art. 117a AVIG sowie die damit geänderten Bestimmungen des BVG abstützen, erliess das BSV in den Mitteilungen über die berufliche Vorsorge Nr. 38 vom 12. März 1997 sowie Nr. 39 vom 30. Oktober 1997, Rz 223. Die Durchführung dieser Verordnung obliegt den Arbeitslosenkassen und der Stiftung *Auffangeinrichtung BVG*.

Die Auffangeinrichtung erhebt einen Pauschalsatz von 5,28% des koordinierten Taglohnes pauschal. Eine Individualisierung ist nicht möglich.

Dem Sinn einer Sozialpartnerstiftung und dem BVG entsprechend, ist der *Stiftungsrat* paritätisch aus Vertretern von Arbeitnehmer- und Arbeitgeberorganisationen zusammengesetzt. Er wird alternierend von der einen oder der anderen Seite präsidiert.

Die Aufgaben werden durch die *Geschäftsstelle in Zürich und vier Zweigstellen durchgeführt* (Lausanne, Lugano, Winterthur, Zürich). Während die Geschäftsstelle für Grundsatz- und Koordinationsfragen zuständig ist, liegt der Verkehr mit den angeschlossenen Arbeitgebern und Versicherten ausschliesslich bei den Zweigstellen.

Für die *Durchführung der obligatorischen wie der freiwilligen Versicherung* hat die Auffangeinrichtung vom Bundesrat genehmigte Versicherungsreglemente erlassen. Diese sehen dem BVG angepasste Vorsorgepläne vor. In der obligatorischen Versicherung und in der freiwilligen Versicherung für Selbständigerwerbende besteht die Möglichkeit, über die Mindestleistungen hinaus Lohnteile bis zum UVG-Maximum einzubeziehen und ein Todesfallkapital für den Fall zu versichern, dass keine Witwenrente fällig wird. Zur Deckung sämtlicher Risiken hat die Auffangeinrichtung einen *Versicherungspool*, in dem nahezu alle schweizerischen Lebensversicherungsgesellschaften vertreten sind, herangezogen.

Die Auffangeinrichtung wies Ende 1998 einen Bestand von 9'476 Personen auf, der sich auf 5'317 Arbeitgeberanschlüsse (praktisch alles Kleinstbetriebe) und 182 freiwillige Versicherungen verteilte. Rund ein Drittel waren Zwangsanschlüsse. Die gesamten Beiträge betrugen 1998 rund 35,1 Mio. CHF. Viele Beiträge der freiwillig Versicherten, vor allem aber der Zwangsanschlüsse, mussten auf dem Betreibungsweg eingefordert werden. Ende 1998 waren noch eineinhalb Jahresbeiträge offen (rund 59 Mio. CHF). Die Fluktuationsrate ist ausserordentlich hoch. Der durchschnittliche Arbeitnehmerbestand je versicherten Arbeitgeber betrug weniger als zwei Personen.

Die *Ansprüche der Auffangeinrichtung* gegenüber den Arbeitgebern (Art. 12 BVG) bzw. dem Sicherheitsfonds (Art. 72 Abs. 2 BVG) sind in der *Verordnung* vom 28. August 1985 geregelt (siehe gelbe Seiten).

"Die Auffangeinrichtung ist eine Art *Notfallstation*. Wenn irgend etwas mit dem Anschluss eines Arbeitgebers zu einer Vorsorgeeinrichtung nicht klappt, dann muss letztlich die Auffangeinrichtung eingreifen. Sie wird also vor allem mit den menschlichen Unzulänglichkeiten konfrontiert sein. Das ist eine arbeitsintensive, zeitraubende und wenig dankbare Aufgabe. Sie ist aber notwendig und wird als Sozialpartnerstiftung nach bestem Wissen und Gewissen, ohne Subventionen der öffentlichen Hand erfüllt und vom Versicherungspool bzw. den Durchführungsstellen mit grosser Sachkenntnis wahrgenommen" (*H. Allenspach,* erster Präsident der Auffangeinrichtung, in: SAZ vom 3. Januar 1986, S. 82.)

3.72 Sicherheitsfonds BVG

Art. 54 BVG sieht vor, dass die Spitzenverbände der Arbeitnehmer und Arbeitgeber die Stiftung Sicherheitsfonds errichten. Doch war keine Einigung möglich, so dass der Bundesrat entscheiden musste. Er entschied sich für eine öffentlich-rechtliche Stiftung in Bern. Die rechtlichen Grundlagen enthielten

– die *Verordnung über die Errichtung der Stiftung Sicherheitsfonds* vom 17. Dezember 1984,
– das *Organisationsreglement des Stiftungsrates* vom 15. Januar 1986,
– die *Verordnung über die Verwaltung (SFS 2)* vom 7. Mai 1986 sowie
– das *Beitrags- und Leistungsreglement* vom 22. September 1986.

3.7 Auffangeinrichtung und Sicherheitsfonds des BVG

Auf den 1. Juli 1998 sind diese Verordnungen und Reglemente durch die *neue Verordnung über den Sicherheitsfonds BVG* vom 22. Juni 1998 (siehe gelbe Seiten) ersetzt worden.
Weiterhin besteht lediglich noch das kurze *Reglement über die Organisation der Stiftung Sicherheitsfonds BVG* vom 17. Mai 1985 (Stand 24. Dezember 1998) mit acht Artikeln zum Funktionieren des Stiftungsrates und der Geschäftsstelle.
Der Sicherheitsfonds ist eine *öffentlich-rechtliche Stiftung*, die Auffangeinrichtung dagegen eine privatrechtliche Stiftung. Beiden Stiftungen sind Aufgaben öffentlich-rechtlicher Art übertragen.

a) Die vier Aufgaben

Der Sicherheitsfonds hat gemäss Art. 56 und 72 BVG folgende drei Aufgaben, zu denen 1999 eine vierte im Zusammenhang mit den "vergessenen Guthaben" hinzugekommen ist:

1. Der Sicherheitsfonds soll vor allem Mindestleistungen sicherstellen, wenn eine *Vorsorgeeinrichtung zahlungsunfähig* geworden ist. Dabei haftete der Sicherheitsfonds bis 1997 nur für das Altersguthaben und dessen Verzinsung zu 4% sowie die Sondermassnahmen – nicht aber für unbezahlte Risikoprämien (Entscheid der Eidg. Beschwerdekommission BVG vom 27. Mai 1988, in: Schweizer Personalvorsorge 9/88, S. 295–296).

   Auf den 1. Januar 1997 ist der geänderte Art. 56 Abs. 1c BVG in Kraft getreten. Danach sind bis zu einer Obergrenze des eineinhalbfachen BVG-Maximallohnes, d.h. für 1999 CHF 108'540.– (= 150% von CHF 72'360.–), die Leistungen der Versicherten gegen Insolvenz der Vorsorgeeinrichtung durch den Sicherheitsfonds garantiert. Ab 1. Juli 1998 erfasst der Sicherheitsfonds somit alle Vorsorgeeinrichtungen, die dem Freizügigkeitsgesetz unterstehen. Die Zahl der darunterfallenden Einrichtungen wird sich von rund 3'000 auf etwa 7'500 erhöhen.

   Auf den 1. Januar 1997 mit der höheren *Insolvenzdeckung* wurde der Geltungsbereich von Art. 71 BVG (Vermögensverwaltung) und der entsprechenden Bestimmungen der Verordnung (Art. 47–60 BVV 2) erweitert. Diese Bestimmungen gelten nun gemäss Art. 89bis Abs. 6 ZGB für alle Personalvorsorgestiftungen, nicht mehr nur für die registrierten Einrichtungen.

   Diese Erweiterung bringt für die einzelnen Vorsorgeeinrichtungen einige Änderungen, da damit auch die Beitragserhebung auf eine neue Basis gestellt wird. Auf den 1. Juli 1998 ist die neue Verordnung des Sicherheitsfonds in Kraft getreten. Bis zum 31. Oktober 1998 hatten sich alle Personalvorsorgeeinrichtungen, welche dem Freizügigkeitsgesetz unterstehen, beim Sicherheitsfonds zu melden.

Im Zusammenhang mit den Meldungen an den Sicherheitsfonds BVG im Zusammenhang mit der neuen Finanzierungsregelung ab 1999 ist es nach Art. 29 Abs. 2 SFV Aufgabe der Kontrollstelle, zu prüfen, ob eine Vorsorgeeinrichtung der Anmeldepflicht termingerecht nachgekommen ist (bis 30. Oktober 1998). Falls eine Vorsorgeeinrichtung dies unterlassen hat, muss im Kontrollstellenbericht für das Jahr 1998 ein entsprechender Vermerk gemacht werden. Die Kontrollstelle hat zusätzlich die Geschäftsstelle des Sicherheitsfonds zu informieren.

Einen Kommentar zur neuen Verordnung über den Sicherheitsfonds BSV enthalten die Mitteilungen über die berufliche Vorsorge des BSV Nr. 41 vom 1. Juli 1998, S. 16–22.

Die Insolvenzzahlungen des Sicherheitsfonds an Vorsorgeeinrichtungen – insbesondere Sammelstiftungen – betrugen in den letzten Jahren (nach der schweizerischen Sozialversicherungsstatistik):

1989	1,8 Mio. CHF	1994	41,4 Mio. CHF
1990	5,4 Mio. CHF	1995	29,2 Mio. CHF
1991	7,5 Mio. CHF	1996	53,8 Mio. CHF
1992	19,2 Mio. CHF	1997	109,9 Mio. CHF
1993	37,6 Mio. CHF	1998	71,0 Mio. CHF

2. Der Sicherheitsfonds hat jenen Vorsorgeeinrichtungen Zuschüsse auszurichten, die eine *ungünstige Altersstruktur* aufweisen (siehe Art. 58 BVG). Danach wird der Vorsorgeeinrichtung jener Teil der Beiträge vergütet, der im Durchschnitt je Arbeitgeber 14% der versicherten Lohnsumme übersteigt.

Zur Verwendung der *Zuschüsse* aus dem Sicherheitsfonds BVG infolge ungünstiger Altersstruktur gab das BSV folgende Beispiele (siehe Mitteilungen über die berufliche Vorsorge Nr. 11 vom 28. Dezember 1988, Ziff. 64):

- Äufnung eines Prämienkontos zur Reduktion der Beiträge,
- Zuweisung an das freie Vorsorgevermögen,
- Zuwendung für Sondermassnahmen (z.B. Begünstigung der Eintrittsgeneration),
- planmässige Gutschrift zugunsten der Versicherten zur Leistungsverbesserung,
- Gutschrift auf einem "neutralen Beitragsreservekonto".

3.7 Auffangeinrichtung und Sicherheitsfonds des BVG

Die Zuweisung der Zuschüsse des Sicherheitsfonds an die Arbeitgeberbeitragsreserve kommt nach Ansicht des BSV "nicht in Frage".

Dem ursprünglichen Sinn zufolge, wonach auch bei hohem Durchschnittsalter der Arbeitgeberbeitrag 14% nicht übersteigen soll (um die Anstellung älterer Arbeitnehmer nicht zu erschweren), könnte man sich fragen, ob nicht nur der Exzedent auf dem Arbeitgeberanteil rückerstattet werden sollte. Der einzelne Arbeitnehmer bezahlt, unabhängig vom Alter seiner Arbeitskollegen, bis 18%. Eine Rückerstattung auf seinem Anteil ist nicht sinnvoll. Diese Ansicht würde erlauben, die *Beiträge und Auszahlungen* (Exzedent über 14%) *auf die Hälfte zu reduzieren.*

Im Rahmen der *Revision des BVG* sollte geprüft werden, ob diese Funktion des Sicherheitsfonds, Zuschüsse bei ungünstiger Altersstruktur zu gewähren, im Sinne einer Vereinfachung und Kosteneinsparung *nicht gestrichen werden könnte.* Dies wäre zu begrüssen.

Diese Zuschüsse für eine ungünstige Altersstruktur haben in den letzten Jahren betragen:

1992	26,7 Mio. CHF	1996	34,9 Mio. CHF
1993	29,3 Mio. CHF	1997	32,3 Mio. CHF
1994	30,3 Mio. CHF	1998	36,8 Mio. CHF
1995	32,9 Mio. CHF		

3. Schliesslich hat der Sicherheitsfonds diejenigen *Kosten zu übernehmen, die der Auffangeinrichtung von Gesetzes wegen (Art. 72 und 12 BVG) erwachsen können* und die sie nicht auf den Arbeitgeber oder Dritte überwälzen kann. Für 1997 waren dies Kosten von 1,8 Mio. CHF.

4. Nach den neuen, auf den 1. Mai 1999 in Kraft getretenen Art. 24a–f FZG und 19a–f FzV wird eine *Zentralstelle 2. Säule* geschaffen, die beim Sicherheitsfonds angesiedelt ist. Diese Zentralstelle 2. Säule arbeitet eng mit der zentralen Ausgleichsstelle der AHV zusammen, welche Daten zur Verfügung stellt, um die Berechtigten zu finden. Die vergessenen Guthaben sind dieser Zentralstelle nur zu melden und nicht zu überweisen. Dies hat gegebenenfalls später (nach zwei Jahren) an die Auffangeinrichtung zu geschehen. Die Meldung hat zu erfolgen, wenn der Kontakt mit der versicherten Person abbricht. Vergessene Guthaben dürfen, wie die Praxis zeigt, fast ausschliesslich Freizügigkeitsguthaben sein. Diese liegen auf Freizügigkeitskonten bei Banken oder in Freizügigkeitspolicen.

Das Problem der vergessenen Konten in der 2. Säule ist in letzter Zeit (im Nachgang zu den "Dormant Accounts" aus der Zeit des Zweiten Weltkriegs) ins Rampenlicht gerückt, obwohl diese immer schon bekannt waren. Aufgabe der neuen Zentralstelle, die dem Sicherheitsfonds angegliedert ist, wird es vorerst sein, die verfügbaren Daten mit jenen der AHV zusammenzubringen und dadurch für einen Teil der Konten eine Lösung zu finden.

Der Bundesrat hat die Änderung des Freizügigkeitsgesetzes betreffend *die vergessenen Pensionskassenguthaben der 2. Säule* sowie die entsprechenden Änderungen der Freizügigkeitsverordnung auf den 1. Mai 1999 in Kraft gesetzt (siehe dazu Mitteilungen über die berufliche Vorsorge Nr. 45 des BSV vom 19. April 1999).

b) Das Beitragssystem

Gemäss Art. 59 BVG ist der Sicherheitsfonds *von den Vorsorgeeinrichtungen zu finanzieren.* Das vom Bundesrat am 22. September 1986 genehmigte *Beitrags- und Leistungsreglement der Stiftung Sicherheitsfonds BVG* vom 23. Juni 1986 sah zuerst einen Beitragssatz von 0,2% der Summe der koordinierten Löhne vor – das sind jährlich etwas über Fr. 50.– je versicherten Mitarbeiter. Für die beiden ersten Jahre nach Inkrafttreten des BVG, also für 1985 und 1986, wurden keine Beiträge verlangt. Anfangs 1988 wurde für 1987 erstmals ein Beitrag von 0,2% erhoben, was rund CHF 120 Mio. ergab. Für 1990 ist vom Bundesrat ein reduzierter Satz von 0,04% beschlossen worden. Das sind noch rund CHF 15.– je Versicherten. Eine Pauschalierung pro Kopf wäre m.E. einfacher gewesen. Diese Reduktion erfolgte in Anbetracht dessen, dass das Vermögen des Sicherheitsfonds im Jahre 1989 auf rund CHF 200 Mio. anstieg.

Der Beitragssatz für den Sicherheitsfonds BVG hat sich seit Einführung des BVG wie folgt entwickelt:

1985 und 1986	keine Beiträge
1987–1989	0,20% der koordinierten Löhne
1990–1996	0,04% der koordinierten Löhne
1997	0,06% der koordinierten Löhne
1998 und 1999	0,10% der koordinierten Löhne
2000 (neues System)	0,05% der koordinierten Löhne (für ungünstige Altersstruktur) und 0,03% der reglementarischen Austrittsleistungen plus das Zehnfache der laufenden Renten (für Insolvenzrisiko)

3.7 Auffangeinrichtung und Sicherheitsfonds des BVG

Die neue Verordnung über den Sicherheitsfonds sieht somit neu zwei Systeme für die Beitragserhebung für den Sicherheitsfonds vor:

- eines für die Zuschüsse bei ungünstiger Altersstruktur (mittlerer Beitrag > 14%) und
- eines für die Insolvenz- und anderen Leistungen.

Dazu wurde ein Formular geschaffen (siehe *Darstellung 3G*).

Als Basis für die Beitragsberechnung werden verlangt

- die Summe der reglementarischen Freizügigkeitsleistungen und
- die Summe der im Bemessungsjahr ausbezahlten Renten zu Lasten der Betriebsrechnung. Die Renten werden für die vergleichbare Kapitalwertermittlung mit 10 multipliziert.

Die Gesamthöhe der Beiträge wird erstmals für das Jahr 2000 zu berechnen sein, und die Abrechnung mit dem Sicherheitsfonds wird bis zum 30. Juni 2001 zu erfolgen haben (siehe *Senn P.*, in: SPV 7/98, S. 489 f.).

Das neu eingeführte Beitragssystem hat zur Folge, dass das bisherige Beitragssystem (für die 3'300 registrierten Einrichtungen) inskünftig nur noch die Zuschüsse wegen ungünstiger Altersstruktur finanziert. Alle anderen Leistungen werden über ein neues Beitragssystem (für alle rund 7'500 unter das FZG fallenden Einrichtungen) finanziert, das auf der Summe der Freizügigkeitsleistungen, zuzüglich des Zehnfachen der laufenden Renten, berechnet wird.

Alle rund 4'200 Stiftungen, die unter das FZG fallen und nicht registriert sind, hatten sich bis zum 31. Oktober 1998 beim BSV anzumelden.

Der Sicherheitsfonds schloss 1998 mit einem Verlust von CHF 59,3 Mio. ab. Die Einnahmen aus Beiträgen betrugen 1998 CHF 46,8 Mio. Für Insolvenzen wurden CHF 71 Mio. erbracht, und zwar für 2'274 Insolvenzfälle bei Sammel- und Gemeinschaftsstiftungen, wovon 677 bei der Auffangeinrichtung, und für 14 Fälle von Vorsorgeeinrichtungen eines Arbeitgebers. Der Sicherheitsfonds wies Ende 1998 ein Kapital von CHF 82,3 Mio. aus gegenüber CHF 133,9 Mio. im Vorjahr und CHF 209,5 Ende 1996.

Die Summe der gemäss BVG koordinierten Löhne betrug 1997 74,6 Mrd. CHF (obligatorischer Teil) und die BVG-Altersgutschriften darauf 8,8 Mrd. CHF, so dass die durchschnittliche Altersgutschrift 11,8% betrug (aus: Geschäftsbericht 1998 des Sicherheitsfonds).

Darstellung 3G

Sicherheitsfonds BVG: Meldung der Beiträge und Abrechnung der Zuschüsse

Sicherheitsfonds BVG
Geschäftsstelle
Postfach 5032
3001 Bern
Telefon 031 320 61 71
Telefax 031 320 68 43

Fonds de Garantie LPP
Organe de direction
Case postale 5032
3001 Berne
Téléphone 031 320 61 71
Téléfax 031 320 68 43

Fondo di Garanzia LPP
Ufficio di direzione
Casella postale 5032
3001 Berna
Telefono 031 320 61 71
Telefax 031 320 68 43

Register-Nr.
BE 84

Bemessungsjahr
2000

Meldung/Abrechnung über die Beiträge bzw. Zuschüsse

Vorsorgeeinrichtung/Zustelladresse   Einzureichen bis spätestens 30.6.2001   an:

Personalvorsorgestiftung
der B. Hurni AG
Sägeweg 3
3400 Burgdorf

Sicherheitsfonds BVG
Geschäftsstelle
Postfach 5032
3001 Bern

A Registrierte Vorsorgeeinrichtungen (BVG Art. 48)

1. **Gesetzlicher Beitrag betr. Zuschüsse**
   1.1 Summe aller koordinierten Löhne ab BVG-Alter 25 pro rata temporis im Bemessungsjahr   1'284'188.--
   1.2 0,05 % von 1.1   642.--

2. **Zuschüsse bei ungünstiger Altersstruktur**
   2.1 Summe aller koordinierten Löhne pro rata temporis gem. 1.1   1'284'188.--
   2.2 **abzüglich**
       2.2.1 Koordinierte Löhne der Arbeitgeber mit mehreren Vorsorgeeinrichtungen
       2.2.2 Koordinierte Löhne der nicht zuschussberechtigten Arbeitgeber und/oder Selbstständigerwerbenden (günstige Altersstruktur)
   2.3 Differenz 2.1/2.2
       = **Summe der zuschussberechtigten koordinierten Löhne**   1'284'188.--
   2.4 Summe **aller** Altersgutschriften pro rata temporis   180'697.--
   2.5 **abzüglich**
       2.5.1 Altersgutschriften der Arbeitgeber mit mehreren Vorsorgeeinrichtungen
       2.5.2 Altersgutschriften der nicht zuschussberechtigten Arbeitgeber und/oder Selbstständigerwerbenden
   2.6 Differenz
       = **Summe der zuschussberechtigten Altersgutschriften**   180'697.--
   2.7 14% von 2.3   179'786.--
   2.8 Differenz 2.6/2.7 = **Zuschuss** (negativ = Null einsetzen)   911.--

B Alle Vorsorgeeinrichtungen

3. **Gesetzlicher Beitrag betr. alle anderen Leistungen**
   3.1 Summe der reglementarischen Austrittsleistungen nach Art. 2 FZG   2'145'750.-- (31.12.2000)
   3.2 Summe der laufenden Renten aus der Betriebsrechnung ~~72'360.--~~ x 10 =   723'600.--
   3.3 Total aus 3.1 plus 3.2   2'869'350.--
   3.4 0,02% von 3.3   574.--

4. **Verrechnung Beitrag/Zuschüsse**
   4.1 Saldo 1.2 plus 3.4 minus 2.8 **zugunsten Sicherheitsfonds**   305.--
   4.2 Saldo 1.2 plus 3.4 minus 2.8 zugunsten Vorsorgeeinrichtung

Die **Kontrollstelle** bestätigt, alle Kontrollen gem. Art. 35 BVV 2 und Art. 21, Abs. 1, sowie Art. 23, Abs. 3, SFV vorgenommen zu haben. Im Besonderen hat sie die Zuschussberechtigung im Zusammenhang mit Art. 58, Abs. 3 und 5, BVG geprüft.

Die Richtigkeit der oben stehenden Angaben bestätigt:
Die **Vorsorgeeinrichtung**

Ort/Datum   Stempel/Unterschrift   Ort/Datum   Stempel/Unterschrift
Burgdorf 18.3.2001   Mueller Treuhand   Burgdorf 2.3.2001   Personalvorsorgestiftung
                                                                     B. Hurni AG

SF 2 / 26.6.98

c) *Organisation und Kontrolle*

Mit *der Verwaltung und Vertretung des Sicherheitsfonds* wurde eine *Geschäftsstelle* beauftragt. Diese Geschäftsstelle wird gegenüber dem Stiftungsrat von einer einfachen Gesellschaft mit dem Namen *"Vereinigung zur Durchführung des Sicherheitsfonds BVG"* vertreten, welche von sieben Organisationen getragen ist (vier Personalvorsorgeverbände, Lebensversicherer, Verbandsausgleichskassen und Kantonalbanken). Diese Vereinigung ist als Trägerorganisation der Geschäftsstelle gegenüber dem Stiftungsrat für die richtige Durchführung des Sicherheitsfonds verantwortlich. Die Vereinigung ihrerseits hat mit einem *Gestionsvertrag* einer *Durchführungsstelle,* bestehend aus der Kantonalbank von Bern und der Atag Ernst & Young AG, die eigentliche technische Durchführung des Sicherheitsfonds übertragen. Kontrollstelle ist PricewaterhouseCoopers AG.

Der Sicherheitsfonds hat die Funktion einer Behörde. Verfügungen des Sicherheitsfonds BVG können mit *Beschwerde* bei der Eidg. Beschwerdekommission für die berufliche Vorsorge (Chemin des Délices 9, 1000 Lausanne) angefochten werden.

Die *Aufsicht* über die öffentlich-rechtliche Stiftung Sicherheitsfonds BVG übt das Bundesamt für Sozialversicherung aus.

Im Zusammenhang mit dem Sicherheitsfonds ergeben sich auch verschiedene *Aufgaben für die Kontrollstelle*. So hat die Kontrollstelle die Meldungen auf den Formularen an den Sicherheitsfonds über "Beiträge" und "Zuschüsse bei ungünstiger Altersstruktur" zu bestätigen. Bei *Sammelstiftungen* akzeptiert der Sicherheitsfonds die Unterschrift der *Kontrollstelle 2* (der Sammelstiftung), wenn eine Vollmacht der *Kontrollstelle 1* (des Arbeitgebers) vorliegt. Die Kontrollstelle 2 übernimmt dann die Verantwortung, dass auch Prüfungen erfolgten, ob alle Arbeitnehmer BVG-versichert und einer Vorsorgeeinrichtung angeschlossen sind. Bei *Vorsorgeeinrichtungen mehrerer Arbeitgeber* ist von jedem zuschussbeanspruchenden Arbeitgeber schriftlich zu bestätigen, dass er nur einer Vorsorgeeinrichtung angehört (siehe Art. 58 Abs. 3 BVG). Ist ein Arbeitgeber bei mehreren registrierten Einrichtungen versichert, so ist gegenüber dem Sicherheitsfonds gesamthaft abzurechnen.

4. Finanzierung der Vorsorge

4.1 Grundsätzliches zur Finanzierung

Jede Vorsorgeleistung muss sachgemäss finanziert werden. Diese lapidare Erkenntnis stösst indessen häufig auf unterschiedliche Auffassungen bei der Frage,
- *wer* die Beiträge aufzubringen hat (Arbeitgeber, Arbeitnehmer, Staat) und
- *wann* diese zu bezahlen sind (vorher und planmässig entsprechend dem Kapitaldeckungsverfahren, im Zeitpunkt des Altersrücktritts oder gleichzeitig mit der Fälligkeit der Leistungen gemäss dem Umlageverfahren).

Es gelten dann nicht nur *betriebswirtschaftliche* und *rechtliche* Überlegungen, sondern es sind dann insbesondere *sozialpolitische* Aspekte entscheidend.

4.11 Ziel der Personalvorsorge

Durch die Massnahmen der Personalvorsorge soll zusammen mit der AHV/IV "den Betagten, Hinterlassenen und Invaliden die *Fortsetzung der gewohnten Lebenshaltung in angemessener Form*" (so definiert in Art. 1 BVG) bei Lohnausfall als Folge von Alter, Tod oder Invalidität gewährleistet werden.

Diese Zielsetzung ist bereits in *Abs. 1 des Art. 34quater der Bundesverfassung* (Fassung von 1972) genannt:

"Der Bund trifft Massnahmen für eine ausreichende Alters-, Hinterlassenen- und Invalidenvorsorge. Diese beruht auf einer eidgenössischen Versicherung, der beruflichen Vorsorge und der Selbstvorsorge."

Die verschiedenen Versicherungsgrade je nach Einkommenslage gehen aus *Darstellung 4A* hervor.

Die Personalvorsorge richtet sich somit nach gewissen *Leistungszielen*. Diese sind in der Regel in Prozenten der letzten Einkommen definiert. *Dabei sinkt dieses Leistungsziel mit steigendem Einkommen prozentual.* Während das Leistungsziel (einschliesslich Sozialversicherungen) bei den untersten Einkommen im Maximum bis gegen 90% beträgt, wird es bei einem mittleren Angestellten etwa 60% ausmachen und bei den Höchstbesoldeten auf etwa 30–25% sinken.

Darstellung 4A
Deckung des Vorsorgebedarfes durch AHV, BVG usw.

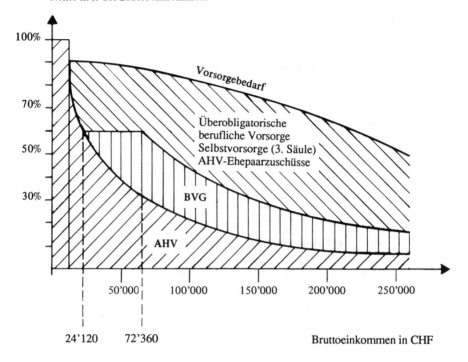

Gemäss BVG ist obligatorisch derjenige Jahreslohn zu versichern, der zwischen den in *Darstellung 4B* genannten beiden Grenzbeträgen liegt. Der obere Grenzbetrag liegt stets beim Dreifachen des unteren. Das BVG räumt dem Bundesrat die Kompetenz ein, die Grenzbeträge den Erhöhungen der einfachen minimalen AHV-Altersrenten anzupassen, um die Koordination zu gewährleisten.

Darstellung 4B
Koordinierter Minimal- und Maximallohn nach BVG

Entwicklung der *Grenzbeträge gemäss Art. 8 BVG* seit Inkraftsetzung des BVG auf den 1. Januar 1985:

Ab 1. Januar 1985	CHF 16'560.– bis CHF 49'680.–
1986 und 1987	CHF 17'280.– bis CHF 51'480.–
1988 und 1989	CHF 18'000.– bis CHF 54'000.–
1990 und 1991	CHF 19'200.– bis CHF 57'600.–
1992	CHF 21'600.– bis CHF 64'800.–
1993 und 1994	CHF 22'560.– bis CHF 67'680.–
1995	CHF 23'280.– bis CHF 69'840.–
1996 und 1997	CHF 23'880.– bis CHF 71'640.–
1998 und 1999	CHF 24'120.– bis CHF 72'360.–

Der untere Betrag entspricht stets der einfachen AHV-Rente (siehe *Darstellung 16A*) und der obere Betrag dem Dreifachen davon.

4.12 Finanzierungsminima gemäss BVG

Hinsichtlich der Finanzierung ergeben sich aus dem BVG folgende Bestimmungen. *Art. 65 BVG* lautet wie folgt:

Art. 65 BVG Grundsatz

[1]Die Vorsorgeeinrichtungen müssen jederzeit Sicherheit dafür bieten, dass sie die übernommenen Verpflichtungen erfüllen können.

[2]Sie regeln das Beitragssystem und die Finanzierung so, dass die Leistungen im Rahmen dieses Gesetzes bei Fälligkeit erbracht werden können.

[3]Sie weisen ihre Verwaltungskosten in der Betriebsrechnung aus.

Eine Schätzung der Minimalkosten gemäss BVG kommt bei einer ausgewogenen Altersstruktur des Versichertenbestandes für die jährlichen Gesamtbeiträge ungefähr zu den in *Darstellung 4C* genannten Beitragsprozenten.

Für die *Altersgutschriften* gelten gemäss Art. 16 bzw. 95 BVG die in *Darstellung 4D* genannten Ansätze (Minima).

Gemäss Art. 32 BVG sind namentlich zugunsten von älteren Versicherten und solchen mit kleinen Einkommen der *Eintrittsgeneration* Sondermassnahmen durchzuführen, die gemäss Art. 70 BVG *ein Lohnprozent* beanspruchen dürften. Darin eingeschlossen ist die Anpassung der laufenden Renten an die Preisentwicklung (Art. 70 Abs. 1 BVG).

154   4. Finanzierung der Vorsorge

Darstellung 4C
Minimalkosten des BVG-Obligatoriums

	Beiträge in % ...	
	... des koordinierten Lohnes	... des AHV-Lohnes
• Altersgutschriften	12–13	
• Beiträge zur Deckung des Sterbe- und Invaliditätsrisikos sowie des Teuerungsausgleichs auf laufenden Renten vor dem Pensionierungsalter	1,7–2,5	
• Beiträge an den Sicherheitsfonds	ca. 0,1	
• Sondermassnahmen für die Eintrittsgeneration und freiwillige Indexierung der Altersrenten	1	
• Verwaltungskosten	ca. 0,2	
Total (Arbeitgeber und Arbeitnehmer)	15–16	7,5–9

Darstellung 4D
Minimalansätze der BVG-Altersgutschriften

Altersjahr*		Ansätze in % des koordinierten Lohnes	
Männer	Frauen	ab 1. Januar 1987	für 1985 und 1986
		(Art. 16 BVG)	(Art. 95 BVG)
25–34	25–31	7	7
35–44	32–41	10	10
45–54	42–51	15**	11
55–65	52–62	18**	13

*Berechnet: Kalenderjahr abzüglich Geburtsjahr, Wechsel der Beitragssätze nur je auf den 1. Januar.
**Falls die Ansätze im Durchschnitt (je Arbeitgeber über 14% liegen, wird der Mehrbetrag vom Sicherheitsfonds übernommen (Art. 58 BVG).

4.1 Grundsätzliches zur Finanzierung

In der Praxis wird für die Beitragserhebung vermutlich überwiegend mit *Durchschnittssätzen* gerechnet werden, welche den vorstehenden Einzelerfordernissen zu genügen haben. Auf dem BVG-Alterskonto (Schattenrechnung) werden jedoch die individuellen Beträge gutzuschreiben sein (siehe Abschnitt 4.34). Dagegen ist die Frage, ob eine nach BVG-Grundsätzen ungenügende Finanzierung fortgeführt werden könne, solange die gesamte Vorsorge der umhüllenden Kasse über den BVG-Minima liegt, im allgemeinen zu verneinen. Nach einer Stellungnahme der Konferenz der kantonalen BVG-Aufsichtsbehörden wurde nur bis 1989 eine solche Anrechnung vorobligatorischer Deckungsmittel geduldet.

Für *Versicherte unter 25 Jahren* sind noch keine Altersgutschriften zu bilden (Art. 7 Abs. 1 BVG); es sind nur Beiträge zur Deckung des Sterbe- und Invaliditätsrisikos zu leisten (ca. 1% des koordinierten Lohnes).

Ist infolge besonders ungünstiger Altersstruktur die Summe der Altersgutschriften *grösser als 14%* der Summe der koordinierten Löhne, so wird der Exzedent an die Vorsorgeeinrichtung durch den *Sicherheitsfonds* vergütet (siehe Art. 56 Abs. 1 und Art. 58 Abs. 1 BVG). Die Berechnung erfolgt je Arbeitgeber (also innerhalb eines Konzerns jede einzelne Gesellschaft für sich) und pro Kalenderjahr.

4.13 Finanzierung der Leistungsziele in der Praxis

Da die Finanzierung der Personalvorsorge auf betriebliche Grenzen stösst, sowohl was die Höhe der Arbeitgeber- als auch der Arbeitnehmerbeiträge betrifft, sind die Leistungsziele *angemessen* festzulegen. Das Leistungssystem und namentlich die Höhe der Leistungen sind letztlich stets *eine Frage und Folge der möglichen Finanzierung*.

In der Praxis können *je nach dem Stand des Unternehmens* die Leistungsziele sehr unterschiedlich definiert sein. Seit Einführung des Obligatoriums als Minimum geht es darum, die über dem BVG-Minimum liegenden Leistungsziele der umhüllenden Vorsorgeeinrichtung, der separaten Kadervorsorgeeinrichtung oder der patronalen Stiftung festzulegen. Dabei spielen auch die Verhältnisse bei den einschlägigen *Konkurrenzunternehmen*, die *Branchenusanzen* und die *Arbeitsmarktlage* eine Rolle.

Die Leistungsziele sollten so definiert sein, dass sie mit ordentlichen Beiträgen erreicht werden können. Ausserordentliche Beiträge, Mutationsgewinne usw. sollten zur Finanzierung von Sondermassnahmen, Zusatzleistungen oder dem Teuerungsausgleich dienen.

Bei der Festlegung der Leistungs- bzw. Beitragsansätze ist *nicht nur die momentane Finanz- und Ertragslage* eines Unternehmens zu beachten, sondern auch die mittel- und langfristig *zu erwartende Entwicklung*. Einer Vorsorgeeinrichtung können auch periodisch einmalige Sonderbeiträge des Unternehmens zukommen, so dass die laufenden Beitragsverpflichtungen des Arbeitgebers in einem Rahmen gehalten werden sollten, der auch bei schlechtem Geschäftsgang angemessen ist.

4.14 Finanzierung von Sonderleistungen (indexierte Leistungen, flexible Altersgrenze u.a.)

In vielen Vorsorgeeinrichtungen spielen Sonderleistungen eine wesentliche Rolle. Jede beschlossene Leistung verlangt nach einer entsprechenden Finanzierung. Ausserordentliche Leistungen können beispielsweise sein:

– *Teilindexierung der Leistung,*

so durch periodische Anpassung der Renten an die gestiegenen Lebenshaltungskosten.

– *Überbrückungsrenten*

bei vorzeitigem Altersrücktritt (z.B. Männer zwischen 62 und 65).

– *Vorzeitige Pensionierung*

als Folge betrieblicher Umstrukturierungen (z.B. im Rahmen eines Sozialplans) oder administrativer Invaliderklärung (z.B. als Folge persönlichen Ungenügens am Arbeitsplatz).

Soweit solche Leistungen *im allgemeinen Interesse der Arbeitgeberfirma* liegen, wird diese dafür auch durch *Sonderbeiträge* (Einmaleinlagen, Entnahmen aus Arbeitgeberbeitragsreserven) aufzukommen haben. Die Finanzierung kann auch durch Zuwendung des erforderlichen Einmalbeitrages durch eine *patronale Stiftung* erfolgen.

Ist die Sonderleistung *eine Folge des Wunsches oder Verhaltens des Arbeitnehmers,* so wird in der Regel mit einer *Reduktion seiner übrigen Vorsorgeleistungen* der mangelnden Finanzierung Rechnung getragen.

Unter Umständen können einzelne Sonderzulagen an Rentner auch nach dem *Umlageverfahren* (die Ausgaben werden mit Einnahmen der gleichen Periode finanziert) gedeckt werden. Es wird hier der Einzelfall zu prüfen sein. Falls die Finanzierung nach dem Umlageverfahren erfolgt, sollte dem Begünstigten kein Rechtsanspruch gewährt oder dann aber eine Garantie des Arbeitgebers festgehalten werden, auch wenn eine solche (für den BVG-Teil) nach Art. 43 Abs. 3 BVV 2 nicht anerkannt wird.

Hinsichtlich der *Sondermassnahmen gemäss Art. 70 und 33 BVG* siehe Abschnitt 5.8.

4.2 Arten von Einnahmen

Zur Finanzierung der Personalvorsorge fallen verschiedene Arten von Einnahmen in Betracht.

4.21 Beiträge des Arbeitgebers

In erster Linie sind hier die Beiträge des Arbeitgebers zu nennen. Nach den Ergebnissen der Pensionskassenstatistik 1996 ergeben sich die in *Darstellung 4E* genannten Zahlen.

Darstellung 4E
Arbeitgeber- und Arbeitnehmerbeiträge nach der Pensionskassenstatistik

1996		
• Wohnbevölkerung		7'081'346
• Erwerbstätige		
– Vollzeit	2'896'000	
– Teilzeit	908'000	3'804'000
• Versicherte aktive Personen		
– BVG-registrierte Einrichtungen (3'075)	2'911'694	
– Nichtregistrierte Einrichtungen (8'497)	235'810	3'147'504
• Beiträge und Zuwendungen (im Mio. CHF)		7'081'346
– reglementarische Beiträge der Versicherten	9'139	
– alle direkten Beiträge des Arbeitgebers	16'260	
– andere Zuwendungen (aus Arbeitgeberbeitragsreserven, Finanzierungsstiftungen u.a.)	699	26'098
• Eintrittseinlagen der Versicherten (in der Regel aus anderen BVG-Vorsorgeeinrichtungen)		8'643
• Gesamtbeiträge		34'741
Quelle: Pensionskassenstatistik 1996, Statistisches Jahrbuch der Schweiz.		

Die Beiträge haben seit Einführung des BVG sehr stark zugenommen. Auch gegenüber 1994 ist für 1996 ein erhebliches Wachstum festzustellen: Die Arbeitnehmerbeiträge haben um rund 4% und die Arbeitgeberbeiträge um gar 8% zugenommen.

Dies widerspricht der in letzter Zeit oft gehörten Ansicht, das die Unternehmen in verstärkter Ausrichtung auf das Ziel des Creating Shareholder Value vermehrt an den betrieblichen Sozialaufwendungen zu sparen versuchen.

Im Durchschnitt trägt der Arbeitgeber rund zwei Drittel der reglementarischen Gesamtbeiträge an die Vorsorgeeinrichtungen. Einschliesslich der Eintrittseinlagen, die in der Regel Freizügigkeitsleistungen aus früheren Arbeitsverhältnissen darstellen, nun aber voll als Arbeitnehmerbeitrag zählen, ändert sich dieses Verhältnis indessen erheblich.

4.22 Beiträge des Arbeitnehmers

Der Arbeitnehmer erbringt durchwegs einen wesentlichen Beitrag an die Finanzierung der Personalvorsorgeleistungen. Aber auch in jenen Fällen, bei denen der Arbeitnehmer keine Beiträge leistet, so beispielsweise an Kadervorsorgeeinrichtungen, ist zu beachten, dass häufig die *Salär- oder Gratifikationsfestsetzung* diesen alleinigen Aufwendungen des Arbeitgebers für die Vorsorge Rechnung trägt. Damit konnte der Arbeitnehmer früher (vor der Steuerfreiheit für Arbeitnehmerbeiträge) unter Umständen erhebliche *Einkommenssteuern* sparen. Für den Arbeitgeber führte dies letztlich in seiner Erfolgsrechnung zu demselben Gesamtaufwand, wie wenn der Arbeitnehmer auch Beiträge aufgebracht hätte. Nach Art. 81 BVG und den Bestrebungen der Steuerharmonisierung ist dies seit 1987 nicht mehr der Fall, da seither die Beiträge an die Zweite Säule steuerlich voll abgezogen werden können (siehe Abschnitt 7.3).

Freizügigkeitskonten und -policen aus der Zweiten Säule und Kapitalien der Säule 3 können auch für den Einkauf und für Nachzahlungen in eine neue Pensionskasse verwendet werden. Aus steuerlichen Gründen ist jenen Mitarbeitern, die es sich finanziell leisten können, zu empfehlen, die Einlagen maximal gemäss Reglement und aus dem steuerbaren Einkommen zu erbringen (wo die Einlagen abgesetzt werden können).

Das Vorsorgekapital muss, wenn der Versicherte innerhalb eines Jahres nach Austritt aus der bisherigen Vorsorgeeinrichtung in eine neue Vorsorgeeinrichtung eintritt, an diese überwiesen werden, soweit der Betrag für die Finanzierung der Eintrittsleistung benötigt wird. Nach Art. 3 FZG müssen seit 1995 Freizügigkeitsleistungen an die neue Vorsorgeeinrichtung übertragen werden. Der Versicherte darf früher erworbene Vorsorgegelder in die neue

Einrichtung einbringen, um sich auf die maximalen Leistungen einzukaufen. Bei Beitragsprimatkassen sollten daher solche Maximalbeträge, bis zu denen man sich einkaufen kann, für jedes Alter klar bestimmt und im Reglement (als Tabelle) festgehalten werden.

Immer mehr Vorsorgeeinrichtungen sehen vor, dass Einkäufe auf die vollen Leistungen auch nach dem Eintritt bis z.B. drei Jahre vor der Pensionierung möglich sind. Dies ist steuerlich für die Versicherten sehr vorteilhaft.

4.23 Vermögenserträge

Das *Kapitaldeckungsverfahren* führt zu wesentlichen Vermögensbildungen, die entspechende Erträge abwerfen. Die versicherungstechnischen Berechnungen berücksichtigen diese Erträge als wichtige Finanzierungsgrösse. Im Gegensatz dazu sind die Erträge bei der eidg. AHV, welche zu rund 90% auf dem *Umlageverfahren* beruht und einen Ausgleichsfonds von etwa der Höhe eines Jahresbeitrags hält, verhältnismässig gering.

Zu den Vermögenserträgen im weiteren Sinne (Performance) sind auch *Wertsteigerungen auf Sachwertanlagen* zu zählen. Buchmässig können diese Erträge allerdings nur durch Aufwertungen sichtbar gemacht werden (siehe Abschnitt 12), und davon wird in der Regel aus Vorsichtsgründen aber teilweise abgesehen. Die stillen Reserven können aber vom Pensionsversicherungsexperten zur Beurteilung des Deckungskapitals, namentlich im Hinblick auf allfällige Sanierungsmassnahmen, berücksichtigt werden. Immer mehr werden aber die Aktiven zu Marktwerten (Börsenkursen) bewertet. Mehrwerte werden dann nicht der Erfolgsrechnung zugeführt, sondern einer Wertschwankungsreserve gutgeschrieben.

4.24 Mutationsgewinne bei Austritten

Unter Mutationsgewinnen versteht man die *in der Vorsorgeeinrichtung bei Austritt von Versicherten freiwerdenden Deckungskapitalien*. Diese entstehen, weil den Austretenden nicht das volle Deckungskapital aus dem Arbeitgeberteil mitgegeben wird (siehe Abschnitt 6.1). Bei Vorsorgeeinrichtungen mit Kollektivversicherungen entspricht der Mutationsgewinn der Differenz zwischen dem von der Versicherungsgesellschaft vergüteten Rückkaufswert und der Freizügigkeitsleistung. Bei alten, zu niedrigeren Tarifen abgeschlossenen Policen kann der Rückkaufswert nicht unwesentlich unter dem aktuellen Deckungskapital für eine gleichwertige Versicherung liegen.

Die Mutationsgewinne sind seit Einführung des Freizügigkeitsgesetzes bei praktisch allen Vorsorgeeinrichtungen stark zurückgegangen. Die Mutationsgewinne haben in der Vergangenheit den Vorsorgeeinrichtungen geholfen, mit den gestiegenen Leistungszielen (in absoluten Beträgen) Schritt zu halten und das finanzielle Gleichgewicht zu finden.

Personalfluktuationen von ca. 5–15% je nach Branche und Unternehmen sind in der Praxis eine feststehende Tatsache.

Bei Leistungsprimatkassen entstehen Mutationsgewinne, weil die Eintritts-/Austrittsgelder in der Regel versicherungstechnisch zu tief angesetzt sind. Das hat zur Folge, dass ein Austretender, der durch einen Jüngeren ersetzt wird, einen Teil des pauschal berechneten Deckungskapitals freigibt. In Einzelfällen kann ein Personalwechsel der Pensionskasse allerdings auch Mutations*verluste* bringen; dies ist der Fall bei ungünstigen Altersverhältnissen zwischen Aus- und Eintretenden und bei Erheben eines Durchschnittsbeitrages.

Es ist zu beachten, dass das Rechnen mit einer sog. *"offenen Kasse"*, bei der der Pensionsversicherungsexperte auch die finanziellen Folgen des zu erwartenden Zu- und Abgangs an Versicherten berücksichtigt – also die künftigen Mutationsgewinne –, nicht als zulässig erachtet wird (vgl. *"Grundsätze und Richtlinien für Pensionsversicherungsexperten"* von 1990; siehe Abschnitt 9.6).

4.25 Verschiedene Einnahmen (Koordinationsgewinne, technische Gewinne, Überschussanteile)

Zur Finanzierung tragen sodann weitere Einnahmen bei, die indessen kaum budgetierbar sind.

a) Koordinationsgewinne

In Zukunft dürften – als Folge des starken Ausbaus der verschiedenen Zweige der Sozialversicherungen, aber auch der übrigen Versicherungen – in vermehrtem Masse *Koordinationsgewinne* anfallen. Koordinationsgewinne sind Leistungsrückbehalte der Vorsorgeeinrichtung, um Überversicherungen zu vermeiden (siehe Abschnitt 15.6). Das BVG sieht in Art. 8 vor, dass der Lohn um die einfache Altersrente koordiniert wird, d.h. dass nur der zwischen der einfachen Altersrente und dem Dreifachen liegende Lohnteil unter das Obligatorium fällt.

4. Finanzierung der Vorsorge

Häufig werden für den über dem Obligatorium liegenden Teil Limiten gesetzt, so dass z.B. die Personalvorsorgeeinrichtung plus alle Sozialversicherungen zusammen nicht mehr als *90% des Normallohnes* erbringen sollen. Die überobligatorischen Personalvorsorgeleistungen werden dann gegebenenfalls gekürzt, und es entsteht in der Vorsorgeeinrichtung ein Koordinationsgewinn. Die 90%-Limite kann *indexiert* werden, so dass sich die gekürzte Rente sukzessive erhöht, bis sie unter Umständen den ungekürzten Betrag wieder erreicht, also 90% des indexierten Lohnes. In diesem Fall müsste ein Teil des Koordinationsgewinnes zurückgestellt werden.

b) Technische Gewinne

Von *technischen Gewinnen* spricht man bei *autonomen Pensionskassen*. Wenn der tatsächliche Verlauf der Sterblichkeit besser ist als in den Rechnungsgrundlagen (Tarifen) berücksichtigt, ergibt dies sog. *Sterblichkeitsgewinne*, und wenn die tatsächlich erzielten Vermögenserträge über dem technischen Zinsfuss liegen, sog. *Zinsgewinne* (siehe Abschnitt 9.52). Die Tarife sind die Grundlage für eine Art "Standardkostenrechnung" (aus dem industriellen Rechnungswesen bekannt), die beim späteren Ist-Vergleich Gewinne (oder Verluste) zeigen. Da Tarife immer vorsichtig berechnet sind, ergeben sich regelmässig Gewinne.

c) Überschussanteile

Vorsorgeeinrichtungen mit einer *Kollektivversicherung* erhalten von ihrer Lebensversicherungsgesellschaft Rückvergütungen, sog. *Überschussanteile*, auch Gewinnrückvergütungen u.ä. genannt. Diese Rückvergütungen betragen im schweizerischen langjährigen Mittel *etwa 15% der Prämieneinnahmen* (errechenbar aus den Berichten des Bundesamtes für Privatversicherungswesen BPV). Alle Lebensversicherungsgesellschaften haben bis Mitte der neunziger Jahre dieselben Kollektivversicherungstarife (1980, für BVG-Lösungen: 1984/4%)), welche vom BPV genehmigt waren, angewendet. Für dieselbe Versicherungsleistung verlangte somit jede Gesellschaft auch dieselbe Prämie. Heute ist dies frei. Jede Gesellschaft pflegt eigene Tarife.

Die *Überschussrückvergütungen* sind und waren immer schon von Gesellschaft zu Gesellschaft verschieden. Diese Überschüsse setzen sich zusammen aus den drei Hauptkomponenten *Zinsengewinn, Verwaltungskostengewinn* und *Risikogewinn*. Der Zinsengewinn entspricht dabei im wesentlichen der Differenz zwischen der effektiv auf den Aktiven erzielten Nettoverzinsung und der technischen Verzinsung (technischer Zinsfuss: 3%) der versicherungstechnischen Rückstellungen, der Verwaltungskostengewinn der Differenz zwischen den in den Prämien eingerechneten pauschalen Verwaltungskosten und den effektiven Kosten der Versicherungsgesellschaft sowie schliesslich der Risikogewinn der Differenz zwischen den (nach Tarifgrundlagen) erwarteten und den effektiv ausbezahlten Versicherungsleistungen, stets bezogen auf eine bestimmte Abrechnungsperiode.

Neben dem üblichen *Überschuss- und Gewinnbeteiligungssystem*, wie es alle Versicherungsgesellschaften für alle Kollektivversicherungsverträge anwenden, werden für grössere Verträge immer mehr – heute fast durchwegs – separate *Einnahmen- und Ausgabenrechnungen* erstellt. Darin werden alle Zahlungen des Versicherungsnehmers (Stiftung) erfasst und darüber Rechenschaft abgelegt. Die Rückvergütung an die Stiftung bemisst sich dann weitgehend nach dem Ergebnis dieser Einnahmen- und Ausgabenrechnung. Zu weiteren Formen (Stop Loss u.a.) siehe Abschnitt 3.33.

4.3 Die Beiträge

4.31 Beitragsarten und Lohnbegriffe

Bei der Finanzierung einer Versicherung können *laufende Beiträge* und *Einmaleinlagen* unterschieden werden.

Die Finanzierung der Personalvorsorgeeinrichtungen erfolgt in der Regel durch *laufende Beiträge*. Diese sind häufig in Prozenten des versicherten Lohnes ausgedrückt (sog. Beitragsprimatvorsorgeeinrichtungen und sog. klassische Pensionskassen). Die Beiträge, die bei jeder Lohnauszahlung erhoben (z.b. monatlich) und an die Vorsorgeeinrichtung überwiesen werden, bleiben in der Regel während des Rechnungsjahres unverändert.

Die Finanzierung der Vorsorgeeinrichtungen mit *Einmaleinlagen* ist vor allem bei Nachzahlungen, wie Einkauf von Dienstjahren oder bei Lohnerhöhungen üblich. Sodann werden in der Regel die ausserordentlichen Beiträge in Form von Einmaleinlagen geleistet.

Bei den nach dem *amerikanischen System* aufgebauten Rentenkassen erfolgt die Finanzierung im technischen Sinne ausschliesslich durch Einmaleinlagen. Jedes Jahr wird aufgrund des Beitrages ein Teil der Versicherungsleistungen erworben. Dieses System hat den Vorteil der leichten Anpassung an eine Veränderung der Beitragshöhe (Ausfälle, Sondereinlagen bei Jubiläen usw.) (siehe Abschnitt 9.3).

Die Beiträge werden erhoben vom *versicherten* Lohn (im BVG *koordinierter* Lohn bezeichnet). In *Darstellung 4F* sind die verschiedenen Lohnbegriffe erläutert.

Die BVG-Altersgutschriften richten sich stets nach dem BVG-koordinierten Lohn, der also bei allen Vorsorgeeinrichtungen zu berechnen ist. Es empfiehlt sich, die bestehenden *Koordinationsregelungen* der Vorsorgereglemente mit dem BVG abzustimmen, und zwar auch für den überobligatorischen Bereich (siehe Abschnitt 4.32).

Es ist unbedingt notwendig, die von einer Vorsorgeeinrichtung (z.B. im Reglement) einmal gewählten *Begriffe* konsequent einzuhalten, wenn diesbezüglich Missverständnisse und Fehler vermieden werden sollen. Leider sind die Begriffe nicht allgemein angewendet.

Der Einfachheit halber wird bei den meisten Kassen das Beitrags- bzw. Leistungssystem auf eine gerundete Besoldung oder seltener auf Besoldungsklassen ausgerichtet. Änderungen in der Besoldung sollten in der Regel bei der Vorsorgeeinrichtung nur einmal jährlich auf einen bestimmten Stichtag vorgenommen werden.

Darstellung 4F
Verschiedene Lohnbegriffe

- *Effektiver oder tatsächlicher Lohn*
  Beim *effektiven oder tatsächlichen Lohn* handelt es sich um den Gesamtlohn. Er entspricht auch dem Betrag im Lohnausweis für die Steuern (totales Einkommen, einschliesslich Gratifikationen, Überstundenentschädigungen, Provisionen usw.).

- *Massgebender Lohn*
  Der *massgebende Lohn* ist jener Teil, der für die Versicherung in Frage kommt (so definiert in Art. 7 Abs. 2 BVG), in der Regel der AHV-Lohn, oft aber mit Korrekturen (ohne Überstunden, Provisionen usw.) und häufig am Jahresanfang zum voraus festgelegt sowie eventuell abgerundet.
  Der "massgebende Lohn" wird oft auch *"anrechenbarer Lohn"* genannt. Doch ist dieser Begriff "anrechenbarer Lohn" unklar und bedeutet bei einzelnen Vorsorgeeinrichtungen den "versicherten bzw. koordinierten Lohn", da die Bezeichnung noch aus der Zeit stammt, als man keine Koordinationsabzüge kannte.

- *Koordinierter oder versicherter Lohn*
  Der *koordinierte oder versicherte Lohn* entspricht dem massgebenden Lohn abzüglich Koordinationsabzug und ist in der Regel begrenzt auf ein Maximum. Nach dem BVG entspricht der versicherte Lohn der Spanne von CHF 24'120.– bis maximal CHF 72'360.– (Stand 1. Januar 1999).
  Dabei ist zu unterscheiden
  – der *BVG-koordinierte Lohn,* der immer nach Art. 8 BVG und Art. 3 BVV 2 zu berechnen ist,
  – vom *koordinierten Lohn nach Reglement* der Vorsorgeeinrichtung, der von der BVG-Koordination abweichen kann, wie das bei vielen Vorsorgeeinrichtungen der Fall ist.

4.32 Koordinationsabzug und Maximalbesoldung

Schon immer setzten viele Vorsorgeeinrichtungen den versicherten Lohn teilweise erheblich tiefer als das effektive Arbeitsentgelt fest. Die Minimalvorschriften des BVG setzen hier Normen. So sind beispielsweise nicht nur besondere Zulagen und Gratifikationen nicht voll in den versicherten Lohn eingebaut, sondern es wird in der Regel auch ein Teil des Lohnes absichtlich von der Beruflichen Vorsorge ausgeschlossen, um zu berücksichtigen, dass dieser *bereits durch die eidg. Alters- und Hinterbliebenenversicherung erfasst ist.* Durch diesen *Koordinationsabzug,* der beim BVG der einfachen maximalen Altersrente entspricht, soll vermieden werden, dass die gesamte Rente das angemessene Mass übersteigt.

4. Finanzierung der Vorsorge

Die Notwendigkeit zur *Koordination der Leistungen der Vorsorgeeinrichungen mit jenen der AHV* hat sich mit jedem Ausbau der AHV verstärkt. Immer häufiger werden die Koordinationsbeiträge – um die das in der Vorsorgeeinrichtung zu versichernde Einkommen im Hinblick auf die den Versicherten zukommenden einfachen AHV-Altersrenten vermindert werden kann (deshalb auch Koordinationsabzüge genannt) – unter Bezugnahme auf die jeweils der AHV zugrundeliegende Rentenformel formelmässig definiert. Das BVG rechnet hier mit der einfachen AHV-Altersrente von CHF 24'120.– als Koordinationsabzug und mit CHF 72'360.– als maximal anrechenbarem Lohn. Somit ist eine Spanne von Fr. 48'240.– versichert (Stand 1. Januar 1999).

Es gibt theoretisch verschiedene Möglichkeiten für die Definition des *Koordinationsabzuges*, so z.B.

- volle maximale einfache AHV-Rente (zurzeit CHF 24'120.–),
- individuelle einfache AHV-Rente (zurzeit CHF 12'060.– bis CHF 24'120.–),
- in Franken fixiert (z.B. stets CHF 10'000.– oder CHF 15'000.–),
- in Prozenten des anrechenbaren Lohnes (z.B. 20% oder 30%),
- in Prozenten des anrechenbaren Lohnes, maximiert auf einen fixen Betrag,
- in Prozenten des anrechenbaren Lohnes, zuzüglich eines Fixbetrages, insgesamt maximiert auf einen festen Betrag,
- 10/6 der einfachen AHV-Altersrente (d.h. die Rente von in diesem Falle 60% aus der Vorsorgeeinrichtung wird auf den Lohn von 100% umgerechnet).

Immer mehr setzt sich *in der Praxis die volle maximale einfache AHV-Rente* (CHF 11'060.– bis CHF 24'120.–) durch. Diese Lösung entspricht dem BVG. Es steht den Vorsorgeeinrichtungen natürlich frei, in ihren Reglementen einen *tieferen Betrag* festzusetzen oder weiterhin auf einen Koordinationsabzug überhaupt *zu verzichten,* und zwar sei es für alle Arbeitnehmer oder für einzelne Mitarbeiterkategorien (z.B. Teilzeitarbeiter). Im Rahmen der Revision des BVG steht eine Reduktion des Koordinationsabzuges zur Diskussion. Dies würde aber zu einer starken Erhöhung der Beitragsbelastungen führen.

Die Reglemente sehen zweckmässigerweise in der Regel einen *versicherten Maximallohn* vor. Dieser dürfte heute bei gut ausgebauten Kassen etwa bei CHF 130'000.– liegen. Bei einem Koordinationsabzug in der Höhe der einfachen AHV-Rente entspricht dies einem massgebenden Lohn (AHV-Lohn) von CHF 154'120.–. Eine Maximierung des für die Pensionskasse versicherten Lohnes hat neben betriebssoziologischen Gründen den Vorteil, dass die oberen Löhne auch gegenüber den in die Pensionskassenverwaltung Einsicht habenden Personen geheimgehalten werden können.

Oft werden für das obere Kader separate *Zusatzversicherungen* abgeschlossen, um die Lohnmaximierung auszugleichen, wobei die Gesamtrente (aus Basisversicherung und Zusatzversicherung) für die oberen Löhne in der Regel relativ abnehmend ist. In ausgleichendem, ergänzendem Sinne sollte dann die dritte Säule wirken.

Nationalrat Rudolf Rechsteiner (SP) hat 1996 eine Motion eingereicht, wonach der Koordinationsabzug abzuschaffen sei, um kleine Einkommen angemessen zu versichern. Dies würde zu sehr erheblichen Mehrkosten für die Arbeitgeber führen und in den untersten Kategorien zusammen mit der Sozialversicherung Leistungen bringen, welche den letzten Lohn übersteigen würden. Solche Vorschläge sind als unrealistisch abzulehnen.

Zur Frage, ob es eine obere Limite für den versicherbaren Verdienst gebe, hält das BSV fest (in Mitteilungen Nr. 44, Ziff. 254), dass dieser "in der beruflichen Vorsorge (Säule 2a plus 2b) den massgebenden AHV-Lohn nicht überschreiten darf".

Eine Begrenzung der versicherten Besoldung auf das Vierfache der oberen BSV-Limite, wie dies das Stabilisierungsprogramm 1998 vorsah und wie dies vermutlich in die 1. BVG-Revision einfliessen wird, ist strikte abzulehnen.

4.33 Das Beitragsprimat im Vergleich zum Leistungsprimat und zur klassischen Pensionskasse

Beim *Beitragsprimat* (bei Versicherungen *Prämienprimat* genannt) richten sich die Leistungen der Vorsorgeeinrichtung nach den Beiträgen, die in diesem Fall klar definiert sein müssen (in Prozenten des versicherten Lohnes oder seltener in absoluten Frankenbeträgen je Versichertenkategorie). Beim Beitragsprimat werden die Leistungen für jeden Versicherten individuell aufgrund der für ihn geleisteten Beiträge anhand der Tarife (unter Berücksichtigung des Alters) errechnet. Die Beiträge sind planmässig vom versicherten Lohn abhängig. Dieses System hat gegenüber dem Leistungsprimat den wesentlichen Vorteil, dass sich die Leistungen besser und individuell nach den geleisteten Beiträgen richten. Allfällige Sonderzuwendungen, Kapitalgewinne, Freizügigkeitsleistungen aus früheren Arbeitsverhältnissen usw. sind ohne weiteres den Versicherten einzeln oder gesamthaft (z.B. prozentual zum gebildeten Deckungskapital) zurechenbar. Die versicherungstechnische Überwachung dieser Vorsorgeeinrichtungen ist einfach. Sie bezieht sich auf die für die Leistungsbemessung anzuwendenden Rechnungsgrundlagen (Tarife) und den Risikoausgleich in der verflossenen Versicherungsperiode. Unter Umständen sind auch Teile der Geschäftsführung, so die Berechnung der versicherten Leistungen, zu überprüfen. Ein Nachteil des Beitragsprimats ist, dass Lohnerhöhungen nur ungenügend versichert werden können. Es müssen im Gegensatz zum Leistungsprimat, wo dies häufig ist, praktisch nie Nachzahlungen (sog. Monatsbetreffnisse) geleistet werden.

4. Finanzierung der Vorsorge

Bei Vorsorgeeinrichtungen, die nach dem *Leistungsprimat* aufgebaut sind, richtet sich die Höhe der einzelnen Beiträge nach den vorgesehenen Leistungen. Die Leistungen werden dabei in Prozenten des versicherten Lohnes festgesetzt oder seltener nach Versichertenkategorien in festen Beträgen. Die zu erhebenden Beiträge (vom Arbeitgeber und Arbeitnehmer) werden für die Leistungen hierauf individuell aufgrund der Tarife unter Berücksichtigung des Alters des Versicherten berechnet (siehe *Darstellung 4G*).

Beim *Beitragsprimat* sinkt die Versicherungsleistung bis zum Zeitpunkt des Rücktrittsalters von ursprünglich 60% im Eintrittsjahr je nach der Besoldungserhöhung erheblich, da bei Lohnerhöhungen (wegen Teuerung oder Karrieresteigerung) keine zusätzlichen Beiträge erbracht werden. Beim *Leistungsprimat*, bei dem unverändert eine Altersrente von 60% des letzten Lohnes versichert ist, erhöht sich dagegen infolge der Lohnerhöhungen der Beitragssatz von ursprünglich z.B. 17% auf mehr als das Doppelte, je nach der Teuerung (Annahme, der Einkauf der Lohnerhöhungen erfolge durch Zusatzbeiträge). Eine gleiche Entwicklung zeigt auch die Form der *klassischen Pensionskasse*. Dort führt die notwendige Erhöhung des technischen Beitrages zu einem entsprechenden technischen Fehlbetrag. Nur durch *sukzessive Nachfinanzierungen* kann beim Beitrags- wie beim Leistungsprimat und bei der klassischen Pensionskasse ein Abfall der Endleistungen vermieden werden.

Darstellung 4G

Leistungsprimat und Beitragsprimat

*Schematisches Beispiel**

Versicherte Leistungen: Aufgeschobene Altersrente mit Invalidenrente (gleiche Höhe wie Altersrente), Witwen- (60% der Altersrente), Waisen- (10% der Altersrente mit Verdoppelung für Vollwaisen) und Invalidenkinderrente (10% der Altersrente)

Alter	Versicherter Lohn (CHF)	Leistungsprimat		Beitragsprimat	
		Jahresbeitrag (in % des jeweiligen Lohnes)	Versicherte Altersrente	Jahresbeitrag (in % des jeweiligen Lohnes)	Versicherte Altersrente
23	40'000	17,2	60	17,2	60,0
30	48'000	18,0	60	17,2	58,0
35	56'000	19,1	60	17,2	55,3
40	64'000	20,7	60	17,2	52,4
45	72'000	23,1	60	17,2	49,3
50	80'000	26,6	60	17,2	46,2
55	88'000	32,2	60	17,2	43,0
60	96'000	44,9	60	17,2	39,9

*berechnet nach Kollektivversicherungstarif 1980

4.3 Die Beiträge

Beitragsprimat und Leistungsprimat sind technische Unterscheidungsmerkmale und sollten nicht darüber hinwegtäuschen, dass *letztlich beide zum selben Ziel führen sollten:* Die Leistungen sollten angemessen und die Beiträge für Arbeitgeber und Arbeitnehmer tragbar sein.

Eine sog. *klassische Pensionskasse* sieht *Rentenleistungen* vor, deren Höhe einerseits durch den *versicherten Lohn* und andererseits durch die *Anzahl der Dienstjahre* des Versicherten im Pensionierungsalter bestimmt wird. Für alle Versicherten werden einheitliche, vom individuellen Lohn abhängige, periodische *Beiträge* erhoben. Diese sind ausgedrückt in einem runden Betrag entsprechend der Lohnklasseneinteilung oder in Prozenten des versicherten Lohnes.

Beispielsweise kann eine solche klassische Pensionskasse folgende Leistungen gewähren:

Altersrente	30–60 oder 70% des versicherten Lohnes, abgestuft nach Anzahl Dienstjahre im Terminalter
Invalidenrente	wie die Altersrente im Terminalter (es wird schon von Anfang an die maximale Rente des Pensionierungsalters gewährt)
Witwenrente	60% der Altersrente
Halb-/Vollwaisenrente	20/40% der Altersrente
Invalidenkinderrente/ Pensioniertenkinderrente	Halbwaisenrente (auch *Erziehungsrente* genannt) an minderjährige Kinder von Invaliden/Pensionierten
Unterstütztenrente	je nach Fall.

Infolge *Verkürzung der mittleren Aktivitätsdauer* der Versicherten, da diese immer später ins Erwerbsleben treten, sowie der *starken Lohnentwicklungen* (index- und karrierebedingt) steigen die Kosten von Kassen mit Leistungsprimat immer mehr. Zudem wirkt die *erhöhte Lebenserwartung* der Rentner kostenerhöhend.

Die *Kosten für eine solche vollausgebaute Pensionskasse* verlangen, wenn nur mit Beiträgen finanziert wird, einen Aufwand von mindestens 20% des versicherten Lohnes (der allerdings meistens niedriger als der effektive Lohn ist) – unter Berücksichtigung der Teuerung sogar noch mehr, z.B. 25%. Vom Arbeitnehmer werden in diesen Fällen etwa 6–9% beigesteuert, während der Rest zu Lasten des Arbeitgebers geht. Diese erstrebenswerte Versicherungsart kommt demnach nur für finanzstarke Unternehmen und öffentlich-rechtliche Verwaltungen in Frage. Sie ist vor allem bei Vorsorgeeinrichtungen für das Staatspersonal, von grösseren Dienstleistungsbetrieben (Banken, Versicherungsgesellschaften, Verkehrsbetrieben) und bei bedeutenden Industrie- und Handelsunternehmen (Chemie-, Elektrizitätswerke) anzutreffen.

Die nach diesem klassischen, arithmetischen System aufgebauten Pensionskassen mit Durchschnittsbeiträgen verlangen eine *besonders sorgfältige, versicherungstechnische Überwachung*. Probleme stellen bei diesen Kassen vor allem die *Lohnerhöhungen und die Neueintritte älterer Personen* dar. Die meisten Kassen sind technisch so errichtet, dass bei Eintritten nach einem bestimmten Altersjahr (z.B. 30) ein *Eintrittsgeld*, das bei höherem Alter beträchtliche Beträge ausmachen kann, verlangt werden muss. Nach Einführung des BVG-Obligatoriums sind die meisten Kassen dazu übergegangen, bereits ab dem Alter 25 Eintrittsgelder zu verlangen (da Neueintretende auch Freizügigkeitsleistungen aus der früheren Kasse erhalten haben, die sie in die neue Kasse einzubringen haben).

Für klassische Pensionskassen in ihrer reinen Form erfordern Kollektivversicherungen, welche nur die individuelle Äquivalenz kennen, technische Anpassungen.

Die klassischen Pensionskassen erweisen sich wegen dieser technischen Schwierigkeiten als unflexibel und werden von vielen als ungerecht empfunden. Die adäquate Anrechnung der eingebrachten Freizügigkeitsleistungen ist wegen der starren Leistungsziele oft nur schwer durchführbar. Individuelle Rechnungen, sei es nach Beitrags- oder Leistungsprimat, haben verschiedene Vorteile gegenüber den Pensionskassen mit Solidaritätsausgleich als Folge der festen Beiträge und festen Renten. Individuelle Rechnungen kennen kein kollektives, sondern das *individuelle Äquivalenzprinzip* (siehe Abschnitt 8.31). Heute geht die Richtung eher weg von den klassischen autonomen Pensionskassen – diese sind in ihrer jahrzehntealten Form bei manchen Unternehmen überholt – zu individuellen Rechnungen, wie sie die Kollektivversicherung seit jeher kennt. Von diesen klassischen Pensionskassen – die bei öffentlich-rechtlichen Einrichtungen überwiegen – wird namentlich in der *Privatwirtschaft* immer mehr abgerückt.

Zusammenfassend kann gesagt werden, dass stets die Formel der Balance gilt, wonach die *Ausgaben den Einnahmen* und die *Einnahmen den Ausgaben* zu entsprechen haben. Durch zeitliches Auseinanderklaffen (so bei Vorfinanzierung und Bildung von Deckungskapitalien) ergeben sich noch Zinswirkungen, die mitzuberücksichtigen sind (siehe Finanzierungssysteme, Kapitaldeckungsverfahren, Umlageverfahren in Abschnitt 8.3).

Die Austrittsleistungen sind in jüngeren Jahren (bis etwa 10 Jahre vor dem Rücktritt) bei Beitragsprimatkassen erheblich höher als bei Leistungsprimatkassen. Dies führt zu Problemen bei Übertritten zwischen den beiden Systemen.

Der Trend seit ein paar Jahren führt eher zu einem Stillstand oder gar Abbau in der Weiterentwicklung der Vorsorgeeinrichtungen und zu mehr Beitragsprimatkassen.

Das Beitragsprimat, das noch bis vor wenigen Jahren gegenüber dem Leistungsprimat eher als "minderwertige oder billige Minimalversicherung" galt, hat sehr an Image gewonnen. Beitragsprimatkassen können sehr gut ausgewogen und flexibel gestaltet sein. Mit Ergänzungen und Optionen können die Vorteile einer Leistungsprimatkasse teilweise übernommen werden ohne deren Nachteile.

Bei Beitragsprimatplänen werden immer mehr Limiten der anvisierten Leistungen festgesetzt (z.b. in Form einer Skala im Anhang des Reglements), und zwar möglichst hoch, um den Mitarbeitern zu ermöglichen, sich steuergünstig einzukaufen. Dies ist eine besondere Form des Leistungsprimats, wenn jederzeit für den Versicherten die Möglichkeit besteht, seine auf der Basis des Beitragsprimats errechneten Leistungen auf jene eines Leistungsprimats zu erhöhen und das fehlende Deckungskapital nachzuzahlen (steuerlich vorteilhaftes Sparen).

4.34 Gleichbleibende oder altersabhängige Beiträge

Nach Art. 16 BVG sind – wie in *Darstellung 4C* erwähnt – Altersspartguthaben zu bilden. Der Sparprozess ist dabei nicht gleichmässig über die ganze Aktivzeit, sondern die *Altersgutschriften sind nach Alter gestaffelt*. Während einem 30jährigen 7% und einem 40jährigen 10% des koordinierten Lohnes gutgeschrieben werden, sind dies bei einem 50jährigen 15% und bei einem 60jährigen 18%.

Diese Staffelung verlangt *nicht unbedingt auch eine entsprechende Staffelung der Arbeitnehmerbeiträge*. "Die Aufteilung in Arbeitnehmer- und Arbeitgeberbeiträge kann zwar durchaus so gestaltet werden, dass Arbeitgeber und Arbeitnehmer jeweils die Hälfte der Altersgutschriften übernehmen, was zu einer entsprechenden Staffelung des Arbeitnehmerbeitrages (3,5–9%) führt. Möglich ist aber die Festsetzung eines altersunabhängigen Arbeitnehmerbeitrages von beispielsweise 6%, der Arbeitgeberbeitrag (insgesamt ebenfalls 6%) übernimmt dann eine Ausgleichsfunktion, dieser Betrg wird in erster Linie zugunsten der älteren Versicherten verwendet. In beiden Varianten bleibt es dem Arbeitgeber überlassen, allenfalls mehr als die Hälfte der gesamten Beitragssumme zu übernehmen" (aus: Technische Grundlagen-Elemente der 2. Säule, BSV 1983, S. 39). Siehe dazu auch *Darstellung 4H*. Man unterscheidet bei den BVG-Einrichtungen somit jene mit Staffelfinanzierung und jene mit Durchschnittsfinanzierung.

Bei der Durchschnittsfinanzierung kann auch so vorgegangen werden, dass *nur die Arbeitnehmer einen Durchschnitt*, beispielsweise 6,5% (anstatt 3,5/5/ 7/9% je nach Altersstufe), bezahlen. Der Arbeitgeber ergänzt dazu diesen Wert bis zur vollen Altersgutschrift, also bei der tiefsten Altersstufe um lediglich 0,5% auf 7% und bei der höchsten dagegen um volle 11,5% auf 18%. Der

172 4. Finanzierung der Vorsorge

Darstellung 4H

Gleichbleibende oder altersabhängige Beiträge

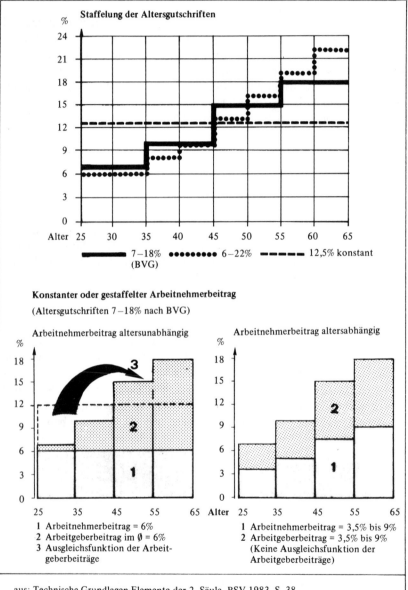

aus: Technische Grundlagen-Elemente der 2. Säule, BSV 1983, S. 38

Arbeitgeber bezahlt in diesem Fall *nur insgesamt* (bzw. im Durchschnitt) – für die ganze Belegschaft – dieselbe Beitragssumme wie die Arbeitnehmer. Dies sollte im Reglement deutlich formuliert werden, also nicht einfach: "Arbeitgeber und Arbeitnehmer zahlen je 6,5%", sondern beispielsweise: "Die Arbeitnehmer zahlen je 6,5%, und der Arbeitgeber zahlt für alle Mitarbeiter zusammen denselben Betrag."

Aber auch bei einem Rechnen mit *Durchschnittsbeiträgen* müssen die *BVG-Alterskonten (Schattenrechnung)* – wegen der Freizügigkeitsleistungen – doch stets in altersabhängiger Staffelung geführt werden. So ist letztlich die Vereinfachung durch das Erheben eines durchschnittlichen Beitrages gering. Gleichbleibende Beiträge empfehlen sich indessen *bei deutlich umhüllender Vorsorgeeinrichtung*, also bei solchen mit einem erheblichen vor- und überobligatorischen Teil, welche schon bisher Durchschnittsbeiträge erhoben haben.

Die nach dem Alter gestaffelten Beiträge entsprechen einer *schrittweisen Finanzierung*. Sofern beispielsweise in jedem Dienstjahr ein gleicher Rententeil (z.B. 1% oder 1,5% des versicherten Lohnes) finanziert werden sollte, würde dies wegen der Zinseszinswirkung in jüngeren Jahren zu wesentlich tieferen Beiträgen als später führen.

Die *Durchschnittsbeiträge werden von jüngeren Mitarbeitern kritisiert,* da diese als Folge des Solidaritätsbeitrages zugunsten der älteren Mitarbeiter schlechtergestellt sind als bei Staffelbeiträgen. Jüngere Austretende erhalten dann als Freizügigkeitsleistungen allerdings nicht nur das BVG-Altersguthaben, sondern den höheren Betrag gemäss Freizügigkeitsgesetz, der auf die tatsächlich bezahlten Beiträge abstellt (siehe Teil 6.).

Eine *Staffelung der Beitragshöhe nach Alter* führt dazu, dass die Freizügigkeitsleistungen an Austretende niedriger gehalten werden können als bei für alle Alter gleichen Beiträgen. Die Beiträge des Arbeitgebers können im Falle der Staffelung mehr den alten langjährigen als den jungen Mitarbeitern, welche in allen Unternehmungen zu einem erheblichen Teil die Stelle wieder wechseln, zugeleitet werden. Dies hat allerdings zur Folge, dass die jungen Arbeitnehmer selbst ebenfalls weniger an die Vorsorge beitragen. Es ist auch eine Zwischenlösung denkbar mit einer niedrigeren Staffelung, als dies das BVG vorsieht.

Die Konferenz der kantonalen BVG-Aufsichtsbehörden hat zur Frage einer allfälligen *Anrechnung vorobligatorischer Deckungsmittel* anstelle von Beiträgen folgende Stellungnahme herausgegeben (in: SZS 1984, S. 314):

"Es ist umstritten, ob vor dem 31. Dezember 1984 geäufnete Vorsorgeguthaben – abgesehen von Art. 32 BVG – im Rahmen des Obligatoriums angerechnet werden dürfen. Darf also eine Vorsorgeeinrichtung während eines gewissen Zeitraumes einen tieferen als auf Grund der BVG-Altersgutschriften erforderlichen Beitragssatz beibehalten?
Diese Frage stellt sich für die Aufsichtsbehörden in Zusammenhang mit der Überprüfung der Reglemente bezüglich Übereinstimmung mit dem BVG.

4. Finanzierung der Vorsorge

Zur Reglementsprüfung ist festzuhalten:
1. Der Experte prüft gemäss Art. 53 Abs. 2 BVG, ob das Reglement bezüglich Leistungen und Finanzierung den gesetzlichen Vorschriften entspricht.
2. Die Stellungnahme des Experten ist Grundlage für eine umfassende Kontrolle des Reglements durch die Aufsichtsbehörde.
3. Die paritätische Verwaltung der Vorsorgeeinrichtung hat gemäss Art. 8 Abs. 2 BVV 1 vor der aufsichtsbehördlichen Prüfung über das Reglement zu beschliessen.
4. Die Vorsorgeeinrichtung hat die Anpassung ihrer reglementarischen Vorschriften (inkl. Vorschriften über die Finanzierung) an das Gesetz spätestens bis Ende 1989 vorzunehmen. Für diese Übergangsfrist werden die Aufsichtsbehörden die Anrechnung vorobligatorischer Deckungsmittel tolerieren. Allerdings werden die Aufsichtsbehörden darauf achten, dass die gemäss Vorsorgeplan vor Inkrafttreten des BVG erworbenen Rechte nicht geschmälert werden."

Damit ist die Kontroverse um diese Frage (siehe *Stockar D.*, in: NZZ vom 23. Juli 1984 mit Entgegnung von *Escher M.*, in: NZZ vom 5. September 1984) durch einen Kompromiss gelöst.

Aus Gründen der Transparenz werden heute in zunehmendem Masse *Leistungsprimatkassen in Beitragsprimatkassen umgewandelt*. Durch die kollektive Äquivalenz würde beim Leistungsprimat für die Jüngeren weniger Deckungskapital gebildet, da ein Teil ihrer Beiträge zur Verstärkung des Deckungskapitals der Älteren verwendet werden muss. Erst im Pensionierungszeitpunkt ist das Kapital voll gebildet. Bei einer Umwandlung in ein Beitragsprimat ist ein Ausgleich zu finden für diese in Zukunft fehlende Solidarität. Es werden dann den Versicherten, sofern freie Stiftungskapitalien zur Verfügung stehen, die in Zukunft fehlenden Solidaritätsbeiträge auf ihren individualisierten Deckungskapitalien in einem Betrag gutgeschrieben. Gegebenenfalls wird noch der künftigen Teuerung Rechnung getragen durch Indexierung. Dieser Ausgleich für die in Zukunft fehlende Solidarität kann zu einer Erhöhung des notwendigen Deckungskapitals von 20–30% führen. Sofern für diese Deckungskapitalverstärkungen keine freien Mittel vorhanden sind, werden dafür jährliche Zusatzbeiträge zu erheben sein (in der Praxis wohl hauptsächlich beim Arbeitgeber). Als Folge dieser Massnahmen erhöhen sich die Austrittsleistungen wesentlich, was zwar nicht die Meinung der Umstellung ist, aber kaum vermieden werden kann.

4.35 Auswirkungen und Einkauf von Lohnerhöhungen (aus Teuerungsausgleich und Reallohnerhöhungen)

Eine besonders umstrittene Frage ist die Finanzierung der bei den Vorsorgeeinrichtungen mit *Leistungsprimat* und den *klassischen Pensionskassen* notwendigen Nachzahlungen für den Einkauf von Lohnerhöhungen älterer Mitglieder. Grundsätzlich gibt es für die Finanzierung des infolge der Lohnerhöhung (bei klassischen Pensionskassen und bei Einrichtungen nach dem Leistungsprimat) entstandenen Anspruches auf die höheren Leistungen neben der Erbringung von Einmaleinlagen (abgegolten mit sog. Monatsbetreffnissen) die Möglichkeit von dauernden Zusatzbeiträgen bis zum Terminalter. Lohnerhöhungen werden häufig nur bis etwa fünf Jahre vor dem Terminalter, also meistens dem 60. Altersjahr, berücksichtigt.

Die Finanzierung der Nachversicherungen infolge Lohnerhöhung erfolgt in der Praxis auf die *verschiedensten Arten*. Die Erbringung von *einmaligen Beiträgen* durch die Arbeitnehmer ist eher *unbeliebt*, aber bei Leistungsprimatkassen gerechtfertigt. Die Skala der Eintrittsgelder in *Darstellung 4J* zeigt dies. (Beim Beispiel 1 kostet eine Erhöhung des versicherten Lohnes um CHF 10'000.– für einen 50jährigen Fr. 39'500.–.) Viele Leistungsprimatkassen verlangen daher vom Versicherten einen einmaligen Beitrag von bis zu 100% der jährlichen Lohnerhöhung. Für jüngere Mitarbeiter wird die Skala oft reduziert (z.B. fünf Altersstufen mit 0, 20, 30, 40 und 50%). Es gibt auch Fälle, wo vom Arbeitnehmer auf den Erhöhungen des Reallohnes ein höherer Beitrag verlangt wird als auf den teuerungsbedingten Lohnerhöhungen.

Immer häufiger werden Lohnerhöhungen *planmässig (z.B. 4% jährlich) in das Finanzierungssystem der Kasse eingebaut*, so dass keine einmaligen Beiträge mehr erhoben werden müssen. Die jährlichen ordentlichen Beiträge müssen dann erhöht werden. (Beispiel: Der Arbeitnehmerbeitrag betrug vor einigen Jahren bei der SKA 8–9,5% je nach Alter im Gegensatz zum SBV, der 7,5% plus ausserordentliche Beiträge bei Zunahme des versicherten Lohnes bis zur Hälfte einer Jahreserhöhung verlangt, wobei beide Systeme etwa gleichwertig sind.) Ein Nachteil des Verfahrens mit den erhöhten laufenden Beiträgen ist, dass alle Personen unabhängig von ihrer persönlichen Lohnentwicklung gleich viel zu bezahlen haben.

Sollen *keine Nachzahlungen* durch Arbeitnehmer und/oder Arbeitgeber bei Lohnerhöhungen geleistet werden, ist eine klassische Pensionskasse (das gleiche gilt für eine Einrichtung nach dem Leistungsprimat) so aufzubauen, dass sich die Leistungen bei jedem Lohnwechsel unter Berücksichtigung des Alters und der Dienstjahre entsprechend einer Skala ändern. In diesen Fällen werden bei Eintritt des Versicherungsfalles nur die Leistungen gemäss der erwähnten korrigierten Skala fällig. Daneben gibt es noch weitere Möglichkeiten, die von Fall zu Fall zu prüfen sind.

Darstellung 4J

Beispiele von Skalen zur Berechnung des Eintrittsgeldes

	Beispiel 1	Beispiel 2
Branche:	Grossbank	Grossverteiler
max. versicherter Lohn (v. L.):	CHF 90'000 (1990)	ohne obere Grenze
Koordinationsabzug:	nach Formel max. CHF 25'000.–	30% des Lohnes
Arbeitnehmerbeitrag:	7,5% des v. L. und zusätzliche Beiträge bei Lohnerhöhungen	8,5% des v. L.
max. Altersrente:	70% des v. L.	2% des letzten v. L. für jedes mögliche Versicherungsjahr (max. 74% für Männer und Frauen)

Eintrittsalter (bei angebrochenen Jahren wird linear interpoliert)	Erforderliches *Eintrittsgeld* in % des im Zeitpunkt des Eintritts v. L. für den Einkauf der maximalen Rente		Erforderliches *Einkaufsgeld* in % des im Zeitpunkt des Eintritts v. L. für den Einkauf von einem zusätzlichen Versicherungsjahr	
	Männer	Frauen	Männer	Frauen
25	0%	0%	20%	20%
26	7	8	20	20
27	15	17	20	20
28	24	26	20	20
29	33	36	20	20
30	42	47	20	20
31	52	58	20	20
32	62	69	20	20
33	72	84	20	20
34	83	99	20	20
35	94	115	20	20
36	109	131	20	20
37	124	148	20	20
38	139	166	20	20
39	155	184	20	20
40	172	203	20	20
41	189	222	20	20
42	206	245	20	20
43	224	270	21,5	21,2
44	243	297	21,5	21,2
45	262	326	21,5	21,2
46	286	356	24	23,2
47	312	386	24	23,2
48	340	417	24	23,2
49	368	448	24	23,2
50	395	480	24	23,2
51	423	515	26,5	25,5
52	453	550		
53	484			
54	515			
55	546			

| *Beispiel:* Beim Eintritt im Alter 40 mit einem v. L. von CHF 70'000 ist folgendes Eintritts- bzw. Einkaufsgeld zu zahlen, um im Alter 65 bzw. 62 eine Rente von 70% zu versichern: | CHF 120'400.– | CHF 142'100.– | CHF 140'000.– | CHF 182'000.– |

Diese beiden Beispiele sind gegenüber der Praxis etwas vereinfacht.

4.3 Die Beiträge 177

Es ist zu beachten, dass die Auswirkungen von Lohnerhöhungen (aus Teuerungsausgleich und Reallohnerhöhungen) in der Praxis über Jahre hinweg für die Versicherungsleistungen und die Finanzierung wesentlich stärker ins Gewicht fallen können als beispielsweise unzutreffende Annahmen bezüglich der Sterblichkeit oder selbst des technischen Zinsfusses.

4.36 Behandlung der geschuldeten Eintrittsgelder bei Pensionskassen mit Leistungsprimat

Pensionskassen mit Leistungsprimat müssen Eintrittsgelder erheben, wenn bei älteren Neueintretenden die maximalen Leistungen versichert werden sollen. Wird das Eintrittsgeld nur teilweise erbracht, führt dies zu einer Kürzung von Leistungen. Das nachstehende Modell zeigt eine faire und transparente Lösung, wie geschuldete Eintrittsgelder bis längstens zum Eintritt des Versicherungsfalles vorgetragen und dann mit den Leistungen verrechnet werden können.

Bei Pensionskassen mit Leistungsprimat – wie diese üblich sind bei grösseren Unternehmen, so bei Banken, Versicherungen, in der Chemie- und Metallindustrie, aber auch bei der öffentlichen Hand – ergeben sich in der Praxis Probleme, wenn Neueintretende das erforderliche *Eintrittsgeld* (auch Dienstjahreinkauf, Einkauf von Beitragsjahren, Einkaufssummen, Einkaufsgeld, Einmaleinlagen, Aufnahmegeld genannt) nicht bar aufbringen können. Die Freizügigkeitsleistungen aus früheren Arbeitsverhältnissen reichen bei einer gut ausgebauten Kasse lediglich zur Deckung eines Teils des Eintrittsgeldes. Dies wird auch eine künftig allenfalls weitergehende gesetzliche Regelung der Freizügigkeit nur beschränkt ändern können. Wenn ein Mitarbeiter früher bei Arbeitgebern mit weniger ausgebauten Pensionskassen tätig war oder bei mangelnden Beitragsjahren, wird ihm stets ein Teil des Eintrittsgeldes fehlen.

Die im Rahmen der *Freizügigkeit* mitgebrachten Beiträge werden a conto von Eintrittsgeldern eingesetzt. Falls *der eingebrachte Freizügigkeitsbetrag das notwendige Eintrittsgeld* übersteigt, wird die Differenz dem Versicherten oft als Sparkapital gutgeschrieben. Einzelne Pensionskassen lassen solche Beträge zugunsten des allgemeinen Deckungskapitals verfallen, was ungerecht und abzulehnen ist.

Die Skalen von *Darstellung 4J* zeigen, dass es sich bei einem Einkauf auf die maximalen Leistungen um wesentliche Beträge handeln kann. Danach hat beispielsweise ein 40jähriger Mann mit einem versicherten Gehalt von CHF 70'000.– ein Eintrittsgeld von CHF 120'400.– im Beispiel 1 und CHF 140'000.– im Beispiel 2 zu leisten, um auf eine Altersrente von 70% zu kommen. Dies wird auch als *Einkaufen von Dienstjahren* (Versicherungsjahren, Beitragsjahren) bezeichnet. Oft ist die Skala wie im Beispiel 2 entsprechend in einzelne jährliche Stufen aufgegliedert, was den Vorteil erhöhter Transparenz mit sich bringt und für die Arbeitnehmer besser verständlich sein dürfte.

Grundsätzlich müsste ein Neueintretender alle Arbeitnehmer- und Arbeitgeberbeiträge seit dem (in der Regel) 25. Altersjahr – bezogen auf den mutmasslich versicherten Lohn in den zurückliegenden Jahren, aufgezinst und unter Abzug der verbrauchten Risikoprämien – nachzahlen. Dies dürften bei einer voll ausgebauten Kasse (d.h. bei einer versicherten Altersrente von 60 oder 70%) pro Jahr rund 20% des versicherten Lohnes sein.

In der Praxis sind verschiedene Lösungen anzutreffen, wenn ein Versicherter das von ihm geforderte Eintrittsgeld nicht voll erbringt.

a) Prozentuale Kürzung der Leistungen

Bei dieser am häufigsten anzutreffenden Methode werden die ordentlichen Rentensätze (anwartschaftliche Renten in Prozent des versicherten Lohnes) gekürzt (z.b. Altersrente 58% anstatt 70% des versicherten Lohnes). Dabei können diese Kürzungen versicherungstechnisch berechnet werden, wobei sie dann *progressiv* sind (wie dies das Beispiel 1 der *Darstellung 4J* ergeben würde). Oder die Kürzungen können über alle Alter *linear* sein; in der Regel sind dies je nach Pensionskasse 1,5–2% des versicherten Lohnes pro fehlendes Versicherungsjahr (siehe Beispiel 2 der *Darstellung 4J*). Die maximale Altersrente (von 60% oder 70% des versicherten Lohnes) wird demnach nach 40 Jahren (40 x 1,5%) oder 30 bzw. 35 Jahren (30 bzw. 35 x 2%) erreicht.

Der Nachteil – und die Ungerechtigkeit – dieses Modells besteht darin, dass auch alle künftigen Erhöhungen des versicherten Lohnes von der entsprechenden Leistungskürzung (vom reduzierten Rentensatz) betroffen werden. Da der versicherte Lohn als Folge der Karriereentwicklung und der laufenden Geldentwertung ständig steigt, erfährt ein Mitarbeiter, der sein Eintrittsgeld nicht voll leistet – meist ohne dass er sich dessen bewusst ist –, einen unangemessenen erheblichen Nachteil gegenüber seinem Kollegen, der das volle Eintrittsgeld erbracht hat. Bei einem solchen Modell *lohnt es sich für den Mitarbeiter praktisch immer, das volle Eintrittsgeld aufzubringen*. Dies gibt ihm zudem *steuerliche Vorteile,* da (seit 1987) beim Bund und bei allen Kantonen reglementarische Beiträge an Vorsorgeeinrichtungen am steuerbaren Einkommen abgezogen werden können (Ausnahme gemäss Art. 156 BdBSt, wenn die damit finanzierten Altersleistungen vor dem Jahr 2002 fällig werden).

Der Grund, weshalb auch künftige Leistungserhöhungen prozentual gekürzt werden, liegt bei vielen Kassen darin, dass die Kürzungen sonst optisch zu hoch wären und dass mit Durchschnittswerten gerechnet wird (kollektive Äquivalenz der Einnahmen und Ausgaben, d.h. Solidarität unter allen Versicherten). Für den einzelnen davon betroffenen Mitarbeiter bleibt dieses Verfahren indessen unbefriedigend, da er bei Versicherung künftiger (leistungs- oder geldentwertungsbedingter) Lohnsteigerungen benachteiligt ist. Es wäre zwar möglich, versicherungstechnisch mit einer bestimmten Lohnerhöhung zum voraus zu rechnen (dynamische Berechnung), doch ist dies eher selten.

b) *Betragsmässige Kürzung der Leistungen*

Etwas komplizierter in der Definition, aber gerechter im Einzelfall ist eine gleichbleibende betragsmässige Kürzung der Leistungen, wenn ein Teil des Eintrittsgeldes fehlt (also Kürzung der anwartschaftlichen Altersrente um einen fixen Betrag von z.B. CHF 5'830.–, unabhängig davon, welchen Betrag die maximale Altersrente erreichen wird). Einzelne Kassen sehen diese Art von Abzug vor – häufiger ist aber, wie erwähnt, eine prozentuale Kürzung anzutreffen.

c) *Finanzierung mit Darlehen des Arbeitgebers*

Um dem eintretenden Mitarbeiter den vollen Einkauf zu ermöglichen, wird ihm bei verschiedenen Unternehmen, falls nötig, ein *Personaldarlehen* gewährt. Dieses Darlehen ist häufig niedrig verzinslich und innerhalb einer vereinbarten Dauer zu amortisieren. Dabei wird die Amortisationsrate je nach Vereinbarung bei den Anstellungs- und Lohnverhandlungen vom Arbeitnehmer oder (seltener) vom Arbeitgeber getragen. Zur besseren Salärtransparenz wird häufig ein Bruttolohn vereinbart, verbunden mit der Auflage, das Eintrittsgeld selbst zu amortisieren. Ob die Abzahlung vom Arbeitgeber oder Arbeitnehmer mit entsprechender Lohnanpassung vorgenommen wird, wirkt sich, ausser der AHV, seit 1987 steuerlich neutral aus (es sei denn, der Versicherte werde vor 2002 pensioniert). Ob der Arbeitgeber oder der Arbeitnehmer die Amortisationsrate leistet, kann sich später allerdings auf die Höhe einer allfälligen Freizügigkeitsleistung auswirken. Solche Darlehen können zu Schwierigkeiten führen (Information des Versicherten; Konflikte mit Hinterlassenen, falls im Todesfall die Restschuld nicht erlassen wird, usw.) und müssen daher vertraglich klar geregelt sein. Im allgemeinen ist diese Lösung nicht empfehlenswert.

d) Kombinationen und weitere Möglichkeiten

Häufig kommen in der Praxis *Kombinationen* zwischen den vorgenannten Lösungen vor. So kann die Pflicht bestehen, sich wenigstens bis zu einem bestimmten, reduzierten Leistungsprozentsatz einzukaufen, verbunden mit der Möglichkeit, sich zusätzlich bis zum vollen Rentensatz freiwillig zu versichern.

Eine weitere Möglichkeit zur Behandlung offener Eintrittsgelder besteht darin, anstatt eines Einmalbetrages entsprechende *jährliche Mehrbeiträge* (Mehrprämien) zu erheben, so dass die Leistungen nicht gekürzt werden müssen.

Viele Pensionskassenreglemente von Leistungsprimatkassen enthalten *lediglich den Hinweis,* ohne Angabe einer Skala, dass bei Eintritt über einem bestimmten Alter (z.B. 30 Jahren) Einkaufssummen geleistet werden können, um "fehlende Dienstjahre einzukaufen", damit der Rentensatz von maximal 60, 65 oder 70% je nach Kasse erreicht wird. Die Berechnung erfolgt dann aufgrund der versicherungstechnischen Angaben im Einzelfall. Dies ist wenig transparent und sollte – auch als Folge des BVG und da jeder Eintretende, sofern es nicht seine erste Stelle ist, ab 25 Jahren Freizügigkeitsleistungen mitbringt – klarer formuliert werden.

e) Modell: Eintrittsgeld schuldig bleiben oder später abzahlen und sich den Saldo im Versicherungsfall mit den Leistungen verrechnen lassen

Eine bisher noch wenig angewandte, aber empfehlenswerte Lösung ist folgende: Das Eintrittsgeld für den Einkauf der maximalen Leistung, das nach Einbringung der Freizügigkeitsleistungen (inkl. BVG-Altersguthaben) aus früheren Arbeitsverhältnissen ungedeckt bleibt und vom Arbeitnehmer nicht beglichen wird, wird ihm auf seinem *ausserhalb der Buchhaltung geführten Versichertenkonto* belastet. Der Arbeitnehmer kann später je auf Jahresende den noch offenen Saldo ganz oder teilweise, *planmässig* (jährlich gleichbleibende Beiträge) *oder mit unregelmässigen Einlagen* begleichen. In diesem Fall ist zusätzlich bis zur Zahlung ein jährlicher Zins (z.B. Zins für erste Hypotheken) zu entrichten.

Falls bei Eintritt des Versicherungsfalles ein *Teil des Eintrittsgeldes noch offen ist, werden die Leistungen gekürzt,* und zwar wie folgt:

– *Kürzung der Altersleistungen*

Es empfiehlt sich, zu verlangen, dass sich ein Neueintretender sofort wenigstens so weit einkauft, dass die anwartschaftliche Altersrente nicht unter 50% des versicherten Lohnes sinkt. Bei Erreichen des Rücktrittsalters wird die Altersrente *um z.B. 8% (pauschalierter Wert) des dannzumal noch offenen restlichen Eintrittsgeldes* gekürzt. Gegebenenfalls kann auch hier die Kürzung auf einen Maximalbetrag begrenzt werden. Siehe Beispiel in *Darstellung 4K*.

- *Kürzung der Invalidenrente*
  Bei Eintritt des Versicherungsfalles wird die Invalidenrente von 70% des versicherten Lohnes *um z.B. 6% (pauschalierter Wert) des noch offenen Eintrittsgeldes* (inkl. Zins und Zinseszins) gekürzt, höchstens aber bis auf 50% des versicherten Lohnes. Der Satz von 6% wurde summarisch ermittelt und dürfte fair sein. Siehe Beispiel in *Darstellung 4K*.

- *Kürzung der Witwenrente*
  Im Todesfall wird die Witwenrente *um 5% des noch offenen Eintrittsgeldes* (inkl. Zins und Zinseszins) gekürzt, höchstens aber bis auf 30% des versicherten Lohnes. Der Satz von 5% ist pauschal geschätzt. An sich müsste mit den effektiven Sätzen im Einzelfall gerechnet werden. Siehe Beispiel in *Darstellung 4K*.

- *Kinderrenten*
  Diese erfahren bei noch offenem Eintrittsgeld im Versicherungsfall keine Kürzung.

Die *Vorteile vorstehender Lösung* sind erheblich. Der Neueintretende kann selbst entscheiden, *wieviel* er jetzt und wann er den Rest seines Eintrittsgeldes bezahlen will. Er bezahlt einen Zins von z.B. 5%. Besonders in den Altersstufen 35–45 hat ein Versicherter oft andere Präferenzen (z.B. Eigenheim) und will nicht seine disponiblen Mittel in der Pensionskasse binden. Später kann sich diese Einstellung aufgrund des höheren Lohnes, Wegfalls von Kosten für die Kinder oder wegen Erbschaften ändern. Das vorstehende Modell ist diesbezüglich flexibel.

Wesentlich sind sodann die *steuerlichen Vorteile*. Der Arbeitnehmer kann die Amortisation auf seinem Eintrittsgeld steuerlich in Abzug bringen (mit der erwähnten Ausnahme, wenn er das Rücktrittsalter vor 2002 erreicht). Die steuerlichen Einsparungen sind dabei je nach Progressionssatz und Steuerfuss sehr bedeutend. Ein *Nachteil* kann sein, dass es aufwendig ist, die versicherte Leistung jederzeit genau zu berechnen.

Vorstehende Ausführungen zeigen eine einfache und gerechte Lösung des Problems. *Wer etwas nicht bezahlt, bleibt es eben schuldig. Eine Verrechnung dieser Schuld (aufgezinst) findet dann später mit den Leistungen statt.* Hier spielt anstelle der bei klassischen Pensionskassen sonst üblichen kollektiven die hier angemessenere individuelle Äquivalenz der Ausgaben und Einnahmen,

4. Finanzierung der Vorsorge

Darstellung 4K

Beispiel zur Kürzung der Leistungen bei nur teilweise erbrachtem Eintrittsgeld
(gemäss Beschreibung in Abschnitt 4.36, Ziff. 5)

	CHF
Offenes Eintrittsgeld (Annahme)	
Eintrittsgeld eines 43jährigen Mannes (versicherter Lohn CHF 60'000.–)	134'400
beglichen durch Freizügigkeitsleistungen (inkl. BVG-Altersguthaben) und Bareinzahlungen	–84'400
Rest	50'000

Berechnung der gekürzten Leistungen	*Altersrente* CHF	*Invalidenrente* CHF	*Witwenrente* CHF
Offenes Eintrittsgeld, aufgezinst zu 4%	50'000	50'000	50'000
– bis zum Alter 65	118'500		
– bis zum Alter 53 (Annahme Beginn der Invalidität)		74'000	
– bis zum Alter 53 (Annahme Todesfall)			74'000
Volle Rente	42'000	42'000	25'200
Kürzung der jährlichen Rente in % des aufgezinsten offenen Eintrittsgeldes (Pauschalsätze)			
– Altersrente um 8%	–9'480		
– Invalidenrente um 6%		–4'440	
– Witwenrente um 5%			–3'700
Verbleibende gekürzte Rente	32'520	37'560	21'500

Anmerkungen
- Die volle Rente beträgt 70% (Alters- und Invalidenrente) bzw. 42% (Witwenrente) von CHF 60'000.–.
- Im vorliegenden Fall kann beim Altersrücktritt und im Todesfall ein Teil der Leistungen in Kapitalform bezogen werden, und zwar zu den Umrechnungsfaktoren von 12,5 bzw. 20 (ungeachtet des Alters der Witwe). In diesen Fällen wird das noch offene Eintrittsgeld mit dem Kapital verrechnet.
- Die Witwenrente wird nicht unter 30% des versicherten Lohnes herabgesetzt. Weitere Kürzungen wegen grosser Altersdifferenz oder Verheiratung erst im Pensionierungsalter bleiben im vorliegenden Fall vorbehalten.
- Die Kürzungssätze von 8%, 6% bzw. 5% sind im vorliegenden Fall im Reglement festgelegt und gegenüber versicherungstechnischen Werten stark gerundet.

und zwar bezogen auf den einzelnen Versicherten. Auch bei der künftig zu erwartenden grösseren Freizügigkeit ist dieses Modell geeignet, klarere Situationen zu schaffen. Es berücksichtigt auch die steuerlichen Möglichkeiten besser. Vor allem aber kann der einzelne *entsprechend seinen Möglichkeiten und seiner finanziellen Entwicklung eine ihm angemessene Lösung selbst wählen.*

In Art. 6 des Freizügigkeitsgesetzes werden die nicht eingebrachten Eintrittsleistungen und Erhöhungsbeiträge behandelt. Es ist vorgesehen, dass "der nicht beglichene Teil ... samt Zinsen von der Austrittsleistung abgezogen werden" kann.

4.37 Contribution Holiday

Es ist wünschbar, transparente Regeln aufzustellen, wofür Vermögenserträge, die den technischen Zins übersteigen, verwendet werden sollten. Diese können für den Ausgleich der steigenden Lebenserwartung (Verstärkung der technischen Rückstellungen), für Aktive (Beitragsbefreiung) oder für die Rentner (Teuerungsausgleich, reale Rentenverbesserungen) verwendet werden. Die Beitragsbefreiung für eine bestimmte Periode wird im angloamerikanischen Bereich *Contribution Holiday* genannt. Ein Contribution Holiday ist insofern ungerecht, als die "Verteilung" des dafür eingesetzten freien Stiftungsvermögens nicht nach Deckungskapital, bisheriger Beitragsdauer usw., sondern – für alle Versicherten gleich – nach der Höhe des zum Zeitpunkt des Contribution Holiday versicherten Lohnes erfolgt.

In einer einfachen Anfrage von 1998 hat Nationalrat Paul Rechsteiner (SP) gefragt, ob beim Erlass der Arbeitnehmer- und Arbeitgeberbeiträge nicht die Rentner benachteiligt würden, das Barauszahlungsverbot verletzt würde und der Arbeitgeber von vertraglichen Verpflichtungen entbunden werde. Der Bundesrat hat entgegnet, dem sei nicht so, wenn die technischen Rückstellungen ausreichend seien und eine genügende Wertschwankungsreserve bestehe. Eine vom paritätischen Organ beschlossene reglementarische Bestimmung, die den Einbezug der freien Mittel in das Finanzierungssystem einer Vorsorgeeinrichtung vorsieht, sei deshalb nicht zu beanstanden.

Über die Verwendung der freien Mittel von Vorsorgestiftungen zur Beitragsreduktion siehe auch Mitteilungen zur beruflichen Vorsorge des BSV Nr. 41 vom 1. Juli 1998, Ziff. 236. Darin wird festgehalten, dass die Praxis der einmaligen Beitragsreduktion nicht zu beanstanden ist. Zur Frage der Reduktion von Arbeitgeberbeiträgen siehe ferner *Riemer H.M.* (in: SZS 1998, S. 272 f.), der Bedenken äussert. Siehe auch Mitteilungen Nr. 48 vom 21. Dezember 1999, Ziff. 282, wo Ziff. 236 bestätigt wird.

4.4 Aufteilung der Beiträge auf Arbeitgeber und Arbeitnehmer

Wenden wir uns nun der Frage zu, wie die Beiträge an die Vorsorgeeinrichtung auf Arbeitgeber und Arbeitnehmer aufzuteilen sind.

4.41 Bestimmungen von OR, ZGB und BVG über die Aufteilung der Beiträge

Über die Aufteilung der Beiträge auf Arbeitgeber und Arbeitnehmer bestehen gesetzliche Vorschriften im ZGB und OR sowie im BVG:

Art. 331 Abs. 3 OR (Arbeitsvertragsrecht)

[3]Hat der Arbeitnehmer Beiträge an eine Personalvorsorgeeinrichtung zu leisten, so ist der Arbeitgeber verpflichtet, zur gleichen Zeit mindestens gleich hohe Beiträge wie die gesamten Beiträge aller Arbeitnehmer zu entrichten; er erbringt seine Beiträge aus eigenen Mitteln oder aus Beitragsreserven der Vorsorgeeinrichtung, die von ihm vorgängig hiefür geäufnet worden und gesondert ausgewiesen sind.

Art. 89bis Abs. 3 ZGB (Stiftungsrecht)

Leisten die Arbeitnehmer Beiträge an die Stiftung, so sind sie an der Verwaltung wenigstens nach Massgabe dieser Beiträge zu beteiligen; soweit möglich haben die Arbeitnehmer ihre Vertretung aus dem Personal des Arbeitgebers zu wählen.

Art. 66 BVG (Berufliches Vorsorge-Gesetz)

[1]Die Vorsorgeeinrichtung legt die Höhe der Beiträge des Arbeitgebers und der Arbeitnehmer in den reglementarischen Bestimmungen fest. Der Beitrag des Arbeitgebers muss mindestens gleich hoch sein wie die gesamten Beiträge aller seiner Arbeitnehmer. Ein höherer Anteil des Arbeitgebers kann nur mit dessen Einverständnis festgelegt werden.

[2]Der Arbeitgeber schuldet der Vorsorgeeinrichtung die gesamten Beiträge. Für nicht rechtzeitig bezahlte Beiträge kann die Vorsorgeeinrichtung Verzugszinsen verlangen.

[3]Der Arbeitgeber zieht den in den reglementarischen Bestimmungen der Vorsorgeeinrichtung festgelegten Beitragsanteil des Arbeitnehmers vom Lohn ab.

Der Arbeitgeberbeitrag muss also (gemäss Art. 66 Abs. 1 Satz 2 BVG) mindestens den gesamten Beiträgen der Arbeitnehmer entsprechen, also nicht bezogen auf jeden einzelnen Versicherten. Es gilt der Grundsatz der *relativen Beitragsparität*.

Zur Frage der *Fälligkeit der Beiträge* ist zu bedenken, dass der *Zinsenlauf* gemäss Art. 11 BVV 2 erst Ende Jahr beginnt. Die Gutschrift an die Stiftung sollte indessen monatlich nach Massgabe der Abzüge der Arbeitnehmerbeiträge erfolgen. Für den Arbeitgeberbeitrag dürfte auch eine Gutschrift Valuta Ende

Jahr zulässig sein, falls dieser wenigstens etwas höher als der Arbeitnehmerbeitrag ist (um die Parität von Art. 331 Abs. 3 OR nicht zu verletzen). Es ist der einzelnen Vorsorgeeinrichtung überlassen, wie sie die Altersgutschriften finanzieren will (Art. 49 und 65 Abs. 2 BVG), wobei die Vorsorgeeinrichtung aber Gewähr dafür bieten muss, dass "die Leistungen im Rahmen dieses Gesetzes bei Fälligkeit erbracht werden können" (Art. 62 Abs. 2 BVG).

Eine BVG-Vorsorgeeinrichtung kann somit die obligatorischen Leistungen mit *Durchschnittsbeiträgen* finanzieren, wobei diese nur genügen müssen, die Mindestleistungen *insgesamt* zu finanzieren. "Der Beitrag des Arbeitgebers muss mindestens gleich hoch sein wie die gesamten Beiträge aller seiner Arbeitnehmer" (Art. 66 Abs. 1 BVG). Die Arbeitgeberbeiträge können auch aus *Arbeitgeberbeitragsreserven* entnommen werden (Art. 331 Abs. 3 OR).

In einer Stellungnahme des BSV wird festgehalten, dass *Mutationsgewinne* – wie Versicherungsgewinne und technische Überschüsse – "als der Versicherungseinrichtung gehörende Mittel betrachtet werden" und *nicht als Arbeitgeberbeitrag* verwendet werden können, so auch nicht als Zuweisung an die Arbeitgeberbeitragsreserve (Mitteilung über die berufliche Vorsorge Nr. 5 vom 1. Oktober 1987, Ziff. 29). Mit Bedingungen versehene Zuwendungen sollten indessen zulässig sein, beispielsweise gemäss folgender Bestimmung:

"Der über der Parität mit dem Arbeitnehmerbeitrag liegende Teil des Arbeitgeberbeitrages sowie allfällige freiwillige Arbeitgeberbeiträge werden unter der Bedingung erbracht, dass der Versicherte bis zum Eintritt des versicherten Ereignisses im Arbeitsverhältnis verbleibt. Bei vorzeitigem Austritt kann der Arbeitgeber verlangen, dass das diesbezüglich freiwerdende Deckungskapital (Austrittsgewinn) der Arbeitgeberbeitragsreserve gutgeschrieben wird."

Gemäss Feststellungen in der Praxis zahlen bei den Leistungsprimatkassen Arbeitnehmer rund dreimal mehr und Arbeitgeber rund fünfmal mehr Beiträge an die berufliche Vorsorge, als dies das BVG als Minimum vorschreibt.

4.42 Ordentliche und ausserordentliche Beiträge des Arbeitgebers und Arbeitnehmers

Zuerst kurz einige Begriffe: Die laut Reglement an die Vorsorgeeinrichtung zu erbringenden Zahlungen werden Beiträge genannt. *Prämien* sind die Entgelte an die Versicherungsgesellschaft für die Kollektivversicherung. Mit *Leistungen* werden die Auszahlungen an die Begünstigten bezeichnet.

Unter *ordentlichen Beiträgen* werden in der Regel nur die reglementarischen verstanden, die beispielsweise auch bei Erstellung der versicherungstechnischen Bilanz massgebend sind.

Daneben kann aber die Vorsorgeeinrichtung, was häufig der Fall ist, durch *ausserordentliche Beiträge* geäufnet werden. Besonders in den Jahrzehnten nach dem Zweiten Weltkrieg sind von Arbeitgeberseite aus guten Geschäftsergebnissen den Vorsorgeeinrichtungen grosse Beträge zugeflossen. Ohne diese und ohne die Austrittsgewinne würden heute viele Vorsorgeeinrichtungen bedeutende versicherungstechnische Fehlbeträge aufweisen, oder es hätten die Leistungen nicht in dem Masse ausgebaut werden können. Oft fliessen die ausserordentlichen Beiträge an eine Dachstiftung (patronaler Fonds) oder einfach an die Vorsorgeeinrichtung, wo sie seit Ende 1984 – sollen sie für spätere Arbeitgeberbeiträge dienen – einer separat bilanzierten *Arbeitgeberbeitragsreserve* zugewiesen sein müssen. Sie werden dann erst später für konkrete Zwecke (z.B. Jahresbeiträge, Einkaufssummen des Arbeitgebers) verwendet.

Die Unterscheidung in ordentliche und ausserordentliche Beiträge beruht somit auf reglementarischen und versicherungstechnischen Kriterien.

Im Reglement der Vorsorgeeinrichtung wird in der Regel ein Vorbehalt angebracht, damit Leistungen entsprechend herabgesetzt werden können, wenn das Unternehmen aus wirtschaftlichen Gründen nicht mehr in der Lage sein sollte, Beiträge zu leisten. Dies ist jedoch nur für den über dem BVG-Minimum liegenden Teil möglich.

In Fällen, in denen eine mitgebrachte Freizügigkeitsleistung *nicht* in den Rahmen des Vorsorgeplanes des neuen Arbeitgebers passt, können sich Schwierigkeiten ergeben. Hier wird in der Regel besser die Variante der *Freizügigkeitspolice* oder der *Freizügigkeitsanlage bei einer Bank* (Art. 331c Abs. 1 OR) zu wählen sein, so dass sich die neue Vorsorgeeinrichtung nicht mit der Verwaltung von zusätzlichen Freizügigkeitsgeldern aus alten Vorsorgeeinrichtungen belastet (siehe Abschnitt 5.4).

4.43 Arbeitgeberbeitragsreserven (freiwillige Vorausfinanzierungen)

Bei den Arbeitgeberbeiträgen sind von den *ordentlichen Beitragserbringungen gemäss Reglement* die *tatsächlichen Zuwendungen* zu unterscheiden.

Die *freiwilligen Zuwendungen* erfolgen zweckmässigerweise oft an eine *Finanzierungsstiftung* (Dachstiftung) oder an eine *Arbeitgeberbeitragsreserve,* aus der später Beiträge geleistet werden. Dadurch können die Zuwendungen der Firma gut der jeweiligen betrieblichen Ertrags- und Finanzlage angepasst werden. Nicht nur betriebswirtschaftlich, sondern auch volkswirtschaftlich ist es wünschbar, die Zuweisungen der Firma an die Vorsorgeeinrichtung teilweise nach dem jeweiligen Geschäftsergebnis und somit weitgehend nach der all-

4.4 Aufteilung der Beiträge auf Arbeitgeber und Arbeitnehmer 187

gemeinen Konjunkturlage zu richten. Die Vorsorgeeinrichtungen werden dadurch *konjunkturgerecht* dotiert.

Es ist eine Besonderheit der *Schweiz,* dass die Pensionskassengelder in einer eigenen Rechtsform (Stiftung, evtl. Genossenschaft) ausgeschieden sein müssen. In *Deutschland* beispielsweise sind dafür in der Regel in der Bilanz des Unternehmens Rückstellungen zu bilden. Es ist dort nicht möglich, durch Vorausleistungen "stille Reserven" für Vorsorgezwecke zu schaffen. Der Rückstellungsbedarf muss dort nachgewiesen und begründet sein, um steuerlich und handelsrechtlich zugelassen zu werden.

In Bundesgerichtsentscheiden wurde vor 1995 mehrmals festgestellt, dass das ganze *Stiftungskapital, soweit nicht gebunden, als frei bezeichnet werden kann* und als Arbeitgeberbeitragsreserve verwendet werden darf (BGE 101 Ib 231 ff., BGE 103 Ib 161 ff.). Durch die Neufassung von Art. 331 Abs. 3 OR auf Anfang 1985 sind diese aufgeführten Entscheide indessen weitgehend überholt.

Immer mehr sind Unternehmen schon seit vielen Jahren dazu übergegangen, die Arbeitgeberbeitragsreserven in *separaten patronalen Stiftungen* zu halten. Ende 1984 erfolgte in zahlreichen Fällen eine Abspaltung der Arbeitgeberbeitragsreserve – oder gewisser klar definierter Teile davon (z.B. der freiwilligen Zuweisungen der Arbeitgeberfirma der letzten fünf Jahre) – und Überführung in eine *neue, rein patronale Stiftung.* Voraussetzung war allerdings, dass der Zweck und der Destinatärkreis gleichbleiben.

Nach Art. 331 Abs. 3 OR sind Arbeitgeberbeitragsreserven *"gesondert auszuweisen".* Dies bedingt eine separate Bilanzierung als Passivum. Diese oft aus rein steuerlichen Überlegungen gebildeten Arbeitgeberbeitragsreserven sind somit klar als solche zu bezeichnen. Dies gilt sowohl für die BVG-registrierten Einrichtungen als auch für alle anderen Vorsorgeeinrichtungen.

Die Bildung von Arbeitgeberbeitragsreserven durch *Abspaltung aus dem bisherigen freien Stiftungskapital* in eine separate Bilanzposition oder durch Überführung auf eine andere Stiftung hatte *vor dem 1. Januar 1985* zu erfolgen. Das freie Stiftungskapital konnte aber auch (vor dem 1. Januar 1985) wie eine *Arbeitgeberbeitragsreserve aufgelöst werden,* indem es verwendet wurde. Das Unternehmen stoppte seinen Beitrag an die Vorsorgeeinrichtung während einer gewissen Zeit und liess ihn dafür einer patronalen Stiftung zukommen.

Schon vor 1985 konnten, falls gemäss Reglement einer Personalvorsorgestiftung *ausdrücklich der Arbeitgeber zu Beiträgen an die Versicherungsprämien verpflichtet ist,* diese Arbeitgeberbeiträge nicht aus dem Stiftungsvermögen aufgebracht werden (Arrêt du Conseil exécutif du canton de Berne no 608 du 28 février 1981, in: SZS 1982, S. 163).

In der Stiftungsurkunde einer patronalen Stiftung ist der *Zweck,* als Arbeitgeberbeitragsreserve auch für andere Stiftungen zu dienen, entsprechend zu umschreiben. Diese patronale Einrichtung wächst jährlich um die Vermögenserträge, was bei einer Arbeitgeberbeitragsreserve, die bisher üblicherweise nicht verzinst wird, nicht der Fall ist. Bei einer *patronalen Stiftung* kann nach allgemeiner Auffassung die Aussonderung einer Arbeitgeberbeitragsreserve unterbleiben, wenn gemäss Stiftungsurkunde das ganze freie Kapital zur Erbringung von Arbeitgeberbeiträgen an andere Vorsorgeeinrichtungen des betreffenden Unternehmens herangezogen werden darf. Es handelt sich dann um eine sog. *"Finanzierungsstiftung"*. Da dieser Zweck bereits in der Stiftungsurkunde festgehalten ist, erübrigt sich eine Umbenennung des freien Stiftungskapitals in Arbeitgeberbeitragsreserve. Kapitalien in patronalen Stiftungen haben gegenüber Arbeitgeberbeitragsreserven in paritätischen Stiftungen die Wirkung, dass sie automatisch dem Zinsertrag bzw. dem Einnahmenüberschuss entsprechend wachsen.

Als Folge der im *Freizügigkeitsgesetz 1993* vorgesehenen Teilliquidationen, wonach den Austretenden ein Teil des freien Vermögens mitzugeben ist, empfiehlt es sich, *auch bei patronalen Stiftungen Arbeitgeberbeitragsreserven* – die nicht angetastet werden können – zu bilden und diese zu verzinsen. Die Frage, ob Arbeitgeberbeitragsreserven *intern verzinst* werden können, wird auch von den Aufsichtsbehörden bejaht. Eine allfällige Verzinsung der Arbeitgeberbeitragsreserven darf nicht zu einem höheren Zinssatz erfolgen als zum Durchschnitt der erzielten effektiven Rendite.

Seit 1985 können die Arbeitgeberbeitragsreserven nur noch durch Zuweisungen des Arbeitgebers geäufnet werden (dazu gehören z.B. die Mutationsgewinne und Überschussanteile nicht mehr). In der *Westschweiz* machten 1984 einzelne Kantone die Ausscheidung der Arbeitgeberbeitragsreserven davon abhängig, dass die Stiftungsurkunde oder das Reglement dies zulässt und sich die Beitragsreserven aus freiwilligen Zuwendungen des Stifterunternehmens zusammensetzen. In der *Deutschschweiz* war man freier und liess eine Aussonderung des ganzen freien Stiftungskapitals zu, unbesehen dessen Herkunft.

Es bestehen Tendenzen, die Höhe der Arbeitgeberbeitragsreserve zu *begrenzen*. So sind gemäss steuerbehördlicher Praxis bei den Bundessteuern und in verschiedenen Kantonen (z.B. AG, ZH) diese auf den *fünffachen Betrag* der nach Reglement jährlich zu erbringenden Beiträge limitiert (siehe Abschnitt 7.2).

Zur Frage, was mit den Arbeitgeberbeitragsreserven in Sammelstiftungen im Falle einer Auflösung des Anschlussvertrages infolge Geschäftsaufgabe des Arbeitgebers geschehen soll, hat das BSV eine Stellungnahme erlassen (in: Mitteilungen über die berufliche Vorsorge Nr. 3 vom 22. April 1987, Ziff. 24). Danach soll wie bei der Liquidation ein "vorsorgemässig objektiv begründbarer Schlüssel" angewandt werden.

Bei *Teilliquidationen* sind im Kanton Zürich die Arbeitgeberbeitragsreserven aufzuteilen in solche, die vor, und solche, die nach 1985 gebildet wurden. Dabei werden die vor 1985 gebildeten Arbeitgeberbeitragsreserven gleich wie das freie Stiftungskapital behandelt und sind demnach bei einer Teilliquidation aufzuteilen.

Es empfiehlt sich, wie bereits gesagt, seit 1994 die Arbeitgeberbeitragsreserven zu verzinsen, z.b. zum technischen Zinsfuss oder zum Satz für erste Hypotheken. Bisher (1984–1994) wurden Arbeitgeberbeitragsreserven, abgesehen von Ausnahmen, nicht verzinst. Seit Einführung des Freizügigkeitsgesetzes mit dem gesetzlich vorgeschriebenen Teilliquidationsverfahren setzt sich die Verzinsung der Arbeitgeberbeitragsreserven immer mehr durch und ist zu empfehlen.

Den beiden letzten *Pensionskassenstatistiken* sind für die Arbeitgeberbeitragsreserven folgende Zahlen zu entnehmen (in Mio. CHF):

	1996	1994
Bestand Ende Jahr	6'682	6'436
Auflösungen im Berichtsjahr	264	371

Der Bestand von 6'682 Mio. CHF entspricht 1,9% der Bilanzsumme aller Vorsorgeeinrichtungen.

4.44 Inwieweit sind Arbeitgeberbeitragsreserven und freies Stiftungskapital Eigenkapital des Unternehmens?

Für den Aktionär stellt sich die Frage, ob und inwieweit *Arbeitgeberbeitragsreserven und freies Kapital in patronalen Stiftungen zum Eigenkapital des Unternehmens gezählt werden können* (z.B. anlässlich einer Unternehmungsbzw. Aktienbewertung).

Zur Beurteilung dieser Frage ist von der *Gesamtsituation* der Personalvorsorgeeinrichtungen in einem Unternehmen auszugehen. Es ist der Gütegrad des gesamten Vorsorgesystems eines Unternehmens zu beurteilen (siehe *Helbling C.*, Unternehmensbewertung und Steuern, 9. Aufl. 1998, S. 256–262). Wichtigste Kennzahl ist dabei die *gesamte Situation* aller Vorsorgeeinrichtungen zusammen. Dazu sind auch die Kollektivversicherungen einzubeziehen, deren Deckungskapitalien (bzw. Rückkaufswerte) bei den Lebensversicherungsgesellschaften zu erfragen sind.

Diese Frage stellt sich auch bei einer Erstellung des Jahresabschlusses nach *International Accounting Standards IAS*. Nach IAS sind keine willkürlichen stillen Reserven zulässig. Solche können in Form von *Arbeitgeberbeitragsreserven* bestehen, die später – nach Bedarf bzw. Wunsch der Unternehmensleitung – aufgelöst werden können. Arbeitgeberbeitragsreserven und deren Veränderungen sollten grundsätzlich bei der Definition des Jahresergebnisses und des Eigenkapitals (im Sinne einer Rechnungsabgrenzung, eines transitorischen Aktivums), abzüglich der Steuerfolgen, berücksichtigt werden. Dagegen werden das freie Stiftungskapital und stille Reserven von Personalvorsorgeeinrichtungen (da separate juristische Personen mit eigener Verwaltung) in der Regel nach IAS nicht oder nur in ganz speziellen Fällen in der Rechnungslegung des Unternehmens zu erfassen sein. Nach Zulassung von Contribution Holiday (siehe Abschnitt 4.37) ist aber diese Aussage in Zukunft zu überprüfen und vermehrt auch freies Stiftungskapital anzurechnen (z.B. zu einem Drittel).

Das benötigte Deckungskapital einer Vorsorgeeinrichtung ist wesentlich abhängig von der *Lohnstruktur* und der *Altersstruktur* der Versicherten. Je höher das Durchschnittsalter, um so höher ist relativ auch das notwendige Deckungskapital. Es ist nicht in erster Linie entscheidend, wie hoch jener Teil des Gesamtvermögens der Vorsorgeeinrichtung ist, der im Moment technisch *nicht gebunden* ist für eingegangene Verpflichtungen gegenüber Begünstigten. Das freie Vermögen ist nicht nur nach juristischen und statistischen, sondern vor allem nach wirtschaftlichen Kriterien zu beurteilen. Dasselbe gilt weitgehend auch für ausgeschiedene Arbeitgeberbeitragsreserven und freie Mittel von patronalen Stiftungen.

In der Regel ist es eher selten, dass die Arbeitgeberbeitragsreserven und freien Mittel von patronalen Stiftungen in grösserem Ausmass zur Finanzierung von *ordentlichen* Arbeitgeberbeiträgen herangezogen werden. Vielmehr werden diese Mittel wie auch das freie Vermögen von reglementierten Vorsorgeeinrichtungen grösstenteils für den *Ausbau* der Vorsorgeeinrichtungen verwendet werden (z.B. für den Teuerungsausgleich). Auch aus *arbeitgeberpolitischen Gründen* ist es heute kaum denkbar, freies Stiftungsvermögen überwiegend oder gar ausschliesslich zum Vorteil des Arbeitgebers zu verwenden. Infolge der paritätischen Verwaltung der BVG-registrierten Stiftung würde dies auch sofort bei einem grösseren Teil von Arbeitnehmern bekannt und müsste negativ für das Image der Firma sein. Daher erfolgt die Verwendung solcher Mittel für ordentliche Arbeitgeberbeiträge in der Regel *nur bei Ertragseinbrüchen, Verlustsituationen oder Umstrukturierungen* der Firma. Aus den vorstehenden Überlegungen ergibt sich, dass *"stille Reserven"* in den *Arbeitgeberbeitragsreserven* und im freien Vermögen von Stiftungen nicht mit jenen in der Firmabilanz, z.B. in verkäuflichen Liegenschaften oder in Vorräten, gleichgestellt werden dürfen.

In der Praxis erfolgt beispielsweise bei *Unternehmensbewertungen nur selten* – nämlich wenn eine "Überkapitalisierung", gemessen an der gesamten Vorsorge, offensichtlich ist – eine *teilweise* Aufrechnung von Arbeitgeberbeitragsreserven und von freien Mitteln von patronalen Fonds. Die Frage der Berücksichtigung der Arbeitgeberbeitragsreserven bei Unternehmensbewertungen ist durch die *Aussonderungspflicht* gemäss *Art. 331 Abs. 3 OR* seit anfangs 1985 aktueller geworden. Doch waren diese Beträge (gemäss BGE 101

4.4 Aufteilung der Beiträge auf Arbeitgeber und Arbeitnehmer

Ib 231 ff. und 103 Ib 161 ff.) schon vorher verfügbar. Es hat sich diesbezüglich an der wirtschaftlichen Situation nicht viel geändert. Und doch werden heute viel eher Arbeitgeberbeitragsreserven auch *tatsächlich für die Erbringung von laufenden Arbeitgeberbeiträgen* verwendet. Dies ist dort der Fall, wo die Arbeitgeberbeitragsreserven reines Mittel der steuerlichen Abschlusspolitik sind. Eine Verwendung für *laufende* ordentliche oder ausserordentliche Arbeitgeberbeiträge (wodurch die Erfolgsrechnung der Firma entlastet, d.h. der Gewinn erhöht wird) bringt einen Mehrwert für die Aktien, nicht aber eine freiwillige Verwendung für einen generellen Ausbau bzw. eine Verbesserung der Pensionskasse oder für die freiwillige Abfindung in Härtefällen aus Anlass von Umstrukturierungen mit personellen Konsequenzen (Entlassungen, vorzeitigen Pensionierungen u.a.).

Bei einer Heranziehung dieser Mittel im Rahmen der Unternehmensbewertung ist zu berücksichtigen, dass (wie andere "stille Reserven") diese *unversteuert* sind und darauf eine *latente Steuerlast* abzuziehen ist, z.B. 30%. (Mit anderen Worten: Ein Heranziehen des patronalen Fonds für Arbeitgeberbeiträge lässt den Gewinn der Firma entsprechend erhöhen, was zu zusätzlichen Steueraufwendungen führt – so dass die "Einsparungen" der Firma letztlich z.B. nur 70% betragen.) Das heisst, selbst bei einer vollen Berücksichtigung der Arbeitgeberbeitragsreserven oder des ganzen Vermögens der patronalen Vorsorgestiftung kämen hievon z.B. nur 70% als "zusätzliches Eigenkapital" in Betracht. Ob die ganze maximale Steuerlast oder – wie bei Unternehmensbewertungen üblich – nur die Hälfte zu berücksichtigen ist, ist am einzelnen Fall zu beurteilen, nämlich ob die Anrechnung sofort oder aufgeschoben erfolgt (Diskontierungseffekt). Wird die Arbeitgeberbeitragsreserve nicht verzinst und wächst diese also nicht, so sollte in der Regel die maximale Steuerlast angerechnet werden.

Bei einer *Fusion* ist zu beachten, dass auch für die übernehmende Gesellschaft die Arbeitgeberbeitragsreserven und freien Stiftungsvermögen zu analysieren sind. Oft weist die übernehmende Gesellschaft hohe freie Vermögen auf, von denen auch die neu Dazugekommenen profitieren werden (z.B. bei einer späteren Teilliquidation). Ein "Einkauf" in freie Mittel erfolgt nur äusserst selten, obwohl dies eigentlich nötig wäre, sonst erfolgt eine Verwässerung.

4.45 Überlegungen zur angemessenen Höhe der Arbeitgeber- und Arbeitnehmerbeiträge im einzelnen Unternehmen

Über die wirtschaftlich *tragbare Höhe der Arbeitgeber- und Arbeitnehmerbeiträge* lassen sich keine allgemeinen Richtlinien aufstellen. Am niedrigsten sind sie bei der vorindustriellen Tätigkeit der Urproduktion der sog. primären Berufe (Landwirtschaft), am höchsten bei den tertiären Berufen (Banken, Verwaltungen, Verkehr usw.). Bei den sekundären oder industriellen Berufen stimmen sie etwa mit dem Landesdurchschnitt überein. Ältere, eingesessene Unternehmen leisten in der Regel höhere Beiträge als neugegründete Firmen.

Es ist besser, bescheiden anzufangen und später auszubauen, als von Anfang an einen Beitrag vorzusehen, der sich auf die Dauer als untragbar erweisen sollte. Schon vor Inkrafttreten des BVG haben die Arbeitgeber für Zwecke der privaten Personalvorsorge in der Regel etwa *3–12%* (teilweise bis 20%) der effektiven Lohnsumme aufgewendet. Die Spanne war und ist weiterhin sehr gross. Der Beitrag des Arbeitnehmers dürfte etwa bei 2–7,5% des effektiven Lohnes liegen. (Hinsichtlich der Kosten des BVG siehe *Darstellung 4B.*)

Im allgemeinen trägt der Arbeitgeber etwa zwei Drittel und der Arbeitnehmer etwa einen Drittel der gesamten Zuwendungen an die Vorsorgeeinrichtung (siehe Pensionskassenstatistiken).

Eine ausgebaute *Pensionskasse* mit Alters-, Invaliden- und Hinterlassenenleistungen, also entsprechend den bekannten Vorsorgeeinrichtungen der öffentlichen Verwaltungen, verlangt ordentliche Beiträge von *20–25% des versicherten Lohnes* (Arbeitgeber- und Arbeitnehmerbeiträge zusammen). Wenn bei einer mittleren Alters- und Lohnverteilung zwei Drittel der effektiven Lohnsumme eines Unternehmens als versicherter Lohn gelten, bedeutet das, dass der Vorsorgeeinrichtung jährlich insgesamt *13–16% des effektiven Lohnes* (inkl. Zulagen, Gratifikationen) zugewiesen werden müssen.

Heute wird in kaufmännischen Unternehmen mit jährlichen *Fluktuationsraten* von 5–15% gerechnet (Ein- und Austritte zusammen, gemessen am Anfangs- und Endbestand des Jahres). Von Periode zu Periode und Unternehmen zu Unternehmen sind grosse Unterschiede festzustellen (siehe Abschnitt 4.24). Die Personalfluktuationen sind in Privatunternehmen höher als bei öffentlichrechtlichen Betrieben, da dort vielfach beruflich bedingte Bindungen und Einschränkungen bestehen (Bahn, Post, Verwaltung).

Es empfiehlt sich im allgemeinen, bei Vorsorge- und Kadereinrichtungen von Anfang an einen angemessenen Arbeitnehmeranteil durch besondere Beiträge zu erheben, selbst wenn dazu Lohnzulagen notwendig sein sollten. Es sprechen vor allem psychologische Gründe für die Arbeitnehmerbeiträge. Diese geben auch einen Massstab ab für die Bemessung der Freizügigkeitsleistungen bei vorzeitiger Auflösung des Arbeitsverhältnisses.

Die Beratung in Fragen der Personalvorsorge verlangt, dass man sich erst einmal klar darüber wird, welche Finanzierung für Arbeitnehmer und Arbeitgeber angemessen ist. Dazu werden auch Vergleiche mit anderen Unternehmen der Branche und der Region notwendig sein.

Aus wirtschaftlichen Überlegungen sollten die jährlichen Arbeitgeberbeiträge auch *für jeden einzelnen Versicherten eine bestimmte Limite – etwa 20% des versicherten Lohnes – nicht überschreiten,* da sonst bei Zunahme der älteren Generation (z.B. bei Stagnation des Unternehmens) auch die gesamte Beitragsbelastung für das Unternehmen stark ansteigen kann. Dies bedeutet, dass bei Leistungsprimateinrichtungen – gegebenenfalls auch bei klassischen Pensionskassen – Teile von Leistungserhöhungen *nicht durch laufende Beiträge* (versicherungsmässig also nicht durch Mehrprämien), *sondern durch Einmaleinlagen,* z.B. aus vorher geäufneten Fonds (wie Arbeitgeberbeitragsreserven, patronalen Einrichtungen), finanziert werden sollten. Dadurch kann der individuelle maximale Beitragssatz (Arbeitgeber und Arbeitnehmer) auf z.B. 30% oder 35% des versicherten Lohnes limitiert werden.

Der laufende jährliche Beitrag sollte auch individuell je Versicherten auf einen Prozentsatz des versicherten Lohnes begrenzt werden. Der technisch erforderliche Mehrbetrag wäre durch eine Einmaleinlage abzugelten.

Von den Gesamtbeiträgen an die Zweite Säule betreffen rund zwei Drittel den überobligatorischen und rund ein Drittel den obligatorischen BVG-Teil. Der überobligatorische Bereich ist wohl auch deshalb so stark ausgebaut, weil sich grosse steuerliche Vorteile für Arbeitgeber (keine AHV; Möglichkeit, Arbeitgeberbeitragsreserven zu bilden) und Arbeitnehmer (keine AHV, keine sofortige Einkommenssteuer) ergeben. Eine freie Kassenwahl für die Altersvorsorge würde dies alles in Frage stellen.

Aus dem beruflichen Vorsorgesystem betrug 1989 das durchschnittliche Jahreseinkommen der Versicherten USD 6'359 in den USA und USD 6'236 in der Schweiz, wobei in den USA aber nur die Hälfte der Erwerbstätigen versichert ist (siehe *Nussbaum,* S. 141).

4.5 Auswirkungen der Steuergesetzgebung auf die Finanzierung der Vorsorge

4.51 Steuerliche Vorschriften als Förderer freiwilliger Zuwendungen

Der *Arbeitgeber* kann seine Zuwendungen an die Vorsorgeeinrichtung (sofern ausschliesslich und unwiderruflich der Vorsorge dienend) als Unkosten vom steuerbaren Reinertrag in Abzug bringen (siehe Abschnitt 7.).

Ein erheblicher Teil der Arbeitgeberzuwendungen in den letzten Jahrzehnten ist diesem *Steuerprivileg* zuzuschreiben. Wendet eine Aktiengesellschaft beispielsweise CHF 100'000.– einer Stiftung zu, so kann sie diesen Betrag steuerlich als Aufwand geltend machen und hat einen entsprechend niedrigeren Steuerbetrag zu leisten. Das Unternehmen wird netto für die Zuwendung von CHF 100'000.– (je nach Steuersatz, Ertragsintensität usw.) eine Steuereinsparung von CHF 10'000.– bis CHF 50'000.– erzielen, so dass es die Zuwendung nur 50–90% "kostet". Dieses Steuerprivileg gilt bei der direkten Bundessteuer und in nahezu allen Kantonen unbeschränkt. Begrenzungen sind möglich bei begünstigten Mitarbeiteraktionären oder bei Zuweisungen an ausserkantonale Stiftungen.

Ausländer stellen gelegentlich die Frage, weshalb nicht auch bei uns einfach – entsprechend der Praxis in den meisten Staaten – in der Bilanz des Unternehmens "Rückstellungen für Pensionszusagen" gebildet werden können. Es ist eine *Besonderheit der Schweiz,* dass Vorsorgeeinrichtungen separate Rechtspersonen bilden müssen (vgl. Art. 331 OR). Dies ist namentlich auf die Steuergesetzgebung zurückzuführen, indem Zuweisungen an Rückstellungen (in der Bilanz der Firma) für Personalvorsorgezwecke in der Schweiz nicht steuerbefreit werden. Dies gilt insbesondere, wenn diese Rückstellungen nicht Deckungskapitalien für zugesagte konkrete Verpflichtungen, sondern eher Reserven darstellen.

Die Steuerbehörden lassen unversteuerte Rückstellungen für Verpflichtungen aus Personalvorsorge nur vorübergehend zu (1–2 Jahre), so z.B. vor der Errichtung der Stiftung. Unversteuerte Rückstellungen sind an Stiftungen zu überführen.

Kadervorsorgeeinrichtungen (Bel'étage-Versicherungen, Attika-Versicherungen) werden oft allein vom Arbeitgeber finanziert. Dafür sind Überlegungen der Diskretion wie auch der Besteuerung beim Arbeitnehmer massgebend: Beiträge an die Kaderversicherungen waren früher bei der Steuerberechnung für den Arbeitnehmer nicht abzugsfähig. Gemäss Art. 81 Abs. 2 BVG sind – spätestens nach dem 1. Januar 1988 – die ganzen Arbeitnehmerbeiträge bei den Einkommenssteuern absetzbar. Sodann will das Unternehmen gerade bei der Finanzierung von Kaderversicherungen die Möglichkeiten der Bilanzpolitik nutzen und gegebenenfalls aus steuerlichen Gründen Vorfinanzierungen vornehmen und Arbeitgeberbeitragsreserven bilden. In vielen Fällen werden die Beiträge für die Kaderversicherung vom Unternehmen der Stiftung pauschal durch jährliche Beträge aus dem Unternehmensgewinn gutgeschrieben (also nicht monatlich und individuell, je nach Mitarbeiter berechnet, überwiesen). Für die Kadervorsorgeeinrichtungen drängen sich in der Regel separate Stiftungen auf. Solche reine Arbeitgeberfinanzierungen der Kadervorsorge werden bei der Lohnbemessung des davon profitierenden Kaders angemessen zu berücksichtigen sein. Die bisherige starke Entwicklung der Kadervorsorge ist bestimmt auch diesen steuerlichen Überlegungen gutzuhalten.

Heute werden in der Regel auch Kadervorsorgeeinrichtungen *gemeinsam durch Arbeitgeber- und Arbeitnehmerbeiträge finanziert*. Von einer einseitigen Finanzierung durch das Unternehmen allein ist abzuraten. Die frühere Begründung, dadurch die Mitbestimmung im Stiftungsrat zu vermeiden, ist heute dank der ohnehin durchwegs hohen Transparenz nicht mehr stichhaltig.

4.52 Steuerliche Behandlung der Vorsorge nach dem BVG

Mit dem *BVG* sollte erstmals die sehr unterschiedliche Behandlung der *Beiträge an* und *Leistungen aus* beruflichen Vorsorgeeinrichtungen durch die einzelnen Kantone vereinheitlicht werden. Das BVG enthält zur steuerrechtlichen Behandlung der Vorsorge die *Art. 80–84* (siehe Abschnitt 7.1).

Unter den Schlussbestimmungen des BVG wird in *Art. 98 Abs. 3* festgehalten, dass "die Vorschriften von Art. 81 Absatz 2 und 3 und in Artikel 82 und 83 ..." innerhalb dreier Jahre nach Inkrafttreten des Gesetzes in Kraft zu setzen waren, *also bis zum 1. Januar 1988. In Art. 98 Abs. 4 BVG* wird ferner die Übergangslösung klar festgelegt. Siehe dazu Abschnitt 7.

5. Leistungen bei Alter, Tod und Invalidität

5.1 Arten von Leistungen

Ob ausgehend von der *Finanzierung* oder von den *Leistungen*, also ob Beitrags- oder Leistungsprimat, stets muss das *Gleichgewicht der Ausgaben mit den Einnahmen* gewährleistet sein. Beim *Umlageverfahren* (das für berufliche Vorsorgeeinrichtungen nicht in Frage kommt) gilt dies für *eine Rechnungsperiode*, beim *Kapitaldeckungsverfahren individuell* je Versicherten/Begünstigten für seine ganze Lebenszeit. Bei einer klassischen Pensionskasse mit normierten Beiträgen und Leistungen muss dies entsprechend dem Grundsatz der *kollektiven Äquivalenz* für eine Personengruppe (Mitarbeiter eines Unternehmens) ineinandergerechnet gelten, also entsprechend dem Kapitaldeckungsverfahren ebenfalls über eine Generation.

Der Zweck einer Personalvorsorgeeinrichtung besteht in der Gewährung von Leistungen bei Alter, Tod und Invalidität. Eine Analyse der *Versicherungstarife* zeigt, dass grundsätzlich eine grosse Zahl von verschiedenen Leistungskombinationen möglich ist. Eine Übersicht gibt *Darstellung 8F* (in Abschnitt 8.2).

Grundsätzlich können alle Leistungsarten entweder durch eine Kollektivversicherung oder durch eine autonome Vorsorgekasse gewährt werden. Praktisch bestehen allerdings Einschränkungen; so sollten beispielsweise autonome Einrichtungen in der Regel im Todes- oder Invaliditätsfall keine Kapitalleistungen, sondern Rentenleistungen vorsehen, da diese für die Kasse einen besseren Risikoausgleich geben. Zwischen den einzelnen Arten sind viele Kombinationen möglich.

Die Leistungen gemäss BVG sind in Art. 13–26 BVG und Art. 11–27 BVV 2 umschrieben. Nach Art. 13 ff. BVG sind die in *Darstellung 5A* genannten *Minimalleistungen* vorgesehen. Zum Vergleich sind in *Darstellung 16F* (Abschnitt 16.17) die Leistungen der AHV/IV aufgezeigt.

Einzelheiten zum Kreis der obligatorisch versicherten Personen und zur Ermittlung des koordinierten Lohnes enthalten *Art. 1–12 BVG* und *Art. 1–10, 28 und 29 BVV 2*.

Zu den Leistungen gemäss Vorsorgereglement können in Einzelfällen auch *Unterstützungsleistungen aus patronalen Fonds* hinzukommen.

Darstellung 5A

Minimalleistungen nach BVG (Stand 2000)

Die Versicherung ist *obligatorisch* für alle Arbeitnehmer ab dem 1. Januar ab vollendetem *17. Altersjahr* (Risiken *Tod* und *Invalidität*) bzw. vollendetem *24. Altersjahr (Altersvorsorge)* (Art. 7 BVG).
Der *koordinierte Lohn* liegt seit 1. Januar 1999 zwischen CHF 24'120.– (einfache AHV-Altersrente) und maximal CHF 72'360.– (Art. 5 BVV 2).

- *Altersleistungen (Art. 13–17 BVG)*
  - Rente von 7,2% aus einem Kapital, das aufgrund von Altersgutschriften und 4%iger Verzinsung bis zum 65. (Männer) bzw. 62. (Frauen) Altersjahr gebildet wird.
  Die Altersgutschriften werden je Kalenderjahr in Prozenten des koordinierten Lohnes berechnet. Dabei gelten folgende Ansätze:

    7% für 25–34jährige Männer und 25–31jährige Frauen
    10% für 35–44jährige Männer und 32–41jährige Frauen
    15% für 45–54jährige Männer und 42–51jährige Frauen
    18% für 55–65jährige Männer und 52–62jährige Frauen.

  - Rente von 20% (der Altersrente) für jedes Kind eines Rentners (ähnlich der Waisenrente)

- *Hinterlassenenleistungen (Art. 18–22 BVG)**
  - Witwenrente von 60% (der vollen Invalidenrente) für Frauen, die
    - für den Unterhalt von Kindern aufkommen oder
    - über 45jährig und mindestens fünf Jahre verheiratet sind,
    andernfalls Abfindung in Höhe von drei Jahresrenten.
  - Evtl. Renten an geschiedene Frauen bei über 10jähriger Ehe.
  - Waisenrenten von je 20% (der vollen Invalidenrente) bis zum 18./25. Altersjahr.

- *Invalidenleistungen (Art. 23–26 BVG)**
  - Rente von 7,2% (bei halber bis zwei Drittel Invalidität die Hälfte der Rente) aus einem Kapital, das der Versicherte bis zum Beginn des Anspruchs auf die Altersrente erworben hat, *plus* Summe der Altersgutschriften für die bis zum Rentenalter fehlenden Jahre, ohne Zinsen.
  - Rente von 20% (der vollen Invalidenrente) für jedes Kind eines Invaliden (ähnlich der Waisenrente).

*Die *Hinterlassenen- und Invalidenrenten* gemäss den Minimalvorschriften des BVG müssen der *Preisentwicklung angepasst* werden, und zwar erstmals nach dreijähriger Laufzeit, dann laufend bis zum Alter 65 bzw. 62 (Art. 36 BVG).
Die *Freizügigkeitsleistung* berechnet sich nach dem Freizügigkeitsgesetz von 1993, gültig seit 1. Januar 1995.

5.11 Altersleistungen

Die häufigsten Formen für die Altersvorsorge sind die "aufgeschobene Leibrente", in der Regel als Altersrente bezeichnet (seltener Rücktrittsrente, Pension usw.), oder das "Sparkapital", also das Alterskapital. Hinsichtlich der möglichen (versicherbaren) Leistungen siehe *Darstellung 8F*.

Zur Berechnung der einmaligen Ergänzungsgutschriften für die BVG-Eintrittsgeneration bestehen vom BSV herausgegebene Tabellen und Anwendungsbeispiele (abgedruckt im gelben Anhang).

5.12 Hinterlassenenleistungen

Die Todesfalleistungen bestehen in der Regel aus Witwen- und Waisenrenten oder aus einer Kapitalleistung (Todesfallkapital zuzüglich bereits geäufnetes Sparkapital).

Das BVG (Art. 20 BVV 2) begründet in bestimmten Fällen einen *Anspruch der geschiedenen Frau auf Hinterlassenenleistungen,* etwas, das man früher kaum kannte. Danach kann beim Tod eines Mannes *mehr als eine einzige Witwenrente* fällig werden. Diese Fälle dürften indessen sehr selten sein und versicherungstechnisch (prämienmässig) nicht ins Gewicht fallen.

Es fällt auf, dass die Witwenrente beim *BVG 60%* und bei der *AHV 80%,* die Waisenrenten beim *BVG 20/40%* und bei der *AHV 40/80%* der einfachen Altersrente betragen. Dies hängt mit dem System der AHV-Ehepaarrenten zusammen.

Die Ansprüche der Hinterbliebenen (Witwen, Waisen) fallen *nicht unter das Erbrecht,* da die Begünstigten einen direkten und eigenen Anspruch auf Leistungen haben. Für den obligatorischen Teil ist dieser Anspruch gemäss BVG ein gesetzlicher. Damit fallen diese Leistungen auch nicht unter die Erbschaftssteuer. (Einzelheiten siehe *Riemer,* Das Recht der beruflichen Vorsorge, 1985, S. 121 f.)

Mit dem *Kollektivversicherungstarif 1984* (BVG-Tarif) sind (auf der Basis der Tarife von 1980) technische Grundlagen geschaffen worden, um den besonderen Anforderungen des BVG Rechnung zu tragen, so vor allem bezüglich Witwenrente (reine BVG-Deckung gemäss Art. 19 BVG oder erweiterte Deckung, Rente oder Kapitalabfindung). Seit Mitte der neunziger Jahre verwendet jede Versicherungsgesellschaft eigene Tarife, da Kartellabmachungen nicht mehr zulässig sind.

Immer mehr wird die Frage einer *Witwerrente* diskutiert. Verschiedene Pensionskassen haben diese eingeführt, nicht aber die AHV. Renten an Witwer, die auf das Einkommen der Ehefrau angewiesen waren oder invalid sind, sollten gewährt werden – nicht aber in jedem Fall. Es ist möglich, dass mit der 1. BVG-Revision die Witwerrente definitiv eingeführt wird. Auch die 11. AHV-Revision sieht vermutlich die Witwerrente vor.

Die Frage der Behandlung des *Konkubinats* stellt sich in verschiedener Hinsicht für die Vorsorgeeinrichtungen, vor allem bei den Hinterlassenenrenten, dann aber auch bei der Wohneigentumsförderung, nämlich dann, wenn beide gemeinsam Wohneigentum erwerben wollen. Zurzeit (auch erbrechtlich und steuerlich) sieht das BVG keine Möglichkeit vor, Konkubinatspartner mit Ehepartnern gleichzustellen.

5.13 Invalidenleistungen

Die *Invalidenleistungen* werden in der Regel *akzessorisch zur Altersvorsorgeleistung* versichert. Wie die Altersvorsorge kann die Versicherung der Invalidität in Form von *Renten- oder Kapitalleistungen* erfolgen. Als Nebenleistung tritt im Invaliditätsfall regelmässig auch die Prämienbefreiung für die Alters- und Hinterlassenenversicherung hinzu. Nach dem BVG (Art. 25) sind auch *Kinderrenten an Invalide* (d.h. an Invalide mit minderjährigen Kindern, ähnlich Halbwaisenrenten, auch Erziehungsrenten genannt) vorgeschrieben. Dies war früher eher unüblich.

Eine *Abstufung nach Lohn und Dienstdauer* ist für die Altersrentenversicherung angezeigt, während für die Invaliden- wie auch für die Hinterlassenenversicherung eine blosse Abstufung nach der Lohnhöhe zu bevorzugen ist. Bei einer Berücksichtigung auch des Dienstalters fallen die Invaliditätsleistungen in jungen Jahren, wo sie besonders wichtig sind, ungenügend aus.

Aus der Erkenntnis heraus, dass dem Invaliden mit Hilfe geeigneter *Eingliederungsmassnahmen* zur Wiedererlangung der Erwerbstätigkeit in vielen Fällen besser geholfen ist als durch Zusprechung einer Rente, hat sich die Invalidierungspraxis in den letzten Jahren bei vielen Vorsorgeeinrichtungen stark gewandelt.

Die Leistungen bei *Krankheit* und *Unfall* sind, soweit diese nicht zu Invalidität führen, in der Regel *nicht* Gegenstand der beruflichen Vorsorgeeinrichtungen. Das Unfallrisiko muss in der Invaliditätsdeckung im obligatorischen Bereich der Zweiten Säule eingeschlossen sein, im überobligatorischen kann es dagegen ausgeschlossen werden (siehe dazu Mitteilungen über die berufliche Vorsorge Nr. 43 vom 30. November 1998, Rz 251).

Immer mehr werden auch bei der beruflichen Vorsorge für die Invalidität die *Begriffe* der Eidg. Invalidenversicherung übernommen. So wird auch zwischen *Erwerbsunfähigkeit* (der Versicherte kann nicht mehr erwerbsfähig sein) und *Berufsunfähigkeit* (der Versicherte kann nicht mehr in seinem Beruf arbeiten) unterschieden. Dasselbe gilt für die verschiedenen Stufen der Invalidität.

Zwischen der Eidg. IV und dem BVG sollten Änderungen besser koordiniert werden. Um eine Überversicherung mit den Leistungen der obligatorischen Unfallversicherung oder der Militärversicherung zu vermeiden, kann im Kollektivversicherungstarif der Unfall ausgeschlossen werden, wodurch sich die Prämie reduziert.

Der *Begriff der Invalidität* ist in der obligatorischen beruflichen Vorsorge grundsätzlich der gleiche wie bei der Eidg. IV. In der weitergehenden Vorsorge können die Vorsorgeeinrichtungen den Invaliditätsbegriff (gemäss Art. 49 Abs. 2 BVG) selbst festlegen. Der Invaliditätsbegriff kann stets zugunsten des Versicherten erweitert werden (siehe Mitteilungen über die berufliche Vorsorge Nr. 13 vom 13. November 1989, Ziff. 79). Zu Art. 23 BVG, dem Leistungsanspruch auf Invaliditätsleistungen, siehe *Moser M.,* Bedeutung und Tragweite von Art. 23 BVG, Versuch einer Bestandesaufnahme anhand der jüngeren Rechtsprechung, SZS 1995, S. 402 ff., und SZS 1996, S. 31 ff.

5.2 Gleichgewicht der Leistungen mit den Beiträgen

Die Pensionsversicherung kennt verschiedene Berechnungsarten, um den Beitrag bzw. die Prämie einerseits bzw. die Leistungen andererseits zu bestimmen.

5.21 Das Leistungsprimat im Vergleich zum Beitragsprimat

In der Versicherung gilt allgemein die Gleichung

$$\boxed{Leistung = Beitrag\ (Prämie)\ x\ Tarif}$$

Bei einem gegebenen Beitrag (= Prämie) ergibt sich daraus die versicherte Leistung – oder umgekehrt: Bei einer gewünschten Leistung wird der dafür erforderliche Beitrag (Prämie) berechnet. Es handelt sich hier um das *Beitragsprimat* oder das *Leistungsprimat*. Diese Begriffe sind bereits in Abschnitt 4.33 behandelt. Siehe insbesondere *Darstellung 4G*.

In Einzelfällen sind auch Mischformen denkbar, so für die Todesfall- und Invaliditätsversicherung ein Leistungsprimat und für die Altersvorsorge ein Beitragsprimat so wie beim BVG. Es handelt sich dann um ein *Duoprimat*.

Um bei einer Leistungsprimatkasse eine Kostenexplosion zu verhindern, kommen folgende Lösungen zur *Kosteneinsparung* in Betracht:

– *Einführung eines Plafonds*

Die versicherten Löhne werden nach oben begrenzt (z.B. Obergrenze CHF 130'000.–). Diese Methode führt zu einer Entlastung der Finanzierung, indem alle versicherten Löhne, welche die Höchstlimite (den Plafond plus Koordinationsbetrag) erreicht haben, nicht mehr erhöht werden. Um bedarfsgerechte Vorsorgeleistungen erbringen zu können und um den Vorsorgegrad zu erhalten, ist allerdings eine Korrektur des Plafonds von Zeit zu Zeit unumgänglich.

– *Degressive Anrechnung der Lohnerhöhungen*

Bei älteren Versicherten (z.B. ab Alter 55) werden Erhöhungen des versicherten Lohnes für die Bemessung der Beiträge zu 100%, jedoch für die Berechnung der Vorsorgeleistungen nur anteilmässig, nach einer degressiven Skala angerechnet.

Folgende Möglichkeiten zur Reduktion der Beiträge führen zwar zu keinen Einsparungen, aber zu *Kostenumverteilungen:*

- *Umwandlung von laufenden Beiträgen in Einmaleinlagen oder in eine Kollektivschuld*

  Aufgrund der versicherten Leistungen wird für jeden Versicherten (nach dem individuellen Äquivalenzprinzip) der jährliche Beitrag errechnet. Übersteigt dieser eine vorgegebene Limite (z.b. im Einzelfall 30% oder insgesamt 20% des versicherten Lohnes), wird der Exzedent barwertmässig aus dem freien Stiftungskapital oder einer patronalen Stiftung finanziert oder in eine Kollektivschuld bei der Versicherungsgesellschaft umgewandelt. Diese Schuld wird in jährlichen Raten durch die Vorsorgeeinrichtung oder durch Überschussrückvergütungen getilgt. Diese Finanzierungsmethode ist gelegentlich bei Vorsorgeeinrichtungen mit Kollektivversicherung anzutreffen.

Das Leistungsprimat privilegiert jene Mitarbeiter bzw. Mitarbeiterinnen, die über dem Durchschnittsalter liegen, vor allem dann, wenn sie grössere Lohnerhöhungen erhalten, die nach dem Leistungsprimat entsprechend höhere Vorsorgeleistungen zur Folge haben.

In den USA werden die Pension Plans sehr stark unterschieden nach Leistungsprimat- und Beitragsprimatkassen. Der Trend nach Beitragsprimatkassen ist auch dort unverkennbar.

Die Tendenzen zur *Desolidarisierung* in der beruflichen Vorsorge werden immer stärker. Selbst sehr gute Leistungsprimatkassen werden in Beitragsprimatkassen umgewandelt. Solidaritäten innerhalb der Pensionskasse werden abgebaut und durch individualisierte Vorsorgelösungen ersetzt. Von den Kapitalanlagen wird eine optimale Performance verlangt, die sofort den einzelnen Versicherten gutzuschreiben ist. Falsche, versteckte Solidaritäten, die der Mehrheit der Versicherten nicht bekannt sind, sollten durch eine grössere Transparenz mehr offengelegt werden.

Viele Personalvorsorgeeinrichtungen sind auf Drängen des Arbeitgebers in den letzten Jahren zum Beitragsprimat übergegangen, das aus der Sicht der Finanzierung erheblich transparenter ist. Zudem führt dieses zu teilweise erheblich höheren Freizügigkeitsleistungen und wird daher von den Jungen grösstenteils begrüsst. Auch nach Einführung eines Beitragsprimats darf in der Regel festgestellt werden, dass sich die Arbeitgeber keinesfalls aus der überobligatorischen Vorsorge zurückgezogen haben. Zwar sind die freiwilligen Zuwendungen an die Stiftungen allgemein in den letzten Jahren geringer geworden oder durch Einlagen in Arbeitgeberbeitragsreserven ersetzt worden (die im Teilliquidationsfall nicht geteilt werden müssen).

5. Leistungen bei Alter, Tod und Invalidität

Die Umstellung vom Leistungs- auf das Beitragsprimat – bei sonst insgesamt gleichen Bedingungen – erfordert für die Versicherten etwa ab dem 40. Altersjahr als Folge des fehlenden Solidaritätsausgleichs der Jungen eine substantielle Deckungskapitalverbesserung. Es können, wie Beispiele in der Praxis zeigen, Verstärkungen des Deckungskapitals von 5–15% notwendig werden. Weil sich die Freizügigkeitsleistungen der Jungen stark erhöhen, da sie nun mindestens die paritätischen Arbeitgeberbeiträge erhalten, kommt letztlich ein gleiche Leistungen erbringendes Beitragsprimat teurer als ein entsprechendes Leistungsprimat.

Auf den 1. Januar 2000 stellt z.B. die *Pensionskasse von Hoffman-La Roche* auf das Beitragsprimat um. Die Arbeitnehmerbeiträge betragen weiterhin 8,5% und jene des Arbeitgebers 17%. Die Verzinsung umfasst drei Komponenten: 1. fest 3% plus 2. Prozentsatz der Gesamtlohnsummenerhöhung (= Teuerungsausgleich) plus 3. einen allfälligen vom Stiftungsrat zu beschliessenden Zusatz aus dem Gewinn der Pensionskasse.

Leistungs- und Beitragsprimat nähern sich, wenn die Pensionskasse wie eine Kollektivversicherung nach dem individuellen Äquivalenzprinzip geführt wird. Es bestehen dann Berechnungen für jede einzelne Person. Jener Teil des Arbeitgeberbeitrags, der die Parität übersteigt, wird dann für die Finanzierung der Mehrkosten für die älteren Versicherten verwendet.

Nussbaum bestätigt in seinem Buch (Das System der beruflichen Vorsorge in den USA, 1999) einige Schlussfolgerungen für Leistungsprimatkassen aus dem amerikanischen Pensionskassensystem:

- Bei Leistungsprimatkassen besteht nur sehr wenig Mitsprache der Arbeitnehmer.
- Das Vermögen von Leistungsprimatkassen gehört zu den Aktiven der Firma und ist im Konkurs zu wenig geschützt.
- Bei einem Teil der Leistungsprimatkassen bestehen sehr erhebliche Unterdeckungen.
- Der Sicherheitsfonds Pension Benefit Guaranty Corporation PBGC deckt nur bescheidene Ansprüche.
- Überdeckungen bei Leistungsprimatkassen fallen weitgehend dem Arbeitgeber zu; auch daher wird eine aggressive Vermögenspolitik betrieben.

Beim Leistungsprimat müssen amerikanische Firmen neu entstandene technische Rückstellungen aus Leistungsverbesserungen erst nach 30 Jahren völlig ausfinanziert haben. Dadurch ergibt sich im Moment der Zusage eine erhebliche Unterdeckung. Im Insolvenzfall greift die staatliche Insolvenzversicherung teilweise ein (SPV 7/98, S. 542).

In den USA wird das Eigentum am Vermögen in Leistungsprimateinrichtungen dem Unternehmen zugeordnet, auch der Überschuss über das versicherungstechnisch notwendige Kapital (vgl. *Nussbaum*, a.a.O., S. 484).
Zur Umstellung vom Leistungs- auf das Beitragsprimat siehe Abschnitt 5.9.

5.22 Individuelles und kollektives Äquivalenzprinzip

Der Grundsatz von *Leistung = Prämie x Tarif* in der Versicherung entspricht jenem der Äquivalenz von Preis und Ware im Wirtschaftsleben ganz allgemein.

"Unter *Äquivalenz* verstehen wir das versicherungstechnische Gleichgewicht von Einnahmen und Ausgaben aufgrund von Rechenannahmen (langfristig/ kurzfristig; statisch/dynamisch; offen/geschlossen). Wir sprechen von *individueller* Äquivalenz, wenn dieses Gleichgewicht für jeden einzelnen Versicherten zutrifft, bzw. von *kollektiver* Äquivalenz, wenn dieses Gleichgewicht nur für ein gegebenes Versichertenkollektiv zutrifft" (aus: "Grundsätze und Richtlinien für Pensionsversicherungsexperten, hrsg. von der Schweizerischen Vereinigung der Versicherungsmathematiker und der Schweizerischen Kammer der Pensionskassenexperten, 1990, S. 4).

Unterschieden wird somit die *individuelle Äquivalenz* von der *kollektiven Äquivalenz*. Individuelle Äquivalenz bedeutet, dass die Gleichung für jedes Individuum, also jeden einzelnen versicherten Arbeitnehmer, gilt. Kollektive Äquivalenz bedeutet die Erfüllung der Gleichung für den Bestand eines Kollektivs, hier einer Pensionskasse, als Ganzes.

Es ist bei der kollektiven Äquivalenz also in der Regel so, dass einzelne *Versichertenkategorien (z.B. die Jungen) für andere bezahlen*. Mit dem BVG und der Pflicht zur Bildung der altersabhängigen Altersgutschriften und dem FZG (Freizügigkeitsgesetz) wird die kollektive Äquivalenz in Zukunft stark eingeengt.

Sofern die kollektive Äquivalenzmethode nicht mehr auf die gleiche Generation beschränkt wird, gelangen wir zum *Umlageverfahren,* das die Versicherungskosten späteren Generationen auferlegt.

Bei der kollektiven Äquivalenz stellt sich die Frage, ob *Durchschnittsbeiträge* oder *nach Alter gestaffelte Beiträge* (siehe Skala gemäss Art. 16 BVG) erhoben werden sollen. Beide Arten haben ihre Vor- und Nachteile.

Ein Problem der kollektiven Äquivalenz kann sich bei *gemeinsamen Pensionskassen mehrerer Unternehmen* ergeben (z.B. Pensionskassen von Konzernen), da dort die Bestimmungen von Art. 331 Abs. 3 OR u.a. je Arbeitgeber beobachtet werden müssen (siehe auch Abschnitt 8.31). Die kollektive Äquivalenz darf sich aus rechtlichen Gründen *nur beschränkt auf die Versicherten von verschiedenen Arbeitgebern beziehen.* Arbeitgeberbeitragsreserven müssen auseinandergehalten werden.

Die Privatversicherung und damit auch die Form der Kollektivversicherung ist auf dem Grundsatz der *individuellen Äquivalenz* aufgebaut. Die autonomen Kassen dagegen genügen den versicherungstechnischen und betriebswirtschaftlichen Anforderungen, wenn die Risiken nach der *kollektiven Äquivalenzmethode* gedeckt sind. Die verhältnismässig einfachen klassischen Berechnungsmethoden der Versicherungsmathematik für individuelle Risiken stellen demnach kein Zwangsschema dar, das unbedingt und ausnahmslos bei Pensionskassen, die kollektive Risiken tragen, anzuwenden ist (siehe Abschnitt 8.3).

Die Aufgabe des Versicherungsmathematikers ist vor allem anspruchsvoll bei *autonomen Pensionskassen mit kollektivem Äquivalenzprinzip.* Vorsorgeeinrichtungen mit Kollektivversicherungen oder Spareinrichtungen mit Risikoversicherungen und auch autonome oder teilautonome Kassen mit individueller Äquivalenz von Beitrag und Leistung sind dagegen auch für Laien überblickbar, was häufig gerade eine Stärke dieser Vorsorgeformen ist.

5.23 Besondere Leistungspläne (Final-Pay-Plan, Career-Average-Plan)

Es ist in der Praxis üblich, *die Alters- oder Invalidenrente formelmässig zu bestimmen* und alle übrigen Leistungen in Relation zu diesen festzulegen.

Bei einer *gutausgebauten Pensionskasse* stehen die Leistungen *in folgendem Verhältnis,* welches auch das BVG vorsieht, zueinander:

Altersrente	Festgelegt nach Modell (je nach der Zahl der Dienstjahre im Pensionierungsalter zwischen 30% und 70% der versicherten Besoldung)
Invalidenrente	100% Altersrente
Witwenrente	60% Altersrente
Waisenrente	20% Altersrente (mit Verdoppelung für Vollwaisen)
Pensionierten-Kinderrente	20% Altersrente
Invaliden-Kinderrente	20% Altersrente

5.2 Gleichgewicht von Leistungen und Beiträgen

Die Alters- oder Invalidenrente wird nach dem Beitrags- oder Leistungsprimat bestimmt. Immer häufiger findet man aber auch *Mischformen,* bei denen die Invaliditäts- und Todesfalleistungen nach dem Leistungsprimat, die Altersleistungen dagegen nach dem Beitragsprimat errechnet werden (Duoprimat).

Der *reine BVG-Plan* ist grundsätzlich, namentlich mit Bezug auf die Altersleistungen, ein Beitragsprimat, da die Leistungen aufgrund der Beiträge errechnet werden.

Einige besondere *Pläne* sollen kurz beschrieben werden:

– *Final-Pay-Plan*

Die Rentenhöhe wird einerseits durch die versicherte Besoldung und andererseits durch die Anzahl Dienstjahre im Pensionierungsalter bestimmt.

$$R^A = \alpha \cdot B^{vers} \cdot d_s = B^{vers} \cdot \alpha \cdot d_s$$

wobei R^A Altersrente

α Rentensatz (Rente in Prozenten der versicherten Besoldung) für ein Dienstjahr (d_s)

B^{vers} versicherte Besoldung

d_s Dienstjahre im Pensionierungsalter

– *Career-Average-Plan*

Den Career-Average-Plan finden wir oft bei Personalvorsorgeeinrichtungen von angloamerikanischen Gesellschaften. Er wird deshalb in Europa auch etwa als "klassischer Amerikanerplan" bezeichnet. Dieser Plan sieht Rentenleistungen vor, deren Höhe einerseits durch den Mittelwert aller versicherten Besoldungen bis zum Pensionierungsalter und der Dienstjahre im Pensionierungsalter bestimmt wird.

$$R^A = \alpha \cdot d_s \cdot \frac{[B^{vers}_{x_o} + B^{vers}_{x_o+1} + \ldots + B^{vers}_{x_o+d_s-1}]}{d_s} = \alpha \cdot \sum_{u=x_o}^{x_o+d_s-1} B^{vers}_u$$

wobei x_o Alter bei Eintritt in die Vorsorgeeinrichtung

Beim Amerikanerplan wird jedes Jahr eine zusätzliche Altersrente von $\alpha\%$ der jeweils versicherten Besoldung neu erworben und normalerweise mit einer Einmalprämie (Einmaleinlage) im gleichen Jahr finanziert.
Bei dieser Konstruktion ist es unmöglich, die Invaliditäts- und Todesfalleistungen in Relation zur jeweils versicherten Altersrente festzulegen, da letz-

tere von Grund auf errichtet wird und somit am Anfang der Versicherungsperiode gering ist. Es ist deshalb sinnvoll, die Invaliditäts- und Todesfalleistungen in Prozenten der projizierten Altersrente (Altersrente, welche sich ergäbe, wenn bis zum Pensionierungsalter inskünftig jährlich $\alpha\%$ der letzten versicherten Besoldung eingekauft würden) auszudrücken.

– *Andere Vorsorgepläne*

Plan 1: Die Rentenleistungen werden durch die versicherte Besoldung und die zurückgelegten Dienstjahre bestimmt.

$$R^A = \alpha \cdot B^{vers} \cdot d$$

wobei d zurückgelegte Dienstjahre

Die Altersrente wird üblicherweise wie beim Amerikanerplan gebildet und finanziert.
Die Invaliditäts- und Todesfalleistungen berechnen sich in Prozenten der projizierten Altersrente.

Plan 2: Die Rentenleistungen werden in Prozenten der durchschnittlichen versicherten Besoldung der letzten zehn Jahre berechnet.

Plan 3: Die Altersrente wird in Prozenten der Summe aller persönlichen Beiträge errechnet. Die Invaliditäts- und Todesfalleistungen stehen in einer festen Relation zur jeweils versicherten Besoldung.

5.3 Auszahlung der Leistungen in Kapital- oder Rentenform

Mit Bezug auf die Auszahlungsart der Leistungen sieht Art. 37 BVG folgendes vor:

Art. 37 BVG Form der Leistungen

¹Alters-, Hinterlassenen- und Invalidenleistungen werden in der Regel als Rente ausgerichtet.

²Die Vorsorgeeinrichtung kann anstelle der Rente eine Kapitalabfindung ausrichten, wenn die Alters- oder die Invalidenrente weniger als 10 Prozent, die Witwenrente weniger als 6 Prozent, die Waisenrente weniger als 2 Prozent der einfachen Mindestaltersrente der AHV beträgt.

³Die reglementarischen Bestimmungen können vorsehen, dass der Anspruchsberechtigte anstelle einer Alters-, Witwen- oder Invalidenrente eine Kapitalabfindung verlangen kann. Für die Altersleistung hat der Versicherte die entsprechende Erklärung spätestens drei Jahre vor Entstehung des Anspruches abzugeben.

⁴Der Versicherte kann, ohne dass es die reglementarischen Bestimmungen vorsehen, unter Wahrung dieser Frist einen Teil der Altersleistungen in Form einer Kapitalabfindung verlangen, soweit er das Kapital zum Erwerb von Wohneigentum für den Eigenbedarf oder zur Amortisation der auf ihm bereits gehörendem Wohneigentum haftenden Hypothekardarlehen verwendet. Die Kapitalabfindung darf seine Altersrente um höchstens die Hälfte schmälern.

Aus *Darstellung 5B* ist ersichtlich, dass die weitaus überwiegende Zahl der Begünstigten eine Rente bezieht.

Nach *Art. 37 Abs. 3 BVG* kann der Versicherte anstelle der Alters-, Invaliden- oder Witwenrente eine Kapitalabfindung verlangen, sofern dies das Reglement vorsieht. Die Kapitalisierung der Altersrente muss drei Jahre vorher beantragt werden. Der Versicherte kann nach *Art. 37 Abs. 4 BVG,* ohne dass dies das Reglement vorsieht, höchstens die halbe Altersrente in Kapitalform beziehen, sofern er die Forderung drei Jahre vor dem Rücktrittsalter stellt und das Kapital zum Erwerb von Wohneigentum für den Eigenbedarf oder zur Amortisation von Hypothekardarlehen verwendet.

Um die Vorsorgeeinrichtung vor Antiselektion (negative Risikoauswahl) zu schützen, ist der *Entscheid "Kapital oder Altersrente"* spätestens drei Jahre vor Entstehen des Anspruchs anzumelden (laut Art. 37 Abs. 3 BVG). Diese Frist kann von den einzelnen Vorsorgeeinrichtungen in ihren Reglementen verkürzt werden, sofern die Antiselektion für die betroffene Kasse keine negativen Folgen hat und eine entsprechende Bestätigung des Experten dieser Einrichtung vorliegt (Stellungnahme des BSV, in: Mitteilung über die berufliche Vorsorge Nr. 42 vom 29. Oktober 1998, Rz 248).

5. Leistungen bei Alter, Tod und Invalidität

Darstellung 5B

Leistungen nach der Pensionskassenstatistik

1996	Anzahl Bezüger	Beträge in Mio. CHF
• Zahlungen bei Alter, Tod und Invalidität		
– Renten	647'000	12'508
davon		
– Altersrenten	353'000	
– Witwen-/Witwerrenten	136'000	
– Invalidenrenten	80'000	
– Kinderrenten	42'000	
– übrige (aus Wohlfahrtsfonds u.a.)	36'000	
– Kapital	30'000	2'842
• Austrittsleistungen (Freizügigkeit)	440'500	11'900
• Auszahlungen zur Wohneigentumsförderung	24'500	1'500
Quelle: Pensionskassenstatistik 1996		

Grundsätzlich sollte die berufliche Vorsorge einen *Ersatz* für den nach Eintritt des Versicherungsfalles (Rücktrittsalter, Tod, Invaliderklärung) ausbleibenden Lohn darstellen. So wie der Lohn, so sollte auch die Vorsorgeleistung in *periodischen,* dem Lebensunterhalt dienenden Leistungen erfolgen. Am besten kann dies durch eine an das Leben des Begünstigten gebundene Rente geschehen. Die Renten sind in der Regel monatlich zahlbar.

Die staatlichen Sozialversicherungen (z.B. AHV) im In- und Ausland sehen in aller Regel monatliche Renten vor. Selten sind dies Kapitalleistungen.

Eine *Kapitalauszahlung* kann zu einer unbefriedigenden und unzweckmässigen Vorsorge führen, indem der Begünstigte entweder zuviel oder zuwenig von seinem Kapital braucht. Braucht er zu wenig, so fallen Teile an die Erben; braucht er zu viel, so muss er in den letzten Lebensjahren darben oder ist auf anderweitige Unterstützung angewiesen. Beides widerspricht dem Vorsorgegedanken und Stiftungszweck und kann dem Ruf der Vorsorgeeinrichtung und der dahinterstehenden Firma abträglich sein. Durch die Kapitalleistung wird dem Begünstigten ein versicherungstechnisches Risiko überbunden (nämlich das der Lebenserwartung), welches gerade die Vorsorge- oder Versicherungseinrichtung tragen sollte.

Eine eigentliche, vollausgebaute Rentenversicherung kann aber nicht eingeführt werden, wenn nicht genügend Mittel vorhanden sind. Kapitalauszahlungen scheinen für viele mehr zu sein als eine entsprechende Rente. *So entspricht*

5.3 Auszahlung der Leistungen in Kapital- oder Rentenform

im Alter von 65 Jahren ein Kapital von Fr. 50'000.– einer monatlichen Altersrente von nur Fr. 300.– (bei einem Rentensatz von 7,2%, wie dies Art. 17 Abs. 1 BVV 2 vorsieht). Der Umwandlungssatz von 7,2% stützt sich auf die Grundlagen EVK 1980 für Männer im Alter 65 mit einem technischen Zinsfuss von 3,5%. Dieser Umwandlungssatz wird auch für Frauen angewandt, obwohl sie drei Jahre früher in Pension gehen und generell eine höhere Lebenserwartung aufweisen.

Eine *Kapitalauszahlung* anstatt einer Rente hat für den Empfänger jedoch verschiedene *Vorteile*. Diese sind vor allem steuerlicher Art, indem die Einkommenssteuer darauf in vielen Kantonen erheblich niedriger ist als auf Renten. Mit Kapitalauszahlungen können höher verzinsliche Schulden abgelöst werden. Bei niedrigen Einkommen ist eine Kapitalauszahlung günstig wegen allfälliger Ergänzungsleistungen zur AHV.

Die Vorteile von Kapitalauszahlungen für den Arbeitgeber und die Stiftung bestehen darin, dass das "Langlebigkeitsrisiko" des Versicherten entfällt. Auch stellt sich die Frage nicht nach Teuerungsanpassungen.

Werden Kapitalien (auch Überlebenszeitrenten und Prämienrückgewährbeträge) als Todesfalleistungen ausgerichtet, so empfiehlt es sich, im Reglement die *Ansprüche entsprechend dem Verwandtschaftsverhältnis* zu regeln. Im Versicherungsvertrag ist das nur beschränkt möglich. Ehegatten und minderjährige Kinder haben immer Anspruch auf die volle Todesfalleistung. Eltern, volljährigen Kindern sowie Personen, welche vom Versicherten regelmässig unterstützt wurden, kann ein Anspruch auf drei Viertel der Todesfalleistung zugebilligt werden. Weitere Personen (grosselterlicher Stamm) können unter Umständen aus steuerlichen Gründen nicht begünstigt werden, wenn dadurch beim Arbeitnehmer die Anwartschaft auf das Sparkapital als Vermögen versteuert werden müsste. Es steht dann vielfach im Ermessen des Stiftungsrates, diesen Personen Fürsorgeleistungen zukommen zu lassen. Die *nicht verwendeten Teile* der von der Versicherungsgesellschaft ausbezahlten Todesfallsummen fliessen in der Regel *in das freie Stiftungsvermögen*.

Es kann je nach Vorsorgereglement auch eine *Variante mit Teilrente und Teilkapital* gewählt werden. Die Witwe hat die Kapitaloption vor der ersten Rentenzahlung abzugeben. Besondere Bestimmungen gelten für Kapitalabfindungen (bis maximal der Höhe der halben minimalen Altersrente gemäss BVG) zur *Förderung des Wohneigentums* (Art. 37 Abs. 4 BVG). Invalidenrenten sollten nicht durch Kapitalleistungen abgegolten werden. Mit der Kapitalauszahlung sind grundsätzlich alle BVG-Ansprüche, insbesondere allfällige Anpassungen an die Teuerung, abgegolten.

Eine Umwandlung eines Kapitals erst im Versicherungsfall in eine Rente erfolgt wegen der Selektionsmöglichkeit des Begünstigten (je nach seinem Gesundheitszustand) zu einem ungünstigeren Tarif, als wenn die Rente schon seit längerem vorgesehen war. Bei einer Versicherung würde eine solche Umwandlung dann zum *Einzelversicherungstarif* und nicht zum günstigeren Kollektivversicherungstarif vorgenommen. Dagegen kommt bei einer Einzelversicherung der Gewinnanteil dem Begünstigten zugute, bei der Kollektivversicherung fällt er in der Regel an die Stiftung.

Kombinationen von Kapital- und Rentenauszahlung bilden eine Art Zwischen- oder Übergangslösung. In vielen Fällen war vor dem BVG eine Kapitalversicherung die Vorläuferin einer vollausgebauten Pensionsversicherung, die in der Regel nicht auf ersten Anhieb geschaffen werden kann.

Es ist zweckmässig, im Reglement für *Bagatellrenten,* also wenn die Rente eine minimale Höhe nicht erreicht, eine *Kapitalauszahlung* vorzusehen. Eine Auszahlung als Kapitalabfindung ist (gemäss Art. 37 Abs. 2 BVG) dann angemessen, wenn die Alters- oder Invalidenrente weniger als 10%, die Witwenrente weniger als 6% und die Waisenrente weniger als 2% der einfachen minimalen AHV-Altersrente betragen würde.

Sind die *Renten sehr klein* und die Rentenempfänger der untersten Einkommenskategorie angehörend, so können sich Kapitalablösungen empfehlen, da andernfalls lediglich *AHV-Ergänzungsleistungen* unterbleiben oder gekürzt werden. (*Beispiel:* Bei der Liquidation einer Spinnerei und deren Stiftung im Kanton Glarus haben die Begünstigten von den zugesprochenen Zusatzrenten aus diesem Grunde effektiv nur sehr wenig erhalten.)

Mit Bezug auf die Besteuerung der Kapitalauszahlungen im Vergleich zu den laufenden Renten siehe Abschnitt 7. Wenn die Besteuerung der Kapitalauszahlungen künftig höher werden soll, so wird dies zu einer Wende führen in dem Sinne, dass dann Renten im Vergleich zum Kapital vorteilhafter besteuert werden.

Ein wesentlicher Unterschied zwischen Kapital und Rente ergibt sich beim Ableben. Das dann noch vorhandene Kapital fällt in die Erbschaft und wird an alle gesetzlichen Erben verteilt (unter Abzug von Erbschaftssteuern). Eine Rente läuft in der Regel mit 60% oder 70% als Witwenrente weiter (ohne Erbschaftssteuer und ohne dass die anderen gesetzlichen Erben, wie Kinder, daran teilhaben). Eine Rente begünstigt somit in der Regel die Ehefrau, ein Kapital eher die Kinder.

Ob ein Kapital oder eine Rente bezogen wird, sollte nicht der Gesetzgeber (durch eine Gesetzesbestimmung) entscheiden, sondern das paritätische Organ der Stiftung bzw. der Versicherte selbst.

Kapitalauszahlungen sind im angloamerikanischen Pensionskassensystem weitgehend üblich und auch bei uns immer beliebter, trotz der Gefahr, dass der Vorsorgeschutz verlorengehen kann.

5.4 Fixes oder flexibles Pensionierungsalter, Frühpensionierungen

In der Schweiz kennen wir auch bei Vorsorgeeinrichtungen fast durchwegs das *Pensionierungsalter der AHV: Männer 65, Frauen 62*. Dies sieht auch *Art. 13 BVG* vor. Einzelne Pensionskassen bzw. Unternehmen kennen eine *tiefere Altersgrenze*, z.B. generell 63 oder 62 Jahre oder Männer 62 und Frauen 60. Doch dies führt zu bedeutenden Mehrkosten.

Heute ist bei vielen Pensionskassen das *flexible Pensionierungsalter* eingeführt. Eine *Erhebung von 1979* (Dissertation *Gertrud Schönholzer*, St. Gallen) zeigt, dass damals bereits von 42 Unternehmen in der deutschen Schweiz mit mehr als 1'000 Mitarbeitern 31 eine vorzeitige Pensionierung kannten, wobei 22 die versicherungstechnische Rentenkürzung dem Mitarbeiter voll anlasteten, 9 keine vorzeitige Pensionierung zuliessen und 2 eine Altersgrenze unter 65 Jahren aufwiesen.

Beim *BVG* besteht gemäss Art. 13 Abs. 2 ausdrücklich die Möglichkeit, dass die reglementarischen Bestimmungen der Vorsorgeeinrichtung vom ordentlichen Pensionierungsalter insofern abweichen, als "der Anspruch auf Altersleistungen mit der Beendigung der Erwerbstätigkeit" entstehen kann. "In diesem Fall ist der Umwandlungssatz (Art. 14 BVG) entsprechend anzupassen."

Die AHV-Altersrente kann einerseits um ein, maximal bis fünf Jahre, also bis 70 für Männer und 67 für Frauen, aufgeschoben werden. Seit der 10. AHV-Revision können Männer die Rente andererseits um ein Jahr, ab 2001 um zwei Jahre, Frauen ab 2001 um ein Jahr und ab 2005 um zwei Jahre vorbeziehen. Dies hat natürlich auch Signalwirkungen auf die Zweite Säule.

a) Vorgezogene Pensionierung (Frühpensionierung)

Die Tendenz zur Frühpensionierung wird auch die Zweite Säule und die Sozialversicherungen belasten. So wird wohl in einigen Jahren die Hälfte der 55–64jährigen nicht mehr berufstätig sein, wie dies heute schon in Deutschland der Fall sein soll. Gemäss Prognose soll in Deutschland im Jahr 2030 auf einen Beitragspflichtigen ein Rentner kommen. Der IDA FiSo 2-Bericht ist zu optimistisch. Die Realität im Jahr 2010 wird noch ungünstiger sein.

Durch die vorgezogene Pensionierung werden nicht nur *zusätzliche Renten* fällig, sondern es entfällt (wie bei der Invalidität, doch dort ist sie eingerechnet) auch die *Beitragsleistung* in den betreffenden Jahren, was oft übersehen wird. Insbesondere beim kollektiven Äquivalenzprinzip oder beim Leistungsprimat können die erforderlichen Beiträge in den letzten Jahren vor der Pensionierung *ausserordentlich hoch* sein (infolge Lohnerhöhungen, Erhöhungen des anrechenbaren Lohnmaximums usw.).

5. Leistungen bei Alter, Tod und Invalidität

Bei *vollem Ausgleich* wären danach folgende Posten zu finanzieren:

- zusätzliche *Renten* der Vorsorgeeinrichtung,
- entgangene Arbeitnehmer- und Arbeitgeber*beiträge* an die Vorsorgeeinrichtung bis zum ordentlichen Terminalter,
- fehlende *AHV-Renten* (vor dem 65. bzw. 62. Altersjahr),
- evtl. zusätzliche *AHV-Beiträge*.

Bei vorzeitiger Pensionierung entfallen andererseits bei Leistungsprimatkassen *künftige Rentenerhöhungen,* da keine Salärerhöhungen mehr angerechnet werden. Dies kann eine wesentliche Entlastung bringen.

Es ist nicht vermeidbar, dass bei vorgezogenem Pensionierungsalter – bei der AHV wie bei der beruflichen Vorsorge – *entweder eine niedrigere Rente in Kauf genommen oder eine Zusatzfinanzierung* geleistet werden muss. Der Ausgleich kann bei gekürzter Rente durch die dritte Säule erfolgen.

Es stellt sich die Frage, wer die Kosten dafür, die im Normalfall umgelegt einer Reduktion der Rente um etwa 6‰ je Monat bzw. etwa 7–8% je Jahr entsprechen, tragen soll. Je nach Finanzierungssystem können sich höhere oder niedrigere Abzüge ergeben (z.b. wirkt sich hier aus, ob Leistungsverbesserungen in den früheren Jahren mit Einlagen oder mit Mehrbeiträgen finanziert wurden). Ebenso ist zu berücksichtigen, dass in der Zeit vor dem 65. bzw. 62. Altersjahr keine AHV-Rente bezahlt wird. Die 10. AHV-Revision ermöglicht neu den Rentenvorbezug.

Die beste Lösung wäre m.E., bei den Pensionskassen das *Rücktrittsalter zwischen 62 und 65 für Frauen und Männer frei wählen zu lassen* unter Anpassung der Rente (z.B. bei normaler Beitragsfinanzierung ± 8% pro Jahr). Siehe *Darstellung 5C*.

Einzelne Unternehmen haben das Problem, dem Arbeitnehmer entgegenkommend, so gelöst, dass die durch die vorzeitige Pensionierung technisch notwendige Rentenreduktion *auf die Hälfte vermindert* wird (also 4% je vorgezogenes Jahr). Der Arbeitgeber steuert dann, z.b. aus der Arbeitgeberausgleichsreserve, die andere Hälfte in Form einer Einmaleinlage bei. Oft liegt eine vorzeitige Pensionierung auch im Interesse des Arbeitgebers und bringt ihm auf der Lohnseite eine Entlastung. Einige kantonale Kassen haben bereits seit einigen Jahren gleiche Rücktrittsalter für Männer und Frauen (z.B. Basel-Stadt 63/63, Bern 63/63, Jura 62/62).

Heute kennt eine grosse Zahl von Unternehmen die Möglichkeit der Frühpensionierung (so fast alle grossen börsenkotierten Gesellschaften, aber auch Kantone und grössere Gemeinden). Dabei beträgt die Rentenkürzung 0,3–0,5% pro Monat Vorbezugszeit.

Bei einer vorzeitigen Pensionierung ist zu beachten, dass *AHV-Beiträge* nach den Bestimmungen für Nichterwerbstätige entrichtet werden müssen. Die Beiträge richten sich nach dem Vermögen, wobei die Rente verdreissigfacht

Darstellung 5C
Flexibles Pensionierungsalter

Altersrentenbeginn im Alter von ...		Rentenhöhe in %	
Männer	Frauen	Volle Anpassung der Rente[1]	Anpassung nur zur Hälfte[2]
62	–	76%	88%
63	60	84%	92%
64	61	92%	96%
65	62	100%	100%
67	64	116%	116%
70	67	140%	140%

[1]In diesem Beispiel wird angenommen, dass die (nicht mehr zu erbringenden) Arbeitnehmer- und Arbeitgeberbeiträge in den Jahren vor dem ordentlichen Terminalter 65 bzw. 62 durchschnittlich wären. Andernfalls ergeben sich weitere Kürzungen.
[2]Reduzierte Kürzung auf die Hälfte unter der Annahme, die andere Hälfte finanziere der Arbeitgeber.

angerechnet wird (gilt seit der 9. AHV-Revision). Dadurch können sich erhebliche AHV-Beiträge ergeben, an die der Frührentner in der Regel nicht denkt. Auch Invalide unterliegen dieser Beitragspflicht, nicht dagegen Witwen.

Ein Rentenvorbezug ist für viele Versicherte nur sinnvoll, wenn dies gleichzeitig nicht nur bei der beruflichen Vorsorge, sondern auch bei der AHV möglich ist. Eine Koordination ist notwendig und unbestritten. Die Frage des flexiblen Rentenalters ist für die berufliche Vorsorge allein nur als Notbehelf lösbar. Daher ist die schrittweise Einführung des vorzeitigen Altersrentenbezugs mit der 10. AHV-Revision zu begrüssen.

Die Frage des einheitlichen Rentenbeginns stellt sich auch unter dem Gesichtspunkt der *Gleichbehandlung der Geschlechter* (gemäss Art. 4 Abs. 2a BV). In einem unveröffentlichten Bundesgerichtsentscheid (erwähnt in: NZZ 29. April 1986, S. 36) wurde betreffend die Pensionskasse für die Beamten des Kantons Neuenburg anerkannt, "dass das nach Geschlechtern differenzierte Pensionierungsalter" des kantonalen Gesetzes verfassungswidrig ist. Dies bedeutet die Pflicht der gesetzgebenden Behörde, die festgestellte Geschlechterdiskriminierung zu beheben. Art. 4 Abs. 2a BV wendet sich an den Gesetzgeber, das Nötige vorzukehren.

Die *Lebensversicherer* in der Schweiz wenden in den letzten fünf dem ordentlichen Rücktrittsalter vorangehenden Versicherungsjahren bei BVG-Versicherungen folgende Umwandlungssätze an (laut Personalvorsorge, Oktober 1987, hrsg. von der Rentenanstalt):

5. Leistungen bei Alter, Tod und Invalidität

Pensionierung im Alter von … Jahren	Umwandlungssatz in Prozenten des vorhandenen Altersguthabens	
	Männer	Frauen
57		6,32%
58		6,47%
59		6,64%
60	6,24%	6,81%
61	6,42%	7,00%
62	6,60%	7,20%*
63	6,79%	
64	6,99%	
65	7,20%*	

*BVG-Ansatz

Die fehlenden Beiträge bis zum ordentlichen Rücktrittsalter einerseits und die Reduktion des Umwandlungssatzes andererseits bewirken im Modell unter Annahme eines Jahreslohnes gemäss BVG-Maximum (Stand 1987) gemeinsam folgende Kürzungen der Altersleistungen:

Bei Vorverlegung der Pensionierung	Leistungskürzungen
1 Jahr	6,4%
2 Jahre	12,5%
3 Jahre	18,2%
4 Jahre	23,7%
5 Jahre	28,9%

Eines der wesentlichen Anliegen der 1. BVG-Revision von 1999 ist, den Umwandlungssatz ab dem Jahr 2004 bis 2016 von heute 7,2% auf 6,65% zu senken. Entsprechend angepasst werden muss auch die Skala für die vorzeitige Pensionierung.

Bei den *Überbrückungsrenten*, die viele Personalvorsorgeeinrichtungen bei vorzeitiger Pensionierung gewähren (um die noch fehlende, erst ab dem 65. bzw. 62. Altersjahr beginnende AHV-Rente zu ersetzen), stellt sich die Frage, ob ein Vorbezug der AHV-Rente, wie dies seit der 10. AHV-Revision möglich ist, an diesen Überbrückungsrenten etwas ändert. Die Vorsorgeeinrichtung ist frei, wie sie dies im Reglement festlegen will. Viele Kassen halten an ihrer bisherigen (grosszügigen) Regelung fest und betrachten einen eventuellen Vorbezug als Sache des einzelnen Versicherten.

Bei der Zweiten Säule haben viele Kassen von der Möglichkeit Gebrauch gemacht, zwischen dem Alter 60 und 65 eine flexible Pensionierung einzuführen. Dabei werden die versicherungstechnisch notwendigen Kürzungen häufig zugunsten des Rentners um die Hälfte oder noch mehr reduziert. Zudem wird oft die noch fehlende AHV-Rente ganz oder teilweise ausgeglichen. Da vorzeitige Pensionierungen dem Unternehmen zugute kommen, erfolgt die notwendige Verstärkung des Deckungskapitals (für die nicht adäquate Rentenkürzung) meistens zu Lasten der Firma, so z.b. aus der Arbeitgeberbeitragsreserve oder aus Zuschüssen von Fall zu Fall und weniger aus dem freien Stiftungskapital.

So will beispielsweise die *Swisscom* jede fünfte Stelle abbauen und dabei Tausende von Mitarbeitern frühpensionieren. Ab 55 Jahren und 19 Dienstjahren wird eine Pension von 70–75% des bisherigen Lohnes angeboten. 2'200 Mitarbeiter haben dieses Angebot bereits Ende 1997 genutzt.

b) *Hinausgeschobene Pensionierung*

Es stellt sich hier auch die umgekehrte Frage des *aufgeschobenen Rentenbeginns*, also des *Hinausschiebens der Pensionierung* über das 65. Altersjahr.

Auch volkswirtschaftlich ist es erwünscht, nicht alle guten Kräfte durch starre Pensionierungsgrenzen lahmzulegen. Der eine ist schon mit 55 psychisch und physisch ein Greis, der andere kann noch mit 70 auf dem Höhepunkt seiner Schaffenskraft stehen. Eine einheitliche, allseitig befriedigende Lösung dieses Problems wird sich infolge der verschiedenen gegensätzlichen Interessen nie finden lassen. Wenn ein Arbeitnehmer über das Pensionierungsalter hinaus arbeitet, stellt sich die Frage, was mit den fällig werdenden Altersleistungen erfolgen soll. Gegen eine Auszahlung sprechen sozialpolitische und steuerliche Gründe. Der Versicherte soll nicht von der Altersversicherung im Sinne eines Lohnzusatzes zehren, bevor er in den Ruhestand tritt. Steuerlich erfolgt beim effektiven Dienstaustritt bisher (z.B. im Kanton Zürich bis 1998) eine Zwischeneinschätzung, nach der das bisherige Arbeitseinkommen wegfällt und nur noch die Vorsorgeleistung erfasst wird. Eine Auszahlung vor dem effektiven Altersrücktritt hätte eine Kumulierung mit dem Salär zur Folge mit entsprechender Auswirkung auf die Steuerprogression.

Die Altersleistungen können bei Hinausschieben des Rücktrittstermins zinstragend angelegt und alsdann in Form einer Kapitalsumme ausbezahlt werden. Sind Alters- und Witwenrenten versichert, so lassen sich infolge der kürzeren Rentendauer die Renten wesentlich erhöhen. Dieses Hinausschieben des Rentenbeginns kennt auch die AHV.

Bei aufgeschobenem Rentenbeginn hört die *Beitragspflicht* indessen in der Regel mit dem Terminalter 65 (bzw. 62 für Frauen) auf. Dies gilt für die Vorsorgeeinrichtungen, nicht aber für die AHV/IV.

Zum Abschluss dieses Kapitels sei aber darauf hingewiesen, dass auch *Tendenzen bestehen, das Pensionierungsalter generell heraufzusetzen*. Die rapid steigende Überalterung der Industrieländer führt zu einem starken Anwachsen der Rentnerzahlen und zu einer Verschlechterung der Finanzlage der Sozialversicherung. In den *USA* spricht man von einer Erhöhung des Pensionierungsalters über 65. Sowohl Deutschland als auch die Niederlande kennen in der Sozialversicherung auch für Frauen das generelle Rücktrittsalter von 65 Jahren. Dies steht in offensichtlichem *Gegensatz zur Tendenz, durch frühere Pensionierung Arbeitsplätze neu besetzen zu können,* um damit der in vielen Ländern herrschenden hohen Arbeitslosigkeit entgegenwirken zu können. In Frankreich nennt man dies contrat de solidarité. So gesehen ist die für die AHV beschlossene sukzessive Erhöhung des Rentenalters der Frauen von 62 auf 65 – wie die Männer – angemessen.

c) *Stellungnahme des BSV*

Zum *Vorbezug und Aufschub der BVG-Altersrenten* hat das BSV folgende Stellungnahme abgegeben (in: Mitteilungen über die berufliche Vorsorge Nr. 7 vom 5. Februar 1988, Ziff. 37):

"*Vorbezug und Aufschub der Altersrenten/Anpassung des Umwandlungssatzes* (Art. 13 Abs. 2 BVG)

Das BVG sieht vor, dass der Anspruch auf Altersleistungen generell mit Alter 65/62 fällig wird. Im Reglement einer Vorsorgeeinrichtung kann nun aber vorgesehen werden, dass dieser Anspruch *mit der Beendigung der Erwerbstätigkeit* entsteht (Art. 13 BVG). Dies kann somit den Vorbezug oder den Aufschub der Altersleistungen bewirken. In aller Regel wird dabei davon ausgegangen, dass die Beendigung der Erwerbstätigkeit eine vollständige ist.

Wie sind nun aber die nachfolgenden Fälle zu behandeln, wenn jemand in reduziertem Masse weiterhin tätig ist?

1. Im Falle einer vorzeitigen Pensionierung

a) *Arbeitet eine Person im gleichen Betrieb* in reduziertem Umfange weiter, so handelt es sich nicht um eine vorzeitige Pensionierung, da der Betreffende bei diesem Arbeitgeber die Erwerbstätigkeit ja noch nicht aufgibt. Erreicht er gleichwohl für diese reduzierte Tätigkeit die lohnmässigen Voraussetzungen für die obligatorische Unterstellung (Stand 1. Januar 1994: Fr. 22'560.–), so ist er weiterhin BVG-versichert, und die Altersgutschriften sind entsprechend gutzuschreiben. Wird der Mindestlohn aber unterschritten, so endet die obligatorische Versicherungspflicht, und die bisherige Vorsorge ist zu erhalten, sei dies durch Weiterführung bei der bisherigen Vorsorgeeinrichtung, wenn das Reglement es vorsieht, sei dies durch die Errichtung einer Freizügigkeitspolice oder eines Freizügigkeitskontos (vgl. Art. 12 der Verordnung über die Erhaltung des Vorsorgeschutzes und die Freizügigkeit).

b) *Bei Aufnahme dieser reduzierten Erwerbstätigkeit in einem anderen Betrieb* ergibt sich folgende Sachlage: Art. 13 Abs. 2 BVG ist aus der Sicht der Vorsorgeeinrichtung des früheren Arbeitgebers in bezug auf das betreffende Arbeitsverhältnis zu betrachten. Ist daher gemäss Reglement dieser Vorsorgeeinrichtung der vorzeitige Altersrücktritt möglich und vom Versicherten auch gewünscht, so ist in diesem Fall die Beendigung der Erwerbstätigkeit als vorzeitige Pensionierung und nicht als Freizügigkeitsfall zu verstehen. Der Betreffende hat

5.4 Fixes oder flexibles Pensionierungsalter, Frühpensionierungen

somit Anspruch auf Altersleistungen von dieser Vorsorgeeinrichtung und nicht auf Freizügigkeitsleistung (Art. 13 Abs. 2 und Art. 27 Abs. 2 BVG). Nimmt er im anderen Betrieb eine neue Tätigkeit auf und erfüllt hier die Voraussetzungen für die obligatorische Unterstellung, so ist er aufgrund des neuen Arbeitsverhältnisses bei der Vorsorgeeinrichtung des neuen Arbeitgebers wiederum obligatorisch versichert. Er erhält im Alter 65/62, d.h. bei Erreichen des gesetzlichen Rücktrittsalters, eine zweite Altersrente, die in den meisten Fällen wegen ihrer geringen Höhe als Kapitalabfindung ausgerichtet werden dürfte (Art. 37 Abs. 2 BVG). Diese wird berechnet auf der Basis des während dieser neuen Erwerbstätigkeit angesammelten Altersguthabens.

2. Im Falle eines Aufschubs der Pensionierung

Es kann auch vorkommen, dass eine Person über das gesetzliche Pensionierungsalter 65/62 hinaus weiterhin beim gleichen Arbeitgeber tätig bleibt. Die betreffende Person untersteht aber ab Alter 65/62 nicht mehr der Versicherungspflicht gemäss BVG. Es sind somit keine Altersgutschriften mehr vorzunehmen (Art. 16 BVG). Der Umwandlungssatz ist jedoch anzupassen.

Richtwerte für die Anpassung des Umwandlungssatzes

Bei *vorzeitiger Pensionierung* oder bei *Aufschub des Rentenalters* wird die Altersrente aufgrund des geäufneten Altersguthabens berechnet, wobei der ordentliche Umwandlungssatz von 7,2 nach unten oder nach oben angepasst wird.
  Die folgenden Richtwerte für die Umwandlungssätze sollen als Beispiel dienen. Sie wurden ausgehend von denselben Grundlagen errechnet wie der in Art. 17 Abs. 2 BVV 2 enthaltene Satz von 7,2. Dieser Wert ergab sich in Anwendung der Grundlagen EVK 80, 3,5% für Männer (gerundet). Die Wahl dieser Grundlagen beruhte auf verschiedenen Überlegungen. Als erstes sollte der Satz unabhängig von Zivilstand und Geschlecht gültig sein. Zum zweiten legte auch der ansteigende Trend bei der Lebenserwartung eine eher vorsichtige Festsetzung des Umwandlungssatzes nahe.

Männer	*Frauen*	*Umwandlungssatz*
60	57	6,2
61	58	6,4
62	59	6,6
63	60	6,8
64	61	7,0
65	62	7,2
66	63	7,4
67	64	7,6
68	65	7,9
69	66	8,2
70	67	8,5"

5.5 Abtretbarkeit und Verpfändbarkeit von Leistungsansprüchen

Aus dem Barauszahlungsverbot der Freizügigkeitsleistungen ist die *Unzulässigkeit der Verrechnung mit Gegenforderungen* der Vorsorgeeinrichtungen abzuleiten (z.b. aus Verantwortlichkeitsansprüchen gegenüber Stiftungsräten); eine Verrechnung scheint dagegen bei bar ausbezahlten Freizügigkeitsleistungen möglich zu sein (siehe BGE vom 19. Februar 1985, in: Praxis des Bundesgerichtes 1985, Nr. 178, S. 515 ff.). Ebenso gilt dies für das *Abtretungs-, Pfändungs- und Verpfändungsverbot* (vgl. Einzelheiten bei *Riemer, Das Recht der beruflichen Vorsorge*, 1985, S. 112).

Eine *Verrechnung mit gesetzlichen Ansprüchen ist nicht zulässig* (Art. 331b OR, Fassung per 1. Januar 1995). Dies bezieht sich auf den Fall, dass die Freizügigkeitsleistungen an eine neue Vorsorgeeinrichtung überwiesen werden. Ist dagegen aufgrund der gesetzlichen Ausnahmebestimmungen eine direkte Barauszahlung an den Arbeitnehmer möglich, so wird die Ansicht vertreten, eine Verrechnung sei zulässig. Daher sollte die Verrechnungsmöglichkeit im Vorsorgereglement grundsätzlich beibehalten werden.

Es stellt sich die grundsätzliche Frage, wie weit *Ansprüche*, die der Arbeitgeber rechtsgültig an die Vorsorgeeinrichtung abgetreten hat, mit Vorsorge- und Freizügigkeitsleistungen *verrechnet* werden können und wie weit diese pfändbar sind (siehe dazu BGE 106 II 155 und vorher schon BGE 99 III 55, 97 III 23, ferner Entscheid des Bezirksgerichtes Zürich vom 25. September 1980, in: SJZ 1981, S. 370 ff.)

Nach einem Urteil des Versicherungsgerichtes des Kantons Zürich vom 9. November 1987 (in: SZS 1988, S. 207–215) ist die *Abtretung* von Leistungsansprüchen gegenüber Personalvorsorgeeinrichtungen *widerrechtlich*. Im Umstand, dass der Versicherte nicht auf diese Widerrechtlichkeit aufmerksam gemacht hat, könne kein rechtsmissbräuchliches Verhalten gesehen werden. Forderungen des Arbeitgebers können nicht mit Ansprüchen des Arbeitnehmers an die Personalvorsorgestiftung verrechnet werden.

In einem Urteil vom 25. Februar 1988 hat das Eidg. Versicherungsgericht festgestellt, dass eine Forderung *auch bei absichtlicher Schädigung des Arbeitgebers* (hier wegen Veruntreuung von CHF 250'000.– zum Nachteil des Arbeitgebers) nicht mit dem Freizügigkeitsanspruch verrechnet werden kann. Diese Frage war bisher vom Bundesgericht in seinen Entscheiden (siehe BGE 111 II 168) noch offengelassen worden.

Hinsichtlich der Verpfändbarkeit von anwartschaftlichen Leistungen *aus registrierten Einrichtungen* sei auf Art 40 BVG verwiesen. Danach ist in einem beschränkten Umfange nur eine *Verpfändung zur Finanzierung von Wohneigentum* möglich. Dazu ist am 17. Dezember 1993 das *Bundesgesetz über die Wohneigentumsförderung mit den Mitteln der beruflichen Vorsorge* erlassen worden (wiedergegeben im gelben Anhang dieses Buches). Dieses

5.5 Abtretbarkeit und Verpfändbarkeit

Gesetz ergänzt das OR mit den Art. 331d und 331e und das BVG mit den Art. 30a–f und 83a (siehe Abschnitt 6).

Seit dem Inkrafttreten des Freizügigkeitsgesetzes am 1. Januar 1995 ist es gemäss Art. 22 FZG zulässig, im *Scheidungsfall* einen Teil der Austrittsleistung der Zweiten Säule auf den anderen Ehegatten zu übertragen (als Freizügigkeitspolice oder -konto). Früher galt ein striktes Verpfändungs- und Abtretungsverbot (Art. 331c OR, Art. 39 BVG).

Die Guthaben in der Säule 3a können seit dem 1. Januar 1997 im Scheidungsfall oder bei einer Änderung des Güterstandes an den Ehegatten abgetreten oder ihm vom Gericht zugesprochen werden (Art. 4 Abs. 3 BVV 3). Die abgetretenen Guthaben bleiben aber stets im Kreislauf der Zweiten Säule oder der Säule 3a.

Das *neue Scheidungsrecht* vom Juni 1998 (Art. 141/142 ZGB, Art. 22 FZG), das am 1. Januar 2000 in Kraft getreten ist, bringt eine Teilung der Austrittsleistung, wodurch auch die Abtretbarkeit von Leistungsansprüchen berührt wird (siehe Abschnitt 2.7).

Policendarlehen auf der Kollektivversicherung können nur die Vorsorgeeinrichtungen selbst, nicht aber versicherte Einzelpersonen beziehen. Policendarlehen auf Vorsorgekonten der Säule 3a sind auch nicht möglich (wegen der Nichtbelehnbar- und Nichtverpfändbarkeit).

Auf den 1. Januar 1997 ist die Verordnung BVV 3 so geändert worden, dass bei einer Scheidung die Übertragung von Vorsorgeansprüchen zwischen Ehegatten bei güterrechtlichen Auseinandersetzungen möglich ist. Das Abtretungs-, Verpfändungs- und Verrechnungsverbot gemäss Art. 4 Abs. 1 BVV 3 gilt dann nicht.

5.6 Anpassung der Leistungen an die Preisentwicklung (Schutz vor der Geldentwertung)

5.61 Allgemeine Betrachtungen

Aufgrund der wirtschaftlichen Entwicklung der letzten Jahrzehnte ist auch künftig mit Lohnveränderungen zu rechnen. Der Versicherungsplan einer jeden Vorsorgeeinrichtung sollte daher so aufgebaut sein, dass Änderungen, die sich aus der zu erwartenden Gehaltsentwicklung aus Geldwertschwankungen und aus Karriere-Entwicklung ergeben, leicht vorgenommen werden können. So wie die administrative Organisation einer Vorsorgeeinrichtung paradoxerweise in erster Linie auf jene auszurichten ist, die vor dem Terminalter oft unvermittelt austreten, da diese Fälle viel häufiger sind als jene, welche die ordentliche Pensionierung antreten, so ist auch die Vorsorgeeinrichtung heute schon derart zu organisieren, dass künftigen Auswirkungen der Geldentwertung Rechnung getragen werden kann. Hier sind oft die alten klassischen Pensionskassen mit normierten Leistungen wenig flexibel.

Gesamtwirtschaftlich ist es wünschbar, den Geldwert möglichst stabil zu halten. Betriebswirtschaftlich empfiehlt es sich, Massnahmen zu treffen, damit bei einer Geldwertschwankung nicht alle auf festen Wertrelationen beruhenden Einrichtungen ausser Kontrolle geraten. Dieses Problem findet in der Betriebswirtschaftslehre auf dem Gebiete des Rechnungswesens, vor allem in Kalkulation, Budget und bei Bewertungsfragen (Inflation Accounting), schon seit vielen Jahren Beachtung. Es gilt, die gleichen betriebswirtschaftlichen Grundsätze auch auf die Personalvorsorgepolitik, die langfristig mit Jahrzehnten zu rechnen hat, anzuwenden.

Das Problem der Geldentwertung bei der Personalvorsorge kann m.E. in folgenden Feststellungen und Thesen zusammengefasst werden:

– Geldwertschwankungen sind als eine *feststehende Tatsache* zu betrachten, mit der auch in Zukunft gerechnet werden muss.
– Geldwertschwankungen kann in einem gewissen Ausmass mit einer *risikoverteilten Vermögensanlage* (in Sachwert- und Nominalwertanlagen) entgegengewirkt werden.
– Geldwertschwankungen müssen bei der *Aufstellung von Personalversicherungsplänen* vermehrt berücksichtigt werden, ebenso wie Lohnerhöhungen aus Karriere-Entwicklung, wobei es allerdings keine allgemeingültige Lösung gibt.

Die Lösung des Problems der Geldentwertung kann von der *Vermögensanlageseite her* versucht werden, nämlich durch eine Indexierung der Versicherungsleistungen an den Wert der Vermögensanlagen, wenn diese in Sachwerten angelegt sind. Die Versicherungsleistungen sind dann, je nach dem Stand des

5.6 Anpassung der Leistungen an die Preisentwicklung

Vermögensanlageindexes, flexibel gestaltet. Ob allerdings der Wert der Sachanlage mit der Geldentwertung Schritt hält, ist sehr fraglich. Die Erfahrungen der letzten Jahre zeigen die Problematik dieser Lösung. Es sei an die Stagnation der Aktienkurse bei andauernder Geldentwertung erinnert (z.B. von 1973–1983). Man hat sich somit stets der Risiken, die mit einer einseitigen Kapitalanlage verbunden sind, voll bewusst zu sein, *wobei eine Nur-Sachwertanlage ebenso wie eine Nur-Nominalwertanlage als einseitig zu betrachten ist.*

Es wäre nicht zutreffend, dem *versicherungstechnischen Aufbau der Vorsorgeeinrichtung dem Finanzierungssystem oder anderen technischen Ursachen* die Schuld am Kaufkraftschwund der Versicherungsleistungen zu geben. Es gibt keine Berechnungs- oder Organisationsmethode, die mit einem einzigen Franken Einnahmen mehrere Franken Ausgaben begleichen könnte. Von der technischen Seite her kann dem Kaufkraftverlust nur durch *planmässige Höherversicherung* mittels der klassischen Regeln des Kapitaldeckungsverfahrens oder allenfalls durch teilweise Umlage von freiwillig, ohne Rechtsanspruch gewährten Teuerungszulagen im Zeitpunkt der Auszahlung begegnet werden. Das Problem der Geldentwertung ist wirtschaftlicher Natur und kann nicht durch versicherungsmathematische Manipulationen beseitigt werden. Auch ein Teilumlageverfahren wäre nur ein beschränktes Mittel zum Ausgleich von Kaufkraftschwankungen. Eine sorgfältige kaufmännische Bilanzierung würde auch dort entsprechende Rückstellungen verlangen (vgl. die auch heute noch gültigen Ausführungen von *Helbling Carl*, Betriebliche Personalfürsorgepolitik und Geldentwertung, in: Die Unternehmung, 1965, S. 145–154).

Der Barwert einer jährlich um 4% steigenden Rente, die somit den Teuerungsausgleich enthalten soll, entspricht mathematisch dem Barwert einer gleichbleibenden Rente, wenn dieser anstatt mit einem technischen Zinsfuss von 4% mit einem solchen von 0% berechnet wird. Nachdem (siehe *Darstellung 12E*) in den letzten Jahrzehnten der *Realzins* knapp 1–2% betrug (Realzins = Vermögenserträge ./. Teuerung), kann die Berechnung des *Deckungskapitals einer indexierten Rente* somit auf die Art erfolgen, dass anstelle des sonst üblichen technischen Zinsfusses von 4% ein solcher von 2% (oder 1%, was noch vorsichtiger wäre) verwendet wird. Dies ergibt ein wesentlich höheres Deckungskapital; siehe dazu die Beispiele in *Darstellung 8F*. Für das Alter 30 (auch noch bei 40) ist das Deckungskapital bei 0% Zins ein Mehrfaches des Betrages von jenem bei 4% Zins.

Zur *Teuerungsanpassung* der Renten wäre ein System denkbar, bei dem die erzielten Überschüsse der Vorsorgeeinrichtungen teilweise für Teuerungszulagen zu verwenden wären. Die ausschliessliche Verwendung zur Reduktion von Arbeitgeber- und Arbeitnehmerbeiträgen der Aktivversicherten ist einseitig und widerspricht der Tatsache, dass die Überschüsse in der Regel zu einem erheblichen Teil auf den Vermögensanlagen der Rentendeckungskapitalien erwirkt werden.

Der automatische Teuerungsausgleich auf den Altersrenten ist beitragsneutral nur möglich in Form einer Verpflichtung zur periodischen Ausschüttung

- von versicherungstechnischen Gewinnen (also Mehreinnahmen oder -erträgen gegenüber den angewandten technischen Grundlagen, insbesondere auf den Kapitalanlagen der technischen Rückstellungen für die Rentner, aber abzüglich demographischer Verluste) bzw.
- von Überschüssen auf Kollektivversicherungsverträgen (was inhaltlich den vorstehenden Ausführungen entspricht).

Ein eigentliches Vorsparen für eine eventuell kommende Inflation wäre wohl widersinnig.

Da die Lebenshaltungskosten für Rentner anders sind als für die aktive Bevölkerung, wird die Schaffung eines speziellen "Indexes für die Lebenshaltungskosten der Rentner" vorgeschlagen (Motion Cottier 1998).

5.62 Anpassung an die Preisentwicklung gemäss BVG

Die *Hinterlassenen- und Invalidenrenten* gemäss den Minimalvorschriften des BVG – nicht aber die Altersrenten – müssen von Gesetzes wegen der Preisentwicklung angepasst werden, und zwar erstmals nach dreijähriger Laufzeit, dann laufend – im gleichen Zweijahresschritt wie bei der Unfallversicherung – bis zum Alter 65 bzw. 62. In den übrigen Fällen hat die Anpassung der laufenden Renten im Rahmen der finanziellen Möglichkeiten zu erfolgen.

Art. 36 BVG   Anpassung an die Preisentwicklung

[1]Hinterlassenen- und Invalidenrenten, deren Laufzeit drei Jahre überschritten hat, werden für Männer bis zum vollendeten 65., für Frauen bis zum vollendeten 62. Altersjahr nach Anordnung des Bundesrates der Preisentwicklung angepasst.

[2]Die Vorsorgeeinrichtung hat im Rahmen ihrer finanziellen Möglichkeiten Bestimmungen über die Anpassung der laufenden Renten in den übrigen Fällen zu erlassen.

Die *Indexierung der Leistungen* an Hinterlassene und Invalide soll neuerdings auch in den Rahmen eines Kollektivversicherungsvertrages eingeschlossen werden können.

Auf Anfang 1989 mussten erstmals die 1985 zugesprochenen BVG-Hinterlassenen- und BVG-Invalidenrenten obligatorisch der Teuerung angepasst wer-

5.6 Anpassung der Leistungen an die Preisentwicklung

den. Diese Minimalrenten waren *um 4,3%* zu erhöhen, entsprechend dem Anstieg des Konsumentenpreisindexes zwischen September 1985 und September 1987 (Mitteilung des BSV vom 11. November 1988). Soweit die Pensionskasse höhere Leistungen als die BVG-Minima erbringt, kann die Teuerung nach allgemeiner, auch vom BSV geäusserter Meinung damit verrechnet werden.

Zur Anpassung der laufenden Hinterlassenen- und Invalidenrenten an die Preisentwicklung (Art. 36 Abs. 1 BVG) wurde am 16. September 1987 eine *Verordnung* erlassen (siehe gelbe Seiten). Das BSV bemerkt ergänzend dazu (in: Mitteilungen über die berufliche Vorsorge Nr. 5 vom 1. Oktober 1987, Ziff. 32):

"Anpassung der laufenden Hinterlassenen- und Invalidenrenten an die Preisentwicklung (Art. 36 Abs. 1 BVG)

Der Bundesrat hat am 16. September 1987 die *Verordnung über die Anpassung der laufenden Hinterlassenen und Invalidenrenten an die Preisentwicklung* verabschiedet, die auf den 1. Januar 1988 in Kraft tritt. Sie regelt die vom Gesetz vorgesehene obligatorische Anpassung der *laufenden Hinterlassenen- und Invalidenrenten* an die Preisentwicklung.

Die Anpassung findet in zwei Phasen statt: In einer *ersten Phase* werden alle Renten, die im gleichen Kalenderjahr entstanden sind (sog. Rentnerjahrgang), nach einer Laufzeit von drei Jahren zu Beginn des vierten Kalenderjahres ein erstes Mal angepasst. Anschliessend erfolgen in einer *zweiten Phase* alle nachfolgenden Anpassungen im gleichen Rhythmus wie jener der Unfallversicherung, d.h. in der Regel alle zwei Jahre, sofern nicht eine besonders starke oder schwache Preisentwicklung eintritt. Jeder Rentnerjahrgang gelangt also nach der erstmaligen Anpassung in diesen besonderen Rhythmus der nachfolgenden Anpassungen, wobei der Übergang unter Umständen bei gewissen Rentnerjahrgängen eine Zwischenanpassung notwendig machen kann. Die nachfolgende graphische Darstellung soll eine Übersicht über dieses Anpassungssystem vermitteln.

Sobald der bzw. die Anspruchsberechtigte das Rücktrittsalter (65/62 Jahre) erreicht hat, muss die Teuerungsanpassung nicht mehr vorgenommen werden.

Die *Finanzierung dieser Teuerungsanpassung* muss wie bei den übrigen Vorsorgeleistungen von jeder Vorsorgeeinrichtung selbst geregelt werden.

...

Die *Teuerungsanpassung der Altersrenten* wird in dieser Verordnung nicht geregelt. Sie obliegt, wie im übrigen die freiwillige Anpassung der Risikoleistungen nach Erreichen des Rücktrittsalters auch, jeder einzelnen Vorsorgeeinrichtung je nach ihren finanziellen Möglichkeiten (Art. 36 Abs. 2 BVG)."

(Vorstehender Text ist ohne Tabellen wiedergegeben. Siehe S. 184/185 der 6. Auflage.)

Zur *Teuerungsanpassung der einzelnen BVG-Renten* an Hinterlassene und Invalide hat das BSV eine Tabelle herausgegeben (siehe *Darstellung 5D*).

Auf den 1. Januar 1990 wurden alle Renten, die im Jahre 1986 zu laufen begonnen haben, erstmals der Preisentwicklung angepasst. Der Anpassungssatz betrug 7,2%. Die im Jahre 1985 entstandenen, auf den 1. Januar 1989 erstmals angepassten Renten wurden – um die zeitliche Koordination mit der Unfallversicherung herzustellen – 1990 erneut erhöht. Der Bundesrat hat am 24. Juni 1992 eine Änderung der Verordnung vom 16. September 1987 beschlossen, wonach die Anpassung der Renten neu auf denselben Zeitpunkt wie die AHV-Renten erfolgt (jährlich, wenn Teuerung über 4%). Das folgende *Beispiel* zeigt die Auswirkungen für eine 1985 entstandene Rente (Prozentsätze, aus: Mitteilungen über die berufliche Vorsorge):

- Ursprünglicher Betrag der Monatsrente (1985)   CHF 1'000.–
- Erstmalige Anpassung auf den 1. Januar 1989 (4,3%)   CHF 1'043.–
- Nachfolgende Anpassung auf den 1. Januar 1990 (3,4%)   CHF 1'078.–
- Nachfolgende Anpassung auf den 1. Januar 1992 (12,1%) CHF 1'209.–
- Nachfolgende Anpassung auf den 1. Januar 1993 (3,5%)   CHF 1'251.–
- Nachfolgende Anpassung auf den 1. Januar 1995 (4,1%)   CHF 1'302.–
- Nachfolgende Anpassung auf den 1. Januar 1997 (2,6%)   CHF 1'336.–
- Nachfolgende Anpassung auf den 1. Januar 1999 (0,5%)   CHF 1'343.–

Auf den 1. Januar 1999 ergaben sich folgende Teuerungsanpassungen (laut Nr. 42 der Mitteilungen):

Jahr des Rentenbeginns	Letzte Anpassung	Nachfolgende Anpassung am 1. Januar 1999
1985–1993	1.1.1997	0,5%
1994	1.1.1998	0,1%
1995	(noch nie eine Anpassung)	1,0% (erstmals)

Die Hinterlassenen- und Invalidenrenten aus dem Jahr 1995 mussten erstmals auf den 1. Januar 1999 – nach Ablauf der gesetzlich vorgesehenen dreijährigen Frist seit Rentenbeginn – angepasst werden, und zwar mit 1,0%.

Für Hinterlassenen- und Invalidenrenten, die über das vom Gesetz vorgeschriebene Minimum hinausgehen (also einen überobligatorischen Teil enthalten), ist der Teuerungsausgleich insoweit nicht zwingend, als die Gesamtrente höher als die der Preisentwicklung angepasste BVG-Rente ist.

Die Festlegung der Anpassungssätze der BVG-Hinterlassenen- und Invalidenrenten an die Teuerung folgt seit 1996 dem allgemeinen Konsumentenpreisindex (Basis Mai 1993) und stimmt damit mit der Teuerungsanpassung der AHV und der obligatorischen Unfallversicherung überein.

Darstellung 5D
Dauer der Teuerungsanpassung der einzelnen BVG-Renten (Art. 36 BVG)

Rentenart	Anspruchsberechtigte Person	Obligatorische Anpassung	Anpassung im Rahmen der finanziellen Möglichkeiten der Vorsorgeeinrichtung
Altersrente	Versicherte	–	Ab Rücktrittsalter bis Ende des Rentenanspruchs
Pensionierten-Kinderrente	Versicherte	–	Ab Rücktrittsalter bis Ende des Rentenanspruchs
Witwenrente	Witwe	Bis Ende des Rentenanspruchs, längstens aber bis Alter 62	Ab Alter 62 bis Ende des Rentenanspruchs
Waisenrente	Waise	Bis Ende des Rentenanspruchs	–
Invalidenrente	Versicherte	Bis Ende des Rentenanspruchs, längstens aber bis Alter 65 (Männer) und 62 (Frauen)	Ab Alter 65 (Männer) Ab Alter 62 (Frauen) bis Ende des Rentenanspruchs
Invaliden-Kinderrenten	Versicherte	Bis Ende des Rentenanspruchs, längstens aber bis Alter 65 (Männer) und 62 (Frauen) der versicherten Person	Ab Alter 65 (Männer) Ab Alter 62 (Frauen) bis Ende des Rentenanspruchs

Quelle: Mitteilungen über die berufliche Vorsorge Nr. 11 vom 28. Dezember 1988, Ziff. 62, hrsg. vom BSV

5.7 Sondermassnahmen nach BVG

Nach Art. 70 BVG hat *"jede Vorsorgeeinrichtung 1% der koordinierten Löhne ... für die Verbesserung der Leistungen an die Eintrittsgeneration nach Art. 32 und 33 sowie für die Anpassung der laufenden Renten an die Preisentwicklung nach Artikel 36 Absatz 2 bereitzustellen"*.
Zum *Nachweis* für die Sondermassnahmen nach Art. 70 BVG hat die Konferenz der kantonalen BVG-Aufsichtsbehörden folgende Mitteilung veröffentlicht (in: SZS 1985, S. 119):

"Nachweis für die Sondermassnahmen nach Art. 70 BVG

1. Jede Vorsorgeeinrichtung hat 1% der koordinierten Löhne aller Versicherten, die für die Altersleistungen Beiträge zu entrichten haben, für die Verbesserung der Leistungen an die Eintrittsgeneration (Art. 32 und 33 BVG) sowie für die Anpassung der laufenden Renten an die Preisentwicklung (Art. 36 Abs. 2 BVG) bereitzustellen. Gemäss Art. 46 BVV 2 kann ein vereinfachter Nachweis für die Sondermassnahmen erbracht werden. Danach muss die Vorsorgeeinrichtung sich reglementarisch verpflichten, mindestens die Leistungen nach Art. 21 BVV 2 (einmalige Ergänzungsgutschriften) zu erbringen (Art. 46 Abs. 2 lit. a), und beweisen, dass der Gesamtaufwand um mehr als 1% der koordinierten Löhne der Versicherten, die für die Altersleistungen Beiträge zu entrichten haben, höher ist, als dies zur Erfüllung aller gesetzlichen Leistungen ohne Berücksichtigung der Sondermassnahmen notwendig wäre (Art. 46 Abs. 2 lit. b).

2. Es ist die Frage aufgeworfen worden, ob der vereinfachte Nachweis ausdrücklich im Reglement oder in der Jahresrechnung nachgewiesen werden müsste. Nach Auffassung des Vorstandes genügt für den pauschalen Nachweis eine Bestätigung des Experten für berufliche Vorsorge, die anlässlich der Prüfung des angepassten Reglements erstmals zu erbringen ist. Die nach Art. 21 BVV 2 erbrachten Leistungen müssen dann hingegen in der Rechnung einzeln ausgewiesen werden.

Der vereinfachte Nachweis nach Art. 46 BVV 2 setzt grundsätzlich das Vorhandensein einer umhüllenden Kasse mit überobligatorischen Leistungen voraus. Es stellt sich die Frage, ob der vereinfachte Nachweis auch bei einer BVG-Minimalkasse unter Anrechnung der Ansprüche einer daneben bestehenden, vor- und überobligatorischen Vorsorgeeinrichtung erbracht werden kann. Der Wortlaut von Art. 46 BVV 2 sieht diese Möglichkeit nicht vor."

Aus diesem Lohnprozent für Sondermassnahmen sind somit die *Ergänzungsleistungen für die Eintrittsgeneration* zu finanzieren (Art. 33 BVG). Es sind dies Mindestleistungen für Versicherungsfälle, die innert neun Jahren nach Inkrafttreten des Gesetzes eintreten (also bis 1. Januar 1994), wobei insbesondere Versicherte mit kleinen Einkommen zu berücksichtigen sind. Das Bundesamt für Sozialversicherung hat (in Ausführung von Art. 21 Abs. 2 BVV 2) dazu ein Merkblatt *"Einmalige Ergänzungsgutschriften für die Eintrittsgeneration: Tabelle und Anwendungsbeispiele für das Jahr 19.."* herausgegeben. Es liegen bisher die Tabellen für 1985–1998 vor. Für jedes Jahr gelten neue Beträge.

Mit diesem einen Prozent lassen sich keine grossen Zusatzleistungen erbringen, macht es doch je Arbeitnehmer und Jahr nur etwa CHF 500.– aus (1% des koordinierten Lohnes, also für 1999 max. CHF 48'240.–).

Umhüllende Vorsorgesysteme haben hier einen Vorteil gegenüber BVG-Minimaleinrichtungen oder gesplitteten Kassen, da dann ein pauschaler Nachweis der Sondermassnahmen erlaubt und keine aufwendige Aufteilung erforderlich ist.

5.8 Leistungsabgrenzungen und -begrenzungen

Durch die verschiedenen gesetzlichen Pflichten des Arbeitgebers und die ausgebaute Sozialversicherung ergibt es sich, dass die Leistungen der beruflichen Vorsorge *abgegrenzt* und in Einzelfällen *begrenzt* werden müssen.

5.81 Lohnzahlung bei Krankheit, Unfall und Tod

Gemäss *Art. 324a und b OR* ist der Arbeitgeber bei Krankheit und Unfall und gemäss *Art. 338 OR* nach dem Tod des Arbeitnehmers zu bestimmten Leistungen verpflichtet. Die Leistungen aus der betrieblichen Vorsorge müssen mit dieser Lohnzahlungspflicht abgestimmt werden.

a)   Lohnzahlung bei Krankheit, Unfall usw. (Art. 324a und b OR)

Ist der Arbeitnehmer aus Gründen wie

- Krankheit (inkl. Schwangerschaft und Niederkunft),
- Unfall,
- Militärdienst,
- Erfüllung gesetzlicher Pflichten (Erscheinen vor Gericht) oder Ausübung eines öffentlichen Amtes (Teilnahme an Debatten oder in Kommissionen)

ohne sein Verschulden an der Arbeitsleistung verhindert, hat er für eine beschränkte Zeit Anspruch auf Entrichtung des entsprechenden vollen Lohnes, falls entweder das Arbeitsverhältnis *mehr als drei Monate* gedauert hat oder der Arbeitsvertrag für mehr als drei Monate eingegangen worden ist.

Art. 324a OR

2. bei Verhinderung des Arbeitnehmers
a. Grundsatz

[1] Wird der Arbeitnehmer aus Gründen, die in seiner Person liegen, wie Krankheit, Unfall, Erfüllung gesetzlicher Pflichten oder Ausübung eines öffentlichen Amtes, ohne sein Verschulden an der Arbeitsleistung verhindert, so hat ihm der Arbeitgeber für eine beschränkte Zeit den darauf entfallenden Lohn zu entrichten, samt einer angemessenen Vergütung für ausfallenden Naturallohn, sofern das Arbeitsverhältnis mehr als drei Monate gedauert hat oder für mehr als drei Monate eingegangen ist.

[2] Sind durch Abrede, Normalarbeitsvertrag oder Gesamtarbeitsvertrag nicht längere Zeitabschnitte bestimmt, so hat der Arbeitgeber im ersten Dienstjahr den Lohn für drei Wochen und nachher für eine angemessene längere Zeit zu entrichten, je nach der Dauer des Arbeitsverhältnisses und den besonderen Umständen.

5.8 Leistungsabgrenzungen und -begrenzungen

³Bei Schwangerschaft und Niederkunft der Arbeitnehmerin hat der Arbeitgeber den Lohn im gleichen Umfang zu entrichten.

⁴Durch schriftliche Abrede, Normalarbeitsvertrag oder Gesamtarbeitsvertrag kann eine von den vorstehenden Bestimmungen abweichende Regelung getroffen werden, wenn sie für den Arbeitnehmer mindestens gleichwertig ist.

Art. 324b OR

¹Ist der Arbeitnehmer auf Grund gesetzlicher Vorschrift gegen die wirtschaftlichen Folgen unverschuldeter Arbeitsverhinderung aus Gründen, die in seiner Person liegen, obligatorisch versichert, so hat der Arbeitgeber den Lohn nicht zu entrichten, wenn die für die beschränkte Zeit geschuldeten Versicherungsleistungen mindestens vier Fünftel des darauf entfallenden Lohnes decken. *b. Ausnahmen*

²Sind die Versicherungsleistungen geringer, so hat der Arbeitgeber die Differenz zwischen diesen und vier Fünfteln des Lohnes zu entrichten.

³Werden die Versicherungsleistungen erst nach einer Wartezeit gewährt, so hat der Arbeitgeber für diese Zeit mindestens vier Fünftel des Lohnes zu entrichten[1].

[1] Eingefügt durch Ziff. 12 des Anhangs zum BG vom 20. März 1981 über die Unfallversicherung, in Kraft seit 1. Januar 1984 (SR 832.20, 832.201 Art. 1 Abs. 1).

Falls durch persönliche Vereinbarung oder durch Gesamtarbeitsvertrag keine günstigeren Bestimmungen für den Arbeitnehmer vorgesehen sind, erreicht die Dauer, während welcher der Arbeitgeber den vollen Lohn entrichten muss, im ersten Dienstjahr drei Wochen. Das Reglement des Unternehmens kann für längere Dienstzeiten verschiedene Skalen für die Lohnzahlungsdauer vorsehen. Daneben gibt es auch allgemein anerkannte Skalen. Die *"Berner Skala"* ist gesamtschweizerisch am bekanntesten. Daneben bestehen auch noch eine *"Basler Skala"* und eine *"Zürcher Skala"*. Diese Skalen haben sich aus der kantonalen Gerichtspraxis heraus entwickelt.

Die Arbeitgeber können dafür eine *Taggeldversicherung* abschliessen, welche bei Abwesenheit eines Arbeitnehmers infolge Krankheit (bei Unfall gemäss neuem UVG obligatorisch) ab dem dritten Tag während höchstens 720 Tagen 80% des Lohnes bezahlt. In diesen Fällen bezahlt oft auch der Arbeitgeber dem Arbeitnehmer nur 80% des Lohnes, dafür jedoch für eine längere Maximaldauer, als dies das Gesetz vorsieht. Bei Abwesenheit eines Mitarbeiters infolge Unfalls oder Militärdienstes wird der Arbeitgeber gegebenenfalls die UVG-Leistungen bzw. die EO-Leistungen auf den vollen Lohn ergänzen müssen. Für Mitarbeiter mit hohem Gehalt kann diese Verpflichtung des Arbeitgebers wesentliche Beträge erfordern.

5. Leistungen bei Alter, Tod und Invalidität

Darstellung 5E

Lohnzahlung bei Krankheit und Unfall

"Berner Skala"		"Basler Skala"		"Zürcher Skala"	
Dienstdauer	Lohnfortzahlung	Dienstdauer	Lohnfortzahlung	Dienstdauer	Lohnfortzahlung
3 Mt.–1 J.	3 Wo.	3 Mt.–1 J.	3 Wo.	3 Mt.–1 J.	3 Wo.
1–2 J.	1 Mt.	1–3 J.	2 Mt.	1–2 J.	4 Wo.
2–4 J.	2 Mt.	3–10 J.	3 Mt.	2–3 J.	5 Wo.
4–9 J.	3 Mt.	10–15 J.	4 Mt.	3–4 J.	6 Wo.
9–14 J.	4 Mt.	15–20 J.	5 Mt.	4–5 J.	7 Wo.
14–19 J.	5 Mt.	über 20 J.	6 Mt.	...	...
19–24 J.	6 Mt.			...	...
24–29 J.	7 Mt.			...	...
29–34 J.	8 Mt.			13–14 J.	16 Wo.
über 34 J.	9 Mt.			über 14 J.	17 Wo.

b)   Lohnzahlung nach dem Tod (Art. 338 OR)

Wird ein laufendes Arbeitsverhältnis durch den Tod des Arbeitnehmers beendet, muss der Arbeitgeber gegebenenfalls den Lohn weiter entrichten, nämlich

– für einen Monat, wenn der Arbeitnehmer im Laufe der fünf ersten Dienstjahre stirbt,
– für zwei Monate nach einer fünfjährigen Dienstdauer.

Art. 338 OR

V. Tod des Arbeitnehmers oder des Arbeitgebers
1. Tod des Arbeitnehmers

¹Mit dem Tod des Arbeitnehmers erlischt das Arbeitsverhältnis.

²Der Arbeitgeber hat jedoch den Lohn für einen weiteren Monat und nach fünfjähriger Dienstdauer für zwei weitere Monate, gerechnet vom Todestag an, zu entrichten, sofern der Arbeitnehmer den Ehegatten oder minderjährige Kinder oder bei Fehlen dieser Erben andere Personen hinterlässt, denen gegenüber er eine Unterstützungspflicht erfüllt hat.

Diese Verpflichtung des Arbeitgebers besteht dann, wenn der verstorbene Arbeitnehmer eine Ehefrau bzw. einen Ehemann, minderjährige Kinder oder andere Personen, gegenüber denen er unterstützungspflichtig war, hinterlässt. Der Gesetzgeber wollte damit bewirken, dass der Lohn im Todesfall eines Arbeitnehmers nicht plötzlich aufhört, falls dieser gegenüber seinen Hinterbliebenen unterstützungspflichtig war. Bei der Interpretation des Kreises der "anderen Personen" sind jene in Betracht zu ziehen, welche der Verstorbene tatsächlich unterstützte, auch wenn die Unterstützungspflicht nur moralischer Natur war.

Vorausgesetzt, dass eine entsprechende Vereinbarung mit dem Arbeitnehmer getroffen wird, kann der Lohnnachgenuss teilweise durch Leistungen der Personalvorsorgeeinrichtung erbracht werden. Die Leistungen der Personalvorsorgeeinrichtung müssen aber dem Begünstigten innerhalb der gesetzlichen Frist (Art. 338 OR) ausbezahlt werden.

Zweckmässiger ist es, wenn bei Personalvorsorgeeinrichtungen die Anspruchsberechtigung auf die Hinterbliebenenrenten erst nach dem Lohnnachgenuss einsetzt.

5.82 Abgangsentschädigungen

Im Zusammenhang mit den Leistungen einer Personalvorsorgeeinrichtung, insbesondere auch den Freizügigkeitsleistungen, stellt sich auch die Frage der Abgangsentschädigung nach Art. 339b–d OR.

Art. 339b OR

¹Endigt das Arbeitsverhältnis eines mindestens 50 Jahre alten Arbeitnehmers nach 20 oder mehr Dienstjahren, so hat ihm der Arbeitgeber eine Abgangsentschädigung auszurichten.

²Stirbt der Arbeitnehmer während des Arbeitsverhältnisses, so ist die Entschädigung dem überlebenden Ehegatten oder den minderjährigen Kindern oder bei Fehlen dieser Erben anderen Personen auszurichten, denen gegenüber er eine Unterstützungspflicht erfüllt hat.

3. Abgangsentschädigung
a. Voraussetzungen

Art. 339c OR

¹Die Höhe der Entschädigung kann durch schriftliche Abrede, Normalarbeitsvertrag oder Gesamtarbeitsvertrag bestimmt werden, darf aber den Betrag nicht unterschreiten, der dem Lohn des Arbeitnehmers für zwei Monate entspricht.

²Ist die Höhe der Entschädigung nicht bestimmt, so ist sie vom Richter unter Würdigung aller Umstände nach seinem Ermessen festzusetzen, darf aber den Betrag nicht übersteigen, der dem Lohn des Arbeitnehmers für acht Monate entspricht.

²Die Entschädigung kann herabgesetzt werden oder wegfallen, wenn das Arbeitsverhältnis vom Arbeitnehmer ohne wichtigen Grund gekündigt oder vom Arbeitgeber aus wichtigem Grund fristlos aufgelöst wird, oder wenn dieser durch die Leistung der Entschädigung in eine Notlage versetzt würde.

b. Höhe und Fälligkeit

⁴Die Entschädigung ist mit der Beendigung des Arbeitsverhältnisses fällig, jedoch kann eine spätere Fälligkeit durch schriftliche Abrede, Normalarbeitsvertrag oder Gesamtarbeitsvertrag bestimmt oder vom Richter angeordnet werden.

Art. 339d OR*

c. Ersatz-
leistungen

¹Erhält der Arbeitnehmer Leistungen von einer Personalfürsorgeeinrichtung, so können sie von der Abgangsentschädigung abgezogen werden, soweit diese Leistungen vom Arbeitgeber oder aufgrund seiner Zuwendungen von der Personalfürsorgeeinrichtung finanziert worden sind.

²Der Arbeitgeber hat auch insoweit keine Entschädigung zu leisten, als er dem Arbeitnehmer künftige Vorsorgeleistungen verbindlich zusichert oder durch einen Dritten zusichern lässt.

*Abs. 1 gilt ab 1. Januar 1985 (mit Einführung BVG).

Gegebenenfalls sind dazu in der Bilanz des Unternehmens rechtzeitig Rückstellungen zu bilden.

Endet das Arbeitsverhältnis eines mindestens 50 Jahre alten Arbeitnehmers nach mehr als *20 Dienstjahren* aus irgendeinem Grund, hat er Anspruch auf eine Abgangsentschädigung. (Im Todesfall des Arbeitnehmers besteht dieser Anspruch für diejenigen Personen, welche im Zusammenhang mit dem Lohnnachgenuss gemäss Art. 338 OR erwähnt werden.) Diese Abgangsentschädigung entspricht mindestens dem zweifachen Monatslohn. Je nach Alter und Dienstjahren kann diese Entschädigung vom Richter höher angesetzt werden, im Maximum jedoch auf den achtfachen Monatslohn. Es handelt sich in diesem Zusammenhang um den Bruttolohn, inkl. Zulagen und Gegenwert der Naturalleistungen, welche der betreffende Arbeitnehmer erhalten hat.

Leistet die Vorsorgeeinrichtung des Unternehmens sofortige oder zukünftige Vorsorgeleistungen (Freizügigkeitsleistungen, Todesfalleistungen usw.), welche der Arbeitgeber finanziert hat, wird der Anspruch auf die Abgangsentschädigung entsprechend herabgesetzt. (Bei Gewährung der externen Versicherung, d.h. zukünftiger Vorsorgeleistungen, wird die Berechnung aufgrund des Barwertes der zukünftigen Leistungen durchgeführt. Das Langlebigkeitsrisiko oder das Todesfallrisiko wird dabei versicherungsmathematisch erfasst und berücksichtigt. Es gibt keine spätere Abrechnung aufgrund der effektiv ausbezahlten Leistungen.) Die Bestimmungen des OR (Art. 339b, c und d) gelten auch bei *Beendigung des Arbeitsverhältnisses infolge Pensionierung* und bei Beendigung des Arbeitsverhältnisses nach Erreichen des AHV-Schlussalters.

Die Bestimmungen des OR können dann zu Anwendungsschwierigkeiten führen, wenn das Unternehmen eine Personalvorsorgeeinrichtung errichtet, ohne die bis zur Errichtung zurückgelegten Dienstjahre anzurechnen; dies gilt insbesondere für Arbeitnehmer mit höheren Löhnen oder für Personalvorsorgeeinrichtungen mit hohem Koordinationsabzug, d.h. in all jenen Fällen, bei denen eine grosse Differenz zwischen effektivem Einkommen und beitragspflichtigem Einkommen für die Personalvorsorgeeinrichtung besteht. Dieses Problem muss bei jeder Errichtung einer Vorsorgeeinrichtung für jeden einzelnen überprüft werden.

5.83 Reduktion von Leistungen

In einzelnen Fällen ist es zweckmässig, im Reglement *Leistungsbegrenzungen* vorzusehen, um

- *Überversicherungen* zu vermeiden, welche beispielsweise durch Kumulation mit Leistungen von anderen Versicherungen entstehen könnten; oder
- *unnötige Leistungen* auszuschalten, die beispielsweise durch Auszahlungen von Todesfalleistungen bei Fehlen von Ehegatten, Kindern und Eltern erfolgen würden.

Überversicherungen werden etwa dann gesehen, wenn *mehr als 90%* des früheren Lohnes den Begünstigten an Renten (aus AHV/IV, SUVA und Vorsorgeeinrichtungen sowie gegebenenfalls weiteren Versicherungen, an die der Arbeitgeber oder der Staat Beiträge geleistet hat) zukommen.

Nach Art. 26 BVV 2 sind reglementarische *Leistungskürzungen wegen Überversicherungen* für den BVG-Teil nicht möglich, sondern die Versicherungseinrichtung hat voll zu bezahlen; dafür sind ihr die Ansprüche gegen haftpflichtige Dritte bis zur Höhe der erbrachten Leistungen *abzutreten*. Dies ist im Reglement so festzulegen.

(Siehe dazu Abschnitt 16.5 betreffend Koordination der Leistungen mit der Sozialversicherung.)

5.9 Umstellung vom Leistungs- auf das Beitragsprimat

In letzter Zeit sind verschiedene grosse Pensionskassen des privaten und des öffentlichen Rechts vom Leistungs- auf das Beitragsprimat umgestiegen. Die Diskussion läuft noch weiter (siehe dazu auch Abschnitt 5.21).

Bei gleichen wirtschaftlichen und technischen Rahmenbedingungen sind beide Systeme finanziell gleichwertig. Was dagegen verschieden ist, sind deren Eigenschaften (siehe *Darstellung 5F*). Die Wahl des geeigneten Vorsorgesystems reduziert sich somit auf die Wahl der geeigneten Eigenschaften der beiden Systeme. (Nachstehende Ausführungen stützen sich auf ein Exposé von *Oskar Leutwiler*.)

5.91 Eigenschaften der beiden Systeme

Beim *Leistungsprimat* werden Vorsorgeleistungen in festen Prozenten des versicherten Lohnes versprochen. Das Finanzierungssystem ist so zu bestimmen, dass diese versprochenen Vorsorgeleistungen jederzeit erbracht werden können.

Beim *Beitragsprimat* werden die Arbeitgeber- und Arbeitnehmerbeiträge in festen Prozenten des versicherten Lohnes festgelegt und daraus individuell nach Berechnungsgrundlagen die Vorsorgeleistungen ermittelt.

Der richtige Entscheid betreffend Wahl des geeigneten Vorsorgesystems kann von einer Vorsorgeeinrichtung erst dann gefällt werden, wenn die Eigenschaften der beiden Systeme, die Risikozuteilung sowie die administrativen Hauptunterschiede im Detail bekannt sind.

Bei diesen Überlegungen stützen wir uns auf das folgende einfache Beispiel:

- Jahresbeitrag: 21% des versicherten Lohnes (ohne Nachzahlungen bei Lohnerhöhungen)
- Lohnerhöhung: 4% jährlich
- Zinssatz: 4% jährlich
- Rentenziel: 60% (nach 40 Beitragsjahren)

Will man beim *Leistungsprimat* die Vorsorgeleistungen nach dem individuellen Äquivalenzprinzip (ohne Solidaritätskomponente; jeder Versicherte finanziert im Durchschnitt seine Vorsorgeleistungen zusammen mit dem Arbeitgeber selbst) finanzieren, steigen die Beitragssätze von rund 7% im Alter 25 auf rund 100% des versicherten Lohnes im Alter 64. Daraus wird sofort klar, dass ein Leistungsprimat nur mit einer Umlagekomponente finanziert werden kann.

Darstellung 5F
Eigenschaften des Leistungs- und des Beitragsprimats

Leistungsprimat	Beitragsprimat
– Es wird eine Altersrente in festen Prozenten des versicherten Lohnes garantiert.	– Die Altersrente ergibt sich aus dem geäufneten Spar- oder Deckungskapital. Es wird keine Altersrente in festen Prozenten des versicherten Lohnes garantiert.
– Der Vorsorgegrad (Gesamtrente in Prozent des Bruttolohnes) im Rücktrittsalter ist dem Versicherten bekannt.	– Der Vorsorgegrad im Rücktrittsalter ist dem Versicherten unbekannt.
– Das Konzept ist transparent bezüglich der Höhe der Vorsorgeleistungen.	– Das Konzept ist weniger transparent bezüglich der Höhe der Vorsorgeleistungen.
– Die Finanzierung ist auf dem kollektiven Äquivalenzprinzip aufgebaut, d.h. auf dem Solidaritätsprinzip.	– Die Finanzierung ist auf dem individuellen Äquivalenzprinzip aufgebaut, d.h. die Solidarität wird auf ein Minimum reduziert.
– Das Konzept ist wenig transparent bezüglich Kapitalbildung. Es erlaubt dem Versicherten kaum, den Sparprozess für das Alter zu überprüfen.	– Das Konzept ist transparent bezüglich Kapitalbildung. Der Sparprozess für das Alter kann von jedem Versicherten nachvollzogen werden.
– Die Kosten sind schwer budgetierbar. In Zeiten grosser Lohnsteigerungen ergeben sich hohe Kosten.	– Die Kosten sind budgetierbar. In Zeiten grosser Lohnsteigerungen steigen die Kosten (in etwa) proportional.
– Die Kosten sind stark abhängig von der Alters- und Lohnstruktur.	– Die Alters- und Lohnstruktur hat je nach Wahl der Beitragsstaffelung nur einen unbedeutenden Einfluss auf die Kosten der Vorsorge.
– Lohnänderungen infolge Teilzeitbeschäftigung sind technisch schwer verarbeitbar.	– Lohnänderungen infolge Teilzeitbeschäftigung können technisch problemlos verarbeitet werden.
– Die Höhe der Austrittsleistung (Freizügigkeitsleistung) entspricht grundsätzlich dem Barwert der erworbenen Rente und muss somit versicherungstechnisch ermittelt werden.	– Die Höhe der Austrittsleistung (Freizügigkeitsleistung) entspricht dem geäufneten Sparkapital (Stand des Sparkontos).

238   5. Leistungen bei Alter, Tod und Invalidität

Darstellung 5G

Modellbeispiel zum Leistungsprimat

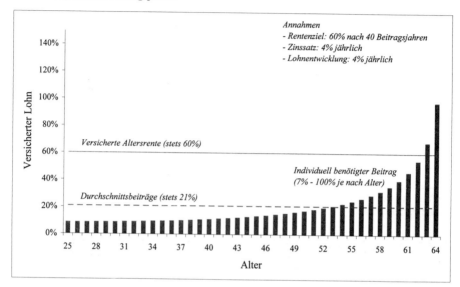

Darstellung 5H

Modellbeispiel zum Beitragsprimat

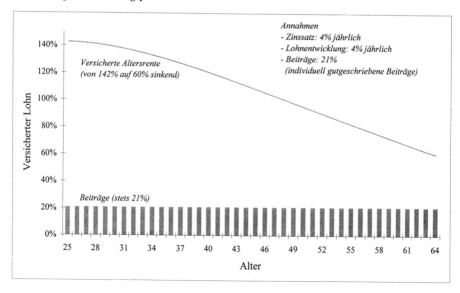

Unsere Berechnung zeigt, dass dieselben Vorsorgeleistungen ebenfalls mit einem konstanten Durchschnittsbeitrag von rund 21% des versicherten Lohnes finanziert werden konnten. Dabei ergibt sich, dass dieser Beitragssatz bis zum Alter 52 versicherungstechnisch zu hoch und anschliessend zu tief ist. Mit anderen Worten sind in jungen Jahren Solidaritätsbeiträge an die älteren Versicherten zu leisten.

Umgekehrt verhält es sich beim *Beitragsprimat*. Bei einem 25jährigen ergibt sich aufgrund eines Jahresbeitrags von 21% eine Altersrente von rund 142% (Rentensatz) des versicherten Lohnes. Dieser Rentensatz reduziert sich jedoch bei jeder künftigen Lohnerhöhung und sinkt im Alter 65 wiederum auf 60% wie beim Leistungsprimat. Der Grund liegt darin, dass bei Lohnerhöhungen zwar auf der Erhöhung ebenfalls jährlich 21% Beiträge erbracht werden, jedoch nimmt die Beitragsdauer (Anzahl der Jahresbeiträge) bis zum Rücktrittsalter mit steigendem Alter ab.

Vorstehende Ausführungen zeigen, dass bei gleichen Modellparametern eine vorgegebene Vorsorgeleistung in beiden Vorsorgesystemen gleich teuer ist. Weicht jedoch die Lohnentwicklung vom Modell ab, ergeben sich beim Leistungsprimat finanzielle Umverteilungen. Liegt nämlich die Lohnerhöhung eines Versicherten unterhalb des Modellparameters, zahlt er versicherungstechnisch zu hohe Beiträge für seine Vorsorgeleistungen; liegt die Lohnerhöhung dagegen darüber (Karriere), zahlt er zu geringe Beiträge. Besonders störend kann diese Eigenschaft sein, wenn die Finanzierung paritätisch erfolgt. Zahlt dagegen der Arbeitgeber höhere Beiträge, darf davon ausgegangen werden, dass die Solidaritätskomponente im Arbeitgebermehrbeitrag mitenthalten ist.

5.92 Problem der Besitzstandswahrung

Bei einem Systemwechsel vom Leistungs- zum Beitragsprimat sind die wohlerworbenen Rechte eines jeden Versicherten zu wahren. Dieser Besitzstand wird normalerweise in Form der Austrittsleistung oder des entsprechenden Deckungskapitals garantiert. Einen Besitzstand auf den Beiträgen oder den Vorsorgeleistungen in Franken gibt es nicht.

a)   Übergang auf ein Beitragsprimat

Es wurde gezeigt, dass bei einem gleichwertigen Beitragsprimat vor dem Rücktrittsalter Altersrenten resultieren, die höher sind als beim Leistungsprimat. Diese Tatsache erleichtert den Übergang auf das Beitragsprimat, da bei den meisten Versicherten auf dem individuellen Versicherungsausweis höhere Vorsorgeleistungen ausgewiesen werden können.

Dieses optische Bild wird erfahrungsgemäss denn auch heute von Unternehmen genutzt, um beim Übergang auf das Beitragsprimat die Beitragssätze (vor allem bei jüngeren Versicherten) und damit die Kosten der Vorsorge zu reduzieren. Die Folgen dieses stillen Abbaus der Vorsorgeleistungen machen sich systembedingt erst bei späteren Lohnerhöhungen bemerkbar.

Eine weitere typische Eigenschaft der *Leistungsprimatkassen* ist die Übernahme eines Restrisikos durch den Arbeitgeber, so z.b. die verbleibenden Nachzahlungen bei Lohnerhöhung oder die verbleibenden Kosten für die Teilanpassung der laufenden Renten an die Teuerung.

Beim Übergang auf eine echte *Beitragsprimatkasse* bestimmt erfahrungsgemäss der Arbeitgeber aufgrund seiner finanziellen Möglichkeiten, seiner Beiträge der vergangenen Jahre sowie seiner personalpolitischen Ziele den Beitragssatz (in Prozenten der versicherten Lohnsumme), den er bereit ist, für Vorsorgezwecke auszugeben. Alle anderen Risiken (Sterbe-, Invaliditäts-, Langlebe- und Anlagerisiko, Teilanpassung der laufenden Renten an die Teuerung usw.) oder Zusatzkosten werden auf die Vorsorgeeinrichtung übertragen.

Es wurde gezeigt, dass ein Versicherter *beim Leistungsprimat in jungen Jahren Solidaritätsbeiträge an die Älteren leistet*. Anders verhält es sich beim Beitragsprimat. Hier finanziert jeder Versicherte im Durchschnitt mit dem Arbeitgeber zusammen seine Vorsorgeleistungen selbst.

Beim klassischen Übergang auf ein *Beitragsprimat* verliert somit ein Versicherter seine bisher geleisteten Solidaritätsbeiträge. Diese müssen ihm somit fairerweise zusätzlich zur Austrittsleistung in angemessener Form als Startkapital gutgeschrieben werden.

b) *Behandlung von Fehlbeträgen*

Speziell bei *öffentlich-rechtlichen Vorsorgeeinrichtungen* ist heute der Trend erkennbar, von den eher schlecht verzinslichen Anlagen beim Arbeitgeber auf neue Anlagestrategien überzugehen. Aufgrund eines derartigen Systemwechsels hat sich z.B. bei der Beamtenversicherungskasse des Kantons Zürich der Deckungsgrad (vorhandenes Vorsorgekapital in Prozenten des versicherungstechnisch notwendigen Vorsorgekapitals) innerhalb weniger Jahre um rund 60 Prozentpunkte erhöht. Auch Vorsorgeeinrichtungen des öffentlichen Rechts haben erkannt, dass der Ertrag auf dem Vorsorgekapital eine wichtige Finanzierungsquelle darstellt. Ein Ertrag kann jedoch naturgemäss nur auf einem reellen Vorsorgevermögen und nicht auf einem Fehlbetrag erwirtschaftet werden.

5.9 Umstellung vom Leistungs- auf das Beitragsprimat

Aufgrund dieser Feststellung gibt es eigentlich nur folgende vier Lösungen beim Übergang vom Leistungs- auf das Beitragsprimat:

1. Der Fehlbetrag wird durch eine Einmalzahlung des Arbeitgebers ausgeglichen.
2. Der Fehlbetrag wird mit Beitragserhöhungen von Arbeitnehmer und/oder Arbeitgeber schrittweise ausgeglichen.
3. Der Fehlbetrag bleibt in Schweizer Franken bestehen. Der Arbeitgeber verpflichtet sich, den Fehlbetrag jährlich mit der gleichen Performance zu verzinsen, die auf dem effektiv vorhandenen Vorsorgekapital erwirtschaftet wurde. Bei einer negativen Performance erhält der Arbeitgeber eine entsprechende Gutschrift.
4. Kombination der Lösungen 1–3.

6. Freizügigkeitsleistungen, Teilliquidation, Wohneigentumsförderung, Orientierungspflichten

6.1 Regelung der Freizügigkeit

6.11 Grundsätzliches

Die Freizügigkeitsleistungen sollen dem Versicherten bei Beendigung des Arbeitsverhältnisses die *Erhaltung des Vorsorgeschutzes* gewährleisten. Als *Freizügigkeitsverlust* wird vom Arbeitnehmer derjenige Betrag betrachtet, den er bei einem neuen Arbeitgeber *zusätzlich zu seiner Freizügigkeitsleistung einbezahlen muss*, um den bisherigen Vorsorgeschutz unverändert weiterführen zu können. *Volle Freizügigkeit* wäre demnach gegeben, wenn bei einem Stellenwechsel keine zusätzlichen Einkaufszahlungen nötig sind, um den gleichen Vorsorgeschutz weiterführen zu können. Austritts- und Eintrittsregelungen wären also zu harmonisieren. Dies ist natürlich in Anbetracht der Vielfalt der Pensionskassen unmöglich. Eine Freizügigkeitsregelung muss einfach und transparent sein.

Bei voller Freizügigkeit entstehen bei einem Übertritt von der bisherigen Vorsorgeeinrichtung in die neue weder dem Versicherten noch einer der beiden Einrichtungen Verluste oder Gewinne. Die Freizügigkeit entspricht dem Wunsch des Versicherten, den einmal gewonnenen Versicherungsschutz auch beim Wechsel des Arbeitgebers ungeschmälert beibehalten zu können. *Dem Problem der Freizügigkeit wohnen soziale, personalpolitische, versicherungstechnische, rechtliche und finanzielle Faktoren inne,* die keine jedermann befriedigende Lösung zulassen. Verbunden mit dem Problem der *Vergütung eines Teils der Arbeitgeberbeiträge* ist das der *Erhaltung der einmal geschaffenen Vorsorgekapitalien.*

Neben den gesetzlichen Bestimmungen bestehen auch weitergehende *Vereinbarungen der Sozialpartner,* welche die Frage der Freizügigkeit regeln (so z.B. Gesamtarbeitsverträge). *Einzelne Stiftungen bzw. Arbeitgeber* sind von sich aus dem Wunsch nach vermehrter Freizügigkeit schon lange vor Inkrafttreten des Freizügigkeitsgesetzes entgegengekommen. Ausschlaggebend ist die Frage, ob und inwieweit die Arbeitgeberbeiträge als Lohnbestandteile bzw. als freiwillige Zuwendungen der Firma zu betrachten sind. Mangelnde Freizügigkeit wird auch als "goldene Fessel" an die Arbeitgeberfirma bezeichnet.

Um keine Lücke nach Einführung des BVG entstehen zu lassen, hat der Bundesrat schon bald nach Einführung des BVG eine "Verordnung zur Erhaltung des Vorsorgeschutzes und die Freizügigkeit" erlassen (vom 12. November 1986 – siehe gelbe Seiten der 5. Auflage dieses Buches). Diese Verordnung bezweckte, vor allem Saisonniers (nach Ablauf des Arbeitsvertrages) und Personen, die ihre Erwerbstätigkeit verlieren, für eine beschränkte Zeit eine minimale Deckung im Falle von Tod oder Invalidität zu ermöglichen. Dabei wurde die im Obligationenrecht bestehende Regelung hinsichtlich der *Freizügigkeitspolice* sowie des *Freizügigkeitskontos bei einer Bank* (Sperrkonto) im Rahmen des BVG-Obligatoriums für anwendbar erklärt. Dies sollte zur Aufrechterhaltung des Vorsorgeschutzes dienen, wenn die Freizügigkeitsleistungen nicht an eine neue Vorsorgeeinrichtung überwiesen werden und der Versicherte nicht in der bisherigen Kasse verbleiben kann. Diese Verordnung ist 1993 durch das Freizügigkeitsgesetz und die Freizügigkeitsverordnung, welche am 1. Januar 1995 in Kraft getreten sind, abgelöst worden. Freizügigkeitspolice und -konto sind vor allem in Art. 10 der Freizügigkeitsverordnung definiert.

Die bisher auf Freizügigkeitskonten und -policen angesammelten Beträge sind bedeutend. Insgesamt betrugen 1990 gemäss *Darstellung 6A* die Freizügigkeitsguthaben rund *CHF 5,4 Mrd.* (oder 2,2% des gesamten 1990 in der Zweiten Säule gebundenen Vermögens von CHF 250 Mrd.). Die Durchschnittsbeträge der Freizügigkeitskonten und -policen waren damals praktisch gleich (CHF 13'839.– bzw. CHF 13'719.–). Nach Schätzung der Bank Pictet & Cie. sind die Freizügigkeitsguthaben bis Ende 1993 auf insgesamt rund CHF 20 Mrd. angewachsen. (Neuere Zahlen liegen nicht vor.)

Darstellung 6A

Stand der Freizügigkeitskonten und -policen 1990

1990	Anzahl Institutionen (Banken, Versicherungsgesellschaften)	Anzahl Konten bzw. Policen	Betrag insgesamt (Mio. CHF)	Durchschnittsbetrag je Konto bzw. Police (CHF)
Freizügigkeitskonten	39	244'217 (62%)	3'380 (62%)	13'839
Freizügigkeitspolicen	24	149'199 (38%)	2'047 (38%)	13'719
	63	393'416	5'427	

Quelle: BSV, Mitteilungen über die berufliche Vorsorge Nr. 22 vom 26. Juni 1992

Die volle Freizügigkeit führt bei jenen Kassen zu Problemen, die nicht gemäss Alter gestaffelte Beiträge, sondern *Durchschnittsbeiträge* erheben. Durchschnittsbeiträge liegen einerseits für die älteren unter und andererseits für die jüngeren Mitarbeiter über dem Beitrag ihrer Altersstufe. Diese kasseninterne Umteilung hat zur Folge, dass den jüngeren Arbeitnehmern auf ihren Alterskonten weniger gutgeschrieben wird, als diese tatsächlich bezahlt haben. Bei einem Austritt führt dies dazu, dass die Freizügigkeitsleistung des einzelnen nicht genau den Beiträgen entspricht, d.h. der ältere Arbeitnehmer erhält mehr. Die kasseninterne Solidarität der Durchschnittsbeiträge wirkt sich positiv oder negativ auf die individuelle Freizügigkeitsleistung aus. Ähnlich, aber in noch viel stärkerem Masse, wirkt eine kasseninterne Umverteilung in Pensionskassen mit Leistungsprimat, bei denen mit Mutationsgewinnen als Teil der Finanzierung gerechnet wird. Die Umverteilung erfolgt, weil (teurere) ältere Austretende durch (billigere) jüngere Eintretende ersetzt werden.

Gegen die *volle Freizügigkeit* für den ganzen Bereich der Zweiten Säule sprach lange Zeit, dass viele Einrichtungen in der Finanzierung der Leistungen auf die sog. "Mutationsgewinne", als Folge des bei Austritt nicht hundertprozentig mitgegebenen Arbeitgeberanteils des geäufneten Vermögens, angewiesen waren. Schwierigkeiten wurden auch bei Einrichtungen mit versicherungstechnischen Defiziten befürchtet (z.B. bei den meisten öffentlich-rechtlichen Kassen). Umfangreiche Neuorganisationen mussten bei vielen Vorsorgeeinrichtungen vorgenommen werden. Bei der vollen Freizügigkeit muss beachtet werden:

- Austretende Mitarbeiter dürfen niemals zu Lasten der verbleibenden bevorzugt werden.
- Wegfallende Mutationsgewinne sind in der Vorsorgeeinrichtung durch andere Finanzierungen zu ersetzen.
- Dem besonderen Aufbau der einzelnen Kasse ist Rechnung zu tragen (gilt besonders für das Leistungsprimat).
- Die Zweckerhaltung der Freizügigkeitsleistungen muss gewährleistet sein.

In den Deckungskapitalberechnungen werden die finanziellen Folgen der Austritte in der Regel nicht erfasst. In den Berechnungen als offene Kasse werden Austrittswahrscheinlichkeiten erfasst. In der Regel entlasten sie eine Vorsorgeeinrichtung, da Austretende durchschnittlich durch um 5–10 Jahre jüngere Mitarbeiter bzw. Mitarbeiterinnen ersetzt werden.

An der Universität Bern ist versucht worden, Tafeln für *Austrittswahrscheinlichkeiten* zu berechnen, da solche fehlen (Leitung Prof. Heinz Schmid und Claude Chuard). Ausgegangen wurde von rund 186'000 Austritten in den Jahren 1985–1994 vorwiegend bei öffentlich-rechtlichen Vorsorgeeinrichtungen. Für privatrechtliche Einrichtungen sind diese Tafeln deshalb nur bedingt vergleichbar; auch können zwischen Branchen grosse Unterschiede bestehen.

Zwischen dem Alter 25 und 55 sinkt die Austrittswahrscheinlichkeit stetig. Im Durchschnitt (je nach mittlerem Alter eines Bestandes) beträgt sie 8–12% (siehe *Darstellung 6B*).

Darstellung 6B
Austrittswahrscheinlichkeiten (Turn-Over-Zahlen)

Alter	Männer	Frauen	Alter	Männer	Frauen	Alter	Männer	Frauen
20			35	0,1002	0,1208	50	0,0427	0,0619
21	0,2410	0,3160	36	0,0944	0,1120	51	0,0406	0,0597
22	0,2407	0,2852	37	0,0900	0,1051	52	0,0384	0,0582
23	0,2323	0,2617	38	0,0857	0,1007	53	0,0365	0,0573
24	0,2202	0,2466	39	0,0814	0,0974	54	0,0348	0,0571
25	0,2064	0,2313	40	0,0768	0,0954	55	0,0333	0,0575
26	0,1910	0,2176	41	0,0722	0,0930	56	0,0324	0,0591
27	0,1774	0,2058	42	0,0669	0,0903	57	0,0321	0,0612
28	0,1651	0,1956	43	0,0623	0,0862	58	0,0344	0,0640
29	0,1537	0,1853	44	0,0585	0,0815	59	0,0419	
30	0,1425	0,1758	45	0,0555	0,0761	60	0,0524	
31	0,1325	0,1654	46	0,0519	0,0723	61	0,0654	
32	0,1228	0,1547	47	0,0497	0,0682	62		
33	0,1144	0,1429	48	0,0473	0,0654	63		
34	0,1067	0,1317	49	0,0447	0,0633	64		

Quelle: Uni Bern, basierend auf Erfahrungswerten der Jahre 1985–1994 bei vor allem öffentlich-rechtlichen Vorsorgeeinrichtungen (zitiert aus: AWP, 15. Januar 1997)

Die Fluktuation kann auch schematisch durch folgende Wahrscheinlichkeiten berücksichtigt werden, wobei je nach Branche diese Prozentsätze nur die Hälfte oder das Doppelte betragen können:

	Männer	Frauen		Männer	Frauen
bis 25 Jahre	15%	20%	36–45 Jahre	6%	8%
26–30 Jahre	12%	16%	46–55 Jahre	3%	4%
31–35 Jahre	9%	12%	darüber	0%	0%

Nach der Pensionskassenstatistik wurden 1996 440'500 Austrittsleistungen (Freizügigkeit) mit CHF 11,9 Mrd. ausbezahlt. Die Fluktuationsrate (auf 2'910'000 BVG-Versicherten) betrug somit – über alles gerechnet – rund 15%.

6.12 Geltungsbereich des Freizügigkeitsgesetzes

Der Bundesrat hat am 17. Dezember 1993 das 28 Artikel umfassende *Bundesgesetz über die Freizügigkeit in der beruflichen Alters-, Hinterlassenenvorsorge (FZG)* verabschiedet. Das Gesetz trat auf den 1. Januar 1995 in Kraft (siehe Wortlaut im gelben Anhang).

Die dazugehörende *Verordnung (Freizügigkeitsverordnung, FZV)* erschien am 3. Oktober 1994 und wurde durch *Erläuterungen des BSV* kommentiert (siehe FZG, FZV und Erläuterungen im gelben Anhang der 6. Auflage).

Der *Geltungsbereich des FZG* umfasst alle Vorsorgeeinrichtungen, gegen welche reglementarische Leistungsansprüche bestehen, unabhängig davon, wie sie finanziert wurden (paritätisch oder vom Arbeitgeber allein). Gemäss Art. 17 Abs. 5 FZG wird für die Berechnung auch bei allein durch den Arbeitgeber finanzierten Einrichtungen *mindestens ein Drittel* als Arbeitnehmerbeitrag betrachtet. Nicht unter das FZG fallen reine patronale Fonds und Finanzierungsstiftungen.

Das FZG gilt ab 1. Januar 1995; für die formelle Anpassung der Reglemente besteht eine Frist von fünf Jahren. Gegebenenfalls kann interimsweise ein Beschluss des Stiftungsrates gefasst werden.

Die Freizügigkeitsverordnung (FZV) enthält in einem ersten Abschnitt Bestimmungen, die den Freizügigkeitsfall näher regeln. Der Freizügigkeitsfall tritt ein, wenn die Versicherten die Vorsorgeeinrichtung verlassen, bevor ein Vorsorgefall eingetreten ist, und demzufolge Anspruch auf eine Austrittsleistung haben (Art. 2 Abs. 1 FZG). Es handelt sich hierbei um reine Vollzugsvorschriften des Freizügigkeitsgesetzes im Sinne von Art. 26 Abs. 1 Halbsatz 1 FZG.

In einem zweiten Abschnitt wird die Erhaltung des Vorsorgeschutzes geregelt, wenn die Versicherten aus der bisherigen Vorsorgeeinrichtung aus- und nicht unmittelbar in eine neue eintreten. Über die Formen der Vorsorgeschutzerhaltung enthält das Gesetz keine Bestimmungen, sondern delegiert statt dessen die materielle Regelungskompetenz dieses wichtigen Gebietes der beruflichen Vorsorge weitgehend dem Bundesrat (Art. 26 Abs. 1 Halbsatz 2 FZG).

Weil die Freizügigkeit mit dem Freizügigkeitsgesetz grundlegend neu geregelt wird, wäre eine Anpassung der geltenden Verordnung vom 12. November 1986 über die Erhaltung des Vorsorgeschutzes und die Freizügigkeit SR 831.425 (im folgenden bisherige Freizügigkeitsverordnung genannt) allein des Umfanges wegen unzweckmässig. Sie wird daher durch die vorliegende Verordnung abgelöst. Dabei wird darauf geachtet, dass die Kontinuität in der Praxis soweit wie möglich gewährleistet bleibt. (Aus: Erläuterungen des BSV zur FZV.)

Es ist den einzelnen Kassen zu empfehlen, ein *Merkblatt* auszuarbeiten, das alle Informationen enthält, die bei einem Austritt wesentlich sind (Art. 8 Abs. 2 FZG). Zudem ist eine *Abrechnung* zu erstellen (Art. 8 Abs. 1 FZG), die alle notwendigen Angaben enthält, u.a. die Berechnung im Detail, die Höhe des Mindestbetrages nach Art. 17 FZG und des Altersguthabens nach Art. 15 BVG.

Art. 24 FZG stipuliert eine *Informationspflicht* auf Wunsch des Versicherten oder mindestens alle drei Jahre über die reglementarische Austrittsleistung (Art. 2 FZG) und das Altersguthaben (Art. 15 BVG). Einzelheiten dazu bringt Art. 1 der Freizügigkeitsverordnung (FZV).

Um die erforderlichen Beträge im Falle der Beanspruchung der *Wohneigentumsförderung* oder bei *Ehescheidung* zu kennen, wird überdies von der Vorsorgeeinrichtung festzuhalten sein:

- Austrittsleistung im Alter 50 (Art. 331d Abs. 4 OR)
- Austrittsleistung bei Eheschliessung (Art. 22 FZG) oder wenigstens die Austrittsleistung am 1. Januar 1995 für Verheiratete.

Das neue Scheidungsrecht (gemäss Bundesgesetz vom 26. Juni 1998) hat einige Änderungen vor allem des ZGB und des Freizügigkeitsgesetzes (neben dem OR und dem BVG) zur Folge. Das neue Recht wird auf den 1. Januar 2000 in Kraft treten. Im gelben Anhang sind die Bestimmungen im Wortlaut wiedergegeben. Die wichtigsten Änderungen sind in Abschnitt 2.7 erläutert. Das neue Scheidungsrecht sieht gemäss Art. 22 FZG künftig eine hälftige Teilung der während der Zeit der Ehe erfolgten Zunahme der Austrittsleistungen vor.

Die interessierten Kreise haben 1998 die Frage betreffend Schaffung einer Ombudsstelle für Fragen aus dem BVG aufgenommen (wie bei den Banken, Versicherungen). Auch das BSV würde eine solche Stelle begrüssen. Die Vorarbeiten sind im Gange.

Die Eidg. Steuerverwaltung hat am 4. Mai 1995 das *Kreisschreiben Nr. 22 zur Freizügigkeit in der beruflichen Alters-, Hinterlassenen- und Invalidenvorsorge* erlassen (abgedruckt im gelben Anhang).

6.13 Austrittsleistungen

Die Austrittsleistungen haben in den letzten Jahren seit Einführung des Freizügigkeitsgesetzes auf den 1. Januar 1995 stark zugenommen. Laut Pensionskassenstatistik betrugen sie 1994 CHF 8,9 Mrd. und 1996 CHF 13,3 Mrd. Dies ist ein Anstieg um 48%. Auf der anderen Seite haben die Eintrittseinlagen ebenfalls von 1994 von CHF 5,4 Mrd. auf 1996 CHF 8,6 Mrd. oder um 59% zugenommen.

a)   Normen zur Berechnung der Austrittsleistungen

Zur Berechnung der Austrittsleistung stellt das Gesetz folgende Normen auf:

Art. 15 FZG   Ansprüche im Beitragsprimat

¹Bei Spareinrichtungen entsprechen die Ansprüche der Versicherten dem Sparguthaben; bei versicherungsmässig geführten Beitragsprimatkassen entsprechen sie dem Deckungskapital.

²Das Sparguthaben ist die Summe aller im Hinblick auf Altersleistungen gutgeschriebenen Beiträge des Arbeitgebers oder der Arbeitgeberin und der versicherten Person sowie der sonstigen Einlagen; sämtliche Zinsen sind zu berücksichtigen.

³Das Deckungskapital ist nach anerkannten Regeln der Versicherungsmathematik im Anwartschaftsdeckungsverfahren gemäss dem Grundsatz der Bilanzierung in geschlossener Kasse zu berechnen.

⁴Beiträge für Sondermassnahmen und Solidaritätsleistungen sind zu berücksichtigen, wenn sie das persönliche Sparguthaben oder das Deckungskapital erhöht haben.

Art. 16 FZG   Ansprüche im Leistungsprimat

¹Bei Vorsorgeeinrichtungen im Leistungsprimat entsprechen die Ansprüche der Versicherten dem Barwert der erworbenen Leistungen.

²Die erworbenen Leistungen werden wie folgt berechnet:

$$\text{versicherte Leistungen} \times \frac{\text{anrechenbare Versicherungsdauer}}{\text{mögliche Versicherungsdauer}}$$

³Die versicherten Leistungen sind im Reglement niedergelegt. Sie bestimmen sich aufgrund der möglichen Versicherungsdauer. Temporäre Leistungen gemäss Artikel 17 Absatz 2 können bei der Barwertbestimmung weggelassen werden, wenn sie nicht nach dem Deckungskapitalverfahren finanziert werden.

⁴Die anrechenbare Versicherungsdauer setzt sich zusammen aus der Beitragsdauer und der eingekauften Versicherungsdauer. Sie beginnt frühestens mit der Leistung von Beiträgen an die Altersvorsorge.

⁵Die mögliche Versicherungsdauer beginnt zur gleichen Zeit wie die anrechenbare Versicherungsdauer und endet mit der ordentlichen reglementarischen Altersgrenze.

[6]Der Barwert ist nach anerkannten Regeln der Versicherungsmathematik zu ermitteln. Die Barwerte sind im Reglement tabellarisch darzustellen.

Art. 17 Abs. 1 FZG   Mindestbetrag bei Austritt aus der Vorsorgeeinrichtung

[1]Bei Austritt aus der Vorsorgeeinrichtung hat die versicherte Person zumindest Anspruch auf die eingebrachten Eintrittsleistungen samt Zinsen sowie auf die von ihr während der Beitragsdauer geleisteten Beiträge samt einem Zuschlag von 4 Prozent pro Altersjahr ab dem 20. Altersjahr, höchstens aber von 100 Prozent. Das Alter ergibt sich aus der Differenz zwischen dem Kalenderjahr und dem Geburtsjahr.

Es ergeben sich somit nach Art. 17 Abs. 1 minimale Leistungen von z.B. 120% der persönlichen Beiträge im Alter 25 und maximal 200% im Alter 45 und mehr. Einzelheiten regelt Art. 6 der Freizügigkeitsverordnung. Art. 17 Abs. 2–5 regeln die Abzüge für Risikoversicherungen, Sondermassnahmen usw. Art. 22 befasst sich mit Austrittsleistungen bei Ehescheidungen.

Art. 6 der Freizügigkeitsverordnung (siehe gelber Anhang) legt zu Art. 17 FZG die Berechnung des Mindestbetrages fest. Dazu bemerkt das BSV in seinen Erläuterungen:

"*Absatz 1* (von Art. 6 FZV) ermöglicht, die Beiträge ausser acht zu lassen, die während einer bestimmten Zeit ausschliesslich für die Finanzierung von Risikoleistungen erbracht wurden.

Der in Artikel 17 Absätze 1 und 4 FZG erwähnte Zins muss nach *Absatz 2* dem BVG-Mindestzinssatz entsprechen. Dieser beträgt zurzeit 4% (Art. 12 BVV 2).

Die nach Artikel 17 Absatz 2 FZG abziehbaren Aufwendungen für die Deckung von Leistungen können sowohl durch periodische Beiträge als auch durch eingebrachte Eintrittsleistungen finanziert werden. Werden sie durch eingebrachte Eintrittsleistungen finanziert, so bestimmt *Absatz 3*, dass sie in diesem Fall bei der Ermittlung der Mindestleistung nicht abgezogen werden müssen.

Die Berücksichtigung für Beiträge an Überbrückungsrenten bis zur AHV-Rente ist nach *Absatz 4* an eine Frist gebunden, damit nicht ohne sachliche Gründe im Sinne der beruflichen Vorsorge Überbrückungsrenten erbracht werden. Solche Beiträge können berücksichtigt werden, wenn die Überbrückungsrente frühestens fünf Jahre vor dem Beginn der ordentlichen AHV-Rente beginnt. In besonderen Fällen, d.h. wenn es sich um Versicherte von Berufen handelt, die aufgrund ihrer Tätigkeit eine aussergewöhnliche Abnutzung erfahren haben, kann der Beginn dieser Überbrückungsrente mit der entsprechenden Begründung auf zehn Jahre vor dem Beginn des ordentlichen Rentenalters festgelegt werden.

Absatz 5 präzisiert in Anlehnung an die klarere französische Fassung von Artikel 17 Absatz 1 FZG, dass der Zuschlag von 4% erstmals nach Vollendung des 20. Altersjahres, d.h. somit im 21. Altersjahr, gewährt wird."

Darstellung 6C
Abrechnung über die Austrittsleistung bei Leistungsprimat

			Feld	Berechnung		
1.	**Allgemeine Angaben**					
1.1	Personaldaten					
	Name und Vorname	Muster Peter	A	Eingabe		
	AHV-Nummer	000.00.000.000	B	Eingabe		
	Geschlecht		C	Eingabe	(M/F)	M
	Geburtsdatum		D	Eingabe	Datum	01.07.61
1.2	Angaben zur Vorsorgesituation					
	Eintrittsdatum (samt eingekaufter Versicherungsdauer)		E	Eingabe	Datum	01.01.89
	ordentliche reglementarische Altersgrenze		F	M=65; F=62	Jahre	65
	Austrittsdatum		G	Eingabe	Datum	31.01.95
	versicherte Leistung (Altersrente)		H	Eingabe	Fr.	21'263.00
	Summe der persönlichen Beiträge (inkl. Risikobeiträge und Sondermassnahmen)		I	Eingabe	Fr.	15'200.00
	eingebrachte Austrittsleistung		J	Eingabe	Fr.	2'450.00
	Datum der Einbringung		K	Eingabe	Datum	01.08.89
	Altersguthaben nach BVG bei Austritt		L	Eingabe	Fr.	7'900.00
2.	**Barwert der erworbenen Leistung**					
	anrechenbare Versicherungsdauer		M	G - E	Jahre	6.09
	Datum ordentliche Altersgrenze		N	D + F	Datum	31.07.2026
	mögliche Versicherungsdauer		O	N - E	Jahre	37.59
	Faktor nach Art. 15 des Reglementes		P	M / O	Faktor	0.16
	erworbene Leistung		Q	H * P	Fr.	3'443.00
	Alter nach FZG bei Austritt		R	G - D	Jahre	34
	Barwertfaktor nach Tabelle A des Reglementes		S	Tabelle	Faktor	4.17
	Barwert der erworbenen Leistung		T	Q * S	Fr.	14'367.20
3.	**Mindestbetrag nach Art. 16 des Reglementes**					
3.1	auf Beiträgen					
	Alter nach FZG bei Austritt		U	R	Jahre	34
	Beitragszuschlag in %		V	(U- 20)* 4% (max 100%)	%	56
	persönliche Beiträge		W	I	Fr.	15'200.00
	Beitragszuschlag in Fr.		X	V * W	Fr.	8'512.00
	Mindestbetrag auf Beiträgen		Y	W + X	Fr.	23'712.00
3.2	auf eingebrachter Austrittsleistung					
	Verzinsung von		Z	K	von	01.08.89
	bis		AA	G	bis	31.01.95
	Verzinsungsdauer		AB	AA - Z	Jahre	5.50
	Verzinsungsfaktor		AC	1.04 ^ AB - 1	Faktor	0.24
	eingebrachte Austrittsleistung		AD	J	Fr.	2'450.00
	Zins in Fr.		AE	AC * AD	Fr.	589.80
	Mindestbetrag auf eingebrachter Austrittsleistung		AF	AD + AE	Fr.	3'039.80
3.3	**Mindestbetrag total**		AG	Y + AF	Fr.	26'751.80
4.	**Berechnung der Austrittsleistung**					
	Die Austrittsleistung entspricht dem höchsten dieser Beträge					
	Barwert der erworbenen Leistung		AH	T	Fr.	14'367.20
	Mindestbetrag		AI	AG	Fr.	26'751.80
	Altersguthaben nach BVG		AJ	L	Fr.	7'900.00
	Die Austrittsleistung beträgt somit		AK	max (AH, AI, AJ)	Fr.	26'751.80
5.	**Abrechnung über die Austrittsleistung**					
	Die Austrittsleistung beträgt		AL	AK	Fr.	26'751.80
	Sie ist an folgendem Datum fällig		AM	G	Datum	31.01.95
	Altersguthaben nach BVG		AN	L	Fr.	7'900.00
6.	**Zusätzliche Angaben**					
	Altersguthaben nach BVG im Alter 50		AO	Eingabe	Fr.	0.00
	Austrittsleistung im Alter 50		AP	Eingabe	Fr.	0.00
	Austrittsleistung im Zeitpunkt der Eheschliessung		AQ	Eingabe	Fr.	0.00
	Austrittsleistung im Zeitpunkt des Inkrafttretens des Gesetzes		AR	Eingabe	Fr.	24'235.00

Quelle: Dr. C. Chuard AG, in: Schweizer Personalvorsorge 7-8/94, S. 344

b) Abrechnung von Austrittsleistungen

Austrittsabrechnungen von Leistungsprimatkassen können sehr kompliziert sein. Als *Darstellung 6C* ist ein Muster für die Abrechnung einer Austrittsleistung bei einer Kasse mit Leistungsprimat wiedergegeben.

Da sich *Austritts- und Eintrittsleistungen* zu entsprechen haben, ist es möglich, dass einzelne Kassen ihre bisherigen Freizügigkeitsleistungen verschlechtern mussten. Dies ist grundsätzlich zulässig; eine Besitzstandswahrung kann nicht geltend gemacht werden.

c) Freizügigkeitsleistungen nach dem neuen Scheidungsrecht

Mit dem neuen Scheidungsrecht im ZGB vom 26. Juni 1998, das auf den 1. Januar 2000 in Kraft tritt, sind auch die Art. 22 ff. des FZG wie folgt geändert worden:

Art. 22 FZG Ehescheidung
a. Grundsatz

[1]Bei Ehescheidung werden die für die Ehedauer zu ermittelnden Austrittsleistungen nach den Artikeln 122, 123, 141 und 142 des Zivilgesetzbuches geteilt; die Artikel 3–5 sind auf den zu übertragenden Betrag sinngemäss anwendbar.

[2]Die zu teilende Austrittsleistung eines Ehegatten entspricht der Differenz zwischen der Austrittsleistung zuzüglich allfälliger Freizügigkeitsguthaben im Zeitpunkt der Ehescheidung und der Austrittsleistung zuzüglich allfälliger Freizügigkeitsguthaben im Zeitpunkt der Eheschliessung (vgl. Art. 24). Für diese Berechnung sind die Austrittsleistung und das Freizügigkeitsguthaben im Zeitpunkt der Eheschliessung auf den Zeitpunkt der Ehescheidung aufzuzinsen. Barauszahlungen während der Ehedauer werden nicht berücksichtigt.

[3]Anteile einer Einmaleinlage, die ein Ehegatte während der Ehe aus Mitteln finanziert hat, die unter dem Güterstand der Errungenschaftsbeteiligung von Gesetzes wegen sein Eigengut wären (Art. 198 ZGB), sind zuzüglich Zins von der zu teilenden Austrittsleistung abzuziehen.

Art. 22a FZG b. Heirat vor dem 1. Januar 1995

[1]Haben die Ehegatten vor dem 1. Januar 1995 geheiratet, so wird die Austrittsleistung im Zeitpunkt der Eheschliessung aufgrund einer vom Eidgenössischen Departement des Innern erstellten Tabelle berechnet. Hat jedoch ein Ehegatte seit der Eheschliessung bis zum 1. Januar 1995 nie die Vorsorgeeinrichtung gewechselt und steht fest, wie hoch nach neuem Recht die Austrittsleistung im Zeitpunkt der Eheschliessung gewesen wäre, so ist dieser Betrag für die Berechnung nach Artikel 22 Absatz 2 massgebend.

[2]Für die Berechnung der Austrittsleistung im Zeitpunkt der Eheschliessung anhand der Tabelle ist von folgenden Eckwerten auszugehen:

a. Zeitpunkt und Höhe der ersten nach Artikel 24 von Gesetzes wegen mitgeteilten Austrittsleistung; ist zwischen der Eheschliessung und dem Zeitpunkt der mitgeteilten Austrittsleistung eine Austrittsleistung fällig geworden, so ist deren Höhe und der Zeitpunkt ihrer Fälligkeit für die Berechnung massgebend;
b. Zeitpunkt und Höhe der letzten vor der Eheschliessung bekannten Eintrittsleistung in ein neues Vorsorgeverhältnis; ist keine solche Eintrittsleistung bekannt, so gelten das Datum des Beginns des Vorsorgeverhältnisses und der Wert Null.

Vom Wert nach Buchstabe a werden der Wert gemäss Buchstabe b und allfällige dazwischenliegende Einmaleinlagen samt Zins bis zum Zeitpunkt gemäss Buchstabe a abgezogen. Die Tabelle gibt an, welcher Teil des errechneten Betrags als Austrittsleistung im Zeitpunkt der Eheschliessung gilt. Zu dem aus der Tabelle resultierenden Betrag sind die in Abzug gebrachte Eintrittsleistung gemäss Buchstabe b und die Einmaleinlagen, die vor der Eheschliessung erbracht worden sind, samt Zins bis zur Heirat hinzuzurechnen.

³Die Tabelle berücksichtigt die Beitragsdauer zwischen der Erbringung der Eintrittsleistung nach Absatz 2 Buchstabe b und der Austrittsleistung gemäss Absatz 2 Buchstabe a sowie die in dieser Beitragsdauer liegende Ehedauer.

⁴Die Absätze 1 und 2 gelten sinngemäss für Freizügigkeitsguthaben, die vor dem 1. Januar 1995 erworben worden sind.

Art. 22b FZG c. Entschädigung

¹Wird einem Ehegatten nach Artikel 124 des Zivilgesetzbuches eine angemessene Entschädigung zugesprochen, so kann im Scheidungsurteil bestimmt werden, dass ein Teil der Austrittsleistung auf Anrechnung an die angemessene Entschädigung übertragen wird.

²Das Gericht teilt der Vorsorgeeinrichtung den zu übertragenden Betrag mit den nötigen Angaben über die Erhaltung des Vorsorgeschutzes von Amtes wegen mit; für die Übertragung sind die Artikel 3–5 sinngemäss anwendbar.

Art. 22c FZG d. Wiedereinkauf

Die Vorsorgeeinrichtung hat nach der Ehescheidung dem verpflichteten Ehegatten die Möglichkeit zu gewähren, sich im Rahmen der übertragenen Austrittsleistung wieder einzukaufen. Die Bestimmungen über den Eintritt in die Vorsorgeeinrichtung gelten sinngemäss.

Auf den 1. Januar 1997 ist die *Verordnung über die steuerliche Abzugsberechtigung für Beiträge an anerkannte Vorsorgeformen BVV 3* geändert worden. Es ist nun eine Abtretung von Vorsorgeansprüchen an den Ehegatten möglich.

d) Vergessene Pensionskassenguthaben

Am 21. September 1998 hat der Bundesrat eine Botschaft betreffend die *vergessenen Pensionskassenguthaben* verabschiedet. Danach wird das Freizügigkeitsgesetz geändert. Ausgelöst wurde das Problem durch Medienberichte, dass grosse Beträge an fälligen Freizügigkeitsleistungen nicht an die Berechtigten ausbezahlt werden konnten. Es wurde nun eine *Zentralstelle 2. Säule* eingerichtet, welche die Aufgabe hat, für solche Guthaben mit Hilfe der Zentralen Ausgleichsstelle (ZAS) über das Rentenregister der AHV die Berechtigten ausfindig zu machen. Die Aufgaben der Zentralstelle wurden vom *Sicherheitsfonds BVG* übernommen. Die Gesetzesänderung trat auf den 1. April 1999 in Kraft. Vorsorgeeinrichtungen müssen Personen melden, die das Rentenalter erreichen und ihre Pensionskassenguthaben noch nicht abgerufen haben.

Es ist seit dem Inkrafttreten des Freizügigkeitsgesetzes am 1. Januar 1995 für die Vorsorgeeinrichtung nicht mehr zulässig, nicht abgeholte Freizügigkeitsleistungen auf ein Freizügigkeitskonto ihrer Wahl zu überweisen. Die Beträge sind zwei Jahre nach Fälligkeit mit Verzugszins (Art. 2 Abs. 3 FZG) an die *Auffangeinrichtung* zu überweisen. Daher führen die Vorsorgeeinrichtungen heute keine vergessenen Freizügigkeitsguthaben mehr.

Nach Auskunft des BSV sind vom März 1997 bis Juli 1999 35'000 Anfragen wegen nachrichtenloser Pensionskassengelder eingegangen, davon 33'000 von Italienern und 1'000 von Spaniern. Bei einem Drittel der Fälle sind, da diese vor 1972 liegen, keine Antworten mehr möglich. Von 470 vertieft behandelten Fällen hat sich gezeigt, dass 26 (5%) noch ein Guthaben in der Schweiz haben, insgesamt weniger als CHF 50'000.–. "Die gefundenen Fälle von noch bestehenden Guthaben sind marginal" (NZZ 11. August 1998, S. 55).

6.14 Barauszahlungsverbot mit Ausnahmen

Grundsätzlich ist die Austrittsleistung, sowohl der obligatorische als auch der vor- und überobligatorische Teil, vollumfänglich in die Vorsorgeeinrichtung des neuen Arbeitgebers einzubringen (Art. 3 Abs. 1 FZG) oder auf ein Freizügigkeitskonto bei einer Bank zu überweisen oder es ist eine Freizügigkeitspolice abzuschliessen.

Bringt der Eintretende mehr ein als für den vollen Einkauf erforderlich ist, so wird ihm dies separat gutgeschrieben. Dieser Betrag kann dann für spätere Einkäufe verwendet werden oder bleibt als Zusatzsparkapital bestehen.

Die Vorsorgeeinrichtung selbst kann nicht als Freizügigkeitseinrichtung fungieren. Die Wahl der Freizügigkeitseinrichtung trifft der Versicherte. Erhält die Vorsorgeeinrichtung keine Mitteilung vom Versicherten hiezu, so ist der

6.1 Regelung der Freizügigkeit

Betrag an die Auffangeinrichtung zu überweisen (Mitteilungen über die berufliche Vorsorge des BSV, Nr. 32, Rz 186).
Art. 10 der Freizügigkeitsverordnung (siehe gelbe Seiten) regelt die Formen der Erhaltung des Vorsorgeschutzes. Dazu hält das BSV in seinen Erläuterungen fest:

"Die Regelung über die Erhaltung des Vorsorgeschutzes wird weitgehend von der bisherigen Freizügigkeitsverordnung übernommen und den Erfordernissen des FZG angepasst. Dadurch wird eine Kontinuität gegenüber der bisherigen Praxis gewährleistet.
In *Absatz 1* (von Art. 10 FZV) werden die Formen der Erhaltung des Vorsorgeschutzes abschliessend aufgezählt. Es sind dies wie bisher das Freizügigkeitskonto und die Freizügigkeitspolice. Diese Formen werden in den nachfolgenden Absätzen definiert. Die Weiterführung der Versicherung bei der bisherigen Vorsorgeeinrichtung nach Beendigung des Arbeitsverhältnisses (Art. 2 Abs. 1 bisherige Freizügigkeitsverordnung) begründet dagegen nach Artikel 2 FZG keinen Freizügigkeitsfall mehr und zählt demnach auch nicht mehr zu den anerkannten Formen der Vorsorgeschutzerhaltung im Sinne des FZG (Botschaft FZG, BBl. 1992 III, S. 572). Die Weiterführung der Versicherung bei der Auffangeinrichtung wird bereits in Artikel 47 BVG geregelt.
Die *Absätze 2 und 3* definieren die Freizügigkeitspolicen und Freizügigkeitskonten näher und bestimmen, welche Einrichtungen sie führen. Solche Einrichtungen werden gegenüber der bisherigen Regelung nun gesamthaft nach Artikel 4 Absatz 3 FZG als 'Freizügigkeitseinrichtungen' bezeichnet. Damit wird begrifflich eine deutliche Abgrenzung zu den Vorsorgeeinrichtungen im Sinne von Art. 48 ff. BVG vorgenommen. So darf beispielsweise eine Vorsorgeeinrichtung nicht gleichzeitig auch als Freizügigkeitseinrichtung auftreten. Weiter dürfen Freizügigkeitseinrichtungen keine anderen Gelder entgegennehmen als Austrittsleistungen von Vorsorgeeinrichtungen.
Bei der Freizügigkeitspolice nach *Absatz 2* handelt es sich wie in der bisherigen Freizügigkeitsverordnung (Art. 2 Abs. 2) um eine Versicherung, die eine Grundversicherung für Alter, Tod und Invalidität enthält und die durch eine von den Versicherten frei wählbare Zusatzversicherung für die Risiken Tod und Invalidität ergänzt werden kann. Solche Freizügigkeitspolicen können bei einer privaten oder öffentlich-rechtlichen Versicherungseinrichtung oder einer Gruppe von Versicherungseinrichtungen (Pool) abgeschlossen werden. Nicht mehr aufgeführt wurde hingegen die Gemeinschaftsstiftung der Sozialpartner (Art. 2 Abs. 2 lit. a bisherige Freizügigkeitsverordnung), weil sie sich gegenwärtig in Auflösung befindet.
Das in *Absatz 3* definierte Freizügigkeitskonto ist wie in der bisherigen Regelung (Art. 2 Abs. 3 bisherige Freizügigkeitsverordnung) auf das Sparen ausgerichtet und kann wahlweise durch eine Risikoversicherung ergänzt werden. Freizügigkeitskonti können nur durch besondere, zu diesem Zweck gegründete Stiftungen angeboten werden, wie z.B. Freizügigkeitsstiftungen von Banken. Unzulässig wäre demnach die Führung von Freizügigkeitskonti durch eine Vorsorgeeinrichtung, auch wenn sie in Form einer Stiftung organisiert ist. Neu gegenüber der bisherigen Freizügigkeitsverordnung ist, dass auch Kantonalbanken nun Stiftungen gründen oder sich einer anderen Stiftung anschliessen müssen, wenn sie Freizügigkeitskonti führen wollen. Dafür wird ihnen eine Karenzfrist von einem Jahr gewährt (Art. 23)."

Nach den Erläuterungen des BSV zu Art. 12 FZV verschärft diese Bestimmung die geltende Regelung im Interesse der Versicherten und zur Vermeidung von Steuerumgehungen. Danach darf pro Freizügigkeitsfall die Austrittsleistung nicht an mehr als zwei Freizügigkeitseinrichtungen übertragen werden, wobei die Versicherten zwischen zwei verschiedenen Einrichtungen derselben Form oder zwei verschiedenen Formen wählen können. Dabei ist die Vorsorgeeinrichtung verpflichtet, die Austrittsleistung an die neue zu übertragen. Für Fälle, in denen die Versicherten nicht unmittelbar innerhalb eines Jahres in eine neue Vorsorgeeinrichtung eintreten, sondern erst später und in dieser Zwischenzeit eine Freizügigkeitspolice oder ein Freizügigkeitskonto errichtet haben, gilt die gesetzliche Übertragungspflicht der Austrittsleistung für die Freizügigkeitseinrichtung. Diese muss demzufolge die Freizügigkeitspolice oder das Freizügigkeitskonto auflösen und das Vorsorgekapital in die neue Vorsorgeeinrichtung insoweit übertragen, als es dort für die Finanzierung der Eintrittsleistung benötigt wird. Zu diesem Zweck müssen die Versicherten der Freizügigkeitseinrichtung den Eintritt in eine neue Vorsorgeeinrichtung melden.

Barauszahlungen sind nur in ganz bestimmten Fällen möglich. Dazu bestimmt das Gesetz:

Art. 5 FZG Barauszahlung

[1]Versicherte können die Barauszahlung der Austrittsleistung verlangen, wenn
a. sie die Schweiz endgültig verlassen;
b. sie eine selbständige Erwerbstätigkeit aufnehmen und der obligatorischen beruflichen Vorsorge nicht mehr unterstehen; oder
c. die Austrittsleistung weniger als ihr Jahresbeitrag beträgt.

[2]An verheiratete Anspruchsberechtigte ist die Barauszahlung nur zulässig, wenn der Ehegatte schriftlich zustimmt.

[3]Kann die Zustimmung nicht eingeholt werden oder wird sie ohne triftigen Grund verweigert, so kann das Gericht angerufen werden.

Im Gegensatz zu früher können Frauen seit 1995 bei Verheiratung keine Barauszahlung mehr verlangen.

Verschiedenes ist seit 1995 klarer geregelt: So ist z.B. das bisherige "geringfügig" durch "einen Jahresbeitrag" präzisiert. Zudem muss der Ehegatte schriftlich zustimmen (was vorsichtige Kassen schon früher verlangten).

Es gilt darauf zu achten, dass das *Barauszahlungsverbot nicht umgangen wird,* so durch temporäre Aufnahme einer selbständigen Erwerbstätigkeit oder einer nur vorübergehenden Ausreise aus der Schweiz. So ist schon die Auffassung vertreten worden, jede Barauszahlung nach dem 60. Altersjahr sei eine Umgehung – eine Meinung, die nicht in allen Fällen richtig sein dürfte. Nach Erfüllung der Voraussetzungen für eine vorzeitige Pensionierung bestehe kein Anspruch mehr auf eine Freizügigkeitsleistung. Für Barauszahlung beim endgültigen Verlassen der Schweiz ist eine Bestätigung der Fremdenpolizei erforderlich (vgl. BGE vom 23. April 1986, erwähnt in den Mitteilungen

Nr. 1 des BSV vom 24. Oktober 1986, S. 9). Ein Muster für eine Bestätigung des Arbeitnehmers im Falle einer Barauszahlung ist in *Darstellung 6D* gegeben.

Damit die Barauszahlung vorgenommen werden darf, sollte der dafür massgebende Grund nicht nur *glaubhaft gemacht,* sondern wenn möglich durch *Urkunden* belegt werden.

Zu Art. 14 FZV betreffend Barauszahlung hält das BSV in seinen Erläuterungen fest:

"Für die vorzeitige Barauszahlung des Vorsorgekapitals wird auf die Bestimmung in Artikel 5 FZG verwiesen. Das bedeutet, dass eine Barauszahlung des Vorsorgekapitals geltend gemacht werden kann, wenn die Tatbestände und Voraussetzungen dieser Bestimmung gegeben sind. Allerdings kann diese gesetzliche Regelung angesichts der unterschiedlichen Einrichtungen und Situationen nicht unbesehen übernommen werden, worauf das Wort *sinngemäss* hinweist. So kann nach Artikel 5 Absatz 1 Buchstabe b FZG bei einer Freizügigkeitseinrichtung nicht verlangt werden, dass die versicherte Person nicht mehr dem Obligatorium der beruflichen Vorsorge untersteht. Auch die Voraussetzung, dass der sog. geringe Betrag nach Artikel 5 Absatz 1 Buchstabe c FZG nicht mehr als einen Jahresbeitrag ausmachen darf, hat in diesem Zusammenhang nicht dieselbe Bedeutung wie bei einer Vorsorgeeinrichtung. Es soll hier jedoch dem Sinn der Bestimmung nach Bezug genommen werden können auf den Jahresbeitrag bei der letzten Vorsorgeeinrichtung vor der Übertragung der Freizügigkeitsleistung auf eine Freizügigkeitseinrichtung."

Darstellung 6D

Begehren des Arbeitnehmers auf Barauszahlung der Freizügigkeitsleistungen
(Mustertext)

Der/Die Unterzeichnete verlangt auf den ..., Zeitpunkt der Beendigung des Arbeitsverhältnisses bei der Firma ....,
gestützt auf *Art. 5 FZG* die Barauszahlung der ihm/ihr gegenüber der Vorsorgestiftung der .... zustehenden Forderung von
CHF ....

Er/Sie gibt folgenden Barauszahlungsgrund an:

☐ dass er/sie die Schweiz endgültig verlässt,

☐ dass er/sie eine selbständige Erwerbstätigkeit aufnimmt oder der obligatorischen beruflichen Vorsorge nicht mehr untersteht.

Der/Die Unterzeichnete erklärt, dass der von ihm/ihr zur Begründung angegebene Sachverhalt der Wahrheit entspricht.

Weiterer Grund zur Barauszahlung:

☐ Die Austrittsleistung beträgt weniger als einen Jahresbeitrag.

Er/Sie nimmt ausdrücklich zur Kenntnis, dass durch die Barauszahlung jegliche Ansprüche betreffend Personalvorsorgeeinrichtungen gegenüber dem Arbeitgeber bzw. der Stiftung erlöschen.

Ort/Datum   *Unterschrift des Arbeitnehmers:*

...

Einverständnis des Ehegatten (Art. 5 Abs. 2 FZG)

(Ort/Datum/Unterschrift)

...

6.15 Freizügigkeitsabkommen, Umstrukturierungen und Fusionen

Sofern erhöhte Freizügigkeitsleistungen zugesprochen werden, weil mit befreundeten Unternehmen *Freizügigkeitsabkommen* bestehen, so sollten allfällige Zusatzbeträge zu Lasten der Arbeitgeberbeitragsreserven gehen. So sind Freizügigkeitsabkommen, wie sie z.B. von der PKB (EVK) anderen öffentlichrechtlichen und privaten Kassen angeboten werden, fraglich, da damit einzelne Mitarbeiter einseitig bevorzugt werden. Das erste Freizügigkeitsabkommen der EVK datiert von 1969 (sog. Schuler-Abkommen). Die Verbesserung der allgemeinen Freizügigkeitsleistungen, die gerade bei der EVK (heute PKB) schlecht waren, brachte mehr.

Ohne besondere Abmachungen werden Arbeitgeberbeiträge, die im Rahmen von Freizügigkeitsabkommen oder anderweitigen Gründen auf eine neue Vorsorgeeinrichtung übergehen, auch konzernintern, *dort zu Arbeitnehmereinlagen* (siehe Urteil des Versicherungsgerichts des Kantons Zürich vom 31. März 1988, in: ZSZ 1989, S. 31 ff.). Eine Möglichkeit dagegen besteht mit einer *bedingten Gutschrift,* z.b. dass bei Austritt aus der neuen Vorsorgeeinrichtung der Betrag wieder an die alte zurückfällt oder dass die Gutschrift erst *nach Ablauf einer Frist* erfolgt, z.b. nach 10 Jahren Anstellungsdauer beim neuen Arbeitgeber.

Seit 1984, d.h. seitdem das Stiftungskapital nicht mehr frei verwendet werden darf, sollten Mehrbeträge aufgrund von Freizügigkeitsabkommen somit durch ausserordentliche Zuwendungen des Arbeitgebers oder aus der Arbeitgeberbeitragsreserve getragen werden.

Bei der beruflichen Vorsorge gilt der Grundsatz, dass bei Merger and Acquisition, Reorganisationen und Umstrukturierungen das *Personalvorsorgevermögen dem Personal folgt* und nicht dem Aktionär (BGE 110 II 442 ff.). Bei einem damit verbundenen *Übertrag von Teilen der Pensionskasse auf andere Stiftungen* können Arbeitgeberanteile zu solchen des *Arbeitnehmers* werden. Wenn das ganze Deckungskapital übertragen wird, wird dieses als Freizügigkeitsleistung in der neuen Vorsorgeeinrichtung voll zum Arbeitnehmerbeitrag (siehe Entscheid des Versicherungsgerichts des Kantons Zürich vom 16. November 1988, besprochen in: Schweizer Personalvorsorge 9/89, S. 295–297).

Im Einzelfall wird zu prüfen sein, wie weit davon auch *Vermögen von patronalen Stiftungen* betroffen wird. Grundsätzlich sind patronale Einrichtungen wie freies Stiftungskapital und/oder Arbeitgeberbeitragsreserven zu behandeln (je nach Stiftungsurkunde).

Das Bundesgericht hat entschieden, dass *Stiftungsfusionen zulässig* sind (Urteil vom 14. Dezember 1989, NZZ 26. Januar 1990). Damit kann der einfachere Weg der Universalsukzession aller Rechte und Pflichten beschritten werden anstelle aufwendigerer Vermögensübertragungen mit nachträglicher Stiftungsauflösung. Mit einer Fusion wird zudem vermieden, dass Arbeitgeberanteile zu Arbeitnehmeranteilen werden.

Darstellung 6E
Wesentliche Neuerungen des FZG (gültig ab 1. Januar 1995)

Die wesentlichen Neuerungen des Freizügigkeitsgesetzes können wie folgt zusammengefasst werden (aus Merkblatt der STG-Coopers & Lybrand vom Juni 1994):

Das neue Gesetz gilt sowohl im obligatorischen als auch überobligatorischen Bereich der beruflichen Vorsorge und findet somit Anwendung auf sämtliche Vorsorgeeinrichtungen (ausgenommen sind lediglich sog. Wohlfahrtsfonds). Es ist ab Datum der Inkraftsetzung (1. Januar 1995) anwendbar. Dem Gesetz kommt insofern rückwirkende Gültigkeit zu, als es auch die vor dem 1. Januar 1995 bezahlten Beiträge bzw. erworbenen Leistungen erfasst.

Für die formellen Anpassungen (Vertrags- und Reglementsanpassungen) wird eine Übergangsfrist von fünf Jahren eingeräumt.

– *Grundsatz für die Berechnung der Austrittsleistung*

Beim Wechsel des Arbeitgebers und damit auch der Vorsorgeeinrichtung erleidet der Versicherte (in der Regel) keinen Verlust mehr, soweit die Vorsorge in der neuen Einrichtung zu gleichen Bedingungen bezüglich des Lohnes, der versicherten Leistungen und der Finanzierungsart weitergeführt wird.

1. Höhe der Austrittsleistung in der Beitragsprimatkasse

   Bei sparkassenmässig geführten Beitragsprimatkassen entspricht die Austrittsleistung dem im Zeitpunkt des Austritts vorhandenen Sparkapital, bei versicherungsmässig geführten Beitragsprimatkassen dem vorhandenen Deckungskapital.

2. Höhe der Austrittsleistung in der Leistungsprimatkasse

   Bei Leistungsprimatkassen entspricht die Austrittsleistung dem Barwert der erworbenen Leistungen (eine entsprechende Formel für die Berechnung ist gesetzlich festgelegt).

3. Mindestleistungen

   Der Mindestbeitrag bei Austritt setzt sich – unabhängig vom Kassentyp – aus folgenden Komponenten zusammen:

   – eingebrachten Beiträgen samt Zins
   – eigenen Beiträgen
   – Zuschlag auf den eigenen Beiträgen von 4% für jedes Jahr über 20, höchstens aber 100%.

– *Übertragung der Austrittsleistung*

Die gesamte Austrittsleistung (obligatorischer und überobligatorischer Teil) muss auf die neue Vorsorgeeinrichtung übertragen werden.

– *Eintrittsleistung*

Eintrittsleistungen werden mit dem Eintritt in die neue Vorsorgeeinrichtung fällig. Letztere muss dem Versicherten ermöglichen, sich mit einer entsprechenden Eintrittsleistung auf die maximalen reglementarischen Leistungen einkaufen zu können.

6.1 Regelung der Freizügigkeit

— *Vom Arbeitgeber erbrachte Eintrittsleistungen*

Eintrittsleistungen, die vom Arbeitgeber erbracht worden sind, können im entsprechenden Umfang von der Austrittsleistung abgezogen und der Arbeitgeberbeitragsreserve zugeführt werden. Der Abzug vermindert sich um einen Zehntel pro Beitragsjahr, d.h. spätestens nach zehn Beitragsjahren fällt die gesamte Eintrittsleistung dem Versicherten zu.

— *Barauszahlung*

Die Möglichkeit der Barauszahlung ist in folgenden Fällen möglich:
- bei endgültigem Verlassen der Schweiz
- bei Aufnahme einer selbständigen Erwerbstätigkeit, bei der man der obligatorischen Vorsorge nicht mehr untersteht
- bei Geringfügigkeit der Austrittsleistung (kleiner als ein Jahresbeitrag des Versicherten).

Die Barauszahlung an verheiratete oder vor der Heirat stehende Frauen, die ihre Erwerbstätigkeit aufgeben, ist somit nicht mehr möglich.

— *Ehescheidung*

Das Gesetz enthält eine Übergangsbestimmung im Hinblick auf das neue Scheidungsrecht. Demnach kann der Scheidungsrichter bestimmen, dass ein Teil der während der Ehe erworbenen Austrittsleistung an die Vorsorgeeinrichtung des anderen Ehegatten übertragen wird.

— *Änderung des Beschäftigungsgrades*

Eine Änderung des Beschäftigungsgrades für dieDauer von mehr als sechs Monaten wird in der Regel wie ein Teilaustritt (Freizügigkeitsfall auf dem wegfallenden Lohnteil) behandelt. Eine anderslautende gleichwertige Regelung ist jedoch zulässig.

— *Gesundheitliche Vorbehalte*

Ein Vorbehalt aus gesundheitlichen Gründen darf höchstens für fünf Jahre vorgenommen werden. Dabei muss die bei der alten Vorsorgeeinrichtung abgelaufene Vorbehaltsdauer angerechnet werden.

— *Vollzug*

Der Bundesrat erhält die Kompetenz, Ausführungsvorschriften zu erlassen. Im speziellen regelt er die zulässigen Formen für die Erhaltung des Vorsorgeschutzes, setzt den Verzugszinssatz fest und bestimmt einen Zinsrahmen für den technischen Zinssatz (Bandbreite von mindestens 1%).

6.2 Teilliquidation einer Vorsorgeeinrichtung

a) Problemstellung und Grundsätze

Bei *Auflösung des Arbeitsverhältnisses als Folge von Arbeitsmangel, Umstrukturierung im Unternehmen, teilweiser Betriebseinstellung* und ähnlichen Gründen war schon bisher volle Freizügigkeit zu gewähren (gleicher Meinung *Riemer*, Das Recht der beruflichen Vorsorge, 1985, S. 111; *Walser*, SZS 1978, S. 94). Dies bestätigt ein Entscheid des Zürcher Versicherungsgerichts (siehe TA 6. April 1990): Das Gericht folgte der Ansicht von *Riemer*, dass es rechtsmissbräuchlich wäre, wenn die Vorsorgeeinrichtung aus Kündigungen im Rahmen von Betriebsschliessungen oder Umstrukturierungen noch einen Gewinn erzielen würde. Einzelheiten siehe Abschnitt 14.5 (von *B. Lang*).

Hinsichtlich der Rechte der *ehemaligen Destinatäre*, die aufgrund des Untergangs der Stifterfirma aus der Personalvorsorgestiftung ausgeschieden sind und in der Folge vermögenswerte Interessen am freien Stiftungsvermögen geltend machen, siehe BGE vom 11. April 1985 (in: SZS 1986, S. 151 ff.).

Im Falle der *Liquidation einer Stiftung* werden die Abfindungen und Freizügigkeitsleistungen unabhängig vom Reglement, gestützt auf die vorhandenen Mittel und eine sozialpolitisch vertretbare Skala, bestimmt.

Im FZG ist der Tatbestand der Teil- oder Gesamtliquidation wie folgt geregelt:

Art. 23 FZG Teil- oder Gesamtliquidation

[1]Bei einer Teil- oder Gesamtliquidation der Vorsorgeeinrichtung besteht neben dem Anspruch auf die Austrittsleistung ein individueller oder ein kollektiver Anspruch auf freie Mittel. Die Aufsichtsbehörde entscheidet darüber, ob die Voraussetzungen für eine Teil- oder Gesamtliquidation erfüllt sind. Sie genehmigt den Verteilungsplan.

[2]Die freien Mittel sind aufgrund des Vermögens, das zu Veräusserungswerten einzusetzen ist, zu berechnen.

[3]Vorsorgeeinrichtungen, die sich an den Grundsatz der Bilanzierung in geschlossener Kasse halten müssen, dürfen versicherungstechnische Fehlbeträge anteilmässig abziehen, sofern dadurch nicht das Altersguthaben (Art. 18) geschmälert wird.

[4]Die Voraussetzungen für eine Teilliquidation sind vermutungsweise erfüllt, wenn

a. eine erhebliche Verminderung der Belegschaft erfolgt;
b. eine Unternehmung restrukturiert wird;
c. ein Arbeitgeber oder eine Arbeitgeberin den Anschlussvertrag mit einer Vorsorgeeinrichtung auflöst und diese Einrichtung nach der Auflösung weiterbesteht.

Bei Teilliquidationen sind folgende allgemeine Grundsätze zu beachten (siehe z.B. BGE 119 Ib 46):

- Gleichbehandlung der Destinatäre (relativ zu verstehen)
- Treu und Glauben
- Interessenwahrung des Fortbestandes
- angemessene Bewertung von Aktiven und Passiven
- Berücksichtigung der aktiven Versicherten und der Rentner bei der Verteilung
- Mitwirkung der Aufsichtsbehörde, die den Verteilplan zu genehmigen hat
- individueller oder kollektiver Anspruch der Austretenden
- Vorsorgevermögen folgt dem Personal
- Einbezug auch der patronalen Stiftungen und der Arbeitgeberbeitragsreserven, falls vor 1984 entstanden.

Es obliegt der *Aufsichtsbehörde,* zu entscheiden, ob eine Teil- oder Gesamtliquidation vorliegt. Auch der Verteilplan ist von der Aufsichtsbehörde vorgängig genehmigen zu lassen.

Regelungen über die Teilliquidation sollten bei Konzernpensionskassen in die *Anschlussverträge* aufgenommen werden. In Zukunft sollten dazu generelle Normen in den Reglementen festgehalten werden. Daraufhin könnte der einzelne Fall leichter zur Zufriedenheit aller behandelt werden. Dies gilt namentlich auch für Sammel- und Gemeinschaftseinrichtungen. Die 1. BVG-Revision sieht dazu Regelungen vor.

Die Teilliquidation wird durch den Stiftungsrat durchgeführt, die Betroffenen haben keine direkten Mitwirkungsrechte. Das Prinzip "Personalvorsorgevermögen folgt dem Personal" kann durch Stiftungsurkunden nicht abgeändert werden. Die Stiftungsfreiheit ist durch zwingendes objektives Recht begrenzt. Bei jedem kollektiven Abgang von Personal ist grundsätzlich eine Teilliquidation durchzuführen (siehe Entscheid der Eidg. Beschwerdekommission BVG vom 4. August 1992, SZS 1995, S. 227 ff.).

Bei einer Teilliquidation ist zu unterscheiden zwischen dem *Sozialplan der Firma* und dem *Verteilplan der Vorsorgeeinrichtung.*

Der *Sozialplan* dient der Linderung der wirtschaftlichen Einkommensausfälle bzw. der Notlage der Entlassenen (Lohnfortzahlung, Abgangsentschädigungen, Umschulung, Hilfe bei Arbeitsplatzsuche).

Der *Verteilplan* dient zur Verwendung freier Stiftungsmittel nach einem bestimmten von der Aufsichtsbehörde zu genehmigenden Plan.

Es ist durchaus möglich, Teilleistungen des Sozialplans der Firma mit freien Stiftungsmitteln oder Arbeitgeberbeitragsreserven zu finanzieren, sofern damit der Stiftungszweck nicht verletzt und das Vertragswerk sowohl von der Firma als auch vom betroffenen Stiftungsrat genehmigt wird.

Im Ausland kennt man dieses Problem nicht, weil es keine "freien Mittel" gibt. Beitragsprimatkassen gehen in grossen Zügen immer auf, insbesondere wenn die Zinsgutschrift variiert. Bei Leistungsprimatkassen "gehört" ein allfälliger Überschuss dem Arbeitgeber, wie ihm auch ein Fehlbetrag belastet wird (siehe US-GAAP, IAS 19). Ein "Korridor" ist zulässig. Teilliquidationen sind ein typisch schweizerisches Problem. Ob dabei der Überschuss einer Leistungsprimatkasse dem Arbeitgeber zukommt und (wie im Ausland) auch in der Schweiz beim Unternehmen aktiviert werden kann, richtet sich nach dem BVG und ist in FER 16, Ziff. 9, behandelt (siehe auch Abschnitt 11.31). Genügende Transparenz und Information sind besonders bei einer (Teil-)-Liquidation wichtig. Die Transparenz bezieht sich auf den Kreis der Begünstigten, die Ermittlung der freien Mittel und die Grundsätze des Verteilplans. Eine Teilliquidation erfordert sodann eine Sonderinformation des Stiftungsrats an alle Versicherten und Rentner.

b) Abgrenzung des Begünstigtenkreises

Es stellt sich die Frage: Was heisst in Art. 23 Abs. 4 lit. a "erhebliche Verminderung der Belegschaft" bzw. in lit. b "Unternehmung restrukturiert"?

– Erheblich bedeutet m.e. im allgemeinen über 10%, bei kleinen KMU evtl. mehr, bei Grossunternehmen je Bereichseinheit (Sparte, Niederlassung) weniger, z.B. 50–100 Personen (ohne freiwillige Austritte in anderen Abteilungen).
– Es muss sich um eine bedeutende Restrukturierung handeln (Neuorganisation einer Sparte, nicht des ganzen Unternehmens), grosser Ermessensspielraum.

Bei einer *Verminderung der Belegschaft von 7–10%* verlangen heute die Aufsichtsbehörden im allgemeinen eine Teilliquidation. Nach dem Grundsatz der Verhältnismässigkeit sind diese Prozentsätze bei kleineren Unternehmen naturgemäss höher anzusetzen. Solche Richtwerte sind für die praktische Arbeit notwendig, führen aber trotzdem zu Ungerechtigkeiten. Ein Mitarbeiter, der von seinem Unternehmen wegrationalisiert wird, hat Glück, wenn er nicht der einzige, sondern Teil einer Gruppe von mindestens 7–10% der Belegschaft ist. Dann erhält er vielleicht eine ansehnliche Zusatzabfindung. Im ersten Fall geht er dagegen leer aus, obwohl für ihn die wirtschaftliche Lage in beiden Fällen dieselbe ist. Es stellt sich sich generell die Frage, ob dieser "Zufall" gerecht ist, sollten nicht alle Austretenden einen Anteil erhalten an den während der Zeit ihrer Pensionskassenzugehörigkeit geäufneten freien Mitteln – und nur an diesen.

Vorzeitige Pensionierungen im Rahmen von Umstrukturierungen der Unternehmen sind nicht grundsätzlich Teil einer Teilliquidation, da bei Bezug der Vorsorgeleistungen in Rentenform diese Rentenbezüger weiterhin Destinatäre der Vorsorgeeinrichtung bleiben und somit ohnehin an allfällig verbleibenden freien Mitteln partizipieren.

6.2 Teilliquidation einer Vorsorgeeinrichtung

Bei Teilliquidation wird oft *zu wenig an die Rentner gedacht*. Gegebenenfalls gehen auch Rentner weg mit dem kollektiven Abgangsbestand. Eine Frage ist, wie die Interessen der Rentner gewahrt werden. Rentner haben in der Regel keinen Vertreter im Stiftungsrat, obwohl ein grosser Teil des Vermögens "ihnen gehört". Daher fällt eine besondere Verantwortung auf den Stiftungsrat und die Aufsichtsbehörde.

Bei der Teilliquidation sind die Kriterien, die letztlich von den Aufsichtsbehörden und nicht von den Kassen festgelegt werden, somit oft schwierig zu definieren:

- Was heisst "erhebliche Verminderung der Belegschaft" (Art. 23 Abs. 4a FZG)?
- Liegt eine Teilliquidation vor oder nicht?
- Wo liegen die Grenzen?
- Ist der Begünstigtenkreis klar umschreibbar?
- Ab welchem Zeitpunkt werden Ausgetretene noch berücksichtigt? Ist also ein, zwei oder mehrere Jahre zurückzugehen? (In der Praxis max. 3 Jahre.)
- Inwieweit sind ehemalige Arbeitnehmer zu berücksichtigen, die selbst gekündigt haben?
- Wie sind stufenweise Austritte zu berücksichtigen?
- Wie sind vorzeitige Pensionierungen zu behandeln?
- Individuelle Austritte mit individueller Vergütung der freien Mittel oder kollektive Austritte/Abspaltungen mit Einbringung der freien Mittel in die neue Pensionskasse
- Wie ist Begehrlichkeiten und Einsprachen früher Ausgetretener zu begegnen?
- Glück hat, wer nicht allein, sondern gleichzeitig mit einer Gruppe, aber einzeln austritt.
- Ansprüche auf freie Mittel, in die sich der Austretende nie eingekauft hat, sollten in den ersten Jahren klein sein.

c) Wahrung der Fortbestandsinteressen

Grundsätzlich steht bei einer Teilliquidation *das gesamte nichtindividualisierte Kapital* zur Diskussion. Die zentralen Fragen sind: Wieviel ist bereits individualisiert? Wieviel ist noch nicht individualisiert? Wieviel davon ist für gerechtfertigte Fortbestandsinteressen auszusondern?

Der Stiftungsrat hat im Rahmen einer Teilliquidation die Interessen aller Destinatäre zu wahren, d.h. sowohl jene des Fortbestands als auch jene des Abgangsbestands. Ist der Stiftungsrat zu grosszügig gegenüber dem Abgangsbestand, so sind – wie die Praxis zeigt – Verantwortlichkeitsklagen von Versicherten des Fortbestands zu befürchten.

Man bezeichnet bei einer Teilliquidation die verbleibenden Versicherten als *Mitglieder des Fortbestands* und die ausscheidenden Versicherten als *Mitglieder des Abgangsbestands*. Unter dem Fortbestandsinteresse ist das Interesse der verbleibenden Destinatäre zu verstehen, ihre Vorsorge im bisherigen Rahmen sicher weiterführen zu können.

In der Botschaft zum BVG von 1983 wurden die *wohlerworbenen Rechte* wie folgt umschrieben: "Die Garantie der wohlerworbenen Rechte gewährleistet, dass das für den Versicherten bereits angesammelte und zur Deckung von Anwartschaften bestimmte Vermögen seinem ursprünglichen Zweck nicht entfremdet wird."

Die Wahrung der vermögenswerten Ansprüche und Anwartschaften der Destinatäre ist daher die zentrale Forderung im Rahmen einer Teilliquidation. Bei einer Teilliquidation geht es um die Quantifizierung dieser Ansprüche sowie um die Zuteilung der freien Stiftungsmittel.

Nach Art. 53 BVG hat der Pensionsversicherungsexperte zu prüfen, *"ob die Vorsorgeeinrichtung jederzeit Sicherheit dafür bietet, dass sie ihre Verpflichtungen erfüllen kann"*.

Aufgrund dieser Bestimmung muss im Rahmen einer Teilliquidation akzeptiert werden, dass eine Vorsorgeeinrichtung eine genügende Risikoschwankungsreserve aufbaut, um auch bei ungünstigem Risikoverlauf ihre Verpflichtungen erfüllen zu können.

Zusammenfassend ergeben sich folgende Feststellungen:

- Wenn Austretende etwas erhalten, Bleibende aber nichts, so wird dies vielfach als ungerecht empfunden.

- Die Schaffung von Schwankungsreserven in der Höhe von 10–20% je nach Grösse und Art der Vorsorgeeinrichtung wird heute als angemessen angesehen.

- Es ist die Altersstruktur der Austretenden/Verbleibenden bei Leistungsprimatkassen zu beachten wegen der Solidarität jung/alt bei Durchschnittsbeiträgen, die zu Belastungen führen können.

- Wichtig ist die gleiche Bewertung von Aktiven und Passiven für den Abgangs- und Fortführungsbestand.

- Bei Teilliquidationen empfehlen sich zur Wahrung der Fortbestandsinteressen zusätzliche Rückstellungen:
  - Rückstellung für Langleberisiko der Rentner
  - Rückstellung für künftig praktizierte, freiwillige Anpassungen der laufenden Renten an die Teuerung
  - Rückstellungen für vorzeitige Pensionierungen (und AHV-Ausgleich)
  - Rückstellung für latente Steuern und Abgaben auf Liegenschaften
  - Rückstellungen für den Solidaritätsausgleich jung/alt bei kollektiven Leistungsprimatkassen (evtl.)
  - Rückstellungen für Mehrbetrag bei Berechnung der technischen Rückstellungen nach IAS oder FER (evtl. für Abgangs- und Fortbestand verschieden).

Eine Vorsorgeeinrichtung braucht eine angemessene Rückstellung für die Teilanpassung der laufenden Renten an die Teuerung. Dies zeigt sich besonders bei einer Bewertung nach IAS 19 oder FER 16.

d) Bestimmung der Veräusserungswerte (Marktwerte) und Bewertung der versicherungstechnischen Verpflichtungen

Die *Bestimmung der freien Mittel* hat aufgrund von *Veräusserungswerten* (Marktwerten) zu erfolgen. Art. 9 der Freizügigkeitsverordnung doppelt noch nach. Ziel ist die Ermittlung der "tatsächlichen finanziellen Lage" und damit der Höhe "der freien Mittel".

Art. 9 FZV Teilliquidation

Für die Berechnung der freien Mittel nach Artikel 23 Absatz 2 FZG muss sich die Vorsorgeeinrichtung auf eine kaufmännische und technische Bilanz mit Erläuterungen abstützen, aus denen die tatsächliche finanzielle Lage deutlich hervorgeht.

Im einzelnen kann von folgenden Grundsätzen ausgegangen werden:
- *Aktien* sind zum Kurswert zu bewerten.
- *Anleihensobligationen* sind ebenfalls zum Kurswert zu bewerten, obwohl Art. 71 Abs. 1 BVG Aufwertungen über den Nominalwert nicht zulässt.
- *Liegenschaften* sind zum Verkehrswert (netto nach Abzug von Kosten und Steuern) zu bewerten. Vor allem zählt der Ertragswert, da es sich in aller Regel um Renditeliegenschaften handelt.

- Gegebenenfalls sind die *technischen Rückstellungen* zu erhöhen, so z.B. nach IAS 19-Grundsätzen. Für üblicherweise zugesprochenen Teuerungsausgleich auf laufenden Renten ist ein Schätzbetrag (diskontiert) zurückzustellen, ebenso für anzunehmende Leistungsverbesserungen als Folge von Lohnerhöhungen der aktiv Versicherten bei Leistungsprimatkassen. Hiesige Versicherungsmathematiker rechnen – im Gegensatz zur internationalen Welt – zu statisch, dafür mit einem zu tiefen technischen Zinsfuss, was sich teilweise kompensiert. Der "Fehler" trifft aber den Abgangs- und Fortbestand in gleicher Art; beide Bestände sind gleich zu behandeln.

- Für *Abwicklungs- und Liquidationskosten* ist (auf den Veräusserungswerten) eine angemessene Rückstellung zu berücksichtigen, soweit dies nicht bereits in den Wertansätzen der Aktiven oder in den technischen Rückstellungen berücksichtigt ist. Als angemessen können etwa 2–5% der Bilanzsumme betrachtet werden.

- Je nach Struktur der Aktiven und der Risikofähigkeit der Vorsorgeeinrichtung können bzw. müssen *Schwankungsreserven* gebildet werden. Diese können 10–20% der betreffenden Aktiven betragen.

Liegenschaften führen bei Teilliquidationen häufig zu grösseren Auseinandersetzungen. Während Vertreter des Abgangsbestands den Schätzwert (marktorientierter Ertragswert) immer als viel zu tief einstufen, erscheint dieser den verbleibenden Versicherten als angemessen oder zu hoch. Oft kann der Streit nur durch eine Veräusserung der entsprechenden Liegenschaft beigelegt werden.

Für den Status einer Teilliquidation gibt *B. Lang* (in: SZS 1998, S. 84/85) das in *Darstellung 14G* wiedergegebene Schema, das die Abwicklung zeigt:

1. *Ausgangspunkt:* Vermögen zu Veräusserungswerten ./. reglementarisch gebundene Mittel vor Teilliquidation gemäss Gutachten ./. Arbeitgeberbeitragsreserven

2. *Zwischenergebnis:* Ergebnis ohne Berücksichtigung der Fortbestandsinteressen ./. Schwankungsreserven, Kosten usw.

3. *Ergebnis:* Freie Mittel, die angemessen auf die austretenden und verbleibenden Versicherten aufzuteilen sind.

Zur Berechnung der Teilliquidation siehe den Entscheid des Versicherungsgerichts des Kantons Zürich vom 31. August 1988 (in: SZS 1995, S. 63 ff.), wonach das freie Vermögen entgegen der vorgesehenen Erhöhung der Versicherungsleistungen für Beitragsreduktionen verwendet wird. Zur Liquidation von Vorsorgeeinrichtungen siehe auch *I. Vetter-Schreiber*, Ausgewählte Fragen zum Verfahren der Liquidation von Personalvorsorgestiftungen ..., in: SZS

1998, S. 1 ff. Zur Verteilung von freien Mitteln bei der Teilliquidation von Gemeinschaftseinrichtungen siehe Mitteilungen über die berufliche Vorsorge Nr. 42 vom 29. Oktober 1998, Rz 249 (mit der Besprechung von zwei Bundesgerichtsentscheiden).

e) Schwankungsreserven

Es werden zwei Arten von Schwankungsreserven unterschieden:

1. Wertschwankungsreserven (bezogen auf die Vermögensanlage)
   - Je volatiler und risikoreicher die Anlage, um so höher muss die Schwankungsreserve, aber um so höher sollte auch die Rendite sein.
   - Als angemessen, so auch bei Teilliquidationen, werden etwa 10–20% betrachtet.
   - Diese Reserve ist nicht mit dem Eigenkapital z.B. einer Bank zu verwechseln.
   - Dies ist typisch schweizerisch; im Ausland gilt stets der volle Marktwert (dafür aber IAS-Rechnungslegungsnormen).

2. Risikoschwankungsreserven (bezogen auf technische Rückstellungen) müssen gebildet werden
   - bei kleinen Versicherungsbeständen,
   - für nicht berücksichtigte Langlebigkeitsrisiken,
   - für Solidaritäten jung/alt bei Leistungsprimatkassen.

Braucht es Wertschwankungsreserven, und wie sind diese zu beurteilen?
- Fall 1: Anlagen mit hohem Risiko (Volatilität) lassen eine hohe Performance erwarten (sonst würde man Anlagen mit kleinem Risiko wählen).
- Fall 2: Die technischen Rückstellungen sind wesentlich vom Zinssatz und damit von den Performanceerwartungen (= Rendite + Wertveränderung) auf den Aktiven bestimmt.
- Im Fall 1 könnte theoretisch daher z.B. mit einem technischen Zinsfuss von 6% anstatt wie üblich von 4% gerechnet werden, was ein 30–40% niedrigeres Deckungskapital ergibt. Dann braucht es aber zum Ausgleich eine Schwankungsreserve.
- Alle Kurswerte sind vom Markt her gesehen "gleichwertig".
- Mass für Obergrenze einer technischen Rückstellung ist die Einmalprämie für eine entsprechende Kollektivversicherung.
- US-GAAP, IAS, FER kennen keine Schwankungsreserven, dafür einen sog. Korridor.

Eine Variante zur Schwankungsreserve wäre eine allgemeine *"Fortbestandsreserve"* von 10–20%, d.h. es wären also nur 80% oder 90% des gesamten Vermögens auszubezahlen. Letztlich käme diese Variante auf dasselbe hinaus, wäre aber in vielem leichter erklärbar.

f) Arbeitgeberbeitragsreserven im engeren und im weiteren Sinne

Bei den Arbeitgeberbeitragsreserven ist zu unterscheiden zwischen *Arbeitgeberbeitragsreserven im engeren Sinne (i.e.S.) und Arbeitgeberbeitragsreserven im weiteren Sinne (i.w.S.)*. Während die Arbeitgeberbeitragsreserven i.e.S. nachweisbar mit finanziellen Mitteln des Arbeitgebers gebildet wurden, sind die Arbeitgeberbeitragsreserven i.w.S. noch vor Einführung von Art. 331 Abs. 3 OR im Jahr 1985 aus freien Stiftungsmitteln abgezeigt worden.

Seit Einführung der Teilliquidationen (1995 mit dem Freizügigkeitsgesetz) kommt den Arbeitgeberbeitragsreserven i.e.S. eine stark erhöhte Bedeutung zu.

Zusammenfassend ergeben sich folgende Feststellungen:

– Stark gestiegene Bedeutung der Unterscheidung der Arbeitgeberbeitragsreserven in solche im engeren Sinne und im weiteren Sinne.
– Dringende Empfehlung an Unternehmen, sich die Arbeitgeberbeitragsreserven verzinsen zu lassen, auch jene in patronalen Stiftungen.
– Auch Zuwendungen an patronale Stiftungen sollten dort als "Arbeitgeberbeitragsreserve" bilanziert werden.
– Arbeitgeberbeitragsreserven, die 1984 durch Umbuchungen entstanden sind, müssen in die Teilliquidation einbezogen werden. Daher sollten solche Reserven i.w.S. verwendet und neue Reserven i.e.S. geschaffen werden.
– Bei Unternehmensbewertungen sind Arbeitgeberbeitragsreserven als "stille Reserven des Unternehmens" zu betrachten, evtl. auch ein Teil der freien Mittel, der für Contribution Holiday verwendet werden kann (nur Arbeitgeberteil).

g) Anrechnung von Fehlbeträgen

Art. 23 Abs. 3 FZG äussert sich zur Anrechnung von versicherungstechnischen Fehlbeträgen. Art. 19 FZG führt dazu aus:

Art. 19 FZG Versicherungstechnischer Fehlbetrag

Vorsorgeeinrichtungen von öffentlich-rechtlichen Körperschaften, die mit Zustimmung der Aufsichtsbehörde vom Grundsatz der Bilanzierung in geschlossener Kasse abweichen, dürfen bei der Berechnung von Austrittsleistungen versicherungstechnische Fehlbeträge nicht berücksichtigen. Andere Vorsorgeeinrichtungen dürfen versicherungstechnische Fehlbeträge nur bei Teil- oder Gesamtliquidationen abziehen (Art. 23 Abs. 3).

Vorsorgeeinrichtungen, die sich an den Grundsatz der Bilanzierung in geschlossener Kasse halten müssen – und damit werden *privatrechtliche* Vorsorgeeinrichtungen angesprochen –, dürfen *versicherungstechnische Fehlbeträge* anteilmässig abziehen, sofern dadurch das Altersguthaben nach BVG nicht geschmälert wird.

Vorsorgeeinrichtungen des *öffentlichen Rechts,* die in offener Kasse bilanzieren, dürfen dagegen *Fehlbeträge* nicht anteilmässig abziehen, da hier eine öffentliche Körperschaft für deren finanzielle Sicherheit garantiert. Wenn also Betriebe einer öffentlich-rechtlichen Institution infolge Privatisierung aus deren Pensionskasse ausscheiden, haben diese Anrecht auf die ungekürzte Austrittsleistung, obwohl in der Kasse in den meisten Fällen lediglich ein Teil dieser Abfindung als Rückstellung gebildet wurde.

Probleme können sich somit für öffentlich-rechtliche Kassen (mit Defiziten) ergeben, so z.b. bei Teilliquidationen (Firmenaustritte, Privatisierungen). So hat die EVK (PKB) nach Inkrafttreten des Freizügigkeitsgesetzes vorsorglich 130 angeschlossenen Organisationen gekündigt. Damit sollte den weitreichenden Konsequenzen des Freizügigkeitsgesetzes im Falle einer Teilliquidation (wegen der versicherungstechnischen Defizite) begegnet werden.

h) Abbau der freien Mittel

Stiftungen, die einmal das Prozedere einer Teilliquidation durchgemacht haben und erhebliche Beträge an freien Stiftungskapitalien auszahlen mussten, stellen plötzlich fest, dass zu viele ungebundene Mittel problematisch oder gar nachteilig sein können. Der Schluss wird sein, dass eine leichte Überdeckung von etwa 110% sehr wünschbar ist, höhere Prozente aber rechtzeitig abgebaut werden sollten. Somit sollten Pensionskassen nicht einen Deckungsgrad von mehr als 110–120% aufweisen. Dies versteht sich einschliesslich aller stillen Reserven und des Deckungskapitals, berechnet im Sinne von IAS oder FER, also gerechnet mit dem tatsächlichen Zins (nicht dem technischen Zins), einer Teuerungsrate und mit Austrittswahrscheinlichkeiten.

Die Diskussion um die Teilliquidation führt zu folgenden Feststellungen:

- Viele Stiftungen haben zuviel freie Mittel.
- Ein Deckungsgrad von 110–115% genügt, vorausgesetzt dieser Deckungsgrad ist richtig berechnet. Man beachte, dass IAS- oder FER-Berechnungen in der Regel ein 10–20% höheres Deckungskapital erfordern als konventionelle Berechnungen.
- Freie Mittel bedeuten oft ein Aufschieben von Geldern in eine nächste Generation.
- Periodische Verteilung "überschüssiger" freier Mittel (entstanden aus Einnahmenüberschüssen oder Aufwertungen) empfiehlt sich.
- Verwendung der freien Mittel kann erfolgen z.b. durch Contribution Holiday, Individualisierung von Solidaritäten (beim Leistungsprimat), Einführung von IAS/FER, Leistungsverbesserungen an die Rentner.

Contribution Holiday sind gemäss allgemeiner Auffassung heute zulässig. Dabei sind gleichzeitige Leistungsverbesserungen an die Rentner erwünscht. Es empfiehlt sich, Einnahmenüberschüsse für Mitarbeiter-Contribution Holiday zu verwenden und gleichzeitig die Arbeitgeberbeiträge in die Arbeitgeberbeitragsreserve zu legen. Unbefriedigend ist, dass Neueintritte oft ungerechtfertigt von einem Contribution Holiday profitieren.

i)   Umkehrschluss: Einkauf in die freien Mittel

Während bei einer Teilliquidation den Versicherten neben der Austrittsleistung ein Anteil an den freien Stiftungsmitteln mitgegeben werden muss, ist beim kollektiven Übertritt in die neue Vorsorgeeinrichtung naturgemäss dort der umgekehrte Fall anzutreffen. Auch in der neuen Kasse werden das Vorsorgekapital zu Marktwerten bewertet und die erforderlichen Rückstellungen gebildet. *Beim Eintritt der Versichertengruppe sollte sich diese in die freien Stiftungsmittel sowie gegebenenfalls in die vorhandenen Rückstellungen einkaufen.* Fehlen dafür die finanziellen Mittel, könnte der Ausgleich über künftige Zinsgewinne oder allenfalls über Zusatzbeiträge von Arbeitgeber und Arbeitnehmer erfolgen. In der Regel erfolgen solche Einkäufe jedoch nicht. Sind die mitgebrachten freien Stiftungsmittel grösser als die erforderliche Einkaufssumme, werden die verbleibenden Mittel auf die Versicherten verteilt oder es wird eine Rückstellung gebildet, die später für die entsprechende Versichertengruppe zu verwenden ist.

Daraus ergeben sich folgende Schlussfolgerungen:

- Nur selten kaufen sich eintretende Personengruppen in die freien Mittel einer Vorsorgeeinrichtung ein.
- Ein Einkauf in die Schwankungsreserven ist unüblich.
- Einzelpersonen kaufen sich in der Praxis nie in die freien Mittel ein.

– Daraus ergibt sich die Frage: Gehören die freien Mittel allen Versicherten oder sollte nach Zugehörigkeitsdauer unterschieden werden?
– Zu hohe freie Mittel können die Gleichbehandlung verletzen, indem langjährig Versicherte und Neuversicherte gleich behandelt werden.
– Folgerung: Freie Mittel sollten 5–10% der Bilanzsumme nicht übersteigen (neben den Schwankungsreserven).

k) Arbeitgeberinteressen nach IAS 19 und FER 16

Bei der Teilliquidation stellt sich auch die Frage, ob *ein Teil der freien Mittel dem Arbeitgeber gehört*. Die Diskussion ist entbrannt, da nach den Rechnungslegungsnormen FASB 87 (US-GAAP), IAS 19 und FER 16 Überschüsse von Vorsorgeeinrichtungen in der Bilanz des Arbeitgebers zu aktivieren sind – und FER 16 oder IAS 19 seit dem 1. Januar 2000 von allen börsenkotierten Gesellschaften in der Schweiz anzuwenden sind.

Nach Ziff. 9 von FER 16 ist ein Überschuss der Pensionskasse in der Bilanz des Unternehmens nur dann zu erfassen oder im Anhang offenzulegen, "wenn es möglich ist, diesen

– zur Senkung der Arbeitgeberbeiträge oder
– zur Erhöhung der Leistungen ohne zusätzliche Finanzierung einzusetzen oder
– aufgrund der lokalen Gesetzgebung dem Arbeitgeber zurückzuerstatten".

Letzteres gilt für Arbeitgeberbeitragsreserven im engeren Sinne.

Ein passiver Betrag muss dagegen in jedem Fall bilanziert werden (Ziff. 9).

In der Schweiz sind Überschüsse von Pensionskassen im Gegensatz zum Ausland *nur in einem sehr beschränkten Umfang beim Unternehmen aktivierungsfähig*. Eine Aktivierung von Pensionskassenüberschüssen schweizerischer Stiftungen in Konzernbilanzen entfällt häufig. Dank der Möglichkeit eines Contribution Holidays (Beitragserlass) oder für Leistungserhöhungen kann der Arbeitgeber je nach Beitragsparität jedoch in manchen Fällen gegen 50–60% der freien Stiftungsmittel beanspruchen (30–40% nach Berücksichtigung der latenten Steuern). Im Ausland übernimmt der Arbeitgeber bei Leistungsprimatkassen eine Defizitgarantie und kann andererseits über die Überschüsse verfügen, was beides in der Schweiz nicht der Fall ist (siehe auch *Suter D.*, ST 12/99, S. 1247 ff.; Schweiz. Versicherungsverband, Jahresabschlüsse von börsenkotierten Unternehmungen mit Bezug auf FER 16/IAS 19, August 1999).

Diese Überlegungen zur *beschränkten Aktivierungszulässigkeit für Überschüsse schweizerischer Personalvorsorgestiftungen* gelten nicht nur für FER 16, sondern auch für jedes andere Regelwerk, wie IAS 19 oder US-GAAP (FASB 87). Siehe Abschnitte 11 (Behandlung der Personalvorsorge in der Jahresrechnung des Unternehmens), 6.2 (Teilliquidation) und 4.44 (Inwieweit sind Arbeitgeberbeitragsreserven und freies Stiftungskapital Eigenkapital des Unternehmens?).

Es stellt sich die Frage, welche Folgen dies für eine Teilliquidation hat, da dies eine "Belastung" für den Fortführungsbestand bedeutet. Die Frage, ob dies im Liquidationsverfahren zu berücksichtigen ist, ist ungeklärt, aber sehr wichtig.

l)   Ablauf einer Teilliquidation

Der Ablauf einer Teilliquidation ist in *Darstellung 6F* in einzelne Schritte aufgegliedert und näher erläuert. (Siehe dazu auch das Handbuch der Personalvorsorge-Aufsicht des Kantons Zürich).

Zusammenfassend ergibt sich folgendes Vorgehen:

– Festlegung des Stichtags der Teilliquidation
– Bewertung von Aktiven und Passiven
– Unterteilung in Fortbestand/Abgangsbestand
– Wahrung der Interessen des Fortbestands
– Ermittlung der freien Mittel
– Erarbeitung des Verteilplans
– Besprechung mit Stiftungsrat und Vertretern des Abgangsbestands
– Genehmigung des Verteilplans durch die Aufsichtsbehörde
– Durchführung.

m)   Schlussbemerkungen zum Thema Teilliquidation

Es kann festgestellt werden, dass die Anforderungen der neuen BVV 2 sowie des FZG unsere Vorsorgewerke *transparenter* gemacht haben. Sie verpflichten überall dort zu einer gerechten Zuteilung der freien Stiftungsmittel, wo Mitarbeiter unfreiwillig aus einer Vorsorgeeinrichtung ausscheiden müssen. Dabei können aber durch die Bildung von Rückstellungen die *Fortbestandsinteressen* gewahrt werden. Der heutige Zwang zur Teilliquidation dürfte indessen dazu führen, dass inskünftig weniger freie Vorsorgemittel angespart werden. Dieser Trend bringt den Versicherten wiederum den Vorteil, dass ihnen die in der Vorsorgeeinrichtung erzielten Überschüsse periodengerechter zugesprochen werden. Siehe dazu die Ausführungen von *O. Leutwiler* (Teilliquidation einer Pensionskasse, in: ST 4/99) und von *B. Lang* in Abschnitt 14.5.

Darstellung 6F

Einzelne Schritte bei der Durchführung einer Teilliquidation

Schritt	Projektbeschreibung
1	*Ermittlung des Stichtags* für die Teilliquidation Erfahrungsgemäss wird jener Tag als Stichtag für die Teilliquidation gewählt, an dem die Mitarbeiter erstmals über die Restrukturierung des Unternehmens und den damit verbundenen Stellenabbau informiert wurden. Alle am Stichtag angestellten Mitarbeiter der Firma, welche gemäss Stiftungsurkunde (Stiftungszweck) zum Destinatärkreis der Vorsorgeeinrichtung gehören, fallen unter die Teilliquidation, auch wenn sie nicht versichert sind (z.b. Jahreslohn kleiner als der Koordinationsbetrag).
2	*Ermittlung des Vermögens* der Vorsorgeeinrichtung zu Veräusserungswerten unter Beachtung von Art. 23 Abs. 2 FZG und Art. 9 FZV
3	*Ermittlung des individuellen Deckungskapitals,* mindestens aber der Freizügigkeitsleistung für jeden einzelnen Versicherten und Rentenbezüger
4	*Ermittlung der Arbeitgeberbeitragsreserven i.e.S.* aufgrund der Bilanzen und Betriebsrechnungen der vergangenen Jahre
5	Abwicklung allfälliger *vorzeitiger Pensionierungen* im Rahmen des geltenden Vorsorgereglements
6	*Bildung angemessener Rückstellungen* für latente oder unerledigte Schadensfälle, insbesondere für Krankheitsfälle, die nach Ablauf der Wartefrist zu Invaliditätsleistungen führen könnten
7	Unterteilung des Versichertenbestandes in – Fortbestand und – Abgangsbestand Bei der Aufteilung ist davon auszugehen, dass die laufenden Renten dem Fortbestand zugeordnet werden.
8	*Finanzielle Abtrennung des Abgangsbestands:* Der Abgangsbestand wird mit den individuell ermittelten Abfindungen gemäss Schritt 3 ausgeschieden.
9	Erstellen einer ordentlichen *versicherungstechnischen Bilanz* nach der gleichen Methode wie in den Vorjahren für die verbleibenden aktiven Versicherten und die Rentenbezüger. Daraus resultiert das freie, ungebundene Vorsorgekapital.
10	*Wahrung der Interessen des Fortbestands:* Durch Bildung der folgenden zusätzlichen Rückstellungen und Reserven sollen die Fortbestandsinteressen angemessen gewahrt werden: – Rückstellung für Kurs- und Renditeschwankungen: Deren Grösse ergibt sich sehr oft aus der Anlagestrategie der Kasse und dürfte bei durchschnittlicher Risikofähigkeit zwischen 7% und 15% des Vorsorgekapitals liegen.

Schritt	Projektbeschreibung
	– Risikoschwankungsreserve: Um die finanziellen Schwankungen infolge Alter, Tod und Invalidität auffangen zu können, wird eine Risikoschwankungsreserve gebildet. Diese soll so bemessen sein, dass die Reserve mit einer Wahrscheinlichkeit von x% ausreicht, um die künftigen Schwankungen in der Schadensbelastung auffangen zu können. – Rückstellungen für das Langleberisiko: Bei Anwendung der Rechnungsgrundlagen ist eine angemessene Rückstellung für das Langleberisiko zu bilden, so z.B. bei den Grundlagen EVK 90 eine solche von 0,4% des Deckungskapitals der laufenden Renten und der aktiven Versicherten für jedes vergangene Jahr seit 1990. – Rückstellungen für latente Steuern und Abgaben auf Liegenschaften: Diese sind je nach Kanton verschieden sowie abhängig von der Qualität der Schätzung und dürften heute im Durchschnitt zwischen 5% und 8% des Verkehrswerts liegen. – Rückstellung für die Teilanpassung der laufenden Renten an die Teuerung: Diese sollen ermöglichen, nach der Praxis der vergangenen Jahre die laufenden Renten teilweise der Teuerung anzupassen.
11	*Ermittlung des verfügbaren freien Vorsorgekapitals:* Das für die Teilliquidation verfügbare freie Vorsorgekapital ergibt sich aus dem ungebundenen Vorsorgekapital gemäss Schritt 9, reduziert um die Rückstellungen nach Schritt 10.

12	*Erarbeitung des Verteilplans* für alle Versicherten (Fortbestand und Abgangsbestand) in folgenden Schritten:
	– Bestimmung der Höhe des freien Vorsorgekapitals, das dem Abgangsbestand zugeordnet werden soll
	– definitive Bestimmung des Abgangsbestands (Gruppe der Austretenden)
	– Erarbeitung des Verteilplans* nach objektiven Kriterien wie
	  – Lohn (oder *versicherter Lohn*)
	  – Dienstjahre (oder *Beitragsjahre*)
	  – Sparkapital oder Deckungskapital *(ohne eingebrachte Freizügigkeitsleistungen)*
	  – Summe der Beiträge
	  – Alter
	  – Zivilstand
	  – Anzahl unterstützungspflichtiger Personen

13	Besprechung und Bereinigung des Verteilplans mit dem *Stiftungsrat* und allfälligen *Vertretern des Abgangsbestands*

*Beispiel für einen Verteilplan aus der Praxis:
10% der verfügbaren Mittel proportional zum Lohn
20% der verfügbaren Mittel proportional zu den zurückgelegten Dienstjahren
20% der verfügbaren Mittel proportional zum vorhandenen Sparkapital ohne eingebrachte Freizügigkeitsleistungen
30% der verfügbaren Mittel proportional zur Zahl der Lebensjahre über 40
20% der verfügbaren Mittel proportional zur Zahl der unterstützungspflichtigen Personen

Schritt	Projektbeschreibung
14	Besprechung des Verteilplans mit den *Aufsichtsbehörden:* Die Aufsichtsbehörden überlassen erfahrungsgemäss den zuständigen Organen einen recht grossen Ermessensspielraum, sofern der Verteilplan nicht gegen die Stiftungsurkunde sowie Vorsorgerecht und Praxis verstösst.
15	*Information der Versicherten* des Fortbestands und des Abgangsbestands über – Grund der Teilliquidation – Verteilschlüssel (Destinatärkreis, Verteilkriterien, Betrag der zu verteilenden Mittel) – zugewiesener Betrag in Franken – Art der Überweisung (kollektiv, individuell oder in bar) – das Recht auf Einsprache (Beschwerderecht) innert einer vorgegebenen Frist (z.b. 30 Tage)
16	*Behandlung der Einsprachen* im Stiftungsrat und allgemeine Lösungsfindung mit den betroffenen Personen
17	*Antrag an die Aufsichtsbehörde um Genehmigung des definitiven Verteilplans*
18	*Verfügung der Aufsichtsbehörde*
19	*Überweisung des zugeordneten Vorsorgekapitals* nach Eintritt der Rechtskraft der Verfügung der Aufsichtsbehörden kollektiv oder individuell unter Hinweis auf das Beschwerderecht an die Eidg. Beschwerdekommission für BVG in Lausanne – *Kollektiv* (oder *individuell*), wenn eine fest umschriebene Gruppe des Abgangsbestands geschlossen in eine neue Vorsorgeeinrichtung übertritt Dabei ist zu beachten, dass der Stiftungsrat der alten Kasse befugt ist, die kollektive oder individuelle Überweisung an die neue Vorsorgeeinrichtung anzuordnen. – *Individuell,* wenn jeder Versicherte individuell austritt Während bei der kollektiven Lösung der Versicherte keinen sofortigen Anspruch auf das Liquidationsvermögen geltend machen kann, wird bei der individuellen Überweisung der Liquidationsanteil dem Versicherten auf dem persönlichen Vorsorgekonto gutgeschrieben oder gegebenenfalls bar ausbezahlt.

Quelle: O. Leutwiler, ST 4/99, S. 324/25 (mit kleinen Ergänzungen).

Es fragt sich, *wie gerecht eine Teilliquidation überhaupt ist*. Wer Glück hat, scheidet mit einer Teilliquidation aus und erhält eine 10–50% höhere Austrittsleistung, obwohl er möglicherweise dazu nichts beigetragen hat. Es wären auch andere Lösungen denkbar, z.b. folgende: Jeder Austretende erhält einen Anteil an den während seiner Pensionskassenzugehörigkeit geäufneten freien Mitteln, wobei die Fortbestandsinteressen generell mit 20% der Bilanzsumme angenommen werden. Auch im Vergleich zum Ausland werden neue vereinfachte Lösungen für die Durchführung der beruflichen Vorsorge gesucht werden müssen.

Strenggenommen geht es nicht um die Verteilung nur der freien Mittel, sondern aller *Passiven* (bei Bewertung der Aktiven zu Marktwerten), *die noch nicht individualisiert sind* (ob durch individuelle Äquivalenz oder kollektive Äquivalenz spielt dabei keine Rolle). Ein Vorausbetrag (wie ein Präzipuum) von 10–20% der Bilanzsumme für die Fortbestandsinteressen ist durchaus vertretbar.

Abschliessend können zum Thema Teilliquidation folgende Thesen aufgestellt werden:

– Der Abbau von freien Stiftungsmitteln (u.a. Einbau in Vorsorgekapital und Rückstellungen) ist zu empfehlen.

– Arbeitgeberbeitragsreserven sind freiem Stiftungskapital vorzuziehen.

– Überdeckung sollte 120% des statisch berechneten Deckungskapitals nicht übersteigen.

– Der Abbau von Solidaritäten bei Leistungsprimatkassen geht weiter.

– Mehr Transparenz und Information sind erwünscht.

– Steuerliche Privilegien sollten vermehrt genutzt werden.

– Verstärkte Individualisierung ist notwendig (auf Stufe Leistungs- und Finanzierungsplan, Vermögensanlage).

– Ein Abbau von Problemen bei der (Teil-)Liquidation kann durch Individualisierung erfolgen:
  – Verwendung der freien Mittel (durch Einbringung in Leistungsplan, Contribution Holiday)
  – Schaffung von Arbeitgeberbeitragsreserven anstatt von freien Mitteln
  – Offerieren von Anlagevarianten (Beispiel ABB)
  – In grösseren Vorsorgekassen Offerieren von 2–3 im Niveau verschiedenen Leistungsplänen (noch steuerliche Hemmnisse)

– Individualisierung im vorstehenden Sinne ist viel besser als freie Wahl der Pensionskasse, was in der Regel zu Leistungsabbau führt.

- Eigentlich stellt sich die Frage auch anders: Wieviel des Gesamtvermögens ist *individualisiert* (als Gegenposten für konkrete technische Rückstellungen) und wieviel ist *noch nicht individualisiert* (freies Stiftungskapital, offene und stille Reserven)?

- Grössere Teilliquidationen können Anlass zur Individualisierung des ganzen Vorsorgekapitals und der freien Mittel sein.

- Jede Gesamt- und Teilliquidation sollte von der Revisionsstelle (Kontrollstelle) separat geprüft werden mit Bericht an die Versicherten (wie AK-Herabsetzung).

- Deckungskapitalien sollten generell nicht statisch, sondern dynamisch wie IAS und FER entspechend der Praxis in der betreffenden Pensionskasse gerechnet werden (Teuerung, Fluktuationen, Zinsen).

- Die Regelung der Teilliquidation im Reglement, z.B. bei Gemeinschaftseinrichtungen von Konzernen, wird immer dringender. Dadurch u.a. mehr Transparenz, raschere Abwicklung, Rechtsgleichheit, aufsichtsmässige Vereinfachung (für 1. BVG-Revision vorgesehen).

- Die Frage, ob im Sinne von FER 16 oder IAS 19 ein Teil der freien Stiftungsmittel vom Arbeitgeber beansprucht werden kann (Contribution Holiday, Leistungsverbesserungen) und daher nicht in eine Teilliquidation einbezogen werden darf, ist ungeklärt. Oder sollte eine Rückstellung für mögliche Contribution Holiday gebildet und zugelassen werden?

6.3 Wohneigentumsförderung

6.31 Grundsätzliches, Vorbezug oder Verpfändung

Das *Bundesgesetz über die Wohneigentumsförderung mit Mitteln der beruflichen Vorsorge (WEFG) vom 17. Dezember 1993,* das auf den 1. Januar 1995 in Kraft getreten ist, regelt den Bezug der Freizügigkeitsleistung bzw. dessen Verpfändung für Zwecke des selbstgenutzten Wohneigentums (siehe dazu auch die Verordnung vom 3. Oktober 1994). Ein Wunsch breiter Kreise besteht darin, dass die Zweite Säule das private Wohneigentum nicht beschränken, sondern im Gegenteil fördern sollte. Die frühere "Verordnung über die Wohneigentumsförderung mit den Mitteln der beruflichen Altersvorsorge" vom 7. Mai 1986 hat damals nur teilweise die Erwartungen zu erfüllen vermocht.

Seit dem 1. Januar 1990 können Mittel der gebundenen, steuerlich privilegierten Selbstvorsorge (Säule 3a) für den "Erwerb von Wohneigentum für den Eigenbedarf oder für die Amortisation eines Hypothekardarlehens an diesem Eigentum verwendet" werden (Art. 3 Abs. 3 BVV 3). Der Bankstiftung oder der Versicherungseinrichtung muss ein hinreichender Nachweis gegeben werden können. Grundsätzlich besteht *nur ein einziges Mal* die Möglichkeit des vorzeitigen Leistungsbezugs. Es ist nicht einzusehen, weshalb diese Bezüge nur einmal und nicht periodisch (bei entsprechenden Nachweisen) getätigt werden können. Vorsorgenehmer, die bereits in jungen Jahren dieses (dann noch geringe Kapital) einsetzen, sind benachteiligt. Dementsprechend wird Art. 3 BVV 3 sinngemäss an die neue Regelung in der Zweiten Säule angepasst.

Für die *Besteuerung* wird in den meisten Kantonen ein Vorbezug analog einer Kapitalleistung behandelt (getrennt vom übrigen Einkommen zum Renten- oder zu einem Spezialsatz). (Siehe auch Mitteilungen über die berufliche Vorsorge Nr. 13 vom 13. November 1989, Ziff. 87; Tabelle für die einzelnen Kantone siehe *Rohr R.,* Die Besteuerung der gebundenen Selbstvorsorge bei vorzeitigem Bezug zwecks Wohneigentumsfinanzierung, in: Steuer-Revue 1990, S. 71–75.)

Für den Versicherten ist es *steuerlich vorteilhafter, die Freizügigkeitsleistung lediglich zu verpfänden und nicht als Wohneigentumsförderung zu beziehen.* Ein Bezug löst Steuern aus, und die späteren Zinsen auf dem empfangenen Barbetrag sind voll als Einkommen steuerbar (bzw. die eingesparten Hypothekarzinsen sind nicht absetzbar). Die Aufnahme einer zusätzlichen Hypothek, verbunden mit deren Verrechnung mit einer Kapitalauszahlung im Pensionierungsalter, ist die steuerlich wesentlich vorteilhaftere (sonst gleichwertige) Variante. Weitere Ausführungen zur Besteuerung der Wohneigentumsförderung siehe Abschnitt 7.7.

6.3 Wohneigentumsförderung

Es wird sehr wichtig sein, dass die Arbeitnehmer *vor Benützung* der Massnahmen der Wohneigentumsförderung (Vorbezug oder Verpfändung) *gut informiert* werden, ja es besteht dazu eine Pflicht (Art. 30f lit. e BVG). Jeder Pensionskassenverwalter muss umfassend darüber Bescheid wissen.

Bei Geltendmachung von Mitteln gemäss Wohneigentumsförderung wird der Versicherte die Berechtigung durch entsprechende *Vertragsdokumente* fundiert nachzuweisen haben. Es ist auch darüber zu wachen, dass kein *Missbrauch* erfolgt. Bei Verkauf des Objektes hat der Grundbuchführer festzustellen, dass die Rückzahlung an die Vorsorgeeinrichtung richtig erfolgt.

Nach der Pensionskassenstatistik wurden 1996 24'500 Wohneigentumsförderungsauszahlungen mit CHF 1,5 Mrd. abgewickelt.

6.32 Änderungen im BVG und OR von 1993

Im *BVG* werden durch das Wohneigentumsförderungsgesetz sieben neue Artikel eingefügt: *Art. 30a–f und Art. 83a BVG*. (Art. 37 Abs. 4 und Art. 40 BVG werden aufgehoben.)

Danach können Versicherte grundsätzlich bis zur Höhe der Freizügigkeitsleistung ihre Ansprüche *verpfänden* (Art. 30b BVG) oder vorbeziehen (Art. 30c BVG). Verpfändung und Vorbezug gehen höchstens bis zur Höhe der Freizügigkeitsleistung im *50. Altersjahr* oder – bei älteren Versicherten – höchstens bis zur *Hälfte* der Freizügigkeitsleistung im Zeitpunkt des Bezugs (Art. 30c BVG bzw. Art. 331d OR für die Pfändung), falls dieser Betrag höher ist. Bei Veräusserung des Wohneigentums ist der Vorbezug *zurückzubezahlen;* auch sind freiwillige Rückzahlungen möglich (Art. 30d BVG). Art. 30e BVG befasst sich mit der Sicherung des Vorsorgezwecks (u.a. Eintrag im Grundbuch). Die *steuerliche Behandlung* der Vorbezüge erfolgt analog den Kapitalleistungen. Es besteht auch eine Mitteilungspflicht an die Eidg. Steuerverwaltung. Die bezahlte Steuer wird bei Rückzahlung des Vorbezugs rückerstattet (Art. 83a BVG). Siehe dazu die Ausführungen in Abschnitt 7.7.

Die Vorsorgeeinrichtung muss eine *ergänzende Todes- und Invaliditätsversicherung* anbieten oder vermitteln, um die Leistungskürzung auszugleichen. Für den Versicherten bedeutet dies zusätzliche Kosten des Vorbezugs, die bei einer Verpfändung nicht entstehen.

Das Wohneigentumsförderungsgesetz ergänzt das *OR* mit den neuen *Art. 331d und 331e*. Diese Artikel entsprechen weitgehend den neuen Art. 30b und c BVG.

Darstellung 6G

Orientierungsblatt zu einem Vorbezug zur Wohneigentumsförderung bei Leistungsprimat

1.	**Allgemeine Angaben**						
1.1	**Personaldaten**						
	Name und Vorname	**Muster Peter**		Geburtsdatum	Datum		01.10.39
	AHV-Nummer	000.00.000.000		Versicherter Jahreslohn (VL)	Fr.		58'208.00
	Geschlecht (M/F)	M		Datum des Vorbezuges	Datum		31.01.95
2.	**Angaben zur Vorsorgesituation ohne Vorbezug**						
	Beitragsjahre				Jahre		15.58
	Eingekaufte Versicherungsjahre				Jahre		14.75
	Anrechenbare Versicherungsdauer				Jahre		30.33
	Künftige Beitragsjahre				Jahre		9.67
	Mögliche Versicherungsdauer				Jahre		40.00
	Versicherte Leistungen:						
	Altersrente		in % VL	60.00	in Fr.		35'000.00
	Invalidenrente (100% der Altersrente)				Fr.		35'000.00
	Ehegattenrente (60% der Altersrente)				Fr.		21'000.00
	Kinderrente (pro Kind 20% der Altersrente)				Fr.		7'000.00
3.	**Vorbezug**						
	Alter bei Vorbezug	Jahre	55.33	Maximaler Vorbezug		Fr.	128'314.00
	Altersguthaben nach BVG	Fr.	11'550.00	Minimaler Vorbezug		Fr.	20'000.00
	Altersguthaben nach BVG im Alter 50	Fr.	9'800.00				
	Freizügigkeitsleistung bei Vorbezug	Fr.	256'628.30				
	Freizügigkeitsleistung im Alter 50	Fr.	100'000.00				
4.	**Angaben zur Vorsorgesituation mit Vorbezug (Leistungskürzung)**						

Vorbezugs-jahre	Vorbezug in Fr.	Rentensatz nach Vorbezug	Vorbezugs-jahre	Vorbezug in Fr.	Rentensatz nach Vorbezug	Vorbezugs-jahre	Vorbezug in Fr.	Rentensatz nach Vorbezug
1	-	-	15	126'903.75	37.50	29	-	-
2	-	-	16	-	-	30	-	-
3	25'380.75	55.50	17	-	-	31	-	-
4	33'841.00	54.00	18	-	-	32	-	-
5	42'301.25	52.50	19	-	-	33	-	-
6	50'761.50	51.00	20	-	-	34	-	-
7	59'221.75	49.50	21	-	-	35	-	-
8	67'682.00	48.00	22	-	-	36	-	-
9	76'142.25	46.50	23	-	-	37	-	-
10	84'602.50	45.00	24	-	-	38	-	-
11	93'062.75	43.50	25	-	-	39	-	-
12	101'523.00	42.00	26	-	-	40	-	-
13	109'983.25	40.50	27	-	-			
14	118'443.50	39.00	28	-	-			

5.	**Angaben zur Vorsorgesituation nach maximalem Vorbezug**				
	Versicherter Lohn			Fr.	58'208.00
	Altersguthaben nach BVG nach maximalem Vorbezug			Fr.	5'775.00
	Beitragsjahre			Jahre	15.58
	Eingekaufte Versicherungsjahre			Jahre	14.75
	Vorbezugsjahre			Jahre	15.17
	Anrechenbare Versicherungsdauer			Jahre	15.17
	Künftige Beitragsdauer			Jahre	9.67
	Mögliche Versicherungsdauer			Jahre	24.83
	Versicherte Leistungen:				
	Altersrente	in % VL	37.25	in Fr.	21'682.50
	Invalidenrente (100% der Altersrente)			Fr.	21'682.50
	Ehegattenrente (60% der Altersrente)			Fr.	13'009.50
	Kinderrente (pro Kind 20% der Altersrente)			Fr.	4'336.50

Quelle: Dr. C. Chuard AG, in: Schweizer Personalvorsorge 9/94, S. 374

6.3 Wohneigentumsförderung

Einzelheiten sind in der *Verordnung über die Wohneigentumsförderung mit Mitteln der beruflichen Vorsorge (WEFV)* vom 3. Oktober 1994 geregelt, wozu auch *Erläuterungen des BSV* erschienen sind (beide wiedergegeben im gelben Anhang).

Gemäss Art. 5 der WEFV beträgt der Mindestbetrag für den Vorbezug CHF 20'000.–, gemäss Art. 7 ebenso für Rückzahlungen. Ein Vorbezug kann nur alle fünf Jahre geltend gemacht werden.

Missbräuche bei vorbezogenen Wohneigentumsförderungsgeldern sind in der Praxis feststellbar. So werden WEF-Gelder zur Abzahlung von Hypotheken bezogen, die später wieder erhöht werden (siehe Interpellation von Nationalrat *Jutzet* im März 1998).

Zur Durchführung in der Praxis der Wohneigentumsförderung siehe Mitteilungen über die berufliche Vorsorge des BSV, Nrn. 32 ff., Rz 188, 189 (mit Weisung für die Grundbuchämter betreffend Anmerkung bzw. Löschung einer Veräusserungsbeschränkung), 192, 215, 222, 234. Die Eidg. Steuerverwaltung hat am 5. Mai 1995 das *Kreisschreiben Nr. 23 zur Wohneigentumsförderung mit Mitteln der beruflichen Vorsorge* erlassen (abgedruckt im gelben Anhang). Zu den Anforderungen des Wohneigentumsförderungsgesetzes siehe die Abhandlung von *Moser M.* (in: SZS 1995, S. 115 ff. und 200 ff.).

Darstellung 6H
Wesentliche Neuerungen des WEFG (gültig ab 1. Januar 1995)

Zusammenfassend können die wesentlichen Neuerungen der Wohneigentumsförderung wie folgt umschrieben werden (aus Merkblatt der STG-Coopers & Lybrand vom Juni 1994):

Die neuen Vorschriften gelten für den gesamten Bereich der beruflichen Vorsorge (obligatorischer und überobligatorischer Bereich).

Gemäss dem neuen Gesetz kann eine versicherte Person bis spätestens drei Jahre vor der Entstehung des Anspruchs auf Altersleistungen entweder den Anspruch auf Vorsorgeleistungen verpfänden oder einen Vorbezug (Barauszahlung) geltend machen.

– *Verpfändung nach neuem Recht*

Zur Förderung des Wohneigentums hebt das neue Recht das Verpfändungsverbot gemäss Art. 331c Abs. 2 OR auf und ermöglicht damit die Verpfändung im gesamten Bereich der beruflichen Vorsorge. Neu kann der Anspruch auf Vorsorgeleistungen (nicht nur der Anspruch auf Altersleistungen) *oder* ein Beitrag bis zur Höhe der Austrittsleistung für Wohneigentum zum eigenen Bedarf verpfändet werden.

Ab Alter 50 darf maximal die Austrittsleistung im Alter 50 oder – falls diese höher ist – die Hälfte der Austrittsleistung im Zeitpunkt der Verpfändung eingesetzt werden.

– *Barbezug nach neuem Recht*

Die wichtigste Neuerung besteht in der Möglichkeit, einen Barbezug (Vorbezug) von Vorsorgegeldern für Wohneigentum zum eigenen Bedarf geltend zu machen.

– *Voraussetzungen*

Eine Verpfändung bzw. ein Barbezug ist nur für den Erwerb von selbstgenutztem Wohneigentum oder zum Aufschub von Amortisationen bzw. zur Rückzahlung von Hypotheken möglich. Als Wohneigentum zum eigenen Bedarf gilt das von der versicherten Person am Wohnsitz benutzte Haus oder Stockwerkeigentum. Unter die Bestimmungen fallen grundsätzlich:

 – der Erwerb von Wohneigentum in der Form von Allein-, Mit- oder Stockwerkeigentum
 – die Abzahlung von Hypotheken oder der Aufschub von Amortisationen
 – wertvermehrende oder werterhaltende Investitionen
 – der Erwerb von Anteilscheinen einer Wohnbaugenossenschaft oder ähnliche Beteiligungen.

Nicht unter den Begriff des Wohneigentums im Sinne der Wohneigentumsförderung fallen Zweitwohnungen, Ferienhäuser oder Fahrnisbauten (Wohnwagen, Mobilheime usw.).

– *Einschränkungen*

Eine verheiratete Person kann die Verpfändung oder den Barbezug nur mit dem schriftlichen Einverständnis des Ehegatten vornehmen.

6.3 Wohneigentumsförderung

– *Auswirkungen auf die Vorsorgeleistungen*

Sowohl der Vorbezug als auch die Verpfändung (Pfandverwertung) können eine Kürzung der versicherten Leistungen gemäss dem gültigen Reglement und den technischen Grundlagen der Vorsorgeeinrichtung bewirken. Die Reduktion der Leistungen bei Tod oder Invalidität kann auf Wunsch des Versicherten durch eine freiwillige Zusatzversicherung (Angebot der Vorsorgeeinrichtung) ausgeglichen werden. Die daraus resultierenden Kosten sind vollumfänglich vom Versicherten zu tragen.

– *Steuerliche Behandlung*

Der Vorbezug oder der bei einer allfälligen Verwertung des verpfändeten Vorsorgeguthabens erzielte Erlös wird sofort besteuert, wobei dieselben Regeln und Ansätze wie bei der Besteuerung von Kapitalleistungen aus beruflicher Vorsorge zur Anwendung gelangen. Bei einer Rückzahlung des vorbezogenen Betrages in einem späteren Zeitpunkt können die bezahlten Steuern wieder zurückgefordert werden. Die Rückzahlung selbst ist jedoch nicht vom Einkommen abzugsfähig.

– *Sicherstellung des Vorsorgezwecks*

Um den Vorsorgezweck weiterhin sicherzustellen, wird im Grundbuch eine Veräusserungsbeschränkung vermerkt. Diese Anmerkung wird auf Verlangen der versicherten Person und nach Rückzahlung des vorbezogenen Betrages an die Vorsorgeeinrichtung wieder gelöscht.

– *Rückzahlungspflicht*

Der vorbezogene Betrag muss zurückbezahlt werden, wenn

– das Wohneigentum veräussert wird,
– Rechte an diesem Wohneigentum eingeräumt werden, die wirtschaftlich einer Veräusserung gleichkommen (z.B. bei Einräumen eines Wohn- oder Baurechts),
– beim Tode des Versicherten keine Vorsorgeleistungen fällig werden.

Bis drei Jahre vor Erreichen des Anspruchs auf Altersleistungen, bis zum Eintritt eines Vorsorgefalles oder bis zur Barauszahlung der Austrittsleistung kann der vorbezogene Betrag zurückbezahlt werden. Die versicherten Leistungen werden in diesem Fall gemäss dem Reglement und den technischen Grundlagen der Vorsorgeeinrichtung neu festgelegt.

6.4 Orientierungspflicht der Versicherten und Begünstigten (nach ZGB, OR und BVG)

Eine Orientierungspflicht besteht gemäss *Stiftungsrecht* (Art. 89bis Abs. 2 ZGB), *Arbeitsvertragsrecht* (Art. 331 Abs. 4 OR) und ergibt sich auch aus dem *Recht der beruflichen Vorsorge* (indirekt aus Art. 51 u.a. BVG). Hingewiesen sei ferner auf die Weisung des Bundesrates vom 11. Mai 1988 zur Auskunftserteilung (siehe *Darstellung 6I*).

Art. 89bis Abs. 2 ZGB

Die Stiftungsorgane haben den Begünstigten über die Organisation, die Tätigkeit und die Vermögenslage der Stiftung den erforderlichen Aufschluss zu erteilen.

Art. 331 Abs. 4 OR

Der Arbeitgeber hat dem Arbeitnehmer über die ihm gegen eine Vorsorgeeinrichtung oder einen Versicherungsträger zustehenden Forderungsrechte den erforderlichen Aufschluss zu erteilen.

Die *heutige Orientierungspraxis* ist oft ungenügend, und zwar in der Regel nicht, weil man Informationen vorenthalten will, sondern weil die Informationsart unklar ist. Die Orientierung sollte vierstufig erfolgen:

1. Orientierung über das *System,* so das Reglement, die Pflichten und Rechte der Mitglieder usw. (bei Eintritt und bei Änderungen)
2. Orientierung über die *Jahresrechnung* der Stiftung mit evtl. einem Geschäftsbericht sowie dem Kontrollstellbericht (allgemein, jährlich)
3. Orientierung über die *Pflichten und Rechte (Leistungsansprüche)* des einzelnen Versicherten und seiner Angehörigen, einschliesslich Freizügigkeitsansprüche, anhand der Zahlen seines Versichertenkontos (individuell, periodisch oder auf Wunsch)
4. Orientierung über das *BVG-Alterskonto* und andere *BVG-Belange* (z.B. Guthaben im Alter 50 laut Art. 40 Abs. 2 BVG). Diese Informationen sind auch deshalb zu empfehlen, um bei weitergehenden (umhüllenden) Kassen das Ausmass der überobligatorischen Vorsorge zu zeigen (in gleicher Periodizität wie Ziff. 3).

Das Rechnungswesen ist so anzulegen, dass diese Orientierungspflicht ohne besondere Schwierigkeiten erfüllt werden kann. Besondere Probleme ergeben sich bei Sammelstiftungen.

Darstellung 61

Orientierung der Versicherten

Gemäss *"Weisungen über die Pflicht der registrierten Vorsorgeeinrichtungen zur Auskunftserteilung an ihre Versicherten"* vom 11. Mai 1988 sollten diese Auskünfte auf Wunsch von Arbeitnehmern mindestens umfassen:

1. Über die Vorsorgeeinrichtung, d.h. über

- die juristische Form und doe Organisationsstruktur, sowie Angaben darüber, ob es sich um eine Einrichtung des Arbeitgebers, um die Sammeleinrichtung einer Versicherungseinrichtung oder einer Bank oder um eine Gemeinschaftseinrichtung (z.B. eines Verbandes) handelt;
- die Art der Risikodeckung, d.h. ob die Vorsorgeeinrichtung sämtliche Risiken (Alter, Tod und Invalidität) selber deckt oder ob diese ganz oder zum Teil einer Versicherungseinrichtung übertragen worden sind;
- die Wahl, Zusammensetzung und Organisation des paritätischen Organs;
- die Urkunde, Statuten und Reglemente und allenfalls den Anschlussvertrag sowie die Kollektivlebens- bzw. Rückversicherungsverträge mit den Versicherungseinrichtungen;
- den Jahresbericht, die Jahresrechnung und den Bericht der Kontrollstelle;
- die Bezeichnung und Adresse der Kontrollstelle, des Experten und der zuständigen Aufsichtsbehörde.

2. Bei Eintritt eines Versicherungsfalles über die

- Höhe und Berechnungsfaktoren des Vorsorgeanspruchs;
- Höhe und Berechnungsfaktoren der Minimalleistungen gemäss BVG.

3. Bei Eintritt und unabhängig vom Eintritt eines Freizügigkeitsfalles über

- Höhe und Berechnungsfaktoren des Freizügigkeitsanspruchs;
- alle gesetzlich und reglementarisch vorgesehenen Möglichkeiten der Erhaltung des Vorsorgeschutzes.

4. Am Ende des Geschäftsjahres der Vorsorgeeinrichtung über die

- Höhe des versicherten Lohnes;
- Höhe und die Berechnungsfaktoren des Arbeitnehmerbeitrags;
- Höhe der Altersgutschriften nach Art. 16 BVG und Stand des Altersguthabens gemäss Art. 15 BVG;
- Höhe der Versicherungsleistungen im Falle von Tod oder Invalidität des Versicherten.

Dagegen hat der einzelne Versicherte *kein Recht,* in die Buchhaltung, in Hilfsbücher, Belege und Korrespondenzen, Verträge usw. Einblick zu nehmen. Infolge der häufigen Übertritte von einer Vorsorgeeinrichtung zu einer anderen wäre es wünschbar, wenn einheitliche *Formulare* geschaffen werden könnten, einerseits für die Abrechnung der *Freizügigkeitsleistungen* und andererseits für die Konten mit den *BVG-Altersguthaben.*

Es ist wichtig, *alle Mitarbeiter* über die berufliche Vorsorge ihres Unternehmens und die Zusammenhänge zur Sozialversicherung genügend zu informieren. Vor allem das *Kader,* das bei der Betreuung der Mitarbeiter Fragen betreffend die berufliche Vorsorge sollte beantworten können, ist umfassend ins Bild zu setzen. In vielen – den meisten – Unternehmen wird diesem Punkt der Human Relations zu wenig Beachtung geschenkt. Die Sozialberichterstattung im Rahmen der unternehmerischen Publizität (als Teil neben der Wertschöpfungsrechnung) sollte auch Aussagen zum Stand der betrieblichen Vorsorge enthalten.

Der Bundesrat hat am 11. Mai 1988 "Weisungen über die Pflicht der registrierten Vorsorgeeinrichtungen zur Auskunftserteilung an ihre Versicherten" (im Sinne von Art. 64 Abs. 2 BVG, Art. 89bis Abs. 2 ZGB) erlassen. Danach haben die BVG-Aufsichtsbehörden dafür zu sorgen, dass die registrierten Vorsorgeeinrichtungen den Versicherten auf deren Verlangen in einem Mindestumfang Auskünfte erteilen. Diese Auskünfte umfassen die in *Darstellung 61* genannten Punkte. In Einzelfragen geht diese Informationspflicht m.E. sehr weit. Eine stärkere Konzentration auf das Wesentliche wäre wünschbar gewesen.

Auskunftserteilungen sind kostenlos und auf Wunsch schriftlich abzugeben. Die vorgenannten Weisungen behandeln auch den Datenschutz.

Das BSV hat dazu ergänzend festgehalten (in: Mitteilungen über die berufliche Vorsorge Nr. 10 vom 16. August 1988, Ziff. 54):

"Weisungen des Bundesrates über die Pflicht der registrierten Vorsorgeeinrichtungen zur Auskunftserteilung an ihre Versicherten
(Art. 64 Abs. 2 BVG, Art. 89bis Abs. 2 ZGB)

Der Bundesrat weist mit den oben erwähnten Weisungen vom 11. Mai 1988 die Aufsichtsbehörden im Bereich der beruflichen Vorsorge gemäss BVG an, dafür besorgt zu sein, dass die in ihrem Register eingetragenen Einrichtungen auf Ersuchen ihrer Versicherten Auskünfte in den konkret bezeichneten Sachbereichen erteilen. Darüber hinaus haben diese Vorsorgeeinrichtungen zu veranlassen, dass die bei ihnen angeschlossenen Arbeitgeber ihre Arbeitnehmer über die ihnen zustehenden Auskunftsrechte informieren.

Mit diesen Weisungen werden die bereits in Art. 89bis Abs. 2 ZGB für Personalfürsorgestiftungen statuierten Auskunftspflichten konkretisiert bzw. ergänzt. Zudem wird der persönliche Geltungsbereich dieser Auskunftspflichten mit der erwähnten Weisung auch auf die registrierten Genossenschaften und öffentlich-rechtlichen Einrichtungen ausgeweitet.

6.4 Orientierungspflicht

Unabhängig von diesen Weisungen hat der Arbeitgeber nach wie vor seiner Auskunftspflicht gemäss Art. 331 Abs. 4 OR nachzukommen.
Die Pflicht der Vorsorgeeinrichtungen zur Auskunftserteilung bezieht sich vor allem auf folgende Sachbereiche:

1. Natur und Struktur der Vorsorgeeinrichtung
   - Rechtsform
   - Art der Risikodeckung (autonom, halbautonom, vollversichert)
   - Organisation der paritätischen Verwaltung
   - Jahresrechnung und Bilanz
   - Adresse der Kontrollstelle und des Experten
   - zuständige Aufsichtsbehörde.

2. Höhe und Berechnung der verschiedenen Leistungen nach Reglement und der Minimalleistungen gemäss BVG. Dazu gehören auch Angaben über die Freizügigkeitsleistung und über die Möglichkeiten zur Erhaltung des Vorsorgeschutzes.
   Das Eidg. Versicherungsgericht hat in einem neueren Urteil entschieden, dass der Versicherte gegenüber seiner Vorsorgeeinrichtung auch dann einen Anspruch auf Information bezüglich seiner Leistungsansprüche hat, wenn noch kein konkreter Vorsorge- bzw. Freizügigkeitsfall vorliegt bzw. bevorsteht.

3. Höhe des versicherten Lohnes, des Arbeitnehmer- und des Arbeitgeberbeitrages, der Altersgutschriften und des Altersguthabens.

Weitergehende Auskünfte können von den Vorsorgeeinrichtungen erteilt werden; sie sind dazu jedoch nicht verpflichtet. Es besteht kein Grund zur Befürchtung, dass die Vorsorgeeinrichtungen gezwungen werden könnten, aufgrund dieser Weisungen Daten herauszugeben, die nicht durch ein hinreichendes Interesse der Versicherten begründet sind. Es steht nämlich den Vorsorgeeinrichtungen durchaus zu, missbräuchliche Informationsgesuche abzuweisen, z.B. wenn aus bestimmten Gründen oder aufgrund gewisser Indizien erkenntlich wird, dass der betreffende Versicherte weder ein mittelbares noch ein unmittelbares Interesse an dieser Auskunft haben kann.

Da die Auskünfte der Vorsorgeeinrichtungen nicht automatisch, sondern nur auf Ersuchen der Versicherten zu erteilen sind, kann insofern auch dem Gebot der Verhältnismässigkeit Rechnung getragen werden. Es ist also nicht zu erwarten, dass eine unnötige und unerwünschte Papier- und Datenflut auf die Versicherten losgelassen wird.

Andererseits ist zu beachten, dass die Auskünfte der Vorsorgeeinrichtungen sachgerecht, aktuell und verständlich sind. Es hat keinen Sinn, die Versicherten mit für sie unverständlichen Informationen zu beliefern. Allerdings darf erwartet werden, dass die um Auskunft ersuchenden Versicherten sich ein Grundwissen bezüglich einer Einrichtung der beruflichen Vorsorge von sich aus aneignen. Die Auskunft der Vorsorgeeinrichtung kann mündlich erfolgen; sie hat aber schriftlich zu geschehen, wenn der Versicherte dies ausdrücklich wünscht.

Die Weisungen des Bundesrates regeln auch den Datenschutz. Die Vorsorgeeinrichtung hat demnach einen Versicherten auf sein Ersuchen hin über die Daten, die bei ihr über ihn vorhanden sind, zu informieren. Unrichtige Daten sind zu korrigieren und nicht benötigte zu vernichten.

Mit diesen Weisungen wird einem berechtigten Postulat der Versicherten auf angemessene, rasche und verständliche Information Rechnung getragen. Es ist zu hoffen, dass damit auch ein vielfach spürbares Missbehagen unter den Versicherten gegenüber einer für sie undurchschaubaren Materie abgebaut werden kann."

Im weiteren sei zur genannten Weisung des Bundesrates vom 11. Mai 1988, welche von verschiedenen Seiten als viel zu weitgehende Legiferierung bezeichnet wird (z.b. von *Lang B.*, AWP-Nachrichten, 26. April 1990), auf den *Kommentar des BSV* vom 16. Mai 1988 hingewiesen (wiedergegeben auf S. 766 ff. des gelben Anhangs der 6. Auflage).

Eine weitere Informationspflicht besteht gemäss Freizügigkeitsgesetz Art. 24 für die *Austrittsleistung* (gemäss Art. 2 und 15 BVG; siehe auch Art. 1–3 der VO zum Freizügigkeitsgesetz).

Zusammenfassend kann gesagt werden, dass die Versicherten in verständlicher, einfacher Form mit Schwerpunkt auf den für sie wesentlichen Informationen orientiert werden sollten. Dies bezieht sich auf

- das *Reglement,* dem ein Überblick über das Wesentliche vorangestellt werden kann (wie ein Executive Summary),
- den *Jahresbericht,* der auf einem Zusatzblatt mit den wesentlichsten Kennzahlen zusammengefasst werden kann,
- den *Versicherungsausweis,* der attraktiv und einfach verständlich gestaltet werden sollte.

Die *1. BVG-Revision* wird bezüglich der Orientierungspflichten Neuerungen bringen, die Verbesserungen bedeuten sollen.

7. Steuerliche Behandlung der beruflichen Vorsorge

Überarbeitet und nachgeführt von *Hans Peter Conrad,* lic. iur., Rechtsanwalt, Direktor der Rentenanstalt/Swiss Life, Mitglied der Redaktionskommission der Schweizer Personalvorsorge, Zürich

7.1 Rechtliche Grundlagen und neue Entwicklungen

Grundlage der steuerlichen Förderung bildete bisher Art. 34quater der Bundesverfassung (BV). Art. 111 der neuen BV, die per 1. Januar 2000 in Kraft getreten ist, sieht in Abs. 3 und 4 die entsprechenden Steuererleichterungen und steuerlichen Förderungen für die 2. und 3. Säule wiederum explizit vor:

Art. 111 Abs. 3 und 4 BV   Alters-, Hinterlassenen- und Invalidenvorsorge

³Er* kann die Kantone verpflichten, Einrichtungen der eidgenössischen Alters-, Hinterlassenen- und Invalidenversicherung sowie der beruflichen Vorsorge von der Steuerpflicht zu befreien und den Versicherten und ihren Arbeitgeberinnen und Arbeitgebern auf Beiträgen und anwartschaftlichen Ansprüchen Steuererleichterungen zu gewähren.

⁴Er* fördert in Zusammenarbeit mit den Kantonen die Selbstvorsorge namentlich durch Massnahmen der Steuer- und Eigentumspolitik.

*Der Bund ...

Konkretisiert wird die steuerliche Behandlung der beruflichen Vorsorge in den dafür massgeblichen Bestimmungen des BVG (Art. 80–84 sowie 98 Abs. 2–4 BVG). Neben diesen Bestimmungen und dem darin festgehaltenen Prinzip der "vollen Abzugsfähigkeit und vollen Besteuerung" gelten für die berufliche Vorsorge weiterhin die allgemeinen Grundsätze der ausschliesslichen Zweckbindung der Vorsorgemittel, der Angemessenheit, der Planmässigkeit und Kollektivität. Diese Grundsätze sind in das Recht der direkten Bundessteuer und in die kantonalen Steuergesetzgebungen aufgenommen worden. Sie werden zudem durch diverse Kreisschreiben der Eidg. Steuerverwaltung und durch kantonale Verordnungen und Wegleitungen über die Steuerbefreiung von Vorsorgeeinrichtungen näher ausgeführt.

Die steuerrechtliche Praxis zur 2. Säule wird seit der Einführung des BVG zusätzlich von einer spezialisierten Arbeitsgruppe der Konferenz staatlicher Steuerbeamter mit Anwendungsbeispielen und Auslegungshinweisen eng begleitet. Ausserdem hat die Gerichtspraxis zu ausgewählten Fällen Stellung genommen. Dies alles hat sich bewährt und zu einer sachgemässen, gesetzeskonformen Anwendung der steuerlichen Bestimmungen im Vorsorgebereich beigetragen. Es kann somit keine Rede davon sein, dass auf diesem Gebiet der beruflichen Vorsorge Regelungslücken oder angebliche steuerliche Schlupflöcher bestehen würden, die gegebenenfalls zu schliessen wären. Sachlich besteht in dieser Hinsicht kein Handlungsbedarf.

Das *Bundesgesetz über die direkte Bundessteuer (DBG)*, das den bis Ende 1994 geltenden *Bundesbeschluss über die direkte Bundessteuer (BdBSt)* ablöste, ist durch das *Bundesgesetz vom 19. März 1999 über das Stabilisierungsprogramm 1998* namentlich auch mit Bezug auf die Behandlung der 2. und 2. Säule geändert worden. Die dahingehenden Änderungen sind ebenso in das *Bundesgesetz über die Harmonisierung der direkten Steuern der Kantone und Gemeinden (StHG)* aufgenommen worden und haben somit spätestens ab 1. Januar 2001 auch auf kantonaler Ebene Gültigkeit. Die Botschaft des Bundesrates vom 28. September 1998 zum Stabilisierungsprogramm 1998 hatte verschiedene, zum Teil sehr massive Einschränkungen der beruflichen Vorsorge vorgesehen: Begrenzung des maximal versicherbaren Lohnes bzw. Einkommens auf das Vierfache des oberen Grenzbetrages gemäss BVG; die Beschränkung der maximal versicherten Leistungen; eine schärfere Besteuerung der fälligen Kapitalzahlungen; die Begrenzung der steuerlichen Abzugsfähigkeit der Beiträge sowie die rigorose Einschränkung des Einkaufs von Beitragsjahren (siehe dazu auch *Conrad,* "Runder Tisch" gegen das 3-Säulen-System?, in: SPV 10/98). Die Vorschläge des Eidg. Finanzdepartements und des Bundesrates stützten sich teilweise auf den Bericht einer Expertenkommission zur Prüfung des Systems der direkten Steuern auf Lücken ("Bericht Behnisch"), der dem Eidg. Finanzdepartement erstattet und – zusammen mit einem Vorentwurf zum Stabilisierungsprogramm 1998 – am 8. Juli 1998 veröffentlicht wurde.

Das Eidg. Parlament hat sich bei den Beratungen des Stabilisierungsprogramms Ende 1998/Anfang 1999 im Grundsatz klar und eindeutig gegen die vorgesehenen Begrenzungen der 2. und 3. Säule und für die Beibehaltung des bisherigen bewährten Systems der steuerlichen Behandlung entschieden. Im Sinne eines politischen Kompromisses ist – bezogen auf die 2. Säule – letztlich jedoch eine Beschränkung des Einkaufs von Beitragsjahren in neu Art. 79a BVG beschlossen worden, was sachlich verfehlt ist (siehe dazu *Steiner,* Vorsorgerechtlich absurde Beschränkungen, und *Chuard,* Systemwidrige Einkaufsbeschränkungen, beide in: SPV 11/98, sowie *Wirz,* Verfehlte Einkaufsregelung, in: SPV 3/99).

Die neue Einkaufsregelung tritt per 1. Januar 2001 in Kraft. Sie untersagt den Vorsorgeeinrichtungen (speziell im überobligatorischen Vorsorgebereich), Einkaufsbeträge entgegenzunehmen, die über die nun gemäss Art. 79a BVG vorgegebene Grenze hinausgehen, selbst wenn dies für einen angemessenen Vorsorgeschutz notwendig wäre. Zu dieser neuen Gesetzesvorschrift sind noch Ausführungsbestimmungen in den Verordnungen zum BVG und zum FZG

7.1 Rechtliche Grundlagen und neue Entwicklungen

sowie zusätzlich im Rahmen eines Kreisschreibens der Eidg. Steuerverwaltung zu erwarten.

In diesem Zusammenhang gilt es zu beachten, dass die durch das Parlament bei den Beratungen zum Stabilisierungsprogramm 1998 abgelehnte Limitierung des maximal versicherbaren Einkommens vom Bundesrat (entgegen der Empfehlung der Eidg. Kommission für die berufliche Vorsorge) nun neu in die Botschaft zur 1. BVG-Revision aufgenommen werden soll. Zudem soll im Rahmen der 1. BVG-Revision die Begünstigtenordnung bei einem Todesfall in der 2. Säule und in der Säule 3a einfacher und klarer geregelt werden. Dabei geht es vor allem um die Anspruchsberechtigung von nicht verheirateten Lebenspartnern, sofern diese von der verstorbenen versicherten Person nicht erheblich finanziell unterstützt worden waren.

Schliesslich ist bezüglich der steuerlichen Entwicklung in der beruflichen Vorsorge bemerkenswert, dass die Eidg. Steuerverwaltung und die kantonalen Steuerbehörden in der letzten Zeit zum Teil sehr restriktive Auffassungen bezüglich der Akzeptanz von Vorsorgeplänen und der flexiblen Ausgestaltung der Vorsorge vertreten, letzteres speziell zur Wahlfreiheit zwischen verschiedenen Vorsorgeplänen. Zur steuerlichen Akzeptanz von Vorsorgeplänen der 2. Säule ist – gestützt auf einen nicht veröffentlichen Bundesgerichtsentscheid vom 16. Mai 1995 – von der Eidg. Steuerverwaltung verlangt worden, dass in der beruflichen Vorsorge – zusätzlich zur Planmässigkeit, Angemessenheit, Gleichbehandlung und Kollektivität – jeweils auch (wie im Rahmen der BVG-Mindestversicherung) die Risiken Tod und Invalidität angemessen versichert sein müssten. Ein reiner Sparplan wäre damit nicht mehr steuerbefreit, wofür es jedoch keine genügenden rechtlichen Grundlagen gibt. Der fragliche Bundesgerichtsentscheid bezog sich auf einen speziellen Fall und kann – objektiv gesehen – nicht als generelles Präjudiz herangezogen werden (siehe *Steiner, Neue Einschränkungen stoppen*, in: SPV 8/98).

Was die Wahl der Versicherten zwischen verschiedenen Vorsorgeplänen betrifft, ist unbestritten, dass für unterschiedliche Gruppen von Mitarbeitenden (Stammpersonal, Kader usw.) unterschiedliche Vorsorgepläne mit unterschiedlichen Aufwendungen und Leistungen vorgesehen werden können. Sofern eine Versicherungslösung à la carte ausgeschlossen ist, lässt sich sachlich nichts dagegen einwenden, dass eine Vorsorgeeinrichtung im Sinne einer vernünftigen, bedarfsgerechten Flexibilisierung ein differenziertes Angebot von Vorsorgeplänen anbietet, ohne dass dadurch die Grundsätze der Planmässigkeit und Kollektivität in Frage gestellt wären (dazu auch *Graf, Flexibilisierung der Vorsorge aus steuerlicher Sicht*, in: SPV 6/99).

Literaturhinweise zur steuerlichen Behandlung im allgemeinen: Maute/Steiner/Rufener, Steuern und Versicherungen, 2. Aufl. 1999; *Konferenz staatlicher Steuerbeamter,* Vorsorge und Steuern, Anwendungsfälle zur beruflichen Vorsorge und Selbstvorsorge, 2. Aufl. 2000; *Mühlemann/Müller,* Steuern und Kapitalanlage, 2. Aufl., Zürich 1999; Berufliche Vorsorge im

7. Steuerliche Behandlung der beruflichen Vorsorge

Clinch zwischen Trend zur Flexibilisierung und zunehmendem Fiskalismus, Beilageheft zu SPV 12/99; *Conrad,* Steuerrechtliche Fragen des Allfinanzgeschäftes, in: *Zobl,* Rechtsprobleme der Allfinanz, Schweizer Schriften zum Bankenrecht, Bd. 47, Zürich 1997; Akzentnummer Steuerfragen "Umstrukturierungen", in: SPV 12/97; *Agner/Jung/Steinmann,* Kommentar zum Gesetz über die direkte Bundessteuer, Zürich 1995; *Blumenstein/Locher,* System des Steuerrechts, Zürich 1995; *Yersin/Laffely,* L'imposition des revenus provenant de la prévoyance dès 1995, in: Steuer Revue 1996; Akzentnummer Steuern der SPV 2/94; *Richner,* Besteuerung in der 2. und 3. Säule – jetzt und in der Zukunft, in: Schweizerische Versicherungszeitschrift 1994.

7.2 Steuerbefreiung der beruflichen Vorsorgeeinrichtungen

Beim Bund wie auch bei den Kantonen gilt *Steuerfreiheit* der beruflichen Vorsorgeeinrichtungen. Für die Steuerbefreiung ist grundsätzlich die kantonale Steuerverwaltung zuständig. Um Doppelspurigkeiten im Verfahren zu vermeiden, bestehen zum Teil Regelungen zwischen der BVG-Aufsichtsbehörde und der Steuerbehörde (siehe für Zürich *Steiner,* in: SPV 2/90, S. 57). Mit dem *BVG* ist die Steuerbefreiung der beruflichen Vorsorgeeinrichtungen einheitlich geregelt worden:

Art. 80 BVG   Vorsorgeeinrichtungen

¹Die Bestimmungen dieses Titels gelten auch für die Vorsorgeeinrichtungen, die nicht im Register für die berufliche Vorsorge eingetragen sind.

²Die mit Rechtspersönlichkeit ausgestatteten Vorsorgeeinrichtungen des privaten und des öffentlichen Rechts sind, soweit ihre Einkünfte und Vermögenswerte ausschliesslich der beruflichen Vorsorge dienen, von den direkten Steuern des Bundes, der Kantone und der Gemeinden und von Erbschafts- und Schenkungssteuern der Kantone und Gemeinden befreit.

³Liegenschaften dürfen mit Grundsteuern, insbesondere Liegenschaftensteuern vom Bruttowert der Liegenschaft und Handänderungssteuern belastet werden.

⁴Mehrwerte aus der Veräusserung von Liegenschaften können entweder mit der allgemeinen Gewinnsteuer oder mit einer speziellen Grundstückgewinnsteuer erfasst werden. Bei Fusionen und Aufteilungen von Vorsorgeeinrichtungen dürfen keine Gewinnsteuern erhoben werden.

Das DBG regelt diesen Bereich folgendermassen:

Art. 56 lit. e und f DBG

Von der Steuerpflicht sind befreit:

e. Einrichtungen der beruflichen Vorsorge von Unternehmen mit Wohnsitz, Sitz oder Betriebsstätte in der Schweiz und von ihnen nahestehenden Unternehmen, sofern die Mittel der Einrichtung dauernd und ausschliesslich der Personalvorsorge dienen;

f. inländische Sozialversicherungs- und Ausgleichskassen, insbesondere Arbeitslosen-, Krankenversicherungs-, Alters-, Invaliden- und Hinterlassenenversicherungskassen, mit Ausnahme der konzessionierten Versicherungsgesellschaften.

Das *Kreisschreiben Nr. 1 vom 30. Januar 1986 der Eidg. Steuerverwaltung* fordert in Ziff. II 2e als Voraussetzung für die Steuerfreiheit der einzelnen Vorsorgeeinrichtung *"Gleichwertigkeit der Vorsorge bei mehreren Vorsorgeeinrichtungen"*, und zwar

– Gleichheit hinsichtlich des relativen Leistungsniveaus (bezogen auf das Salär),
– Gleichheit hinsichtlich Aufteilung der Beiträge auf Arbeitgeber und Arbeitnehmer sowie

– Gleichheit hinsichtlich Basis- und Kadervorsorge.

Mit *Kreisschreiben Nr. 1a vom 20. August 1986* ist diese in der Praxis umstrittene Bestimmung der "Gleichwertigkeit" durch *"Angemessenheit"* ersetzt worden, was eine elastischere Interpretation zulässt. Sodann ist mit Kreisschreiben Nr. 1a auch die zu enge *Begünstigtenordnung* des Kreisschreibens Nr. 1 gelockert worden (siehe gelbe Seiten).

Einzelne Kantone lassen eine weitergehende *Begünstigtenordnung* zu (z.B. Zürich mit § 11 der VO über die Steuerbefreiung von Einrichtungen der beruflichen Vorsorge vom 12. November 1986 und in gleicher Weise Bern mit der VO über die steuerliche Behandlung von Vorsorgeeinrichtungen (VEV) vom 21. Dezember 1988). Da in dieser Frage das Bundesrecht und das kantonale Recht nicht unterschiedlich sein dürfen (Art. 80 Abs. 2 BVG), wurde damals eine gerichtliche Beurteilung erwartet (siehe *Zigerlig*, in: SPV 11/88, S. 377).

Gemäss Vorschlag des Bundesrates zur 1. BVG-Revision soll die Begünstigtenordnung im Todesfall in der 2. Säule den neuen Lebensverhältnissen angepasst werden, um den nicht verheirateten Lebenspartnern (Konkubinat) eine bessere Anspruchsberechtigung einzuräumen. Gleich wie bei Ehepaaren soll es nicht mehr darauf ankommen, dass der Konkubinatspartner erheblich unterstützt worden ist.

Die Finanzdirektion und die Direktion des Innern des *Kantons Zürich* haben am 6. November 1989 gemeinsame Richtlinien zur Steuerbefreiung von Vorsorgeeinrichtungen herausgegeben, in denen das Verfahren vereinfacht wurde (abgedruckt als *Darstellung 14A*).

Vorsorgeeinrichtungen von *ausländischen Unternehmen* sind grundsätzlich steuerpflichtig (Art. 56 lit. e DBG). "Ausnahmsweise kann der schweizerischen Vorsorgeeinrichtung eines im Ausland domizilierten Unternehmens die Steuerbefreiung erteilt werden, sofern dieses einer schweizerischen Unternehmung nahesteht (z.B. als Tochtergesellschaft) und die Vorsorgenehmer mindestens zu einem Drittel Arbeitnehmer mit Wohnsitz in der Schweiz oder Schweizerbürger im Ausland (Auslandschweizer) sind" (Kreisschreiben Nr. 1 vom 30. Januar 1986 der EStV, Ziff. II 2a).

Die Steuerbefreiung gilt auch für Stiftungen, die lediglich im über- oder ausserobligatorischen Bereich tätig sind, wie beispielsweise patronale Wohlfahrtsstiftungen, sowie auch für indirekt an der beruflichen Vorsorge beteiligte Stiftungen (z.B. Anlagestiftungen, Finanzierungsstiftungen). Daran ändern auch die beiläufigen Ausführungen in einem vom Bundesgericht nicht veröffentlichten Entscheid vom 16. Mai 1995 nichts, auf den sich die Eidg. Steuerverwaltung neuerdings beruft. Das Bundesgericht hielt darin fest, bei einem BVG-Vorsorgeplan müsse stets ein Risiko mitversichert sein; ein reiner Sparprozess sei nicht zulässig. Bei diesem Entscheid handelt es sich jedoch um einen Spezialfall, der nicht als generelles Präjudiz dienen kann.

7.2 Abzug der Arbeitgeberbeiträge

Die Vorsorgeeinrichtung darf *keine Leistungen arbeitsrechtlicher Natur* (Löhne oder lohnähnliche Zahlungen wie Gratifikationen, Jubiläums- oder Dienstaltersgeschenke, Geburts-, Heirats- oder Ferienzulagen) erbringen. Ferner fallen Wohlfahrtseinrichtungen wie K*antinen, Sportplätze, Klubhäuser und Weiterbildungszentren nicht* unter den Begriff der beruflichen Vorsorge bzw. der Personalvorsorge. "Vorsorgeeinrichtungen, die bisher neben der Vorsorge auch Wohlfahrtsleistungen erbracht haben, müssen letztere aufgeben oder auf einen anderen Rechtsträger übertragen, ansonst sie den Anspruch auf Steuerbefreiung verlieren; die Anpassung ist spätestens bis zum 31. Dezember 1990 vorzunehmen" (Kreisschreiben Nr. 1 vom 30. Januar 1986 der EStV, Ziff. II 2c).

Auch die *Kantone* schreiben immer mehr bestimmte Voraussetzungen vor, die weitgehend den vorgenannten Regelungen für die direkte Bundessteuer entsprechen. Gemeinsame Vorsorgeeinrichtungen von verbundenen Unternehmungen müssen in einzelnen Kantonen ihre Beitragsreserven abgrenzen, um Gewinnverschiebungen auszuschliessen (z.B. in den Kantonen Bern und Luzern).

Verordnung und Wegleitung des *Kantons Zürich* von 1986/87 beschränken das *Leistungsziel* der beruflichen Vorsorge, zusammen mit den bundesrechtlich geordneten Sozialversicherungen, auf *100% des letzten Nettolohnes* (Bern dagegen auf 100% des Bruttolohnes). Unter dem Gesichtspunkt der relativen Gleichbehandlung können die Vorsorgeziele über verschiedene Vorsorgeeinrichtungen (Basispensionskasse, Bel'étage-Versicherung usw.) erreicht werden (siehe zur überobligatorischen beruflichen Vorsorge insbesondere *Steiner*, in: Steuer Revue 8/89, S. 361 ff., sowie *ders.*, in: Archiv für Schweizerisches Abgaberecht, 1989/90, S. 625 ff.).

Die Konferenz der kantonalen Finanzdirektoren hat über die Steuerbefreiung von Einrichtungen der beruflichen Vorsorge am 17. Januar 1986 Empfehlungen herausgegeben. Im Kanton *Zürich* bestehen – darauf aufbauend – eine "Verordnung über die Steuerbefreiung von Einrichtungen der beruflichen Vorsorge" vom 12. November 1986 sowie eine dazugehörige Wegleitung vom 16. Februar 1987. Ähnlich sind die Erlasse der Kantone *Aargau, Luzern* und *Bern* (siehe *Conrad*, in: SPV 11/88, S. 356 ff.). Zur bernischen "Verordnung über die steuerliche Behandlung von Vorsorgeeinrichtungen" von 1988 (in Kraft seit 1. Januar 1989) siehe *Tanner*, in: Schweizer Treuhänder 3/89.

Verschiedene Kantone lassen die Erträge des *Liegenschaftsbesitzes* einer Vorsorgestiftung nur steuerfrei, wenn sich die Vorsorgestiftung, die Arbeitgeberfirma und die Liegenschaft ganz oder wenigstens zum Teil – so wenigstens eine Anzahl Versicherte/Begünstigte (z.B. bei Grossunternehmen) – im gleichen Kanton befinden. Besondere Liegenschafts- und Grundsteuern werden oft auch von Vorsorgestiftungen erhoben. Dasselbe gilt für Handänderungsabgaben (siehe dazu auch Art. 80 Abs. 3 und 4 BVG).

7.3 Abzug der Arbeitgeberbeiträge

Die direkte Bundessteuer und die meisten Kantone gestatten schon seit jeher den *Abzug aller Zuwendungen und Beiträge des Arbeitgebers* vom steuerbaren Reinertrag. Einzelne Kantone sahen eine Begrenzung der Abzüge vor.

Im *BVG* wird in *Art. 81 Abs. 1* folgendes vorgegeben:

Art. 81 Abs. 1 BVG   Abzug der Beiträge

[1]Die Beiträge der Arbeitgeber an Vorsorgeeinrichtungen gelten bei den direkten Steuern des Bundes, der Kantone und der Gemeinden als Geschäftsaufwand.

Für die direkte Bundessteuer lauten die Bestimmungen zur Steuerbefreiung der Arbeitgeberbeiträge wie folgt:

Art. 27 Abs. 1 und 2 lit. c DBG

[1]Bei selbständiger Erwerbstätigkeit werden die geschäfts- oder berufsmässig begründeten Kosten abgezogen.

[2]Dazu gehören insbesondere:

c. die Zuwendungen an Vorsorgeeinrichtungen zugunsten des eigenen Personals, sofern jede zweckwidrige Verwendung ausgeschlossen ist.

Art. 59 lit. b DBG

Zum geschäftsmässig begründeten Aufwand gehören auch:

b. die Zuwendungen an Vorsorgeeinrichtungen zugunsten des eigenen Personals, sofern jede zweckwidrige Verwendung ausgeschlossen ist.

Arbeitgeberbeitragsreserven sind gemäss steuerbehördlicher Praxis bei den Bundessteuern und in der Mehrzahl der Kantone *nur bis zu einer bestimmten Höhe steuerlich zulässig.* Damit wird steuerlich eine Abweichung vom Periodizitätsprinzip akzeptiert. Bei der direkten Bundessteuer beträgt der Maximalabzug das Fünffache des Arbeitgeberanteils der Jahresbeiträge. Der Kanton Zürich lässt beispielsweise einen Abzug bis zum Fünf- oder Sechsfachen der Jahresbeiträge zu. Andere Kantone kennen keine Begrenzung (z.B. BE), offensichtlicher Missbrauch immer vorbehalten. (Zur steuerlichen Begrenzung der Arbeitgeberbeitragsreserve siehe *Laffely,* in: SPV 11/88, S. 364 ff.; *Mautel*

Steiner/Rufener, Steuern und Versicherungen, S. 149 ff., sowie das Urteil des Zürcher Verwaltungsgerichts vom 11. Mai 1993, in: Steuer Revue 8/94, S. 415 ff.)

Es gilt sodann zwischen Zuwendungen in eine Arbeitgeberbeitragsreserve und solchen an das freie Stiftungskapital zu unterscheiden; für letztere rechtfertigt sich in jedem Fall eine weniger starre Begrenzung (so *Weidmann,* Die steuerliche Behandlung von Zuwendungen an patronale Personalvorsorgeeinrichtungen, in: Steuer Revue 3/90, S. 107–115).

7.4 Abzug der Arbeitnehmerbeiträge

7.41 Laufende Beiträge gemäss Reglement

Die Beiträge der Arbeitnehmer an die Vorsorgeeinrichtung waren bis Ende 1986 bei der direkten Bundessteuer und den meisten Kantonen nur *im Rahmen des allgemeinen Versicherungsprämienabzugs* einkommenssteuerfrei. Diesbezüglich brachte das BVG eine *wesentliche Änderung,* indem die *Arbeitnehmerbeiträge voll abziehbar, dagegen die Leistungen voll besteuert* werden. Schon bisher galt für die berufliche Vorsorge dieses System bereits in einigen Kantonen, so in der Waadt, daher auch *"Waadtländer System"* genannt, aber auch z.B. in den Kantonen Bern und Zug.

Das BVG enthält dazu nachstehende Regelung:

Art. 81 Abs. 2 und 3 BVG

[2]Die von den Arbeitnehmern und Selbständigerwerbenden an Vorsorgeeinrichtungen nach Gesetz oder reglementarischen Bestimmungen geleisteten Beiträge sind bei den direkten Steuern des Bundes, der Kantone und Gemeinden abziehbar.

[3]Für den versicherten Arbeitnehmer sind die vom Lohn abgezogenen Beiträge im Lohnausweis anzugeben; andere Beiträge sind durch die Vorsorgeeinrichtungen zu bescheinigen.

Art. 82 BVG   Gleichstellung anderer Vorsorgeformen

[1]Arbeitnehmer und Selbständigerwerbende können auch Beiträge für weitere, ausschliesslich und unwiderruflich der beruflichen Vorsorge dienende, anerkannte Vorsorgeformen abziehen.

[2]Der Bundesrat legt in Zusammenarbeit mit den Kantonen die anerkannten Vorsorgeformen und die Abzugsberechtigung für Beiträge fest.

Die direkte Bundessteuer in der Fassung vom 1. Januar 2000 behandelt die Arbeitnehmerbeiträge wie folgt:

Art. 33 lit. d–g DBG

[1]Von den Einkünften werden abgezogen:

d. die gemäss Gesetz, Statut oder Reglement geleisteten Einlagen, Prämien und Beiträge zum Erwerb von Ansprüchen aus der Alters-, Hinterlassenen- und Invalidenversicherung und aus Einrichtungen der beruflichen Vorsorge;

e. Einlagen, Prämien und Beiträge zum Erwerb von vertraglichen Ansprüchen aus anerkannten Formen der gebundenen Selbstvorsorge; der Bundesrat legt in Zusammenarbeit mit den Kantonen die anerkannten Vorsorgeformen und die Höhe der abzugsfähigen Beiträge fest;
f. die Prämien und Beiträge für die Erwerbsersatzordnung, die Arbeitslosenversicherung und die obligatorische Unfallversicherung;
g. die Einlagen, Prämien und Beiträge für die Lebens-, die Kranken- und die nicht unter Buchstabe f fallende Unfallversicherung sowie die Zinsen von Sparkapitalien des Steuerpflichtigen und der von ihm unterhaltenen Personen bis zum Gesamtbetrag von:

– 2'800 Franken für verheiratete Personen, die in rechtlich und tatsächlich ungetrennter Ehe leben;
– 1'400 Franken für die übrigen Steuerpflichtigen.

Für Steuerpflichtige ohne Beiträge gemäss den Buchstaben d und e erhöhen sich diese Ansätze um die Hälfte.

Diese Abzüge erhöhen sich um 600 Franken für jedes Kind oder jede unterstützungsbedürftige Person, für die der Steuerpflichtige einen Abzug nach Artikel 35 Absatz 1 Buchstabe a oder b geltend machen kann.

Für Kantone mit Gegenwartsbemessung gelten folgende Abzüge:

Art. 212 Abs. 1 DBG

¹Von den Einkünften werden abgezogen die Einlagen, Prämien und Beiträge für die Lebens-, Kranken- und nicht unter Artikel 33 Absatz 1 Buchstabe f fallende Unfallversicherung sowie die Zinsen von Sparkapitalien des Steuerpflichtigen und der von ihm unterhaltenen Personen bis zum Gesamtbetrag von

– 3'100 Franken für verheiratete Personen, die in rechtlich und tatsächlich ungetrennter Ehe leben;
– 1'500 Franken für die übrigen Steuerpflichtigen.

Für Steuerpflichtige ohne Beiträge gemäss Artikel 33 Absatz 1 Buchstaben d und e erhöhen sich diese Ansätze um die Hälfte.

Diese Abzüge erhöhen sich um 700 Franken für jedes Kind oder jede unterstützungsbedürftige Person, für die der Steuerpflichtige einen Abzug nach Artikel 213 Absatz 1 Buchstabe a oder b geltend machen kann.

7.42 Einkaufsbeiträge, ausserordentliche Beiträge

Die steuerliche *Abzugsberechtigung* umfasst die nach Gesetz, Stiftungsurkunde, Reglement oder Vertrag geleisteten Beiträge, nicht jedoch generell auch freiwillige aperiodische Beiträge (Art. 81 Abs. 2 BVG; Art. 33 Abs. 1 lit. d DBG; § 31 Abs. 1 lit. d StG-ZH). Sie besteht (nach *Fessler,* in: Steuer Revue 3/86, S. 120) "für Beiträge an Vorsorgeeinrichtungen, die dauernd und ausschliesslich der beruflichen Vorsorge dienen, sofern die konkreten Beiträge auch tat-

sächlich der Finanzierung von angemessenen Versicherungsleistungen dienen".
Zu beachten sind ferner die Beschränkungen gemäss Art. 79a BVG (vgl.
Ausführungen zum Stabilisierungsprogramm 1998).
Gemäss Art. 205 DBG, der mit dem früheren Art. 156 BdBSt identisch ist,
besteht dann, wenn der Versicherte *Beitragsjahre einkauft* und seine Altersleistungen erst *nach 2001* beginnen (da der Begünstigte erst ab jenem Zeitpunkt die Leistungen voll versteuern muss), folgende Regelung:

Art. 205 DBG   Einkauf von Beitragsjahren

Beiträge des Versicherten für den Einkauf von Beitragsjahren sind abziehbar, wenn die Altersleistungen nach dem 31. Dezember 2001 zu laufen beginnen oder fällig werden.

"Vollumfänglich abzugsfähig sind vom 1. Januar 1987 an grundsätzlich auch die Einlagen für den sogenannten Einkauf von Beitragsjahren im Rahmen der beruflichen Vorsorge. Allerdings soll diese Möglichkeit nicht dazu benützt werden können, dass für einzelne Steuerpflichtige das neue Recht materiell rückwirkend in Kraft tritt. Deshalb sind entsprechende Einlagen nach Artikel 156 nur dann zum Abzug zugelassen, wenn ein allfälliger Anspruch auf Altersleistungen frühestens im Jahre 2002 geltend gemacht werden kann, und zwar unabhängig davon, ob das entsprechende Vorsorgeverhältnis am 1. Januar 1987 bereits bestanden hat oder nicht. Damit ist sichergestellt, dass der Konnex 'voller Abzug der Beiträge, volle Besteuerung der Leistungen' auch in diesen Fällen gewahrt bleibt" (aus: Kreisschreiben Nr. 1 vom 30. Januar 1986 der EStV, Ziff. VI 3.).

Diese beschränkte Abzugsfähigkeit nur für Einkaufsbeiträge betreffend Altersleistungen, die nach dem Jahr 2001 beginnen, haben die *meisten Kantone* übernommen; einzelne lassen indessen alle Einkäufe (ohne Übergangsregelung) zum Abzug zu (z.B. Bern, Aargau).

Solche Einkäufe ergeben sich namentlich bei *Eintritt in eine Kasse mit Leistungsprimat* (siehe Abschnitt 4.36), aber auch bei *individuellen Verbesserungen des Versicherungsplanes*. Der Einkauf ist jedoch auch bei Beitragsprimatplänen im Falle einer entsprechenden reglementarischen Regelung ohne weiteres zulässig. Das *Freizügigkeitsgesetz (FZG)* vom 17. Dezember 1993 sieht entspechende Einkaufsmöglichkeiten ausdrücklich vor. Dies gilt sowohl für eine Finanzierung durch Einmaleinlage als auch für eine jährliche Mehrprämie. Beiträge, die nicht für den Einkauf von Beitragsjahren dienen, können auch bei ausserordentlicher Art, unabhängig von jeder Übergangsregelung, abgezogen werden (gleicher Meinung *Steiner,* in: SPV 11/88, S. 361). Es ist kein Abzug zulässig, wenn die entsprechende Einkaufsmöglichkeit in den reglementarischen Bestimmungen der Vorsorgeeinrichtung nicht vorgesehen ist und diese Beiträge damit freiwillig, ohne reglementarische Grundlage, erbracht werden (siehe *Steiner,* a.a.O.). Diesbezüglich wird in der am 23. November

7.4 Abzug der Arbeitnehmerbeiträge

1988 geänderten Dienstanleitung zum Zürcher Steuergesetz folgendes festgehalten:

189quater Abs. 3 Dienstanleitung ZH-StG

Nicht abziehbar sind freiwillig geleistete Beiträge, die dazu dienen, das eigene Vorsorgekapital und damit die späteren Leistungen der Vorsorgeeinrichtungen an den Steuerpflichtigen zu erhöhen. Als freiwillig geleistet gelten Beiträge zum Einkauf von Beitragsjahren, wenn sie statutarisch oder reglementarisch nicht vorgesehen oder ihre Höhe in Statuten oder Reglementen nicht nach schematischen Kriterien, die sich nach dem beitragspflichtigen Einkommen richten, begrenzt sind.

Die Abziehbarkeit solcher Beiträge kann somit nur verweigert werden, wenn sie ausserhalb der reglementarischen Bestimmungen geleistet werden und die Leistungen dadurch umfangmässig im Vergleich zu anderen Versicherten überhöht sind.

Nach der zürcherischen Praxis wird ein Stellenwechsel mit Einbringung der Freizügigkeitsleistung in eine neue Pensionskasse nach dem 1. Januar 1986 steuerlich nicht als Begründung eines neuen Vorsorgeverhältnisses angesehen (im Gegensatz dazu BS).

Der Grundsatz, dass die Abziehbarkeit der Einkaufsbeiträge ausgeschlossen werden kann, sofern die damit finanzierte Vorsorgeleistung aufgrund des Übergangsrechts in Art. 98 Abs. 2–4 BVG nur reduziert besteuert wird, ist vom Bundesgericht mit Urteil vom 15. Juni 1990 (publiziert in BGE 116 Ia 264 ff.) bestätigt worden. In einem zweiten Entscheid vom 28. September 1990 (publiziert in BGE 116 Ia 277 ff.) wurde hingegen eine kantonale Praxis als verfassungswidrig erklärt, die für die Anwendung des Übergangsrechts generell auf den frühestmöglichen vorzeitigen Pensionierungsbeginn abstellte, der reglementarisch möglich ist. Das Bundesgericht hielt fest, dass für die Anwendung des Übergangsrechts der Zeitpunkt massgebend ist, in welchem die Altersleistung ohne Kürzung bezogen werden kann, in der Regel demnach das ordentliche Rücktrittsalter (siehe dazu die Zusammenstellung der Gerichtspraxis, in: SPV 2/94, S. 83/84). Dieser Bundesgerichtsentscheid gilt entsprechend auch für die anderen Kantone mit vergleichbaren Regelungen.

Bei der Revision des Zürcher Steuergesetzes auf den 1. Januar 1991 wurde in § 202quater dahingehend eine Klarstellung vorgenommen, die inhaltlich unverändert in § 272 des auf den 1. Januar 1999 total revidierten Gesetzes übernommen wurde:

7. Steuerliche Behandlung der beruflichen Vorsorge

§ 272 revidiertes StG ZH

Beiträge des Vorsorgenehmers an Einrichtungen der beruflichen Vorsorge für den Einkauf von Beitragsjahren sind nicht von den steuerbaren Einkünften abziehbar, wenn das Vorsorgeverhältnis am 31. Dezember 1985 bereits bestand und nach Gesetz, Statuten oder Reglement der Vorsorgeeinrichtung das reglementarische ordentliche Rücktrittsalter vor dem 1. Januar 2002 erreicht wird.

Zur Abziehbarkeit der Vorsorgebeiträge im System der *Vergangenheitsbemessung* und bei einer *Zwischenveranlagung* siehe *Zigerlig,* in: SPV 11/88, S. 378.

Vorsorgebeiträge zum Einkauf von Beitragsjahren, die wegen des Wechsels von der Vergangenheits- zur Gegenwartsbemessung in die Bemessungslücke fallen würden, können aufgrund der Änderung des Bundesgesetzes über die Harmonisierung der direkten Steuern der Kantone und Gemeinden (Art. 69 StHG) sowie des Bundesgesetzes über die direkte Bundessteuer (Art. 218 DBG) vom 9. Oktober 1998 trotzdem abgezogen werden. Vorbehalten bleiben Übergangsregelungen (vgl. Abschnitt 7.64) und Zwischenveranlagungen in der Steuerperiode vor dem Systemwechsel. Die neuen Regelungen sind seit 1. Januar 1999 in Kraft und für die Kantone ohne Anpassungsfrist verbindlich (Ausnahme Nidwalden).

Art. 218 Abs. 5 DBG   Wechsel der zeitlichen Bemessung

[5]Als ausserordentliche Aufwendungen gelten:

b. Beiträge des Versicherten an Einrichtungen der beruflichen Vorsorge für den Einkauf von Beitragsjahren.

Das Stabilisierungsprogramm 1998 sieht in Art. 79a BVG eine Begrenzung des Einkaufs von Beitragsjahren vor (siehe zur sachlichen Kritik die Ausführungen unter Abschnitt 7.1).

Art. 79a BVG   Einkauf

[1]Dieser Artikel gilt für alle Vorsorgeverhältnisse, unabhängig davon, ob die Vorsorgeeinrichtung im Register für die berufliche Vorsorge eingetragen ist oder nicht.

[2]Die Vorsorgeeinrichtung darf dem Versicherten den Einkauf in die reglementarischen Leistungen höchstens bis zum oberen Grenzbetrag nach Artikel 8 Absatz 1, multipliziert mit der Anzahl Jahre vom Eintritt in die Vorsorgeeinrichtung bis zum Erreichen des reglementarischen Rücktrittsalters, ermöglichen.

[3]Die nach Absatz 2 zulässige Einkaufssumme entspricht der möglichen Differenz zwischen der benötigten und der zur Verfügung stehenden Eintrittsleistung.

7.4 Abzug der Arbeitnehmerbeiträge 305

⁴Die Begrenzung nach Absatz 2 gilt für folgende Einkäufe:
a. beim Eintritt des Versicherten in die Vorsorgeeinrichtung;
b. in die reglementarischen Leistungen nach dem Eintritt des Versicherten in die Vorsorgeeinrichtung.

⁵Von der Begrenzung nach Absatz 2 ausgenommen sind die Wiedereinkäufe im Falle der Ehescheidung nach Artikel 22 Absatz 3 des Freizügigkeitsgesetzes vom 17. Dezember 1993.

Mit dem Stabilisierungsprogramm 1998 wurde ausserdem das Freizügigkeitsgesetz so abgeändert, dass neu sämtliche Guthaben auf Freizügigkeitskonti und -policen ebenfalls in die neue Vorsorgeeinrichtung eingebracht werden müssen.

Art. 4 Abs. 2bis FZG

²ᵇⁱˢTreten die Versicherten in eine neue Vorsorgeeinrichtung ein, so müssen die Freizügigkeitseinrichtungen das Vorsorgekapital für die Erhaltung des Vorsorgeschutzes der neuen Vorsorgeeinrichtung überweisen. Die Versicherten melden

a. der Freizügigkeitseinrichtung den Eintritt in die neue Vorsorgeeinrichtung;
b. der neuen Vorsorgeeinrichtung die bisherige Freizügigkeitseinrichtung sowie die Form des Vorsorgeschutzes.

Art. 9 Abs. 2 Satz 2 FZG

… Vorbehalten bleibt Artikel 79a des BVG.

Art. 11 Abs. 2 FZG

²Die Vorsorgeeinrichtung kann die Austrittsleistung aus dem früheren Vorsorgeverhältnis sowie das Vorsorgekapital aus einer Form der Vorsorgeschutzerhaltung für Rechnung der Versicherten einfordern.

Diese Änderungen des BVG und FZG wurden vom Bundesrat mit Beschluss vom 11. August 1999 auf den 1. Januar 2001 in Kraft gesetzt (siehe zum Stabilisierungsprogramm auch *Neuhaus,* in: ASA 68, Nr. 5, 1999, S. 273 ff.).

7. Steuerliche Behandlung der beruflichen Vorsorge

7.43 Bescheinigungspflicht

Gemäss Art. 81 Abs. 3 BVG sind für den versicherten Arbeitnehmer die vom Lohn abgezogenen Beiträge im Lohnausweis anzugeben; andere Beiträge sind durch die Vorsorgeeinrichtung zu bescheinigen. Die Eidg. Steuerverwaltung hat dazu (gestützt auf Art. 102 Abs. 2 DBG), verbunden mit dem Lohnausweis, ein einheitliches Formular herausgegeben (siehe *Darstellung 7A*).

Die Rechtsgrundlage für diese Bescheinigungspflicht besteht ausser in Art. 129 Abs. 1 lit. b DBG und in Art. 81 Abs. 3 BVG auch in Art. 8 Abs. 1 BVV 3.

Auf dem dafür geschaffenen *Formular 21 EDP dfi* (siehe *Darstellung 7A*) sind zu bescheinigen:

- die nach Gesetz, Statut oder Reglement geleisteten Einlagen, Prämien und anderen Beiträge zum Erwerb von Ansprüchen aus Einrichtungen der beruflichen Vorsorge (Zweite Säule), soweit sie nicht vom Lohn abgezogen worden sind;
- die im Sinne von Art. 82 BVG und der BVV 3 zum Erwerb von vertraglichen Ansprüchen aus anerkannten Formen der gebundenen Selbstvorsorge (Säule 3a) entrichteten Einlagen, Prämien und Beiträge.

Das DBG bestimmt dazu im einzelnen folgendes:

Art. 125 Abs. 1 lit. a DBG

[1]Natürliche Personen müssen der Steuererklärung insbesondere beilegen:
a. Lohnausweise über alle Einkünfte aus unselbständiger Erwerbstätigkeit.

Art. 126 Abs. 2 DBG

[2]Er muss auf Verlangen der Veranlagungsbehörde insbesondere mündlich oder schriftlich Auskunft erteilen, Geschäftsbücher, Belege und weitere Bescheinigungen sowie Urkunden über den Geschäftsverkehr vorlegen.

Art. 127 Abs. 1 lit. a, c und e DBG

[1]Gegenüber dem Steuerpflichtigen sind zur Ausstellung schriftlicher Bescheinigungen verpflichtet:
a. Arbeitgeber über ihre Leistungen an Arbeitnehmer;
c. Versicherer über den Rückkaufswert von Versicherungen und über die aus dem Versicherungsverhältnis ausbezahlten oder geschuldeten Leistungen;
e. Personen, die mit dem Steuerpflichtigen Geschäfte tätigen oder getätigt haben, über die beiderseitigen Ansprüche und Leistungen.

7.4 Abzug der Arbeitnehmerbeiträge   307

Darstellung 7A
Formular zur Bescheinigung der Vorsorgebeiträge an die 2. Säule und die Säule 3a

Form. 21 EDP Rentenanstalt

Vom Versicherten der Steuererklärung beizulegen
A joindre à la déclaration d'impôt par l'assuré
Da allegare dall'assicurato alla dichiarazione d'imposta

Bescheinigung über Vorsorgebeiträge
Attestation concernant les cotisations de prévoyance
Attestazione concernente i contributi di previdenza

a	Name und Sitz der Versicherungseinrichtung / Bankstiftung Nom et siège - d'assurance / fondation bancaire Nome e sede dell'istituto di assicurazione / fondazione bancaria	Name, Vorname, Adresse - Nom, prénom, adresse - Cognome, nome, indirizzo
	Schweizerische Lebensversicherungs- und Rentenanstalt Zürich	Joachim Beispielhaft Bahnhofstrasse 99 8888 Musterdorf

b	AHV-Nr. / Geburtsdatum des Vers. No AVS / date naissance de l'assuré N° AVS / data di nasc. dell'assicurato	31.05.1955

Wir bestätigen, vom genannten Versicherten erhalten zu haben
Nous confirmons avoir reçu de l'assuré précité
Attestiamo di aver ricevuto dall'assicurato indicato

Beiträge für anerkannte Formen der gebundenen Selbstvorsorge (Säule 3a)
Cotisations pour des formes reconnues de prévoyance individuelle liée (pilier 3a)
Contributi per forme riconosciute di previdenza individuale vincolata (pilastro 3a)

					Beiträge - Cotisations - Contributi	
k Vorsorgepolicen Polices de prévoyance Polizze di previdenza	l Vorsorgevereinbarungen Conventions de prévoyance Accordi di previdenza	m Abschluss Conclusion Conclusione	n Ablauf Echéance Scadenza	o Jahr Année Anno 1997	p Jahr Année Anno 1998
Police-Nr. - No de police - N°polizza	Vertrags-Nr. - No de contrat - N°contratto	Jahr - Année - Anno			
432.55.419-15		1987	2015	Fr. 5'731.-	Fr. 5'731.-
q Total Beiträge an die Säule 3a - Total des cotisations au pilier 3a - Totale contributi al pilastro 3a				Fr. 5'731.-	Fr. 5'731.-

Bemerkungen - Observations - Osservazioni

Ort und Datum - Lieu et date - Luogo e data
Zürich, 20.01.1999   Nr 03 456 00
FAX:

Die Richtigkeit bezeugt - Certifié exact - Certificato esatto
Rentenanstalt/Swiss Life

Erläuterungen für den Versicherten (Vorsorgenehmer)

A. Pflichten

(gemäss Beschluss über die direkte Bundessteuer - BdBSt - und entsprechenden Vorschriften der kantonalen Steuergesetze)

Der Steuerpflichtige hat der Steuererklärung Bescheinigungen über seine Beiträge für anerkannte Formen der gebundenen Selbstvorsorge (Säule 3a) beizulegen, sofern diese nicht im Lohnausweis aufgeführt sind (Art. 87 Abs. 4 BdBSt). Versicherungseinrichtungen und Bankstiftungen sind verpflichtet, ihren Versicherten solche Bescheinigungen über die geleisteten Einlagen, Prämien und Beiträge auszustellen (Art. 90 Abs. 5 Bst. c BdBSt).

B. Übertrag der Beiträge in die Steuererklärung

Beiträge für anerkannte Formen der gebundenen Selbstvorsorge

Das auf diesem Formular in Feld q ausgewiesene Total der Beiträge an die Säule 3a ist in die entsprechende Rubrik der Steuererklärung zu übertragen, wobei jedoch die in der Steuererklärung oder in der zugehörigen Wegleitung angegebenen Begrenzungen zu beachten ist.

Explications pour l'assuré (preneur de prévoyance)

A. Obligations

(selon l'arrêté concernant la perception d'un impôt fédéral direct - AIFD - ainsi que les dispositions correspondantes des lois fiscales cantonales)

Le contribuable est tenu de joindre à sa déclaration d'impôt des attestations portant sur les cotisations qu'il a versées à des formes reconnues de prévoyance individuelle liée (pilier 3a), dans la mesure où celles-ci ne figurent pas dans son certificat de salaire (art. 87, 4e al., AIFD). Les institutions d'assurances et les fondations bancaires sont tenues d'établir de telles attestations à l'intention de leurs assurés. Y seront mentionnés les montants ainsi que les primes et cotisations payées (art. 90, 5e al., let. c, AIFD).

B. Report des cotisations dans la déclaration d'impôt

Cotisations pour des formes reconnues de prévoyance individuelle liée (pilier 3a)

Le montant figurant dans la case q de la présente formule (total des cotisations au pilier 3a) est à reporter dans la rubrique correspondante de la déclaration d'impôt; toutefois on tiendra compte de la limitation indiquée dans la déclaration ou dans les instructions y relatives.

Spiegazioni per l'assicurato

A. Obblighi

(secondo il decreto concernente l'imposta federale diretta - DIFD - e le relative prescrizioni delle leggi tributarie cantonali)

Il contribuente deve unire alla sua dichiarazione attestazioni circa i contributi da lui versati a forme riconosciute di previdenza individuale vincolata (pilastro 3a), sempreché non indicati nel certificato di salario (art. 87 cpv. 4 DIFD). Gli istituti di assicurazione e le fondazioni bancarie sono tenute a rilasciare ai loro assicurati tali attestazioni in relazione alle somme (depositi), ai premi e ai contributi pagati (art. 90 cpv. 5. lett. c DIFD).

B. Riporti dei contributi nella dichiarazione d'imposta

Contributi per forme riconosciute di previdenza individuale vincolata (pilastro 3a)

Il totale dei contributi al pilastro 3a menzionato alla casella q di questo modulo deve essere riportato nella corrispondente rubrica della dichiarazione d'imposta; tuttavia si dovrà osservare la limitazione indicata nella dichiarazione o nelle relative istruzioni.

E610F2

7. Steuerliche Behandlung der beruflichen Vorsorge

Art. 129 Abs. 1 lit. b DBG

¹Den Veranlagungsbehörden müssen für jede Steuerperiode eine Bescheinigung einreichen:
b. Einrichtungen der beruflichen Vorsorge und der gebundenen Selbstvorsorge über die den Vorsorgenehmern oder Begünstigten erbrachten Leistungen (Art. 22 Abs. 2).

Bei der *zweijährigen Vergangenheitsbemessung* der direkten Bundessteuer waren somit erstmals in der *Veranlagungsperiode 1987/88* die in den *Bemessungsjahren 1985 und 1986* entrichteten Beiträge abziehbar. Für Versicherte mit Wohnsitz in *Kantonen mit jährlicher Steuererklärung* mussten die Vorsorgeeinrichtungen erstmals bereits anfangs 1986 die im Jahre 1985 entrichteten Arbeitnehmerbeiträge bescheinigen.

7.5 Einschluss des Arbeitgebers in die firmaeigene Vorsorge

Die *Inhaber von Einzelfirmen und Teilhaber an Kollektiv- oder Kommanditgesellschaften* können als Selbständigerwerbende im Rahmen der beruflichen Vorsorge grundsätzlich gleich wie Arbeitnehmer versichert werden. Deren Beiträge sind nach Art. 81 Abs. 2 BVG ebenso voll abziehbar. Allerdings gelten in der Praxis für diesen Personenkreis nach wie vor einige Sonderregelungen (siehe *Conrad*, in: SPV 9/88, S. 291 ff.). *Als Arbeitnehmer tätige Aktionäre* können im Rahmen der übrigen Arbeitnehmer ohne weiteres versichert werden; es darf ihnen grundsätzlich keine Vorzugsstellung eingeräumt werden.

Vor Einführung des BVG waren die Einzelheiten betreffend *Einschluss des Arbeitgebers in die firmaeigene Vorsorgeeinrichtung* für die direkte Bundessteuer im Kreisschreiben der EStV vom 7. März 1980 geregelt. Nach dem seit der Veranlagungsperiode 1987/88 anwendbaren Kreisschreiben Nr. 1 vom 30. Januar 1986 der EStV (Ziff. II 2d) können sich einer Vorsorgeeinrichtung sowohl Arbeitnehmer als auch Arbeitgeber (Selbständigerwerbende) anschliessen; letztere aber nur, wenn für das gesamte Personal in gleicher Weise Vorsorgemassnahmen getroffen worden sind. Als Arbeitgeber gilt, wer mindestens eine Drittperson arbeitsvertraglich angestellt hat, die auf die Dauer voll für den Betrieb tätig ist; Drittpersonen in diesem Sinne können auch der mitarbeitende Ehegatte und die mitarbeitenden Nachkommen des Arbeitgebers sein.

"Die Beiträge des Unternehmers (Einzelunternehmer, Personengesellschafter) für seine eigene berufliche Vorsorge können nur insoweit die geschäftliche Erfolgsrechnung belasten, als sie dem 'Arbeitgeberanteil' entsprechen, d.h. demjenigen Anteil, den der Arbeitgeber für sein Personal leistet. Der 'Arbeitnehmeranteil' gilt als aus privaten Mitteln erbracht; er ist nach Artikel 22 Absatz 1 Buchstabe h BdBSt 'bzw. Art. 33 Abs. 1 lit. d DBG' abziehbar, darf jedoch die Erfolgsrechnung der Unternehmung nicht belasten. Die Unterscheidung ist von praktischer Bedeutung für die Berechnung von Geschäftsverlusten nach Artikel 22 Absatz 1 Buchstabe c 'bzw. Art. 27 ABs. 2 lit. b DBG' sowie für Verlustverrechnungen und -vorträge nach Artikel 41 Absatz 2 BdBSt 'bzw. Art. 31 DBG'" (aus: Kreisschreiben Nr. 1 vom 30. Januar 1986 der EStV, Ziff. III.).

Im *Kanton Zürich* galt bis Ende 1986 die Verordnung vom 1. Dezember 1976/9. August 1978/28. Januar 1981 betreffend den Einschluss des Arbeitgebers in die firmaeigene Personalvorsorgestiftung (§ 16 lit. f StG ZH). Im Hinblick auf das BVG wurde diese durch die neue VO über die Steuerbefreiung von Einrichtungen der beruflichen Vorsorge vom 12. November 1986 abgelöst. Darin wird unter der Rubrik "C. Besondere Bestimmungen für Selbständigerwerbende" insbesondere folgende Einschränkung festgehalten: "§ 17. Selbständigerwerbende können sich bei der Vorsorgeeinrichtung ihrer

Arbeitnehmer, bei der von ihrem Verband errichteten Vorsorgeeinrichtung oder bei der Auffangeinrichtung versichern lassen." Die gleiche Bestimmung gilt für den Bund und die übrigen Kantone. Diese Regelung wurde durch die Gerichtspraxis geschützt (siehe dazu die Zusammenstellung der Entscheide, in: SPV 2/94, S. 82).

Ein Problem ergibt sich bei Gesellschaften, welche *ausser dem Alleinaktionär kein weiteres Personal* beschäftigen. Die Eidg. Steuerverwaltung möchte für diese Personen nur eine bei der Auffangeinrichtung bestehende Versicherung zulassen (vgl. *Steinmann,* ASA 1988, S. 130 f.). Dies ist als zu einschränkend abzulehnen. (Siehe dazu aber das Urteil des Bundesgerichtes vom 14. Juli 1994, das sich indessen auf einen Spezialfall bezog und nicht von präjudizieller Bedeutung sein kann [dazu *Steiner,* Berufliche Vorsorge des Alleinaktionärs und Steuerrecht, Steuer Revue 50/1995, S. 303 ff.].) Nähere Abklärungen seitens der Steuerbehörden sind regelmässig zu erwarten, wenn ausser den beteiligten Direktoren keine weiteren Personen versichert sind.

Eine *verdeckte Gewinnausschüttung* wird steuerlich angenommen, wenn eine Aktiengesellschaft für ihre Aktionärsdirektoren eine "Bel'étage-Versicherung" abschliesst und ihnen dabei wesentlich bessere Konditionen gewährt als dem in der Fürsorgeeinrichtung versicherten übrigen Personal (Entscheid des Steuerrekursgerichtes Aargau vom 29. April 1987, in: SPV 2/88, S. 63). Im übrigen gelten solche Zuwendungen als geschäftsmässig begründeter Aufwand. Zur steuerlichen Behandlung des Aktionärsdirektors sind zahlreiche Urteile ergangen (siehe SPV 3/88, S. 101, 11/88, S. 383 ff., und 2/94, S. 81 f.).

7.6 Besteuerung der Leistungen aus Vorsorgeeinrichtungen

Im Versicherungsfall (vgl. Erbschaft, Aufgabe der Erwerbstätigkeit) erfolgen bei der direkten Bundessteuer und gemäss den meisten kantonalen Steuergesetzen eine *Zwischenveranlagung* sowie eine Anpassung der anschliessenden ordentlichen Veranlagung (Art. 45 und 46 DBG, siehe dazu Kommentar *Agner/Jung/Steinmann*, S. 163 ff.). Im System der Gegenwartsbemessung, zu dem immer mehr Kantone übergehen, fallen die Zwischenveranlagungen jedoch weg.

Eine reduzierte Besteuerung haben seit vielen Jahren unter bestimmten Voraussetzungen die *ausbezahlten Leistungen* der Vorsorgeeinrichtungen genossen. Dies hat sich geändert, indem als Folge der vollen Abziehbarkeit der Beiträge die Leistungen (vorbehältlich des Übergangsrechts) künftig voll besteuert werden (Art. 83 BVG).

Durch diese Umstellung ergibt sich steuerlich die Konsequenz, dass die *Steuerlast von der aktiven auf die inaktive Bevölkerung verschoben wird.* Als Folge der vielfach niedrigeren Steuerprogression und der Tatsache, dass Kapitalleistungen zu einem reduzierten Satz (vgl. Art. 38 DBG) besteuert werden, nimmt die *Steuerergiebigkeit* ab. Dazu kommt noch die erhebliche zeitliche Verschiebung (um teilweise Jahrzehnte) zwischen Beitragsabzug und Renteneinkommen. Möglicherweise ergeben sich noch Verschiebungen im Wohnort (Arbeitsort in der Deutschschweiz, Altersrentner im Süden).

7.61 Besteuerung von Renten

Für die Besteuerung galt vor Einführung des Obligatoriums die Lösung, dass *Renten,* zu deren Bestellung der versicherte Arbeitnehmer selbst beigetragen hatte, bei der direkten Bundessteuer und nach den meisten kantonalen Steuergesetzen nur in reduziertem Masse einkommensteuerpflichtig waren.

Das *BVG* brachte als neue Lösung und Gegenstück zur vollen Abziehbarkeit der Beiträge die volle Besteuerung der Leistungen:

Art. 83 BVG Besteuerung der Leistungen

Die Leistungen aus Vorsorgeeinrichtungen und Vorsorgeformen nach den Artikeln 80 und 82 sind bei den direkten Steuern des Bundes, der Kantone und der Gemeinden in vollem Umfang als Einkommen steuerbar.

7. Steuerliche Behandlung der beruflichen Vorsorge

Das DBG regelt die Besteuerung der Leistungen in der Fassung vom 19. März 1999 gemäss Stabilisierungsprogramm 1998 wie folgt (vorbehalten bleiben die Übergangslösungen, siehe Abschnitt 7.54):

Art. 22 DBG Einkünfte aus Vorsorge

[1]Steuerbar sind alle Einkünfte aus der Alters-, Hinterlassenen- und Invalidenversicherung, aus Einrichtungen der beruflichen Vorsorge und aus anerkannten Formen der gebundenen Selbstvorsorge, mit Einschluss der Kapitalabfindungen und Rückzahlungen von Einlagen, Prämien und Beiträgen.

[2]Als Einkünfte aus der beruflichen Vorsorge gelten insbesondere Leistungen aus Vorsorgekassen, aus Spar- und Gruppenversicherungen sowie aus Freizügigkeitspolicen.

[3]Leibrenten sowie Einkünfte aus Verpfründung sind zu 40 Prozent steuerbar.

[4]Artikel 24 Buchstabe b bleibt vorbehalten.

Art. 24 lit. b DBG

Steuerfrei sind:

b. der Vermögensanfall aus rückkauffähiger privater Kapitalversicherung, ausgenommen aus Freizügigkeitspolicen. Artikel 20 Absatz 1 Buchstabe a bleibt vorbehalten.

Art. 20 Abs. 1 lit. a DBG sieht in der Fassung vom 19. März 1999 vor, dass Erträge aus rückkaufsfähigen Kapitalversicherungen mit Einmalprämien (Säule 3b) steuerfrei sind, wenn die versicherte Person im Zeitpunkt des Zufliessens der Leistung das *60. Altersjahr* vollendet, das Versicherungsvertragsverhältnis *mindestens fünf Jahre* gedauert hat und das Vertragsverhältnis vor Vollendung des 66. Altersjahres begründet wurde. Eine identische Bestimmung wurde ebenfalls ins StHG aufgenommen. Zur Frage der Einmalprämienversicherungen äussert sich ebenfalls das Kreisschreiben Nr. 24, Steuerperiode 1995/96, der Eidg. Steuerverwaltung.

Art. 20 Abs. 1 lit. a DBG

[1]Steuerbar sind die Erträge aus beweglichem Vermögen, insbesondere

a. Zinsen aus Guthaben, einschliesslich ausbezahlter Erträge aus rückkaufsfähigen Kapitalversicherungen mit Einmalprämie im Erlebensfall oder bei Rückkauf, ausser wenn diese Kapitalversicherungen der Vorsorge dienen. Als der Vorsorge dienend gilt die Auszahlung der Versicherungsleistung ab dem vollendeten 60. Altersjahr des Versicherten aufgrund eines mindestens fünfjährigen Vertragsverhältnisses, das vor Vollendung des 66. Altersjahres begründet wurde. In diesem Fall ist die Leistung steuerfrei.

Art. 205a Abs. 2 DBG

²Bei Kapitalversicherungen nach Artikel 20 Absatz 2 Buchstabe a, die in der Zeit vom 1. Januar 1994 bis und mit 31. Dezember 1998 abgeschlossen wurden, bleiben die Erträge steuerfrei, sofern bei Auszahlung das Vertragsverhältnis mindestens fünf Jahre gedauert und der Versicherte das 60. Altersjahr vollendet hat.

Art. 7 Abs. 1ter StHG

¹ᵗᵉʳErträge aus rückkaufsfähigen Kapitalversicherungen mit Einmalprämie sind im Erlebensfall oder bei Rückkauf steuerbar, ausser wenn diese Kapitalversicherungen der Vorsorge dienen. Als der Vorsorge dienend gilt die Auszahlung der Versicherungsleistung ab dem vollendeten 60. Altersjahr des Versicherten aufgrund eines mindestens fünfjährigen Vertragsverhältnisses, das vor Vollendung des 66. Altersjahres begründet wurde. In diesem Fall ist die Leistung steuerfrei.

Art. 78a Kapitalversicherungen mit Einmalprämie

Artikel 7 Absatz 1ter ist auf Kapitalversicherungen mit Einmalprämie anwendbar, die nach dem 31. Dezember 1998 abgeschlossen wurden.

Diese Bestimmungen treten zwar erst auf den 1. Januar 2001 in Kraft, entfalten ihre Wirkung aber wegen der Rückwirkungsklauseln in Art. 205a Abs. 2 DBG und Art. 78a StHG bereits auf Abschlüsse ab dem 1. Januar 1999.

Art. 204 DBG (Übergangsregelung)

¹Renten und Kapitalabfindungen aus beruflicher Vorsorge, die vor dem 1. Januar 1987 zu laufen begannen oder fällig wurden oder die vor dem 1. Januar 2002 zu laufen beginnen oder fällig werden und auf einem Vorsorgeverhältnis beruhen, das am 31. Dezember 1986 bereits bestand, sind wie folgt steuerbar:

a. zu drei Fünfteln, wenn die Leistungen (wie Einlagen, Beiträge, Prämienzahlungen), auf denen der Anspruch des Steuerpflichtigen beruht, ausschliesslich vom Steuerpflichtigen erbracht worden sind;

b. zu vier Fünfteln, wenn die Leistungen, auf denen der Anspruch des Steuerpflichtigen beruht, nur zum Teil, mindestens aber zu 20 Prozent vom Steuerpflichtigen erbracht worden sind;

c. zum vollen Betrag in den übrigen Fällen.

²Den Leistungen des Steuerpflichtigen im Sinne von Absatz 1 Buchstaben a und b sind die Leistungen von Angehörigen gleichgestellt; dasselbe gilt für die Leistungen von Dritten, wenn der Steuerpflichtige den Versicherungsanspruch durch Erbgang, Vermächtnis oder Schenkung erworben hat.

7. Steuerliche Behandlung der beruflichen Vorsorge

Darstellung 7B

Übersicht zur Besteuerung von Rentenleistungen
- aus obligatorischer beruflicher Vorsorge (Säule 2a)
- aus überobligatorischer beruflicher Vorsorge (Säule 2b)
- aus gebundener Selbstvorsorge (Säule 3a)

Stand per 1. Januar 2000 unter Berücksichtigung der Übergangsregelungen

		Grundsätzliche Regelung		Übergangsregelung				
		steuerbarer Teil der Rente		Gilt **lebenslang** für Renten aus 2. Säule, die vor dem 1.1.2002 zu laufen beginnen,				
			Gesetzesartikel	wenn das betreffende Vorsorgeverhältnis bereits bestanden hat am ...	steuerbarer Teil nach Massgabe der Eingenfinanzierung von		Gesetzesartikel	Bemerkungen
					100%	mind. 20%	weniger als 20%		
Bund	100%		Art. 22 Abs. 1 und 2	31.12.86	60%	80%	100%	Art. 204 Abs. 1	
AG	100%		§ 26 Abs. 2	31.12.86	60%	80%	100%*	§ 26 Abs. 2 und § 28 Abs. 1	*infolge Todes, dauernder Krankheit oder Invalidität höchstens zu 80%
AI	100%		Art. 20 lit. g	31.12.84	60%	80%	100%	Art. 170bis	
AR	100%		Art. 28 Ziff. 2 lit. c	31.12.84	60%	80%	100%	Art. 28 Ziff. 2	
BE	100%		Art. 32a Abs. 2	-	-	-	-	-	bestehende Übergangsregelungen gemäss Art. 231b Abs. 1 u. 2 bleiben in Kraft
BL	100%		§ 27bis Abs. 1	31.12.86	60%	80%	100%	§ 27, § 27bis Abs. 2	
BS	100%		§ 51 Abs. 4	31.12.85	80%	80%	100%	Wegleitung zur Steuererklärung Ziff. 5a	
FR	100%		Art. 29 lit. b	-	-	-	-	-	
GE	100%		Art. 16 Abs. 2 lit. k	31.12.86	75%	90%	100%	Art. 21A lit e und Fussnote (2)	
GL	100%		Art. 20 Abs. 4	31.12.86	60%	80%	100%	Art. 210a	
GR	100%		Art. 23 Abs. 1 lit. c	31.12.86	60%	80%	100%	Art. 23 Abs. 2 und 3	
JU	100%		Art. 21 Abs. 1	-	-	-	-	-	
LU	100%		§ 21 Abs. 4	31.12.86	60%	80%	100%	§ 181	
NE	100%		Art. 25a Abs. 1	31.12.86	60%	80%	100%	Art. 25 Abs. 2	

7.6 Besteuerung der Leistungen aus Vorsorgeeinrichtungen

	Grundsätzliche Regelung		Übergangsregelung					
	steuerbarer Teil der Rente		Gilt **lebenslang** für Renten aus 2. Säule, die vor dem 1.1.2002 zu laufen beginnen,					
		Gesetzesartikel	wenn das betreffende Vorsorgeverhältnis bereits bestanden hat am ...	steuerbarer Teil nach Massgabe der Eingenfinanzierung von			Gesetzesartikel	Bemerkungen
				100%	mind. 20%	weniger als 20%		
NW	100%	Art. 27 Abs. 1 Ziff. 4	31.12.86	60%	80%	100%	Art. 27 Abs. 1 und 2	
OW	100%	Art. 24 Abs. 1 lit. c	31.12.86	60%	80%	100%	Art. 24 Abs. 2	
SG	100%	Art. 35	31.12.84	80%	80%	100%	Art. 280 und Kommentar Weidmann, S. 126	
SH	100%	Art. 18 lit. c	-	-	-	-	-	-
SO	100%	§ 30 Abs. 1	31.12.85	60%	80%	100%	§ 29 und § 30 Abs. 2	
SZ	100%	§ 20 Abs. 4	31.12.86	60%	80%	100%	§ 107 Abs. 2	
TG	100%	§ 24	31.12.84	80%	80%	100%	§ 225	
TI	100%	Art. 21 Abs. 2	-	90%*	90%*	90%*	Art. 304	*max. Abzug Fr. 2.000.- Übergangsregelung gilt nur bis 31.12.2000
UR	100%	Art. 26 Abs. 1	31.12.86	60%[1]	80%[2]	100%	Art. 234 Abs. 1 und Art. 40 lit. b	max. Abzug [1] Fr. 20'000.- [2] Fr. 10.000.- Abzüge nur zulässig, falls bei den AHV/IV-Renten nicht schon Fr. 10'000.- abgezogen wurden
VD [1)]	100%	Art. 20 Abs. 2 lit. f bis	-	-	-	-	-	
VS	100%	Art. 18 Abs. 2	-	-	-	-	-	bestehende Übergangsregelung gemäss Art. 18 Abs. 3 bleibt in Kraft
ZG	100%	§ 17 Abs. 1 Ziff. 7	31.12.86	60%	80%	100%	§ 17 Abs. 1 Ziff. 7 und 7 bis	
ZH	100%	§ 22	31.12.85	80%	80%	100%*	§ 270	*Selbständigerwerbende in jedem Fall zu 80%

[1)] zusätzlich Erbschaftssteuer auf Hälfte des kapitalisierten Wertes der Rente, ausgenommen sind Ehegatte sowie massgeblich unterstützte Kinder; Art. 11, Art. 25 Erbschaftssteuergesetz

Ab 1.1.1987 werden die Rentenleistungen aus der beruflichen Vorsorge und der gebundenen Selbstvorsorge in Anwendung von Art. 83 BVG voll, d.h. unabhängig vom Finanzierungsanteil des Pflichtigen, zu 100% besteuert. Dies entspricht der heute gegebenen vollen Abzugsfähigkeit der Beiträge an die entsprechenden Vorsorgeformen während der Finanzierungsphase.

Bei der 2. Säule haben der Bund und die meisten Kantone jedoch Übergangsregelungen bis zum 31.12.2001 vorgesehen, die, je nach Finanzierungsanteil des Pflichtigen (vollständig oder mindestens zu 20%), die Renten in der Regel nur zu 60% oder 80% erfassen. Im Rahmen der Säule 3a kann nach Auffassung der Steuerbehörden grundsätzlich keine Übergangsregelung Platz greifen, weil es sich dabei um ein neues Rechtsinstitut handelt.

Der steuerbare Teil der Rente ist jeweils zusammen mit dem übrigen Einkommen zu versteuern.

Quelle: Steuerdienst Rentenanstalt/Swiss Life

7.62 Besteuerung von Kapitalauszahlungen

Im Grundsatz gelten die gleichen Grundlagen wie für die Besteuerung von Renten (siehe Abschnitt 7.51). Im Gegensatz zu den Renten, die stets zusammen mit dem übrigen Einkommen wie AHV-Rente, Zinsen usw. zu versteuern sind, werden Kapitalleistungen getrennt vom übrigen Einkommen besteuert (vgl. dazu *Conrad,* Steuerlicher Zugriff auf die Vorsorgeleistung, in: Schweizer Treuhänder 5/91, S. 234 ff.). Infolge der einmaligen Auszahlung werden jedoch besondere Besteuerungsmethoden angewandt. Es gibt dabei folgende Verfahren der Besteuerung:

– *Besteuerung zum Rentensatz*

 AI, AR, BL, GL, JU, SG, SZ, VS, ZG (Umrechnung gemäss Tabelle der EStV, vgl. *Darstellung 7C*), GR, SH, TG, TI, ZH (Umrechnung gemäss konstantem Faktor)

– *Besteuerung zu einem Bruchteil des normalen Steuersatzes*
 (effektiv oder in Prozenten) für ein Einkommen in der Höhe der Kapitalleistung

 Bund, AG, GE, LU, NE, NW, OW, SO, UR, VD

– *Besteuerung zu einem Sondertarif*

 BE, BS, FR

Nach dem Recht des DBG gilt seit anfangs 1995 folgendes:

Art. 38 DBG

[1]Kapitalleistungen nach Artikel 22 sowie Zahlungen bei Tod und für bleibende körperliche oder gesundheitliche Nachteile werden gesondert besteuert. Sie unterliegen stets einer vollen Jahressteuer.

[2]Die Steuer wird zu einem Fünftel der Tarife nach Artikel 36 berechnet.

[3]Die Sozialabzüge nach Artikel 35 werden nicht gewährt.

Kapitalabfindungen werden nach dem DBG getrennt vom übrigen Einkommen zu einem Fünftel der ordentlichen Tarife (ledig, verheiratet) besteuert, und zwar als Jahressteuer (vgl. *Iff,* SPV 2/94, S. 69).

7.6 Besteuerung der Leistungen aus Vorsorgeeinrichtungen

Die Rentensatzmethode gilt noch in rund der Hälfte aller Kantone. Auch kantonal erfolgt die Berechnung der Rente auf der Basis der von der Eidg. Steuerverwaltung herausgegebenen Umrechnungstabelle (vgl. *Darstellung 7C*). Weil nur diese Rente für die Bestimmung der Steuerprogression massgebend ist (und nicht etwa das Kapital), ergibt sich eine mildere Progression und damit eine Steuerentlastung.

Auf den Auszahlungen von Kapitalabfindungen aus der Vorsorge an die Hinterbliebenen werden in der Regel gleichzeitig *keine kantonalen Erbschaftssteuern* erhoben. Eine Ausnahme bilden die Kantone VD und GE.

Auf den 1. Januar 1991 erfolgte im Kanton Zürich gemäss den Vorschlägen zur Teilrevision des Steuergesetzes eine Vereinfachung. Seither werden sämtliche Kapitalleistungen aus der 2. Säule und aus der Säule 3a generell getrennt vom übrigen Einkommen zum Steuersatz auf der Basis von einem Fünfzehntel bzw. seit 1. Januar 1999 von einem Zehntel der Kapitalleistung besteuert.

Wenn im gleichen Jahr *mehrere Kapitalleistungen* anfallen (infolge Zugehörigkeit zu verschiedenen Kassen oder aus der 2. Säule und der Säule 3a), werden diese bei der direkten Bundessteuer und z.B. im Kanton Zürich zusammengerechnet – nicht so im Kanton St. Gallen für gleichzeitige Leistungen aus der 2. Säule und aus der Säule 3a. Die Leistungen aus der Säule 3a werden immer dann separat besteuert, wenn sie in eine andere Periode fallen. Auch hier kann sich im Einzelfall Steuerplanung lohnen.

Für die Steuerbelastung spielt auch eine Rolle, an welchem Ort und zu welchem Zeitpunkt die Einkünfte aus der beruflichen Vorsorge besteuert werden. Es ist dies am *Wohnsitz;* eine Steuerausscheidung mit Nebensteuerdomizilen findet nicht statt, obwohl diese möglicherweise die Abzüge mittrugen. Bei den unterschiedlichen Steuerlasten (auch unter Berücksichtigung, dass einzelne Kantone noch bis Ende 2001 nur zu 80% besteuern) ist eine Steuerplanung möglich (siehe *Tanner,* SPV 11/88, S. 369).

In einem Entscheid des Verwaltungsgerichtes des Kantons Zürich (vom 11. Oktober 1985) wurde festgestellt, dass eine tatsächlich vollzogene Verlegung des Wohnsitzes ins Ausland kurz vor Fälligkeit der Kapitalabfindung keine Steuerumgehung sei. Um derartige Umgehungen zu verhindern, wird seit 1. Januar 1995 beim Bund und in den Kantonen ein Quellensteuerabzug auf Kapitalleistungen an Empfänger mit Wohnsitz im Ausland vorgenommen (vgl. dazu auch Abschnitt 7.83 "Quellensteuern" hienach).

Bei *aufgeschobenen Altersrenten oder Kapitalleistungen* im Fall der Erwerbstätigkeit über das ordentliche Pensionierungsalter hinaus, was nur aufgrund einer entsprechenden reglementarischen Grundlage möglich ist, wird die Leistung erst bei reglementarischer Fälligkeit steuerbar. Das kann je nach Umschreibung der Fälligkeit ein bestimmter Zeitpunkt sein, beispielsweise das Erreichen des 70. Altersjahres oder der Moment der definitiven Aufgabe der Erwerbstätigkeit. Fällig gewordene Leistungen dürfen nicht bei der Kasse belas-

7. Steuerliche Behandlung der beruflichen Vorsorge

Darstellung 7C

Tabelle zur Umrechnung von Kapitalleistungen in lebenslängliche Renten nach Art. 40 Abs. 4 und 5 BdBSt

Einer Kapitalleistung[1] von je 1'000 Franken entspricht je nach Alter und Geschlecht des Empfängers folgende jährliche lebenslängliche Rente (monatlich vorschüssig zahlbar):

Alter	Jahresrente Mann	Frau	Alter	Jahresrente Mann	Frau	Alter	Jahresrente Mann	Frau
	Fr.	Fr.		Fr.	Fr.		Fr.	Fr.
00	32.44	31.86	35	38.94	37.10	70	76.32	66.49
01	32.53	31.94	36	39.31	37.39	71	79.09	68.82
02	32.62	32.01	37	39.70	37.69	72	82.05	71.35
03	32.71	32.09	38	40.10	38.—	73	85.22	74.10
04	32.81	32.17	39	40.53	38.33	74	88.60	77.08
05	32.91	32.25	40	40.97	38.67	75	92.22	80.31
06	33.01	32.34	41	41.44	39.03	76	96.08	83.84
07	33.12	32.43	42	41.93	39.41	77	100.20	87.68
08	33.23	32.52	43	42.45	39.80	78	104.61	91.87
09	33.35	32.61	44	42.99	40.22	79	109.31	96.43
10	33.47	32.71	45	43.56	40.66	80	114.33	101.41
11	33.59	32.82	46	44.15	41.11	81	119.69	106.83
12	33.73	32.93	47	44.78	41.59	82	125.42	112.73
13	33.86	33.04	48	45.43	42.10	83	131.54	119.12
14	34.01	33.16	49	46.12	42.63	84	138.09	126.05
15	34.15	33.28	50	46.85	43.18	85	145.12	133.52
16	34.31	33.40	51	47.61	43.77	86	152.66	141.52
17	34.47	33.53	52	48.42	44.39	87	160.78	150.05
18	34.64	33.67	53	49.27	45.05	88	169.56	159.05
19	34.81	33.81	54	50.17	45.74	89	179.11	168.41
20	35.—	33.96	55	51.12	46.48	90	189.55	177.96
21	35.19	34.12	56	52.13	47.26	91	201.10	187.48
22	35.39	34.28	57	53.21	48.10	92	213.69	197.76
23	35.60	34.45	58	54.35	48.98	93	227.45	208.86
24	35.81	34.62	59	55.58	49.93	94	242.50	220.87
25	36.04	34.80	60	56.88	50.95	95	259.—	233.88
26	36.28	34.99	61	58.28	52.03	96	277.12	247.99
27	36.53	35.19	62	59.78	53.20	97	297.04	263.31
28	36.78	35.40	63	61.38	54.45	98	319.01	279.98
29	37.05	35.61	64	63.10	55.80	99	343.28	298.14
30	37.33	35.83	65	64.94	57.25	100	370.14	317.95
31	37.63	36.06	66	66.92	58.83	101	399.98	339.59
32	37.94	36.31	67	69.04	60.52	102	433.18	363.29
33	38.26	36.56	68	71.31	62.36	103	470.29	389.28
34	38.59	36.82	69	73.73	64.34	104	511.81	417.87

[1] Für die Berechnung der Rente ist nur der steuerbare Teil der Kapitalleistung (Art. 21bis und 155 BdBSt) massgebend.

Quelle: Die Tabelle wurde herausgegeben von der Eidg. Steuerverwaltung, Abteilung Direkte Bundessteuer, 2. Ausgabe 1991.

7.6 Besteuerung der Leistungen aus Vorsorgeeinrichtungen

Darstellung 7D

Beispiele zur Besteuerung von Kapitalleistungen (Stand 31. Dezember 1999)

Ausgangslage

Ein 65jähriger Steuerpflichtiger, verheiratet, reformiert, erhält eine Kapitalleistung aus einer Vorsorgeeinrichtung im Umfang von Fr. 300'000.-. Daneben erzielt er ein durchschnittliches Einkommen von Fr. 50'000.-. Wie hoch ist die Steuerbelastung auf der Kapitalleistung in den Kantonen Schwyz, Zürich sowie bei der direkten Bundessteuer (Annahme: Wohnsitz am Hauptort).

Beispiel nach § 26 Abs. 7 Schwyzer Steuergesetz (Rentensatz)

- Das Einkommen von Fr. 50'000.- wird der ordentlichen Besteuerung unterworfen.
- Die Kapitalleistung von Fr. 300'000.- unterliegt einer gesonderten Besteuerung.

– Umrechnung auf eine jährliche lebenslängliche Rente Rentensatz 300 x 64.94 (Rentensatztabelle 1991) =	Fr. 19'482.-
– Steuersatz auf Fr. 19'482.-	1.8760%
– Die einfache Steuer beträgt Fr. 300'000.- zum Satz von 1.8760% =	Fr. 5'628.-
– Die Kantons-, Gemeinde- und Kirchensteuer beträgt: Fr. 5'628.- mulitpliziert mit Gesamtsteuerfuss von 430% =	Fr. 24'200.-

Beispiel nach § 37 Zürcher Steuergesetz (zum Satz von einem Zehntel der Kapitalleistung)

- Das Einkommen von Fr. 50'000.- wird der ordentlichen Besteuerung unterworfen.
- Die Kapitalleistung von Fr. 300'000.- unterliegt einer gesonderten Besteuerung.

– Umrechnung auf eine jährliche Rente von einem Zehntel der Kapitalleistung Fr. 300'000.- x 1/10 =	Fr. 30'000.-
– Steuersatz auf Fr. 30'000.- (1.9466%, aber Mindestsatz von 2%)	2.0000%
– Die einfache Steuer beträgt Fr. 300'000.- zum Satz von 2.0000% =	Fr. 6'000.-
– Die Kantons-, Gemeinde- und Kirchensteuer beträgt: Fr. 6'000.- mulitpliziert mit Gesamtsteuerfuss von 249% =	Fr. 14'940.-

Beispiel nach Art. 38 DBG (ein Fünftel der Tarife)

- Das Einkommen von Fr. 50'000.- wird der ordentlichen Besteuerung unterworfen.
- Die Kapitalleistung von Fr. 300'000.- unterliegt einer gesonderten Besteuerung.

– Steuersatz für ein Einkommen von Fr. 300'000	9.4220%
– Davon ein Fünftel	1.8844%
– Die Steuer beträgt Fr. 300'000.- zum Satz von 1.8844% =	Fr. 5'653.-

7. Steuerliche Behandlung der beruflichen Vorsorge

Darstellung 7E

Übersicht zur Besteuerung von Kapitalleistungen

- aus obligatorischer beruflicher Vorsorge (Säule 2a)
- aus überobligatorischer beruflicher Vorsorge (Säule 2b)
- aus gebundener Selbstvorsorge (Säule 3a)

Stand per 1. Januar 2000 unter Berücksichtigung der Übergangsregelungen

	BESTEUERUNG DER KAPITALLEISTUNGEN	Gesetzesartikel	Übergangs-regelung	Gesetzesartikel
Bund	getrennt vom übrigen Einkommen zu 1/5 des Satzes für ein Einkommen in der Höhe der Kapitalleistung	Art. 38	A	Art. 204
AG	getrennt vom übrigen Einkommen zu 40% der Tarife A oder B; Leistungen sind steuerfrei, sofern deren steuerbarer Teil vollumfänglich zum Kauf einer Rente verwendet wird, die zu 100% der Einkommenssteuer unterliegt; Freibetrag für Todesfallleistungen: Fr. 100'000.- (reine Risikoleistungen sind gem. § 35 Abs. 2 steuerfrei; lt. RGE v. 13.11.96 jedoch steuerbar)	§ 34 Abs. 3, § 35 und § 23 lit. k sowie Komm. N 64 zu § 23 und N 3ff. zu § 35	B	§ 26 Abs. 2
AI	**für den Vorsorgenehmer, den überlebenden Ehegatten, unmündige oder in Ausbildung stehende Kinder und massgeblich unterstützte Personen:** getrennt vom übrigen Einkommen zum Rentensatz [1], * **für die übrigen Begünstigten oder bei vorzeitiger Auflösung des Vorsorgeverhältnisses:** getrennt vom übrigen Einkommen zum vollen Einkommenssteuersatz für die Kapitalleistung, * **für Wohneigentumsförderung:** getrennt vom übrigen Einkommen zum Steuersatz für 1/2 der Kapitalleistung, * *mindestens zum Satz für ein Einkommen von Fr. 20'000.-	Art. 22 und Art. 30. Abs. 4 und 5	A+	Art. 170bis
AR	getrennt vom übrigen Einkommen zum Rentensatz [1]	Art. 28, 34 und 35	A+	Art. 28 Ziff. 2 lit. c
BE	getrennt vom übrigen Einkommen zu Sondertarifen (rückwirkend ab 1.1.1991); Freigrenze: Fr. 4'999.-	Art. 47a und 231d	keine	
BL	getrennt vom übrigen Einkommen zum Rentensatz [1], mindestens zum Satz von 2,0%	§ 36	B+	§ 27bis Abs. 2
BS	**für den Vorsorgenehmer, den überlebenden Ehegatten, die direkten Nachkommen und übrige massgeblich unterstützte Personen:** getrennt vom übrigen Einkommen zum Sondertarif (3% für die ersten 25'000, 4% für die nächsten 25'000, 6% für die nächsten 50'000 und 8% für die übrigen Beträge) **für die übrigen Begünstigten:** zusammen mit dem übrigen Einkommen zum vollen Einkommenssteuersatz	§ 50	C	Wegleitung zur Steuer-erklärung Ziff. 22 (Kapitalab-findungen)
FR	getrennt vom übrigen Einkommen zum Sondertarif (2% für die ersten 30'000, 3% für die nächsten 30'000, 4% für die nächsten 40'000, 5% für die nächsten 50'000 und 6% für die übrigen Beträge); 50% Ermässigung bei Invalidität	Art. 46	keine	
GE	**für den Vorsorgenehmer:** getrennt vom übrigen Einkommen zu 1/5 des Satzes für ein Einkommen in der Höhe der Kapitalleistung (Tarif A gem. Art. 32 A) **für den überlebenden Ehegatten, unmündige oder in Ausbildung stehende Kinder und massgeblich unterstützte Personen:** keine Einkommens-, dafür Erbschaftsteuer **für die übrigen Begünstigten:** Einkommenssteuer (analog Vorsorgeneh-mer) zuzüglich Erbschaftsteuer auf Arbeitnehmerbeiträgen und Zinsen	Art. 31 C und 21 A lit. f bzw. Art. 12 Abs. 13 lit. b LDS	D	Art. 21 A lit. e

7.6 Besteuerung der Leistungen aus Vorsorgeeinrichtungen

	BESTEUERUNG DER KAPITALLEISTUNGEN	Gesetzesartikel	Übergangsregelung	Gesetzesartikel
GL	getrennt vom übrigen Einkommen zum Rentensatz [1]	Art. 31 Abs. 2	A	Art. 210a
GR	getrennt vom übrigen Einkommen zum Steuersatz für 1/15 der Kapitalleistung, mindestens zum Satz von 1.5% für Verheiratete und 2% für Alleinstehende, höchstens aber zum Satz von 5.2% bzw. 6%; Freigrenze: Fr. 5'200.-	Art. 40a,	A	Art. 23 Abs. 2
JU	getrennt vom übrigen Einkommen zum Rentensatz [1] ; Freigrenze für 2. Säule: Fr. 50'000.-, gilt nicht bei Teilbezug für Wohneigentum	Art. 37		keine
LU	**für den Vorsorgenehmer, den überlebenden Ehegatten, die direkten Nachkommen, Pflegekinder und übrige massgeblich unterstützte Personen:** getrennt vom übrigen Einkommen zu 1/3 des Satzes für ein Einkommen in der Höhe der Kapitalleistung * **für die übrigen Begünstigten:** getrennt vom übrigen Einkommen zum vollen Einkommenssteuersatz für die Kapitalleistung * *(Tarif für Alleinstehende, § 45 Abs. 1)	§ 46	A	§ 181
NE	getrennt vom übrigen Einkommen zu 1/4 des Satzes für ein Einkommen in der Höhe der Kapitalleistung, mindestens zum Satz von 2.5 % (Kanton)	Art. 46 Abs. 4	A	Art. 25a Abs. 2
NW	getrennt vom übrigen Einkommen zu 2/3 des Satzes für ein Einkommen in der Höhe der Kapitalleistung	Art. 42	A	Art. 27 Abs. 2
OW	getrennt vom übrigen Einkommen zu 2/5 des Satzes für ein Einkommen in der Höhe der Kapitalleistung; (Tarif für Alleinstehende, Art. 38)	Art. 40	A	Art. 24 Abs. 2
SG	getrennt vom übrigen Einkommen zum Rentensatz [1], *mindestens zum Satz für ein Einkommen von Fr. 15'000.-	Art. 295 Abs. 3	E+	Art. 280, «Wegweiser» S. 126
SH	**für den Vorsorgenehmer, den überlebenden Ehegatten, unmündige oder in Ausbildung stehende Kinder und massgeblich unterstützte Personen sowie Wohneigentumsförderung (aus 2. Säule):** getrennt vom übrigen Einkommen zum Steuersatz für 1/15 der Kapitalleistung, * **für die übrigen Begünstigten oder bei vorzeitiger Auflösung des Vorsorgeverhältnisses (speziell für Wohneigentumsförderung aus Säule 3a):** getrennt vom übrigen Einkommen zum Steuersatz für 1/5 der Kapitalleistung, * *mindestens zum Satz für ein Einkommen von Fr. 9'000.-	Art. 28a Abs. 1 lit. b sowie DA Ziff. 4.2 zu Art. 17, 23 und 28		keine
SO	getrennt vom übrigen Einkommen zu 1/5 des Satzes für ein Einkommen in der Höhe der Kapitalleistung	§ 47	A×	§ 30 Abs. 2 lit. b, § 29
SZ	getrennt vom übrigen Einkommen zum Rentensatz [1]	§ 26 Abs. 7	A	§ 107 Abs. 2
TG	getrennt vom übrigen Einkommen zum Steuersatz für 1/15 der Kapitalleistung, mindestens zum Satz von 2% für Verheiratete und 2,5% für Alleinstehende	§ 39	E+	§ 225 Abs. 1
TI	getrennt vom übrigen Einkommen zum Steuersatz für 1/15 der Kapitalleistung, mindestens zum Satz von 2 % (rückwirkend ab 1.1.93)	Art. 38 und 303	F	Art. 306
UR	getrennt vom übrigen Einkommen zu 2/5 des Satzes für ein Einkommen in der Höhe der Kapitalleistung	Art. 50	G	Art. 234
VD	**für den Vorsorgenehmer, den überlebenden Ehegatten und massgeblich unterstützte Kinder:** getrennt vom übrigen Einkommen zu 1/2 des Satzes für ein Einkommen in der Höhe der Kapitalleistung; (Tarif für Alleinstehende, Art. 28 Abs. 1) **für die übrigen Begünstigten:** Einkommenssteuern (analog Vorsorgenehmer) zuzüglich Erbschaftssteuern auf halber Kapitalleistung	Art. 29 bzw. Art. 11 Abs. 2 lit. b und Art. 25 LMSD		keine
VS	getrennt vom übrigen Einkommen zum Rentensatz [1]	Art. 33		keine
ZG	getrennt vom übrigen Einkommen zum Rentensatz [1]	§ 19 Abs. 7bis		keine
ZH	getrennt vom übrigen Einkommen zum Steuersatz für 1/10 der Kapitalleistung, mindestens zum Satz von 2%	§ 37	E	§ 270

Anmerkungen zur Spalte "Übergangsregelung"

A: Kapitalleistungen, die vor dem 1.1.2002 fällig werden und auf einem Vorsorgeverhältnis beruhen, das am 31.12.1986 bereits bestanden hat, sind wie folgt steuerbar:
a) zu 60%, wenn die Leistungen, auf denen der Anspruch beruht, ausschliesslich vom Steuerpflichtigen erbracht wurden;
b) zu 80%, wenn diese Leistungen teilweise, mind. aber zu 20% vom Steuerpflichtigen erbracht wurden;
c) zu 100% in den übrigen Fällen.

A+: Analog Variante A mit der Abweichung, "... auf einem Vorsorgeverhältnis beruhen, das am 31.12.1984 bereits bestanden hat, ..."

A×: Analog Variante A mit der Abweichung, "... auf einem Vorsorgeverhältnis beruhen, das am 31.12.1985 bereits bestanden hat, ..."

B: Kapitalleistungen, die vor dem 1.1.2002 fällig werden und auf einem Vorsorgeverhältnis beruhen, das am 31.12.1986 bereits bestanden hat, werden nach Abzug der eigenen, bis zum 31.12.1986 geleisteten Beiträge besteuert.

B+: Analog Variante B mit der Abweichung, "...eigenen, bis zum 31.12.1984 geleisteten Beiträge besteuert."

C: Von den Kapitalleistungen können die bis zum 31.12.1985 geleisteten persönlichen, steuerlich noch nicht verrechneten eigenen Beiträge abgezogen werden.

D: Kapitalleistungen an invalide oder über 60-jährige Steuerpflichtige, die vor dem 1.1.2002 fällig werden und auf einem Vorsorgeverhältnis beruhen, das am 31.12.1986 bereits bestanden hat, sind 1987 noch steuerfrei; 1988 wird vom gemäss Art. 31C berechneten Steuerbetrag 1/15, 1989: 2/15, ... , 1997: 10/15, 1998: 17/15 etc. erhoben.

E: Kapitalleistungen, die vor dem 1.1.2002 fällig werden und auf einem Vorsorgeverhältnis beruhen, das am 31.12.1985 bereits bestanden hat, werden zu 80% besteuert, wenn mind. 20% der Leistungen aus eigenen Mitteln erbracht wurden.

Kapitalleistungen an Selbständigerwerbende werden, wenn die zwei ersten Bedingungen erfüllt sind, zu 80% besteuert (Höhe der eigenen Mittel ist unerheblich).

E+: Analog Variante E mit der Abweichung, "... auf einem Vorsorgeverhältnis beruhen, das am 31.12.1984 bereits bestanden hat, ..."

F: Kapitalleistungen, die vor dem 1.1.2001 fällig werden und auf einem Vorsorgeverhältnis beruhen, das am 31.12.1986 bereits bestanden hat, werden - sofern günstiger als ordentliche Methode - getrennt vom übrigen Einkommen zu einem Sondertarif besteuert: 1,25% auf den ersten 25'000, 2% auf den nächsten 25'000, 2,5% auf den nächsten 50'000, 3,25% auf den nächsten 100'000 und 3,75% auf den verbleibenden Beträgen.

G: Auf Kapitalleistungen, die vor dem 1.1.2002 fällig werden und auf einem Vorsorgeverhältnis beruhen, das am 31.12.1986 bereits bestanden hat, kann ein Abzug gemacht werden in Höhe von
a) 40%, max. Fr. 20'000.--, wenn die Leistungen, auf denen der Anspruch beruht, ausschliesslich vom Steuerpflichtigen erbracht wurden;
b) 20%, max. Fr. 10'000.--, wenn diese Leistungen teilweise, mind. aber zu 20% vom Steuerpflichtigen erbracht wurden.

---

[1] Rentensatz: «Die Steuer wird zu dem Satz berechnet, der sich ergäbe, wenn an Stelle der einmaligen Leistung eine entsprechende jährliche Leistung ausgerichtet würde»; d.h.:
1. Die steuerbare Kapitalleistung ist anhand der Umrechnungstabelle der Eidg. Steuerverwaltung in eine jährliche Rente umzuwandeln.
2. Für diese Rente wird der entsprechende Einkommenssteuersatz bestimmt.
3. Dieser Steuersatz wird auf die volle steuerbare Kapitalleistung angewendet.

Quelle: Steuerdienst Rentenanstalt/Swiss Life

sen werden. Aufgrund der eingetretenen Fälligkeit sind aus dem Kapital fliessende Vermögenserträge sofort einkommens- und allenfalls verrechnungssteuerpflichtig (vgl. dazu *Yersin,* Fälligkeit und Besteuerung, SPV 7–8/90, S. 220; *Conrad,* Steuerlicher Zugriff auf die Vorsorgeleistung, in: Schweizer Treuhänder 1991, S. 234 ff.).

7.63 Besteuerung von Freizügigkeitsleistungen

Freizügigkeitsleistungen, also Abfindungen bei vorzeitigem Austritt (Auflösung des Arbeitsverhältnisses) im Sinne der Freizügigkeitsgesetzgebung, sind beim Bund und bei den Kantonen heute durchwegs *einkommenssteuerfrei,* wenn sie innert einer gewissen Frist, meistens ein Jahr, in eine neue gleichartige Vorsorgeeinrichtung eingebracht werden. Dasselbe gilt bei Errichtung von individuellen Freizügigkeitspolicen und gesperrten Sparkonten bei einer Bank. Erfolgen Freizügigkeitsauszahlungen in bar, so sind sie einkommenssteuerpflichtig. Solche vorzeitige Barauszahlungen werden wie Kapitalleistungen im Vorsorgefall besteuert (siehe dazu die Übersicht gemäss *Darstellung 7E* sowie Kreisschreiben Nr. 22, Steuerperiode 1995/96, der EStV).

Selbständigerwerbende, die in der 2. Säule per definitionem freiwillig versichert sind, können aufgrund eines Bundesgerichtsurteils aus dem Jahr 1991 (BGE 117 V 160 ff.) mit den entsprechenden Steuerfolgen jederzeit die vorzeitige Barauszahlung der Freizügigkeitsleistung geltend machen (siehe dazu *Steiner,* Barauszahlungen von Freizügigkeitsleistungen aus 2. Säule und Steuerrecht, Steuer Revue 5/92, S. 191 ff.; *ders.,* Barauszahlung: EVG schafft neue Voraussetzungen, SPV 7–8/92, S. 243 ff.).

7.64 Übergangslösung zur Besteuerung von Renten und Kapitalleistungen

Der Übergang von der reduzierten Besteuerung der Leistungen (Zeit vor Einführung des BVG) zur vollen Abziehbarkeit der Beiträge und vollen Besteuerung der Leistungen (seit Einführung des BVG) führte bei der direkten Bundessteuer und den meisten Kantonen zu einem Bruch im System. Dies erfordert eine Übergangslösung. Dazu bestimmt das BVG folgendes:

Art. 98 Abs. 4 BVG

⁴Artikel 83 findet keine Anwendung auf Renten und Kapitalabfindungen aus Vorsorgeeinrichtungen und Vorsorgeformen im Sinne von Artikel 80 und 82, die

a. vor Inkrafttreten von Artikel 83 zu laufen beginnen oder fällig werden oder

b. innerhalb von 15 Jahren seit Inkrafttreten von Artikel 83 zu laufen beginnen oder fällig werden und auf einem Vorsorgeverhältnis beruhen, das bei Inkrafttreten bereits besteht.

Dieser Grundsatz wurde in der bis Ende 1994 gültigen Bestimmung des *BdBSt,* auf die sich das Kreisschreiben Nr. 1 vom 30. Januar 1986 der EStV bezieht, wie folgt geregelt:

Art. 155 BdBSt

III. Renten und Kapitalabfindungen aus Einrichtungen der beruflichen Vorsorge

¹Renten und Kapitalabfindungen aus beruflicher Vorsorge, die vor dem 1. Januar 1987 zu laufen beginnen oder fällig werden oder die vor dem 1. Januar 2002 zu laufen beginnen oder fällig werden und auf einem Vorsorgeverhältnis beruhen, das am 31. Dezember 1986 bereits besteht, sind wie folgt steuerbar:

a. zu drei Fünfteln, wenn die Leistungen (wie Einlagen, Beiträge, Prämienzahlungen), auf denen der Anspruch des Steuerpflichtigen beruht, ausschliesslich vom Steuerpflichtigen erbracht worden sind;

b. zu vier Fünfteln, wenn die Leistungen, auf denen der Anspruch des Steuerpflichtigen beruht, nur zum Teil, mindestens aber zu 20 Prozent vom Steuerpflichtigen erbracht worden sind;

c. zum vollen Betrag in den übrigen Fällen.

²Den Leistungen des Steuerpflichtigen im Sinne von Absatz 2 Buchstaben a und b sind die Leistungen von Angehörigen gleichgestellt; dasselbe gilt für die Leistungen von Dritten, wenn der Steuerpflichtige den Versicherungsanspruch durch Erbgang, Vermächtnis oder Schenkung erworben hat.

"Für den Wechsel zur vollen Besteuerung der Renten und Kapitalabfindungen aus Einrichtungen der beruflichen Vorsorge ist in Artikel 155 eine differenzierte Lösung vorgesehen. Zu unterscheiden sind vier Kategorien von Leistungen:

a) Vorsorgeleistungen, die vor dem 1. Januar 1987 als massgeblichem Stichtag zu laufen beginnen oder fällig werden.

b) Leistungen, die innerhalb einer Frist von 15 Jahren, also vom 1. Januar 1987 bis zum 31. Dezember 2001 zu laufen beginnen oder fällig werden, sofern das Vorsorgeverhältnis am 31. Dezember 1986 bereits bestanden hat.

c) Leistungen, die in der Zeit vom 1. Januar 1987 bis zum 31. Dezember 2001 zu laufen beginnen oder fällig werden und auf einem Vorsorgeverhältnis beruhen, das nach dem 31. Dezember 1986 abgeschlossen worden ist.

d) Leistungen, die nach dem 31. Dezember 2001 zu laufen beginnen oder fällig werden.

7.6 Besteuerung der Leistungen aus Vorsorgeeinrichtungen

Sämtliche Leistungen der Kategorien a und b sind weiterhin wie nach der bisher massgeblichen Regelung von Artikel 21bis zu besteuern, Renten auch unbesehen darum, wie lange sie ausgerichtet werden. Jede solche Rente, die bis und mit dem 31. Dezember 2001 zu laufen beginnt, wird also während ihrer ganzen Laufzeit nach Artikel 155 zur Besteuerung herangezogen. Alle Leistungen der Kategorien c und d dagegen unterstehen der Neuregelung, d.h. der vollen Besteuerung" (aus: Kreisschreiben Nr. 1 vom 30. Januar 1986 der EStV, Ziff. VI 1.).

Die gleichlautende Regelung wie in Art. 155 BdBSt ist in Art. 204 DBG übernommen worden (siehe Abschnitt 7.61).

7.65 Besteuerung von anwartschaftlichen Ansprüchen

Beim Vorsorgenehmer (Begünstigten) erwächst in der Regel aus der beruflichen Vorsorge während der Zeit der Anwartschaft keine Steuerpflicht. Die anwartschaftlichen Ansprüche vor Fälligkeit sind weder einkommens- noch verrechnungssteuerpflichtig. Gleichfalls sind sie von der kantonalen Vermögenssteuerpflicht befreit.

In Art. 84 BVG ist dazu mit Bezug auf die 2. Säule und die Säule 3a folgendes festgehalten:

Art. 84 BVG Ansprüche aus Vorsorge

Vor ihrer Fälligkeit sind die Ansprüche aus Vorsorgeeinrichungen und Vorsorgeformen nach den Artikeln 80 und 82 von den direkten Steuern des Bundes, der Kantone und der Gemeinden befreit.

7.7 Steuerliche Begünstigung der freiwilligen privaten Vorsorge im Rahmen der Säule 3a (BVV 3)

Zur Förderung der Selbstvorsorge hat der Bundesrat gestützt auf Art. 82 Abs. 2 BVG am 13. November 1985 die *"Verordnung über die steuerliche Abzugsberechtigung für Beiträge an anerkannte Vorsorgeformen"*, die BVV 3, erlassen. Diese Verordnung ist per 1. Januar 1990 durch einen neuen vorzeitigen Auszahlungsgrund zur Wohneigentumsförderung bei selbstgenutztem Wohneigentum ergänzt worden. Eine weitere Anpassung erfolgte ab 1. Januar 1995 an die beiden neuen Bundesgesetze über die Freizügigkeit und die Wohneigentumsförderung mit Mitteln der beruflichen Vorsorge. (Betreffend Voraussetzungen und Umfang der gebundenen Selbstvorsorge siehe *Steinmann G.*, Steuerliche Behandlung der Säule 3a, in: SPV 2/94, S. 73 ff.)

Es werden gemäss BVV 3 zwei *anerkannte Vorsorgeformen* zugelassen:

– die gebundene Vorsorgeversicherung bei Versicherungseinrichtungen (also bei *Lebensversicherungsgesellschaften*) und
– die gebundene *Vorsorgevereinbarung* mit Bankstiftungen.

Die Vorsorgeversicherung kann sich auf alle üblichen Versicherungsformen der Lebensversicherer beziehen. Als gebundene Vorsorgevereinbarungen gelten besondere Sparverträge, die mit Bankstiftungen abgeschlossen werden. Sie können durch eine Risikoversicherung ergänzt werden. Beide Vorsorgeformen müssen "ausschliesslich und unwiderruflich der Vorsorge dienen" (Art. 1 BVV 3). Die Eidg. Steuerverwaltung hat über die Anerkennung eines Vertragsmodells als Vorsorgeversicherung oder Vorsorgevereinbarung der Säule 3a mit beschwerdefähiger Verfügung zu entscheiden (BGE 124 II 383).

Ein freier Wechsel zwischen den verschiedenen Formen der gebundenen Selbstvorsorge (Art. 82 BVG, Art. 3 Abs. 2 lit. b BVV 3) ist möglich (siehe Stellungnahme des BSV, in: Mitteilungen über die berufliche Vorsorge Nr. 3 vom 22. April 1987, Ziff. 23).

Die im Rahmen dieser Vorsorgeformen steuerlich begünstigt angesammelten Altersleistungen *"dürfen frühestens fünf Jahre vor Erreichen des AHV-Alters ausgerichtet werden"* (Art. 3 Abs. 1 BVV 3). Eine vorzeitige Auszahlung der Altersleistungen ist ausserdem in folgenden Fällen möglich: im Invaliditätsfall, für den Einkauf in eine Personalvorsorgeeinrichtung, bei Aufnahme einer selbständigen Erwerbstätigkeit oder in Fällen, bei denen Barauszahlungen gemäss Art. 331c Abs. 4 OR bzw. neu gemäss FZG auch bei Personalvorsorgeeinrichtungen möglich sind (Art. 3 BVV 3). Seit 1. Januar 1990 besteht aufgrund der Änderung der BVV 3 vom 18. September 1989 (siehe Kreisschreiben Nr. 1 vom 22. November 1989) ein neuer vorzeitiger Auszahlungsgrund zur Wohneigentumsförderung bei selbstgenutztem Wohneigentum.

7.7 Steuerliche Begünstigung der freiwilligen privaten Vorsorge ...

Bei den direkten Bundessteuern wie auch bei den direkten Steuern der Kantone und Gemeinden können *folgende Beiträge vom steuerbaren Einkommen abgezogen werden* (Art. 7 BVV 3):

– *Arbeitnehmer und Selbständigerwerbende,* die bereits einer Vorsorgeeinrichtung nach Art. 80 BVG angehören: jährlich 8% des oberen Grenzbetrages nach Art. 8 Abs. 1 BVG, das sind

für 1995 und 1996	CHF 5'587.–
für 1997 und 1998	CHF 5'731.–
für 1999 und 2000	CHF 5'789.–

– *Arbeitnehmer und Selbständigerwerbende,* die keiner Vorsorgeeinrichtung nach Art. 80 BVG angehören: jährlich bis 20% des Erwerbseinkommens, höchstens 40% des oberen Grenzbetrages nach Art. 8 Abs. 1 BVG, das sind

für 1995 und 1996	CHF 27'936.–
für 1997 und 1998	CHF 28'656.–
für 1999 und 2000	CHF 28'944.–

Sind *beide Ehegatten* erwerbstätig und leisten sie Beiträge an eine anerkannte Vorsorgeform, so können beide diese Abzüge für sich beanspruchen (vgl. *Maute,* Vorsorge des mitarbeitenden Ehegatten unter steuerlichen Gesichtspunkten, SPV 2/94, S. 77 ff.).

Die erbrachten Beiträge und Leistungen müssen von den Lebensversicherern und den Bankstiftungen *bescheinigt* werden (Steuererklärung). Es gilt hier das gleiche Formular wie für die 2. Säule (siehe *Darstellung 7A*).

Im *Kreisschreiben Nr. 2 der EStV vom 31. Januar 1986,* das sich mit der BVV 3 befasst, wurden weitere Einzelheiten geregelt (vollständiger Text siehe gelber Anhang):

– Es ist nicht zulässig, "einen *nach dem AHV-Alter liegenden Termin* für die Beendigung des Vorsorgeverhältnisses zu vereinbaren" (Ziff. 4).
– "Der Umfang der Abzugsberechtigung entspricht zugleich der Höhe der *zulässigen Beiträge* an diese Vorsorgeformen." "Überschiessende Beiträge stellen freies Sparen dar. Die Erträge aus den entsprechenden Vermögenswerten unterliegen der ordentlichen Besteuerung" (Ziff. 5). Bankstiftungen dürfen *keine höheren Beiträge* entgegennehmen, als der Abzugsberechtigung entspricht (Ziff. 7).
– "Jeder Abzug setzt die *Erwerbstätigkeit* des Steuerpflichtigen voraus" (Ziff. 5).
– Das Erwerbseinkommen muss der AHV-Pflicht unterstellt sein.

– Beiträge der *Selbständigerwerbenden* gelten als "Kosten der privaten Lebenshaltung. Sie dürfen deshalb der Erfolgsrechnung nicht belastet werden" (Ziff. 5).

Die *Leistungen* aus Vorsorgeformen gemäss BVV 3 werden bei Auszahlung stets *voll besteuert*. "Renten und Kapitalleistungen aus anerkannten Formen der gebundenen Selbstvorsorge sind in den übergangsrechtlichen Bestimmungen des Art. 155 BdBSt bzw. neu in Art. 204 DBG (im Unterschied zu Art. 98 Abs. 4 BVG) zu Recht nicht erwähnt. Da diese Vorsorgeformen erst ab 1. Januar 1987 steuerlich anerkannt wurden, kann es sich hier nicht um Vorsorgeverhältnisse handeln, die bereits vor 1987 bestanden. Solche Leistungen unterstehen deshalb von Anfang an der vollen Besteuerung nach Art. 21bis Abs. 4 BdBSt bzw. Art. 38 DBG (siehe Kreisschreiben Nr. 1 vom 30. Januar 1986 der EStV, S. 720).

Die *Besteuerung der Kapitalzahlungen aus gebundener Selbstvorsorge* erfolgt seit anfangs 1987 nach den kantonalen Steuergesetzen wie bei der direkten Bundessteuer "getrennt vom übrigen Einkommen". Einzelne Kantone besteuern Kapitalzahlungen zum Rentensatz, andere (so LU, NW, OW, VD) separat vom übrigen Einkommen zu einem reduzierten Satz (von 1/3, 1/2 oder 2/3) oder (so BS, FR) zu einem Sondertarif. Die Besteuerungsvielfalt ist also weiterhin bedeutend (siehe Übersicht *Darstellung 7E*).

Schliesslich sei auf die Änderungen der BVV 3 seit 1. Januar 1995 gemäss Freizügigkeitsverordnung und Verordnung über die Wohneigentumsförderung mit Mitteln der beruflichen Vorsorge hingewiesen, die der Bundesrat am 3. Oktober 1994 erlassen hat. Sie lauten wie folgt:

a) Anpassung an das Freizügigkeitsgesetz

Art. 3 Abs. 2 lit. d BVV 3

[2]Eine vorzeitige Ausrichtung der Altersleistungen ist zulässig bei Auflösung des Vorsorgeverhältnisses aus einem der folgenden Gründe:

d. wenn die Vorsorgeeinrichtung nach Art. 5 des Bundesgesetzes vom 17. Dezember 1993 über die Freizügigkeit in der beruflichen Alters-, Hinterlassenen- und Invalidenvorsorge (Freizügigkeitsgesetz) zur Barauszahlung verpflichtet ist.

Diese neue Verweisung auf das Freizügigkeitsgesetz hat dazu geführt, dass der Barauszahlungsgrund für verheiratete bzw. vor der Heirat stehende Frauen, die ihre Erwerbstätigkeit aufgeben, in der BVV 3 per 1. Januar 1995 ebenso wie in der 2. Säule weggefallen ist.

7.7 Steuerliche Begünstigung der freiwilligen privaten Vorsorge ...

b) Anpassung an das Wohneigentumsförderungsgesetz

Seit 1. Januar 1995 gilt folgende Regelung:

Art. 3 Abs. 3, 4 und 5 BVV 3

[3]Die Altersleistung kann ferner ausgerichtet werden für
a. Erwerb und Erstellung von Wohneigentum;
b. Beteiligungen am Wohneigentum;
c. Rückzahlung von Hypothekardarlehen.
[4]Der Vorbezug kann alle fünf Jahre geltend gemacht werden.
[5]Die Begriffe Wohneigentum und Eigenbedarf richten sich nach den Artikeln 2 und 4 der Verordnung vom 3. Oktober 1994 über die Wohneigentumsförderung mit den Mitteln der beruflichen Vorsorge.

Art. 4 Abs. 1 und 2 BVV 3

[1]Für die Abtretung, Verpfändung und Verrechnung von Leistungsansprüchen gilt Artikel 39 BVG sinngemäss.
[2]Für die Verpfändung des Vorsorgekapitals oder des Anspruchs auf Vorsorgeleistungen für das Wohneigentum der versicherten Person gelten die Artikel 30b BVG oder Artikel 331d des Obligationenrechts und die Artikel 8 und 9 der Verordnung vom 3. Oktober 1994 über die Wohneigentumsförderung mit den Mitteln der beruflichen Vorsorge sinngemäss.

Für das selbstgenutzte Wohneigentum kann das gesamte Guthaben aus der Säule 3a somit seit 1. Januar 1995 nicht nur einmalig, sondern mehrmals unter Beachtung eines minimalen Bezugsintervalls von fünf Jahren beansprucht werden. Im Unterschied zur 2. Säule ist beim Bezug oder bei der Verpfändung kein Höchst- und kein Mindestbetrag zu beachten. Ausserdem handelt es sich bei einem vorzeitigen Bezug aus der Säule 3a um eine echte Barauszahlung; es besteht keine Sicherstellung im Sinne einer Grundbuchanmerkung mit einer allfälligen Rückzahlungspflicht.
   Entsprechend den Anpassungen bei der AHV wurden auch die maximal abzugsfähigen Beiträge an die Säule 3a heraufgesetzt. Der kleine Abzug beträgt für 2000 CHF 5'789.–, der grosse Abzug CHF 28'944.–.

7.8 Steuerliche Behandlung der Wohneigentumsförderung mit Mitteln der beruflichen Vorsorge

7.81 Grundsätzliches

Das Wohneigentumsförderungsgesetz sieht für die Versicherten zwei Möglichkeiten vor, ihr Vorsorgegeld für selbstgenutztes Wohneigentum zu verwenden: einerseits durch einen Vorbezug des Vorsorgeguthabens bzw. der Freizügigkeitsleistung und andererseits durch Verpfändung dieses Guthabens bzw. des Anspruchs auf künftige Vorsorgeleistungen (siehe Kapitel 6.2). Zu beachten ist bei der 2. Säule (im Gegensatz zur Säule 3a) der Mindestbetrag von CHF 20'000.– pro Bezug (Art. 5 WEFV). Der Vorbezug oder eine Pfandverwertung, bei der die Vorsorgeeinrichtung den verpfändeten Betrag dem Gläubiger auszahlen muss, löst spezielle Steuerfolgen aus. Die Grundsätze der Besteuerung sind in Art. 83a BVG festgehalten, weitere Fragen werden im Kreisschreiben Nr. 23, Steuerperiode 1995/96, der EStV geregelt:

Art. 83a BVG Steuerliche Behandlung der Wohneigentumsförderung

[1]Der Vorbezug und der aus einer Pfandverwertung des Vorsorgeguthabens erzielte Erlös sind als Kapitalleistung aus Vorsorge steuerbar.

[2]Bei Wiedereinzahlung des Vorbezugs oder des Pfandverwertungserlöses kann der Steuerpflichtige verlangen, dass ihm die beim Vorbezug oder bei der Pfandverwertung für den entsprechenden Betrag bezahlten Steuern zurückerstattet werden. Für solche Wiedereinzahlungen ist ein Abzug zur Ermittlung des steuerbaren Einkommens ausgeschlossen.

[3]Das Recht auf Rückerstattung der bezahlten Steuern erlischt nach Ablauf von drei Jahren seit Wiedereinzahlung des Vorbezugs oder des Pfandverwertungserlöses an eine Einrichtung der beruflichen Vorsorge.

[4]Alle Vorgänge gemäss den Absätzen 1–3 sind der Eidgenössischen Steuerverwaltung von der betreffenden Vorsorgeeinrichtung unaufgefordert zu melden.

[5]Die Bestimmungen dieses Artikels gelten für die direkten Steuern von Bund, Kantonen und Gemeinden.

Danach ist der Vorbezug im Bund und in den Kantonen getrennt vom übrigen Einkommen und in gleicher Weise wie eine Kapitalleistung aus Vorsorge, d.h. wie im Falle der Pensionierung, zu versteuern. Es kommen die gleichen Besteuerungsverfahren zur Anwendung, die in der Übersicht in *Darstellung 7E* aufgeführt sind. Als Hinweis auf die Steuerbelastung sind nachfolgend in *Darstellung 7F* die Steuerbeträge zusammengestellt, die von einem 40jährigen Mann bei einem Vorbezug per 1. Januar 1999 am Hauptort der entsprechenden Kantone zu bezahlen wären. Diese Berechnungen stellen auf die heute

Darstellung 7F
Besteuerung eines Vorbezugs aus beruflicher Vorsorge

Kanton (ohne Bund) Kantonshauptorte	Steuerbare Kapitalleistung (Mann, 40jährig, ref., Fälligkeit 1999)					
	50'000		100'000		200'000	
	verheiratet	ledig	verheiratet	ledig	verheiratet	ledig
Steuer	Fr.	Fr.	Fr.	Fr.	Fr.	Fr.
BE	2'392.-	2'751.-	5'741.-	6'817.-	14'352.-	18'060.-
GE[1]	2'365.-	2'365.-	5'305.-	5'305.-	11'743.-	11'743.-
LU	2'653.-	2'653.-	6'622.-	6'622.-	14'913.-	14'913.-
SG[2]	2'442.-	3'847.-	4'884.-	7'694.-	9'767.-	15'388.-
VD[1]	4'198.-	4'198.-	10'804.-	10'804.-	26'519.-	26'519.-
ZH[3]	2'490.-	2'490.-	4'980.-	4'980.-	9'960.-	11'379.-
Bund	80.-	128.-	569.-	801.-	3'053.-	3'229.-

Berechnungsbeispiel

Mann, 40jährig, verh., ref., wohnhaft in Zürich, bezieht 1999 eine Kapitalleistung von	Fr.	125'000.-
Davon steuerbar 80%	Fr.	100'000.-
Zu bezahlende Steuern:		
Kanton	Fr.	4'980.-
Bund	Fr.	569.-
Total	Fr.	5'549.-

[1] Ohne Kirchensteuer
[2] Tarif gemäss Übergangsregelung für 1999/2000
[3] Tarif und Berechnungsmethode 1999

(Aufgrund des Übergangsrechts sind vor dem 1.1.2002 fällige Kapitalleistungen allenfalls nur zu 80% steuerbar.)

bekannten Tarife und Besteuerungsmethoden ab. Sie geben einen Überblick über die Grössenordnung der Steuerbelastung im Einzelfall.

Die Verordnung zur Wohneigentumsförderung vom 3. Oktober 1994 enthält zusätzliche steuerliche Ausführungsbestimmungen betreffend Meldepflichten, die steuerliche Behandlung des Einkaufs von Beitragsjahren sowie bezüglich Steuerrückerstattung im Fall der Wiedereinzahlung des Vorbezugs (siehe Art. 13 und 14 WEFV). Eine Rückerstattung der erhobenen Steuer kann jedoch nur verlangt werden, wenn mindestens CHF 20'000.– zurückbezahlt werden (vgl. Praxis 5/99, Nr. 71).

7.82 Meldepflicht an die Eidg. Steuerverwaltung

Die Vorsorgeeinrichtung hat den Vorbezug und die Rückzahlung der Eidg. Steuerverwaltung zu melden. Ausserdem hat sie die Rückzahlung des Vorbezugs der versicherten Person auf einem von der Eidg. Steuerverwaltung herausgegebenen Formular zu bescheinigen (Art. 7 Abs. 3 WEFV).

Das von der Eidg. Steuerverwaltung vorgesehene Meldeformular entspricht dem Muster gemäss *Darstellung 7G*.

Die Rückzahlung bzw. die Wiedereinzahlung des Vorbezugs ist gemäss der gesetzlichen Sonderregelung steuerlich nicht abziehbar. Die Versicherten können jedoch die Rückerstattung des seinerzeit bezahlten Steuerbetrags verlangen, allerdings ohne Zins. Dabei ist eine Frist von drei Jahren zu beachten, sonst ist der Rückerstattungsanspruch verwirkt.

7.83 Rückzahlung des Vorbezugs und Einkauf von Beitragsjahren

Von der (obligatorischen oder freiwilligen) Rückzahlung des Vorbezugs ist der normale Einkauf von Beitrags- bzw. Dienstjahren zu unterscheiden, der dem Versicherten ermöglicht, seine Vorsorgeleistungen bis zur Erreichung der maximalen Planleistung (ausgehend von einer vollständigen Beitragsdauer) zu erhöhen. Solche Einkäufe aus privaten Mitteln sind, wie zuvor ausgeführt, in Anwendung von Art. 81 Abs. 2 BVG steuerlich voll abzugsfähig, wenn die reglementarischen und übergangsrechtlichen Voraussetzungen gegeben sind. Ab 1. Januar 2001 ist zudem die Begrenzung der Einkaufssumme gemäss Stabilisierungsprogramm 1998 nach Art. 79a BVG zu beachten. Liegt nun ein Vorbezug vor, so ist dieser für die Bestimmung der maximalen Planleistung anzurechnen, damit die (durch den Vorbezug bestehende) Vorsorge- bzw. Finanzierungslücke nicht allenfalls nachträglich ohne Rückzahlung durch einen

7.8 Steuerliche Behandlung der Wohneigentumsförderung ... 333

Darstellung 7G
Meldung der Vorbezüge an die Eidg. Steuerverwaltung

Eidgenössische Steuerverwaltung
Hauptabteilung Direkte Bundessteuer, Verrechnungssteuer, Stempelabgaben
Abteilung Banken und Versicherungen
Sektion Versicherungen und Vorsorge
3003 Bern Eigerstrasse 65

Dossier
Incarto

Form. **WEF**

Meldung über Vorbezüge für Wohneigentumsförderung
Déclaration de versements anticipés pour l'encouragement à la propriété du logement
Notifica del prelievo anticipato per la promozione della proprietà d'abitazione

Vorsorgeeinrichtung/Versicherungseinrichtung	Vorsorgeverhältnis bestand vor	1.1.85 ☒
Institution de prévoyance/Institution d'assurance	Début du rapport de prévoyance avant le	1.1.86 ☐
Istituto di previdenza/Istituto di assicurazione	Inizio del rapporto di previdenzia già prima del	1.1.87 ☐

Pensionskasse der MUSTER AG
Beispiellingen

Name und Adresse des Versicherten/Vorsorgenehmers
Nom et adresse de l'assuré/du preneur de prévoyance
Nome e indirizzo dell'assicurato/intestatario

AHV-Nr.
No AVS   527.42.720.
N. AVS

Helga Muster
Specimenstrasse 1
5555 Beispiellingen

Kanton
Canton
Cantone
XY

☒ 2. Säule / 2e pilier / 2° pilastro
☐ Freizügigkeitskonto/-police / Compte/police de libre passage / Conto/polizza di libero passaggio

Auszahlungsdatum
Date de paiement   04.05.1999
Data del pagamento

Ausgerichtete Kapitalleistung
Prestation en capital payée
Prestazione in capitale versata

Fr. _____85'500.--_____

Quellensteuer abgerechnet   ☐ ja   ☒ nein
Impôt à la source déduit   ☐ oui   ☐ non
Imposta alla fonte dedotta ☐ sì   ☐ no

Ort und Datum
Lieu et date
Luogo e data

Die Richtigkeit bezeugt - Certifié exact - Certificato esatto
Pensionskasse der MUSTER AG

Beispiellingen, 10.05.99   Tel.-Nr. 08 111 00 99

| ESTV/AFC | Kanton/Canton/Cantone |

Rückzahlung an die Vorsorgeeinrichtung / Versicherungseinrichtung
Remboursement à l'institution de prévoyance / Institution d'assurance
Rimborso a Istituto di previdenza / Istituto di assicurazione

Zahlungseingang / Date de paiement / Data del pagamento

Valuta

Fr. _____

Ort und Datum
Lieu et date
Luogo e data

Die Richtigkeit bezeugt - Certifié exact - Certificato esatto

Tel.-Nr.

| ESTV/AFC | |

1.96

steuerlich abziehbaren Einkauf gedeckt werden kann. Aus diesem Grund wird in Art. 14 Abs. 1 WEFV klargestellt, dass Einkäufe von Beitragsjahren vom steuerbaren Einkommen abgezogen werden können, soweit sie zusammen mit den Vorbezügen die reglementarisch maximal zulässigen Vorsorgeansprüche nicht überschreiten. Diese Bestimmung gilt gleichermassen für Leistungsprimat- und Beitragsprimatpläne. Bei letzteren ist das maximale Leistungsziel nach schematischen Kriterien festzulegen.

7.84 Zusatzversicherung zur Deckung der Versicherungslücke

Die Frage, wie eine Zusatzversicherung, welche die mit dem Vorbezug verbundenen Leistungskürzungen bei Tod und Invalidität ausgleicht (vgl. Art. 30c Abs. 4 BVG), steuerlich behandelt wird, ist auch nach Vorliegen der WEFV noch nicht definitiv gelöst. Das Bundesamt für Sozialversicherung hält in seinen Erläuterungen vom 3. Oktober 1994 zu Art. 17 der WEFV (Kosten der Zusatzversicherung) lediglich fest, der Abzug sei im Rahmen der 2. Säule und der Säule 3a gewährleistet.

Falls die Vorsorgeeinrichtung die entsprechende Zusatzversicherung selbst anbietet (in der Regel als Versicherungsnehmerin im Rückdeckungsverhältnis mit einer Versicherungsgesellschaft), ist die steuerliche Abzugsfähigkeit gemäss Art. 80 ff. BVG unbestritten. Offen ist dagegen, wie es sich mit der Abzugsfähigkeit verhält, wenn die Vorsorgeeinrichtung die Zusatzversicherung lediglich vermittelt und die Versicherung folglich direkt zwischen der versicherten Person und dem Versicherer abgeschlossen wird, d.h. ohne Zwischenschaltung eines Vorsorgeträgers der 2. Säule. Wird diese Zusatzversicherung im Rahmen der Säule 3a durchgeführt, ist der Abzug, wie für alle übrigen Versicherungsbeiträge, innerhalb der Limite selbstredend gegeben. Von Interesse ist jedoch, ob die Beträge an eine vermittelte Zusatzversicherung WEF zusätzlich zum allenfalls bereits ausgeschöpften Maximalabzug in der Säule 3a geltend gemacht werden können. Im Sinne der Gleichbehandlung aller gestützt auf das Wohneigentumsförderungsgesetz abgeschlossener Zusatzversicherungen müsste auch im Falle der Vermittlung der entsprechende Abzug zulässig sein. Die Steuerbehörden haben sich dazu noch nicht ausgesprochen. Dahingehend müssen im Interesse der Rechtssicherheit noch eindeutige Festlegungen erfolgen.

7.85 Verpfändung oder Vorbezug?

Zur immer wieder aufgeworfenen Frage, ob nun die Verpfändung oder der Vorbezug die vorteilhaftere Lösung sei, ist generell hervorzuheben, dass durch den Vorbezug (Eigenmittel) die steuerlich abzugsfähigen Hypothekar- bzw. Schuldzinsen reduziert werden, was grundsätzlich mit einer höheren Einkommenssteuerbelastung verbunden ist. Dazu kommt die sofortige Steuerpflicht auf dem Vorbezug. Verbleiben die Vorsorgegelder in der Vorsorgeeinrichtung, sind sie bis zur Fälligkeit steuerbefreit. Dadurch wirkt sich die Verpfändung, sofern alles gut, d.h. ohne Pfandverwertung abläuft, steuerlich im direkten Vergleich zum Vorbezug in vielen Fällen günstig aus. Die Resultate können sich aber je nach Verhältnis zwischen der Verzinsung auf dem Vorsorgeguthaben, der Hypothekarzinssituation und der individuellen Grenzsteuerbelastung verschieben. Die verschiedenen Berechnungsvergleiche zeigen zudem, dass der steuerliche Aspekt zwar wesentlich ist, aber nicht überbetont werden darf. Für die Beurteilung, ob die Vorsorgegelder zur Wohneigentumsförderung eingesetzt werden sollen, sei es in Form der Verpfändung oder eines Vorbezugs, sind in erster Linie die reglementarischen Planleistungen und deren Finanzierung massgebend. Die Entscheidung im Einzelfall hängt zudem von zahlreichen anderen, teils rein subjektiven Einflussfaktoren ab, die mit dem Wohneigentum verbunden sind. Verfügt die versicherte Person über zu wenig Eigenmittel, obschon die laufende Finanzierung aufgrund ihrer Einkommensverhältnisse gesichert scheint, steht zum vornherein nur der Vorbezug zur Diskussion (siehe dazu auch die verschiedenen Aufsätze in der Akzentnummer "Freizügigkeit und Wohneigentumsförderung", in: SPV 4/94, sowie "Wohneigentumsförderung", in: SPV 5/96).

Die Auswirkungen des neuen Wohneigentumsförderungsgesetzes auf die Säule 3a (BVV 3) sind bereits zuvor in Abschnitt 7.7 erläutert worden.

7.9 Verrechnungssteuern, Quellensteuern und weitere Abgaben

Nachstehend ist noch auf einige weitere Steuern und Abgaben hinzuweisen, die für jede Vorsorgeeinrichtung vor allem in der praktischen Durchführung wichtig sind. Im Vordergrund steht die Verrechnungssteuer auf Versicherungs- und Vorsorgeleistungen gemäss Bundesgesetz über die Verrechnungssteuer vom 13. Oktober 1965. Dazu kommt die im Bund bei der direkten Bundessteuer und in den Kantonen per 1. Januar 1995 neu eingeführte bzw. neu konzipierte Quellensteuer auf Kapital- und Rentenleistungen aus privatrechtlichen Vorsorgeeinrichtungen an Empfänger im Ausland sowie allenfalls eine Quellensteuer auf Ersatzeinkünften.

7.91 Verrechnungssteuer auf Vermögenserträgen

Die abgezogenen *Verrechnungssteuern von 35% auf Vermögenserträgen* können von steuerbefreiten Vorsorgeeinrichtungen vollständig zurückgefordert werden (gemäss Art. 53 der Verordnung zum Bundesgesetz über die Verrechnungssteuer).

Auf den abgezogenen Verrechnungssteuern können Akontozahlungen (Abschlagsrückerstattungen) einverlangt werden, und zwar *je auf Ende der ersten drei Quartale,* falls sich der mutmassliche Rückerstattungsanspruch auf mindestens CHF 4'000.– jährlich beläuft, was bei praktisch allen Vorsorgeeinrichtungen der Fall sein dürfte (Art. 65 der VO zum Bundesgesetz über die Verrechnungssteuer). Jeder Vorsorgeeinrichtung ist daher empfohlen, Akontozahlungen einzuverlangen.

Auf Ausschüttungen von Anlagestiftungen wird keine Verrechnungssteuer abgezogen.

Die Rückerstattung von abgezogenen Quellensteuern im Ausland erfolgt im Rahmen der *Doppelbesteuerungsabkommen.*

7.92 Verrechnungssteuerabzug auf Versicherungsleistungen oder Meldung an die Eidg. Steuerverwaltung

Zur Sicherung der *Verrechnungssteueransprüche auf Versicherungsleistungen* sind von den Versicherungsgesellschaften bzw. den Vorsorgeeinrichtungen der Eidg. Steuerverwaltung in Bern auf besonderen Formularen die Leistungen, nämlich *Kapitalabfindungen aus Versicherungen von über CHF 5'000.– und Renten von über CHF 500.– jährlich zu melden oder um die Verrechnungs-*

steuer zu kürzen, sofern der Versicherungs- bzw. Vorsorgenehmer und/oder Begünstigte bei Eintritt des versicherten Ereignisses Inländer ist. Diese Sicherungssteuer bzw. der Verrechnungssteuerabzug beträgt bei Kapitalabfindungen 8% und bei Renten 15% und ist an die Eidg. Steuerverwaltung abzuführen (siehe Art. 7 und 8 des Bundesgesetzes über die Verrechnungssteuer und Art. 43–50 der Verordnung).

Die Steuerpflicht wird normalerweise durch *Meldung* der steuerbaren Leistungen an die Eidg. Steuerverwaltung erfüllt. Nur wenn der Berechtigte schriftlich dem Versicherer *verbietet,* diese Meldung zu erstatten, sind die Versicherungsleistungen im vorgenannten Umfang um die Verrechnungssteuer zu *kürzen.*

Für die Meldung der Versicherungsleistungen gemäss Art. 19 des Bundesgesetzes über die Verrechnungssteuer bestehen für Leistungen aus der 2. Säule und der Säule 3a besondere Formulare, einerseits für die Meldung von Kapitalleistungen (Nr. 563) und andererseits für die Meldung von Rentenleistungen (Nr. 565). Beide Formulare sind auf den 1. Oktober 1987 neu gestaltet worden. Vorbezüge für Wohneigentumsförderung werden auf dem gesonderten Formular "WEF" gemeldet (vgl. *Darstellung 7G).*

7.93 Quellensteuern für Empfänger im Ausland und auf Ersatzeinkünften aus Versicherung

Mit dem Inkrafttreten des Bundesgesetzes über die direkte Bundessteuer per 1. Januar 1995 wurde gemäss Art. 96 DBG eine Quellensteuer auf privatrechtlichen Vorsorgeleistungen aus der 2. Säule und der Säule 3a an *im Ausland wohnhafte Empfänger* eingeführt. Die Quellensteuer wird auf Renten und auf Kapitalleistungen erhoben.

Das DBG bestimmt folgendes:

Art. 5 DBG

[1]Natürliche Personen ohne steuerrechtlichen Wohnsitz oder Aufenthalt in der Schweiz sind aufgrund wirtschaftlicher Zugehörigkeit steuerpflichtig, wenn sie

e. Leistungen aus schweizerischen privatrechtlichen Einrichtungen der beruflichen Vorsorge oder aus anerkannten Formen der gebundenen Selbstvorsorge erhalten.

338   7. Steuerliche Behandlung der beruflichen Vorsorge

Darstellung 7H
Rentenmeldung

 Eidgenössische Steuerverwaltung
Hauptabteilung Stempelabgaben und Verrechnungssteuer
Sektion Meldewesen
3003 Bern - Eigerstrasse 65
Tel. 031 61 71 25 deutsch
Tel. 031 61 71 26 français / italiano

Dossier Incarto: SM

Form. **565**

Meldung-Nr. - Déclaration no
Dichiarazione n.   111 * April 99

Rentenmeldung
(BG über die Verrechnungssteuer)
Déclaration de rentes
(LF sur l'impôt anticipé)
Notifica di rendita
(LF su l'imposta preventiva)

Vorsorgeeinrichtung / Versicherungsgesellschaft
Institution de prévoyance / établissement d'assurance
Istituto di previdenza / istituto di assicurazione

**Schweizerische Lebensversicherungs-
und Rentenanstalt
Zürich**

Vorsorgeform - Genre de prévoyance - Genere di previdenza

X 2. Säule - 2e pilier - 2° pilastro
   Freizügigkeitskonto / -police - Compte / police de libre passage - Conto / polizza di libero passaggio
   Säule 3a - Pilier 3a - Pilastro 3a

AHV- oder Policen-Nr.
No AVS ou no de police
N. AVS o n. della polizza   548.11.222

Vorsorgeverhältnis bestand vor Début du rapport de prévoyance avant le Inizio del rapporto di previdenza già prima del	1.1.85 X 1.1.86 1.1.87	Erste Rente zahlbar am Première rente payée le La prima rendita è pagabile il	01.05.1999
Eintritt des versicherten Ereignisses Réalisation de l'événement assuré le Evento assicurato realizzato il	01.05.1999	Erhöhung der Rente am Augmentation de la rente le Aumento della rendita il	

Nur für Versicherungsgesellschaft - Seulement pour établissement d'assurance - Solamente per istituto di assicurazione

Name und Adresse des Kollektiv-Versicherungsnehmers
Nom et adresse du preneur d'assurance collective
Nome ed indirizzo dello stipulante collettivo

BVG-Sammelstiftung der Rentenanstalt
Adresse: Firma Beispiel AG
         Vielleichtstrasse 20
         8118 Ortlingen

Direktzahlung   ja   [X] oui   [ ] nein
Paiement direct   non
Pagamento diretto   no

Name und Adresse des Versicherten / Vorsorgenehmers
Nom et adresse de l'assuré / du preneur de prévoyance
Nome ed indirizzo dell'assicurato / intestatario

Herrn
Hans Muster
Specimenstrasse 88
5555 Beispiellingen   Kanton / Canton / Cantone XY

Name und Adresse des / der Anspruchsberechtigten
Nom et adresse de l'ayant droit
Nome ed indirizzo dell'avente diritto

Herrn
Hans Muster
Specimenstrasse 88
5555 Beispiellingen   Kanton / Canton / Cantone XY

Altersrente - Rente de vieillesse - Rendita di vecchiaia .... Fr. **35'315.--**

Witwen- /Witwerrente - Rente de veuve/veuf - Rendita di vedova/vedovo .... Fr.

Invaliditätsrente - Rente d'invalidité - Rendita d'invalidità .... Fr.

Waisenrente - Rente d'orphelin - Rendita di orfano .... Fr.

Kinderrente - Rente d'enfant - Rendita per i figli .... Fr.

Zusatzleistungen - Prestations complémentaires - Prestazioni complementari .... Fr.

Gesamte Jahresrente - Rente annuelle totale - Rendita annua complessiva .... Fr. **35'315.--**

Bemerkungen
Observations
Osservazioni

Ort und Datum   Zürich, 06.04.1999
Lieu et date
Luogo e data

Für die Richtigkeit - Certifié exact - In fede
Rentenanstalt / Swiss Life

Peter Siegrist
Vizedirektor

920 338 - 10.95

7.9 Verrechnungssteuern, Quellensteuern und weitere Abgaben 339

Darstellung 7I

Meldung über Kapitalleistungen

 Eidgenössische Steuerverwaltung
Hauptabteilung Stempelabgaben und Verrechnungssteuer
Sektion Meldewesen
3003 Bern · Eigerstrasse 65
Tel. 031 61 71 25 deutsch
Tel. 031 61 71 26 français / italiano

Dossier Incarto: SM

Form. **563**

Meldung über Kapitalleistungen
(BG über die Verrechnungssteuer)
Déclaration de prestations en capital
(LF sur l'impôt anticipé)
Notifica di prestazioni in capitale
(LF su l'imposta preventiva)

Meldung-Nr. - Déclaration no Dichiarazione n.: 888 * April 99

Vorsorgeeinrichtung / Versicherungsgesellschaft
Institution de prévoyance / établissement d'assurance
Istituto di previdenza / istituto di assicurazione

Schweizerische Lebensversicherungs- und Rentenanstalt
Zürich

Vorsorgeform - Genre de prévoyance - Genere di previdenza

X 2. Säule - 2e pilier - 2° pilastro
  Freizügigkeitskonto/ -police - Compte / police de libre passage - Conto / polizza di libero passaggio
  Säule 3a - Pilier 3a - Pilastro 3a

Vorsorgeverhältnis bestand vor Début du rapport de prévoyance avant le Inizio del rapporto di previdenza già prima del	1.1.85 X 1.1.86 1.1.87	AHV- oder Policen-Nr. No AVS ou no de police N. AVS o n. della polizza: 333.22.111
Eintritt des versicherten Ereignisses Réalisation de l'événement assuré le Evento assicurato realizzato il: 30.04.1999		Auszahlungsdatum Date de paiement Data del pagamento: 03.05.1999

Nur für Versicherungsgesellschaft - Seulement pour établissement d'assurance - Solamente per istituto di assicurazione

Name und Adresse des Kollektiv-Versicherungsnehmers
Nom et adresse du preneur d'assurance collective
Nome ed indirizzo dello stipulante collettivo

```
Personalvorsorgestiftung der Firma
Beispiel AG, Musterlingen
Adresse: Firma Beispiel AG
         Eventuellweg 88
         8888 Spezlingen
```

Direktzahlung / Paiement direct / Pagamento diretto: [X] ja/oui/si [ ] nein/non/no

Name und Adresse des Versicherten / Vorsorgenehmers
Nom et adresse de l'assuré / du preneur de prévoyance
Nome ed indirizzo dell'assicurato / intestatario

Frau Claudia Muster
Beispielweg 1
9999 Fantastlingen

Kanton / Canton / Cantone: XZ

Name und Adresse des / der Anspruchsberechtigten
Nom et adresse de l'ayant droit
Nome ed indirizzo dell'avente diritto

Frau Claudia Muster
Beispielweg 1
9999 Fantastlingen

Kanton / Canton / Cantone: XZ

	Erlebensfall Cas de vie Caso di vita	Todesfall Décès Caso di morte	Invalidität Invalidité Invalidità	Vorzeitige Auflösung infolge Résiliation prématurée en raison de Risoluzione anticipata in caso di
x				

Ausgerichtete Kapitalleistung
Prestation en capital payée
Prestazione in capitale versata . . . . Fr. 350'734.--

Zuzüglich früher ausgerichtete nicht gemeldete Beträge
Montants non déclarés versés précédemment
Importi non dichiarati versati precedentemente . . . . Fr.

Bruttoleistung - Prestation brute - Prestazione lorda . . . . Fr. 350'734.--

Vom Versicherten geleistete Beiträge und Einkäufe ohne Zins
Cotisations et rachats de l'assuré, sans intérêts
Contributi e riscatti prestati dall'assicurato, senza interessi . . . . Fr.

Bemerkungen
Observations
Osservazioni

Ort und Datum / Lieu et date / Luogo e data: Zürich, 10.05.1999

Für die Richtigkeit - Certifié exact - In fede
Rentenanstalt / Swiss Life

Peter Siegrist
Vizedirektor

920 328 - 10.95

7. Steuerliche Behandlung der beruflichen Vorsorge

Art. 96 DBG Empfänger von privatrechtlichen Vorsorgeleistungen

¹Im Ausland wohnhafte Empfänger von Leistungen aus schweizerischen privatrechtlichen Einrichtungen der beruflichen Vorsorge oder aus anerkannten Formen der gebundenen Selbstvorsorge sind hierfür steuerpflichtig.

²Die Steuer beträgt bei Renten 1 Prozent der Bruttoeinkünfte; bei Kapitalleistungen wird sie gemäss Artikel 38 Absatz 2 berechnet.

Im Rahmen des Stabilisierungsprogramms 1998 wurde Art. 95 inhaltlich an Art. 96 angepasst.

Art. 95 DBG Empfänger von Vorsorgeleistungen aus öffentlich-rechtlichem Arbeitsverhältnis

¹Im Ausland wohnhafte Empfänger von Pensionen, Ruhegehältern oder anderen Vergütungen, die sie aufgrund eines früheren öffentlich-rechtlichen Arbeitsverhältnisses von einem Arbeitgeber oder einer Vorsorgeeinrichtung mit Sitz in der Schweiz erhalten, sind für diese Leistungen steuerpflichtig.

²Die Steuer beträgt bei Renten 1 Prozent der Bruttoeinkünfte; bei Kapitalleistungen wird sie nach Artikel 38 Absatz 2 berechnet.

Damit wird die Praxis (vgl. Art. 11 Verordnung über die Quellensteuer bei der direkten Bundessteuer vom 19. Oktober 1993), auch Kapitalleistungen aus öffentlich-rechtlichem Arbeitsverhältnis der Quellensteuer zu unterwerfen, im Gesetz verankert. Gemäss dem bisherigen Art. 95 DBG wären, im Widerspruch zur obenerwähnten Praxis, nur Renten aus öffentlich-rechtlichem Arbeitsverhältnis an der Quelle steuerbar.

Gestützt auf das Bundesgesetz über die Harmonisierung der direkten Steuern der Kantone und Gemeinden (StHG) führten per 1. Januar 1995 auch die Kantone eine entsprechende Quellenbesteuerung ein (siehe dazu *Zigerlig R.,* Quellensteuern, in: *Höhn/Athanas,* Das neue Bundesrecht über die direkten Steuern, Bern 1993, S. 375 ff.).

Der Kanton Genf kennt einen Quellensteuerabzug auf Vorsorgeleistungen seit 1987. In der deutschen Schweiz haben die Kantone ZH und SG die Quellensteuer auf Vorsorgeleistungen aus der 2. Säule und aus der Säule 3a an Empfänger im Ausland per 1. Januar 1991 eingeführt. Diese Regelungen werden nun an die neuen Bestimmungen angepasst. Seit 1. Januar 1995 kennen ausser dem Kanton AG, der auf 1. Januar 2001 folgen wird, alle Kantone eine Quellensteuer.

Beweggrund bildet folgender Sachverhalt: Die Leistungen aus privatwirtschaftlichen Vorsorgeeinrichtungen werden grundsätzlich dort besteuert, wo der Vorsorgenehmer im Zeitpunkt der Fälligkeit seinen Wohnsitz hat. Ein Empfänger von solchen Vorsorgeleistungen hat demnach die Möglichkeit, kurz vor Eintritt der Fälligkeit seinen Wohnsitz ins Ausland zu verlegen und dadurch der Besteuerung in der Schweiz zu entgehen, da mit der Wohnsitzverlegung der steuerliche Anknüpfungspunkt in der Schweiz entfällt. Diese Steuerplanung wird in der Fachliteratur häufig als "Pilotentrick" bezeichnet, weil die Frage des Besteuerungsrechts im Falle der Abreise eines Piloten im Jahr 1985 vom Verwaltungsgericht des Kantons Zürich gerichtlich überprüft und zugunsten des Steuerpflichtigen entschieden worden war. Diesem Vorgehen, das selbstverständlich nicht an die Berufsgattung der Piloten gebunden ist, wurde durch die Einführung einer Quellensteuerpflicht ein Riegel geschoben.

Zusätzlich erheben der Bund und die Kantone seit 1995 eine Quellensteuer auf Versicherungsleistungen, die an quellenbesteuerte Inländer in Form von "Ersatzeinkünften" ausbezahlt werden. Der Quellensteuer auf Ersatzeinkünften unterliegen alle ausländischen Arbeitnehmer, welche die fremdenpolizeiliche Niederlassungsbewilligung (C-Bewilligung) nicht besitzen. Insbesondere zählen zu den Ersatzeinkünften gemäss Art. 84 DBG und Art. 32 StHG Versicherungsleistungen wie Taggelder aus Kranken- und Unfallversicherung, eidg. Invalidenversicherung, Arbeitslosenversicherung, beruflicher Vorsorge usw. Vorausgesetzt wird, dass es sich um Schadensversicherungsleistungen handelt. Im Rahmen der beruflichen Vorsorge betrifft dies vor allem Vorsorgeleistungen im Invaliditätsfall, die von den Vorsorgeeinrichtungen gegebenenfalls um die Quellensteuer zu kürzen sind. Der abgezogene Betrag ist an die zuständige Steuerbehörde abzuliefern. Die Vorsorgeeinrichtung hat dafür Anspruch auf eine Bezugsprovision. Nicht der Quellensteuer für Arbeitnehmer unterliegen von vornherein Alters- und Hinterlassenenleistungen aus der 2. Säule und der Säule 3 (siehe dazu *Rufener A.*, Zur Erfassung von "Ersatzeinkünften" mit der Quellensteuer nach dem Bundesgesetz über die direkte Bundessteuer [DBG] bzw. dem Bundesgesetz über die Harmonisierung der direkten Steuern der Kantone und Gemeinden [StHG], in: ASA 1994, S. 98 ff.).

Von der Quellensteuer auf Ersatzeinkünften ist nach dem Gesagten die Quellenbesteuerung von Vorsorgeleistungen an Empfänger im Ausland zu unterscheiden. Dies betrifft alle Vorsorgeleistungen (Renten-, Kapitalleistungen oder andere Vergütungen) aus privatrechtlichen Einrichtungen der beruflichen Vorsorge oder aus der gebundenen Selbstvorsorge (Säule 3a). Vorsorgeleistungen aus öffentlich-rechtlichen Einrichtungen wurden schon vorher im Herkunftsland besteuert. Personen, die eine Kapitalleistung aus Vorsorge erhalten, unterliegen dann der Quellensteuer, wenn ihnen die Kapitalleistung zu einem Zeitpunkt ausbezahlt wird, in dem sie in der Schweiz keinen Wohnsitz oder Aufenthalt (mehr) haben. Steuerbar sind die Alters-, Invaliden- oder Todesfalleistungen sowie vorzeitige Barauszahlungen ins Ausland. Neu werden im Zusammenhang mit der Wohneigentumsförderung auch Vorbezüge zum

Erwerb von Wohneigentum im Ausland durch einen im Ausland wohnhaften Vorsorgenehmer von der Quellensteuer erfasst.

Die rechtlichen Grundlagen sind für den Bund in der nachfolgenden Übersicht über die Quellensteuern gemäss DBG *(Darstellung 7J)* festgehalten, die die Eidg. Steuerverwaltung mit Schreiben vom 25. Januar 1994 den interessierten Wirtschaftsverbänden und Bundesbehörden zugestellt hat.

Die einzelnen Verfahrensbestimmungen sind auf Bundesebene in der Verordnung über die Quellensteuer bei der direkten Bundessteuer (QStV) vom 19. Oktober 1993 (mit Ergänzung vom 2. August 1994) ausgeführt. Der Bund und die Kantone stellen zudem Merkblätter über die Quellenbesteuerung privatrechtlicher und öffentlich-rechtlicher Vorsorgeleistungen an Personen ohne Wohnsitz oder Aufenthalt in der Schweiz zur Verfügung. Entsprechend passten die Kantone ihre Steuergesetze an (vgl. für Zürich die Quellensteuerverordnung II sowie das Merkblatt des Kantonalen Steueramtes über die Quellenbesteuerung privatrechtlicher Vorsorgeleistungen an Personen ohne Wohnsitz oder Aufenthalt in der Schweiz, gültig ab 1. Januar 1995).

Im Verhältnis zwischen Verrechnungssteuer und Quellensteuer auf Versicherungs- und Vorsorgeleistungen ist als Grundsatz hervorzuheben, dass die Verrechnungssteuer (Meldung oder Abzug) entfällt, falls eine Quellensteuerpflicht Platz greift.

Darstellung 7J
Übersicht über die Quellensteuern gemäss DBG
(abweichende Regelungen der von der Schweiz abgeschlossenen DBA vorbehalten)

Steuerpflichtige Personen	Steuerbare Einkünfte	Schuldner der steuerbaren Leistung
Ausländische Arbeitnehmer mit Wohnsitz oder Aufenthalt in der Schweiz, ohne Ausweis C[1] (Art. 83 DBG)	Arbeitseinkünfte, Ersatzeinkünfte aus Versicherung[3]	Arbeitgeber, Versicherer
Ausländische Arbeitnehmer ohne Wohnsitz oder Aufenthalt in der Schweiz[2] (Art. 91 DBG)	Arbeitseinkünfte, Ersatzeinkünfte aus Versicherung[3]	Arbeitgeber, Versicherer
Im Ausland wohnhafte Künstler, Sportler und Referenten (Art. 92 DBG)	Einkünfte aus persönlicher Tätigkeit in der Schweiz, inkl. Einkünfte, die an Dritte fliessen	Veranstalter, Agentur usw.
Im Ausland wohnhafte Mitglieder der Verwaltung oder Geschäftsführung von Unternehmungen (Art. 93 DBG)	Tantiemen, Sitzungsgelder, feste Entschädigungen und ähnliche Vergütungen	Unternehmung oder Betriebsstätte in der Schweiz
Im Ausland wohnhafte Hypothekargläubiger[4] (Art. 94 DBG)	Zinsen	Hypothekarschuldner in der Schweiz
Im Ausland wohnhafte Empfänger von Vorsorgeleistungen (Art. 95 und 96 DBG)	Renten und Kapitalleistungen aus Säulen 2 und 3a	Vorsorgeträger in der Schweiz
Im Ausland wohnhafte Arbeitnehmer bei internationalen Transporten (Art. 97 DBG)	Lohn oder andere Vergütungen	Arbeitgeber mit Sitz oder Betriebsstätte in der Schweiz

[1] Ausländische Arbeitnehmer ohne fremdenpolizeiliche Niederlassungsbewilligung (Jahresaufenthalter, Saisonarbeiter, Asylbewerber)
[2] Grenzgänger, Wochenaufenthalter, Kurzaufenthalter
[3] Ersatzeinkünfte aus Kranken-, Unfall-, Haftpflicht-, Invaliden- und Arbeitslosenversicherung (Taggelder, Entschädigungen, Teilrenten und an deren Stelle tretende Kapitalleistungen)
[4] Gläubiger oder Nutzniesser von Forderungen, gesichert durch Grund- oder Faustpfand, auf Grundstücken in der Schweiz

Aus: Schreiben der Eidg. Steuerverwaltung, Hauptabteilung Direkte Bundessteuer, an die interessierten Wirtschaftsverbände und Bundesbehörden vom 25. Januar 1994

7.94 AHV-Beiträge auf Vorsorgeleistungen

Auf *Vorsorgeleistungen* sind in der Regel *keine AHV-Beiträge* zu entrichten. Gemäss *Art. 6 Abs. 2 lit. c AHVV* (in der Fassung vom 27. Mai 1981) gehören *nicht* zum Erwerbseinkommen "Leistungen von Vorsorgeeinrichtungen". Dazu gibt es allerdings, sofern es sich um freiwillige, nicht reglementarische oder vertraglich vereinbarte Leistungen handelt, betragsmässige Begrenzungen.

Art. 6bis AHVV Freiwillige Vorsorgeleistungen

[1]Freiwillige Vorsorgeleistungen des Arbeitgebers oder einer selbständigen Vorsorgeeinrichtung bei Beendigung des Arbeitsverhältnisses gehören nicht zum Erwerbseinkommen, soweit sie für ein Jahr zusammen mit Leistungen nach Art. 6 Abs. 2h und i folgende Prozentsätze des letzten Jahreslohnes nicht übersteigen:

letzter Lohn in Franken für ein Jahr		Prozentsatz
bis	120'000	65
für weitere	120'000	50
für Teile über	240'000	40

[2]Wird die Vorsorgeleistung vor Beginn des AHV-Rentenalters ausgerichtet, so wird der Betrag nach Abs. 1 bis zur Erreichung dieses Alters um den Höchstbetrag der einfachen Altersrente der AHV erhöht.

[3]Hat der Leistungsempfänger das 60. Altersjahr noch nicht vollendet, so wird für jedes fehlende Altersjahr der nach den Abs. 1 und 2 ermittelte Betrag um je 5 Prozent, jedoch höchstens um 75 Prozent gekürzt.

[4]Hat der Leistungsempfänger weniger als 15 Dienstjahre beim Arbeitgeber gearbeitet, der die Vorsorgeleistung gewährt, wird der nach den Abs. 1–3 ermittelte Betrag für jedes fehlende Dienstjahr um je einen Fünfzehntel gekürzt.

[5]Wird das Arbeitsverhältnis wegen rentenbegründender Invalidität im Sinne von Art. 28 IVG aufgelöst, so wird der nach Abs. 1 und 2 ermittelte Betrag nicht gekürzt.

[6]Kapitalabfindungen werden in Renten umgerechnet. Das Departement stellt dafür Tabellen auf.

Art. 7 lit. p und q AHVV definieren den für die Berechnung der Beiträge massgebenden Lohn. (Die gleiche Regelung gilt für IV und EO.)
  Die in der AHVV für die Beitragserhebung auf Vorsorgeleistungen gewählte Lösung steht unter dem Leitgedanken der *Missbrauchsverhinderung*. Die Beiträge werden dabei beim letzten Arbeitgeber eingefordert, die Vorsorgeeinrichtung selbst hat keine Beiträge abzurechnen.
  Beiträge an die Säule 3a von Selbständigerwerbenden unterliegen der AHV-Beitragspflicht (Urteil vom 22. November 1989 des Eidg. Versicherungsgerichtes).

7.95 Stempelsteuer auf Vorsorgeleistungen

Prämienzahlungen für Versicherungen der beruflichen Vorsorge und der gebundenen Selbstvorsorge sind gemäss Art. 22 lit. a^{bis} des Stempelsteuergesetzes ausdrücklich von der Abgabe befreit.

Art. 22 StG Ausnahmen

Von der Abgabe ausgenommen sind die Prämienzahlungen für die

a. nicht rückkaufsfähige Lebensversicherung sowie die rückkaufsfähige Lebensversicherung mit periodischer Prämienzahlung; der Bundesrat legt in einer Verordnung die notwendigen Abgrenzungen fest;

a^{bis}. Lebensversicherung, soweit diese der beruflichen Vorsorge im Sinne des Bundesgesetzes vom 25. Juni 1982 über die berufliche Alters-, Hinterlassenen- und Invalidenvorsorge dient;

a^{ter}. Lebensversicherung, welche von einem Versicherungsnehmer mit Wohnsitz im Ausland abgeschlossen wird.

8. Versicherungstechnische Grundbegriffe

8.1 Versicherungstechnische Grundlagen

Die Berechnung der Leistungen bzw. der Beiträge erfolgt bei der Kollektivversicherung wie bei autonomen Kassen anhand von versicherungstechnischen Rechnungsgrundlagen (Tarifen). Je nach der Wahl der Grundlagen fallen die Leistungen bzw. die Beiträge höher oder niedriger aus. Es ist daher auch für den Nichtversicherungsfachmann – insbesondere für Stiftungsräte und die Kontrollstelle – wichtig, den Aufbau der technischen Grundlagen zu kennen.

So zeigt der Vergleich eines Kollektivversicherungsvorschlages mit einer Berechnung eines Versicherungsexperten für eine autonome Kasse nur die mutmasslichen Kosten, die keinesfalls für die Risikoträgerwahl entscheidend sein dürfen. Beide Offerten stellen erste Voranschläge dar, da die zu erbringenden Aufwendungen sich nur approximativ, gestützt auf Annahmen, errechnen lassen, die aus den bisherigen versicherungstechnischen und betriebswirtschaftlichen Erfahrungen extrapoliert werden. Die deshalb in sehr vielen Fällen beschränkte Verwendbarkeit der Berechnungen ist offensichtlich. Ein eigentlicher Kostenvergleich kann immer erst nachträglich aufgrund der effektiven Zahlen der Buchhaltung angestellt werden. Die versicherungstechnischen Rechnungsgrundlagen sind und ergeben daher immer Budgetzahlen. Diese Zahlen sind vergleichbar mit einer Standardkostenrechnung, wie diese aus dem betrieblichen Rechnungswesen bekannt ist.

Der Tarif für Kollektivversicherungen ist behördlich genehmigt und war bis 1996 für alle Lebensversicherungsgesellschaften verbindlich. Unterschiedlich von Gesellschaft zu Gesellschaft waren indessen die Überschussrückvergütungen, auch Gewinnbeteiligungen genannt (siehe Abschnitte 3.32 und 4.25 lit. c). Tarifabmachungen unter den Lebensversicherern sind nicht mehr zulässig. Die Liberalisierung war stark von der EU beeinflusst (siehe auch Abschnitt 8.1 mit vielen weiteren Ausführungen hiezu).

8. Versicherungstechnische Grundbegriffe

8.11 Elemente der Rechnungsgrundlagen

Die *Elemente der Rechnungsgrundlagen* sind
- die *Wahrscheinlichkeitstafeln* (Sterblichkeit, Invalidität, Verheiratung u.a.),
- der *technische Zinsfuss* und
- die *Verwaltungskostensätze*.

Eine weitergehende Einteilung unterscheidet
- *Risikoelemente*, so das Sterberisiko und das Invaliditätsrisiko,
- *demographische Elemente*, indem anstelle der individuellen Familiensituation mit Wahrscheinlichkeiten (Erfahrungszahlen) gerechnet wird,
- den *technischen Zinsfuss* und
- sog. *ökonomische Elemente*, wie Verwaltungskosten, Mutationsgewinne bzw. -verluste, Lohnveränderungen, Rentenerhöhungen.

Die technischen *Grundlagenelemente der Zweiten Säule (BVG)* sind in einer Broschüre des Bundesamtes für Sozialversicherung erläutert (siehe BSV: Technische Grundlagenelemente, Bern 1983). Dort werden unterschieden

- *biometrische Rechnungsgrundlagen*,
- *demographische Rechnungsgrundlagen*,
- *wirtschaftliche Schätzungselemente*.

Die Rechnungsgrundlagen und Tarife können – wie bereits erwähnt – in etwa verglichen werden mit der *Standardkostenrechnung* (Plankostenrechnung) in Industriebetrieben. Auch in diesem Falle werden die Kalkulationen auf der Basis von Standardkosten, also *Soll-Kosten,* berechnet. Später werden dann die Abweichungen der *Ist-Kosten* zu den kalkulierten Soll-Kosten analysiert (Material-, Lohn- und Gemeinkostenabweichungen).

8.12 Allgemeines zu den Wahrscheinlichkeitstafeln

Die Wahrscheinlichkeitstafeln lassen sich nur anwenden für Kollektive, bei denen die Vermutung berechtigt erscheint, dass die Zahl der Versicherungsfälle lediglich unbedeutenden Zufallsschwankungen unterliegt. Je kleiner die Mitgliederzahl ist, um so grössere Abweichungen sind aber von den errechneten Wahrscheinlichkeitswerten zu erwarten.

Die Meinungen, wie gross ein Personenbestand sein muss, um die Voraussetzung für die Errichtung einer autonomen Pensionskasse zu erfüllen, sind mit einem gewissen Vorbehalt zu betrachten. Oft wird gesagt, eine autonome Kasse sollte *mindestens einige hundert Mitglieder* umfassen, damit der Risikoausgleich einigermassen gewährleistet sei und die erwarteten Werte (gemäss Wahrscheinlichkeitsrechnung) nur wenig (Toleranzgrenze) von den gemessenen Werten abweichen.

Gemäss *Art. 43 Abs. 1 BVV 2* muss eine Vorsorgeeinrichtung ganz oder teilweise über eine Rückdeckung, d.h. in der Regel eine Kollektivversicherung, verfügen (oder einer Sammelstiftung angeschlossen sein), wenn *"ihr weniger als hundert aktive Versicherte angehören"*.

Ein allgemeingültiger Grundsatz, wieviele Personen zu einer autonomen Kasse notwendig sind, kann aus verschiedenen Gründen nicht festgelegt werden. In versicherungstechnischer und statistischer Hinsicht ist *selbst eine Kasse mit mehreren hundert Personen noch lange nicht gegen alle Zufallsschwankungen gesichert*. So wurde schon wiederholt nachgewiesen, dass selbst Kassen mit sehr grossen Versichertenbeständen mit starken Abweichungen von den mathematischen Werten (Erwartungswerten) zu rechnen haben. Dabei spielen auch die Form der Versicherungsleistungen (Kapital- oder Rentenversicherung), die Altersstruktur der Versicherten usw. eine Rolle. Die Risiken können sich teilweise auch kompensieren, wie das bei einer gemischten Rentenversicherung (Alters-, Invaliden- und Hinterbliebenenrenten) der Fall ist.

Dabei dürfen die Schwankungen nicht nur für ein Jahr, sondern über die ganze Laufzeit der Versicherung, also z.B. im Mittel zehn Jahre (unter Annahme von Fluktuationen), betrachtet werden. So entsprechen 100 Versicherte über zehn Jahre dem gleichen Risiko wie 1'000 Personen über ein Jahr (sog. mehrjährige Beobachtungsperiode).

Eine technisch richtige Budgetierung für kleine Kassen hat massive Risikozuschläge zu berücksichtigen, da der technische Voranschlag für kleine Kassen mit hohen möglichen volatilen Kosten zu rechnen hat. Die Volatilität ist um so grösser, je kleiner das Versichertenkollektiv ist. Es muss ein *Schwankungsfonds* gebildet bzw. ein entsprechendes *Garantiekapital* bereitgestellt werden. Das Total der bereitzustellenden Deckung für eine kleine Kasse kann dadurch wesentlich höher sein als das notwendige Deckungskapital für eine entsprechende Kollektivversicherung. Das besagt aber noch nicht, dass die effektiven Kosten der autonomen Kasse dann wirklich höher sein werden, da die Zufallsschwankungen nicht nur negativ, sondern auch positiv ausschlagen können. Nebst der Bildung einer Schwankungsreserve gibt es noch andere Mittel der Risikosenkung (z.B. Risikoauslese, Stop-Loss-, Excess-of-Loss-Versicherung).

Wichtig ist also, auseinanderzuhalten einerseits die notwendige Grösse für die Erstellung einer versicherungstechnischen Berechnung unter Verwendung normaler Wahrscheinlichkeiten, evtl. mit Sicherheitszuschlägen, und andererseits die Voraussetzung für die Schaffung einer autonomen Kasse überhaupt.

Verfügt ein Unternehmen über *genügend Mittel, die als Garantiekapital* für die Personalfürsorge eingesetzt werden könnten, um auch bei schlechtem Risikoverlauf die Verpflichtungen zu erfüllen, so steht der Schaffung einer autonomen Kasse nichts im Wege. Die Garantiekapitalien können übrigens weiterhin im Betrieb arbeiten (jedoch unter Vorbehalt von Art. 57 Abs. 2 BVG und Art. 89bis ZGB). Rechtlich besteht dann aber eine Schuld des Unternehmens. Praktisch kann gesagt werden, dass eine kleine Kasse nur dann autonom geführt werden kann, wenn der Unternehmer bereit ist, ein Risiko zu übernehmen. Grössere Versicherungsfälle müssen ohne weiteres getragen werden können. Bei vielen kleinen Kassen dürfte das jedoch nicht der Fall sein. Grundsätzlich sind autonome Kassen aber auch für kleine und kleinste Versichertenbestände möglich.

Die Kollektivversicherung ist besonders für die kleinen und mittleren Unternehmen, bei denen der Risikoausgleich nicht gegeben ist, von Bedeutung. Das zeigt der durchschnittliche Versichertenbestand, der bei autonomen Kassen rund zehnmal höher als bei Kollektivversicherungen sein dürfte.

Im übrigen ist nochmals darauf hinzuweisen, dass das *Risiko sehr von der Art der Leistungen und dem ganzen Aufbau der Pensionskasse* abhängt.

Bei einer Personalvorsorgeeinrichtung kann zwischen *folgenden Risiken* unterschieden werden:

– *Sterberisiko,*
– *Invaliditätsrisiko,*
– *Langleberisiko,*
– *positives Risiko,*
– *negatives Risiko,*
– *subjektives Risiko.*

Während man beim *Sterbe- und Invaliditätsrisiko* die Gefahr versteht, zu sterben (und damit Hinterbliebenenleistungen auszulösen) bzw. invalid zu werden, bezeichnet man als *Langleberisiko* die Gefahr, als Rentner länger als statistisch erwartet zu leben.

Ein Risiko heisst *positiv,* wenn bei Eintritt des versicherten Ereignisses für die Vorsorgeeinrichtung ein finanzieller Verlust entsteht; es heisst *negativ,* wenn die Kasse einen Gewinn erzielt. Das Risiko ist z.B. negativ, wenn eine Altersrentenbezügerin kurz nach der Pensionierung stirbt und somit der verbleibende Teil ihres Deckungskapitals der Kasse verfällt, also einen Sterblichkeitsgewinn ergibt.

Man spricht von einem *subjektiven* Risiko, wenn ein Zustand durch äussere Gegebenheiten beeinflusst wird. Dies ist z.B. der Fall, wenn eine Kasse das Krankentaggeld von 80% auf 100% des entgangenen Lohnes erhöht. Durch eine solche (unvernünftige) Leistungsverbesserung würde vermutlich die Krankheitshäufigkeit sprunghaft ansteigen. Die Gefahr, dass der Versicherte bei vollem Lohnersatz eher bereit ist, krank zu sein, als bei einer Lohneinbusse, stellt ein subjektives Risiko dar.

Als *Risikosumme* bezeichnet man den tatsächlichen Schaden, der bei Eintritt des versicherten Ereignisses (Tod, Invalidität) entstehen würde. Die Risikosumme entspricht der Differenz zwischen dem Barwert der entsprechenden Verpflichtungen und dem für den Versicherten geäufneten Deckungskapital.

Die *Nettorisikoprämie* ergibt sich aus der Risikosumme durch Multiplikation mit der Wahrscheinlichkeit, dass das Ereignis eintritt. Sie entspricht dem mathematischen Erwartungswert des Schadens. Falls demzufolge bei einer Vorsorgeeinrichtung die Versicherten genau im Ausmass der verwendeten Rechnungsgrundlagen sterben oder invalid werden, genügt die errechnete Risikoprämie exakt, um für eine bestimmte Zeitperiode die anfallenden Schäden zu decken. Andernfalls entsteht ein Gewinn oder Verlust für die Kasse.

Darstellung 8B zeigt am Beispiel einer Altersrente mit anwartschaftlicher Witwenrente (60% der Altersrente) den ungefähren Verlauf von Deckungskapital, Todesfall- und Risikosumme.

Gemäss den Schätzungen des BSV werden die 65jährigen und Älteren im Jahr 2030 rund 18% der Wohnbevölkerung ausmachen; heute sind dies 12%. Die demographische Alterung wird alle zehn Jahre um zwei Jahre ansteigen, und im Jahr 2045 wird sie zehn Jahre höher sein. "Das Rücktrittsalter müsste mit anderen Worten in der Schweiz von 65 auf 75 Jahre angehoben werden, um das Verhältnis zwischen erwerbsfähiger und rentenberechtigter Bevölkerung in den kommenden 50 Jahren konstant zu halten" (*Haug W.*, in: AWP, 20. Mai 1998). In der Pensionskasse der ABB Schweiz entfielen 1998 auf einen Rentner lediglich 1,4 im Erwerbsleben stehende Versicherte. (1980 war dieses Verhältnis noch 1:3,4.) Die Verschlechterung dieses Verhältnisses ist typisch für Industrieunternehmen, die mehrmals reorganisiert wurden (mit Frühpensionierungen, Personalabbau usw.).

8.13 Sterblichkeit

Die Sterbetafel ist in ihrer einfachsten Form eine tabellarische Übersicht, die angibt, wieviele Personen aus einer bestimmten Grundgesamtheit Gleichaltriger das nächste, übernächste usw. Lebensjahr erreichen. Diese Werte können aus Beobachtungen an geeigneten Kollektiven gewonnen werden. Die Erstellung von *Absterbeordnungen* ist Aufgabe der *Versicherungsmathematik*.

Die *Bevölkerungsstruktur* weist je nach dem Entwicklungsstand eines Landes erhebliche Unterschiede auf. Insgesamt waren 1995 31,5% der Weltbevölkerung unter 15- und 6,5% über 65jährig. In Afrika betrugen diese Prozentsätze 44% bzw. 3,2%, demgegenüber in der Schweiz 17,7% bzw.14,2%. Die mittlere *Lebenserwartung bei Geburt* beträgt heute in den westlichen Industrieländern im Durchschnitt etwa 75 Jahre und scheint seit einigen Jahren auf

352   8. Versicherungstechnische Grundbegriffe

Darstellung 8A

Einjährige Sterbenswahrscheinlichkeiten und andere biometrische Funktionen
SM 1988/93   Männer

Alter	Sterbe-wahr-scheinlichkeit	Über-lebens-wahr-scheinlichkeit	Zahl der Gestorbenen	Mittlere Lebenserwartung	Alter	Sterbe-wahr-scheinlichkeit	Über-lebens-wahr-scheinlichkeit	Zahl der Gestorbenen	Mittlere Lebenserwartung
x	qx	px	dx	ex	x	qx	px	dx	ex
1	2	3	4	5	1	2	3	4	5
0	0,007 542	0,992 458	754	74,19	55	0,007 119	0,992 881	643	23,31
1	0,000 637	0,999 363	63	73,75	56	0,007 884	0,992 116	706	22,47
2	0,000 353	0,999 647	35	72,80	57	0,008 733	0,991 267	776	21,65
3	0,000 306	0,999 694	31	71,82	58	0,009 673	0,990 327	852	20,84
4	0,000 271	0,999 729	27	70,84	59	0,010 713	0,989 287	935	20,03
5	0,000 245	0,999 755	24	69,86	60	0,011 860	0,988 140	1'024	19,25
6	0,000 228	0,999 772	22	68,88	61	0,013 123	0,986 877	1'119	18,47
7	0,000 216	0,999 784	22	67,89	62	0,014 511	0,985 489	1'221	17,71
8	0,000 210	0,999 790	21	66,91	63	0,016 033	0,983 967	1'330	16,96
9	0,000 209	0,999 791	20	65,92	64	0,017 697	0,982 303	1'444	16,23
10	0,000 212	0,999 788	21	64,94	65	0,019 517	0,980 483	1'565	15,51
11	0,000 220	0,999 780	22	63,95	66	0,021 508	0,978 492	1'691	14,81
12	0,000 234	0,999 766	23	62,96	67	0,023 687	0,976 313	1'822	14,13
13	0,000 256	0,999 744	26	61,98	68	0,026 074	0,973 926	1'958	13,46
14	0,000 297	0,999 703	29	60,99	69	0,028 691	0,971 309	2'098	12,81
15	0,000 377	0,999 623	37	60,01	70	0,031 562	0,968 438	2'242	12,17
16	0,000 532	0,999 468	53	59,03	71	0,034 717	0,965 283	2'389	11,55
17	0,000 789	0,999 211	78	58,07	72	0,038 186	0,961 814	2'536	10,95
18	0,001 129	0,998 871	111	57,11	73	0,042 007	0,957 993	2'683	10,36
19	0,001 442	0,998 558	142	56,18	74	0,046 222	0,953 778	2'828	9,79
20	0,001 565	0,998 435	154	55,26	75	0,050 872	0,949 128	2'969	9,24
21	0,001 567	0,998 433	154	54,34	76	0,056 005	0,943 995	3'102	8,71
22	0,001 588	0,998 412	156	53,43	77	0,061 672	0,938 328	3'225	8,20
23	0,001 628	0,998 372	160	52,51	78	0,067 933	0,932 067	3'333	7,71
24	0,001 656	0,998 344	162	51,59	79	0,074 852	0,925 148	3'424	7,23
25	0,001 669	0,998 331	163	50,68	80	0,082 501	0,917 499	3'490	6,78
26	0,001 668	0,998 332	162	49,76	81	0,090 960	0,909 040	3'531	6,34
27	0,001 658	0,998 342	162	48,85	82	0,100 321	0,899 679	3'540	5,93
28	0,001 642	0,998 358	159	47,93	83	0,110 682	0,889 318	3'514	5,53
29	0,001 622	0,998 378	157	47,00	84	0,122 140	0,877 860	3'449	5,16
30	0,001 604	0,998 396	156	46,08	85	0,134 729	0,865 271	3'339	4,80
31	0,001 588	0,998 412	153	45,15	86	0,148 442	0,851 558	3'183	4,47
32	0,001 580	0,998 420	153	44,22	87	0,163 237	0,836 763	2'982	4,17
33	0,001 581	0,998 419	152	43,29	88	0,179 023	0,820 977	2'735	3,88
34	0,001 594	0,998 406	154	42,36	89	0,195 661	0,804 339	2'455	2,62
35	0,001 620	0,998 380	155	41,43	90	0,212 948	0,787 052	2'149	3,38
36	0,001 659	0,998 341	159	40,49	91	0,230 613	0,769 387	1'831	3,16
37	0,001 711	0,998 289	164	39,56	92	0,248 318	0,751 682	1'518	2,96
38	0,001 777	0,998 223	170	38,63	93	0,265 653	0,734 347	1'220	2,77
39	0,001 857	0,998 143	177	37,70	94	0,284 199	0,715 801	959	2,59
40	0,001 955	0,998 045	186	36,76	95	0,304 039	0,695 961	734	2,42
41	0,002 069	0,997 931	197	35,84	96	0,325 264	0,674 736	546	2,25
42	0,002 204	0,997 796	209	34,91	97	0,347 971	0,652 029	395	2,10
43	0,002 360	0,997 640	224	33,98	98	0,372 263	0,627 737	275	1,95
44	0,002 541	0,997 459	240	33,06	99	0,398 251	0,601 749	185	1,81
45	0,002 749	0,997 251	259	32,15	100	0,426 054	0,573 946	119	1,68
46	0,002 988	0,997 012	280	31,23	101	0,455 797	0,544 203	73	1,55
47	0,003 259	0,996 741	306	30,33	102	0,487 617	0,512 383	42	1,43
48	0,003 568	0,996 432	333	29,42	103	0,521 658	0,478 342	24	1,32
49	0,003 917	0,996 083	364	28,53	104	0,558 075	0,441 925	12	1,20
50	0,004 312	0,995 688	400	27,64	105	0,597 035	0,402 965	5	1,09
51	0,004 756	0,995 244	438	26,76	106	0,638 715	0,361 285	3	0,98
52	0,005 254	0,994 746	483	25,88	107	0,683 304	0,316 696	1	0,82
53	0,005 810	0,994 190	530	25,01	108	1,000 000	0,000 000	0	0,50
54	0,006 430	0,993 570	584	24,16					

8.1 Versicherungstechnische Grundlagen

diesem Wert zu verharren (in der Schweiz laut SM/SF 1988/93: Männer 74,2 und Frauen 81,0). Um 1900 stand die mittlere Lebenserwartung in diesen Ländern erst bei rund 50 Jahren; im Mittelalter betrug diese rund 35 Jahre (z.B. in England), im alten Rom vor 2000 Jahren etwa 22 Jahre und im alten Griechenland (Eisen- und Bronzezeit) knapp 20 Jahre. In Japan – als Extremfall – ist die mittlere Lebenserwartung eines Neugeborenen von 1935/36–1981 um 28,2 Jahre, also gewaltig, gestiegen, wohl als Zeichen der starken industriellen und wirtschaftlichen Entwicklung mit dem damit verbundenen höheren Lebensstandard und der besseren medizinischen Betreuung (*Quelle:* Sigma der Schweizer Rück, März 1985).

Die *schweizerischen Volkssterbetafeln* werden aus den Beobachtungen an der männlichen und weiblichen schweizerischen Bevölkerung abgeleitet (zitiert: SM = Schweizer Männer bzw. SF = Schweizer Frauen). Da sie die gesamte Bevölkerung umfassen, enthalten sie Gesunde und Kranke, Arbeitsfähige und Arbeitsunfähige. Für die Zwecke einer Personalversicherungskasse mit Altersrenten sind diese Tafeln von vornherein ungeeignet, weil bei einem Unternehmen der Kreis der zu versichernden Personen eine Auslese (Selektion) darstellt, die nur erwerbsfähige Personen umfasst. Renten wirken zudem oft lebenserhaltend. Ferner handelt es sich bei einer Versicherungseinrichtung um Anwartschaften. Es darf also nicht nur die heutige Sterblichkeit, sondern es muss auch die zukünftige, seit mehreren Jahrzehnten ständig sinkende Sterblichkeit beachtet werden. Das ist beispielsweise bei den *AHV-Tafeln* beachtet worden, die sich aber im übrigen auch auf die ganze Bevölkerung beziehen.

Aus der Schweizerischen Volkssterbetafel 1988/93 geht hervor, dass die mittlere *Lebenserwartung* einer 62jährigen Frau 22,28 Jahre (18,74 Jahre bei der Tafel 1968/73) und bei einem 65jährigen Mann 15,51 Jahre (13,32) beträgt. Bei einer 65jährigen Frau liegt die mittlere Lebenserwartung bei 19,72 Jahren, somit also 4,21 Jahre über jener eines Mannes. Durch die um drei Jahre vorgezogene Pensionierung der Frauen ergibt dies eine gut 7 Jahre oder fast 50% längere Rentenbezugsdauer als bei den Männern. Bei verheirateten Männern gleichen sich die Kosten weitgehend aus als Folge der anwartschaftlichen Witwenrente (wobei die niedrigere Rente im wesentlichen durch die Altersdifferenz gegenüber dem Ehemann kompensiert wird). Diese Feststellungen sind für die Sozialversicherung und die berufliche Vorsorge bedeutsam.

Die *Kollektivversicherungstafeln* werden aufgrund von Beobachtungen an den Kollektivversicherungsbeständen der Lebensversicherungsgesellschaften errechnet, wobei besonders die künftige Sterblichkeitsentwicklung (mit Einbau von Margen) berücksichtigt wird. Seit 1953 sind die Grundlagen auf zwei Sterbetafeln aufgebaut: einer mit niedrigen Sterbewahrscheinlichkeiten für die Erlebensfallversicherung (GRM für Männer bzw. GRF für Frauen) oder mit Kombinationen mit überwiegendem Erlebensfallcharakter und einer mit höhe

354 8. Versicherungstechnische Grundbegriffe

Darstellung 8B

**Verlauf von Deckungskapital, Todesfall- und Risikosumme
(einer Altersrente mit anwartschaftlicher Witwenrente)**

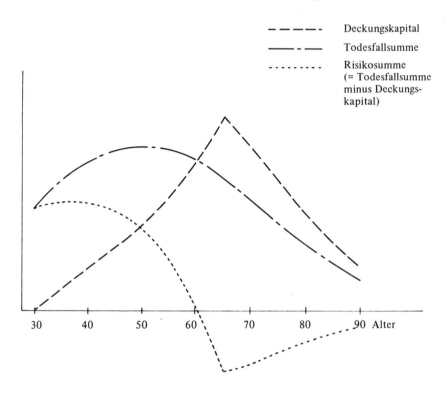

ren für die Todesfallversicherung (GKM/GKF). Die Kollektivversicherungstafeln GRM/GRF finden auch bei autonomen Kassen oft als Rechnungsgrundlagen für die Altersrentenversicherung Verwendung, allerdings in der Regel mit einem höheren Zinsfuss als 3% und ohne Verwaltungskostenzuschläge oder mit pauschalen Abschlägen (z.B. abzüglich 10–20% je nach Versicherungsform).

Im Hinblick auf die Durchführung des BVG wurde von den Versicherungsgesellschaften der *Kollektivversicherungstarif 1984* (KL-Tarif, auch "BVG-Tarif" genannt) geschaffen, um den besonderen, vom bisherigen 1980er Tarif abweichenden Anforderungen des Obligatoriums Rechnung zu tragen. Es betrifft dies insbesondere die Altersberechnung (Art. 13 BVV 2), den Umfang der Witwenrente (Art. 19 BVG, Art. 20 BVV 2), die Kapitalablösungsmöglichkeit (Art. 37 Abs. 2–4 BVG). Der *KL-Tarif 1984* baut auf den weiterhin geltenden Grundlagen *GRM/GRF 80* bzw. *GKM/GKF 80* auf. Neu geschaffen wurden Tarife für die Abfindung der lebenslänglichen Invalidenrente und der BVG-Witwenrente. (Einzelheiten siehe "Tarif 84 Kollektivversicherung", Band I, hrsg. von der Schweizerischen Vereinigung privater Lebensversicherer, März 1984.)

Seit 1996 hat jede Versicherungsgesellschaft eigene Tarife. Aus kartellrechtlichen Gründen wurde das frühere System aufgegeben.

Für *autonome Pensionskassen* wären aus eigenem Beobachtungsmaterial abgeleitete Wahrscheinlichkeitstafeln am wertvollsten. Von wenigen Ausnahmen abgesehen, ist das aber nicht möglich. In vielen Fällen reichen die Erfahrungen der Kasse nicht einmal aus, um die Anwendbarkeit anderer Tafeln zu überprüfen. Die Anwendung fremder Tafeln birgt gewisse Gefahren in sich. So sind die Grundlagen der *Eidg. Versicherungskasse (EVK)* und der *Versicherungskasse der Stadt Zürich (VZ)* in erster Linie für öffentliche Verwaltungsbetriebe bestimmt, währenddem beispielsweise in einem privaten Industriebetrieb der Sterblichkeits- und Invaliditätsverlauf anders sein kann. In der Regel dürfen diese beiden Tafeln jedoch zur Bestimmung von Versicherungswerten für autonome Kassen als geeignet angesehen werden. Der Sterblichkeitsverlauf schwankt nach den gemachten Beobachtungen von Firma zu Firma (bei genügend grosser Versichertenzahl) im allgemeinen nicht sehr stark; dies im Gegensatz zur Invaliditäts- und der der Witwenkollektivprämie zugrundeliegenden Wiederverheiratungswahrscheinlichkeit. Soweit es der Umfang der Versicherungsbestände erlaubt, ist es Aufgabe des Experten, zu untersuchen, ob der Verlauf des Risikos mit den angewandten technischen Grundlagen in Einklang steht. Die finanziellen Auswirkungen ausgeprägter Abweichungen sollen bei der Bewertung der Kassenverpflichtungen angemessen in Rechnung gestellt werden.

Aus der Feststellung heraus, dass sich die Grundlagen der EVK und der VZ auf die Erfahrungszahlen von öffentlich-rechtlichen Vorsorgeeinrichtungen stützen, ergibt sich, dass es für die Privatwirtschaft begrüssenswert wäre, eigene versicherungstechnische Grundlagen zu schaffen. Daher haben 1998 zehn der grössten autonomen Pensionskassen ein Konzept erarbeitet, das die Basis für eigene Grundlagen liefern soll (ABB, Coop, CS, Migros, Nestlé, EKW, Schindler, Swatch, Sulzer, UBS). Unter Risiko werden für die Jahre 1999–2001 180'000 aktive Versicherte und 70'000 Rentner stehen. Die neuen Grundlagen sollen (betreut von Prasa und Libera) Ende 2002 zur Verfügung stehen.

Die Übersicht in *Darstellung 8C* lässt einige bekannte Sterbetafeln vergleichen. Daraus geht auch die Sterblichkeitsabnahme in den letzten Jahrzehnten hervor, die zeigt, wie vorsichtig die zukünftige Entwicklung eingeschätzt werden muss.

Eine Berücksichtigung des *künftigen Sterblichkeitsrückganges* führt zur Differenzierung zwischen *Perioden- und Generationensterbetafeln*. Die *Perioden-*

sterbetafel, die auf die statischen Verhältnisse abstellt, wird vom Versicherungsexperten benötigt, um festzustellen, ob in einer bestimmten Personengruppe oder während einer Beobachtungsperiode normale Sterblichkeitsverhältnisse vorliegen.

Für die *Generationentafel* sind dagegen nicht die statischen Verhältnisse, sondern zu budgetierende, sich entsprechend den Erwartungen dauernd verändernde Absterbeordnungen massgebend. Eine theoretisch genaue Kalkulation der Versicherungswerte und Deckungskapitalien, die sich meistens auf künftige Verhältnisse beziehen, würde die Verwendung von solchen Generationentafeln verlangen. In der Praxis wird dieser Unterschied zwischen Perioden- und Generationensterbetafeln oft zu wenig beachtet.

Es handelt sich hier um das Problem der Berücksichtigung der künftigen Sterblichkeitsverbesserung. In den *VZ-Grundlagen 1960* (der Versicherungskasse der Stadt Zürich) wurde erstmals vorgeschlagen, einen Zuschlag, abgestuft nach Jahren, entsprechend der künftigen Versicherungsdauer, in Rechnung zu stellen. Eine andere, heute übliche Methode besteht in der Annahme einer gegenüber den bisherigen Erfahrungen leicht überhöhten (Todesfallversicherung) bzw. zu tiefen (Rentenversicherung) Sterblichkeit. Auf diese Art wird ein pauschaler Sicherheitszuschlag eingerechnet. Dieses Verfahren wurde beispielsweise bei der Konstruktion der Sterbetafeln der Kollektivversicherungstarife (GKM für die Todesfallversicherung, GRM für die Rentenversicherung) verwendet. Das Ausmass dieses stillen Sicherheitszuschlages ist aber nicht einfach zu überblicken, weil er je nach der Versicherungsform, der Dauer der Versicherung und dem Alter der Versicherten verschieden ist.

Die künftigen weiteren Verbesserungen der Sterblichkeit werden besonders bei der Altersrentenversicherung zu weiteren Belastungen führen. Die Entwicklung in *Darstellung 8C* zeigt deutlich die Notwendigkeit, bei der Rentenversicherung bereits heute die künftigen extrapolierten Sterblichkeitsverbesserungen zu berücksichtigen.

Der in Art. 17 BVV 2 stipulierte pauschale "Mindestumwandlungssatz für die Altersrente von 7,2%" (für 65jährige Männer und 62jährige Frauen) soll daher gemäss 1. BVG-Revision auf 6,65% gesenkt werden, was unbedingt und rasch erfolgen sollte.

Neue Tarife erfordern in der Regel Verstärkungen des Deckungskapitals von 5–10%. Nicht nur die Versicherungsgesellschaften, sondern auch viele autonome Kassen haben begonnen, mit Blick auf künftige ungünstigere Grundlagen zum voraus sukzessive Rückstellungen zu bilden. Für autonome Kassen mit Leistungsprimat wird die Verkürzung der mittleren Aktivitätsdauer allerdings höhere Kosten verursachen als die höhere Lebenserwartung.

Die Anwendung einer Sterbetafel, die den neuesten Erfahrungen entspricht, in Verbindung mit bestimmten, genau bekannten Sicherheitszuschlägen, abgestuft nach der Versicherungsdauer, dürfte unter den heutigen Umständen die

Darstellung 8C
Vergleich von Sterbetafeln

	Von 100'000 im Alter x stehenden Männern erreichen das Alter von 65 Jahren nach den Sterbetafeln[1]: Alter				Mittlere Lebenserwartung eines 65jährigen in Jahren
	x = 20	x = 30	x = 40	x = 50	
• Schweizerische Volkssterbetafeln					
SM 1876/80	42'646	46'368	51'798	60'710	9,6
SM 1881/88	44'576	47'983	53'166	61'991	9,7
SM 1889/1900	46'403	49'470	54'131	62'639	9,9
SM 1901/10	48'735	51'542	55'575	63'274	10,1
SM 1910/11	50'588	53'236	57'200	64'529	10,2
SM 1921/30	57'998	60'303	63'332	69'399	10,8
SM 1933/37	61'472	63'606	66'372	71'778	11,3
SM 1931/41	61'988	64'127	66'806	72'053	11,3
SM 1939/44	65'638	67'674	69'994	74'688	11,6
SM 1941/50	67'796	69'610	71'745	76'063	12,0
SM 1948/53	70'673	72'004	73'764	77'543	12,4
SM 1950/60	72'327	73'563	75'078	78'569	12,7
SM 1958/63	73'394	74'525	75'886	79'093	12,9
SM 1960/70	74'056	75'137	76'474	79'632	13,0
SM 1968/73	75'946	77'005	78'185	81'129	13,3
SM 1978/83	78'473	79'703	80'838	83'441	14,4
SM 1988/93	81'445	82'782	84'166	86'526	15,51
• Sterbetafeln der AHV (erst ab Tafel V)					
AHV V^a (1976)	78'230	79'196	80'176	82'801	13,8
	Sterbewahrscheinlichkeiten der auf den 1. Januar 1971 zentrierten Volkssterbetafeln SM/SF 1968/73 mit Extrapolation der Überlebensordnung auf den 1. Januar 1981.				
AHV V^b (1976)	80'299	81'184	81'996	84'330	14,2
	Wie oben, jedoch extrapoliert auf den 1. Januar 1991.				
AHV V^c (1976)	82'170	82'986	83'658	85'730	14,7
	Wie oben, jedoch extrapoliert auf den 1. Januar 2001.				
AHV VI (1986)	81'630	82'866	83'799	85'960	15,5
	Sterbewahrscheinlichkeiten gemäss Volkssterbetafeln 1978/83 mit Extrapolation der Überlebensordnung auf den 1. Januar 1996.				

[1] Berechnet nach der Formel $100'000 \dfrac{l_{65}}{l_x}$ bzw. $e^0{}_{65}$

8. Versicherungstechnische Grundbegriffe

AHV VIbis (1986)	84'335	85'571	86'335	88'118	16,6
	Wie oben, jedoch extrapoliert auf den 1. Januar 2011.				
AHV VII (1996)	85'727	87'197	88'717	90'478	17,8
	Sterbewahrscheinlichkeiten gemäss Volkssterbetafeln 1988/93 mit Extrapolation der Überlebensordnung auf den 1. Januar 2010.				
AHV VIIbis (1996)	87'203	88'787	90'466	92'001	18,8
	Wie oben, jedoch extrapoliert auf den 1. Januar 2020				

- *Sterbetafeln für Gruppen- bzw. Kollektivversicherungen*

MM 1931	49'729	52'492	56'757	64'614	10,9
	Vom Eidg. Versicherungsamt für Gruppenversicherung aufgestellt. Todesfall- und Erlebensfallversicherungen.				
TMG 1938	68'267	69'898	71'989	76'499	12,5
	Erfahrungen 1925–1937 in den Gruppenversicherungsbeständen der schweizerischen Lebensversicherungsgesellschaften. Verwendung für Rentenversicherungen. Risikozuschläge für Todesfallversicherungen.				
MG 1948	76'620	77'776	79'508	82'876	14,0
	Erfahrungen 1935–1945. Rücksicht auf künftige Sterblichkeitsverbesserung als Sterbetafel für Rentenversicherungen aufgestellt. Risikozuschläge für Todesfallversicherungen.				
RMG 1953	79'692	80'629	82'059	84'922	14,5
	Für Rentenversicherungen. Künftiger Rückgang der Sterblichkeit teilweise berücksichtigt.				
TG 1953	67'120	69'081	71'302	75'540	12,3
	Für Todesfallversicherungen. Paralleltarif zu RMG 1953.				
TG 1960	72'327	73'468	75'164	78'880	12,8
	Für Todesfallversicherungen. Ersetzte Tarif TG 1953.				
GRM 1970	81'467	82'346	83'701	86'549	15,4
GRM 1980	82'647	83'382	84'508	87'205	17,1
	Für Rentenversicherungen. Künftiger Rückgang der Sterblichkeit teilweise berücksichtigt.				
GRM 1995	84'153	85'253	86'511	88'885	20,5
GKM 1980	76'954	77'880	79'074	82'022	13,6
	Für Todesfallversicherungen. Paralleltarife zu GRM 1970, 1980 bzw. 1995.				
GKM 1995	82'153	83'306	84'536	86'868	15,7

8.1 Versicherungstechnische Grundlagen

- *Sterbetafeln autonomer Kassen (EVK und VZ)*
  Alle: Gesamtsterblichkeit berücksichtigt und für Rentenversicherungen.

EVK 1936	70'119	71'465	73'436	77'768	11,7
	Erfahrungen 1924–1935 der Eidg. Versicherungskasse (EVK) und der Pensions- und Hilfskasse für das Personal der Schweizerischen Bundesbahnen (PHK).				
EVK 1949	73'053	74'667	76'306	79'592	12,4
	Erfahrungen 1932–1946.				
EVK 1950	76'193	77'695	79'403	82'319	12,9
	Erfahrungen 1942–1948.				
EVK 1960	80'926	81'654	82'528	84'736	13,9
	Erfahrungen 1952–1958.				
EVK 1970	80'077	80'730	81'635	83'737	
	Erfahrungen 1961–1968.				
EVK 1980	85'231	85'912	86'518	88'366	15,3
	Erfahrungen 1973–1978.				
EVK 1990	85'451	86'250	87'011	88'759	16,5
	Erfahrungen 1982–1987.				
VZ 1950	75'023	75'895	77'035	80'085	12,8
	Erfahrungen 1937–1946 der Versicherungskasse der Stadt Zürich (VZ).				
VZ 1960	78'543	79'245	80'211	82'855	14,0
	Erfahrungen 1947–1956. (Nach Berücksichtigung der Sterblichkeitsverbesserung beträgt die mittlere Lebenserwartung eines 65jährigen 14,44 Jahre.)				
VZ 1970	80'940	81'522	82'286	84'159	14,5
	Erfahrungen 1958–1967.				
VZ 1980	82'825	83'364	84'085	86'217	15,1
	Erfahrungen 1968–1977.				
VZ 1990	83'449	84'231	85'078	87'077	15,7
	Erfahrungen 1978–1989.				

Aus: Helbling C., Autonome Pensionskasse oder Gruppenversicherung, S. 41 ff., mit Ergänzungen.

empfehlenswerteste Form der Berücksichtigung der Sterblichkeitsverbesserung sein.

Orientierungshalber sei als Faustregel erwähnt, dass bei einer Pensionskasse, sofern keine ausserordentliche Altersstruktur vorliegt, erfahrungsgemäss jährlich mit je rund drei Todesfällen auf 1'000 versicherte Aktive zu rechnen ist oder – um die statistische Masse zu erhöhen und einen besseren Ausgleich zu finden – 15 in fünf Jahren oder bei 100 versicherten Aktiven einem alle drei Jahre. Dies zeigt auch, dass es für einen Risikoausgleich eine hohe Zahl von Versicherten braucht.

8.14 Invalidität

Die Invalidierungswahrscheinlichkeiten gehören zu den unsichersten der Versicherungsmathematik, da der Begriff Invalidität häufig unterschiedlich definiert wird (dauernde, vorübergehende Invalidität, Wartefristen, Invaliderklärungen anstatt vorzeitige Pensionierungen usw.). Oft ist es sogar wertlos, besonders dann, wenn die Invalidierungspraxis von der Vorsorgeeinrichtung (bzw. der dahinterstehenden Personalabteilung des Arbeitgebers) nach keinem einheitlichen Prinzip gehandhabt wird, solche Tafeln zu berechnen. *Administrative Invalidierungen*, für die gelegentlich besondere Wahrscheinlichkeiten aufgestellt werden, können den Pensionskassen grosse Verluste bringen und sollten direkt zu Lasten des Arbeitgebers gehen (so durch individuelle Zuwendung des benötigten zusätzlichen Deckungskapitals an die Kasse).

Die Invalidität zeigt auch eine grosse Abhängigkeit von der Arbeitskonjunktur und der Höhe der übrigen Sozialleistungen, die nicht in die Berechnungsgrundlagen einbezogen werden können.

Innerhalb der eigentlichen Invalidität kann zwischen Unfall-, Krankheits- und Altersinvalidität unterschieden werden. Dies kommt auch in den Tarifgrundlagen zum Ausdruck. Es ist auch die Unfall- und Krankenversicherung zu beachten. Orientierungshalber sei erwähnt, dass von zehn Invaliditätsfällen etwa einer auf Unfall und neun auf Krankheit sowie frühzeitige Alterserscheinungen zurückzuführen sind.

Es ist zu beachten, dass die Kosten von der praktischen Handhabung der Invaliditätsversicherung (Invaliditätsgrad, Dauerinvalidität, vorübergehende Invalidität, Reaktivierungspraxis) abhängig sind. Auch die Karenzfrist für den Beginn der Invalidenrente (3, 6 oder mehr Monate) ist von Einfluss.

Für einen normal verteilten Bestand von 1'000 Erwerbstätigen zwischen den Altersgrenzen 20 und 64 Jahren sind laut den Erfahrungen bei der Kollektivversicherung jährlich bei Männern etwa 5 und bei Frauen etwa 4 Invaliditätsfälle zu erwarten. Etwa 75% aller Invaliditätsfälle betreffen laut den Beobachtungen einer grossen Lebensversicherungsgesellschaft Vollinvalidität (Invaliditätsgrad von 66 2/3% und mehr), wobei sich von den ganz oder teilweise invalid Erklärten innerhalb von zwei Jahren 30% wieder erholen (reaktivieren). Die Invaliditätsfälle sind in einem normal verteilten Bestand einer Pensionskasse somit häufiger als die Sterbefälle von aktiven Mitgliedern.

8.15 Andere Wahrscheinlichkeiten

Neben den Sterblichkeits- und Invalidierungswahrscheinlichkeiten gibt es noch *weitere Wahrscheinlichkeitswerte,* die für die Erstellung der Rechnungsgrundlagen eine Rolle spielen können. Es seien erwähnt die Heirats-, Verwitwungs-, Scheidungs- und Wiederverheiratungswahrscheinlichkeiten, Wahrscheinlichkeiten über die Kinderzahl, die Vollverwaisung u.a.m. In der Regel werden diese jedoch nicht individuell, sondern mit sog. *kollektiven Methoden* erfasst.

Es handelt sich hier um sog. *demographische Elemente* (Demographie = Volksbeschreibung). Anstatt die individuelle Familiensituation zu betrachten, wird für jeden Versicherten mit Erfahrungszahlen gerechnet, mit denen z.B. erfasst wird

– die Wahrscheinlichkeit, beim Tode verheiratet zu sein,
– das Durchschnittsalter der Ehefrau beim Tode des Mannes,
– die Wiederverheiratungswahrscheinlichkeit,
– die durchschnittliche Zahl anspruchsberechtigter Kinder beim Tode des Vaters,
– das Durchschnittsalter dieser Kinder.

Die Grundlagen *EVK 1990* enthalten für die vorerwähnten vier demographischen Elemente solche Wahrscheinlichkeitstafeln wie in *Darstellung 8D* dargestellt (aus: *Furrer C./Welti E.,* Zu den technischen Grundlagen VZ 1990 der Versicherungskasse der Stadt Zürich, VSVM 1993, S. 45–59).

Es ist auch schon versucht worden, einzelne sog. *ökonomische Elemente,* wie Mutationsgewinne oder Lohnerhöhungen, mit Wahrscheinlichkeitswerten zu erfassen. Die Grundlage für die Berechnung der *Mutationsgewinne* wären die Fluktuationsraten (in der Regel 10–20% jährlich je nach Unternehmen), die jährlich gemessen werden als Relation der Ein- und Austritte zum Anfangs- und Endpersonalbestand, sowie die Freizügigkeitsregelung unter Berücksichtigung der durchschnittlichen Beitragsjahre. Fast zutreffendere Werte ergeben indessen pauschale Schätzungen aufgrund der Vorjahreszahlen. Siehe dazu *Darstellung 6B* mit dem Versuch, Austrittswahrscheinlichkeiten zu ermitteln (für Freizügigkeitsleistungen).

Die *Lohnerhöhungen* sind vor allem eine Folge der Geldentwertung und der Karriereentwicklung und können kaum budgetiert werden. Als "goldene Regel" wird in der Versicherung der Tatbestand bezeichnet, wenn der Zins der Lohnerhöhungsrate entspricht (z.B. je 4%).

Darstellung 8D

Demographische Grundlagen der Tafeln EVK 1990

Alter	Wahrscheinlichkeit eines Mannes, beim Tode verheiratet zu sein	Durchschnittliches Alter der Ehefrau beim Todes des Mannes	Durchschnittliche Anzahl anspruchsberechtigter Kinder beim Tode des Vaters	Durchschnittliches Alter dieser Kinder
20	0,02	20,0	0,01	0,0
30	0,46	29,1	0,43	2,7
40	0,81	37,5	1,34	8,8
50	0,86	47,2	0,82	16,2
60	0,89	56,9	0,15	18,5
70	0,88	66,8	0,02	18,6
80	0,76	75,3	–	–

Aus: Furrer C./Welti E., in: VSVM 1993, S. 55 ff.

8.16 Technischer Zinsfuss

Die *"Grundsätze und Richtlinien für Pensionsversicherungsexperten"*, hrsg. 1990 von der Schweizerischen Vereinigung der Versicherungsmathematiker und der Schweizerischen Kammer der Pensionskassenexperten, führen hinsichtlich des anzuwendenden technischen Zinsfusses aus:

"Der technische Zinsfuss ist vom Pensionsversicherungsexperten so festzulegen, dass er langfristig gesehen mit einer angemessenen Marge unterhalb der effektiven Vermögensrendite liegt und über einen längeren Zeitraum beibehalten werden kann. Für dynamische versicherungstechnische Bilanzen sind solche Margen nicht im gleichen Masse erforderlich, wobei die übrigen Zukunftsannahmen die Zinswahl mitbestimmen.

Bei der Wahl des technischen Zinsfusses hat der Pensionsversicherungsexperte auch wirtschaftliche Gesichtspunkte zu berücksichtigen. Er hat dabei die effektiv erzielte Rendite (und Wertveränderungen) mit seinen Annahmen zu vergleichen. Die Langfristigkeit der Überlegungen verbietet es, kurzfristige Zinsschwankungen auf dem Kapitalmarkt zu berücksichtigen.

Allfällige Zinsgarantien des Arbeitgebers und dessen Bonität sind mit besonderer Vorsicht zu bewerten" (S. 13).

Darstellung 8E

Auswirkung einer Änderung des technischen Zinsfusses

Barwert einer bis zum Rücktrittsalter 65 aufgeschobenen Altersrente von jährlich CHF 1'000 (nach Grundlagen EVK 1990, Männer)				
Alter	Technischer Zinsfuss			
	0%	3%	3,5%	4%
20	14'174	2'830	2'182	1'686
30	14'313	3'841	3'108	2'520
40	14'456	5'213	4'428	3'768
50	14'776	7'161	6'384	5'701
60	15'719	10'238	9'581	8'977
65	16'587	12'524	12'007	11'525

Die *Darstellungen 8E und 9B* zeigen die Auswirkungen von verschiedenen technischen Zinsfüssen auf die Deckungskapitalberechnung. Die Beispiele legen dar, dass sich bei einer Änderung des technischen Zinsfusses um ein halbes Prozent die Deckungskapitalien (bzw. die Beiträge oder die Leistungen) je nach der Versicherungsform (Kapitalbildungsintensität) und dem durchschnittlichen Alter des Versichertenbestandes sehr stark erhöhen oder reduzieren.

Für eine Versicherungseinrichtung, die ihrer Natur nach Verbindlichkeiten auf lange Dauer übernimmt, ist die Zinsentwicklung von grösster Wichtigkeit. Sie darf nicht bloss die Erträge beachten, die ihre Kapitalanlagen in der Gegenwart oder in den allernächsten Jahren abwerfen. Sie hat auch die jeweiligen Schwankungen zu berücksichtigen, denen die Verzinsung der Kapitalien in späterer Zeit ausgesetzt ist. Die Bedeutung des technischen Zinsfusses ist um so grösser, je deckungskapitalintensiver die Versicherungskombination ist.

Die Verhältnisse auf dem Kapitalmarkt der letzten Jahre zeigen, dass der Zinsfuss grossen Schwankungen unterliegt und dass Verpflichtungen, die auf Jahrzehnte hinaus eingegangen werden, vorsichtig behandelt werden müssen.

Bei den letzten Pensionskassenstatistiken wurde nicht mehr erhoben, welcher technische Zinsfuss angewandt wird, doch dürfte heute stark überwiegend mit 4% gerechnet werden.

Das BVG sieht gemäss Art. 12 BVV 2 eine *Verzinsung der Alterskonten* zu einem *Mindestsatz von 4%* vor. Dieser Satz ist indessen nicht mit dem technischen Zinsfuss gleichzusetzen, der langfristig zu gelten hat und für die Zukunft garantiert wird. Der Zinssatz von 4% kann vom Bundesrat nötigenfalls erhöht oder gesenkt werden, was allerdings politisch schwierig ist.

Zur Berücksichtigung der Teuerungsrate kann mit einem *modifizierten technischen Zinsfuss* gerechnet werden. In Zeiten laufender Geldentwertung

– wie wir dies seit dem Zweiten Weltkrieg kennen – besteht ein Bedürfnis nach Leistungen, deren Kaufkraft erhalten bleibt. Sofern die Lohnsteigerung (Teuerung und Reallohnerhöhung) dem technischen Zinsfuss genau entspricht, also die "goldene Regel" gegeben ist, erhalten wir entsprechend indexierte Leistungen, wenn wir das Deckungskapital und die künftigen Beiträge mit einem Zinsfuss von 0% berechnen. Dies führt zu *entsprechend höheren Beiträgen*. Bei einer Teuerung von 2% jährlich und einem technischen Zinsfuss von 4% müsste zum Ausgleich der Teuerung mit einem modifizierten, tieferen technischen Zinsfuss gerechnet werden (2/3%) (siehe dazu Ausführungen im Abschnitt 15.41, Beitrag von *Leutwiler O.*).

Der Endwert eines jährlichen Beitrages von CHF 100.– beträgt nach 30 Jahren bei einer Verzinsung von 0% CHF 3'000.–, bei 4% CHF 5'609.–, bei 6% CHF 7'906.– und bei 8% CHF 11'326.–. Darin zeigt sich auch für den Laien die grosse Bedeutung des technischen Zinses bei der Berechnung der technischen Rückstellungen.

Wird mit einem gegenüber den tatsächlichen Verhältnissen zu tiefen technischen Zinsfuss gerechnet, so führt dies zur *Bildung eines überhöhten Deckungskapitals*. Auch wenn bei der Kollektivversicherung Überschussrückvergütungen erfolgen, hat der tiefe technische Zinsfuss von 3% doch zur Folge, *dass vorerst ein im Vergleich zu einer autonomen Kasse wesentlich höheres Deckungskapital gebildet werden muss,* das erhebliche "stille Reserven" enthält.

In Deutschland verlangt die Steuerbehörde, dass mit einem technischen Zinsfuss von 6% gerechnet wird (seit 1981). Siehe Abschnitt 11.34.

Die Verordnung über die Freizügigkeit (FZV) vom 3. Oktober 1994 bestimmt in Art. 8 den Zinsrahmen für den technischen Zinssatz mit *3,5–4,5%*.

Die Frage des technischen Zinsfusses ist als Folge der tiefen Marktzinsen seit etwa 1997 auch im Rahmen der BVG-Revision wieder aufgekommen. Der Versicherungsverband (der Versicherungsgesellschaften) verlangt, den technischen Mindestzinssatz von 4% auf 3% zu reduzieren. Ebenso möchte der Versicherungsverband den Umwandlungssatz gemäss Art. 17 BVV 2 im Rahmen der 1. BVG-Revision von 7,2% in einem Schritt auf 6,65% herabsetzen (SPV 2/99, S. 89).

8.17 Verwaltungskostenzuschläge

In den Tarifen für die *Kollektivversicherung* sind Zuschläge enthalten, die dazu bestimmt sind, die voraussichtlichen Verwaltungskosten der Versicherungsgesellschaften zu decken.

8.1 Versicherungstechnische Grundlagen

Verwaltungskostenzuschläge auf den rechnungsmässigen Aufwendungen sind bei *autonomen Kassen* nicht üblich, weil meistens die mit der Führung der Kasse verbundenen Kosten vorerst bei der Arbeitgeberfirma anfallen und von dieser getragen oder in einem Gesamtbetrag auf die Pensionskasse übertragen werden.

Durch die immer weiteren administrativen Vorschriften wird es zusehends aufwendiger, eine Personalvorsorgeeinrichtung zu führen. Dies gilt für autonome Kassen wie für Versicherungsgesellschaften und Sammelstiftungen. Viele Vorsorgeeinrichtungen werden künftig vermehrt Berater beiziehen und externe Dienstleistungen beanspruchen müssen.

Eine Erhöhung des Verwaltungsaufwandes als Folge des BVG verursacht vor allem die Versicherungspflicht der Teilzeitarbeiter und Arbeitnehmer mit nur kurzfristigem Arbeitsverhältnis (drei Monate bis z.B. ein Jahr) sowie die Notwendigkeit, die koordinierten Löhne detailliert zu bestimmen und nachzuführen, um eine Schattenrechnung erstellen zu können. Hier wären Vereinfachungen wünschbar.

Zu unterscheiden sind die einmaligen von den laufenden Kosten:

- Unter die *einmaligen Kosten* fallen bei der Kollektivversicherung die Inkasso- und Abschlusskosten. Inkassokosten sind insofern einmalige Kosten, als sie nur einmal mit der entsprechenden Prämie erhoben werden (Abschlussprovisionen, Inkassospesen, Werbekosten). Zu den einmaligen Kosten gehören bei der autonomen Kasse die Auslagen für die Expertise des Versicherungsfachmannes bei der Gründung und Organisation der Kasse, die Arzthonorare und andere einmalige Spesen.
- Unter *laufenden Kosten* sind alle periodischen Aufwendungen, wie allgemeine Verwaltungskosten, Gehälter, Büromieten, Drucksachen, Porti usw., zu verstehen. Eine besondere Stellung unter den laufenden Kosten nehmen die öffentlichen Abgaben, wie Steuern, ein. Besonders hohe Kosten, die oft besonders ausgeschieden und direkt als ertragsmindernd verbucht werden, verursacht die Vermögensverwaltung.

Bei der Berechnung des *Überschussanteils* werden von den meisten Lebensversicherungsgesellschaften grundsätzlich die effektiven Verwaltungskosten des Vorjahres in Rechnung gestellt, insbesondere dort, wo eine Einnahmen-/Ausgabenrechnung je Stiftung offengelegt wird. Auf kleine Gruppen fallen demnach verhältnismässig höhere Verwaltungskosten als auf grosse Bestände.

Vergleiche über die Höhe der Verwaltungskosten von Pensionskassen führen oft zu Missverständnissen. Häufig sind die Kosten nicht vollständig und vergleichbar erfasst. Sie können auch mit Vermögensverwaltungskosten durchmischt sein.

8.2 Arten von Alters-, Todesfall- und Invalidenversicherungen

8.21 Übliche Versicherungsformen

Eine Übersicht über die verschiedenen, versicherungstechnisch möglichen Tarifarten und Leistungen vermittelt *Darstellung 8F*. Einerseits handelt es sich um Rentenleistungen und andererseits um Kapitalleistungen, bezogen je auf die Risiken Alter, Tod und Invalidität (siehe dazu auch Kapitel 5.1 und 5.2).

Über die Berechnungsformeln für die einzelnen Versicherungsarten geben die Textbände der Rechnungsgrundlagen (Kollektivversicherungen, EVK, VZ, SM) und Lehrbücher über die Versicherungsmathematik Aufschluss.

Es ist wichtig, dass der Pensionskassenverwalter und der Wirtschaftsprüfer als Kontrollstelle den wesentlichsten Aufbau der in Frage kommenden Tarife kennen.

Die wichtigsten Tarifkombinationen sind

– sofort beginnende Altersrente,
– sofort beginnende Altersrente mit aufgeschobener Witwenrente,
– aufgeschobene Altersrente,
– aufgeschobene Altersrente mit Invalidenrente,
– aufgeschobene Altersrente mit Witwen- und Waisenrenten,
– aufgeschobene Altersrente mit Invalidenrente, Witwen-, Waisen- und Invalidenkinderrente,
– gemischte Versicherung,
– lebenslängliche Todesfallversicherung,
– temporäre Todesfallversicherung,
– Überlebenszeitrente,
– einjährige Todesfallversicherung.

Seit 1990 ist die *anteilsgebundene Lebensversicherung* auch in der Schweiz zugelassen, deren Leistungen (gemischte Versicherung) an die Wertentwicklung der Anteileinheiten eines besonderen Fonds gebunden sind. Der Erfolg dieser an sich sehr zweckmässigen Innovation auf dem Gebiet der Versicherungsprodukte ist noch bescheiden.

Darstellung 8F
Mögliche Alters-, Todesfall- und Invalidenleistungen

- *Altersvorsorgeleistungen*

  Die wichtigsten Leistungen einer Vorsorgeeinrichtung sind jene der Altersvorsorge. Für deren Finanzierung ist regelmässig der grösste Teil der Beiträge bestimmt. Die Leistungen der Altersvorsorge können erfolgen in Form von:

  Rentenleistungen

  a) *Zeitrenten* (Raten)
  Diese werden unabhängig vom Leben des Begünstigten, somit ohne versicherungstechnische Berechnung, während einer fest bestimmten Anzahl Perioden ausbezahlt.

  b) *Leibrenten* (Altersrenten)
  - *lebenslängliche*
    Hier erfolgt die Auszahlung periodisch, solange der Begünstigte lebt.
  - *temporäre*
    Bei dieser praktisch kaum vorkommenden Form erfolgt die Auszahlung periodisch während einer gewissen Anzahl Jahre, sofern der Begünstigte lebt.

  c) *Kinderrenten an Rentner*

  Kapitalleistungen

  d) *Sparkapitalien*
  Diese werden ohne versicherungstechnische Berechnung sparkassamässig mit Zins und Zinseszins geäufnet.

  e) *Erlebensfallkapitalien*
  Diese werden nur fällig, wenn der Versicherte ein bestimmtes Terminalter erreicht. In Verbindung mit einer gleich hohen temporären Todesfallsumme ergibt sich eine sog. gemischte Versicherung.

  Die Renten sind *aufgeschobene* oder *sofort beginnende* Leistungen. Leibrenten können auch an *zwei Leben* (Ehepaare) gebunden werden.
  Allgemein kann gesagt werden, dass die Leistungen der Altersvorsorge in der Regel ihrem Zweck dann am besten gerecht werden, wenn sie in Form von lebenslänglichen Leibrenten und wie der Lohn monatlich nachschüssig auszahlbar erfolgen.

- *Todesfalleistungen*

  Unter Hinterbliebenenleistungen sind die Auszahlungen beim Tode des Versicherten an die Witwe, die Waisen, andere Unterstützungspflichtige und weitere Erben zu verstehen. Die Versicherung dieser Leistungen erfolgt meist akzessorisch zur Altersversicherung. Dafür gibt es folgende Formen:

Rentenleistungen

a) *Überlebenszeitrenten*
Bei dieser Form gelangt eine Rente zur Auszahlung vom Tode an, wenn dieser vor Ablauf der Versicherungsdauer eintritt, bis zum Datum, das als Ablauf vorgesehen ist (in der Regel Terminalter). Der Ablösungswert der laufenden Rente kann auch als Kapital bezogen werden.

b) *Fest garantierte Dauer von Altersrenten*
Bei Tod nach dem Terminalter erfolgt als Hinterlassenenleistung eine Weiterzahlung der Renten, bis der Versicherte ein bestimmtes Alter erreicht hätte (Überlebenszeitrenten). Diese Form ist stets kombiniert mit einer temporären Todesfallversicherung. Sie führt dazu, dass der Hinterbliebenenschutz nach dem Terminalter nicht plötzlich abbricht, sondern gleichmässig sinkt, bis er eine bestimmte Anzahl Jahre nach dem Terminalter überhaupt wegfällt.

c) *Witwen- und Waisenrenten*
Die klassische Form von Hinterbliebenenleistungen sind nach wie vor die an das Leben der Begünstigten gebundenen Witwen- und Waisenrenten. Bei einer Wiederverheiratung der Witwe erfolgt in der Regel eine dreifache Witwenjahresrente als Abfindung.
Waisenrenten werden meistens bis zum vollendeten 20. Altersjahr vesichert. Vollwaisen erhalten in der Regel die doppelte Rente von (Vater-)Halbwaisen.
Ähnlich gehandhabt weden die *Kinderrenten an Rentner und an Invalide*.
Diskutiert wird heute die Frage der *Witwerrente* (immer oder nur in auf das Einkommen der Frau angewiesenen Fällen).

Kapitalleistungen

d) *Geäufnete Sparkapitalien*
Die Leistung besteht in dem im Zeitpunkt des Todes bereits gebildeten Alterssparkapital, also ohne versicherungstechnisches Risiko.

e) *Geäufnete Sparkapitalien mit ergänzenden Todesfallkapitalien*
Beide Beträge zusammen ergeben stets eine bestimmte feste Summe. Die Versicherung des ergänzenden Todesfallkapitals kann erfolgen als

- *einjährige Todesfallversicherung*
Diese Versicherung wird jährlich erneuert und weist daher jährlich variable Prämien auf.

- *temporäre Todesfallversicherung mit abnehmender Versicherungssumme*
Bei dieser Form wird eine von Jahr zu Jahr bis zum Terminalter auf Null sinkende Leistung erbracht, falls der Versicherte stirbt.

- *Überlebenszeitrentenversicherung*
Der Barwert daraus ergibt ein entsprechend abnehmendes Kapital (siehe vorstehend lit. a).

f) *Todesfallkapitalien*
Diese werden fällig beim Tode des Versicherten vor dem Terminalter. Sie sind definiert in einer festen Summe oder einer Anzahl Altersrenten.

8.2 Arten von Alters-, Todesfall- und Invalidenversicherungen

Es sind zu unterscheiden

- *lebenslängliche Todesfallversicherung mit abgekürzter Prämienzahlung*
  Bei dieser Form wird die Todesfallsumme in jedem Falle erbracht.
- *temporäre Todesfallversicherung*
  Zusammen mit einer Erlebensfallsumme wird diese Form "gemischte Versicherung" genannt.

g) *Prämienrückgewähr*
Diese Versicherung erfolgt akzessorisch zur Altersversicherung. Im Falle des Todes des Versicherten wird die Summe der erhobenen Bruttoprämien unter Abzug der allenfalls bereits ausgerichteten Leistungen zurückbezahlt. Eine Altersrentenversicherung mit Prämienrückgewähr setzt sich technisch somit aus zwei Komponenten zusammen: einer normalen Altersrentenversicherung und einer temporären, nach dem Terminalter entsprechend den Rentenleistungen sinkenden Todesfallversicherung im Ausmass der Prämienzahlungen.

Es ist zu beachten, dass die Leistungen gemäss Kollektivversicherungsvertrag weitgehend schematisch sind und daher nicht immer jenen laut Reglement voll entsprechen können. Die auszubezahlenden Hinterbliebenenleistungen werden richtigerweise oft abgestuft entsprechend dem Verwandtschaftsverhältnis.

- *Invalidenleistungen*

Die Invalidenleistungen werden in der Regel akzessorisch zur Altersvorsorgeleistung versichert. Wie die Altersvorsorge kann die Versicherung in Form von *Renten- oder Kapitalleistungen* erfolgen. Als Nebenleistung tritt im Invaliditätsfall regelmässig auch die *Prämienbefreiung* für die Alters- und Hinterlassenenversicherung hinzu, neu häufig auch *Kinderrenten* (ähnlich den Waisenrenten).
Eine Abstufung nach Lohn und Dienstdauer ist für die Altersrentenversicherung angezeigt, während für die Invaliden- wie auch für die Hinterlassenenversicherung eine blosse Abstufung nach der Lohnhöhe zu bevorzugen ist. Bei einer Berücksichtigung auch des Dienstalters fallen die Invaliditätsleistungen in jungen Jahren, wo sie besonders wichtig sind, ungenügend aus.
Aus der Erkenntnis heraus, dass dem Invaliden mit Hilfe geeigneter *Eingliederungsmassnahmen* zur Wiedererlangung der Erwerbstätigkeit in vielen Fällen besser geholfen ist als durch Zusprechung einer Rente, hat sich die Invalidierungspraxis in den letzten Jahren bei vielen Kassen stark gewandelt.
Die Leistungen bei Krankheit und Unfall sind in der Regel nicht Gegenstand der eigentlichen Personalversicherung.

8. *Versicherungstechnische Grundbegriffe*

8.22 Spezielle Versicherungsformen

Für die *Rückdeckung von Höchstschäden* und *Kumulrisiken* einer autonomen Kasse werden von verschiedenen Versicherungsgesellschaften als besondere Versicherungsformen die Excess-of-Loss- und die Stop-Loss-Versicherung angeboten.

Während bei der *Excess-of-Loss-Versicherung einzelne Spitzenrisiken* rückgedeckt werden, bietet die *Stop-Loss-Versicherung* eine ideale Möglichkeit für die *globale Rückdeckung* eines ganzen Versichertenbestandes.

a) Excess-of-Loss-Versicherung

Bei der *Excess-of-Loss-Versicherung* wählt die Vorsorgeeinrichtung eine Beobachtungsperiode (normalerweise ein oder zwei Jahre). Sie bestimmt *für jede zu versichernde Person* einen Betrag (Selbstbehalt), den sie im Schadenfall selbst übernehmen will und kann.

Ist bei einem allfälligen Eintritt des versicherten Ereignisses der Schaden grösser als der Selbstbehalt, wird der Exzedent (übersteigender Schadenteil) von der Excess-of-Loss-Versicherung vergütet. Für diese Art der Rückdeckung von Spitzenrisiken zahlt die Vorsorgeeinrichtung der Versicherungsgesellschaft die Excess-of-Loss-Prämie.

b) Stop-Loss-Versicherung

Bei der *Stop-Loss-Versicherung* wählt die Vorsorgeeinrichtung ebenfalls eine Beobachtungsperiode (normalerweise ein, zwei oder drei Jahre). Sie bestimmt global einen Betrag (Selbstbehalt), den sie glaubt, *gesamthaft an Schäden in der Beobachtungsperiode* selbst übernehmen zu wollen und zu können. Ist am Ende der Beobachtungsperiode die totale Schadensumme grösser als der Selbstbehalt, wird der übersteigende Teil (Exzedent) von der Stop-Loss-Versicherung rückvergütet. Für diese globale Rückdeckung einer autonomen Vorsorgeeinrichtung zahlt man eine relativ bescheidene Stop-Loss-Prämie. Bei einem Selbstbehalt in der Höhe der erwarteten Schadensumme (entspricht der Nettorisikoprämie) strebt die mathematisch berechnete Stop-Loss-Prämie mit zunehmender Versichertenzahl gegen Null (Gesetz der grossen Zahlen).

Um die Stop-Loss-Prämie zu reduzieren, empfiehlt sich die Wahl einer *mehrjährigen Beobachtungsperiode*. Mathematisch ergibt sich nämlich bei einem Versichertenbestand von n Versicherten und einer Beobachtungsperiode von m Jahren dieselbe Stop-Loss-Prämie wie bei einem Bestand von $m \cdot n$ Versicherten und einer einjährigen Beobachtungsperiode.

8.2 Arten von Alters-, Todesfall- und Invalidenversicherungen

Die Netto-Stop-Loss-Prämie entspricht dem zu erwartenden Überschaden und ist bei grossen Vorsorgeeinrichtungen geringer als bei einer kleinen Kasse (als Folge der Schwankungen, die sich bei einer grossen Kasse in sich ausgleichen). Für kleine Kassen sind daher Stop-Loss-Verträge nicht mehr sinnvoll. Der Stop-Loss deckt die Vorsorgeeinrichtung als Ganzes, daher entfallen auch laufende Mutationsmeldungen.

Es gibt grundsätzlich drei Möglichkeiten von *Stop-Loss-Versicherungen:*

- Selbstbehalt je *Todes- oder Invaliditätsfall* ein bestimmter Betrag (z.b. CHF 200'000.–). Ein Mehrbetrag – bei Renten gemessen am benötigten Deckungskapital – wird vom Versicherer getragen.
- Selbstbehalt *pro Rechnungsjahr* für alle Todes- und Invaliditätsfälle zusammen entsprechend den tariflichen Risikobeträgen. Der Versicherer kommt auf für einen die Annahmen des Tarifs übersteigenden schlechteren Risikoverlauf (für technische Verluste).
- Selbstbehalt auf den *Altersrenten* bis zu einer gewissen Anzahl (z.B. 15jährliche Renten). Darüber hinausgehende längerdauernde Renten übernimmt der Versicherer.

Die Stop-Loss-Versicherung ist in der Schweiz immer noch wenig ausgebildet und eher selten anzutreffen. Die Prämien dafür sind von Versicherer zu Versicherer unterschiedlich.

Stop-Loss-Verträge oder ähnliche Abmachungen könnten grundsätzlich auch zwischen verschiedenen autonomen Pensionskassen desselben Konzerns abgeschlossen werden. Dies hat den Vorteil, dass die Kassen selbständig bleiben, also eigene Reglemente und unterschiedliche Leistungen behalten können. Eine Zusammenlegung in eine einzige grosse, nivellierte Pensionskasse kann dadurch vermieden werden. Dagegen bilden risikomässig die verschiedenen Kassen einen Verbund. Dies kann auch der Fall sein, falls durch Split für das BVG-Obligatorium eine getrennte Vorsorgeeinrichtung geführt wird.

8.3 Finanzierungsverfahren

Durch den Versicherungsplan werden die Versicherungskosten festgelegt. Die *zeitliche Verteilung dieser Kosten auf die Beitragszahler* wird durch das Finanzierungsverfahren bestimmt. Dazu wurden 1990 vom Schweizerischen Aktuarenverband und von der Schweizerischen Kammer der Pensionskassenexperten *Grundsätze und Richtlinien* erlassen.

Die Finanzierung einer Pensionskasse kann grundsätzlich entweder nach dem *Anwartschaftsdeckungsverfahren* oder dem *Ausgabenumlageverfahren* oder nach einem zwischen diesen beiden Methoden liegenden System erfolgen. Die sog. *individuelle Äquivalenzmethode* einerseits und das *reine Umlageverfahren* andererseits sind dabei die beiden Extremfälle des Kapitaldeckungs- bzw. Umlageverfahrens.

An und für sich ist weder das Kapitaldeckungsverfahren noch das Umlageverfahren billiger oder teurer. In allen Fällen sind die Versicherungskosten zu bezahlen, lediglich die zeitliche Aufbringung der Kosten (unter Einwirkung von Zins und Zinseszins) ist verschieden.

Für die Finanzierung von Versicherungssystemen besteht eine Vielfalt von Verfahren, die zwischen zwei Grenztypen – dem *Anwartschaftsdeckungsverfahren* und dem *Ausgabenumlageverfahren* – liegen. Von den Zwischentypen kommt dem *Rentenwertumlageverfahren* eine besondere Bedeutung zu (siehe *Darstellung 8G*).

Welches Finanzierungsverfahren bei einer Pensionskasse verwendet wird, lässt sich anhand des *Kapitalisationsgrades* beurteilen. Der Kapitalisationsgrad stellt das Verhältnis des aufgrund des gewählten Finanzierungsverfahrens berechneten Deckungskapitals zu dem nach dem Anwartschaftsdeckungsverfahren berechneten Deckungskapital dar. Der Kapitalisationsgrad 1 bedeutet somit: Anwendung des Anwartschaftsdeckungsverfahrens, der Kapitalisationsgrad 0: Anwendung des Umlageverfahrens.

8.31 Anwartschaftsdeckungsverfahren

"Beim *Anwartschaftsdeckungsverfahren oder Kapitaldeckungsverfahren bzw. individuellen Anwartschaftsdeckungsverfahren* werden die Vorsorgeleistungen planmässig vorfinanziert. Man geht vom Grundsatz aus, dass jede Generation die Mittel für den eigenen Versicherungsschutz selbst äufnet. Sämtliche laufenden und anwartschaftlichen Ansprüche sind somit durch ein entsprechendes Deckungskapital sichergestellt. Beim individuellen Anwartschaftsdeckungsverfahren geht man überdies vom Grundsatz aus, dass für jeden Versicherten individuell die Mittel für den eigenen Versicherungsschutz geäufnet werden" (aus: "Grundsätze und Richtlinien ...", 1990, S. 4).

Darstellung 8G
Finanzierungsverfahren

> *Vorbemerkung*
> Unserer Betrachtung über die Finanzierungsverfahren haben wir eine einfache Modellkasse zugrunde gelegt. Sie umfasst:
> – *40 Beitragspflichtige*, welche sich gleichmässig auf die *Alter 25 bis 64* verteilen; pro Alter ist somit ein Beitragspflichtiger vorhanden.
> – *15 Rentenbezüger*, welche sich gleichmässig auf die *Alter 65 bis 79* verteilen; pro Alter ist somit ein Rentenbezüger vorhanden.
> Im weitern haben wir das Problem der Sterblichkeit vereinfacht, indem wir *annehmen, alle Versicherten sterben im 80. Altersjahr*. Diese Vereinfachung
> – gestattet die Voraussetzungen auf ein Minimum zu beschränken und erleichtert die graphische Darstellung des Problems.
> – beeinflusst die Schlussfolgerungen des Exposés über die Finanzierungsverfahren nicht.
> Ferner muss präzisiert werden, dass unsere Modellkasse nur eine jährliche *Altersrente von Fr. 1'200.–* versichert.
> Auch dabei handelt es sich um eine Vereinfachung, welche die Analyse der Finanzierungsverfahren keinesfalls verfälscht. Sie hilft uns vielmehr, die Probleme klarer darzustellen.

Anwartschafts-Deckungsverfahren

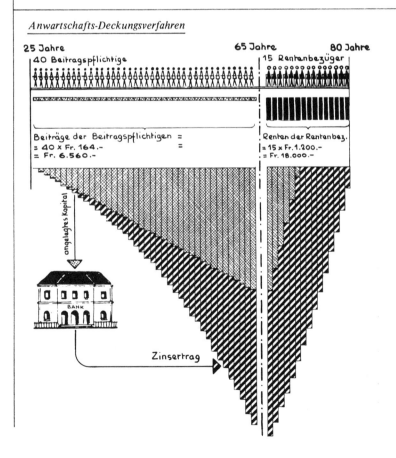

Rentenwert-Umlageverfahren
(Umlage des Deckungskapitals für neue Renten)

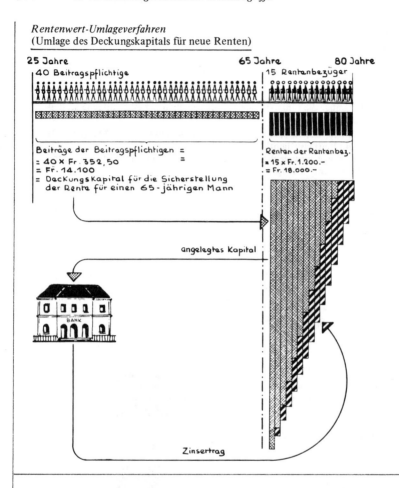

Ausgaben-Umlageverfahren

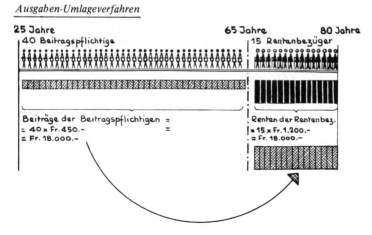

8.3 Finanzierungsverfahren

Zusammenfassung

a) Es existieren drei Typen von Finanzierungsverfahren:
   - das *Ausgaben-Umlageverfahren*
   - das *Rentenwert-Umlageverfahren*
   - das *Anwartschafts-Deckungsverfahren*

   sowie eine grosse Anzahl von Zwischenverfahren.

b) *Strukturabhängigkeit* (Beitragspflichtige und/oder Rentenbezüger):
   - Ausgaben- oder Rentenwert-Umlageverfahren = gross
   - Anwartschafts-Deckungsverfahren = sehr klein

c) *Lohnabhängigkeit*
   - Ausgaben-Umlageverfahren = Null für die Beitragspflichtigen
     = Null für die Rentenbezüger
   - Rentenwert-Umlageverfahren = Null für die Beitragspflichtigen
     = gross für die Rentenbezüger
   - Anwartschafts-Deckungsverfahren = gross für die Aktiven
     = gross für die Rentenbezüger

   Selbstverständlich kann bei den lohnabhängigen Finanzierungsverfahren die Lohnabhängigkeit durch eine Erhöhung der Beiträge kompensiert werden.

d) Anders gesagt,
   - hängen die *Umlageverfahren von der Solidarität zwischen den Generationen ab*. Dies ist der Grund, warum sie bestandesempfindlich sind. Das Anwartschafts-Deckungsverfahren kennt die Bestandesempfindlichkeit nicht.
   - Das *Anwartschafts-Deckungsverfahren reagiert empfindlicher auf Lohnerhöhungen* als die Umlageverfahren. Immerhin kann bewiesen werden, dass das Anwartschafts-Deckungsverfahren nur dann ungünstiger ist als die Umlageverfahren, wenn die Lohnerhöhungen den Kapitalertrag übersteigen.

e) Die Umlageverfahren erleichtern die Versicherung der *Übergangs-Generation*.

f) Beim *Anwartschafts-Deckungsverfahren wird Kapital geäufnet*, welches angelegt werden muss. Es ermöglicht die Entwicklung der öffentlichen Dienste (Schulen, Strassen usw.) sowie der privaten Unternehmen.

g) Ein Teil der Vorteile, welche die Umlageverfahren in der Praxis aufzuweisen scheinen, werden an dem Tag verschwinden, an dem die totale Freizügigkeit die *Rückzahlung der Beiträge beim Austritt* eines Versicherten ersetzt.

h) Für die Pensionskassen der privaten Unternehmen gilt es eine Lösung zu finden, welche den Kapitalisationsgrad so weit limitiert, dass *die erworbenen Rechte der Beitragspflichtigen und Rentenbezüger garantiert werden können*. Eine Überkapitalisation sollte vermieden werden.

i) Für die privaten Unternehmen kommt die Wahl zwischen dem Umlageverfahren und dem Anwartschafts-Deckungsverfahren der Wahl zwischen einer staatlichen Pensionskasse oder einer Betriebs- bzw. Verbandskasse gleich. *Die Verwirklichung des Umlageverfahrens setzt das Bestehen einer generellen staatlichen Pensionskasse (oder einer ähnlichen Kasse) voraus.*

j) Abschliessend möchten wir darauf hinweisen, dass
   - die gemachten Feststellungen sehr vereinfacht sind;
   - die Wirklichkeit viel differenzierter und komplexer ist.

Quelle: PRASA Pierre Rieben S.A., 1970

Beim Anwartschaftsdeckungsverfahren hat somit jede Mitgliedergeneration für die Deckung der Ausgaben, die sie später verursachen wird, selbst aufzukommen. Das bedingt eine Äufnung von Kapitalien, die planmässig aufgrund versicherungstechnischer Berechnungen bereitgestellt werden. Die Zinsen auf den geäufneten Kapitalien haben eine niedrigere Beitragsleistung zur Folge. Die Ansammlung der für das Alter bestimmten Rückstellungen erfolgt demnach während der Aktivzeit, ähnlich wie für eine Maschine während der Laufzeit ein Abschreibungsfonds gebildet wird.

Bei der *individuellen Äquivalenzmethode* sorgt jeder Versicherte für sich selbst. Der Barwert der Einnahmen und der Barwert der Ausgaben ist unter Anwendung der versicherungstechnischen Wahrscheinlichkeiten bei jedem einzelnen Versicherten adäquat. Die Einzel- und Kollektivlebensversicherungen sind auf dem Grundsatz der individuellen Äquivalenz aufgebaut. Für jeden Versicherten wird aufgrund seiner persönlichen Daten und der anvisierten Leistung der Beitrag *(Leistungsprimat)* oder – umgekehrt – bei gegebenen Beiträgen die Leistung *(Beitragsprimat)* errechnet.

Klassische autonome Pensionskassen, die auf einem Durchschnittsbeitragssystem aufgebaut sind, wenden den Grundsatz der *kollektiven Äquivalenz nach dem Anwartschaftsdeckungsverfahren* an. Der Grundsatz der Äquivalenz gilt dann nur für die Gesamtheit aller Versicherten einer gleichen Generation. Der einzelne Versicherte erwirbt gegen Bezahlung des Durchschnittsbeitrags den gleichen Anspruch auf die vorgesehene Leistung wie gegen eine Individualprämie.

Aber auch bei kollektiver Äquivalenz sollte das Deckungskapital *stets mindestens so hoch sein wie die gesamten Abgangsentschädigungen* bei Dienstaustritt oder bei Liquidation der Vorsorgeeinrichtung. Sind die Abgangsentschädigungen höher als das Deckungskapital, so müssen auch die Auswirkungen der künftigen Bestandesentwicklung (z.B. die Möglichkeit einer vollständigen Liquidation) mitberücksichtigt werden. Diese Sorgfaltspflicht ist insbesondere beim Auftreten negativer Deckungskapitalien notwendig.

Für das Anwartschaftsdeckungsverfahren spricht vor allem die damit verbundene materielle Garantie für die Erfüllung der statutarisch versprochenen Leistungen. Es darf nicht ohne weiteres damit gerechnet werden, dass das Unternehmen in mindestens gleicher Höhe ewig fortbesteht und dass die zukünftigen Generationen bereit sein werden, Beiträge für die frühere Generation zu entrichten, wie dies beim reinen Umlageverfahren oder bei einem Zwischenverfahren notwendig ist.

Eine Ausnahme bilden Pensionskassen des Staates (Bund, Kantone usw.); dort wird im allgemeinen – teilweise gesetzlich verankert (so bei der Pensionskasse des Bundes PKB, früher EVK) – eine Unterdeckung bis zu einem Drittel akzeptiert. Heute spricht man immer mehr davon, dass auch solche Kassen eine volle Kapitaldeckung aufweisen sollten. So wird die neue Pensionskasse des

Bundes "Publica" gemäss dem Entwurf von 1999 für ein Bundesgesetz hiefür nach dem vollen Kapitaldeckungsverfahren als Leistungsprimatkasse aufgebaut. Der bestehende Fehlbetrag soll in acht Jahren ausfinanziert sein. Die "Publica" soll aus der Bundesverwaltung ausgelagert werden in eine selbständige öffentlich-rechtliche Anstalt.

Nur beim *Anwartschaftsdeckungsverfahren besteht für den Anspruchsberechtigten eine über die Solidarität hinausgehende Sicherstellung* der Pensionsversprechen, indem

– für jeden Versicherten bzw. für jede Generation die Mittel für die Vorsorge durch die planmässige Bildung des Deckungskapitals sukzessive geäufnet werden,
– die derart sichergestellten statutarischen Pensionsansprüche von späteren Entwicklungen (hauptsächlich Bestandesänderungen) unabhängig sind,
– die *rechtlich notwendige Rückstellung des Personalbeitrages* in jedem Fall gewährleistet ist, so auch für die gesetzlich verlangten Freizügigkeitsleistungen (gemäss Freizügigkeitsgesetz).

Ist die Entwicklung einer auf dem Anwartschaftsdeckungsverfahren aufgebauten Pensionskasse für die nächste Zeit *überblickbar,* so darf – um beispielsweise auch den älteren Versicherten einen wirksamen Versicherungsschutz zu gewähren – *verantwortet werden, dass bei ihrer Errichtung oder ihrem Ausbau ein versicherungstechnischer Fehlbetrag bzw. eine vorübergehende teilweise Umlage in Kauf genommen wird.* Dabei sind aber folgende Bedingungen zu erfüllen:

– Der nach dem Anwartschaftsdeckungsverfahren *berechnete Fehlbetrag ist dem Auftraggeber und in der technischen Bilanz ausdrücklich bekanntzugeben.*
– Die Finanzierung ist so zu regeln, dass der ausgewiesene Fehlbetrag in *absehbarer Zeit* (tunlich während der mittleren Beitragszahlungsdauer) *durch zusätzliche Beiträge getilgt wird.*

(In Anlehnung an die alte Ausgabe 1972 der "Grundsätze und Richtlinien ...", S. 17/18.)

Die *Lebensversicherungsgesellschaften* sind Befürworter der vollen Kapitaldeckung, da deren Tarife nach der individuellen Äquivalenz aufgebaut sind. Dies ist begreiflich, da aus rechtlichen und betriebswirtschaftlichen Gründen etwas anderes gar nicht möglich wäre.

Die grenzüberschreitende berufliche Personalvorsorge wird durch die Globalisierung der Märkte und die zunehmende Bedeutung der multinationalen Unternehmen auf die Arbeitsmärkte immer wichtiger. Hier wird immer wieder die Schweiz mit dem BVG-Modell, der geforderten separaten Rechtsperson und der damit verlangten Trennung des Vorsorgevermögens vom Unternehmensvermögen sowie dem vollen Kapitaldeckungsverfahren als wegweisend für eine europäische Lösung bezeichnet (so z.B. vom deutschen Finanzminister *Eichel*, F+W, 14. August 1999).

Leistungsprimatkassen mit Durchschnittsbeiträgen führen zu einem *Finanzierungsbeitrag* an die älteren Versicherten durch die jüngeren Versicherten (etwa bis Alter 40). Diese *Solidarität* führt dazu, dass bei Umwandlung einer Leistungsprimatkasse in eine Beitragsprimatkasse die jungen Versicherten für die später nicht mehr fliessenden Beiträge der nächsten Generation entschädigt werden müssen, was im Durchschnitt bis 10% des Deckungskapitals ausmachen kann. Siehe Abschnitt 5.9, insbesondere *Darstellungen 5G* und *5H*.

8.32 Rentenwertumlageverfahren

Beim Rentenwertumlageverfahren (Verfahren der Umlage der Deckungskapitalien der Neurenten, Kapitaldeckungs- oder Rentendeckungsverfahren, kollektives Deckungskapitalverfahren) wird die jährliche Finanzierung so festgelegt, dass mit ihr das Deckungskapital für alle in der Periode entstehenden Neurenten bereitgestellt werden kann. Für die laufenden Renten ist somit stets das volle erforderliche Deckungskapital vorhanden. Für die aktiven Versicherten werden somit keine umfassenden und planmässien Deckungskapitalien gebildet, sondern das Umlageverfahren angewandt. Dieses Verfahren steht zwischen dem Anwartschaftsdeckungs- und dem Ausgabenumlageverfahren.

8.33 Ausgabenumlageverfahren

Beim Ausgabenumlageverfahren (reines Umlageverfahren) wird der jährliche Beitrag periodisch so bestimmt, dass mit ihm alle in der betreffenden Periode fälligen Versicherungsleistungen ausgerichtet werden können. Es werden hier somit keine Deckungskapitalien gebildet.

Definition nach den "Grundsätzen und Richtlinien ...", 1990, S. 4:

"Beim *Ausgabenumlageverfahren (UV)* oder *reinen Umlageverfahren* wird der jährliche Beitrag periodisch so festgelegt, dass aus ihm die in der entsprechenden Periode anfallenden Vorsorgeleistungen erbracht werden können. Weder die laufenden noch die anwartschaftlichen Ansprüche sind somit durch ein entsprechendes Deckungskapital sichergestellt."

Beim Umlageverfahren wird das Äquivalenzprinzip der Einnahmen und Ausgaben, das als Voraussetzung für jede Versicherung gilt, *über alle Generatio-*

nen ausgedehnt. Es beschränkt sich nicht auf eine einzige wie beim Anwartschaftsdeckungsverfahren. Die Deckung der in einem bestimmten Zeitabschnitt fällig gewordenen Versicherungsleistungen erfolgt im Extremfall voll durch die Beitragszahlungen in der gleichen Periode. Wenn die Versicherung durch reine Umlage finanziert wird, sammelt sich somit kein Deckungskapital an, da die Einnahmen genau den jeweiligen Ausgaben zu entsprechen haben.

Beim reinen *Ausgabenumlageverfahren* bezahlen demnach die Aktiven für die Rentner, die Jungen für die Alten. Jede Generation lebt auf Kosten der folgenden. Die erste Rentnergeneration hat keine Beiträge zu bezahlen; diese werden von der folgenden geleistet. Da kein geäufnetes Kapital bereitsteht, sind die Beiträge des reinen Umlageverfahrens um Zins und Zinseszins höher als beim Anwartschaftsdeckungsverfahren. Die Versicherten sind dabei auf die Zuwendungen der nachfolgenden Generation angewiesen. Daraus folgt, dass eine Umlage nur bei einem über alle Generationen hinweg gesicherten Obligatorium und bei immer mindestens gleich viel Beitragspflichtigen durchführbar wäre. Schon aus diesem Grund ergibt sich, dass bei einer betrieblichen Pensionskasse eines Unternehmens der Privatwirtschaft das Umlageverfahren in seiner reinen Form nie zur Anwendung kommen kann.

Auch aus rechtlichen Gründen ist ein Umlageverfahren nicht zulässig (siehe Art. 331 OR betreffend Austrittsleistungen und Art. 16 BVG wegen Alterskonten).

Eine besondere Schwierigkeit beim Umlageverfahren ist die Behandlung des Anfangsbestandes. Die Gefahr ist gross, dass die Kosten für die Versicherung zu tief eingeschätzt werden, indem lediglich auf die Anfangsumlagebeiträge abgestellt wird, die naturgemäss bei einem noch kleinen Rentnerbestand und einer Kasse, die sich nicht im Beharrungszustand befindet, niedrig sind. Die grosse Gefahr des Umlageverfahrens besteht somit darin, dass Versicherungsleistungen beschlossen werden, ohne dass die nötige Finanzierung gesichert ist.

Die Anwendung eines *partiellen Umlageverfahrens* kann grundsätzlich dann in Betracht kommen, wenn entweder infolge gesetzlicher Bestimmungen die Existenz des Versichertennachwuchses der Pensionskasse gesichert ist (sog. Perennität gegeben ist) oder wenn eine Verpflichtung seitens des Arbeitgebers vorliegt, die Versicherungsverpflichtungen zumindest den Rentnern gegenüber auch bei Abnahme der Versichertenzahl unter allen Umständen einzuhalten, was ohne Stellung besonderer Garantien oder Bürgen nur für staatliche Betriebe möglich ist. Aber auch dann müssen die von den Versicherten persönlich geleisteten Beiträge und die Deckungskapitalien sämtlicher laufender Renten durch das vorhandene Vermögen voll gedeckt sein (nach dem Rentenwertumlageverfahren).

Das partielle Umlageverfahren kann gut bei grossen *staatlichen Sozialversicherungswerken,* bei denen der Aktivmitgliederbestand dauernd gewährleistet ist, angewendet werden. So beruht die eidg. AHV zu rund 90% auf dem Umlageverfahren.

Für die Bezahlung der Arbeitgeberbeiträge einer *öffentlich-rechtlichen Kasse* und die Verzinsung des Defizites kann eventuell im volkswirtschaftlichen Interesse eines zyklischen Ausgleichs der Konjunkturschwankungen teilweise das Umlageverfahren angewendet werden. Dieses Verfahren betrifft jedoch nur die *Bezahlung* und nicht die *Belastung* der jährlichen Betreffnisse. Somit handelt es sich eigentlich auch hier um das reine Kapitaldeckungsverfahren. Bei einigen Pensionskassen der öffentlichen Verwaltung kommt dieses gemischte Finanzierungsverfahren bereits seit jeher zur Anwendung.

Nicht zu verwechseln mit dem Umlageverfahren sind bestimmte in der *privaten Personalvorsorge* bestehende Formen. So werden beispielsweise Teuerungszulagen zu den ordentlichen Renten oft direkt von der Firma getragen und jährlich über die Erfolgsrechnung des Unternehmens gebucht. Diese Zusatzrenten können auch in den eigentlichen Vorsorgeplan eingebaut werden und automatisch der Höhe der Lebenskosten folgen. Es werden auch etwa freiwillige Leistungen von Fall zu Fall zu Lasten der Firmarechnung oder eines Unterstützungsfonds ausgerichet. Es handelt sich hier indessen um keine Versicherungs-, sondern grundsätzlich um *reine Fürsorgeleistungen ohne Rechtsanspruch* der Begünstigten (auch wenn bei ständiger Übung Gerichte anders entscheiden).

Voraussetzung für ein reines Umlageverfahren ist, dass *Perennität* gegeben ist. *Perennität bedeutet, dass die Abgänge dauernd durch Neuzugänge wettgemacht werden.* Wichtig ist, dass, abgesehen von der Aufbauphase, *das Verhältnis der Rentner zu den Aktiven nicht zunimmt.* Eine Zunahme dieses Verhältnisses tritt dann ein, wenn die Zahl der aktiven Versicherten infolge Personalabbaus vermindert wird. Dies gilt für Pensionskassen öffentlicher wie auch privater Betriebe.

Im weiteren ist wichtig, dass kein *Abbau des Lohnniveaus der Aktiven* stattfindet. Bei einem solchen Abbau müssten gleichzeitig auch die Ansprüche der Pensionierten mindestens im gleichen Verhältnis herabgesetzt werden können. Als weitere Voraussetzung gilt, dass eine *Liquidation ausgeschlossen* ist.

Nur *wenn Perennität gewährleistet ist, darf das reine Umlage- oder ein Zwischenverfahren angewandt werden*. Ein Abbau der Pensionskasse (d.h. ein Wegfall der Perennität) führt zu steigenden Umlagebeiträgen und macht demzufolge das Umlageverfahren ungeeignet; im Extremfall sind die Verpflichtungen nicht mehr erfüllbar.

Die Forderung nach *"Perennität"* ist beim Umlageverfahren somit Voraussetzung; sie sollte aber noch ergänzt werden durch jene nach der *"Bonität des Arbeitgebers"*. Für den Angestellten eines maroden (schlechten, zahlungsunfähig werdenden) Staatswesens, dessen Kasse teilweise nach dem Umlageverfahren aufgebaut ist, nützt es wenig, wenn Perennität gegeben ist, der öffentlich-rechtliche Arbeitgeber aber nicht mehr in der Lage ist, seinen Verpflichtungen nachzukommen. So gesehen ist für den einzelnen Versicherten *Bonität wichtiger als Perennität.*

Nach dem *BVG* müssen die registrierten Einrichtungen nach dem Grundsatz der geschlossenen Kasse bilanzieren (Art. 69 Abs. 1 BVG), was ein Anwartschaftsdeckungskapitalverfahren verlangt und somit ein Ausgabenumlageverfahren ausschliesst. Abweichungen sind nach Art. 45 BVV 2 für öffentlichrechtliche Kassen beschränkt möglich.

Beim Bund soll eine neue *Pensionskasse des Bundes* mit der Bezeichnung "Publica" geschaffen werden, welche – von den Fehlern der Vergangenheit befreit – eine Sammeleinrichtung für alle angeschlossenen Unternehmen werden soll. Der Neubeginn wird auch für das Informatiksystem gelten. Beschlossen ist wiederum ein Leistungsprimat, das aber transparenter werden soll (NZZ 17. Dezember 1999). Der Plafond soll CHF 168'000.– betragen.

9. Versicherungstechnische Bilanz

9.1 Begriff des Deckungskapitals (technische Rückstellungen)

Bei einer versicherungstechnischen Überprüfung einer Pensionskasse soll das *erforderliche Deckungskapital* festgestellt werden, das notwendig ist, um alle reglementarischen Verpflichtungen – unter Berücksichtigung der reglementarischen Beiträge und der fest zu erwartenden anderen Einnahmen (Zinsen) – erfüllen zu können. Eine Gegenüberstellung des technisch notwendigen Deckungskapitals mit dem in der kaufmännischen Bilanz auf denselben Stichtag als vorhanden ausgewiesenen Deckungskapital (auch technische Rückstellungen oder Garantiekapital genannt) ergibt dann den *technischen Fehlbetrag oder Überschuss* einer Pensionskasse.

Unter dem *Deckungskapital* verstehen wir die in einem bestimmten Alter erforderliche Rückstellung, um die reglementarischen Verpflichtungen erfüllen zu können. Bei der Berechnung des Deckungskapitals $_tV_x$ unterscheidet man zwischen zwei Methoden:

– *Retrospektive Methode*

Das Deckungskapital im Alter x ist das bis zum Alter x geäufnete Kapital, gebildet aus den Sparteilen der Beiträge und den Zinserträgen (Verzinsung zum technischen Zinsfuss).

– *Prospektive Methode*

Das Deckungskapital im Alter x entspricht der Differenz zwischen dem Barwert der Leistungen (Verpflichtungen) und dem Barwert der künftigen Beiträge (Einnahmen).

$$_tV_x = L \cdot E(x) - P \cdot \ddot{a}_{\overline{x:n}|}$$

wobei L versicherte Leistung
        $E(x)$ Barwert der Leistung
        P jährlicher Beitrag
        $\ddot{a}_{\overline{x:n}|}$ Barwertfaktor (temporäre Leibrente)

Beide Berechnungsmethoden führen zum gleichen Ergebnis, sofern bei Abschluss der Versicherung der Jahresbeitrag nach dem individuellen Äquivalenzprinzip ermittelt und mit den gleichen technischen Grundlagen gerechnet wurde. Jedes Jahr könnte somit aufgrund der Leistungskombination und des vorhandenen Deckungskapitals der erforderliche mathematische Jahresbeitrag errechnet werden.

Bei einer klassischen Pensionskasse, welche mit *Durchschnittsbeiträgen* finanziert wird, stimmt (unter Annahme einer stetigen Lohnerhöhung) der wahre mathematische Beitrag nur bei einem ganz bestimmten Alter x mit dem effektiv erhobenen Beitrag überein. Im Durchschnitt zahlen alle Versicherten, die jünger als dieses Alter sind, einen *zu hohen,* alle übrigen einen *zu tiefen Beitrag.* Berechnen wir das Deckungskapital nach der prospektiven Methode, d.h. als Differenz zwischen dem Barwert der Verpflichtungen und dem Barwert der künftigen Beiträge, ergibt sich bei Versicherten, die jünger sind als x Jahre, ein *negativer* Wert. Dieses Ergebnis widerspiegelt die Tatsache, dass diese Versichertengruppe mehr als ihre eigenen Leistungen finanziert. Sie helfen mit, die Unterfinanzierung der Älteren auszugleichen. Jeder Neueintritt im Alter unter x bringt der Vorsorgeeinrichtung einen Eintrittsgewinn, jeder Austritt einen entsprechenden Austrittsverlust.

Bei einer klassischen Pensionskasse mit Durchschnittsbeiträgen entstehen bei jungen Versicherten *negative Deckungskapitalien.* Ein vorsichtiger Experte ersetzt diese negativen Beträge durch Null (Ausnullen) oder durch die entsprechenden Freizügigkeitsleistungen. Denn nur dadurch kann verhindert werden, dass eine Verschlechterung der Altersstruktur oder eine unerwartete Fluktuation des Versichertenbestandes der Vorsorgeeinrichtung finanzielle Schwierigkeiten bringt.

Bei der Bilanzierung in offener Kasse müssen die negativen Deckungskapitalien angerechnet werden, da sonst der Zweck der offenen Bilanzierung verlorenginge (siehe Abschnitt 9.3).

Die Berechnung des Deckungskapitals und die Erstellung einer versicherungstechnischen Bilanz sind Aufgaben mit grosser Verantwortung, die nur einem ausgewiesenen Fachmann übergeben werden dürfen. Es sollten damit nur anerkannte Pensionskassenexperten (Experten für berufliche Vorsorge im Sinne von Art. 53 BVG) beauftragt werden, die sich an die "Grundsätze und Richtlinien für Pensionsversicherungsexperten" 1990 der Schweizerischen Kammer der Pensionskassenexperten halten (siehe Abschnitt 18.4).

Hinsichtlich der Bilanzierung des Deckungskapitals in der kaufmännischen Bilanz siehe Abschnitt 10.4. Ein allfälliger versicherungstechnischer *Fehlbetrag* darf gemäss Art. 19 des Freizügigkeitsgesetzes bei der Berechnung der Freizügigkeitsleistung nicht berücksichtigt werden, ausser bei einer Teil- oder Gesamtliquidation.

Erfreulicherweise hat eine kürzliche Umfrage ergeben, dass rund 35% der Pensionskassen einen Deckungsgrad von 100–110% und 30% einen solchen von über 110% ausweisen. Nur wenige (grosse öffentlich-rechtliche) Kassen wiesen einen Fehlbetrag auf (SPV 2/98, S. 85). Im Ausland sind diese Fehlbeträge besonders bei Leistungsprimatkassen im allgemeinen wesentlich höher.

Die Höhe des berechneten Deckungskapitals (also der Soll-Grösse) ist stark *abhängig vom Finanzierungsverfahren,* d.h. ob die Leistungszusagen mit laufenden Beiträgen (bis zum Pensionierungsalter) oder mit Einmaleinlagen finanziert werden bzw. finanziert sind. Die Aussage, auch "ein Deckungskapital von Null sei theoretisch jederzeit richtig", trifft zu, wenn alle zugesagten Leistungen mit künftigen Beiträgen finanziert werden. Daher sollten die künftigen jährlichen Beiträge auch im Einzelfall eine Limite von maximal etwa 30 Lohnprozenten nicht überschreiten. Soweit ein höherer Beitrag notwendig wäre, ist der Exzedent durch eine Einmaleinlage abzudecken oder es ergibt sich ein technischer Fehlbetrag.

9.2 Wahl der angemessenen Rechnungsgrundlagen

In Abschnitt 8.1 und *Darstellung 8C* wurden die verschiedenen Rechnungsgrundlagen vorgestellt. Im folgenden geht es nun darum, daraus jene zu wählen, mit der eine autonome Kasse rechnen soll.

Zur *praktischen Verwendung* für versicherungstechnische Berechnungen stehen folgende Rechnungsgrundlagen zur Verfügung (siehe *Darstellung 9A*):

– *bei Rentenleistungen:*

– Grundlagen der Lebensversicherungsgesellschaften: *Kollektivversicherungstarif GRM/GRF 1995*
– Grundlagen der AHV: *AHV VII/VIIbis (1996)*
– Grundlagen der Eidg. Versicherungskasse: *EVK 1990*
– Grundlagen der Versicherungskasse der Stadt Zürich: *VZ 1990*
  (Die Grundlagen VZ 2000 erscheinen anfangs 2000.)

– *bei Kapitalleistungen:*

– Schweizerische Volkssterbetafeln: *SM/SF 1988/93*
– Grundlagen der Lebensversicherungsgesellschaften: *Kollektivversicherungstarif GKM/GKF 1995*

Die *Volkssterbetafeln* umfassen die *ganze* Bevölkerung und nicht nur die arbeitsfähigen Personen; sie enthalten also schlechtere Sterbe- und Invaliditätsrisiken. Ähnliches gilt von den Grundlagen der *AHV*.

Die *EVK- und VZ-Grundlagen* sind aufgrund von Messungen bei Staatsangestellten konstruiert worden. Diese Tarifgrundlagen vermögen im allgemeinen das Sterbe- und Invaliditätsverhalten eines mittelgrossen kaufmännischen Unternehmens nur ungenau zu beschreiben. Die Grundlagen der *Lebensversicherungsgesellschaften* müssen hohe Risikomargen enthalten, da der Tarif (inkl. technischer Zinsfuss von 3%) garantiert ist und somit bei laufenden Policen nicht mehr angepasst werden kann (daher Überschussrückvergütungen). Seit 1996 bestehen keine einheitlichen Tarife mehr.

Jede bekannte Rechnungsgrundlage weist somit, bezogen auf den Mitarbeiterbestand eines bestimmten Unternehmens, *gewisse Nachteile* auf. Doch sind diese Nachteile, gemessen an den statistischen Abweichungen als Folge der kleinen Zahl von Versicherten, zu vernachlässigen. Zudem fällt die Wahl des technischen Zinsfusses auf das Ergebnis wesentlich stärker ins Gewicht als die Sterbetafel.

Einzelne sehr grosse Pensionskassen berechnen auch eigene *Rechnungsgrundlagen* aufgrund eigener Sterblichkeits- oder Invaliditätsmessungen. Doch ist im allgemeinen davon *abzuraten,* da die unter Risiko stehende Personenzahl

Darstellung 9A

Die aktuellen versicherungstechnischen Tafelwerke der Schweiz

9.2 Wahl der angemessenen Rechnungsgrundlagen

	SM/SF 1988/93	AHV VI (1986)		AHV VII (1996)		GKM/GKF 1995 GRM/GRF 1995	EVK 1990	VZ 1990
		VI	VIbis	VII	VIIbis			
Personengesamtheit	Schweiz. Wohnbevölkerung	AHV-Versicherte	AHV-Versicherte	AHV-Versicherte	AHV-Versicherte	Erhebungen der Versicherungsgesellschaften (Kollektivversicherung)	Versicherte der Eidg. Versicherungskasse	Versicherte Stadt (VKZ) und Kanton Zürich (BVK)
Erhebungsgrundlagen	–	–	–	–	–	Aktive M 3'796'770 F 1'536'071 Rentner M 71'500 F 35'104 Wi 37'479	Aktive M 457'900 F 111'215 Rentner M 103'588 F 21'612 Wi 49'537	M 179'516 F 120'720 Wi 32'933 Todesfälle 5'465 Inv.-fälle 1'475
Erhebungsperiode	1988–1993	1978–1983	1978–1983	1988–1993	1988–1993	1986–1990	1982–1987	1978–1989
Sicherheitsmargen	Nein	Ja: Sterblichkeitsabnahme bis 1996	Ja: Sterblichkeitsabnahme bis 2011	Ja: Sterblichkeitsabnahme bis 2010	Ja: Sterblichkeitsabnahme bis 2020	Ja: Verschiedene Tarife für Todesfall- und Rentenversicherung	Bedingt (graphische Ausgleichung)	Ja: Generationentafelzuschläge
Technische Zinsfüsse	3, 3 1/2, 4, 4 1/2, 5					3	0, 3, 3 1/2, 3 3/4, 4, 4 1/2, 5	beliebig
Mittlere Lebenserwartung	M F	M F	M F	M F	M F	GKM GKF GRM GRF	M F	M F
Alter 20	55,3 61,8	55,5 62,4	57,1 64,4	58,2 65,7	59,4 67,7	55,7 63,2 60,1 69,4	57,5 63,2	56,3 62,5
Alter 40	36,8 42,5	36,7 42,9	38,3 44,8	39,9 46,3	41,3 48,0	37,0 43,8 41,5 50,1	38,4 43,6	37,2 42,9
Alter 60	19,2 24,0	19,2 24,3	20,4 26,0	21,8 27,5	22,9 29,1	19,5 25,2 24,2 31,6	20,4 25,2	19,5 24,3
Alter 80	6,8 8,6	6,9 8,8	7,5 9,6	7,9 10,7	8,4 11,7	7,3 10,2 11,0 15,3	7,3 9,3	6,8 9,0
Literaturquelle	Stat. Quellenwerke der Schweiz, Heft 779	MVSV 1987, S. 147	MVSV 1987, S. 147			Textband	Text im Tabellenwerk	Text im Tabellenwerk

Quelle: In Anlehnung an Leitfaden für die höheren Fachprüfungen für Pensionsversicherungsexperten (nachgeführt); siehe auch *Darstellung 8C*.

9. Versicherungstechnische Bilanz

Zufallsabweichungen nicht ausschliesst und das aufgrund eigener Grundlagen berechnete Deckungskapital für Dritte nicht beurteilbar ist. Bei kleineren autonomen Kassen ist die Berechnung eigener, aussagekräftiger Grundlagen nicht möglich; zudem würde sich dieser Aufwand nicht lohnen.

Die Kollektivversicherungstarife sollten *netto*, also ohne Verwaltungskostenzuschläge, zur Anwendung kommen.

Die Grundlagen *EVK* und *VZ* werden in der Regel alle zehn Jahre, die der Kollektivversicherung alle fünf Jahre mit den neuen Messwerten verglichen und bei grösseren Abweichungen neu erstellt und sollten den Ansprüchen autonomer Kassen genügen.

Jede autonome Kasse sollte indessen *im nachhinein prüfen*, wie sich die eigenen Risiken im Vergleich zu den verwendeten Grundlagen entwickelt haben (siehe Abschnitt 9.51). Gegebenenfalls wird in der versicherungstechnischen Bilanz eine *zusätzliche Risikomarge* (auch wegen der Kleinheit des Bestandes) zu berücksichtigen sein (vgl. Ziff. 19 in *Darstellung 9C*).

Es wäre eine dankbare *Aufgabe für die Kammer der Pensionskassenexperten*, eigene Rechnungsgrundlagen – allenfalls mittels Kombinationen aus den bekannten Tarifen – zu schaffen. Grundsätzlich ist abzulehnen, wenn Pensionskassenexperten durch Aussenstehende kaum überprüfbare, "eigene" Grundlagen aus den bestehenden, bekannten Tabellenwerken ableiten und verwenden.

Kleinere Versichertenbestände (weniger als 500 Personen unter Risiko) sind naturgemäss grösseren zufälligen Schwankungen unterworfen. Bei ihnen ist ein Vergleich der effektiv eingetretenen Schadenfälle mit den nach Tarifgrundlagen errechneten wenig aussagekräftig. Es ist deshalb notwendig, die Vergleichsrechnung jedes Jahr zu wiederholen und die Summe der erwarteten Fälle der Summe der eingetretenen Fälle gegenüberzustellen. Macht man nämlich diese Vergleichsrechnung über eine Beobachtungsperiode von mehreren Jahren, erzeugt man dieselbe Aussagekraft wie bei einer einjährigen Beobachtungsperiode und einem entsprechend grösseren Versichertenbestand.

Der *technische Zinsfuss* ist so festzulegen, dass er langfristig gesehen gegenüber dem effektiven Ertrag des Kassenvermögens eine angemessene Marge enthält.

Die Wahl des technischen Zinsfusses bleibt allerdings eingeschränkt, da die gebräuchlichen Rechnungsgrundlagen nur für ganz bestimmte Zinsfüsse in veröffentlichter Form vorliegen.

Während der Kollektivversicherungstarif *Verwaltungskosten* miteinschliesst, sind die Tafeln VZ, EVK, SM/SF, AHV VII und VIIbis reine Nettogrundlagen. Sollten die Verwaltungskosten einer autonomen Kasse nicht vom Unternehmen übernommen werden, so müssten dafür angemessene Beiträge berücksichtigt werden.

Am *Fusse einer versicherungstechnischen Bilanz* sollten stets *die wichtigsten Angaben* (verwendete Grundlagen, technischer Zinsfuss, wesentliche Annah-

9.2 Wahl der angemessenen Rechnungsgrundlagen

men) *als Anmerkungen* aufgeführt werden. Dies sollten die Kontrollstellen und die Aufsichtsbehörden verlangen.

Wünschbar und wesentlich ist, dass ein versicherungstechnisches Gutachten und eine versicherungstechnische Bilanz auch für Pensionskassenverwalter und Stiftungsräte *verständlich* und in grossen Zügen nachvollziehbar sind. Dies ist bei entsprechender textlicher Erläuterung des Gutachtens durchaus möglich.

Die Anwendung des relativ *niedrigen technischen Zinsfusses von 3% bei der Kollektivversicherung* hat zur Folge, dass vorerst einmal ein höheres Deckungskapital gebildet und finanziert werden muss – auch wenn später darauf Gewinnüberschüsse rückerstattet werden. Bei einer autonomen Kasse ist demgegenüber ein niedrigeres Kapital, berechnet auf einem technischen Zins von beispielsweise 4%, aufzubauen. Dadurch, dass die Überschussanteile in der Regel voll der Stiftung zugute kommen und dort häufig erst für eine spätere Generation verwendet werden, kann eine Kollektivversicherung für den Arbeitnehmer "teurer" sein als eine autonome Kasse. Es ist allerdings auch möglich, die Arbeitnehmerbeiträge anzupassen, so beispielsweise 7% Personalbeiträge zu erheben, obwohl mit 8% Kollektivversicherungsprämie gerechnet wird.

Für die Durchführung der Berechnungen einer technischen Bilanz bietet die *Datenverarbeitung* wesentliche Hilfsmittel. Früher, als die Berechnungen noch mit einfachen Rechenmaschinen erfolgten, wurde der Personalbestand in Altersklassen gruppiert (5er-Alter usw.), um die Rechnungen zu vereinfachen.

In Zukunft dürften in der Regel die Daten der einzelnen Versicherten durch E-Mail, Disketten oder spezielle Datenträger dem Pensionsversicherungsexperten übermittelt werden. Dieser berechnet mit seiner eigenen Datenverarbeitungsanlage (oder jener des Kunden) für jeden einzelnen Versicherten das Deckungskapital und analysiert je nach Personalvorsorgekonzept die Struktur des Alters, der Dienstjahre, der Vorsorgeleistungen und der Löhne.

Es ist aber auch möglich, dass die Daten mit dem betriebseigenen Computer je Alter gruppiert und in dieser zusammengefassten Form dem Experten zur Verfügung gestellt werden. In solchen Fällen kann die eigentliche Deckungskapitalberechnung "von Hand" durchgeführt werden.

9. Versicherungstechnische Bilanz

Darstellung 9B

Auswirkungen von Rechnungsgrundlagen und technischem Zinsfuss auf das Deckungskapital

Rechnungsgrundlagen	Deckungskapital in Mio. CHF		
	4%	3 1/2%	3%
VZ 1990	20,9	28,6	37,8
EVK 1990	20,9	28,9	38,4
GRM/GRF 1995 (netto, ohne Berücksichtigung der Überschussrückvergütungen)	30,9	40,4	52,7
Versicherte Leistungen:	Altersrente 10 Mio. CHF Invalidenrente 10 Mio. CHF Witwenrente 6 Mio. CHF		
Jährliche Beiträge:	3,5 Mio. CHF		
Durchschnittsalter:	45 Jahre		

Anmerkung

Es handelt sich hier um ein stark deckungskapitalintensives Beispiel. In anderen Fällen sind die Unterschiede geringer.

9.3 Versicherungstechnische Bilanz für eine geschlossene Kasse

Das Finanzierungsverfahren zeigt sich namentlich bei der Erstellung einer versicherungstechnischen Bilanz. Bei der Bilanzierung wird zwischen einer sog. *geschlossenen Kasse* und einer *offenen Kasse* unterschieden.

Eine versicherungstechnische Bilanz für eine *geschlossene Kasse* berücksichtigt lediglich den bestehenden Versichertenbestand in der Berechnung. Der künftige Ab- und Zugang an Versicherten sowie die Änderungen durch Besoldungsmutationen werden bei dieser Art der Bilanzierung nicht erfasst. Die Bilanz in geschlossener Kasse ist unabhängig von den demographischen und ökonomischen Veränderungen. Unter versicherungstechnisch notwendigem Deckungskapital wird derjenige Betrag verstanden, der am Bilanzstichtag als Vermögen vorhanden sein sollte, um zusammen mit den erwarteten Beiträgen und Zinsen alle versicherungstechnischen Verpflichtungen zu decken. Ein vorhandener Mehrwert (Minderwert) stellt den *technischen Überschuss (Fehlbetrag)* dar.

Mit der versicherungstechnischen Bilanz wird festgestellt, ob das derzeitige Vermögen zusammen mit den zu erwartenden künftigen Beiträgen und den Zinsen ausreicht, um die eingegangenen Verpflichtungen einer Kasse zu erfüllen.

Zur Berechnung der versicherungstechnischen Bilanz sind die "Grundsätze und Richtlinien für Pensionsversicherungsexperten" (Ausgabe 1990) zu beachten.

Das *BVG* sieht nur eine Bilanzierung in geschlossener Kasse vor; dies ist in *Art. 69 Abs. 1 BVG* ausdrücklich festgelegt (siehe auch Art. 45 BVV 2). Für öffentlich-rechtliche Kassen sind diesbezüglich Ausnahmen möglich.

In *Darstellung 9C* wird ein Schema für eine versicherungstechnische Bilanz einer geschlossenen Kasse gegeben. Als *Saldo dieser Bilanz erscheint das erforderliche Deckungskapital,* das dann in einer Anschlussrechnung (als zweite Stufe, die auch vom Abschlussprüfer vorgenommen werden kann) dem in der kaufmännischen Bilanz ausgewiesenen "Deckungskapital" (auch als "Garantiekapital", "gebundenes Stiftungskapital" oder ähnlich bezeichnet) gegenübergestellt wird. Aus dieser Anschlussrechnung ergibt sich dann der *technische Fehlbetrag oder Überschuss* der Pensionskasse.

Gegebenenfalls, besonders wenn sonst ein Fehlbetrag entstehen würde, erfolgt eine Neubewertung der Vermögensanlagen (vor allem der Liegenschaften) und damit eine Auflösung stiller Reserven. Dies ist nach Art. 23 des Freizügigkeitsgesetzes auch im Falle einer Teil- oder Gesamtliquidation erforderlich.

In der Praxis wird häufig das in der kaufmännischen Bilanz ausgewiesene Deckungskapital in die technische Bilanz in einem Posten als Aktivum übernommen, so dass der *Saldo der technischen Bilanz direkt den technischen Fehl-*

betrag oder Überschuss ergibt. Diese Darstellungsart hat den Nachteil, dass das Total des technisch notwendigen Deckungskapitals nirgends als Gesamtzahl erscheint.

Der Pensionsversicherungsexperte kann grundsätzlich die *Werte aus der kaufmännischen Bilanz* ohne eigene Prüfungen übernehmen. Es ist Aufgabe der *Kontrollstelle,* zu bestätigen, dass die gesetzlichen Bewertungs- und Vermögensanlagevorschriften eingehalten werden. Dasselbe gilt für die Beachtung der Grundsätze der Sicherheit, Risikostreuung, Rendite und Liquidität bei der Vermögensanlage und der Rechtmässigkeit der Geschäftsführung (vgl. Art. 71 und 53 BVG).

Informativ sind – wie im kaufmännischen Bereich seit Jahren üblich – sog. *Planbilanzen* (budgetierte Bilanzen), beispielsweise in drei oder fünf Jahren. Darin sind die Auswirkungen von Sanierungsmassnahmen, Reglementsänderungen und der übrigen voraussehbaren Entwicklung zu erfassen. Leider werden solche Planbilanzen viel zu wenig erstellt.

Eine *Lebensversicherungsgesellschaft* kann ihre versicherungstechnische Bilanz nur in Form einer geschlossenen Kasse errichten. Dies gilt grundsätzlich für jeden einzelnen Kollektivversicherungsvertrag und für jeden Versicherten in Sammelstiftungen.

Autonome Kassen, die als geschlossene Kassen bilanzieren, rechnen wie eine "kleine Lebensversicherungsgesellschaft".

9.3 Versicherungstechnische Bilanz für eine geschlossene Kasse

Darstellung 9C

Versicherungstechnische Bilanz für eine geschlossene Kasse
(Schematisches Beispiel)

Stichtag	Aktiven	Passiven
1. Barwert der künftigen ordentlichen Beiträge (Art. ... des Reglements)	x	
2. Barwert der zugesagten Sonderbeiträge (Art. ... des Reglements)	x	
3. Deckungskapital der rückgedeckten Leistungen (Kollektivversicherung für Teilrisiken)	x	
11. Barwert der Verpflichtungen gegenüber den aktiven Versicherten		
– Altersleistungen (Art. ... des Reglements)	x	
– Invaliditätsleistungen (Art. ... des Reglements)	x	
– Hinterlassenenleistungen (Art. ... des Reglements)	x	
– Andere anwartschaftliche Leistungen (Art. ... des Reglements)	x	x
12. Barwert der Verpflichtungen gegenüber Rentnern für		
– laufende Altersrenten	x	
– laufende Invalidenrenten	x	
– laufende Witwenrenten	x	
– laufende Waisenrenten	x	
– Anwartschaft der Alters- und Invalidenrentner auf Witwen- und Waisenrenten	x	
– andere laufende Renten	x	x
13. Rückstellungen für unerledigte Versicherungsfälle		x
14. Zweckbestimmte Rückstellungen		x
15. Barwert der Beiträge für Sondermassnahmen (Art. 70 BVG)		x
16. Barwert der Beiträge an den Sicherheitsfonds BVG		x
17. Ausnullung negativer Deckungskapitalien		x
18. Andere Passiven (z.B. Barwert der alljährlichen Ausgaben für Verwaltungskosten, sofern diese nicht vom Arbeitgeber getragen werden)		x
19. Rückstellung für Risikomarge (evtl.)	x	x
Versicherungstechnisch erforderliches Deckungskapital bei geschlossener Kasse	x	
	x	x

Anmerkungen
- Grundlagen: VZ 1990, 4%
- Reglement vom ...
- Wichtigste Annahmen ...
- Name des verantwortlichen Experten ...

Die finanzielle Lage der Pensionskasse lässt sich im Anschluss an die versicherungstechnische Bilanz folgendermassen darstellen:

- Versicherungstechnisches Deckungskapital wie vorstehend   ...
- Garantiekapital (Vermögen ./. Schulden an Dritte) laut kaufmännischer Bilanz   ...*
- ...

Technischer Fehlbetrag oder   positiver Saldo

Technischer Überschuss   negativer Saldo

*In besonderen Fällen können hier noch *stille Reserven* eingesetzt werden, die sich durch eine Neubewertung der Aktiven (z.B. der Liegenschaften) der kaufmännischen Bilanz ergeben.

9.4 Versicherungstechnische Bilanz für eine offene Kasse

In der Bilanz der sog. *offenen Kasse*, erstellt als zweite Stufe im Anschluss an die geschlossene Kasse, wird zusätzlich aufgrund von Annahmen die finanzielle Auswirkung des gesamten *Neuzugangs* (Eintritte ./. Austritte) sowie der übrigen Mutationen mit in Rechnung gestellt.

Wegen der Unsicherheit in der Prognose der künftigen Personalverhältnisse und weil sich diese Berechnungen auf die ganze Zukunft und nicht nur auf die Lebensdauer der vorhandenen Versicherten und ihrer Begünstigten beziehen, was weitere Wahrscheinlichkeiten bedingt, sind aussagefähige Bilanzen für offene Kassen sehr schwierig aufzustellen. Die Berechnungen für eine offene Kasse haben aufgrund von Annahmen über die künftige Entwicklung des Unternehmens und der Gesamtwirtschaft anhand einer Extrapolationstabelle zu erfolgen. In der heutigen Zeit, wo der Personalwechsel sehr gross und ein stabiles Lohnverhältnis nicht vorhanden ist, müssen diese Einflüsse bei der Beurteilung von Versicherungskassen sorgfältig abgewogen werden, da sie unter Umständen nicht eine Entlastung, sondern eine Belastung bringen können. Die Bilanzen für offene Kassen sind indessen sehr wertvoll, da sie wichtige Informationen über die zu erwartende Entwicklung der Kasse geben. Leider findet die Bilanzierung nach dem Prinzip der offenen Kasse infolge der Schwierigkeiten bei der praktischen Durchführung der Berechnungen noch relativ wenig Beachtung. Eine vollständige Ausserachtlassung dieser künftig sicher eintreffenden, in ihrem Ausmass jedoch unbestimmten Faktoren führt indessen zu einer noch grösseren Unrichtigkeit als selbst eine grobe Schätzung.

Beim Anwartschaftsdeckungsverfahren ist die Bilanzierung in geschlossener und in offener Kasse sowie *mit und ohne Berücksichtigung der Lohnerhöhungen* möglich.

Zur Beurteilung einer versicherungstechnischen Bilanz dienen auch die *Verhältniszahlen Deckungsgrad und Deckungsverhältnis*. Unter *Deckungsgrad* ist das Verhältnis zwischen dem vorhandenen Vermögen und dem aufgrund des gewählten Finanzierungsverfahrens berechneten Deckungskapital zu verstehen. Das *Deckungsverhältnis* gibt das Verhältnis zwischen den Aktiven (vorhandenes Vermögen und Barwert der Beiträge) und den Passiven (Barwert der Leistungen) der versicherungstechnischen Bilanz an.

Beim Austritt eines Versicherten aus einer Vorsorgeeinrichtung entstehen in der Regel *Austrittsgewinne* (das vorhandene Deckungskapital ist grösser als die Freizügigkeitsleistung). Sodann ist das Alter der Neueintretenden in der Regel einige Jahre tiefer als jenes der Austretenden. Auch dies gibt Deckungskapitalien frei. Es ist deshalb naheliegend, diese Gewinne mit Hilfe von Austrittswahrscheinlichkeiten zu erfassen. Da jedoch derartige Wahrscheinlichkeiten mit einem beträchtlichen Mass an Unsicherheit behaftet sind, wird vielfach auf deren Ausweis in der Bilanz verzichtet.

Darstellung 9D
Versicherungstechnische Bilanz für eine offene Kasse
(Schematisches Beispiel)

Stichtag	Aktiven	Passiven
1.–3. wie geschlossene Kasse	x	
4. Barwert der Beiträge des gesamten Neuzuganges (Eintritte ./. Austritte)	x	
5. Barwert der übrigen Mutationsbeiträge (z.B. Besoldungserhöhungsbeiträge)	x	
11.–19. wie geschlossene Kasse		x
20. Barwert der Verpflichtungen gegenüber dem gesamten Neuzugang (Eintritte ./. Austritte) auf Versicherungsleistungen		x
21. Barwert der Verpflichtungen aus übrigen Mutationen		x
	x	x
Versicherungstechnisch erforderliches Deckungskapital bei offener Kasse	x	
	x	x

Anmerkungen
– Grundlagen: VZ 1990, 4%
– Reglement vom …
– Wichtigste Annahmen …
– Name des verantwortlichen Experten …

Die finanzielle Lage der Pensionskasse lässt sich im Anschluss an die versicherungstechnische Bilanz folgendermassen darstellen:	
– Versicherungstechnisches Deckungskapital wie vorstehend	…
– Garantiekapital (Vermögen ./. Schulden an Dritte) laut kaufmännischer Bilanz	…*
– …	
Technischer Fehlbetrag oder	positiver Saldo
Technischer Überschuss	negativer Saldo

*In besonderen Fällen können hier noch *stille Reserven* eingesetzt werden, die sich durch eine Neubewertung der Aktiven (z.B. der Liegenschaften) der kaufmännischen Bilanz ergeben.

Als Folge der relativ hohen Teuerung ist man in den letzten Jahren vermehrt dazu übergegangen, neben der rein statischen auch eine *dynamische Berechnung* durchzuführen, welche *künftige Salärsteigerungen* bereits miteinschliesst. Die dynamische Berechnung könnte man durch eine Modifikation des technischen Zinsfusses auf die statische Berechnung zurückführen.

Währenddem die Berücksichtigung der Austrittsgewinne einen positiven Wert ergäbe, würden sich die künftigen Salärsteigerungen negativ auswirken. In der Regel wird in der Praxis auf beide Zusatzrechnungen verzichtet.

Die offene Kasse führt bei kollektiver Betrachtungsweise schliesslich zum Umlageverfahren. Innerhalb der offenen Kasse kann aber – und davon gehen wir aus – das Kapitaldeckungsverfahren bestehenbleiben, dass also auch aus den Beiträgen der künftigen Neueintritte Deckungskapitalien gebildet werden. Das nötige Deckungskapital für den vorhandenen Bestand und den künftig erwarteten Zugang ist oft zusammen kleiner als für den vorhandenen Bestand allein. Dies ist die Folge der Mutationsgewinne, die allerdings in den letzten Jahren wegen der erhöhten Freizügigkeitsleistungen als Folge des 1995 in Kraft getretenen Freizügigkeitsgesetzes stark zurückgegangen sind.

Die Bilanzierungsgrundsätze von IAS 19 und FER 16 übernehmen viele Elemente aus einer versicherungstechnischen Bilanz für eine offene Kasse, so die voraussichtliche künftige Lohnentwicklung, die Austrittswahrscheinlichkeiten und die künftig tatsächlich zu erwartenden Vermögenserträge (im Kapitalisierungszinsfuss). Solche Bilanzen werden als *"dynamische technische Bilanzen"* bezeichnet. Siehe Abschnitt 9.6.

9.5 Analyse der versicherungstechnischen Bilanz

Die versicherungstechnische Bilanz basiert auf Annahmen, insbesondere über die Sterblichkeit, Invalidität und den technischen Zinsfuss. In der Praxis werden bei einer autonomen Kasse grössere oder kleinere Abweichungen gegenüber diesen Modellrechnungen festzustellen und zu analysieren sein. Diese Abweichungen entsprechen den *technischen Gewinnen oder Verlusten* einer Pensionskasse.

Die Methode ist ähnlich wie bei der Standardkostenrechnung im betriebswirtschaftlichen Rechnungswesen; auch dort wird mit Standards gerechnet, und die Abweichungen – Mengenabweichungen oder Preisabweichungen – werden analysiert. Es geht um einen Vergleich der kalkulatorischen Soll- mit den tatsächlichen Ist-Werten.

Die finanzielle Lage einer Vorsorgeeinrichtung kann anhand einer einzigen versicherungstechnischen Bilanz nur schwer beurteilt weden. Man muss vielmehr versuchen, aufgrund längerer Beobachtungen allgemeingültige Trends zu erkennen.

Als Mass für den jeweiligen Stand der finanziellen Lage darf wohl der *Deckungsgrad* (Verhältnis zwischen dem vorhandenen Vermögen und dem aufgrund des gewählten Finanzierungsverfahrens berechneten Deckungskapitals) betrachtet werden. Vergleiche zwischen Kassen sind infolge der sehr unterschiedlichen Arten der Deckungskapitalberechnung mit Vorsicht zu interpretieren, aber gleichwohl interessant.

So hat eine Umfrage unter 220 Vorsorgeeinrichtungen 1997 ergeben, dass 30% einen Deckungsgrad von 100–105%, 47% einen solchen von 105–130% und 7% über 130% aufweisen (aus: Pensionskassenanlagen 1997, Genf 1998).

Bei einer Verschlechterung der Finanzlage ist es dringend notwendig, die Ursachen, d.h. die möglichen Gewinn- und Verlustquellen, zu ermitteln. Die häufigsten *Gewinn- und Verlustquellen* ergeben sich aus

– dem Verlauf der Sterblichkeit und der Invalidität (Risikoverlauf),
– den Neuzugängen an Versicherten,
– den Abgängen an Versicherten,
– freiwilligen Zuwendungen an die Vorsorgeeinrichtung,
– Abschreibungen oder Aufwertungen von Vermögensanlagen,
– Abweichungen der tatsächlichen Rendite vom technischen Zinsfuss.

Die "Analyse der technischen Bilanz" ist im engeren Sinne weitgehend eine *Analyse der Entwicklung seit der letzten technischen Bilanz*. Es könnte dazu – wie im kaufmännischen Bereich – auch eine *technische* Geldflussrechnung (auch Mittel- oder Kapitalflussrechnung genannt) erstellt und analysiert werden.

9. Versicherungstechnische Bilanz

Die versicherungstechnische Bilanz kann auch gut durch eine *Geldflussrechnung* (siehe *Darstellung 9E*) analysiert werden, wie wir sie von der betriebswirtschaftlichen Rechnungslegung her kennen. Leider werden solche Rechnungen nur selten erstellt.

Darstellung 9E
Technische Geldflussrechnung vom 1.1.19x2 bis 31.12.19x5
(Zeitraum zwischen zwei technischen Bilanzen)

Stichtag ...	Zahlen gemäss kaufmännischer Buchhaltung (4 Jahre)	Erwartungen gemäss Rechnungsgrundlagen
Einnahmen		
1. Beiträge (Art. ... des Reglements)	x	x
2. Sonderbeiträge (Art. ... des Reglements, wie Eintrittseinlagen, Nachzahlungen bei Lohnerhöhungen)	x	x
3. Ausserordentliche Beiträge des Arbeitgebers	x	–
4. Vermögenserträge (netto)	x	y
5. Übrige Einnahmen	x	–
9. Total	x	y
Ausgaben		
11. Rentenleistungen (Art. ... des Reglements)		
– Altersrenten	x	y
– Invalidenrenten	x	y
– Witwenrenten	x	y
– Waisenrenten	x	y
– andere Renten	x	y
12. Andere Vorsorgeleistungen (Kapitalauszahlungen)	x	y
13. Freizügigkeitsleistungen	x	–
14. Übrige Ausgaben (z.B. Verwaltungskosten)	x	–
15. Total		
Saldo		
21. Zunahme (evtl. Abnahme) des Deckungskapitals (Ziff. 9 ./. Ziff. 19)	x	y
	x	y

9.51 Wahrscheinlichkeitsabweichungen (Risikogewinne/-verluste)

Risikogewinne entstehen, wenn beim Aktivbestand (mit positiver Risikosumme) weniger Versicherte sterben und invalid werden bzw. beim Rentnerbestand mehr Todesfälle eintreten, als nach den Rechnungsgrundlagen zu erwarten sind. In allen anderen Fällen entstehen *Risikoverluste*. Risikogewinne oder Risikoverluste können auf zufällige Risikoschwankungen oder aber auf falsche Rechnungsgrundlagen zurückgeführt werden.

Die berechneten Werte der Bilanz beruhen auf der Annahme, dass die aktiven Versicherten und die Rentenbezüger exakt gemäss Berechnungsgrundlagen sterben oder invalid werden. In Wirklichkeit werden aber die beobachteten Werte von den wahren mathematischen Werten abweichen. Es ist deshalb bei kleinen Beständen notwendig, eine entsprechende *Schwankungsreserve oder Risikomarge* in die versicherungstechnische Bilanz einzubauen. Die Höhe dieser Reserve kann mathematisch mit der *Wahrscheinlichkeitsrechnung* bestimmt werden. Die *Risikomarge R* kann dabei aus dem Barwert der Verpflichtungen E (für Aktive und Rentner) wie folgt berechnet werden:

$$R = \frac{w}{\sqrt{n}} \cdot E$$

wobei n die Versichertenzahl bedeutet und für w in der Regel *0,5* eingesetzt wird. Bei *100* Versicherten beträgt danach die Risikomarge *5%*, bei *400* Versicherten *2,5%*. Doch auch bei Berücksichtigung einer solchen Risikomarge können die Abweichungen zu bedeutenden Fehlbeträgen führen.

Um den Risikoverlauf klar beurteilen zu können, sollten die *drei Risiken Alter, Tod und Invalidität* auseinandergehalten und separat beurteilt werden. Es ist möglich, dass einzelne dieser drei Risiken positiv, andere negativ verlaufen. Aus Sicherheitsgründen werden deshalb in der Kollektivversicherung für die Todesfallversicherung und die Rentenversicherung verschiedene Sterbetafeln verwendet (eine hohe Sterblichkeit für die Todesfallversicherung, eine niedere für die Rentenversicherung).

Eine genaue Aufspaltung der Beiträge in die drei Komponenten Alter, Tod und Invalidität kann bei einzelnen autonomen Kassen schwierig sein. Oft wird daher mit Pauschalsätzen gerechnet.

Bei Pensionskassen mit *Leistungsprimat und einem Durchschnittsbeitrag* (im Sinne der kollektiven Äquivalenz) ist zu prüfen, ob dieser Durchschnittsbeitrag nicht nur in der Vergangenheit genügend war, sondern auch für die Zukunft angemessen ist. Die Frage stellt sich insbesondere bei Kassen mit niedrigem Durchschnittsalter, welche zahlreiche jüngere Versicherte aufweisen, deren Deckungskapitalien negativ sind und in der technischen Bilanz mit Null eingesetzt werden. Ein Vergleich mit den Ist-Zahlen gemäss kaufmännischer

Bilanz kann für diese Personengruppe zu Fehlschlüssen führen. In Zukunft wird als Folge des höheren Durchschnittsalters mit höheren Durchschnittsbeiträgen gerechnet werden müssen. Dieses Problem stellt sich auch bei *BVG-registrierten Kassen,* die nicht altersmässig gestaffelte Beiträge, sondern gleichbleibende Durchschnittsbeiträge erheben (siehe Abschnitt 4.34).

9.52 Zinsabweichungen

Bei den Lebensversicherungsgesellschaften und bei den meisten autonomen Pensionskassen tragen die Zinsabweichungen den *wesentlichsten Teil* zu den technischen Gewinnen bei. Bei den Lebensversicherungsgesellschaften, die in der Kollektivversicherung mit einem technischen Zins von 3% rechnen, tatsächlich in den letzten Jahren aber 4,5–5% netto erwirtschaftet haben, entstehen zwangsläufig bedeutende Zinsgewinne, welche in Form von Überschüssen (gemäss Bericht des Bundesamtes für Privatversicherungswesen im Durchschnitt der letzten Jahre rund 15% der Prämieneinnahmen) rückvergütet werden.

Ähnlich, wenn auch weniger ausgeprägt, ist dies bei autonomen Pensionskassen, da diese in der Regel bereits mit einem höheren technischen Zins (in der Regel 4%) rechnen.

Bei der Feststellung der tatsächlichen Zinserträge ist die sachgerechte *Rechnungsabgrenzung* zu beachten, welche vor allem auch die häufig nicht gebuchten Marchzinsen umfassen soll (siehe Abschnitt 10.34).

Die Analyse der Zinsabweichungen kann dazu führen, dass es als angezeigt erscheint, die ganze *technische Bilanz als Variante nochmals mit einem anderen technischen Zinsfuss* zu berechnen. Entsprechende EDV-Programme ermöglichen heute eine rasche Durchführung solcher Berechnungsvarianten.

9.53 Andere Gewinn- und Verlustquellen

a)   Eintrittsgewinne oder Eintrittsverluste

Beim Eintritt eines Versicherten in eine Vorsorgeeinrichtung, die nicht nach dem individuellen Äquivalenzprinzip aufgebaut ist, entstehen Eintrittsgewinne oder -verluste. Bei jungen Versicherten ist vielfach der reglementarische Beitrag höher als der mathematische (negatives Deckungskapital), d.h. diese Versicherten finanzieren mehr als ihre eigenen Vorsorgeleistungen. Sie bringen der Kasse somit einen Eintrittsgewinn.

9.5 Analyse der versicherungstechnischen Bilanz

Ist bei den Neueintritten in der Bilanzperiode die Summe der negativen Deckungskapitalien grösser als die der positiven, resultiert ein Eintrittsgewinn, im umgekehrten Falle ein Verlust.

Bei einer minimalen BVG-Kasse, deren Risikoleistungen auf einjähriger Basis finanziert werden, können weder Eintrittsgewinne noch Eintrittsverluste entstehen, da jeder Versicherte aus der Pensionskasse des früheren Arbeitgebers das erforderliche Deckungskapital (Altersguthaben) als obligatorische Freizügigkeitseinlage mitbringt.

b) Austrittsgewinne oder Austrittsverluste

Beim Austritt eines Versicherten aus der Pensionskasse wird dem Züger die Austrittsabfindung bzw. die Freizügigkeitsleistung mitgegeben. Nur in den seltensten Fällen entspricht dieser Betrag bei Leistungsprimatkassen genau dem effektiven Deckungskapital, welches in der Vorsorgeeinrichtung gebildet wurde. Häufig ist die Abfindung kleiner als die vorhandene Rückstellung. Dann entsteht in der Kasse ein Austrittsgewinn. Ist die Abfindung grösser, ergibt sich ein Austrittsverlust. Durchschnittsbeiträge können bei Austritten zu technischen Verlusten führen, da als Freizügigkeitsleistung an Jüngere immer mehr nicht nur das vorhandene Deckungskapital, sondern ein höherer Betrag auszuzahlen ist.

Bei einer reinen minimalen BVG-Kasse, deren Risikoleistungen auf einjähriger Basis finanziert werden, können weder Austrittsgewinne noch Austrittsverluste entstehen, da das gesamte Deckungskapital (Altersguthaben) als Freizügigkeitsleistung mitgegeben wird.

c) Kapitalgewinne oder Kapitalverluste

Unter die Kapitalgewinne oder -verluste fallen buchmässige Kursgewinne oder -verluste auf Wertschriften sowie Buchgewinne aus Aufwertungen und Verluste aus Abschreibungen von Liegenschaften. Die Wahl der kaufmännischen Bilanzierungsmethode spielt dabei eine wesentliche Rolle. Immer mehr erfolgt die Bilanzierung nach True and fair view, also zu Markt- oder Ertragswerten, ohne stille Reserven.

d) Gewinne oder Verluste aus Nachzahlungen bei Lohnerhöhungen

Bei Pensionskassen nach dem Leistungsprimat, welche bei Lohnerhöhungen Nachzahlungen (Einkäufe) durch Arbeitgeber und Arbeitnehmer vorsehen, ist zu prüfen, ob die (gemäss einer im Reglement enthaltenen Skala) erbrachten Nachzahlungen genügend waren. Infolge der in der Regel vereinfachten starren Skala ist oft die versicherungstechnische Äquivalenz nicht gegeben. Zu berücksichtigen ist dabei auch die zeitliche Differenz, indem Nachzahlungen in der Regel erst nach erfolgter Lohnerhöhung (also in der folgenden Geschäftsperiode) der Pensionskasse zufliessen.

9.54 Massnahmen bei einem technischen Fehlbetrag

Im Anschluss an die Analyse der Entwicklung der technischen Bilanzen sind Schlüsse zu ziehen und dem Stiftungsrat *Massnahmen* zu empfehlen.

Ein *technischer Überschuss* kann zur Verbesserung einzelner Leistungen (Teuerungszulagen, Invalidenkinderrenten usw.) verwendet oder bei Pensionskassen mit kleinem Versichertenbestand als Schwankungsreserve stehengelassen werden.

Bei *signifikant ungünstigen Abweichungen* der Ist-Werte einer autonomen oder teilautonomen Kasse von den Soll-Werten gemäss den gewählten Rechnungsgrundlagen sind im Rahmen der technischen Bilanz zusätzliche technische Rückstellungen zu bilden.

Zur Deckung eines *Fehlbetrages* sind planmässige Vorkehrungen zu treffen, insbesondere durch Neubeschaffung von Einnahmen.

Bei *öffentlich-rechtlichen Arbeitgebern* werden die Fehlbeträge, die in Einzelfällen einen Viertel bis die Hälfte des notwendigen Deckungskapitals ausmachen, in der Regel durch *Garantieverpflichtungen* sichergestellt. Diese Garantieverpflichtungen sind jährlich zum technischen Zinsfuss *zu verzinsen*, andernfalls wächst der Fehlbetrag weiter an. Sodann sollte eine planmässige Tilgung der Garantieverpflichtung vorgenommen werden. *Abweichungen vom Grundsatz der Bilanzierung in geschlossener Kasse* sind gemäss Art. 45 BVV 2 unter bestimmten Bedingungen für Vorsorgeeinrichtungen öffentlich-rechtlicher Körperschaften möglich. Bei der Pensionskasse des Bundes (PKB, früher EVK) darf der Fehlbetrag (gemäss Art. 47 der Statuten) bis ein Drittel betragen. Probleme ergeben sich bei allfälligen Privatisierungen (Beispiel Telecom) und Teilliquidationen.

Die Börsengewinne der letzten Jahre führten dazu, dass einige an erheblicher Unterdeckung leidende öffentlich-rechtliche Pensionskassen ihre Defizite verringern konnten. Andere erliessen die Arbeitnehmer- und Arbeitgeberbeiträge für ein Jahr und erhöhten die laufenden Renten. So weist die Pensionskasse des Kantons Zürich einen Deckungsgrad von 125% und jene der Stadt Zürich gar von 150% auf.

Es gibt auch *privatrechtliche Pensionskassen* mit grösseren technischen Fehlbeträgen.

In den "Grundsätzen und Richtlinien ..." wird verlangt, dass alle Reglemente von Vorsorgeeinrichtungen, die "ein versicherungstechnisches Risiko selbst tragen, eine entsprechende *Sanierungsklausel* enthalten. Diese ermöglicht "bei einem finanziellen Ungleichgewicht die Vorsorgeleistungen und/oder die Beiträge dem finanziellen Stand der Kasse anzupassen" ("Grundsätze ...", 1990, S. 14). Dem ist zuzustimmen, obwohl dies rechtlich nicht unbedingt notwendig erscheint, da auch ohne diese Klausel eine Sanierungsmöglichkeit besteht. Im Konkursfalle würde allerdings, soweit der Verlust den BVG-Teil betrifft, der *Sicherheitsfonds* gemäss Art. 56 BVG das Risiko der Zahlungsunfähigkeit gegenüber den Versicherten übernehmen.

Die Analyse der Abweichungen ist primär definitionsgemäss *vergangenheitsorientiert*. Bei der Überlegung der Massnahmen sollte man indessen *zukunftsorientiert* denken.

Nach den US-GAAP und IAS sind technische Fehlbeträge und Überschüsse im Rahmen eines "Korridors" von ±10% zulässig, ohne dass Sanierungsmassnahmen einzuleiten sind. In der Schweiz widerspricht dies wohl Art. 65 Abs. 1 BVG, der bestimmt: "Die Vorsorgeeinrichtungen müssen jederzeit Sicherheit dafür bieten, dass sie die übernommenen Verpflichtungen erfüllen können" (auch Art. 53 ABs. 2 lit. a und Art. 44 BVV 2). Danach sind bleibende Deckungslücken nicht zulässig.

9.6 Die dynamische versicherungstechnische Bilanz im Sinne von US-GAAP, IAS und FER

Zurzeit spielen sich, ohne dass dies von der Mehrzahl der Versicherungsmathematiker zur Kenntnis genommen würde, dramatische Änderungen bei der Berechnung der versicherungstechnischen Rückstellungen ab. Dabei ist der Einfluss der multinationalen Unternehmen von grosser Bedeutung.

Wir erleben einen ähnlichen Wechsel wie Ende der achtziger Jahre beim Übergang vieler multinationaler Schweizer Unternehmen bei ihrer Rechnungslegung auf IAS und damit auf eine Bilanzierung nach True and fair view. Seither hat sich diese Art der Rechnungslegung durchgesetzt. Nach dem Kotierungsreglement der Schweizer Börse, das am 1. Oktober 1996 in Kraft getreten ist, müssen alle kotierten Gesellschaften neu nach den Rechnungslegungsvorschriften FER (oder IAS oder US-GAAP) abschliessen. Ende 1998 bilanzierten über 50% der Gesellschaften nach IAS und 40% nach FER sowie vereinzelte nach US-GAAP (FASB 87).

Die Anwendung von FER bzw. IAS beinhaltet auch die Anwendung von *FER 16,* das auf den 1. Januar 2000 in Kraft trat, bzw. IAS 19 in der Fassung revised 1998. Siehe dazu *Abschnitt 11.*

Diese Umstellung auf FER 16 oder IAS 19 führt dazu, dass über die berufliche Vorsorge *im Anhang der Konzernrechnung ausführlich Bericht erstattet werden muss,* und zwar nach klar festgelegten Normen (siehe für FER *Darstellung 11B*). In bestimmten Fällen hat dies Auswirkungen auf die Bilanz und Erfolgsrechnung des Unternehmens.

Danach hat die Berechnung der technischen Rückstellungen nach der *dynamischen Methode* zu erfolgen. Diese umfasst folgende Grundsätze:

– Die Berechnung der "Vorsorgeverpflichtungen muss nach einer retrospektiven Methode (Accrued Benefit Valuation Method)" erfolgen, welche auf die geleisteten Dienstjahre abstellt und die Zukunft durch Diskontierung erfasst. Zu berücksichtigen sind:

  "– Diskontierung
  – Lohnentwicklung und Austrittswahrscheinlichkeit bis zum Beginn der Leistungsauszahlung
  – Rentenindexierung in den Jahren nach der erstmaligen Auszahlung von wiederkehrenden Leistungen.

– Alle in die Berechnung einbezogenen Faktoren müssen angemessen auf die langfristigen wirtschaftlichen und demographischen Entwicklungen und Gegebenheiten, insbesondere auf die tatsächlich erreichbaren Renditen, ausgerichtet werden."

(Aus: FER 16, Ziff. 7)

Es sind also entgegen der heutigen Praxis, welche für die Hauptelemente statisch – wie eine Lebensversicherungsgesellschaft im Einzelversicherungsgeschäft – rechnet, die künftige Lohnentwicklung (2–4% pro Jahr), die mutmasslichen Rentenerhöhungen (1–3%), die Austrittswahrscheinlichkeiten (5–10%) sowie die effektiven Vermögenserträge (4–6%) zu berücksichtigen.

Beispiele aus der Praxis zeigen, dass Berechnungen nach FER oder IAS gegenüber den herkömmlichen statischen Methoden *oft ein rund 10–20% höheres Deckungskapital* erfordern.

Es dürfte notwendig sein, die *"Grundsätze und Richtlinien für Pensionsversicherungsexperten"* von 1990 (siehe Abschnitt 18.4) grundlegend zu überarbeiten. Aussagen wie folgende sind nicht mehr haltbar:

"2.47 Ausländische Bilanzierungsvorschriften

Sofern und soweit ausländische Bilanzierungsvorschriften (z.B. US-Standards SFAS 87, UK-SSAP 24 usw.) von den vorliegenden Grundsätzen und Richtlinien abweichen, sind sie für die versicherungstechnische Begutachtung nicht anwendbar. Dies deshalb, weil sie für die Bilanzierung von Vorsorgeverpflichtungen und -aufwendungen bei Unternehmen erlassen wurden und dabei für schweizerische Verhältnisse nicht massgebende Erwägungen im Vordergrund standen."

10. Buchführung, Alterskonten und Bilanzierung

10.1 Rechnungswesen und Rechnungslegung (kaufmännische Buchführung)

Die Führung des Rechnungswesens bildet einen Teil der Geschäftsführung und sollte bei jeder Vorsorgeeinrichtung *genügend Beachtung* finden und klar geregelt sein. Es ist wichtig, dass bei allen reglementarischen Bestimmungen und bei Beschlüssen des Stiftungsrates rechtzeitig deren Auswirkungen auf Buchführung und Bilanzierung – nebst den Folgen auf die allgemeine Verwaltungsarbeit – wohl überlegt werden. Es sollte stets auf eine möglichst übersichtliche Organisation der Vorsorgeeinrichtung geachtet werden.

Bei grösseren Vorsorgeeinrichtungen empfiehlt sich eine Regelung der Buchführung und Verwaltung in einer *Stellenbeschreibung* für den Geschäftsführer. Dazu gehören auch *Anlagerichtlinien* (siehe Abschnitt 12.24). Solche schriftliche Regelungen werden leider immer noch oft unterlassen, obwohl dies für die Feststellung der Verantwortlichkeit wesentlich wäre. Wichtig ist auch die genaue *Abgrenzung der Aufgaben, Pflichten, Kompetenzen und Verantwortlichkeiten* von Stiftungsrat, Geschäftsführer und Stellen der Arbeitgeberfirma (z.B. Salärbuchhaltung, Liegenschaftenverwaltung, Finanzmanagement).

Aufgabe der *Revision* ist es, die Ordnungsmässigkeit der Rechnungsführung und Bilanzierung sowie (nach Art. 53 BVG) die Rechtmässigkeit der Geschäftsführung und Vermögensanlage zu prüfen (vgl. Abschnitt 13.2).

Im BVG-Recht bestehen zum Rechnungswesen und zur Rechnungslegung zwei Gesetzesartikel, nämlich Art. 47 BVV 2 zur *Ordnungsmässigkeit*, der 1996 neu gefasst wurde, und Art. 48 BVV 2 zur *Bewertung*.

10.11 Ordnungsmässigkeit

a)   Ordnungsmässigkeit nach Art. 47 BVV 2

Auf den *1. Juli 1996* ist der am 24. April 1996 geänderte *Art. 47 BVV 2* in Kraft getreten. Dieser lautet:

Art. 47 BVV 2   Ordnungsmässigkeit
(Art. 71 Abs. 1 BVG)

[1]Die Vorsorgeeinrichtung legt die Grundsätze des Rechnungswesens und der Rechnungslegung fest und ist für die Erstellung der Jahresrechnung verantwortlich. Die Jahresrechnung besteht aus der Bilanz, der Betriebsrechnung und dem Anhang. Sie enthält die Vorjahreszahlen.

[2]Die Jahresrechnung wird nach den Grundsätzen der ordnungsmässigen Rechnungslegung aufgestellt und gegliedert. Die tatsächliche finanzielle Lage muss daraus deutlich hervorgehen.

[3]Der Anhang enthält ergänzende Angaben und Erläuterungen zur Vermögensanlage, zur Finanzierung und zu einzelnen Positionen der Bilanz und der Betriebsrechnung. Auf Ereignisse nach dem Bilanzstichtag ist einzugehen, wenn diese die Beurteilung der Lage der Vorsorgeeinrichtung erheblich beeinflussen.

[4]Im übrigen gelten die Artikel 957–964 des Obligationenrechts über die kaufmännische Buchführung.

Das BSV und die Eidg. Kommission für berufliche Vorsorge haben am 15. Oktober 1996 gemeinsam eine "Fachempfehlung zum Rechnungswesen und zur Rechnungslegung nach BVG" herausgegeben, welche den vorstehenden neuen Art. 47 kommentiert. Die Fachempfehlung hat empfehlende und erläuternde Wirkung. Sie soll als Hilfestellung für die Praxisumsetzung der neuen Bestimmungen dienen. Aus dieser Fachempfehlung sei folgender Kommentar entnommen:

Zu Art. 47 Abs. 1 und 4 BVV 2

Einleitung

1. Die Empfehlungen zum Rechnungswesen und zur Rechnungslegung haben die Aufgabe, Hilfe bei der praktischen Anwendung der 1996 geänderten Bestimmungen in der Verordnung über die berufliche Vorsorge (Art. 47 BVV 2) zu bieten. Die Empfehlungen konkretisieren die Grundsätze der BVV 2 mit der Umschreibung der Begriffe, mit praktischen Vorschlägen und Anwendungsbeispielen.

2. Die revidierten Artikel 47, 49a, 56a und 59 BVV 2 stehen im Interesse der verbesserten Transparenz und Sicherheit der Vermögensanlage.

3. Artikel 47 BVV 2 verweist auf Artikel 71 BVG, der die Grundsätze der Vermögensverwaltung festlegt. Rechnungswesen und Rechnungslegung ergeben sich als eine wesentliche selbstverantwortliche Aufgabe der Geschäftsführung.

4. Der neue Artikel 49a BVV 2 zur Vermögensanlage will mit der Forderung einer nachvollziehbaren *Festlegung der Ziele und Grundsätze, der Durchführung und der Überwachung* der Vermögensanlage diese Führungsaufgabe unterstützen.

Festlegen bedeutet, Ziele und Richtlinien sowie Aufgaben, Kompetenzen und eingebaute interne Kontrollen bestimmen und in Reglementen für die Organisation und das Rechnungswesen so beschreiben, dass sie für die Führungsorgane jederzeit nachvollziehbar und überprüfbar sind. Das Rechnungswesen im umfassenden Sinne ist ein Führungsmittel. Das oberste Organ ist für dessen Ausgestaltung verantwortlich. Auf dem Rechnungswesen beruht die interne und externe Berichterstattung.

5. Artikel 47 BVV 2 nimmt eine Praxis auf, die für 170'000 Aktiengesellschaften eingeführt ist. Solche Anforderungen an die Berichterstattung, Auskunftserteilung und das Rechnungswesen werden, ausgehend von der kaufmännischen Ordnungsmässigkeit, mit Artikel 47 BVV 2 in zeitgemässer Form verdeutlicht. Als gesetzliche Grundlage für Buchführung und damit Bilanzbewertung bleiben gemäss Artikel 47 Absatz 4 BVV 2 unverändert die Artikel 957–964 des Obligationenrechts über die kaufmännische Buchführung anwendbar.

Zu Art. 47 Abs. 2 BVV 2

Ordnungsmässigkeit

6. Unter Ordnungsmässigkeit wird die Gesetzeskonformität der Rechnungslegung und die Qualitätsanforderungen an deren Informationsgehalt verstanden. Die folgenden Elemente der Ordnungsmässigkeit der kaufmännischen Buchführung und Rechnungslegung, seit langem in Lehre und Praxis auch für Stiftungen anerkannt, wurden im Aktienrecht 1991 in Artikel 662a Absatz 2 OR näher umschrieben.

7. Rechnungswesen und Jahresrechnung einer Vorsorgeeinrichtung sind dann *rechtmässig*, wenn sie die folgenden *Grundsätze der ordnungsmässigen Rechnungslegung* enthalten:

1. Vollständigkeit der Jahresrechnung

Für die Darstellung der "ganzen Wahrheit" darf nichts Wesentliches ausgelassen werden. Alles was für das Verständnis und die Beurteilung der Vermögens-, Finanz- und Ertragslage notwendig ist, muss adäquat dargestellt werden.

2. Klarheit und Wesentlichkeit der Angaben

Bezeichnungen und Gliederungen müssen allgemein verständlich, sachgerecht und eindeutig sein. Wesentlichkeit ist im Verhältnis zur Aussage der Rechnungslegung und für die Beurteilung der Lage der Vorsorgeeinrichtung zu verstehen.

3. Vorsicht

Bei der Bewertung der Bilanzpositionen und der Erfolgsbestimmung ist das Ermessen im Sinne der weitblickenden Vorsicht, jedoch nicht willkürlich anzuwenden.

10. Buchführung, Alterskonten und Bilanzierung

4. Fortführung der Vorsorgeeinrichtung

Die Rechnungslegung geht von der Prämisse aus, dass die Einrichtung als Rechtssubjekt dauernd, d.h. zeitlich unbegrenzt, Bestand hat.

5. Stetigkeit der Darstellung und Bewertung

Im Sinne der Klarheit und Vergleichbarkeit mit dem Vorjahr (dessen Zahlen in der Jahresrechnung anzugeben sind) sind Darstellung und Bewertung jedes Jahr nach der gleichen Methode anzuwenden.

6. Unzulässigkeit der Verrechnung von Aktiven und Passiven sowie von Aufwand und Ertrag

Das Gebot der Bruttodarstellung dient der klaren und vollständigen Darstellung. Ergebnisse bzw. Salden aus Nebenrechnungen (z.B. Liegenschaftenrechnung) sind hingegen zulässig und gelten nicht als Verrechnung.

8. Abweichungen von den Grundsätzen der Fortführung der Vorsorgeeinrichtung, der Stetigkeit der Darstellung und Bewertung sowie vom Verrechnungsverbot (Bruttoprinzip) sind in begründeten Fällen zulässig; die Abweichungen sollten *im Anhang* dargelegt werden. Von den Grundsätzen der Vollständigkeit, Wesentlichkeit und Vorsicht darf nicht abgewichen werden.

Gliederung

9. Die Gliederung der Jahresrechnung folgt in der Regel dem *Kontenplan;* sie ergibt sich also aus der Buchhaltung der einzelnen Vorsorgeeinrichtung. Der Kontenplan folgt einem allgemeinen anerkannten *Kontenrahmen.* Dazu gehört der Schweizer Kontenrahmen für Personalvorsorgeeinrichtungen, Fachmitteilung Nr. 5 der Treuhand-Kammer, Zürich, Ausgabe 1992 (Plan comptable suisse pour les institutions de prévoyance en faveur du personnel, Communications professionnelles no 5 de la Chambre Fiduciaire, Zurich, édition 1992).

10. Die Bilanz und die Betriebsrechnung sollen so aufgestellt, deren Posten so bewertet und gegliedert sein und der Anhang solche Angaben enthalten, dass die tatsächliche finanzielle Lage aus der Jahresrechnung, d.h. aus der Bilanz und/oder aus dem Anhang, deutlich hervorgeht. Dieser Zweck bedeutet, dass z.B. Zusammensetzung, Einzelheiten und Bewertungen, wenn sie nicht in der Bilanz ersichtlich sind, aus dem Anhang hervorgehen sollen.

11. Die Gliederung der Bilanz und Betriebsrechnung hat den Ordnungsmässigkeitsregeln der Vollständigkeit, Klarheit und Wesentlichkeit der Angaben zu folgen und soll das Verrechnungsverbot beachten. Gliederungsnormen verlangen auch, dass bestimmte für die Transparenz wesentliche Posten *gesondert* dargestellt und bewertet werden. Dadurch wird der Vergleich erleichtert. Ein wichtiger Grundsatz ist die Ableitung aus der Buchhaltung und die Übereinstimmung mit den Kontensalden.

12. Üblich ist es, die Bilanzpositionen mit kurzfristigen Anlagen einzuleiten und die Passiven mit Fremdkapital zu beginnen und mit dem Stiftungskapital (bei Personalvorsorgestiftungen) zu beschliessen. Die Gliederung muss mit dem Anhang abgestimmt sein. Die Bilanz kann von zu vielen Einzelheiten und Aufteilungen entlastet werden, wenn diese im Anhang dargestellt und erläutert werden.

13. Für Vorsorgeeinrichtungen erweist sich die Einteilung in Umlauf- und Anlagevermögen nicht als zweckmässig. Artikel 52 BVV 2 spricht nur von kurz-, mittel- und langfristigen Anlagen. Einzelne Bezeichnungen zulässiger Anlagen und Begrenzungen in Artikel 53 und 54 BVV 2 sind nur bedingt in der Bilanz verwendbar. Für eine Darstellung und Zusammenfassung von direkten, indirekten und derivativen Anlagen im Sinne des BVV 2 eignet sich der Anhang besser.

14. Für die *Aktiven* kann als Beispiel folgende Gliederung empfohlen werden:

- flüssige Mittel, Festgeldanlagen
- aktive Rechnungsabgrenzung
- Hypothekardarlehen
- Obligationen
- Aktien
- andere Finanzanlagen
- Liegenschaften
- Darlehen an Arbeitgeber

15. Bei den *Passiven* einer Vorsorgestiftung ist der Begriff Eigenkapital nicht anwendbar; es bestehen keine Eigner oder Gesellschafter, denen es zuzuschreiben ist. Mit der Ausnahme von Fremdkapital (Verbindlichkeiten) und finanziellen Rückstellungen sind die Passiven bzw. das Kapital für die Vorsorge bestimmt.

Um die tatsächliche finanzielle Lage zu beurteilen, brauchen auch die Passiven eine klare Gliederung in der Bilanz und Ergänzung im Anhang. Dies gilt vor allem für Positionen wie das Deckungskapital. Die Frage, wie sich dieses Vorsorgekapital zusammensetzt, ob es dem versicherungstechnisch notwendigen Deckungskapital entspricht, ob Unterdeckung oder Überdeckung besteht, soll im Anhang erläutert werden.

16. Für die Passiven kann z.B. folgende Gliederung (ohne Gruppentitel wie Fremdkapital, Vorsorgekapital) vorgesehen werden:

- kurzfristige Verbindlichkeiten
- langfristige Verbindlichkeiten
- Reserve für Kurs- und Renditeschwankungen (Wertschwankungen)
- Rückstellung für Kurs- und Renditeschwankungen
- passive Rechnungsabgrenzung
- Sparkapitalien
- Deckungskapitalien
- übriges gebundenes Vorsorgekapital
- Arbeitgeberbeitragsreserve
- ungebundenes Vorsorgekapital (Stiftungskapital)
- Aufwand- oder Ertragsüberschuss

17. In der *Betriebsrechnung* sind das Prinzip der Bruttodarstellung und der Zusammenhang mit dem Anhang zu beachten. Neben der Rechnung des versicherungsmässig geführten Teils (Pensionskasse) kann in der Betriebsrechnung getrennt auch eine solche für eine Spareinrichtung geführt werden.

18. Der *Aufwand* enthält einerseits die Leistungen an Destinatäre, aufgeteilt in die wichtigsten reglementarischen Leistungsformen, und andererseits allfällige Prämien an die Versicherungsgesellschaft (Versicherungsaufwand) und den Zinsaufwand. Der Zinsaufwand und seine Zusammensetzung sollten im Anhang näher umschrieben werden.

19. Der *Ertrag* soll die Finanzierung bzw. die Beiträge der Versicherten/Arbeitnehmer und getrennt davon die Beiträge des Arbeitgebers zeigen und gegebenenfalls die Entnahme aus der Arbeitgeberbeitragsreserve. Eine weitere Aufteilung der Beiträge und der Vermögenserträge kann auch im Anhang erfolgen. Die Leistungen der Versicherungsgesellschaft sind brutto in der Betriebsrechnung zu zeigen. Die Auflösung von Vorsorgekapital, von Arbeitgeberbeitragsreserven und anderen Reserven und Rückstellungen ist offenzulegen.

20. Mit der Jahresrechnung wird eine Darstellung bezweckt, aus der *"die tatsächliche finanzielle Lage deutlich hervorgeht"* – deutlich in dem Sinne, dass eine zuverlässige Beurteilung ermöglicht wird. Es soll dabei der "sichere Einblick in die wirtschaftliche Lage des Geschäftes" für die Beteiligten gemäss Artikel 959 OR erreicht werden. Diese Informationsaufgabe ergibt sich auch aus dem Freizügigkeitsrecht (Art. 23 FZG und Art. 9 FZV), wonach die Information zur finanziellen Lage der Vorsorgeeinrichtung nicht nur im unmittelbaren Zusammenhang mit einer Teilliquidation steht, sondern aus jeder Jahresrechnung hervorzugehen hat.

21. Die gesetzlichen Bewertungsvorschriften mit dem Vorsichtsprinzip (Art. 960 OR) behalten unverändert ihre Gültigkeit; sie werden durch die Verordnungsrevision 1996 nicht verändert. Das zuständige Organ hat weiterhin die Pflicht, die Bewertung *in der Bilanz vorsichtig* vorzunehmen; es bleibt ihr die Befugnis, unter den Aktiven und Passiven Bewertungsreserven zu bilden.

22. Im Hinblick auf die Transparenz der Jahresrechnung als Ganzes soll der *Anhang* zusätzliche Angaben vor allem zur Bewertung der Anlagen und zur Finanzierung enthalten, damit die tatsächliche finanzielle Lage beurteilt werden kann.

23. Der häufigste Anwendungsfall in diesem Zusammenhang wird der folgende sein: Die Angabe des Kurswertes (Marktwertes) ist im Anhang erforderlich, wenn die in der Bilanz dargestellten Werte

- vom Verkehrswert bzw. von den Marktwerten abweichen (z.B. unter dem Kurswert von Wertschriften) oder
- der Bilanzwert sich nach pauschalen, nicht erkennbar ausgewiesenen Wertberichtigungen ergibt, d.h. wenn die Bewertungsrückstellung nicht unter den Passiven ausgewiesen, sondern direkt bei den Aktivpositionen(-gruppen) abgezogen wird.

24. Wenn die Kurswerte (Marktwerte) im Anhang offengelegt werden, bleiben die Werte in der Bilanz als "Buchwerte" unverändert, d.h. es sind keine erfolgswirksamen Buchungen vorzunehmen.

25. Die Bestimmungen in Artikel 48 BVV 2 und Artikel 960 OR (kaufmännische Buchführung) sind Höchstbewertungsvorschriften. Unterbewertungen und vorsichtige Rückstellungen (Bewertungsreserven) sind zulässig; Überbewertungen (solche über dem Wert, "der für das Geschäft zukommt") sind hingegen von Gesetzes wegen nicht erlaubt. Die Praxis der kaufmännischen Buchführung lässt die Verrechnung von überbewerteten mit unterbewerteten Posten innerhalb der gleichen Bilanzposition zu (Gruppenbewertung), z.B. für die Bilanzposition Liegenschaften.

26. Bei der Gesamtbetrachtung der Bewertungen im Anhang sind die in der Bilanz unter den Passiven ausgewiesenen Rückstellungen für Kurs- und Renditeschwankungen der Vermögensanlagen zu berücksichtigen. Zur Darstellung des Vermögens und dessen Bewertung in der Bilanz und im Anhang empfiehlt sich Beispiel a). Im Vergleich sind die weiteren vereinfachten Gliederungsbeispiele b) und c) gegeben:

a) Wertschriften zum Kurswert bilanziert 1'000 CHF

Aktiven	Wertschriften	18'100
	Liegenschaften	3'000
Passiven	Reserve für Wertschwankungen	2'100
Anhang	Wertschriften	

Mit Zusammensetzung nach direkten, indirekten und derivativen Anlagen:
- Obligationen (Nennwert 14'000'000) 13'500
- Aktien 4'000

Liegenschaften

Die Bilanzwerte gehen vom Anschaffungswert aus und entsprechen dem Ertragswert (tatsächliche Erträge/Bruttorenditesatz 7%).

b) Anschaffungswerte in der Bilanz/Kurswerte im Anhang/Keine Wertberichtigung

Aktiven	Wertschriften	16'000
	Liegenschaften	3'000
Anhang	Zusammensetzung der Wertschriften zum Kurswert wie unter a)	
	Angaben zu den Liegenschaften wie unter a)	

c) Pauschale Wertberichtigungen direkt bei den Aktiven (statt unter den Passiven)

Aktiven	Wertschriften	16'000
Anhang	Wertschriften	

Die Bilanzwerte verstehen sich nach folgenden pauschalen Wertberichtigungen:

	Kurswert 1'000 CHF	Wertberichtigung 1'000 CHF	Bilanzwert 1'000 CHF
Obligationen	13'500	500	13'000
Aktien	4'600	1'600	3'000
Total	18'100	2'100	16'000

27. Die Darstellung der tatsächlichen finanziellen Lage setzt nicht nur die transparente Gliederung von Vermögen und Passiven (Kapital/Finanzierung) in der Bilanz voraus, sondern verlangt – zur Beurteilung der Ertragslage – auch die entsprechende Gliederung der Betriebsrechnung und des Anhangs.

Zu Art. 47 Abs. 3 BVV 2

Anhang

28. Der *Anhang* bildet gemäss Artikel 47 Absatz 1 BVV 2 *Bestandteil der Jahresrechnung.* Die Offenlegung im Anhang dient der Transparenz der Berichterstattung gegenüber den Versicherten, der Kontrollstelle, des Experten für berufliche Vorsorge und der Aufsichtsbehörde. Ein Zweck der Rechnungslegung, nämlich die tatsächliche finanzielle Lage der Vorsorgeeinrichtung mit der Jahresrechnung zu zeigen, kann mit dem Anhang erfüllt werden.

29. Der Anhang ist als integrierender Bestandteil der Jahresrechnung *Gegenstand der Abschlussprüfung durch die Kontrollstelle*. Die Angaben und Erläuterungen müssen aufgrund des Rechnungswesens nachgewiesen und überprüfbar sein. Vorjahreszahlen sind auch im Anhang anzugeben (Art. 47 Abs. 1 BVV 2).

30. Artikel 47 Absatz 3 BVV 2 umschreibt allgemein den *Inhalt* des Anhangs der Jahresrechnung wie folgt:

"Ergänzende Angaben und Erläuterungen zu

- Vermögensanlagen
- Finanzierung
- einzelnen Positionen der Bilanz und Betriebsrechnung
- Ereignissen nach dem Bilanzstichtag"

31. Die Angaben im Anhang müssen *nur im gegebenen Fall* für die wesentlichen Sachverhalte gemacht werden, und dies nur, soweit sie nicht schon klar aus Bilanz und Betriebsrechnung ersichtlich sind. *Zu vermeiden* sind Meldungen über nicht anwendbare Punkte ("keine" oder "nicht zutreffend") in checklistenartigen Aufstellungen.

32. Einzelne für den Anhang vorgesehene Angaben können auch in Bilanz und Betriebsrechnung erfolgen, z.B. angemerkt am Fuss der Bilanz oder durch eine entsprechende Aufgliederung einer Bilanzposition. Doch erlaubt es der Anhang besser, Einzelheiten, Zusammensetzungen, Entwicklungen in Zahlen und Worten übersichtlich darzustellen. Es empfiehlt sich deshalb, die Bilanzpositionen überschaubar und klar zu gruppieren und dafür Einzelheiten, Zusammensetzungen und Entwicklungen im Anhang darzustellen.

33. Für die Gliederung des Anhangs wird folgender Aufbau empfohlen:

1. Allgemeine Angaben und Erläuterungen zur Vorsorgeeinrichtung
2. Vermögensanlagen
3. Versicherungstechnische Information, Art der Risikodeckung
4. Erläuterungen zu weiteren Aktiven und Passiven
5. Erläuterungen zur Betriebsrechnung
6. Ereignisse nach dem Bilanzstichtag
7. Übrige Angaben

34. Gemäss der Gliederung des Anhangs in sieben Hauptteile werden im folgenden mögliche *Sachverhalte und Anwendungsfälle* vertiefter umschrieben. Solche Sachverhalte können sehr verschieden sein und sind je nach Art und Eigenheit der Vorsorgeeinrichtung auch ausserhalb der Bilanz und Erfolgsrechnung sowie im Verlaufe des Geschäftsjahres und in neuer Rechnung festzustellen.

35. *Beispiele* für Texte oder Inhalte zum Anhang (Beilage 1) verstehen sich als Anregungen und Anwendungshilfen, die nicht als vorgegebene Muster zu übernehmen sind.

36. In der praktischen Anwendung ergeben sich die Angaben im Anhang je nach *Eigenheit der einzelnen Vorsorgeeinrichtung*. Deshalb werden anschliessend keine schematischen Vorgaben üfr den Anhang festgehalten; die in den Ziffern 4.3.1–4.3.7 erwähnten möglichen Angaben lassen sich erst *im einzelnen Fall* (vgl. Ziffer 31) als zutreffend bestimmen.

Zum Anhang werden in Abschnitt 10.14 aus dieser Fachempfehlung weitere Ausführungen und Beispiele gegeben.

b) Grundsätze der Ordnungsmässigkeit nach Art. 957 OR

Art. 47 Abs. 4 BVV 2 weist darauf hin, dass "im übrigen" für die Buchführung die Art. 957–964 OR gelten. (In der Praxis sind hier immer wieder Fehlüberlegungen festzustellen, die aus dem bei Stiftungen nicht geltenden Aktienrecht stammen.)

Nach *Art. 957 OR* ist, wer seine Firma im Handelsregister eintragen muss (und dies gilt für die Personalvorsorgestiftungen), "gehalten, diejenigen Bücher ordnungsmässig zu führen, die nach Art und Umfang seines Geschäftes nötig sind, um die Vermögenslage des Geschäftes und die mit dem Geschäftsbetriebe zusammenhängenden Schuld- und Forderungsverhältnisse sowie die Betriebsergebnisse der einzelnen Geschäftsjahre festzustellen".

Die *Ordnungsmässigkeit* dient zur Erfüllung der vom Gesetz genannten Buchführungszwecke, nämlich Feststellung der Vermögenslage, besonders der Schuld- und Forderungsverhältnisse, sowie des Verhältnisses zwischen Fremd und Eigenkapital, ferner der Betriebsergebnisse der einzelnen Rechnungsjahre. Dabei ist zu berücksichtigen, dass in der Praxis stille Reserven auch bei Personalvorsorgestiftungen zugelassen werden (obwohl dort Art. 663 Abs. 2 OR nicht gilt).

Der *Begriff* der Ordnungsmässigkeit hat sich im Verlaufe der letzten Jahrzehnte geändert: Früher standen mehr *formelle* und buchhaltungstechnische Forderungen im Vordergrund (gebundene Bücher ohne Rasuren), heute wird eher auf die Richtigkeit der Buchhaltungsergebnisse gesehen. Dazu gehört auch eine gewisse Selbstkontrolle der Vollständigkeit und der rechnerischen Richtigkeit durch das durch die Organisation gegebene interne Kontrollsystem. Eine veraltete, unzweckmässige Buchhaltungsorganisation kann noch nicht zum vornherein als nicht ordnungsmässig betrachtet werden. Ordnungsmässig heisst nicht modern und zweckmässig. Die Buchhaltung für ganz einfache patronale Fonds kann sehr minimal sein.

Die Ordnungsmässigkeit gilt im Hinblick (1.) *auf den Aufbau des Buchführungssystems* und (2.) auf die *Einhaltung dieses Buchführungssystems*.

Bei Vorsorgeeinrichtungen sollte *ein besonders strenger Massstab* an die Ordnungsmässigkeit der Buchführung gelegt werden, handelt es sich doch um die langfristige Verwaltung und Anlage von Arbeitnehmer- und Arbeitgeberbeiträgen mit für die Begünstigten besonders schmerzlichen Folgen bei allfälligen Verlusten.

Der Begriff ordnungsmässige Buchführung stellt an *autonome Vorsorgeeinrichtungen höhere Anforderungen* als an Vorsorgeeinrichtungen gleicher Grösse mit Kollektivversicherungsdeckung, da dort ein grosser Teil der Verwaltungsarbeit und der Verantwortung (vor allem für die Vermögensanlage) von der Versicherungsgesellschaft abgenommen wird.

Aus organisatorischen Gründen erfolgt bei Vorsorgeeinrichtungen der *Zahlungsverkehr* in der Regel durch die Firma (Kontokorrent), so dass die Vorsorgeeinrichtung nur ausnahmsweise ein eigenes Kassen- und Postcheckkonto braucht.

Die Buchhaltung wird heute allgemein als *Urkunde* anerkannt und ebenso die zu ihrem Ganzen gehörenden Bestandteile. Urkundeneigenschaft kommt dabei auch dem Inventar, der Bilanz und der Erfolgsrechnung zu. Auch die von aussen stammenden Dokumente, die in die Buchhaltung, speziell beim Zahlungsverkehr, als zum Beweis bestimmte Belege eingegliedert sind (Fakturen, Quittungen, Bankauszüge usw.), gelten im allgemeinen als Urkunden. Ebenso ist die Charakterisierung der im eigenen Betrieb geschaffenen und verwendeten Belege. Differenziert sind die Schriftstücke, die nicht als Belege in die Buchhaltung integriert sind, zu beurteilen (teilweise aus: *Käfer K.,* Kommentar zu Art. 957 OR, S. 227 f.). Demnach ist eine Fälschung in der Buchhaltung eine Urkundenfälschung und wird nach Art. 251 StGB geahndet.

Heute wird allgemein anerkannt, dass es sich beim Buchführungsrecht um ein solches öffentlich-rechtlicher und zwingender Natur handelt. *Zwingendes Recht* ist auch gegen den Willen der Beteiligten verbindlich und wird von Amts wegen, ex officio, von den zuständigen Behörden gehandhabt und geltend gemacht (siehe Art. 325 StGB: ordnungswidrige Führung der Geschäftsbücher); im Gegensatz dazu gilt das *dispositive Recht* nur, wenn die Beteiligten nichts anderes vereinbart haben.

Nach dem Vorentwurf zu einem neuen *Bundesgesetz über die Rechnungslegung und Revision (RRG)* vom 29. Juni 1998, das Art. 957–964 OR ablösen und für alle Buchführungspflichtigen – auch Vorsorgeeinrichtungen – gelten soll, wird generell eine Rechnungslegung nach "Fair presentation" (getreue Darstellung, also ohne willkürliche stille Reserven) verlangt. Zudem wird Transparenz durch detaillierte Gliederung und Offenlegung in der Jahresrechnung gefordert. Das BVG mit der BVV 2 wird als Spezialgesetz den generellen Regelungen auch künftig vorgehen.

10.12 Kontenrahmen

Die *Inkraftsetzung des BVG* ab 1. Januar 1985 führte dazu, dass bei sehr vielen Vorsorgeeinrichtungen das *Rechnungswesen von Grund auf neu organisiert werden musste.* Dies führte zur Schaffung des Ende 1984 erstmals erschienenen, von der Treuhand-Kammer, Schweizerische Kammer der Bücher-, Steuer- und Treuhandexperten, (als Fachmitteilung Nr. 5) herausgegebenen Schweizer *Kontenrahmens für Personalvorsorgeeinrichtungen.* Dieser Kontenrahmen, der in der Ausgabe von 1992 vorliegt, hat sich heute allgemein durchgesetzt (siehe *Darstellung 10A*).

10.13 Bilanz und Betriebsrechnung

Für die Erstellung der *Bilanz* und der *Betriebsrechnung* als Teile der Jahresrechnung gelten die allgemeinen Vorschriften über die kaufmännische Buchführung, also die Art. 958 und 959 OR.

Es ist zweckmässig, für den *Abschluss der Jahresrechnung* den *31. Dezember* zu wählen. Auch Art. 11 BVV 2 sieht für die Führung der Alterskonten das Kalenderjahr als Rechnungsperiode vor. Ausnahmen sind unter Umständen bei patronalen Fonds zweckmässig, nämlich dann, wenn die Arbeitgeberfirma auch nicht am Ende des Kalenderjahres abschliesst.

Mit Recht wird bei Vorsorgeeinrichtungen nicht von "Erfolgs- oder Gewinn- und Verlustrechnung", sondern von *"Betriebsrechnung"* gesprochen. Früher wurde auch noch der Begriff "Einnahmen- und Ausgabenrechnung" verwendet, doch heute hat sich Betriebsrechnung (so auch im BVG und in der BVV 2) durchgesetzt. Im Gegensatz zu einem kaufmännischen Unternehmen sind nicht nur die erfolgswirksamen Aufwendungen und Erträge auszuweisen, sondern *sämtliche Ausgaben* (inkl. Austrittsgelder, Rentenleistungen, Kapitalabfindungen, Auflösung der Arbeitgeberbeitragsreserve usw.) und *sämtliche Einnahmen* (inkl. Beiträge von Sparkassenmitgliedern, Zuweisungen der Firma an Arbeitgeberbeitragsreserven usw.). Auch die Stiftungsaufsichtsbehörden verlangen eine Bruttoeinnahmen und -ausgabenrechnung. Es ist wichtig, dass in der Betriebsrechnung stets das *Bruttoprinzip* zur Anwendung kommt: Ausgaben dürfen nie direkt mit Einnahmen oder mit Kapitalkonten verrechnet werden. In dieser Beziehung unterscheidet sich somit eine Personalvorsorgespareinrichtung von einer Sparkassenbank, bei der die Einzahlungen und Rückzüge direkt dem Bestandeskonto gutgeschrieben und belastet werden.

Sind *verschiedene Fonds* in einer Stiftungsrechnung vereint (ordentliche Pensionskasse, Spareinrichtung für nicht in die ordentliche Pensionskasse aufgenommene Arbeitnehmer usw.), so sind zweckmässigerweise *verschiedene Betriebsrechnungen* zu führen, die dann – wenigstens was die Totale anbetrifft – in eine *Gesamtrechnung* zusammengezogen werden sollten.

10. Buchführung, Alterskonten und Bilanzierung

Darstellung 10A

Kontenrahmen für Personalvorsorgeeinrichtungen

Übersicht über die Kontengruppen

Bilanz		Betriebsrechnung Stiftung/Versicherungseinrichtung		
Klasse 1: Aktiven	Klasse 2: Passiven	Klasse 3: Aufwand	Klasse 4: Ertrag	Klasse 7: Liegenschaftenrechnung
Gruppen 10–15 Bargeld und Forderungen	*Gruppen 20–23* Fremdkapital	*Gruppen 30–32* Leistungen an Destinatäre	*Gruppen 40–42* Beiträge und Freizügigkeitseinlagen	*Gruppen 70/71* Liegenschaftenertrag
Gruppen 16/17 Sachwerte	*Gruppen 24–27* Vorsorgekapital	*Gruppe 33* Zinsaufwand	*Gruppe 43* Vermögensertrag, Liegenschaftengewinn	*Gruppen 72–79* Liegenschaftenaufwand
Gruppe 18 Andere Anlagen	*Gruppe 28* Zweckbestimmtes Kapital und Stiftungskapital	*Gruppen 34/35* Bildung von Vorsorgekapital	*Gruppen 44/45* Auflösung von Vorsorgekapital	Klasse 8: Abschlusskonten
Gruppe 19 Rückkaufswerte aus Versicherungsverträgen (sofern durchlaufend unter Aktiven und Passiven gebucht, mit erfolgsneutraler Veränderung)	*Gruppe 29* Passive Berichtigungsposten	*Gruppe 36* Versicherungsaufwand	*Gruppe 46* Leistungen der Versicherungsgesellschaften	Klassen 9/0: Frei z.B. für – Mitglieder- bzw. Beitragskonten – BVG-Alterskonten – Wertschriftenbuchhaltung – Fremdwährungskonten
		Gruppe 37 Bildung von Vorsorgerückstellungen	*Gruppe 47* Auflösung von Vorsorgerückstellungen	
		Gruppe 38 Bildung von übrigem Kapital	*Gruppe 48* Auflösung von übrigem Kapital	
		Gruppe 39 Verwaltungs- und übriger Aufwand; Liegenschaftenverlust	*Gruppe 49* Übriger Ertrag	

		Betriebsrechnung Spareinrichtung		
		Klasse 5: Aufwand	Klasse 6: Ertrag	
		Gruppen 50–54 Leistungen und Übertrag auf Deckungskapital	*Gruppen 60/61* Beiträge	
			Gruppe 62 Freizügigkeitseinlagen	
			Gruppe 64 Zinsgutschrift der Stiftung	
		Gruppe 55 Übertrag von freigewordenem Sparkapital an Stiftung	*Gruppe 65* Andere Einnahmen von der Stiftung	
		Gruppe 56 Übertrag an Versicherungsgesellschaft		
		Gruppe 59 Veränderung Sparkapital		

Bilanzanmerkungen oder Anhang

Hinweis auf
- Kollektivversicherungsvertrag
- versicherungstechnisches Deckungskapital/Fehlbetrag
- Eventualverbindlichkeiten

Aus: Fachmitteilung der Treuhand-Kammer: Schweizer Kontenrahmen für Personalvorsorgeeinrichtungen, Ausgabe 1992

Der Überschuss der Einnahmen über die Ausgaben ist nicht als Gewinn zu bezeichnen. Je nach Art der Kasse handelt es sich beim Einnahmenüberschuss um eine Zunahme (Vorschlag, im Gegensatz zu Rückschlag) des ungebundenen oder gebundenen Kapitals. Als *gebundenes Kapital* gilt das Deckungskapital (Garantiekapital, technische Rückstellung) im Gegensatz zum *freien Stiftungskapital*. Die Bezeichnung "Vermögen" sollte nicht für Passiv-, sondern nur für Aktivpositionen verwendet werden. Ausdrücke wie Vermögensrechnung, Vermögensbilanz, Vermögenszeiger usw. sind zu vermeiden, da sie betriebswirtschaftlich nicht genügend klar sind. Es ist besser, von "Bilanz", "Aktiven" und "Passiven" zu sprechen.

Arbeitgeberbeitragsreserven, die gemäss Art. 331 Abs. 3 OR seit dem 1. Januar 1985 als solche bezeichnet sein müssen (BGE 101 Ib 231 ff. und 103 Ib 161 ff. gelten dann diesbezüglich nicht mehr), waren, falls aus dem freien Stiftungskapital abgespalten, in der Bilanz der Vorsorgeeinrichtung erstmals auf Ende 1984 *separat* zu bilanzieren. In besonderen Fällen sind freie Reserven durch Aussetzen mit Arbeitgeberzahlungen verwendet oder auf eine patronale Stiftung übertragen worden. In Einzelfällen sind 1983/84 auch stille Reserven (z.B. in Liegenschaften) aufgewertet und als Arbeitgeberbeitragsreserve ausgewiesen worden. Die Auflösung von und die Zuwendungen an Arbeitgeberbeitragsreserven sind in der Betriebsrechnung offen auszuweisen (entsprechend dem Bruttoprinzip) (siehe Abschnitt 4.43).

Für Vorsorgeeinrichtungen, die grosse Vermögen verwalten, ist es notwendig, über die *Anlagewerte,* besonders den Wertschriften-, Hypotheken- und Liegenschaftenbesitz, eine genaue und übersichtliche Kontrolle zu führen, welche auch die jährlichen Erträge erfasst.

In *Darstellung 10B* sind einige Beispiele von Bilanzen und Betriebsrechnungen gegeben (erstmals dargestellt in: *Helbling C.,* Büro und Verkauf, März 1966). Zur Darstellung kommt je eine Jahresrechnung für die häufigsten Organisationsformen. Die Gliederung und die Bezeichnungen haben sich in erster Linie nach dem jeweiligen Personalvorsorgereglement zu richten.

Mit den in *Darstellung 10B* aufgeführten Beispielen konnten natürlich nicht alle Möglichkeiten erschöpfend dargestellt werden. Es sollte daraus aber möglich sein, die meisten weiteren Formen abzuleiten. Wichtig ist, dass bei der Betriebs- bzw. Einnahmen- und Ausgabenrechnung Ausgaben nie direkt mit Einnahmen- oder Kapitalkonten verrechnet werden, also dass das Bruttoprinzip angewendet wird.

Einzelne kantonale Aufsichtsbehörden haben in den letzten Jahren für die Rechnungslegung Formulare und Richtlinien geschaffen, die sich in der Folge jedoch teilweise nicht durchsetzen konnten und häufig nur als Empfehlung dienen.

Darstellung 10B
Muster zu Bilanzen und Betriebsrechnungen von Vorsorgeeinrichtungen

1. Spareinrichtung mit Risikokollektivversicherung

Der Einfachheit halber sind die Aktiven im folgenden Beispiel nicht aufgegliedert. Die Einnahmen- und Ausgabenrechnung der Spareinrichtung ist getrennt dargestellt; sie kann aber auch in die allgemeine Stiftungsrechnung einbezogen werden. Erfolgt keine Ergänzung der Stiftungsrechnung durch eine Aufstellung über die Entwicklung "Sparkapital Arbeitnehmeranteil" und "Sparkapital Stiftungsanteil", so sind nicht nur die Kapitalien der Spareinleger, sondern auch die "Austrittszahlungen" in Arbeitnehmeranteil und Stiftungsanteil (bzw. Arbeitgeberanteil) aufzugliedern.
Es handelt sich hier um eine nicht BVG-registrierte vor- bzw. überobligatorische Einrichtung.

Bilanz 31. Dezember 19x5		*Aktiven* CHF	*Passiven* CHF
Verschiedene Aktiven		819'000	
Kapital der Spareinleger:			
Arbeitnehmeranteil	204'552		
Stiftungs- (bzw. Arbeitgeber-)Anteil	315'030		519'582
Arbeitgeberbeitragsreserve			200'000
Stiftungskapital:			
Stand 31. Dezember 19x4	102'544		
Ausgabenüberschuss 19x5	−3'126		99'418
	819'000		819'000

Anmerkung
Es besteht ein Todesfallrisiko-Kollektivversicherungsvertrag bei der Versicherungsgesellschaft ...

Einnahmen- und Ausgabenrechnung 19x5	*Ausgaben* CHF	*Einnahmen* CHF
a) Stiftung		
Freiwillige Zuwendung des Unternehmens		16'756
Vermögensertrag		50'006
Todesfalleistungen der Versicherungsgesellschaft		10'000
Freigewordene Sparkapitalien		7'227
Todesfallkapitalien	10'000	
Freiwillige Renten	29'180	
Einmaleinlagen an Spareinrichtung	19'478	
Zinsgutschriften an Spareinrichtung	11'640	
Versicherungsprämien	16'756	
Verwaltungsaufwand	61	
	87'115	83'989
Ausgabenüberschuss Stiftung 19x5		3'126
	87'115	87'115

422   10. Buchführung, Alterskonten und Bilanzierung

Einnahmen- und Ausgabenrechnung 19x5	Ausgaben CHF	Einnahmen CHF
b) Spareinrichtung		
Reglementarische Beiträge der Arbeitnehmer		91'914
Reglementarische Beiträge des Unternehmens		91'914
Einmaleinlagen der Stiftung		19'478
Zinsgutschriften der Stiftung		11'640
Freizügigkeitsleistungen	8'217	
Freigewordene Sparkapitalien	7'227	
	15'444	214'946
Einnahmenüberschuss Spareinrichtung 19x5	199'502	
	214'946	214'946

Als *Anmerkung* zur Jahresrechnung sollte die Entwicklung der Spareinrichtungen festgehalten werden, z.B. wie folgt:

Entwicklung der Spareinrichtung im Jahr 19x5	Sparkapital Arbeitnehmeranteil CHF	Sparkapital Arbeitgeberanteil CHF
Stand 31. Dezember 19x4	112'956	207'124
Reglementarische Beiträge der Arbeitnehmer	91'914	
Reglementarische Beiträge des Unternehmens		91'914
Einmaleinlagen der Stiftung		19'478
Zinsen 3,5%	3'948	7'692
	208'818	326'208
Austrittsauszahlungen*	–4'266	–3'951
Freigewordene Sparkapitalien (Rückfall an Stiftungskapital)		–7'227
	204'552	315'030

*Evtl. aufgeteilt: bar, Freizügigkeitsleistungen an andere Vorsorgeeinrichtungen usw.

2. Autonome Pensionskasse mit angeschlossener Spareinrichtung

Die Aktiven sind im folgenden Beispiel in Nominalwerte und Sachwerte gruppiert. Die Rechnung der Spareinrichtung für die nicht in die Vollversicherung aufgenommenen Mitglieder wird zusammen mit der Pensionskassenrechnung dargestellt (also nicht getrennt wie vorstehend). Diese Rechnungsart kann für eine BVG-registrierte "umhüllende" Kasse gewählt werden.

Bilanz 31. Dezember 19x2	CHF	CHF
Aktiven		
Postcheck	8'197	
Bankguthaben	11'170	
Anleihensobligationen	2'814'000	
Hypothekarguthaben	2'090'000	
Übertrag	4'923'367	

	CHF	CHF
Übertrag	4'923'367	
Verrechnungssteuerguthaben	14'719	
Guthaben bei der Firma ...	1'548'298	
Transitorische Aktiven	680	
Nominalwertvermögen		6'487'064
Liegenschaften	5'670'000	
Aktien und Anteilscheine	1'078'500	
Sachwertvermögen		6'748'500
		13'235'564

Passiven

		CHF
Hypothekarschulden		1'300'000
Rückstellungen und Abschreibungen auf Liegenschaften		77'500
Transitorische Passiven		44'496
Kapital der Spareinleger:		
Arbeitnehmeranteil		23'768
Arbeitgeberanteil		72'457
Technische Rückstellung der Pensionskasse*:		
Stand 31. Dezember 19x1	10'687'278	
Ertragsüberschuss 19x2	1'030'065	11'717'343
		13'235'564

*Anmerkung

	CHF
Versicherungstechnisch erforderliches Deckungskapital am 31. Dezember 19x0	9'530'000
Buchmässig vorhandene technische Rückstellungen am 31. Dezember 19x0	9'882'130
Versicherungstechnischer Überschuss am 31. Dezember 19x0	352'130

Betriebsrechnung 19x2

Erträge

	CHF
Beiträge Arbeitnehmer:	
ordentliche	326'772
ausserordentliche	3'716
Beiträge des Arbeitgebers:	
ordentliche	378'915
ausserordentliche	108'160
Ertrag aus Nominalwertvermögen	271'565
Liegenschaftenerfolg[1]	211'417
Ertrag auf Aktien und Anteilscheinen	32'928
	1'333'473

[1]Liegenschaftenerfolgsrechnung separat geben.

424 10. Buchführung, Alterskonten und Bilanzierung

Aufwendungen	CHF	CHF
Altersrenten		120'545
Witwenrenten		70'424
Freizügigkeitsleistungen[2]		75'701
Verwaltungskosten		1'097
...		8'514
		276'281
Ertragsüberschuss		
zugunsten Kapital der Spareinleger	27'127	
zugunsten technische Rückstellung der Pensionskasse	1'030'065	1'057'192
		1'333'473

[2] Evtl. aufteilen.

3. Vorsorgeeinrichtung mit Kollektivversicherung

Die Vorsorgeeinrichtung hat in diesem Beispiel einen Kollektivversicherungsvertrag mit Alters-, Hinterlassenen- und Invalidenrenten abgeschlossen. Die Einrichtung hat sich gemäss BVG registrieren lassen.

Bilanz 31. Dezember 19x5

	CHF	CHF
Aktiven		
Bankguthaben		134'401
Anleihensobligationen		815'000
Guthaben bei der Versicherungsgesellschaft		615'225
Guthaben bei der Arbeitgeberfirma		328'462
Verrechnungssteuerguthaben und Transitorische Aktiven		30'985
		1'924'073
Passiven		
Transitorische Passiven		50'786
Rückstellung für Teuerungszulagen an Rentner		59'218
Fürsorgefonds für Härtefälle		350'300
Arbeitgeberbeitragsreserve		720'000
Stiftungskapital:		
Stand 31. Dezember 19x4	561'970	
Ertragsüberschuss 19x5	181'799	743'769
		1'924'073

Anmerkung

Bei der Versicherungsgesellschaft ... besteht ein Kollektivversicherungsvertrag.

Betriebsrechnung 19x5	CHF

Erträge

Ordentliche Beiträge des Arbeitgebers	434'200
Ordentliche Beiträge der Arbeitnehmer	369'709
Ausserordentliche Zuwendung des Arbeitgebers (in Arbeitgeberbeitragsreserve)	200'000
Einlagen der Arbeitnehmer aus Freizügigkeitsleistungen	50'028
Versicherungsleistungen der Versicherungsgesellschaft	135'100
Rückkaufswerte der Versicherungsgesellschaft	85'392
Überschussanteil der Versicherungsgesellschaft	75'312
Vermögensertrag	89'219
Entnahme aus dem Fürsorgefonds für Härtefälle	2'000
Teilauflösung der Rückstellung für Teuerungszulagen an Rentner	15'953
	1'456'913

Aufwendungen

Versicherungsprämien an Versicherungsgesellschaft	813'187
Altersrenten	85'600
Witwen- und Waisenrenten	49'500
Freizügigkeitsleistungen	62'910
Leistungen in Härtefällen	2'000
Verwaltungskosten und übrige Aufwendungen	11'266
Zuweisung an Rückstellung für Arbeitnehmerbeiträge der Aversalversicherten	50'651
Erhöhung der Arbeitgeberbeitragsreserve	200'000
	1'275'114
Ertragsüberschuss 19x5 zugunsten Stiftungskapital	181'799
	1'456'913

4. Vorsorgeeinrichtungen ohne versicherungstechnischen Aufbau

Das Kapital setzt sich im vorliegenden Fall aus einem gebundenen Teil (Unterstützungsreserve) und einem ungebundenen Teil (Stiftungskapital) sowie einer Arbeitgeberbeitragsreserve (für Firmabeiträge an Drittstiftungen) zusammen. Diese Einrichtung ist nicht BVG-registriert.

Bilanz 31. Dezember 19x2	CHF

Aktiven

Anleihensobligationen	140'000
Sparheftguthaben	7'521
Guthaben bei der Arbeitgeberfirma	36'546
Verrechnungssteuerguthaben	1'483
	185'550

Passiven	CHF	CHF
Unterstützungsreserve		87'749
Arbeitgeberbeitragsreserve		53'280
Stiftungskapital:		
Stand 31. Dezember 19x1	42'327	
Einnahmenüberschuss 19x2	2'194	44'521
		185'550

Einnahmen- und Ausgabenrechnung 19x2

Einnahmen

Zuwendung der Arbeitgeberfirma	30'000
Vermögensertrag	7'169
Entnahme aus Unterstützungsreserve	16'674
	53'843

Ausgaben

Leistungen aus Unterstützungsreserve	16'674
Leistungen aus Stiftungskapital	9'923
Übertrag an Unterstützungsreserve	15'000
Übertrag an Arbeitgeberbeitragsreserve	10'000
Unkosten	52
	51'649
Einnahmenüberschuss 19x2 zugunsten Stiftungskapital	2'194
	53'843

Darstellung 10C
Beispiel einer kaufmännischen Bilanz
(mit Darstellungen zu derivativen Geschäften im Anhang)

Pensionskasse des ABC-Konzerns

Bilanzen per 31. Dezember 1996 und 1995	31.12.1995 1'000 CHF	Vorjahr 1'000 CHF
Aktiven		
Flüssige Mittel, Festgelder	4'693	4'035
Forderungen	1'336	1'431
Aktive Rechnungsabgrenzung	2'524	2'626
Hypothekardarlehen	11'294	12'643
Obligationen	148'124	158'858
Aktien	93'172	90'314
Sonstige Finanzanlagen (Anlagefonds)	8'245	11'473
Liegenschaften	131'143	122'763
Total	400'531	404'143
Passiven		
Verbindlichkeiten	717	1'764
Passive Rechnungsabgrenzung	517	421
Reserve für Wertschwankungen	8'121	25'030
Deckungskapital Aktive	204'401	197'026
Deckungskapital Rentner	164'930	157'497
Sonstige technische Rückstellungen	8'312	10'075
Arbeitgeberbeitragsreserve	10'112	9'010
Stiftungskapital	3'421	3'320
Total	400'531	404'143

Aus: Fachempfehlung zum Rechnungswesen und zur Rechnungslegung, hrsg. vom BSV und von der Eidg. Kommission für berufliche Vorsorge, 15. Oktober 1996 (Beilage II/1). Siehe betreffend Anhang *Darstellung 10D*.

10.14 Anhang

Gemäss dem neuen Art. 47 Abs. 1 BVV 2, in Kraft getreten auf den 1. Juli 1996, muss die Jahresrechnung einer Vorsorgeeinrichtung nun auch einen *Anhang* umfassen. Das Aktienrecht verlangt bekanntlich seit 1992 einen Anhang; dies in Anlehnung an die 4. EU-Richtlinie, welche 1978 den Anhang allgemein einführte. Die angloamerikanische Praxis kannte schon immer die mit dem Anhang vergleichbaren Notes. Der nächste Schritt wäre die Einführung einer Geldflussrechnung (Mittelflussrechnung). Eine solche ist bei Vorsorgeeinrichtungen heute noch praktisch unbekannt.

Gemäss *Art. 47 Abs. 3 BVV 2* enthält der Anhang "ergänzende Angaben und Erläuterungen zur Vermögensanlage, zur Finanzierung und zu einzelnen Positionen der Bilanz und der Betriebsrechnung". Auf Ereignisse nach dem Bilanzstichtag ist einzugehen, wenn diese die Beurteilung der Lage der Vorsorgeeinrichtung erheblich beeinflussen.

Der Anhang sollte auch bei grossen Pensionskassen 10–12 Seiten in der Regel nicht überschreiten. In der Praxis sind Anhänge festzustellen, die im Umfang jene von grossen börsenkotierten Unternehmen noch wesentlich überschreiten.

Transparenz und Offenlegung im Anhang verhindern auch die Manipulation der Bewertungen.

Im *Inhalt des Anhangs* wird in der vom BSV und von der Eidg. Kommission für berufliche Vorsorge am 15. Oktober 1996 gemeinsam herausgegebenen "Fachempfehlung zum Rechnungswesen und zur Rechnungslegung", der empfehlende und erläuternde Wirkung zukommen soll, folgendes ausgeführt:

Allgemeine Angaben und Erläuterungen zur Vorsorgeeinrichtung

Allgemeine Angaben stehen nicht direkt mit Bilanz und Betriebsrechnung im Zusammenhang, sind aber zum Verständnis der rechtlichen Organisation, der Vorsorgeverhältnisse, des Rechnungswesens und der Rechnungslegung notwendig.*

- Rechtsformen der Vorsorgeeinrichtung, Zweck (Kurzbeschreibung), besondere Bestimmungen der Urkunde, der Statuten oder des Reglements
- Angaben zur rechtlichen *Organisation* der Vorsorgeeinrichtung; Feststellung der paritätischen Besetzung des Stiftungsrates; Angabe, ob die Vorsorgeeinrichtung registriert ist und ob es sich um eine Zusatz-, Finanzierungs- oder eine andere Stiftungsart handelt
- Angaben zu Zielen, Grundsätzen und zur Organisation (Durchführung und Überwachung) der Vermögensanlage, sofern dies nicht in einem Anlagereglement festgehalten wird
- Angaben über die von der Vorsorgeeinrichtung festgelegten Ziele und Grundsätze für Rechnungswesen/Controlling, interne und externe Berichterstattung, sofern dies nicht in einem Organisationsreglement der Vorsorgeeinrichtung festgehalten ist
- Vermögensverwaltung durch *Dritte* (Angaben z.B. zu den Verwaltungsaufträgen an Banken und Vermögensverwaltungen)

*Zu einzelnen Abschnitten des Anhangs werden im folgenden solche Angaben kursiv hervorgehoben, deren Offenlegung jedenfalls zweckmässig im Sinne der BVV 2 ist.

- Beauftragung von Dritten für Aufgaben des Rechnungswesens (Kontenführung, Abschluss, BVG-Alterskonten)

Vermögensanlagen

Dieser Teil des Anhangs sollte die Zahlenangaben in der Bilanz mit Darstellungen zur Zusammensetzung, Angaben zur Entwicklung im Vergleich zum Vorjahr, Bewertung, Einhalten von Anlagevorschriften der BVV 2 und eigenen Regeln ergänzen. (Erläuterungen und zum Verlauf der Geld-, Kapital- und Immobilienmärkte gehören in einen Jahresbericht und weniger in den Anhang.)

Begriff des Vermögens

- Angabe über allenfalls hinzugerechnete Rückkaufswerte von Kollektivversicherungen im Sinne von Artikel 49 Absatz 2 BVV 2

Vermögensausweis

- Vermögenszusammensetzung, nach *Anlagekategorien* gegliedert (Derivate und indirekte Anlagen sind den Basisanlagen bzw. den einzelnen Anlagekategorien zuzuordnen)
- Angaben über Wertpapierleihe (Securities Lending) und Depotstellen (z.B. bei Global Custody)
- Darstellung der *laufenden (offenen) derivativen Finanzinstrumente* auf den Bilanzstichtag im Sinne von Artikel 56a Absatz 7 BVV 2 (siehe Fachempfehlung). Bei grösserer Anzahl derivativer Geschäfte werden diese sachgerecht im Anhang zu Gruppen zusammengefasst.
- Zusammensetzung und Belehnung der *Liegenschaften*
- *Fachmännische Begründung gemäss Artikel 59 BVV 2*

Bewertung

- *Bewertungsgrundsätze* gemäss Anlagereglementen und ihre (stetige) Anwendung; insbesondere ist anzugeben, zu *welchen Werten* (Anschaffungswert, tieferer Kurswert [Niederstwertprinzip], Nominal-, Markt-, Verkehrs- oder Ertragswert usw.) die Aktiven *in der Bilanz* eingesetzt wurden
- Ausweis der *Kurs- bzw. Marktwerte im Anhang,* sofern diese von den unter den Aktiven der Bilanz eingesetzten Werten abweichen
- Reserven für *Wertschwankungen* (Kurs- und Renditeschwankungen) in der Bilanz, Angaben über Bildung und Auflösung
- Angabe der Bilanzpositionen (z.B. Liegenschaften), bei welchen die *Gruppenbewertung anstelle der Einzelbewertung* angewendet wurde
- Erläuterungen über die *Bewertung der Liegenschaften* (Anschaffungs-, Ertragswert); Angaben über die Erträge, sofern unter der marktüblichen Rendite liegend; Berechnungselemente des Ertragswerts
- Erläuterung von *Aufwertungen* von Liegenschaften über den Anschaffungswert; als Höchstwert sollte in einem solchen Fall durch fachmännische Ermittlung der Nettoverkehrswert unter Berücksichtigung des Ertragswerts aufgrund tatsächlicher Erträge nach Abzug der geschätzten Verkaufskosten und der latenten Steuern bestimmt werden
- Fremdwährungsumrechnung: Methode der Fremdwährungsumrechnungen, verwendete Umrechnungskurse, Verbuchung
- Angabe und Begründung von *Abweichungen* von den folgenden Ordnungsmässigkeitsanforderungen: *Stetigkeit* der Darstellung und Bewertung von Vermögensanlagen sowie Verrechnungsverbot; wenn immer möglich, sind die betraglichen Auswirkungen, die sich z.B. aus der Änderung der Bewertungsgrundsätze ergeben haben, auszuweisen

- Angaben, Berechnungsgrundlagen zu Rendite, Performance der Anlagen; Erläuterung, wenn der Ertrag nicht dem Geld-, Kapital- und Immobilienmarkt entspricht (Art. 51 BVV 2)

Versicherungstechnische Information, Art der Risikodeckung

Versicherungstechnische Aspekte der Vorsorge fallen gemäss Artikel 53 Absatz 2 BVG in das Pflichtenheft des Experten für berufliche Vorsorge. Soweit der Anhang dazu Angaben enthält, wird die Vorsorgeeinrichtung diese mit dem Experten abstimmen.

Pensionskassenexperte

- Experte für berufliche Vorsorge gemäss Artikel 53 BVG; Hinweis auf den (reglementarischen) Überprüfungszeitraum, Angabe des Zeitpunkts/Stichtags des letzterstellten technischen Gutachtens (technische Bilanz); Gründe für ein ausserhalb des Überprüfungszeitraums erstelltes Gutachten

Finanzierung der Vorsorgeeinrichtung

- Angabe, ob die Alters- und Freizügigkeitsleistungen nach dem Beitrags- oder Leistungsprimat bestimmt werden
- Anteil Arbeitgeber/Arbeitnehmer an der Finanzierung
- Hinweis auf allfällige weitere Finanzierungsquellen (Finanzierungsstiftung, spezielle Fonds usw.)

Deckung der Risiken

- Angabe, welche Risiken von der Vorsorgeeinrichtung selbst getragen werden
- Angabe, welche Risiken durch Kollektivversicherungsverträge rückgedeckt sind
- Angabe anderer Rückdeckungen (Stop-Loss, Excess of Loss usw.)

Darstellung des gebundenen Vorsorgekapitals in der kaufmännischen Bilanz

- Wenn in der kaufmännischen Bilanz die ganz oder teilweise autonom gedeckten Vorsorgeverpflichtungen in einem unstrukturierten Posten ausgewiesen werden, empfiehlt es sich, im Anhang die Zusammensetzung dieses Postens zu erläutern. Zum Beispiel sind die folgenden Werte offenzulegen:
  - Deckungskapital/Sparkapital Aktive
  - Deckungskapital Rentner
- In der Zeit zwischen zwei technischen Bilanzen ergeben sich diese Werte aufgrund der Buchhaltung und werden deshalb den versicherungstechnischen Werten nur annäherungsweise entsprechen. Die Erstellung einer technischen Bilanz durch den Experten für berufliche Vorsorge ist dafür nicht jedes Jahr erforderlich.

Versicherungstechnisches Gutachten/Technische Bilanz

- Ergebnis aus der letzten technischen Bilanz (mit Stichtag und Hinweis auf technische Grundlagen)
- Angaben zu den beschlossenen und durchgeführten *Massnahmen* zur Behebung einer allfälligen Deckungslücke (Art. 44 BVV 2)

Erläuterungen zu weiteren Aktiven und Passiven

Anlagen beim Arbeitgeber

- Forderungen gegenüber dem Arbeitgeber: Zusammensetzung, sofern nicht aus der Bilanz ersichtlich, aus Kontokorrentforderungen, Rechnungsabgrenzungen und Darlehen; Zinskonditionen; Abwicklung in neuer Rechnung
- *Umfang und Art der Sicherstellung der Anlagen beim Arbeitgeber* (Garantien, Grundpfänder im Sinne von Art. 58 BVV 2); Verfügung der Aufsichtsbehörde; Hinweis auf die Bonitätserklärung der Revisionsstelle der Arbeitgeberfirma zuhanden der Aufsichtsbehörde (Art. 59 Abs. 3 BVV 2)
- Vereinbarte Fälligkeiten für Beitragszahlungen des Arbeitgebers (Art. 58a BVV 2); allfällige *Rückstände von Beitragszahlungen;* Hinweis, ob der Arbeitgeber die Zahlungsvereinbarung bis zur Erstellung der Jahresrechnung oder in neuer Rechnung eingehalten aht; Beachtung der Meldepflicht gegenüber Aufsichtsbehörde und Kontrollstelle (Art. 58a BVV 2)
- Angaben zu den Zins- und gegebenenfalls zu den Rückzahlungsvereinbarungen, insbesondere in Fällen, wo der Arbeitgeber mit den Beitragszahlungen in Verzug ist
- Beteiligungen an Arbeitgeberfirmen: Angabe des Beteiligungsanteils, des Nominalwerts, Buchwerts und, sofern kotiert, des Kurswerts; Käufe und Verkäufe mit Angabe der erzielten Preise/Kurse in der Berichtsperiode
- Freizügigkeitsansprüche und Rentenverpflichtungen auf den Bilanzstichtag: *Angabe nur im Falle von ungesicherten Anlagen beim Arbeitgeber und nur, sofern mit diesen Anlagen die Deckung der Freizügigkeitsleistungen und der laufenden Renten betroffen sein könnte*

Reserven für Kurs- und Renditeschwankungen

- Soweit nicht unter Vermögensanlagen dargestellt: Zusammensetzung/Begründung/Bezeichnung bzw. Abgrenzung gegenüber den versicherungstechnischen Rückstellungen (Bewertungsrückstellungen, Rückstellung für Wertberichtigungen, Schwankungsreserve, Rückstellung/Renovationsfonds für Liegenschaften)
- *Bildung und Auflösung* von Bewertungsreserven und deren Umfang, Zweck und Begründung (auch als Wertberichtigung/Korrekturbetrag zum Ausgleich eines allenfalls höheren Kurswerts zum gesetzlichen Höchstwert, wie z.B. Nominalwert von Obligationen); Anteil der Bewertungsreserve an den Anlagekategorien; Verbuchung der Veränderung im Berichtsjahr (Behandlung in der Betriebsrechnung/Ausweis in der Bilanz)

Weitere Positionen der Passiven

- *Rückstellung für Kurs- und Renditeschwankungen:* Zusammensetzung/Bezeichnung zur Abgrenzung gegenüber den versicherungstechnischen Rückstellungen (Bewertungsrückstellungen, Rückstellung für Wertberichtigungen, finanzielle Schwankungsreserve, Renovationsfonds für Liegenschaften)
- Begründung der Wertberichtigungen als Korrektur von Aktiven des Vermögens für Kursschwankungen, Bonitätsunsicherheiten, Währungs- und Marktrisiken
- Angaben über Zweck und Grundsätze der *Bildung und Auflösung* von Bewertungsrückstellungen und deren Umfang/Anteil (z.B. 10% der Anlagen); Ausweis/Verbuchung der Veränderung im Berichtsjahr (Behandlung in der Betriebsrechnung)

Arbeitgeberbeitragsreserve

- Ausweis der Veränderungen im Berichtsjahr, sofern nicht in der Betriebsrechnung ersichtlich; allfällige Verzinsung; Zuwendungen (freiwillige Zuwendungen des Arbeitgebers aus seinen eigenen Mitteln) und Verwendung als Arbeitgeberbeitrag

10. Buchführung, Alterskonten und Bilanzierung

Erläuterungen zur Betriebsrechnung

- Bruttodarstellung im Anhang, wenn in Betriebsrechnung Aufwand und Ertrag verrechnet wurden (und wenn ohne Bruttodarstellung der sichere Einblick in die Ertragslage bzw. die Betriebsrechnung wesentlich beeinträchtigt wäre)
- Zusammensetzung des Zinsaufwands; Zusammensetzung des Vermögensertrags, der Wertberichtigungen, Bewertungsreserven und Rückstellungen im Zusammenhang mit Vermögensanlagen

Ereignisse nach dem Bilanzstichtag

- Hinweis auf Ereignisse nach dem Bilanzstichtag, wenn durch diese die Finanzierung der Vorsorge, die Beurteilung der Jahresrechnung und allgemein die Vermögens-, Finanz- und Ertragslage der Vorsorgeeinrichtung erheblich beeinflusst werden
- Verfügung der *Aufsichtsbehörden*
- Negativer Ausgang eines Prozesses
- Grössere *kassenspezifische Vermögensverluste*, grössere Verluste aus Anlagetransaktionen und derivativen Finanzinstrumenten
- Ausserordentlicher Umfang von Versicherungsfällen
- Beeinträchtigung der Risikofähigkeit der Vorsorgeeinrichtung
- Ausserordentliche Ausserbilanzgeschäfte; Schliessen und Wiederöffnen derivativer Geschäfte über den Bilanzstichtag
- *Zahlungsschwierigkeiten, Gefahr der Überschuldung der Arbeitgeberfirma*, des Konzerns oder nahestehender Vorsorgeeinrichtungen und Anlagestiftungen
- Finanzielle Schwierigkeiten der Arbeitgeberfirma, Verzögerungen in der Beitragsüberweisung in neuer Rechnung durch den Arbeitgeber

Übrige Angaben

- Anzahl/Bestand der aktiven Versicherten und Rentner; Erläuterung zu den Veränderungen[1]
- Mitglieder des Stiftungsrates[1]
- Angaben zu den angeschlossenen (Konzern-)Unternehmen und zu anderen verbundenen Vorsorgeeinrichtungen
- Bürgschaften, *Garantieverpflichtungen* und Pfandbestellungen zugunsten Drittschuldnern (Engagements zugunsten der Stifterfirma sind gesondert zu bezeichnen):
  - Gesamtbetrag (Nominalwert) der Garantien
  - Gesamtbetrag zu Bilanzwerten der zur Sicherung eigener Verpflichtungen verpfändeten oder abgetretenen Aktiven (belehnte Liegenschaften, Wertschriften, Margin Accounts usw.)
- *Policendarlehen bzw. Verpfändung von Vorsorgekapital bei Versicherungsgesellschaften;* Beschluss des Stiftungsrates; Bedingungen des Darlehensvertrags; Verwendung des Darlehens; Angabe, ob die Orientierung der Versicherten, des Arbeitgebers und der Kontrollstelle erfolgte; gemäss Verordnung über die Verpfändung von Ansprüchen einer Vorsorgeeinrichtung vom 17.2.1988 (VOVpf)
- Angaben über angekündigte Unternehmensrestrukturierungen und über eine von der Aufsichtsbehörde festgestellte *Teilliquidation* und deren Abwicklung (Art. 23 FZG, Art. 9 FZV)[1]

---

[1] Unter Umständen auch in einem Jahresbericht/Geschäftsbericht darzulegen.

Darstellung 10D
Beispiele zum Anhang der Jahresrechnung

Allgemeine Angaben und Erläuterungen zur Vorsorgeeinrichtung
Beispiele für Organisationsangaben
– "Die Stiftung bezweckt gemäss den Bestimmungen der Statuten vom ... die Versicherung der Arbeitnehmer der XY und der mit ihr juristisch oder wirtschaftlich eng verbundenen Unternehmen gegen die wirtschaftlichen Folgen von Alter, Tod und Invalidität. Der Vorsorgeplan der Kasse beruht auf dem Leistungsprimat."
– "Der Wohlfahrtsfonds, der keine reglementarischen Vorsorgeverpflichtungen eingegangen ist, dient als patronale Stiftung der ergänzenden Finanzierung der Vorsorgeeinrichtung der ..."
Beispiele für Angaben zur Anlagepolitik
– Erläuterungen zur gewählten Anlagestrategie in Abhängigkeit zur Risikofähigkeit der Vorsorgeeinrichtung; Angabe der angestrebten Sicherheits- und Renditeziele unter Beachtung einer angemessenen Risikoverteilung
– Feststellung, dass die Überwachung der Anlagetätigkeit durch einen Finanz-/Anlageausschuss erfolgt, und Hinweis auf Anlagerichtlinien/-reglemente und die Überwachung ihrer Einhaltung durch die zuständigen Organe
– Angaben/Einzelheiten zu Vermögensverwaltungsverträgen, BVV 2-Konformität, zur Aussage der Berichterstattung/Abrechnung durch die Drittverwaltung
– Begründung für besondere Anlagerisiken und Bestätigung deren Überwachung durch das zuständige Organ der Vorsorgeeinrichtung
– Erläuterungen und organisatorische Voraussetzungen zum Einsatz von derivativen Finanzinstrumenten; Ziel und Zweckmässigkeit dieser Anlagen sowie Angaben zur Organisation und zu deren Überwachung
Beispiel für Kollektivversicherung
– "Die Vorsorgeeinrichtung hat mit der XY-Versicherungsgesellschaft einen Kollektivversicherungsvertrag abgeschlossen für die Deckung der ..."
Beispiele für Angaben zur Organisation des Rechnungswesens
– Grundsätze des Rechnungswesens und der Berichterstattung
– Angaben zur Organisation des laufenden internen Berichtswesens, zum Risk Controlling (bei Derivaten)
– Feststellung, dass der Stiftungsrat der Durchführung und Überwachung der internen Kontrollen und dem Berichtswesen die pflichtgemässe Sorgfalt schenkt und dies durch ein Organisationsreglement festgehalten hat
– "Der Stiftungsrat hat die Ziele und Grundsätze, Durchführung und Überwachung der Vermögensanlagen festgelegt und sich vergewissert, dass die Pensionskasse über ein wirksames Controlling verfügt. Mit dem Anlagereglement (und Organisationsreglement) sind die Funktionen und Verantwortlichkeiten für Entscheidung, Durchführung und Rechnungswesen nachvollziehbar geregelt; die Ergebnisse werden vom Stiftungsrat regelmässig überwacht."

10. Buchführung, Alterskonten und Bilanzierung

Vermögensanlagen

- Vermögenszusammensetzung (inkl. indirekte Anlagen und derivative Finanzinstrumente): vorzugsweise in tabellarischer Form, nach Anlagekategorien gegliedert und mit Angabe des prozentualen Anteils der einzelnen Anlagekategorien am Gesamtvermögen (Aufgliederung z.B. nach Kategorien gemäss Artikel 53–56 BVV 2)
- Als Zusatzinformation können auch die Rückkaufswerte von Kollektivversicherungen bzw. als Teil des Vermögens (Forderungen) im Sinne von Artikel 49 BVV 2 angegeben werden.

Beispiel

- Zusammensetzung der Vermögensanlagen der Pensionskasse des ABC-Konzerns mit Darstellungen für den Anhang über einzelne derivative Geschäfte, die als Beispiele in der Fachempfehlung zum Einsatz und zur Darstellung der derivativen Finanzinstrumente näher beschrieben und berechnet sind

Erläuterungen zur Betriebsrechnung

Beispiele für Angaben

- Vollständige Erfassung der Versicherten
- Hinweis auf die Organisation/Massnahmen, mit denen gewährleistet wird, dass einerseits der Versichertenbestand und andererseits die Beiträge vollständig erfasst werden
- Bruttoausweis von verrechneten Posten

Beispiele für Ausweise

- Ausweis der Liegenschaftsbruttoerträge von Liegenschaften, wenn diese in der Betriebsrechnung mit den entsprechenden Liegenschaftenaufwendungen verrechnet und somit nur noch als Nettoerlöse in der offiziellen Jahresrechnung ausgewiesen werden
- Ausweis der Wertschriftengewinne und -verluste sowie der realisierten und der nicht realisierten Wertschriftengewinne und -verluste am Bilanzstichtag, sofern diese Informationen nicht aus der Betriebsrechnung ersichtlich sind

Aus: Fachempfehlung zum Rechnungswesen und zur Rechnungslegung, hrsg. vom BSV und von der Eidg. Kommission für berufliche Vorsorge, 15. Oktober 1996 (Beilage I).

10.2 Technische Buchführung und BVG-Alterskonten

Schon vor Einführung des BVG hatte die Personalvorsorgeeinrichtung *individuelle Versicherten- oder Beitragskonten* zu führen. Diese waren nötig für die Berechnung der *Freizügigkeitsleistungen*.

Die Versichertenkonten, die ausserhalb der kaufmännischen Buchhaltung geführt werden, werden auch *technische Buchhaltung* genannt. Bei Bestehen eines Kollektivversicherungsvertrages werden diese Konten und Aufzeichnungen auf Wunsch teilweise oder vollständig von der Lebensversicherungsgesellschaft geführt.

10.21 Notwendigkeit von Versichertenkonten

Die *Versichertenkonten* (auch Mitgliederkonten, Personalkonten, Beitragskonten u.ä. genannt) einer Vorsorgeeinrichtung dienen insbesondere zur

– Aufzeichnung aller wesentlichen Angaben und Daten für jeden einzelnen Versicherten und möglichen Begünstigten, wie Geburtsdaten, Beitragszahlungen, Zinsgutschriften, Abfindungen usw.,
– Bereitstellung der Unterlagen für die Berechnung der Freizügigkeitsleistungen, Deckungskapitalien und Leistungen,
– Kontrolle der Übereinstimmung der statistischen Zahlen, welche Grundlagen der technischen Bilanz bilden, mit den Zahlen der Finanzbuchhaltung,
– Ermittlung der für das Rechnungsjahr theoretisch einzufordernden Beiträge.

Das Versichertenkonto ist das *grundlegende Dokument zur Freizügigkeits- und Leistungsbestimmung,* denn auf ihm sind alle technischen Daten enthalten. Die Austrittszahlungen ergeben sich allein aus den Angaben auf den Versichertenkonten. Daraus geht hervor, dass für die Führung dieser Konten, die in der Regel jährlich erfolgt, *besondere Sorgfalt* verwendet werden muss. Noch mehr als im Kontenplan der Hauptbuchhaltung zeigt sich in der Gestaltung der Versichertenkonten die Vielfalt der möglichen Formen von Vorsorgeeinrichtungen.

Für die *Rentner* werden in der Regel separate Konten geführt, die auch dem Pensionsversicherungsexperten die notwendigen Angaben vermitteln und eine laufende Kontrolle der Rentenauszahlungen gestatten sollen.

Die Versichertenkonten werden je nach Anzahl der Versicherten, dem Zeitpunkt der Lohnerhöhungen und der Person, die mit der Arbeit betraut ist, monatlich, vierteljährlich oder jährlich nachgeführt. In der Regel genügt die *jährliche Nachtragung,* so wie dies auch Art. 11 BVV 2 vorsieht. Ein- und Austritte sind pro rata abzurechnen.

436 *10. Buchführung, Alterskonten und Bilanzierung*

Die mit der Führung der technischen Buchhaltung betraute Stelle ist über die Mutationen während des Jahres genau zu orientieren. Diese *Orientierung* – über Lohnerhöhungen, Eintritte und Austritte – erfolgt in grösseren Unternehmen am besten laufend mit Listen oder anderen Meldungen.

Anhand der Versichertenkonten können die Soll-Beträge der Arbeitnehmer- und der Arbeitgeberbeiträge (nach Berücksichtigung der Mutationen) mit dem Ist-Betrag laut Lohnbuchhaltung abgestimmt werden.

Die individuellen Versichertenkonten müssen nicht nur dem Rechnungsführer der Vorsorgeeinrichtung alle notwendigen Aufschlüsse geben, sondern dienen bei autonomen Kassen auch dem Pensionsversicherungsexperten als Unterlage für seine Berechnungen. Es empfiehlt sich daher, auf eine gute Führung und Kontrolle dieser Konten zu achten und den Pensionsversicherungsexperten für die Formular- und Textgestaltung beizuziehen.

Auch die *Informations- und Orientierungspflicht* (siehe Abschnitt 6.4) lässt sich nur bei ordnungsmässiger Führung der individuellen Versichertenkonten erfüllen.

10.22 Die BVG-Alterskonten

Das BVG enthält die Pflicht, *individuelle Alterskonten nach den BVG-Normen* zu führen, bei umhüllenden Kassen auch als Schattenrechnung bezeichnet. Einzelheiten dazu enthalten Art. 13 ff., insbesondere Art. 15 BVG und namentlich Art. 11 BVV 2.

Art. 11 BVV 2 Führung der individuellen Alterskonten
(Art. 15 und 16 BVG)

[1]Die Vorsorgeeinrichtung muss für jeden Versicherten ein Alterskonto führen, aus dem das Altersguthaben nach Artikel 15 Absatz 1 BVG ersichtlich ist.

[2]Am Ende des Kalenderjahres muss sie dem individuellen Alterskonto gutschreiben:

a. den jährlichen Zins auf dem Altersguthaben nach dem Kontostand am Ende des Vorjahres;
b. die unverzinsten Altersgutschriften für das abgelaufene Kalenderjahr.

[3]Tritt ein Versicherungsfall ein oder verlässt der Versicherte die Vorsorgeeinrichtung während des laufenden Jahres, so muss sie dem Alterskonto gutschreiben:

a. den Zins nach Absatz 2 Buchstabe a anteilsmässig berechnet bis zum Eintritt des Versicherungsfalls oder des Freizügigkeitsfalls nach Art. 2 des Bundesgesetzes vom 17. Dezember 1993 über die Freizügigkeit in der beruflichen Alters-, Hinterlassenen- und Invalidenvorsorge (Freizügigkeitsgesetz, FZG)*;

*Änderung von Abs. 3 Buchstabe a gemäss FZV Art. 22 vom 3. Oktober 1994.

10.2 Technische Buchführung und BVG-Alterskonten

b. die unverzinsten Altersgutschriften bis zum Eintritt des Versicherungsfalles oder bis zum Austritt des Versicherten.

⁴Tritt der Versicherte während des Jahres in die Vorsorgeeinrichtung ein, so muss sie seinem Alterskonto am Ende dieses Kalenderjahres gutschreiben:
a. das eingebrachte Altersguthaben in der Höhe des gesetzlichen Mindestschutzes;
b. den Zins auf dem eingebrachten Altersguthaben von der Überweisung der Freizügigkeitsleistung an berechnet;
c. die unverzinsten Altersgutschriften für den Teil des Jahres, während dem der Versicherte der Vorsorgeeinrichtung angehörte.

Der *Kontrollstelle* der Stiftung – nicht dem Experten für berufliche Vorsorge – obliegt es, die Führung dieser BVG-Alterskonten zu prüfen (Art. 35 Abs. 1 BVV 2).

Aufgrund dieser BVG-Alterskonten kann der Pensionsversicherungsexperte, aber auch jeder Versicherte für sich selbst feststellen, *ob die gesetzlichen Minimalvorschriften eingehalten sind.*

Nach Art. 11 BVV 2 muss der Sparbeitrag (Altersgutschrift) erst am Jahresende (ohne Zins) dem Alterskonto gutgeschrieben werden. Da die *Prämienzahlungen* bei Kollektivversicherungen *vorschüssig* erfolgen, werden die darin inbegriffenen Sparbeiträge insgesamt um den BVG-Minimalzinsfuss (4%) auf den vorschüssigen Fälligkeitstermin *abgezinst*.

Die BVG-Alterskonten werden in vielen Fällen von den *Versichertenkonten einer umhüllenden Vorsorgeeinrichtung* separat geführt bzw. ausgedruckt, obwohl eine Kombination beider Konten möglich ist. Zur Führung der BVG-Alterskonten siehe Abschnitt 15.42.

Es ist zwischen *Alterskonto* (Art. 11 BVV 2), *Altersgutschriften* (Art. 16 BVG) und *Altersguthaben* (Art. 15 BVG) zu unterscheiden. Die Führung der Alterskonten hat verschiedene Anforderungen zu erfüllen. Die wichtigste Bedingung ist, dass der Stand des Alterskontos stets mindestens dem gesetzlichen Altersguthaben entsprechen muss (Art. 11 Abs. 1 BVV 2). Die Altersgutschriften bilden gewissermassen das Herzstück des Obligatoriums.

In der Praxis kommen dem *BVG-Alterskonto verschiedene Aufgaben* zu, z.B. sind daraus zu ermitteln:

- der BVG-koordinierte Lohn,
- die BVG-Leistungen bei Alter, Tod oder Invalidität,
- die Freizügigkeitsleistungen,
- die Faktoren zur Bemessung des Beitragssatzes (gestaffelter Satz oder einheitlicher Durchschnittssatz),
- die Beiträge an den Sicherheitsfonds und die Leistungen des Sicherheitsfonds bei ungünstiger Altersstruktur (Exzedent über 14%),
- der Nachweis, dass das Obligatorium bei umhüllenden Kassen erfüllt ist, im Sinne eines "compte-témoin",

10. Buchführung, Alterskonten und Bilanzierung

Darstellung 10E

Beispiel für die Führung des individuellen Personalvorsorgekontos*
(nach Stettler)

Personalvorsorgestiftung der Firma XY

PERSONALVORSORGEKONTO

Name, Vorname: Muster Peter
Geburtsdatum: 20.11.1941
AHV-Nummer: ...41......

Eintritt in Firma 1.7.76 Eintritt in Stiftung 1.1.1985 Austritt: ....

Geburtsdatum Ehefrau: .... Geburtsdaten Kinder: ....

BEITRAGSKONTO STIFTUNG

Datum	BC	Anrechenbarer Jahreslohn Fr.	Beitrag total %	Beitrag total AN Fr.	Beitrag total %	Beitrag total AG Fr.	Sparkassenbeitrag %	Sparkassenbeitrag AN Fr.	Sparkassenbeitrag AG Fr.	übrige Beiträge* AN Fr.	übrige Beiträge* AG Fr.	Zins %	Zins AN Fr.	Zins AG Fr.	Sparkapital AN Fr.	Sparkapital AG Fr.	Freizügigk.-keit mit AG-Anteil %
31.12.85	02	60'000	7	4'200	7	4'200		3'134	3'134	1'066	1'066		-	-	3'134	3'134	-
31.12.86	02	63'000	7	4'410	7	4'410		3'293	3'293	1'117	1'117	4	125	125	6'552	6'552	-
31.12.87	02	65'000	7	4'550	7	4'550		3'362	3'362	1'188	1'188	4	262	262	10'176	10'176	-
31.12.88	02	68'000	7	4'760	7	4'760		3'518	3'518	1'242	1'242	4	407	407	14'101	14'101	-
31.12.89	02	70'000	7	4'900	7	4'900		3'623	3'623	1'277	1'277	4	564	564	18'288	18'288	15

ALTERSKONTO / SCHATTENRECHNUNG BVG

Datum	BC	Jahreslohn Fr.	BVG-Koordinationsabzug Fr.	Koord. BVG-Jahreslohn Fr.	Alter	Altersgutschrift %	Altersgutschrift Fr.	Zins %	Zins Fr.	BVG-Altersguthaben Fr.	Bemerkungen
31.12.85	02	49'680	16'560	33'120	44	10	3'312		-	3'312	
31.12.86	02	51'840	17'280	34'560	45	11	3'802	4	132	7'246	
31.12.87	02	51'840	17'280	34'560	46	15	5'184	4	290	12'720	
31.12.88	02	54'000	18'000	36'000	47	15	5'400	4	509	18'629	
31.12.89	02	54'000	18'000	36'000	48	15	5'400	4	745	24'774	

BC-Buchungscode
01 Vorobligatorischer Saldovortrag
02 Reglementarische Beiträge
03 Freiwillige Zuwendung
04 Nachzahlung inf. Lohnerhöhung
05 Einkaufssumme
06 Freizügigkeit total bei Eintritt
07 Freizügigkeit laut Art. 15 BVG bei Eintritt
08 Prämienrückerstattung
09 Überschussanteil
10 Gutschrift Eintrittsgeneration
11 ....
12 Freizügigkeit inf. Austritt
13 Mutationsgewinn
14 Storno
15 ....
16 ....
17 ....
18 Übertrag neue Seite
19 Übertrag auf Rentenkonto
- Risikoversicherung, Sondermassnahmen, Sicherheitsfonds, Verwaltungskosten

STETTLER TREUHAND UND BERATUNG

*Weitere Beispiele siehe Abschnitt 15.42.

– die Sondermassnahmen (Art. 70 BVG), evtl. mit vereinfachtem Nachweis (Art. 46 BVV 2),
– verschiedene Angaben zur jährlichen Rechnungslegung,
– Zahlenwerte für die Berechnungen des Experten für berufliche Vorsorge,
– der belehnbare Betrag im Zusammenhang mit der Finanzierung von Wohneigentum,
– statistische Angaben (für amtliche Erhebungen).

Die BVG-Alterskonten (Schattenrechnung) sollten *so genau als möglich* nach den Vorschriften von Art. 11 ff. BVV 2 geführt werden und keine zusätzlichen Leistungen (höhere Beitragssätze, höhere Verzinsung) enthalten. (Gemäss Art. 12 BVV 2 wären zwar eine höhere Verzinsung und gemäss Art. 95 BVG in den Jahren 1985 und 1986 höhere Beiträge möglich.) Dies ist einmal wichtig bei einem Übertritt in eine andere Vorsorgeeinrichtung. Einem späteren Arbeitgeber ist es nicht mehr möglich, das minimale BVG-Altersguthaben zu rekonstruieren. Das Gesetz sieht die Anpassung der minimalen Leistungen an die Preise vor, so dass zu hohe minimale Leistungen später zu höheren Kosten führen.

10.23 Hilfsmittel der Informatik

In der Regel werden die individuellen Versichertenkonten auf *Datenverarbeitungsanlagen* geführt. Werden auch die Lohnbuchhaltung und die individuellen Versichertenkonten EDV-mässig erstellt, so lassen sich unter Umständen die Programme, die Kontrollen und die Abstimmungen verknüpfen. Durch entsprechende Programmierungen kann auf der Datenverarbeitungsanlage des Unternehmens vom Pensionsversicherungsexperten gegebenenfalls direkt die technische Bilanz berechnet werden.

Von verschiedenen Pensionsversicherungsexperten, Beratern und Softwarehäusern werden *EDV-Programme* für die Führung der *BVG-Alterskonten* (Schattenrechnung) und die Dienste zur Übernahme der gesamten *Verwaltung* angeboten. Zu den heute angewandten Softwarepaketen siehe die periodisch in der Schweizer Personalvorsorge erscheinenden Übersichten.

Bevor eine Kasse selbst aufwendige *EDV-Programme* entwickelt, sollte sie die verschiedenen, heute auf dem *Softwaremarkt* erhältlichen Produkte prüfen.

Die Ausgangsdaten für die Berechnungen werden immer mehr anhand eines Datenträgers von der Pensionskasse zur Verfügung gestellt. Die Durchführung der Berechnungen erfolgt dann auf der Datenverarbeitungsanlage des Gutachters.

10.3 Bilanzierung der Aktiven

10.31 Rechtsgrundlagen

Für die Bilanzierung der Aktiven von Stiftungen gilt *Art. 960 Abs. 2 OR:* "Bei ihrer Errichtung sind alle Aktiven höchstens nach dem Wert anzusetzen, der ihnen im Zeitpunkt, auf welchen die Bilanz errichtet wird, für das Geschäft zukommt." Für Stiftungen finden somit die aktienrechtlichen Bilanzierungsvorschriften von Art. 662 ff. OR (z.B. Anschaffungswert als Höchstwert für Liegenschaften) *keine* Anwendung.

Nach Art. 48 BVV 2 gelten für die unter das BVG fallenden, d.h. die registrierten Vorsorgeeinrichtungen folgende besondere *Bewertungsbestimmungen:*

Art. 48 BVV 2 Bewertung
(Art. 71 Abs. 1 BVG)

[1] Auf einen festen Geldbetrag lautende Forderungen, wie Obligationen oder nicht wertpapiermässig verurkundete Forderungsrechte, dürfen höchstens zum Nennwert in die Bilanz eingesetzt werden. Ausgenommen sind Wandelobligationen, die zum Verkehrswert eingesetzt werden dürfen.

[2] Sachwerte, wie Grundstücke, Aktien, Partizipationsscheine und andere Beteiligungsrechte, dürfen höchstens zum Verkehrswert eingesetzt werden, der ihnen im Zeitpunkt zukommt, auf den die Bilanz errichtet wird. Die Bewertung kann auch zum Anschaffungs-, Kurs- oder Ertragswert erfolgen, sofern dieser nicht über dem Verkehrswert liegt.

[3] Von der einmal gewählten Bewertungsmethode soll ohne wichtigen Grund nicht abgewichen werden.

In den USA ist die Bewertung sämtlicher Vermögenswerte von Vorsorgeeinrichtungen zu Marktwerten (Fair Market Value) unbestritten.

10.32 Bewertung der Nominalwertanlagen

In der Praxis wurden früher und werden auch heute noch Nominalwertanlagen häufig zum *Nominalwert* oder, genauer gesagt, zum *Rückzahlungswert* bilanziert, wobei im Falle eines tieferen Anschaffungswertes oft dieser unter dem Nennwert liegende Wert belassen wird, um Aufwertungsgewinne zu vermeiden.

Nominalwertanlagen werden von einigen wenigen grossen Pensionskassen zum sog. *mathematischen Renditekurs* bewertet, d.h. durch Kapitalisierung des Ertrages und Rückzahlungswertes zu einem festen Zinsfuss. Diese Bilanzierungsart, der sog. mathematische Wert, ist für festverzinsliche Wertpapiere von Lebensversicherungsgesellschaften sinnvoll und auch vorgeschrieben (vgl. Verordnung über die Beaufsichtigung von privaten Versicherungseinrichtungen vom 11. September 1931, Änderung vom 7. Dezember 1987, Art. 16, 16a und 46a–d). Davon ist aber bei *Vorsorgeeinrichtungen abzuraten,* vor allem weil dieses Verfahren infolge anderer Ungewissheiten (Laufzeit, künftige Renditeentwicklung, frei gewählter mathematischer Zins u.a.) doch nur eine Genauigkeit vortäuscht, die nicht gegeben ist. Zudem wird häufig eine Maximierung des Bilanzwertes auf den Nominalwert vorgenommen, so bei vielen Versicherungsgesellschaften, was diese Bewertungsmethode wieder relativiert.

Immer mehr werden Nominalwertanlagen zum *Marktwert* (d.h. Tageswert, Börsenkurs) bewertet. Dabei sind auch Marchzinsen abzugrenzen, da diese (im Gegensatz zu den Dividenden bei Aktien) im Kurs nicht enthalten sind. Nur mit Marktwerten und bei vollständiger Rechnungsabgrenzung lässt sich die Performance richtig berechnen und vergleichen. Dieses Konzept wird aber durchbrochen, indem gemäss Art. 48 Abs. 1 BVV 2 solche Werte "höchstens zum Nennwert" bilanziert werden dürfen. Neueren Bewertungsgrundsätzen (FER, IAS usw.) widerspricht dieser Art. 48 Abs. 1 BVV 2; dort wird stets zu Marktwerten bilanziert. Vorgenannter Artikel sollte daher geändert werden.

10.33 Bewertung der Sachwertanlagen

Bei der Bewertung der Sachwertanlagen, wie Liegenschaften, Aktien und Anteilscheine, sind die Verhältnisse schwieriger.

Die Sachwertanlagen dürfen nach Art. 48 Abs. 2 BVV 2 "höchstens zum *Verkehrswert*" eingesetzt werden. Unter Verkehrswert einer Liegenschaft wird in der Regel der mutmassliche Verkaufspreis (wie er bei einer Handänderung gemäss notariell zu beglaubigendem, im Grundbuch einzutragendem Vertrag gilt) verstanden. Nun ist aber zu beachten, dass der Verkehrswert vor allem bei Liegenschaften erheblich über dem *Nettoveräusserungswert* liegen kann. Mit einem Verkauf werden in der Regel *Steuern* (Grundstückgewinnsteuern) und *Kosten* fällig, welche insgesamt 5–20% des gesamten Erlöses betragen können. Entgegen Art. 48 BVV 2 ist eine Bewertung der Sachwertanlagen – soweit diese in nächster Zeit nicht veräussert werden sollen – höchstens zum Ertragswert empfehlenswert. Neu erworbene Liegenschaften können während einiger Zeit zum Anschaffungswert bilanziert werden.

Aufwertungen bis zum Verkehrswert, die bei Stiftungen somit möglich wären (es gilt Art. 960 OR), sind mit grösster Vorsicht zu beurteilen. Die Praxis zeigt auch, dass Verkehrswertschätzungen stark voneinander abweichen können. Die Formulierung von Art. 48 Abs. 2 BVV 2 ist gefährlich. M.E. sollten

Aufwertungen – und dies sollte bei einer Revision der BVV 2 festgehalten werden – *nur bis zur Höhe des Ertragswertes* der betreffenden Anlage erfolgen und überdies *höchstens bis zum Nettoveräusserungswert* (also abzüglich latente Kosten und Steuern) vorgenommen werden dürfen. Aufwertungsgewinne werden in der Regel zur *Verstärkung der technischen Rückstellungen* (Deckungskapitalien) verwendet.

Schon das Kreisschreiben der Direktion des Innern des *Kantons Zürich* (vom 25. Januar 1978) legt fest, dass bei der Bewertung von Liegenschaften auf den Ertragswert als Höchstwert abgestellt wird. So schreibt Ziff. 46 Abs. 7 vor: "Sind Liegenschaften über dem Ertragswert bilanziert, so muss dies angegeben werden." Diese Vorschrift ist sinnvoll.

Die Pensionskasse des *Kantons Fribourg* bilanziert beispielsweise die Liegenschaften zum Ertragswert, d.h. zur kapitalisierten Nettorendite, sofern der sich ergebende Wert unter dem Verkehrswert liegt. Kapitalisiert wird dabei mit dem versicherungstechnischen Zinssatz, was m.E. zu tief ist – eine marktgerechte Rendite wäre vorzuziehen. Dies führt bei Mieterhöhungen zu Aufwertungen (gemäss Art. 6 Abs. 3 des Reglements vom 8. März 1988).

Gemäss *Verordnung vom 18. Oktober 1989* (zum Bundesbeschluss über die Anlagevorschriften, der wieder ausser Kraft gesetzt wurde) waren Liegenschaften zu bewerten nach der Formel: *"90% von (2x Ertragswert + Realwert) : 3."*

Für *kotierte Aktien* gilt, dass diese *nicht über dem Börsenkurswert* am Bilanzstichtag bilanziert werden dürfen.

Aktien ohne Kurswert sollten *nicht über dem Steuerwert* bewertet werden. Der Steuerwert wird bei jedem schweizerischen Titel von der Kantonalen bzw. Eidg. Steuerverwaltung nach bestimmten einheitlichen Kriterien festgesetzt (vgl. Wegleitung für die Bewertung von Wertpapieren ohne Kurswert für die Vermögenssteuer, Fassung 1995).

Zur Bilanzierung von *Ansprüchen bei Anlagestiftungen* sei auf ein Merkblatt vom 1. Januar 1987, ausgearbeitet und herausgegeben von der Konferenz der Geschäftsführer von Anlagestiftungen, verwiesen.

Bei der Bewertung von Liegenschaften sind *Versicherungsgesellschaften* benachteiligt, da deren Bilanzierung nach dem *Aktienrecht* zu erfolgen hat. Danach sind Aufwertungen über den Anschaffungswert nur im Sanierungsfall zulässig (Art. 670 OR), vorher also gesetzwidrig. Die Versicherten kommen somit erst bei einer Veräusserung der Liegenschaft in den Genuss eines Mehrwertes.

Noch kurz eine Bemerkung zur Frage der *Abschreibungen auf Liegenschaften*. Sofern der Verkehrswert der Liegenschaften (evtl. ineinander gerechnet) stieg oder wenigstens erhalten blieb, haben die meisten Vorsorgeeinrichtungen zu Recht auf jährliche Abschreibungen verzichtet. Andernfalls würden zu Lasten der heutigen Versichertengeneration – im Gegensatz zur Idee der Kaufwerterhaltung mit Anlagen in Sachwerten – noch Reserven gebildet.

10.3 Bilanzierung der Aktiven

Zusammenfassend sei nochmals betont, dass aus den dargelegten Gründen bei Personalvorsorgestiftungen *der Bilanzwert von Sachanlagen sowohl den Ertragswert, berechnet durch Kapitalisierung eines mittleren Nettoertrages, als auch einen vorsichtigen Nettoveräusserungswert nicht übersteigen sollte.*

10.34 Bonität und Rechnungsabgrenzung

Bei der *Bewertung gefährdeter Aktiven* ist eine entsprechende Wertberichtigung vorzunehmen. Es empfiehlt sich im allgemeinen ein Abzug am Bilanzwert (direkte Methode) und nicht die Bildung eines Passivpostens (indirekte Methode), der bei Vorsorgeeinrichtungen zu Missverständnissen führen könnte.

Bei der Bilanzierung der Aktiven ist die *Rechnungsabgrenzung* wichtig, d.h. hier vor allem die genaue *Erfassung der Marchzinsen*. Oft werden diese nicht abgegrenzt. Im Interesse einer klaren Abrechnung, die vor allem für die Auswertungen notwendig ist – so z.B. für die *Berechnung der durchschnittlichen Rendite* auf den Aktiven –, sind alle Aktiven genau abzugrenzen. Steuerliche Überlegungen (z.B. für die Bildung von stillen Reserven) gelten bei Vorsorgeeinrichtungen im Gegensatz zu Unternehmen nicht.

10.35 Allgemeine Bewertungsvorschriften für Vorsorgeeinrichtungen

In den letzten Jahren wurden die Bewertungsvorschriften von Vorsorgeeinrichtungen immer wieder in Frage gestellt und strengere Regelungen gefordert.

– So verlangte die Verordnung vom 18. Oktober 1989 *über die Bewertung der Grundstücke* (mit der Wegleitung des BSV) zum Bundesbeschluss vom 6. Oktober 1989 über die Begrenzung des Erwerbs von Grundstücken eine Neubewertung der Liegenschaften. Dieser Beschluss und die Verordnung sind in der Zwischenzeit wieder aufgehoben worden.
– In Art. 23 Abs. 2 des *Freizügigkeitsgesetzes* wird die Bewertung des Vermögens einer Vorsorgeeinrichtung zu Veräusserungswerten bei der Teil- oder Gesamtliquidation verlangt.
– Als Folge der *Aktienrechtsrevision*, des *Börsengesetzes* und der *internationalen Entwicklung* liegt es im Zuge der Zeit, dass die Unternehmen für ihre jährliche Rechnungsablage eine grössere Transparenz ansteuern. In den letzten Jahren haben viele Unternehmen ihre Jahresrechnung neu gestaltet. Man-

che Gesellschaften werden es noch tun. Dies dürfte auch seinen Einfluss auf die Rechnungslegung von Personalvorsorgeeinrichtungen haben.
- Im Zusammenhang mit der sich in Vorbereitung befindlichen *1. Revision des BVG* wird eine generelle Neuordnung der Bilanzierungs- und Bewertungsvorschriften zur Diskussion gestellt.
- Der Vorentwurf zur *Revision des Rechnungslegungsrechts* vom 29. Juni 1998 sieht vor, dass alle Buchführungspflichtigen – also auch Vorsorgestiftungen – nach dem Grundsatz der *Fair Presentation* zu bilanzieren haben.

Eine Bewertung von *Sachanlagen* (Liegenschaften, Aktien) zu Marktwerten hat jährliche Wertanpassungen mit unter Umständen erheblichen Höher- und Tieferbewertungen zur Folge. Die Bewertungsvorschriften müssen auch im Zusammenhang mit den Berechnungsmethoden für das *Deckungskapital* gesehen werden.

Der Gesetzgeber möchte mit einer Revision der Bewertungsvorschriften verschiedene Ziele verfolgen:

- Durch den Ausschluss von stillen Reserven in den Aktiven und damit in der *Bilanzsumme* sollen die prozentualen *Anteile der einzelnen Anlagekategorien* eindeutig definiert werden können.
- Die Ermittlung des ungebundenen freien *Stiftungskapitals* unter Einschluss bisheriger stiller Reserven kann vor allem im Hinblick auf die *Freizügigkeitsregelung* notwendig sein (so bei Teilliquidationen).
- Sodann soll ganz *generell eine Erhöhung der Transparenz* der Rechnungslegung für die Versicherten, den Stiftungsrat und die Aufsichtsbehörde erreicht werden.

Diese drei Ziele sollen nachstehend näher erörtert werden, wobei auch gefragt wird, ob nicht andere, einfachere Massnahmen genügen würden.

a) Die Bilanzsumme als Massstab für die einzelnen Anlagekategorien

Art. 53 BVV 2 gibt eine abschliessende Aufzählung der zulässigen Vermögensanlagen, und *Art. 54 BVV 2* legt die Begrenzungen in Prozenten der Bilanzsumme für die einzelnen Anlagearten fest. Oft ist es für einen Stiftungsrat am einfachsten, sich darauf als Anlagerahmen abzustützen.

Es ist klar, dass es eine wesentliche Rolle spielt, ob diese Quoten stille Reserven einschliessen oder nicht. Es entspricht einer grösseren Genauigkeit, wenn auf tatsächliche Werte und nicht nur auf konventionelle Buchwerte abgestellt wird.

Doch hier stellt sich die Frage der Wesentlichkeit. Wird damit nicht eine falsche Genauigkeit vorgespiegelt? Sollten wir aber nicht eher umgekehrt fragen: Sind im Rahmen der Revision des BVG die Vorschriften zu den Anlagekategorien nicht stark zu vereinfachen? Würden nicht Grundsätze genügen?

Der Vorschlag für eine EU-Richtlinie (vom November 1991) "über die Freiheit der Vermögensverwaltung und Vermögensanlage für Einrichtungen zur Altersversorgung" sieht eine weitgehend freie Vermögensanlage, also eine Deregulierung vor. Dies wird auch seine Auswirkungen auf die Schweiz haben.

Ein Schritt in die richtige Richtung wäre die Reduktion der Anlagevorschriften im BVG bzw. in der BVV 2 auf einige *kurze Grundsätze*. Jedenfalls sollten nicht neue Bewertungsrichtlinien eingeführt werden nur mit dem Ziel, die Einhaltung der Anlagevorschriften besser überprüfen zu können.

b)   Das freie Stiftungskapital als Massstab für Teilliquidationen gemäss Freizügigkeitsgesetz

Art. 23 des *Bundesgesetzes über die Freizügigkeit* vom 17. Dezember 1993 legt fest, dass bei einer Teil- oder Gesamtliquidation einer Vorsorgeeinrichtung der Vorsorgenehmer zusätzlich einen Anspruch auf einen Teil der freien Mittel haben soll. Dabei sind die freien Mittel "aufgrund des Vermögens, das zu Veräusserungswerten einzusetzen ist, zu berechnen".

Die Probleme, wie freie Mittel zu verwenden sind und wann der Begriff einer Teilliquidation gegeben ist, sind hier nicht näher zu behandeln. Wenden wir uns der grundsätzlichen Frage zu, wie die freien Mittel zu berechnen sind.

Da ist einmal die *Aktivseite* der Bilanz. Stille Reserven in den einzelnen Bilanzpositionen sind aufzulösen. Grundsätzlich gilt für die Bewertung der Verkehrswert im Sinne eines Fortführungswertes. Bei Liegenschaften entspricht der Fortführungswert eher einem Ertragswert. Der Veräusserungswert oder Liquidationswert dagegen ist ein Marktwert. Zu berücksichtigen sind auch latente Verkaufskosten und latente Steuern. Zum Ausgleich für hohe Marktwerte werden aus Buchgewinnen *Schwankungsreserven* von 10–20% gebildet.

Eine ebenso wichtige Rolle spielt die Bewertung der *Passivseite,* also der versicherungstechnischen Rückstellungen, insbesondere der notwendigen Deckungskapitalien. Der Ermessensspielraum bei der Wertermittlung ist hier viel grösser als bei den Aktiven. Genannt sind nur einige der brisantesten Punkte:

– Mit welchem technischen Zinsfuss wurde gerechnet?
– Welches Finanzierungssystem und welcher Beitragssatz wurden bei kollektiv finanzierten Leistungsprimatkassen gewählt?
– Sind künftige, voraussichtlich zu gewährende Erhöhungen (d.h. Teuerungszulagen) auf den laufenden Renten im Deckungskapital berücksichtigt? Hier zählt nicht nur das juristisch Zugesagte, sondern das in der Vergangenheit praktisch laufend Durchgeführte (ähnlich dem Gewohnheitsrecht).

- Sind die Kosten für künftige Erhöhungen des versicherten Salärs, welche die dannzumaligen ausserordentlichen Beiträge von Arbeitnehmer und Arbeitgeber übersteigen, zurückgestellt?
- Ist die versicherungstechnische Bilanz, welche das Deckungskapital ergibt, zusätzlich nach dynamischen und nicht nur nach statischen Methoden berechnet? Die Zeiten sind vorbei, wo die Mutationsgewinne und die Zinsengewinne die Mittel brachten, welche nötig waren, die versicherten Leistungen der laufenden Entwicklung anzupassen.

Die Bestimmung der freien Mittel einer Pensionskasse mit Leistungsprimat ist somit schwierig – sie kann schwieriger als die Bewertung eines Unternehmens als Ganzes sein. Jedenfalls genügt es nicht, nur Bestimmungen zur Bewertung der Aktiven aufzustellen, um die Höhe der freien Mittel definieren zu können.

c) Wünschbarkeit einer hohen Transparenz der Rechnungslegung

Wenn auch ins Detail gehende Bewertungsvorschriften nicht wünschbar und nicht nötig sind, so ist doch *wünschbar, die Rechnungslegung vieler Pensionskassen zu verbessern*. Die Orientierungspflichten gegenüber den Arbeitnehmern (Art. 331 Abs. 4 OR) und Begünstigten (Art. 89bis Abs. 2 ZGB), aber auch gegenüber den Organen des Arbeitgebers sowie den Aufsichtsbehörden rechtfertigen eine hohe Transparenz in der Rechnungslegung von Personalvorsorgeeinrichtungen. Eine solche wäre zu begrüssen.

Die Transparenz sollte mindestens etwa *jener des revidierten Aktienrechtes entsprechen*, und zwar hinsichtlich

- der Ordnungsmässigkeit der Rechnungslegung (Art. 662a OR),
- der Gliederung (Art. 663, 663a OR) und
- der Erstellung eines Anhangs (Art. 663b OR).

Wünschbar ist, dass im Anhang die Bewertungsgrundsätze für die Hauptpositionen der Bilanz genannt werden. Gedacht ist hier nicht nur an die Bewertung der wichtigsten Aktiven, sondern auch an die Deckungskapitalien, deren Berechnung für die meisten Versicherten noch viel schwieriger zu verstehen ist.

Wir stellen heute eine erfreulich *erhöhte Transparenz in der Rechnungslegung von Aktiengesellschaften* fest. Die 4. EU-Richtlinie, welche sich mit der Rechnungslegung von Kapitalgesellschaften befasst, sieht das True and fair view-Prinzip vor, das in der angloamerikanischen Rechnungslegung seit Jahrzehnten gilt. Auch in der Schweiz müssen seit 1997 die dem Börsenrecht unterstellten Publikumsgesellschaften ihre konsolidierte Jahresrechnung nach dem True and fair view-Prinzip erstellen (Anwendung der FER-Rechnungslegungsgrundsätze bzw. von IAS oder US-GAAP).

10.3 Bilanzierung der Aktiven

So gesehen sollten *auch die Pensionskassen verständlichere und transparentere Abschlüsse* präsentieren, ohne dass dies vom Gesetzgeber in allen Einzelheiten geregelt werden muss. *Einige wesentliche Grundsätze als gesetzliche Grundlage genügen.* Grundsätzlich ist eine Bewertung zu Marktwerten zu begrüssen. Nur eine Bewertung zu Marktpreisen und eine vollständige Rechnungsabgrenzung lassen eine klare *Performance* der einzelnen Anlagen feststellen. Nur dann sind Vergleiche sachgemäss.

Eine Umfrage unter rund 220 Vorsorgeeinrichtungen hat 1997 ergeben, dass rund 70% die Aktien zum Kurswert, 15% zum Anschaffungswert und 13% zum Niedrigstwert bewerteten. Obligationen haben 46% zum Nennwert und 33% zum Kurswert bewertet (aus: Pensionskassenanlagen 1997, Genf 1998). Dieselbe Umfrage ergab, dass die Schwankungsreserven für Wertschriften im Mittel 10% und die ungebundenen freien Reserven 7,5% des Gesamtvermögens betrugen.

Eine erhöhte Transparenz der Jahresrechnung von Vorsorgeeinrichtungen ist sehr wünschbar. Dazu gehört auch die Angabe der angewandten Bewertungsgrundsätze für die Aktiven und Passiven im Anhang.

10.4 Bilanzierung des Vorsorgekapitals (technischen Rückstellungen)

10.41 Kaufmännische Bilanz, technische Bilanz und Begriff der technischen Rückstellung

In der *kaufmännischen Bilanz* werden entsprechend den gesetzlichen Bestimmungen von Art. 958 ff. OR die Aktiven den Passiven gegenübergestellt.

Die *technische Bilanz* hat zum Ziel, das versicherungstechnische Gleichgewicht einer Vorsorgeeinrichtung, die ihr Risiko selbst trägt – also nicht einer Sammelstiftung angeschlossen und bei einer Versicherungsgesellschaft durch eine Kollektivversicherung rückgedeckt ist –, zu überprüfen. Aus der technischen Bilanz ist das *notwendige* Deckungskapital ersichtlich (siehe Abschnitt 9.1).

Unter versicherungstechnisch notwendigem *Deckungskapital,* den notwendigen *technischen* Rückstellungen, wird derjenige Betrag verstanden, der – neben den fest zu erwartenden Einnahmen an laufenden Beiträgen und Zinsen – am Bilanzstichtag erforderlich ist, um alle eingegangenen Verpflichtungen auf Versicherungsleistungen zu decken. Ein Mehrwert der buchmässig ausgewiesenen Rückstellungen gegenüber den technisch notwendigen Rückstellungen entspricht dem technischen Überschuss, ein Minderbetrag dem technischen Fehlbetrag. Solche Rückstellungen stellen für die Vorsorgeeinrichtung oder die Lebensversicherungsgesellschaft – oder auch für jedes Unternehmen, falls dieses selbst Leistungen zugesprochen hat – *Fremdkapital* dar. Ebenso sind bei reinen Spareinrichtungen die Verbindlichkeiten an die Begünstigten Fremdkapital. Die technischen Rückstellungen bzw. Deckungskapitalien bilden somit begrifflich keine "Reserven" – also kein Eigenkapital. Der gelegentlich immer noch anzutreffende Begriff "technische Reserven" – gerne von Mathematikern verwendet (auch Prämienreserve) – ist daher nicht sachgemäss. (Auch die in der eidg. Pensionskassenstatistik bis vor kurzem verwendete Bezeichnung "Reinvermögen" ist abzulehnen, da der weitaus grösste Teil dieses Betrages beansprucht ist und aus der Sicht der Vorsorgeeinrichtung Fremdkapital darstellt.) Es gilt hier die Begriffe *Rückstellungen* (Teil des Fremdkapitals) und *Reserven* (Teil des Eigenkapitals) klar auseinanderzuhalten. Erfreulicherweise werden heute in den veröffentlichten Bilanzen aller Versicherungsgesellschaften diese Unterscheidungen vorgenommen.

Vorsorgeeinrichtungen, die ihre Leistungen durch eine *Kollektivversicherung* voll abgedeckt haben, brauchen sich um die Bestellung des Deckungskapitals nicht selbst zu kümmern, da dafür die Lebensversicherungsgesellschaft besorgt sein muss und diese die technische Rückstellung in ihrer Bilanz als Passivum auszuweisen hat.

Nach Berechnung der technisch notwendigen Rückstellung gilt es diese *mit der buchmässig ausgewiesenen Rückstellung zu vergleichen* und evtl. die Veränderung zu buchen. Gegebenenfalls können auch in den Buchwerten der Aktiven enthaltene *stille Reserven* berücksichtigt werden. Als stille Reserve gilt dabei die Differenz zwischen Buchwert und höchstzulässigem Bilanzwert gemäss Art. 960 OR. Für Liegenschaften ist der Ertragswert und nicht ein theoretischer Veräusserungswert (der nicht gilt, solange das Anlageobjekt nicht verkauft wird) zu beachten (siehe Abschnitt 10.33).

10.42 Ausweis der technischen Rückstellungen in der kaufmännischen Bilanz

Für den Ausweis der technischen Rückstellungen in der kaufmännischen Bilanz der Vorsorgeeinrichtungen gibt es verschiedene Möglichkeiten (siehe *Helbling C.*, in: Festschrift Steinlin bzw. Schweizer Treuhänder 10/1981).

Werden die Rückstellungen – wie bei einer Versicherungsgesellschaft – *jährlich neu berechnet,* so kann dieser Betrag in der Bilanz der Vorsorgeeinrichtung ausgewiesen werden. Dies ist z.B. bei reinen Spareinrichtungen, bei denen nur Sparkonten geführt werden, der Fall. Falls die technische Bilanz EDV-mässig ermittelt wird, sollte eine jährliche Berechnung ebenfalls möglich sein. Dann ist auch ein jährlicher Bilanzausweis zu empfehlen. In diesem Falle kann jährlich das bilanzierte Deckungskapital der versicherungstechnisch notwendigen Höhe angepasst werden, wie dies in der kaufmännischen Bilanz auch bei anderen Rückstellungen der Fall ist. Die Zunahme der technischen Rückstellung dürfte weitgehend dem Einnahmenüberschuss des Rechnungsjahres entsprechen. Ein verbleibender allfälliger Überschuss der Einnahmen – nach Zuweisung an die technischen Rückstellungen – kann dem ungebundenen freien Stiftungskapital zugewiesen werden. Ein Mehrbetrag der Ausgaben führt zu einem Defizit, das in der Regel dem freien Stiftungskapital belastet wird.

Werden die technisch erforderlichen Rückstellungen nur *alle paar Jahre* berechnet – so in der Regel alle drei Jahre, höchstens alle fünf Jahre –, so unterbleibt dagegen besser eine buchmässige Anpassung der auf einen bestimmten Bewertungsstichtag errechneten, technisch notwendigen Rückstellung.

Diese Berechnung erfolgt dann ausserhalb der Buchhaltung rein als Gutachten. Es wäre dann ähnlich, wie wenn zum Buchwert der Liegenschaften periodisch von einem Fachexperten ein Schatzungsgutachten erstellt würde. Auch hier würde der Schatzungswert nicht gebucht (d.h. der Bilanzwert der Liegenschaft müsste nicht an den Schatzungswert angepasst werden).

In der Bilanz der Vorsorgeeinrichtung kann im Falle der nur alle paar Jahre stattfindenden technischen Überprüfung der sich per Bilanzstichtag ergebende

Passivsaldo "technische Rückstellung", "Deckungskapital" oder "Vorsorgekapital" genannt werden. Nicht zulässig wäre es, diesen Betrag in der Bilanz als "Stiftungskapital" oder gar als "Eigenkapital" zu bezeichnen, da damit der Anschein erweckt würde, es betreffe reglementarisch nicht gebundenes Kapital. Es handelt sich nicht um Eigenkapital, sondern um Fremdkapital. Diese Darstellungsweise zeigt übrigens sehr anschaulich die Aufgabe des Versicherungsexperten, die darin besteht, anhand der technischen Bilanz zu prüfen, ob die *buchmässige* Rückstellung ausreicht, alle Verpflichtungen unter Berücksichtigung der künftigen sicheren Einnahmen zu decken – also ob sich eine Versicherungseinrichtung im finanziellen Gleichgewicht befindet.

In der Bilanz kann bei dieser Methode das *Ergebnis der technischen Überprüfung,* auch wenn sich dieses auf einen früheren Stichtag bezieht, im Anhang zur Jahresrechnung angemerkt werden. Bei einer Bilanzdarstellung nach dieser Methode sind Bilanzwerte der kaufmännischen Bilanz weniger wichtig, da diese für die Beurteilung der Lage der Vorsorgeeinrichtung nicht direkt massgebend sind. Die Bilanz ist auch nicht etwa wie bei einem Unternehmen Grundlage für die Besteuerung und die Gewinnausschüttung. Die kaufmännische Bilanz einer Vorsorgeeinrichtung stellt lediglich buchhalterische Abschlusszahlen dar.

In der Praxis ist gelegentlich auch die in *Darstellung 10F* als Variante aufgeführte Methode anzutreffen, die indessen eher zu Missverständnissen führt und nicht verwendet werden sollte.

Der Ausweis kann etwas schwierig sein, wenn beispielsweise der Vergleich durch *Reglementsänderungen oder grössere Mutationen,* die seit dem Stichtag der technischen Bilanz vorgenommen wurden, gestört ist. Es gilt in diesem Falle eine angemessene Lösung zu finden, so dass Missverständnisse ausgeschlossen sind.

Ein Sonderproblem ergibt sich bei der *Umstellung* der für die Berechnung der technischen Rückstellungen verwendeten *Rechnungsgrundlagen.* Solche "neue Tarife" – z.B. beim Übergang auf EVK 1990, VZ 1990, GRM 1995 – erfordern häufig eine Verstärkung der technischen Rückstellungen von unter Umständen, je nach Versicherungskombination, 5–10%. Solche Erhöhungen können bei Pensionskassen und bei Lebensversicherungsgesellschaften nicht von einem Jahr zum andern gebildet werden, sondern sind sukzessive aufzubauen, teilweise schon zum voraus.

Auch aus diesem Grunde ist aber zu empfehlen, das Ergebnis der alle paar Jahre durchgeführten technischen Bilanz einer autonomen Pensionskasse gemäss vorstehenden Ausführungen darzustellen.

10.4 Bilanzierung des Vorsorgekapitals

Darstellung 10F

Ausweis der technischen Rückstellungen in der kaufmännischen Bilanz
(falls keine jährliche Neuberechnung erfolgt)

Beispiel: Anmerkung der technisch notwendigen Rückstellung im Anhang

Bilanz 31. Dezember 19x4		Passiven CHF
Technische Rückstellung (Deckungskapital, Vorsorgekapital u.a.)*		24'540'000
Erläuterung im Anhang	CHF	
Technische Rückstellungen per 31. Dezember 19x2 laut kaufmännischer Bilanz	23'500'000	
Versicherungstechnisches Deckungskapital per 31. Dezember 19x2 (laut Berechnungen des Pensionsversicherungsexperten)	22'840'000	
Technischer Überschuss per 31. Dezember 19x2	660'000	

Variante: Buchung und Ausweis der technisch notwendigen Rückstellung in der Bilanz (nicht zu empfehlen)

Bilanz 31. Dezember 19x4		Passiven CHF
Technische Rückstellung per 31. Dezember 19x2		22'840'000
Technischer Überschuss per 31. Dezember 19x2		660'000
	CHF	
Einnahmenüberschuss 19x3	482'000	
Einnahmenüberschuss 19x4	558'000	1'040'000
		24'540'000

10. Buchführung, Alterskonten und Bilanzierung

Es empfiehlt sich, die Gesamtheit der technischen Rückstellungen für die berufliche Vorsorge in der Stiftungsbilanz als *Vorsorgekapital* zu bezeichnen. Dazu gehören

– *Altersguthaben* nach Art. 15 BVG,
– *Deckungskapital* oder Sparkapital der *aktiven Versicherten*,
– *Deckungskapital* für *laufende Renten*, für Sondermassnahmen nach Art. 70 BVG und für voraussichtliche Teuerungszulagen,
– *Rückkaufswerte von Kollektivversicherungen*, sofern diese auch aktiviert sind.

Siehe dazu das Schweizer Handbuch der Wirtschaftsprüfung 1998, Teil 8.13, S. 166 ff.

10.43 Ausweis der BVG-Alterskonten

Bei sich auf das reine BVG-Obligatorium beschränkenden Vorsorgeeinrichtungen ist das Total der Salden der Alterskonten (Altersguthaben) in der Bilanz auszuweisen. Bei umhüllenden Einrichtungen ist dagegen die Bilanzierung der BVG-Alterskonten, die als Schattenrechnung ausserhalb der Buchhaltung geführt werden, nicht verlangt. Manche Vorsorgeeinrichtungen werden indessen gleichwohl auch bei umhüllenden Kassen das Gesamttotal der BVG-Alterskonten als Altersguthaben buchen und den weitergehenden (umhüllenden) Teil des Deckungskapitals separat ausweisen. Damit können die Verpflichtungen aus obligatorischer Freizügigkeit und das Ausmass des überobligatorischen Teils (der Umhüllung) offengelegt werden.

10.44 Behandlung der Kollektivversicherung

Bei Bestehen einer Kollektivversicherung stellt sich die Frage, ob in der kaufmännischen Bilanz der Vorsorgeeinrichtung einerseits das Deckungskapital – bzw. der diesem weitgehend entsprechende Rückkaufswert – als Aktivum und andererseits die Verpflichtungen an die Versicherten als Passivum auszuweisen sind.

Nach allgemeiner Praxis ist es üblich, diesen Rückkaufswert als Aktivum in der Bilanz wegzulassen und auch die in gleicher Höhe bestehenden Verbindlichkeiten gemäss Reglement – deren Barwert dem Deckungskapital bei der Versicherungsgesellschaft entspricht – nicht zu passivieren. Auf das Bestehen des Kollektivversicherungsvertrages ist aber durch Hinweis im Anhang aufmerksam zu machen. Das Weglassen dieses Aktivums und des dazugehörenden Passivums in gleicher Höhe entspricht auch der Definition der Bilanz als eine Rechnung "über den in einem bestimmten Zeitpunkt zu erwartenden zukünftigen Zufluss und Abfluss von Gütern und Leistungen, ... soweit diese Bewegungen ohne Gegenleistungen vor sich gehen" (*Käfer K.*, Die Bilanz als Zukunftsrechnung, 3. Aufl., Zürich 1976, S. 26). Bei der kaufmännischen Buchführung sind nicht alle Verträge sofort buchungspflichtig, obwohl sie die Gesellschaft verpflichten (z.b. Auftragsvergebungen, langfristige Mietverträge, Lieferverpflichtungen). Trotzdem besteht für die Buchführenden und Bilanzierenden das betreffende Recht bzw. die entsprechende Pflicht auf Leistung. In besonderen Fällen (z.b. bei Vergleich einer Vorsorgeeinrichtung mit einer anderen, bei Analysen von Vorsorgeeinrichtungen im Zusammenhang mit Unternehmensbewertungen) muss daher auch das Deckungskapital der Kollektivversicherung (bzw. der Rückkaufswert) in die Beurteilung der Vorsorgeeinrichtung einbezogen werden.

Auch in öffentlichen Statistiken über die Vermögenswerte der Zweiten Säule sollte das Deckungskapital der Kollektivversicherung mitgezählt werden (was meistens nicht der Fall ist).

Das Weglassen dieses Aktivums aus der Kollektivversicherung mit dem dazugehörenden Passivum in der Bilanz der Vorsorgeeinrichtung hat keinen Einfluss auf die Ausweispflicht allfälliger anderer, von der Vorsorgeeinrichtung selbst verwalteter Teile des Vorsorgeplans (z.b. Sparkapitalien, Rückstellungen für Sonderfälle).

Bei der *Berechnung der 20%-Quote des Guthabens beim Arbeitgeber* ist zu beachten, dass der Rückkaufswert gemäss Art. 57 Abs. 2 BVV 2 immer schon hinzugerechnet werden durfte – dies gilt gemäss revidiertem Art. 49 BVG (Änderung vom 28. Oktober 1992) auch für die Berechnung der Quoten für die übrigen Anlagen.

Eine globale *Belehnung des Deckungskapitals der Kollektivversicherung* ist von der Aufsichtsbehörde zu genehmigen, jedoch auch ohne deren Zustimmung gültig (RRB ZH Nr. 2553 vom 8. Juli 1981, in: SZS 1983, S. 46). Für Einzelbelehnungen siehe Art. 40 und 71 Abs. 2 BVG sowie Verordnung vom 17. Februar 1988 (siehe gelbe Seiten).

In den letzten Jahren sind in vier Fällen Sammelstiftungen bekannt geworden, die Policendarlehen aufnahmen und dieses Geld spekulativ in Bauobjekte investierten, worauf grosse Verluste entstanden, die teilweise der Sicherheitsfonds übernehmen musste (siehe Abschnitt 12.38).

10.45 Bilanzierung unter Berücksichtigung künftiger sicherer Einnahmen

Die Rückstellungen für aufgeschobene Verpflichtungen müssen *nicht auf einmal,* d.h. zu Lasten einer einzigen Rechnungsperiode, gebildet werden, sondern können *systematisch* bis zum erwarteten Eintritt des Versicherungsfalles *Jahr für Jahr geäufnet* werden. Die Äufnung sollten planmässig erfolgen während der Zeit, während der der Versicherte seine Arbeitsleistung erbringt, also gewissermassen parallel zu seinen Salärbezügen. Spätestens im Moment des Rentenbeginns sollte die Rückstellung voll vorhanden sein.

Beispiele:

– An eine ausgewählte Gruppe Kaderleute werden Rentenzusagen abgegeben.
– Rentnern werden der Teuerung entsprechende Rentenzulagen versprochen.
– Bei einem Kauf eines Unternehmens wird dem bisherigen Eigentümer eine Leibrente zugesichert – als Teil des Kaufpreises.
– Mit einem Ehevertrag ist der Ehefrau aus zweiter Ehe eine lebenslängliche Witwenrente zu Lasten des Unternehmens versprochen worden – um andere Erben zu entlasten und steuerliche Möglichkeiten zu nutzen.

Es liegt auf der Hand, dass *unüberlegte Verträge* und *Rentenzusagen* die Bilanzierung in arge Schwierigkeiten bringen können. Es könnte dann notwendig werden, von einem Jahr zum andern eine Rückstellung zu bilden, welche den Jahresgewinn der Arbeitgeberfirma wesentlich übersteigt. Es könnte dadurch, falls das Unternehmen den Fehlbetrag abdecken muss (z.B. gemäss Reglement), sogar ein so hoher Verlust entstehen, dass er nur noch schwerlich mit Gewinnen der folgenden Jahre steuerlich verrechnet werden kann. (Die steuerliche Verrechnung von Verlusten mit Gewinnen der folgenden Perioden ist auf 3–5 Jahre begrenzt.) Es sind auch Fälle vorstellbar, bei denen als Folge der Buchung einer entsprechenden Rückstellung sich gar in der Bilanz eine Überschuldung der Gesellschaft ergibt.

Soweit es sich um *rechtlich klare Verpflichtungen* – ohne besondere Bedingungen – handelt, die im Konkursfalle des Unternehmens auch als Forderungen geltend gemacht werden könnten, ist eine Erfassung und Passivierung des Barwertes der Ansprüche als Rückstellung bzw. als *Fremdkapital* notwendig. Sofern der Versicherungsfall noch nicht eingetreten ist bzw. die Rente noch nicht läuft, kann die Rückstellung auch noch *planmässig in Bildung begriffen sein,* am Bilanzstichtag also erst teilweise bestehen.

Es drängt sich hier ein Vergleich auf zu anderen langfristigen Verträgen (Miete, Leasing usw.), die im Liquidationsfalle ebenfalls eine erhebliche Verpflichtung auslösen können. Der Unterschied besteht allerdings darin, dass z.B. bei einer langfristigen Miete in der gleichen Periode den Aufwendungen entsprechende Nutzen und Rechte gegenüberstehen. In diesen Fällen ist im Sinne der Bilanz als Zukunftsrechnung eine Rückstellung (für den Barwert des Überhanges der Kosten über den Nutzen) in der Regel nicht notwendig, stellt eine ordentliche Jahresbilanz doch grundsätzlich die Aktiven und Passiven zu Fortführungs- und nicht zu Liquidationswerten dar. Anders ist dies bei den vorgenannten *Verpflichtungen* auf *Rentenzahlungen*. Die Gegenleistung ist mindestens teilweise bereits in der Vergangenheit erbracht worden, sie fällt somit nicht voll in dieselbe Periode wie die Rentenbelastung. Es ist sogar denkbar – so bei Rentenzahlungen als Teil des vereinbarten Kaufpreises beim Erwerb des Unternehmens –, dass dem Unternehmen selbst überhaupt keine Gegenleistung zugekommen ist oder zukommt. Dies kann dann ein steuerliches Problem werden.

Es sei wiederholt, dass in den vorgenannten Fällen eine entsprechende Rückstellung in der Bilanz der Stiftung oder des Unternehmens unerlässlich ist. Diese Rückstellung kann im Verlaufe der Dienstjahre sukzessive aufgebaut werden, sollte aber am Bilanzstichtag im Verhältnis der erbrachten zu den bis zum Pensionierungsalter noch zu erbringenden Dienstjahren unter Berücksichtigung der Salärentwicklung gebildet sein.

Aus den USA sind durch Änderungen in den Rechnungslegungsrichtlinien SFAS Unternehmen anfangs der neunziger Jahre gezwungen worden, Riesenbeträge plötzlich für Healthcare-Kosten Pensionierter zurückzustellen.

10.46 Wie kann die Bilanzierungspflicht vermieden werden?

Es gibt Fälle, bei denen es wünschbar ist, eine Rente zu gewähren, *ohne die dafür notwendige Rückstellung sofort buchen zu müssen,* da sich sonst ein grosser Verlust oder gar eine Überschuldung ergäbe. Dies ist z.B. der Fall bei Vereinbarung einer Rente (als Teil des zu erbringenden Kaufpreises) an den bisherigen Eigentümer einer Gesellschaft im Zusammenhang mit einer Handänderung.

Zur Vermeidung der Bilanzierungspflicht gibt es die Möglichkeit, dass vertraglich genau festgelegt wird, die *Rentenleistung erfolge aus dem Gewinn* bzw. nur dann, wenn im Umlageverfahren aus dem Unternehmensgewinn der Stiftung eine entsprechende Zuweisung gemacht werden kann. Die Leistung ist somit gewinnabhängig und im Konkursfall auch nicht klagbar (auch nicht als nachrangige Forderung im Sinne einer Rangrücktrittserklärung). Bei einer vollen Gewinnabhängigkeit stellt der Barwert solcher Leistungen beim Unternehmen und bei der Stiftung kein Fremdkapital dar. Die Renten werden jedes Jahr wie Dividenden – sofern ein verfügbarer Gewinnsaldo vorhanden ist – neu beschlossen und sind erst nach dem Beschluss als Fremdkapital auszuweisen. Um den Begünstigten jedoch keine Unsicherheit über ihre Rente aufzuerlegen, könnte eine Drittperson oder -gesellschaft eine Garantieverpflichtung (evtl. Bürgschaft) für diese Leistungen übernehmen. Eine solche Garantieleistung wäre bei der Drittgesellschaft allerdings im Sinne von Art. 663b Ziff. 1 OR zu behandeln und im Anhang anzumerken. Der Betrag müsste also nicht als Rückstellung ausgewiesen werden (es sei denn, die Garantiebeanspruchung zeichne sich ab). Eine Abhängigkeit von einem Bruttogewinn dürfte wohl nicht genügen, da ein solcher immer entsteht, um der Bilanzierungspflicht zu entgehen.

10.47 Rückstellungen für "moralische" (nicht nur für rechtliche) Verpflichtungen des Arbeitgebers

Dem Arbeitgeber bzw. dem Unternehmen können direkt aus der beruflichen Vorsorge verschiedene Verpflichtungen erwachsen. Zu unterscheiden sind *rechtliche* und *moralische* Verpflichtungen.

Rechtliche Verpflichtungen entstehen durch Gesetz, Stiftungsurkunde, Vorsorgereglement oder Vertrag (insbesondere Gesamtarbeitsvertrag). Das Unternehmen wird daraus in juristischer Form verpflichtet.

Rückstellungen können auch bestehen für *lediglich "moralische" Verpflichtungen der Unternehmer* gegenüber ihrer Vorsorgeeinrichtung oder gegenüber einzelnen Begünstigten ohne gesetzliche oder vertragliche Pflicht (siehe dazu auch Schweizer Handbuch der Wirtschaftsprüfung 1998, Teil 8.1). Verschiedentlich schützen auch noch so ausgeklügelte Verträge das Unternehmen nicht davor, in gewissen Fällen (z.B. bei Sanierungen, bei offensichtlichem Nachholbedarf im Ausbau der Vorsorgeeinrichtung) Leistungen ohne rechtliche Pflicht erbringen zu müssen. Bei Vorliegen solcher Fälle ist es notwendig, dafür Rückstellungen zu bilden und solche Verpflichtungen als Aufwand zu erfassen. Dies ist der Fall, wenn das Unternehmen willens ist, die lediglich moralische Verpflichtung (aus sozialpolitischen Überlegungen) zu erfüllen. Ob allerdings die Steuerbehörden solche Aufwendungen und Rückstellungen anerkennen, ist ungewiss. Rückstellungen für Zwecke der Personalvorsorge werden in der Bilanz des Unternehmens in der Regel nur kurzfristig zugelassen. Angestrebt wird eine möglichst rasche Überführung der Rückstellung auf eine Stiftung.

Moralische Verpflichtungen sind somit geschäftspolitisch im Hinblick auf die Sozialpartner, die Konkurrenzunternehmen und den Ruf des Unternehmens begründet. Das Unternehmen kann sich solchen Verpflichtungen nur schwer – vielleicht nur unter anderweitigen, noch ungünstiger wirkenden, negativen Folgen (z.B. auf dem Arbeitsmarkt) – entziehen.

10.4 Bilanzierung des Vorsorgekapitals

Wenn z.b. aus dem Vorsorgereglement, was die Regel ist, für den über dem BVG-Obligatorium liegenden Teil nicht die Firma, sondern die Stiftung juristisch verpflichtet wird (z.b. auf Leistung der Kollektivversicherungsprämie oder auf Erbringung von Vorsorgeleistungen), so besteht für die Arbeitgeberfirma eine gewisse zusätzliche "moralische" Verpflichtung für das richtige Funktionieren der Vorsorgeeinrichtung; deren Schicksal kann ihr nicht gleichgültig sein.

Solche moralische Verpflichtungen können auch entstehen bei ungenügendem technischem Aufbau einer autonomen Pensionskasse, bei der eine Sanierung erforderlich wird. Weitere Beispiele für eine mögliche moralische Haftung sind: grössere Verluste auf Vermögensanlagen, Veruntreuungen in der Stiftung usw.

Die Bilanzierungspflicht für solche "moralische" Verpflichtungen ergibt sich auch aus dem True and fair view-Konzept und der damit verbundenen wirtschaftlichen (nicht nur formaljuristischen) Betrachtungsweise bei der Rechnungslegung, wie dies insbesondere FER, IAS und US-GAAP vorschreiben.

11. Behandlung der Personalvorsorge in der Jahresrechnung des Unternehmens

Für den Bilanzierenden und den Abschlussprüfer stellt sich die Frage, wie Personalvorsorgeverpflichtungen in der Jahresrechnung des Unternehmens – nicht der Vorsorgeeinrichtung – zu behandeln sind. Besondere Probleme ergeben sich dabei in der Schweiz, wo es aus gesetzlichen und steuerlichen Gründen notwendig ist, die Vermögensbildung der beruflichen Vorsorge aus dem Unternehmen auszugliedern und über eine paritätisch geführte, unabhängige Stiftung (oder Genossenschaft bzw. öffentlich-rechtliche Einrichtung) abzuwickeln.

Das Thema ist besonders aktuell, da seit 1998 alle in der Schweiz börsenkotierten Gesellschaften die *Rechnungslegungsnormen FER oder die ebenfalls zugelassenen IAS bzw. US-GAAP* (FASB-Standards) anwenden müssen. Seit dem 1. Januar 2000 müssen die börsenkotierten Gesellschaften ausdrücklich die auf diesen Zeitpunkt in Kraft getretene FER 16 (oder gleichwertige Normen wie IAS 19 oder US-GAAP/FASB 87) anwenden, die sich mit dem Ausweis der betrieblichen Vorsorge in der Rechnungslegung befassen. Alle diese Normen enthalten Bestimmungen, die sich bei der Darstellung der Jahresrechnung eingehend auf den Stand der Personalvorsorgeeinrichtungen (Pension Plans, Pension Funds) beziehen. Bestehende Unterdeckungen haben Mehrbelastungen oder Rückstellungen in der Jahresrechnung des Unternehmens zur Folge.

Alle diese Rechnungslegungsnormen führen dazu, dass die vom BVG aufgestellte "Fiktion" der vollständigen Trennung der beruflichen Vorsorge vom Unternehmen und von der paritätischen Eigenverwaltung durch Arbeitgeber und Arbeitnehmer teilweise durchbrochen wird. Nicht nur die Arbeitgeberbeitragsreserven (in der Bilanz der Stiftung), sondern die ganze Lage der Vorsorgeeinrichtung – Beiträge, freies Vermögen, Über- oder Unterdeckung – spielen eine Rolle bei der Erstellung der Konzernrechnung. Es gilt auch hier eine *wirtschaftliche Betrachtungsweise,* welche der rechtlichen vorgeht.

11.1 Grundsatz der Fair presentation der Vermögens-, Finanz- und Ertragslage in der Jahresrechnung des Unternehmens

Die Rechnungslegungsnormen FER, IAS und US-GAAP verlangen eine *True and fair view* – in den USA als *Fair presentation* bezeichnet – der Vermögens-, Finanz- und Ertragslage in der Jahresrechnung des Unternehmens. Dieser Grundsatz wird auf deutsch in der Regel (so z.b. in der 4. EU-Richtlinie, FER und Bankengesetzgebung) mit "ein den tatsächlichen Verhältnissen entsprechendes Bild" übersetzt. Der Vorentwurf 1998 für ein Rechnungslegungs- und Revisionsgesetz weicht davon ab und spricht von "getreuer Darstellung" der wirtschaftlichen Lage. Diesen Grundsatz kennt das 1991 revidierte Aktienrecht noch nicht. Dieses lässt noch stille Willkürreserven zu, und es besteht noch keine Pflicht zur detaillierten Gliederung oder zur umfassenden Offenlegung im Anhang.

Darstellung 11A

Regelwerke zur Rechnungslegung: FER, IAS, US-GAAP

FER: Die Fachempfehlungen zur Rechnungslegung FER werden von der schweizerischen *Fachkommission für Empfehlungen zur Rechnungslegung,* die sich aus rund 20 Fachleuten verschiedenster interessierter Kreise zusammensetzt, seit 1984 herausgegeben. Die bisher erschienenen 16 FER befassen sich mit Darstellung, Gliederung, Bewertung usw. der Jahresrechnung und füllen zusammen eine Publikation von rund 100 Seiten. Weitere FER sind in Vorbereitung. Alle börsenkotierten Gesellschaften müssen in der Schweiz seit Oktober 1996 ihre Rechnungslegung nach FER (oder IAS oder US-GAAP) abschliessen. Die Ausrichtung ist stark international, um auch ausländischen Ansprüchen zu genügen. In einzelnen Bereichen gehen die FER weiter als die EU-Richtlinien. So wird beispielsweise eine Mittelflussrechnung verlangt.

IAS: Die IAS werden vom *"International Accounting Standard Committee" (IASC)* seit 1973 herausgegeben. Ziel des IASC ist es, ein internationales Regelwerk für die Rechnungslegung zu schaffen, das von möglichst allen Kapitalmärkten anerkannt wird. Bestrebungen dazu sind bei der internationalen Börsenaufsichtsbehörde IOSCO im Gange. Zurzeit bestehen 34 IAS, die einen Band von über 800 Seiten füllen, also wesentlich mehr ins Detail gehen als die FER. Zu den IAS gibt es neuerdings eine CD-ROM, die dreimal jährlich nachgeführt werden soll. Die IAS sind in den letzten Jahren auch auf deutsch und französisch übersetzt worden.

US-GAAP: Bisher hat es die amerikanische Börsenaufsicht *"Securities and Exchange Commission" (SEC)* abgelehnt, die IAS anzuerkennen. Der amerikanische Kapitalmarkt verlangt ausschliesslich eine Rechnungslegung nach US-GAAP ("US Generally Accepted Accounting Principles"). Dies ist ein umfassendes Regelwerk von über 130 *"Statements of Financial Accounting Standards" (SFAS),* die rund 8'000 Seiten umfassen, also nochmals um einiges detaillierter als die IAS sind. Bestrebungen für eine Anerkennung der IAS durch die SEC für die Zulassung an der Börse von New York sind weiterhin im Gange.

11.1 Grundsatz der Fair presentation ...

Dieser weltweite Grundsatz der *True and fair view,* der – ausgehend von den USA – in der Praxis immer mehr als *Fair presentation* bezeichnet wird, gilt heute für alle bekannten Regelwerke, wie FER, IAS, US-GAAP, und in allen Staaten der EU. Der Begriff umfasst insbesondere

– Willkürfreiheit bei der Bewertung, also keine willkürlichen stillen Reserven,
– genügende Transparenz in Bewertung, Gliederung und Offenlegung,
– klare, richtige und vollständige Informationen, besonders im Anhang,
– Behandlung der Geschäftsvorfälle, bevorzugt nach wirtschaftlichen Gegebenheiten,
– einen möglichst genauen Erfolgsausweis durch klare Periodenabgrenzung,
– die Ermöglichung eines zuverlässigen Urteils über die Vermögens-, Finanz- und Ertragslage für Dritte, die Einblick in die Jahresrechnung nehmen.

Eine der wesentlichsten Änderungen gegenüber dem geltenden Aktienrecht von 1991 betrifft einzelne Bewertungsregeln, so (aus der Sicht der Verpflichtungen für die berufliche Vorsorge) vor allem:

– Unzulässig ist die Bildung willkürlicher *stiller Reserven.* Solche sind nur in Form von Zwangsreserven (z.B. Mehrwerte als Folge von teuerungsbedingten Wertsteigerungen auf Liegenschaften) und von Ermessensreserven als Folge vorsichtiger Schätzungen (z.B. bei der Ermittlung von Rückstellungen) zugelassen.
– Nicht nur die Wertschriften sind zum *Börsenkurs* des Bilanzstichtags zu bewerten, sondern ausdrücklich auch andere Aktiven und Verbindlichkeiten mit Börsenkurs, wie Handelswaren und Devisen, wobei Aufwertungen über den Anschaffungswert hingenommen werden. Dies ist eine wichtige Neuerung und entspricht der angloamerikanischen Rechnungslegungspraxis.
– Im weiteren werden die *Verpflichtungen aus Personalvorsorgezusagen* und deren *Finanzierung* (vorhandenes Vermögen und laufende Beiträge) analysiert und im Anhang der Konzernrechnung offengelegt.

Das Kotierungsreglement der Schweizer Börse vom Januar 1996, das am 1. Oktober 1996 in Kraft getreten ist, verlangt (in Art. 66) eine Rechnungslegung, "die ein den tatsächlichen Verhältnissen entsprechendes Bild" gibt, also true and fair ist. Danach müssen alle in der Schweiz kotierten Gesellschaften FER (oder IAS bzw. US-GAAP) anwenden. Ende 1998 schlossen etwa 50% der Gesellschaften nach IAS und 40% nach FER ab sowie vereinzelte nach US-GAAP.

In Deutschland wurde erst kürzlich beschlossen, neben dem Abschluss nach HGB (dem nationalen Recht, das die EU-Richtlinien umsetzt) neu auch IAS zuzulassen. Der Trend zur Anwendung von durch privatrechtliche "Standard Setting Boards" geschaffenen Regelwerken ist weltweit unverkennbar.

Aus diesen Überlegungen kommt auch in den konsolidierten Abschlüssen der Schweizer Unternehmen der Behandlung der beruflichen Vorsorge nach internationalen Normen eine immer grössere Bedeutung zu.

Es wird geschätzt, dass in den nächsten Jahren von den an der Schweizer Börse kotierten Gesellschaften etwa 60% FER, rund 35% IAS und 5% US-GAAP anwenden werden.

11.2 Umdenken bei der Analyse von Pensionskassen

Das Umdenken bei der Analyse von Pensionskassen zeigt sich nicht nur in der Anwendung der Fair presentation, sondern vor allem auch im folgenden:

- Das Vermögen muss nach IAS und FER zu *Marktwerten* bewertet werden.
- Beim anzuwendenden technischen Zinsfuss muss auf die *langfristige, tatsächliche Rendite* der Anlagen abgestellt werden.
- Es ist die *künftige Lohn- und Rentenentwicklung* zu berücksichtigen. Besteht der Wille, die bisherige Praxis fortzuführen, so ist diese bei der Gewährung von Teuerungsanpassungen anzuwenden.
- Die Auswirkungen der zu erwartenden *Personalfluktuationen* sind zu berücksichtigen.
- In manchen Bereichen wird die rechtliche durch eine *wirtschaftliche Betrachtung* abgelöst.
- Wichtig sind die *tatsächlichen Nettoaufwendungen,* die bisher bei Leistungsprimatkassen in der Regel nicht berechnet wurden. Bei IAS und FER ist die Kennzahl aber wesentlich, um die Betriebsrechnung beurteilen zu können.

In den Personalvorsorgeeinrichtungen bestehende Überdeckungen, aufgrund derer die Konzernrechnung des Unternehmens verbessert wird, sind aus steuerlicher Sicht problematisch und können zu einer Diskussion über bestehende steuerliche Privilegien führen. Dies gilt besonders für die Schweiz, wo die Vorsorge rechtlich vom Unternehmensvermögen ausgeschieden sein muss. Der Steuergesetzgeber könnte auf die Idee kommen, solche offenbar "nicht notwendigen" Überdeckungen steuerlich nicht mehr zuzulassen.

Die Bestimmungen von IAS 19 laufen unter dem Gesamtbegriff der periodengerechten Abgrenzung der Jahresrechnung. Künftige Pensionszahlungen sollen den Personalaufwand in jenen Jahren angemessen belasten, in welchen der Versicherte seine zu entlöhnende Arbeitsleistung erbringt. Dies wird erreicht durch verbesserte Abgrenzungen und durch Offenlegungen im Anhang. Oft ist eine zu weitgehende Detaillierung eher geeignet, die wichtigen Zusammenhänge zu vernebeln als zu klären.

Es sollte mindestens alle drei Jahre ein versicherungstechnisches Gutachten erstellt werden. In der Zwischenzeit kann dessen Ergebnis durch Fortschreibung à jour gehalten werden.

Für die Schweiz stellt sich das Problem zusätzlich aus der Sicht des Freizügigkeitsgesetzes. Die Frage lautet: Müssen die versicherungstechnischen Rückstellungen jederzeit mindestens der Summe des aktuellen Standes der Freizügigkeitsleistungen entsprechen? Oder genügt es, wenn die Freizügigkeitsleistungen nur nach Massgabe der Austrittswahrscheinlichkeiten vorhanden sind, was einen wesentlich tieferen Rückstellungsbedarf ergeben würde? Entgegen *Fleissner/Haag* (in: ST 9/99, S. 808) sollten m.E. für die dem

BVG unterstellten Rechtsverhältnisse stets die gesamten Freizügigkeitsleistungen zurückgestellt sein. Es gilt dafür somit eine statische Betrachtung. Diese zeigt sich auch bei Teilliquidationen. Dort wird erwartet, dass mindestens die gesamten Austrittsleistungen mitgegeben werden können.

Die Vermögensbewertung der Vorsorgeeinrichtung hat nach Marktwerten zu erfolgen. Schwankungsfonds oder andere Bewertungsreserven sind nach IAS und US-GAAP nicht zulässig.

Vom Barwert der künftigen Einsparungen ist der Barwert allfälliger Amortisationen von Unterdeckungen abzuziehen.

FER und IAS sind international ausgerichtet für länderübergreifende Konzernabschlüsse und können daher nicht Bezug nehmen auf Besonderheiten der schweizerischen Lösung der beruflichen Vorsorge und des Obligatoriums des BVG. Es gibt kaum ein anderes Gebiet in der Konzernrechnung, das von Land zu Land so unterschiedlich ausgestaltet ist wie die berufliche Vorsorge.

Die formale Ausgestaltung der Vorsorgeeinrichtung in rechtlicher Sicht ist bei FER 16 und IAS 19 weniger von Bedeutung. Es werden alle, auch die selbständigen Vorsorgestiftungen erfasst, obwohl diese rechtlich vom Unternehmen getrennt sind.

Unter IAS 19 (wie auch unter die amerikanischen SFAS 87) fallen seit 1998 nicht mehr nur die Pensionsverpflichtungen, sondern sämtliche Leistungen des Unternehmens an Arbeitnehmer und Pensionierte und deren Angehörige. Darunter sind also nicht nur die Löhne und Lohnnebenkosten, sondern auch Dienstaltersgeschenke, Gewinnbeteiligungen, Abfindungen, Leistungen der medizinischen Versorgung (Medical care) usw. zu verstehen.

11.3 Bekannte Regelwerke zur Rechnungslegung

Die Regelwerke zur Rechnungslegung behandeln Pensionsverpflichtungen unterschiedlich. In einzelnen Staaten besteht dazu ein *Bilanzierungswahlrecht*, in anderen ist die *Bilanzierungspflicht* festes Gebot. Der Übergang vom Bilanzierungswahlrecht zur Bilanzierungspflicht ist überall feststellbar.

11.31 Fachempfehlungen zur Rechnungslegung FER (FER 16)

Im Rahmen der schweizerischen *Fachempfehlungen zur Rechnungslegung FER* ist 1999 die FER 16 erlassen worden, eine Empfehlung zur Frage der Behandlung der Pensionsverpflichtungen in der Rechnungslegung, die für Geschäftsjahre anzuwenden ist, die nach dem 1. Januar 2000 beginnen.

Für *schweizerische Verhältnisse* ist ein Bilanzierungswahlrecht für privatwirtschaftliche Vorsorgeeinrichtungen immer schon abgelehnt worden. Es ist von einer Bilanzierungspflicht auszugehen. Die Bildung der Rückstellung hat planmässig – im Sinne des Kapitaldeckungsverfahrens – während der Aktivzeit der Versicherten zu erfolgen. Nachdem in der Schweiz (gemäss Art. 331 Abs. 1 OR und steuerlichen Vorschriften) die Personalvorsorge auf eine separate Rechtsperson – in der Regel eine Stiftung – zu übertragen ist, kommen in der Bilanz des Unternehmens nur in Sonderfällen für Zwecke der Vorsorge Rückstellungen vor. Diese können hingegen notwendig sein für

- *Verpflichtungen gegenüber der Vorsorgeeinrichtung*, z.B. aus Zinsfussgarantien oder als Abdeckung eines technischen Fehlbetrages,
- *Verpflichtungen gegenüber Einzelpersonen*, z.B. aus ausserordentlichen, individuellen Pensionszusagen.

Die FER sind in der Schweiz von allen börsenkotierten Gesellschaften anzuwenden (zugelassen sind auch die IAS und SFAS). Von der Anwendung von FER 16 befreit sind Unternehmen, die konsolidiert weniger als 250 Personen beschäftigen (siehe Ziff. 14 von FER 16).

Zum längerfristigen Ausgleich der Rechnungen dürfen (nach FER wie auch nach IAS und US-GAAP) Über- und Unterdeckungen der versicherungstechnischen Rückstellungen, welche einen Korridor (= Freigrenze) von 10% übersteigen, nicht in einem einzigen Jahr, sondern über die Restanstellungsdauer ausgeglichen werden. Jener Teil der Über- bzw. Unterdeckung, der innerhalb einer Grenze von 10% des Gesamtvermögens bzw. der versicherungstechnischen Rückstellungen liegt (sog. Korridor), kann auf neue Rechnung vorgetragen werden. Eine ständige Unterdeckung ist demnach bis 10% zugelassen.

Darstellung 11B

Fachempfehlung zur Rechnungslegung: FER Nr. 16 Vorsorgeverpflichtungen

Empfehlung

    Erläuterungen

1. Mit dieser Fachempfehlung werden die wirtschaftlichen Auswirkungen aus Vorsorgeverpflichtungen auf den Einzel- oder Konzernabschluss eines Unternehmens unabhängig der rechtlichen Ausgestaltung der Vorsorgepläne und -einrichtungen dargestellt.

    Allgemein

    16. Bei allen Berechnungen nach dieser Empfehlung ist der Grundsatz der Stetigkeit zu beachten.

2. Unter Vorsorgeverpflichtungen werden alle Vorsorgepläne und -einrichtungen verstanden, welche Leistungen für mindestens eine der Eventualitäten Ruhestand, Todesfall oder Invalidität vorsehen.

    Zu Ziff. 2

    17. Diese Empfehlung bezieht sich nicht auf die Rechnungslegung von Pensionskassen und diesen gleichgestellten Einrichtungen.

    18. Ausgenommen sind nicht mit der Altersvorsorge im engeren Sinne verbundene Aufwendungen wie Dienstaltersgeschenke und Jubiläumszuwendungen, welche aufgrund der Anstellungsdauer ausgerichtet werden, sowie Abfindungssummen usw.

    19. Regelmässig wiederkehrende freiwillige Leistungen aus patronalen Stiftungen müssen als Vorsorgeverpflichtung behandelt werden.

    20. Sofern aus der Auflösung von Arbeitsverhältnissen Verpflichtungen eingegangen werden und keine entsprechenden Rückstellungen gebildet wurden, ist der Ausweis als Ausserbilanzgeschäft zu prüfen.

    21. Aufwendungen im Zusammenhang mit wesentlichen und besonderen Massnahmeplänen im Personalbereich (wie nachstehend als Beispiele beschrieben) fallen nicht unter diese Empfehlung. Sie sind als übriger Personalaufwand zu erfassen.

       – Teilschliessung von Unternehmen und Abbau von Arbeitsplätzen aufgrund eines Stellenabbauplanes mit Entlassungen: Sofern den Begünstigten zusätzliche Beträge zu Lasten des Unternehmens ausbezahlt werden, welche die Vorsorgeverpflichtungen und die Anteile der Überschüsse der Aktiven ./. übrige Passiven (ohne Vorsorgeverpflichtungen) oder Vorsorgepläne und -einrichtungen übersteigen (Sozialplan).

       – Teilschliessung von Unternehmen und Abbau von Arbeitsplätzen aufgrund eines Stellenabbauplans durch Frühpensionierung vor der reglementarisch vorgesehenen Altersgrenze. Sofern den Begünstigten Kapitalleistungen oder Überbrückungsrenten bis zum Zeitpunkt des ordentlichen Ruhestandes ausbezahlt werden, welche die berechneten Vorsorgeverpflichtungen für die Rente übersteigen.

11.3 Bekannte Regelwerke zur Rechnungslegung

Empfehlung

Erläuterungen

3. Die Aktiven der Vorsorgepläne und -einrichtungen sind gleichzeitig mit deren Vorsorgeverpflichtungen und übrigen Passiven periodisch, mindestens alle drei Jahre, neu zu bewerten bzw. zu berechnen. Bei wesentlichen Änderungen müssen die Neubewertungen und -berechnungen auf den nächsten Abschluss erfolgen.

   Zu Ziff. 3

   22. Zu den wesentlichen Änderungen gehören beispielsweise
       - Anpassungen im Vorsorgeplan (z.B. Verschiebung der reglementarischen Altersgrenze)
       - Anpassungen bei den zugrundeliegenden Annahmen
       - Änderungen im Bestand der Begünstigten (siehe auch Ziff. 21)
       - nachhaltige Wertveränderungen bei den Aktiven.

4. Die Aktiven der Vorsorgepläne und -einrichtungen umfassen auch jene der patronalen Stiftungen, welche dem Vorsorgezweck dienen und steuerbefreit sind, sowie die Aktiven zur Deckung von Arbeitgeberbeitragsreserven.

5. Für die Berechnung des Aufwandes des Unternehmens aus Vorsorgeverpflichtungen sind die Aktiven und die übrigen Passiven (ohne Vorsorgeverpflichtungen und Arbeitgeberbeitragsreserve) der Vorsorgepläne und -einrichtungen zum Marktwert zu bewerten.

   Festverzinsliche Aktiven, bei denen die Absicht des Haltens bis zur Fälligkeit besteht, dürfen gemäss der Amortized-Cost-Methode bewertet werden.

   Zu Ziff. 5

   23. Für die Bewertung ist auch die Glättung mittels des gleitenden Durchschnittes der Marktwerte über maximal fünf Jahre zulässig, vorbehältlich einer nachhaltigen Wertveränderung gemäss Ziff. 3 und 22.

6. Aktiven aus Kollektivversicherungsverträgen und Anschlüssen an Sammelstiftungen sind wirtschaftlich anderen Vermögensanlagen zur Deckung von Vorsorgeverpflichtungen gleichgestellt. Die Vorsorgeverpflichtung ist auch für diese Fälle gemäss Ziff. 7 zu berechnen.

   Sofern es nicht möglich ist, ausreichende Informationen für die Neuberechnung der Vorsorgeverpflichtung oder die Neubewertung der eigenen Anteile an den Aktiven und übrigen Passiven zu erhalten, dürfen Ziff. 13 und 15 angewendet werden.

7. Die Vorsorgeverpflichtung muss nach einer retrospektiven Methode (Accrued Benefit Valuation Method) berechnet werden.

   Diese stellen auf die zum Berechnungszeitpunkt geleisteten Dienstjahre ab und berücksichtigen die Zukunft durch den Einbezug der Diskontierung.

Empfehlung

Erläuterungen

- Diskontierung
- Lohnentwicklung und der Austrittswahrscheinlichkeit bis zum Beginn der Leistungsauszahlung
- Rentenindexierung in den Jahren nach der erstmaligen Auszahlung von wiederkehrenden Leistungen

Alle in die Berechnung einbezogenen Faktoren müssen angemessen auf die langfristigen wirtschaftlichen und demographischen Entwicklungen und Gegebenheiten, insbesondere auf die tatsächlich erreichbaren Renditen, ausgerichtet werden.

Eine andere allgemein anerkannte Methode darf verwendet werden, sofern die so berechnete Vorsorgeverpflichtung nicht mehr als 10% von der Vorsorgeverpflichtung nach der retrospektiven Methode abweicht.

Zu Ziff. 7

24. Eine Berechnung muss innerhalb eines Konzerns nur für die wesentlichen Vorsorgepläne und -einrichtungen, insbesondere für die wesentlichen Konzerngesellschaften, erfolgen. Entsprechend sind für eine oder mehrere Konzerngesellschaften, die insgesamt von untergeordneter Bedeutung sind, auch dann keine Berechnungen nach dieser Empfehlung vorzunehmen, wenn diese Leistungsprimatpläne aufweisen.

25. Die Projected Unit Credit-Methode wird üblicherweise zur Berechnung der Vorsorgeverpflichtung gemäss der retrospektiven Methode verwendet. Ihre wesentlichen Eigenschaften sind:

   - Die Vorsorgeverpflichtung wird auf die gesamte Dienstzeit bzw. Versicherungsdauer proportional verteilt.
   - Die einer Periode zurechenbare Erhöhung der Vorsorgeverpflichtung entspricht dem Barwert des zusätzlich erworbenen Anspruchs.
   - Die auf den Berechnungszeitpunkt ermittelte Vorsorgeverpflichtung ist voll finanziert bzw. berücksichtigt.
   - Es findet keine Vorfinanzierung von inskünftig zu erwerbenden Ansprüchen statt.

   Für schweizerische gesetzliche Minimalpläne (BVG) und ähnlich ausgestaltete Vorsorgepläne und -einrichtungen kann auf eine separate Berechnung der Vorsorgeverpflichtung verzichtet werden. In diesen Fällen entspricht die Veränderung der Vorsorgeverpflichtung in Ziff. 28 den geschätzten Altersgutschriften zuzüglich geschätzten Risikoaufwands.

26. Die Faktoren zur Berechnung der Vorsorgeverpflichtung sind

   - Sterblichkeitsrate einschliesslich allfällig verwendeter Rentenumwandlungssätze,
   - die Lohnentwicklung,
   - die Rentenindexierung,
   - die Austrittswahrscheinlichkeit,
   - der Diskontierungszinssatz.

Empfehlung

Erläuterungen

27. Sofern die Berechnung der Vorsorgeverpflichtung nicht jährlich vorgenommen wird, sollte die Fortschreibung durch einen Pensionsversicherungsexperten plausibilisiert werden.

8. Die Erfolgsrechnung enthält den einer Periode zurechenbaren Aufwand des Unternehmens aus den Vorsorgeverpflichtungen.

9. Die sich aus den reglementarischen Arbeitgeberbeiträgen und dem Aufwand des Unternehmens aus Vorsorgeverpflichtungen ergebenden Differenzbeträge sind in der Bilanz zu erfassen. Aktive und passive Beträge dürfen nur innerhalb eines Vorsorgeplans bzw. einer Vorsorgeeinrichtung (allenfalls unter Einbezug einer patronalen Stiftung) verrechnet werden.

Ein aktiver Betrag muss in der Bilanz erfasst oder im Anhang offengelegt werden, wenn es möglich ist, diesen

- zur Senkung der Arbeitgeberbeiträge oder
- zur Erhöhung der Leistungen ohne zusätzliche Finanzierung einzusetzen oder
- aufgrund der lokalen Gesetzgebung dem Arbeitgeber zurückzuerstatten.

Der Barwert der Summe, welche sich aus der Senkung der Beiträge bzw. Erhöhung der Leistungen unter Berücksichtigung allfälliger gesetzlicher Regelungen ergibt, stellt die Obergrenze des aktivierbaren Betrages dar.

Ein passiver Betrag muss in jedem Fall bilanziert werden.

Zu Ziff. 8 und 9

28. Der jährliche Aufwand des Unternehmens aus Vorsorgeverpflichtungen ist wie folgt zu berechnen:

± der Periode zurechenbare Veränderung der Vorsorgeverpflichtung gemäss separater periodischer Berechnung
+ Verzinsung der Vorsorgeverpflichtung mit dem Diskontierungssatz
− Ertrag der Aktiven ./. übrige Passiven (ohne Vorsorgeverpflichtungen) der Vorsorgepläne und -einrichtungen gemäss erwarteter Rendite
± erfolgswirksame Erfassung von noch nicht erfassten Unterschiedsbeträgen aus periodischer Neubewertung und -berechnung (Ziff. 10) und Unterschiedsbeträgen aus erstmaliger Anwendung dieser Empfehlung (Ziff. 11) und
− reglementarische Arbeitnehmerbeiträge

Die Verzinsung der Vorsorgeverpflichtung und der Ertrag der Aktiven ./. übrige Passiven (ohne Vorsorgeverpflichtungen) der Vorsorgepläne und -einrichtungen können anstelle eines separaten Ausweises auch in die Berechnung der erfolgswirksamen Erfassung von Unterschiedsbeträgen eingerechnet werden.

Die reglementarisch geleisteten Arbeitgeberbeiträge entsprechen in der Regel nicht dem gemäss dieser Fachempfehlung zu berechnenden jährlichen Aufwand des Unternehmens aus den Vorsorgeverpflichtungen.

Empfehlung	Erläuterungen

Empfehlung appears on the left; *Erläuterungen* on the right.

Zu Ziff. 9

29. Der in der Bilanz gemäss Ziff. 9 zu erfassende aktive oder passive Betrag wird wie folgt berechnet:

- − Vorsorgeverpflichtung
- + Aktiven ./. übrige Passiven (ohne Vorsorgeverpflichtungen) der Vorsorgepläne und -einrichtungen
- ± noch nicht erfasster Unterschiedsbetrag aus der erstmaligen Anwendung dieser Empfehlung
- ± noch nicht erfasster Unterschiedsbetrag aus periodischer Neubewertung und -berechnung

Steuerfolgen sind zu berücksichtigen.

30. Bei Vorsorgeplänen und -einrichtungen nach schweizerischem Recht (BVG) ist in der Regel eine Bilanzierung der aktiven Beträge nur beschränkt möglich. Sofern der aktive Betrag durch Arbeitgeberbeitragsreserven im engeren Sinne entstanden ist, kann eine vollständige Aktivierung erfolgen. In allen übrigen Fällen kann für die Bemessung des Aktivums beispielsweise das Finanzierungsverhältnis der Beiträge massgebend sein. Andere sinngemässe Kriterien dürfen angewendet werden.

Wird das Wahlrecht beansprucht und der aktive Betrag im Anhang offengelegt, so sind zudem die Über- und Unterdeckungen der Vorsorgeverpflichtung sowie die Buchwerte der Aktiven gemäss Ziff. 15 offenzulegen.

10. Unterschiedsbeträge aus den periodischen Neubewertungen und -berechnungen müssen im Berichtsjahr oder systematisch maximal über die durchschnittliche Restlaufzeit erfolgswirksam erfasst werden, sofern der noch nicht erfasste Unterschiedsbetrag mehr als 10% abweicht (sog. Korridor). Dabei kann entweder der über den Korridor hinausgehende Teil oder der gesamte noch nicht erfasste Unterschiedsbetrag berücksichtigt werden.

11. Der sich aus der erstmaligen Anwendung dieser Empfehlung ergebende Unterschiedsbetrag (Marktwert der Aktiven ./. übrige Passiven und Vorsorgeverpflichtungen) wird im Berichtsjahr oder systematisch maximal über die durchschnittliche Restlaufzeit (bzw. Restdienstzeit) erfolgswirksam erfasst.

Alternativ können alle Unterschiedsbeträge, die sich aus der erstmaligen Anwendung dieser Empfehlung ergeben, unter Offenlegung im Anhang und Anpassung der Vorjahreszahlen (Restatement) erfolgsneutral über das Eigenkapital erfasst werden.

Zu Ziff. 11

31. Der Unterschiedsbetrag setzt sich zusammen aus den Differenzen aus den periodischen Neubewertungen und -berechnungen und den noch nicht erfassten Unterschiedsbeträgen aus

11.3 Bekannte Regelwerke zur Rechnungslegung

Empfehlung

Erläuterungen

– der erstmaligen Anwendung und
– den vorangegangenen periodischen Neubewertungen und -berechnungen.

Für die Berechnung der Abweichung von 10% sind entweder die Vorsorgeverpflichtung oder die Aktiven der Vorsorgepläne und -einrichtungen ./. übrige Passiven heranzuziehen. Massgebend ist der höhere der beiden genannten Beträge. Der so berechnete Betrag wird auch Korridor genannt.

12. Der Anhang legt die wesentlichen Merkmale der Vorsorgepläne und -einrichtungen sowie die der Berechnung zugrundeliegenden Annahmen zusammengefasst offen, insbesondere

 – den Teilnehmerkreis und die Anspruchsberechtigten,
 – die Methoden und die Periodizität der Berechnung der Vorsorgeverpflichtung samt den zugrunde gelegten Annahmen und die quantitativen Auswirkungen von wesentlichen Änderungen einschliesslich erwarteter Rendite,
 – den jährlichen Aufwand des Unternehmens aus Vorsorgeverpflichtungen,
 – den nicht aktivierten Betrag gemäss Ziff. 9,
 – den Arbeitnehmerbeitrag oder den reglementarischen Minimalbeitrag des Arbeitgebers, sofern einer dieser Beiträge grösser ist als der Aufwand des Unternehmens aus Vorsorgeverpflichtungen,
 – die Über- und Unterdeckungen der Vorsorgeverpflichtungen im Vergleich mit den Aktiven ./. übrige Passiven (ohne Vorsorgeverpflichtungen) der Vorsorgepläne und -einrichtungen je insgesamt.

13. Bei reinen Sparplänen oder Kollektivversicherungsverträgen, welche ohne jegliche Garantieübernahme durch die Vorsorgeeinrichtung oder den Arbeitgeber ausgestaltet sind und bei denen insbesondere der Ertrag keinen Einfluss auf die Beiträge hat und die Endleistung (Umwandlungssatz) nicht garantiert ist, kann der Arbeitgeberbeitrag unverändert als Aufwand des Unternehmens aus Vorsorgeverpflichtungen übernommen werden.

Zu Ziff. 13

32. Die schweizerischen gesetzlichen Minimalpläne (BVG) und ähnlich ausgestaltete Vorsorgepläne und -einrichtungen sind keine reinen Sparpläne. Auch Beitragsprimatpläne sind in der Regel keine reinen Sparpläne. Unter dem Aspekt der Wesentlichkeit können beide Formen für die Rechnungslegung als Sparpläne behandelt werden.

14. Sofern der Vorsorgeplan bzw. die Vorsorgeeinrichtung nicht als Leistungsprimatplan ausgestaltet ist, können Unternehmen oder Konzerne mit weniger als 250 Arbeitnehmern im Jahresdurchschnitt den Arbeitgeberbeitrag unverändert als Aufwand des Unternehmens aus Vorsorgeverpflichtungen übernehmen.

Empfehlung

Erläuterungen

Zu Ziff. 14

33. Im Hinblick auf die Beanspruchung der Ausnahmebestimmung gemäss Ziff. 14 sind die schweizerischen gesetzlichen Minimalpläne (BVG) und ähnlich ausgestaltete minimale Vorsorgepläne und -einrichtungen nicht als Leistungsprimatpläne zu behandeln.

15. Unternehmen, welche die Ausnahmebestimmungen der Ziff. 13 und 14 anwenden können, müssen im Anhang insbesondere folgende Angaben offenlegen:

   – die Begründung für die Inanspruchnahme der Ausnahmebestimmung
   – den Teilnehmerkreis und die Anspruchsberechtigten
   – den als Arbeitgeberbeitrag ausgewiesenen Aufwand (der reglementarische und die übrigen Arbeitgeberbeiträge müssen getrennt dargestellt werden, sofern der Arbeitgeberbeitrag reglementarisch festgelegt ist)
   – die Über- und Unterdeckung der Vorsorgepläne und -einrichtungen, sofern entsprechende Berechnungen vorliegen
   – die Buchwerte der Aktiven zur Deckung der Arbeitgeberbeitragsreserven und/oder die Buchwerte der Aktiven ./. übrige Passiven der patronalen Stiftungen, welche dem Vorsorgezweck dienen und steuerbefreit sind, wobei ein angemessener Abzug für freiwillige Leistungen der patronalen Stiftung beispielsweise für Härtefälle vorgenommen werden darf.

Aus: Fachempfehlungen zur Rechnungslegung 1999, Zürich. FER 16 ist anzuwenden für Jahresabschlüsse betreffend die Geschäftsjahre, beginnend am 1. Januar 2000.

Nach Art. 65 Abs. 1 BVG muss in der schweizerischen beruflichen Vorsorge "die Vorsorgeeinrichtung jederzeit Sicherheit dafür bieten, dass sie ihre Verpflichtungen erfüllen kann". Es ist also fraglich, ob ein solcher offiziell tolerierter Korridor nicht gegen diese Vorschrift verstösst.

Als Restanstellungsdauer, während welcher die Fehlbeträge nachzufinanzieren sind, können entweder individuell ermittelte Zeitdauern angenommen werden oder es kann generell beispielsweise mit 10 Jahren gerechnet werden. Über die maximale Höhe der laufenden jährlichen Beiträge wird von den Rechnungslegungsnormen nichts gesagt, obwohl gerade dort bei höherem Alter massive Belastungen entstehen können, so wenn das Durchschnittsalter eines Personalbestandes stark steigt (z.B. nach Umstrukturierungen bei stagnierenden Unternehmen). Verschiedene Pensionskassen haben für die laufenden Beiträge einen individuellen Cap eingeführt, z.B. bei 30 Lohnprozenten bzw. maximal 20% Arbeitgeberbeiträgen. Technisch erforderliche Mehrbeträge werden dann durch Einmaleinlagen finanziert.

Es steht einem Unternehmen natürlich auch frei, Unterdeckungen sofort auszugleichen. Das einmal gewählte Vorgehen ist indessen beizubehalten.

Siehe *Suter Daniel*, Die Anwendung der FER 16 Vorsorgeverpflichtungen, ST 12/99, S. 1247–1252.

11.32 International Accounting Standards IAS (IAS 19)

IAS 19 *Retirement Benefit Costs* befasst sich mit der Rechnungslegung der *Kosten für Pensionsverpflichtungen* in der Bilanz der Arbeitgeberfirma. Die Rechnungsabgrenzung muss allen Verpflichtungen nach dem Kapitaldeckungsverfahren Rechnung tragen. Erläuterungen zur Berechnung sind im Anhang (Notes) zu geben.

1998 wurde IAS 19 in einer neuen, überarbeiteten Version erlassen, im folgenden *IAS 19 (revised 1998)* bezeichnet, die ab anfangs 1999 gilt und verschiedene wichtige Neuerungen enthält.

IAS 26 *Accounting and Reporting by Retirement Benefit Plans* gilt für die Berichterstattung der Vorsorgeeinrichtung (Pension Funds und Pension Plans).

Da IAS in der Regel nur für den Konzernabschluss angewandt wird, muss sich IAS 19 auf unterschiedlichste Personalvorsorgewerke aus verschiedenen Ländern und Rechtsordnungen beziehen. Die Berücksichtigung einer bestimmten Rechtslage – wie in der Schweiz – ist daher nicht möglich. Es ist jedoch nicht zu übersehen, dass der angloamerikanische Approach der Vorsorge für IAS 19 bestimmend war (wie weitgehend auch für FER 16, das sich stark auf IAS 19 abstützt).

Unter IAS 19 (revised 1998) sind auch *andere Leistungen an das Personal* ausserhalb der Pensionsverpflichtungen zu erfassen und zurückzustellen (Jubiläumsboni, Leistungen ausserhalb des Pensionsplans). Darunter dürften auch Leistungen bei vorzeitigen Pensionierungen fallen. Soweit die Zahlungen erst in 12 Monaten oder später erfolgen, sind sie abzuzinsen.

IAS 19 (revised 1998) muss für Rechnungsperioden, die am 1. Januar 1999 oder später beginnen, angewandt werden. Auf den 1. Januar 1999 ist die Über- oder Unterdeckung zu ermitteln, also die Differenz zwischen den versicherungstechnischen Rückstellungen einerseits und dem Marktwert des Vorsorgevermögens andererseits.

Für die Buchung der auf den 1. Januar 1999 neu zu ermittelnden Überdeckung (Überschuss, Gewinn) bzw. Unterdeckung (Fehlbetrag, Verlust) gibt es folgende Möglichkeiten:

- Abbuchung über das Eigenkapital über ein Restatement
- Buchung in einem Betrag als Aufwand oder Ertrag über die laufende Erfolgsrechnung
- Amortisation einer Unterdeckung über eine Zeitdauer von fünf Jahren zu Lasten der Erfolgsrechnung (mit Offenlegung im Anhang). Dabei dürfen wohl konzernintern Über- und Unterdeckungen miteinander verrechnet werden.

Deckungslücken, die gemäss dem bis Ende 1998 geltenden IAS 19 (Fassung 1993) passiviert waren, werden somit spätestens bis in fünf Jahren amortisiert sein müssen.

Der zu ermittelnde versicherungstechnische Sollwert der Vorsorgeverpflichtung ist nach IAS der Present Value of the *Defined Benefit Obligation DBO*. Dieser Begriff lautet nach SFAS 87 *Projected Benefit Obligation PBO*. Dabei sind folgende Elemente zu berücksichtigen:

- die betriebliche Fluktuation
- die künftigen wahrscheinlichen Erhöhungen von Pensionsleistungen (zugesprochene Renten und Kapitalien) und laufenden Renten
- ein Rechnungszinsfuss, der künftig erreicht wird (Anleihensobligationen, Kapitalmarktzinsen usw.).

Die Annahmen über die künftige Geldentwertung müssen dabei mit den Gehaltssteigerungen und dem Rechnungszinsfuss zusammenpassen.

Bei einem *Beitragsprimat* (nach IAS 19) trägt der Arbeitgeber nur eindeutig festgelegte Beiträge. Er ist von einer guten oder schlechten Entwicklung der Vorsorgeeinrichtung (Performance) direkt nicht betroffen. Er trägt keine Subsidiärhaftung und kann nicht von Überschüssen profitieren (siehe dazu auch: Beck'scher Bilanzkommentar, 4. Aufl., München 1999, Abschnitt Rückstellungen für Pensionen und ähnliche Verpflichtungen, bearbeitet von *Ellrott/Rhiel,* S. 307–353).

Nach IAS 19 (revised 1998) sind Pensionspläne nach *Leistungsprimat* unter Zugrundelegung möglichst realistischer und zutreffender Berechnungsparameter und -methoden zu bewerten. Neu ist nur noch die *Projected Unit Credit Method* zulässig. Dies entspricht auch den US-GAAP (SFAS 87). Der Begriff Leistungsprimat oder leistungsorientierter Plan wird bei IAS 19 wesentlich weiter gefasst als bei uns üblich. Nur einfache "Sparkassenrechnungen" im Sinne einer Aufzinsung von Beiträgen gelten als reine Beitragsprimatkassen.

Für Leistungsprimatkassen gelten weitgehende Offenlegungsvorschriften. So sind die Grundlagen und Annahmen sowie die Rendite des Vermögens im Anhang darzulegen. Ebenso wird eine Fortschreibung von Aktiven und Passiven verlangt, wozu die Zusammensetzung des Periodenaufwands gehört (siehe z.B. *Fleissner/Haag,* in: ST 9/99, S. 803 ff.). Der jährliche Aufwand für die Vorsorgeeinrichtung ist in seine Komponenten zu zerlegen.

Bewertungen nach IAS 19 führen zu einem weitgehenden Abgehen von den formalrechtlichen Bestimmungen, wie sie beispielsweise in der Schweiz für die Bewertung im Jahresabschluss der Vorsorgestiftung bzw. des Unternehmens gelten. Es wird auf eine wirtschaftliche Betrachtungsweise übergegangen, wie wir dies auch bei anderen im Konzernabschluss zu bilanzierenden Tatbeständen kennen (z.B. für latente Steuern, Rechnungsabgrenzungen, Bewertung von betriebsfremden Liegenschaften zum Ertragswert anstatt höchstens zum Anschaffungswert).

Wenn sich nach den IAS-Bestimmungen aus der Beurteilung der Vorsorgeeinrichtung für die Konzernrechnung ein *Aktivposten* ergibt, ist dessen *Werthaltigkeit* zu prüfen. Eine Aktivierung kann nur dann erfolgen, wenn für das Unternehmen eine Reduktion der Beiträge oder eine andere künftige Kostenentlastung möglich und auch wahrscheinlich ist. Es ist zu beachten, dass dafür die Rechtsgrundlage in der Schweiz anders ist als im Ausland.

Zur Prüfung, ob ein Abschluss den *IAS-Grundsätzen* entspricht, kann folgende Checkliste, die sich noch auf die Version 1993 von IAS 19 bezieht, benutzt werden (in Anlehnung an eine Veröffentlichung der STG-Coopers & Lybrand, Basel 1995):

IAS 19: Retirement Benefit Costs
(in Klammern: Ziffern von IAS 19)

Begriffe

(5) Die nachstehenden Begriffe sind im Standard IAS 19 wie folgt definiert:
- *Altersvorsorgeleistungspläne* (Retirement benefit plans) sind Vereinbarungen, mit denen ein Unternehmen für seine Arbeitnehmer Leistungen bei oder nach Beendigung des Arbeitsverhältnisses vorsieht (entweder in Form eines Kapitalbetrages oder einer jährlichen Rente). Solche Leistungen bzw. Beiträge des Arbeitgebers gegenüber den Arbeit-

nehmern können vor dem Altersrücktritt gemäss schriftlichen Vereinbarungen oder gemäss den Gewohnheiten des Unternehmens festgelegt oder geschätzt werden.

- *Vorsorgepläne mit Beitragsprimat* (Defined contribution plans) sind Altersvorsorgeleistungspläne, bei denen die auszuzahlenden Altersvorsorgeleistungen aufgrund der an die Körperschaft geleisteten Beiträge zusammen mit den Kapitalgewinnen festgelegt werden.

- *Vorsorgepläne mit Leistungsprimat* (Defined benefit plans) sind Altersvorsorgeleistungspläne, bei denen die auszuzahlenden Altersvorsorgeleistungen anhand einer Formel, die normalerweise auf der Entlöhnung des Arbeitnehmers und/oder seinen Dienstjahren basiert, festgelegt werden.

- *Aussonderung* (Funding) ist ein Übertrag der Aktiven auf eine andere Rechtsperson (the fund), welche von der Unternehmung getrennt ist und welche die künftigen Verpflichtungen auf Altersvorsorgeleistungen trägt.

- *Laufende Aufwendungen* (Current service cost) sind die Aufwendungen eines Unternehmens bei einem Vorsorgeplan mit Leistungsprimat für geleistete Dienste der beteiligten Arbeitnehmer im laufenden Jahr.

Vorsorgepläne mit Beitragsprimat

Erfassung des Altersvorsorgeaufwandes (Recognition of Retirement Benefit Expense)

(18) Wurden die Beiträge des Arbeitgebers bei einem Vorsorgeplan mit Beitragsprimat in der entsprechenden Periode richtig als Aufwand erfasst?

Offenlegung (Disclosure)

(22) Wurde in der Jahresrechnung des Unternehmens in bezug auf den Vorsorgeplan mit Beitragsprimat folgendes offengelegt:
   a) eine allgemeine Beschreibung des Vorsorgeplans, einschliesslich der Bezeichnung der versicherten Arbeitnehmergruppen?
   b) der Betrag, der während der Rechnungsperiode als Aufwand gebucht wurde?
   c) wesentliche andere Sachverhalte betreffend Altersvorsorgeleistungen, welche die Vergleichbarkeit mit Vorjahren beeinflussen?

Vorsorgepläne mit Leistungsprimat

Altersvorsorgeaufwand (Retirement Benefit Expense)

(24) Sind im Aufwand der laufenden Periode bei einem Vorsorgeplan mit Leistungsprimat enthalten:
   a) die laufenden Aufwendungen?
   b) Beträge, die frühere Aufwendungen für aktive und im Ruhestand lebende Arbeitnehmer betreffen, gemäss Berichtigungen und Änderungen der versicherungstechnischen Annahmen?
   c) die Folgen einer Beendigung, Änderung oder Einschränkung des Vorsorgeplans?

Erfassung der laufenden Aufwendungen (Recognition of Current Service Cost)

(25) Wurden die laufenden Aufwendungen hinsichtlich der Altersvorsorgepläne mit Leistungsprimat in der Berichtsperiode richtig verbucht?

Erfassung des Altersvorsorgeaufwands ausserhalb der laufenden Aufwendungen
(Recognition of Retirement Benefit Cost other than Current Service Cost)

Die bestehenden Arbeitnehmer (Existing Employees)

(28) Wurden die Vergangenheitsaufwendungen, die notwendigen Berichtigungen, die Auswirkungen von Änderungen der versicherungstechnischen Annahmen sowie die Auswirkungen von Vorsorgeplanergänzungen hinsichtlich der bestehenden Arbeitnehmer eines Vorsorgeplans mit Leistungsprimat planmässig über die zu erwartende verbleibende Dauer der Erwerbstätigkeit dieser Arbeitnehmer (evtl. durchschnittliche Dauer) erfolgswirksam gebucht, ausser in Situationen, die IAS Ziff. (33) abdeckt, und ausser in jenem Fall gewisser Planänderungen, wenn die Anwendung einer kürzeren Zeitperiode notwendig ist, um den Erhalt der wirtschaftlichen Vorteile des Unternehmens widerzuspiegeln?

Beendigungen, Einschränkungen und Regulierungen eines Vorsorgeplans
(Plan Terminations, Curtailments and Settlements)

(33) Wenn wahrscheinlich ist, dass ein Vorsorgeplan mit Leistungsprimat beendet wird oder dass es eine Einschränkung oder Regulierung der zu zahlenden Altersvorsorgeleistung geben wird:

a) Wurden daraus resultierenden Erhöhungen der Altersvorsorgekosten des Unternehmens sofort als Aufwand und

b) daraus resultierende Gewinne in der betreffenden Periode erfolgswirksam verbucht?

Im Ruhestand lebende Arbeitnehmer (Retired Employees)

(38) Wurden die Auswirkungen von Planänderungen hinsichtlich der im Ruhestand lebenden Arbeitnehmer in einem festgelegten Vorsorgeplan zum Barwert bewertet und erfolgswirksam in der Periode der Planänderung erfasst?

Versicherungstechnische Bewertungsmethoden (Actuarial Valuation Methods)

Bevorzugte Methode (Benchmark Treatment)

(42) Wurden die Aufwendungen der vorgesehenen Altersvorsorgeleistungen im Vorsorgeplan mit Leistungsprimat unter Anwendung des Anwartschaftsbarwertverfahrens (accrued benefit valuation) bestimmt?

Erlaubte alternative Methode (Allowed Alternative Treatment)

(44) Wurden die Aufwendungen der vorgesehenen Altersvorsorgeleistung im Vorsorgeplan mit Leistungsprimat unter Anwendung des Anwartschaftsdeckungsverfahrens (projected benefit valuation) bestimmt?

Versicherungstechnische Annahmen (Actuarial Assumptions)

(46) Wurden angemessene und vereinbarte Annahmen, einschliesslich der geplanten Lohnhöhe am Tage des Ruhestandes, für die Bestimmung der Kosten der Altersvorsorgeleistungen angewandt?

Änderung der versicherungstechnischen Bewertungsmethode
(Change in Actuarial Valuation Method)

(50) Die Auswirkung eines Wechsels der versicherungstechnischen Bewertungsmethode von der erlaubten zur bevorzugten Methode oder umgekehrt sollte als Wechsel der Rechnungslegungsmethode in Übereinstimmung mit IAS 8 (Gewinn und Verlust einer Periode,

wesentliche Fehler und Änderungen der Rechnungslegungsgrundsätze) bilanziert und offengelegt werden.

Offenlegung (Disclosure)

(51) Wurden in der Jahresrechnung die folgenden Punkte bezüglich eines Vorsorgeplans mit Leistungsprimat offengelegt:
   a) allgemeine Beschreibung des Plans, einschliesslich der versicherten Arbeitnehmergruppen?
   b) angewandter Rechnungslegungsgrundsatz für Altersvorsorgeaufwendungen, einschliesslich einer allgemeinen Beschreibung der angewandten versicherungstechnischen Bewertungsmethode (siehe IAS 1: Offenlegung der Rechnungslegungsgrundsätze)?
   c) Aussonderung des zur Deckung der Verpflichtungen geäufneten Vermögens?
   d) Betrag, der während der Periode erfolgswirksam (Aufwand oder Ertrag) verbucht wurde?
   e) versicherungstechnischer Barwert der zugesicherten Altersvorsorgeleistungen zum Zeitpunkt der letzten versicherungstechnischen Bewertung?
   f) Verkehrswert der Aktiven des Vorsorgeplans zum Zeitpunkt der letzten versicherungstechnischen Bewertung, falls das zur Deckung der Verpflichtungen geäufnete Vermögen ausgesondert ist?
   g) Passiv- oder Aktivpositionen und die Aussonderungsmassnahmen, die sich ergeben, falls sich die seit Einführung des Leistungsplans ausgesonderten Beträge von den über die gleiche Periode als Aufwand erfassten Beträgen (oder aufgrund einer Änderung des Rechnungslegungsgrundsatzes den nicht ausgeschütteten Gewinnen belastet oder gutgeschrieben wurden) unterscheiden? (Beteiligt sich der Arbeitgeber an mehreren Altersvorsorgeplänen und ergibt sich hieraus sowohl eine Verbindlichkeit als auch ein Aktivum, sollten die Verbindlichkeit und das Aktivum nicht miteinander verrechnet werden.)
   h) wichtigste versicherungstechnische Annahmen, die für die Bestimmung des Altersvorsorgeaufwandes angewandt wurden, und jede bedeutende Änderung dieser Annahmen?
   i) Zeitpunkt der letzten versicherungstechnischen Bewertung und in welchen Intervallen Bewertungen gemacht werden?
   j) wesentliche andere Tatbestände betreffend Altersvorsorgeleistungen, einschliesslich der Auswirkungen einer Beendigung, Einschränkung oder Regulierung des Vorsorgeplans, welche die Vergleichbarkeit mit Vorjahren beeinflussen.

Alle Altersvorsorgeleistungspläne

Übergangsbestimmungen (Transitional Provisions)

(53) Wenn die Wahl von IAS 19 einen Wechsel der Rechnungslegungsmethode zur Folge hat, sollte ein Unternehmen entweder
   a) seine Jahresrechnung in Übereinstimmung mit IAS 8 (Gewinn und Verlust einer Periode, wesentliche Fehler und Änderungen der Rechnungslegungsgrundsätze) anpassen und die kumulative Auswirkung des Wechsels als Passivum oder Aktivum erfassen oder
   b) die Auswirkung des Wechsels (kumulativ) in der betreffenden Periode offenlegen und künftig den noch nicht erfassten Betrag offenlegen. Der nicht erfasst Betrag sollte zum Zeitpunkt der Einführung von IAS 19 als Verpflichtung oder als Aktivum über eine

Darstellung 11C
Disclosure nach IAS 19 (revised 1998)

Nach Ziff. 20 von IAS 19 (revised 1998) sind in der Konzernrechnung folgende Informationen zu geben:

Disclosure

120. An enterprise should disclose the following information about defined benefit plans:
 (a) the enterprise's accounting policy for recognising actuarial gains and losses;
 (b) a general description of the type of plan;
 (c) a reconciliation of the assets and liabilities recognised in the balance sheet, showing at least:
  (i) the present value at the balance sheet date of defined benefit obligations that are wholly unfunded;
  (ii) the present value (before deducting the fair value of plan assets) at the balance sheet date of defined benefit obligations that are wholly or partly funded;
  (iii) the fair value of any plan assets at the balance sheet date;
  (iv) the net actuarial gains or losses not recognised in the balance sheet (see paragraph 92);
  (v) the past service cost not yet recognised in the balance sheet (see paragraph 96);
  (vi) any amount not recognised as an asset, because of the limit in paragraph 58(b); and
  (vii) the amounts recognised in the balance sheet;
 (d) the amounts included in the fair value of plan assets for:
  (i) each category of the reporting enterprise's own financial instruments; and
  (ii) any property occupied by, or other assets used by, the reporting enterprise;
 (e) a reconciliation showing the movements during the period in the net liability (or asset) recognised in the balance sheet);
 (f) the total expense recognised in the income statement for each of the following, and the line item(s) of the income statement in which they are included:
  (i) current service cost;
  (ii) interest cost;
  (iii) expected return on plan assets;
  (iv) actuarial gains and losses;
  (v) past service cost; and
  (vi) the effect of any curtailment or settlement;
 (g) the actual return on plan assets; and
 (h) the principal actuarial assumptions used as at the balance sheet date, including, where applicable:
  (i) the discount rates;
  (ii) the expected rates of return on any plan assets for the periods presented in the financial statements;
  (iii) the expected rates of salary increases (and of changes in an index or other variable specified in the formal or constructive terms of a plan as the basis for future benefit increases);
  (iv) medical cost trend rates; and
  (v) any other material actuarial assumptions used.

An enterprise should disclose each actuarial assumption in absolute terms (for example as an absolute percentage) and not just as a margin between different percentages or other variables.

Periode erfasst werden, welche die zu erwartende verbleibende Dauer der Erwerbstätigkeit der beteiligten Arbeitnehmer (evtl. durchschnittliche Dauer) nicht überschreitet. Die Altersvorsorgeaufwendungen, die in künftigen Perioden entstehen, sollten erfolgswirksam in Übereinstimmung mit den Erfordernissen dieses Standards gebucht werden.

11.33 US-GAAP (SFAS 87)

Der *amerikanische* Accounting Principles Board hat bereits in Opinion No 8 festgelegt (Accounting for the Cost of Pension Plans, November 1966, mit FASB Interpretation in No 3 vom Dezember 1974) und der Financial Accounting Standards Board in No 35 (Accounting and Reporting by Defined Benefit Pension Plans, März 1980) hat bestätigt, dass für Altersvorsorgepläne Rückstellungen zu bilden sind. Die Kosten für laufende und zukünftige Pensionsleistungen seien systematisch während der Zeit der Erwerbstätigkeit der Arbeitnehmer zurückzustellen. Man verlangt also das Kapitaldeckungsverfahren.

Die *Rechnungslegungsvorschriften in den USA* sind namentlich für jene Schweizer Unternehmen von Interesse, welche dort Tochtergesellschaften besitzen.

In den USA gilt das im Dezember 1985 vom *Financial Accounting Standards Board (FASB)* herausgegebene Statement of Financial Accounting Standards (SFAS) No 87 *"Employers' Accounting for Pensions"*. Dieses Statement – als Bestandteil der Generally Accepted Accounting Principles GAAP – muss ab Ende 1987 allgemein angewandt werden. Ab 1989 müssen Bilanzen eine Rückstellung für Pensionsverpflichtungen "for unfunded accumulated benefits" (ohne künftige Salärerhöhungen) aufweisen. Im allgemeinen müssen diese Rückstellungen durch besondere Aktiven sichergestellt sein ("be offset by an intangible asset"). Eine einfache versicherungstechnische Methode ist anzuwenden, um die technischen Verpflichtungen und die periodengerechten Aufwendungen zu berechnen. Besondere Verfahren gelten, um versicherungstechnische Überschüsse und Fehlbeträge sowie vorliegende Kosten zu amortisieren. Ziel von SFAS No 87 ist es, die Rechnungsabschlüsse der Unternehmen aussagekräftiger und die Personalvorsorgeaufwendungen der Unternehmungen besser vergleichbar und beurteilbar zu machen.

Bei schweizerischen Stiftungen gilt indessen schweizerisches Recht. So sind beispielsweise von US-GAAP geforderte Aktivierungen von Überschüssen aus zu hohen Deckungskapitalien bei Stiftungen in der Bilanz der Arbeitgeberfirma nicht zulässig. Solche Beträge müssten separat dem US-Mutterhaus für die Konsolidierung gemeldet werden (ausserhalb der Buchführung).

11.3 Bekannte Regelwerke zur Rechnungslegung 481

Ein weiteres Statement No 88 *"Employers' Accounting for Settlements and Curtailments of Defined Benefit Pension Plans and for Termination Benefits"* ist anfangs 1986 erschienen und ergänzt SFAS No 87.

Schon früher, so 1956 (ARB No 47) und 1966 (APB No 8), waren von den Vorgängerorganisationen des FASB zur Rechnungslegung von Pensionskassen Richtlinien herausgegeben worden . (Weitere Statements, so No 35 vom März 1980 *"Accounting and Reporting by Defined Benefit Pension Plans"*, No 36 vom Mai 1980 *"Disclosure of Pension Information"*, No 59 vom April 1982 und No 75 vom November 1983, beide betreffend *"Deferral of the Effective Date of Certain Accounting Requirements for Pension Plans of State and Local Governmental Units"* und No 81 vom November 1984 *"Disclosure of Postretirement Health Care and Life Insurance Benefits"* dürften für uns unerheblich sein, zeigen aber die intensive Regelung dieser Fragen in den US-GAAP.)

Das FASB hat sich somit sehr eingehend und vielseitig mit diesen Fragen befasst, und zwar sowohl mit dem Rechnungswesen und der Berichterstattung von Pensionseinrichtungen selbst als auch mit den Auswirkungen der Pensionskassen auf das Rechnungswesen des Arbeitgebers.

Zur Behandlung der Pensionsverpflichtungen in der amerikanischen Rechnungslegung nach SFAS No 87 und 88 schreibt *Martin B. Dettwiler*, Vizedirektor der STG-Coopers & Lybrand, Basel, folgendes (Mehr Transparenz ist verlangt, in: Schweizer Personalvorsorge 6/93, S. 201 ff.):

FAS 87/88 behandeln in erster Linie leistungsorientierte Vorsorgepläne (defined benefit pension plans), bei denen der Leistungsanspruch in irgendeiner Form im voraus festgelegt ist. Für beitragsorientierte Vorsorgepläne (defined contribution plans), bei welchen der Anspruch auf sämtliche Leistungen allein von den einbezahlten Beiträgen und dem Zinsertrag abhängig ist (reine Sparpläne), sind im allgemeinen keine besonderen Berechnungen erforderlich. ...

Für die Bewertung der Pensionsverpflichtungen in der Jahresrechnung einer Gesellschaft ist gemäss FAS 87 als versicherungsmathematische Berechnungsmethode einzig die sog. "projected unit credit method" zulässig. Das Grundprinzip dieser Methode besteht darin, die in einem Dienstjahr erworbenen Teilansprüche auf Vorsorgeleistungen mittels Einmaleinlagen zu finanzieren. Als wesentliche Berechnungsgrösse dient dabei die Projected benefit obligation (PBO). Die PBO entspricht dem Barwert der am Bewertungsstichtag erworbenen Vorsorgeleistungen der Aktivversicherten und Rentenbezüger. Sofern die Leistungen von künftigen Lohnerhöhungen abhängig sind, müssen diese im erwarteten Umfang in die PBO eingerechnet werden; dasselbe gilt für Rentenerhöhungen. Der im Wirtschaftsjahr als Einmaleinlage zu verbuchende Aufwand ist die Service cost, der Barwert der im entsprechenden Jahr erworbenen Vorsorgeleistungen der Aktivversicherten unter Berücksichtigung künftiger Lohn- und Rentenerhöhungen analog zur PBO.

Neben der PBO spielt für FAS 87/88 auch die Accumulated benefit obligation (ABO) eine Rolle. Die ABO wird wie die PBO berechnet, jedoch ohne Annahme von künftigen Lohnerhöhungen. Bei lohnunabhängigen Vorsorgeplänen stimmen daher ABO und PBO überein. Die ABO ist ein Mass für die Mindestgrösse der Verbindlichkeit am Bewertungsstichtag (Liquidationswert), während die PBO ein Mass für die Verpflichtungen bei Fortbestand des Planes darstellt.

Die versicherungsmathematischen Rechnungsgrundlagen und Annahmen über Sterblichkeit, Invalidierung, Pensionierung und Austritt sowie über den technischen Zinssatz und die Lohn- und Rentenentwicklung müssen möglichst nahe an der Wirklichkeit gewährt werden. Dies bringt mit sich, dass die Rechnungsgrundlagen betriebsspezifisch ermittelt werden müssen.

Der technische Zinssatz, der Auswirkungen auf PBO, ABO und Service cost hat, muss so gewählt werden, dass er möglichst dem auf dem Kapitalmarkt erzielbaren Ertragszins entspricht. Da grundsätzlich keine Spannweite für den technischen Zinssatz zugelassen ist, kann er je nach wirtschaftlicher Entwicklung von Jahr zu Jahr variieren und versicherungstechnische Gewinne oder Verluste verursachen.

Unter anderem bezweckt FAS 87, ein Mass für die jährlichen Pensionskosten zu finden, das dem Leser von Geschäftsberichten mehr Informationen gibt. Es wird deswegen verlangt, dass die jährlichen Nettopensionskosten (net periodic pension cost) in ihre sechs Komponenten zerlegt werden und dass jede Komponente nach genau vorgegebenen Annahmen bestimmt wird. Dabei erfolgen die Berechnungen aufgrund der Verhältnisse und Annahmen zu Beginn eines Jahres.

Die jährlichen Nettopensionskosten bestehen aus folgenden sechs Komponenten:

- service cost
- interest cost
- return on plan assets
- amortization of unrecognized prior service cost
- amortization of unrecognized net gains or losses
- amortization of transition amount.

Service und interest cost

Auf die Service cost wurde oben schon eingegangen. Der Zinsaufwand (interest cost) entspricht dem Zinsbetrag auf der PBO und Service cost am Jahresanfang zum technischen Zinssatz.

Return on plan assets

Der Kapitalertrag auf dem Vorsorgevermögen (return on plan assets) reduziert die jährlichen Pensionskosten; der erwartete Kapitalertrag ergibt sich aus dem Zinsertrag auf dem marktbezogenen Wert (fair value) des Vorsorgevermögens, wobei der Zinssatz realistisch gewählt werden muss.

Als Prior service cost wird der im Zusammenhang mit einer Planänderung entstehende Gesamtaufwand (Zunahme der PBO) bezeichnet, sofern die Planänderung nach der erstmaligen Anwendung von FAS 87 durchgeführt wird. Die Prior service cost wird in der Regel nicht in einem Betrag verbucht, sondern kann beispielsweise auf die restliche Dienstzeit der Aktivversicherten verteilt werden. Bewirkt die Planänderung eine Abnahme der PBO, sollte grundsätzlich gleich amortisiert werden.

Gains and losses

Gewinne oder Verluste (gains or losses) entstehen durch unvorhergesehene Änderungen der PBO oder der Vorsorgevermögenswerte sowie durch Änderungen der Rechnungsgrundlagen (z.B. anderer technischer Zinssatz). FAS 87 verlangt nicht, dass solche Gewinne oder Verluste sofort verbucht werden. Erst wenn sie über mehrere Jahre aufsummiert den sogenannten Korridor (10% der PBO) überschreiten, sind sie beispielsweise über die restliche Dienstzeit der Aktivversicherten zu amortisieren.

Transition amount

Ein Übergangssaldo (transition amount) ergibt sich zu Beginn des Wirtschaftsjahres, in dem die Vorschriften von FAS 87 erstmals angewendet werden. Er ergibt sich aus der Differenz zwischen der PBO und dem vorhandenen Vorsorgevermögen. Der Übergangssaldo kann eine Net obligation (Fehlbetrag) oder ein Net asset (Überdeckung) darstellen und ist über die restliche Dienstzeit der Aktivversicherten zu amortisieren.

Aufgrund des oben Gesagten ergeben sich die Nettopensionskosten wie folgt:

Zu Beginn des Jahres

    Service cost
+ Zinsaufwand
./. erwarteter Kapitalertrag
+ Tilgung von Prior service cost
+ Tilgung von Nettoverlusten (-gewinnen)
+ Tilgung des Übergangssaldos

= jährliche Nettopensionskosten

Am Ende des Jahres

    Service cost
+ Zinsaufwand
./. tatsächlicher Kapitalertrag (-verlust)
+ Tilgung von Prior service cost
+ Tilgung von Nettoverlusten (-gewinnen)
./. aufgeschobener Vermögensgewinn (-verlust)
+ Tilgung des Übergangssaldos

= jährliche Nettopensionskosten

Eine Gesellschaft mit leistungsorientiertem Vorsorgeplan muss folgendes offenlegen:
- eine Beschreibung des Vorsorgeplanes und des Destinatärkreises
- den Betrag der jährlichen Nettopensionskosten mit getrennter Darstellung der einzelnen Komponenten sowie Angaben über
- den Wert des Vorsorgevermögens (fair value)
- die PBO, ABO
- noch nicht getilgte Prior service cost
- noch nicht getilgte Nettogewinne (-verluste)
- noch nicht getilgter Übergangssaldo

Bei Vorhandensein mehrerer Vorsorgepläne darf im Interesse der Klarheit eine allfällig positive Differenz zwischen Vermögen und ABO des einen Planes nicht mit der allfällig negativen Differenz eines anderen Planes verrechnet werden. Auch bei mehreren Konzerngesellschaften sind die Nettopensionskosten sowie vorsorgebezogene Passiva und Aktiva für jeden Vorsorgeplan einer Gesellschaft getrennt zu ermitteln ...

11.34 Deutsches Bilanzrichtlinien-Gesetz/4. EU-Richtlinie

Ein Bilanzierungswahlrecht lassen unter bestimmten Voraussetzungen die Gesetzgebung und Gerichtspraxis in *Deutschland* zu. Sie folgt dabei gewissermassen der Überlegung des Umlageverfahrens, bei dem eine Rente erst im Zeitpunkt der Ausgabe zum Aufwand wird. Es handelt sich hier um eine "Bilanzierungserleichterung", die sich m.E. nicht aus den üblichen Bilanzierungsgrundsätzen ergibt, sondern deren Begründung wohl eher auf der Förderung der betrieblichen Sozialpolitik beruht. Demgegenüber hält der Berufsstand der deutschen Wirtschaftsprüfer seit langem fest (im Fachgutachten 1/61, in: Die Wirtschaftsprüfung 1961, S. 439), dass seines Erachtens ein Bilanzierungswahlrecht zu verwerfen sei. Für Pensionsverpflichtungen seien während der aktiven Dienstzeit der Berechtigten planmässig Pensionsrückstellungen anzusammeln. Dies entspricht dem Gedanken des Kapitaldeckungsverfahrens. Das Passivierungswahlrecht für Pensionsverbindlichkeiten ist indessen in Übereinstimmung mit der heute herrschenden Meinung. Zur Behandlung der *"Pensionsverpflichtungen im Jahresabschluss"* besteht eine Stellungnahme des Hauptfachausschusses des deutschen Instituts der Wirtschaftsprüfer (veröffentlicht in: WPg 1988, S. 403 ff.; siehe ferner: WPg 1984, S. 331 f.), welche eine Bilanzierungspflicht fordert. Das *Bilanzrichtlinien-Gesetz,* das auf den 1. Januar 1986 in Kraft getreten ist, verlangt für *Neuzusagen* von Pensionsverpflichtungen ab dem 1. Januar 1987 eine *Passivierungspflicht*. Für früher eingegangene Zusagen gilt ein Passivierungswahlrecht, wobei die nicht passivierten Beträge im *Anhang* anzugeben sind.

Nach Art. 43 Abs. 1 Ziff. 7 der *4. Richtlinie der Europäischen Union (EU),* die hier auch *keine Bilanzierungspflicht* verlangt, sind nicht in der Bilanz erfasste Pensionsverpflichtungen im *Anhang* zu vermerken.

In Deutschland wird unterschieden in "unmittelbare und mittelbare Pensionen und ähnliche Verpflichtungen". Zu ähnlichen Verpflichtungen gehören beispielsweise Vorruhestandsregelungen.

- Für *unmittelbare* Pensionszusagen mit Rechtsanspruch, die von Unternehmen nach dem 31. Dezember 1986 erteilt wurden (Neuzusagen), sind Rückstellungen nach § 249 Abs. 1 Satz 1 zu bilden. Dazu gehören auch aufschiebend bedingte Verpflichtungen.
- Für *mittelbare* Pensionsverpflichtungen erfolgt die Rückstellungsbildung in der betreffenden Einrichtung (beim anderen Rechtsträger, z.B. bei der Unterstützungskasse). Im Anhang ist dies zu vermerken.

Für vor dem 1. Januar 1997 erteilte unmittelbare Pensionszusagen *(Altzusagen)* und deren Erhöhung brauchen Rückstellungen (nach § 249 Abs. 1 Satz 1) nicht gebildet zu werden. Es besteht so ein Passivierungswahlrecht. Der Tatbestand ist jedoch im Anhang anzumerken.

Bei Altzusagen besteht steuerlich ein Nachholverbot. Es darf höchstens um den Unterschied zwischen dem Teilwert der Pensionsverpflichtung am Anfang und Ende des Jahres erhöht werden. Unterlassene Zuführungen können erst im Zeitpunkt des Versorgungsfalles (Rentenbeginn) nachgeholt werden. Rückstellungen können bei erstmaliger Bildung über drei Jahre verteilt werden.

Nach HFA 2/1988 sollen Fluktuationen nach betandesspezifischen Erkenntnissen berücksichtigt werden. Dazu wird oft von einfachen Skalen mit Austrittswahrscheinlichkeiten ausgegangen, die mit zunehmendem Alter stark sinken, also bei 30 Jahren 12% und bei 50 Jahren noch 3% betragen.

Als *Rechnungsgrundlagen* dienen in der Regel jene von *Klaus Heubeck*. Nach den steuerlichen Vorschriften sind bis Ende 1998 noch die *Heubeck-RT 1982* und seit Anfang 1999 neu die *Heubeck-RT 1998* anzuwenden.

Nach HFA 2/1988 ist der nach den anerkannten Regeln der Versicherungsmathematik mit einem Rechnungszinsfuss von 6% errechnete Teilwert (§ 6a Abs. 3 EStG) in der Regel als *Wertuntergrenze* anzusehen (nach Beck'scher Bilanz-Kommentar, 4. Aufl., München 1999). Eine höhere Rückstellung ist handelsrechtlich möglich, wenn mit einem tieferen als dem steuerlichen Rechnungszinsfuss von 6% gerechnet wird. Ein Zins von 6% ist heute auch für deutsche Verhältnisse als hoch zu bezeichnen.

Die Rückstellung (Teilwert) errechnet sich für die Zeit nach Erteilung der Pensionszusage ab dem Zeitpunkt des Diensteintritts, frühestens jedoch ab dem Alter 30. Steuerlich dürfen also für die Alter vor 30 Jahren keine versicherungstechnischen Rückstellungen gebildet werden, obwohl dies betriebswirtschaftlich natürlich nötig ist. Die auf frühere Jahre entfallenden Rentenzusagen können in einem Betrag nachgeholt werden, ebenso auch spätere Erhöhungen von Zulagen.

Die steuerrechtlichen Voraussetzungen für die Bildung von Pensionsrückstellungen sind im deutschen Steuerrecht in § 6a EStG umschrieben:

§ 6a deutsches EStG Pensionsrückstellung
(Stand 31.12.1998)

(1) Für eine Pensionsverpflichtung darf eine Rückstellung (Pensionsrückstellung) nur gebildet werden, wenn und soweit
1. der Pensionsberechtigte einen Rechtsanspruch auf einmalige oder laufende Pensionsleistungen hat,
2. die Pensionszusage keine Pensionsleistungen in Abhängigkeit von künftigen gewinnabhängigen Bezügen vorsieht und keinen Vorbehalt enthält, dass die Pensionsanwartschaft oder die Pensionsleistung gemindert oder entzogen werden kann, oder ein solcher Vorbehalt sich nur auf Tatbestände erstreckt, bei deren Vorliegen nach allgemeinen Rechtsgrundsätzen unter Beachtung billigen Ermessens eine Minderung oder ein Entzug der Pensionsanwartschaft oder Pensionsleistung zulässig ist, und
3. die Pensionszusage schriftlich erteilt ist.

11. *Behandlung der Personalvorsorge in der Jahresrechnung* ...

(2) Eine Pensionsrückstellung darf erstmals gebildet werden

1. vor Eintritt des Versorgungsfalles für das Wirtschaftsjahr, in dem die Pensionszusage erteilt wird, frühestens jedoch für das Wirtschaftsjahr, bis zu dessen Mitte der Pensionsberechtigte das 30. Lebensjahr vollendet,
2. nach Eintritt des Versorgungsfalles für das Wirtschaftsjahr, in dem der Versorgungsfall eintritt.

(3) [1]Eine Pensionsrückstellung darf höchstens mit dem Teilwert der Pensionsverpflichtung angesetzt werden. [2]Als Teilwert einer Pensionsverpflichtung gilt

1. vor Beendigung des Dienstverhältnisses des Pensionsberechtigten der Barwert der künftigen Pensionsleistungen am Schluss des Wirtschaftsjahres abzüglich des sich auf denselben Zeitpunkt ergebenden Barwerts betragsmässig gleichbleibender Jahresbeträge. [2]Die Jahresbeträge sind so zu bemessen, dass am Beginn des Wirtschaftsjahres, in dem das Dienstverhältnis begonnen hat, ihr Barwert gleich dem Barwert der künftigen Pensionsleistungen ist; die künftigen Pensionsleistungen sind dabei mit dem Betrag anzusetzen, der sich nach den Verhältnissen am Bilanzstichtag ergibt. [3]Es sind die Jahresbeträge zugrunde zu legen, die vom Beginn des Wirtschaftsjahres, in dem das Dienstverhältnis begonnen hat, bis zu dem in der Pensionszusage vorgesehenen Zeitpunkt des Eintritts des Versorgungsfalls rechnungsmässig aufzubringen sind. [4]Erhöhungen oder Verminderungen der Pensionsleistungen nach dem Schluss des Wirtschaftsjahres, die hinsichtlich des Zeitpunkts ihres Wirksamwerdens oder ihres Umfanges ungewiss sind, sind bei der Berechnung des Barwerts der künftigen Pensionsleistungen und der Jahresbeträge erst zu berücksichtigen, wenn sie eingetreten sind. [5]Wird die Pensionszusage erst nach dem Beginn des Dienstverhältnisses erteilt, so ist die Zwischenzeit für die Berechnung der Jahresbeträge nur insoweit als Wartezeit zu behandeln, als sie in der Pensionszusage als solche bestimmt ist. [6]Hat das Dienstverhältnis schon vor der Vollendung des 30. Lebensjahres des Pensionsberechtigten bestanden, so gilt es als zu Beginn des Wirtschaftsjahres begonnen, bis zu dessen Mitte der Pensionsberechtigte das 30. Lebensjahr vollendet;
2. nach Beendigung des Dienstverhältnisses des Pensionsberechtigten unter Aufrechterhaltung seiner Pensionsanwartschaft oder nach Eintritt des Versorgungsfalles der Barwert der künftigen Pensionsleistungen am Schluss des Wirtschaftsjahres; Nummer 1 Satz 4 gilt sinngemäss.

[3]Bei der Berechnung des Teilwerts der Pensionsverpflichtung sind ein Rechnungszinsfuss von 6 vom Hundert und die anerkannten Regeln der Versicherungsmathematik anzuwenden.

(4) [1]Eine Pensionsrückstellung darf in einem Wirtschaftsjahr höchstens um den Unterschied zwischen dem Teilwert der Pensionsverpflichtung am Schluss des Wirtschaftsjahres und am Schluss des vorangegangenen Wirtschaftsjahres erhöht werden. [2]Soweit der Unterschiedsbetrag auf der erstmaligen Anwendung neuer oder geänderter biometrischer Rechnungsgrundlagen beruht, kann er nur auf mindestens drei Wirtschaftsjahre gleichmässig verteilt der Pensionsrückstellung zugeführt werden; Entsprechendes gilt beim Wechsel auf andere biometrische Rechnungsgrundlagen. [3]In dem Wirtschaftsjahr, in dem mit der Bildung einer Pensionsrückstellung frühestens begonnen werden darf (Erstjahr), darf die Rückstellung bis zur Höhe des Teilwerts der Pensionsverpflichtung am Schluss des Wirtschaftsjahres gebildet werden; diese Rückstellung kann auf das Erstjahr und die beiden folgenden Wirtschaftsjahre gleichmässig verteilt werden. [4]Erhöht sich in einem Wirtschaftsjahr gegenüber dem vorangegangenen Wirtschaftsjahr der Barwert der künftigen Pensionsleistungen um mehr als 25 vom Hundert, so kann die für dieses Wirtschaftsjahr zulässige Erhöhung der Pensionsrückstellung auf dieses Wirtschaftsjahr und die beiden folgenden Wirtschaftsjahre gleichmässig verteilt werden. [5]Am Schluss des Wirtschaftsjahres, in dem das Dienstverhältnis des Pensionsberechtigten unter Aufrechterhaltung seiner Pensionsanwartschaft endet oder der Versorgungsfall eintritt, darf die Pensionsrückstellung stets bis zur Höhe des Teilwerts der Pensionsverpflichtung gebildet werden; die für dieses

11.3 Bekannte Regelwerke zur Rechnungslegung 487

Wirtschaftsjahr zulässige Erhöhung der Pensionsrückstellung kann auf dieses Wirtschaftsjahr und die beiden folgenden Wirtschaftsjahre gleichmässig verteilt werden. [6]Satz 2 gilt in den Fällen der Sätze 3–5 entsprechend.

(5) Die Absätze 3 und 4 gelten entsprechend, wenn der Pensionsberechtigte zum Pensionsverpflichteten in einem anderen Rechtsverhältnis als einem Dienstverhältnis steht.

Interessant sind in diesem Zusammenhang die Ausführungen in einem Entscheid des deutschen Bundesverfassungsgerichts (vom 28. November 1984 – 1 BvR 1157/82), der sich mit dem steuerlich ab 1981 neu festgesetzten *technischen Zinsfuss von 6%* (früher 5,5%) für die Berechnung von Pensionsrückstellungen in den Bilanzen deutscher Unternehmen befasst. § 6a Abs. 3 des deutschen Einkommensteuergesetzes, Fassung 1981, lautete: "Bei der Berechnung des Teilwertes der Pensionsverpflichtung sind ein Rechnungszinsfuss von 6 von Hundert und die anerkannten Regeln der Versicherungsmathematik anzuwenden." Die Steuerbehörden lassen einen tieferen Zinsfuss als 6% nicht zu, was gegenüber den früheren 5,5% zu Rückstellungsauflösungen führte (siehe dazu z.B. ZfB 1985, S. 59 ff.). Das deutsche Gericht führt in seinem Entscheid u.a. aus, es sei nicht zu beanstanden, dass gewerbliche Lebensversicherungen bzw. Versicherungsvereine auf Gegenseitigkeit (z.B. Pensionskassen) mit steuerlicher Wirkung bei der Bildung der Deckungsrückstellungen nur einen Zinsfuss von 3 bzw. 3,5 von Hundert ansetzen dürften, während der massgebende Zinsfuss für Pensionsrückstellungen in den Bilanzen der Unternehmen allgemein nunmehr 6 von Hundert betrage. Dies ergebe sich aus den Besonderheiten des Versicherungsgeschäfts, das eine Sicherheitsreserve verlange, die eventuelle Risiken abdecken und die Leistungsfähigkeit der Versicherung garantieren solle. Demgegenüber komme es bei den Pensionsrückstellungen vielmehr darauf an, den Umfang der Pensionsverpflichtung wirtschaftlich möglichst exakt in der Rückstellung zu erfassen. Einer besonders vorsichtigen Kalkulation nach dem Versicherungsprinzip bedürfe es nicht; deshalb sei es nicht zu beanstanden, dass sich der gesetzliche Rechnungszinsfuss für die Ermittlung der Pensionsrückstellung an der angenommenen Renditeerwartung orientiert (aus: WN, April 1985, hrsg. von Coopers & Lybrand, Frankfurt).

11.35 Beschränkte Aktivierungszulässigkeit für Überschüsse schweizerischer Personalvorsorgestiftungen

Die in FASB 87 (US-GAAP) und IAS 19 festgelegte Aktivierungspflicht von Überschüssen in der Bilanz des Unternehmens kann für schweizerische Personalvorsorgestiftungen nicht ohne weiteres übernommen werden. Hier sind die Besonderheiten des BVG und des schweizerischen Stiftungsrechts zu beachten.

Dies gilt besonders auch für FER 16, die anstelle einer Aktivierung auch eine Erwähnung im Anhang zulässt. In allen wesentlichen Fällen ist es aber wichtig für die Transparenz und aufschlussreich, die technischen Rückstellungen nach der Projected Unit-Credit-Methode dynamisch (unter Berücksichtigung der voraussichtlichen Lohn- und Rentenerhöhungen und der Austrittswahrscheinlichkeiten) zu berechnen. Dies ergibt häufig einen 10–20% höheren Betrag als die konventionelle statische Methode unserer Versicherungsmathematiker.

Gemäss *FER 16* gibt es verschiedene Ausnahmen:
- Nach Ziff. 14 sind Konzerne mit weniger als 250 Personen von FER 16 befreit.
- Nach Ziff. 25, 32 und 33 kann bei BVG-Minimalplänen und ähnlich ausgestalteten Vorsorgeeinrichtungen auf eine Berechnung der Vorsorgeverpflichtung verzichtet werden.
- Nach Ziff. 9 ist ein Überschuss der Pensionskasse in der Bilanz des Unternehmens nur dann zu erfassen oder im Anhang offenzulegen, "wenn es möglich ist, diesen
  - zur Senkung der Arbeitgeberbeiträge oder
  - zur Erhöhung der Leistungen ohne zusätzliche Finanzierung einzusetzen oder
  - aufgrund der lokalen Gesetzgebung dem Arbeitgeber zurückzuerstatten". Letzteres gilt für Arbeitgeberbeitragsreserven im engeren Sinne.

Ein passiver Betrag muss dagegen in jedem Fall bilanziert werden (Ziff. 9).

In der Schweiz sind somit Überschüsse von Pensionskassen *nur in einem sehr beschränkten Umfang beim Unternehmen aktivierungsfähig*. Stets sind zudem die latenten Steuern abzuziehen. Dagegen gilt in allen Fällen nach FER 16 eine gewisse Offenlegung im Anhang. Es gilt auch die Verpflichtungen bei einer Teilliquidation zu beachten, wo alles – ausser den Arbeitgeberbeitragsreserven im engeren Sinne – in den Verteilplan fällt. Dies kann zur Auffassung führen, dass eine Aktivierung von Pensionskassenüberschüssen schweizerischer Stiftungen in Konzernbilanzen in vielen Fällen entfällt. Dank der Möglichkeit eines Contribution Holidays (Beitragserlass) oder für Leistungserhöhungen kann der Arbeitgeber je nach Beitragsparität höchstens 50–60% der freien Stiftungsmittel beanspruchen (30–40% nach Berücksichtigung der latenten Steuern). Im Ausland übernimmt der Arbeitgeber bei Leistungsprimatkassen eine Defizitgarantie und kann andererseits über die Überschüsse verfügen, was beides in der Schweiz nicht der Fall ist (siehe auch *Suter D.*, ST 12/99, S. 1247 ff.; Schweiz. Versicherungsverband, Jahresabschlüsse von börsenkotierten Unternehmungen mit Bezug auf FER 16/IAS 19, August 1999).

Diese Überlegungen zur beschränkten Aktivierungszulässigkeit für Überschüsse schweizerischer Personalvorsorgestiftungen gelten nicht nur für FER 16, sondern auch für jedes andere Regelwerk wie IAS 19 oder US-GAAP (FASB 87). Siehe Abschnitte 6.2 (Teilliquidationen) und 4.44 (Inwieweit sind Arbeitgeberbeitragsreserven und freies Stiftungskapital Eigenkapital des Unternehmens?).

11.4 Beispiele aus der Praxis

Darstellung 11D

Beispiele zur Behandlung der Personalvorsorge im Anhang der Jahresrechnungen von Schweizer Konzernen

Novartis 1998

Personalvorsorge-Einrichtungen

a) Pensionsfonds mit Leistungsprimat
Die Verpflichtungen der Personalvorsorge-Einrichtungen mit Leistungsprimat entsprechen im wesentlichen der „Defined Benefit Obligation". Sie werden periodisch von unabhängigen Versicherungsexperten berechnet. Die in der Erfolgsrechnung erfassten Kosten entsprechen den „Net Periodic Pension Cost" abzüglich der Angestelltenbeiträge. Grössere Aufwendungen und Erträge infolge von neuen Erkenntnissen, von Änderungen der versicherungstechnischen Annahmen sowie von Änderungen im Vorsorgeplan werden über die zu erwartende verbleibende Dauer der Erwerbstätigkeit der Arbeitnehmer erfolgswirksam verbucht. Kleinere Anpassungen werden sofort und vollumfänglich in der Erfolgsrechnung verbucht.

b) Versicherungsleistungen für pensionierte Mitarbeiter
Bei gewissen Konzerngesellschaften bestehen für einen Teil der pensionierten Mitarbeiter und deren Angehörige firmenspezifische Verpflichtungen für Krankheit, Versicherungen und andere Leistungen. Die Verpflichtungen für diese Leistungen sind auf Grund versicherungstechnischer Regeln berechnet und in den langfristigen Verbindlichkeiten enthalten.

c) Abgangsentschädigungen
Verpflichtungen für Abgangsentschädigungen sind gemäss den gesetzlichen Erfordernissen einzelner Länder zurückgestellt worden.

24. Vorsorge-Einrichtungen für pensionierte Mitarbeiter

Personalvorsorge-Einrichtungen
Neben den gesetzlich geregelten Sozialversicherungen bestehen im Konzern mehrere unabhängige Personalvorsorge-Einrichtungen. Das Vermögen wird vorwiegend ausserhalb der Gesellschaften gehalten. Wo dies nicht der Fall ist, werden für die Vorsorgeleistungen, inkl. Abgangsentschädigungen, in der Bilanz entsprechende Rückstellungen gebildet.

Die Mehrheit der Konzernangestellten ist durch Personalvorsorge-Einrichtungen mit Leistungsprimat gedeckt. Alle wesentlichen Verpflichtungen und die zu deren Deckung dienenden Aktiven werden jährlich ermittelt und mindestens jedes dritte Jahr von einer unabhängigen Stelle versicherungstechnisch überprüft.

Die Aktiven der Vorsorgeeinrichtungen werden zum Marktwert bewertet. Die Anwartschaftsbarwerte aller wesentlichen Vorsorgepläne sind durch Aktiven der entsprechenden Vorsorgepläne gedeckt. Bei der Einführung der Berichterstattung gemäss IAS oder zu einem späteren Zeitpunkt angefallene Überschüsse werden während der durchschnittlich zu erwartenden verbleibenden Dauer der Erwerbstätigkeit der Arbeitnehmer über die Erfolgsrechnung amortisiert.

Die folgenden Angaben geben einen Überblick über die Finanzlage der Personalvorsorge-Einrichtungen per 31. Dezember 1998:

11. Behandlung der Personalvorsorge in der Jahresrechnung ...

	1998 Mio CHF
Ausgeschiedene Vermögenswerte von unabhängigen Altersvorsorgeeinrichtungen	24 779
Rückstellungen in der konsolidierten Bilanz für Vorsorgeleistungen und Abgangsentschädigungen in den langfristigen Verbindlichkeiten enthalten	1 094
Zwischentotal	**25 873**
Pensionsverpflichtungen gegenüber aktiven und pensionierten Mitarbeitern	-21 134
Überschuss	**4 739**
In der konsolidierten Bilanz aktivierter Überschuss	-1 605
Nicht aktivierter Überschuss	**3 134**

Die Novartis-Gruppe wird mit Wirkung vom 1. Januar 1999 den revidierten IAS 19 anwenden, was die Aktivierung eines angemessenen Teils des bisher nicht aktivierten Überschusses zur Folge haben wird.

Bei den Vorsorge-Einrichtungen mit Leistungsprimat wurden für die Ermittlung des Vorsorgeaufwands, bzw. des Überschusses, folgende Annahmen getroffen:

Gewichteter Durchschnitt	Erfolgsrechnung 1998 (alter IAS 19) %	Überschuss am 31 Dezember 1998 (revidierter IAS 19) %
– Diskontierungssatz	4.9	4.2
– Inflationsrate	4.3	4.3
– Vermögensertrag	5.2	5.2

Der Nettobeitrag der Pensionskassen mit Leistungsprimat betrug 1998 CHF 42 Mio (1997: CHF 19 Mio). Vorher nicht aktivierte Überschüsse einzelner Pensionskassen in der Höhe von CHF 97 Mio wurden zur Verbesserung der Vorsorgeleistungen aktiver Mitarbeiter verwendet.

In einigen Tochtergesellschaften kommen die Angestellten in den Genuss von beitragsorientierten Vorsorgeplänen und/oder anderen Abgangsentschädigungen. Die Aufwendungen für diese Einrichtungen beliefen sich im Jahre 1998 auf CHF 79 Mio (1997: CHF 31 Mio).

Durch Pensionskassen und ähnliche Einrichtungen wurden am 31. Dezember 1998 1,1 Mio Aktien (1997: 1,2 Mio Aktien) der Novartis AG gehalten, deren Marktwert CHF 3,0 Milliarden (1997: CHF 2,8 Milliarden) betrug.

Andere Einrichtungen für pensionierte Mitarbeiter

Der Stand der nicht fondsdotierten Verpflichtungen für Krankheit, Versicherungen und andere Leistungen für Mitarbeiter im Ruhestand ist am 31. Dezember wie folgt:

	1998 Mio CHF	1997 Mio CHF
In den langfristigen Verbindlichkeiten enthaltene Anwartschaftsbarwerte für Leistungen an Mitarbeiter im Ruhestand	831	899

Folgende Annahmen wurden der Berechnung dieser Verpflichtungen zugrunde gelegt:

Gewichteter Durchschnitt	1998 %	1997 %
– Diskontierungssatz	6.8	7.0
– Trend der Gesundheitskosten	6.2	6.9

1998 beliefen sich diese Kosten auf CHF 27 Mio (1997: CHF 53 Mio).

Nestlé 1998

Rückstellungen

Diese Rubrik enthält die Rückstellungen für Restrukturierungskosten sowie für erkennbare Risiken und ungewisse Verpflichtungen, die nach einer vorsichtigen Beurteilung angesetzt werden.

Vorsorgeverpflichtungen
Pensionsverpflichtungen

Die meisten Mitarbeiter der Gruppe sind im Genuss von Vorsorgeplänen im Leistungsprimat oder im Beitragsprimat, die durch autonome Vorsorgeeinrichtungen, externe Versicherungspläne oder durch Pensionsrückstellungen gedeckt werden.

Für Pläne im Leistungsprimat bestehen die der Erfolgsrechnung belasteten Aufwendungen aus den laufenden Kosten, die den normalen Aufwand zur Finanzierung der Leistungen in Bezug auf die zukünftige Beschäftigungsdauer der Mitarbeiter und einen Nettozins auf Nettoaktiven oder Verpflichtungen enthalten. Gegebenenfalls werden Kostenänderungen über die zukünftige Beschäftigungsdauer der Mitarbeiter verteilt oder, falls sie Pensionierte betreffen, direkt der Erfolgsrechnung belastet. Aufwendungen für Pläne im Beitragsprimat werden direkt erfolgswirksam verbucht.

Die Verpflichtungen aus Plänen im Leistungsprimat sind entweder durch autonome Vorsorgeeinrichtungen gedeckt, in denen die Aktiven, getrennt von denjenigen der Gruppe, unabhängig verwaltet werden, oder durch Pensionsrückstellungen in der konsolidierten Bilanz. Der Unterschied zwischen den jährlichen Kosten für autonome Einrichtungen und den tatsächlich geleisteten Beiträgen wird in der Bilanz als Vorauszahlung oder als Rückstellung verbucht.

Krankheitskosten nach der Pensionierung und andere Leistungen an das Personal

Einige Tochtergesellschaften, vor allem in den USA und in Kanada, führen Pläne für die Deckung von Krankheitskosten und Lebensversicherungen für dafür berechtigte pensionierte Mitarbeiter. Auf der Basis von versicherungsmathematischen Berechnungen werden die Verpflichtungen aus diesen Plänen in der Weise der Erfolgsrechnung belastet, dass die Kosten angemessen über die zukünftige Beschäftigungsdauer der aktiven Mitarbeiter verteilt werden, zusammen mit einer Zinsbelastung auf den kumulierten Verpflichtungen.

Die Verpflichtungen für andere Leistungen an das Personal werden auf der Basis von lokalen Verhältnissen zurückgestellt. Es handelt sich hauptsächlich um Austrittsabfindungen, die nicht unmittelbaren Vorsorgecharakter haben.

18. Vorsorgeverpflichtungen
In Millionen Schweizer Franken

	1998	1997
Rückstellungen für Pensionen	948	889
Krankheitskosten nach der Pensionierung und andere Leistungen an das Personal	1 173	1 122
	2 121	2 011
Aktiven und Verpflichtungen für Pläne im Leistungsprimat am Anfang des Jahres:		
Versicherungsmathematischer Barwert der Pensionsverpflichtungen:		
Autonome Vorsorgeeinrichtungen	12 008	10 905
Nicht ausgesonderte Einrichtungen	927	721
Verkehrswert der zur Deckung von Pensionsverpflichtungen verfügbaren Mittel:		
Vermögen der autonomen Vorsorgeeinrichtungen	12 897	11 401
Rückstellungen für Pensionen	889	911

Versicherungstechnische Annahmen bei den wichtigsten Personalvorsorgeeinrichtungen:
Technischer Zinssatz minus Lohnsteigerungen	1% bis 5%
Technischer Zinssatz minus Rentenanpassungen	3% bis 8%

Versicherungsmathematische Bewertungen der Pensionsverpflichtungen werden generell alle drei Jahre vorgenommen. Sie erfolgen entweder gemäss der als «Projected Unit Credit» oder als «Attained Age» bezeichneten Methoden, je nach lokalem Brauch und satzungsgemässen Regeln. Beiträge an autonome Vorsorgeeinrichtungen werden für jeden Plan gesondert berechnet, aufgrund von versicherungsmathematischen Gutachten, lokalem Brauch und der Gesetzgebung. Allfällige Deckungsdefizite oder -überschüsse werden durch eine angemessene Anpassung der Beiträge über eine gewisse Anzahl Jahre ausgeglichen.

Sulzer 1998

Personalvorsorge Im Konzern bestehen verschiedene Systeme für die Personalvorsorge, die sich nach den örtlichen Verhältnissen und der Praxis in den entsprechenden Ländern richten. Die Finanzierung erfolgt entweder durch Beiträge an rechtlich selbständige Pensionskassen/Versicherungen oder durch Zuweisung an Rückstellungen für Pensionen in den betroffenen Gesellschaften. Bei Vorsorgeplänen nach dem Beitragsprimat entspricht der Periodenaufwand den vereinbarten Beiträgen des Arbeitgebers. Im Fall von Vorsorgeplänen nach dem Leistungsprimat werden die Periodenkosten durch aktuarische Gutachten nach der Projected Unit Credit-Methode bestimmt, die mindestens alle drei Jahre erstellt werden. Die aktuarischen Gutachten schliessen eine Bewertung des ausgeschiedenen Vermögens zu Marktwerten mit ein. Die bei der Einführung von IAS 19 (Geschäftsjahr 1996) entstandenen Über- und Unterdeckungen der Vorsorgepläne nach dem Leistungsprimat werden über die erwartete durchschnittliche Restanstellungsdauer der versicherten Mitarbeiter erfolgswirksam amortisiert. Weitere Über- und Unterdeckungen bei Leistungsprimaten entstehen durch die Wertveränderungen von ausgeschiedenen Vermögensteilen, durch die Veränderung von versicherungsmathematischen Parametern und durch Anpassung der zugesicherten Vorsorgeleistungen. Diese werden ebenfalls über die erwartete durchschnittliche Restanstellungsdauer der versicherten Mitarbeiter erfolgswirksam amortisiert. Planänderungen für Rentner werden sofort der Erfolgsrechnung belastet.

❚ Anmerkung 29

Personalkosten und Personalvorsorge	1998 Mio CHF	1997 Mio CHF
Löhne und Gehälter	1 587	1 619
Soziale Aufwendungen	341	370
Total Personalkosten	**1 928**	**1 989**

Eine Aufstellung des Personalbestands nach Unternehmensbereichen und Regionen ist auf Seite 25ff. ersichtlich.

Aufwand für Personalvorsorge	Mio CHF	Mio CHF
Vorsorgepläne nach dem Beitragsprimat	70	74
Vorsorgepläne nach dem Leistungsprimat	23	20
Total Personalvorsorge	**93**	**94**

Finanzielle Übersicht von Leistungsprimatplänen

	Überfinanzierte Pläne	Unterfinanzierte Pläne	Total 1998 Mio CHF	Total 1997* Mio CHF
Pläne mit ausgeschiedenem Vermögen				
Nettoaktiven zu Marktwerten	559	13	**572**	566
Barwert erwarteter Ansprüche	−419	−19	**−438**	−395
Über-/Unterdeckung	**140**	**−6**	**134**	**171**

Rückstellungen für Personalvorsorge	−	1	1	2
In der Konzernbilanz aktivierter Überschuss	−20	−	−20	−19
Nicht bilanzierte Über-/Unterdeckung	**120**	**−5**	**115**	**154**

Pläne ohne ausgeschiedenes Vermögen				
Barwert erwarteter Ansprüche	−	−168	**−168**	−161
Rückstellungen für Personalvorsorge	−	153	**153**	145
Nicht bilanzierte Unterdeckung	−	−15	**−15**	−16

| **Total nicht bilanzierte Über-/Unterdeckung** | **120** | **−20** | **100** | **138** |

* Vorjahr angepasst

Berechnungsgrundlagen (Gewichtete Durchschnittszahlen)	1998	1997
Technischer Zinssatz	5%	6%
Langfristige Rendite auf Anlagen	6%	6%
Lohnentwicklung	3%	4%
Rentenentwicklung	2%	2%
Fluktuationsrate	7%	5%

Die aktuarischen Gutachten für die Leistungsprimatpläne wurden auf den Abschlussstichtag erstellt. Bei den überfinanzierten Plänen handelt es sich im wesentlichen um Vorsorgeeinrichtungen mit ausgeschiedenem Vermögen in der Schweiz und in England. Der gegenüber dem Vorjahr höhere Barwert erwarteter Ansprüche ist die Folge von beschlossenen Leistungsverbesserungen.
Bei den unterfinanzierten Plänen handelt es sich in erster Linie um Vorsorgepläne ohne ausgeschiedenes Vermögen in Deutschland.

Aus den Geschäftsberichten 1998 der betreffenden Gesellschaft.

Darstellung 11E
Beispiel zur Behandlung der Pensions Plans nach FAS 87

Philip Morris 1998

Note 13. Benefit Plans:

The Company and its subsidiaries sponsor noncontributory defined benefit pension plans covering substantially all U.S. employees. Pension coverage for employees of the Company's non-U.S. subsidiaries is provided, to the extent deemed appropriate, through separate plans, many of which are governed by local statutory requirements. In addition, the Company and its U.S. and Canadian subsidiaries provide health care and other benefits to substantially all retired employees. Health care benefits for retirees outside the United States and Canada are generally covered through local government plans.

Effective December 31, 1998, the Company adopted SFAS No. 132, "Employers' Disclosures about Pensions and Other Postretirement Benefits." SFAS No. 132 does not change the measurement or recognition of those plans, but revises the disclosure requirements for pension and other postretirement benefit plans for all years presented.

Pension Plans: Net pension cost (income) consisted of the following for the years ended December 31, 1998, 1997 and 1996:

(in millions)	U.S. Plans			Non-U.S. Plans		
	1998	1997	1996	1998	1997	1996
Service cost	$ 156	$ 137	$ 143	$ 91	$ 83	$ 80
Interest cost	406	382	373	165	163	166
Expected return on plan assets	(615)	(564)	(533)	(150)	(135)	(131)
Amortization:						
Net gain on adoption of SFAS No. 87	(34)	(24)	(25)			
Unrecognized net loss (gain) from experience differences				(4)	9	(1)
Prior service cost	15	14	14	6	6	3
Termination, settlement and curtailment	251	(22)	(35)			
Net pension cost (income)	$ 189	$ (77)	$ (54)	$ 108	$ 116	$ 118

During 1998, 1997 and 1996, the Company instituted early retirement and workforce reduction programs and, during 1997 and 1996, the Company also sold businesses. These actions resulted in additional termination benefits and curtailment losses of $279 million, net of settlement gains of $28 million in 1998, settlement gains of $22 million in 1997 and settlement gains of $69 million, net of additional termination benefits of $34 million in 1996.

The changes in benefit obligations and plan assets, as well as the funded status of the Company's pension plans at December 31, 1998 and 1997 were as follows:

(in millions)	U.S. Plans		Non-U.S. Plans	
	1998	1997	1998	1997
Benefit obligation at January 1	$5,523	$4,880	$2,701	$2,642
Service cost	156	137	91	83
Interest cost	406	382	165	163
Benefits paid	(396)	(309)	(129)	(79)
Termination, settlement and curtailment	305	(22)		
Actuarial losses	238	461	263	80
Currency			95	(188)
Other	(12)	(6)	15	
Benefit obligation at December 31	6,220	5,523	3,201	2,701
Fair value of plan assets at January 1	8,085	7,101	2,189	1,927
Actual return on plan assets	973	1,308	116	269
Contributions	14	15	53	49
Benefits paid	(272)	(292)	(93)	(70)
Currency			39	(26)
Actuarial (losses) gains	3	(47)	(56)	40
Fair value of plan assets at December 31	8,793	8,085	2,348	2,189
Excess (Deficit) of plan assets versus benefit obligations at December 31	2,483	2,562	(953)	(512)
Unrecognized actuarial (gains) losses	(1,718)	(1,659)	171	(187)
Unrecognized prior service cost	107	121	37	40
Unrecognized net transition obligation	(58)	(83)	12	11
Net prepaid pension asset (liability)	$ 814	$ 941	$ (733)	$ (648)

The combined domestic and foreign pension plans resulted in a net prepaid pension asset of $81 million and $293 million at December 31, 1998 and 1997, respectively. These amounts were recognized in the Company's consolidated balance sheets at December 31, 1998 and 1997 as other assets of $1.9 billion and $1.7 billion, respectively, for those plans in which plan assets exceeded their accumulated benefit obligations and other liabilities of $1.8 billion and $1.4 billion, respectively, for those plans in which the accumulated benefit obligations exceeded their plan assets.

For domestic plans with accumulated benefit obligations in excess of plan assets, the projected benefit obligation, accumulated benefit obligation and fair value of plan assets were $1,484 million, $1,374 million and $1,123 million, respectively, as of December 31, 1998 and $297 million, $229 million and $54 million, respectively, as of December 31, 1997. For foreign plans with accumulated benefit obligations in excess of plan assets, the projected benefit obligation, accumulated benefit obligation and fair value of plan assets were $1,111 million, $996 million and $155 million, respectively, as of December 31, 1998 and $935 million, $814 million and $115 million, respectively, as of December 31, 1997.

The following weighted-average assumptions were used to determine the Company's obligations under the plans:

	U.S. Plans		Non-U.S. Plans	
	1998	1997	1998	1997
Discount rate	7.00%	7.25%	5.37%	6.30%
Expected rate of return on plan assets	9.00	9.00	7.63	7.18
Rate of compensation increase	4.50	4.50	3.73	4.18

The Company and certain of its subsidiaries sponsor deferred profit-sharing plans covering certain salaried, nonunion and union employees. Contributions and costs are determined generally as a percentage of pre-tax earnings, as defined by the plans. Certain other subsidiaries of the Company also maintain defined contribution plans. Amounts charged to expense for defined contribution plans totaled $201 million, $200 million and $199 million in 1998, 1997 and 1996, respectively.

Postretirement Benefit Plans: Net postretirement health care costs consisted of the following for the years ended December 31, 1998, 1997 and 1996:

(in millions)

	1998	1997	1996
Service cost	$ 56	$ 54	$ 59
Interest cost	182	182	180
Amortization:			
Unrecognized net (gain) loss from experience differences	(3)	(3)	4
Unrecognized prior service cost	(12)	(12)	(12)
Other expense (income)	30		(8)
Net postretirement health care costs	$253	$221	$223

During 1998, 1997 and 1996 the Company instituted early retirement and workforce reduction programs and, in 1996, the Company also sold businesses. These actions resulted in additional postretirement health care costs of $20 million and curtailment losses of $10 million in 1998 and curtailment gains in 1996, all of which are included in other expense (income) above.

The Company's postretirement health care plans currently are not funded. The changes in the benefit obligations of the plans at December 31, 1998 and 1997 were as follows:

(in millions)

	1998	1997
Accumulated postretirement benefit obligation at January 1	$2,627	$2,426
Service cost	56	54
Interest cost	182	182
Benefits paid	(125)	(136)
Termination, settlement and curtailment	107	
Plan amendments	1	6
Actuarial (gains) losses	(67)	95
Accumulated postretirement benefit obligation at December 31	2,771	2,627
Unrecognized actuarial losses	(201)	(173)
Unrecognized prior service cost	96	109
Accrued postretirement health care costs	$2,666	$2,563

The assumed health care cost trend rate used in measuring the accumulated postretirement benefit obligation for U.S. plans was 8.0% in 1997, 7.5% in 1998 and 7.0% in 1999, gradually declining to 5.0% by the year 2003 and remaining at that level thereafter. For Canadian plans, the assumed health care cost trend rate was 13.0% in 1997, 12.0% in 1998 and 11.0% in 1999, gradually declining to 4.0% by the year 2005 and remaining at that level thereafter. A one-percentage-point increase in the assumed health care cost trend rates for each year would increase the accumulated postretirement benefit obligation as of December 31, 1998 and postretirement health care cost (service cost and interest cost) for the year then ended by approximately 9.6% and 13.9%, respectively. A one-percentage-point decrease in the assumed health care cost trend rates for each year would decrease the accumulated postretirement benefit obligation as of December 31, 1998 and postretirement health care cost (service cost and interest cost) for the year then ended by approximately 7.9% and 10.9%, respectively.

The accumulated postretirement benefit obligations for U.S. plans at December 31, 1998 and 1997 were determined using assumed discount rates of 7.0% and 7.25%, respectively. The accumulated postretirement benefit obligation at December 31, 1998 and 1997 for Canadian plans was determined using an assumed discount rate of 6.50%.

Aus dem Geschäftsbericht 1998.

12. Vermögensanlage

12.1 Grundsätze der Vermögensanlage

Die Vermögensbildung spielt bei den nach dem Kapitaldeckungsverfahren aufgebauten Personalvorsorgeeinrichtungen ein äusserst wichtiges Wesenselement; dies im Gegensatz zu der auf dem Umlageverfahren beruhenden Sozialversicherung.
Die Bedeutung der in der Personalvorsorge geäufneten Vermögen zeigt *Darstellung 12A*.

Darstellung 12A
Vermögen der Zweiten Säule mit Vergleichszahlen

(in Mrd. CHF)	1996		1992	
Vermögen der Zweiten Säule				
• Aktiven der Vorsorgeeinrichtung der Zweiten Säule:				
– privatwirtschaftliche (Schätzung	240		174	
– öffentlich-rechtliche (Schätzung)	110	348	80	254
• Deckungskapitalien der Kollektivversicherungen	78		56	
		426		310
Vergleichszahlen				
• Bruttosozialprodukt		363		352
• Gesamtaufwand für alle Sozialversicherungen, inkl. Krankenversicherung und Zweite Säule		94		75
• AHV-Ausgleichsfonds		23		22
• Gesamtbautätigkeit		42		43
• Hypothekaranlagen in der Schweiz		515		449
• Bilanzsumme aller Schweizer Banken		1'782		1'149
• Gesamte Kapitalanlagen der schweizerischen Versicherungsgesellschaften				
– Lebensversicherungsgesellschaften	202		137	
– Unfall- und Schadensversicherung	65		49	
– Rückversicherung	32	299	15	201
Quellen: Statistisches Jahrbuch der Schweiz u.a.				

Entweder wird das geäufnete Kapital *von der Vorsorgeeinrichtung selbst verwaltet*, so bei autonomen Kassen und teilautonomen Einrichtungen (in der Regel Spareinrichtungen), oder eine Sammel- oder Gemeinschaftsstiftung bzw. eine Lebensversicherungsgesellschaft besorgt dies im Rahmen eines *Kollektivversicherungsvertrages*.

Wird die Altersvorsorge durch eine Kollektivversicherung gedeckt, so wird deren Deckungskapital (bzw. Rückkaufswert) *in der Bilanz der Stiftung regelmässig nicht aufgeführt*. In eine Gesamtbeurteilung – beispielsweise anlässlich eines zwischenbetrieblichen Vergleichs – ist indessen auch dieses Vermögen einzubeziehen.

Bei einer gut ausgebauten, seit vielen Jahren bestehenden Vorsorgeeinrichtung können insgesamt *bis 200 und mehr Prozent* der jährlichen AHV-Lohnsumme des Unternehmens als Vorsorgevermögen angesammelt sein, und zwar als eigenes Vermögen oder als Rückkaufswert. Nicht selten ist das mehr als der Wert des Unternehmens als Ganzes.

Eine Vorsorge- wie eine Versicherungseinrichtung hat grundsätzlich ihr Vermögen so anzulegen, dass daraus für die Versicherten und Begünstigten der grösste Nutzen entsteht. *Der grösste Nutzen ist dann erzielt, wenn die Anlagen den Grundsätzen der Sicherheit und Risikoverteilung, der Realwerterhaltung, des Ertrages und der Liquidität ineinandergewogen in optimalem Masse genügen.*

Der Vorteil der autonomen Vorsorgeeinrichtungen gegenüber der Kollektivversicherung wird vor allem in der Kapitalanlage gesehen. Dadurch, dass die Verwaltung innerhalb der stiftungs- und steuerrechtlichen Bestimmungen frei vorgenommen werden kann, hoffen viele autonome Vorsorgeeinrichtungen eine höhere Rendite (inkl. Wertsteigerung der Sachwertanlagen) zu erzielen, als den Lebensversicherungsgesellschaften möglich ist. In diesen Freiheiten liegen aber auch Gefahren.

Das Vermögen der Vorsorgeeinrichtungen wird auch oft teilweise in *Übereinstimmung mit den betrieblichen Interessen* angelegt. So können Teile der Firmabeiträge dem Arbeitgeber weiterhin in Form von Kontokorrent- und Hypothekardarlehen für die Finanzierung des Betriebes belassen werden, sofern die Bonität gegeben ist. Zugunsten der Arbeitnehmer werden von den Vorsorgeeinrichtungen vielfach Mehrfamilienhäuser erstellt und Wohnbaudarlehen gewährt. Dazu dient insbesondere das Wohneigentumsförderungsgesetz von 1993 (siehe Abschnitt 6.3).

Die Vermögen der einzelnen Pensionskassen sind auch im Vergleich zu jenem von Lebensversicherungsgesellschaften (siehe *Darstellung 3B*) sehr bedeutend. Die 13 grössten Pensionskassen verwalteten 1993 CHF 77 Mrd. oder 28% des gesamten Vermögens der beruflichen Vorsorge von CHF 275 Mrd. (siehe "Bilanz", Oktober 1994, S. 52, bzw. SHZ, Top 2000, 1993, S. 133).

12.1 Grundsätze der Vermögensanlage

	Vermögen (Mrd. CHF)	Anzahl Arbeitnehmer (1'000 Pers.)* in der Schweiz
EVK (PKB)	20,2**	114
Ciba	8,6	22
SBB	6,9**	38
Migros	6,5	51
Sandoz	5,5	10
Swissair	5,5	19
Bankgesellschaft	5,3	22
Bankverein	3,8	19
Coop	3,4	35
ABB	3,0	14
Kreditanstalt	2,9	15
Roche	2,8	11
Sulzer	2,5	14

*Der Vergleich mit der Anzahl Arbeitnehmer ist nur bedingt aussagefähig. Es fehlen die Rentenbezüger. Evtl. bestehen weitere Vorsorgeeinrichtungen, die hier nicht berücksichtigt sind, oder es sind auch Expatriats (zu ausländischen Konzerngesellschaften entsandte Personen) erfasst.
**Ohne den versicherungstechnischen Fehlbetrag.

Gemäss Pensionskassenstatistik 1996 wiesen 52 Pensionskassen eine Bilanzsumme von je über CHF 1 Mrd. aus, total CHF 183 Mrd. oder 43% des Gesamtvermögens. Weitere 109 Pensionskassen (mit einem Vermögen von CHF 57 Mrd.) weisen eine Bilanzsumme zwischen CHF 300 und 1'000 Mio. auf.

12.11 Sicherheit und Risikoverteilung

Der Grundsatz der *Sicherheit* muss für Vorsorgeeinrichtungen an erster Stelle stehen. Die Anlagen sollen sicher sein; dazu gehört neben der *Bonität der Schuldner* und der langfristigen *wertmässigen Qualität der Sachwertanlagen* auch eine *angemessene Risikoverteilung*.

Die *Risikoverteilung* kann dadurch erreicht werden, dass Investitionen in einzelne Anlagekategorien und Objekte oder Guthaben beim gleichen Schuldner *begrenzt*, *Sicherheiten* einverlangt oder besonders risikobehaftete Investitionen überhaupt *nicht getätigt* werden. Die Begrenzung kann *von Fall zu Fall* durch Einzelentscheide oder *planmässig* in Prozenten des Gesamtvermögens oder in absoluten Beträgen je Risikoeinheit festgelegt werden. Es können auch Limiten für Branchen, Länder, Währungen usw. gesetzt werden.

Dabei ist es in der Regel leichter vertretbar, mit ungebundenem Stiftungskapital (z.B. von patronalen Fonds) als mit dem für Vorsorgeleistungen gebundenen Kapital (technischen Rückstellungen) gewisse Risiken in der Vermögensanlage einzugehen. Danach richtet sich die *Risikofähigkeit*.

Das Vorsichtsprinzip wird auch als *Prudent Man Rule* bezeichnet. Die Prudent Investor Rule verlangt eine Diversifikation der Vermögensanlagen und ein ausgewogenes Portfolio.

12.12 Realwerterhaltung

Ein weiterer Grundsatz für die Vermögensanlage, der mit der Sicherheit zusammenhängt, betrifft die *Realwerterhaltung*.

Es kann eine *nominelle,* den Nominalwert betreffende, und eine *reale,* den Realwert betreffende Sicherheit unterschieden werden. Nominelle Sicherheit ist dann gegeben, wenn gewiss ist, dass der gleiche Betrag, der angelegt wurde, in nominellen Geldeinheiten wieder zurückerstattet wird. Dieser Sicherheitsbegriff herrscht beim Versicherungs-, aber auch beim Banksparen vor. Früher galt auch bei Stiftungen oft der Begriff der *Mündelsicherheit.* Dieser sollte im herkömmlichen Sinne heute nicht mehr angewendet, sondern durch einen anderen, weiter gefassten Ausdruck ersetzt werden. Ein Teil des Vermögens sollte heute der Realwertsicherheit unterstellt werden. Beide Sicherheiten ergänzen sich gegenseitig. Die Aufsichtsämter aller Kantone lassen daher ertragabwerfende, nicht bloss spekulativen Charakter tragende Sachwerte schon seit vielen Jahren teilweise als Vermögensanlage zu.

Das zur Deckung der technischen Rückstellungen notwendige Vermögen *werterhaltend,* gleichwohl aber zinstragend und sicher anzulegen, bedeutet eine grosse, wenn nicht überhaupt die grösste Sorge von Verwaltungen von betrieblichen Vorsorgeeinrichtungen und Lebensversicherungsgesellschaften.

Der Begriff der Sicherheit verlangt bei der Kapitalanlage nicht nur eine Risikoverteilung *in sachlicher und zeitlicher Hinsicht,* sondern auch *zwischen Nominal- und Sachwerten.* Wenn die Lebensversicherungsgesellschaften und Vorsorgeeinrichtungen die angesammelten Versicherungsgelder nicht in einigermassen gleichwertigen Franken zurückzahlen können, so werden sie in den Augen vieler ihrer volkswirtschaftlichen Aufgabe nicht voll gerecht und riskieren, immer mehr Boden an die Sozialversicherung zu verlieren. Die Sozialversicherung kann durch einen politischen Akt jederzeit die Versicherungsleistungen der Veränderung des Geldwertes und einem höheren Lebensstandard anpassen. Man denke an die bisherigen Revisionen der Eidg. Alters- und Hinterlassenenversicherung.

Man hat sich allerdings auch des mit *Sachwertanlagen verbundenen Risikos* bewusst zu sein. Eine Verminderung der nominellen Auszahlungen, die sich auf den Franken genau nachrechnen lassen, würde vom grössten Teil der Versicherten als unbillig empfunden, selbst wenn die Kaufkraft der ausbezahlten Summe infolge einer allgemeinen Preissenkung genauso gross wäre wie die der ursprünglichen Versicherungssumme. Deshalb wird vor allem bei Versicherungsgesellschaften mit Recht immer wieder darauf hingewiesen, dass der Anlage von Versicherungskapitalien nur Werte entsprechen, welche die Rückzahlung in einem bestimmten Zeitpunkt mindestens zum Nennwert gewährleisten.

Für die Vorsorge- und Versicherungseinrichtungen gelten übrigens ähnliche Grundsätze wie für Banken, die mit den Spargeldern in der Regel auch nur nominelle Hypothekarkredite finanzieren und von denen auch nicht verlangt wird, dass sie in Form eines "Sonderbonus" die Geldentwertung ausgleichen.

Zusammenfassend hat der Autor schon 1964 (in der 1. Auflage dieses Buches, S. 99, als die Sachanlagen erst 15% der Bilanzsumme ausmachten) die Ansicht vertreten, dass eine Vorsorgeeinrichtung im allgemeinen, wenn keine besonderen Umstände vorliegen, höchstens 40% des Vermögens in Sachwertanlagen (10% in erstklassigen Aktien, 30% in schweizerischen Liegenschaften bzw. in entsprechenden Mieteigentumszertifikaten) und die restlichen 60% in nominellen Anlagen, wie Obligationen, Hypotheken, Darlehen an die Arbeitgeberfirma usw., anzulegen habe. Heute haben sich die Gewichte innerhalb der Sachwertanlagen verschoben, so dass als *langfristig anzustrebende Vermögensstruktur* etwa 20–25% in Aktien und höchstens 15–20% in Liegenschaften angemessen sind.

12.13 Angemessener Ertrag

Ein wichtiger Grundsatz für die Vermögensanlage von Vorsorgeeinrichtungen ist sodann die Erzielung eines *angemessenen Ertrages*.

Dabei ist eine *stabile Rentabilität* wichtig, weil die technischen Berechnungen auf einem für die ganze Laufzeit der Versicherung gleichbleibenden *technischen Zinsfuss* beruhen. Der technische Zinsfuss, der der Prämien- bzw. Deckungskapitalberechnung zugrunde liegt, sollte ein vorsichtiger Mittelwert der wirklich erzielten effektiven Zinssätze sein bzw. sich später als das erweisen. Der technische Zinsfuss muss also mit der Rendite des Vermögens der Vorsorgeeinrichtung in Einklang stehen entsprechend dem Grundsatz der *genügenden Rendite*. Die Lebensversicherungsgesellschaften rechnen heute in der Regel mit einem technischen Zinsfuss von 3%; Mehrerträge auf den Vermögensanlagen kommen den Versicherten in Form von jährlichen Überschussvergütungen (Gewinnanteilen) zu (in der Regel allerdings nicht der einzelnen Person, sondern der Gruppe als Ganzes).

Nach *Art. 12 der BVV 2* müssen die Altersguthaben mit *mindestens 4% verzinst* werden. Dieser technische Zins von 4% hat sich allgemein als kalkulatorischer Satz bei Vorsorgeeinrichtungen durchgesetzt. Diese 4% sind indessen jederzeit abänderbar und daher nur beschränkt mit einem langfristig geltenden technischen Zinsfuss vergleichbar. Gemäss Tarif 1984 rechnen auch die Lebensversicherungsgesellschaften bei der Verzinsung der BVG-Alterskonten mit 4%. Seit 1996 sind die Lebensversicherungsgesellschaften frei in der Tarifgestaltung (vorgehältlich Genehmigung durch das BPV).

Die Höhe des Kapitalmarktzinssatzes ist stark abhängig von der *Inflationsrate*. Bei hoher Geldentwertung liegen auch die Zinssätze hoch (siehe Zinssätze in Ländern mit hoher Inflation).

Darstellung 12H zeigt einen Vergleich von Vermögensanlagen (Nominalwerte und Sachwerte) anhand von Renditen und Indexreihen seit 1946. Der Realzins auf schweizerischen Obligationenanlagen (Spalte 18 von *Darstellung 12H*) schwankte in früheren Jahren häufig nur um 0%, der Durchschnitt liegt heute bei 2–2,5%.

Für die Ertragsbeurteilung wird richtigerweise immer mehr nicht nur auf die Erträge, sondern auf die *Performance* geachtet. Die Performance enthält auch die jährlichen Wertveränderungen gemäss Börsenkurs.

Bei der *Berechnung der Rendite* sollte daher der gesamte Vermögensnettoertrag aus Zinsen (inkl. Marchzinsen), Dividenden, Kursgewinnen usw. im Verhältnis zum durchschnittlichen Gesamtvermögen in der betreffenden Rechnungsperiode mitberücksichtigt werden. Sodann ist auf die genaue *Rechnungsabgrenzung* zu achten. Ohne Berücksichtigung von Marchzinsen können sich (namentlich bei kleineren Vermögen, bei denen es keinen Ausgleich gibt) unrichtige Durchschnittsrenditeberechnungen und somit auch falsche Schlussfolgerungen ergeben.

Durch Diversifikation bei den Vermögensanlagen in tiefere Bonität kann eine Renditesteigerung erzielt werden. Dadurch erhöht sich aber das Verlustrisiko, das im Rahmen der Kreditfähigkeit zu beurteilen ist.

12.14 Genügende Liquidität

Ein weiterer Grundsatz bei jeder Vermögensanlage bezieht sich auf die Haltung einer genügenden *Liquidität*, d.h. das Vermögen darf nur so investiert sein, dass bei Kapitalbedarf rechtzeitig die benötigten Liquiditäten beschafft werden können. Zum Grundsatz der genügenden Liquidität gehört somit die Forderung nach der *Handelbarkeit der Anlagen*, d.h. dass gegebenenfalls die Anlagen verkäuflich oder abtretbar sein sollten (z.B. also keine Hypotheken auf spezifischen Fabrikliegenschaften des Arbeitgebers).

Darstellung 12B

Vermögensstruktur der privatwirtschaftlichen Vorsorgeeinrichtungen 1960–1996

Bilanzposten	1960	1970	1975	1980	1987	1990	1992	1996
				(in % der Bilanzsumme)				
Anleihensobligationen und Kassascheine	37,1	33,2	30,8	35,8	36,9	34,3	35,5	29,9
Liegenschaften	12,4	21,3	25,7	23,0	20,4	19,5	18,4	15,6
Hypotheken	26,9	18,1	14,6	10,7	7,9	7,7	7,6	4,7
Guthaben beim Arbeitgeber	14,2	15,3	13,8	8,7	4,4	3,8	3,4	3,3
Aktien, Partizipationsscheine	1,7	4,6	7,2	7,5	8,1	10,8	11,3	16,6
Anlagestiftungen, Fonds und Immobiliengesellschaften	–	–	–	–	9,7	10,1	9,6	15,1
Übrige (flüssige Mittel, Debitoren u.a.)	7,7	7,5	7,9	14,3	12,6	15,1	14,2	14,8
Total	100,0	100,0	100,0	100,0	100,0	100,0	100,0	100,0
Total Mrd. CHF	7,7	21,8	37,4	57,5	112,6	147,2	173,5	240,0

Quelle: Pensionskassenstatistiken (angepasst)

Der notwendige *Liquiditätsgrad* kann für die wahrscheinlich eintreffenden Versicherungsereignisse berechnet werden. Auch hier wird das Ergebnis genauer sein, je grösser die Risikogemeinschaft ist und je geringer demnach die Zufallsschwankungen sind.

Die *Liquiditätsplanung* hat dafür zu sorgen, dass bei Eintritt des Versicherungsfalles oder bei Austritt des Versicherten die liquiden Mittel vorhanden sind. Bei Renten, wie sie autonome Kassen in der Regel vorsehen, ist dieser Grundsatz leichter einzuhalten als bei Kapitalleistungen. Eine wichtige Rolle spielt die Liquidität vor allem bei Spareinrichtungen, die Kapitalauszahlungen vorsehen. Infolge ungenügender Liquidität dürften sich bei Vorsorgeeinrichtungen in der Praxis kaum je ernsthaftere Schwierigkeiten ergeben.

Der Grundsatz der Liquidität tritt daher bei Vorsorgeeinrichtungen – im Gegensatz zur Lage bei den meisten anderen Investoren – stark *in den Hintergrund*. Einmal lassen sich die Einnahmen und Ausgaben gut planen; sodann befinden sich die meisten Vorsorgeeinrichtungen noch in einer Aufbauphase (d.h. die laufenden Einnahmen an Beiträgen und Zinsen sind grösser als die Ausgaben für Leistungen). Zudem sind die Vermögensanlagen meistens so, dass auch grössere Teile kurzfristig liquidiert werden könnten (z.B. Wertschriftenverkäufe bei Massenaustritten infolge Betriebsumstrukturierungen oder bei Auszahlungen im Rahmen eines Sozialplans). Kapitalzahlungen bei

Tod oder Invalidität – welche erheblich sein können – sind meist kollektivversichert. Bei nachträglichem Abschluss einer Kollektivversicherung können die Aktiven der Vorsorgeeinrichtung in der Regel ohne weiteres an die Lebensversicherungsgesellschaft an Zahlungs Statt abgetreten werden.

12.15 Risikofähigkeit und Schwankungsreserven

Ausgangsbasis für die Anlagestrategie ist die Feststellung der *Risikofähigkeit*. Dabei ist auch das Zusammenspiel der Risiken zu beachten. Verschiedene Risiken können sich gegenseitig wieder kompensieren. Es gibt finanzielle und technische Risiken. Risiko bedeutet hier, das anvisierte Ziel (Leistungserbringung) mit den eingesetzten Finanzierungsquellen (Beiträge, Vermögenserträge) zu verfehlen. Das Risiko muss dabei nicht nur für ein einziges Jahr, sondern es kann über mehrere Jahre bis zum Planungshorizont betrachtet werden. Dann entspricht die Betrachtung von 1'000 Fällen während eines Jahres jener von 200 Fällen während fünf Jahren. Versicherungstechnische Bilanzen werden oft nur alle drei Jahre erstellt. Die Veränderung in den drei Jahren kann dann als eine Periode betrachtet werden.

Beim *Asset Liability Management* spielt die *Asset Allocation* eine zentrale Rolle. Der strategische und taktische Asset Allocation vorauszugehen hat eine Analyse der Verpflichtungen. Die strategische Asset Allocation wird sich an Benchmark halten.

Für die Beurteilung ist vom aktuellen Deckungsgrad auszugehen. Je höher dieser ist, um so mehr Risiko kann eingegangen werden. Der über 100% betragende Teil der Deckung dient dann als "Ausfallgarantie".

Wenn eine Pensionskasse sagt, sie wolle eine höhere Performance erzielen (als beispielsweise den Zins auf Staatsobligationen), so muss sie auch bereit sein, ein *höheres Risiko* einzugehen. Der Risikozuschlag ist ein wesentliches Element des Zinsfusses in der Investitionsrechnung (nebst Realzins und Inflationserwartung). Pensionskassen sind wegen ihrer Grösse und der Langfristigkeit der Anlage in der Lage und sollten dies auch tun, ein höheres Risiko zu tragen als eine Anlage in Staatsobligationen.

Für die Feststellung der Risikofähigkeit müssen alle Aktiven zu ihren Marktwerten bewertet werden. Zur Realisierung einer optimalen Asset Allocation und für die Beitrags- und Leistungsregelung ist die Kenntnis des Vermögensstandes nach Auflösung aller stillen Reserven wichtig. *Schwankungsreserven*, die 10–20% der Aktienanlagen (je nach Art der Titel) erreichen, sind separat unter den Passiven auszuweisen. Schwankungsreserven sind eine wichtige Steuerungsgrösse zur finanziellen Führung von Vorsorgeeinrichtungen und schützen vor extremen Volatilitäten.

12.1 Grundsätze der Vermögensanlage

Es ist auch schon die Meinung geäussert worden, dass zur effizienteren Nutzung des Anlagemarktes den Pensionskassen eine gewisse Unterdeckung gestattet sein sollte. Die Vorschrift von Art. 65 Abs. 1 BVG wäre demnach zu lockern. Dabei müssten jedoch fachmännische Anlagestrategien und eine entsprechende Organisation vorliegen (siehe z.b. *Nussbaum W.*, Das System der beruflichen Vorsorge in den USA im Vergleich zum schweizerischen Recht, Bern 1999). Dem müsste beigefügt werden, dass auch die Personen, die sich mit den Anlagen befassen, bezüglich Ausbildung und Erfahrung dafür Gewähr bieten sollten, ähnlich wie dies die Bankengesetzgebung vom Bankmanagement fordert.

Die Vorschriften von BVV 2, Art. 53 ff., sollten nach *Nussbaum* im Lichte der amerikanischen Konzeption überprüft werden. "Unter dem Aspekt der Prudent Investor Rule könnten die allgemeinen Anlagegrundsätze in Art. 71 BVG dahingehend belebt werden, als von den Vorsorgeeinrichtungen ein fachtechnisch einwandfreies Asset-Liability-Management und eine Marktbewertung der Aktiven und Passiven verlangt wird. Diese Konzeption würde die Art. 53 ff. BVV 2 weitgehend erübrigen. Insbesondere sollte aber Art. 59 BVV 2 so gefasst werden, dass aufgrund einer fachmännischen Anlagestrategie die Aufsichtsbehörde das Abweichen von den Anlagelimiten nicht nur im Einzelfall, sondern generell bewilligen kann ... Eine detaillierte Regelung der Vermögensanlage durch den Staat, namentlich die Vorgabe von gesetzlichen Anlagelimiten bewirkt die Gefahr der Ineffizienz und der Schaffung zusätzlicher Risiken" (*Nussbaum*, S. 480/481).

Die *Versicherungskasse der Stadt Zürich,* die schon vor einigen Jahren auf das Beitragsprimat umstellte, wies dank eines seit Jahren hohen Aktienanteils Ende 1998 einen Deckungsgrad von 150% auf.

Bei der *Beamtenversicherungskasse des Kantons Zürich* (Vermögen CHF 17,1 Mrd., 50'000 Aktive und 15'000 Rentner, Deckungsgrad 122%) betrug Ende 1998 die Schwankungsreserve 19% des gebundenen Vorsorgevermögens.

Ein wichtiger Grund, weshalb die Vorsorgeeinrichtungen in der Schweiz wenig Aktien in ihren Portefeuilles aufweisen, liegt darin, dass die Vorsorgeeinrichtungen "jederzeit Sicherheit dafür bieten" müssen, dass "die übernommenen Verpflichtungen" erfüllt werden können (Art. 65 BVG). In Grossbritannien kann eine Pensionskasse während dreier Jahre, in den Niederlanden während eines Jahres eine Unterdeckung aufweisen, bevor sie ausgeglichen werden muss. Die britischen Pensionskassen haben eine Aktienquote von 70–80%, die niederländischen rund 30% und die schweizerischen (privatrechtlichen) rund 15% (siehe *Ammann*, in: SVP 11/98, S. 847).

Nach den guten Börsenjahren 1994–1998 stellte sich für die Pensionskassen ein neues Problem, nämlich das der *gerechten Verteilung der erzielten Börsengewinne.* Zuerst wird damit wohl eine Schwankungsreserve zu bilden sein. Doch ein Äufnen für die Zukunft sollte begrenzt werden. Deckungsgrade von

120 und mehr Prozenten führen spätestens bei Teilliquidationen zu Schwierigkeiten, wenn Austretende besser behandelt werden als Verbleibende. Zudem kaufen sich Neueintretende regelmässig nur in einen Deckungsgrad von 100% ein, so dass eine Verwässerung stattfindet, wenn ein Deckungsgrad von über 100% besteht.

12.16 Bewusste Anlagepolitik und -planung

Ein weiterer Grundsatz für jede grössere Vermögensanlage ist sodann, eine vom Stiftungsrat beschlossene, also *bewusste Anlagepolitik* zu betreiben, bei der die vorgenannten Grundsätze der Vermögensanlage systematisch und ausgewogen angewandt werden. Diese Politik betrifft auch die *Anlageplanung* im Sinne einer Finanzplanung (Anlage- und Wiederanlage flüssiger Mittel). Vermögensanlagen sollen kurz-, mittel- und langfristig im Rahmen einer bewussten Politik geplant werden. Dazu ist zu empfehlen, dass der Stiftungsrat schriftliche *Anlagerichtlinien* erlässt. Gegebenenfalls kann auch aus dem Stiftungsrat unter evtl. Beizug eines Dritten ein *Anlageausschuss* gebildet werden.

Nach dem am *1. Januar 1996* in Kraft getretenen neuen Art. 49a BVV 2 ist es eine *Führungsaufgabe,* die notwendigen Anweisungen für die Vermögensanlage zu geben. Dieser neue Art. 49a BVV 2 ist auch für nichtregistrierte Personalvorsorgestiftungen anwendbar.

Art. 49a BVV 2 Führungsaufgabe
(Art. 51 Abs. 1, 2 und Art. 71 Abs. 1 BVG)

Die Vorsorgeeinrichtung legt die Ziele und Grundsätze, die Durchführung und Überwachung der Vermögensanlage nachvollziehbar so fest, dass das paritätische Organ seine Führungsaufgabe vollumfänglich wahrnehmen kann.

Im Gegensatz zum Finanzplan eines Unternehmens ist jener einer Vorsorgeeinrichtung weniger ausgabenbezogen, sondern mehr *ausgerichtet auf die Einnahmen und die Kapitalrückzahlungen* (Feststellung des Wiederanlagezeitpunktes). Zur Rückzahlung fällige Anlagen sind neu zu plazieren.

Der jährliche Einnahmenüberschuss der Vorsorgeeinrichtung – bis zum sog. *Beharrungszustand* – führt jährlich zu Neuanlagen von Geldern. Dies kann zum voraus geplant werden. Zur Finanzplanung empfehlen sich in grösseren Verhältnissen detaillierte tabellarische Übersichten, wie diese für die Budgetierung bei Unternehmen üblich sind. Eine Finanzplanung ist vor allem wichtig,

12.1 Grundsätze der Vermögensanlage

wenn besondere Ereignisse, wie Betriebsstillegungen, Massenentlassungen, Pensionierungsschübe usw., bevorstehen.

Im Bereich der Zweiten Säule nehmen die Anforderungen bei der Vermögensverwaltung laufend zu. Neue Instrumente auf dem Kapitalmarkt verlangen Professionalität. Zur Nachprüfung der eigenen Erfolge drängen sich Vergleiche mit der Performance anderer Einrichtungen auf. Dazu werden laufend Erfahrungszahlen ermittelt (vgl. Abschnitt 12.32).

Eine Verbesserung der Rendite auf dem Vermögen um 1% als Folge besserer (und bewussterer) Vermögensverwaltung entspricht im Mittel rund 10% der Beiträge.

Die Anlagestruktur muss (im Rahmen der Anlagerichtlinien des BVG) der Risikofähigkeit einer Pensionskasse entsprechen. Es gilt die Definition der *optimalen Portfoliostruktur* unter dem ersten Ziel der Sicherheit (Safety First-Prinzip). Dabei zählt nicht nur das Risiko der Schwankungsintensität bzw. der Volatilität der Portfolio-Performance, sondern auch das Risiko, eine bestimmte Basisrendite (z.B. den technischen Zinsfuss von 4%) zu unterschreiten. Dazu bestehen verschiedene computerunterstützte Modelle.

Eine geplante *Direktive der Europäischen Union über Anlagen der Pensionskassen* hat sich als zu komplex erwiesen und zu zuvielen Divergenzen geführt und ist 1994 als Projekt aufgegeben worden (siehe SPV 9/94, S. 399).

Darstellung 12C

Risikoertragskombinationen für die Schweiz 1926-1998

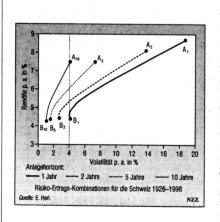

Anmerkung

Eine grundlegende Erkenntnis der Portfoliotheorie besteht darin, dass Anleger durch die Kombination von vreschiedenen Wertpapieren ein Portefeuille mit individuellem Risikoertragsprofil schaffen können. Die möglichen Risikoertragskombinationen lassen sich durch die Effizienzgrenze darstellen: Die Punkte A kennzeichnen dabei reine Aktienengagements, die Punkte B Bondportfolios und die Verbindungslinien dazwischen gemischte Investitionen. Wenig Beachtung findet aber die Tatsache, dass sich die Effizienzgrenze mit dem Anlagehorizont verschiebt. Für den Schweizer Markt weist demnach ein Aktienportfolio mit einem Anlagehorizont von zehn Jahren die gleiche jährliche Volatilität auf wie ein Bondportfolio mit einer Haltedauer von einem Jahr. (bis.)

Quelle: E. Heri, NZZ 3. Januar 2000

Darstellung 12D

Inflationsraten in ausgewählten Ländern

(1900-1998; kumuliert; in Prozenten

	1900-1909	1910-1919	1920-1929	1930-1939	1940-1949	1950-1959	1960-1969	1970-1979	1980-1989	1990-1998
Australien	–	125,3	4,2	-9,7	68,0	86,3	27,8	162,3	122,1	24,5
Österreich	–	–	–	-8,2	607,0	59,8	40,0	80,8	43,5	25,4
Kanada	–	–	-5,9	-16,9	54,2	27,3	29,2	107,5	82,9	20,3
Frankreich	3,6	203,5	116,2	33,7	1549,8	73,1	46,8	140,5	94,6	18,4
Deutschland	18,4	386,7	*	-17,1	21,6	49,8	26,3	62,7	31,5	26,5
Italien	6,3	194,1	130,0	3,5	4466,4	35,1	40,3	241,8	173,9	45,9
Japan	17,7	140,0	-31,8	40,5	7780,4	32,7	71,2	135,9	25,9	12,9
Spanien	5,4	83,5	4,1	0,0	298,0	76,2	75,1	293,8	154,8	44,6
Schweden	9,4	135,1	-35,5	6,5	61,4	53,5	45,9	133,9	109,1	33,6
Schweiz	13,3	133,0	-34,0	-12,4	54,3	13,8	37,3	62,4	39,0	21,4
Grossbritannien	3,3	138,6	-26,2	4,8	30,8	38,7	43,8	241,1	95,7	38,4
USA	25,0	103,0	-9,0	-18,6	68,6	24,6	28,2	103,5	64,4	30,5

*2328683400,0%

Quelle: Global Financial Data, NZZ 3. Januar 2000

12.2 Vorschriften zur Vermögensanlage

Im folgenden sollen die bestehenden Vorschriften hinsichtlich der Vermögensanlage von Vorsorgeeinrichtungen näher betrachtet und an den vorgenannten allgemeinen Grundsätzen gemessen werden.

12.21 Bestimmungen des Stiftungsrechts zur Vermögensanlage

Das Stiftungsrecht weist in *Art. 89bis Abs. 6 ZGB* (in der Änderung vom 21. Juni 1996, gültig ab 1. Januar 1997) darauf hin, dass die Bestimmungen von Art. 71 BVG für alle Personalvorsorgestiftungen, also auch nichtregistrierte Einrichtungen, gelten.

Art. 89bis Abs. 6 ZGB

Für Personalfürsorgestiftungen, die auf dem Gebiet der Alters-, Hinterlassenen- und Invalidenvorsorge tätig sind, gelten überdies die folgenden Bestimmungen des Bundesgesetzes vom 25. Juni 1982 über die berufliche Alters-, Hinterlassenen- und Invalidenvorsorge: Artikel 52 (Verantwortlichkeit), Artikel 53 (Kontrolle), die Artikel 56 Absatz 1 Buchstabe c und Absätze 2–5, 56a, 57 und 59 (Sicherheitsfonds), die Artikel 61 und 62 (Aufsicht), Artikel 71 (Vermögensverwaltung), die Artikel 73 und 74 (Rechtspflege) sowie die Artikel 75–79 (Strafbestimmungen).

Abs. 4 von Art. 89bis ZGB ist auf den 1. Januar 1997 gestrichen worden. Dieser Absatz, der sich mit der Vermögensanlage beim Arbeitgeber befasste, wurde anlässlich der Einführung des Freizügigkeitsgesetzes auf den 1. Januar 1995 letztmals geändert. Durch Übernahme des BVG-Vermögensanlagerechts für alle Personalvorsorgestiftungen gelten neu Art. 57–60 BVV 2 für die Anlagen beim Arbeitgeber.

12.22 Vermögensanlage nach BVG

Das BVG bestimmt folgendes zur Vermögensanlage und -verwaltung:

Art. 71 BVG Vermögensverwaltung

[1]Die Vorsorgeeinrichtungen verwalten ihr Vermögen so, dass Sicherheit und genügender Ertrag der Anlagen, eine angemessene Verteilung der Risiken sowie die Deckung des voraussehbaren Bedarfes an flüssigen Mitteln gewährleistet sind.

[2]Der Bundesrat bestimmt die Fälle, in denen die Verpfändung oder Belastung von Ansprüchen einer Vorsorgeeinrichtung aus Kollektivlebensversicherungsvertrag oder aus Rückversicherungsvertrag zulässig ist.

Im BVG sind somit ausdrücklich einzelne Grundsätze der Vermögensanlage festgehalten:

– *Sicherheit,*
– *genügender Ertrag,*
– *angemessene Verteilung der Risiken* und
– *Liquidität.*

Nicht festgehalten ist die Forderung nach *Realwerterhaltung*. Man kann diese allerdings unter dem Begriff "angemessene Verteilung der Risiken" einordnen. Eine Anlage grösserer Vermögen ausschliesslich in Nominalwertanlagen ist ebenso einseitig und abzulehnen wie eine zu starke Berücksichtigung von Liegenschaften oder Aktien. Es ist auch hier – wie so oft – eine Frage des Masses.

Die *BVV 2* befasst sich *Art. 47–60* eingehend mit der Vermögensanlage der Personalvorsorgestiftungen. Diese Bestimmungen gelten seit dem 1. Januar 1997 auch für die nichtregistrierten Personalvorsorgestiftungen.

Die *Art. 49 und 49a BVV 2* umschreiben den Vermögensbegriff und halten fest, dass die Vermögensanlage eine sehr wichtige Führungsaufgabe ist. Art. 49a ist neu auf den 1. Januar 1997 eingeführt worden.

Art. 49 BVV 2 Begriff des Vermögens
(Art. 71 Abs. 1 BVG)

[1]Als Vermögen im Sinne der Artikel 50–60 gilt die in der kaufmännischen Bilanz ausgewiesene Summe der Aktiven, ohne einen allfälligen Verlustvortrag.

[2]Zum Vermögen können auch Rückkaufswerte aus Kollektivversicherungsverträgen hinzugerechnet werden. Sie sind als Forderung im Sinne von Artikel 53 Buchstabe b zu betrachten.

12.2 Vorschriften zur Vermögensanlage

Art. 49a BVV 2 Führungsaufgabe*
(Art. 51 Abs. 1, 2 und 71 Abs. 1 BVG)

Die Vorsorgeeinrichtung legt die Ziele und Grundsätze, die Durchführung und Überwachung der Vermögensanlage nachvollziehbar so fest, dass das paritätische Organ seine Führungsaufgabe vollumfänglich wahrnehmen kann.

*Neuer Artikel, gültig ab 1. Januar 1997.

Die drei Grundsätze der Vermögensanlage (aus Art. 71 BVG) sind in den *Art. 50–52 BVV 2* wie folgt näher umschrieben:

Art. 50 BVV 2   Sicherheit und Risikoverteilung
(Art. 71 Abs. 1 BVG)

¹Bei der Anlage des Vermögens einer Vorsorgeeinrichtung steht die Sicherheit im Vordergrund.

²Die Vorsorgeeinrichtung muss ihre Vermögensanlagen sorgfältig auswählen und dabei auch ihren Zweck und ihre Grösse beachten.

³Sie muss ihre Mittel auf die verschiedenen Anlagekategorien, auf bonitätsmässig einwandfreie Schuldner sowie auf verschiedene Regionen und Wirtschaftszweige verteilen.

Art. 51 BVV 2   Ertrag
(Art. 71 Abs. 1 BVG)

Die Vorsorgeeinrichtung muss einen dem Geld-, Kapital- und Immobilienmarkt entsprechenden Ertrag anstreben.

Art. 52 BVV 2   Liquidität
(Art. 71 Abs. 1 BVG)

Die Vorsorgeeinrichtung muss darauf achten, dass sie die Versicherungs- und die Freizügigkeitsleistungen bei deren Fälligkeit erbringen kann. Sie sorgt für eine entsprechende Aufteilung ihres Vermögens in kurz-, mittel- und langfristige Anlagen.

Art. 53 BVV 2 gibt eine abschliessende Aufzählung der zulässigen Anlagen, und zwar von "Bargeld" bis zu Beteiligungen an Gesellschaften mit Sitz im Ausland, die an einer Börse kotiert sind. Von einzelnen Aufsichtsämtern werden fallweise auch Ausnahmen toleriert.

12. Vermögensanlage

Art. 53 BVV 2 Zulässige Anlagen
(Art. 71 Abs. 1 BVG)

Das Vermögen einer Vorsorgeeinrichtung kann angelegt werden in:
a. Bargeld;
b. Forderungen, die auf einen festen Geldbetrag lauten, namentlich Postcheck- und Bankguthaben, Anleihensobligationen, inbegriffen solche mit Wandel- oder Optionsrechten sowie andere Schuldanerkennungen, unabhängig davon, ob sie wertpapiermässig verurkundet sind oder nicht;
c. Wohn- und Geschäftshäusern, auch Stockwerkeigentum und Bauten im Baurecht, sowie Bauland;
d. Beteiligungen an Gesellschaften, deren Geschäftszweck einzig Erwerb und Verkauf sowie Vermietung und Verpachtung eigener Grundstücke ist (Immobiliengesellschaften);
e. Aktien, Partizipations- und Genussscheinen und ähnlichen Wertschriften und Beteiligungen sowie in Genossenschaftsanteilscheinen; Beteiligungen an Gesellschaften mit Sitz im Ausland sind zugelassen, wenn sie an einer Börse kotiert sind.

Art. 54 und 55 BVV 2 legen eine Begrenzung der einzelnen Anlagen fest, formuliert in Prozenten der in der kaufmännischen Bilanz ausgewiesenen Summe der Aktiven. Seit 1. Januar 1993 können neuerdings zum Vermögen "auch Rückkaufswerte aus Kollektivversicherungsverträgen hinzugerechnet werden" (Art. 49 BVV 2).

Art. 54 BVV 2 Begrenzung der einzelnen Anlagen*
(Art. 71 Abs. 1 BVG)

Für die Anlage gelten folgende Begrenzungen:
a. 100 Prozent: Für Forderungen gegen Schuldner mit Sitz oder Wohnsitz in der Schweiz, je Schuldner aber höchstens 15 Prozent, wenn es sich nicht um Forderungen gegen Bund, Kantone, Banken und Versicherungsgesellschaften handelt;
b. 75 Prozent: Für Grundpfandtitel auf Grundstücken nach Artikel 53 Buchstabe c; diese dürfen bis höchstens 80 Prozent des Verkehrswertes belehnt werden; die schweizerischen Pfandbriefe werden wie Grundpfandtitel behandelt;
c. 50 Prozent: Für Grundstücke nach Artikel 53 Buchstabe c in der Schweiz und Beteiligungen an Immobiliengesellschaften, deren Vermögen zu mindestens der Hälfte aus Grundstücken in der Schweiz besteht;
d. 30 Prozent: Für Aktien, ähnliche Wertschriften sowie andere Beteiligungen an Gesellschaften mit Sitz in der Schweiz, je Gesellschaft aber höchstens 10 Prozent;
e. 30 Prozent: Für Forderungen gegen Schuldner mit Sitz oder Wohnsitz im Ausland, je Schuldner aber höchstens 5 Prozent;
f. 20 Prozent: Für Fremdwährungen sowie konvertible Fremdwährungsforderungen, je Schuldner aber höchstens 5 Prozent; ausgenommen von dieser Begrenzung sind Fremdwährungsanlagen zur Deckung von Versicherungsansprüchen in Fremdwährungen;

*Fassung vom 28. Oktober 1992, in Kraft seit 1. Januar 1993.

g. 25 Prozent: Für Aktien und ähnliche Wertschriften einer Gesellschaft mit Sitz im Ausland, je Gesellschaft aber höchstens 5 Prozent;
h. 5 Prozent: Für Grundstücke nach Artikel 53 Buchstabe c im Ausland und Beteiligungen an Immobiliengesellschaften, deren Vermögen zu mehr als zur Hälfte aus ausländischen Grundstücken besteht.

Art. 55 BVV 2 Gesamtbegrenzungen*
(Art. 71 Abs. 1 BVG)

Für die Anlage des Vermögens gelten überdies folgende Gesamtbegrenzungen:
a. 100 Prozent: Für Bargeld und Forderungen, die auf einen festen Geldbetrag lauten;
b. 70 Prozent: Für Grundstücke, Aktien, ähnliche Wertschriften und andere Beteiligungen;
c. 50 Prozent: Für Anlagen nach Artikel 54 Buchstaben d und g;
d. 30 Prozent: Für Anlagen nach Artikel 54 Buchstaben e und f;
e. 30 Prozent: Für Anlagen nach Artikel 54 Buchstaben f und g.

*Fassung vom 28. Oktober 1992, in Kraft seit 1. Januar 1993.

Gemäss Art. 59 BVV 2 kann die Vorsorgeeinrichtung von den Art. 53–55 BVV 2 abweichen, sofern *"besondere Verhältnisse dies rechtfertigen"*. Dann muss die Stiftung "die Abweichung bei der jährlichen Berichterstattung an die Aufsichtsbehörde fachmännisch begründen" (Art. 59 Abs. 2 BVV 2; "fachmännisch begründen" heisst hier wohl "sachlich begründen können").

Die Zulassung von *Aktien ausländischer Gesellschaften* nur dann, falls diese an einer Börse in der Schweiz oder im Ausland kotiert sind, bedeutet, dass Anteile von *Anlagefonds,* welche ihrerseits dieser Forderung nicht genügen, nicht akzeptiert werden. Gemäss Art. 56 BVV 2 werden indirekte Anlagen wie direkte beurteilt.

Gemäss Art. 56a BVV 2, der seit dem 1. Juli 1996 in Kraft ist, sind *derivative Finanzinstrumente* in die Begrenzungen von Art. 54 und 55 einzubeziehen, und zwar zum Betrag, der "sich für die Vorsorgeeinrichtung ... bei Wandlung in die Basisanlage im extremsten Fall ergeben könnte".

Zur *Anlage in Edelmetallen,* die bisher nicht zugelassen war, sei auch auf den Entscheid RRB ZH Nr. 727 vom 24. Februar 1982 (in: SZS 1983, S. 106) hingewiesen, wonach ein Teil der Anlagen in Gold und Silber zu veräussern war. Andererseits wies z.B. die (dem BVG nicht unterstehende) Pensionskasse des CERN, Genf, Ende 1986 für 76,4 Mio. CHF oder 5,9% der Bilanzsumme Edelmetalle als Aktivum aus (aus: SPV 2/88, S. 67). Die Meinungen über diese Anlageform sind geteilt. Der Ertrag ist die erwartete Performance (Kurssteigerung). Neuerdings sind Edelmetalle bei nichtregistrierten Einrichtungen bis 5% des Vermögens zulässig; dieser Betrag sollte aber mit ungebundenem Kapital gedeckt sein (siehe Mitteilungen über die berufliche Vorsorge Nr. 13 vom 13. November 1989, Ziff. 86).

12. Vermögensanlage

Darstellung 12E

Vermögensanlagen gemäss BVG (Art. 53–57 BVV 2)

Anlagearten[1]	Zulässiger Höchstbetrag in % der Bilanzsumme (inkl. Rückkaufswert)[5]
• *Anlagen in der Schweiz*	
a) Forderungen aller Art (bis 15% je Schuldner; 100% bei Bund, Kantonen, Banken oder Versicherungen)	100
b) Grundpfandtitel (bis 80% des Verkehrswertes)	75
c) Liegenschaften und Immobiliengesellschaften	50[2]
d) Aktien u.ä. (bis 10% je Gesellschaft)	30
• *Anlagen im Ausland* ⎱ 50[2] ⎱ 70[2]	
g) Aktien u.ä., kotiert an einer Börse (bis 5% je Gesellschaft)	25[2]
f) Fremdwährungen, konvertibel (bis 5% je Schuldner	20 ⎱ 30[2] ⎱ 30
e) Forderungen in Fr. (bis 5% je Schuldner)	30
– Liegenschaften u.ä.	5[2]
• *Arbeitgeber*	
Ungesicherte Forderungen inkl. Aktien (höchstens aber gemäss Art. 57 Abs. 1 BVV 2 jener Teil des Vermögens, der nicht zur Deckung der Freizügigkeitsleistungen und der laufenden Renten dient)[4]	20[3]
Gesicherte Forderungen	100
Aktien	10

[1]Buchstaben gemäss Art. 54 BVV 2.
[2]Fassung vom 28. Oktober 1992, gültig ab 1. Januar 1993.
[3]Bei über 20% ist ein Bonitätsausweis der Kontrollstelle nötig.
[4]Fassung vom 1. Juni 1993.
[5]Inkl. derivativer Finanzinstrumente (Art. 56a BVV 2 vom 24. April 1996).

Darstellung 12F
"**Anlagekatalog**" gemäss **BVV 2**

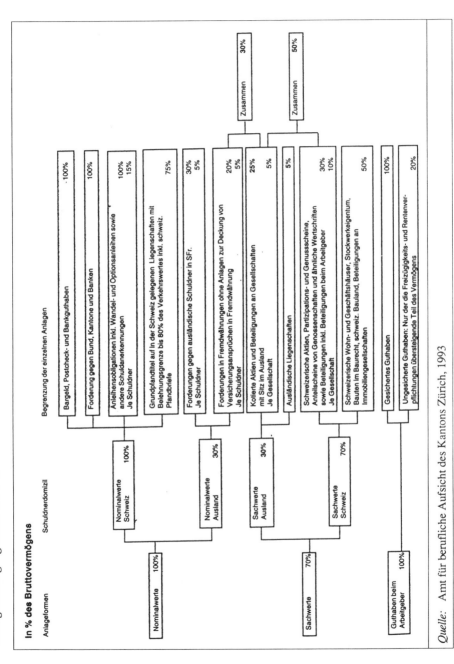

Quelle: Amt für berufliche Aufsicht des Kantons Zürich, 1993

12. Vermögensanlage

Die Anpassungsfrist lief bis zum 1. Januar 1990 (fünf Jahre Übergangsfrist ab 1. Januar 1985 gemäss Art. 60 Abs. 2 BVV 2).

Die Frage, ob sich Pensionskassen im Venture Capital engagieren sollen, ist in letzter Zeit immer wieder diskutiert worden. Hier hat jede Kasse für sich und die Interessen ihrer Versicherten zu entscheiden. Für solche Anlagen ist eine laufende Überwachung nötig, die eine Pensionskasse selbst in der Regel nicht vornehmen kann. Von direkten Venture Capital-Anlagen ist dabei abzuraten. Venture Capital ist volkswirtschaftlich zwar sehr erwünscht, kann aber infolge ihrer Komplexität nur sehr marginal Aufgabe einer komfortabel abgedeckten Vorsorgeeinrichtung sein. Eine Idee der politischen Linken, 1% der Anlagen der Personalvorsorgeeinrichtungen in Venture Capital zu investieren, ist glücklicherweise 1998 im Nationalrat abgelehnt worden.

Verbotene oder zu einseitige Anlagen können nicht mehr wie früher *mit Anlagen von patronalen Stiftungen des gleichen Arbeitgebers abgetauscht werden*, da vorstehende Richtlinien seit 1997 auch für die nichtregistrierten Vorsorgestiftungen gelten.

Für eine liberale Anwendung der Anlagevorschriften von Art. 59 Abs. 1 und 2 BVV 2 spricht sich auch *B. Lang* aus (in: SPV 4/88, S. 132–134). Er nennt dabei besondere Einzelfälle, wie überhöhte Liegenschaftsquoten, Begrenzungen pro Schuldner bei Wertschriftenanlagen oder bei ausländischen Obligationen kleiner Kassen, Quote der Aktien bei Ausübung von Bezugsrechten.

Bei der Begrenzung von 15% je Schuldner sind richtigerweise Bund und Kantone ausgenommen, sodann auch vollumfänglich Banken und Versicherungsgesellschaften. Ferner hat das BSV in Ergänzung von Art. 54 lit. a BVV 2 entschieden, dass nicht nur Kantone, sondern auch *grössere solvente Gemeinden* als Schuldner ohne Begrenzung zugelassen werden. Dabei kommt Art. 59 BVV 2 zur Anwendung (siehe Mitteilungen über die berufliche Vorsorge Nr. 3 vom 22. April 1987, Ziff. 21).

Die Anlagelimiten von Art. 54/55 BVV 2 werden immer wieder kritisiert. *Man kann sich wirklich fragen, ob diese* – auch im Vergleich zu anderen Ländern – *heute noch angebracht sind*. So ist z.B. die strikte Unterteilung in Aktien Schweiz und Aktien Ausland nicht mehr sinnvoll. Beispielsweise haben Nestlé und Unilever mehr gemeinsam als Nestlé mit vielen Schweizer Aktien anderer Branchen.

Anstelle der Abschaffung der Begrenzungen nach Art. 53–56 BVV 2 könnte auch Art. 59 BVV 2 weiter gefasst werden. Von den gesetzlichen Limiten könnten Pensionskassen ab einer bestimmten Grösse ausgenommen werden, sofern sie erstens eine klare Anlagestrategie vorlegen und zweitens Gewähr für eine angemessene Organisation bieten können.

Man kann sich fragen, ob Art. 59 BVV 2 nicht genügend Spielraum für Ausnahmen von den Art. 53–56 BVV 2 bietet. Oft wird von seiten der Stiftungsräte, Revisionsstellen und Aufsichtsbehörden diesen Limiten zu stark und rein formal nachgelebt. Vorsorgeeinrichtungen können durchaus Art. 59 BVV 2 und damit die Ausnahmemöglichkeit in Anspruch nehmen. Sie haben es dann auf sich zu nehmen, diese Abweichung in der jährlichen Berichterstattung an die Aufsichtsbehörde "fachmännisch zu begründen". Aufsichtsbehörden sollten Einrichtungen gegenüber, die Gewähr für eine professionelle Verwaltung, Organisation und Überwachung bieten, grosszügig sein.

Das *Problem der Anlagevorschriften* liegt für grosse Pensionskassen *beim Fremdwährungs- und Auslandanteil*. Die Frankenlastigkeit vieler Pensionskassen bedeutet auch ein einseitiges Risiko.

Die Eigenverantwortung der Zweiten Säule darf nicht beschnitten werden. Die risikooptimierte Vermögensbewirtschaftung verlangt immer mehr eine internationale Diversifikation der Anlagen. Rund 50 Pensionskassen wiesen 1996 ein Vermögen von je über CHF 1 Mrd. auf. Diese Pensionskassen verwalten CHF 183 Mrd. oder über 50% des Vermögens aller Vorsorgeeinrichtungen. (Rund 160 Pensionskassen mit je über CHF 300 Mio. verwalten rund CHF 240 Mrd.) Diese Kassen können in ihrer Geschäftätigkeit durchaus mit Vermögensverwaltungsbanken verglichen werden.

Für die Aufhebung der Anlagevorschriften der BVV 2 gibt es verschiedene Argumente, so dass die Verteilung auf die Anlagekategorien nicht optimal sei und die starke Entwicklung der Kapitalmärkte seit Anfang der achtziger Jahre zu wenig berücksichtigt werden könne. Auch der ASIP empfiehlt, die Anlagevorschriften von Art. 53–56 BVV 2 aufzuheben (SPV 6/99, S. 419).

Es sind immer noch sehr wenige Vorsorgeeinrichtungen (regelmässig Kaderkassen), die den Versicherten (Kader) eine *Wahlmöglichkeit bei der Anlagestrategie* eingeräumt haben (siehe Abschnitt 3.43). Der 401(k)-Markt in den USA bietet etwa 100 Anlagealternativen an. Das Problem ist, dass den von Marktwerten abhängigen, somit im Wert volatilen Aktiven Passiven mit Nominalwertverpflichtungen gegenüberstehen. Diese Pensionskassen sollten eher wie Anlagefonds strukturiert sein, wo der Gesamtwert der Anlagen jederzeit durch die gesamte Zahl der Ansprüche geteilt wird. Ein solches Konzept ist praktisch nur für Zusatzpensionskassen für das Kader anwendbar.

Die meisten Pensionskassen betreiben die *Vermögensanlage als "buy and hold"*. Was sie gekauft haben, halten sie also längerfristig, bei nicht zahlbaren Anlagen bis zum Verfall. Eine dynamischere Anlagestrategie, die auch die Laufzeiten optimiert, kann zu einer höheren Rendite und Performance führen.

12.23 Praxis der kantonalen Aufsichtsbehörden

Heute ist die Praxis der kantonalen Aufsichtsbehörden bei der Zulassung der Vermögensanlagen unterschiedlich. Im *Kanton Zürich* besteht seit 1978 ein Kreisschreiben (Kreisschreiben der Direktion des Innern an die Bezirksräte und Stiftungsorgane über die Beaufsichtigung der Personalvorsorgestiftungen vom 25. Januar 1978), das für verschiedene andere Kantone (so SH, SO u.a.) wie auch für das BVV 2 richtungweisend war.

Hinsichtlich *Abweichungen von den Vermögensanlagevorschriften* vertritt das Amt für berufliche Aufsicht des Kantons Zürich folgende Meinung:

"Wichtig ist jedoch, dass auch der Anlagekatalog der BVV 2 *nicht Selbstzweck*, sondern aufsichtstechnisches Mittel zur Umkehr der Beweislast ist. *Begründete Abweichungen* sind möglich, wenn *besondere Verhältnisse* dies rechtfertigen und die *Erfüllung des Vorsorgezweckes nicht gefährdet* ist (Art. 59 Abs. 1 BVV 2). Wie nach geltender Zürcher Praxis, sind nach BVV 2 die Abweichungen von den verantwortlichen Organen bei der jährlichen Berichterstattung zu begründen (Art. 59 Abs. 2 BVV 2). Werden Abweichungen nicht oder ungenügend begründet, so setzt die Aufsichtsbehörde angemessene Anpassungsfristen (Zürcher Kreisschreiben N. 24), die nach BVV 2 höchstens fünf Jahre betragen dürfen (Art. 60)."

(Aus: Informations- und Weisungsbulletin Nr. 1, 1985, S. 7.)

Die BVV 2 galt bis Ende 1996 nur für *registrierte* Einrichtungen. Für die *nichtregistrierten* Personalvorsorgestiftungen konnten die Kantone Vorschriften erlassen.

12.24 Internes Anlagereglement und Controlling

Bei allen grösseren Vorsorgeeinrichtungen empfiehlt es sich, interne Anlagereglemente zu erlassen. Bei deren Erstellung werden oft auch externe Berater (Treuhandgesellschaften, Anwälte und Bankiers) zugezogen. Unter Berücksichtigung der gesetzlichen Anlagevorschriften (insbesondere von Art. 53 und 54 BVV 2) werden dabei vom Stiftungsrat, in der Regel unter ausdrücklicher Zustimmung durch die Arbeitgeberfirma, für den Geschäftsführer der Stiftung und für den Stiftungsrat selbst Anlagerichtlinien geschaffen. Darin werden die *Aufgaben, Kompetenzen und Verantwortungen* klar festgelegt. Es geht hauptsächlich um die Begrenzung des Risikos in den Vermögensanlagen. Innerhalb dieser Anlagerichtlinien (ähnlich dem Geschäftsreglement einer Aktiengesellschaft) kann der Geschäftsführer der Stiftung dann handeln.

Aus der Sicht der Revisionsstelle wäre es wünschbar, zwischen *Anlagereglement* einerseits und *Anlagerichtlinien, -volumen oder -protokollbeschlüssen* (zu Grundsatzaspekten) andererseits zu unterscheiden. Die Revisionsstelle hat die Einhaltung der Reglemente (Art. 35 Abs. 1 BVV 2) und nicht jene von Beschlüssen aller Art (die auch von Stiftungsratssitzung zu Stiftungsratssitzung geändert werden können) zu prüfen. Reglemente sind zudem der kantonalen Aufsichtsbehörde vorzulegen (Art. 62 Abs. 1 lit. a BVG).

Für die *Risikobegrenzung* bei der einzelnen Vorsorgeeinrichtung können folgende Überlegungen angestellt werden:

– Wo sollen die Begrenzungen (in % des Gesamtvermögens) je Vermögensanlage, je Schuldner bzw. je Objekt liegen? Obere Begrenzungen legen Art. 54 BVV 2 bzw. kantonale Vorschriften fest; intern in den Anlagerichtlinien können noch zusätzliche, d.h. tiefere Limiten gesetzt werden.
– Sollen in den Anlagerichtlinien einzelne Anlagearten vollständig ausgeschlossen werden?
– In welchen Fällen sollen Sicherheiten (Grundpfänder u.a.) eingefordert werden? Wie weit sollen Belehnungen gehen?
– Wird das Risiko in den Vermögensanlagen stets überwacht und von Zeit zu Zeit überprüft?
– Wird periodisch für alle Vermögensanlagen eine Ertragsanalyse durchgeführt?
– Ist das Konkursprivileg bei Forderungen an Konzerngesellschaften (da Arbeitgeberfirmen) gegeben?
– Sind die Abschlussdarstellungen (Anlagenverzeichnisse) für die Überwachung und Kontrolle genügend klar gegliedert?
– Tragen die Risikobegrenzungen auch der Situation in den gegebenenfalls vorhandenen anderen Stiftungen desselben Arbeitgebers Rechnung (z.B. patronale Fonds)?

Solche interne Anlagerichtlinien sind auch wichtig für die Begrenzung der Verantwortung der Stiftungsräte, insbesondere der Arbeitnehmervertreter.

Eine Umfrage der KPMG bei 70 Pensionskassen (die rund CHF 30 Mrd. verwalten) hat 1997 ergeben, dass immer noch lediglich 43% ein Organisations- und nur 47% ein Anlagereglement erstellt haben. Bei 41% werden allerdings Anlagestrategien und Anlagetätigkeiten von externen Beratern überprüft (aus: AWP 26. November 1997).

Das *Anlage-Controlling* ist wichtig, um festzustellen, ob und wie der Anlagestrategie nachgelebt wird. Dazu müssen messbare Anlageziele festgelegt werden. Sodann sollte ein klares Informationssystem mit einem Reporting an alle verantwortlichen Stellen aufgebaut sein. Das Controlling-Konzept muss vom Stiftungsrat erlassen werden. Es hat der Komplexität der Anlagepolitik angemessen zu entsprechen.

12. Vermögensanlage

Darstellung 12G

Checkliste für das Anlagereglement

Ziele und Grundsätze

- [ ] Sind Ziele und Grundsätze gemäss Art. 49a BVV 2 vollständig und unmissverständlich beschrieben?
- [ ] Wie wird der Sicherstellung des Vermögens Rechnung getragen?
- [ ] Welche Bedeutung hat die Liquiditätserhaltung?
- [ ] Wie ist die Risikofähigkeit im Rahmen der Anlagestrategie gewährleistet?
- [ ] In welchem Umfang wird der Risikoverteilung und der Diversifikation Rechnung getragen?
- [ ] Welches Renditeziel, nominell und real, soll erwirtschaftet werden?
- [ ] Welche langfristige Anlagestruktur wird als Zielsetzung angestrebt?
- [ ] Welche Abweichungen von der Zielanlagestruktur sind zulässig?

Aufbauorganisation

- [ ] Wer ist für die Festlegung, Umsetzung und Überwachung der Anlagestrategie und der Vermögensbewirtschaftung zuständig?
- [ ] Welche Anlageentscheide werden von welcher internen oder externen Stelle getroffen?
- [ ] Welche Punkte werden in den Pflichtenheften dieser Stelle geregelt?
- [ ] Besteht ein Organigramm über die verschiedenen Funktionen?
- [ ] Sind für die einzelnen Funktionen im Sinne eines Pflichtenheftes folgende Punkte genau festgehalten (Aufgabe, Kompetenz, Informationspflichten, Stellvertretung) und stimmen diese mit den Zielen und Grundsätzen überein?
- [ ] Besteht Funktionenteilung zwischen Entscheid, Durchführung und Registratur?
- [ ] Welche Ersatzmassnahmen werden bei ungenügender Funktionenteilung ergriffen?

Ablauforganisation

- [ ] Ist die (Wertschriften-)Buchhaltung à jour?
- [ ] Werden nur externe Belege verarbeitet?
- [ ] Wie wird der Bestandes- und Zusammensetzungsnachweis mit externen Informationen kontrolliert?
- [ ] Auf welche Stichtage werden die Bestandes- und Zusammensetzungsnachweise zusammengestellt?
- [ ] Werden die Bestandes- und Zusammensetzungsnachweise auf Einhaltung der Vorgaben überprüft? Von wem?

Wahrnehmung der Überwachung
[ ] Wie sind die ordentliche Überwachung der Anlagetätigkeit und die Berichterstattung geregelt?
Wer? Wann? Was? An wen?
[ ] Welche Unterlagen erhält das paritätische Organ?
[ ] Welche ausserordentlichen Überwachungsmassnahmen gibt es?
[ ] Wer ist für die Ermittlung und Überwachung der Anlageresultate (Rendite und Risiko) zuständig?
[ ] Besteht die Pflicht, Abweichungen dem paritätischen Organ sofort zu melden?
[ ] Wie ist die ausserordentliche Einberufung des paritätischen Organs geregelt?
[ ] Wann werden Bankbestätigungen verlangt?
[ ] Wie werden die Bestandes- und Zusammensetzungsnachweise vom paritätischen Organ bearbeitet?

Regelmässiges Reporting
[ ] Besteht ein regelmässiges Reporting mit zwangsweisem Festhalten von allfälligen Abweichungen an das paritätische Organ?
Wann? Wie oft?
[ ] Ist die Behandlung des Reportings im paritätischen Organ geregelt?

Quelle: Amt für berufliche Vorsorge des Kantons Zürich (erschienen in: SPV 2/99, S. 91, und SZS 1998, S. 101/102).

Nationalrat *Norbert Hochreutener* verlangte anfangs 1998 in einer Motion eine Änderung von Art. 53 BVG in der Form, dass "die Kontrolle auch einen Anlagespezialisten oder Controller einschliesst, der insbesondere die Performance einer Personalvorsorgeeinrichtung unter die Lupe nimmt". "Dieser *Performance-Kontrolle* soll dieselbe Stellung eingeräumt werden wie dem versicherungstechnischen Experten." Dies sollte im Rahmen der 1. BVG-Revision verwirklicht werden, verlangt der Motionar. Eine Checkliste für das Anlagereglement ist in *Darstellung 12G* wiedergegeben.

Mit Einführung des neuen Art. 49a BVV 2 auf Mitte 1996 hat jeder Stiftungsrat eine Anlagestrategie zu erlassen, welche auf die Risikofähigkeit und Organisation der Pensionskasse zugeschnitten ist. *Darstellung 12H* zeigt, wie einige grosse Pensionskassen diese Asset Allocation definieren. Zum Vergleich sind auch noch die Ergebnisse einer Umfrage von 1997 aufgeführt. In diesem Zusammenhang interessieren vor allem die Anlagen in Aktien Schweiz, Aktien Ausland und Immobilien.

12. Vermögensanlage

Darstellung 12H

Anlagestrategien einiger grosser Pensionskassen

– *Pensionskasse ABB* (3,8 Mrd. CHF)

Aktien:	12,5–17,5% Schweiz, 13,5–18,5% Ausland, 1–3% Emerging Markets, 1–4% Private Equity
Liegenschaften:	20% (Objekte), 5% (Immo-Fonds)

(SPV 12/98, S. 959)

– *Pensionskasse Schweiz. Elektrizitätswerke PKE*

Aktien:	25–55% (nur 30 Titel im Portefeuille)
Immobilien:	7,5–17,5%

(SPV 3/99, S. 177)

– *Pensionskasse I Nestlé* (3,3 Mrd. CHF)

Aktien:	15% Schweiz, 42% Ausland
Immobilien:	15%

(SPV 8/98, S. 580)

– *Novartis-Pensionskasse*

Aktien:	50% (Performance 1998: Schweiz 29,8%, Ausland 32,9%)
Immobilien:	10%

(SPV 5/99, S. 341)

– *Allgemeine Pensionskasse SAir-Group* (4,7 Mrd. CHF)

Aktien:	27,5% Schweiz, 8% Ausland
Liegenschaften:	26,4%

(SPV 12/98, S. 961)

– *Schindler Pensionskasse* (1,1 Mrd. CHF)

Aktien:	12,5% Schweiz, 10% Ausland
Immobilien:	25%

(SPV 7/99, S. 491)

– *Swisscom* (3 Mrd. CHF)

Aktien:	15% Schweiz, 15% Ausland
Immobilien:	8%

(SPV 11/98, S. 841)

– *Pensionskasse des Kantons Waadt* (4,7 Mrd. CHF)

Aktien:	10% Schweiz, 8% Ausland
Immobilien:	25%

(SPV 9/98, S. 670)

- *Beamtenversicherungskasse des Kantons Zürich* (17,1 Mrd. CHF)

    Aktien: 20% Schweiz, 18% Ausland,
    Immobilien: 10%

    (SPV 8/98, S. 579)

- *Versicherungskasse der Stadt Zürich*

    Aktien: 17,5% Schweiz, 20% Ausland
    2,5% Private Equities, 2,5% Hedge Funds
    Immobilien: 5%

    (SPV 12/98, S. 927)

- *Umfrage Pensionskassenanlagen 1997 bei rund 220 Pensionskassen*

    Aktien: 15% Schweiz, 10% Ausland
    Immobilien: 15%

    (Pensionskassenanlagen 1997, Genf 1998)

12.25 Vorschriften für Lebensversicherungsgesellschaften

Für *Lebensversicherungsgesellschaften* gelten die Bestimmungen des *Versicherungsaufsichtsgesetzes* (VAG vom 23. Juni 1978), deren Einhaltung vom *Bundesamt für das Privatversicherungswesen* überwacht wird. Diese Vorschriften waren früher in manchen Teilen wesentlich enger als jene der BVV 2. Es ist daher verständlich, wenn sich die Versicherungsgesellschaften für eine Lockerung und Anpassung der für sie geltenden Vemögensanlagevorschriften einsetzten; es sei nicht begründet, mit zwei verschiedenen Massen zu messen. So wurde namentlich die Zulassung von *Nominalwertanlagen in Schweizer Franken im Ausland* in einem angemessenen Umfange gefordert, da diese gegenüber inländischen Anlagen bessere Renditen abwerfen. Die Anlagevorschriften wurden daher für die Lebensversicherer auf den 1. Januar 1987 gelockert und den Bestimmungen der beruflichen Vorsorge angepasst. Früher waren Anlagen im Ausland überhaupt nicht zugelassen.

12.26 Der BVG-Index

Die Bank Pictet & Cie. entwickelte im Namen der Schweizerischen Bankiervereinigung im Jahr 1985 den sog. *BVG-Index*. Der Index wird als "Schweizer Referenzindex zur Beurteilung der Performance für die Portfoliobewirtschaftung gemäss dem beruflichen Vorsorgegesetz (BVG)" bezeichnet. Der Index zeichnet die theoretische Performance eines durchschnittlich nach den gültigen Anlagebeschränkungen für Personalvorsorgeeinrichtungen, also der Art. 53–55 BVV 2, investierten Wertschriftenportfolios auf und wird monatlich berechnet.

Die Gewichtung der fünf Anlagekategorien im BVG-Index bleibt immer derselbe und verändert sich nur mit den gesetzlichen Bestimmungen. Die Kursentwicklung wird allgemein bekannten Indices entnommen (siehe *Darstellung 12J*).

Der BVG-Index erreichte zwischen 1985 und 1997 eine jährliche Zunahme von 7,6%.

12.2 Vorschriften zur Vermögensanlage

Darstellung 12J
BVG-Index (der Bank Pictet & Cie.)

Jahr	BVG-Index (Veränderung in %)	Eckwerte (in %)		Unterindices (Veränderung in %)					BVG-Index (Ende Jahr, 1984 = 100)
		Bestes Portfolio	Schlechtestes Portfolio	CHF Oblig. Inland	CHF Oblig. Ausland	Fremdwähr. Oblig.	Aktien Schweiz	Aktien Ausland	
1985	11,9	22,9	5,5	5,8	7,0	–2,0	61,3	12,2	
1986	6,5	7,5	4,3	6,1	6,4	–2,2	9,7	11,5	
1987	–0,8	4,9	–7,4	4,8	5,1	–7,9	–27,5	–8,8	
1988	9,5	14,2	4,4	4,4	5,7	21,2	23,6	45,1	
1989	0,8	6,4	–4,4	–4,0	–5,4	8,1	22,6	19,6	
1990	–6,1	1,6	–12,5	1,2	2,5	–8,9	–19,3	–31,2	
1991	12,8	14,1	8,2	8,2	8,5	23,2	17,7	26,1	
1992	12,7	14,2	11,0	12,0	13,7	12,0	17,6	2,0	
1993	19,4	26,8	12,8	13,0	12,3	15,9	50,8	24,0	
1994	–2,9	–0,4	–5,4	–0,6	0,0	–10,5	–7,6	–7,4	
1995	12,6	15,5	10,0	12,3	11,6	4,1	23,1	6,2	
1996	11,2	16,3	5,4	5,4	5,9	20,9	18,3	32,4	
1997	14,6	24,9	5,5	5,7	5,2	9,3	55,2	25,8	259,18
1998	9,1	11,2	5,3	5,7	4,2	9,1	15,4	17,1	282,81
Zusammensetzung (in %) im BVG-Index (BVV 2 1993)				56,22	11,65	6,70	14,78	10,65	
gemäss BVV 2 (max. Limiten)				100	30	20 (10)	30	25 (20)	
im besten Portfolio				40	0	10	30	20	
im schlechtesten Portfolio				70	30	0	0	0	
Verwendete Indices				Pictet Index	Pictet Index	Lombard Odier "Non Swiss"	Swiss Perf. Index SPI	Morgan Stanley Cap. Intern.	

Anmerkungen
Der Index wird monatlich berechnet und ist im Internet abrufbar (www.pictet.com).
Der Index dient zur Beurteilung von Wertschriftenportfolios (als Benchmark).
Er enthält daher keinen Liquiditätsbestand sowie keine Liegenschaften und Hypotheken.

12.3 Probleme einzelner Vermögensanlagearten

Im folgenden sind einige für Vorsorgeeinrichtungen besonders wichtige Anlagearten und deren Probleme näher behandelt.

12.31 Liegenschaften

a) Allgemeines

Als besonders geeignete Sachwerte für Vorsorgeeinrichtungen sind seit jeher *Anlagen in Liegenschaften* betrachtet worden. Sie weisen jedoch den Nachteil relativ grosser Verwaltungsumtriebe bzw. -kosten auf.

Nach der Pensionskassenstatistik 1996 sind 15,6% der Bilanzsumme der privatwirtschaftlichen Vorsorgeeinrichtungen in Liegenschaften angelegt. Bei den Lebensversicherungsgesellschaften waren dies Ende 1996 rund 11%. Dabei ist zu berücksichtigen, dass in diesen Prozentsätzen die *stillen Reserven* in den Bilanzwerten der Liegenschaften nicht zum Ausdruck kommen, sonst dürften dies bei Pensionskassen und Lebensversicherungsgesellschaften je 15–20% sein.

Die Vorsorgeeinrichtungen und Versicherungsgesellschaften haben mit ihrem geringen Liquiditätsbedürfnis den Vorteil, Schwankungen der Immobilienwerte über längere Perioden auszugleichen.

Es gibt Vorsorgeeinrichtungen, die schon seit Jahrzehnten einen Teil ihres Vermögens sukzessive in Liegenschaften angelegt haben und damit bis etwa 1990 sehr gute Erfahrungen machten. Seit 1990 ist allerdings ein Werteinbruch festzustellen, der auf in der zweiten Hälfte der achtziger Jahre erworbenen Liegenschaften teilweise grosse Verluste von 20–40% brachte.

Einen Einfluss auf die Anlage in Liegenschaften übt das kantonale *Steuerrecht* aus, indem es teilweise Immobilien ausserkantonaler Stiftungen der Besteuerung unterwirft, so Grundsteuern, Grundstückgewinnsteuer (siehe dazu auch Art. 80 Abs. 2 und 4 BVG).

Bei neu zu erstellenden Mehrfamilienhäusern ohne besonders reichen Ausbau sollte heute allgemein je nach Lage mit einer *Bruttorendite von 5,5–8%* des Anlagewertes gerechnet werden. Die Mietzinse werden dann oft aufgrund einer angenommenen Rendite von etwa 6% (bzw. mindestens Hypothekarzins) bestimmt, die unter Berücksichtigung der in der Regel zu erwartenden Kosten auf etwa 5% sinkt. Im allgemeinen sind gut gelegene Objekte, trotz der niedrigeren Rendite, auf die Länge die besseren Anlagen als schlechter gelegene, im Zeitpunkt des Erwerbs eine höhere Rendite abwerfende Immobilien. Auch hier zählt schliesslich die erst nach Jahren feststellbare Performance (Ertrag plus Wertsteigerung).

12.3 Probleme einzelner Vermögensanlagearten

Darstellung 12K
Vergleich von Vermögensanlagen anhand von Renditen und Indexreihen

Jahr	Landesindex der Konsumentenpreise[1]		Nominalwerte			
			Obligationen		Festgelder	Hypotheken
	Aug. 1939 = 100	Veränderung in % (Deflator)	Rendite Bundesobligationen[2] bzw. eidg. Obligationen	Rendite Obligationenanleihen Banken Schweiz[3]	Zins auf Depots bei Grossbanken für 3 Monate[4]	Rendite auf Hypothekaranlagen[5]
	(1)	(2)	(3)	(4)	(5)	(6)
1946	151,4	−0,5	3,10	3,42		3,61
1950	159,1	−1,6	2,67	3,26		3,55
1955	172,6	1,0	2,97	3,13		3,52
1960	183,3	1,5	3,10	3,51	1,86	3,79
1961	186,7	1,8	2,96	3,51	1,82	3,79
1962	194,8	4,3	3,12	3,52	2,43	3,80
1963	201,5	3,4	3,24	3,61	2,87	3,82
1964	207,7	3,1	3,96	3,77	3,31	4,02
1965	214,8	3,4	3,95	3,92	3,58	4,25
1966	225,0	4,8	4,15	4,06	4,14	4,44
1967	234,1	4,0	4,62	4,24	3,98	4,67
1968	239,8	2,4	4,39	4,35	3,49	4,79
1969	245,7	2,5	4,88	4,47	4,79	4,92
1970	245,6	3,6	5,71	4,76	5,36	5,18
1971	271,3	6,6	5,29	4,91	3,23	5,48
1972	289,4	6,7	4,96	4,96	1,83	5,52
1973	314,7	8,8	5,55	5,07	4,02	5,56
1974	345,4	9,7	7,12	5,57	3,39	6,20
1975	368,7	6,7	6,48	5,74	0,77	6,32
1976	375,0	1,7	5,04	5,77	1,20	5,83
1977	379,8	1,3	4,05	5,70	2,11	5,10
1978	383,8	1,0	3,03	5,02	0,62	4,53
1979	397,7	3,6	4,04	4,66	1,30	4,06
1980	413,7	4,1	4,73	4,75	5,03	4,53
1981	440,6	7,0	5,40	4,98	8,20	5,58
1982	465,5	5,6	4,22	5,01	4,40	6,02
1983	479,2	2,9	4,53	4,89	3,31	5,52
1984	493,3	2,9	4,77	4,86	3,77	5,51
1985	510,2	3,4	4,52	4,78	4,36	5,51
1986	514,0	0,8	4,15	4,71	3,63	5,43
1987	521,4	1,4	4,03	4,68	3,22	5,22
1988	531,2	1,9	4,23	4,67	2,58	5,02
1989	547,9	3,2	5,74	4,78	6,44	5,74
1990	577,5	5,4	6,68	5,17	8,36	6,59
1991	611,8	5,9	6,35	5,39	7,66	6,97
1992	636,3	4,0	5,48	5,58	7,38	7,18
1993	657,3	3,3	4,05	5,53	4,45	6,03
1994	663,2	0,9	5,23	5,49	3,54	5,52
1995	675,0	1,8	3,73	5,55	2,56	5,27
1996	680,3	0,8	3,63	5,50	1,41	4,93
1997	683,6	0,5	3,08	5,44	1,05	4,50
1998	685,0	0,0	2,39	5,33	0,91	4,23
1999						

12. Vermögensanlage

Jahr	Sachwerte					
	Liegenschaften		Aktien (Schweiz)			
			Aktienindices[8]		Pictet-Performance-Index[9]	
	Baukosten-index der Stadt Zürich[6] 1. Juni 1939 = 100	Mietindex der Stadt Zürich[7] August 1939 = 100	SBV Ende 1958 = 100	SPI 1. Juni 1987 = 100	Performance nominelle Wertentwick-lung 1925 = 100	Performance reale Wert-entwicklung 1925 = 100
	(7)	(8)	(9)	(10)	(11)	(12)
1946	171,3	101,9			293,57	230,98
1950	181,5	107,5			382,47	289,59
1955	198,7	123,9			731,78	512,43
1960	223,4	139,7	201,1		1'536,64	1'011,49
1961	240,4	142,8	297,4		2'295,59	1'459,80
1962	259,4	147,6	241,4		1'888,94	1'163,50
1963	280,8	152,7	237,5		1'885,96	1'118,30
1964	299,9	160,9	217,3		1'755,23	1'017,28
1965	311,0	168,5	198,2		1'632,37	901,59
1966	319,2	180,1	170,0		1'434,94	757,91
1967	321,6	195,2	245,6		2'112,10	1'077,69
1968	324,8	208,3	337,4		2'946,26	1'470,93
1969	338,0	221,3	346,5		3'078,38	1'502,26
1970	379,5	235,5	303,2		2'750,54	1'273,00
1971	424,3	254,9	343,0		3'176,88	1'378,88
1972	468,3	277,7	406,4		3'835,42	1'558,08
1973	512,8	295,6	316,9		3'068,38	1'113,59
1974	553,1	317,2	203,3		2'051,58	692,30
1975	526,3	349,8	289,4		3'010,83	982,21
1976	502,9	363,5	303,5		2'248,25	1'046,16
1977	519,7	370,2	318,9		3'511,09	1'118,08
1978	532,2	373,2	307,9		3'493,12	1'103,93
1979	554,9	373,5	332,0		3'874,88	1'164,35
1980	605,3	379,4	342,2		4'109,96	1'182,99
1981	661,0	404,7	291,0		3'620,66	977,70
1982	693,9	454,9	319,5		4'100,60	1'050,02
1983	668,8	480,3	396,7		5'219,84	1'309,08
1984	670,3	488,0	405,2		5'455,78	1'329,28
1985	684,9	500,7	636,1		8'803,26	2'076,92
1986	706,8	516,7	677,6		9'658,27	2'278,64
1987	721,2	528,7	467,3	769,4	7'003,98	1'620,56
1988	753,5	537,6	559,8	942,5	8'657,62	1'964,75
1989	796,3	552,5	661,6	1'137,9	10'613,00	2'293,81
1990	862,5	605,8	520,1	908,3	8'563,13	1'757,51
1991	907,1	675,6	595,0	1'052,8	10'076,24	1'965,75
1992	889,7	721,8	687,6	1'238,6	11'853,69	2'235,89
1993	859,9	765,2	1'012,6	1'867,8	17'876,55	3'289,73
1994	854,8	761,7	928,4	1'725,6	16'514,36	3'026,03
1995	869,7	766,1	1'132,0	2'123,4	20'322,57	3'653,32
1996	859,2	777,1	1'321,2	2'511,9	24'039,56	4'287,09
1997	846,2	776,4	2'095,0	3'898,2	37'307,63	6'626,88
1998	854,4	768,4	–	4'497,1	43'040,13	7'645,14
1999				5'022,9	48'071,78	8'393,36

12.3 Probleme einzelner Vermögensanlagearten   527

Jahr	Sachwerte (Fortsetzung)				Zum Vergleich	
	Aktien (Ausland)			Gold		
	Dow-Jones-Industrial Index New York[10]	Devisenkurs[11] USD 1.– = ... CHF	FAZ-Index Frankfurt, ab 1989 DAX[12]	Preis in CHF je kg[13]	Aufzinsung bei 4% Zins und Zinseszins *(1945 = 100)*	Realzins der Obligationenanleihen Banken Schweiz (4) – (2)
	(13)	(14)	(15)	(16)	(17)	(18)
1946	177,20	3,66			104,00	3,9
1950	235,41	4,30	19,73		121,67	4,9
1955	488,40	4,28	66,67	4'827	148,02	2,1
1960	615,89	4,31	240,75	4'899	180,09	2,0
1961	731,13	4,32	220,92	4'883	187,30	1,7
1962	652,10	4,32	168,43	4'882	194,79	–0,8
1963	762,95	4,31	187,71	4'876	202,58	0,2
1964	874,13	4,31	194,73	4'874	210,68	0,7
1965	969,26	4,32	166,34	4'890	219,11	0,5
1966	785,69	4,33	139,50	4'893	227,88	–0,7
1967	905,11	4,32	200,16	4'898	236,99	0,2
1968	943,75	4,30	227,49	5'431	246,47	1,9
1969	800,36	4,32	254,08	5'659	256,33	2,0
1970	838,92	4,32	187,43	4'984	266,58	1,2
1971	890,20	3,91	197,69	5'396	277,25	–1,7
1972	1'020,02	3,77	224,74	7'217	288,34	–1,7
1973	850,86	3,24	177,36	9'977	299,87	–3,7
1974	616,24	2,54	177,20	15'223	311,87	–4,1
1975	852,41	2,62	240,41	13'273	324,34	–1,0
1976	1'006,65	2,45	221,89	9'893	337,31	4,1
1977	831,17	2,00	240,45	11'354	350,81	4,4
1978	805,01	1,62	257,00	11'039	364,84	4,0
1979	838,74	1,58	227,27	16'924	379,43	1,1
1980	963,99	1,76	222,56	32'761	394,61	0,6
1981	875,00	1,80	221,06	28'313	410,39	–2,0
1982	1'046,54	1,99	252,95	24'575	426,81	–0,6
1983	1'258,94	2,18	351,83	28'225	443,88	2,0
1984	1'211,57	2,58	381,18	27'030	461,64	2,0
1985	1'546,67	2,08	654,03	24'642	480,10	1,4
1986	1'895,95	1,62	676,37	20'813	499,31	3,9
1987	1'938,83	1,49	425,18	21'192	519,28	3,3
1988	2'168,57	1,46	549,86	20'292	540,05	2,8
1989	2'753,20	1,63	1'790,37	19'733	561,65	1,6
1990	2'625,50	1,39	1'398,23	16'913	584,12	–0,2
1991	3'168,83	1,44	1'577,98	16'508	607,48	0,5
1992	3'301,11	1,40	1'545,05	15'354	631,78	1,6
1993	3'754,09	1,48	2'266,68	17'142	657,05	2,2
1994	3'834,44	1,37	2'106,58	16'683	683,33	4,6
1995	5'117,12	1,18	2'253,88	14'321	710,66	3,6
1996	6'448,27	1,23	2'888,69	15'271	739,09	4,7
1997	7'908,25	1,45	4'249,69	15'271	768,66	4,9
1998	9'181,43	1,45	5'002,39	13'663	799,40	5,3
1999	11'497,10		6'958,14		831,32	

Anmerkungen

1 Jahresmittel (aus: Die Volkswirtschaft oder Statistisches Monatsheft der Schweizerischen Nationalbank, Bundesamt für Statistik).
2 Rendite Jahresdurchschnitt (aus: Jahresberichte der Schweizerischen Nationalbank; ab 1980: Statistisches Jahrbuch der Schweiz).
3 Durchschnittliche Rendite bei allen Bankgruppen am Jahresende (aus: Die Banken der Schweiz)
4 Jahresmittel (aus: Statistisches Monatsheft der Schweizerischen Nationalbank). Diese Geldmarktsätze dienen dem Vergleich.
5 Durchschnittliche Rendite bei allen Bankgruppen am Jahresende (aus: Die Banken in der Schweiz).
6 Zürcher Index der Wohnbaukosten, Mittel aus April- und Oktoberstand (Statistisches Amt der Stadt Zürich).
7 Jahresmittel (Statistisches Amt der Stadt Zürich).
8 SBV-Index der Schweizer Aktien (Gesamtindex) bzw. SPI Swiss Performance Index der Börse Schweiz (Gesamtindex mit Reinvestitionen), je am Jahresende.
9 Performance-Index für Schweizer Aktien der Pictet & Cie., Genf (erstellt von Daniel Wydler). Die reale Wertentwicklung wurde mit dem Index der Konsumentenpreise gewogen (Dezember 1925 =100, inkl. reinvestierte Erträge).
10 Jahresschlusskurse (aus: International Financial Statistics).
11 Jahresdurchschnittskurse (aus: International Financial Statistics bzw. Statistisches Jahrbuch der Schweiz).
12 Jahresschlusskurse (bzw. 1. Januar) Frankfurt; bis 1988: FAZ General Preis Index deutscher Aktien (aus: Statistische Reihen, Dresdner Bank, Frankfurt; Ende 1958 = 100); ab 1989: DAX Deutscher Aktien Index (für den Übergang: FAZ Ende 1989: 740,93; Ende 1990: 603,06).
13 Jahresmittel der Goldkurse Zürich für 1 kg fein in CHF (aus: Statistisches Monatsheft der Schweizerischen Nationalbank) (bis 1968 1 Ounce fine gold = USD 35).

Diese Darstellung ist auch gegeben in: *Helbling C.,* Unternehmensbewertung und Steuern, 8. Aufl. 1998, S. 772 ff., hier nachgeführt (Stand Ende 1999). Zahlenwerte 1946–1961 siehe eine der früheren Auflagen dieses Buches.

Bei einer angenommenen Bruttorendite von 5,5–8% sollte nach Abzug der Aufwendungen und der allfälligen Verwaltungskosten eine buchmässige *Nettorendite* auf das gesamte investierte Kapital – je nach Lage und Qualität der Liegenschaft – von rund 5–7% verbleiben (vor Abschreibungen). Vor 1990 hatte man noch mit einem Satz von 4,5–5% gerechnet.

Um den Zinskosten und der Teuerung Rechnung zu tragen, werden die *Mietzinse* oft vertraglich zur Hälfte an die Entwicklung der Hypothekarzinsen und zur Hälfte an den Index der Konsumentenpreise oder dann immer mehr an den Index der Konsumentenpreise gebunden. (Zur Bewertung von Liegenschaften vgl. *Fierz K.*, Wert und Zins bei Immobilien, 3. Aufl., Zürich 1998.)

Unter Umständen können bei Vorsorgeeinrichtungen, die in starker Entwicklung begriffen sind, zur Verwirklichung grösserer Bauprojekte vorübergehend auch *Hypothekarkredite* in Anspruch genommen werden. Bei niedrigen Hypothekarzinsen kann dies die Nettorendite erheblich erhöhen.

Nicht überbautes Land ist keine empfehlenswerte, langfristige Anlage für eine Vorsorgeeinrichtung (teilweise auch nicht zugelassen von den Aufsichtsbehörden).

Was den *Risikoausgleich* innerhalb der Liegenschaften betrifft, so ergibt er sich bei grösseren Vorsorgeeinrichtungen von selbst. Die Auswahl der Immobilien ist um so schwieriger, je kleiner die Vorsorgeeinrichtung ist. Für kleine Vorsorgeeinrichtungen können Anteilscheine an Immobilienfonds in Betracht kommen. Eine zu einseitige Anlage in Liegenschaften erhöht natürlich auch die damit verbundenen Risiken.

Betreffend eine *Aufwertung* von Liegenschaften sei auf Abschnitt 10.33 verwiesen.

In Liegenschaften der Vorsorgeeinrichtungen werden oft Betriebsangehörigen *Wohnungen* günstig vermietet. Dadurch lässt sich gleichzeitig ein sozialpolitisches Anliegen verwirklichen, das auch im Interesse der Arbeitgeberfirma liegt. Damit die Vorsorgeeinrichtung keinen Verlust erleidet oder nicht nur zugunsten einiger weniger Mitarbeiter Leistungen erbringt – die gemäss Stiftungsurkunde und Reglement zudem gar nicht vorgesehen sind –, muss in der Regel die Firma den Mietzinsausfall übernehmen. Dies kann erfolgen z.B. durch pauschale Vermietung der ganzen Liegenschaft an die Firma zum landesüblichen Mietzins und deren verbilligte Untervermietung an Betriebsangehörige oder durch Übernahme des effektiven Mietzinsausfalles durch die Firma (z.B. jährlich).

Gemäss BGE 104 Ib 8 ff. ist der *Grundstückerwerb durch Personalfürsorgestiftungen ausländisch beherrschter, in der Schweiz domizilierter Unternehmen bewilligungspflichtig* (BB vom 21. März 1973 über den Erwerb von Grundstücken durch Personen im Ausland).

Amerikanische Pension Funds haben nur etwa 2% des Vermögens in Liegenschaften investiert (nach *Nussbaum*, S. 265).

b) Bundesbeschlüsse zum Bodenrecht

Am 6. Oktober 1989 wurden drei dringliche *Bundesbeschlüsse zum Bodenrecht* erlassen (betreffend 1. die Pfandbelastungsgrenze, 2. die Sperrfrist für die Veräusserung und 3. Anlagevorschriften für Vorsorgeeinrichtungen), die bis zum 31. Dezember 1994 befristet waren. Im Beschluss zu den Anlagevorschriften, der sich an alle *Einrichtungen der beruflichen Vorsorge* (registrierte und nichtregistrierte) und an die *Lebensversicherungsgesellschaften* richtet, wurden damals als wesentlichste Bestimmung *neue Begrenzungen* (in % des Gesamtvermögens, d.h. der Bilanzsumme) festgelegt, nämlich 30% (vorher 50%) in inländischen Liegenschaften, 5% (vorher 0%) in ausländischen Liegenschaften und 25% (vorher 10%) in ausländischen Aktien. Es sind damals auch neue Gesamtbegrenzungen definiert worden: 50% (vorher 30%) für Aktien, 80% (vorher 50%) für Liegenschaften und Aktien, 30% (vorher 20%) für Fremdwährungen. Diese Beschlüsse sind in der 5. Auflage dieses Buches wiedergegeben (S. 739–745), ebenso eine Wegleitung des BSV dazu (S. 746–758).

Diese Beschlüsse sind vorzeitig *mit Bundesbeschluss vom 28. März 1991 wieder aufgehoben worden*. Später, auf den *1. Januar 1993,* ist durch die Verordnung vom 28. Oktober 1992 die Quote von 50% für inländische Liegenschaften wieder eingeführt bzw. jene von 5% für ausländische Liegenschaften bestätigt worden. Diese Entwicklung der Gesetzgebung zeigt, wie rasch sich die Ansichten zu den Investitionen in Liegenschaften ändern können.

12.32 Aktien

Die auch weiterhin administrativ unproblematischste und einfachste Vermögensanlage besteht in *Wertschriften*. Umstritten ist die Quote der Anlage in *Aktien*. Je nach Konjunkturlage und Börsentendenz überwiegen die Gegner oder Befürworter einer hohen Quote. Es ist aber auch hier eine Frage des Masses. Die aufgrund der reinen Dividendenerträge berechnete Rendite liegt bei sehr guten Titeln für neu zu erwerbende Aktien oft niedrig und in vielen Fällen unter dem technischen Zinsfuss der Pensionskasse. Für eine Beurteilung sollte aber auch die Kursveränderung berücksichtigt werden. Massgebend ist nicht die Dividendenrendite, sondern die Performance.

a) Gesetzliche Regelung

Die Einstellung der Stiftungsaufsichtsbehörden zu dieser Kapitalanlage ist verschieden. Als unzulässig galten früher in den meisten Kantonen häufig rein spekulative Werte und solche ohne Ertrag. Hier hat das BVG (bzw. Art. 54 BVV 2) einige Klarheit gebracht.

Gemäss der ursprünglichen Fassung von Art. 53 lit. e BVV 2 waren *Beteiligungen an ausländischen Gesellschaften* nur zugelassen, wenn diese "an einer Schweizer Börse kotiert" waren. Mit Änderung vom 29. Mai 1985 wurde der Kreis erweitert auf "Beteiligungen an Gesellschaften mit Sitz im Ausland", "wenn sie an einer Börse kotiert sind" – also auch an einer ausländischen. Mit dem Bundesbeschluss vom 6. Oktober 1989 sind die Anlagevorschriften insofern geändert worden, als neu 25% (vorher 10%) des Gesamtvermögens in ausländischen Aktien angelegt werden kann (siehe S. 739 ff. der 5. Auflage dieses Buches). Dieser Beschluss, am 28. März 1991 aufgehoben, gilt wieder neu gemäss Beschluss vom 28. Oktober 1992.

b) Risiko gegen Sicherheit

Das Risiko (mit Verlust- und Gewinnchance) einer Vorsorgeeinrichtung, die Nominalwertleistungen schuldet, ist besonders bei einer Anlage in Aktien gross. Kursbewegungen an der Aktienbörse beweisen immer wieder, dass kurzfristig starke Schwankungen möglich sind ohne gleichzeitige Änderung der für den Rentner massgebenden Lebenskosten. Die Volatilität an den Börsen ist seit etwa 1997 besonders hoch.

Es ist erfreulich, dass nach Art. 54 lit. d BVV 2 *bis 30%* der Bilanzsumme der Vorsorgeeinrichtung in Aktien angelegt werden dürfen. Die Wirtschaft ist darauf angewiesen, weiterhin *Risikokapital* – und das heisst vor allem Aktienkapital – zur Verfügung gestellt zu erhalten. Durch das verstärkte Sparen in der beruflichen Vorsorge – zu Lasten anderer Sparbildungen, so jener der Unternehmen und von Privatpersonen – ist die Gefahr nicht von der Hand zu weisen, dass künftig die Beschaffung von Risikokapital erschwert sein wird. Die Vorsorgeeinrichtungen werden diesbezüglich auch aus volkswirtschaftlichen Gründen bei der Anlage in Aktien nicht zu zurückhaltend sein dürfen.

Verschiedentlich wird darauf hingewiesen, dass der Aktienanteil im allgemeinen bei Schweizer Vorsorgeeinrichtungen im Vergleich zum Ausland immer noch zu tief sei. Vor allem Bankkreise, auch ausländische, wünschen (nicht ganz uneigennützig) seit vielen Jahren, dass Schweizer Pensionskassen mehr in Aktien investieren.

Das Aktiensparen wird stark erleichtert durch die *Anlagestiftungen* und *Investmentfonds*, deren Zertifikate gleichzeitig eine Risikoverteilung erlauben. Dies gilt namentlich für Aktienanlagen im Ausland.

Eine *Versicherungsgesellschaft* kann nicht sehr weit in der Anlage in Sachwerten gehen, da vertraglich fest bestimmte Nominalwertverpflichtungen zu erfüllen sind. Das gilt nicht unbedingt in gleicher Weise für eine *autonome Vorsorgeeinrichtung*.

Im Gegensatz zu privaten Investoren (welche den Einkommenssteuern unterliegen) sind Pensionskassen als institutionelle Anleger nicht in erster Linie *am Kurswachstum*, sondern am Gesamtertrag interessiert. Dies wirkt sich auch auf die Börse aus.

Die künftig noch bewusstere Anlagepolitik der institutionellen Anleger wird dazu führen, dass bei der Beurteilung von Aktientiteln verstärkt – also mehr als dies private Investoren tun – auf eine *angemessene und offene Publizität des Unternehmens* geachtet wird. Dies wird zur Erweiterung der Informationen seitens der Unternehmen Anlass sein, werden die Börsenkurse doch künftig *stärker als bisher vom Verhalten dieser institutionellen Anlegerkreise* beeinflusst.

Das erhöhte Aktienengagement führt dazu, dass einzelne Pensionskassen verstärkt *Aktionärsrechte an den Generalversammlungen* wahrnehmen wollen. Die Frage stellt sich dann, wem dafür die unternehmerische Verantwortung zukommen soll: dem Pensionskassenverwalter, dem Stiftungsrat oder gar dem dahinterstehenden Arbeitgeber – in allen drei Fällen ist dies eine unbefriedigende Lösung.

Die Aussage, dass tiefe Renditen auf Staatsanleihen und das Abgleiten der Hypothekarzinssätze unter die kritische BVG-Minimalverzinsung zur Diversifikation in Fremdwährungen und in den Aktienmarkt führen (*Kaufmann H.*, SPV 1/99, S. 25) ist zwar richtig, kann aber falsch verstanden werden. Höhere Renditemöglichkeiten gehen immer mit höheren Risiken einher. Anlagen sollen nicht allein das Ergebnis von Renditeüberlegungen sein, sondern eine Risikofähigkeitsanalyse voraussetzen. Die Balance Sicherheit einerseits und Risiko/Rendite andererseits ist stets zu beachten.

c) Einfluss auf den Aktienmarkt

In den USA wird angenommen, dass bereits im Jahr 2000 die amerikanischen Vorsorgeeinrichtungen die Hälfte der Aktien der kotierten amerikanischen Gesellschaften besitzen werden (*Nussbaum*, S. 258). Der Aktienanteil bei den amerikanischen Pension Funds beträgt rund 50% und bei den britischen Pensionsvermögen gar 80%.

Unter den 1'000 grössten amerikanischen Aktiengesellschaften betrug der Anteil der institutionellen Anleger 1993 fast 56%, davon mehr als die Hälfte

Pension Funds. der Anteil der Pension Funds am Umsatz der New York Stock Exchange betrug 1993 28% (*Nussbaum*, S. 278).

d) Aktien des Arbeitgebers (Unternehmensstiftungen)

Personalvorsorgestiftungen, in der Regel patronale Einrichtungen, sind in einzelnen Fällen zu *Unternehmensstiftungen* im Sinne von Holdingstiftungen geworden, indem sie alle oder die Mehrheit der *Aktien der Arbeitgeberfirma* halten. Als Beispiele können genannt werden: ATAG, Ascom Holding AG, Dätwyler AG, Kuoni AG, Möbel Pfister AG, Rolex AG. Über die Rechtslage von Unternehmensstiftungen bestehen teilweise widersprüchliche Auffassungen. In der Praxis haben sich solche Lösungen indessen in vielen Fällen bewährt. Im Kanton Zürich ist eine *Zuwendung von Aktien der Arbeitgeberfirma* durch den Aktionär an die Personalvorsorgestiftung grundsätzlich nicht der Erbschafts- bzw. Schenkungssteuer unterworfen (Entscheid des Zürcher Verwaltungsgerichtes vom 11. September 1984, ZR 84 Nr. 28). Es ist indessen auf den Einzelfall abzustellen.

Unternehmensstiftungen können bei einer über 20%igen Beteiligung nicht mehr mit der Steuerbefreiung rechnen (siehe *Reich*, ASA 1989, S. 491 f.; *Landolf*, ST 1989, S. 171 ff.). Vgl. Abschnitt 7.1. Im Zusammenhang mit einer Neufassung des Stiftungsrechts wird diskutiert, ob Unternehmensstiftungen weiterhin zugelassen sein sollen (siehe z.B. *Forstmoser*, NZZ 28. Juni 1994, der sich sehr für die Beibehaltung der heutigen liberalen Lösung einsetzt). In der Tat ist nicht einzusehen, weshalb Unternehmensstiftungen im Sinne von *Holdingstiftungen* nicht zugelassen sein sollen. Anders zu beurteilen sind *Unternehmensstiftungen, die direkt, also selbst ein Gewerbe betreiben oder eine kaufmännische Tätigkeit ausüben,* also selbst Personal beschäftigen und Ein- und Verkäufe tätigen usw.

e) Berechnung der Performance und Bewertung

Für die *Berechnung der Performance* von Aktienanlagen ist das Datum des Kaufs entscheidend. Leistungsvergleiche zwischen Aktien und Obligationen sind immer davon abhängig, wann in die Aktien eingestiegen wurde. Über längere Sicht lag die Aktienrendite in der Schweiz in der Regel deutlich über der Obligationenrendite, und zwar trotz Börsencrash. Das Risiko ist aber auch grösser. Im Auftrage der Schweizer Banken wird von der Schweizerischen Bankiervereinigung und der Telekurs AG ein Performancevergleich für Personalvorsorgeeinrichtungen herausgegeben. Dieser soll der einzelnen Einrichtung einen Massstab für den Anlageerfolg bieten. Der Vergleich wird dabei für verschiedene Anlagekategorien aufgrund von Quartalsergebnissen berechnet. Auch die Bank Pictet & Cie., Genf, berechnet quartalsweise Performancezahlen des BVG-Indexes und dessen Bestandteile (siehe Abschnitt 12.26). Besonders die hohen Kurse von 1998/99 geben für die Aktienanlagen ein günstiges Bild. Langfristig waren Aktienanlagen in der Regel am vorteilhaftesten.

Zur Bewertung der Aktien (z.B. Ende 1987 unter Berücksichtigung der *Kursverluste seit dem 19. Oktober 1987* [Börsencrash], insbesondere bei Vorliegen von Deckungslücken) vertritt das BSV die Auffassung, dass die Bewertungsregeln nach Art. 48 BVV 2 unverändert gelten und bei allen privatwirtschaftlichen Einrichtungen "grundsätzlich am Erfordernis des Bilanzausgleichs festgehalten werden" muss (Mitteilungen über die berufliche Vorsorge Nr. 8 vom 30. März 1988, Ziff. 48).

f) Aus der schweizerischen Praxis

Der *AHV-Ausgleichsfonds* darf seit Ende 1996 auch in Schweizer Aktien und Fremdwährungen investieren. Mit der Verwaltung wurden zwölf externe Portfoliomanager betraut. Ende 1998 machten die Aktien 8% und die Fremdwährungsanlagen 3% des Anlagevermögens aus. Damit wurde eine Performance von 15,8% bzw. eine Rendite von 8% erwirtschaftet. In den nächsten drei Jahren soll der Aktienbestand auf 25% ausgebaut werden, das sind rund CHF 4,5% (F+W 17. April 1999).

Der Bundesrat will der Pensionskasse des Bundes (PKB, früher EVK), die rund CHF 21 Mrd. verwaltet, erlauben, ihre Vermögensanlage (gemäss den Anlagevorschriften des BVG) investieren zu dürfen und damit auch auf Aktien und Immobilien auszudehnen. Bisher war das ganze Vermögen beim Bund angelegt, der es zur Durchschnittsrendite der Bundesobligationen, mindestens aber zu 4% verzinste. Im Durchschnitt 1985–1997 waren dies 4,8%. Demgegenüber erreichte im selben Zeitabschnitt der BVG-Index 7,6%. Die PKB will in den Jahren 1999–2003 für rund CHF 23 Mrd. Wertpapiere kaufen, davon 59% in Franken- und Fremdwährungsobligationen, 19% in ausländischen und 17% in Schweizer Aktien sowie 5% in Immobilien. Die PKB ist der Ansicht, dass sie ein höheres Risiko eingehen könne, weil die verwalteten Gelder im Durchschnitt 20 Jahre in der Kasse liegenbleiben (vgl. NZZ 6. Mai 1999).

g) Praxis im Ausland

Im *Ausland* wird seit jeher bei der Anlage von Pensionskassengeldern in Aktien bedeutend weiter gegangen als bei uns in der Schweiz.

Der *Aktienanteil* der Aktionärsgruppen *Versicherungen und Pensionskassen* betrug 1993 in der Schweiz 13%, in Grossbritannien 58%, in den USA 31%, in Japan 21%, in Deutschland 12% und in Frankreich 4% (SNB, Quartalsheft 3/95).

12.33 Derivative Finanzinstrumente

Im Zusammenhang mit der Einführung der SOFFEX (Schweizerische Optionen- und Futures-Börse) wurde die Frage diskutiert, ob *Options, Futures usw.* taugliche Instrumente für die Vermögensverwaltung von Vorsorgeeinrichtungen sind. Die Konferenz der kantonalen BVG-Aufsichtsbehörden hat sich vorerst dazu negativ geäussert (siehe SZS 1988, S. 278). Namentlich bei grossen Kassen mit einer professionellen Vermögensverwaltung werden solche derivative Anlageinstrumente immer häufiger benutzt. Kleinere Kassen halten sich besser an Anlagestiftungen oder erteilen Verwaltungsaufträge an Banken.

Das BSV hat sich ebenfalls dazu geäussert (in: Mitteilungen über die berufliche Vorsorge Nr. 11 vom 28. Dezember 1988, Ziff. 66) und sich gegenüber solchen neuen Anlageinstrumenten offen gezeigt sowie eine ausführliche Stellungnahme abgegeben (siehe S. 395–397 der 6. Aufl.). Diese Stellungnahme ist durch den neuen Art. 56a BVV 2 und die "Fachempfehlung zum Einsatz und zur Darstellung der derivativen Finanzinstrumente" des BSV und der Eidg. Kommission für berufliche Vorsorge vom 15. Oktober 1996 überholt.

Auslöser für die neue Regelung der derivativen Finanzinstrumente waren die anfangs der neunziger Jahre bei Unternehmen, Banken und auch Vorsorgestiftungen eingetretenen grossen Verluste (vgl. z.B. Pensionskasse der Landis & Gyr).

Das Spielen an der Börse vor allem im Derivategeschäft wird als *Casino-Kapitalismus* bezeichnet. Es kann nicht zur Politik von Personalvorsorgeeinrichtungen gehören, hier mitzuspielen. Es gibt daher Pensionskassen, die in ihrem Anlagereglement nur einfach überschaubare und gängige Termingeschäfte (Call- oder Putgeschäfte Toro, Eros u.ä.) zulassen, also beispielsweise keine komplexen Konstruktionen mit Finanzinstrumenten mit hohen Einsätzen. Mehr beachtet werden sollte von Pensionskassen das Security Lending, das entgeltliche Ausleihen von Wertschriften.

Eine Umfrage unter 239 der grösseren Pensionskassen (Vermögen CHF 110 Mrd.) ergab, dass 75% Derivate einsetzen, vor allem zur Absicherung. Über 75% dieser Pensionskassen stützen sich als Grundlage für ihre Anlagenauswahl (Asset Allocation) auf eine Asset Liability-Studie ab. 80% dieser Pensionskassen bezeichnen die BVG-Anlagelimiten der BVV 2 als sinnvoll.

12. Vermögensanlage

Der amerikanische Pension Fund hat eine Fiduciary Responsability. Diese kann auch bei Nichtanwenden von derivativen Finanzinstrumenten gegeben sein. Wissen, Erfahrung und Sorgfalt verlangen, dass bei Pension Funds Finanztheorie und Computertechnologie eingesetzt werden müssen (siehe *Nussbaum,* S. 246).

Wenn eine Pensionskasse einen hohen Deckungsgrad aufweist, kann sie auch erhöhte Risiken eingehen. So will die Versicherungskasse der Stadt Zürich, welche den überaus hohen Deckungsgrad von 150% hat, beschränkt in Hedge Fonds investieren (2,5% des Vermögens). Hedge Funds gehören nicht zu den zulässigen Anlagen nach BVG. Die Anlage muss daher fachmännisch begründet werden. Bei dieser sehr starken Überdeckung dürfte das Risiko für die Kasse leicht tragbar sein (SPV 4/99, S. 267).

Auch die Möglichkeiten der Informations-Technologie führen dazu, dass derivative Finanzinstrumente immer mehr zur Anwendung kommen.

Auf den 1. Juli 1996 ist folgender neuer Art. 56a BVV 2 in Kraft getreten:

Art. 56a BVV 2 Derivative Finanzinstrumente
(Art. 71 Abs. 1 BVG)

[1] Die Vorsorgeeinrichtung darf nur derivative Finanzinstrumente einsetzen, die von Anlagen nach Artikel 53 abgeleitet sind.

[2] Der Bonität der Gegenpartei und der Handelbarkeit ist entsprechend der Besonderheit des eingesetzten Derivats Rechnung zu tragen.

[3] Sämtliche Verpflichtungen, die sich für die Vorsorgeeinrichtung aus derivativen Finanzgeschäften ergeben oder sich im Zeitpunkt der Ausübung des Rechtes ergeben können, müssen gedeckt sein.

[4] Der Einsatz derivativer Finanzinstrumente darf auf das Gesamtvermögen keine Hebelwirkung ausüben.

[5] Die Begrenzungen nach den Artikeln 54 und 55 sind unter Einbezug der derivativen Finanzinstrumente einzuhalten.

[6] Für die Einhaltung der Deckungspflicht und der Begrenzungen sind die Verpflichtungen massgebend, die sich für die Vorsorgeeinrichtung aus den derivativen Finanzinstrumenten bei Wandlung in die Basisanlage im extremsten Fall ergeben können.

[7] In der Jahresrechnung müssen alle laufenden derivativen Finanzinstrumente vollumfänglich dargestellt werden.

Zu diesem Art. 56a haben, wie bereits erwähnt, das BSV und die Eidg. Kommission für berufliche Vorsorge am 15. Oktober 1996 eine "Fachempfehlung zum Einsatz und zur Darstellung der derivativen Finanzinstrumente" herausgegeben. Daraus sind folgende Stellen entnommen:

12.3 Probleme einzelner Vermögensanlagearten

"Die Fachempfehlungen für Derivate geben zu den einzelnen Absätzen in Artikel 56a BVV 2 *Interpretationshilfen sowie Anregungen*. Sie sollen also eine Hilfe für die Umsetzung der Verordnungsvorschriften in der Praxis sein. Da die Entwicklung neuerer Finanzprodukte ein dynamischer Prozess ist, wird davon ausgegangen, dass die Fachempfehlungen dieser Entwicklung in Zukunft anzupassen sind. Die vorliegende Version stellt mit anderen Worten eine Empfehlung dar, welche dem heutigen Angebot und auch dem heutigen Verständnis derivativer Finanzinstrumente entspricht. Die Umsetzung der Bestimmungen von Artikel 56a BVV 2 in der Praxis hat zum Ziel, dass das paritätische Organ auch beim Einsatz von Derivaten seine Führungsverantwortung wahrnehmen kann. Sinngemäss bedeutet dies, dass die folgenden Punkte zu beachten sind:

- Der Einsatz von Derivaten und wie über diese reportiert wird, hat an die kassenindividuellen Voraussetzungen in bezug auf Organisation, Know-how und administrative Voraussetzungen angepasst zu sein. Dies verlangt in der Regel nach schlüssig zusammengesetzten Informationen statt einem Auflisten zahlreicher und schwer interpretierbarer Einzelpositionen.
- Die Berichterstattung hat auch der *Verhältnismässigkeit* zu genügen. Der häufige Einsatz derivativer Instrumente verlangt beispielsweise ein tiefergehendes und häufigeres Reporting als ein sporadischer Einsatz.
- Sämtliche Vorschriften gemäss Artikel 56a BVV 2 sind natürlich nicht stichtagsbezogen, sondern *permanent* einzuhalten; dies obwohl die Rechnungslegung in der Regel nur einmal jährlich erfolgt.
- Der systematische Einsatz von Derivaten und das Verfolgen von komplexen Strategien verlangen zusätzlich zur normalen Rechnungslegung ein internes *Führungsreporting*. Dieses hat dabei vorzugsweise auf Marktwerten zu basieren, da sonst möglicherweise falsche Führungsentscheide provoziert werden.

Die Fachempfehlungen sind nicht streng nach den einzelnen Absätzen von Artikel 56a BVV 2 unterteilt, da letztere vielfach übergreifend sind. Für sämtliche Themen, die in den einzelnen Kapiteln abgehandelt werden, sind vorgängig die entsprechenden Absätze angeführt.
...
Die folgende Tabelle gibt einen Überblick über die Derivat-Grundformen, wobei die Basiswerte nach den Kategorien von Artikel 53 BVV 2 gegliedert sind.
Termingeschäfte werden als symmetrische Instrumente bezeichnet, da dem Gewinnpotential jeweils ein gleich grosses Verlustrisiko gegenübersteht. Optionsgeschäfte besitzen demgegenüber eine asymmetrische Charakteristik. Entweder ist ein unbeschränktes Gewinnpotential mit einem beschränkten Verlustrisiko oder unbeschränktes Risiko mit einer beschränkten Renditechance verbunden.

Derivate können auf drei Arten gehandelt bzw. geschaffen werden:

- Standardisierte, an einer speziellen Börse gehandelte Derivate: Futures, Traded Options
- nichtstandardisierte, von mehreren Institutionen an einer allgemeinen Börse oder am Telefon gehandelte, verbriefte Derivate: Warrants, Stillhalteroptionen
- massgeschneiderte, bilateral zwischen zwei Parteien ausgehandelte Derivate: "Over-the-Counter-Geschäfte" (OTC)

Für die Kontrolle der Risiken von Derivaten ist es zweckmässig, zwischen *engagementerhöhender* und *engagementreduzierender* Wirkung auf den Basiswert zu unterscheiden. In der Folge wird deshalb die Wirkung der Derivate auf das Engagement im Basiswert als Unterscheidungsmerkmal verwendet.
..."

Basiswert	Termingeschäft (symmetrisch)	Optionsgeschäft (asymmetrisch)
Forderungen auf festen Geldbetrag (Nominalwert); Zinssätze, Anleihen, Bond-Indexe, Hypotheken	Zinssatz-Swaps, Forward Rate Agreements, Futures/Forwards auf Anleihen und Bond-Indexen	Optionen auf Zinssatz-Swaps, Optionen auf Zinssätzen (Caps/Floors), Call-/Put-Optionen auf Zinsfutures, Call-/Put-Optionen auf Anleihen und Indexen
Wechselkurs (Devisen, Devisenkörbe)	Futures/Forwards auf Wechselkursen. Devisen-Swaps	Call-/Put-Optionen auf Wechselkursen
Aktien und analoge Beteiligungen, Aktien-Indexe	Futures/Forwards auf Aktien und Indexen, Aktien-Swaps	Call-/Put-Optionen auf Aktien und Indexen, Call-/Put-Optionen auf Aktien(index-) Futures, Optionen auf Aktien-Swaps
Übrige nach Artikel 53 BVV 2 erlaubte Anlagen (Immobilien)		

12.34 Anteile bei Anlagestiftungen

Seit Anfang der siebziger Jahre haben sich geradezu stürmisch die Anlagen bei den gemeinsamen, ausschliesslich Vermögen von Vorsorgeeinrichtungen verwaltenden Anlagestiftungen entwickelt. Es bestehen sieben mit Banken zusammenarbeitende Anlagestiftungen, die steuerbegünstigten schweizerischen Personalvorsorgeeinrichtungen für die Kapitalanlage zur Verfügung stehen. Ende 1998 betrug das Vermögen der Anlagestiftungen rund 40,8 Mrd. CHF, das sind über 10% des gesamten Vermögens der privatwirtschaftlichen Vorsorgeeinrichtungen. Siehe Darstellung 12I. Ende 1993, fünf Jahre vorher, hatte das Vermögen mit 19,1 Mrd. CHF erst knapp die Hälfte betragen.

Gemeinsame Anlagestiftungen haben für die angeschlossene einzelne Vorsorgeeinrichtung die Vorteile der breiten Risikostreuung, der einfachen Verwaltung, des Fehlens von Verrechnungssteuerabzügen usw. Die einzelne Vorsorgeeinrichtung übernimmt dabei Anteile, ähnlich wie bei den Investmentfonds. Bei diesen Anlagestiftungen können nur steuerbefreite Personalvorsorgestiftungen mitmachen.

Die "Anforderungen an Anlagestiftungen", die der Aufsicht des BSV unterstehen, sind vom BSV im Mai 1999 in einer Broschüre veröffentlicht worden (siehe Mitteilungen Nr. 46, Ziff. 269). Diese Vorschriften beziehen sich

12.3 Probleme einzelner Vermögensanlagearten

schwergewichtig auf Anlegerrechte. Organisation, Information und Transparenz, externe Kontrolle, Anlagevorschriften in Einzelfällen.

Zur *"Verbuchung und Bilanzierung der Anrechte von Anlagestiftungen"* besteht ein Merkblatt der Konferenz der Geschäftsführer von Anlagestiftungen. Da Anrechte von Anlagestiftungen den entsprechenden Direktanlagen gleichgestellt sind (Art. 56 BVV 2), sollten auch dieselben Bewertungsgrundsätze angewandt werden (Art. 48 BVV 2).

Darstellung 12L
Vermögen der Anlagestiftungen

Stand 31. Dezember 1998	in Mio. CHF	% Veränderung gegenüber Vorjahr
Gesamtvermögen[1] der neun Anlagestiftungen	40'755,0	+20,2
• aufgegliedert nach Rechtsträgern		
– Credit-Suisse-Anlagestiftung (CS)	10'047,0	+28,8
– Anlagestiftung der UBS (UBS)	8'306,0	+20,2
– AST Anlagestiftung für schweizerische Personalvorsorge (UBS)	7'482,2	+5,1
– Prevista (Kantonalbanken)	7'151,0	+22,7
– IST (Julius Bär/Pictet)	4'530,3	+18,2
– Anlagestiftung Winterthur	1'517,5	+20,9
– Sarasin-Anlagestiftung	697,7	+57,8
– Anlagestiftung Lombard Odier	576,5	+46,8
– Bâloise-Anlagestiftung	446,9	+35,5
• aufgegliedert nach Arten		
– Obligationen Schweiz	10'016,4	+20,2
– Ausl. Frankenbonds	1'454,1	+26,9
– Ausl. Fremdwährungsbonds	9'070,3	+27,9
– Aktien Schweiz	5'669,6	+20,4
– Aktien Ausland	7'595,4	+28,7
– Mischvermögen	10'115,9	+40,2
– Immobilien	1'428,7	+16,7
– Hypotheken	1'874,3	–8,5
– Diverse	826,5	–43,1

[1]Wegen Doppelzählungen addieren sich die Werte der einzelnen Vermögenskategorien nicht zum Gesamtvermögen.

Quelle: Konferenz der Geschäftsführer von Anlagestiftungen KGAST (NZZ 26. Januar 1999).

12. Vermögensanlage

12.35 Guthaben bei der Arbeitgeberfirma

Ein besonderes Aktivum bilden die *Guthaben bei der Arbeitgeberfirma,* die nachstehend näher behandelt sind.

a)   Zulässigkeit und Grundsätzliches

Hinsichtlich der Anlage von Vermögen der Personalvorsorgestiftungen bei der Arbeitgeberfirma sind Art. 57–59 BVV 2 massgebend. Nach Art. 57 Abs. 1 BVV 2 darf das Vermögen, "soweit es zur Deckung der Freizügigkeitsleistungen sowie zur Deckung der laufenden Renten gebunden ist, nicht ungesichert beim Arbeitgeber angelegt werden" (Fassung vom 1. Juni 1993).

Das *revidierte Bundesgesetz über Schuldbetreibung und Konkurs* (SR 281.1) vom 11. April 1889 (Stand 1. April 1996) behandelt in Art. 219 Abs. 4 die Ansprüche der Versicherten aus der nicht obligatorischen beruflichen Vorsorge und die Forderungen von Personalvorsorgeeinrichtungen gegenüber den angeschlossenen Arbeitgebern in der *Ersten Klasse* der Rangordnung der Gläubiger. Die Forderungen der Vorsorgeeinrichtung gegen die Arbeitgeberfirma waren bisher mit einem *Konkursprivileg zweiter Klasse* ausgestattet (Art. 219 lit. e SchKG).

In der Praxis wird gelegentlich übersehen, dass sich dieses SchKG-Privileg nur auf die Arbeitgeberfirma und nicht auf irgendeine andere Gesellschaft derselben Konzerngruppe bezieht.

Laut Pensionskassenstatistik 1996 betrugen damals die einfachen Forderungen an das Arbeitgeberunternehmen *3,3%* des gesamten Vermögens (Bilanzsumme) privater Vorsorgeeinrichtungen. Diese Quote ist in den letzten Jahren ständig zurückgegangen. Im Jahre 1977 waren dies 9,9%, 1957 17% und 1941 (erste Pensionskassenstatistik) gar 27%. Trotz aller betriebswirtschaftlicher Vorteile von Darlehen beim Arbeitgeber ist diese Entwicklung des finanziellen Loslösens der Vorsorgeeinrichtungen von der Arbeitgeberfirma aus unternehmungspolitischen Gründen zu begrüssen.

Die ausdrückliche Zulassung einer einfachen ungesicherten Forderung an die stiftende Unternehmung, soweit dadurch nicht Forderungen der Arbeitnehmer erfasst werden, stellt eine wesentliche Erleichterung namentlich bei der Errichtung einer Vorsorgeeinrichtung und bei deren Dotierung mit freiwilligen Zuwendungen dar. Dadurch wird auch Unternehmen mit verhältnismässig geringen flüssigen Mitteln ermöglicht, für ihr Personal Vorsorgeeinrichtungen zu schaffen. Ohne diese Möglichkeit wäre manche Vorsorgeeinrichtung nicht oder erst Jahre später errichtet worden. Ebenso wären viele freiwillige Zuwendungen – wenn sie gleichzeitig auch hätten in bar überwiesen werden müssen – nie erfolgt.

12.3 Probleme einzelner Vermögensanlagearten

In den letzten Jahren sind in einigen spektakulären Fällen Verluste auf Darlehen an Arbeitgeberfirmen bekanntgeworden. Dies führte dazu, dass die Stimmen immer zahlreicher wurden, die eine Abdeckung dieses Bonitätsrisikos verlangten. Nach Art. 56 BVG übernimmt der BVG-Sicherheitsfonds die Garantie für die versprochenen Leistungen an die Versicherten von im Konkurs stehenden Vorsorgeeinrichtungen.

Durch die Revision von 1996 der Sicherheitsfondsgesetzgebung, die sich vorher nur auf den obligatorischen BVG-Teil bezog, ist der Schutz auf den überobligatorischen Bereich (bis 150% des BVG-Maximallohnes, also 1999 CHF 108'540.–) ausgedehnt worden (siehe Abschnitt 3.72).

Für einen Forderungsverzicht der Stiftung gegenüber dem Arbeitgeber hat die Konferenz der kantonalen BVG- und Stiftungsaufsichtsbehörden Grundsätze aufgestellt (veröffentlicht in: SZS 1998, S. 404 ff.).

b) Gesetzliche Grundlagen und Bonitätsschutz

Bei der Anlage von Vermögen beim Arbeitgeber – oder besser gesagt dem *Stehenlassen von Beiträgen* – gilt hinsichtlich des Maximalbetrages Abs. 4 von Art. 89bis ZGB. Verschiedene Kantone lassen nicht zu, dass einmal ausgeschiedene Vermögensteile wieder *beim Arbeitgeber reinvestiert werden*. Der am 1. Juni 1993 beschlossene neue Art. 58a BVV 2 regelt nun klar, dass Wiederanlagen, "die nicht zweifelsfrei" Art. 57 Abs. 1 und 2 entsprechen, der Zustimmung durch die Aufsichtsbehörde bedürfen. Die Aufsichtsbehörden haben allenfalls Sicherheiten oder die Ausscheidung zu verlangen.

Einige *Kantone* haben hinsichtlich der Anlage bei der Arbeitgeberfirma schon vor Jahren besondere Vorschriften erlassen. So verlangt z.B. der *Kanton Zürich* (vgl. Kreisschreiben vom 25. Januar 1978), sofern das beim Arbeitgeber angelegte Kapital 20% der Bilanzsumme übersteigt, einen besonderen Bonitätsnachweis durch einen Bücherexperten oder eine Kontrollstelle, der/die entsprechend qualifiziert sein muss (siehe Abschnitt 13.27). Dafür waren Reinvestitionen im Kanton Zürich beschränkt möglich. (Bei rein patronalen Fonds betrug im Kanton Zürich [auch in SH und SO] die Limite für diesen Bonitätsnachweis *40%*.)

Nachdem ab 1. Januar 1997 durch Änderung von Art. 89bis Abs. 6 ZGB Art. 71 BVG für alle Vorsorgestiftungen gilt, gilt neu durchwegs diese Limite von 20%. Bei nachgewiesener Bonität und insbesondere bei Sicherstellung der Forderung kann dieser Ansatz von 20% auch überschritten werden.

Die BVV 2 folgte diesem *Zürcher Modell* mit Art. 57 und 59 Abs. 3 und gilt für registrierte Stiftungen:

12. Vermögensanlage

Art. 57 BVV 2 Anlagen beim Arbeitgeber
(Art. 71 Abs. 1 BVG)

¹Das Vermögen darf, soweit es zur Deckung der Freizügigkeitsleistungen sowie zur Deckung der laufenden Renten gebunden ist, nicht ungesichert beim Arbeitgeber angelegt werden.*

²Ungesicherte Anlagen beim Arbeitgeber dürfen 20 Prozent des Vermögens nicht übersteigen.**

³Eine Beteiligung beim Arbeitgeber darf jedoch höchstens 10 Prozent des Vermögens ausmachen.

⁴Die Ansprüche der Vorsorgeeinrichtung gegen den Arbeitgeber sind zu marktüblichen Ansätzen zu verzinsen.

Art. 58 BVV 2 Sicherstellung*
(Art. 71 Abs. 1 BVG)

¹Die Ansprüche gegen den Arbeitgeber müssen wirksam und ausreichend sichergestellt werden.

²Als Sicherstellung gelten:
a. die Garantie des Bundes, eines Kantons, einer Gemeinde oder einer dem Bundesgesetz über die Banken und Sparkassen unterstehenden Bank;
b. Grundpfänder bis zu zwei Dritteln des Verkehrswerts; Grundstücke des Arbeitgebers, welche ihm als Industrie-, Gewerbe- oder Geschäftsliegenschaft dienen, können höchstens bis zur Hälfte des Verkehrswerts verpfändet werden.

³Die Aufsichtsbehörde kann im Einzelfall andere Arten der Sicherstellung zulassen.

Art. 58a BVV 2 Meldepflicht*
(Art. 71 Abs. 1 BVG)

¹Die Vorsorgeeinrichtung muss ihrer Aufsichtsbehörde innert drei Monaten nach dem vereinbarten Fälligkeitstermin melden, wenn reglementarische Beiträge noch nicht überwiesen sind.

²Bevor die Vorsorgeeinrichtung beim Arbeitgeber Mittel ungesichert neu anlegt, die nicht zweifelsfrei nach Artikel 57 Absätze 1 und 2 auf diese Weise angelegt werden dürfen, muss sie ihrer Aufsichtsbehörde von dieser Neuanlage mit ausreichender Begründung Meldung erstatten.

³Die Vorsorgeeinrichtung muss ihre Kontrollstelle über Meldungen nach den Absätzen 1 und 2 unverzüglich informieren.

Art. 59 Abs. 3 BVV 2 Abweichungen
(Art. 71 Abs. 1 BVG)

³Übersteigen die ungesicherten Anlagen beim Arbeitgeber die Grenze nach Artikel 57 Absatz 2, so muss die Vorsorgeeinrichtung dem Bericht an die Aufsichtsbehörde einen Bonitätsausweis beilegen.

*Gültig ab 1. Juli 1993.
**Gültig ab 1. Januar 1993.

Gemäss Entscheid RRB SH vom 26. Juni 1979 (in: SZS 1983, S. 49) muss für einen *Verzicht auf dem Guthaben bei der Arbeitgeberfirma* im Sanierungsfalle die Zustimmung der Aufsichtsbehörde vorliegen. Zum Erlass von Darlehen der Arbeitgeberfirma siehe ferner BGE vom 7. Juli 1980, in: SZS 1982, S. 141.

Auch wenn der Arbeitgeber eine *Bank* ist, gelten diese betragsmässigen Anlagebeschränkungen. Art. 54 lit. a BVV 2 geht dann nicht vor (siehe Mitteilungen über die berufliche Vorsorge Nr. 11 vom 28. Dezember 1988, Ziff. 65).

Die Eidg. BVG-Beschwerdekommission hat in einem Urteil vom 18. Juni 1987 festgestellt (publiziert in: SZS 1988, S. 263–271), dass ein *Forderungsverzicht einer Personalfürsorgestiftung zugunsten einer Sanierung* der Stifterfirma vom Stiftungszweck nicht gedeckt sei und daher die Mitwirkung der zuständigen Aufsichtsbehörde erfordere. Ein finanzieller Zusammenbruch der Stifterfirma könne für die Mitarbeiter/Destinatäre gravierender sein als die mit finanziellen Opfern der Stiftung verbundene Sanierung. Unter ganz bestimmten Bedingungen könne daher ein Forderungsverzicht gegenüber der Stifterfirma bewilligt werden.

Zur *Pflicht der Ausscheidung* eines Teils der aus Stiftungsmitteln gewährten Darlehen an die Arbeitgeberfirma gibt es viele Entscheide. Einige Entscheide der letzten Jahre: RRB ZH Nr. 1956 vom 25. Mai 1983, in: SZS 1984, S. 111; RRB ZH Nr. 2553 vom 7. Juli 1982, in: SZS 1983, S. 263; BGE vom 3. Juli 1981, in: SZS 1983, S. 45; RRB ZH Nr. 517 vom 6. Februar 1980, in: SZS 1982, S. 156; BGE 97 III 83 ff.

In einem Entscheid im Kanton Zürich betreffend aufsichtsrechtliche Massnahmen bei Gefährdung der Destinatäransprüche wegen mangelnder Liquidität sowie zweifelhafter Vermögensanlage bei der Stifterfirma wurde entschieden, dass ohne ernsthafte Aussichten der Stifterfirma auf Besserung durch die fraglichen Stiftungsmittel auf deren möglichst rascher Ausscheidung beharrt werden muss, "auch wenn dies das Risiko des Untergangs der Stifterfirma mit sich bringt" (RRB ZH Nr. 2553 vom 7. Juli 1982, in: SZS 1984, S. 307–309).

Es gehört zu den schwierigsten Fragen für einen Stiftungsrat bzw. für ein Unternehmen, ob bei Liquidationsengpässen der Firma die Schuld gegenüber der Stiftung anwachsen (durch Stehenlassen der Beiträge) oder gar ein Darlehen gegeben werden soll (bis zur 20%-Limite). Es geht hier letztlich um die Frage: *die Vorsorge sichern oder die Arbeitsplätze erhalten?* (Siehe *Riemer M.*, ST 10/1982). Dies gilt insbesondere in Zeiten wirtschaftlicher Schwierigkeiten. Dabei darf nicht übersehen werden, dass Stiftung und Arbeitgeberfirma immer eine Schicksalsgemeinschaft bilden. Dies führt zu einer wirtschaftlichen Betrachtungsweise, die auch das Bundesgericht (im Fall eines ausländisch beherrschten Unternehmens) angewandt hat (BGE 104 Ib 8 ff.). *Lang* hat sich zur Frage von Ausscheidung und Sicherstellung der Guthaben beim Arbeitgeber geäussert und auch zum Bonitätsnachweis nach Zürcher Praxis seit 1987 Stellung genommen (SZS 1987, S. 72–82).

c) Verzinsung

Bei der Bestimmung des *Zinsfusses* sollte im Sinne eines Minimalsatzes von jenem für erste Hypotheken der Kantonalbanken ausgegangen werden. Art. 57 Abs. 4 BVV 2 verlangt eine Verzinsung zu "marktüblichen Ansätzen". Zur normalen Verzinsung von Anlagen der Stiftung bei der Stifterfirma sei auf RRB ZH Nr. 2369 vom 23. Juni 1982 (abgedruckt in: SZS 1983, S. 305 ff., bzw. SZS 1984, S. 271/2) verwiesen.

In einer Weisung (vom Januar 1986) an die Bezirksräte bezüglich Prüfung der Jahresrechnung und der Berichterstattung der Personalvorsorgeeinrichtungen wird vom Amt für berufliche Vorsorge des *Kantons Zürich* verlangt, dass die Guthaben bei der Arbeitgeberfirma mindestens zum *Zinssatz für erste Hypotheken der Zürcher Kantonalbank* verzinst werden. Gemäss Eidg. Beschwerdekommission kann, muss aber nicht, dieser Zinssatz Richtgrösse sein (SPV 3/89, S. 91 ff.). Bis 1998 hat der Vorstand der Konferenz der kantonalen BVG-Aufsichtsbehörden einen Minimalzinssatz empfohlen. Seither werden von den Aufsichtsbehörden keine Empfehlungen mehr zum Zinssatz auf Arbeitgeberanlagen abgegeben. Es gelten somit Marktsätze.

d) Fragen zur Kontrolle

Zur *Kontrolle des Guthabens der Vorsorgeeinrichtung bei der Arbeitgeberfirma* können folgende Fragen gestellt werden (z.B. als Stiftungsrat oder als Kontrollstelle):

– Erfolgt die *Verzinsung* des Guthabens zu einem marktüblichen Zinssatz (d.h. mindestens zum Satz von ersten Hypotheken von Kantonalbanken)?
– Werden die *Zinsen* auf dem Guthaben beim Arbeitgeber periodisch an die Stiftung überwiesen, damit ein unangemessener Anstieg des Guthabens vermieden wird?
– Werden die dem Arbeitnehmer abgezogenen *Beiträge* periodisch an die Stiftung überwiesen, damit das Guthaben beim Arbeitgeber nicht unangemessen ansteigt?
– Bestehen wegen der Höhe der Forderung an die Arbeitgeberfirma und deren Liquiditätslage unangemessene *Risiken* für die Stiftung?
– Erbringt die Arbeitgeberfirma für *Leistungsverbesserungen*, welche durch Kreditaufnahme bei einer Versicherungsgesellschaft finanziert wurden und für welche sie aus "moralischen Gründen" haftet, angemessene zusätzliche

Zuwendungen? Und: Ermöglicht die Arbeitgeberfirma (durch Überweisungen) der Stiftung, solche Schulden planmässig zu tilgen?

12.36 Hypotheken an Arbeitgeberfirma und an Mitarbeiter

Hypotheken sind seit jeher eine beliebte Anlage von Vorsorgeeinrichtungen. Soweit für die an die *Arbeitgeberfirma* gewährten Hypotheken Fabrikliegenschaften belastet werden, die erst im Liquidationsfalle des Betriebes veräussert werden können, ist diese Anlage eher zu den "Guthaben bei der Arbeitgeberfirma" zu zählen. Die Hypotheken bei der Firma – in der Regel auf nichtbetrieblichen oder leicht veräusserbaren Mehrzweckliegenschaften – sollten so mobil sein, dass eine jederzeitige Ablösung bei einem Bankinstitut oder einem institutionellen Anleger möglich ist.

Bei der Gewährung von Hypotheken an *Mitarbeiter* der Arbeitgeberfirma ist das *Privilegierungs- bzw. das Zinssatzproblem* zu beachten. In der Regel empfiehlt es sich, keine oder nur geringfügige Vorteile einzuräumen (z.B. Zinssatz für zweite Hypotheken zum Satz für erste Hypotheken). Bankangestellte erhalten üblicherweise bis um 1% vergünstigte Hypotheken, wobei dann Zinsausfälle in der Regel von der Bank übernommen werden.

Art. 58 BVV 2 legt neu (Fassung vom 1. Juni 1993) Grenzen der Sicherstellung fest: Grundpfänder auf nichtbetrieblichen Liegenschaften des Arbeitgebers gehen bis zwei Drittel, solche auf betrieblichen Liegenschaften bis zur Hälfte des Verkehrswertes.

Nach Art. 54 lit. b BVV 2 sind Liegenschaften nur bis 80% des Verkehrswertes belehnbar. Es stellt sich die Frage, ob es als eine Umgehung dieser Bestimmung anzusehen ist, falls der Rest dem Mitarbeiter in Form eines *ungesicherten Darlehens* (im Sinne von Art. 54 lit. a BVV 2) gewährt wird. Dies sollte möglich sein, gegebenenfalls mit Garantie des Arbeitgebers.

Die Gewährung von Hypotheken und Mitarbeiterdarlehen wird dann problematisch, wenn gewisse *Belehnungsgrenzen und Solvabilitätsgrundsätze*, gemessen vor allem am Einkommen, missachtet werden.

12.37 Anlagen im Ausland und in Fremdwährungen

Nach Art. 54 BVV 2 ist zugelassen, einen Teil des Vermögens im *Ausland* und in *Fremdwährungen* und in konvertiblen *Fremdwährungsforderungen* anzulegen. In der Praxis sind solche Anlagen bisher eher selten anzutreffen. Es ist aber durchaus denkbar, dass künftig, namentlich bei multinationalen Unternehmen, vermehrt Auslandanlagen getätigt werden. Auch dies trägt zu einer Risikoverteilung bei. Zudem wird sich vermutlich in der Schweiz als Folge des ständigen Bedarfs der institutionellen Anleger an Anlagemöglichkeiten das konventionelle Angebot weiter verknappen und an Attraktivität verlieren.

Als Anlagen im Ausland kommen in Frage:

- Obligationen ausländischer Schuldner in Schweizer Franken oder konvertiblen Währungen,
- kotierte Aktien ausländischer Unternehmen,
- Privatplazierungen bei ausländischen Schuldnern in Schweizer Franken oder konvertiblen Währungen,
- ausländische Geldmarktpapiere (von Regierungen, Grossbanken oder Grossunternehmen),
- Notes in konvertiblen Währungen.

Bei einzelnen dieser Anlagemöglichkeiten ist Vorsicht am Platze; jedenfalls erfordern sie eine ständige Überwachung und kommen für kleinere Vorsorgeeinrichtungen weniger in Frage.

Nach Einführung des Euro werden für die meisten Vorsorgeeinrichtungen als Fremdwährung wohl nur noch Euro und Dollar in Frage kommen.

Nach dem Bundesbeschluss vom 6. Oktober 1989 bzw. der Änderung vom 28. Oktober 1992 der BVV 2 sind neu Anlagen bis zu 25% (früher 10%) in ausländischen Aktien und bis zu 5% (früher 0%) in ausländischen Grundstücken möglich. Siehe Abschnitt 12.31.

Nationalrätin *Lilli Nabholz* hat in einer im Juni 1998 eingereichten Interpellation nach den Auswirkungen des Euro auf die Anlagevorschriften der BVV 2 (Fremdwährungsvorschriften) gefragt.

12.38 Policendarlehen (Passivum) und Separate Accounts

a) Policendarlehen

Das Problem der Policendarlehen hat vor allem in der Presse aus Anlass der bei der *Vera/Pevos Sammel- und Anlagestiftungen, Olten,* teilweise durch den Sicherheitsfonds BVG zu deckenden Verluste viel Beachtung gefunden (ca. CHF 60 Mio.). Zwei Lebensversicherungsgesellschaften hatten auf die Kollektivversicherungsverträge der Sammelstiftung Policendarlehen gewährt (rund CHF 50 Mio.). Dieses Geld wurde von der Stiftung in der Bauwirtschaft und in Liegenschaften als Klumpenrisiken investiert. Durch den Zusammenbruch des Liegenschaftenmarktes entstanden sehr hohe Verluste (gegen CHF 100 Mio.). Die Stiftungen befinden sich seit 1996 in Liquidation. Gegen die beiden Versicherungsgesellschaften soll eine Schadenersatzklage eingereicht worden sein (über CHF 5,4 Mio.). Vor allem dieser Fall hat die Behandlung des Themas in Öffentlichkeit und Politik ausgelöst (siehe SPV 1996, S. 135–137, 1997, S. 401, 565, 675, 1998, S. 17).

Ähnlich liegt der Fall bei drei anderen BVG-Sammelstiftungen. Auch hier führten teilweise mit Policendarlehen finanzierte, fehlgeschlagene Immobiliengeschäfte zu ruinösen Verlusten. In allen vier Fällen handelt es sich um *Sammelstiftungen*.

Seit 17. Februar 1988 besteht eine "Verordnung über die Verpfändung von Ansprüchen einer Vorsorgeeinrichtung (VOVpf)". Diese stützt sich auf Art. 71 Abs. 2 BVG. (Abs. 2 umfasst die Hälfte dieses einzigen Artikels zur Vermögensverwaltung!) Die VOVpf regelt

- die Zulässigkeit von Policendarlehen,
- die sofortige Rückzahlung bei Kündigung des Kollektivversicherungsvertrags,
- die Notwendigkeit der Zustimmung durch den paritätischen Stiftungsrat,
- die sofortige Meldepflicht an die Kontrollstelle,
- die Orientierung der Versicherten und des Arbeitgebers,
- die Informationspflicht in der Jahresrechnung,
- die Prüfpflicht durch die Kontrollstelle (auf Einhaltung der Verordnung),
- die Meldepflicht an die Aufsichtsbehörde bei Weigerung, den Empfehlungen der Kontrollstelle nachzukommen.

Nicht näher geregelt ist die Verrechnungsmöglichkeit bei Zahlungsunfähigkeit der Vorsorgeeinrichtung; dann gilt Art. 95 VVG.

Im Nachgang zum Vera/Pevos-Debakel reichte Nationalrat *Paul Rechsteiner* (SP SG) ein Postulat ein, vorstehende Verordnung aufzuheben. Verpfändungen sollen nur mehr erlaubt sein, soweit sie "zur Deckung fälliger reglementarischer Leistungen" benötigt werden. Ein Verbot ist aber übertrieben und würde ähnlich wirken, wie wenn man teil- oder ganz autonome Pensionskassen – die ihr Vermögen ja auch selbst verwalten – verbieten würde. Ein solches Verbot würde auch Art. 67 BVG widersprechen, der eine eigene Risikodeckung zulässt. Die Lösung muss anderweitig gefunden werden.

Eine Vorsorgeeinrichtung mit einer Kollektivversicherung, welche die Risiken Tod, Invalidität und Alter voll deckt, wird bei Verpfändung des Rückkaufwerts wirtschaftlich zu einer teilautonomen Kasse. Nach der Verpfändung für ein Policendarlehen sind zwar weiterhin die Risiken Tod, Invalidität und Alter (Langlebigkeitsrisiko) bei der Versicherungsgesellschaft gedeckt, aber das Vermögen wird neu teilweise von der Vorsorgeeinrichtung selbst verwaltet – wie bei einer autonomen Pensionskasse.

Das Risiko von teilautonomen Vorsorgeeinrichtungen wie auch von Kollektivversicherungen mit Policendarlehen liegt bei der Vermögensanlage. Mögliche Verluste entstehen nicht durch das Policendarlehen, sondern durch die zu risikobehaftete Vermögensanlage. Meistens waren es Klumpenrisiken im Bereich der Bauwirtschaft (Liegenschaften, Forderungen, Anteile), welche die Verluste auslösten.

Schon in der VOVpf von 1988 (Art. 3 Abs. 4) und neu auch durch Art. 47 Abs. 3 BVV 2 von 1996 werden eine Offenlegung "sämtlicher Verpfändungen ihrer Ansprüche" (VOVpf) bzw. "ergänzende Angaben und Erläuterungen" (BVV 2) verlangt. Nur durch eine vollständige und klare Offenlegung in der Bilanz und im Anhang werden alle Beteiligten orientiert (Arbeitnehmer, Begünstigte, Arbeitgeber, Stiftungsräte, Kontrollstelle, Aufsichtsbehörde).

Der Entscheid, ein Policendarlehen zu beanspruchen und das Vermögen selbst zu verwalten, muss dem Anlagereglement entsprechen und ist vom Stiftungsrat zu fassen. Die mit dem Policendarlehen getätigten Anlagen müssen – zusammen mit dem übrigen Vermögen der Vorsorgeeinrichtung – Art. 53–55 BVV 2 über die zulässigen Anlagen und die Begrenzung der einzelnen Anlagen genügen.

Bei Sammelstiftungen sind die Aufnahme eines Policendarlehens und die mit einem höheren Risiko verbundene eigene Anlage besonders problematisch. Bei einer Sammelstiftung sollte daher ein Lebensversicherer besonders vorsichtig in der Beratung sein. Für alle Verantwortlichen sollte klar ersichtlich sein, dass die Vermögensanlage gut organisiert, überwacht und breit abgestützt ist.

Im Jahr 1988 bei Erlass der VSVpf wurde noch wenig an Sammelstiftungen gedacht. *Hier sollte die VSVpf ergänzt werden. Zu denken wäre etwa an eine sofortige Meldepflicht dieses Geschäfts an die Aufsichtsbehörde, also gleichzeitig mit der Meldung an Kontrollstelle und Arbeitgeber.* Ähnlich wird dies heute vor der Durchführung von Teilliquidationen praktiziert, da dies ebenfalls ein heikles Geschäft für den Stiftungsrat ist. Von der Stiftung wäre auch eine Anlagestrategie einzureichen mit genauen Hinweisen, wie das Policendarlehen angelegt werden soll. Trotz der Meldepflicht an die Aufsichtsbehörde bleibt die Verantwortung beim Stiftungsrat. Grundsätzlich ist davon auszugehen, dass eine Sammelstiftung bei gleichem Risikoprofil keine höhere Performance (= Rendite + Wertzuwachs auf Kapital) als eine Lebensversicherungsgesellschaft erzielen kann. Liegt die Rendite bzw. die Performance höher, dann ist auch das Risiko höher.

b) Separate Accounts

Ähnlich wie Policendarlehen sind sog. Separate Accounts zu beurteilen. Auch dort trägt die Vorsorgeeinrichtung das Anlagerisiko für einen Teil der Kollektivversicherung.

Grössere Kollektivversicherungsnehmer verlangen in der Regel von ihrem Lebensversicherer eine sog. "Einnahmen- und Ausgabenrechnung", d.h. über die Einnahmen (Prämien, Vermögenserträge usw.) und Ausgaben (Kapital- und Rentenzahlungen, Austrittsleistungen, Überschussanteile, Verwaltungskosten) wird individuell je Personalvorsorgeeinrichtung abgerechnet. Das technische Risiko wird durch eine Belastung (bei schlechtem eigenem Risikoverlauf) oder Gutschrift (bei überdurchschnittlich gutem Risikoverlauf) an den Risikoverbund abgegolten.

Separate Accounts gehen noch einen Schritt weiter, indem vereinbarungsgemäss ein Teil des Vermögens nach anderen Anlagestrategien – nach eigenen Wünschen oder nach Vorschlägen des Lebensversicherers – verwaltet wird. Die effektiven Erträge dieses Vermögens werden dann der Einnahmen- und Ausgabenrechnung gutgeschrieben. Ein Separate Account verlangt ein Versicherungsnehmer nur, wenn er glaubt, mit einer anderen Anlagestrategie eine höhere Performance zu erzielen. Ein Separate Account kann sich beispielsweise ergeben, wenn bei Abschluss einer Kollektivversicherung bestehendes Vermögen nicht einfach liquidiert werden soll. Oder es handelt sich beispielsweise um ein Hypothekardarlehen, dessen Zins unverändert als Ertrag des Separate Account in die Einnahmen- und Ausgabenrechnung fliesst. Der grösste, weitgehend als Separate Account verwaltete Vertrag ist, wie allgemein bekannt, jener von Sandoz bei der Rentenanstalt (mehrere Milliarden Franken). Damit ist auch gesagt, dass Separate Accounts ursprünglich nur von sehr grossen Versicherungsnehmern verlangt wurden. Heute sind auch mittelgrosse Verträge darunter (etwa ab CHF 10 Mio.).

Bei einem Separate Account bleibt der Versicherer Eigentümer der Investitionen (in der Regel separate Depots) und bilanziert diese in seiner Jahresrechnung als seine Aktiven. Die Vorsorgeeinrichtung trägt aber das volle Anlagerisiko. Sie erhält aber dafür im Überschussanteil den vollen Ertrag gutgeschrieben. Dieses Anlagerisiko auf dem Separate Account muss im Anhang der Jahresrechnung der Vorsorgeeinrichtung offengelegt werden.

c) Schlussfolgerungen

Policendarlehen und Separate Accounts sind wie teil- oder vollautonome Vorsorgeeinrichtungen rechtlich zulässig und können im Einzelfall wirtschaftlich begründet und zweckmässig sein. Die VOVpf ist in allen Einzelheiten zu beachten und besser zu leben. Allgemeine Verbote oder auch nur Einschränkungen sind nicht vertretbar. Dagegen ist eine Reihe von Massnahmen zu beachten, um ein Maximum an Sicherheit zu erreichen:

– Das oberste paritätische Organ der Vorsorgeeinrichtung hat die Aufnahme eines Policendarlehens oder die Begründung eines Separate Accounts aus-

drücklich zu beschliessen. Dies ist zu protokollieren und im Protokoll zu begründen. Der Entscheid muss zudem dem Anlagereglement entsprechen. Gegebenenfalls ist dieses zu ändern.
- Die Kontrollstelle ist gemäss Art. 3 Abs. 3 VOVpf vom Stiftungsrat sofort zu orientieren. Diese hat die Mitteilung sofort zu überprüfen und die Einhaltung der weiteren Vorschriften festzustellen.
- Ebenso ist der Arbeitgeber sofort über die Aufnahme eines Policendarlehens zu informieren.
- Bei einer Sammelstiftung betrifft die Orientierungspflicht die Vorsorgekommissionen und die Arbeitgeber der angeschlossenen Firmen.
- Der Lebensversicherer sollte sich - obwohl er dazu keine Pflicht hat - vor Auszahlung des Policendarlehens vergewissern, ob ein formeller Stiftungsratsbeschluss vorliegt und ob Arbeitgeber und Kontrollstelle orientiert sind. Er sollte auch über den Verwendungszweck des Darlehens im Bilde sein. Policendarlehen sollten nicht als Verkaufsargument im Aussendienst benutzt werden.
- Die Versicherten sind über das Policendarlehen spätestens mit der nächsten Jahresrechnung zu informieren.
- Policendarlehen müssen in der Bilanz der Vorsorgeeinrichtung separat und als solche bezeichnet unter den Passiven ausgewiesen werden (also nicht einfach "Schuld an Lebensversicherer").
- Zusätzlich sind im Anhang der Jahresrechnung die Höhe der Belehnung des Vorsorgekapitals und die Gegenposten unter den Aktiven (Anlage der Mittel aus dem Darlehen) offenzulegen und zu erläutern. Daraus geht hervor, dass das Vorsorgekapital nicht mehr frei ist, also gefährdet sein kann.
- Sinngemäss verhält es sich mit Separate Accounts. Diese sind ebenfalls im Anhang der Jahresrechnung offenzulegen und zu erläutern. Zu erwähnen ist insbesondere, welches Risiko die Vorsorgeeinrichtung trägt.

Für die vorstehenden Massnahmen ist keine Änderung oder Ergänzung der Rechtsgrundlagen notwendig. In einem Punkt ist indessen *eine Ergänzung der VOVpf wünschbar:*

- *Für die Sammelstiftungen - und nur für diese - sollte die VOVpf von 1988 ergänzt werden durch Einführung einer sofortigen Meldepflicht der Aufnahme eines Policendarlehens an die Aufsichtsbehörde (wie an die Kontrollstelle).* Alle bisher bekanntgewordenen Sanierungsfälle, bei denen Policendarlehen eine Rolle spielten, betreffen Sammelstiftungen. Eine Meldepflicht hätte in manchen Fällen präventiven Charakter.

Verluste wie beispielsweise bei Vera/Pevos lassen sich nur vermeiden bei pflichtgemässer Führung der Vorsorgeeinrichtung durch den Stiftungsrat. Dazu gehören eine vollständige Transparenz und gute Zusammenarbeit von Stiftungsrat/Kontrollstelle/Aufsichtsbehörde. Es geht nicht nur allein um formale

Fragen (Einhaltung der Limiten), sondern um eine wirtschaftlich vernünftige, genügend sichere Risikoverteilung. Sobald es um grössere Beträge geht, sollte ein genehmigtes Anlagereglement mit Grundsätzen zur Risikoverteilung, zur Anlagestrategie und mit klaren Kompetenzregelungen bestehen.

Die Zweite Säule muss möglichst eigenverantwortlich gestaltet sein, wenn der Arbeitgeber für den ausserobligatorischen Teil der Vorsorge motiviert bleiben soll. Verbote, Einschränkungen und Überwachungen zum vermeintlichen Schutz können lähmen und schaden.

(Aus: *Helbling C.*, Policendarlehen an Vorsorgeeinrichtungen, Exposé für das Vorsorgeforum, März 1998)

12.4 Probleme der Vermögensverwaltung

Bei der Vermögensverwaltung einer Vorsorgeeinrichtung ergeben sich zahlreiche *organisatorische Probleme,* die auch ihre Auswirkungen auf die Verantwortlichkeit haben. Solche Probleme sind:

– *Abgrenzung zur Firma*

Zwischen den Vermögensanlagen der Vorsorgeeinrichtung und jenen der Firma ist genau zu unterscheiden. Auch organisatorisch sollte eine klare Trennung gemacht werden, z.B. durch die Verwendung eigener Banksafes. Die Vorsorgestiftung ist eine eigene Rechtsperson, die – auch wenn die Verwaltung bei Kaderpersonen des Arbeitgebers liegt – klar von der Geschäftsführung des Arbeitgeberunternehmens abzugrenzen ist.

– *Selbstverwaltung oder Verwaltung durch Dritte*

Eine wichtige Frage lautet immer, ob eigene Vermögensverwaltung oder Übertragung dieser Aufgabe an einen aussenstehenden Dritten. Die meisten Beitritte zu Sammelstiftungen und viele Kollektivversicherungsverträge beruhen auf dem Wunsch der Stiftung bzw. der Arbeitgeberfirma, sich von der Aufgabe (und der Verantwortung) der eigenen Vermögensverwaltung zu entlasten.
Die bei den Anlagestiftungen von Banken liegenden Vermögenswerte haben auch aus diesem Grunde in den letzten Jahren stark zugenommen. Die Vorsorgeeinrichtung will sich von der Verantwortung und Arbeit der eigenen Vermögensanlage teilweise entlasten.
Heute werden oft *Verwaltungsaufträge* an Banken gegeben, bei denen die Bank freie Hand hat für Kauf, Verkauf und Vermögensumschichtungen (im Rahmen der BVG-Vorschriften).
Es wäre auch eine konzerninterne *Vermögensverwaltungsstiftung* denkbar, die verschiedenen Vorsorgeeinrichtungen der Unternehmensgruppe dienen kann.

– *Offenes oder geschlossenes Depot*

Die Frage, ob ein offenes oder ein geschlossenes Depot (Safe) für eine Wertschriftenanlage angemessen ist, wird bei bedeutenden Vermögensanlagen – wie diese in der Regel bei Vorsorgeeinrichtungen vorliegen – eine Frage der Kosten sein. Trotz höherer Kosten bevorzugen viele Vorsorgeeinrichtungen aus Gründen der Sicherheit und der einfacheren Verwaltung offene Wertschriftendepots. Pensionskassen bezahlen in der Regel einen stark reduzierten Depotgebührentarif.

12.4 Probleme der Vermögensverwaltung

– *Führung von Hilfsbuchhaltungen*

Bei grösseren Vorsorgeeinrichtungen wird man separate Hilfsdateien für die Vermögensanlagen zu führen haben, um Ordnungsmässigkeit und Überblick zu gewährleisten. Vollständig vorliegende Sammelbelege, wie sie bei Verwaltungsaufträgen über die Transaktionen, Erträge und Bestände von Banken abgegeben werden, können als ordnungsgemässe Belege für *Sammelbuchungen* dienen. Die Einzeltransaktionen brauchen dadurch nicht mehr in der Buchhaltung der Vorsorgeeinrichtung erfasst zu werden.

– *Kontrolleinrichtungen*

Viele Vorsorgeeinrichtungen sollten der Organisation zur Sicherung und Kontrolle des Vermögens stärkere Beachtung schenken. Es geht hier um das interne Kontrollsystem, um die Frage der Kompetenzen an den Geschäftsführer, die Arbeitsteilung als Sicherungselement usw. (siehe Abschnitt über die Kontrollstelle).

Zu einigen *Problemen der Vermögensanlage*, wie sie sich bei Vorsorgeeinrichtungen ergeben, seien als Abschluss dieses Themas einige Checklist-Fragen aufgeworfen:

– Werden grössere liquide Mittel unverzinslich oder zu bescheidenen Zinssätzen gehalten?
– Wurden Übertragungen von Vermögenswerten (Obligationen, Aktien usw.) aus den Beständen der Arbeitgeberfirma vorgenommen? Wenn ja, zu welchen Kursen?
– Deckt die Arbeitgeberfirma die Ertragsausfälle, welche sich aus ungenügenden Zinsen ergeben:
  – Vorzugszinsen für Darlehen und Hypotheken an die Mitarbeiter?
  – Ungenügende Liegenschaftsrendite durch Gewährung von Vorzugsmietzinsen an die Mitarbeiter?
  – Ungenügende Liegenschaftsrendite infolge Leerwohnungsbestand oder gedrückter Mietzinse?
– Entspricht die Liegenschaftsnettorendite bezogen auf den Bilanzwert der Liegenschaften einem marktüblichen Mindestrenditesatz?
– Garantiert die Firma für den Ausfall auf Darlehen und Hypotheken an Mitarbeiter, welche ohne die banküblichen Sicherheiten gewährt wurden?
– Wurde ein Antrag auf Teilrückzahlungen für die Verrechnungssteuer bei einem mutmasslichen Jahresanspruch von mindestens CHF 4'000.– gestellt?
– Sind Anlagen, die kurzfristig realisiert werden müssen, höchstens zu Marktwerten bilanziert?

Zur Vermögensverwaltung gehört auch, dass *ethische Grundsätze* eingehalten werden und die *Qualität der Arbeit* sichergestellt ist.

Mit einem "Verhaltenskodex Berufliche Vorsorge" sollten vor einigen Jahren ethische Verhaltensregeln geschaffen werden. Anfangs 1999 war eine Neufassung des "Verhaltenskodexes in der beruflichen Vorsorge" in Vorbereitung. Darin soll die Kritik verarbeitet werden, auf welche die erste Fassung vor allem bei grossen Kassen gestossen ist. Ähnliches sieht die Pensionskasse des Kantons Zürich in einem "Reglement über die private Anlagetätigkeit der Mitarbeiter der Vermögensverwaltung des Kantons Zürich (vom 29. September 1995)" vor. Damit sollen Interessenkonflikte zwischen Eigeninteressen und jenen der Pensionskasse klar geregelt werden.

Die Konferenz der Geschäftsführer von Anlagestiftungen (KGASt) hat im Oktober 1996 "Richtlinien zur Qualitätssicherung" erlassen. Damit sollen die Interessen der angeschlossenen Einrichtungen geschützt werden. Wer Mitglied der KGASt werden will, muss diese ethischen Grundsätze einhalten.

13. Überwachung, Revision und Verantwortlichkeit

13.1 Die verschiedenen Überwachungsinstanzen und Prüfungsstellen

Dieses Kapitel behandelt die verschiedenen Überwachungsinstanzen und Prüfungsstellen der beruflichen Vorsorgeeinrichtungen. Die zunehmende Reglementierung durch das BVG, die verschiedenen Verordnungen zum BVG und weitere gesetzliche Bestimungen führen dazu, dass der Prüfung über die Einhaltung dieser Normen eine immer grössere Bedeutung zukommt.

Die Personalvorsorgestiftungen werden von verschiedenen Stellen überwacht und geprüft. Dabei sind zu unterscheiden die Aufsicht durch staatliche Behörden einerseits und die gesetzliche *Prüfung durch die beauftragte Kontrollstelle und den Experten für berufliche Vorsorge* anderseits.

13.11 Aufsicht und Prüfung durch staatliche Behörden

An staatlicher Überwachung sind zu nennen:

a) *Stiftungsaufsicht durch das Gemeinwesen gemäss Art. 84 ZGB bzw. durch die Kantone gemäss Art. 61 Abs. 1 BVG*

Nach Art. 84 ZGB stehen die Stiftungen "unter der Aufsicht des Gemeinwesens (Bund, Kantone, Gemeinde), dem sie nach ihrer Bestimmung angehören".

Bis 1985 hatten die Gemeinwesen ihre Aufsicht über die Vorsorgestiftungen *unterschiedlich* geregelt. Teilweise waren ein Departement des Regierungsrates (BS und vor allem kleinere Kantone), der Bezirksrat (ZH) oder der Gemeinderat (AG, BE, LU, SG, VD u.a.) zuständig. Als Oberaufsichtsbehörde war in allen Kantonen in der Regel der Regierungsrat zuständig. Auch hinsichtlich der Intensität der Aufsichtswahrnehmung waren und sind vermutlich weiterhin (insbesondere für den überobligatorischen Teil) von Kanton zu Kanton grosse Unterschiede feststellbar.

Seit *Einführung des BVG* auf den 1. Januar 1985 ist die Aufsicht von einer einzigen *kantonalen Behörde* auszuüben. Gemäss Art. 89bis Abs. 6 ZGB gilt dies für alle Personalfürsorgestiftungen. Über die "Beaufsichtigung und die Registrierung der Vorsorgeeinrichtung" findet die Verordnung 1 zum BVG Anwendung (BVV 1 vom 29. Juni 1983). In einigen interkantonalen Fällen steht die Aufsicht, wie schon bisher, dem Bund zu (vgl. Art. 84 ZGB und Art. 3 BVV 1). Bei der Aufsicht können weitere Instanzen auf kantonaler oder kommunaler Ebene mitwirken.

Die Stiftungsorgane haben der Aufsichtsbehörde jährlich einen Bericht, die Bilanz und die Betriebsrechnung (Einnahmen- und Ausgabenrechnung) einzureichen. Für die gemäss BVG registrierten Vorsorgeeinrichtungen (auch solche in der Rechtsform der Genossenschaft oder der öffentlich-rechtlichen Einrichtung) wurde die Aufsicht von den Kantonen gemäss BVV 1 neu organisiert (siehe Verzeichnis der kantonalen Stiftungsaufsichtsämter am Schluss jedes Telefonbuches). Alle Kantone haben Verordnungen bzw. Regierungsratsbeschlüsse zur Einführung des BVG erlassen.

Die Aufgaben der kantonalen Aufsichtsbehörden stützen sich auf Art. 61 BVG und sind in Art. 62 BVG umschrieben:

Art. 61 BVG Aufsichtsbehörde

[1] Jeder Kanton bezeichnet eine Behörde, welche die Vorsorgeeinrichtungen mit Sitz auf seinem Gebiet beaufsichtigt.

[2] Der Bundesrat legt fest, unter welchen Voraussetzungen Vorsorgeeinrichtungen der Aufsicht des Bundes unterstehen.

[3] Die Gesetzgebung über die Versicherungsaufsicht bleibt vorbehalten.

Art. 62 BVG Aufgaben

[1] Die Aufsichtsbehörde wacht darüber, dass die Vorsorgeeinrichtung die gesetzlichen Vorschriften einhält, indem sie insbesondere

a. die Übereinstimmung der reglementarischen Bestimmungen mit den gesetzlichen Vorschriften prüft;
b. von den Vorsorgeeinrichtungen periodisch Berichterstattung fordert, namentlich über ihre Geschäftstätigkeit;
c. Einsicht in die Berichte der Kontrollstelle und des Experten für berufliche Vorsorge nimmt;
d. die Massnahmen zur Behebung von Mängeln trifft.

[2] Sie übernimmt bei Stiftungen auch die Aufgaben nach den Artikeln 84 Absatz 2, 85 und 86 des Zivilgesetzbuches.

Schon vor Inkrafttreten des BVG gehörte es aufgrund von Art. 84 ZGB zu den Pflichten der Aufsichtsbehörde, darüber zu wachen, dass die Stiftungen die gesetzlichen, statutarischen und reglementarischen Vorschriften einhalten (siehe insbesondere BGE 101 Ib 235). Die aufsichtsrechtliche Tätigkeit ist auf die Prüfung der Rechtmässigkeit beschränkt und hat grundsätzlich repressiven Charakter. Dabei gilt der Grundsatz der Verhältnismässigkeit. Es gibt auch Meinungen, die für einen Wechsel von der repressiven zu einer präventiven

13.1 Die verschiedenen Überwachungsinstanzen

Kontrolle plädieren, ähnlich der Banken- und Versicherungsaufsicht oder dem amerikanischen System (z.B. *Nussbaum*, Das System der beruflichen Vorsorge in den USA, Bern 1999, S. 487).

Zur Prüfung der Jahresrechnungen, Kontrollstellenberichte sowie Berichte der Experten für berufliche Vorsorge haben einzelne kantonale Aufsichtsbehörden *interne Weisungen* erlassen (so z.b. der Kanton Zürich im Januar 1986).

Hinsichtlich der *Anfechtung von Verfügungen* der Aufsichtsbehörden sowie der Auffangeinrichtung und des Sicherheitsfonds besteht seit anfangs 1985 (gemäss Art. 74 BVG) für alle Personalvorsorgeeinrichtungen der Weg über die von der Verwaltung unabhängige *Eidg. Beschwerdekommission* in Lausanne (siehe Verordnung über die Eidg. Beschwerdekommission der beruflichen Alters-, Hinterlassenen- und Invalidenvorsorge vom 12. November 1984 im gelben Anhang dieses Buches). Entscheide dieser Beschwerdekommission können mit Verwaltungsgerichtsbeschwerde an das Bundesgericht weitergezogen werden (Art. 74 Abs. 4 BVG). Der Weg geht also nicht mehr wie früher über das kantonale Verwaltungsrecht (Departement/Regierung, Bundesgericht). Siehe dazu Ausführungen von *B. Lang*, Abschnitt 14.3).

Im *Kanton Zürich* ist 1985 vom Amt für berufliche Vorsorge und von den Bezirksräten ein *Berichterstattungsformular* geschaffen worden. Das Formular ist auch durch die Kontrollstelle zu unterzeichnen. Gemäss *Bundesbeschluss vom 6. Oktober 1989* über Anlagevorschriften für Einrichtungen der beruflichen Vorsorge und für Versicherungseinrichtungen werden Vorsorgeeinrichtungen, die keiner Aufsicht unterstehen (nichtregistrierte Genossenschaften und öffentlich-rechtliche Einrichtungen), der Aufsicht des Bundesamtes für Sozialversicherung unterstellt.

Zum Vorgehen bei Sitzverlegung einer Stiftung, die den Wechsel der Aufsichtsbehörde zur Folge hat, besteht eine Empfehlung der Konferenz der kantonalen BVG-Aufsichtsbehörden vom 4. Dezember 1987 (siehe SZS 1987, S. 54/55, bzw. SPV 3/88, S. 123/24).

Anstelle der Aufsicht durch das kantonale Aufsichtsamt für berufliche Vorsorge können Stiftungen mit *nationalem oder internationalem Charakter* direkt der Aufsicht des Bundes unterstehen. In der Regel wird dies das Bundesamt für Sozialversicherung sein. Daneben gibt es noch weitere Bundesstellen, die in Ausnahmefällen zuständig sind, so das Eidg. Finanzdepartement für die Vorsorgeeinrichtungen des Bundespersonals, das Bundesamt für Verkehr für jene der Privatbahnen und das Bundesamt für Privatversicherungswesen für Vorsorgeeinrichtungen, die dem Versicherungsaufsichtsgesetz unterstehen. Die Aufsichtsbehörde der Pensionskasse des Bundes PKB ist seit 1998 das Bundesamt für Sozialversicherung BSV und nicht mehr das Finanzdepartement.

Zur Beaufsichtigung der *Sammel- bzw. Gemeinschaftsstiftungen* hat die Konferenz der kantonalen Stiftungsaufsichtsbehörden am 4. Dezember 1981 eine Stellungnahme herausgegeben (Anforderungen an die Kontrolle von Gemeinschaftsstiftungen, abgedruckt in: SZS 1982, S. 109).

Die Frage stellt sich auch, ob die Aufsicht, die heute von 26 kantonalen und verschiedenen eidg. Aufsichtsbehörden (BSV, BPV, EBK) und 26 kantonalen Steuerbehörden und der Eidg. Steuerverwaltung wahrgenommen wird, genügend koordiniert ist. Im April 1998 konstituierte sich eine "Arbeitsgruppe Aufsicht in der beruflichen Vorsorge Bund und Kantone", die künftig alle zwei Monate tagen will. Eine solche Arbeitsgruppe zwischen dem BSV und einem Ausschuss der Leiter der kantonalen Ämter für berufliche Vorsorge wäre eigentlich schon seit Jahren notwendig gewesen.

b) Stiftungsaufsicht durch weitere staatliche Stellen

Neben den kantonalen Stiftungsaufsichtsbehörden befassen sich folgende *staatliche Stellen* mit den Vorsorgeeinrichtungen:

- Die *kantonalen Steuerverwaltungen* prüfen im Rahmen der Steuerbefreiung die Vorsorgeeinrichtungen (siehe Abschnitte 2.5 und 7).
- Das *Handelsregisteramt* prüft die Errichtung der Stiftung (da alle Personalvorsorgestiftungen im Handelsregister einzutragen sind).
- Die *AHV-Behörden* wachen darüber, dass keine AHV-beitragspflichtigen Leistungen erbracht werden (siehe Abschnitt 2.583).
- Das *Bundesamt für Sozialversicherung* übt die Oberaufsicht über die kantonalen Aufsichtsstellen aus (gemäss Art. 64 BVG und Art. 3 BVV 1).
- Dem *Bundesamt für das Privatversicherungswesen* obliegt die Aufsicht über die Versicherungsgesellschaften – und damit die Kollektivversicherungen.

13.12 Prüfung durch Revisoren und Experten

Die Prüfung durch Revisoren und Experten hat zum Ziel, die sorgfältige und sachgemässe Führung und Verwaltung der Vorsorgeeinrichtungen im Sinne des Gesetzes und des Reglements festzustellen und zu gewährleisten. Diese Prüfungen können erfolgen durch

- *interne Revisionsorgane,*
- *die externe Revisionsstelle (Kontrollstelle)* und
- *den Pensionsversicherungsexperten.*

Die Aufträge dazu werden vom Stiftungsrat erteilt und sind in der Regel mit der Arbeitgeberfirma abgestimmt. Die externe Kontrollstelle kann auch, sofern die Stiftungsurkunde dies so bestimmt oder bei Genossenschaften, Organstellung haben.

Das BVG regelt in *Art. 53* die privatrechtliche Kontrolle:

Art. 53 BVG Kontrolle

¹Die Vorsorgeeinrichtung bestimmt eine Kontrollstelle für die jährliche Prüfung der Geschäftsführung, des Rechnungswesens und der Vermögensanlage.

²Die Vorsorgeeinrichtung hat durch einen anerkannten Experten für berufliche Vorsorge periodisch überprüfen zu lassen:
a. ob die Vorsorgeeinrichtung jederzeit Sicherheit dafür bietet, dass sie ihre Verpflichtungen erfüllen kann;
b. ob die reglementarischen versicherungstechnischen Bestimmungen über die Leistungen und die Finanzierung den gesetzlichen Vorschriften entsprechen.

³Absatz 2 Buchstabe a ist nicht auf die der Versicherungsaufsicht unterstellten Vorsorgeeinrichtungen anwendbar.

⁴Der Bundesrat legt die Voraussetzungen fest, welche die Kontrollstellen und anerkannten Experten erfüllen müssen, damit die sachgemässe Durchführung ihrer Aufgaben gewährleistet ist.

Gemäss Art. 89bis Abs. 6 ZGB gilt dieser Art. 53 BVG *für alle Personalvorsorgestiftungen,* also auch für die nichtregistrierten Einrichtungen, so z.B. für patronale Fonds.

13.2 Prüfung durch die Revisionsstelle (Kontrollstelle)

Gemäss Art. 53 Abs. 1 BVG hat jede Vorsorgeeinrichtung sowie jede Personalfürsorgestiftung (gemäss Art. 89bis Abs. 6 ZGB) *eine Kontrollstelle zu bestimmen "für die jährliche Prüfung der Geschäftsführung, des Rechnungswesens und der Vermögensanlage"*. Dies gilt seit 1985. Das BVG spricht noch von Kontrollstelle. (Der Begriff wurde im Aktienrecht 1991 in den seither üblichen Begriff "Revisionsstelle" geändert.)

Einzelne kantonale Aufsichtsbehörden sowie der Bund (für die ihm unterstellten Stiftungen) verlangten schon viele Jahre vorher in der Stiftungsurkunde nebst dem Stiftungsrat als Organ der Stiftung auch eine Kontrollstelle (so ZH, vgl. z.B. RZ 15 ff. des Kreisschreibens des Kantons Zürich vom 25. Januar 1978).

Die Konferenz der kantonalen BVG-Aufsichtsbehörden empfiehlt, auch bei Bankstiftungen (anerkannte Vorsorgeform nach BVV 3) eine unabhängige Kontrollstelle zu verlangen (Beschluss vom 20. Mai 1987, veröffentlicht in: SZS 1987, S. 222).

Für die Vorsorgeeinrichtungen in der Rechtsform der *Genossenschaft* ist von Gesetzes wegen bereits eine Kontrollstelle *vorgeschrieben* (Art. 906 OR).

13.21 Voraussetzungen und Unabhängigkeit

Die BVV 2 führt dazu aus:

Art. 33 BVV 2   Voraussetzungen
(Art. 53 Abs. 1 und 4 BVG)

Als Kontrollstelle können tätig sein:

*a. Mitglieder einer der Schweizerischen Treuhand- und Revisionskammer angeschlossenen Gruppe sowie Mitglieder des Schweizerischen Verbandes akademischer Wirtschaftsprüfer;
b. kantonale und eidgenössische Finanzkontrollstellen;
c. andere Revisionsstellen, die aufgrund ihrer Befähigung vom Bundesamt für Sozialversicherung anerkannt werden;
d. Personen, die aufgrund der bisherigen Tätigkeit als Revisionsstelle von Vorsorgeeinrichtungen von der zuständigen Aufsichtsbehörde ermächtigt werden, bestimmte Vorsorgeeinrichtungen zu kontrollieren.

*Die Schweizerische Treuhand- und Revisionskammer änderte auf den 1. April 1989 ihren Namen in "Treuhand-Kammer, Schweizerische Kammer der Bücher-, Steuer- und Treuhandexperten", und 1998 in "Treuhand-Kammer, Schweizerische Kammer der Wirtschaftsprüfer, Steuerexperten und Treuhandexperten". Der "dipl. Bücherexperte" heisst seit Oktober 1998 "dipl. Wirtschaftsprüfer". Der Schweizerische Verband akademischer Wirtschaftsprüfer (zuletzt 70 Mitglieder, meist HSG-Absolventen) ist 1987 in die Kammer aufgenommen worden.

13.2 Prüfung durch die Revisionsstelle (Kontrollstelle)

Art. 34 BVV 2 Unabhängigkeit
(Art. 53 Abs. 1 und 4 BVG)

Die Kontrollstelle nach Artikel 33 Buchstaben a, c und d darf nicht weisungsgebunden sein gegenüber:

a. Personen, die für die Geschäftsführung oder Verwaltung der Vorsorgeeinrichtung verantwortlich sind;
b. dem Arbeitgeber, wenn die Vorsorgeeinrichtung betriebseigen ist; hat der Arbeitgeber sein Unternehmen in verschiedene selbständige juristische Personen aufgeteilt, so gilt als Arbeitgeber der Konzern;
c. den leitenden Organen des Verbandes, wenn die Vorsorgeeinrichtung eine Verbandseinrichtung ist;
d. dem Stifter, wenn die Vorsorgeeinrichtung eine Stiftung ist.

Hinsichtlich der *Voraussetzungen* zur Übernahme eines Kontrollstellmandates (Art. 33 BVV 2) als auch der *Unabhängigkeit* der Kontrollstelle und der Revisoren (Art. 34 BVV 2) gelten somit einschränkende Bestimmungen. Diese gehen weiter als das geltende Aktienrecht von 1990. Dies erscheint insofern gerechtfertigt, als bei den beruflichen Vorsorgeeinrichtungen grosse Vermögenswerte langfristig zu verwalten sind und im Vorsorgefall vorhanden sein müssen. Dank dieser qualifizierten Prüfungen kann die behördliche Aufsicht einfacher gehalten werden.

Interne Revisorate und *konzerneigene Revisionsfirmen* des gleichen Konzerns sind *nicht* als unabhängig im Sinne von Art. 34 BVV 2 zu betrachten. Dies wird in den *"Mitteilungen Nr. 1 über die berufliche Vorsorge"* vom 24. Oktober 1986 (S. 14) vom BSV bestätigt und gilt allgemein für Mitglieder der Internen Revision (SVIR); dagegen sind vom BSV einzelne grössere *kommunale* Finanzkontrollstellen zugelassen worden.

Infolge der Neustrukturierung der Berufsorganisation sollte eine künftige Änderung der Verordnung (Art. 33 lit. a BVV 2) dahin gehen, dass von Gesetzes wegen als Kontrollstelle *"die der Fachgruppe Revision angehörenden Mitglieder der Treuhand-Kammer"* (siehe Art. 17 Abs. 1 des Mitgliedschaftsreglements) anerkannt werden.

Eine Liste der als Kontrollstelle gemäss Art. 33 lit. c BVV 2 anerkannten Personen wird vom Bundesamt für Sozialversicherungen geführt (und kann bei der Eidg. Drucksachen- und Materialzentrale bezogen werden).

Die Ermächtigung zur Tätigkeit als Kontrollstelle wurde in einem Fall wegen mangelnder fachmännischer Praxis (qualitativ und quantitativ) von der Eidg. Beschwerdekommission am 7. September 1987 abgelehnt (siehe SPV 5/88, S. 200/01).

Das BSV hat zur *Anerkennung und Ermächtigung als Kontrollstelle durch das BSV* Grundsätze veröffentlicht (erstmals 1985, letzte Fassung in: Mitteilungen über die berufliche Vorsorge Nr. 4 vom 10. Juli 1987, Ziff. 27). Danach gilt seit 1987 folgendes:

"Voraussetzungen für die Anerkennung und Ermächtigung der Kontrollstelle gemäss BVG

1. Rechtliche Grundlage

Die Vorsorgeeinrichtungen haben gemäss Art. 53 Abs. 1 des Bundesgesetzes vom 25. Juni 1982 über die berufliche Alters-, Hinterlassenen- und Invalidenvorsorge (BVG) eine Kontrollstelle für die Prüfung der Geschäftsführung, des Rechnungswesens und der Vermögensanlage zu bestimmen. Der Bundesrat legt nach Art. 53 Abs. 4 BVG die Voraussetzungen fest, welche die Kontrollstellen erfüllen müssen, damit die sachgemässe Durchführung ihrer Aufgaben gewährleistet ist. Grundlage für die Zulassung als Kontrollstelle im Rahmen der beruflichen Vorsorge bilden die Art. 33–36 der Verordnung vom 18. April 1984 über die berufliche Alters-, Hinterlassenen- und Invalidenvorsorge (BVV 2). Diese Bestimmungen sind auch anwendbar auf Revisionsstellen von Personalfürsorgestiftungen, welche nicht im Register für die berufliche Vorsorge eingetragen sind (Art. 89bis Abs. 6 ZGB).

Als Kontrollstelle können von Gesetzes wegen tätig sein: die Mitglieder einer der Treuhand-Kammer angeschlossenen Gruppe und die Mitglieder des Verbandes akademischer Wirtschaftsprüfer (Art. 33 lit. a BVV 2) sowie kantonale und eidgenössische Finanzkontrollstellen (lit. b). Ferner sind Revisionsstellen zugelassen, die aufgrund ihrer Befähigung vom Bundesamt für Sozialversicherung (BSV) *anerkannt* worden sind (lit. c). Schliesslich können auch Personen als Kontrollstelle tätig sein, die aufgrund der bisherigen Tätigkeit von der zuständigen Aufsichtsbehörde *ermächtigt* werden, bestimmte Vorsorgeeinrichtungen zu kontrollieren (lit. d).

2. Anerkennung gemäss Art. 33 lit. c BVV 2

2.1 Grundsatz

a) Die als Kontrollstelle tätigen Personen haben in fachlicher Hinsicht grundsätzlich alle die gleichen Voraussetzungen zu erfüllen. Die Antragsteller, die nicht Mitglieder einer der unter Art. 33 lit. a BVV 2 erwähnten Vereinigungen sind, müssen deshalb den Nachweis erbringen, dass sie eine den Aufnahmebedingungen dieser Vereinigungen gleichwertige Ausbildung besitzen und die entsprechende praktische Erfahrung aufweisen; letzteres allerdings unter angemessener Berücksichtigung des spezifischen Aufgabenbereiches der Kontrollstelle für berufliche Vorsorge gemäss BVG.

b) Das BSV anerkennt nur natürliche Personen als Kontrollstelle. Kontrollstellmandate können jedoch auch von juristischen Personen (oder durch Personengesellschaften) übernommen werden, wenn diese eine anerkannte bzw. dazu ermächtigte Person beschäftigen. In diesem Fall dürfen sie jedoch nicht sich selbst, sondern nur die von Amtes wegen zugelassene natürliche Person als BVG-Kontrollstelle benennen. Diese ist von den Vorsorgeeinrichtungen als gesetzmässige Kontrollstelle zu bezeichnen. Sie muss die Kontrolltätigkeit tatsächlich leiten und den Kontrollbericht persönlich unterzeichnen.

c) Abweichend von diesem Grundsatz anerkennt das BSV überdies kommunale Finanzkontrollstellen unter der Voraussetzung, dass sie über einen hauptberuflich beschäftigten Revisor mit der oben umschriebenen Qualifikation verfügen.

2.2 Anforderungen

Die nachfolgenden Anforderungen müssen für die Anerkennung durch das BSV erfüllt sein:

a) Ausbildung

Die sich bewerbende Person hat sich über einen der folgenden oder einen gleichwertigen Abschluss auszuweisen:

- Lizentiat, Staatsexamen oder Doktorat in Wirtschafts- oder Rechtswissenschaften einer schweizerischen Hochschule*;
- Abschluss einer vom BIGA anerkannten Höheren Wirtschafts- und Verwaltungsschule (HWV)*;
- Eidg. Bücher- oder Treuhandexpertendiplom;
- Eidg. Buchhalterdiplom*;
- Eidg. Diplom für Buchhalter-Kontroller*;
- Eidg. Fachausweis als Treuhänder;
- Vorprüfung als Bücherexperte.

b) Zusätzlicher Praxisnachweis bei Abschlüssen ohne besondere Revisionsausbildung (gilt für die oben mit einem * versehenen Ausbildungen)

Diese Antragsteller müssen mindestens fünf Jahre Praxis (drei Jahre bei einem Hochschulabschluss in Fachrichtung Treuhand- und Revisionswesen) im Treuhandbereich eines dipl. Bücherexperten und davon mindestens zwei Jahre Revisionstätigkeit für Unternehmen mit Sitz in der Schweiz nachweisen können.

c) Weitere Anforderungen

aa) Der Antragsteller muss die einschlägigen Bestimmungen des schweizerischen Rechts kennen.
bb) Er muss vertrauenswürdig sein und eine einwandfreie Berufsausübung nachweisen.
cc) Er muss die schweizerische Staatsangehörigkeit besitzen oder Inhaber der Niederlassungsbewilligung sein.

d) Nachweis der Voraussetzungen

Die erforderlichen Dokumente für den Nachweis der oben erwähnten Voraussetzungen sind in einem entsprechenden Schreiben des BSV erwähnt.

3. Ermächtigung durch das BSV als Aufsichtsbehörde gemäss Art. 33 lit. d BVV 2

3.1 Voraussetzungen

Um vom BSV als Aufsichtsbehörde zur Kontrolle bestimmter Vorsorgeeinrichtungen ermächtigt zu werden, muss der Antragsteller folgende Voraussetzungen erfüllen:

a) Ausbildung

Die Ausbildung sollte grundsätzlich derjenigen gemäss Ziff. 2.2 lit. a entsprechen.

---

*Siehe Ziff. 2.2 lit. b.

13. Überwachung, Kontrolle und Verantwortlichkeit

b) Praxis

Der Antragsteller muss über eine mehrjährige Erfahrung als Revisor von Vorsorgeeinrichtungen, die dem BSV unterstellt sind, verfügen.

c) Weitere Anforderungen

aa) Die weiteren Anforderungen sind grundsätzlich dieselben wie unter Ziff. 2.2 lit. c.
bb) Ziff. 2.2 lit. d gilt sinngemäss.
cc) Der Antragsteller muss diejenigen Vorsorgeeinrichtungen, für deren Kontrolle er sich bewirbt, ausdrücklich bezeichnen.

3.2 Zeitliche Befristung der Ermächtigung

Die Ermächtigung ist alle vier Jahre zu erneuern, wofür beim BSV rechtzeitig ein Gesuch einzureichen ist (die konkreten Voraussetzungen werden in einem besonderen, auf Bestellung abgegebenen Gesuchsformular näher festgelegt). Die Erneuerung kann mit Auflagen und Bedingungen verbunden sein.

4. Änderungen der Zulassungsvoraussetzungen bei der Kontrollstelle

a) Die Kontrollstellen sind verpflichtet, dem BSV alle *Änderungen* hinsichtlich der für die Anerkennung oder Ermächtigung relevanten Zulassungsvoraussetzungen (so z.b. auch Berufs-, Namens- und Wohnsitzänderungen) *umgehend mitzuteilen*.

b) Die nach Art. 3 3 lit. c BVV 2 anerkannten Kontrollstellen haben dem BSV alle vier Jahre, ab Rechtskraft der Anerkennungsverfügung, *unaufgefordert* einen aktuellen Zentralstrafregisterauszug einzureichen, ansonst die Anerkennung hinfällig wird."

Zur Frage der *Unabhängigkeit der Kontrollstelle* hat das BSV eine Stellungnahme abgegeben (in: Mitteilungen über die berufliche Vorsorge Nr. 7 vom 5. Februar 1988, Ziff. 41). Diese lautet:

"*Unabhängigkeit der Kontrollstelle*
(Art. 53 Abs. 4 BVG; Art. 34 BVV 2)

Art. 34 BVV 2 bezeichnet diejenigen Fälle, in welchen die Unabhängigkeit, d.h. die Ungebundenheit der Kontrollstelle im Interesse der sachgerechten Durchführung ihrer Aufgabe gewährleistet sein muss. Aus den nicht abschliessend aufgezählten Tatbeständen geht hervor, dass im besonderen dort auf die Einhaltung des Unabhängigkeitsgebotes zu achten ist, wo bestimmte Personen aufgrund ihrer rechtlichen oder wirtschaftlichen Stellung die BVG-Kontrollstelle bei der Erfüllung ihrer Aufgabe unzulässig beeinflussen könnten. Diesem Unabhängigkeitserfordernis, welches übrigens auch für die Revisoren der AHV sowie des Aktienrechtes gilt und entsprechende Anwendung im Bankengesetz sowie im Anlagefondsgesetz findet, wird in der Praxis in mehrfacher Hinsicht Nachachtung verschafft. Seine Einhaltung ist im wesentlichen unter drei Aspekten zu prüfen, wobei aufgrund der besonderen Funktion der Kontrollstelle nach BVG im Interesse der Versicherten ein strenger Massstab anzuwenden ist:

13.2 Prüfung durch die Revisionsstelle (Kontrollstelle)

a) Einmal muss die *personelle Unabhängigkeit* der Kontrollstelle von der zu kontrollierenden Vorsorgeeinrichtung bzw. zu der ihr nahestehenden Unternehmung gewahrt sein. Direktoren, Prokuristen und übrige Mitglieder der Geschäftsleitung dürfen nicht gleichzeitig bei der Kontrollstelle und bei der zu kontrollierenden Einrichtung oder in der mit dieser verbundenen Unternehmung beschäftigt sein, ansonst Interessenkonflikte unvermeidlich sind.

b) Zudem verlangt die Unabhängigkeit der Kontrollstelle die *rechtliche Ungebundenheit* gegenüber der zu kontrollierenden Einrichtung. Diese Voraussetzung wird eigentlich nur von denjenigen Kontrollstellen erfüllt, die – abgesehen vom konkreten Mandat – zur Vorsorgeeinrichtung weder direkte noch indirekte, rechtlich ins Gewicht fallende Bindungen aufweisen. Dass bei einer rechtlich abhängigen juristischen oder natürlichen Person, die als interne Revisionsstelle eines Stifters, eines Verbandes oder einer Unternehmung deren eigene Vorsorgeeinrichtung kontrolliert, nicht die vorstehend geforderte Unabhängigkeit vorliegen kann, leuchtet ohne weiteres ein. Dies trifft vor allem bei Personen zu, welche mit der Unternehmung durch Arbeitsverträge verbunden sind und in Problemfällen aufgrund der entgegengesetzten Interessenlage in eine Zwangslage geraten könnten. Sie stehen nämlich unter Umständen zum einen unter der Verpflichtung, die Aufsichtsbehörde auf kritische Punkte in der Vorsorgeeinrichtung hinzuweisen; zum andern erfordert ihre Stellung als Arbeitnehmer eine gewisse Loyalität gegenüber ihrem Arbeitgeber. Die Stellung des Arbeitgebers gegenüber der arbeitsvertraglich an ihn gebundenen Kontrollstelle ist wiederum erfahrungsgemäss derart dominierend, dass eine tatsächliche Einschränkung seiner Weisungsbefugnis kaum verwirklicht werden kann, zumal dadurch auch das zwischen Arbeitgeber und Arbeitnehmer erforderliche Vertrauensverhältnis beeinträchtigt würde. Im übrigen kann auch das Vorliegen interner Richtlinien für die Weisungsunabhängigkeit der internen Revisionsstelle keinen hinreichenden Beweis erbringen. Solche Richtlinien bieten für die Objektivität der Prüfung insbesondere deshalb keine Gewähr, weil sie ohne Mitwirkung und Kenntnis der Aufsichtsbehörde geändert werden können.

Demnach kann von fehlender Weisungsgebundenheit einer Kontrollstelle grundsätzlich nicht mehr gesprochen werden, sobald ausser dem konkreten Mandatsverhältnis sonstige Rechtsbeziehungen zum Arbeitgeber, Stifter, Verband oder auch zur Vorsorgeeinrichtung selbst bestehen.

c) Im Gegensatz zur relativ einfachen Feststellung der rechtlichen Unabhängigkeit einer Kontrollstelle ist die *wirtschaftliche Ungebundenheit* oft schwierig zu belegen. Dies ist insbesondere eine Folge der bestehenden engen Verflechtung vieler Gesellschaften, Verbände und sonstiger Unternehmungen. Besonders in Konzernen und Verbänden (Kartelle) können sich durch die mannigfache Interdependenz zweischen den verbundenen Unternehmen aus wirtschaftlichen Überlegungen Einwirkungen auf die Vorsorgeeinrichtungen und deren Kontrollstellen ergeben, die für die Aufsichtsbehörde kaum durchschaubar sind und welche die Wirksamkeit des Kontrollsystems im Sinne des BVG in Frage stellen.

Die Möglichkeit einer Einflussnahme zwischen einzelnen Konzerngesellschaften und ihren Vorsorgeeinrichtungen aufgrund wirtschaftlicher Bindungen und Abhängigkeiten ist mithin nicht als weniger wahrscheinlich anzusehen als bei einer unselbständigen, rechtlich einer Unternehmung gehörenden Kontrollstelle, welche die unternehmenseigene Vorsorgeeinrichtung prüft. Unter dem Aspekt wirtschaftlicher Abhängigkeit sind alle wirtschaftlich relevanten Beziehungen in Form von Beteiligungen, Mitgliedschaften in Vereinigungen von juristischen oder natürlichen Personen zu wirtschaftlichen Zwecken sowie Schuldverhältnisse von besonderer Bedeutung und längerer Dauer zu beachten. Dabei fallen nicht die gelegentlichen wirtschaftlichen Beziehungen, sondern vor allem wirtschaftliche Abhängigkeiten von grösserer Tragweite ins Gewicht, die sich in der Regel aufgrund von Dauerauftragsverhältnissen ergeben. In diesem Sinne schreibt denn auch die Treuhand-Kammer für die Mitgliedsfirmen ausdrücklich vor, dass die Honorareinnahmen von einem Unternehmen bzw. einer Unternehmensgruppe mit zentraler

Leitung nicht mehr als 10% aus wiederkehrenden Aufträgen betragen dürfen (Ziff. 3.13 der Richtlinien zur Unabhängigkeit)*. Gerade solche Einschränkungen zeigen auf, dass einerseits wirtschaftliche Abhängigkeit über ein bestimmtes Mass hinaus dem Unabhängigkeitsgebot der Revisionsstellen zuwiderläuft und dass andererseits eben die Notwendigkeit für derartige Regelungen besteht.

Diesem Umstand misst das Bundesamt für Sozialversicherung wesentliche Bedeutung bei der Beurteilung der Unabhängigkeit im Sinne von Art. 34 BVV 2 zu. Auch ein Abwägen zwischen den verschiedenen Interessen führt zu keinem anderen Ergebnis. So ist im Interesse der Sicherung und zweckgebundenen Verwendung der Vorsorgemittel dem Einsatz einer unabhängigen Kontrollstelle eindeutig mehr Gewicht beizumessen als dem Interesse, eine betriebseigene Kontrollstelle für die unternehmenseigene Vorsorgeeinrichtung aus Kostenersparnisgründen einzusetzen. Trotz der zwischen dem Stifter, dem Arbeitgeber und den Konzern- oder Verbandsgesellschaften formell und materiell vorgenommenen Abgrenzungen der jeweiligen Zuständigkeitsbereiche besteht die Gefahr einer Überschreitung dieser Begrenzungen und damit auch die Möglichkeit einer Beeinflussung der Kontrollstellentätigkeit nach BVG. Diese Gründe bestimmen die Auffassung, dass die konzerneigene bzw. mit einem Stifter, Verband oder Arbeitgeber wirtschaftlich verbundene Kontrollstelle bei der Prüfung einer mit ihr direkt oder indirekt verbundenen Vorsorgeeinrichtung die Unabhängigkeitsanforderungen grundsätzlich nicht erfüllt. Daran ändert auch die Mitgliedschaft der Kontrollstelle bei der Treuhand-Kammer* nichts*. Die Mitgliedschaftsbedingungen dieser Vereinigungen entbinden die BVG-Aufsichtsbehörden weder von der Aufgabe, die Unabhängigkeit der Kontrollstelle zu prüfen, noch von der allfälligen Verantwortung, wenn infolge mangelhafter Überprüfung der Unabhängigkeit einer Kontrollstelle für die Destinatäre einer Vorsorgeeinrichtung ein Schaden eintritt. Es ist jedoch ausdrücklich darauf hinzuweisen, dass die Verpflichtung zur Einhaltung der Unabhängigkeit in erster Linie der Kontrollstelle obliegt; diese hat denn auch ihre Unabhängigkeit im Zweifelsfall nachzuweisen. Aber auch die Vorsorgeeinrichtung hat bei der Erteilung eines entsprechenden Mandates darauf zu achten.

Schliesslich ist noch darauf hinzuweisen, dass diese Unabhängigkeitsanforderungen nicht nur bei den Kontrollstellen der Vorsorgeeinrichtungen gelten, sondern auch bei denjenigen der sog. Hilfseinrichtungen der Personalvorsorge bzw. der übrigen im Vorsorgebereich tätigen Stiftungen. Bei diesen ist allerdings der Umfang des Unabhängigkeitserfordernisses unter dem Aspekt ihrer jeweiligen besonderen Funktion zu bemessen."

*Hinweise vom Autor nachgeführt.

13.22 Aufgaben der Revisionsstelle (Kontrollstelle)

In Auslegung von Art. 53 Abs. 1 BVG – jährliche Prüfungen der *Geschäftsführung*, des *Rechnungswesens* und der *Vermögensanlage* – enthält Art. 35 BVV 2 weitere Einzelheiten:

Art. 35 BVV 2 Aufgaben
(Art. 53 Abs. 1 und 4, 62 Abs. 1 BVG)

[1]Die Kontrollstelle muss jährlich die Gesetzes-, Verordnungs-, Weisungs- und Reglementskonformität (Rechtmässigkeit) der Jahresrechnung und der Alterskonten prüfen.

13.2 Prüfung durch die Revisionsstelle (Kontrollstelle)

²Sie muss ebenso jährlich die Rechtmässigkeit der Geschäftsführung, insbesondere die Beitragserhebung und die Ausrichtung der Leistungen, sowie die Rechtmässigkeit der Anlage des Vermögens prüfen.

³Die Kontrollstelle muss dem obersten Organ der Vorsorgeeinrichtung schriftlich über das Ergebnis ihrer Prüfung berichten. Sie empfiehlt Genehmigung, mit oder ohne Einschränkung, oder Rückweisung der Jahresrechnung. Stellt die Kontrollstelle bei der Durchführung ihrer Prüfung Verstösse gegen Gesetz, Verordnung, Weisungen oder Reglemente fest, so hält sie dies in ihrem Bericht fest.

⁴Überträgt die Vorsorgeeinrichtung die Geschäftsführung oder die Verwaltung ganz oder teilweise einem Dritten, so ist auch die Tätigkeit dieses Dritten ordnungsgemäss zu prüfen.

⁵Das Bundesamt für Sozialversicherung kann gegenüber den Aufsichtsbehörden Weisungen über den Inhalt und die Form der Kontrollen erlassen.

Besonders hervorzuheben ist die im Aktienrecht ungekannte *Geschäftsführungsprüfung* (siehe dazu Abschnitt 13.24; vgl. auch Abschnitt 8.1 über die "Prüfung der Personal-Vorsorgeeinrichtungen" im Schweizer Handbuch der Wirtschaftsprüfung 1998).

Das Hauptziel der Prüfung des *Rechnungswesens* ist die Feststellung der Ordnungsmässigkeit im Sinne des Gesetzes. *Nebenziele* sind die Verhütung von Unregelmässigkeiten und deren Aufdeckung (präventive und detektive Wirkung) sowie das Erreichen einer sorgfältigeren und übersichtlicheren Buchführung und Belegablage.

Eine Revision wird grösstenteils *stichprobenweise* und nur für wichtige Teilbereiche und Zahlenwerte *lückenlos* durchgeführt. Sie umfasst folgende *Prüfungsgebiete:* allgemeine Prüfungen, Bestandesprüfungen, Bewertungsprüfungen und Verkehrsprüfungen.

Eine besondere Pflicht der Kontrollstelle besteht gemäss *Verordnung über den Sicherheitsfonds BVG* von 1998 darin, die Meldungen der Vorsorgeeinrichtungen betreffend "Beiträge" (Art. 17) und "Zuschüsse bei ungünstiger Altersstruktur" (Art. 21) auf "Richtigkeit und Vollständigkeit" zu prüfen und zu bestätigen (siehe Abschnitt 3.72). Diese Bestätigung hat auf den betreffenden Formularen zu erfolgen, die bis zum 30. Juni der Geschäftsstelle Sicherheitsfonds einzureichen sind.

Eine weitere besondere Pflicht der Kontrollstelle ergibt sich im Zusammenhang mit dem *Bonitätsnachweis* bei Anlage von mehr als 20% der Bilanzsumme beim Arbeitgeber (siehe Einzelheiten in Abschnitt 13.28).

Gemäss Art. 36 Abs. 3 BVV 2 hat die Kontrollstelle die *Aufsichtsbehörde unverzüglich zu benachrichtigen,* "wenn die Lage der Vorsorgeeinrichtung ein rasches Einschreiten erfordert oder wenn ihr Mandat abläuft". Bei festgestellten *Mängeln* ist gemäss Art. 36 Abs. 2 BVV 2 der Vorsorgeeinrichtung gegebenenfalls eine *Frist* zu setzen (siehe dazu kritische Stellungnahme in Abschnitt 13.27).

Hinsichtlich der *allgemeinen Pflichten einer Kontrollstelle* sei auf die einschlägige Literatur, insbesondere das Schweizer Handbuch der Wirtschaftsprüfung 1998, verwiesen.

Wie bei der Aktiengesellschaft wird die Revisionsstelle eine Vollständigkeitserklärung durch die Organe der Vorsorgestiftung verlangen (siehe *Darstellung 13A*).

13.23 Besonderheiten der Revision von Vorsorgeeinrichtungen

13.231 Vertiefungsgebiete

Die Besonderheiten und Vertiefungsgebiete bei der Revision von Vorsorgeeinrichtungen (seien es registrierte oder nichtregistrierte Einrichtungen) können etwa wie folgt aufgezeichnet werden:

– *Besonderheiten der allgemeinen Prüfungen*
  – Prüfung der Einhaltung der Bestimmungen des BVG, der Stiftungsurkunde und des Reglements und allfälliger Weisungen der Aufsichtsbehörden
  – Prüfung, ob ein allfälliges versicherungstechnisches Risiko genügend versichert oder durch Rückstellungen gedeckt ist, wobei eine allfällige Deckungskapitalberechnung durch einen anerkannten Experten zu erfolgen hat
  – Abstimmungen mit der Firmabuchhaltung (Kontokorrent, Lohnbuchhaltung)
  – Prüfung der Risikoverteilung bei den Vermögensanlagen, und zwar bei den registrierten Vorsorgeeinrichtungen nach Art. 53 und 54 BVV 2, bei den übrigen Einrichtungen in Übereinstimmung mit allfälligen kantonalen Vorschriften
  – Keine Liquiditätsprüfungen (in der Regel)

– *Besonderheiten der Bestandesprüfung*
  – Prüfung in vertiefter Weise der bedeutenden Vermögensanlagen, z.B. durch Grundbuchauszüge (alle 3–5 Jahre)
  – Wertschriftenaufnahmen (körperliche Inventur) jedes Jahr
  – Prüfung der Begrenzung der Anlagen gemäss Art. 54 f. BVV 2

Darstellung 13A

Vollständigkeitserklärung der Vorsorgestiftung zuhanden der Kontrollstelle

Vollständigkeitserklärung zur Prüfung der Jahresrechnung, abgeschlossen auf den ..., zuhanden der Kontrollestelle der ...-Stiftung

Wir bestätigen nach bestem Wissen die unten aufgeführten Auskünfte, die wir Ihnen im Zusammenhang mit Ihrer Prüfung der Jahresrechnung gegeben haben. Im übrigen ist uns bekannt, dass es uns obliegt, die Jahresrechnung zu erstellen und dass wir für sie verantwortlich sind.

1. In der Ihnen vorgelegten Jahresrechnung sind alle Geschäftsvorfälle erfasst, die für das genannte Geschäftsjahr buchungspflichtig sind. Den zuständigen Personen ist die Weisung erteilt worden, Ihnen die Bücher und Belege sowie alle übrigen Unterlagen der Stiftung vollständig zur Verfügung zu stellen.
2. In der von Ihnen geprüften Jahresrechnung mit Bilanz, Betriebsrechnung und Anhang sind alle bilanzierungspflichtigen Vermögenswerte und Verpflichtungen berücksichtigt. Für erkennbare Risiken und Werteinbussen sind angemessene Rückstellungen und Wertberichtigungen vorgenommen worden. Aus der Jahresrechnung geht die tatsächliche finanzielle Lage hervor. Der Einsatz derivativer Finanzinstrumente während des Geschäftsjahres entsprach den Vorschriften von Art. 56a BVV 2.*
3. Alle Aktiven sind Eigentum der Stiftung und sind frei verfügbar. Sämtliche laufenden derivativen Geschäfte und die Wertschriftenausleihe sind im Anhang ausgewiesen.*
4. Die versicherungstechnische Begutachtung (Art. 53 Abs. 2 BVG)
   - ist gemäss dem Gesetz durch den dafür verantwortlichen Experten für berufliche Vorsorge durchgeführt worden/in der Stiftungsurkunde/im Reglement auf den ... vorgesehen.*
   - ist nicht vorgesehen, weil alle Risiken rückgedeckt sind.*
5. Die Angaben im Anhang der Jahresrechnung im Sinne von Art. 47 BVV 2 sind vollständig und richtig.
6. Zum Bilanzstichtag bestanden im Sinne von Art. 663b Ziff. 1 (Art. 670a OR)
   - keine Eventualverpflichtungen (Bürgschaften, Garantieverpflichtungen, Pfandbestellungen zugunsten Dritter oder des Arbeitgebers).
   - Eventualverpflichtungen in Gesamtbeträgen, wie sie im Anhang der Jahresrechnung (Ziff. ...) ausgewiesen sind.*
7. Andere Verträge oder Rechtsstreitigkeiten, die wegen ihres Gegenstandes, ihrer Dauer oder aus anderen Gründen für die Beurteilung der Jahresrechnung der Stiftung von wesentlicher Bedeutung sind oder werden können,
   - bestanden am Bilanzstichtag nicht.
   - sind in der Beilage aufgeführt.*
8. Das Vorsorgevermögen ist nicht verpfändet und steht im Rahmen der gesetzlichen Vorschriften zur Verfügung der Versicherten/alle mit der Versicherungsgesellschaft abgeschlossenen Policendarlehensverträge mit Verpfändung von Vorsorgekapitalien (Ansprüchen aus Kollektivversicherung) sind in der Beilage angeführt.*
9. Alle bis zum Zeitpunkt der Beendigung Ihrer Prüfung bekannt werdenden und bilanzierungspflichtigen Ereignisse nach dem Bilanzstichtag sind in der vorliegenden Jahresrechnung angemessen berücksichtigt bzw. im Anhang dargelegt. Wir bestätigen, dass
   - wir vollständig die Bestimmungen des BVG, des FZG und des WEG und ihrer Verordnungen, des Stiftungsrechts (ZGB) und des Arbeitsrechts (OR), des Reglements der Stiftung, der kantonalen Vorschriften für Vorsorgeeinrichtungen sowie der Weisungen der Aufsichtsbehörden eingehalten haben.
   - unsere Aufsichtsbehörde keine Bemerkungen zur letzten Jahresrechnung der Stiftung gemacht hat/besondere Feststellungen gemacht hat, die wir Ihnen bekanntgegeben haben.*

Ort/Datum

Für die Vorsorgestiftung

Rechtsgültige Unterschrift

Beilagen:
- Unterzeichnete Jahresrechnung (mit Bilanz, Betriebsrechnung und Anhang)
- Übrige Beilagen /Angaben

*Nichtzutreffendes streichen

Aus: HWP 1998, Teil 8.14, S. 207/208.

13. Überwachung, Kontrolle und Verantwortlichkeit

- *Besonderheiten der Bewertungsprüfungen*

  - Prüfung nach Art. 48 BVV 2 und Art. 957 OR (nicht Art. 665 ff. OR)
  - Bewertung von Liegenschaften und Wertschriften als langfristige Anlagen unter Berücksichtigung einer angemessenen Rendite
  - Bewertungsmethoden für festverzinsliche Wertpapiere festlegen
  - Prüfung der technischen Rückstellungen (Feststellung, ob das Deckungskapital periodisch durch einen anerkannten Pensionsversicherungsexperten geprüft bzw. festgestellt wird)

- *Besonderheiten der Verkehrsprüfungen*

  - Feststellung der Vollständigkeit und Richtigkeit (in ausgewählten Stichproben) der Beiträge von Arbeitnehmer und Arbeitgeber (unter Beizug der Lohnbuchhaltung der Firma)
  - Feststellung der Vollständigkeit der Vermögenserträge (Mieten, Zinsen usw.)
  - Prüfung der richtigen Berechnung und Auszahlung der Vorsorgeleistungen und der Freizügigkeitsleistungen (gemäss FZG)
  - Prüfung des Zahlungsverkehrs mit der Lebensversicherungsgesellschaft (anhand von Kontoauszügen)

- *Besonderheiten der Prüfung ausserbuchhalterischer Tatbestände*

  - Prüfung, ob die BVG-Alterskonten (Schattenrechnung) ordnungsgemäss geführt werden. Gemäss Art. 35 Abs. 1 BVV 2 steht fest, dass die Kontrollstelle – nicht der Experte für berufliche Vorsorge – die Alterskonten zu prüfen hat (siehe Abschnitt 13.24).
  - Prüfung, dass alle gemäss Reglement zu versichernden Personen auch vollständig erfasst sind (stichprobenweise, z.B. anhand von Lohnlisten)
  - Prüfungen der Fälle von Wohneigentumsförderung.

- *Besonderheiten der Prüfung von Sammelstiftungen*

  - Zu Abgrenzungsschwierigkeiten führt die Zweiteilung der Prüfungsarbeiten auf zwei Kontrollstellen (siehe Abschnitt 13.24).
  - Die grosse Zahl der von Lebensversicherungsgesellschaften innerhalb ihrer Sammelstiftungen geführten Konten – welche dem BVG unterliegen – ergibt besondere Probleme.
  - Zur Prüfung der Auflösung von Anschlussverträgen sowie des Wiederanschlusses des Arbeitgebers siehe Richtlinien des SBV (abgedruckt in: SZS 1993, S. 301 ff.).

13.232 Prüfung des internen Kontrollsystems

Von den professionellen Kontrollstellen wird besondere Bedeutung der *Prüfung des internen Kontrollsystems* beigemessen. Dies sollte nicht nur bei der Revision von Unternehmen, sondern auch von Vorsorgeeinrichtungen gelten.

Unter internem Kontrollsystem, auch als *interne Kontrolle* bezeichnet, sind die Sicherungsvorkehrungen zu verstehen, für welche die Geschäftsführung verantwortlich ist und die durch die Organisation der Vorsorgeeinrichtung gegeben sind. Diese – wenn einmal angeordnet – selbsttätige Sicherung kann erfolgen durch

- *organisatorische Massnahmen* (wie Instanzengliederung, Funktionentrennung, Regelung der Arbeitsabläufe, systematisch eingebaute Kontrollen usw.) oder durch
- *die Anwendung technischer Hilfsmittel* (wie Formulare, Abschliessvorrichtungen, Rechen- und Datenverarbeitungsanlagen).

Bei der Prüfung der internen Kontrolle bei Vorsorgeeinrichtungen können z.B. folgende Feststellungen gemacht werden:

- *Aufgabentrennung mit der Firma*

  Dies ergibt bei entsprechender Trennung eine automatische Kontrolle im Systemablauf. Beispiel: Keine Barauszahlungen durch die Vorsorgeeinrichtung, sondern nur durch die Kasse der Firma; Beitragsinkasso durch die Firma, Nachkontrolle durch die Vorsorgeeinrichtung.

- *Trennung der Zuständigkeit innerhalb der Vorsorgeeinrichtung*

  Wünschbar wäre eine Trennung: Vermögensverwaltung – Buchführung – Mitgliederkartei – Einnahmen/Ausgaben. Besonders bei kleineren und mittleren Vorsorgeeinrichtungen ist diese Aufgliederung oft aus personellen Gründen nicht möglich.

- *Zweckmässigkeit der Aufbau- und Ablauforganisation*

  Bei grösseren Vorsorgeeinrichtungen sollte die Organisation schriftlich genau festgelegt werden. Allenfalls sind Pflichtenhefte aufzustellen. Es sollten auch Stellvertretungen für alle wichtigeren Funktionen zum voraus vorgesehen werden.

- *Unterschriftenordnung, Visaordnung*

  Auch bei der Vorsorgeeinrichtung muss genau festgelegt sein, wer zur Zeichnung (gegenüber Banken, firmaintern; evtl. in Abweichung von der

Handelsregistereintragung) berechtigt ist. Einzelunterschriften sind bei Vorsorgeeinrichtungen abzulehnen und werden von einzelnen Aufsichtsbehörden nicht geduldet. Auf eine ordnungsgemässe Visierung der Belege ist zu achten. Dazu sollten die einzelnen visaberechtigten (und visaverpflichteten) Stellen genau festgelegt werden.

– *Kompetenzabgrenzungen*

Die Kompetenzen zwischen Stiftungsrat und Geschäftsführer sind genau abzugrenzen. Insbesondere sollten die Kompetenzen des Geschäftsführers auf dem Gebiete der Vermögensanlage bzw. des Vermögensverwalters genau festgelegt werden, z.b. durch Bestimmung der Anlagearten und der betragsmässigen Limiten (je Anlageart und je Anlageobjekt) in einem internen Pflichtenheft (siehe Abschnitt 12.24).

– *Abstimmen der Beitragskonten und BVG-Alterskonten*

Bei der Führung der Beitrags- bzw. BVG-Alterskonten durch EDV sind im Programm Gesamtabstimmungen einzuplanen. Allenfalls sind Globalabstimmungen mit der Lohn- und Salärbuchhaltung möglich. Infolge des unterschiedlichen anrechenbaren Lohnes sind Querverbindungen mit der AHV-Abrechnung nur bedingt möglich.

– *Beitragserhebung*

Bei den monatlichen Beitragszahlungen ist ein "Soll-Betrag" zu berechnen (= Beiträge des Vormonats ± Mutationen) und mit dem "Ist-Betrag" abzustimmen. Es muss sichergestellt sein, dass alle Meldungen über Ein- und Austritte von der Firma rechtzeitig an die Vorsorgeeinrichtung gelangen.

– *Leistungsauszahlungen*

Auch hier ist ein "Soll-Betrag" (z.B. Fortschreibung der Vorjahresrentenzahlung anhand der Mutationen) mit dem "Ist-Betrag" abzustimmen. Leistungsauszahlungen sind so vorzunehmen (z.B. Postanweisung mit Lebensnachweis), dass Todesfälle zwangsläufig mitgeteilt werden.

– *Sicherheit der Vermögensverwahrung*

Es ist genau festzulegen, wer über die Vermögenswerte verfügen darf. Der Zugang zu Wertpapierbeständen von einiger Bedeutung im eigenen Tresor (der Vorsorgeeinrichtung bzw. der Firma) oder im Schliessfach einer Bank ist nur kollektiv durch zwei Berechtigte zu gestatten. Über alle Bewegungen im Tresor oder im geschlossenen Depot ist ein Journal (chronologische Aufzeichnung aller Vorgänge) zu führen.

Der Revisor wird sich über den Gütegrad der internen Kontrolle einer Vorsorgeeinrichtung (und auch der Arbeitgeberfirma) in der Regel anhand von Orientierungs- und/oder Testfragen ins Bild setzen und daraus seine Schlüsse für die Abschlussprüfung ziehen (siehe Schweizer Handbuch der Wirtschaftsprüfung 1998).

Sofern die Grundsätze der internen Kontrolle nicht oder nur ungenügend verwirklicht sind, hat dies zur Folge, dass der *Umfang der buchhalterischen Prüfung entsprechend ausgeweitet werden muss.*

13.233 Prüfung der Vollständigkeit der Versicherten

Die Prüfung der Vollständigkeit der versicherten Personen und der Beitragserhebung sollte zwei Fragen beantworten:

- Sind die Arbeitnehmer dem *Obligatorium des BVG* (Art. 2 BVG) und dem Reglement entsprechend in die Vorsorgeeinrichtung aufgenommen worden und demzufolge versichert? (Ausgangspunkt der Prüfungen sind in der Regel Aufzeichnungen der Personalabteilung der Firma.)
- Sind alle Versicherten zu *Beitragsleistungen* herangezogen worden?

Eine *lückenlose Prüfung* ist in der Regel nicht erforderlich und bei Vorsorgeeinrichtungen mit grosser Versichertenzahl auch kaum durchführbar (siehe dazu den unverhältnismässigen Entscheid des Regierungsrates des Kantons St. Gallen, in: SJZ 1963, S. 286 ff., wonach die Kontrollstelle lückenlos zu prüfen habe).

Hingegen ist diesbezüglich eine eingehende Prüfung der *internen Kontrolle* angezeigt, durch welche festgestellt wird, dass durch zweckmässige Organisation (z.B. Erfassung der Personalmutationen, Meldewesen, Belegdurchläufe, Abrechnungssystem) keine "Beitragslücken" entstehen oder Arbeitnehmer vergessen gehen. Besondere Probleme stellen Sammelstiftungen.

Die Prüfung der vollständigen Erfassung aller Versicherungspflichtigen kann weder von der Aufsichtsbehörde noch vom Experten für berufliche Vorsorge vorgenommen werden. Der *Kanton Genf* verlangt diese Bestätigung von der Kontrollstelle, was aber problematisch ist und sich nur auf Stichproben beziehen kann. Diesbezügliche Prüfungen wären am zweckmässigsten zusammen mit der AHV-Arbeitgeberkontrolle durch die AHV-Revisoren vorzunehmen.

13.234 Prüfung der Auszahlungen

Im Rahmen der Revision von Vorsorgeeinrichtungen gilt es auch, die *Renten- und Kapitalauszahlungen an die Begünstigten* zu überprüfen. Die Revisionshandlungen dürfen sich dabei nicht nur auf die Feststellung der richtigen Berechnung, der Auszahlung und Verbuchung der Leistungen beschränken. Bei Renten ist periodisch der *Kreis der bezugsberechtigten Personen* zu überprüfen, damit unberechtigte Rentenzahlungen verhindert werden.

Im Falle des *Stellenwechsels* ist die richtige Anwendung der *Freizügigkeitsbestimmungen* nach BVG, FZG und Reglement zu prüfen, insbesondere die Möglichkeiten:

- Abtretung an andere Vorsorgeeinrichtungen,
- Begründung eines Anspruches gegenüber einer Versicherungsgesellschaft (Freizügigkeitspolice),
- Überweisung auf ein Sperrkonto bei einer Bank (Freizügigkeitskonto).

Es wird empfohlen, die erfolgten Barauszahlungen in den Rechnungsausweisen gesondert ersichtlich zu machen. Dabei ist das Problem der sog. "Scheinaustritte" – insbesondere auf die Einhaltung der reglementarischen Bestimmungen und allfällig auftretender Härtefalle – besonders zu beachten. In unklaren Verhältnissen empfiehlt es sich für die Vorsorgeeinrichtung, vor einer Barauszahlung die Zustimmung der kantonalen Aufsichtsbehörde einzuholen (siehe Abschnitt 5.4).

Bei einer *Kollektivversicherung* oder bei *Einzellebensversicherungen* ist zu prüfen, ob sämtliche Auszahlungen der Versicherungsgesellschaft (wie Erlebensfall- und Todesfallsummen, Renten und Rückkaufswerte) gleichlautend bei der Vorsorgeeinrichtung, welche Versicherungsnehmerin ist, als Einnahmen verbucht sind. Bei Vorsorgeeinrichtungen von Grossunternehmen wird diese Prüfung auch stichprobenweise, z.B. für eine bestimmte Zeitspanne oder für bestimmte Personalgruppen, durchgeführt werden können. Gleichzeitig sind die betreffenden Verzeichnisse bzw. Konten nachzuaddieren. Sofern eine Fortschreibung des Versicherungsbestandes nicht möglich ist, lässt sich diese Prüfung nur aufgrund eines *Kontoauszuges oder einer Bestätigung der Versicherungsgesellschaft über die gesamten Auszahlungen* während einer bestimmten Zeit durchführen. Aufgrund der bei der Revision vorliegenden Abrechnungen der Versicherungsgesellschaften lässt sich üblicherweise die Vollständigkeit der Abgänge infolge Tod, Invalidität und insbesondere Rückkauf nicht nachweisen. Dieser Kontoauszug bzw. diese Bestätigung ist daher auf Wunsch des Revisors durch die Vorsorgeeinrichtung besonders einzuverlangen (ähnlich wie Auszüge vom Postcheckamt über den Postcheckverkehr oder wie Grundbuchauszüge). Gleichzeitig soll die Versicherungsgesellschaft allfällige Abtretungen oder Verpfändungen bekanntgeben. Es wird aus den vorstehenden Überlegungen den Revisoren empfohlen, bei Vorsorgeeinrichtungen mit Kollektivversicherungen mindestens alle paar Jahre die vereinnahmten Versicherungsauszahlungen anhand eines von der Vorsorgeeinrichtung bei der Versicherungsgesellschaft besonders einzuverlangenden Kontoauszuges zu prüfen.

13.235 *Prüfung der Einhaltung der aufsichtsrechtlichen Vorschriften*

Bis 1984 herrschte die Auffassung vor, dass die Revisoren *nicht* zu prüfen haben, ob die aufsichtsrechtlichen Vorschriften eingehalten sind (siehe z.B. Bericht über die Kammertagung 1975, S. 163, der Treuhand-Kammer). Gemäss Art. 36 BVV 2 war *diese Meinung zu ändern* (siehe Abschnitt 13.26).

Das Schreiben der Aufsichtsbehörde über die Kenntnisnahme der letzten Jahresrechnung (Prüfungsbescheid) sollte anlässlich der folgenden Revision eingesehen werden. Wenn Beanstandungen seitens der Aufsichtsbehörde bestehen, sollte darauf hingewiesen werden, ob und allenfalls wie diese behoben wurden.

Die unterschiedliche Praxis der Aufsichtsbehörden erschwerte bisher eine beratende Tätigkeit der Kontrollstelle, da in vielen Kantonen keine klaren Weisungen bestanden. Vielfach geben die Stiftungsorgane ihrer Enttäuschung gegenüber der Kontrollstelle Ausdruck, falls eine geprüfte Rechnung nachträglich durch die Aufsichtsbehörde in einzelnen Punkten beanstandet wird. Dabei führte vor allem die uneinheitliche Praxis der Kantone zu solchen Schwierigkeiten. Es sei darauf hingewiesen, dass von einzelnen Aufsichtsstellen erlassene Weisungen schon mehrmals von höheren Behörden oder Gerichten abgeändert wurden.

Die *Treuhand-Kammer* hat Empfehlungen für die Rechnungslegung der Personalvorsorgestiftungen aufgestellt (vgl. Schweizer Handbuch der Wirtschaftsprüfung 1998).

13.236 *Prüfung der technischen Rückstellungen*

Die Kontrollstelle hat die technische Bilanz *nicht* zu prüfen. Dagegen sollten Prüfungen im Hinblick auf die formelle Erfüllung der Aufstellung einer versicherungstechnischen Bilanz vorgenommen werden (Stichtag gemäss Reglement, reglementarische Massnahmen bei Vorliegen eines versicherungstechnischen Defizites usw.). Dabei ist insbesondere auch abzuklären, ob dem *Pensionsversicherungsexperten* alle Unterlagen aus der technischen Buchhaltung auf den richtigen Stichtag zur Verfügung gestellt worden sind. Die Verantwortlichkeit liegt aber dafür beim Pensionsversicherungsexperten. Die

Bereitstellung der richtigen Daten ist teilweise eine Frage des guten Funktionierens der internen Kontrolle.

Die Prüfung der technischen Rückstellungen (versicherungstechnisches Deckungskapital) durch die Kontrollstelle ist somit nur *formeller Art* und entspricht im wesentlichen im Sinne einer Geschäftsführungsprüfung der Feststellung, dass die versicherungstechnische Begutachtung dem Reglement gemäss und an den entsprechenden Terminen durch einen anerkannten Pensionsversicherungsexperten erfolgt ist (siehe dazu die Ausführungen in Abschnitt 9.).

13.24 Prüfung der BVG-Alterskonten

Art. 11 Abs. 1 BVV 2 verlangt ein Alterskonto, "aus dem das Altersguthaben nach Art. 15 Abs. 1 BVG ersichtlich ist". Das bedeutet die ordnungsgemässe Führung mit Abschluss und Saldonachweis auf den 31. Dezember. Dieses BVG-Alterskonto hat einerseits eine versicherungstechnische Funktion, und andererseits handelt es sich um eine Buchführungsaufgabe mit einer Nachweisfunktion. Es gelten hierzu die Regeln über die *ordnungsmässige kaufmännische Buchführung* (Art. 957–964 OR bzw. Art. 47 BVV 2). Die *Sicherheitsfondsverordnung SFV* von 1998 regelt in Art. 17 und 21 die Abrechnung der Vorsorgeeinrichtung mit dem Sicherheitsfonds.

Die Prüfung der BVG-Alterskonten durch die Kontrollstelle entweder bei der Vorsorgeeinrichtung oder bei der Versicherungsgesellschaft (wenn ein Kollektivversicherungsvertrag abgeschlossen ist, ist dies die Regel) bezieht sich nur auf die *Buchführungsfunktion der BVG-Alterskonten* und – im Zusammenhang mit der Bestätigung der Kontrollstelle auf der Sicherheitsfondsabrechnung – auf die Totale der BVG-koordinierten Löhne und Altersgutschriften.

Dabei können auch hier verfahrensorientierte Prüfungen, welche sich auf die Systeme beziehen, und Prüfungen, welche direkt die Alterskonten betreffen, unterschieden werden. Die *Systemprüfungen* werden – besonders bei unveränderten Abläufen – nicht jedes Jahr wiederholt. Die Ergebnisprüfungen umfassen eine Stichprobenauswahl. Der Revisionsaufwand hängt somit von der Qualität der Ordnungsmässigkeit der Kontenführung und vom Umfang der Stichproben ab.

Grundsätzlich muss gemäss Art. 35 Abs. 4 BVV 2 die Kontrollstelle einer Vorsorgeeinrichtung auch bei *Übertragung der Alterskontenführung an einen Dritten,* z.B. eine Versicherungsgesellschaft, die Prüfung der Alterskonten vornehmen. Das BSV stellt in seinen "Mitteilungen über die berufliche Vorsorge" Nr. 5 vom 1. Oktober 1987, Ziff. 28 (Prüfung der rechtmässigen Führung der Alterskonten), fest, dass im Falle der *Kontenführung durch Dritte* die Prüfung der BVG-Alterskonten durch eine von diesem Dritten bei ihm eingesetzte *besondere Kontrollstelle* vorgenommen werden kann. Diese sog. Kontrollstelle 2 hat für ihren Auftrag die Voraussetzungen gemäss den Art. 33 ff. BVV 2 zu erfüllen (siehe auch Abschnitt 14.52).

Die Konferenz der kantonalen BVG-Aufsichtsbehörden empfiehlt ihren Mitgliedern (laut SZS 1989, S. 55):

"Bei der Führung der Alterskonten durch Dritte ist es zulässig, dass die Kontrollstelle des Beauftragten, wenn sie die Voraussetzungen nach Art. 33 ff. BVV 2 erfüllt, die Rechtmässigkeit der Alterskontenführung pauschal bestätigt, doch sollte es sich dabei nicht nur um eine systemorientierte Prüfung, sondern ebenfalls um eine Ergebnisprüfung handeln."

In der Praxis sind von Versicherungsgesellschaften bzw. Sammelstiftungen solche Aufträge an Kontrollstellen bereits erteilt worden. Ausgehend vom Ergebnis der Prüfungen, die sich in der Regel sowohl auf die *EDV-Systeme* als auch die per 31. Dezember abgeschlossenen *BVG-Alterskonten* erstrecken, sollte die beauftragte Kontrollstelle eine Bestätigung über die rechtmässige Führung der BVG-Alterskonten abgeben können. Diese Bestätigung kann sich auch auf den ordnungsgemässen Nachweis der Totale der BVG-koordinierten Löhne und Altersgutschriften für die Sicherheitsfondsabrechnung beziehen. Die Kontrollstellen der einzelnen Vorsorgeeinrichtungen werden sich alsdann auf diese Bestätigung der anderen Kontrollstelle abstützen und in ihrer Berichterstattung darauf Bezug nehmen können. Diese Bestätigung ersetzt aber eigene Prüfungen nur so weit, als diese beim Dritten vorzunehmen gewesen waren. Abgrenzungsprobleme sind besonders zu beachten (siehe dazu auch *Bachmann P.*, SPV 3/88, S. 92).

Es scheint zweckmässig, die Abschlussprüfung einer Vorsorgestiftung zeitlich erst dann zu veranlassen, wenn neben den vollständigen Abschlussunterlagen und Berichterstattungsformularen für die Aufsichtsbehörden auch die Abrechnung mit dem Sicherheitsfonds und die Bestätigung der Kontrollstelle der Versicherungsgesellschaft bzw. Sammelstiftung vorliegen.

13.25 Prüfung der Geschäftsführung

Analog den Vorschriften von Art. 729 OR (Kontrollstelle der Aktiengesellschaft) wurden vor 1985 die bei der Revision *wahrgenommenen Mängel der Geschäftsführung* oder Verletzungen von Vorschriften der Stiftungsurkunde und des Reglements oder von aufsichtsrechtlichen Weisungen und Vorschriften dem Stiftungsrat gemeldet, und gegebenenfalls wurde im Prüfungsbericht darauf hingewiesen. Als Folge der *Prüfungspflicht der Geschäftsführung* (siehe Art. 53 BVG und Art. 35 Abs. 2 BVV 2) hat sich dies ab 1985 geändert.

Was heisst Geschäftsführungsprüfung im allgemeinen und umfassenden Sinne?

"Bei einer Geschäftsführungsprüfung im allgemeinen geht es indessen nicht nur um die *Ordnungsmässigkeit* der Abwicklung des Geschehens, sondern auch um die wirtschaftliche *Zweckmässigkeit, Wirtschaftlichkeit bzw. Erfolgswirksamkeit* der Planung, Disposition und Kontrolle. *Die Geschäftsführungsprüfung hat somit zwei Seiten:* jene der *Ordnungsmässigkeit (Gesetzeskonformität, Rechtmässigkeit),* welche oft von Juristen allein gesehen wird, und jene der *Zweckmässigkeit (Opportunität, Wirtschaftlichkeit, Erfolgswirksamkeit).* Alle Geschäftsvorfälle können also bei einer Geschäftsführungsprüfung nach diesen beiden Kriterien untersucht werden."

(*Aus: Helbling C.,* in: Geschäftsführungsprüfung, Band 61 der Schriftenreihe der Treuhand-Kammer, Zürich 1984, S. 147–155, wo auch Einzelheiten zur Entstehungsgeschichte von Art. 53 Abs. 1 BVG aufgezeichnet sind.)

Art. 35 Abs. 2 BVV 2 legt klar fest, dass *nur die Rechtmässigkeit der Geschäftsführung* zu prüfen ist.

Art. 35 Abs. 2 BVV 2

²Sie (die Kontrollstelle) muss jährlich die Rechtmässigkeit der Geschäftsführung, insbesondere die Beitragserhebung und die Ausrichtung der Leistungen, sowie ... prüfen.

Schon in der Vernehmlassung von 1974 zum Gesetzesentwurf hat die Treuhand-Kammer darauf hingewiesen, dass eine Geschäftsführungsprüfung durch die Kontrollstelle nur eine *Rechtmässigkeitsprüfung* (Gesetzmässigkeitsprüfung), niemals aber eine *Zweckmässigkeitsprüfung sein sollte.* In der Folge wurde dies mehrmals wiederholt, und es ist festzustellen, dass diese Betrachtung in die Verordnung eingegangen ist.

Art. 35 Abs. 2 BVV 2 ist sehr knapp formuliert und bringt wenig konkrete Hinweise, wie die Geschäftsführungsprüfung vorzunehmen ist und was sie zu beinhalten hat. Es wird der Praxis vorbehalten bleiben, eine angemessene Form der Geschäftsführungsprüfung zu finden (siehe auch Schweizer Handbuch der Wirtschaftsprüfung 1998).

Auch das Kreisschreiben des Kantons Zürich von 1978 verlangte bereits in Randnote 15 von der Kontrollstelle eine Prüfung der "*Geschäftsführung der Stiftung auf die Einhaltung rechtlicher Vorschriften* (Gesetz und ausführende behördliche Erlasse, Urkunde sowie Reglement)".

13.2 Prüfung durch die Revisionsstelle (Kontrollstelle)

Zur Geschäftsführung gehören folgende zu prüfende Bereiche:

- Einhaltung der Parität im Stiftungsrat,
- Bestellung der Experten für berufliche Vorsorge,
- Information der Versicherten,
- eine im wesentlichen sachgemässe Organisation im Rechnungswesen und in der Vermögensanlage (interne Kontrollen).

In diesem Zusammenhang kann auch auf *BGE 100 Ib 149* hingewiesen werden. Danach hat die Geschäftsführungsprüfung bei einer Personalvorsorgeeinrichtung in Form einer Genossenschaft jene Aufgaben, welche der kantonalen Aufsichtsbehörde bei Stiftungen zukommen. Dieser Vergleich ist m.e. gesucht und nicht generell anwendbar. Übrigens nahmen vor 1985 nur wenige Kantone ihre gesetzliche Aufsichtspflicht bei Stiftungen genügend ernst. Umgekehrt könnte dieser Entscheid auch so gedeutet werden, dass die kantonalen Aufsichtsbehörden der meisten ihrer bisherigen Aufgaben enthoben wären – was offensichtlich nicht zutreffen wird –, wenn künftig die Kontrollstellen mit der Geschäftsführungsprüfung von Stiftungen beauftragt werden.

13.26 Berichterstattung

Gemäss *Art. 35 Abs. 3 BVV 2* berichtet die Kontrollstelle über das Ergebnis ihrer Prüfung und empfiehlt "Genehmigung, mit oder ohne Einschränkung, oder Rückweisung der Jahresrechnung". Ferner wird verlangt: "Stellt die Kontrollstelle bei der Durchführung ihrer Prüfungen Verstösse gegen Gesetz, Verordnung, Weisungen oder Reglemente fest, so hält sie dies in ihrem Bericht fest."

Juristisch etwas fragwürdig ist, dass der Antrag auf Genehmigung (oder Rückweisung) *an den Stiftungsrat* zu stellen ist, also an jenes Organ, welches für den Jahresabschluss verantwortlich ist.

Es handelt sich beim Bericht nach Art. 35 BVV 2 um einen sog. *Bestätigungsbericht*. Neben diesem obligatorischen Bericht wird oft freiwillig gemäss besonderem Auftrag des Stiftungsrates von der Kontrollstelle auch ein ausführlicher *Erläuterungsbericht* erstellt. Dieser muss nicht, kann aber der Aufsichtsbehörde zur Kenntnis gebracht werden.

In jenen Fällen, in denen bisher für Vorsorgestiftungen (gilt auch für die nichtregistrierten Einrichtungen) nur ein Erläuterungsbericht abgegeben wurde, wird künftig zusätzlich auch ein Bestätigungsbericht (zur Einreichung an die Aufsichtsbehörde) zu erstellen sein.

13. Überwachung, Kontrolle und Verantwortlichkeit

Darstellung 13B

Bestätigungsbericht der Kontrollstelle für Personalvorsorgestiftungen (Standardtext)
(Schweizer Handbuch der Wirtschaftsprüfung 1998, Teil 8.14, S. 224)

Bericht der Kontrollstelle
an den Stiftungsrat
der ... (Name der Stiftung, Ort)

Als Kontrollstelle haben wir die Jahresrechnung (Bilanz, Betriebsrechnung und Anhang), Geschäftsführung und Vermögensanlage sowie die Alterskonten* der ... (Name der Stiftung) für das am ... 20xx abgeschlossene Geschäftsjahr auf ihre Rechtmässigkeit geprüft[1,2].

Für die Jahresrechnung, Geschäftsführung und Vermögensanlage sowie die Alterskonten* ist der Stiftungsrat verantwortlich, während unsere Aufgabe darin besteht, diese zu prüfen und zu beurteilen. Wir bestätigen, dass wir die gesetzlichen Anforderungen hinsichtlich Befähigung und Unabhängigkeit erfüllen.

Unsere Prüfung erfolgte nach den Grundsätzen des Berufsstandes, wonach eine Prüfung so zu planen und durchzuführen ist, dass wesentliche Fehlaussagen in der Jahresrechnung mit angemessener Sicherheit erkannt werden. Wir prüften die Posten und Angaben der Jahresrechnung mittels Analysen und Erhebungen auf der Basis von Stichproben. Ferner beurteilten wir die Anwendung der massgebenden Grundsätze des Rechnungswesens, der Rechnungslegung, der Vermögensanlage sowie die wesentlichen Bewertungsentscheide und die Darstellung der Jahresrechnung als Ganzes. Bei der Prüfung der Geschäftsführung wird beurteilt, ob die rechtlichen bzw. reglementarischen Vorschriften betreffend Organisation, Verwaltung, Beitragserhebung und Ausrichtung der Leistungen eingehalten sind. Wir sind der Auffassung, dass unsere Prüfung eine ausreichende Grundlage für unser Urteil bildet.

Gemäss unserer Beurteilung entsprechen Jahresrechnung, Geschäftsführung und Vermögensanlage sowie die Alterskonten* (mit folgender Einschränkung)[3] dem Gesetz, der Stiftungsurkunde und den Reglementen.

Wir empfehlen (trotz/wegen dieser Einschränkung)[3], die vorliegende Jahresrechnung zu genehmigen/nicht zu genehmigen.

Ort/Datum   Firma, Unterschrift und Name

Beilage:

Jahresrechnung (Bilanz, Betriebsrechnung und Anhang)

Anmerkungen

*Für registrierte Stiftungen vorgeschrieben.
[1]Weicht das Datum des Berichtsversands erheblich vom Datum ab, an dem die Prüfungsarbeiten abgeschlossen wurden, kann folgender Satz eingefügt werden: "Die Prüfungsarbeiten sind am ... 20xx abgeschlossen worden."
[2]Wurde die Vorjahresrechnung von einer anderen Kontrollstelle geprüft, kann hier folgendes eingefügt werden: "Die in der Jahresrechnung aufgeführten Vorjahresangaben wurden von einer anderen Kontrollstelle geprüft."
[3]Nichtzutreffendes weglassen.

Für die Form des *Bestätigungsberichtes* empfiehlt sich der von der *Treuhand-Kammer* herausgegebene Standardtext (siehe *Darstellung 13B*). Der Wortlaut lehnt sich an den Bestätigungsbericht bei der Aktiengesellschaft an und wurde 1998 neu formuliert.

Im übrigen kann der Bestätigungsbericht auch Hinweise und Zusätze enthalten. Hinweise beziehen sich auf andere Gesetzesverstösse (ausserhalb des Buchführungs- und Bilanzrechtes) und Zusätze auf freiwillige, ergänzende Anmerkungen. Der Bestätigungsbericht enthält immer als Beilage die Jahresrechnung, also Bilanz, Betriebsrechnung und Anhang. Zu beachten sind ferner von einzelnen Kantonen verwendete Berichterstattungsformulare, die – von der Kontrollstelle mitunterschrieben – der Aufsichtsbehörde abzugeben sind. Das BSV hat einen "Fragebogen zum Bericht der Kontrollstelle" mit 21 Punkten ausgearbeitet, der von Kontrollstellen, welche direkt dem BSV zu berichten haben, einverlangt wird.

Betreffend *Einschränkungen* (im Aktienrecht vor 1991 als *Vorbehalte* bezeichnet), *Hinweise* und *Zusätze* zum Standardtext gelten die allgemeinen Grundsätze wie für den Revisionsstellbericht einer Aktiengesellschaft (siehe Schweizer Handbuch der Wirtschaftsprüfung 1998).

13.27 Verhältnis zur Aufsichtsbehörde

Dazu enthält BVV 2 einen besonderen Artikel:

Art. 36 BVV 2 Verhältnis zur Aufsichtsbehörde
(Art. 53 Abs. 1 und 4, 62 Abs. 1 BVG)

¹Die Kontrollstelle muss die jährliche Prüfung der Geschäftsführung, des Rechnungswesens und der Vermögensanlage nach den hiefür erlassenen Weisungen durchführen. Sie übermittelt der Aufsichtsbehörde ein Doppel des Kontrollberichts.

²Stellt die Kontrollstelle bei ihrer Prüfung Mängel fest, so muss sie der Vorsorgeeinrichtung eine angemessene Frist zur Herstellung des ordnungsgemässen Zustandes ansetzen. Wird die Frist nicht eingehalten, so muss sie die Aufsichtsbehörde benachrichtigen.

³Die Kontrollstelle muss die Aufsichtsbehörde unverzüglich benachrichtigen, wenn die Lage der Vorsorgeeinrichtung ein rasches Einschreiten erfordert oder wenn ihr Mandat abläuft.

Der Bestätigungsbericht wäre somit gemäss Art. 36 Abs. 1 BVV 2 von der Kontrollstelle *direkt* auch der *Aufsichtsbehörde* zu übermitteln. Es ist zu begrüssen, dass diese Bestimmung in der Praxis so ausgelegt wird, dass *erst subsidiär* – nämlich dann, wenn der Stiftungsrat den Kontrollstellbericht nicht einreicht – die Aufsichtsbehörde den Bericht direkt bei der Kontrollstelle einfordert. Es ist auch nicht zweckmässig, wenn die Aufsichtsbehörde von verschiedenen Seiten Unterlagen zur Jahresrechnung erhält, welche zuerst je Vorsorgestiftung zusammengeführt werden müssen. Die kantonalen Aufsichtsbehörden haben sich mit diesem Verfahren einverstanden erklärt.

Die Aufsichtsbehörde, die ihrerseits bezüglich der registrierten Einrichtungen Weisungen des Bundesamtes für Sozialversicherung erhält (vgl. Art. 4 Abs. 2 lit. c BVV 1 sowie Art. 35 Abs. 5 BVV 2), kann *Weisungen* erlassen, an welche die Kontrollstellen gebunden sind.

Ungewohnt für eine Kontrollstelle ist, dem Kunden *Fristen* zur "Herstellung des ordnungsgemässen Zustandes" (Art. 36 Abs. 2 BVV 2) zu setzen. Diese Aufgabe haben die Wirtschaftsprüfer als privatwirtschaftliche Beauftragte *nie gesucht*. Es gilt von dieser Massnahme nur in wirklich wesentlichen Fällen und *massvoll* Gebrauch zu machen.

Es wäre wünschbar, wenn in einer künftigen Revision von Art. 36 BVV 2 diese *Pflicht zur Fristansetzung wieder gestrichen würde*. Einzig die Aufsichtsbehörde, die gegebenenfalls auch entsprechende Massnahmen ergreifen kann, sollte Fristen setzen können.

Abs. 2 und 3 von Art. 36 BVV 2 legen eine *Benachrichtigungspflicht* der Aufsichtsbehörde fest, indem die Kontrollstelle die *Aufsichtsbehörde direkt zu orientieren hat,*

– falls die Vorsorgeeinrichtung Missstände innerhalb einer angesetzten angemessenen Frist nicht beseitigt,
– falls die Lage der Vorsorgeeinrichtung ein rasches Einschreiten erfordert oder
– falls das Mandat der Kontrollstelle abläuft.

Diese Benachrichtigungspflicht wird in den ersten beiden Fällen wohl nur dann auszuüben sein, wenn es wirklich *sehr wesentliche Umstände* erfordern. Art. 36 BVV 2 sieht allerdings keine Einschränkungen vor. Bei Sammelstiftungen ist die Benachrichtigungspflicht in der Praxis noch zu entwickeln.

13.28 Bonitätsnachweis für Guthaben beim Arbeitgeber

Neben den erwähnten Berichten über die durchgeführte Revision hat die Kontrollstelle in bestimmten Fällen im Auftrag des Stiftungsrates auch einen *Bonitätsnachweis* über das Guthaben bei der Arbeitgeberfirma abzugeben. (Im BVV 2 wird von "Ausweis" gesprochen, obwohl es sich um einen "Nachweis" – so die Bezeichnung im Kreisschreiben des Kantons Zürich von 1978 – handelt. Dies sollte bei einer künftigen Revision von BVV 2 geändert werden.)

13.2 Prüfung durch die Revisionsstelle (Kontrollstelle)

Gemäss Art. 59 Abs. 3 BVV 2 ist diese Bestätigung erforderlich, falls die ungesicherte Forderung beim Arbeitgeber 20% des Vermögens der Vorsorgeeinrichtung (einschliesslich Rückkaufswerte) überschreitet.

Zu dieser Vorschrift hat die heutige Lösung im *Kanton Zürich* als Muster gedient. Nach dem *Kreisschreiben vom 25. Januar 1978 der Direktion des Innern des Kantons Zürich* an die Bezirksräte und Stiftungsorgane über die Beaufsichtigung der Personalvorsorgestiftungen ist dem Bücherexperten/Revisor im Zusammenhang mit der Prüfung der Guthaben bei der Arbeitgeberfirma die Aufgabe zugefallen, in bestimmten Fällen Prüfungsbestätigungen abzugeben (siehe dazu *Helbling C.*, Neuerungen bei der Revision von Stiftungen im Kanton Zürich, ST 5/1978 und 10/1978).

Für die Berechnung des Betrages von 20% der Bilanzsumme darf ein allfälliger zusätzlicher *Rückkaufswert einer Kollektivversicherung* (der in der Bilanz nicht ausgewiesen wird) mitberücksichtigt werden. Ebenso können *stille Reserven* aufgerechnet werden. Solche Beträge sind dann aber in der jährlichen Berichterstattung an den Bezirksrat anzumerken.

Es ist jede Stiftung für sich zu beurteilen. Falls ein Unternehmen also mehrere Vorsorgeeinrichtungen errichtete, können diese bei der Ermittlung des Satzes von 20% nicht gesamthaft betrachtet werden.

Einige Hundert der rund 4'000 Stiftungen im Kanton Zürich haben einen solchen Bonitätsnachweis durch einen diplomierten Wirtschaftsprüfer oder durch eine gleichwertige Beurteilung zu erbringen. Daher empfahl sich die Anwendung eines Standardtextes. Damit können von der Aufsichtsbehörde alle besonderen Fälle sofort erkannt werden, und dem Wirtschaftsprüfer wird klar vorgezeigt, welche Prüfungen zur Abgabe der uneingeschränkten Bestätigung notwendig sind.

Die in *Darstellung 13C* gegebenen *drei Standardtexte A, B und C sind von der Direktion des Innern bzw. vom Amt für berufliche Vorsorge des Kantons Zürich autorisiert* (siehe Informations- und Weisungsbulletin 1/85, S. 17–20). *Die Verwendung der Texte wird zwar nicht vorgeschrieben, ist aber ausdrücklich empfohlen*. Diese Standardtexte werden auch von der *Treuhand-Kammer* empfohlen (siehe Schweizer Handbuch der Wirtschaftsprüfung 1998, Teil 8.14, S. 209–211). Für den *Wirtschaftsprüfer* lag es nahe, die *Bestätigung auf dem Befund für den gesetzlichen Revisionsstellbericht nach Art. 728 OR aufzubauen*. Bei der Beurteilung des Jahresabschlusses als Revisionsstelle hat der Abschlussprüfer namentlich die Bewertung zu prüfen. Eine solche sich auf den Revisionsstellbericht beziehende Bestätigung zuhanden der Aufsichtsbehörde ist auch ohne nennenswerte Zusatzkosten (z.B. für weitere Prüfungshandlungen) und Umtriebe für das Unternehmen bzw. die Stiftung möglich. Dem Revisor bringt eine solche Bestätigung keine eigentliche zusätzliche Verantwortung, für die er sich besonders vorsehen müsste. Analog wird bei Unternehmen ohne

13. Überwachung, Kontrolle und Verantwortlichkeit

Darstellung 13C

Standardtexte für den Bonitätsnachweis (nach Art. 59 Abs. 3 BVV 2)

Standardtext A

<u>Diese Bestätigung gilt für Aktiengesellschaften.</u>

An den Stiftungsrat
der ...

Bestätigung zuhanden der Aufsichtsbehörde
<u>betreffend Guthaben der Personalvorsorgestiftung ... bei der ... auf den ...</u>

Sehr geehrte Damen und Herren

    Wir bestätigen, dass das Guthaben der Personalvorsorgestiftung ... von CHF ... in der Bilanz der ... auf den ... im gleichen Betrag als Schuld an die Stiftung ausgewiesen wird.
    Als Revisionsstelle der ... haben wir deren auf den ... abgeschlossene Jahresrechnung geprüft und darüber gemäss Art. 729 Abs. 1 OR an die Generalversammlung einen Bericht abgegeben. Darin haben wir ohne Einschränkungen oder besondere Hinweise empfohlen, die Jahresrechnung zu genehmigen.
    Aus dem Bericht der Revisionsstelle und der geprüften Jahresbilanz ergibt sich, dass das Fremdkapital – mit Einschluss der vorgenannten Schuld an die Personalvorsorgestiftung – durch die nach den gesetzlichen Vorschriften bewerteten Aktiven am ... (Bilanzstichtag) voll gedeckt war.

Ort/Datum   Mit freundlichen Grüssen

                                                                                       ... (Revisionsfirma)

Kopie zur Kenntnisnahme an ... (Arbeitgeber-Unternehmen)

Anmerkung

Standardtext A gilt für *Aktiengesellschaften mit einer für die Abgabe der Bestätigung qualifizierten Revisionsstelle*. In diesem Fall wird die Revisionsstelle die Bestätigung abgeben. Sofern bei einer Aktiengesellschaft der Bericht der Revisionsstelle *ohne Einschränkung* erstattet werden konnte und auch sonst dem Normalwortlaut entspricht, wird auch die Bestätigung an die Aufsichtsbehörde, dass das Fremdkapital, gemessen an den nach den gesetzlichen Vorschriften bewerteten Aktiven, voll gedeckt sei, ohne Einschränkung abgegeben werden können. Sofern der Bericht der Revisionsstelle *Einschränkungen* (Art. 729 Abs. 1 OR) und besondere Hinweise (Art. 729b OR) aufweist oder sonstwie Bemerkungen enthält (z.B. *Hinweis auf eine Unterbilanz oder Überschuldung nach Art. 725 OR*) – also irgendwie vom Normalwortlaut abweicht –, wird dies auch im Bericht zuhanden der Aufsichtsbehörde gesagt werden müssen. Tatbestände, die keinen Einfluss auf die bestätigte Deckung des Fremdkapitals durch die nach den gesetzlichen Vorschriften bewerteten Aktiven haben, brauchen nicht erwähnt zu werden.

Standardtext B

Diese Bestätigung gilt für andere Unternehmer (Nichtaktiengesellschaften) mit qualifizierter Revisionsstelle.

An den Stiftungsrat
der ...

Bestätigung zuhanden der Aufsichtsbehörde
betreffend Guthaben der Personalvorsorgestiftung ... bei der ... auf den ...

Sehr geehrte Damen und Herren

Wir bestätigen, dass das Guthaben der Personalvorsorgestiftung ... von CHF ... in der Bilanz der ... auf den ... im gleichen Betrag als Schuld an die Stiftung ausgewiesen wird.

Als Prüfer (Revisionsstelle) der ... haben wir deren auf den ... abgeschlossene Jahresrechnung geprüft und darüber einen Bericht abgegeben, in dem wir ohne Einschränkung bestätigt haben, das die gesetzlichen Bewertungsvorschriften eingehalten worden sind.

Aus unserem Bericht und der geprüften Jahresbilanz ergibt sich, dass das Fremdkapital – mit Einschluss der vorgenannten Schuld an die Personalvorsorgestiftung – durch die nach den gesetzlichen Vorschriften bewerteten Aktiven am ... (Bilanzstichtag) voll gedeckt war.

Ort/Datum   Mit freundlichen Grüssen

                                               ... (Revisionsfirma)

Kopie zur Kenntnisnahme an ... (Arbeitgeber-Unternehmen)

Anmerkung

Standardtext B gilt für Unternehmen in der Rechtsform einer Einzelfirma, Personengesellschaft, GmbH, Verein oder Genossenschaft – also für *Nichtaktiengesellschaften – mit einer für die Abgabe der Bestätigung qualifizierten Revisionsstelle.* Auch hier erfolgt die Bestätigung durch die Revisionsstelle nach den grundsätzlich gleichen Kriterien wie bei Standardtext A.

Standardtext C

<u>Diese Bestätigung gilt für alle Unternehmen – also Aktiengesellschaften oder Unternehmen in anderen Rechtsformen – ohne entsprechend qualifizierte Revisionsstelle.</u>

An den Stiftungsrat
der ...

Bestätigung zuhanden der Aufsichtsbehörde
<u>betreffend Guthaben der Personalvorsorgestiftung ... bei der ... auf den ...</u>

Sehr geehrte Damen und Herren

Wir bestätigen, dass das Guthaben der Personalvorsorgestiftung ... von CHF ... in der Bilanz der ... auf den ... im gleichen Betrag als Schuld an die Stiftung ausgewiesen wird.

Gemäss dem uns erteilten Auftrag haben wir die Bilanz der ... so weit geprüft, dass wir ohne Einschränkung bestätigen können, dass die gesetzlichen Bewertungsgrundsätze eingehalten worden sind.

Aus der geprüften Bilanz ergibt sich, dass das Fremdkapital – mit Einschluss der vorgenannten Schuld an die Personalvorsorgestiftung – durch die nach den gesetzlichen Vorschriften bewerteten Aktiven am ... (Bilanzstichtag) voll gedeckt war.

Ort/Datum   Mit freundlichen Grüssen

                                                       ... (Revisionsfirma)

Kopie zur Kenntnisnahme an ... (Arbeitgeber-Unternehmen)

Anmerkung

Für alle Unternehmen – also Aktiengesellschaften oder Unternehmen in anderen Rechtsformen – *ohne entsprechend qualifizierte Revisionsstelle* ist Standardtext C zu verwenden. Die Bestätigung durch einen "dipl. Bücherexperten oder eine gleichwertige Beurteilung" erfolgt dann aufgrund eines *separaten Prüfungsauftrags*. Dieser Auftrag wird bei entsprechender Qualifikation zweckmässigerweise durch die Kontrollstelle der Stiftung ausgeführt.

Aus: Helbling C., in: ST 11/1978, mit kleinen Ergänzungen (gemäss HWP 1998, Teil 8.14, S. 209–211).
Erarbeitet 1978 mit der Aufsichtsbehörde des Kantons Zürich für das Kreisschreiben vom 25. Januar 1978 (Randnote 30). 1998 auch für das BVG übernommen.

entsprechende Revisionsstelle vorgegangen; es wäre unangebracht, dort die Anforderungen an die Bestätigung weiter oder enger zu fassen.

In der Bestätigung an die Aufsichtsbehörde ist somit *jede Änderung oder jeder Zusatz zum standardisierten Normaltext des Revisionsberichtes* für die Arbeitgeberfirma, wie er im Schweizer Handbuch der Wirtschaftsprüfer 1998 umschrieben ist, zu nennen. Der Prüfer wird in *heiklen Fällen* den Wortlaut seiner Bestätigung vorsichtig, der Sachlage entsprechend, wählen, also nur Feststellungen wiedergeben, da er in diesen Fällen mit seinem Bericht eine erhebliche Verantwortung übernimmt.

Hinsichtlich des Bonitätsnachweises, namentlich der *Qualifikation des Prüfers,* vertritt das Amt für berufliche Vorsorge des Kantons Zürich folgende Ansicht (aus: Informations- und Weisungsbulletin Nr. 1 , 1985, S. 14 ff.):

"Der Bonitätsnachweis hat einen personellen und einen inhaltlichen Aspekt. Aufsichtsbehörden können sich im Interesse des Schutzes der Begünstigten der Vorsorgeeinrichtungen nur auf einen Bonitätsnachweis abstützen, der dem angestrebten Ziel möglichst gerecht wird. Der Nachweis muss sachgerecht formuliert und zugleich von einer ausreichend ausgebildeten und erfahrenen Person ausgestellt sein. *Inhalt der Aussage und Qualifikation des Ausstellers sind für die Wertung nicht trennbar.*

Nach Zürcher Praxis sind zur Ausstellung von Bonitätsnachweisen vorweg anerkannt: Mitglieder einer der Treuhand-Kammer angeschlossenen Gruppe sowie Mitglieder des Schweizerischen Verbandes akademischer Wirtschaftprüfer. Diesen beiden Mitgliedergruppen sind die anerkannten ausländischen Revisionsgesellschaften gleichgestellt.

Zudem werden durch das Amt für berufliche Vorsorge natürliche Personen (also keine Firmen) gemäss Beurteilung im Einzelfall ermächtigt. Es gilt dazu seit 1978 das nachstehend wiedergegebene Anforderungsprofil, bei dem in der Formulierung lediglich die inzwischen neu geschaffenen Fachausweise oder Diplome berücksichtigt sind.

Der *verantwortliche Unterzeichnete des Bonitätsnachweises* hat sich über folgende *minimale* Qualifikationen auszuweisen:

Ausbildung (entweder/oder):

Wirtschaftswissenschaftlicher oder juristischer Hochschulabschluss (Lizentiat oder Doktorat), Eidg. Fachausweis als Treuhänder, Vorprüfung als Bücher- oder Steuerexperte, Abschluss einer vom BIGA anerkannten Höheren Wirtschafts- und Verwaltungsschule (HWV), Eidg. Buchhalterdiplom, gleichwertige Ausbildung, wie z.B. ausländisches Bücherexpertendiplom.

Praxis (kumulativ zur Ausbildung):

Mindestens *drei* Jahre Tätigkeit auf dem Gebiet des Bücherexperten oder anspruchsvolle Buchhaltertätigkeit, wie: Abschlussprüfung, Betriebs- und Finanzbuchhaltung, Steuer- oder Unternehmensberatung in den Bereichen Finanz- und Rechnungswesen, Organisation und EDV. Mindestens zwei Jahre dieser Praxis müssen sich auf Revisionstätigkeit im engeren Sinne erstrecken, die sich allerdings auf einen bestimmten Bereich beschränken kann, so z.B. auf interne Revision, Revision in einem bestimmten Gebiet oder Arbeiten im Zusammenhang mit Steuerrevisionen.

Der Nachweis über die Erfüllung der Bedingungen 1 und 2 kann vom Mitglied direkt oder durch Bestätigung seines Berufsverbandes erbracht werden."

Die Bestätigung sollte über die Arbeitgeberfirma (die Auftraggeberin für die Erstellung des Berichtes ist bzw. die dazu ihr Einverständnis zu geben hat) und den Stiftungsrat – also nicht direkt – der Aufsichtsbehörde eingereicht werden.

Sofern bei einer Aktiengesellschaft der Revisionsstellbericht ohne *Einschränkung* erstattet werden konnte und auch sonst dem Normalwortlaut entspricht, wird auch die Bestätigung an die Stiftungsaufsichtsbehörde, dass das Fremdkapital, gemessen an den nach den gesetzlichen Vorschriften bewerteten Aktiven, voll gedeckt sei, ohne Einschränkung abgegeben werden können.

Sofern der Revisionsstellbericht Einschränkungen (Art. 729 Abs. 1 OR) und besondere Hinweise (Art. 729 Abs. 3 OR) aufweist oder sonstwie Bemerkungen enthält (z.B. Hinweis auf eine Unterbilanz oder Überschuldung nach Art. 725 OR) – also irgendwie vom Normalwortlaut abweicht –, wird dies im Bericht zuhanden der Aufsichtsbehörde gesagt werden müssen.

Tatbestände, die *keinen Einfluss auf die bestätigte Deckung des Fremdkapitals* durch die nach den gesetzlichen Vorschriften bewerteten Aktiven haben, brauchen keine weiteren Erläuterungen. Daher kann z.B. folgender Text verwendet werden: "*... Darin haben wir beantragt, die Jahresrechnung zu genehmigen. Eine im Revisionsstellbericht aufgeführte Einschränkung bezieht sich nicht auf die Bewertung der Bilanzpositionen. Aus unserem Revisionsstellbericht ...*"

In vielen Fällen mit Einschränkungen in Revisionsstellberichten wird es notwendig sein, im Bericht zuhanden des Bezirksrates *den Text der Einschränkungen wiederzugeben und diese unter Umständen zu erläutern*. Dies gilt in der Regel auch für andere Abweichungen vom Normalwortlaut des Revisionsstellberichtes.

Für alle Nichtaktiengesellschaften *ohne entsprechend qualifizierte Revisionsstelle* ist Standardtext C zu verwenden. Die Bestätigung durch einen "dipl. Bücherexperten oder eine gleichwertige Beurteilung" erfolgt dann aufgrund eines *separaten Prüfungsauftrags*. Dieser Auftrag kann bei entsprechender Qualifikation zweckmässigerweise durch die Kontrollstelle der Stiftung ausgeführt werden.

Der Text der Bestätigung ist so gewählt, dass *keine umfassende Abschlussrevision* – welche entsprechende Kosten verursachen würde – notwendig ist, sondern nur gezielt geprüft werden muss, ob die gesetzlichen Bewertungsvorschriften eingehalten sind und das Fremdkapital durch die Aktiven voll gedeckt ist. In vielen Fällen wird dies durch einige wenige Prüfungshandlungen feststellbar sein, so dass die mit der Abgabe der Bestätigung verbundenen Kosten niedrig gehalten werden können.

13.29 Prüfung des Anschlusses an Sammel- und Gemeinschaftsstiftungen

Das BSV hat im Zusammenhang mit den *Sammel- und Gemeinschaftsstiftungen* "Richtlinien über die Prüfung der Auflösung von Anschlussverträgen sowie des Wiederanschlusses des Arbeitgebers" erlassen, die anfangs 1993 in Kraft getreten sind (siehe Ziff. 24 der Mitteilungen über die berufliche Vorsorge vom 23. Dezember 1992, wo auch noch Erläuterungen dazu gegeben sind). Diese Richtlinien umschreiben die *Minimalanforderungen bei Auflösung bzw. Wiederanschluss* und präzisieren die *Aufgaben der Kontrollstellen* dazu.

Die Richtlinien haben folgenden Wortlaut:

Richtlinien über die Prüfung der Auflösung von Anschlussverträgen sowie des Wiederanschlusses des Arbeitgebers

1. Allgemeines

1.1 Geltungsbereich

Die Richtlinien gelten für alle unter der Aufsicht des BSV stehenden Vorsorgeeinrichtungen, denen mehrere Arbeitgeber angeschlossen sind (Sammel-, Gemeinschafts- und Gemischte Einrichtungen), sowie für deren Kontrollstellen.

1.2 Zweck

Die Richtlinien
- umschreiben die Minimalanforderungen, die von den Vorsorgeeinrichtungen bei Auflösungen von Anschlussverträgen und bei Wiederanschlüssen zu beachten sind;
- präzisieren die Aufgaben der Kontrollstellen bei der Prüfung der Rechtmässigkeit dieser Vorgänge.

2. Auflösung eines Anschlussvertrages

2.1 Verfahren bei Wechsel der Vorsorgeeinrichtung

2.11 Bereitzustellende Angaben

Die Vorsorgeeinrichtung, bei der der Anschlussvertrag aufgelöst wurde, macht der Einrichtung, der sich der Arbeitgeber neu angeschlossen hat, vollständige Angaben zu den folgenden Punkten. Diese Angaben sind auch zuhanden der Kontrollstelle der bisherigen Vorsorgeeinrichtung zur Verfügung zu halten.

13. Überwachung, Kontrolle und Verantwortlichkeit

a) Pro Versicherten

- Name oder AHV-Nummer bzw. andere Identifikation des/der Versicherten

– Pro aktiven Versicherten
  - individuelles Spar- bzw. Deckungskapital
  - falls davon abweichend: Rückerstattungswert (im überobligatorischen Bereich)
  - Altersguthaben BVG
  - Altersguthaben BVG im Alter 50
  - Summe der Arbeitnehmerbeiträge (soweit diese Daten nicht ausschliesslich beim Arbeitgeber archiviert bzw. gespeichert werden) sowie weitere vorhandene, für die Berechnung künftiger Freizügigkeitsleistungen notwendige Angaben, wie eingebrachte Freizügigkeitsleistungen, Einkaufsgelder usw.
  - allfällige Verpfändung nach Art. 40 BVG
  - allfälliger Antrag auf Kapitalabfindung
  - allfällige Begünstigungserklärungen

– Pro Leistungsbezüger
  (soweit ebenfalls von der Auflösung des Anschlussvertrages betroffen)
  - Höhe und Art der laufenden Rente
  - Rente nach BVG
  - Deckungskapital der Rente (einschliesslich anwartschaftliche Hinterlassenen- und Waisenrenten)
  - falls davon abweichend: Rückerstattungswert
  - Beginn der Rente bzw. der Invalidität
  - letzte Anpassung an die Teuerung
  - bezüglich laufender Invalidenrenten die für die Weiterführung der BVG-Schattenrechnung erforderlichen Angaben

b) Globale Angaben pro Anschlussvertrag

- Höhe des zu übertragenden Vermögens
- Zusammensetzung des Vermögens. Auszuweisen sind, soweit vorhanden und unter Vorbehalt der besonderen Bestimmungen für Gemeinschafts- und Gemischte Einrichtungen (vgl. Ziff. 2.4), insbesondere:
  – Total des Spar- bzw. Deckungskapitals der Aktiven und Rentner
  – falls davon abweichend: Rückerstattungswert (im überobligatorischen Bereich)
  – Rückstellungen für Sondermassnahmen
  – Arbeitgeberbeitragsreserven
  – andere Rückstellungen
  – ungebundene Mittel
  – allfälliges technisches Defizit
  – allfällige noch ausstehende Beiträge und ähnliche Forderungen
- pendente Vorsorgefälle (bevorstehende Leistungsfälle, strittige Leistungsverpflichtungen)
- eine Bestätigung der Zustimmung des betroffenen Personals oder einer repräsentativen Vertretung dieses Personals zum vorgesehenen Wechsel (vgl. Erläuterungen zu Ziff. 2.11 lit. b).

2.12 Übertragung des Vermögens

Die bisherige Vorsorgeeinrichtung hat der übernehmenden das Vermögen innert Monatsfrist nach der Auflösung des Anschlussvertrages zu übertragen. Falls die Erstellung der Schlussabrechnung in begründeten Fällen längere Zeit erfordert, ist innert einem Monat zumindest die Summe der Spar- oder Deckungskapitalien (einschliesslich Altersguthaben BVG) zu überweisen.

2.2 Verfahren bei Auflösung eines Anschlussvertrags wegen Geschäftsaufgabe des Arbeitgebers

Die nachfolgenden Bestimmungen regeln das Verfahren, wenn der Anschlussvertrag wegen Geschäftsaufgabe des Arbeitgebers aufgelöst wird und demzufolge keine Übertragung des Versichertenbestandes auf eine neue Vorsorgeeinrichtung stattfindet. Sie gelten sinngemäss auch für den Fall, in dem der Anschlussvertrag aufgelöst wird, weil ein Selbständigerwerbender keine Arbeitnehmer mehr beschäftigt, obwohl er sein Geschäft weiterführt.

Bereitzustellende Angaben

Die Vorsorgeeinrichtung hat folgende Angaben bzw. Unterlagen zuhanden der Kontrollstelle zur Verfügung zu halten:

a) Pro Versicherten

- sämtliche unter Ziff. 2.11 lit. a aufgeführten Angaben mit folgender Abweichung:
- zusätzliche Angaben:
  - Freizügigkeitsleistung (volle Freizügigkeit)
  - allfälliger Anteil an den Sondermassnahmen
  - allfälliger Anteil an den ungebundenen Mitteln, an den Arbeitgeberbeitragsreserven und anderen Rückstellungen gemäss Verteilungsplan bzw. – im Falle eines Defizits – anteilmässige Verminderung des Vorsorgeanspruchs (vgl. Erläuterungen zu Ziff. 2.2 lit. a)

Hinweise auf Anträge für Kapitalabfindungen sind dagegen nicht erforderlich.

b) Globale Angaben pro Anschlussvertrag

- Höhe des insgesamt zu verteilenden Vermögens (bei Sammeleinrichtungen: Aktiven bewertet zu Marktwerten)
- Zusammensetzung der Passiven. Auszuweisen sind insbesondere:
  - Summe der Freizügigkeitsleistungen (volle Freizügigkeit)
  - Summe der Deckungskapitalien der laufenden Renten
  - Mittel aus Sondermassnahmen
  - ungebundene Mittel und andere Rückstellungen oder Defizit
  (bei Gemeinschafts- und Gemischten Einrichtungen ermittelt nach Ziff. 2.4)
- eine Bestätigung der Zustimmung des zuständigen Organs zum Verteilungsplan der Sondermassnahmen und der ungebundenen Mittel (vgl. Erläuterungen zu Ziff. 2.2 lit. a)
- den Nachweis einer Vorsorge- oder Versicherungseinrichtung über die Weiterausrichtung der laufenden Renten

13. Überwachung, Kontrolle und Verantwortlichkeit

2.3 Teilauflösung eines Anschlussvertrages

Die unter 2.1 und 2.2 aufgeführten Richtlinien gelten sinngemäss auch für den Fall der Teilauflösung eines Anschlussvertrages (vgl. Erläuterungen).
In diesem Fall beziehen sich die unter "globale Angaben" aufgeführten Punkte sinngemäss auf die austretende Versichertengruppe.

2.4 Bestimmung des Anteils an den Sondermassnahmen, den Rückstellungen und den ungebundenen Mitteln bei Gemeinschafts- sowie Gemischten Einrichtungen

Für Gemeinschafts- und Gemischte Einrichtungen, die die Sondermassnahmenfonds sowie die ungebundenen Mittel und Rückstellungen nicht für jeden angeschlossenen Arbeitgeber getrennt verbuchen, gilt folgendes:

2.41 Sondermassnahmen

Die ausscheidende Versichertengruppe hat im Sinne von Artikel 70 BVG Anspruch auf einen Anteil an den Rückstellungen für Sondermassnahmen (vgl. Erläuterungen).
Der auf einen Anschlussvertrag entfallende Anteil kann unter Berücksichtigung von Kriterien, wie Altersstruktur der Versicherten, koordinierte Lohnsumme und Dauer des Anschlussvertrages, geschätzt werden.

2.42 Ungebundene Mittel und Rückstellungen

Die ausscheidende Versichertengruppe hat Anspruch auf einen angemessenen Anteil an den *ungebundenen Mitteln*, sofern

– der Anschlussvertrag *mindestens 2 Jahre* in Kraft war und
– die ungebundenen Mittel *mehr als 10% des gebundenen Vermögens* der Vorsorgeeinrichtung ausmachen.

Der Anspruch umfasst zudem einen angemessenen Anteil an den *Rückstellungen* (technische Rückstellungen, Rückstellungen für den Teuerungsausgleich u.ä.), soweit diese vom betreffenden Versichertenbestand mitfinanziert und auch für diesen gebildet wurden. (Solidaritätsleistungen zugunsten anderer Anschlussverträge sind nicht zu berücksichtigen.) Von der Herausgabe kann abgesehen werden, wenn der Anteil pro Versicherten lediglich einen geringfügigen Betrag ausmachen würde.
Der auf den Anschlussvertrag entfallende *Anteil kann* mittels eines vereinfachten Verfahrens (Formel) *geschätzt* werden. Dabei ist namentlich das Verhältnis zwischen den Spar- oder Deckungskapitalien des Anschlussvertrages zum gesamten Vermögen der Einrichtung sowie die Dauer des Anschlussvertrags angemessen zu berücksichtigen. Die Methode der Ermittlung des Anteils wird durch die Einrichtung bzw. ihren Experten festgelegt und ist gegenüber der Kontrollstelle offenzulegen.
Für die Ermittlung des angemessenen Anteils können jeweils die entsprechenden Werte aus der letzten kaufmännischen Bilanz herangezogen werden. In den Jahren, in denen kein Expertengutachten erstellt wird, genügt für die Feststellung der gebundenen Mittel eine Schätzung.
Eine *Verrechnung* des Anspruchs auf ungebundene Mittel mit anderen Leistungen der Vorsorgeeinrichtung (z.B. Solidaritätsleistungen, Zuschüsse aus allgemeinen Reserven), von denen die Gesamtheit der dem aufzulösenden Anschlussvertrag unterstehenden Versicherten profitiert hat, ist zulässig, wenn solche Leistungen vertraglich vereinbart waren und nachgewiesen wer-

den können. Die Verrechnung ist begrenzt auf das Ausmass des Anspruchs auf ungebundene Mittel.

3. Übernahme eines Versichertenbestandes

Die Vorsorgeeinrichtung, der sich ein Arbeitgeber nach erfolgter Auflösung des früheren Anschlussvertrags wieder anschliesst, hat folgende Angaben bzw. Unterlagen zuhanden ihrer Kontrollstelle bereitzustellen:
- von der vorherigen Vorsorgeeinrichtung *erhaltene Unterlagen* sowie eine allfällige *Vereinbarung, die die Übernahme regelt,*
- *Nachweis der Erhaltung der erworbenen Ansprüche* (vgl. Erläuterungen lit. A und B) der einzelnen Versicherten sowie ihrer Gesamtheit. In komplizierteren Fällen ist dazu eine Bestätigung eines anerkannten Pensionsversicherungsexperten erforderlich.

4. Prüfung durch die Kontrollstelle

4.1 Reguläre Prüfung

Die Kontrollstelle prüft im Rahmen der jährlichen Prüfung der Rechtmässigkeit der Geschäftsführung nach Artikel 35 Absatz 2 BVV 2 die Einhaltung der Ziff. 1–3 dieser Richtlinien.

Sie hat bei der Wahl der Prüfmethode und der Intensität der Prüfung den Grundsatz der Wirtschaftlichkeit zu beachten.

4.2 Meldung an das BSV

Die Kontrollstelle bestätigt gegenüber dem BSV die Rechtmässigkeit der Abschlüsse und der Auflösungen von Anschlussverträgen.

4.3 Ausserordentliche Prüfung und Meldung an das BSV

Nach Artikel 36 Absatz 3 BVV 2 ist das BSV auch zwischenzeitlich unverzüglich zu benachrichtigen, falls im Zusammenhang mit der Anwendung der Ziff. 1–3 dieser Richtlinien ein rasches Einschreiten erforderlich ist.

5. Inkraftsetzung

Diese Richtlinien treten am 1. Januar 1993 in Kraft.

Auf diesen Zeitpunkt werden die Weisungen des BSV vom 1. Juli 1988 über die Auflösung von Anschlussverträgen aufgehoben.

13. Überwachung, Kontrolle und Verantwortlichkeit

Zum Anschluss an eine Sammeleinrichtung siehe ferner die Mitteilungen über die berufliche Vorsorge Nr. 48 vom 21. Dezember 1999, Ziff. 281, 283–285:

281 Anschluss von Verbänden an Sammel- und Gemeinschaftseinrichtungen

283 Vereinbarungen beim Anschluss an eine Sammeleinrichtung

284 Vereinbarungen beim Anschluss an eine Personalvorsorgeeinrichtung für wirtschaftlich und finanziell eng verbundene Arbeitgeberfirmen (im Abschnitt 3.24 im Wortlaut wiedergegeben)

285 Auflösung von Anschlussverträgen: Verrechnung von Leistungen mit Prämienausständen und rückwirkende Vertragsauflösungen

Nachstehend Ziff. 284 im Wortlaut:

"Vereinbarungen beim Anschluss an eine Personalvorsorgeeinrichtung für wirtschaftlich oder finanziell eng verbundene Arbeitgeberfirmen

Die Vereinbarung zwischen der Personalvorsorgeeinrichtung und der anzuschliessenden wirtschaftlich oder finanziell eng verbundenen Arbeitgeberfirma soll erfahrungsgemäss folgende Punkte regeln, welche den Verhältnissen des konkreten Einzelfalles anzupassen sind:

1. Falls BVG-Einrichtung: Feststellung, dass die anschliessende Vorsorgeeinrichtung im Register für die berufliche Vorsorge (Registernummer) eingetragen ist

2. Feststellung, dass die anschliessende Arbeitgeberfirma eine mit der Stifterfirma wirtschaftlich oder finanziell eng verbundene Unternehmung ist

3. Ausdrückliche Anerkennung von Urkunde und Reglement durch die angeschlossene Arbeitgeberfirma

4. Bei Übernahme des Bestandes aus einer anderen Vorsorgeeinrichtung: Hinweis auf separaten Übernahmevertrag

5. Verpflichtung der angeschlossenen Arbeitgeberfirma, alle nach Gesetz und Reglement zu versichernden Mitarbeiter der Vorsorgeeinrichtung mit den korrekten Löhnen zu melden und dies jährlich durch die Kontrollstelle der Arbeitgeberfirma bestätigen zu lassen (Art. 11 BVG, Art. 10 BVV 2)

6. Verpflichtung der angeschlossenen Arbeitgeberfirma zur zweckgerechten Überweisung (konkrete Terminfestlegung, z.B. monatlich oder halbjährlich vorschüssige Leistung) der reglementarischen Beiträge; Verpflichtung der Stiftung zur Erbringung der entsprechenden Leistungen für die Arbeitnehmer der angeschlossenen Arbeitgeberfirma)

7. Konkrete Regelung zur Gewährleistung der Parität (gemäss Art. 51 BVG) bzw. des gesetzlichen Mitverwaltungsrechts (gemäss Art. 89bis Abs. 3 ZGB) für die Arbeitnehmer der angeschlossenen Arbeitgeberfirma im Stiftungsorgan

8. Geeignete konkrete Regelung zur Einhaltung der Vorschriften bezüglich der Anlagen beim Arbeitgeber für jede angeschlossene Arbeitgeberfirma (BVG-Regelung, welche seit dem 1.1.1997 für alle Personalfürsorgestiftungen im Sinne von Art. 89bis Abs. 6 ZGB gilt)

13.2 Prüfung durch die Revisionsstelle (Kontrollstelle)

9. Transparente Regelung bezüglich der Tragung der Verwaltungskosten
10. Regelung der Kündigungsbedingungen und der zweckgebundenen Weiterführung der Vorsorgeguthaben (Kündigungsfrist der Anschlussvereinbarung mindestens 6 Monate, Überweisung der Vorsorgeguthaben und eines allfälligen Reservefonds auf eine neue Vorsorgeeinrichtung)
11. Eventuell Angaben über einen versicherungstechnischen Einkauf
12. Nötige Festlegung betreffend die Teil- resp. Gesamtliquidation mit ausdrücklichem Bezug auf Art. 23 FZG (mit Hinweis, dass die Auflösung der Anschlussvereinbarung als Teilliquidation gilt); es sind Aussagen zur allfälligen Berücksichtigung versicherungstechnischer Fehlbeträge und zu den Ansprüchen auf freie Mittel zu machen
13. Orientierungspflicht der Personalvorsorgestiftung gegenüber der Revisionsstelle (Kontrollstelle) und der Aufsichtsbehörde beim Anschluss einer Arbeitgeberfirma sowie bei Auflösung des Anschlussvertrages einer Arbeitgeberfirma
14. Festlegung des Zeitpunktes des Inkrafttretens des Anschlusses und formelle Unterschrift
15. Falls Gerichtsstandsregelung: Der Gerichtsstand ergibt sich aus Art. 73 BVG."

13.3 Prüfung durch den Experten für berufliche Vorsorge

Jede Vorsorgeeinrichtung hatte spätestens auf Ende 1989 einen *anerkannten Experten für berufliche Vorsorge* zu bestellen. Dieser Experte hat periodisch (in der Praxis spricht man von mindestens alle fünf Jahre) eine Prüfung vorzunehmen.

13.31 Aufgaben des Experten

Die Aufgaben des Experten für berufliche Vorsorge sind in *Art. 53 Abs. 2 und 3 BVG* genannt.

Art. 53 Abs. 2 und 3 BVG

²Die Vorsorgeeinrichtung hat durch einen anerkannten Experten für berufliche Vorsorge periodisch überprüfen zu lassen:
a. ob die Vorsorgeeinrichtung jederzeit Sicherheit dafür bietet, dass sie ihre Verpflichtungen erfüllen kann;
b. ob die reglementarischen versicherungstechnischen Bestimmungen über die Leistungen und die Finanzierung den gesetzlichen Vorschriften entsprechen.

³Absatz 2 Buchstabe a ist nicht auf die der Versicherungsaufsicht unterstellten Vorsorgeeinrichtungen anwendbar.

Diese Bestimmung gilt gemäss Art. 89bis Abs. 6 ZGB für alle – nicht nur die registrierten – Personalvorsorgestiftungen. Bei Vorsorgeeinrichtungen, die eine *Kollektivversicherung* abgeschlossen haben, werden die Aufgaben des Experten in der Regel durch die Lebensversicherungsgesellschaft selbst bzw. deren Mitarbeiter durchgeführt.

Auch bei *patronalen Stiftungen* wird also ein Experte periodisch zu bestätigen haben, dass die Verpflichtungen erfüllt werden können. M.E. wäre eine *Beschränkung der Prüfungspflicht durch Pensionsversicherungsexperten auf Einrichtungen mit eigenem versicherungstechnischem Risiko* vertretbar gewesen. Ob ein versicherungstechnisches Risiko vorliegt, kann auch die Kontrollstelle feststellen. Schon bisher musste von einer Vorsorgeeinrichtung, die ein *eigenes versicherungstechnisches Risiko* trägt, also eine teil- oder ganzautonome Kasse darstellt, verlangt werden, dass sie auf versicherungstechnischer Grundlage beruht und demnach von Zeit zu Zeit, mindestens etwa alle 3–5 Jahre, überprüft wird. Dabei soll nach den allgemein anerkannten, versicherungsmathematischen Grundsätzen eine *technische Bilanz* erstellt werden. Die

13.3 Prüfung durch den Experten für berufliche Vorsorge

Stiftungsaufsichtsämter von verschiedenen Kantonen verlangten schon bisher ausdrücklich periodisch eine versicherungstechnische Prüfung autonomer Kassen durch qualifizierte Pensionsversicherungsexperten.

Bei der *Registrierung von autonomen Kassen* wird eine Bestätigung verlangt, dass "die nach dem Grundsatz der Bilanzierung in geschlossener Kasse erstellte technische Bilanz ausgeglichen ist, oder, wenn dies nicht der Fall ist, ein(en) Sanierungsplan" (Art. 7 Abs. 1 lit. e BVV 1) vorgelegt wird.

Als Pensionsversicherungsexperten werden heute je länger je mehr *juristische Personen* beigezogen, so auf die Pensionskassenbetreuung spezialisierte Beratungsgesellschaften und Treuhandgesellschaften oder auch Lebensversicherungsgesellschaften. Diese Gesellschaften bieten *langfristig* Gewähr für sachgemässe Arbeit und sind auch in der Lage, die (finanzielle) Verantwortung dafür zu übernehmen.

Hinsichtlich Verantwortlichkeit sei auf Art. 52 BVG hingewiesen, wonach die mit der Kontrolle der Vorsorgeeinrichtung betrauten Personen *"für den Schaden verantwortlich"* sind, den sie ihr absichtlich oder fahrlässig zufügen. Heute hat wohl die Mehrzahl der Pensionsversicherungsexperten dafür immer noch *keine Berufshaftpflichtversicherung,* ein Zustand, der sich ändern sollte. Ein Auftraggeber tut gut daran, sich diesbezüglich bei seinem Experten zu orientieren.

Die Schweizerische Vereinigung der Versicherungsmathematiker (heute: Schweizer Aktuarvereinigung SAV) und die Schweizerische Kammer der Pensionskassen-Experten haben 1990 *"Grundsätze und Richtlinien für Pensionsversicherungsexperten"* herausgegeben, die von den als Experten tätigen Verbandsmitgliedern befolgt werden müssen. Diese Grundsätze und Richtlinien sind in Abschnitt 18.4 wiedergegeben.

Für die Verantwortlichkeit im Rechtssinne ist es wesentlich, dass der Experte diese Grundsätze und Richtlinien beachtet hat.

Vorsorgeeinrichtungen, die ein eigenes Risiko tragen, aber auch andere versicherungstechnisch aufgebaute Einrichtungen sind in der Regel ständig in Verbindung mit ihrem Pensionsversicherungsexperten, der zur Behandlung von Sonderfällen beigezogen wird. Er sollte auch immer vor reglementarischen Änderungen befragt werden.

Der Kurzbericht des anerkannten Experten kann analog dem Bericht der Kontrollstelle formuliert werden (siehe *Darstellung 13D*).

In einem Entscheid der Eidg. Beschwerdekommission vom 6. Mai 1986 (in: SZS 1986, S. 252–256) ist festgehalten, dass die Aufsichtsbehörden sich nicht einfach über einen Bericht des Experten für berufliche Vorsorge hinwegsetzen und Rückdeckung von Risiken verlangen können. Dies wäre nur gerechtfertigt, wenn der Stiftungsrat pflichtwidrig (z.B. ohne oder entgegen einem Gutachten) keine Rückdeckung vornehmen würde.

Darstellung 13D

Bestätigungsbericht des anerkannten Experten
(Beispiel eines Standardtextes)

An den Stiftungsrat
der ... Personalvorsorgestiftung

Als anerkannter Experte für berufliche Vorsorge haben wir Ihre Vorsorgeeinrichtung im Sinne von Art. 53 Abs. 2 BVG auf den 31. Dezember ... geprüft und dazu ein Gutachten abgegeben.

Aufgrund unserer Feststellungen und nach Einsichtnahme in den Bericht der Kontrollstelle für 20xx bestätigen wir, dass

- die Vorsorgeeinrichtung Sicherheit dafür bietet, dass sie ihre Verpflichtungen erfüllen kann,
- die reglementarischen versicherungstechnischen Bestimmungen über die Leistungen und die Finanzierung den gesetzlichen Vorschriften entsprechen.

Ort/Datum   Firma, Signatur

                                                             ...

H. Pfitzmann stellte im Rahmen von rechtlichen Problemen der Kontrollstelle und der Experten die Frage, ob für alle nichtregistrierten Einrichtungen und bei Vorliegen eines umfassenden Kollektivversicherungsvertrages ein Experte wirklich notwendig ist (in: SZS 1986, S. 265–273). In solchen Fällen kann die Arbeit des Experten sehr kurz sein, aber auf ihn sollte gleichwohl nicht verzichtet werden, bestehen doch immer wieder Einzelverpflichtungen, die zu bewerten sind. Allenfalls könnte hier die Kontrollstelle vorselektionieren und nur jene nichtregistrierten Vorsorgeeinrichtungen dem Experten zur Begutachtung zuführen, aus welchen entsprechende Risiken ersichtlich sind. Diese Auffassung teilt der Autor, wie bereits früher vermerkt.

Die Aufgaben des Experten für berufliche Vorsorge umfassen verschiedene Bereiche. Der Experte

- muss die Vorsorgeeinrichtung generell und längerfristig, d.h. über mehrere Jahre hinweg, im Auge behalten,
- ist zuständig für Fragen, die die gesamte Vorsorge betreffen (z.B. Rückdeckung, obligatorischer Teuerungsausgleich),
- überwacht das versicherungstechnische Gleichgewicht der Vorsorgeeinrichtung, soweit die Risiken nicht bei einer der Versicherungsaufsicht unterstellten Versicherungseinrichtung abgedeckt sind (Art. 53 Abs. 2 lit. a und Abs. 3 BVG),
- prüft das Reglement, insbesondere die Bestimmungen bezüglich der Leistungen und der Finanzierung (Art. 53 Abs. 2 lit. b BVG),

- wählt und erarbeitet die erforderlichen Basisgrössen (z.b. Finanzierungsplan),
- stellt unter Umständen in schwierigen Einzelfällen Berechnungen an (z.b. Anrechnung vorobligatorischer Leistungen an das BVG-Minimum),
- legt periodisch Expertenberichte vor (finanzielles Gleichgewicht, Spezialfragen),
- entscheidet, ob der Pauschalnachweis gemäss Art. 46 BVV 2 erbracht werden kann.

(Nach *Wehrli U.*, Referat 15. August 1988 an einer Veranstaltung des Amtes für berufliche Vorsorge des Kantons Zürich.)

13.32 Anerkennung des Expertenstatus, Unabhängigkeit und Verhältnis zur Aufsichtsbehörde

Art. 37 BVV 2   Anerkennung
(Art. 53 Abs. 2–4 BVG)

[1]Als Experte für berufliche Vorsorge wird anerkannt, wer das eidgenössische Diplom als Pensionsversicherungsexperte besitzt.

[2]Das Bundesamt für Sozialversicherung kann bis zum 31. Dezember 1989 beruflich qualifizierte Personen, die kein eidgenössisches Diplom als Pensionsversicherungsexperte besitzen, als Experten anerkennen, namentlich Personen, die von der Vereinigung Schweizerischer Versicherungsmathematiker als erfahrene Versicherungsmathematiker anerkannt werden.

Art. 38 BVV 2   Nicht anerkannte Experten
(Art. 53 Abs. 2–4 BVG)

Stehen nicht genügend Experten zur Verfügung, kann die zuständige Aufsichtsbehörde in Einzelfällen einen qualifizierten, nicht anerkannten Experten zulassen.

Art. 39 BVV 2   Juristische Personen
(Art. 53 Abs. 2–4 BVG)

Aufträge können auch einer juristischen Person übertragen werden, wenn diese einen Experten nach Artikel 37 oder 38 beschäftigt. Der Experte muss in diesem Fall die Erarbeitung des Gutachtens leiten und dieses persönlich unterzeichnen.

Art. 40 BVV 2 Unabhängigkeit
(Art. 53 Abs. 2–4 BVG)

Der Experte muss unabhängig sein. Er darf gegenüber Personen, die für die Geschäftsführung oder Verwaltung der Vorsorgeeinrichtung verantwortlich sind, nicht weisungsgebunden sein.

Art. 41 BVV 2 Verhältnis zur Aufsichtsbehörde
(Art. 53 Abs. 2–4, 62 Abs. 1 BVG)

Der Experte muss bei der Ausübung seines Mandates die Weisungen der Aufsichtsbehörde befolgen. Er muss die Aufsichtsbehörde unverzüglich orientieren, wenn die Lage der Vorsorgeeinrichtung ein rasches Einschreiten erfordert oder wenn sein Mandat abläuft.

Seit 1976/77 führt die *Schweizerische Aktuarvereinigung* (frühere Bezeichnung: Schweizerische Vereinigung der Versicherungsmathematiker bzw. vor 1988 Vereinigung Schweizerischer Versicherungsmathematiker) höhere Fachprüfungen für Pensionsversicherungsexperten durch. Diese Examen stehen unter der Aufsicht des Bundesamtes für Berufsbildung und Technologie BBT (früher BIGA) im Sinne des Berufsbildungsgesetzes (so wie die dipl. Buchhalter, dipl. Wirtschaftsprüfer usw.) und führen zum gesetzlich geschützten Berufstitel *"dipl. Pensionsversicherungsexperte"*. Für die *Übergangsgeneration* hat ein Wahlausschuss der Schweizerischen Vereinigung der Versicherungsmathematiker einer Reihe von ausgewiesenen Fachleuten bei Nachweis der entsprechenden Befähigung anhand von Praxisnachweisen und einer schriftlichen Arbeit den Expertenstatus zuerkannt. Das Prüfungsreglement für Pensionsversicherungsexperten ist 1988 revidiert worden.

Bis Ende 1999 sind insgesamt rund 200 Pensionsversicherungsexperten diplomiert worden, und von der Übergangsgeneration wurden weitere rund 100 Personen als anerkannte Pensionsversicherungsexperten bestätigt. Es ist allerdings zu berücksichtigen, dass eine grössere Zahl von Experten bei Lebensversicherungsgesellschaften tätig ist und andere sich aus dem Beruf zurückgezogen haben, so dass tatsächlich und vollamtlich im Beruf eines Experten davon nur etwa 120–150 Personen stehen dürften. Die Kammer der Pensionskassen-Experten zählt 88 Aktivmitglieder (Stand 1999).

Zur "Unabhängigkeit des Experten" besteht eine Stellungnahme des BSV, wonach diese für den Experten für berufliche Vorsorge von "etwas weniger Bedeutung" sei als für die Kontrollstelle. "Dieser mildere Massstab ist vor allem auf die Tatsache zurückzuführen, dass Experten eine Gutachter- und nur beschränkt eine Kontrollfunktion übernehmen." "So wird lediglich vorausgesetzt, dass der Experte gegenüber Personen, die für die Geschäftsführung der Vorsorgeeinrichtung verantwortlich sind, nicht weisungsgebunden sein darf." Dieser Auffassung kann nicht gefolgt werden. Die Bedeutung der Unabhängigkeit des Experten – der technische Fehlbeträge feststellen soll, gegebenenfalls Nachfinanzierungen verlangen muss oder Leistungsreduktionen zu beantragen hat usw. – ist mindestens so hoch wie bei der Kontrollstelle. Art. 34 und 40 BVV 2 könnten (und sollten) zusammengelegt werden. Dasselbe gilt auch für die Bestimmungen zum *Verhältnis* der Kontrollstelle und des Experten für berufliche Vorsorge *zur Aufsichtsbehörde*. Diese Vereinfachung sollte bei einer künftigen Revision des BVV 2 geprüft werden.

Zum "Verhältnis zwischen Aufsichtsbehörde, Vorsorgeeinrichtung und Experte für die berufliche Vorsorge" siehe Stellungnahme des BSV (in: Mitteilung über die berufliche Vorsorge Nr. 2 vom 19. Januar 1987, Ziff. 15). Danach wird empfohlen, mit dem Experten ein Dauerauftragsverhältnis einzugehen. Einmalige Aufträge können Lücken in der Expertentätigkeit entstehen lassen.

Die Schweizerische Aktuarvereinigung SAV hat 1998 ein Ausbildungsprogramm und einen Studiengang von acht Semestern aufgebaut, der zum Titel "Aktuar SAV" führen wird. Im Sinne einer Übergangsregelung ist dieser Titel 1998 bereits an 300 Personen verliehen worden.

13.33 Zusammenarbeit zwischen Kontrollstelle und Experte

Eine Kommission, bestellt von der Treuhand-Kammer und der Schweizerischen Vereinigung der Versicherungsmathematiker, die sog. *"Gemischte Kommission Kontrollen gemäss Art. 53 BVG"*, hat im August 1985 *"Richtlinien für die Zusammenarbeit zwischen Kontrollstelle und anerkanntem Experten für berufliche Vorsorge"* erarbeitet, die folgenden Wortlaut haben (aus: Der Schweizer Treuhänder 5/1986, S. 12–14):

"1. Grundsätze

1.1. Gesetzliche Basis

BVG Art. 53 (Kontrollstelle und anerkannter Experte für berufliche Vorsorge)
BVV 2 Art. 35 bis 41, insbesondere Art. 35. Hier ist als Besonderheit zu erwähnen, dass die Aufgaben der Kontrollstelle in dieser Verordnung näher umschrieben sind (Art. 35), diejenigen des anerkannten Experten für berufliche Vorsorge (im folgenden Experte genannt) hingegen nicht.

1.2. Generelle Abgrenzung

Da eine Aufzählung sämtlicher möglicher Tätigkeiten des Experten und der Kontrollstelle schwierig sein dürfte, sollen generelle Abgrenzungskriterien herausgearbeitet und diese mit konkreten Beispielen untermauert werden.

Schon bisher hat sich in der freiwilligen beruflichen Vorsorge ein Neben- und Miteinander von Experten und Kontrollstellen ergeben, das sich gut bewährt hat und auf dem nun auch bei der veränderten Lage, die durch das BVG und seine Verordnungen entstanden ist, aufgebaut werden soll. Im übrigen ist auch an die Verantwortung (BVG Art. 52) zu erinnern, die von den mit der Kontrolle beauftragten Personen übernommen werden muss. Letztere sind bald einmal überfordert, wenn sie sich in Gebieten betätigen, die sie nicht vollkommen überblicken. Grenzfragen sollten Experte und Kontrollstelle – im Einzelfall oder auch grundsätzlich – unter sich besprechen, wodurch sich mit der Zeit eine Praxis der Abgrenzung ergeben wird.

Im Sinne dieser Ausführungen können die Aufgaben des Experten und der Kontrollstelle folgendermassen generell umschrieben werden.

Experte

– muss die Vorsorgeeinrichtung generell und längerfristig, d.h. über mehrere Jahre hinweg im Auge behalten
– ist zuständig für Fragen, die die gesamte Vorsorge betreffen (z.b. Rückdeckung, obligatorischer Teuerungsausgleich)
– überwacht das versicherungstechnische Gleichgewicht der Vorsorgeeinrichtung, soweit die Risiken nicht bei einer der Versicherungsaufsicht unterstellten Versicherungseinrichtung abgedeckt sind (BVG Art. 53, Abs. 2, lit. a und Abs. 3)
– prüft das Reglement, insbesondere die Bestimmungen bezüglich der Leistungen und der Finanzierung (BVG Art. 53, Abs. 2, lit. b)
– wählt und erarbeitet die erforderlichen Basisgrössen (z.B. Finanzierungsplan)
– stellt u.U. in schwierigen Einzelfällen Berechnungen an (z.B. Anrechnung vorobligatorischer Leistungen an das BVG-Minimum)
– legt periodisch Expertenberichte vor (Finanzielles Gleichgewicht, Spezialfragen).

Kontrollstelle

Sie prüft jährlich die Gesetzes-, Verordnungs-, Weisungs- und Reglementskonformität (Rechtmässigkeit) der Jahresrechnung und der Alterskonten. Nach BVV 2 Art. 35 gehören dazu die Rechtmässigkeitsprüfung der Beitragserhebung und der Ausrichtung der Leistungen.

Die Prüfung beruht in der Regel auf Stichproben, insbesondere bei den zuletzt genannten Aktivitäten (Alterskonten, Beitragserhebung, Ausrichtung der Leistungen).

2. Abgrenzungsfragen

Nachfolgend wird versucht, anhand einzelner Beispiele Abgrenzungsfragen konkret zu beantworten. Die Liste der Beispiele ist nicht abschliessend. Es ist vorgesehen, sie gegebenenfalls zu ergänzen.

2.1. Lohnbestimmung und Lohnerfassung

Der Arbeitgeber ist dafür verantwortlich, dass alle Arbeitnehmer mit dem richtigen Lohn erfasst sind. Insofern ist die Lohnerfassung nicht direkt eine Abgrenzungsfrage zwischen Experte und Kontrollstelle. Wegen ihrer zentralen Bedeutung wird diese Frage hier dennoch behandelt.

Experte

Der Experte ist dafür besorgt, dass die BVG-Leistungen erfüllt sind, wobei der nach Reglement versicherte Lohn nicht zwangsläufig mit dem koordinierten Lohn nach BVG übereinstimmen muss. Der Experte wird ferner die Berechnungsweise des versicherten Lohnes in komplizierten Fällen (z.B. für Teilzeitbeschäftigte, Saisonniers, Teilinvalide) bestimmen.

Kontrollstelle

Die Kontrollstelle prüft anhand von Stichproben, Gesamtabstimmungen, usw., ob der reglementsgemässe Lohn erfasst ist. Die Überprüfung, ob alle versicherungspflichtigen Arbeitnehmer einbezogen sind, ist in der Praxis schwierig. Insbesondere bei Grossfirmen und Sammelstiftungen ist auf die Verantwortung des Arbeitgebers bzw. auf die interne Kontrolle abzustellen, die solche Firmen und Sammelstiftungen zur Sicherstellung der vollständigen Erfassung aller Arbeitnehmer selber einbauen müssen (vgl. dazu RHB, Ziffer 6.445 auf Seite 80).

2.2. Führung der Alterskonten

Das Alterskonto dient als Grundlage für die Berechnung der Mindestleistungen gemäss BVG. Die Prüfung der Alterskonten ist daher nicht nur in formeller, sondern auch in materieller Hinsicht wichtig.

Experte

Der Experte berät die Vorsorgeeinrichtung bei der Führung der Alterskonten (Durchführung in der Regel mittels EDV). Dabei stehen Systemfragen und die Behandlung komplexer Einzelfälle im Vordergrund. Ferner ist der Experte verantwortlich für die in einzelnen Fällen von ihm selber durchgeführten Leistungsberechnungen.

Kontrollstelle

Auch die Kontrollstelle berät die Vorsorgeeinrichtung in Fragen der Ordnungsmässigkeit der Kontenführung; gemäss BVV 2 Art. 35 prüft sie diese auf Gesetzmässigkeit. Dazu gehören auch Alterskonten, die von Dritten bzw. vom Experten im Auftrag geführt werden. Es genügen in der Regel Stichproben. Bei mittels EDV geführten Alterskonten können sich die Prüfungen und Stichproben beim Verarbeitungssystem auf die internen Kontrollen beziehen soweit sie die Buchführung und deren Ordnungsmässigkeit betreffen (RHB Ziffer 6.4432).

Noch nicht abschliessend abgeklärt ist die Prüfung von EDV-Konzeptionen bzw. -Programmen.

2.3. Rückdeckung (Art. 43 BVV 2)

Experte

Er empfiehlt die Art und Weise einer allfällig erforderlichen Rückdeckung.

Kontrollstelle

Sie stellt (im Sinne einer Geschäftsführungsprüfung) fest, ob eine Rückdeckung besteht bzw. ob die Empfehlungen des Experten befolgt werden.

2.4. Abrechnung mit dem Sicherheitsfonds

Die Verwendung allfälliger Zuschüsse wird vermutlich noch in einer Verordnung zum BVG geregelt werden. Die Kontrollstelle hat die richtige Buchung der Beiträge und allfälliger Zuschüsse sowie deren gesetzeskonforme Verwendung zu prüfen. Ein Abgrenzungsproblem zu Aufgaben des Experten besteht nicht.

2.5. Verwaltungskosten

Experte

Er bestimmt die Art der Finanzierung von Verwaltungskosten, die der Vorsorgeeinrichtung belastet werden.

Kontrollstelle

Sie prüft die richtige Buchung der der Vorsorgeeinrichtung belasteten Verwaltungskosten.

2.6. Sondermassnahmen

Experte

Der Experte entscheidet, ob der Pauschalnachweis gemäss BVV 2 Art. 46 erbracht werden kann. Andernfalls empfiehlt er, in welcher Form die Sondermassnahmen gesetzeskonform durchgeführt werden sollen.

Kontrollstelle

Die Kontrollstelle prüft, ob die vom Experten vorgeschlagene Regelung durchgeführt wird. Sie prüft hingegen nicht deren Gesetzeskonformität.

2.7. Versicherungsleistungen

Im allgemeinen obliegt die Bestimmung der Versicherungsleistungen in erster Linie dem zuständigen Organ der Vorsorgeeinrichtung. In schwierigen Einzelfällen (z.B. Koordination mit anderen Sozialversicherungen) wird in der Regel der Experte beigezogen.

Experte

Er prüft das Reglement auf Gesetzmässigkeit.

Kontrollstelle

Sie prüft insbesondere die Reglementskonformität sowie die richtige Auszahlung und Buchung der Leistungen."

13.3 Prüfung durch den Experten für berufliche Vorsorge

Die "Gemischte Kommission Kontrollen gemäss Art. 53 BVG" hat am 29. März 1989 einen Bericht über das Problem der *"unverzüglichen Benachrichtigung der Aufsichtsbehörden durch die Kontrollstellen oder den Experten"* verabschiedet (siehe SPV, 1989, S. 279–283). Daraus sind folgende Abschnitte entnommen:

"Unverzügliche Benachrichtigung der Aufsichtsbehörde

Mit der Benachrichtigungspflicht will der Gesetzgeber sicherstellen, dass die Ansprüche der Versicherten oder die Vorsorgeeinrichtung als Ganzes nicht gefährdet sind. Es geht also darum, über wesentliche Tatbestände sofort zu benachrichtigen, wenn z.b. wichtige Pflichten oder die Sorgfalt verletzt werden. Für die Versicherten könnte daraus ein wesentlicher Schaden resultieren. Untergeordnete, formelle Tatbestände können nicht Gegenstand einer sofortigen Benachrichtigung sein.

In jedem Fall gilt die Pflicht zur sofortigen Benachrichtigung bei Beendigung des Mandatsverhältnisses (in analoger Weise ist eine Benachrichtigung der Aufsichtsbehörde denkbar in Situationen, wo Kontrollstelle oder Experte ohne deren Einverständnis bestimmt worden sind). Eine Beendigung des Mandatsverhältnisses liegt auch vor bei Kündigung eines Kollektivlebensversicherungsvertrages.

Für eine unterlassene Benachrichtigung, die möglicherweise zu verspäteten Massnahmen führt, können Kontrollstelle und Experte verantwortlich gemacht und schadenersatzpflichtig werden.
..."

Die Kontrollstelle

Massgebende Gesetzesartikel

– Art. 53 Abs. 1 BVG

'Die Vorsorgeeinrichtung bestimmt eine Kontrollstelle für die jährliche Prüfung der Geschäftsführung, des Rechnungswesens und der Vermögensanlage.'

– Art. 36 Abs. 3 BVV 2

'Die Kontrollstelle muss die Aufsichtsbehörde unverzüglich benachrichtigen, wenn die Lage der Vorsorgeeinrichtung ein rasches Einschreiten erfordert oder wenn ihr Mandat abläuft.'

Feststellungen, die kein rasches Eingreifen erfordern, werden im Rahmen der jährlichen Berichterstattung durch ein Doppel des Kontrollstellenberichtes gemeldet (Art. 36 Abs. 1 BVV 2).

Die Kontrollstelle führt einmal jährlich innert sechs Monaten nach Abschlusstag ihre Prüfung mit Berichterstattung durch und ist nicht gehalten, eine ganzjährige und allgemeine Kontrollfunktion auszuüben.

Spezielle Meldungen ohne Zeitdruck sind auch jene gemäss Art. 36 Abs. 2 BVV 2, wo es darum geht, von der Kontrollstelle angesetzte, aber von der Vorsorgeeinrichtung nicht eingehaltene Fristen zur Erledigung wesentlicher Revisionspendenzen mitzuteilen. Solche Meldungen betreffen nicht das Erfordernis der unverzüglichen Benachrichtigung und die Auflage des raschen Einschreitens; sie wollen lediglich die Aufsichtsbehörde rechtzeitig und routinemässig veranlassen, Massnahmen zur Behebung von Mängeln zu treffen.

Die unverzügliche Benachrichtigung ist hingegen erforderlich, wenn der Vorsorgezweck in wesentlichen Teilen gefährdet wird bzw. wenn die Vorsorgeeinrichtung zusammenzubrechen droht und die Kontrollstelle davon Kenntnis erhält. Dass die Kontrollstelle rechtzeitig Kenntnis erhält, ist eines der Hauptprobleme der praktischen Durchführung im hier behandelten Zusammenhang. So wird beispielsweise die Kontrollstelle auch amtliche Publikationen über wesentliche Veränderungen (z.B. Konkurseröffnung, Verkauf, Redimensionierung der Firma u.ä.), welche zwischen zwei Prüfungszeitpunkten eintreten, beachten und gegebenenfalls die Aufsichtsbehörde benachrichtigen. Die Benachrichtigung erfolgt unabhängig vom Entstehungsgrund der Gefährdung, zumal der Gesetzgeber allgemein von der 'Lage der Vorsorgeeinrichtung' spricht.

Bei der Gefährdung infolge Reglementsverletzung oder aus versicherungstechnischen Gründen drängt sich eine Zusammenarbeit zwischen Kontrollstelle und Experte auf bzw. bei Sammelstiftungen zwischen Kontrollstelle der Sammelstiftung eines Lebensversicherers und dem Lebensversicherer oder einer Bank selbst. In allen diesen Fällen ist die Kontrollstelle gehalten, auch den Experten beizuziehen und die unverzügliche Benachrichtigung erst nach Absprache mit ihm vorzunehmen.

Mögliche Tatbestände für die unverzügliche Benachrichtigung durch die Kontrollstelle

Im folgenden wird versucht, mögliche Tatbestände, die zu einer unverzüglichen Benachrichtigung der Aufsichtsbehörde führen können, aufzuzeigen. Die Aufzählung ist nicht vollständig und wird aufgrund der sich ergebenden Praxis zu ergänzen sein:

- drohender Konkurs über die Arbeitgeberfirma und dadurch zweckgefährdender Substanzverlust der Vorsorgeeinrichtung mit Gefährdung von Forderungen gegenüber der Arbeitgeberfirma
- Uneinbringlichkeit gewichtiger Beitragsausstände inkl. Zinsen und Einlagen trotz wiederholter Mahnungen, insbesondere bei Vorliegen von Kollektivlebensversicherungsverträgen (siehe Ziff. 1.4)
- Betreibung des Arbeitgebers zur Einbringung solcher Zahlungsausstände
- zweckgefährdende Unrealisierbarkeit, Uneinbringlichkeit, Verlust oder Vernichtung von Aktiven der Vorsorgeeinrichtung und fehlender Wille des Stiftungsrates, notwendige Sanierungsmassnahmen zeitgerecht zu treffen
- gesetz-, statuten- oder reglementswidriges Verhalten des Stiftungsrates bzw. der Vorsorgekommission oder eine Verletzung der Sorgfaltspflicht mit unmittelbaren, schwerwiegenden Konsequenzen für das finanzielle und versicherungstechnische Gleichgewicht der Vorsorgeeinrichtung (bei letzterem Zusammenarbeit Kontrollstelle/Experte beachten)
- zweckgefährdende Wirtschaftsdelikte durch Stiftungsräte, Arbeitgeber oder Geschäftsführer (betrügerische Geschäftsführung, Veruntreuung)
- Liquidations- oder Restrukturierungsbeschluss der Arbeitgeberfirma ohne entsprechende Berücksichtigung und Lösung von schwerwiegenden Folgen bei der Vorsorgeeinrichtung (z.B. mit Verteilungsplan)
- drohende Prozessentscheide im Einzelfall oder eine Änderung der Gerichtspraxis, welche zu einer finanziellen Gefährdung der Vorsorgeeinrichtung oder der Arbeitgeberfirma führen
- siehe auch Tatbestände gemäss Ziff. 3.3, gegebenenfalls in Zusammenarbeit mit dem Experten.

13.3 Prüfung durch den Experten für berufliche Vorsorge

Experte

Massgebende Gesetzesartikel

- Art. 53 Abs. 2 BVG

    'Die Vorsorgeeinrichtung hat durch einen anerkannten Experten für berufliche Vorsorge periodisch überprüfen zu lassen,

    a) ob die Vorsorgeeinrichtung jederzeit Sicherheit dafür bietet, dass sie ihre Verpflichtungen erfüllen kann;
    b) ob die reglementarischen versicherungstechnischen Bestimmungen über die Leistungen und die Finanzierung den gesetzlichen Vorschriften entsprechen.'

- Art. 41 BVV2

    'Der Experte muss bei der Ausübung seines Mandates die Weisungen der Aufsichtsbehörde befolgen. Er muss die Aufsichtsbehörde unverzüglich orientieren, wenn die Lage der Vorsorgeeinrichtung ein rasches Einschreiten erfordert oder wenn sein Mandat abläuft.'

Auf die besonderen Probleme hinsichtlich Beginn und Ende eines Mandatsverhältnisses beim Experten einer autonomen Pensionskasse haben wir in der Einleitung hingewiesen. Es ist aber auch eine Situation denkbar, in der das Mandat nicht abläuft, die Vorsorgeeinrichtung aber die im Gesetz/Reglement vorgeschriebenen Gutachten nicht einholt (z.B. keine Auftragserteilung für die periodische Ausarbeitung einer technischen Bilanz). Die Frage, ob der Experte einer autonomen Pensionskasse in einem Dauerauftragsverhältnis steht oder ob sich der Auftrag auf eine einmalige Prüfung beschränken kann, ist schwer zu beantworten. Aufgrund des oft unklar definierten Auftragsverhältnisses auf ein Dauerauftragsverhältnis schliessen zu wollen, hält einer vertieften Prüfung jedoch nicht stand. Es kann daher auch nicht von einer routinemässigen Zustellung des Expertenberichts an die Aufsichtsbehörde ausgegangen werden. Gemäss Art. 62 Abs. 1 BVG hat jedoch die Aufsichtsbehörde in den Bericht des Experten Einsicht zu nehmen.

Eine periodische versicherungstechnische Überprüfung durch den Experten entfällt dagegen, wenn ein Kollektivversicherungsvertrag mit einer Lebensversicherungsgesellschaft vorliegt, der alle oder praktisch alle Ansprüche der Versicherten abdeckt. In einem solchen Fall genügt eine Bestätigung des Experten, dass ein Vertrag mit kongruenter oder nahezu kongruenter Deckung vorliegt.

Bei Deckungslücken sieht Art. 44 BVV 2 vor, dass diese von der Vorsorgeeinrichtung selbst behoben werden müssen. Die Aufsichtsbehörde muss über Deckungslücken und die dagegen ergriffenen Massnahmen unterrichtet werden. Die Verantwortung für solche Meldungen liegt somit beim Stiftungsrat.

Durch die Meldungen des Stiftungsrates bei Deckungslücken und durch Einsichtnahme in die Expertenberichte wird die Aufsichtsbehörde befähigt, die im Expertenbericht vorgeschlagenen Massnahmen zur Behebung von Mängeln zu kontrollieren. Solche Meldungen betreffen nicht das Erfordernis der unverzüglichen Benachrichtigung und die Auflage des raschen Einschreitens. Die unverzügliche Orientierung ist hingegen erforderlich, wenn in wesentlichen Teilen die plötzliche Gefährdung des Vorsorgezweckes eintritt bzw. wenn die Vorsorgeeinrichtung zusammenzubrechen droht und der Experte davon Kenntnis erhält.

Mögliche Tatbestände für die unverzügliche Benachrichtigung durch den Experten

Im folgenden wird versucht, mögliche Tatbestände, die zu einer unverzüglichen Benachrichtigung der Aufsichtsbehörde führen können, aufzuzeigen. Die Aufzählung ist nicht vollständig und wird aufgrund der sich ergebenden Praxis zu ergänzen sein:

- Die Erfüllung der Verpflichtungen ist plötzlich gefährdet, und dem Stiftungsrat fehlt der Wille oder er ist nicht in der Lage, notwendige Sanierungsmassnahmen zeitgerecht zu treffen.
- Das finanzielle Gleichgewicht der Vorsorgeeinrichtung ist durch ein ausserordentliches Ereignis oder eine Kette von Ereignissen substantiell gefährdet (plötzliche Änderung im Versichertenbestand, wie z.B. die Altersstruktur oder der Gesundheitszustand, Eintritt einer Katastrophe).
- Nichteinbringlichkeit gewichtiger Beitragsausstände inkl. Zinsen und Einlagen trotz wiederholter Mahnungen (vor allem bei Sammeleinrichtungen aufgrund der Feststellung des Lebensversicherers)
- Betreibung des Arbeitgebers zur Einbringung solcher Zahlungsausstände
- drohende Prozessentscheide im Einzelfall oder eine Änderung der Gerichtspraxis, welche zu einer finanziellen Gefährdung der Vorsorgeeinrichtung oder der Arbeitgeberfirma führen
- Notwendige Sanierungsmassnahmen zur Beseitigung eines versicherungstechnischen Defizites werden unverhältnismässig verzögert.
  Ansprüche einzelner Destinatärgruppen werden geschmälert (ungerechtfertigte Bevorzugung einer Destinatärgruppe, Verstoss gegen die guten Sitten).
- Die Vorsorgeeinrichtung führt genehmigungspflichtige Massnahmen/Geschäfte durch, ohne sie vorgängig von der Aufsichtsbehörde genehmigt zu haben (z.B. Durchführung einer Liquidation).
- Kündigung des Kollektivlebensversicherungsvertrags (jedoch keine unverzügliche Benachrichtigung, falls nur Kündigung der Anschlussvereinbarung durch ein einzelnes angeschlossenes Vorsorgewerk)
- vgl. auch Tatbestände gemäss Ziff. 2.3, gegebenenfalls in Zusammenarbeit mit der Kontrollstelle."

13.4 Verantwortlichkeit von Stiftungsrat und Beauftragten

a)   Delegation von Aufgaben

Der Stiftungsrat trägt grundsätzlich als Organ die Verantwortung für die Führung der Vorsorgeeinrichtung. Eine Hauptaufgabe des Stiftungsrates ist die Geschäftsführung. Der Stiftungsrat kann sich von Geschäften geringerer Tragweite entlasten und eine *Verwaltungskommission* damit betrauen (was aber selten der Fall ist). Jede Vorsorgeeinrichtung sollte einen *Geschäftsführer* ernennen. In grösseren Kassen werden auch vollamtliche *Verwalter* für laufende Verwaltungsangelegenheiten bestellt. Ein Verwalter oder Geschäftsführer einer Stiftung ist Hilfsorgan des Stiftungsrates. Den Aufsichtsbehörden gegenüber ist der Stiftungsrat verantwortlich. Daher muss der Verwalter oder Geschäftsführer im Reglement nicht unbedingt erwähnt werden. Dem Stiftungsrat ist periodisch durch den Geschäftsführer oder Verwalter Bericht zu erstatten. Alle diese Delegationen der Geschäfte entbinden aber den Stiftungsrat nicht, jährlich mindestens einmal zusammenzutreten und namentlich über die Qualität der Vermögensanlage zu befinden. Nach dem neuen Art. 49a BVV 2 wird der Stiftungsrat auch ein Anlagereglement erlassen. Die Verantwortlichkeit ruht auf allen Stiftungsräten, auch den Arbeitnehmervertretern.

In allen Fällen, in denen Aufgaben delegiert werden (an Ausschüsse, Geschäftsführer), empfiehlt es sich, in einer Stellenbeschreibung die Aufgaben, Kompetenzen und Verantwortlichkeiten genau festzuhalten. Gerade hier bestehen auch heute noch bei vielen Vorsorgeeinrichtungen Unklarheiten, die z.B. im Falle von Fehlern und Verlusten zu Streitigkeiten führen können.

b)   Zivilrechtliche Verantwortlichkeit

Die *Verantwortlichkeit* ist im BVG in Art. 52 genannt:

Art. 52 BVG   Verantwortlichkeit

Alle mit der Verwaltung, Geschäftsführung oder Kontrolle der Vorsorgeeinrichtung betrauten Personen sind für den Schaden verantwortlich, den sie ihr absichtlich oder fahrlässig zufügen.

Dies führt dazu, dass die Verantwortlichen auch in der Lage sein sollten, für den *Schaden* zu haften, d.h. in der Regel, dass die Kontrollstelle und der Experte eine *Berufshaftpflichtversicherung* abgeschlossen haben müssen. Der Stiftungsrat, aber auch die Kontrollstelle sowie der Berater und Gutachter einer Vorsorgeeinrichtung tragen eine *erhebliche Verantwortung*. Dabei ist auch die Rolle, in der der Revisor oder der Experte tätig war, also seine Funktion und Aufgabe, wichtig. Verantwortlichkeiten können sich auch bei unsorgfältiger Vertragsausgestaltung für über den gesetzlichen Auftrag hinausgehende Abmachungen ergeben. Verantwortlichkeitsklagen setzen voraus, dass folgende *materielle* Anspruchsvoraussetzungen gegeben sind:

1. *Existenz eines Schadens,* d.h. eine Vermögensminderung mittelbar oder gegebenenfalls unmittelbar. Der Schadenersatz ist eine Wiedergutmachung.

2. *Widerrechtlichkeit,* d.h. Vertragsverletzung oder unerlaubte Handlung. Es geht um einen Verstoss gegen die Sorgfaltspflicht, der auch im Unterlassen einer Handlung bestehen kann. Die Beurteilung, ob eine Verhaltensnorm verletzt wurde, misst sich an den Grundsätzen einer sachgemässen Amtsführung oder Auftragserledigung und ist gegebenenfalls durch eine Expertise festzustellen.

3. *Verschulden,* d.h. der Betreffende hätte anders handeln sollen und können; er hat einen Schaden herbeigeführt durch mangelnde Sorgfalt (Vorsatz oder Fahrlässigkeit). Grobe Fahrlässigkeit bedeutet eine Verletzung der elementarsten Vorsichtsgebote.

4. *Kausalzusammenhang* zwischen dem Schaden und der schädigenden Handlung. Die Ursache musste nach der allgemeinen Erfahrung geeignet sein, die Wirkung (= den Schaden) herbeizuführen. Voraussetzung ist Adäquanz der Kausalität, dass also der Schaden ohne die fragliche Ursache nicht eingetreten wäre. Alleinverursachung ist nicht notwendig.

Im Stiftungsrat haften die Arbeitgeber- und Arbeitnehmervertreter in der Regel (gemäss Art. 403 Abs. 2 OR) *solidarisch,* also nicht nur nach Quoten. Dagegen haften Kontrollstelle und Stiftungsrat nicht solidarisch (im Gegensatz zu Revisionsstelle und Verwaltungsrat bei der Aktiengesellschaft).

Bei der Verantwortlichkeit eines Stiftungsrates ist zu beachten, dass *Unerfahrenheit und mangelnde Kenntnisse, Zeitmangel, Fernbleiben von Sitzungen oder Stimmenthaltung bei kritischen Entscheiden* nicht vor Haftungsansprüchen schützen kann. Bei einem aus seiner Sicht nicht verantwortbaren Beschluss sollte der in Minderheit geratene Stiftungsrat verlangen, dass seine Gegenstimme ausdrücklich im Protokoll festgehalten wird. In schweren Fällen sollte er einen Rückkommensantrag stellen und, wird auch dieser abgelehnt, aus dem Stiftungsrat zurücktreten und gegebenenfalls die Kontrollstelle informieren.

Im Verantwortlichkeitsfall wird grundsätzlich keine Unterscheidung zwischen Arbeitnehmer- und Arbeitgebervertretern gemacht. Dies führt dazu, dass alle Stiftungsratsmitglieder *ihre Aufgaben kennen* und sich fachlich und persönlich darauf vorbereiten müssen (Besuch von Fachveranstaltungen,

Verfolgen der wichtigsten Fachliteratur usw.). Eine Hauptzielsetzung des vorliegenden Buches ist es, dazu einen Beitrag zu erbringen.

Zum Schutz der Stiftungsräte vor Verantwortlichkeitsrisiken kann eine *Haftpflichtpolice* bei einer Versicherungsgesellschaft abgeschlossen werden (in der Schweiz wird diese Sparte z.B. von der Winterthur, der Zürich und der Allianz geführt). Eine solche Versicherung beinhaltet für den Stiftungsrat – Arbeitgeber- und besonders Arbeitnehmervertreter – gleichzeitig eine Rechtsschutzfunktion. In Anbetracht der sehr bedeutenden Summen, für welche ein einzelner Stiftungsrat als Privatperson nie geradestehen kann, ist dies namentlich auch ein *Schutz für die Versicherten*. Beim BVG-Sicherheitsfonds ist der obligatorische Teil der Zweiten Säule sowie seit 1998 auch ein Teil des überobligatorischen Bereichs gegen Insolvenz der Stiftung geschützt.

Es wird die Meinung vertreten, "dass eine haftungsbegründende Pflichtverletzung nicht nur gegeben ist, wenn die Anlagevorschriften materiell verletzt werden, sondern auch, wenn die organisatorischen Aufgaben nicht oder nur ungenügend wahrgenommen werden". "Eine Pflichtverletzung kann damit beispielsweise bestehen im fehlenden Erlass von kassenspezifischen Anlagerichtlinien" oder "in einer fehlenden oder ungenügenden Kompetenzverteilung im Anlagereglement, in einer unklaren Auftragserteilung an einen Vermögensverwalter" usw. (*Vetter I.*, in: AWP, 17. Juni 1998).

Eine systematische, gezielte und obligatorische Aus- und Weiterbildung für alle in der Verwaltung von beruflichen Vorsorgeeinrichtungen tätigen leitenden Personen ist notwendig, um ihre Verantwortung wahrnehmen zu können, und sollte von den Arbeitgebern gefördert werden. (Siehe auch *Nussbaum W.*, Corporate Governance durch Pensionskassen, SZS 1997, S. 305 ff.)

Für weitere Einzelheiten zur Verantwortlichkeit von Stiftungsorganen siehe die Dissertationen von *Rohrbach* (1983) und *Lanter* (1984).

Zur *Verantwortlichkeit* des Stiftungsrates sei auf folgende Entscheide verwiesen:

- Nach BGE 97 II 411 gilt es als mangelhafte Sorgfalt, also als Verschulden, wenn jemand eine Funktion annimmt, ohne über genügend Zeit oder die nötigen Fachkenntnisse zu verfügen.
- Einen Fall ungetreuer Geschäftsführung durch ein Mitglied eines Stiftungsrates behandelt BGE 105 IV 106.
- Über die Auslegung des Konkursprivilegs gemäss Art. 219 lit. e SchKG siehe BGE 97 III 83.
- Betreffend einen Strohmann als Mitglied eines Stiftungsrates führt BGE 105 IV 106 aus: "... Er kann sich zu seiner Entlastung nicht auf seine Abhängigkeit von anderen Verantwortlichen berufen, mögen es auch seine Arbeitgeber sein. Er steht in der Tat vor der Wahl, ob er seinen gesetzlichen Pflichten oder den Weisungen der Personen, denen er seiner Meinung nach unterstellt ist, nachkommen will. Wenn er sich ... für die zweite Alternative

entscheidet, muss er die Konsequenzen auf strafrechtlichem Gebiet auf sich nehmen." (Siehe auch BGE 92 II 21, 93 II 314.)
- Weitere Entscheide: BGE 106 II 156/157, 109 II 95 ff.; RRB ZH Nr. 1603 vom 28. April 1982, in: SZS 1984, S. 107; RRB ZH Nr. 3154 vom 25. August 1982, in: SZS 1983, S. 221 und (andere Stelle) in SZS 1984, S. 106; Finanz-departement des Kantons Thurgau, 12. November 1979, in: SZS 1982, S. 50.
- Hinsichtlich Verantwortlichkeit von Stiftungsorganen ist auch auf den Fall *Eschler-Urania AG,* Zürich, hinzuweisen (vgl. auch Antwort des Zürcher Regierungsrates vom 27. November 1985 auf eine Anfrage des Kantonsrates *F. Signer,* sowie *Wirz H.,* in: Ist-Mitteilungen 5/1986).

c) *Strafrechtliche Verantwortlichkeit*

Unter Umständen entsteht auch eine *strafrechtliche Verantwortlichkeit* für den Stiftungsrat, den Arbeitgeber, den Geschäftsführer, die Kontrollstelle und den anerkannten Experten, nämlich dann, wenn diese *ihre Pflichten in grober Weise verletzten.* Einzelheiten dazu sind in Art. 75–79 BVG geregelt (siehe Anhang). Dabei gelten die Bestimmungen des BVG nur für registrierte Einrichtungen und nur, soweit sie die Mindestversicherungsleistungen des Obligatoriums erbringen. Zu nennen ist insbesondere die Strafbarkeit bei *Nichtweiterleitung vom Lohn abgezogener Arbeitnehmerbeiträge.* Es stellt sich hier auch die von den Gerichten unterschiedlich beantwortete Frage, ob dies für den ausserobligatorischen Teil eine Veruntreuung im Sinne von Art. 140 des Strafgesetzbuches sei (dazu siehe *Riemer H.M.,* Die Strafbestimmungen des Bundesgesetzes über die berufliche Vorsorge [Art. 75–79 BVG], in: SZS 1985, S. 94–102.)

Mit der Revision des *Vermögensstrafrechts* ist am 1. Januar 1995 ein neuer *Art. 326quater des Strafgesetzbuches (StGB)* in Kraft getreten, der wie folgt lautet:

Art. 326quater StGB

Unwahre Auskunft durch eine Personalvorsorgeeinrichtung
Wer als Organ einer Personalvorsorgeeinrichtung gesetzlich verpflichtet ist, Begünstigten oder Aufsichtsbehörden Auskunft zu erteilen und keine oder eine unwahre Auskunft erteilt, wird mit Haft oder mit Busse bestraft.

Die Botschaft über die Änderung des Schweizerischen Strafgesetzbuches und des Militärstrafgesetzes (Strafbare Handlungen gegen das Vermögen und Urkundenfälschung) von 1991 führt zu *Art. 326quater StGB* aus:

13.4 Verantwortlichkeit von Stiftungsrat und Beauftragten

"Die Wichtigkeit der in Artikel 89bis Absatz 2 ZGB begründeten Auskunftspflicht einer Personalfürsorgeeinrichtung veranlasst uns zum Vorschlag, in einem neuen Artikel 326quater StGB-E deren vorsätzliche Missachtung unter Strafe zu stellen. Artikel 89bis Absatz 2 ZGB verpflichtet die Stiftungsorgane von Personalfürsorgeeinrichtungen, 'den Begünstigten über die Organisation, die Tätigkeit und die Vermögenslage der Stiftung den erforderlichen Aufschluss zu erteilen'. Solche Auskünfte sind für den Begünstigten in doppelter Hinsicht wichtig. Zum einen berechtigt sie ihn, von der Aufsichtsbehörde zu verlangen, gemäss Artikel 84 Absatz 2 ZGB für die zweckgemässe Verwendung des Stiftungsvermögens zu sorgen. Zum andern ist der Begünstigte auf die Auskünfte angewiesen, da ihm nach Artikel 89bis Absatz 5 ZGB ein Klagerecht gegen die Stiftung auf Ausrichtung der entsprechenden Leistungen zusteht. Diese allgemeine Bestimmung über die Auskunftspflicht wird konkretisiert durch Artikel 13 Absatz 2 der Verordnung vom 12. November 1986 über die Erhaltung des Vorsorgeschutzes und der Freizügigkeit. Gemäss dieser Bestimmung muss jede Vorsorgeeinrichtung – ungeachtet ihrer Rechtsform und des Umfangs ihrer Leistungen – den Versicherten im Freizügigkeitsfall auf alle gesetzlich und reglementarisch vorgesehenen Möglichkeiten der Erhaltung des Vorsorgeschutzes hinweisen.

Durch Artikel 326quater soll aber nicht nur das Auskunftsrecht des Begünstigten strafrechtlich geschützt werden. Inskünftig macht sich ein Organ der Fürsorgeeinrichtung auch strafbar, wenn es unter Verletzung der gesetzlichen Auskunftspflicht einer kantonalen oder eidgenössischen Aufsichtsbehörde keine oder unwahre Angaben erteilt. In beiden Fällen kann die Auskunftspflicht dadurch verletzt werden, dass die erforderlichen Auskünfte nicht erteilt werden oder aber Auskünfte erteilt werden, die falsch sind. Wir betonen, dass die *fahrlässige* unwahre Auskunft *nicht strafbar* ist.

Der Anwendungsbereich dieser strafrechtlichen Vorschrift beschränkt sich auf Vorsorgeeinrichtungen, die nicht dem Bundesgesetz über die berufliche Alters-, Hinterlassenen- und Invalidenvorsorge vom 25. Juni 1982 unterstehen (BVG). Erfasst werden einerseits Einrichtungen, die nicht registriert und aus diesem Grunde von der Anwendung der obligatorischen Vorsorge im Sinne dieses Gesetzes ausgeschlossen sind, anderseits auch solche, die zwar gemäss Artikel 48 BVG registriert sind, deren Vorsorge jedoch über die obligatorischen gesetzlichen Mindestleistungen hinausgeht. Auf die registrierten Vorsorgeeinrichtungen, welche die obligatorischen Mindestleistungen gewähren, sind die besonderen Strafbestimmungen der Artikel 75–79 BVG anwendbar. Als Spezialbestimmungen gehen sie unter Vorbehalt der darin erwähnten Ausnahmen denjenigen des Strafgesetzbuches vor. Von einigen Vernehmlassern wurde kritisiert, der Anwendungsbereich des neuen Artikels 326quater überschneide sich mit dem von Artikel 75 Ziffer 1 Absatz 1 BVG oder er sei gar überflüssig. Diese Bedenken teilen wir hingegen nicht, erlaubt doch die vorgeschlagene Strafbestimmung, Vorsorgeeinrichtungen, die keinerlei gesetzlichen Vorschriften unterliegen, gleich zu behandeln wie jene, auf welche die Artikel 75 ff. BVG anwendbar sind. Im Gesetzestext verwenden wir bewusst den Begriff der 'Personalfürsorgeeinrichtung' und nicht jenen der 'Personalfürsorgestiftung', um auf diese Weise auch die Genossenschaften und die Einrichtungen des öffentlichen Rechts aufzufangen, denen ebenfalls eine Auskunftspflicht obliegt.

Täter kann nach dem Wortlaut der Bestimmung nur das Organ einer Vorsorgeeinrichtung sein. Ausgeschlossen wird damit der Arbeitgeber, dem zwar gemäss Artikel 331 Absatz 4 OR ebenfalls eine Auskunftspflicht gegenüber dem Arbeitnehmer obliegt, der jedoch selber diese Auskünfte von einem Stiftungsrat erhält, in welchem auch Vertreter der Arbeitnehmer Einsitz haben ..."

Mit Art. 326quater StGB wurde ein Straftatbestand verallgemeinert, der im Rahmen des BVG für den obligatorischen Teil der beruflichen Vorsorge bereits eingeführt war (Art. 76 BVG). Für die freiwillige Personalvorsorge müssen diese Strafbestimmungen eher als übertrieben bezeichnet werden.

Zuwiderhandlungen strafrechtlicher Art gegen das BVG sind Offizialdelikte und nicht etwa Antragsdelikte (Mitteilungen über die berufliche Vorsorge Nr. 12 vom 28. Juni 1989, Ziff. 75).

d) Schweigepflicht

Betreffend die *Schweigepflicht* (Art. 86 BVG) besteht eine Vollzugsverordnung vom 7. Dezember 1987. Dazu hat das BSV eine Stellungnahme veröffentlicht (in: Mitteilungen über die berufliche Vorsorge Nr. 8 vom 30. März 1988, Ziff. 50). Darin ist festgehalten, dass die Vorsorgeeinrichtungen in bestimmten Fällen von ihrer Schweigepflicht entbunden sind. Die Schweigepflicht gilt auch gegenüber Angehörigen. Eine Ausnahme brachte hier das neue Scheidungsrecht (siehe gelben Anhang).

14. Aufsichtsbehörde, Registrierung, Rechtspflege, Teil- und Gesamtliquidation

von *Dr. iur. Bruno Lang*, Chef des Amtes für Gemeinden und berufliche Vorsorge des Kantons Zürich, Mitglied der Eidg. Kommission für die berufliche Vorsorge, Präsident des ständigen Anlageausschusses, Vorsitzender der Redaktionskommission der Zeitschrift "Schweizer Personalvorsorge", ständiger Mitarbeiter der Schweizerischen Zeitschrift für Sozialversicherung und berufliche Vorsorge (SZS), Zürich

14.1 Anschlusspflicht des Arbeitgebers

1. Obligatorische Versicherung der Arbeitnehmer als Voraussetzung

Der Arbeitgeber ist dann vorsorgepflichtig, wenn er obligatorisch zu versichernde Arbeitnehmer beschäftigt. Das BVG bestimmt, dass grundsätzlich alle Arbeitnehmer, die das 17. Altersjahr vollendet haben und bei einem Arbeitgeber einen Jahreslohn von mehr als CHF 24'120.– (Grenzbetrag 1999) beziehen, der obligatorischen Versicherung unterstehen (Art. 2 Abs. 1 BVG, Art. 5 BVV 2). Vor der Vollendung des 24. Altersjahres besteht die Versicherungspflicht allerdings nur für die Risiken Tod und Invalidität. Der Vorsorgeschutz für das Alter beginnt für den Arbeitnehmer erst ab 1. Januar nach Vollendung des 24. Altersjahres (Art. 7 Abs. 1 BVG).

Die Ausnahmen von der Versicherungspflicht sind in Art. 1 BVV 2 festgelegt. Ausgenommen sind insbesondere

– die Angehörigen des Diplomatischen Corps und die eidg. Magistraten (Bundesrat, Bundeskanzler, Bundesrichter),
– Mitarbeiter mit einem auf maximal drei Monate limitierten Anstellungsvertrag (nach drei Monaten entsteht die Versicherungspflicht, auch wenn ein weiterer, zeitlich limitierter Anstellungsvertrag abgeschlossen wird; ebenso, wenn während dieser drei Monate ein unbefristetes Anstellungsverhältnis vereinbart wird),
– nur nebenberuflich tätige Arbeitnehmer, die im Hauptberuf bereits nach BVG versichert oder im Hauptberuf selbständigerwerbend sind,
– Personen, die bei Inkrafttreten des Gesetzes oder bei Aufnahme der Erwerbstätigkeit bereits zu mindestens zwei Dritteln invalid sind, aber ihre Restarbeitsfähigkeit noch ausnützen können oder wollen,
– die im landwirtschaftlichen Familienbetrieb mitarbeitenden Familienangehörigen.

Arbeitnehmer, die voraussichtlich nicht dauernd in der Schweiz erwerbstätig sind und im Ausland genügend versichert sind, können sich von der Versicherungspflicht befreien lassen (sog. Expatriate). Dieser Verzicht muss gegenüber der Vorsorgeeinrichtung erklärt werden, nicht gegenüber einer Aufsichtsbehörde.

2. Anschluss an eine registrierte Vorsorgeeinrichtung

Der Arbeitgeber kann seine Vorsorgepflicht nur dann erfüllen, wenn er einer in das Register für die berufliche Vorsorge eingetragenen Vorsorgeeinrichtung angeschlossen ist (Art. 11 Abs. 1 BVG). Das Gesetz bestimmt in Art. 11 Abs. 2, unter welcher Voraussetzung und wie bei der Wahl einer solchen Einrichtung das Mitspracherecht des Personals zu wahren ist. Zwingend hat sich nämlich nur derjenige Arbeitgeber beim Anschluss an eine registrierte Vorsorgeeinrichtung um das Einverständnis des Personals zu bemühen, der nicht bereits über eine Vorsorgeeinrichtung verfügt. Das ist eine Rücksichtnahme des Gesetzgebers auf bereits bestehende freiwillige Vorsorgeverhältnisse[1].

---

1 *Siehe Entscheid des Eidg. Versicherungsgerichtes vom 24. August 1999:*
Problemstellungen: Folgen der Auflösung eines Anschlussvertrages mit einer öffentlich-rechtlichen Kasse für die Rentner? – Müssen auch nach Beendigung des Anschlussverhältnisses die geschuldeten Leistungen durch die Kasse ausgerichtet werden?
Antworten: Eine unbedingte Verpflichtung der Vorsorgeeinrichtungen, bei Auflösung eines Anschlussvertrages die dem wegziehenden Arbeitgeber zuzuordnenden Rentenbezüger zu behalten und ihnen weiterhin die gesetzlichen und reglementarischen Leistungen auszurichten, besteht von Gesetzes wegen nicht. Das kasseninterne Recht sollte ine entsprechende Regelung darüber enthalten, was bei einem Kassenwechsel für die Rentenbezüger gilt. Bei Fehlen einer solchen Regelung ist davon auszugehen, dass die betreffenden Rentenbezüger vom Anschlusswechsel nicht berührt werden und gegenüber der bisherigen Vorsorgeeinrichtung Anspruch auf die Erbringung der geschuldeten Leistungen haben.
Konkret bestand zwar ein Reglement vom 6.12.1995 über die Wirkungen des Austritts auf das aktive Personal und die Rentenbezüger, doch wird der vorliegende Austritt davon nicht erfasst. Denn in den Anschlussvereinbarungen per 1.1.1995 wird als versicherter Personenkreis das gesamte Personal resp. der gesamte Personalbestand bezeichnet. Darunter sind nach allgemeinem Sprachgebrauch die in einem Arbeitsverhältnis stehenden Personen zu verstehen, womit die den drei austretenden Gemeinden zuzuordnenden Alters-, Hinterlassenen- und Invalidenrentner vom Anschlusswechsel nicht betroffen sind.
Anmerkungen: Weder BVG noch FZG beantworten die Frage, ob bei einem Anschlusswechsel rentenbeziehende Personen ebenfalls auszutreten haben und wie sich allenfalls ihre "Austrittsleistung" berechnet. Im BVG ist einzig der erstmalige Anschluss geregelt, indem der Arbeitgeber die Vorsorgeeinrichtung im Einverständnis mit seinem Personal bestimmt. Das soll sinngemäss auch bei einem Wechsel der Vorsorgeeinrichtung gelten.
Gemäss FZG setzt der Freizügigkeitsfall nicht mehr die Auflösung des Arbeitsverhältnisses voraus, sondern den Austritt aus der Vorsorgeeinrichtung. Wenn ein Arbeitgeber die Vorsorgeeinrichtung wechselt, ist das rechtlich für jeden Arbeitnehmer ein Freizügigkeitsfall. Die insgesamt zu überweisende Leistung ist daher die Summe aller Austrittsleistungen, wobei öffentlich-rechtliche Kassen, die mit Zustimmung der Aufsichtsbehörde vom Grundsatz der Bilanzierung in geschlossener Kasse abweichen, bei der Berechnung keine versicherungstechnischen Fehlbeträge berücksichtigen dürfen.

Kommt die gesetzlich geforderte Einigung zwischen Arbeitgeber und Personal nicht zustande, so ist die Trägereinrichtung für den obligatorischen Vorsorgeschutz von einem neutralen Schiedsrichter zu wählen. Dieser wird von Arbeitgeber und Arbeitnehmern bezeichnet. Bei Uneinigkeit hat die Aufsichtsbehörde diese Aufgabe zu übernehmen.

Besteht bereits eine Vorsorgeeinrichtung oder hat sich der Arbeitgeber einer Vorsorgeeinrichtung angeschlossen, so erfordert ein Wechsel zu einer anderen Vorsorgeeinrichtung die Zustimmung des bisherigen paritätischen Organs (Stiftungsrat oder Vorsorgekommission). Der Arbeitgeber kann also nicht allein über einen solchen Wechsel entscheiden. Kommt es im paritätischen Organ zu keinem Entscheid, so gelten die allgemeinen Regeln für den Fall der Stimmengleichheit (Art. 51 Abs. 4 BVG).

3. Wirkung des Anschlusses

Der Anschluss des Arbeitgebers an eine registrierte Vorsorgeeinrichtung erfolgt nötigenfalls rückwirkend auf den Zeitpunkt des Beginns der Versicherungspflicht (Art. 11 Abs. 3 BVG). In der Regel erfolgt der Anschluss an eine registrierte Vorsorgeeinrichtung. Bei dieser sind dann alle dem Gesetz unterstellten Arbeitnehmer versichert (Art. 7 Abs. 1 BVV 2).

4. Anschluss an mehrere registrierte Vorsorgeeinrichtungen

Der Arbeitgeber hat ebenfalls die Möglichkeit, sich verschiedenen registrierten Vorsorgeeinrichtungen anzuschliessen. Art. 7 Abs. 2 BVV 2 nennt die Voraussetzung dazu und schliesst Nachteile für die Arbeitnehmer aus. Der Arbeitgeber hat nämlich die Gruppen der Versicherten so zu bestimmen, dass alle versicherungspflichtigen Arbeitnehmer geschützt sind. Sollten Lücken entstehen, so haften die Vorsorgeeinrichtungen für die gesetzlichen Leistungen solidarisch. Sie können gegen den Arbeitgeber Rückgriff nehmen.

5. Auskunftspflicht des Arbeitgebers

Die erwähnte Haftung und die ordnungsgemässe Tätigkeit der Vorsorgeeinrichtungen ganz allgemein setzen eine Auskunftspflicht der Arbeitgeber voraus. Diese ist in Art. 10 BVV 2 umschrieben. Der Arbeitgeber muss der Vor-

---

Erwähnt werden auch die BSV-Richtlinien über die Auflösung von Anschlussverträgen ihrer beaufsichtigten Einrichtungen.

sorgeeinrichtung alle versicherungspflichtigen Arbeitnehmer melden und alle Angaben machen, die zur Führung der Alterskonten und zur Berechnung der Beiträge nötig sind.

6. Kontrolle der Erfüllung der Anschlusspflicht

Die Ausgleichskassen der AHV überprüfen, ob die von ihnen erfassten Arbeitgeber die Anschlusspflicht erfüllen (Art. 11 Abs. 4 BVG). Der Arbeitgeber hat dazu seiner Ausgleichskasse alle notwendien Auskünfte zu erteilen (Art. 9 Abs. 1 BVV 2). Er hat mit einer Bescheinigung der Vorsorgeeinrichtung zu belegen, dass der Anschluss nach den Vorschriften des BVG erfolgt ist. Führt eine Vorsorgeeinrichtung das Obligatorium nur für *einen* Arbeitgeber durch, so gilt die Kopie des Entscheides der Aufsichtsbehörde über die Registrierung dieses Vorsorgeträgers als ausreichende Bescheinigung. Bei einem Anschluss an eine Sammel- oder Gemeinschaftsstiftung, insbesondere die der Banken, Versicherungen und Verbände, ist es der Anschlussvertrag oder die Anschlussvereinbarung, die diesen Beweis erbringt. Siehe dazu Art. 9 BVV 2.

7. Vorgehen bei Verletzung der Anschlusspflicht

Arbeitgeber, die ihre Anschlusspflicht verletzt haben, werden der kantonalen Aufsichtsbehörde gemeldet (Art. 11 Abs. 4 BVG, Art. 9 Abs. 3 BVV 2).

Die Aufsichtsbehörde fordert den Arbeitgeber auf, sich innert sechs Monaten einer registrierten Vorsorgeeinrichtung anzuschliessen. Lässt er diese Frist ungenutzt verstreichen, so wird er von der kantonalen Aufsichtsbehörde der Auffangeinrichtung zum Anschluss gemeldet. Siehe dazu Art. 11 Abs. 5 BVG.

8. Leistungsansprüche vor dem Anschluss

Art. 12 BVG soll gewährleisten, dass den Arbeitnehmern oder ihren Hinterbliebenen aus der Verletzung der Anschlusspflicht durch den Arbeitgeber kein Schaden erwächst. Bis zum Anschluss des Arbeitgebers an eine registrierte Vorsorgeeinrichtung sind fällige Leistungen nämlich von der Auffangeinrichtung zu erbringen. Der Arbeitgeber schuldet dieser dann nicht nur die entsprechenden Beträge samt Verzugszinsen, sondern ebenfalls einen Zuschlag als Schadenersatz.

14.2 Die Registrierung der Vorsorgeeinrichtungen

1. Das Register für die berufliche Vorsorge

Vorsorgeeinrichtungen, die an der Durchführung der obligatorischen Versicherung teilnehmen wollen, müssen sich bei der Aufsichtsbehörde, der sie unterstehen, in das Register für berufliche Vorsorge eintragen lassen (Art. 48 Abs. 1 BVG). Zur Führung des Registers enthält Art. 11 BVV 1 wenige Vorschriften. Zusätzlich hat das Bundesamt für Sozialversicherung den Aufsichtsbehörden gestützt auf Art. 4 Abs. 2 lit. a BVV 1 Weisungen erteilt.

Die Register sind öffentlich. Arbeitgeber, Arbeitnehmer und andere interessierte Kreise müssen sich über die Eintragung informieren können. Jeder Eintrag muss mindestens folgende Angaben enthalten: die Bezeichnung und die Adresse der Vorsorgeeinrichtung; die einmalig und fest zugeteilte Ordnungsnummer; das Datum der provisorischen und der definitven Registrierung; das Datum, ab dem die Registrierung Wirkung entfaltet; ein Kennzeichen, das angibt, ob die Vorsorgeeinrichtung für einen oder für mehrere Arbeitgeber tätig ist; das Datum der Streichung im Register. Nur diese Angaben sind denn auch für jedermann zugänglich; ein besonderes Interesse an der Einsichtnahme muss nicht nachgewiesen werden.

2. Die Registrierung als Verfügung

Die Registrierung ist eine Verfügung der zuständigen Aufsichtsbehörde und bewirkt die BVG-Stellung der Vorsorgeeinrichtung. Zu dieser gehört gemäss Art. 57 BVG auch der Anschluss an den Sicherheitsfonds, an den Beiträge zu leisten sind und der dafür Zuschüsse bei ungünstiger Altersstruktur erbringt sowie Insolvenzdeckung gewährt. Diese Insolvenzdeckung garantiert seit 1995 nicht nur die BVG-Minimalleistungen, sondern die gesamten reglementarischen Leistungen.

3. Die provisorische Registrierung

Bis zum 31. Dezember 1989 wurden alle Vorsorgeeinrichtungen nur provisorisch registriert. Danach, wenn die Urkunden und Reglemente den Erfordernissen des BVG angepasst waren, erfolgte dann in einem zweiten Schritt die definitive Registrierung. Heute werden keine provisorischen Registrierungen mehr vorgenommen. Eine Vorsorgeeinrichtung, die an der Durchführung des BVG teilnehmen will, muss von Anfang an alle Voraussetzungen erfüllen, so dass sie entweder definitiv registriert werden kann oder eben nicht registriert wird. Übergangsfristen wie bei der provisorischen Registrierung gibt es nicht mehr.

4. Geforderte Rechtsform der Vorsorgeeinrichtung

Registrierte Vorsorgeeinrichtungen können gemäss Art. 48 Abs. 2 BVG nur die Rechtsform einer Stiftung, einer Genossenschaft oder einer Einrichtung des öffentlichen Rechts haben. Im privatrechtlichen Bereich haben alle neu errichteten Vorsorgeeinrichtungen die Rechtsform der Stiftung. Aus der Zeit vor dem Inkrafttreten des BVG bestehen noch einige wenige Genossenschaften.

5. Begriff und Bedeutung der Registrierung

Mit der Registrierung wird festgestellt, dass die reglementarischen Bestimmungen, die Organisation, die Finanzierung und die Verwaltung der Vorsorgeeinrichtung in Beachtung der Vorschriften über die Parität vollständig dem BVG angepasst sind (Art. 8 Abs. 2 und Art. 9 BVV 1). Die Registrierung dient demnach der hoheitlichen Klarstellung einer Rechtslage.

6. Beschränkung auf die BVG-Anforderungen

Die Aufsichtsbehörden dürfen für die Registrierung nur solche Voraussetzungen vorschreiben, die sich aus Art. 8 Abs. 2 und Art. 9 BVV 1 ableiten lassen. Dies ergibt sich aus dem Grundsatz der *Gesetzmässigkeit der Verwaltung*.

Voraussetzungen der Registrierung sind demnach insbesondere die Gewährleistung der gesetzlichen Mindestleistungen, die Einhaltung der zwingenden Bestimmungen über die Leistungserfüllung, die ordnungsgemässe Beauftragung einer anerkannten Kontrollstelle und eines anerkannten Experten für berufliche Vorsorge, die Respektierung der Regeln über die paritätische Verwaltung sowie die Beachtung der Vorschriften der BVV 2 über die Vermögensanlage und die Vermögensbewertung.

Einer differenzierten Erörterung bedürfen die Vorschriften des BVG über das finanzielle Gleichgewicht. Es ist hier insbesondere darauf hinzuweisen, dass die Art. 65 Abs. 1, Art. 67 und 69 Abs. 1 BVG gemäss Art. 49 Abs. 2 BVG auch für die weitergehende Vorsorge registrierter Einrichtungen gelten.

Vor allem aber muss eine Klarstellung erfolgen. Es hat nämlich das Vorliegen einer Deckungslücke nicht ohne weiteres die Verweigerung der Registrierung zur Folge. Dies wäre aber dann nötig, wenn die Vorsorgeeinrichtung die unerlässliche Beurteilung der Deckungslücken durch den anerkannten Experten für berufliche Vorsorge gesetzwidrig nicht einholen oder die durch den anerkannten Experten für berufliche Vorsorge als nötig erachteten Massnahmen gesetzwidrig nicht vollziehen würde.

7. *Grundsätzliches zur Reglementsprüfung*

Die Reglementsprüfung ist ein, wenn nicht überhaupt das wesentlichste Element der Arbeiten der Aufsichtsbehörden im Rahmen der Registrierung. Die Beachtung der nachstehend angeführten Merkpunkte, die zum Teil traditionell stiftungsrechtlich sind, zum Teil im speziellen auf der BVG-Ordnung beruhen, ist von ausserordentlicher Bedeutung:

Die Prüfung der Reglemente durch die Aufsichtsbehörden bleibt auch unter dem BVG (vorbehältlich anderslautender Stifteranordnungen) *repressive* Tätigkeit. Reglemente werden geprüft, nicht genehmigt. Sie treten (vorbehältlich der nachträglichen und repressiven aufsichtsrechtlichen Korrektur gesetzwidriger Bestimmungen) gemäss den Verfahrensvorschriften der Vorsorgeeinrichtungen mit dem Erlass durch die zuständigen Organe in Kraft. Diese rechtliche Situation darf auch im Verfahren der Registrierung nicht verwischt werden.

Anders verhält es sich mit den *Urkunden* der Personalvorsorgestiftungen. Hier kann der Stiftungsrat der zuständigen Aufsichtsbehörde lediglich einen Antrag stellen, die Urkunde abzuändern. Die geänderte Urkunde tritt damit erst mit der Änderungsverfügung der zuständigen Behörde in Kraft, die Änderungsverfügung ist also konstitutiv. Dies gilt nicht nur für die Zweckbestimmung, sondern für jede Änderung der Urkunde.

Prüfung der Reglemente durch die Aufsichtsbehörden bedeutet ausschliesslich Prüfung auf *Rechtmässigkeit*. In den Bereich des pflichtgemässen Ermessens der zuständigen Organe der Vorsorgeeinrichtungen dürfen sich Aufsichtsbehörden nicht einmischen.

Aufsichtsbehörden nehmen bei der Reglementsprüfung lediglich eine *generell-abstrakte* Normenkontrolle vor[2]. Die individuell-konkrete Normenkon-

---

2 Siehe *Entscheid der Eidg. Beschwerdekommission vom 12. August 1997:*
Welche Wirkung hat die Einfügung eines neuen Rentenkürzungssatzes bei vorzeitiger Pensionierung mittels Reglementsänderung auf laufende Renten?
Antwort: Eine Reglementsbestimmung, welche die Anwendung des neuen für die Versicherten günstigeren Rentenkürzungssatzes im Falle frühzeitiger Pensionierung auf die entsprechenden, bereits laufenden Rentenfälle ausdrücklich nicht vorsieht, verstösst nicht gegen das Gleichbehandlungsgebot.
Vorsorgeeinrichtungen sind frei, eine einmal vorgesehene Möglichkeit nachträglich durch Reglementsänderung aufzuheben, zu erschweren, zu erleichtern oder allenfalls damit verbundene Rentenkürzungen abzuändern, soweit sie nicht bestehende Rechte verletzen. Die Ände-

trolle im einzelnen Streitfall bleibt dem Richter (Kantonale Versicherungsgerichte, Eidg. Versicherungsgericht) vorbehalten. Der Richter ist bei einer späteren individuell-konkreten Normenkontrolle nicht an eine vorangegangene generell-abstrakte Normenkontrolle durch eine zuständige Aufsichtsbehörde

rung kann auch nicht rückwirkend in Kraft gesetzt werden, denn das BVG räumt weitgehende Freiheiten ein.
Anmerkungen: Aufsichtsbehörden sind zuständig dafür, abstrakte Normenkontrollen durchzuführen. Wenn sie Reglemente prüfen, kann ihr Entscheid bei der BK angefochten werden, die allerdings nicht selbst eine Reglementsbestimmung einfügen, sondern lediglich der Vorsorgeeinrichtung die Übernahme einer inhaltlich genau festgelegten Bestimmung vorschreiben kann.
Besprechung in: SVR-Rechtsprechung 7-8/1998, BVG Nr. 11, S. 35 ff.

3 *Siehe Entscheid des Bundesgerichts (II. Öffentlich-rechtliche Abteilung) vom 4. März 1998* (publiziert in BGE 124 II S. 114 ff.):
Problemstellung: Welchen Informationsanspruch haben die an eine Sammelstiftung angeschlossenen Vorsorgewerke gegenüber dem Stiftungsrat der Sammelstiftung?
Antwort: Paritätisch zusammengesetzte Vorsorgekommissionen der einzelnen Vorsorgewerke bilden nicht nur die Vertretung der angeschlossenen Firmen innerhalb einer Sammelstiftung, sondern wirken als das Gremium, mit dem die in Art. 51 BVG vorgesehene paritätische Verwaltung der Kasse durchgeführt wird. Deshalb haben sie den gleichen Zugang zu massgeblichen Informationen wie Gremien der paritätischen Verwaltung von firmeneigenen Vorsorgeeinrichtungen. Soweit die paritätischen Organe die ihnen zustehenden Kompetenzen an den Stiftungsrat delegieren, müssen sie ihn kontrollieren können und haben daher einen Informationsanspruch, wo Tätigkeitsbereiche der paritätischen Verwaltung in Frage stehen. Macht die Aufsichtsbehörde bei Abnahme der Jahresrechnung einen Vorbehalt und verpflichtet sie anschliessend den Stiftungsrat zur Information mittels Zustellung der Verfügung an die Vorsorgewerke, so versetzt sie damit die Vorsorgekommissionen in die Lage, ihre Aufgabe als Stiftungsorgane wahrzunehmen. Eine allenfalls mögliche Auflösung des Anschlussvertrags vermag keine Geheimhaltungspflicht zu begründen.
Besprechung in: AJP/PJA 7/98, S. 836 f.

4 *Siehe Entscheid der Eidg. Beschwerdekommission vom 23. Mai 1996:*
Problemstellungen: Inhalt der paritätischen Verwaltung bei öffentlich-rechtlichen Kassen. – Frage der Befangenheit.
Antworten: Wenn öffentlich-rechtliche Pensionskassen bei Erlass der reglementarischen Bestimmungen das paritätische Organ nach Art. 51 Abs. 5 BVG vorher anzuhören haben, so ist das ein Recht auf Mitsprache und nicht auf Mitbestimmung wie bei privatrechtlichen Pensionskassen. Die Verletzung dieser Konsultativpflicht wiegt aber nicht derart schwer, dass sie Nichtigkeit der betroffenen Norm zur Folge hätte, sondern es ist ein heilbarer Verfahrensmangel.
Da hier beim Erlass der Übergangsbestimmungen keine Anhörung stattgefunden hatte, musste die Aufsichtsbehörde unter Ansetzung einer angemessenen Nachfrist die gesetzeskonforme Nachholung der Anhörung der paritätischen Verwaltungskommission anordnen. Anhörung heisst, die Argumente anzuhören und dazu Stellung zu nehmen, nicht aber Pflicht zur Änderung der gerügten Norm.
Anmerkungen: Die Voraussetzungen für eine allfällige Befangenheit fehlen, wenn in richtiger Zusammensetzung entschieden wird und bei objektiver Betrachtungsweise kein Anschein von Befangenheit des Amtsvorstehers besteht, zumal auch kein unmittelbares persönliches Interesse an der zu beurteilenden Sache und auch keine Voreingenommenheit vorhanden war.
Besprechung in: SVR-Rechtsprechung 1/1998, BVG Nr. 2, S. 5 ff.

gebunden. Diese Rechtssituation soll die Aufsichtsbehörden zur Zurückhaltung in all jenen Fällen mahnen, in denen Versicherte vorfrageweise eine aufsichtsbehördliche Stellungnahme zu individuell-konkreten Streitfragen einholen wollen.

8. Freiheit und Eigenverantwortung der Vorsorgeeinrichtungen

Die zuständigen Organe der Vorsorgeeinrichtungen brauchen im Interesse der Weiterentwicklung der Zweiten Säule einen ausreichenden Gestaltungsspielraum. Die Aufsichtsbehörden haben dies insgesamt und insbesondere bei der Beurteilung von Reglementen betont zu respektieren. Aufsichtsrechtliche Schranken sollen nur gestützt auf *klares* Recht gesetzt werden. Solange in guten Treuen verschiedene Auslegungen möglich sind, geht die Entscheidungsautonomie der paritätischen Organe vor.

Freiheit und Eigenverantwortung sind aber untrennbar verbunden. Die Aufsichtsbehörden gehen in der Regel daher davon aus, dass die verantwortlichen Organe ihre Entscheide im Geiste konstruktiver paritätischer Zusammenarbeit zum Wohle der Versicherten treffen und unter den Aspekten künftiger Entwicklungen und Wandlungen von Rechtsauffassungen unvoreingenommen und ständig überprüfen. Diese Annahme beruht auf gefestigten guten Erfahrungen.

9. Zur rechtlichen Regelung der Parität

Die paritätische Verwaltung ist ein wesentliches Anliegen der BVG-Ordnung. In den Rechtserlassen der Vorsorgeeinrichtung muss daher eine transparente und ausreichende Regelung vorliegen (Art. 50 Abs. 1 und 2, Art. 51 Abs. 1 und 2 BVG). Die Entscheidungs- und Organisationsautonomie (Art. 49 Abs. 1 BVG) des paritätischen Organs ist allerdings möglichst zu respektieren[3, 4].

Erhebliche Entscheidungsfreiheit besteht insbesondere für die Bezeichnung des Präsidenten, für das Verfahren bei der Beschlussfassung und für die Gewährleistung einer angemessenen Vertretung der verschiedenen Arbeitnehmerkategorien.

Gemäss Art. 50 Abs. 2 BVG müssen die nötigen Bestimmungen zur paritätischen Verwaltung in der Urkunde und/oder im Reglement stehen. Der Urkunde (siehe Muster in Abschnitt 18 "Anhang") sollen dabei nur die grundsätzlichen Festlegungen sowie der Hinweis auf die Detailausführungen im Reglement vorbehalten bleiben.

Die weiteren nötigen Ausführungsvorschriften können zusammen mit der Leistungsordnung in einem Gesamtreglement oder (oft zweckmässigerweise) in einem speziellen Organisations- und Verwaltungsreglement (auch Geschäftsreglement genannt) stehen.

Paritätische Verwaltung bedarf einer sauberen Regelung in Urkunde und Reglement. Lebendig, befriedigend und dauerhaft wird sie jedoch nur durch den Geist sozialpartnerschaftlichen Zusammenwirkens aller Stiftungsräte, die gemeinsam die zugleich schwierige und lohnende Führung der Vorsorgeeinrichtung in unternehmerischem Sinne kreativ zu bewältigen haben.

Das Amt für berufliche Aufsicht des Kantons Zürich hat ein *Muster für ein Organisations- und Verwaltungsreglement* veröffentlicht, das der paritätische Stiftungsrat gestützt auf die Stiftungsurkunde erlässt (abgedruckt in Abschnitt 18.2).

10. Anlagereglement

Vorsorgeeinrichtungen verwalten sehr grosse Vermögen. Die verantwortlichen Organe, meist die Stiftungsräte, übernehmen damit eine grosse Verantwortung für dieses ihnen von den Versicherten und Rentnern anvertraute Geld. Die auf den 1. Juli 1996 in Kraft getretene Revision der BVV 2 bezeichnet die Vermögensverwaltung denn auch ausdrücklich als *Führungsaufgabe*. Daher müssen die Ziele und Grundsätze, die Durchführung und Überwachung der Vermögensanlage nachvollziehbar sein, was nichts anderes bedeutet, als dass darüber ein Reglement erlassen werden muss. Auch dieses Reglement muss gleich wie das Reglement über die Leistungen der Aufsicht eingereicht werden, wobei auch dieses Reglement von der Aufsichtsbehörde nicht genehmigt, sondern nur generell geprüft und – bei ungenügendem oder offensichtlich rechtswidrigem Inhalt – repressiv beanstandet wird. In letzterem Fall wird der Vorsorgeeinrichtung auferlegt, das Anlagereglement abzuändern.

14.2 Die Registrierung der Vorsorgeeinrichtungen

11. Aufgabenteilungen mit Experten und Kontrollstellen

Der *Experte für berufliche Vorsorge* hat die reglementarischen Bestimmungen über die Leistungen und die Finanzierung auf ihre Übereinstimmung mit den gesetzlichen Vorschriften zu überprüfen. Insbesondere beim Erlass oder bei der Änderung eines Reglements im Bereich Leistungen und Finanzierung verlangt die Aufsichtsbehörde daher einen Bericht des Experten, ob dies der Fall ist. Liegt diese Erklärung vor, so muss die Aufsichtsbehörde diese Bestimmungen nur noch stichprobenweise prüfen oder wenn sie begründeten Anlass zu einer erweiterten eigenen Prüfung hat.

Es ist zudem auf die möglichst sinnvolle Wahrnehmung der Arbeitsteilung zwischen Aufsichtsbehörden und *anerkannten Kontrollstellen gemäss BVG* hinzuweisen. Die Aufsichtsbehörden dürfen insbesondere davon ausgehen, dass in die Prüfung der Geschäftsführung der Vorsorgeeinrichtungen durch die Kontrollstellen auch die Respektierung der Vorschriften über die Parität einbezogen wird. Die Zürcher Aufsichtsbehörde z.B. verhält sich konsequent im Sinne dieser Aufgabenteilung und prüft demnach in der Regel (d.h. vorbehältlich eigener Stichproben oder Anzeigen sowie Beschwerden) nur die Recht*erlasse* der Vorsorgeeinrichtungen *zur Parität* (zumeist enthalten in Urkunde und Reglement) auf Rechtmässigkeit. Hingegen prüfen die Kontrollstellen im Rahmen ihrer Stichprobentätigkeit die Beachtung der erwähnten Rechtserlasse der Vorsorgeeinrichtungen.

12. Aufsichtsrecht und Steuerrecht

Zwar haben Aufsichtsbehörden nicht die Kompetenz, Korrekturen von Urkunden und Reglementen ausschliesslich gestützt auf steuerrechtliche Bestimmungen zu verlangen. Die Aufsichtsbehörden übernehmen jedoch im Interesse der Vorsorgeeinrichtungen zunehmend die Aufgabe, eine Zweigleisigkeit behördlicher Beurteilung zu verhindern. Siehe dazu *Darstellung 14A* mit den Richtlinien der Finanzdirektion und der Direktion des Innern des Kantons Zürich vom 6. November 1989.

Darstellung 14A
Richtlinien zur Prüfung der Steuerbefreiung

KANTON ZÜRICH

Richtlinien der Finanzdirektion und der Direktion des Innern über das Verfahren zur Prüfung der Voraussetzungen der Steuerbefreiung von Einrichtungen der beruflichen Vorsorge gemäss § 16 lit. f StG

(vom 6. November 1989)

I. Allgemeines

[1]Der Entscheid über die Steuerbefreiung von Einrichtungen der beruflichen Vorsorge steht nach § 99 StG der *Finanzdirektion* zu. Im Rahmen dieser Kompetenzordnung entscheidet sie über die Erteilung, Bestätigung oder Aufhebung der Steuerbefreiung. Sie überprüft die Steuerbefreiung der Einrichtungen der beruflichen Vorsorge jederzeit stichprobenweise und leitet gegebenenfalls ein Überprüfungsverfahren ein.

[2]Das *Amt für berufliche Vorsorge* des Kantons Zürich kontrolliert als Aufsichtsbehörde gemäss BVG die Einrichtungen bei Gründung, provisorischer und definitiver Registrierung und bei Änderung von Statuten bzw. Reglementen. Es verlangt von den Einrichtungen der beruflichen Vorsorge periodische Berichterstattung und nimmt Einsicht in die Berichte der Kontrollstelle und des Experten für berufliche Vorsorge.

[3]In den Landbezirken werden die Prüfung der periodischen Berichterstattung sowie bei nicht registrierten Personalvorsorgeeinrichtungen die Reglementsprüfung und die Urkundenänderungen von den *Bezirksräten* als Aufsichtsbehörden gemäss BVG durchgeführt. Es liegen dazu Weisungen des Amtes für berufliche Vorsorge vor, welche einer rechtsgleichen Praxis dienen.

[4]Die *Aufsichtsbehörden gemäss BVG* überwachen innerhalb ihres Prüfungsbereichs auch die Einhaltung der Verordnung über die Steuerbefreiung von Einrichtungen der beruflichen Vorsorge sowie der dazugehörigen Wegleitung der Finanzdirektion. Sie stellen der Rechtsabteilung des kantonalen Steueramtes ihre Verfügungen betreffend Aufsichtsübernahme, provisorische und definitive Registrierung, Urkundenänderungen sowie Aufhebung von Vorsorgeeinrichtungen zu.

II. Das Verfahren im einzelnen

A. Bei registrierungspflichtigen Einrichtungen der beruflichen Vorsorge

[5]Die Voraussetzungen für die Steuerbefreiung werden im Verfahren zur definitiven Registrierung im Register der beruflichen Vorsorge vom Amt für berufliche Vorsorge überprüft.

[6]Gesuche um Steuerbefreiung werden von der Finanzdirektion an Hand genommen und sistiert, bis die definitive Registrierung vorliegt.

[7]Da das Amt für berufliche Vorsorge Einrichtungen der beruflichen Vorsorge auch unter Auflage registriert, teilt es der Rechtsabteilung des kantonalen Steueramtes periodisch mit, bei welchen definitiv registrierten Einrichtungen sämtliche Auflagen erfüllt sind und somit Gewähr für die Erfüllung der Steuerbefreiungsvoraussetzungen besteht.

14.2 Die Registrierung der Vorsorgeeinrichtungen

⁸Aufgrund dieser Mitteilung verfügt die Finanzdirektion die Steuerbefreiung der betreffenden Einrichtung oder bestätigt diese mit einfachem Schreiben.

B. Bei nicht registrierungspflichtigen Einrichtungen der beruflichen Vorsorge

⁹Im Rahmen ihrer allgemeinen Aufsichtstätigkeit überprüft die Aufsichtsbehörde gemäss BVG auch die Urkunden oder Statuten, Reglemente und Vorsorgepläne hinsichtlich der Voraussetzungen der Steuerbefreiung.

¹⁰Bei neu eingereichten Reglementen oder bei Reglementsänderungen nehmen sie nach vorgenommener Reglementsprüfung Vormerk davon, dass aufsichtsrechtlich keine Einwände bestehen, und teilen dies der Rechtsabteilung des kantonalen Steueramtes durch Zustellung einer Kopie der definitiven Vormerknahme mit.

¹¹Gestützt auf diese Vormerknahme wird den Vorsorgeeinrichtungen die Steuerbefreiung mit einfachem Schreiben bestätigt.

¹²Eine gleichartige Bestätigung der Steuerbefreiung erfolgt auch, wenn der Finanzdirektion nebst der Vormerknahme eine Urkundenänderung mitgeteilt worden ist, die den Steuerbefreiungsvoraussetzungen standhält.

¹³Gesuche um Steuerbefreiung sind von der Finanzdirektion an Hand zu nehmen und zu sistieren, bis die definitive Vormerknahme des Amtes für berufliche Vorsorge bzw. des zuständigen Bezirksrates über die Rechtskonformität der vorhandenen Reglemente mitgeteilt wird.

III. Inkrafttreten

¹⁴Diese Weisung tritt ab sofort in Kraft.

Direktion der Finanzen:
Stucki

Direktion des Innern:
Lang

13. Welche Unterlagen haben die Vorsorgeeinrichtungen zur definitiven Registrierung einzureichen?

Die nachfolgenden Ausführungen gelten dann, wenn sich eine bereits bestehende Vorsorgeeinrichtung registrieren lassen will. Wird eine Vorsorgeeinrichtung neu errichtet, so liegen verschiedene Unterlagen noch nicht vor, insbesondere keine aktuelle Berichterstattung über den bisherigen Betrieb. Ohne Registrierung kann die Vorsorgeeinrichtung an der Durchführung der obligatorischen Vorsorge gemäss BVG nicht teilnehmen, für die definitive Registrierung aber fehlen die Erfahrungswerte aus der Vergangenheit – und eine provisorische Registrierung ist nicht mehr möglich. Hier muss die Aufsichtsbehörde notgedrungen davon ausgehen, dass die neue Vorsorgeeinrichtung effektiv willens und in der Lage ist, die berufliche Vorsorge ordnungsgemäss durchzuführen – bis zum Beweis des Gegenteils.

Die Aufsichtsbehörde nimmt die definitive Registrierung einer Vorsorgeeinrichtung auf der Grundlage einer aktuellen (Zürcher Praxis: per Ende Vorjahr oder später) und vollständigen Berichterstattung der Vorsorgeeinrichtung (also einschliesslich Bericht der Kontrollstelle) vor. So schafft die definitive Registrierung die geforderte Klarstellung der Rechtslage möglichst zweifelsfrei.

Der Vorgang der definitiven Registrierung soll für die betroffenen Vorsorgeeinrichtungen möglichst einfach und möglichst abgestützt auf die jährliche Berichterstattung erfolgen.

In nachstehender *Darstellung 14B* ist das Zürcher Gesuchsformular wiedergegeben, das (zusammen mit dem Formular für die Bestätigungen des anerkannten Experten für berufliche Vorsorge) die Erreichung der gesteckten Ziele gewährleisten soll.

Das erwähnte Gesuchsformular legt abschliessend fest, welche obligatorischen Unterlagen dem Gesuch um definitive Registrierung beizulegen haben. Speziell hervorzuheben sind hier die reglementarischen Bestimmungen gemäss Art. 50 BVG (bei Personalvorsorgestiftungen die Urkunde sowie das/die Reglement(e)), die *vom gesuchstellenden paritätischen Organ erlassen bzw. bestätigt sein müssen.*

Als Beilage zum Gesuch um definitive Registrierung haben die Vorsorgeeinrichtungen zudem die Bestätigungen des anerkannten Experten für berufliche Vorsorge im Sinne von Art. 53 Abs. 2 BVG einzureichen. Auch hier dienen standardisierte Fragestellungen und Bestätigungen in Formularform (siehe nachstehende *Darstellung 14B*) einem einfachen, zweifelsfreien und damit zweckmässigen Vorgehen.

Darstellung 14B
Zürcher Formulare zur definitiven Registrierung

Amt für berufliche Vorsorge des Kantons Zürich

Gesuch um definitive Registrierung (Art. 48 BVG)

1 **Name, Adresse und Registereintrag der Vorsorgeeinrichtung**

1.1 Name Personalvorsorgestiftung der
         Hans Muster AG

1.2 Strasse Zukunftsstrasse 89
    PLZ, Ort 8033 Zürich

1.3 Bisher provisorisch unter der Ordnungs-Nr. ZH 1655 registriert

1.4 Zusätzlich zur Arbeitgeber- bzw. Stifterfirma angeschlossene Arbeitgeber   ☒ Ja   ☐ Nein

   vgl. separate Liste

2 **Reglementarische Bestimmungen gemäss Art. 50 BVG**

   Die nachstehenden Erlasse sind in Beachtung der Vorschriften über die Parität dem BVG angepasst

   Urkunde[1] vom   25. Februar 1986

   Reglement(e)[1] vom 11. März 1986 (Leistungsreglement)
                       24. Juni 1987 (Organisations- und Verwaltungs-
                                                            reglement)
   Beilegen, sofern nicht bereits bei Aufsichtsakten

   [1] Für Genossenschaften und Einrichtungen des öffentlichen Rechts entsprechende Rechtsgrundlagen

3 **Weitere obligatorische Gesuchsunterlagen** (sofern nicht bereits bei Aufsichtsakten)

   ☒ Neueste jährliche Berichterstattung (Jahresrechnung, Bericht der Kontrollstelle, Berichterstattungs-
     formular) per Ende Vorjahr oder später

   ☒ Bestätigung des anerkannten Experten für berufliche Vorsorge im Sinne von Art. 53 BVG

   ☒ Nur für autonome Pensionskassen: Neueste versicherungstechnische Bilanz per Ende 1986
     oder später

14. Aufsichtsbehörde, Registrierung, Rechtspflege ...

4 **Vertretungsorgane**

(Nur **Änderungen** gegenüber dem bereits eingereichten neuesten Berichterstattungsformular sind einzutragen)

4.1 Mitglieder des obersten Organs (z. B. Stiftungsrat) [2,3]

```
Heinz Marty        P  AN  KU
Fritz Benz            AN  KU
Peter Muster          AG  KU
Herrmann Zimmerli     AG  KU
```

4.2 Andere zeichnungsberechtigte Personen[3]

```
Felix Platter            KU zusammen mit dem Präsidenten
```

[2] mit Vermerken: P (Präsident), Ag (Arbeitgebervertreter), An (Arbeitnehmervertreter) und
[3] Hinweis auf Zeichnungsart: KU (Kollektivunterschrift zu zweien), EU (Einzelunterschrift)

5 **Kontrolle (anerkannte Kontrollstelle, anerkannter Experte für berufliche Vorsorge)**

(Nur **Änderungen** gegenüber dem bereits eingereichten neuesten Berichterstattungsformular sind einzutragen)

5.1 Name und Adresse der Kontrollstelle

```
Treuhandgesellschaft
Gründlich und Partner
Postfach
8032 Zürich
```

5.2 Name und Adresse des Experten für berufliche Vorsorge

```
Ferdinand Müller
Kreativ-Vorsorgeberatungs AG
Adlerweg 13
8406 Winterthur
```

Die Richtigkeit der Angaben bestätigt für das oberste Organ (z. B. Stiftungsrat)

Ort, Datum, Unterschrift   Zürich, 23. Februar 1989

Heinz Marty   Peter Muster

BVA 56.517 KDMZ   5000 - 7.88 - 3181

Amt für berufliche Vorsorge des Kantons Zürich

Bestätigungen des anerkannten Experten für berufliche Vorsorge

Beilage zum Gesuch um definitive Registrierung der
(Name und Adresse der Vorsorgeeinrichtung nachstehend angeben)

```
Personalvorsorgestiftung der
Hans Muster AG
Zukunftsstrasse 89
8033 Zürich
```

1   **Bestätigung gemäss Art. 53 Abs. 2 lit. b BVG***

*Für die Aufgabenteilung zwischen anerkannten Experten und Aufsichtsbehörden bei der Reglementsprüfung liegen Richtlinien der Kammer der Pensionskassen-Experten vom 7.4.1988 vor. Prüft der Experte nach einer anderen Grundlage, so hat er diese unter den «Besonderen Bemerkungen» zu bezeichnen.

1.1 Die reglementarischen versicherungstechnischen Bestimmungen über die Leistungen und die Finanzierung der oben erwähnten Vorsorgeeinrichtung entsprechen den gesetzlichen Vorschriften. Diese Bestätigung bezieht sich auf das Reglement/die Reglemente vom
   ```
   11. März 1986 (Leistungsreglement)
   ```

1.2 Die Voraussetzungen für den vereinfachten Nachweis für die Sondermassnahmen im Sinne von Art. 46 BVV 2 sind gegeben

   ☒ ja   ☐ nein

2   **Angaben unter dem Gesichtspunkt von Art. 53 Abs. 2 lit. a BVG**

Falls Risiken durch die Vorsorgeeinrichtung selbst getragen werden

2.1 Sind zur neuesten technischen Bilanz (insbesondere unter den Gesichtspunkten der Rückdeckung (Art. 43 Abs. 1 lit. a und lit. b BVV 2), der Deckungslücken und der Abweichung vom Grundsatz der Bilanzierung in geschlossener Kasse) ergänzende Angaben zu machen?

   ☐ ja   ☒ nein

   falls ja, separate Ausführungen beilegen.

Falls Kollektivversicherungsvertag/verträge abgeschlossen ist/sind

2.2 Es liegt ein/liegen Kollektivversicherungsvertrag/verträge vor, welcher/welche die Erfüllung der entsprechenden reglementarisch übernommenen Verpflichtungen der Vorsorgeeinrichtung gewährleistet/ gewährleisten.

Versicherer, versicherte Risiken, Vertragsnummer und Vertragsdatum angeben

```
ML-Lebensversicherungsgesellschaft      Tod/Invalidität
                                        KV-2730, 5. März 1985
```

3 Besondere Bemerkungen

```
    Keine
```

Die Richtigkeit der vorstehenden Angaben bestätigt:

Ort und Datum:
```
    Winterthur, 25. Januar 1989
```

Der anerkannte Experte
für berufliche Vorsorge:

zusätzlich zur Unterschrift:
Stempel oder
Name und Adresse in Druckschrift

```
Ferdinand Müller
Kreativ-Vorsorgeberatungs AG
Adlerweg 13
8406 Winterthur
```

14. Information der Versicherten

Gerade im Zusammenhang mit der definitiven Registrierung ist auf funktionierende Kommunikations- und Informationswege besonders zu achten.

Aufsichtsbehörden empfehlen insbesondere, auf transparente und verständliche Darstellungen der Rechtsansprüche der Versicherten allergrössten Wert zu legen. Ein für den Normalfall und den Normalbenützer überschaubares und be-greifbares Reglement ist die Hauptsache. Perfektionismus im Erfassen und Reglementieren aller auch noch denkbaren Ausnahmefälle und Ausnahmesituationen ist kontraproduktiv. Der auf das Wesentliche gerichtete und am Interesse der Weiterentwicklung der beruflichen Vorsorge orientierte Geist wird notfalls Lücken im Reglement stets mit befriedigenden Lösungen schliessen können.

Dieser Tendenz der Aufsicht steht allerdings die Praxis des Eidg. Versicherungsgerichts entgegen, das sich sehr eng auf den Wortlaut der Reglemente abstützt und oft eine gewisse Praxisbezogenheit und einen Sinn für partnerschaftliche Lösungen vermissen lässt.

15. Definitive Registrierung als Verfügung

Die definitive Registrierung wird mit einer *Feststellungsverfügung* der zuständigen Aufsichtsbehörde vorgenommen. Diese ist in jeder Beziehung ordnungsgemäss zu erlassen und zu eröffnen.

16. Stand der Register für die berufliche Vorsorge

Während der Einführungszeit des BVG liessen sich rund 4'400 (ein Viertel aller in der Schweiz vor dem Inkrafttreten des Obligatoriums beaufsichtigten) Personalvorsorgestiftungen provisorisch in die Register für die berufliche Vorsorge der zuständigen Aufsichtsbehörden des Bundes und der Kantone eintragen. Ein weiterer Abbau dezentraler Strukturen ist unverkennbar erfolgt. Gemäss Geschäftsbericht 1998 sind noch 3'063 registrierte Vorsorgeeinrichtungen beim Sicherheitsfonds gemeldet.

Heute sind praktisch alle Vorsorgeeinrichtungen, die sich registrieren liessen, *definitiv* registriert. Neuregistrierungen erfolgen nur bei Neugründungen. Hingegen gibt es immer wieder Streichungen im Register. Der grösste Teil der Streichungen erfolgt auf Antrag der Vorsorgeeinrichtungen. Kleinere Vorsorgeeinrichtungen geben ihre Selbständigkeit auf und der Arbeitgeber schliesst sich einer Sammelstiftung an. Fusionen und Übernahmen von Firmen führen meist dazu, dass über kurz oder lang die Vorsorgeeinrichtung des einen Partners in diejenige des anderen integriert wird. Firmenschliessungen und Konkurse haben auch die Streichung von deren Vorsorgeeinrichtung im Register zur Folge. Zum Glück sind zwangsweise Streichungen im Register sehr selten. Dies zeigt, dass die registrierten Vorsorgeeinrichtungen ihre Aufgabe, die Vorsorge gemäss BVG ordnungsgemäss durchzuführen, ernst nehmen und mit Erfolg realisieren.

14.3 Aufsichtsorganisation und Rechtspflege

1. Geltungsbereich der Aufsichts- und Rechtspflegebestimmungen

Die Aufsichts- und Rechtspflegebestimmungen des BVG (Art. 61, 62 und 64 bzw. 73 und 74) gelten für alle registrierten Vorsorgeeinrichtungen in der Rechtsform der Stiftung, der Genossenschaft oder der Einrichtung des öffentlichen Rechts. Hervorzuheben ist, dass Art. 49 Abs. 2 BVG die Geltung ausdrücklich auch für die weitergehende (vor- und/oder überobligatorische) Vorsorge dieser registrierten Einrichtungen festlegt.

Durch Abs. 6 von Art. 89bis ZGB wird der Anwendungsbereich der Aufsichts- und Rechtspflegebestimmungen des BVG zudem auf alle Personalvorsorge*stiftungen* der rein freiwilligen Zweiten Säule ausgedehnt. Ausgenommen ist hier lediglich Art. 64 über die Oberaufsicht des Bundesrates.

Das Bundesgesetz über die Freizügigkeit in der beruflichen Alters-, Hinterlassenen- und Invalidenvorsorge erklärt zudem in Art. 24 FZG für alle Streitigkeiten die Rechtspflegebestimmungen des BVG für verbindlich.

Keine Geltung haben – mit Ausnahme von FZG-Streitigkeiten – die Aufsichts- und Rechtspflegebestimmungen des BVG für nicht registrierte Personalvorsorgeeinrichtungen der rein freiwilligen Zweiten Säule in der Rechtsform der Genossenschaft und der Einrichtung des öffentlichen Rechts.

2. Die kantonale Aufsichtsbehörde

Nach Art. 61 Abs. 1 BVG darf es in jedem Kanton nur noch *eine* Behörde geben, welche die Vorsorgeeinrichtungen mit Sitz auf ihrem Gebiet beaufsichtigt. Die Kantone könnten zwar zur Unterstützung der kantonalen Aufsichtsbehörde weiteren Kantons- und Gemeindeinstanzen Aufgaben übertragen (Art. 1 Abs. 2 und 3 BVV 1), doch wird von dieser Möglichkeit in der Praxis kein Gebrauch gemacht.

3. Bundesaufsicht als Ausnahme

Die Bundesaufsicht ist die Ausnahme von der Regel. Die Voraussetzungen dazu sind gemäss Art. 61 Abs. 2 BVG in Art. 3 BVV 1 festgelegt. So ist dem Bundesamt für Sozialversicherung die Aufsicht zugewiesen über Vorsorgeeinrichtungen mit nationalem und internationalem Charakter sowie über die Vorsorgeeinrichtungen der SBB, der Nationalbank, der SUVA und die Pensionskasse des Bundes (PKB), letzteres bis sie verselbständigt ist. Das Bundesamt für Privatversicherungswesen schliesslich beaufsichtigt die Vorsorgeeinrichtungen, die dem Gesetz über die Versicherungsaufsicht (VAG) unterstehen (z.B. Personalvorsorgeeinrichtungen mehrerer Arbeitgeber, die nicht wirtschaftlich oder finanziell eng miteinander verbunden sind).

4. Oberaufsicht durch den Bundesrat

Nach Art. 64 BVG unterstehen alle Aufsichtsbehörden der Oberaufsicht des Bundesrates. Art. 4 BVV 1 delegiert diese Aufgabe für einige bestimmte Punkte an das Bundesamt für Sozialversicherung. Die Aufsichtsbehörden unterstehen allerdings der Oberaufsicht, wie bereits erwähnt, nur bezüglich der registrierten Vorsorgeeinrichtungen.

5. Beschwerdeweg

Für aufsichtsrechtliche und andere verwaltungsrechtliche Streitigkeiten gilt Art. 74 BVG. Erstinstanzlich verfügen die Aufsichtsbehörden der Kantone oder des Bundes. Verfügungen der Aufsichtsbehörden können durch Beschwerde bei der Eidg. Beschwerdekommission angefochten werden. Deren Entscheid unterliegt der Verwaltungsgerichtsbeschwerde an das Bundesgericht in Lausanne.

Der dargestellte Beschwerdeweg gilt auch für Verfügungen des Sicherheitsfonds; ferner für Verfügungen der Auffangeinrichtung, jedoch *nur,* sofern diese den Anschluss von Arbeitgebern betreffen, und auch für Verfügungen des Sicherheitsfonds über Rückforderungsansprüche nach Art. 56a Abs. 2, d.h. Rückerstattung unrechtmässig bezogener Leistungen. Siehe dazu Art. 74 Abs. 2 lit. b, c und d BVG. Im übrigen ist bezüglich der Auffangeinrichtung der in Ziff. 6 nachstehend geschilderte Klageweg bedeutsam.

Gemäss Art. 74 Abs. 1 BVG hat der Bundesrat eine von der Verwaltung unabhängige Beschwerdekommission eingesetzt. Deren Zusammensetzung und Organisation sind in der Verordnung über die BVG-Beschwerdekommission vom 12. November 1984 (siehe gelbe Seiten) geregelt. Sitz der unabhängigen Eidg. BVG-Beschwerdekommission ist Lausanne.

Für das Verfahren vor der Eidg. Beschwerdekommission ist das Bundesgesetz über das Verwaltungsverfahren (VwVG) anwendbar (Art. 74 Abs. 3 BVG). Nach Art. 48 VwVG ist zur Beschwerde berechtigt, wer durch die angefochtene Verfügung berührt ist und ein schutzwürdiges Interesse an deren Aufhebung oder Änderung hat. Wer also eine aufsichtsbehördliche Massnahme nicht annehmen will oder sich gegen eine ihn belastende Nebenbestimmung (Bedingung, Befristung) wendet oder nicht der Auffangeinrichtung angeschlossen sein will oder die ihm auferlegte Finanzierung des Sicherheitsfonds

14.3 Aufsichtsorganisation und Rechtspflege

Darstellung 14C
Verwaltungsweg (Beschwerdeweg) gemäss Art. 74 BVG

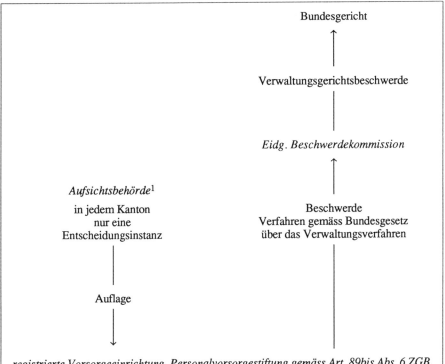

[1]Verfügungen des Sicherheitsfonds generell (sowie speziell über Rückforderungsansprüche nach Art. 56a Abs. 2) und der Auffangeinrichtung betreffend Anschluss unterliegen dem gleichen Rechtsweg.

bestreitet bzw. einer Rückforderung für unrechtmässig bezogene Leistungen nicht stattgeben will, ist legitimiert. Beschwerden sind innerhalb von 30 Tagen seit der Eröffnung der Verfügung einzureichen (Art. 50 VwVG). Verfahrenskosten werden von der Eidg. Beschwerdekommission in der Regel nach Obsiegen und Unterliegen verteilt (Art. 63 VwVG). Der ganz oder teilweise obsiegenden Partei kann eine Entschädigung für den Prozessaufwand zugesprochen werden (Art. 64 VwVG). Nochmals gleiche "Kostenrisiken" geht der Beschwerdeführer übrigens ein, wenn er den Entscheid der ersten Bundesinstanz mit Verwaltungsgerichtsbeschwerde beim Bundesgericht in Lausanne anficht.

6. Klageweg

Art. 73 BVG regelt Zuständigkeiten und einen Teil des Verfahrens für Streitigkeiten zwischen Vorsorgeeinrichtungen (dazu gehört ebenfalls die Auffangeinrichtung), Arbeitgebern und Anspruchsberechtigten[5]. Darin enthalten sind zudem auch Entscheide über Verantwortlichkeitsansprüche nach Art. 52 und über den Rückgriff nach Art. 56a Abs. 1. Diese Streitigkeiten werden überwiegend Rechtsverhältnisse betreffen, die privatrechtlicher Natur sind (Stiftungsurkunde, Statuten und Reglemente). Da die Rechtspflegebestimmungen des BVG auch für registrierte Einrichtungen des öffentlichen Rechts gelten, können die Streitigkeiten zudem Rechtsverhältnisse betreffen, die dem öffentlichen Recht zugehören[6]. Auf die Rechtspflegebestimmung des FZG ist bereits hinge-

---

[5] *Siehe Entscheid des Eidg. Versicherungsgerichts vom 14. Mai 1997:*
Problemstellungen: Rechtspflege nach Art. 73 BVG. – Anzeigepflichtverletzung bei freiwilliger Vorsorge Selbständigerwerbender.
Antworten: Eine Versicherungseinrichtung, welche die versicherungstechnischen Risiken einer Vorsorgestiftung in Rückdeckung nimmt, ist keine Verfahrensbeteiligte im Sinne von Art. 73 BVG.
Ob eine Anzeigepflichtverletzung anlässlich der Antragstellung im Bereich der freiwilligen Vorsorge für Selbständigerwerbende vorliegt, beurteilt sich bei Fehlen statutarischer oder reglementarischer Bestimmungen analog zum VVG, was im konkreten Fall keine Anzeigepflichtverletzung bedeutete.
Anmerkung: Es ging konkret um die Anwendung von Art. 4 ff. VVG.
Besprechung in: SZS 5/1998, S. 373 ff.

[6] *Siehe Entscheid des Eidg. Versicherungsgerichts vom 21. April 1999* (publiziert in BGE 125 V S. 165 ff.);
Problemstellung: Welcher Rechtsweg muss bei der Frage, ob es beim Gesuch um einmalige Kapitalauszahlung statt periodischer Rentenleistungen ebenfalls der schriftlichen Zustimmung des Ehegatten bedarf, eingeschlagen werden?
Antwort: Der Entscheid darüber, ob eine Vorsorgeeinrichtung die Auszahlung einer Kapitalabfindung anstelle einer Rente von der Zustimmung des Ehegatten abhängig machen darf, fällt in casu in die Zuständigkeit des durch Art. 73 BVG bestimmten Richters.

14.3 Aufsichtsorganisation und Rechtspflege

wiesen worden (vgl. vorn S. 000). Mit ihr wird die vom BVG vorgegebene Bedeutung für die "Dreiecksbeziehung" unter den Vorsorgepartnern ausgedehnt[7]. Der Rechtsweg nach Art. 73 steht aber nicht zur Verfügung bei Streitigkeiten mit einer Freizügigkeitseinrichtung (Bankstiftung, Versicherungseinrichtung), da solche Institutionen gemäss höchstrichterlichem Entscheid keine Vorsorgeeinrichtungen im Sinne von Art. 73 BVG sind (vgl. BGE 122 V 320).

Art. 73 Abs. 1 BVG schreibt den Kantonen vor, dass für die Beurteilung der erwähnten Streitigkeiten als *letzte* kantonale Instanz ein Gericht zu bezeichnen ist. Dabei ist es den Kantonen überlassen, ob sie kantonsintern einen Instanzenzug vorsehen wollen oder nicht.

Es ist ein *Gericht* zu bezeichnen, das von der Verwaltung unabhängig zu sein hat. Seine Mitglieder dürfen daher nicht von der Exekutive gewählt werden. Die Wahl muss dem Volk oder dem Parlament überlassen bleiben.

Ergibt sich, dass diese Zustimmung zwar nötig, deren Beibringung jedoch nicht möglich ist, hat dieselbe Instanz (und nicht der Zivilrichter) darüber zu befinden, ob in einer konkreten Situation von der Erfüllung dieses Erfordernisses abgesehen werden kann.
Anmerkungen: Offengelassen wurde die Frage, ob ein Versicherter, der anstelle einer Rente die Auszahlung einer Kapitalabfindung verlangt, dazu in analoger Anwendung von Art. 5 Abs. 2 FZG einer schriftlichen Zustimmung des Ehepartners bedarf. Ebenso unbeantwortet blieb die Frage, was unter "Gericht" im Sinne von Art. 5 Abs. 3 FZG zu verstehen ist.
Es wurde entschieden, dass das Bundesamt für Sozialversicherung zur Verwaltungsgerichtsbeschwerde im Bereich der beruflichen Vorsorge legitimiert ist.

7 Siehe *Entscheid des Eidg. Versicherungsgerichts vom 17. Juli 1998:*
Problemstellung: Ist für die Rückforderung einer Bearbeitungsgebühr gegenüber einer Freizügigkeitseinrichtung aufgrund eines Vorbezugs die Zuständigkeit des Richters nach Art. 73 BVG gegeben?
Antwort: Zwar hat ein Streit im Zusammenhang mit dem Vorbezug von Mitteln der beruflichen Vorsorge im Rahmen der Wohneigentumsförderung seine rechtliche Grundlage in Art. 30a ff. BVG. Da aber Freizügigkeitseinrichtungen ausser für die Wohneigentumsförderung keine Leistungen gemäss BVG auszurichten haben, können sie nicht als Vorsorgeeinrichtungen im Sinne von Art. 73 BVG betrachtet werden. Vorliegendenfalls also, wo es um die Rückforderung einer Bearbeitungsgebühr für den Vorbezug aus Mitteln der beruflichen Vorsorge für Wohneigentum geht, liegt eine privatrechtliche Streitigkeit vor, für welche der Zivilrichter zuständig ist. Das Gericht nach Art. 73 BVG bejahte seine Zuständigkeit hier zu Unrecht.
Anmerkungen: Erwogen werden vorweg die Voraussetzungen zur Anfechtbarkeit von Zwischenverfügungen (nicht wiedergutzumachender Nachteil) und zur Beschwerdelegitimation (durch die Verfügung berührt und schutzwürdiges Interesse an deren Änderung oder Aufhebung) sowie generell zu den Hauptvoraussetzungen der Zuständigkeit nach Art. 73 BVG. Die Streitigkeit muss die berufliche Vorsorge im engeren oder weiteren Sinn beschlagen, und ebenso muss sie aus dem Verhältnis Vorsorgeeinrichtung, Arbeitgeber und Anspruchsberechtigte herrühren.
Präjudiz für die Nichtzuständigkeit der Gerichte gemäss Art. 73 BVG für Streitigkeiten mit Freizügigkeitseinrichtungen ist BGE 122 V 320.

Darstellung 14D
Ziviler Rechtsweg (Klageweg) gemäss Art. 73 BVG

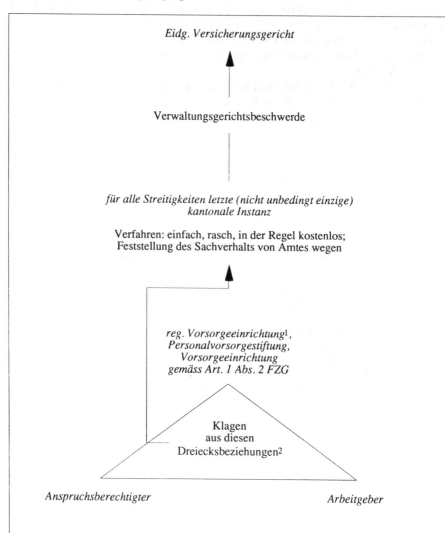

[1] Auffangeinrichtung ist ebenfalls Vorsorgeeinrichtung.
[2] Zudem Entscheid über Verantwortlichkeitsansprüche nach Art. 52 und über den Rückgriff nach Art. 567a Abs. 1 BVG.

14.3 Aufsichtsorganisation und Rechtspflege

Für den Kanton Zürich ist dannzumal durch die Verordnung über die berufliche Vorsorge vom 17. August 1983 das Versicherungsgericht des Kantons Zürich (heute Sozialversicherungsgericht gemäss Gesetz über das Sozialversicherungsgericht vom 7. März 1993) als *einzige* Instanz zur Beurteilung von Streitigkeiten zwischen Vorsorgeeinrichtungen, Arbeitgebern und Anspruchsberechtigten gemäss Art. 73 BVG bezeichnet worden.

Art. 73 Abs. 2 BVG schreibt den Kantonen ein einfaches, rasches und in der Regel kostenloses Verfahren vor[8]. Die urteilende Instanz muss den Sachverhalt von Amts wegen, aus eigener Initiative und ohne Bindung an die Vorbringen oder Beweisanträge der Parteien abklären und feststellen.

Art. 73 Abs. 3 BVG legt fest, dass für den Kläger drei Gerichtsstände zur Wahl stehen, nämlich: Sitz oder Wohnsitz des Beklagten oder Ort des Betriebes, bei dem der Versicherte angestellt war oder ist. Für den Wohnsitzbegriff ist die bundesgerichtliche Praxis zu Art. 23 ZGB massgebend. Ort des Betriebes ist der Ort, an dem der Betrieb tatsächlich geführt wird.

Für den Kläger ist es wichtig zu wissen, dass BVG-Forderungen auf periodische Beiträge und Leistungen nach fünf, andere BVG-Forderungen nach zehn Jahren verjähren.

Klagen gemäss Art. 73 BVG werden vor allem auf Leistungen zielen. Dabei gibt es keine Streitwertgrenze. Es sind aber auch Klagen möglich, die eine bestimmte Rechtssituation lediglich klären wollen (z.B. ob eine Versicherungspflicht besteht oder nicht).

Gemäss Art. 73 Abs. 4 BVG können die Entscheide der kantonalen Gerichte auf dem Wege der Verwaltungsgerichtsbeschwerde beim Eidg. Versicherungsgericht in Luzern angefochten werden. Es wird hiezu auf das Bundesgesetz

---

8 Siehe *Entscheid des Eidg. Versicherungsgerichts vom 13. Juli 1998:*
Problemstellung: Wann liegt beim Verfahren zum Zwangsanschluss an die Auffangeinrichtung eine mutwillige oder leichtsinnige Prozessführung mit Kostenfolge vor?
Antwort: Art. 73 Abs. 2 BVG schreibt einen kostenfreien kantonalen Prozess vor und sieht ein Abgehen davon nicht ausdrücklich vor. Da die Einschränkung der Kostenfreiheit aber als allgemeiner Grundsatz des Bundessozialversicherungsrechts gilt, handelt es sich um eine bundesrechtliche Frage, und das EVG prüft, ob zu Recht auf Mutwilligkeit oder Leichtsinnigkeit erkannt worden ist. Im Zusammenhang mit Prämienstreitigkeiten wird präzisiert, dass auch das vorprozessuale Verhalten des Zahlungspflichtigen zu würdigen ist. Zielt er darauf ab, die Zahlungspflicht durch Passivität möglichst lange hinauszuschieben, und zeigt er eine durch Untätigkeit geprägte Haltung im Gerichtsverfahren, läuft dies auf eine Verzögerungstaktik hinaus, welche durch Auferlegung der Gerichtskosten sanktioniert werden darf. Wenn jemand der Rechnungstellung durch die Auffangeinrichtung keine Folge leistet, Rechtsvorschlag erhebt und sich im dadurch veranlassten Gerichtsverfahren nicht vernehmen lässt, erfüllt diese Voraussetzungen.
Anmerkungen: Verwiesen wird bezüglich der Verfahrenskosten auf BGE 118 V 319 E. 3c und d.
Eine Verwaltungsgerichtsbeschwerde gegen die Auferlegung einer Parteientschädigung beschlägt kantonales Verfahrensrecht und ist somit nicht zulässig. Denn eine bundesrechtliche Regelung der Parteientschädigung fehlt (vgl. BGE 118 V 238 E. 8a).

über die Organisation der Bundsrechtspflege (OG) verwiesen. Speziell zu erwähnen ist immerhin, dass nach Art. 134 OG das Eidg. Versicherungsgericht im Beschwerdeverfahren über die Bewilligung oder Verweigerung von Versicherungsleistungen den Parteien in der Regel keine Verfahrenskosten auferlegen darf.

7. Abgrenzung der Rechtswege

Das BVG kennt eine strikte Trennung der Rechtswege. Es gilt ausdrücklich, dass die Zuständigkeit der Gerichte diejenige von Verwaltungsbehörden ausschliesst (vgl. Botschaft zum BVG, Separatausgabe, S. 62).

Als vor dem Zivilrichter *klagbar* gilt der Anspruch des Begünstigten, entsprechend traditioneller stiftungsrechtlicher Praxis, wenn sich die Person des Begünstigten und die Leistung aus Gesetz, Vorsorgevertragsbestimmungen der Einrichtung (insbesondere Reglement) oder spezieller Leistungszusage *objektiv* bestimmen lassen (vgl. *Riemer H.M.*, in: Berner Kommentar zum Stiftungsrecht, N. 138 zu Art. 84 ZGB).

Nicht vor dem Zivilrichter klagbar sind demnach "Ansprüche", über die von den Organen der Vorsorgeeinrichtungen nach pflichtgemässem Ermessen zu bestimmen ist. Bei klaren Ermessensfehlern kann die Aufsichtsbehörde von Amtes wegen oder auf *Beschwerde* eingreifen. Sie verschafft dabei dem Grundsatz der Gleichbehandlung Nachachtung.

Grundsätzlich entsteht ein beschwerdefähiger Sachverhalt, wenn die Aufsichtsbehörde einen Entscheid fällen muss (z.B. Genehmigungsverfügung), welcher von der Personalvorsorgeeinrichtung, von Destinatären oder sonst betroffenen Dritten angefochten werden kann. Eine andere Möglichkeit besteht darin, wenn eine Anzeige oder Beschwerde eines Destinatärs oder eines sonst betroffenen Dritten bei der Aufsichtsbehörde eingereicht wird und diese darüber einen Entscheid fällt.

Aus der stiftungsrechtlichen Praxis sind als wichtigste Fälle, in denen letztlich auf dem *Aufsichtsweg* über "Ansprüche" der Begünstigten entschieden wird, zu nennen: Ausrichtung oder Verweigerung von Leistungen aus freien Mitteln bei besonderen Notlagen, Verwendung freier Mittel bei der Liquidation oder Teilliquidation von Personalvorsorgestiftungen.

In einigen dieser Fälle sind die Beschlüsse der Organe der Vorsorgeeinrichtungen ohnehin genehmigungspflichtig (Teil- oder Gesamtliquidationen), in anderen Fällen müsste ein Handeln oder Nichthandeln durch die repressive Aufsicht nachträglich korrigiert oder bewirkt werden.

Darstellung 14E
Abgrenzung der Rechtswege

Art. 73 BVG (Klageweg)	*Art. 74 BVG (Beschwerdeweg)*[1]
– gleichgestellte Parteien	– übergeordnete Aufsichtsbehörde, aufsichtsunterstellte Vorsorgeeinrichtung

– Rechtsstreit aus Vorsorgeverhältnis zwischen
  – registrierter Vorsorgeeinrichtung, Personalvorsorgestiftung und Arbeitgeber[1]
  – registrierter Vorsorgeeinrichtung, Personalvorsorgestiftung und Anspruchsberechtigtem[1]
  – Arbeitgeber und Arbeitnehmer
	– hoheitliche Verfügung der Aufsichtsbehörde (von Amtes wegen, wegen Beschwerde/Anzeige) im Rahmen der Aufgaben der Aufsichtsbehörde, insbesondere gestützt auf
	  – Art. 62 BVG
	  – Art. 84 Abs. 2 ZGB

– konkrete Normenkontrolle	– abstrakte Normenkontrolle
– Destinatärschutz durch Rechtmässigkeit für den einzelnen, dessen Anspruch objektiv bestimmt ist	– Destinatärschutz dank Gleichbehandlung für alle, aktuell bei Anwartschaft, die durch *Ermessen* des Stiftungsrates konkretisiert werden muss
[1]Geltung auch für Vorsorgeeinrichtungen gemäss Art. 1 Abs. 2 FZG.	[1]Unter dem Gesichtspunkt der Aufsichtsbehörde; Auffangeinrichtung und Sicherheitsfonds sinngemäss.

Es gibt seit Inkrafttreten des BVG keinen Grund mehr, einem Anspruchsberechtigten die Durchsetzung seiner klagbaren Ansprüche allenfalls alternativ über die Aufsichtsbehörde zu ermöglichen (zu dieser früheren Praxis siehe BGE 108 II 497 ff.). Die den Kantonen vorgeschriebenen verfahrensrechtlichen Grundsätze (einfaches, rasches und in der Regel kostenloses Verfahren, Offizialmaxime) und das Beschwerdeverfahren vor dem Eidg. Versicherungsgericht über die Bewilligung oder Verweigerung von Versicherungsleistungen (kostenlos, Offizialmaxime) sind nämlich günstiger als das Verfahren des Beschwerdeweges. Für den letzteren werden, wie bereits erwähnt, Verfahrenskosten nach Massgabe des Unterliegens auferlegt. Dazu kommt für die unterliegende Partei das Risiko der Entschädigung der Gegenpartei.

Schliesslich hat das Eidg. Versicherungsgericht bei "Bewilligung oder Verweigerung von Versicherungsleistungen" (Art. 132 OG) volle Kognition, während das Bundesgericht in Lausanne als letzte Instanz des Beschwerdeweges das Ermessen nicht überprüfen kann.

Darstellung 14F
Kanton Zürich: Aufsichtsorganisation und Rechtspflege gemäss BVG

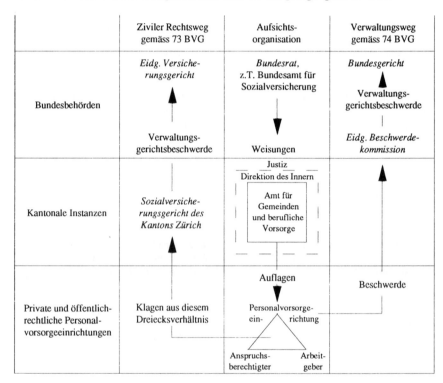

14.4 Aufgaben der Aufsichtsbehörden

1. Merkmale und Mittel der Aufsicht

Die Aufsicht gemäss BVG ist, wie die traditionelle Stiftungsaufsicht, grundsätzlich repressiv. Ihre hauptsächlichen Massnahmen sind: Mahnung, Ordnungsstrafen, Auflagen, Aufhebung von Entscheiden der Organe der Vorsorgeeinrichtungen. Seltener kommen auch die Absetzung von Organen und die Ersatzvornahme in Frage[9, 10].

Es ist für die Aufsichtsbehörden von Bedeutung, dass Art. 79 Abs. 1 BVG das Aufsichtsmittel der Ordnungsbusse, welches für alle Personalvorsorgestiftungen gilt, wesentlich wirksamer gestaltet, als dies früher nach kantonalen Gesetzen über die Ordnungsstrafen der Fall war (Ordnungsbussen meist höchstens bis Fr. 500.–). Es können nämlich Ordnungsbussen bis zu Fr. 2'000.– ausgesprochen werden.

Zur Ausübung repressiver Aufsicht sind einige lediglich mittelbar präventive Massnahmen nötig. Vorsorgeeinrichtungen haben insbesondere Informationspflichten gegenüber der Aufsichtsbehörde zu erfüllen sowie Bestimmungen über die Vermögensanlage einzuhalten.

---

9 *Siehe Entscheid der Eidg. Beschwerdekommission vom 5. August 1997:*
Problemstellung: Suspendierung des Stiftungsrates.
Antwort: Ob und welche Mittel die Aufsichtsbehörde zur Erfüllung ihres Auftrags ergreift, hängt von ihrem pflichtgemässen Ermessen unter Berücksichtigung des Verhältnismässigkeitsgrundsatzes ab. Die Aufsichtsmassnahme muss geeignet und notwendig sein, das angestrebte Ziel zu erreichen. Vorliegendenfalls wurde durch die Einsetzung einer kommissarischen Verwaltung das Ermessen weder missbraucht noch überschritten, denn dem Stiftungsrat wurde mehrmals vergeblich Gelegenheit gegeben, die nötigen Vorkehren zu treffen. Die Vorsorgeeinrichtung hatte drei Jahre Zeit, der Aufforderung, die Anlagen beim Arbeitgeber abzubauen oder sicherzustellen, nachzukommen. Fest steht, dass die Anlagerichtlinien während langer Zeit massiv überschritten wurden. Um so mehr hat sich das Vorgehen der Aufsichtsbehörde aufgedrängt, als die Arbeitgeberfirma mit wirtschaftlichen Schwierigkeiten zu kämpfen hat.
Anmerkung: Art. 62 BVG – Auftrag der Aufsicht – und Art. 57 BVV 2 – Anlagen beim Arbeitgeber – bilden hier die rechtliche Grundlage.
10 *Siehe Entscheid des Bundesgerichts (II. Öffentlich-rechtliche Abteilung) vom 13. Oktober 1998:*
Problemstellung: Entzug der Zeichnungsbefugnis des Stiftungsrates. – Wiederherstellung der aufschiebenden Wirkung.
Antworten: Das Interesse der bisherigen Stiftungsräte, im Amt bleiben zu dürfen und durch den sofortigen Entzug der Zeichnungsbefugnis nicht öffentlich blossgestellt zu werden, wiegt weniger schwer als das von der Aufsichtsbehörde wahrzunehmende Interesse der Destinatäre an der Erhaltung des Stiftungsvermögens. Dies gilt im besonderen angesichts der seit Jahren andauernden Missachtung der Anlagevorschriften.
Verwaltungsgerichtsbeschwerden haben grundsätzlich aufschiebende Wirkung; ein Entzug ist nur möglich, wenn keine Geldleistung Streitgegenstand ist. Eine Interessenabwägung für eine sofortige Vollstreckbarkeit darf aufgrund der Akten gemacht werden.

Bei den Informationspflichten sind neben der Pflicht zur periodischen Berichterstattung (Art. 62 Abs. 1 lit. b BVG) die Informationspflichten bei besonderem Anlass zu beachten, wie z.B. die Vorlage neu erlassener und geänderter Reglemente und Urkunden. Insbesondere aber ist der Aufsichtsbehörde unaufgefordert und rechtzeitig von solchen Ereignissen bei der Arbeitgeberfirma Kenntnis zu geben, die auf das Schicksal der Vorsorgeeinrichtung wesentlichen Einfluss haben. Im Einzelfall kann die Aufsichtsbehörde zudem bei begründetem Anlass auch spezielle Informationspflichten festlegen.

Es ist erfreulich, dass in den Anlagevorschriften der BVV 2 die Erkenntnisse bisheriger Aufsichtspraxis berücksichtigt sind. Im Vordergrund stehen weiterhin Freiheit und Verantwortung der Stiftungsorgane. Deren Führungsaufgaben haben mit der Revision der BVV 2 eine Konkretisierung erfahren; dies bezüglich des Rechnungswesens und der Rechnungslegung sowie der Vermögensanlage (Art. 47 und 49a BVV 2). Es werden nur dort Grenzpfähle gesetzt, wo nach der allgemeinen Erfahrung die Möglichkeit besonderer Gefahren wahrscheinlich ist. Das Überschreiten der Grenzen ist im Einzelfall immer dann möglich, wenn besondere Verhältnisse dies rechtfertigen und die Erfüllung des Vorsorgezweckes nicht gefährdet ist (Art. 59 Abs. 1 BVV 2). Die Anlagevorschriften sind demnach nicht Selbstzweck, sondern aufsichtstechnisches Mittel zur Verteilung der Beweislast. Abweichungen müssen der Aufsichtsbehörde bei der jährlichen Berichterstattung fachmännisch begründet werden (Art. 59 Abs. 2 BVV 2).

Die Bestimmungen der BVV 2 gelten ab 1. Januar 1997 für alle Personalvorsorgestiftungen. Grössere Freiräume können höchstens noch bei reinen Wohlfahrtsfonds gewährt werden.

2. *Hauptsächliche ständige Aufgaben der Aufsicht*

Die hauptsächlichen ständigen Aufgaben der Aufsichtsbehörden ergeben sich aus Art. 62 Abs. 1 BVG. Dieser bestimmt:

Die Aufsichtsbehörde wacht darüber, dass die Vorsorgeeinrichtung die gesetzlichen Vorschriften einhält, indem sie insbesondere

a. die Übereinstimmung der reglementarischen Bestimmungen mit den gesetzlichen Vorschriften prüft;

b. von den Vorsorgeeinrichtungen periodisch Berichterstattung fordert, namentlich über ihre Geschäftstätigkeit;

c. Einsicht in die Berichte der Kontrollstelle und des Experten für berufliche Vorsorge nimmt;

d. die Massnahmen zur Behebung von Mängeln trifft.

14.4 Aufgaben der Aufsichtsbehörden

Die Notwendigkeit, Massnahmen zur Behebung von Mängeln zu treffen, wird sich für die Aufsichtsbehörden in der Regel aufgrund der Einsichtnahme in die Unterlagen ergeben, die ihnen gemäss Art. 62 Abs. 1 BVG vorgelegt werden müssen. Zusätzlich können Beschwerden von Anspruchsberechtigten oder Anzeigen aussenstehender Dritter Anlass zu aufsichtsrechtlichem Eingreifen sein. Nach Art. 62 Abs. 2 BVG hat die Aufsichtsbehörde bei Stiftungen ebenfalls die Aufgaben der Änderungs- und Umwandlungsbehörden gemäss Art. 85 und 86 ZGB. Das klassische Stiftungsrecht ist demgegenüber von der Trennung zwischen Aufsichts- und Änderungsbehörde geprägt.

3. Besondere Meldepflichten der Vorsorgeeinrichtungen

In der Tradition des Zürcher Kreisschreibens 78 haben die Vorsorgeeinrichtungen der Aufsichtsbehörde gemäss Stiftungsrecht *unaufgefordert und rechtzeitig* von solchen Ereignissen bei der Arbeitgeberfirma Kenntnis zu geben, die auf die Stellung der Destinatäre wesentlichen Einfluss haben.

Informationspflicht besteht demnach ebenfalls, wenn der Arbeitgeber die geschuldeten *Beitragsleistungen nicht mehr rechtzeitig erbringt*.

In die BVV 2 (Art. 58a) sind *einzelne besondere Meldepflichten* ausdrücklich aufgenommen worden. Aufsichtsbehörde und Kontrollstelle sind zu benachrichtigen, wenn die reglementarischen *Beiträge* innert drei Monaten nach Fälligkeit nicht überwiesen worden sind. Der Aufsichtsbehörde ist zudem mit ausreichender Begründung Meldung zu machen, b*evor ungesicherte Anlagen beim Arbeitgeber getätigt werden, die Freizügigkeits- oder Rentenverpflichtungen tangieren könnten.*

Eine Aufzählung der Informationspflichten bei besonderem Anlass *kann nie abschliessend sein.* Hinzuweisen ist insbesondere auch auf die Notwendigkeit, Sachverhalte zu melden, die eine Teilliquidation der Vorsorgeeinrichtung auslösen können.

Im seit 1. Juli 1996 obligatorischen Anhang zur Jahresrechnung ist zudem auf Ereignisse nach dem Bilanzstichtag einzugehen, wenn diese die Beurteilung der Lage der Vorsorgeeinrichtung erheblich beeinflussen (Art. 47 Abs. 3 BVV 2).

Informationspflichten bei besonderem Anlass obliegen den verantwortlichen Organen *zudem gestützt auf BVG und ZGB*. Solche Anforderungen gelten demnach für registrierte Vorsorgeeinrichtungen und ebenfalls für nicht registrierte Personalvorsorgestiftungen, zumal der Gesetzgeber ausdrücklich will, dass bezüglich der Aufsichts- und Kontrollbestimmungen für obligatorische und ausserobligatorische Vorsorge Deckungsgleichheit besteht (Art. 62 Abs. 1 BVG, Art. 89bis Abs. 6 ZGB).

4. Verhältnis der Aufsichtsbehörde zu Kontrollstellen und Experten

Das BVG bringt für registrierte Vorsorgeeinrichtungen in der Rechtsform der Stiftung, der Genossenschaft oder der Einrichtung des öffentlichen Rechts und zudem gemäss Abs. 6 von Art. 89bis ZGB auch für alle Personalvorsorgestiftungen der rein freiwilligen Zweiten Säule Vorschriften über die interne Kontrolle durch qualifizierte Kontrollstellen und die anerkannten Experten für berufliche Vorsorge (Art. 53 BVG, 33-41 BVV 2).

Es ist offensichtlich die Meinung des Gesetzgebers, dass sich die Aufsichtsbehörden bei der jährlichen Prüfung der Berichterstattung der Vorsorgeeinrichtungen in der Regel auf die Befunde der Kontrollstellen abstützen sollen und ihrerseits nur Stichproben vornehmen. Diese m.E. sinnvolle Aufgaben*teilung* ist durch die Bestimmungen in Art. 33-36 BVV 2 über die Anforderungen an Kontrollstellen, über die Aufgaben der Kontrollstellen sowie über die Beziehungen der Kontrollstellen zur Aufsichtsbehörde abgesichert.

Das Verhältnis von Aufsichtsbehörden und anerkannten Experten für berufliche Vorsorge ist überwiegend durch eine klare Aufgaben*trennung* bestimmt. Der Experte prüft allein, ob die Vorsorgeeinrichtung jederzeit Sicherheit dafür bietet, dass sie ihre Verpflichtungen erfüllen kann. Bei der Reglementsprüfung gilt eine Aufgabenteilung. Der Experte hat zu kontrollieren, ob die versicherungstechnischen Bestimmungen über die Leistungen und Finanzierung den gesetzlichen Vorschriften entsprechen. Die Aufsichtsbehörde muss beurteilen, ob die übrigen reglementarischen Bestimmungen in Ordnung sind.

Der Experte nimmt eine besonders wichtige und verantwortungsvolle Stellung ein. Die Aufsichtsbehörde ist auf seine Unterlagen angewiesen, da sie selbst nicht über spezifische Kenntnisse verfügt. Art. 37-41 BVV 2 tragen dieser Stellung des Experten Rechnung.

Arbeitsteilungen und Arbeitstrennungen im Verhältnis der Aufsichtsbehörden zu Kontrollstellen und Experten sind ebenfalls abgesichert durch Art. 52 BVG über die Verantwortlichkeit. Kontrollstellen und Experten sind nämlich für den Schaden verantwortlich, den sie Vorsorgeeinrichtungen absichtlich oder fahrlässig zufügen.

Kontrollstellen und Experten haben die Aufgabe, Rechtswidrigkeiten bei den Vorsorgeeinrichtungen zu verhindern oder aufzuzeigen. Die Möglichkeit, Massnahmen zur Behebung von Mängeln notfalls auch durchzusetzen, haben aber allein die Aufsichtsbehörden. Daraus ergeben sich deren Rang und Verantwortung.

5. *Einmalige Aufgaben der Aufsichtsbehörden gemäss BVG*

Für die Durchführung der obligatorischen Vorsorge haben Aufsichtsbehörden wichtige Aufgaben zu übernehmen. Es sei nochmals auf die Registrierung der Vorsorgeeinrichtungen und die Mitwirkung bei der Durchsetzung der Anschlusspflicht der Arbeitgeber hingewiesen. Aus dem BVG und den bisher erlassenen Verordnungen ergeben sich weitere, nicht ständige Tätigkeiten. Wichtigste Beispiele sind: Zulassung besonderer Formen der Vertretung der Arbeitnehmer (Art. 51 Abs. 3 BVG); allenfalls Bezeichnung eines Schiedsrichters, wenn die Sozialpartner das Verfahren bei Stimmengleichheit im Rahmen der paritätischen Verwaltung nicht im Einvernehmen regeln können (Art. 51 Abs. 4 BVG); Erteilung der Bewilligung an Vorsorgeeinrichtungen von öffentlichrechtlichen Körperschaften, vom Grundsatz der Bilanzierung in geschlossener Kasse abzuweichen (Art. 69 Abs. 2 BVG); in beschränktem Masse Entscheide über die Zulassung von Kontrollstellen oder Experten (Art. 33 lit. d und Art. 38 BVV 2).

14.5 Teil- und Gesamtliquidation von Vorsorgeeinrichtungen

1. Einleitung

Im weitgehend allgemeinen Rahmen des Stiftungsrechts hat sich insbesondere auf der Grundlage des Zürcher Kreisschreibens von 1978 eine differenzierte Praxis zu den Fragen der Liquidation und Teilliquidation von Personalvorsorgestiftungen entwickelt. Von zentraler Bedeutung sind dabei der Grundsatz von Treu und Glauben und das Gebot der Gleichbehandlung der Destinatäre (vgl. BGE 110 II 436 und 119 Ib 46). Siehe Gerichtsentscheide unter nachfolgender Ziff. 9.

Eine umfassende Darstellung der geltenden Aufsichtspraxis findet sich im Separatum Freizügigkeit/Wohneigentumsförderung des Handbuches der Personalvorsorge-Aufsicht, Zürich 1994.

Die Bestimmungen des Freizügigkeitsgesetzes vom 17. Dezember 1993 (FZG), das seit 1. Januar 1995 in Kraft ist, geben Anlass zu einer Standortbestimmung.

Weitere Ausführungen zur Teilliquidation, mehr aus der Sicht der betroffenen Einrichtungen, siehe Abschnitt 6.2.

2. Geltungsbereich des Freizügigkeitsgesetzes für die Teil- und Gesamtliquidation

Das FZG ist gemäss Art. 1 Abs. 2 anwendbar "auf alle Vorsorgeverhältnisse, in denen eine Vorsorgeeinrichtung des privaten oder des öffentlichen Rechts aufgrund ihrer Vorschriften (Reglement) bei Erreichung der Altersgrenze, bei Tod oder bei Invalidität (Vorsorgefall) einen Anspruch auf Leistungen gewährt".

Die Bestimmungen über Liquidation und Teilliquidation des FZG gelten daher ebenfalls für Pensionskassen in der Rechtsform der Genossenschaft und der Einrichtung des öffentlichen Rechts. Sind solche Pensionskassen nicht im Register für die berufliche Vorsorge eingetragen und damit der BVG-Aufsichtsbehörde nicht unterstellt, ist die formelle Anwendung des neuen Rechts allerdings problematisch, gehen die Regelungen über die Teil- oder Gesamtliquidation doch von den Kompetenzen einer Aufsichtsbehörde im Sinne des BVG aus.

Keine Geltung hat das FZG für alle diejenigen Personalvorsorgestiftungen, die als *Wohlfahrtsfonds* ausgestaltet sind. Diese aber verfügen über einen sehr bedeutenden Teil der freien Stiftungsmittel. Hier bleibt es ohnehin bei der Anwendung der geltenden stiftungsrechtlichen Praxis, die daher vorab dargestellt werden soll. Grundlage ist das bereits erwähnte Separatum des Handbuches der Personalvorsorge-Aufsicht.

3. Stiftungsrechtliche Praxis zur Liquidation

Mit einer Aufhebungsverfügung der Aufsichtsbehörde tritt die Vorsorgestiftung in Liquidation. Diese ist unter Vorbehalt abweichender Bestimmungen in der Stiftungsurkunde durch den *Stiftungsrat* durchzuführen, der sich die erforderliche fachmännische Beratung und Unterstützung (insbesondere durch den Experten) zu sichern hat.

Das gesamte *Liquidationsverfahren* steht *unter der Aufsicht der Aufsichtsbehörde, die den Verteilungsplan genehmigen muss*. In diesem sind alle nötigen *objektiven Kriterien* für die Festlegung des Kreises der Begünstigten und für den Modus der Verteilung (Verteilungsschlüssel) enthalten.

Zu erfüllen sind zunächst die Ansprüche der *bereits zum Zeitpunkt der Liquidation berechtigten Destinatäre*. Laufende Renten sind, soweit möglich, durch Einkauf bei einer Versicherungsgesellschaft zu sichern; ausnahmsweise können sie durch Kapitalzahlung abgegolten werden. Zu allererst sind jedoch die offenen Schulden zu bezahlen. Bei Gesamtliquidationen sind sodann alle Aktiven, soweit sie nicht aus Bargeld bestehen, zu verkaufen, denn erst nach dem Verkauf steht der effektive Wert (z.B. Immobilien) fest.

Sodann sind die *Anwartschaften* solcher Personen einzulösen, die bei Weiterbestand der Stiftung *später* Leistungen aufgrund dannzumaliger eigentlicher Rechtsansprüche oder aber gemäss Ermessen der Stiftungsorgane erhalten hätten.

Die Leistung an die einzelnen anwartschaftlichen Destinatäre hat nach einem bestimmten *Verteilungsschlüssel* (Modus der Verteilung) zu erfolgen, der in Wahrung des Grundsatzes der Gleichbehandlung (d.h. gleiche Behandlung bei gleichem Sachverhalt) den persönlichen Verhältnissen der Begünstigten (Alter, Dienstjahre, Besoldungsanspruch, Zivilstand, Anzahl unterstützungsbedürftiger Angehöriger usw.) möglichst Rechnung trägt.

Liegen *besondere Unterstützungsfälle* vor, deren angemessene Berücksichtigung durch die angeführten Kriterien nicht möglich ist, sind für die betroffenen Personen vorweg Mittel zu reservieren.

Hat die Liquidation der Personalvorsorgestiftung ihren Grund in der Aufgabe der Tätigkeit der Arbeitgeberfirma, so muss dem Problem der *stufenweisen Personalentlassung* die nötige Beachtung geschenkt werden. Es wäre stossend, nur diejenigen Personen zu berücksichtigen, die bis zuletzt beschäftigt waren. Der *Vorgang der schrittweisen Aufgabe der Tätigkeit* der Stifterfirma ist (im Verteilungsplan) vielmehr *möglichst als Einheit* zu erfassen. Auch die früher Entlassenen sind demnach bei der Liquidation angemessen zu begünstigen.

Die Aufsichtsbehörde vergewissert sich bereits *vor der Genehmigung eines Verteilungsplans*, ob der *Information der Destinatäre* vom Stiftungsrat die nötige Beachtung geschenkt und ob auf die infolge solcher Information vorgetragenen Anliegen und Kritiken der betroffenen Destinatäre sachlich eingegangen worden ist. Den Destinatären muss dann selbstverständlich die Verfügung zugestellt werden. Die Pflicht dazu obliegt gemäss Zürcher Praxis dem Stiftungsrat.

Der *Vollzug eines Verteilungsplans* darf erst mit Eintritt der Rechtskraft der Verfügung der Aufsichtsbehörde erfolgen. Diese stellt der Stiftung nach eindeutigem und ungenutztem Ablauf der Rechtsmittelfrist eine Rechtskraftbescheinigung zu.

Die ordnungsgemässe *Beendigung der Liquidation* (korrekte Realisierung der Aktiven und lückenlos richtiger Vollzug des Verteilungsplanes) ist der Aufsichtsbehörde durch die Kontrollstelle und mittels Schlussberichts des Experten zu belegen. Diese ersucht hierauf das Handelsregisteramt um Löschung des Eintrags der Personalvorsorgestiftung.

4. Stiftungsrechtliche Praxis zur Teilliquidation

Entlassungen bedeutenderen Ausmasses und Umstrukturierungen bei der Arbeitgeberfirma geben nach gefestigter stiftungsrechtlicher Praxis meistens Grund zu einer Teilliquidation der Personalvorsorgestiftung.

Aus *stiftungsrechtlicher Sicht* sind dabei *prioritär* stets die *Interessen der verbleibenden Arbeitnehmer* und des Arbeitgebers am sicheren *Bestand der Personalvorsorgestiftung (in Beachtung der verbleibenden Anlagerisiken und speziel-ler versicherungstechnischer Aspekte)* zu berücksichtigen.

Auf die Gruppe der *austretenden Arbeitnehmer* werden daher (ergänzend zur vollen Freizügigkeit) gemäss Verteilungsplan in aller Regel *nicht* proportional freie Stiftungsmittel aufzuschlüsseln sein.

Im Falle einer Teilliquidation muss der Stiftungsrat nach Treu und Glauben die Interessen verschiedener Destinatärgruppen (austretende Versicherte einerseits, verbleibende aktive Versicherte und Rentner andererseits) gegeneinander abwägen. Dabei hat er auf der Grundlage der *tatsächlichen finanziellen Lage* der Vorsorgeeinrichtung zu entscheiden. Am besten gelingt dies, wenn einer umfassenden Transparenz bereits in der Alltagspraxis der Vorsorgeeinrichtung der gebührende Stellenwert eingeräumt wird. Diesem Umstand wird mit den geänderten Rechnungslegungsvorschriften, insbesondere in Art. 47 Abs. 2 BVV 2, Rechnung getragen (Darstellung der tatsächlichen finanziellen Lage in der Jahresrechnung).

14.5 Teil- und Gesamtliquidation von Vorsorgeeinrichtungen

Insbesondere bei einer Teilliquidation kann die Abgeltung anwartschaftlicher Ansprüche auf freie Mittel auch *kollektiv* erfolgen. Dies ist z.b. dann der Fall, wenn Personalgruppen von einem neuen Arbeitgeber übernommen und in dessen neue oder bestehende Vorsorgeeinrichtung eintreten. Eine ähnliche Situation ergibt sich, wenn Firmen aus dem Konzern und damit deren Arbeitnehmer aus der Konzernvorsorgeeinrichtung ausscheiden. In den aufgezeigten und ähnlichen Fällen ist der Notwendigkeit vertraglicher Regelungen zwischen den betroffenen Firmen und insbesondere zwischen den betroffenen Vorsorgeeinrichtungen eben-falls die nötige Sorgfalt zu widmen.

Es kann fraglich sein, ob ein Sachverhalt eine Teil- oder bereits eine gänzliche Liquidation der Personalvorsorgestiftung auslöst. Für solche Fälle hat die Zürcher Aufsicht die Praxis entwickelt, bei der Verfügung zur Teilliquidation je nach Entwicklung die später nötigen "Korrekturen" vorzubehalten.

Die dargestellte stiftungsrechtliche Praxis zur Teilliquidation resultiert unter dem Gesichtspunkt des Betroffenseins von Arbeitnehmern durch Veränderungen der wirtschaftlichen Verhältnisse und Bedürfnisse *auf seiten des Arbeitgebers*. Hingegen kann die koordinierte freiwillige und die Existenz der Firma gefährdende Kündigung eines erheblichen Teils der Arbeitnehmer nicht Anlass sein, eine Teilliquidation zugunsten dieser Personen (aufsichtsrechtlich) *anzuordnen*. Es werden nämlich keine berechtigten Erwartungen auf künftige Ermessensleistungen enttäuscht, wenn in solchen Fällen die freien Stiftungsmittel der Gruppe der verbleibenden Destinatäre reserviert sind. Es kann hiezu auf die Praxis des Bundesgerichts in BGE 119 Ib 46 verwiesen werden.

Im übrigen gilt das zur gänzlichen Liquidation (zum Verteilungsplan insgesamt und zum Verteilungsschlüssel im speziellen sowie zur Information der Destinatäre) Ausgeführte auch für die Teilliquidation sinngemäss.

5. *Vergleich zwischen stiftungsrechtlicher Praxis und Regelung der Teil- und Gesamtliquidation im Freizügigkeitsgesetz*

Art. 23 FZG "Teil- oder Gesamtliquidation" hat eine Fassung erfahren, die im wesentlichen die geltende fortschrittliche Aufsichtspraxis bestätigt und stützt.

Vorab ist unter *allen Aspekten* klargestellt, dass der *verbindliche Entscheid* über den Anspruch der Züger auf freie Mittel *durch die Aufsichtsbehörde* erfolgt. Diese befindet nach Art. 23 Abs. 1 FZG ausdrücklich auch darüber, ob die *Voraussetzungen* für eine Teil- oder Gesamtliquidation erfüllt sind.

Die verantwortlichen Organe der Vorsorgeeinrichtungen müssen der Aufsichtsbehörde insbesondere diejenigen Sachverhalte melden, die als Teilliquidation gelten und einen Verteilungsplan über freie Mittel verlangen können. Es gehört aber auch ins Pflichtenheft der Kontrollstellen, bei der Prüfung der Rechtmässigkeit der Geschäftsführung den Aspekt Teilliquidation miteinzubeziehen. Die nötige aufsichtsrechtliche Tätigkeit kann selbstverständlich ebenfalls durch Anzeigen interessierter Personen oder durch eigentliche Beschwerden anspruchsberechtigter Destinatäre ausgelöst werden.

Nach FZG behält die Aufsichtsbehörde den Entscheidungsspielraum im Sinne bisheriger Praxis auch insofern, als die Voraussetzungen für eine Teilliquidation bei den in Art. 23 Abs. 4 aufgezählten Sachverhalten nur "vermutungsweise erfüllt" sind. Die *Vermutung des Gesetzes kann demnach im Rahmen einer am Grundsatz von Treu und Glauben orientierten Gesamtbetrachtung entkräftet werden.*

Aus der Botschaft zum FZG (S. 68) geht entspechend geltender Aufsichtspraxis hervor, dass den verantwortlichen Organen der Vorsorgeeinrichtungen bei der Gestaltung des Verteilungsplanes ein erheblicher *Bereich des pflichtgemässen Ermessens* zusteht. Wichtig ist, dass die nun massgebliche Gesetzesbestimmung ebenfalls die kollektive Abgeltung anwartschaftlicher Ansprüche auf freie Mittel als Möglichkeit weiterhin offen lässt.

Nach Art. 23 Abs. 1 FZG muss über den Anspruch auf freie Mittel eine formelle Verteilungsplanverfügung der Aufsichtsbehörde ergehen. Daraus folgen im Sinne der Festigung geltender Praxis insbesondere zwei Konsequenzen. Erstens ist die Parteistellung der *anspruchsberechtigten* Personen im aufsichtsrechtlichen Verfahren damit betont und die Verfügung daher allen berechtigten Personen zur Kenntnis zu bringen. Gemäss Bundesgesetz über das Verwaltungsverfahren (Art. 36) können bei Mängeln im Informationsnetz der Vorsorgeeinrichtung allfällige Lücken mit einer amtlichen Publikation geschlossen werden. Zweitens ist der Verteilungsplan gültig erst vollziehbar, wenn die entsprechende Verfügung rechtskräftig geworden ist. Zum vereinfachten Verfahren wird hinten auf Ziff. 8 verwiesen.

Wie dargestellt, erfolgt gemäss Aufsichtspraxis die Abwägung der Interessen verschiedener betroffener Destinatärgruppen in einer *gesamtheitlichen und an der tatsächlichen finanziellen Lage der Vorsorgeeinrichtung orientierten Betrachtungsweise.* Auch in der Botschaft zum FZG (S. 68) wird ausdrücklich auf die aktuelle und gerechte Erfassung der Aktiven und Passiven hingewiesen.

Die Formulierung von Art. 23 Abs. 2 FZG nimmt bei der Bestimmung der freien Mittel im Wortlaut *nur auf das Vermögen (Aktiven)* der Vorsorgeeinrichtung Bezug. Eine Einladung zur Verminderung oder Vermeidung freier Mittel durch Manipulationen auf der *Seite der Passiven* der Vorsorgeeinrichtung ist dies aber keinesfalls. Vielmehr hat ebenfalls im Sinne des FZG die Darstellung der Aktiven *und* Passiven einer Pensionskasse für eine Abwägung der Interessen verschiedener Destinatärgruppen *ausnahmslos* nach *Treu und Glauben* zu erfolgen.

14.5 Teil- und Gesamtliquidation von Vorsorgeeinrichtungen

Darstellung 14G

Schema zum Status für eine Teilliquidation nach FZG[1]

Ziel	– Die tatsächliche finanzielle Lage muss deutlich hervorgehen.
Ausgangspunkt	– Vermögen nach Veräusserungswerten (Bei Liegenschaften, die *nicht* verkauft werden, heisst das marktorientierter Ertragswert.)
	minus
	– reglementarisch gebundene Mittel[2] vor Teilliquidation gemäss aktuellem versicherungstechnischem Gutachten
	– zulässige Beitragsreserven i.e.S.
Zwischenergebnis (ohne Berücksichtigung der Fortbestandsinteressen)	– ...
	minus
	– *Fortbestandsinteressen*, also insbesondere
	– allenfalls technische Schwankungsreserven[2] nach Teilliquidation
	– Kurs- und Renditeschwankungen[3] zur Absicherung der Anlagestrategie nach Teilliquidation
	– latente Steuern und Abgaben auf Grundstücken
	– ...
Ergebnis (nach Berücksichtigung der Fortbestandsinteressen)	– Freie Mittel (die angemessen auf die Gruppen der austretenden und der verbleibenden Versicherten aufzuteilen sind) bzw. versicherungstechnischer Fehlbetrag

[1] Geeignete Grundlage ist eine Jahresrechnung mit Anhang (gemäss dem revidierten Art. 47 Abs. 2 BVV 2) per Ende Vorjahr. Für die Berücksichtigung der Fortbestandsinteressen ist im Status allerdings die Sachlage nach Reduktion des Versichertenbestandes massgebend.
[2] Nach anerkannten Grundsätzen der Versicherungsmathematik.
[3] Im Rahmen des pflichtgemässen Ermessens durch den Stiftungsrat festzulegen.

Quelle: Amt für berufliche Vorsorge des Kantons Zürich, 1996.

Art. 9 der Freizügigkeitsverordnung vom 3. Oktober 1994 bestätigt das. Danach muss sich die Vorsorgeeinrichtung für die Berechnung der freien Mittel auf eine kaufmännische *und* technische Bilanz mit Erläuterungen abstützen, aus denen die *tatsächliche finanzielle Lage* deutlich hervorgeht.

Art. 23 Abs. 2 FZG legt fest, dass die freien Mittel aufgrund des Vermögens, das zu *Veräusserungswerten* bewertet werden muss, zu berechnen sind. Dies bedarf der Auslegung, gibt es doch einen anerkannten und zweifelsfreien Begriff des Veräusserungswertes jedenfalls bei Fortbestand einer Vorsorgeeinrichtung (oder Unternehmung) bisher nicht. Für die gerechte Abwägung der Interessen von austretenden und verbleibenden Versicherten ist im Falle der Teilliquidation insbesondere bezüglich der Bewertung von Liegenschaften eine zweckgerechte Lösung zu suchen. Das Ausgehen von einem marktorientierten Ertragswert könnte hier m.E. hilfreich sein.

Schliesslich darf ein Veräusserungswert der Aktiven im Falle einer Teilliquidation (und damit bei Fortbestand der Vorsorgeeinrichtung) nicht Massstab für die Berechnung freier Mittel sein, *ohne dass den Rückstellungen für spätere Wertberichtigungen fachmännisch Rechnung getragen wird.*

Die rechtsgleiche Konkretisierung des Anspruchs der Versicherten auf freie Mittel bei einer Teilliquidation hängt entscheidend von der Berechnungsmethode ab. Führungsorgane, Revisionsstellen, anerkannte Experten für berufliche Vorsorge sowie die Aufsichtsbehörden sind dabei gleichermassen gefordert. Als Beitrag zu einer transparenten und damit in aller Regel konsensfähigen Praxis hat die Zürcher Aufsicht ein Schema zu einem Status für eine Teilliquidation nach FZG entwickelt, welches sich bewährt hat (vgl. Anhang).

Insgesamt ergibt ein Vergleich zwischen der stiftungsrechtlichen Praxis zur Ermittlung und Verwendung von freien Mitteln bei Teil- oder Gesamtliquidationen und den entsprechenden Regelungen im Freizügigkeitsgesetz erfreulicherweise eine *weitgehende Übereinstimmung.*

Grundsätzlich neue Aspekte tauchen jedoch beim Thema der Berücksichtigung und Behandlung *versicherungstechnischer Fehlbeträge* auf. Darauf ist im folgenden einzugehen.

6. Behandlung versicherungstechnischer Fehlbeträge nach dem Freizügigkeitsgesetz

Die Regelung der Austrittsleistung vor Inkrafttreten des Freizügigkeitsgesetzes erlaubte die Berücksichtigung versicherungstechnischer Fehlbeträge ganz allgemein (vgl. BGE 117 V 294 ff.). Nach Art. 19 FZG dagegen dürfen versicherungstechnische Fehlbeträge ausschliesslich bei Bilanzierung in geschlossener Kasse und ebenfalls dann nur bei Teil- oder Gesamtliquidationen abgezogen werden.

Diese Regelung gewährleistet eine aufsichtsbehördliche Beurteilung. Damit erfahren der Grundsatz von Treu und Glauben und das Gebot der Gleichbehandlung der Destinatäre die nötige Beachtung.

Deckungslücken, welche durch die Anwendung des FZG entstanden sind, wären den Vorsorgeeinrichtungen im Falle einer Teil- oder Gesamtliquidation, die innerhalb von fünf Jahren seit Inkrafttreten des Gesetzes erfolgt, durch Solidaritätsleistungen der Pensionskassen über den Sicherheitsfonds geschlossen worden. Die in der Praxis befürchteten Missbräuche sind jedoch ausgeblieben. Diese Bestimmung (Art. 27 Abs. 2 FZG) entfaltete keine Wirkungen.

Es sind aber bei Deckungslücken jedenfalls immer die möglichen Schritte zur Erlangung des finanziellen Gleichgewichts einzuleiten (vgl. Art. 53 Abs. 2 lit. a BVG). Art. 27 Abs. 3, wonach Fehlbeträge aufgrund des FZG spätestens zehn Jahre nach dessen Inkrafttreten abgebaut sein müssen, darf nur nach Treu und Glauben und in Wahrung des Grundsatzes der Gleichbehandlung der Vorsorgeeinrichtungen in Anspruch genommen werden.

Zu prüfen ist in jedem Fall bei einer Deckungslücke, ob eine Verletzung der erwähnten Pflicht durch die Organe der Vorsorgeeinrichtung und den anerkannten Experten gestützt auf Art. 52 BVG über die Verantwortlichkeit vorliegt. Allfällige Verantwortlichkeitsansprüche müssen mit aller Konsequenz durchgesetzt werden.

7. Mögliche Vereinfachungen bei Teilliquidationen

Inhaltlich stellt die Regelung in Art. 23 FZG zwar eine Fortführung der stiftungsrechtlichen Praxis dar. Da verfahrensmässig die Aufnahme auf Gesetzesstufe die Rechtspflegetätigkeit der Aufsicht betont (Versicherte mit Parteistellung und Entscheid in einem Verwaltungsverfahren), ist der Rahmen für Aufsichtsbehörden zwar strenger geworden, doch innerhalb des gesetzlichen Rasters sind Vereinfachungen möglich.

Gemäss Art. 23 Abs. 1 FZG müssen Aufsichtsbehörden feststellen, ob die Voraussetzungen für eine Teil- oder Gesamtliquidation erfüllt sind, und den Verteilungsplan genehmigen. Für den ersten Entscheid gibt das Gesetz mit den drei Tatbestandsvermutungen in Abs. 4 (erhebliche Verminderung der Belegschaft, Unternehmensrestrukturierung, Auflösung eines Anschlussvertrages) eine Hilfestellung. In der Praxis geht es vor allem um die Auslegung dieser gesetzlichen Umschreibungen, wozu sich eine Rechtsprechung erst entwickelt. Die dem Gesetz und der Verordnung innewohnende Rollenverteilung erleichtert das Zustandekommen von Entscheiden des zuständigen Organs der Vorsorgeeinrichtung (in der Regel Stiftungsrat), das einen Fall gemäss Abs. 4 der Aufsicht melden muss.

Vereinfachend wirkt auch, dass Revisionsstellen grundsätzlich bei der Prüfung der Rechtmässigkeit der Geschäftsführung ebenfalls den Aspekt Teilliquidation einbeziehen müssen. Sie haben auch einen näheren Bezug zu Vorgängen bei der Firma, die Teilliquidationen auslösen, wogegen Aufsichtsbehörden allenfalls noch bei Stichproben nachträglich auf Anhaltspunkte für die Durchführung einer Teilliquidation stossen.

Damit ein Verteilungsplan genehmigt werden kann, sind freie Mittel zur Verteilung Voraussetzung. Wenn diese unter Beachtung von Gesetz und Verordnung ermittelt werden, rückt wieder die Rollenverteilung ins Zentrum. Bewertungsfragen gehören in den Aufgabenbereich der Revisionsstellen. Da neben den Aktiven auch die Verpflichtungen auf der Passivseite festzustellen sind, ist ebenfalls eine versicherungstechnische Beurteilung durch den Experten für berufliche Vorsorge erforderlich.

Gerade im Hinblick auf die Feststellung der freien Mittel wurde seitens der Aufsichtsbehörden ein Beitrag zur Entwicklung einer rechtsgleichen Praxis und auch zu einem rascheren Verfahrensablauf geleistet durch die Erarbeitung des Status zur Feststellung des freien Vermögens nach Art. 23 FZG (vgl. Anhang). Er dient als Leitlinie bei nicht streitigen Verfahren bzw. als Beurteilungsraster bei streitigen Verfahren.

Teilliquidationen müssen nach den Grundsätzen des Verwaltungsverfahrens (wie Gleichbehandlungsgrundsatz, Grundsatz von Treu und Glauben und Verhältnismässigkeitsprinzip) abgewickelt werden. Insbesondere der Untersuchungsgrundsatz ist durch Aufsichtsbehörden zu beachten, indem der Sachverhalt von Amtes wegen abzuklären ist; dies unter Mitwirkung der Parteien. Das zuständige Organ muss rechtsgültige Beschlüsse fällen und den Versicherten das rechtliche Gehör gewähren. Die Einhaltung dieser Regeln trägt wesentlich zur Vereinfachung bei.

Im Hinblick auf einen rascheren Verfahrensablauf entwickelte die Zürcher Aufsicht gestützt auf das Bundesgesetz über das Verwaltungsverfahren (VwVG) eine Verfügung in Briefform ohne Begründung und Rechtsmittelbelehrung, gegen die Destinatäre Einsprache erheben und bei der Aufsicht um eine begründete rechtsmittelfähige Verfügung nachsuchen können. Ermöglicht wird der Erlass dieser sog. Briefverfügung, weil dem Begehren der Parteien entsprochen wird und somit eine Begründung samt Rechtsmittelbelehrung unterbleiben kann (Art. 35 Abs. 3 VwVG). In der Praxis tritt der Grossteil der Briefverfügungen in Rechtskraft, wenn vorgängig ausreichend informiert wird.

Eine weitere Verfahrensbeschleunigung wird erzielt, wenn bei Pensionskassen bzw. Firmen absehbar ist (z.B. bei Gemeinschaftseinrichtungen wie Konzernpensionskassen mit mehreren angeschlossenen Arbeitgebern), dass mehrmals hintereinander Teilliquidationstatbestände eintreten. Effiziente Abläufe ergeben sich, wenn beispielsweise in einem ersten Verfahren der Status zur Ermittlung des freien Vermögens und die Grundsätze der Verteilung von der Aufsicht genehmigt werden, so dass bei nachgängigen Verfahren darauf Bezug genommen werden kann und nur noch der Teilliquidationstatbestand zu prüfen ist.

Ein möglicher Schritt wäre die Aufnahme von generellen Regelungen in Reglementen oder Anschlussverträgen, wo sowohl der Sachverhalt wie auch die Durchführung der Verteilung (Basis für die Bestimmung des freien Vermögens und die Verteilkriterien) umschrieben sind, die mittels Verfügung genehmigt werden. Vorsorgeeinrichtungen müssen anschliessend nicht mehr den ganzen Verfahrensablauf absolvieren, sondern können bei jedem neuen Teilliquidationstatbestand ein Doppel der Verfügung, welche sich auf die generelle Grundlage bezieht, abgeben.

Zusammenfassend gilt zwecks Vereinfachung folgendes:

– Art. 23 und 9 FZV basieren auf einer Rollenteilung (Versicherte, Stiftungsrat, Revisionsstelle, Experte, Aufsicht).
– Aufsichtsbehörden haben Arbeitsinstrumente entwickelt (Zürcher Aufsicht, Konferenz der kantonalen Aufsichtsbehörden). Zur Ermittlung des freien Vermögens gemäss den gesetzlichen Vorgaben ist insbesondere das Zürcher Statusmodell zweckdienlich.
– Neben den ausformulierten Verfügungen mit Rechtsmittelbelehrung kann eine sog. Briefverfügung gestützt auf Art. 35 Abs. 3 VwVG verwendet werden (ohne Begründung und Rechtsmittelbelehrung, aber mit der Möglichkeit der Einsprache und des nachträglichen Gesuchs um kostenpflichtige begründete Verfügung).
– Neben Gesamtlösungen, die von der Aufsicht genehmigt werden können, lassen sich generelle Regelungen ins Reglement und in Anschlussvereinbarungen aufnehmen, damit nicht bei jedem Teilliquidationsvorgang das ganze Verfahren neu ablaufen muss.

8. Würdigung der Teil- und Gesamtliquidation

Freie Mittel können sozusagen aus pensionskassenspezifischen Gründen entstehen. Zu denken ist insbesondere an Nettoerträge auf dem Vermögen, welche den technischen Zinssatz oder die Verzinsung von Altersguthaben mehr oder weniger deutlich übertreffen. Freie Mittel erwachsen aber insbesondere durch eine grosszügige *Zuwendungspolitik des Arbeitgebers*.

Es hat Logik, wenn ein Freizügigkeitsgesetz für die Teil- oder Gesamtliquidationen Regelungen über die Verwendung freier Mittel aus pensionskassenspezifischen Quellen anstrebt. Erforderlich ist dabei jedoch, dass sich solche Vorschriften grundsätzlich ebenfalls mit der stiftungsrechtlichen Praxis vertra-

gen, welche die Abgeltung von anwartschaftlichen Ansprüchen auf freie Stiftungsmittel aus freiwilligen Zuwendungen der Arbeitgeber regelt.
Die speziellen Funktionen der Wohlfahrtsfonds sollen neu entdeckt und belebt werden. Ziel ist es, der zunehmenden Tendenz zur Standardisierung und zum Giesskannenprinzip etwas zu entgehen und wieder mehr Raum für kreative und möglichst situationsgerechte Sozialpartnerschafts- und Sozialpolitik in einem weiteren Sinn zu gewinnen.

Unbestritten aber muss bleiben, dass die Abgeltung von Anwartschaften auf freie Stiftungsmittel insgesamt gemäss Aufsichtspraxis erfolgt. *Treu und Glauben* und das *Gebot der Gleichbehandlung* der Destinatäre sind *auch in Zukunft* die verlässlichen *Wegweiser*.

9. Einige Gerichtsentscheide zur Teil- und Gesamtliquidation

a) Entscheid der Eidg. Beschwerdekommission vom 20. August 1999

Problemstellung: Ist es nach Bildung notwendiger Reserven zulässig, bei freien Mitteln von 5% des Deckungskapitals auf die Durchführung einer Teilliquidation zu verzichten?

Antwort: Wenn nach Bildung der entsprechenden Reserven noch freie Mittel in der Höhe von 5% des Deckungskapitals resultieren, darf das nicht zum vornherein zum Verzicht auf eine Teilliquidation führen. Zwar muss die Vorsorgeeinrichtung jederzeit dafür Sicherheit bieten, dass sie die übernommenen Verpflichtungen erfüllen kann, was allgemein die Bildung bzw. Aufrechterhaltung bestimmter Reserven für den Fortbestand bedingt. Es gilt jedoch keine zwingende Regel, bei freien Mitteln unter 10% des Deckungskapitals könne auf eine Teilliquidation verzichtet werden. Massgeblich ist die Beurteilung des Experten, die hier widersprüchlich war, und zudem bestand eine vollständige Rückversicherung bei einer Versicherung, so dass nicht ohne weiteres ein Verzicht hätte erfolgen dürfen.

Anmerkungen: Erwähnt wird, dass die Berücksichtigung der vorzeitig Pensionierten – durch Reserven für die Anpassung der Renten an die Teuerung – zwar eine Ungleichbehandlung mit Entlassenen bewirken könne, doch erscheine das nicht vorweg als ungerechtfertigt.
Ebenfalls festgehalten wird, dass es sich zwar um einen Fall vor Inkrafttreten des FZG handle, dass dieses aber im wesentlichen eine Kodifikation der bisherigen Praxis darstellt.

b) Entscheid der Eidg. Beschwerdekommission vom 20. November 1998

Problemstellung: Welche Voraussetzungen sind für die Durchführung einer Teilliquidation ausschlaggebend?

Antwort: Wenn eine Verminderung der Arbeitnehmerzahl beispielsweise 10% des effektiven Personalbestandes ausmacht, so kann dies als erheblich beurteilt werden und Anlass für eine Teilliquidation sein. Das kann jedoch keine schematische Grösse sein, denn bei einer kleineren Firma wäre diese Limite im Unterschied zu einer grossen Gesellschaft offensichtlich zu gering. Neben dem rein zahlenmässigen Aspekt liegt oft auch eine mit Entlassungen verbundene Restrukturierung der Firma vor. Erforderlich ist jedenfalls auch eine Interessenabwägung zwischen Anwartschaften der Versicherten und der Notwendigkeit angemessener Mittel für den verbleibenden Bestand. Nicht entscheidend kann allerdings sein, dass Versicherte nicht direkt mit Beiträgen zur Bildung der Mittel beigetragen haben. Denn diese gehören unwiderruflich der Stiftung und müssen im Sinne des Stiftungszwecks verwendet werden.

c) Entscheid der Eidg. Beschwerdekommission vom 26. Juni 1998

Problemstellungen: Sind die Voraussetzungen für eine Teilliquidation nach Art. 23 FZG erfüllt? – Welche Anforderungen werden an einen Verteilungsplan gestellt? – Ist ein Verzugszins geschuldet?

Antworten: Die Voraussetzungen sind vermutungsweise erfüllt, wenn ein Tatbestand nach Art. 23 Abs. 4 FZG vorliegt. Bei der erheblichen Verminderung der Belegschaft kann generell von einer Reduktion von 10% des effektiven Personalbestandes ausgegangen werden. Allerdings ist keine schematische Anwendung vorzunehmen, massgeblich ist auch die Grösse des Betriebes.

Bei der Ausarbeitung des der Aufsichtsbehörde vorzulegenden Verteilungsplanes hat der Stiftungsrat einen grossen Ermessensspielraum. Zulässig ist, die Rentner in den Destinatärkreis einzubeziehen, wobei dort wieder Gruppenbildungen möglich sind. Eine absolute Gleichbehandlung wird nicht verlangt. Greift eine Aufsichtsbehörde beim Verteilungsplan oder beim Verteilschlüssel angesichts des grossen Ermessens dennoch ein, muss entweder ein Ermessensmissbrauch oder eine Rechtswidrigkeit vorliegen. Jedenfalls darf die Aufsichtsbehörde nicht anstelle des Stiftungsrates Verteilkriterien aufstellen.

Das Gesetz gibt keine Antwort darauf, ob auf die zugewiesenen freien Mittel Zinsen geschuldet sind. Zwar besteht eine enge Verbindung zwischen Austrittsleistung und Anspruch auf freie Mittel. Dieser Anspruch entsteht aber erst bei der Genehmigung des Verteilungsplanes, vorher handelt es sich bloss um eine Anwartschaft, und solange der Entscheid der Aufsichtsbehörde nicht rechtskräftig ist, kann auch kein Verzugszins geschuldet sein.

d) Entscheid der Eidg. Beschwerdekommission vom 9. Juli 1997

Problemstellung: Genehmigung des Verteilungsplanes (Aufnahme in den Destinatärkreis)

Antwort: Auf die Aufforderung der Aufsichtsbehörde, angesichts grösserer Personalabgänge sei ein Wohlfahrtsfonds teilzuliquidieren, beschloss der Stiftungsrat die Auflösung und demnach auch einen Verteilungsplan. Dabei steht ihm durchaus das Ermessen zu, darin nur aufzunehmen, wer mindestens ein volles Dienstjahr aufweist. Ein Rechtsanspruch auf einen Anteil an freien Mitteln besteht nicht, denn es liegt zeitlich gesehen ein Fall vor Inkrafttreten des FZG vor. Materiell geht es ohnehin um die Beurteilung eines Wohlfahrtsfonds, der nicht unter das FZG fallen würde. Mit einer zehnmonatigen Arbeitsdauer hat sich im Rahmen des vorliegenden Verteilungsplanes die Anwartschaft nicht konkretisiert; die Beschwerde wurde abgewiesen.

Anmerkung: Vorliegendenfalls musste das Arbeitsverhältnis unter arbeitsvertraglichen Aspekten mittels Vertragsauslegung geprüft werden, ob das volle Dienstjahr erfüllt war oder nicht.

e) Entscheid des Bundesgerichts (II. Öffentlich-rechtliche Abteilung) vom 3. April 1998

Problemstellung: Nichtgenehmigung des Verteilungsplanes

Antwort: Wenn bei einem Verteilungsplan die Kriterien so gewählt werden, dass nur 17 von 118 Destinatären berücksichtigt werden, verstösst das nicht nur gegen den Grundsatz der Gleichbehandlung der Destinatäre, sondern führt auch zu einem offensichtlich unhaltbaren Ergebnis und ist willkürlich. Die Vorinstanz hat daher zu Recht dem vorgelegten Verteilungsplan die Genehmigung verweigert. Denn für die Wahl der Kriterien Mindestalter von 40 Jahren und eine Dienstzeit von mindestens 10 Jahren bzw. für diese Differenzierung gibt es keine triftigen sachlichen Gründe, zumal Härtefällen bereits Rechnung getragen wurde. Keine Rolle spiele hier, dass (noch) keine Rechtsansprüche gemäss Art. 23 FZG bestehen, sondern nur Anwartschaften.

Anmerkung: Bestätigung des vorinstanzlichen Entscheids (Entscheid der Beschwerdekommission vom 6. November 1996)

Besprechung in: Informationstage 1998 BVA des Kantons Zürich (Vorinstanz)

f) Entscheid des Bundesgerichts (II. Öffentlich-rechtliche Abteilung) vom 27. August 1998

Problemstellung: Frage der Genehmigung eines Verteilungsplanes unter Berücksichtigung von Sozialplanleistungen

Antwort: Die Genehmigungsverfügung wurde erstinstanzlich insoweit aufgehoben, als eine pauschale Anrechnung der Leistungen aus einem früheren Sozialplan im Rahmen des Verteilungsplans gutgeheissen wurde. Es erfolgte Rückweisung zur Neubeurteilung, da eine ungenügende Sachverhaltsabklärung den Entscheid verunmöglichte, ob die Sozialplanleistungen des Arbeitgebers durch den Stiftungszweck gedeckt sind oder ob damit arbeitsvertragliche Verpflichtungen abgegolten werden.

Wenn jedoch die Beschwerdekommission zum vornherein ausschliesst, dass der Arbeitgeberin allenfalls bevorschusste Leistungen zurückerstattet werden dürfen, wird damit das Verfahren präjudiziert (durch Annahme eines unzulässigen Rückflusses von Stiftungsmitteln), und die Vorinstanz widerspricht ihrer eigenen Anordnung.

15. Personalvorsorgekonzepte in der Praxis

von *Dr. sc. math. ETH Oskar Leutwiler*, dipl. Pensionsversicherungsexperte, Aktuar SAV, Partner und Leiter des Bereichs Personalvorsorgeberatung der PricewaterhouseCoopers, Zürich, Lehrbeauftragter an der Universität Zürich

15.1 Bestimmungen des Gesetzes und Anforderungen des BVG an Vorsorgeeinrichtungen

Zur Einführung seien die wesentlichsten Bestimmungen des BVG in Erinnerung gerufen:

Obligatorisch zu versichernde Personen und koordinierter Lohn

Die nach BVG zu versichernden Personen können anhand des in *Darstellung 15A* gegebenen Flow-charts bestimmt werden.
 Der koordinierte Lohn entspricht jenem Teil des AHV-Lohnes, der zwischen den beiden Schranken *CHF 24'120.–* (maximale AHV-Altersrente; Stand 1. Januar 1999) und *CHF 72'360.–* liegt. Er beträgt mindestens 1/8 der maximalen AHV-Altersrente.

Altersgutschriften

Die Vorsorgeeinrichtung muss jedem Versicherten mindestens *folgende Sparbeiträge* jährlich gutschreiben (Altersgutschriften) und zu einem Mindestsatz, den der Bundesrat auf 4% festgelegt hat, verzinsen.

Altersgruppe		Gutschrift in %
Männer	Frauen	des koordinierten Lohnes
25–34	25–31	7
35–44	32–41	10
45–54	42–51	15
55–65	52–62	18

Ist infolge *ungünstiger Altersstruktur* die Summe der Altersgutschriften in einem Jahr grösser als 14% der Summe der koordinierten Löhne der Versicherten, die das 25. Altersjahr erreicht haben, so wird der Exzedent (übersteigende Teil) der Vorsorgeeinrichtung durch den Sicherheitsfonds vergütet.

Darstellung 15A

Flow-chart zur Bestimmung der obligatorisch zu versichernden Personen

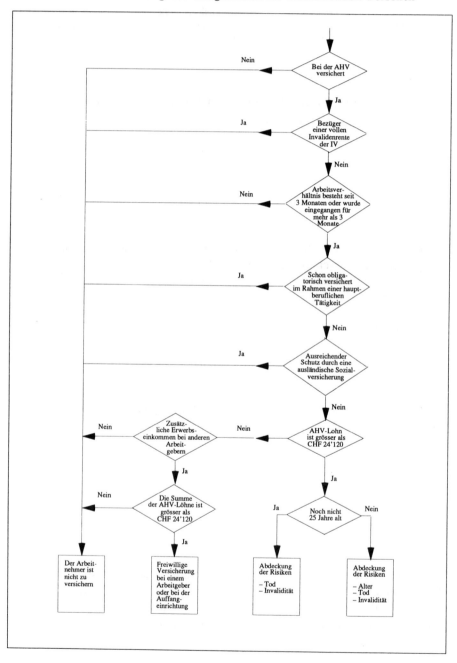

15.1 Bestimmungen des Gesetzes und Anforderungen des BVG ...

Finanzierung der Leistungen

Die Gesamtbeiträge (von Arbeitgeber und Arbeitnehmer) sind so anzusetzen, dass folgende gesetzlichen Leistungen erbracht werden können:

- Altersgutschriften,
- Abdeckung des Sterbe- und Invaliditätsrisikos,
- Finanzierung des Sicherheitsfonds,
- Anpassung der laufenden Renten an die Preisentwicklung vor dem Pensionierungsalter,
- Verbesserung der Leistungen an die Eintrittsgeneration und freiwillige Anpassung der laufenden Renten (dafür ist jährlich 1% der koordinierten Löhne aller Versicherten, die das 25. Altersjahr erreicht haben, bereitzustellen).

Art der Leistungen

Es sind folgende *Leistungen* (im Sinne der AHV/IV) zu erbringen:

- Altersrenten,
- Invalidenrenten,
- Witwenrenten,
- Waisenrenten,
- Pensionierten-Kinderrenten,
- Invaliden-Kinderrenten.

Der Anspruchsberechtigte kann anstelle einer Alters-, Invaliden- oder Witwenrente eine *Kapitalabfindung* verlangen, sofern dies das Reglement vorsieht. Die Kapitalisierung der Altersrente muss drei Jahre vor dem Rentenanspruch beantragt werden.

Höhe der Leistungen

Die Höhe der Leistungen lässt sich wie folgt ermitteln:

- *Altersrente:* Die Altersgutschriften werden sparkassenmässig angesammelt und verzinst zum minimalen Zinssatz, den der Bundesrat festlegt. Mit dem Sparendkapital (Altersguthaben) im Pensionierungsalter wird eine sofort beginnende Altersrente (mit anwartschaftlicher Witwenrente) eingekauft. Der Mindestumwandlungssatz wird vom Bundesrat festgelegt. Er beträgt gemäss Verordnung (BVV 2) 7,2% des Altersguthabens.

– *Invalidenrente:* Die Invalidenrente entspricht der Altersrente, welche sich ergäbe, wenn der Sparprozess ohne Zins ab Invaliditätsbeginn bis zum Pensionierungsalter weitergeführt worden wäre.

– *Witwenrente:* Die Witwenrente beträgt 60% der Invalidenrente, welche der Verstorbene im Invaliditätsfall erhalten hätte.

– *Waisenrente:* Die Waisenrente beträgt für jedes Kind unter 18 Jahren (bzw. 25 Jahren, wenn es in Ausbildung steht) 20% der Invalidenrente.

– *Pensionierten-Kinderrente:* Die Pensionierten-Kinderrente beträgt 20% der Altersrente des Versicherten (Mann oder Frau). Sie wird ab Pensionierung des Versicherten an jedes Kind unter 18 Jahren (bzw. 25 Jahren, wenn es in Ausbildung steht) ausbezahlt.

– *Invaliden-Kinderrente:* Bezieht der Versicherte eine Invalidenrente der Vorsorgeeinrichtung, erhält jedes Kind unter 18 Jahren (bzw. 25 Jahren, wenn es in Ausbildung steht) eine Invaliden-Kinderrente in der Höhe von 20% der Invalidenrente. Bei Teilinvalidität wird eine Teilrente fällig.

Indexierung der Leistungen

Vor dem Pensionierungsalter müssen Hinterlassenen- und Invalidenrenten, deren Laufzeit drei Jahre überschritten hat, nach der *Verordnung über die Anpassung der laufenden Hinterlassenen- und Invalidenrenten an die Preisentwicklung vom 16. September 1987* der Preisentwicklung angepasst werden; nach dem Pensionierungsalter lediglich im Rahmen der finanziellen Möglichkeiten. Dafür sowie für die Verbesserung der Leistungen der Eintrittsgeneration ist jährlich 1% der koordinierten Löhne aller Versicherten, die das 25. Altersjahr erreicht haben, bereitzustellen.

Bei der Neugestaltung oder Reorganisation einer Personalvorsorge sollte man sich vom bekannten Ausspruch von Albert Einstein leiten lassen: "Alles Grosse ist einfach."

Je *einfacher, transparenter und verständlicher* ein Vorsorgekonzept aufgebaut ist, desto grösser ist das Vertrauen der Destinatäre in die Vorsorgeeinrichtung. Wenn es den Versicherten möglich ist, die wesentlichsten Zusammenhänge zu überblicken oder sogar gewisse Arbeitsgänge zu überprüfen, wächst im allgemeinen das Verständnis für eine kollektive Vorsorge.

Die *wichtigsten Anforderungen des Gesetzes* an die Personalvorsorgeeinrichtungen lauten wie folgt:

15.1 Bestimmungen des Gesetzes und Anforderungen des BVG ...

- Jede Firma muss eine ihrer Personalvorsorgeeinrichtungen dem Gesetz unterstellen, d.h. *registrieren lassen,* oder ihr Personal einer *registrierten Kasse* anschliessen.
- Der *Stiftungsrat* der registrierten Vorsorgeeinrichtung muss sich *paritätisch* zusammensetzen. Er besteht somit aus gleich vielen Arbeitgeber- und Arbeitnehmervertretern. Bei Stimmengleichheit ist nach einer Kompromisslösung zu suchen oder eine fremde Schiedsinstanz anzurufen.
- *Art. 331 Abs 3 OR* verbietet dem Arbeitgeber, seine Beiträge mit Überschussrückvergütungen der Versicherungsgesellschaft oder anderen Gewinnen (Mutationsgewinne usw.) der Stiftung zu verrechnen.
- Jede Vorsorgeeinrichtung (auch eine rein patronale Einrichtung) braucht eine *Kontrollstelle.*
- Seit 1. Januar 1995 gilt das neue *Freizügigkeitsgesetz.* Es ist bei allen Personalvorsorgeeinrichtungen des privaten und des öffentlichen Rechts anwendbar, die aufgrund ihrer Vorschriften bzw. Reglemente Vorsorgeleistungen bei Alter, Tod oder Invalidität versprechen.
- Es muss eine *Schattenrechnung* geführt werden. Unter einer Schattenrechnung verstehen wir die Führung einer minimalen BVG-Kasse rein theoretisch auf dem Papier. Sie dient der Vorsorgeeinrichtung lediglich dazu, jederzeit den Beweis erbringen zu können, dass die Vorsorgeleistungen mindestens so gross sind wie die gesetzlichen Minimalleistungen. Zudem ermöglicht sie der Vorsorgeeinrichtung, die Leistungen zu unterteilen in einen minimalen BVG-Teil und einen Exzedenten-(Zusatz-)Teil.
- Mit dem *Sicherheitsfonds* muss periodisch abgerechnet werden. Er hat die Aufgabe, das Insolvenzrisiko abzudecken bis zu einem massgebenden AHV-Jahreslohn von CHF 108'540.– (Stand 1999) sowie Vorsorgeeinrichtungen mit ungünstiger Altersstruktur zu unterstützen. Liegt nämlich der durchschnittliche Satz der Altersgutschriften aller Versicherten über 14% der koordinierten Löhne, wird jener Teil der durchschnittlichen Altersgutschriften, welcher 14% übersteigt, vom Sicherheitsfonds vergütet.
Dem Sicherheitsfonds muss jährlich 1‰ (Ansatz für 1999 als Übergangslösung) der AHV-Jahreslöhne bis zum Plafond von CHF 108'540.– (Ansatz für 1999) überwiesen werden.
Ab 1. Januar 2000 tritt eine Neuregelung in Kraft. Danach wird die Deckung und damit naturgemäss auch die Beitragspflicht auf alle Vorsorgeeinrichtungen (auch nicht registrierte) ausgedehnt.

Das neue Beitragssystem wird in zwei Bereiche aufgeteilt:

- Beiträge für Zuschüsse wegen ungünstiger Altersstruktur: Diese Beiträge werden nach dem bisherigen System nur bei registrierten Vorsorgeeinrichtungen erhoben.

- Beiträge für Insolvenz- und andere Vorsorgeleistungen: Berechnungsgrundlage bilden die Summe der reglementarischen Austrittsleistungen per 31. Dezember gemäss Art. 2 FZG und das Zehnfache der Summe aller laufenden Renten.

- Es ist jährlich 1% der koordinierten Löhne (aller Versicherten, die für die Altersleistungen Beiträge zu entrichten haben) für die *Verbesserung der Leistungen an die Eintrittsgeneration* sowie für die freiwillige Anpassung der Renten bereitzustellen. Die Vorsorgeeinrichtung kann auf die Äufnung eines Fonds für die Sondermassnahmen verzichten, sofern sie den vereinfachten Nachweis nach Art. 46 BVV 2 erbringt.

- Alle *ausbezahlten Leistungen* sind in einen *minimalen BVG-Teil* und einen *Exzedenten-Teil* aufzuteilen. Nur der minimale BVG-Teil ist der Preisentwicklung im Rahmen des Gesetzes anzupassen.

15.2 Übersicht über die Vorsorgemodelle im Rahmen des BVG

Bei der Wahl des Vorsorgekonzepts werden bei vielen Unternehmen die *Weichen für die kommenden Jahrzehnte gestellt*. Bei einer Reorganisation ist es deshalb dringend notwendig, dass die zu treffenden Schritte sorgfältig überlegt und abgewogen werden.

Im allgemeinen besteht die *Wahl zwischen folgenden Modellen:*

Modell I: Minimale BVG-Kasse

Dieses Konzept eignet sich für Firmen, die eine bescheidene Personalvorsorge betreiben und auch in Zukunft *nur die gesetzlichen Minimalleistungen* erbringen möchten.

Modell II: Enveloppe (umhüllende) Kasse

Registrierte BVG-Kasse

Die enveloppe Kasse eignet sich für Unternehmungen, die *mehr versichern als das gesetzliche Minimum.*
Da die Kasse höhere Leistungen erbringt als die gesetzlichen Minimalbeträge, muss eine *Schattenrechnung* geführt werden.

Mit der *Splittung* bzw. *der Unterteilung* einer Vorsorgeeinrichtung in getrennte Kassen kann erreicht werden, dass ein Teil des Vorsorgekapitals einem Teil der gesetzlichen BVG-Bestimmungen entzogen wird, insbesondere der paritätischen Verwaltung.

Beim Split gibt es im wesentlichen vier Modelle:

Modell III: Einfrieren der vorobligatorisch erworbenen Leistungen

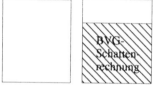

Besitzstands- Registrierte
Kasse   BVG-Kasse

Die vorobligatorische Personalvorsorge wurde eingefroren, d.h. für jeden Versicherten wurden die effektiv erworbenen (finanzierten) Leistungen per 31. Dezember 1984 versicherungstechnisch errechnet und zugesprochen. Diese Leistungsansprüche bleiben unverändert bis zu deren Fälligkeit.

In einer zusätzlichen registrierten BVG-Kasse werden die prospektiven (künftigen) ab 1. Januar 1985 erworbenen Leistungen versichert und finanziert.

Da die registrierte Kasse höhere Leistungen erbringt als die gesetzlichen Minimalbeträge, muss eine *Schattenrechnung* geführt werden.

Modell IV: Aufspaltung nach Lohnbestandteilen

Exzedenten- Registrierte
Kasse   BVG-Kasse

Die Personalvorsorge wird nach Einkommen unterteilt. Lohnbestandteile bis zu einem vorgegebenen Plafond (z.B. das rentenbildende Besoldungsmaximum der AHV/IV von zurzeit CHF 72'360.–) werden in der "registrierten BVG-Kasse", jene über diesem Plafond in der "Exzedenten-Kasse" versichert.

Da die registrierte Kasse höhere Leistungen erbringt als die gesetzlichen Minimalbeträge, muss eine *Schattenrechnung* geführt werden.

15.2 Übersicht über die Vorsorgemodelle im Rahmen des BVG

Modell V: Abspaltung der gesetzlichen Minimalleistungen

Exzedenten-Kasse   Registrierte BVG-Kasse

Die Personalvorsorge wird in eine reine, minimale BVG-Kasse und eine Exzedenten-Kasse unterteilt. Bei der minimalen BVG-Kasse fällt die *Schattenrechnung* mit der gesetzlichen Führung der *Alterskonten* zusammen.
Je nach Aufbau der Finanzierung kann die Verwaltung dieses Modells sehr arbeitsintensiv sein.
Die Leistungen der Exzedenten-Kasse können in gewissen Fällen nur schwer und mit einem grossen Mass an Unsicherheit ermittelt werden.

Modell VI: Komplementär-Kasse

Exzedenten-Kasse   Registrierte BVG-Kasse

Wie bei Modell V wird nur die reine minimale BVG-Kasse dem Gesetz unterstellt. Im Versicherungsfall werden die minimalen BVG-Leistungen an die Destinatäre oder an die Exzedenten-Kasse überwiesen, und letztere erfüllt gegenüber den Versicherten die Restverpflichtungen bzw. ergänzt die minimalen BVG-Leistungen auf die reglementarischen Gesamtleistungen (Verrechnung der BVG-Leistungen). Die Verwaltung kann so organisiert werden, dass der Versicherte analoge Verhältnisse vorfindet wie bei der enveloppen Kasse.

15.3 Die wesentlichsten Vor- und Nachteile der Aufspaltung (Splittung) einer Vorsorgeeinrichtung

Eine Aufspaltung (Splittung) der Personalvorsorge führt zu folgenden wesentlichen Merkmalen:

- Für die nichtregistrierte Kasse gilt *nur ein Teil der BVG-Vorschriften*, nämlich Art. 52: Verantwortlichkeit, Art. 53: Kontrolle, Art. 56 Abs. 1 lit. c Abs. 2–5, Art. 56a/57/59: Sicherheitsfonds, Art. 61/62: Aufsicht, Art. 71: Vermögensverwaltung, Art. 73/74: Rechtspflege, Art. 75–79: Strafbestimmungen, Art. 80–84: Steuerrecht sowie Art. 89. Ausserdem gelten die Vorschriften des Freizügigkeitsgesetzes sowie die Bestimmungen zur Wohneigentumsförderung (Art. 331d OR).

- Die *paritätische Verwaltung* (gleich viele Arbeitgeber- und Arbeitnehmervertreter im Stiftungsrat) gilt nur für die registrierte Kasse. Bei der nichtregistrierten Vorsorgeeinrichtung hat der Arbeitnehmer lediglich ein Mitspracherecht im Verhältnis der Beiträge, die von Arbeitnehmer und Arbeitgeber geleistet werden.

- Die *gesetzliche Indexierung* der Renten wird teurer, da die Leistung der nichtregistrierten Kasse infolge Besitzstandswahrung nicht angerechnet werden darf.

- Naturgemäss sind in der nichtregistrierten Kasse die hohen Risiken und nur ein Teil der Arbeitnehmer versichert, was zu einer *erhöhten Risikostreuung* führen kann. Die Erfahrung zeigt, dass eine Splittung die Altersstruktur der nichtregistrierten Kasse im allgemeinen ungünstig beeinflusst.

- Die *Verwaltung* wird arbeitsintensiver. Es sind zwei Buchhaltungen zu führen, es müssen zwei Reglemente geschaffen werden, der Versicherte erhält zwei Versicherungsausweise, und es sind zwei Stiftungsräte zu wählen.

- Die *Transparenz* des Vorsorgewerkes verschlechtert sich.

- Durch eine Splittung kann die *Verstaatlichung der Zweiten Säule* gefördert werden. Falls nämlich bei den meisten Unternehmen die genau gleiche minimale BVG-Kasse geführt wird und diese demzufolge die genau gleichen Probleme zu lösen haben, ist die Grundlage geschaffen, um eine staatliche Einrichtung zu errichten. Das weitverbreitete Gegenargument, wonach die Zweite Säule den individuellen Bedürfnissen der einzelnen Unternehmen Rechnung tragen müsse, würde für die minimale Standard-BVG-Kasse nicht mehr zutreffen.

15.4 Sonderprobleme technischer Art

15.41 Die Methode des modifizierten technischen Zinsfusses zur Erhaltung der Kaufkraft

Die versicherungstechnischen Berechnungen, die bisher durchgeführt wurden, waren rein *statisch*, d.h., es wurde vorausgesetzt, dass sich die Höhe einer versicherten Leistung im Laufe der Kalenderzeit nicht ändert. In Zeitperioden der *Inflation* besteht jedoch ein Bedürfnis nach Leistungen, deren *Kaufkraft erhalten bleibt*. Die Barwerte und damit die Kosten solcher indexierter (dynamisierter) Leistungen sollen nachstehend berechnet werden.

Damit die *Kaufkraft eines Kapitals K_0 erhalten bleibt,* muss es wie folgt anwachsen, wobei j die jährliche Teuerungsrate und i den durchschnittlichen Zinsertrag auf den Kapitalanlagen bedeuten.

Kapital nach 1 Jahr: $\quad K_1 = K_0 (1 + j)$

Kapital nach 2 Jahren: $K_2 = K_1 (1 + j) = K_0 (1 + j)^2$

.
.
.

Kapital nach t Jahren: $\quad K_t = K_0 (1 + j)^t$

Der Barwert K_0' lässt sich aus dem Endwert bekanntlich ermitteln durch t-fache Abzinsung (Diskontierung), d.h. durch Multiplikation mit v^t.

$$K_0' = K_t \cdot v^t = K_0 (1 \cdot j)^t \cdot \frac{1}{(1+i)^t} = K_0 \left(\frac{1+j}{1+i}\right)^t = K_0 \cdot v^{*t}$$

Durch geeignete Umformung ergibt sich schliesslich die Beziehung:

$$v^* = \frac{1+j}{1+i} = \frac{1}{1+i+j-j} = \frac{1}{\frac{1+j}{1+j} + \frac{i-j}{1+j}} = \frac{1}{1 + \frac{i-j}{1+j}} = \frac{1}{1+i^*}$$

Dabei bedeutet $i^* = \frac{i-j}{1+j}$ den modifizierten technischen Zinsfuss.

Das Ergebnis zeigt, *dass sich mit der Methode des modifizierten technischen Zinsfusses Barwerte indexierter Leistungen errechnen lassen.* Diese Barwerte bzw. Kapitalreserven sollten somit im Durchschnitt genügen, um die Leistungen jedes Jahres um $j\%$ zu erhöhen, sofern auf denselben technischen Rückstellungen ein Kapitalertrag von $i\%$ erwirtschaftet wird. Die entsprechenden Formeln sind die gleichen wie bei der statischen Berechnung.

15. Personalvorsorgekonzepte in der Praxis

Dastellung 15B

Altersgutschriften nach BVG sowie bei einer Lohnzuwachsrate, die der Kapitalverzinsung entspricht (je 4%)

Abrechnungsperiode (Kalenderjahr)	Alter	Koordinierter Lohn CHF	Altersgutschriften		Altersguthaben			Verhältniszahl (7)/(3) (in %)	Eingebrachte Austrittsleistung CHF
			in %	in CHF	am Anfang der Abrechnungsperiode CHF	am Ende der Abrechnungsperiode CHF	Zinssatz (%)		
(1)	(2)	(3)	(4)	(5)	(6)	(7)	(8)	(9)	(10)
1985	35	10'000	10	1'000.00	0.00	1'000.00	4		10'000
1986	36	10'400	10	1'040.00	1'000.00	2'080.00	4		10'400
1987	37	10'816	10	1'081.60	2'080.00	3'244.80	4		10'816
1988	38	11'249	10	1'124.90	3'244.80	4'499.50	4		11'249
1989	39	11'699	10	1'169.90	4'499.50	5'849.40	4	50	11'699
1990	40	12'167	10	1'216.70	5'849.40	7'300.10	4		12'167
1991	41	12'653	10	1'265.30	7'300.10	8'857.40	4		12'653
1992	42	13'159	10	1'315.90	8'857.40	10'527.60	4		13'159
1993	43	13'686	10	1'368.60	10'527.60	12'317.30	4		13'686
1994	44	14'233	10	1'423.30	12'317.30	14'233.30	4	100	14'233
1995	45	14'802	15	2'220.30	14'233.30	17'022.95	4		14'802
1996	46	15'395	15	2'309.25	17'022.95	20'013.10	4		15'395
1997	47	16'010	15	2'401.50	20'013.10	23'215.10	4		16'010
1998	48	16'651	15	2'497.50	23'215.10	26'641.20	4		16'651
1999	49	17'317	15	2'597.60	26'641.20	30'304.45	4	175	17'317
2000	50	18'009	15	2'701.35	30'304.45	34'217.95	4		18'009
2001	51	18'730	15	2'809.50	34'217.95	38'396.15	4		18'730
2002	52	19'479	15	2'921.85	38'396.15	42'853.85	4		19'479
2003	53	20'258	15	3'038.70	42'853.85	47'606.70	4		20'258
2004	54	21'068	15	3'160.20	47'606.70	52'671.15	4	250	21'068
2005	55	21'911	18	3'944.00	52'671.15	58'722.00	4		21'911
2006	56	22'788	18	4'101.85	58'722.00	65'172.75	4		22'788
2007	57	23'699	18	4'265.80	65'172.75	72'045.45	4		23'699
2008	58	24'647	18	4'436.50	72'045.45	79'363.75	4		24'647
2009	59	25'633	18	4'613.95	79'363.75	87'152.25	4	340	25'633
2010	60	26'658	18	4'798.45	87'152.25	95'436.80	4		26'658
2011	61	27'725	18	4'990.50	95'436.80	104'244.75	4		27'725
2012	62	28'834	18	5'190.10	104'244.75	113'604.65	4		28'834
2013	63	29'987	18	5'397.70	113'604.65	123'546.55	4		29'987
2014	64	31'186	18	5'613.50	123'546.55	134'101.90	4	430	31'186

Annahmen
- Alter des Versicherten am 1. Januar 1985: 35
- Koordinierter Lohn nach BVG am 1. Januar 1985: CHF 10'000.–
- Lohnzuwachsrate (j): 4%
- Kapitalverzinsung (i): 4%

15.4 Sonderprobleme technischer Art

Da die gebräuchlichen Tarifgrundlagen nur für einige wenige technische Zinsfüsse in gedruckter Form vorliegen, kann in der Praxis vielfach nicht mit dem exakten Zinsfuss i^* gerechnet werden, sondern man muss sich mit dem nächstgelegenen begnügen oder einen eigenen Tarif konstruieren.

Die Methode des modifizierten technischen Zinsfusses soll in *Darstellung 15B* am Beispiel der *Altersgutschriften nach BVG* dargelegt werden.

Aus *Darstellung 15B* können folgende *Schlussfolgerungen* gezogen werden:

Fall 1

Der Versicherte bringt *keine Austrittsleistung* ein. Die Modellrechnung zeigt, dass bis zum Alter 65 das Alterskapital auf *430%* des entsprechenden koordinierten Lohnes anwächst.

Für einen 35jährigen Versicherten (Alter bei Einführung des BVG) ergibt sich somit nach BVG bis zur Pensionierung ein Alterskapital von 430% bzw. eine Altersrente von 31% (nach BVV 2 beträgt die Altersrente 7,2% des Alterskapitals) des koordinierten Lohnes, den der Versicherte bei der Pensionierung beziehen wird.

Dasselbe Ergebnis lässt sich einfacher mit der Methode des modifizierten technischen Zinsfusses ableiten. Falls nämlich die Zuwachsrate j des koordinierten Lohnes gleich gross ist wie die Kapitalverzinsung i, darf mit dem technischen Zinsfuss

$$i^* = 0 \ (i^* = \frac{0,04 - 0,04}{1 + 0,04} = 0)$$

gerechnet werden. Unter diesen Voraussetzungen sind somit lediglich die Beitragssätze gemäss BVG vom Alter 35 bis zum Alter 65 zu addieren *(10 x 10% + 10 x 15% + 10 x 18% = 430%)*.

Fall 2

Der Versicherte bringt eine *Austrittsleistung* ein. Die Modellrechnung zeigt, dass das *Verhältnis zwischen Austrittsleistung und koordiniertem Lohn im Laufe der Jahre unverändert* bleibt. Die Methode des modifizierten technischen Zinsfusses führt auch hier zum gleichen Ergebnis.

Aufgrund dieser Erkenntnisse aus *Darstellung 15B* wird es möglich, folgende *Faustregeln zur Ermittlung der Höhe des BVG-Alterskapitals* sowie der Altersrente aufzustellen:

15. Personalvorsorgekonzepte in der Praxis

Vorgehen bei Fall 1

Vorgehen in folgenden Schritten, falls der Versicherte beim Eintritt über keine Austrittsleistung verfügt:

1) Man bilde die Summe *(s)* der Beitragssätze gemäss Art. 16 BVG bis zum Pensionierungsalter *(s = 10 x 10 + 10 x 15 + 10 x 18 = 430)*.

2) Man ermittle den Rentensatz *(r)*, d.h. das Verhältnis (in Prozenten) zwischen Altersrente und koordiniertem Lohn. Dieser beträgt 7,2% der Summe *s* gemäss Schritt 1 *(r = 0,072 x 430 = 31)*.

3) Man informiere den Versicherten wie folgt: Falls in Zukunft die Zuwachsrate des koordinierten BVG-Lohnes gleich gross ist wie die Kapitalverzinsung, ergibt sich bis zur Pensionierung ein BVG-Alterskapital von *s*% bzw. eine Altersrente von *r*% des koordinierten Lohnes (im Zeitpunkt der Pensionierung).

Vorgehen bei Fall 2

Vorgehen in folgenden Schritten, falls der Versicherte beim Eintritt über eine Austrittsleistung verfügt:

1) Man bilde das Verhältnis (*v*, in Prozenten) zwischen der eingebrachten Austrittsleistung und dem entsprechenden koordinierten Lohn *(v = (10'000/10'000) x 100 = 100)*.

2) Man bilde die Summe *(s)* der Beitragssätze gemäss Art. 16 BVG bis zum Pensionierungsalter *(s = 10 x 10 + 10 x 15 + 10 x 18 = 430)*.

3) Man ermittle das BVG-Alterskapital (in Prozenten des koordinierten Lohnes bei der Pensionierung). Dieses beträgt *(v + s)*% *(v + s = 530)*.

4) Man ermittle den Rentensatz *(r)*, d.h. das Verhältnis (in Prozenten) zwischen Altersrente und koordiniertem Lohn. Dieser beträgt 7,2% des Alterskapitals gemäss Schritt 3 *(r = 0,072 x 530 = 38,2)*.

5) Man informiere den Versicherten wie folgt: Falls in Zukunft die Zuwachsrate des koordinierten BVG-Lohnes gleich gross ist wie die Kapitalverzinsung, ergibt sich bis zur Pensionierung ein BVG-Alterskapital von *(v + s)*% bzw. eine Altersrente von *r*% des koordinierten Lohnes (im Zeitpunkt der Pensionierung).

15.42 Beispiele zur Führung des BVG-Alterskontos (Schattenrechnung)

An einigen Problemstellungen soll die *Bildung des Altersguthabens gemäss Art. 16 BVG* aufgezeigt werden. Es werden verschiedene Stationen einer versicherten Person, Peter Muster, geb. 24. November 1950, AHV-Nr. 674.50.455, verh., näher dargestellt.

Problemstellung 1

Am 1. Juli 1996 tritt Herr Muster *in die Pensionskasse der Firma A ein.* Er bringt eine Austrittsleistung von CHF 60'000.– (davon nach BVG CHF 40'000.–) mit. Herr Muster ist seit 15. Mai 1997 verheiratet. Die Austrittsleistung per 15. Mai 1997 betrug CHF 70'196.–. Es besteht weder eine Verpfändung noch ein Vorbezug für Wohneigentum. *Man führe die technischen Konten* vom 1. Juli 1996 bis 31. Mai 2000 unter folgenden Annahmen:

– Lohndaten (in CHF):

Kalenderjahr	AHV-Lohn	Versicherter Lohn
1996	81'250.–	75'000.–
1997	84'500.–	78'000.–
1998	87'100.–	80'400.–
1999	89'700.–	82'800.–
2000	89'700.–	82'800.–

– Die Firma A verfügt über folgende Personalvorsorge (enveloppe Kasse):
  – Sparkasse mit Risikoversicherung
  – Der versicherte Lohn entspricht dem 12fachen Betrag des Monatslohnes.
  – Der Arbeitnehmer zahlt Sparbeiträge von 6% des versicherten Lohnes sowie zusätzlich 1% an die Risikoprämie.
  – Der Arbeitgeber zahlt Sparbeiträge von 6% des versicherten Lohnes sowie zusätzlich den Rest der Risikoprämie.
  – Die Verzinsung des Sparkapitals beträgt jeweils 4% p.a.

Die Lösung der Problemstellung 1 zeigt *Darstellung 15C*.

Am 1. Juli 1996 tritt Herr Muster in die Pensionskasse der Firma A ein. Die mitgebrachte Austrittsleistung von CHF 60'000.– wird als Sparkapital dem persönlichen Sparkonto, der BVG-Teil von CHF 40'000.– dem BVG-Alterskonto gutgeschrieben.

Nach BVG müssen dem Versicherten im Alter 46 15% des koordinierten Lohnes oder CHF 6'984.– bzw. CHF 3'492.– für die verbleibenden 6 Monate dem BVG-Alterskonto gutgeschrieben werden. Das Altersguthaben Ende Jahr

Darstellung 15C
Lösung zur Problemstellung 1: Technisches Konto mit BVG-Alterskonto 1996–2000

Personalvorsorge der Firma A

Name:	Muster	Vorname:	Peter	Eintrittsdatum:		1. Juli 1996	Austrittsdatum:	
AHV-Nr.:	674.50.455	Geb.-Dat.:	24.11.1950	Mitgebrachte Austrittsleistung:		CHF 60'000	Austrittsleistung:	
				– davon nach BVG:		CHF 40'000	– davon nach BVG:	CHF ...
				– davon verpfändbar:		CHF 60'000	– davon verpfändbar:	CHF ...
				Austrittsleistung bei Verheiratung			– davon bei	CHF ...
				15. Mai 1997:		CHF 70'196	Verheiratung:	CHF ...

Technisches Konto | | | | | | | | | **BVG-Alterskonto** | | | | | | | |

Abrechnungs-periode	Alter	Ver-sicherter Lohn	Sparbeiträge				Sparkapital am Ende der Abrechnungsperiode			Zins-satz (%)	Lohn			Alters-gutschriften		Altersguthaben		Zins-satz (%)	Invalidi-tätsgrad (%)
			Arbeitgeber		Arbeitnehmer		Arbeit-geber	Arbeit-nehmer			AHV	koordi-niert		in %	in CHF	am Anfang der Abrech-nungs-periode	am Ende der Abrech-nungs-periode		
			in %	in CHF	in %	in CHF													
(1)	(2)	(3)	(4)	(5)	(6)	(7)	(8)	(9)		(10)	(11)	(12)		(13)	(14)	(15)	(16)	(17)	(18)
1.7.–31.12.1996	46	75'000	6	2'250	6	2'250	2'250	63'450		4	81'250	46'560		15	3'492	40'000.00	44'292.00	4	0
1.1.–31.12.1997	47	78'000	6	4'680	6	4'680	7'020	70'668		4	84'500	47'760		15	7'164	44'292.00	53'227.70	4	0
1.1.–31.12.1998	48	80'400	6	4'824	6	4'824	12'125	78'319		4	87'100	47'760		15	7'164	53'227.70	62'520.80	4	0
1.1.–31.12.1999	49	82'800	6	4'968	6	4'968	17'578	86'420		4	89'700	48'240		15	7'236	62'520.80	72'257.65	4	0
1.1.–31. 5.2000	50	82'800	6	2'070	6	2'070	19'941	89'930		4	89'700	48'240		15	3'015	72'257.65	76'476.95	4	0

Zürich, den   Der Pensionskassenverwalter:

15.4 Sonderprobleme technischer Art

errechnet sich aus dem aufgezinsten Guthaben per Eintrittstag und den unverzinsten Sparbeiträgen (Altersgutschriften) der verbleibenden 6 Monate (40'000 x 1,02 + 3'492 = 44'292).

Problemstellung 2

Mit Wirkung ab 1. Juni 2000 wird Herr Muster, bisher aktiver Versicherter bei der Personalvorsorge der Firma A, von der IV-Kommission als *vollständig invalid erklärt* und erhält ab diesem Datum eine Invalidenrente. *Wie gross sind die BVG-Invaliditätsleistungen* von Herrn Muster unter folgenden Annahmen (Stand per 1. Juni 2000)?

Aufgaben und Lösungen:

1) Man bestimme den *koordinierten Lohn des letzten Versicherungsjahres* (siehe Art. 18 BVV 2). Lösung: CHF 48'240.–

2) Man bestimme das BVG-Altersguthaben bei Beginn der Rentenzahlung. Lösung: CHF 76'476.95 (siehe *Darstellung 15C*)

3) Man ermittle das fiktive Altersguthaben bei der Pensionierung *unter Vernachlässigung des Zinses* (Auszug aus dem technischen Konto):

Abrechnungsperiode	Alter	Koordinierter Lohn in CHF	Altersgutschrift in %	in CHF
(1)	(2)	(3)	(4)	(5)
1.6.–31.12.2000	50	48'240.–	8,75	4'221.–
1.1.–31.12.2001	51	48'240.–	15,00	7'236.–
1.1.–31.12.2002	52	48'240.–	15,00	7'236.–
1.1.–31.12.2003	53	48'240.–	15,00	7'236.–
1.1.–31.12.2004	54	48'240.–	15,00	7'236.–
1.1.–31.12.2005	55	48'240.–	18,00	8'683.20
1.1.–31.12.2006	56	48'240.–	18,00	8'683.20
1.1.–31.12.2007	57	48'240.–	18,00	8'683.20
1.1.–31.12.2008	58	48'240.–	18,00	8'683.20
1.1.–31.12.2009	59	48'240.–	18,00	8'683.20
1.1.–31.12.2010	60	48'240.–	18,00	8'683.20
1.1.–31.12.2011	61	48'240.–	18,00	8'683.20
1.1.–31.12.2012	62	48'240.–	18,00	8'683.20
1.1.–31.12.2013	63	48'240.–	18,00	8'683.20
1.1.–31.12.2014	64	48'240.–	18,00	8'683.20
1.1.–30.11.2015	65	48'240.–	16,50	7'959.60
Altersgutschriften bis zum Rentenalter			265,25	127'956.60
Altersguthaben bei Anspruch auf eine Invalidenrente				76'476.95
Altersguthaben für die Ermittlung der BVG-Invalidenrente				204'433.55

680   *15. Personalvorsorgekonzepte in der Praxis*

Die Addition der Beitragssätze (Kolonne 4) und die anschliessende Herleitung des totalen Altersguthabens aus dem koordinierten Lohn (48'240 x 265,25/100 = 127'956.60) führt zum selben Wert wie das Total der Altersgutschriften.

4) Man ermittle die Renten: CHF

- Die BVG-Invalidenrente beträgt 7,2% des fiktiven Altersguthabens bei der Pensionierung (0,072 x 204'433.55 = 14'719.20)   14'719.20

- Die Invaliden-Kinderrente beträgt pro Kind 20% der Invalidenrente (0,2 x 14'719.20 = 2'943.80)

Rentensumme für 4 Kinder (4 x 2'943.80)   11'775.20

Rententotal   26'494.40

5) Das BVG-Alterskonto ist weiterzuführen (Art. 14 BVV 2), wie wenn der Invaliditätsfall nicht eingetreten wäre, d.h. das Altersguthaben per 31. Dezember 2000 errechnet sich aus dem aufgezinsten Guthaben per 1. Januar 2000 und den unverzinsten Sparbeiträgen (72'257.65 x 1,04 + 7'236 = 82'383.95).

Problemstellung 3

Am 1. Dezember 2015 erreicht der vollinvalide Herr Muster (siehe Problemstellung 2) das Pensionierungsalter. Seine Rente wird gemäss der Verordnung über die Anpassung der laufenden Hinterlassenen- und Invalidenrenten an die Preisentwicklung angepasst. Die Anpassungen erfolgen erstmals nach einer Laufzeit von drei Jahren und später im Rhythmus der Anpassungen bei der AHV. Bei einer angenommenen Teuerung von 4% dürften die nächsten Anpassungen zu Beginn der Jahre 2004, 2005, 2006 usw. erfolgen. *Welche BVG-Invalidenrente erhält Herr Muster im Pensionierungsalter? Welche BVG-Altersrente hätte er erhalten,* wenn er aktiv geblieben und sein Lohn jährlich um 4% gestiegen wäre?

15.4 Sonderprobleme technischer Art

Lösung

1) *Indexierung* der laufenden BVG-Invalidenrente (Auszug aus dem technischen Konto):

Stichtag	Alter	Indexstand September	Anpassung um %	Jährliche Invalidenrente CHF	Invaliditätsgrad in %
1.6.2000	50	100,0		14'719.20	100
1.1.2001	51	104,0		14'719.20	100
1.1.2002	52	108,2		14'719.20	100
1.1.2003	53	112,5		14'719.20	100
1.1.2004	54	117,0	12,5	16'559.10	100
1.1.2005	55	121,7		16'559.10	100
1.1.2006	56	126,6	8,2	17'916.90	100
1.1.2007	57	131,7		17'916.90	100
1.1.2008	58	137,0	8,2	19'386.10	100
1.1.2009	59	142,5		19'386.10	100
1.1.2010	60	148,2	8,2	20'975.80	100
1.1.2011	61	154,1		20'975.80	100
1.1.2012	62	160,3	8,1	22'674.80	100
1.1.2013	63	166,7		22'674.80	100
1.1.2014	64	173,4	8,2	24'534.10	100
1.1.2015	65	180,3		24'534.10	100

2) Führung des BVG-Alterskontos unter der Annahme, dass Herr Muster bis zur Pensionierung aktiv bleibt und sein *koordinierter Lohn jährlich um 4% steigt* (Auszug aus dem technischen Konto):

Abrechnungsperiode (Kalenderjahr)	Alter	Koordinierter Lohn (jährliche Zunahme 4%) CHF	Altersgutschriften in %	in CHF	Altersguthaben (bei 4% Zins) am Anfang der Abrechnungsperiode CHF	am Ende der Abrechnungsperiode CHF
2000	50	48'240	15,00	7'236.00	72'257.65	82'383.95
2001	51	50'170	15,00	7'525.50	82'383.95	93'204.80
2002	52	52'177	15,00	7'826.55	93'204.80	104'759.55
2003	53	54'264	15,00	8'136.60	104'759.55	117'089.55
2004	54	56'435	15,00	8'465.25	117'089.55	130'238.40
2005	55	58'692	18,00	10'564.55	130'238.40	146'012.50
2006	56	61'040	18,00	10'987.20	146'012.50	162'840.20
2007	57	63'482	18,00	11'426.75	162'840.20	180'780.55
2008	58	66'021	18,00	11'883.80	180'780.55	199'895.55
2009	59	68'662	18,00	12'359.15	199'895.55	220'250.50
2010	60	71'408	18,00	12'853.45	220'250.50	241'913.95
2011	61	74'264	18,00	13'367.50	241'913.95	264'958.00
2012	62	77'235	18,00	13'902.30	264'958.00	289'458.60
2013	63	80'324	18,00	14'458.30	289'458.60	315'495.25
2014	64	83'537	18,00	15'036.65	315'495.25	343'151.70
2015*	65	86'878	16,50	14'334.85	343'151.70	370'068.80

*1.1.–1.12.2015

682   15. Personalvorsorgekonzepte in der Praxis

Die Werte zeigen, dass Herr Muster im Pensionierungsalter eine BVG-Invalidenrente von CHF 24'534.10 beziehen wird. Wäre er aktiv gewesen, hätte er ein Alterskapital von CHF 370'068.80 bzw. eine BVG-Altersrente von CHF 26'644.95 erhalten. Die Invalidenrente fällt somit um CHF 2'110.85 geringer aus.

Problemstellung 4

Am 1. Dezember 2010 wird der invalide Herr Muster (siehe Problemstellung 2) wieder gesund (Reaktivierung). Er erhält denselben Lohn, wie wenn er aktiv geblieben wäre. *Man berechne die BVG-Altersrente bei der Pensionierung.*

Gemäss Art. 14 BVV 2 muss die Vorsorgeeinrichtung das Alterskonto eines Invaliden bis zum Rentenalter bzw. bis zur Reaktivierung weiterführen. Dabei dient der koordinierte Lohn des letzten Versicherungsjahres als Berechnungsgrundlage während der Invalidität.

Erlischt der Anspruch auf eine Invalidenrente, weil der Versicherte nicht mehr invalid ist, so hat er Anspruch auf eine Austrittsleistung in der Höhe seines weitergeführten Altersguthabens.

Die *Altersrente* errechnet sich nach folgenden Schritten:

1) Weiterführung des BVG-Alterskontos bis zur ordentlichen Pensionierung am 1. Dezember 2015 (Auszug aus dem technischen Konto):

Abrechnungs-periode (Kalenderjahr)	Alter	Koordinierter Lohn (jährliche Zunahme 4%)	Altersgutschriften in %	Altersgutschriften in CHF	Altersguthaben (bei 4% Zins) am Anfang der Abrechnungsperiode CHF	Altersguthaben (bei 4% Zins) am Ende der Abrechnungsperiode CHF
2000	50	48'240	15,00	7'236.00	72'257.65	82'383.95
2001	51	48'240	15,00	7'236.00	82'383.95	92'915.30
2002	52	48'240	15,00	7'236.00	92'915.30	103'867.90
2003	53	48'240	15,00	7'236.00	103'867.90	115'258.60
2004	54	48'240	15,00	7'236.00	115'258.60	127'104.95
2005	55	48'240	18,00	8'683.20	127'104.95	140'872.35
2006	56	48'240	18,00	8'683.20	140'872.35	155'190.45
2007	57	48'240	18,00	8'683.20	155'190.45	170'081.25
2008	58	48'240	18,00	8'683.20	170'081.25	185'567.70
2009	59	48'240	18,00	8'683.20	185'567.70	201'673.60
2010	60	48'240	16,50	7'959.60	201'673.60	
2010	60	71'408	1,50	1'071.10		218'771.25
2011	61	74'264	18,00	13'367.50	218'771.25	240'889.60
2012	62	77'235	18,00	13'902.30	240'889.60	264'427.50
2013	63	80'324	18,00	14'458.30	264'427.50	289'462.90
2014	64	83'537	18,00	15'036.65	289'462.90	316'078.05
2015	65	86'878	16,50	14'334.85	316'078.05	342'002.45

Der koordinierte Lohn des letzten Versicherungsjahres entspricht in unserem Fall dem maximalen koordinierten Lohn von CHF 48'240.—. Bei Invalidität ist das BVG-Alterskonto weiterzuführen, wie wenn der Versicherte aktiv geblieben wäre.

Am 1. Dezember 2010 kehrt Herr Muster wieder ins Erwerbsleben zurück. Wir setzen voraus, dass während der Erwerbsunfähigkeit der koordinierte Lohn jedes Jahr um 4% erhöht wurde und im Jahre 2010 den Wert von CHF 71'408.– erreicht (siehe Problemstellung 3).

Da Herr Muster in der Firma verbleibt, gelangt das Altersguthaben nicht zur Auszahlung, sondern das Alterskonto wird im Reaktivierungsjahr weitergeführt, wie wenn er stets aktiv geblieben wäre und sich sein koordinierter Lohn per 1. Dezember 2010 von CHF 48'240.– auf CHF 71'408.– erhöht hätte.

Das Altersguthaben am 31. Dezember 2010 ergibt sich somit als Summe des um 12 Monate aufgezinsten Altersguthabens Ende Vorjahr und der Sparbeiträge (ohne Zins) für 12 Monate unter Berücksichtigung der Änderung des koordinierten Lohnes per 1. Dezember 2010 (201'673.60 x 1,04 + 0,18 x 48'240 x 11/12 + 0,18 x 71'408 x 1/12 =218'771.25).

2) Man ermittle das *Altersguthaben bei der Pensionierung*.
   Lösung: CHF 342'002.45

3) Die *Altersrente beträgt 7,2% des Altersguthabens* gemäss Schritt 2.
   Lösung: CHF 24'624.20

Herr Muster erhält somit eine jährliche Altersrente von CHF 24'624.20. Wäre er dagegen invalid geblieben, hätte er eine Invalidenrente von CHF 24'534.10 (siehe Problemstellung 3) beziehen können. Die Rentenverminderung beträgt demzufolge CHF 90.10, was einem Kapitalwert von CHF 1'251.40 (90.10/0,072) entspricht.

Problemstellung 5

Am 1. April 2010 stirbt der ununterbrochen invalide Herr Muster. Welche *BVG-Leistungen* werden fällig unter den Voraussetzungen von Problemstellung 2?

Berechnung der fälligen Leistungen (Jahresrenten)	CHF
1) Man berechne die Invalidenrente, die Herr Muster im Jahr 2010 erhält (siehe Problemstellung 2)	20'975.80

2) Man ermittle die Renten: CHF

- Die Witwenrente beträgt 60% der Invalidenrente
  gemäss Schritt 1 (0,6 x 20'975.80 = 12'585.50)   12'585.50

- Die Waisenrente beträgt pro Kind 20% der Invalidenrente gemäss Schritt 1 (0,2 x 20'975.80 = 4'195.15)
  Rentensumme für 4 Kinder   16'780.60

Total Witwen- und Waisenrenten   29'366.10

15.5 Sonderprobleme praktischer Art

15.51 Kapitaloption bei Altersrenten

Verschiedene Vorsorgeeinrichtungen räumen den Versicherten das Recht ein, die Altersrente in Kapitalform zu beziehen. Sie haben spätestens drei Jahre vor Entstehung des Rentenanspruchs ein entsprechendes Gesuch einzureichen. Im Rahmen einer weitergehenden Vorsorge können die reglementarischen Bestimmungen auch zulassen, dass der Versicherte den Antrag auf die Kapitalisierung bis zum Rentenanspruch aufschieben kann. Vielen Versicherten fällt es erfahrungsgemäss schwer, den für sie richtigen Entscheid zu fällen.

Bei der *Entscheidungsfindung* sollten folgende Unterschiede beachtet werden:

– Eine Rente garantiert ein stetiges Einkommen bis ans Lebensende.
– Beim Tode eines verheirateten männlichen Rentenbezügers wird eine Witwenrente fällig. Diese wird an die hinterbliebene Witwe normalerweise lebenslänglich ausbezahlt, längstens aber bis zu einer allfälligen Wiederverheiratung. Im letzteren Fall wird die Rente bei den meisten Vorsorgeeinrichtungen durch eine bescheidene Kapitalabfindung abgelöst. Vereinzelte Reglemente sehen vor, dass die Rentenbezügerin auf die Abfindung verzichten kann, verbunden mit der Garantie, dass die Rente bei Auflösung der Folgeehe wieder auflebt.
– Die Rente wird im Rahmen des BVG-Minimums zum Teil der Teuerung angepasst.
– Im Falle einer Rente hat man keine Probleme mit der Anlage des Alterskapitals.
– Beim Kapitalbezug fliesst das fällige Vorsorgekapital in die Erbmasse. Beim späteren Tod wird der verbleibende Rest nach Erbrecht auf die Hinterbliebenen aufgeteilt.
– Beim Kapitalbezug geht der Vorsorgecharakter verloren. Bei einer Verschuldung des Versicherten können somit die Schuldner das fällige Alterskapital konfiszieren.
– Bei der Besteuerung bestehen Unterschiede, ob Rente oder Kapital. Kapitalauszahlungen werden in der Regel niedriger besteuert als Renten (siehe Abschnitt 7.62). Dagegen muss anschliessend das ausbezahlte Kapital als Vermögen und die Kapitalerträge als Einkommen versteuert werden.
– Bei tiefen Einkommen können Kapitalauszahlungen vorteilhafter sein, da Renten zu Kürzungen bei den Ergänzungsleistungen führen können.
– Der Konsum eines Alterskapitals in gleichbleibenden Raten ist je nach Kapitalverzinsung früher oder später beendet.

15. Personalvorsorgekonzepte in der Praxis

Bei einem Umwandlungssatz (zwischen Rente und Alterskapital) von 7,2% ergibt sich folgende Rentenbezugsdauer in Funktion der Kapitalverzinsung:

Kapitalverzinsung (in %)	Maximaldauer der Rentenzahlung (in Jahren)
3,5	19
4,0	21
4,5	22
5,0	24
5,5	27
6,0	31
6,5	37
7,0	53
7,2	∞

Die Tabelle zeigt, dass z.B. bei einer Kapitalverzinsung von 5% einem Versicherten während 24 Jahren eine jährliche Rente von 7,2% des anfänglichen Kapitals ausgerichtet werden kann.

– Die mittlere Lebenserwartung steigt von Jahr zu Jahr. Folgende Zahlen machen deutlich, wie alt man heute in der Schweiz werden kann:

Bestand der über 100jährigen

Alter	Männer				Frauen				Total			
	1960	1970	1982	1997	1960	1970	1982	1997	1960	1970	1982	1997
100	3	9	32	38	8	25	96	234	11	34	128	272
101	1	3	10	17	7	6	59	130	8	9	69	147
102	–	1	12	16	3	8	32	76	3	9	44	92
103	–	2	7	6	1	5	18	39	1	7	25	45
104	–	1	2	6	–	–	9	16	–	1	11	22
105	–	–	3	–	–	–	4	9	–	–	7	9
106	–	–	–	–	–	1	2	6	–	1	2	6
107	–	–	–	–	–	–	1	4	–	–	1	4
108	–	–	–	–	–	–	–	1	–	–	–	1
109	–	–	–	–	–	–	–	–	–	–	–	–
110	–	–	–	–	–	–	1	–	–	–	1	–
	4	16	66	83	19	45	222	515	23	61	288	598

Angaben für 1960 und 1970 gemäss eidg. Volkszählung.
Angaben für 1982 und 1997 gemäss zentralem Rentenregister der AHV.

Eine eindeutige Antwort auf die Frage, ob man die Altersleistung in Renten- oder Kapitalform beziehen soll, gibt es nicht. Man kennt lediglich Argumente, die eher für die eine oder die andere Form sprechen.

15.5 Sonderprobleme praktischer Art

Argumente für den Rentenbezug

- Der Versicherte will das ihm zustehende Vorsorgekapital gleichmässig bis zum Lebensende aufbrauchen.
- Der Versicherte hat später keine grosse Erbschaft zu erwarten.
- Der Versicherte ist eine Frau oder ein verheirateter Mann.
- Der Versicherte hat keine Erfahrung mit Kapitalanlagen.
- Der Versicherte glaubt, überdurchschnittlich lange zu leben.
- Die Ehefrau ist viel jünger als der Versicherte und glaubt ebenfalls, überdurchschnittlich lange zu leben.
- Die Vorsorgeeinrichtung wird die Renten im Rahmen ihrer finanziellen Möglichkeiten der Teuerung anpassen.
- Der Umwandlungssatz (Altersrente in % des Alterskapitals) von 7,2% darf als relativ hoch bezeichnet werden.
- Beim Tod eines verheirateten Versicherten hat der hinterbliebene Ehegatte – unabhängig vom Erbrecht – Anspruch auf die reglementarische Ehegattenrente.

15.52 Gestaffelte Beitragssätze

Nach Art. 16 und 95 BVG sind die Altersgutschriften nach Altersgruppen zu staffeln:

Altersgruppen		Beitragssätze in % des koordinierten Lohnes
Männer	*Frauen*	
25–34	25–31	7
35–44	32–41	10
45–54	42–51	15
55–65	52–62	18

Es steht den einzelnen Vorsorgeeinrichtungen frei, die effektiven Beitragssätze von Arbeitgeber und Arbeitnehmer ebenfalls zu staffeln oder aber altersunabhängige Durchschnittsbeiträge zu verrechnen.

Die wesentlichsten Eigenschaften der beiden Modelle sollen kurz dargelegt werden. Bei unseren Überlegungen gehen wir davon aus, dass die Leistungen mit reinen Durchschnittsbeiträgen ohne Eintrittsgeld und Nachzahlungen bei Lohnerhöhung finanziert werden.

Gestaffelte Beiträge	*Durchschnittsbeiträge*
Junge Versicherte mit einem relativ teuren Lebensunterhalt (Gründung einer Familie usw.) zahlen minimale, ältere dagegen maximale Beiträge.	Die jungen Versicherten helfen mit, die Leistungen der älteren zu finanzieren. Für einen jungen Versicherten, der bis zur Pensionierung in der Vorsorgeeinrichtung verbleibt, ist dieses System ungefähr gleichbedeutend mit einer Vorfinanzierung seiner Leistungen in jungen Jahren.
In jedem Alter wird das gesetzliche Minimum an Kapital geäufnet.	Die Solidarität zwischen jung und alt kann sich vor allem beim Stellenwechsel für den Versicherten negativ auswirken. Im ungünstigsten Fall kann nämlich die Austrittsleistung lediglich den eigenen Beiträgen entsprechen samt einem Zuschlag von 4% für jedes Altersjahr über 20, höchstens jedoch 100% (Art. 17 FZG).

Gestaffelte Beiträge

Bei der Aufnahme eines älteren Versicherten werden die Vorsorgeleistungen von ihm persönlich und vom Arbeitgeber finanziert. Der Eintritt ist somit für die Vorsorgeeinrichtung kostenneutral.

Die geringen Beiträge und damit auch die kleinen Lohnabzüge bei jungen Arbeitnehmern können dem Arbeitgeber Vorteile auf dem Arbeitsmarkt bringen.

Mit zunehmendem Alter steigt normalerweise das Salär. Aus steuertechnischen Gründen ist es deshalb vorteilhaft, wenn man in Perioden höchster Löhne die höchsten Beiträge für die Personalvorsorge vom steuerbaren Einkommen abziehen kann.

Beim Übergang in die nächsthöhere Beitragsstufe kann sich das Nettoeinkommen des Versicherten reduzieren.

Durchschnittsbeiträge

Bei der Aufnahme eines älteren Versicherten entsteht im allgemeinen ein Eintrittsverlust, da dieser die Periode der Vorfinanzierung nie durchlaufen hat.

Die Angst, wonach bei einem Finanzierungssystem *mit gestaffelten Beiträgen älvere Arbeitnehmer schwerer eine Stelle finden,* ist weit verbreitet. Das Problem kann aber, wie *folgender Modellfall* zeigt, gelöst werden:

15. Personalvorsorgekonzepte in der Praxis

Problemstellung

Bei der Personaleinstellung hat ein Unternehmen die Wahl zwischen den folgenden beiden Personen:

Person A	*Person B*
Alter: 55	Alter: 35
AHV-Lohn: CHF 50'000.–	AHV-Lohn: CHF 50'000.–
Koordinierter Lohn: CHF 25'880.–	Koordinierter Lohn: CHF 25'880.–
Beitragssatz: 21%	Beitragssatz: 13%
– Persönlicher Beitrag: CHF 2'717.40	– Persönlicher Beitrag: CHF 1'682.20
– Arbeitgeberbeitrag: CHF 2'717.40	– Arbeitgeberbeitrag: CHF 1'682.20

Differenz: CHF 1'035.20

Für die Person A hat somit der Arbeitgeber pro Jahr CHF 1'035.20 mehr Beiträge an die Personalvorsorge zu leisten als für die Person B. Wenn dieser Unterschied nicht zum entscheidenden Kriterium werden darf, kann sich die Person A bereit erklären, eine entsprechende Lohnreduktion zu tolerieren.

Lösung

In einem ersten Schritt soll die Lohnreduktion berechnet werden. Wir bezeichnen die Lohnreduktion mit x und finden die Beziehung:

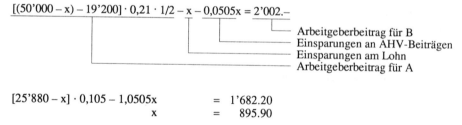

$$[25'880 - x] \cdot 0{,}105 - 1{,}0505x = 1'682.20$$
$$x = 895.90$$

Somit ergibt sich sowohl für den Arbeitgeber als auch für den Angestellten folgender ordentlicher Beitrag an die Personalvorsorge:

$$[(50'000 - 895.90) - 24'120] \cdot 0{,}21 \cdot 1/2 = 2'623.30$$

Unter Berücksichtigung der Einsparungen beim Lohn (CHF 895.90), beim Pensionskassenbeitrag (CHF 94.10) und bei den AHV-Beiträgen (CHF 45.20) ergeben sich für den Arbeitgeber schliesslich Nettobeiträge wie bei Person B (CHF 1'682.20).

Für den Versicherten selbst verbleibt folgendes Einkommen:

Jahreslohn (fiktiv)		50'000.00
Lohnreduktion	895.90	
Pensionskassenbeitrag	2'623.30	3'519.20
Resteinkommen		46'480.80

15.5 Sonderprobleme praktischer Art

In einem zweiten Schritt wollen wir zeigen, dass Person A (Geburtstag im Monat Dezember) trotz Lohnreduktion vom BVG profitiert. Wir gehen bei unserem Gedankenexperiment davon aus, dass Person A bei einem Einkommen von CHF 50'000.– nicht allein von der späteren AHV-Altersrente leben will und demzufolge auch ohne BVG für das Alter gespart hätte.

Alterssparen ohne Zweite Säule

Annahme

Ab Alter 55 werden jährlich (jeweils am Jahresende) CHF 3'519.20 für das Alter gespart.
Die Abgaben (Steuern usw.) auf dem Sparbeitrag belaufen sich auf 14%.
Das Sparkapital wird auf der Bank mit 4% verzinst.

Ergebnis

Bis zum Rücktrittsalter (65) ergibt sich für Person A bei 10 Beitragsjahren auf der Bank ein Sparendkapital von CHF 36'336.60.

Alterssparen im Rahmen der Zweiten Säule

Annahme

Die Abgaben (Steuern usw.) betragen im Rücktrittsalter 3,5%.
Die Sparbeiträge betragen pro Jahr (2 x 2'623.30) CHF 5'246.60.
Das Sparkapital wird mit 4% verzinst.

Ergebnis

Nach Abzug der Steuern verbleibt im Rücktrittsalter ein Alterskapital von CHF 60'786.50.

Der Vergleich zeigt, dass Person A durch die Einführung der obligatorischen Zweiten Säule *innert 10 Jahren trotz Lohneinbusse rund CHF 24'500.–profitiert.*

15.6 Eigenheiten des BVG

Nach einigen Jahren praktischer Arbeit mit dem BVG haben sich folgende Mängel und Eigenheiten abgezeichnet:

15.61 Witwenrenten

Die Witwe hat nach BVG Anspruch auf eine Witwenrente, wenn sie beim Tode des Ehegatten

a) für den Unterhalt eines oder mehrerer Kinder aufkommen muss oder
b) das 45. Altersjahr zurückgelegt und die Ehe mindestens fünf Jahre gedauert hat.

Erfüllt die Witwe keine dieser Voraussetzungen, so hat sie Anspruch auf eine einmalige Abfindung in der Höhe von drei Jahresrenten.

Analog lautet der Gesetzestext bei der Ersten Säule AHV/IV. Es besteht jedoch der wesentliche Unterschied, dass bei der AHV/IV jede Witwe mit Kindern Anspruch auf eine Witwenrente hat, während beim BVG die Witwenrente nur fällig wird, wenn die Witwe für den Unterhalt eines oder mehrerer Kinder aufkommen muss. Sind somit beim BVG die Kinder z.B. nicht mehr unterhaltspflichtig, erhält eine noch nicht 45jährige Witwe beim Tode ihres Ehemannes keine Rente, sondern lediglich eine bescheidene Abfindung in der Höhe von drei Jahresrenten. Ihr wird offenbar zugemutet, dass sie wieder ins Erwerbsleben einsteigen kann.

15.62 Vorsorgeleistungen bei Saisonniers und Teilzeitbeschäftigten

Bei gleichem AHV-Jahreslohn ergeben sich bei Saisonniers und Teilzeitbeschäftigten unterschiedliche Leistungen nach BVG. Diese Tatsache soll an folgenden Problemstellungen erläutert werden.

Problemstellung 1

Herr Müller war im Jahre 1998 55 Jahre alt und arbeitete als Saisonnier während 6 Monaten (Januar–Juni). Sein AHV-Jahreslohn betrug CHF 30'000.–. Man berechne die Altersgutschriften sowie das Altersguthaben per 31.12.1998.

15.6 Eigenheiten des BVG

Lösung

Bei der Lösung stützen wir uns auf Art. 2 BVV 2: "Ist der Arbeitnehmer weniger als ein Jahr lang bei einem Arbeitgeber beschäftigt, so gilt als Jahreslohn der Lohn, den er bei ganzjähriger Beschäftigung erzielen würde."

Daraus ergibt sich folgender Lösungsweg:

1. Bestimmung des mutmasslichen AHV-Jahreslohnes

    $B^{AHV} = 2 \times 30'000 = 60'000$

2. Ermittlung des koordinierten BVG-Lohnes 1998

    $B^{koord.} = 60'000 - 23'880 = 36'120$

    Altersgutschrift: $0,18 \times 36'120 \times 6/12 = 3'250.80$

    Altersguthaben per 31.12.1998: $3'250.80 \times [1 + 0,04 \times 6/12] = 3'315.80$

Problemstellung 2

Herr Müller arbeitete im Jahre 1998 als Teilzeitbeschäftigter (50%) während des ganzen Jahres. Sein AHV-Jahreslohn betrug CHF 30'000.–. Man berechne die Altersgutschriften sowie das Altersguthaben per 31.12.1998.

Lösung

1. Bestimmung des mutmasslichen AHV-Jahreslohnes

    $B^{AHV} = 30'000$

2. Ermittlung des koordinierten BVG-Lohnes 1998

    $B^{koord.} = 30'000 - 23'880 = 6'120$

    Altersgutschrift: $0,18 \times 6'120 = 1'101.60$

    Altersguthaben per 31.12.1998: $1'101.60$

Ergebnis

Bei gleichem AHV-Jahreslohn ergeben sich bei Saisonniers höhere Altersgutschriften und damit auch höhere Altersguthaben als bei Teilzeitbeschäftigten. In unserem Fallbeispiel beträgt der Unterschied CHF 2'214.20.

16. Koordination mit der staatlichen Sozialversicherung

16.1 Eidg. Alters- und Hinterlassenenversicherung (AHV)

16.11 Begriff und Stellung der AHV

Die Alters- und Hinterlassenenversicherung (AHV) ist eine "Volksversicherung", d.h., sie verlangt Beiträge und gewährt Leistungen, wobei sie sämtliche Personen erfasst, welche in der Schweiz wohnen oder arbeiten. Das anfängliche Leistungsschema der AHV war relativ bescheiden und stark an die effektiven Beitragsjahre gebunden. Es wurde deshalb z.b. von den Personalvorsorgeeinrichtungen für die Koordination oft gar nicht berücksichtigt. Im Laufe der bisherigen zehn Revisionen haben die Leistungen der AHV ein bedeutendes Ausmass angenommen, das von keiner beruflichen Vorsorgeregelung mehr ignoriert werden darf.

Die AHV versichert Alters- und Hinterlassenenleistungen; die entsprechenden Invaliditätsleistungen werden im Rahmen der IV versichert. Im Volk wird die Alters-, Hinterlassenen- und Invalidenversicherung in der Regel als eine einzige Einrichtung betrachtet.

Eine Gefahr für unsere Pensionskassen besteht, wenn die berufliche Vorsorge in zwei Teile aufgeteilt wird, wie dies einzelne Vertreter des BSV und die EU in den bilateralen Verträgen sehen. Die Zuteilung des obligatorischen BVG-Teils zur Sozialversicherung und damit die Unterstellung unter die EU-Regeln der Sozialversicherung wird unserem Konzept nicht gerecht. Das Drei-Säulen-Konzept muss auch weiterhin gelten, das BVG ist lediglich ein Rahmengesetz. Eine Anwendung der EU-Regeln für die Sozialversicherung könnte beispielsweise zur Folge haben, dass Barauszahlungen nur noch bei Verlassen des EU-Raumes zulässig wären.

Im Oktober 1995 erschien der *Drei-Säulen-Bericht des Eidg. Departements des Innern,* der zum Schluss kam, am heutigen Drei-Säulen-Konzept festzuhalten und dass innerhalb der drei Säulen keine grösseren Gewichtsverschiebungen nötig seien.

Die 10. AHV-Revision ist auf den 1. Januar 1997 in Kraft getreten. Die wesentlichsten Neuerungen waren:

– Heraufsetzung des Rentenalters der Frauen 2001 auf 63 und 2005 auf 64 Jahre
– Möglichkeit des Altersrentenvorbezugs bis zu zwei Jahren
– Beitragspflicht nicht erwerbstätiger Frauen, wenn der Ehemann nicht Beiträge leistet, die dem doppelten Minimalbetrag entsprechen

- Beitragssplitting, d.h. nach dem Wegfall der Ehepaarrente erhalten auch Verheiratete eigene Renten
- Erziehungs- und Betreuungsgutschriften
- Witwerrente, solange Kinder unter 18 Jahren
- Wegfall der Zusatzrente in der AHV.

Sorgen lösen in allen Kreisen die zunehmenden Kosten der AHV aus. Der Bundesrat hat im Mai 1997 dem Parlament vorgeschlagen, die Mehrwertsteuer um 1% von 6,5% auf 7,5% zu erhöhen, um daraus für die AHV erhöhte Einnahmen zu beschaffen, die dringend notwendig sind. Diese Erhöhung ist auf den 1. Januar 1999 eingeführt worden und soll für 1999 etwa CHF 1,5 Mrd. Mehreinnahmen bringen. Sodann hat der Verwaltungsrat des AHV-Ausgleichsfonds, der rund CHF 23 Mrd. aufweist, 1996 beschlossen, das Vermögen besser und risikogerechter zu bewirtschaften. Das Konzept konnte dann allerdings erst im zweiten Halbjahr 1997 an die Hand genommen werden (so dass der Börsenboom von 1997 nicht mehr einbezogen werden konnte).

16.12 Versicherte Personen

Die AHV ist eine das ganze Volk umfassende Versicherung. So sind alle natürlichen Personen, welche ihren zivilrechtlichen Wohnsitz in der Schweiz haben, obligatorisch bei der AHV versichert, und zwar unabhängig von ihrem Alter, ihrem Geschlecht oder ihrer Nationalität, aber auch unabhängig von ihrem beruflichen, rechtlichen oder steuerrechtlichen Status.

Wer *in der Schweiz* für ein hier domiziliertes Unternehmen eine Erwerbstätigkeit ausübt, ist bei der AHV versichert, auch wenn er den Wohnsitz im Ausland hat (z.B. Grenzgänger). Es gilt das sog. Betriebsortprinzip.

Schweizer Bürger, die *im Ausland* für ein schweizerisches Unternehmen arbeiten und von diesem entlöhnt werden, sind ebenfalls versichert. Für einen Arbeitnehmer einer ausländischen Filiale eines schweizerischen Unternehmens ist die Lage jedoch anders; ebenso wenn der Betreffende den Status eines unselbständigen Arbeitnehmers verliert. Verschiedene Probleme ergeben sich auch, wenn die Entlöhnung nur teilweise durch das schweizerische Unternehmen erfolgt.

Neben dem Versicherungsobligatorium kennt die AHV auch die *freiwillige Versicherung,* die den Auslandschweizern vorbehalten ist. Der Beitritt muss vor Vollendung des 50. Altersjahres erfolgen, geschieht jedoch vorteilhaft direkt nach dem Ausscheiden aus der obligatorischen Versicherung.

Die Schweiz hat mit verschiedenen Staaten Sozialversicherungsabkommen abgeschlossen. Die darin enthaltenen Vorschriften gehen den schweizerischen AHV-Gesetzesbestimmungen vor.

Personen, welche nur für ganz kurze Zeit (weniger als drei Monate) in der Schweiz eine Erwerbstätigkeit ausüben, z.b. Künstler auf Gastspielen, Experten, Praktikanten usw., sind *von der obligatorischen Versicherung ausgeschlossen*. Auch andere Personengruppen sind, falls sie gewisse, genau umschriebene Bedingungen erfüllen, von der obligatorischen Versicherung ausgenommen oder sogar ausdrücklich von der AHV ausgeschlossen. (Es handelt sich dabei um Ausländer im Genuss diplomatischer Vorrechte oder im Genuss besonderer Steuerbefreiung, um Personen, welche obligatorisch einer ausländischen staatlichen Versicherung mit Alters-, Invaliditäts- und Todesfallleistungen angehören, um ausländische Beamte, welche in der Schweiz tätig sind, usw.) In manchen Fällen ist die Frage des AHV-Ausschlusses *vor der Einreise* zu regeln.

16.13 Beitragspflicht und massgebender Lohn

Die Beitragspflicht gegenüber der AHV ist entsprechend ihrer Eigenschaft als obligatorischer Volksversicherung umfassend. Die Beiträge werden auf dem Erwerbseinkommen berechnet. In der Schweiz wohnhafte Personen ohne Erwerbstätigkeit sind ebenfalls beitragspflichtig. Ihre Beiträge werden aufgrund ihres Vermögens und/oder ihrer Renten bemessen.

Ausgenommen von der Beitragspflicht sind

– Personen unter 17 Jahren, auch wenn sie bereits erwerbstätig sind,
– Personen unter 20 Jahren, die nicht erwerbstätig sind oder im Familienbetrieb arbeiten und keinen Lohn in bar beziehen,
– verheiratete Frauen, die nicht erwerbstätig sind oder im Familienbetrieb arbeiten und keinen Barlohn beziehen,
– nicht erwerbstätige Witwen,
– Männer, die das 65., und Frauen, die das 62. Altersjahr vollendet haben, falls sie nicht mehr erwerbstätig sind oder falls ihr Erwerbseinkommen CHF 16'800.– (Stand 1999) im Jahr bzw. CHF 1'400.– im Monat nicht übersteigt,
– Personen, die von der AHV ausgeschlossen sind oder nicht zu den obligatorisch Versicherten gehören und sich nicht freiwillig der AHV angeschlossen haben.

Die Beitragspflicht erlischt spätestens im Zeitpunkt des Todes.
Auf dem Lohnnachgenuss im Sinne von Art. 338 OR sind keine Beiträge zu entrichten.
Sobald ein privater Arbeitgeber mit Wohnsitz in der Schweiz beitragspflichtige Personen beschäftigt, ist er verpflichtet, der AHV den Arbeitgeberbeitrag und den Arbeitnehmerbeitrag, den er dem Versicherten vom Lohn abzieht, zu

Darstellung 16A
Entwicklung der jährlichen AHV-Renten seit 1948

Jahr	Landes-index der Konsu-menten-preise	Einfache Altersrenten (100%)		Ehepaar-Altersrenten (150%)		Witwenrenten (80%)	
		Mindest-ansätze CHF	Höchst-ansätze CHF	Mindest-ansätze CHF	Höchst-ansätze CHF	Mindest-ansätze CHF	Höchst-ansätze CHF
1948	100,0	480	1'500	770	2'400	375	1'350
1954	104,9	720	1'700	1'160	2'720	580	1'530
1957	109,6	900	1'850	1'440	2'960	720	1'480
1961	114,5	1'080	2'400	1'728	3'840	864	1'920
1964	127,4	1'500	3'200	2'400	5'120	1'200	2'560
1967	143,6	1'650	3'520	2'640	5'632	1'320	2'816
1969	150,7	2'400	4'800	3'820	7'680	1'920	3'840
1971	166,4	2'640	5'280	4'224	8'448	2'112	4'224
1973	193,1	4'800	9'600	7'200	14'400	3'840	7'680
1975	226,2	6'000	12'000	9'000	18'000	4'800	9'600
1977	233,0	6'300	12'600	9'540	18'900	5'040	10'080
1980	253,8	6'600	13'200	9'900	19'800	5'280	10'560
1982	285,5	7'440	14'880	11'160	22'320	5'952	11'904
1984	302,6	8'280	16'560	12'420	24'840	6'624	13'248
1986	312,3	8'640	17'280	12'960	25'920	6'912	13'824
1988	324,7	9'000	18'000	13'500	27'000	7'200	14'400
1990	354,5	9'600	19'200	14'400	28'800	7'680	15'360
1992	390,6	10'800	21'600	16'200	32'400	8'640	17'280
1993	403,5	11'280	22'560	16'920	33'840	9'024	18'048
1995	413,9	11'640	23'280	17'460	34'920	9'312	18'624
1997	419,4	11'940	23'880	17'940	35'880	9'552	19'104
1999		12'060	24'120	18'090	36'180	9'648	19'296

entrichten. Dasselbe gilt für alle Unternehmen und Betriebe mit Sitz in der Schweiz. Arbeitgeber, welche diese Beiträge nicht innert nützlicher Frist überweisen, machen sich strafbar.

Die Grundlage für die Bemessung der Beiträge (von Unselbständigerwerbenden) wird *massgebender Lohn* genannt. Zusammensetzung und Definition sowie konkrete Fragen betreffend den massgebenden Lohn können den folgenden Publikationen entnommen werden:

– Wegleitung über den massgebenden Lohn
– Verordnung über die Alters- und Hinterlassenenversicherung (AHVV).

Im Gegensatz zu ausländischen Sozialversicherungen kennt die Schweiz keinen oberen Lohnplafond (also Beitragspflicht auf unbegrenzter Lohnhöhe).

16.14 Beiträge

Die *AHV-Beiträge der Versicherten und Arbeitgeber* werden zusammen mit den Beiträgen für die *eidg. Invalidenversicherung (IV)* und *Erwerbsersatzordnung (EO)* erhoben. Je nachdem, ob es sich um Unselbständigerwerbende, Selbständigerwerbende oder Nichterwerbstätige handelt, sind die Beiträge unterschiedlich.

Für Unselbständigerwerbstätige werden sie in Prozenten des massgebenden Lohnes festgelegt, wobei die Beiträge der Unselbständigerwerbenden *je zur Hälfte zu Lasten der Versicherten und der Arbeitgeber* erhoben werden (siehe *Darstellung 16B*).

Zu den Beiträgen hat der Arbeitgeber, der Selbständigerwerbende oder der Nichterwerbstätige noch einen *Verwaltungskostenbeitrag* zu entrichten (im Maximum 3% der Beiträge).

Weitere erhebliche Beiträge leistet die öffentliche Hand (Bund und Kantone). Zu berücksichtigen sind auch die Veränderung des Ausgleichsfonds und dessen Zinserträge.

Diese Beiträge spielen nicht nur eine Rolle für den internationalen Vergleich der verschiedenen Sozialversicherungssysteme, sondern auch bei der Behandlung der Probleme, welche sich durch das Zusammenwirken der Ersten Säule (in der Regel Umlageverfahren) mit der Zweiten Säule (in der Regel Deckungskapitalverfahren) ergeben.

Die demographische Entwicklung (steigende Lebenserwartung, sinkende Geburtszahlen) wird zu einer markanten Belastung des AHV-Haushaltes führen.

Darstellung 16B
Beiträge für Unselbständigerwerbende
(Arbeitnehmer und Arbeitgeber je die Hälfte)

	AHV	IV	EO	Total
ab 1.1.1948	4,0%	–	–	4,0%
1960	4,0%	0,4%	0,4%	4,8%
1968	4,0%	0,5%	0,4%	4,9%
1969	5,2%	0,6%	0,4%	6,2%
1973	7,8%	0,8%	0,4%	9,0%
1975 (ab 1.7.)	8,4%	1,0%	0,6%	10,0%
1988	8,4%	1,2%	0,5%	10,1%
seit 1995	8,4%	1,4%	0,3%	10,1%

Selbständigerwerbende bezahlen an die AHV einen reduzierten Ansatz von 7,8% (seit 1995). Bei *Nichterwerbstätigen* bildet das Vermögen die Basis, wobei Renteneinkommen mit dem Zwanzigfachen eingesetzt werden.

16.15 Finanzierung im Umlageverfahren

Wie alle staatlichen Rentenversicherungssysteme beruht auch die AHV – mit Ausnahme des Mindestbeitrages des Ausgleichsfonds – versicherungstechnisch auf dem reinen *Umlageverfahren*. Aus diesem Grund muss sie das relativ rasche Ansteigen der Zahl der Rentenbezüger im Verhältnis zur Zahl der Aktiven bewältigen können. Dieses Verhältnis nimmt infolge des Geburtenrückgangs und der längeren Lebensdauer ständig zu.

Die Renten der AHV werden seit der 9. AHV-Revision periodisch aufgrund des *Mischindexes* (Mittel zwischen Lohn- und Preisindex) erhöht (siehe *Darstellung 16A*).

Da die AHV (im Gegensatz zur Sozialversicherung anderer Länder) von Anfang an darauf verzichtet hat, das beitragspflichtige Einkommen nach oben zu begrenzen, steht ihr die Möglichkeit nicht offen, ohne den Beitragssatz zu ändern, die Einnahmen durch Anpassung der oberen Limite des beitragspflichtigen Einkommens zu regulieren.

Beim Umlageverfahren – so bei der AHV – spielt das *Verhältnis zwischen Beitragszahlenden und Rentenbezügern* eine zentrale Rolle. Bei der Einführung der AHV kam auf 5,5 Beitragszahlende ein Rentner der sog. Eintrittsgeneration, und im Jahr 2000 wird mit rund 3:1 gerechnet (*Quelle:* Bericht über versicherungstechnische, finanzielle und volkswirtschaftliche Aspekte der Sozialen Sicherheit, BSV 1982). Diese Entwicklung muss zu einer erheblichen Erhöhung der Beitragssätze und/oder anderen Massnahmen führen.

16.1 Eidg. Alters- und Hinterlassenenversicherung (AHV)

Das *Rentner-/Beitragszahlerverhältnis* wird zunehmend ungünstiger. So soll es im Jahr 2030 doppelt so viele Rentenbezüger geben wie heute. Hauptaufgabe der nächsten Jahre im Bereich der Sozialversicherung wird sein, die verschiedenen Werke zu *konsolidieren* und zu *koordinieren* (Lücken stopfen, dafür Unnötiges abbauen).

16.16 Art und Berechnung der Renten

Nachstehend werden die *verschiedenen Arten von ordentlichen AHV-Renten* behandelt sowie *andere Leistungsarten*, welche zusammen mit den Renten gewährt werden. Nicht behandelt werden die ausserordentlichen Renten der AHV sowie die Ergänzungsleistungen zur AHV/IV.

– *Einfache Altersrente*

Eine einfache Altersrente erhalten nichtverheiratete Männer am Monatsersten nach Vollendung des 65. *Altersjahres* sowie nichtverheiratete Frauen am Monatsersten nach Vollendung des *62. Altersjahres,* ferner Ehemänner von über 65 Jahren, deren Ehefrau das 62. Altersjahr noch nicht vollendet hat und nicht mindestens zur Hälfte invalid ist, und Ehefrauen von über 62 Jahren, deren Ehemann das 65. Altersjahr noch nicht vollendet hat und nicht mindestens zur Hälfte invalid ist. Der Anspruch auf eine einfache Altersrente erlischt mit dem Monat, in dem der Rentenberechtigte stirbt bzw. der jenem der Entstehung des Anspruchs auf eine Ehepaar-Altersrente oder Ehepaar-Invalidenrente vorangeht.

– *Ehepaar-Altersrente*

Ein verheiratetes Paar hat Anspruch auf eine Ehepaar-Altersrente, falls der Ehemann das 65. Altersjahr vollendet und die Ehefrau (egal ob sie Beiträge geleistet hat oder nicht) das 62. Altersjahr vollendet hat oder zu mindestens 50% invalid ist.

Die Ehepaar-Altersrente wird durch die einfache Altersrente der Ehefrau ersetzt, falls diese höher ausfällt als die Ehepaar-Altersrente.

Die Ehepaar-Altersrente erlischt beim Tode des Ehemannes oder der Ehefrau, bei Scheidung oder falls der Invaliditätsgrad der Ehefrau unter 50% sinkt. (Die verschiedenen Abrechnungselemente und die jeweils gewährten Renten sind von den sich aufeinanderfolgenden Heiraten, Scheidungen und Wiederverheiratungen abhängig.)

– *Zusatzrente für die Ehefrau*

Die AHV gewährt eine Zusatzrente für die Ehefrau, falls der Ehemann eine einfache Altersrente der AHV erhält und die Ehefrau das 55. Altersjahr vollendet hat, jedoch noch keine Ehepaar-Altersrente beanspruchen kann.

Die Zusatzrente für die Ehefrau erlischt, sobald ein Anspruch auf eine Ehepaar-Altersrente entsteht, die Ehefrau stirbt, das Ehepaar geschieden wird (vorbehältlich Art. 22bis Abs. 1 letzter Satz AHVG) oder falls der Ehemann stirbt. Im Todesfall des Ehemannes entsteht für die Ehefrau ein Anspruch auf Hinterlassenenleistungen.

16. Koordination mit der staatlichen Sozialversicherung

– *Hilflosenentschädigung*

Bei Hilflosigkeit schweren Grades gewährt die AHV ihren in der Schweiz wohnhaften Bezügern einer Altersrente sowie den Ehefrauen von Bezügern einer Ehepaar-Altersrente eine Hilflosenentschädigung, falls die Hilflosigkeit während mindestens 360 Tagen ununterbrochen angedauert hat.

– *Hilfsmittel*

Die in der Schweiz wohnhaften Bezüger einer Altersrente der AHV haben gegebenenfalls Anspruch auf den Ersatz für Kosten von Hilfsmitteln, so für Fuss- oder Beinprothesen, der Mietkosten eines Rollstuhls usw.

Die AHV organisiert keine besonderen Beistandsmassnahmen für alte Leute. Diese gehören zum Tätigkeitsbereich der *Stiftung Pro Senectute*.

– *Kinderrenten (Zusatzrenten für Kinder)*

Anspruch auf Zusatzrenten für Kinder (sog. einfache Kinderrenten) haben Bezüger von einfachen Altersrenten oder von Ehepaar-Altersrenten für jedes Kind, welches im Fall ihres Todes Anspruch auf eine Waisenrente hätte. Die einfache Kinderrente entspricht der einfachen Waisenrente.

– *Witwenrenten*

Die Witwenrente wird der Ehefrau eines verstorbenen Versicherten gewährt, falls sie eine der nachstehenden Bedingungen erfüllt:

– Sie hat leibliche oder adoptierte Kinder. (Das Alter der Kinder spielt dabei keine Rolle; verstorbene Kinder werden nicht berücksichtigt; das erwartete und lebendgeborene Kind der Witwe gibt ebenfalls Anspruch auf die Witwenrente.)
– Sie hat das 45. Altersjahr vollendet und ist mindestens fünf Jahre verheiratet gewesen. (Ist die Witwe mehrmals verheiratet gewesen, wird auf die Gesamtdauer der Ehen abgestellt.)

Die Witwenrente wird auch der geschiedenen Ehefrau des verstorbenen Versicherten gewährt, falls sie mindestens zehn Jahre mit dem Versicherten verheiratet war und gegenüber ihm Anspruch auf Alimente hatte. Der Anspruch auf die Witwenrente erlischt

– bei Wiederverheiratung der Begünstigten, und zwar ohne Rücksicht auf das Alter oder die Nationalität des neuen Ehemannes und auch ohne Rücksicht darauf, ob er zum versicherten Personenkreis der AHV gehört oder nicht,
– wenn die Witwe (oder geschiedene Ehefrau) das 62. Altersjahr vollendet hat und eine einfache Altersrente der AHV erhält,
– wenn die Witwe (oder geschiedene Ehefrau) eine Invalidenrente beanspruchen kann,
– im Todesfall der Witwe (oder der geschiedenen Ehefrau).

Der Anspruch auf eine Witwenrente, der mit der Wiederverheiratung der Witwe erloschen ist, lebt am ersten Tag des der Auflösung der Ehe folgenden Monats wieder auf, wenn die Ehe nach weniger als zehnjähriger Dauer geschieden oder als ungültig erklärt wird.

– *Einmalige Witwenabfindung*

Die Witwen, welche beim Tod ihres Mannes keinen Anspruch auf eine Witwenrente der AHV haben, erhalten eine einmalige Abfindung.

16.1 Eidg. Alters- und Hinterlassenenversicherung (AHV)

− *Einfache Waisenrente/Vollwaisenrente*

Kinder, deren Vater oder deren Mutter verstorben ist, haben Anspruch auf eine *einfache Waisenrente*. Adoptivkinder, Pflegekinder usw., deren Lebensunterhalt vom Verstorbenen getragen wurde, gehören dabei auch zu den rentenberechtigten Kindern.

Anspruch auf eine *Vollwaisenrente* haben Kinder, deren Vater und Mutter verstorben sind, Kinder, die nur zu einem Elternteil im Kindesverhältnis stehen bei dessen Tod, Findelkinder.

Für die *Berechnung der Höhe der ordentlichen Renten* sind zu berücksichtigen

− die Beitragsdauer des Versicherten (Beitragsskalen 1−44). Die Beitragsdauer kann vollständig oder unvollständig sein. Eine vollständige Beitragsdauer führt zu Vollrenten, eine unvollständige Beitragsdauer zu Teilrenten (vgl. Rententabellen für die jeweilige Anzahl Beitragsjahre, erhältlich bei der Eidg. Drucksachen- und Materialzentrale, Bern).
− das aufgewertete, durchschnittliche, massgebende Jahreseinkommen,
− die Art der Leistungen.

Der Versicherte, welcher seit dem 1. Januar 1948 oder seit dem 1. Januar nach Vollendung des 20. Altersjahres ununterbrochen Beiträge geleistet hat bis zum Zeitpunkt, in dem für ihn oder seine Hinterlassenen ein Anspruch auf eine Rente entsteht, weist eine vollständige Beitragsdauer auf. Falls während Studienjahren nach dem 20. Altersjahr, Auslandaufenthalten usw. keine freiwillige Versicherung erfolgt (z.B. mit Beitragsmarken von Studenten), führt dies zu Beitragslücken. Gegebenenfalls sind, bei Wohnsitz in der Schweiz, Nachzahlungen von Beiträgen möglich (bis fünf Jahre). Beitragsjahre zwischen dem 18. und 20. Altersjahr werden nötigenfalls zum Ausgleich einer späteren Lücke angerechnet.

Wenn sich nach dem 20. Altersjahr eine Person im Ausland aufhält und nicht freiwillig versichert, entsteht ein Unterbruch in der Beitragsdauer. Gegebenenfalls sind nachträgliche Zahlungen möglich (bis fünf Jahre), wenn der Versicherte in der Schweiz wohnt. Beitragsjahre zwischen dem 18. und 20. Altersjahr können helfen, Beitragslücken zu kompensieren. Seit 1990 werden bei Beitragslücken Beitragsjahre geschenkt (1 Jahr bei über 20, 2 Jahre bei 21−33 und 3 Jahre bei über 34 Beitragsjahren).

Die *Beitragsdauer* ist somit ein wichtiges Element für die Berechnung der Renten. Ihr Einfluss zeigt z.B., wie wichtig es ist, dass Schweizer, welche ins Ausland ziehen, weiterhin AHV-Beiträge leisten, insbesondere dann, wenn sie sich nicht definitiv im Ausland niederlassen. Nicht selten gibt es bei Versicherten, welche während ihres Auslandaufenthalts keine AHV-Beiträge leisteten und demzufolge auch keine vollständige Beitragsdauer aufweisen können, Enttäuschungen und Unzufriedenheiten. Auch wer bei Beginn der AHV-Beitragspflicht noch in Ausbildung steht und somit kein Einkommen bezieht, tut gut daran, sich um die Abklärung seiner Möglichkeiten zu bemühen, um keine Beitragsjahre zu verlieren. Diese Tatsachen stellen für all jene Personalvorsorgeeinrichtungen ein schwieriges Problem dar, die den aufgrund der vollen AHV-Leistungen bestimmten Koordinationsbetrag berücksichtigen.

Das aufgewertete, durchschnittliche, massgebende Jahreseinkommen wird aufgrund der jährlich auf den individuellen Konten eingetragenen Einkommen berechnet und mit einem Aufwertungsfaktor multipliziert. Dieser *Aufwertungsfaktor* hängt ab vom Jahr, in welchem erstmals Beiträge geleistet wurden.

Die Aufwertungsfaktoren werden jedes Jahr neu berechnet. Dabei wird der Erhöhung der laufenden Renten Rechnung getragen, welche nun aufgrund des *arithmethischen Mittels von Lohnindex und Landesindex der Konsumentenpreise* erfolgt. Die Aufwertung der Summe der Löhne (aus allen individuellen Konten) erfolgt nach einer jährlich neu herausgegebenen Skala, die sich nach dem Jahr des ersten Eintrags auf dem individuellen Konto der AHV-Ausgleichskasse bemisst.

Wenn im Verlauf der beruflichen Karriere des Versicherten keine bedeutenden Schwankungen der Arbeitszeit und keine aussergewöhnlichen Lohnerhöhungen zu verzeichnen sind, entspricht das aufgewertete, durchschnittliche, massgebende Jahreseinkommen im allgemeinen dem letzten massgebenden Jahreseinkommen (mit Abweichungen von ± 5%).

Die AHV-Renten – und alle davon abhängigen Beträge, auch jene des BVG – erhöhen sich in der Regel alle zwei Jahre gemäss dem durch die Preis- und Lohnentwicklung gebildeten Mischindex (Mittel zwischen Lohn- und Preisindex).

Die Altersrenten können um mindestens ein Jahr und höchstens um fünf Jahre nach dem gesetzlich vorgesehenen Beginn der Altersgrenze *aufgeschoben* werden. Von der Möglichkeit des Aufschubs der Altersrente wird eher selten Gebrauch gemacht. Ein Aufschub der Altersrente ist nur unter gewissen Bedingungen möglich. So müssen z.B. *sämtliche Leistungen* zugunsten des Ehepaares aufgeschoben werden.

Falls ein Mitarbeiter auch nach dem AHV-Schlussalter weiterarbeitet, sollte er auf die Bedingungen sowie auf Vor- und Nachteile des Aufschubs der AHV-Rente aufmerksam gemacht werden. Ebenso sollte im Rahmen der Personalvorsorgeeinrichtung eine ähnliche Möglichkeit vorgesehen werden. Diese Aufschubsmöglichkeit müsste im Reglement der Personalvorsorgeeinrichtung festgelegt werden (siehe Abschnitt 5.4).

Mit der 10. AHV-Revision von 1997 ist auch ein *Vorbezug der AHV-Rente* bis um zwei Jahre mit entsprechender Kürzung eingeführt worden. Sodann hat neu jeder Ehegatte Anspruch auf eine eigene Rente. Die Summe der beiden Einzelrenten darf 150% der maximalen einfachen Altersrente nicht übersteigen.

16.2 Eidg. Invalidenversicherung (IV)

Die Invalidenversicherung (IV), die am 1. Januar 1960 in Kraft getreten ist, bezweckt die Eingliederung oder Wiedereingliederung der Versicherten in das Erwerbsleben und die Gewährung von Invalidenrenten an die Versicherten und von ihnen abhängige Personen. Eingliederungsmassnahmen haben Priorität. Nur wenn sie zum vornherein aussichtslos erscheinen oder ihr Ziel nicht oder nur ungenügend erreichen, wird eine Rente gewährt. Diese Priorität für die Eingliederungsmassnahmen wird von den Pensionskassenverwaltern und den Versicherten oft schlecht verstanden, weil die Invalidenrente im Rahmen der Pensionskasse vielfach als eine vorzeitige Rücktrittsrente behandelt wird, welche infolge eines für die berufliche Tätigkeit ungenügenden Gesundheitszustandes gewährt wird. Die 3. IV-Revision ist auf Anfang 1992 in Kraft getreten. In einem Ersten Teil der 4. IV-Revision beschlossen die Eidg. Räte im Herbst 1997, CHF 2,2 Mrd. aus dem Erwerbsersatzordnungsfonds (EO-Fonds) an die IV zu transferieren.

16.21 Versicherte Personen und Risiken

Die IV umfasst grundsätzlich *alle bei der AHV* versicherten Personen. Daneben sind auch folgende *Personengruppen* leistungsberechtigt:

- Volljährige Personen, die – bevor sie physisch und psychisch behindert waren – *keine Erwerbstätigkeit* ausübten und denen man die Aufnahme einer Erwerbstätigkeit nicht zumuten könnte, sind im Sinne der IV invalid, sobald sie wegen ihres Gesundheitszustandes daran verhindert sind, ihre übliche Tätigkeit auszuüben. Solche Fälle treten insbesondere bei verheirateten Frauen auf, welche keine Erwerbstätigkeit ausüben und infolge ihres Gesundheitszustandes die Haushaltsarbeiten nicht mehr erfüllen können.
- *geisteskranke Personen,* die keine Erwerbstätigkeit ausüben können. Personen, die schon als Kind invalid waren, haben – ohne je Beiträge geleistet zu haben – ab ihrem 20. Altersjahr Anspruch auf Invalidenrente, falls sie gewisse Bedingungen betreffend den Wohnsitz in der Schweiz erfüllen.

Da das durch die IV *gedeckte Risiko* vor allem die *Erwerbsunfähigkeit aus gesundheitlichen Gründen* (infolge Krankheit oder Unfall) betrifft, haben weder die Ursache der Erwerbsunfähigkeit (Invalidität im Sinne der IV) noch die Form, welche sie annehmen kann, einen Einfluss auf die Art, wie der Invaliditätsfall von der IV behandelt wird. Die Gewährung von ordentlichen und ausserordentlichen Invalidenrenten ist an gewisse *Bedingungen* betreffend *Wohnsitz* in der Schweiz gebunden.

In der Schweiz wohnhafte Schweizer Bürger haben Anspruch auf *Eingliederungsmassnahmen;* dabei spielt es keine Rolle, wie lange sie ihren zivilrechtlichen Wohnsitz in der Schweiz hatten oder wie lange sie Beiträge leisteten.

Die Auslegung internationaler Abkommen kann schwierig sein, wenn die betreffenden Personen im Grenzgebiet eines an die Schweiz angrenzenden Landes wohnen und weder Schweizer Bürger noch Bürger des angrenzenden Landes sind. Dasselbe gilt für Ausländer, welche vorübergehend die Schweiz verlassen (z.b. um sich im Ausland ärztlich betreuen oder beruflich umschulen zu lassen).

Die *Beiträge an die IV* werden zusammen mit den AHV-Beiträgen erhoben. Der Bund und die Kantone beteiligen sich in grossem Ausmass an der Finanzierung der IV (50% der Ausgaben). Der *massgebende Lohn* ist für die IV derselbe wie für die AHV.

16.22 Art der IV-Leistungen

Die IV gewährt als *Eingliederungsmassnahmen* folgende *Sachleistungen:*

Die IV trifft Eingliederungsmassnahmen für invalid gewordene Personen oder für direkt von einer Invalidität bedrohte Personen. Diese Massnahmen werden getroffen, soweit sie notwendig und geeignet sind, die Erwerbstätigkeit wiederherzustellen, zu verbessern oder zu erhalten. Dabei wird die mögliche Dauer der zukünftigen Erwerbstätigkeit berücksichtigt. So werden beispielsweise für einen Versicherten, der mit 45 Jahren invalid wird, und für einen Versicherten, der mit 63 Jahren auf dieselbe Art und in gleichem Ausmass invalid wird, nicht unbedingt dieselben Massnahmen getroffen.

– Medizinische Massnahmen

Leistungen für die eigentliche Behandlung einer *Krankheit* oder eines *Unfalls* unterstehen der Kranken- oder der Unfallversicherung.

Ein Übergreifen der IV in den Bereich der Krankenversicherung ist möglich, wenn die Behandlung der Krankheit die berufliche Wiedereingliederung erleichtert oder einen günstigen und dauernden Einfluss auf die Erwerbsfähigkeit hat (z.B. Augenoperation).

– Berufliche Massnahmen

Zu den beruflichen Massnahmen der IV gehören Berufsberatung, berufliche Ausbildung oder Umschulung, Stellenvermittlung und in bestimmten Fällen auch die Gewährung eines Anfangskapitals für die Aufnahme einer selbständigen Erwerbstätigkeit (oft in Form eines Darlehens ohne Zins oder mit niedrigem Zins).

Da die schweizerischen Arbeitgeber nicht verpflichtet sind, Stellen für wiedereingegliederte Invalide zu reservieren, haben die Invaliden nach Abschluss der Eingliederungsmassnahmen keine garantierte Stelle. Während der Dauer der Eingliederungsmassnahmen erhält der Invalide Taggelder. Diese Taggelder berücksichtigen auch die Familienverhältnisse und den Zivilstand des Invaliden. Das Taggeld wird pro Kalenderjahr bezahlt und setzt sich aus einer Haushaltsentschädigung, Kinderzulagen sowie einem Eingliederungszuschlag zusammen und entspricht höchstens dem bisherigen durchschnittlichen Tageseinkommen.

16.2 Eidg. Invalidenversicherung (IV)

– Leistungen zugunsten minderjähriger Invalider

Die IV gewährt minderjährigen Invaliden Leistungen verschiedenster Art, welche von Beiträgen an die Kosten einer Spezialschule bis zu Beiträgen an Pflegekosten zu Hause reichen.

– Hilfsmittel

Bei den Hilfsmitteln, welche die IV gewährt bzw. an deren Kosten sie sich ganz oder teilweise beteiligt, handelt es sich um Prothesen oder andere Hilfsmittel, welche die Wiedereingliederung und die Erwerbstätigkeit erleichtern.

Die IV gewährt *Geldleistungen* in folgenden Fällen:

– Invalidenrenten

Die Invalidenrente wird grundsätzlich gewährt, nachdem die Erwerbsunfähigkeit ein Jahr ununterbrochen gedauert hat.

Gleich wie die AHV gewährt die IV einfache Renten, Ehepaarrenten, Zusatzrenten für die Ehefrau und Kinderrenten.

– Hilflosenentschädigung

Wenn der Invalide dauernd der Hilfe Dritter oder der persönlichen Überwachung bedarf, beteiligt sich die IV an den dadurch entstehenden Kosten.

Die IV kennt nur drei Erwerbsunfähigkeitsgrade, nämlich

– eine Erwerbsunfähigkeit von *mindestens 40% und weniger als 50%;* in diesem Fall gewährt die IV Viertelsrenten, in Härtefällen halbe Renten.
– eine Erwerbsunfähigkeit von *mindestens der Hälfte* und höchstens zwei Dritteln; in diesem Fall gewährt die IV halbe Invalidenrenten.
– eine Erwerbsunfähigkeit von *mehr als zwei Dritteln;* in diesem Fall gewährt die IV ganze Invalidenrenten.

Viele autonome *Personalvorsorgeeinrichtungen* stützen sich bei der Bemessung der Anspruchsberechtigung und Arbeitsunfähigkeit auf die IV. Durch diese *Anlehnung an die IV* werden zusätzliche ärztliche Untersuchungen vermieden; ebenso die Schwierigkeiten, welche sich bei der Behandlung desselben Falles nach verschiedenen Kriterien ergeben. Demgegenüber sind diese Pensionskassen manchmal zu eng an das gezwungenermassen vereinfachte System der IV gebunden. Anstatt sich strikte an die Bestimmungen der IV zu halten, erarbeiten Personalvorsorgeeinrichtungen oft eigene Richtlinien, wobei sie sich jedoch das Recht vorbehalten, von Fall zu Fall die Praxis der IV anzuwenden.

16.23 Berechnung der Renten

Die IV-Renten werden aufgrund des *massgebenden* – nach den Bestimmungen der AHV festgelegten – *Einkommens* berechnet. Ausgenommen sind Invalide, welche bei Invaliditätsbeginn das 25. Altersjahr noch nicht erreicht haben. Für diese jungen Invaliden entspricht die Invalidenrente mindestens 133 1/3% der minimalen Invalidenrente, wenn der Betreffende eine vollständige Beitragsdauer aufweist.

Für Invalide, welche das 45. Altersjahr noch nicht erreicht haben, wird das durchschnittliche massgebende Einkommen erhöht. Diese *degressive* Erhöhung ist vom Alter des Betreffenden abhängig und reicht von 100% bis zu 5%.

Die Daten, welche zur Berechnung der Invalidenrente gedient haben, sind auch massgebend für die *Berechnung der Altersrente* im Zeitpunkt, in dem die IV-Rente von der AHV-Rente abgelöst wird.

Beschäftigt ein Unternehmen einen Bezüger einer halben Invalidenrente der IV oder einer Teilinvalidenrente einer Personalvorsorgeeinrichtung und gewährt es ihm einen Lohn, der höher ist als derjenige, welcher seiner effektiven Leistung entspricht, so wird dieser ergänzende Lohn als *"Soziallohn"* bezeichnet, welcher der AHV/IV-Beitragspflicht untersteht.

16.24 Pensionierung infolge Invalidität oder vorzeitiger Rücktritt

Gelegentlich steht ein Unternehmen oder der betreffende Mitarbeiter vor der Alternative "Pensionierung infolge Invalidität" oder "vorzeitiger Rücktritt".

Die Pensionierung infolge Invalidität erfordert die Anmeldung der Erwerbsunfähigkeit an die IV und kann Schwierigkeiten psychologischer Natur mit sich bringen. Sie hat jedoch den Vorteil, eine klare Situation zu schaffen, welche in bezug auf AHV/IV-Beiträge oft günstig ist.

Ein vorzeitiger Rücktritt wird zwischen dem Unternehmen, der Personalvorsorgeeinrichtung und dem betreffenden Mitarbeiter vereinbart. Diese Lösung scheint für den Mitarbeiter eher annehmbar, ist aber im allgemeinen ungünstig in bezug auf die Belastung durch AHV/IV-Beiträge.

Auf jeden Fall ist zu beachten, dass der vorzeitig Pensionierte bis zum Erreichen der Altersgrenze als Nichterwerbstätiger beitragspflichtig bleibt. Massgebend für die Beitragsverpflichtungen ist das Vermögen inkl. des mit 30 multiplizierten Renteneinkommens, wobei Leistungen der IV für die Berechnung ausser Betracht fallen.

16.3 Obligatorische Unfallversicherung

Am 1. Januar 1984 trat das geltende Bundesgesetz über die Unfallversicherung (UVG) in Kraft. Damit wurde die Versicherung gegen Berufsunfälle, Nichtberufsunfälle und Berufskrankheiten für alle Arbeitnehmer obligatorisch. Selbständigerwerbende können sich freiwillig gemäss UVG versichern.

An der *Durchführung der erweiterten obligatorischen Unfallversicherung* beteiligten sich 1994 die Schweizerische Unfallversicherungsanstalt (SUVA), 30 private Versicherungsgesellschaften, 60 Krankenkassen und 2 öffentliche Unfallversicherungskassen. Der SUVA waren Ende 1992 102'308 Betriebe mit ca. 1,9 Mio. Arbeitnehmerinnen und Arbeitnehmern angeschlossen.

16.31 Versicherte Personen und Risiken

Nach dem UVG sind in der Schweiz praktisch alle Arbeitnehmerinnen und Arbeitnehmer *obligatorisch* und *automatisch* gegen *Unfälle* und *Berufskrankheiten* versichert. Arbeitnehmer ist jeder, der gegen Lohn oder zwecks Ausbildung ohne eigenes wirtschaftliches Risiko für einen Arbeitgeber nach dessen Weisungen eine Tätigkeit auf Zeit ausübt.

Obligatorisch versichert gegen *Berufsunfälle, Berufskrankheiten* und *Nichtberufsunfälle* sind die in der Schweiz beschäftigten Arbeitnehmer, einschliesslich Heimarbeiter, Lehrlinge, Praktikanten und Volontäre, Hausangestellte (auch solche im Privathaushalt) sowie in Lehr- oder Invalidenwerkstätten tätige Personen, deren *wöchentliche Arbeitszeit* beim gleichen Arbeitgeber voraussichtlich regelmässig *mindestens 12 Stunden* beträgt.

Nicht versichert sind insbesondere Personen, die einen kleinen *Nebenerwerb* ausüben und auf deren Lohn deshalb keine AHV-Beiträge erhoben werden; ferner *Kollektivgesellschafter* und *unbeschränkt haftende Teilhaber* von Kommanditgesellschaften sowie in der Schweiz tätige *Personen mit Vorrechten* nach internationalem Recht (Diplomaten, Angehörige internationaler Organisationen usw.). Auch *Hausfrauen* werden von der obligatorischen Unfallversicherung nicht erfasst. Obligatorisch versichert sind auch mitarbeitende *Familienmitglieder,* sofern auf deren Lohn AHV-Beiträge erhoben werden.

In der Schweiz wohnhafte *Selbständigerwerbende* und ihre nicht obligatorisch versicherten *mitarbeitenden Familienmitglieder* können sich freiwillig versichern. Die Bestimmungen der obligatorischen Versicherung gelten grundsätzlich auch für die *freiwillige Versicherung.* Letztere erstreckt sich aber immer auf Berufsunfälle, Berufskrankheiten und Nichtberufsunfälle.

Als *Unfall* gilt grundsätzlich die plötzliche, unbeabsichtigte, schädigende Einwirkung eines ungewöhnlichen äusseren Faktors auf den menschlichen Körper. Versichert sind aber auch gewisse *unfallähnliche* Körperschädigungen. Darunter fallen *nicht* eindeutig *auf eine Erkrankung* zurückzuführende Knochenbrüche, ferner Verrenkungen von Gelenken, Meniskusrisse, Muskelzerrungen, Sehnenrisse, Bandläsionen und Trommelfellverletzungen.

Die Versicherung gilt in der *Schweiz* voll. Im Ausland werden insbesondere die Arzt-, Arznei- und Spitalkosten nur beschränkt gewährt (doppelter Betrag, welcher in der Schweiz hätte bezahlt werden müssen).

16.32 Prämienerhebung

Die *Prämie* für die Versicherung der Berufsunfälle und -krankheiten trägt der *Arbeitgeber*. Jene für die Versicherung der Nichtberufsunfälle geht zu Lasten des Arbeitnehmers, es sei denn, der Arbeitgeber erkläre sich bereit, diese ganz oder teilweise zu übernehmen. Die *Prämienzahlung* hat jedoch durch den Arbeitgeber zu erfolgen.

Für die *Bemessung der Prämien* in der Berufsunfall- und Berufskrankheitsversicherung werden die Betriebe nach ihrer Art und ihren Verhältnissen in *Risikoklassen* eingeteilt, wobei insbesondere die Unfallgefahr berücksichtigt wird. Für die Nettoprämien gibt es zurzeit Variationen von 0,2–80‰.

Die Versicherungsprämien für *ausserberufliche Unfälle* sind seit 1. Januar 1993 nicht mehr nach dem *Geschlecht* der Versicherten verschieden. Der höchste versicherte Lohn betrug seit 1. Januar 1991 CHF 97'200.– (CHF 267.– je Kalendertag), auf den 1. Januar 2000 ist er auf CHF 106'800.– erhöht worden.

16.33 Versicherungsleistungen

Es werden *Sachleistungen* und *Geldleistungen* erbracht.

UVG-Versicherte haben im Rahmen der sog. *Sachleistungen* bei freier Arztwahl Anspruch auf zweckmässige *Heilbehandlung* und auf *Spitalbehandlung* in der allgemeinen Abteilung ohne zeitliche und betragsmässige Beschränkung. Die Versicherungsdeckung zum MTK-Tarif (Medizinal-Tarif-Kommission) erstreckt sich ferner auf die notwendigen *Reise-, Transport- und Rettungskosten* (im Ausland auf 20% des UVG-Lohnes beschränkt), ferner auf *Hilfsmittel* und *Prothesen,* die körperliche Schädigungen ausgleichen bzw. Körperteile oder Körperfunktionen ersetzen. Eine Verordnung (vom 18. Oktober 1984) regelt die Abgabe von Hilfsmitteln durch die Unfallversicherung (zum Ausgleich von körperlichen Schädigungen und Funktionsausfällen), alle anderen Hilfsmittel

16.3 Obligatorische Unfallversicherung

(insbesondere zur beruflichen Eingliederung) gehen zu Lasten der Invalidenversicherung. Wenn gleichzeitig eine behandlungsbedürftige Körperschädigung vorliegt, werden auch Schäden an *Brillen, Hörgeräten* und *Zahnprothesen* übernommen. Ausserdem werden *Leichentransport-* und *Bestattungskosten* vergütet.

Die *Geldleistungen* umfassen:

- *Taggeld* von 80% des letzten vor dem Unfall bezogenen, versicherten Lohnes ab drittem Tag bei voller Arbeitsunfähigkeit, bei teilweiser Arbeitsunfähigkeit entsprechend weniger
- *Invalidenrente* von 80% des versicherten Verdienstes bei Vollinvalidität, bei Teilinvalidität entsprechend weniger. Für die Bemessung des *Invaliditätsgrades* wird allein die wirtschaftliche Beeinträchtigung zugrunde gelegt, d.h. es wird gefragt, inwieweit der Versicherte durch die eingetretene Invalidität in seinem wirtschaftlichen Fortkommen beeinträchtigt worden ist. Hat der Versicherte Anspruch auf eine Rente der IV oder AHV, erfolgt eine *Reduktion* der UVG-Rente, so dass aus beiden Versicherungseinrichtungen gesamthaft höchstens 90% des UVG-Lohnes ausgerichtet werden. *Hilflosen-* und *Integritätsentschädigungen* bleiben dabei unberücksichtigt. Für die Bemessung ist der innerhalb eines Jahres vor dem Unfall bezogene Lohn massgebend.
- *Integritätsentschädigung* im Falle einer dauernden erheblichen Schädigung der körperlichen oder geistigen Integrität. Die Höhe dieser *Kapitalabfindung* basiert auf dem versicherten UVG-Lohn sowie auf einer Skala der Integritätsschäden im Anhang des Gesetzes (medizinisch-theoretische Bewertung).
- *Hilflosenentschädigung*, wenn der Versicherte wegen der Invalidität für die alltäglichen Lebensverrichtungen dauernd der Hilfe Dritter oder der persönlichen Überwachung bedarf. Ihr Monatsbetrag entspricht mindestens dem Zweifachen oder höchstens dem Sechsfachen des Höchstbetrages des versicherten Tagesverdienstes.
- *Hinterlassenenrenten*, wenn der Versicherte an den Folgen des Unfalls stirbt, für:
  - Witwen und Witwer   40%
  - Halbwaisen   15%
  - Vollwaisen   25%
  - höchstens jedoch   70%
  für alle Rentenberechtigten zusammen.

Witwen erhalten die Rente, wenn Kinder vorhanden oder wenn sie älter als 45 Jahre sind; *Witwer*, wenn rentenberechtigte Kinder vorhanden sind und die Ehefrau unfallversichert war. Haben die Hinterlassenen Anspruch auf Renten der AHV oder IV, erfolgt eine *Leistungskoordination* in dem Sinne, dass die UVG-Renten so weit reduziert werden, bis aus beiden Versicherungseinrichtungen insgesamt höchstens 90% des versicherten Verdienstes ausgerichtet werden. Die Hinterlassenenrente für den geschiedenen Ehegatten entspricht 20% des versicherten Verdienstes, höchstens aber dem geschuldeten Unterhaltsbeitrag.

Der Bundesrat setzt den *Höchstbetrag* des den Geldleistungen zugrundeliegenden versicherten Verdienstes (seit 1. Januar 2000 liegt er bei CHF 106'800.– pro Jahr bzw. CHF 267.– je Kalendertag) so fest, dass in der Regel jeweils mindestens 92%, aber nicht mehr als 96% der versicherten Arbeitnehmer ihren vollen Lohn versichern können.

Die *Renten* der obligatorisch Versicherten werden nach Massgabe des *Landesindexes* der Konsumentenpreise an die Teuerung angepasst. Seit 1. Januar 1992 erfolgt die Erhöhung stets auf den gleichen Zeitpunkt wie die Anpassung der AHV-Renten. Bei Vorliegen bestimmter Sachverhalte erfolgt eine *Kürzung* oder Verweigerung von Leistungen:

– *Kürzung* der Geldleistungen im *Nichtberufsunfallbereich* um mindestens die Hälfte für Versicherte bei Unfällen zufolge Teilnahme an *Raufereien, Schlägereien* und *Unruhen* oder bei starker *Provokation* von anderen
– *Kürzung* der Geldleistungen in der *Berufs-* und *Nichtberufsunfallversicherung* bei grober *Fahrlässigkeit* bzw. bei schuldhafter Herbeiführung des Unfalls
– *Kürzung* der Geldleistungen aus *Nichtberufsunfall* um die Hälfte oder *Verweigerung* dieser Leistungen in besonders schweren Fällen beim Eingehen eines *Wagnisses* durch den Versicherten. Wagnisse sind Handlungen, mit denen sich der Versicherte einer besonders grossen Gefahr aussetzt, ohne die Vorkehren zu treffen oder treffen zu können, die das *Risiko* auf ein vernünftiges Mass beschränken (z.B. Teilnahme an einem Motorrad- oder Automobilrennen). *Rettungshandlungen* zugunsten von Personen sind jedoch selbst dann versichert, wenn sie an sich als Wagnis zu betrachten sind.
– *Kürzung der Renten* und der *Integritätsentschädigungen* in angemessenem Umfang beim Zusammentreffen verschiedener Schadensursachen. Dies ist der Fall, wenn teilweise ein *unfallfremder Faktor* vorliegt, z.B. eine schon vor dem Unfall bestehende Krankheit. Dabei werden neben dem *medizinischen Sachverhalt* auch die *persönlichen* – vor allem wirtschaftlichen – *Verhältnisse* berücksichtigt. Wenn aber die Gesundheitsschädigungen vor dem Unfall zu keiner Verminderung der Erwerbsfähigkeit geführt haben, erfolgt keine Kürzung.
– *Verweigerung* von Leistungen aus der Berufs- und Nichtberufsunfallversicherung bei *schuldhafter* Herbeiführung des Unfalls durch den Versicherten (Bestattungskosten ausgenommen). Ähnliches gilt für Renten von Hinterlassenen, die den Unfall eines Versicherten *absichtlich* verursacht haben.
– *Verweigerung* von Leistungen aus der Nichtberufsunfallversicherung zufolge Unfalls des Versicherten in *ausländischem* Militärdienst, bei

kriegerischen Handlungen, *Terrorakten* oder *bandenmässigen Verbrechen.* Gegenüber Versicherten, die bei Ausübung eines *"gewöhnlichen"* Verbrechens verunfallen, können die Geldleistungen gekürzt und in besonders schweren Fällen ganz verweigert werden (keine Kürzung von Sachleistungen).

16.4 Weitere Sozialversicherungswerke

Im Sinne einer Übersicht sei auf die weiteren Sozialversicherungen hingewiesen:

a)   Obligatorische Krankenversicherung (Grundversicherung)

Am 14. Dezember 1994 fand die Volksabstimmung über das neue Bundesgesetz über die Krankenversicherung (KVG) und über die Volksinitiative "Für eine gesunde Krankenversicherung" statt. Erwartungsgemäss wurde die Initiative (die eine Finanzierung durch Lohnprozente forderte) wuchtig verworfen. Das neue Bundesgesetz, das jenes von 1911 ablöst, wurde (knapp mit 51,8%) angenommen und ist auf den 1. Januar 1996 in Kraft getreten.

Das Hauptproblem der Krankenversicherung sind die *rasch* steigenden Kosten des Gesundheitswesens. Dazu werden viele Gründe genannt. So wird beispielsweise ausgeführt, dass

– ein zu grosses Angebot an Ärzten, Spitälern und Heimen besteht,
– die Ausrüstung der Praxen und vor allem der Spitäler und Heime immer luxuriöser und kostspieliger wird,
– einzelne Spitäler und Heime überdimensioniert sind und oft keine Abgrenzung zwischen Krankheitsbehandlung und Alterspflege gemacht wird,
– die Pharmazeutika zu teuer sind,
– vor allem die Chefarztsaläre bzw. die Arzthonorare zum Teil erheblich angewachsen sind,
– die medizinischen Leistungen teilweise über Gebühr oder missbräuchlich beansprucht werden, weil sie den Versicherten, nachdem er die allerdings laufend steigenden Prämien bezahlt hat, praktisch nichts mehr kosten (relativ kleine Franchise).

Sicher hängen die enorm gestiegenen Kosten unseres Gesundheitswesens zu einem erheblichen Teil mit unserer *Anspruchsgesellschaft* und wohl auch mit der veränderten *Bevölkerungsstruktur* zusammen. Sie dürfen aber nicht einseitig den Behörden, der Industrie oder den Ärzten angelastet werden (nicht bedarfsgerechte Planung, zu grosszügige Investitionen, nicht massvolle Kostenberechnungen, Überangebot bei praktisch konstanter Bevölkerung, Interesse mit der Krankheit, wie vereinzelt auch angeführt wird, u.a.m.). Die Ansprüche der Versicherten an die Forschung, die medizinischen Leistungen und die Intensität und Dauer der Betreuung sind ebenfalls ganz erheblich gestiegen.

Die Kritik an der Krankenversicherung besteht in breiten Kreisen. Eine Reform in naher Zukunft wird nicht zu umgehen sein.

16.4 Weitere Sozialversicherungswerke

Das Obligatorium der Grundversicherung brachte volle Freizügigkeit, Einheitsprämien innerhalb einer Kasse für die gleiche Region, gezielte Subventionen des Bundes zugunsten wirtschaftlich Schwacher.
Die neu geltende obligatorische Krankenversicherung kann wie folgt kurz erläutert werden (aus einer Broschüre der BSV):

- Die Grundversicherung ist – im Gegensatz zu den Zusatzversicherungen – obligatorisch. Versichern müssen sich
  - alle in der Schweiz wohnhaften Personen, unabhängig von ihrer Staatsangehörigkeit. Jedes Familienmitglied muss versichert sein, Erwachsene ebenso wie ihre Kinder. Wenn Sie sich neu in der Schweiz niederlassen, müssen Sie sich *innert drei Monaten* versichern; diese Frist gilt auch für die Anmeldung von Neugeborenen:
  - ausländische Staatsangehörige mit einer Aufenthaltsbewilligung von länger als drei Monaten, beispielsweise Saisonniers;
  - ausländische Staatsangehörige, die in der Schweiz für weniger als drei Monate arbeiten und nicht über einen gleichwertigen ausländischen Versicherungsschutz verfügen.
- Nicht versichern müssen sich
  - Grenzgängerinnen und Grenzgänger mit ihren Familienangehörigen; sie können sich freiwillig versichern.
  - Personen, die ihren Wohnsitz ins Ausland verlegen (z.B. Rentnerinnen und Rentner).
  - im Ausland wohnhafte Angehörige einer Person, die in der Schweiz versichert ist.
  - Mitglieder diplomatischer oder konsularischer Missionen sowie Angestellte von internationalen Organisationen und ihre Familien, sofern sie sich nicht freiwillig in der Schweiz versichern.
- Bezahlt werden von der Grundversicherung Arzt-, Spital- und Medikamentenkosten.
- Die Krankenkasse vergütet *grundsätzlich alle Behandlungen,* die von einem Arzt oder einer Ärztin vorgenommen werden. Daneben können Personen im Auftrag eines Arztes oder einer Ärztin bestimmte Leistungen erbringen (z.B. Physiotherapie, Ernährungsberatung, Logopädie, Ergotherapie). Behandlungsmethoden, bei denen die Wirksamkeit, die Zweckmässigkeit oder das Verhältnis zwischen Kosten und Nutzen fraglich ist, werden in der Grundversicherung nicht oder nur unter bestimmten Bedingungen bezahlt.
- Die Grundversicherung bezahlt die Behandlung und den Aufenthalt in der *allgemeinen Abteilung* eines Spitals, das auf der Spitalliste Ihres Wohnkantons aufgeführt ist. Die Zusatzkosten für die Behandlung und den Aufenthalt in der Privat- oder Halbprivatabteilung gehen zu Ihren Lasten oder werden von einer allfälligen Zusatzversicherung gedeckt.
- Die Grundversicherung übernimmt die Kosten für sämtliche Medikamente, die *von einem Arzt oder einer Ärztin verschrieben* werden und die in der sog. *"Spezialitätenliste"* aufgeführt sind. Kassenpflichtig sind zurzeit rund 2'300 Medikamente, wobei die Liste ständig dem medizinischen Fortschritt angepasst wird. Vergütet werden insbesondere auch Generika, d.h. qualitativ gleichwertige "Kopien", die bis zu drei Viertel billiger sind als Originalpräparate; sie enthalten jedoch dieselben Wirkstoffe. Fragen Sie Ihren Arzt oder Ihre Ärztin, ob er oder sie ein Generikum verschreiben kann.
- Die Grundversicherung übernimmt die Kosten verschiedener Massnahmen, die der Gesundheitsvorsorge dienen, wie Impfungen, periodische Untersuchung von Kindern, gynäkologische Vorsorgeuntersuchungen, komplementärmedizinische Behandlungen, Kosten der Geburt, Beiträge an Brillen, Physiotherapie, Badekuren, Spitex, Notfallbehandlungen im Ausland, Rettungen usw.

- Die Beiträge für die Grundversicherung sind wie folgt geregelt:
  - Jede Person bezahlt ihre eigene Prämie, eine sog. "Kopfprämie". Die Krankenkassen bieten unterschiedlich hohe Prämien für Kinder und Jugendliche (0–18 Jahre), Erwachsene in Ausbildung (18–25 Jahre) sowie für Erwachsene (älter als 18 bzw. 25 Jahre) an. Die Prämien sind unabhängig vom Einkommen einer Person, variieren aber von Kanton zu Kanton und von Kasse zu Kasse. Innerhalb eines Kantons können die Kassen maximal drei regionale Abstufungen machen. Personen, die in bescheidenen wirtschaftlichen Verhältnissen leben, haben Anspruch auf eine Verbilligung der Krankenversicherungsprämien. Die monatliche Prämie für die Grundversicherung variierte 1998 zwischen CHF 92.– und CHF 382.– je nach Wohnkanton und Krankenkasse.
  - Ein Teil der Behandlungskosten geht zu Lasten der Versicherten. Keine Kostenbeteiligung besteht demgegenüber bei Mutterschaft. Die *Kostenbeteiligung* setzt sich zusammen aus
  - der ordentlichen *Franchise* von CHF 230 pro Jahr, wobei Kinder und Jugendliche keine ordentliche Franchise bezahlen, sowie
  - dem *Selbstbehalt* von 10%, jedoch bis zu einem Maximum von CHF 600.– pro Jahr (Kinder und Jugendliche CHF 300.–).
  Die ordentliche Kostenbeteiligung beträgt somit maximal CHF 830.– pro Jahr für Erwachsene und CHF 300.– für Kinder und Jugendliche (ab 1. Januar 1998).

b) Ergänzungsleistungen zur AHV/IV

Alle Kantone richten vom Bund subventionierte (gemäss BG vom 19. März 1965) Ergänzungsleistungen (EL) zur AHV/IV aus, soweit das Einkommen eines AHV/IV-Bezügers aus den Einkünften seiner drei Säulen den Betrag der bei den EL anerkannten Ausgaben nicht erreicht.

Die oberen Grenzbeträge des massgebenden Einkommens, die für den Anspruch auf Ergänzungsleistungen entscheidend sind, betragen ab 1. Januar 1999 für Einzelpersonen CHF 16'460.– und Ehepaare CHF 24'690.–. Die Gesamtausgaben für die EL betrugen 1996 im Bereich AHV CHF 1'326 Mio. und bei der IV CHF 578 Mio.

Von allen Altersrentnern bezogen 1992 rund 13% (124'900), von den Hinterlassenenrentnern rund 2% (2'176) und von den Invalidenrentnern rund 21% (34'230) eine EL. Diese EL stellten sich 1992 auf rund CHF 1,894 Mrd. An diesen Kosten beteiligte sich der Bund mit CHF 433 Mio. Mit der 1987 in Kraft getretenen 2. EL-Revision haben die EL in einem gewissen Rahmen die Aufgabe einer Heimversicherung übernommen. So wohnt auch ein Drittel der EL-Bezüger in Alters-, Pflege- oder Invalidenheimen. Die EL können zudem die Spitex-Kosten der einkommensschwachen Rentner in einem guten Umfang decken. Die EL haben zu Recht einen festen Platz im Sozialversicherungssystem erhalten, obwohl ursprünglich nur als Provisorium geplant.

Im Sommer 1997 haben die Eidg. Räte der 3. Revision des Bundesgesetzes über die Ergänzungsleistungen zur AHV und IV zugestimmt. Es ging vor allem um Erleichterungen für Rentenberechtigte und um Vereinfachungen bei den Berechnungen.

Der *Begriff Existenzbedarf* muss auch politisch definiert werden. Nach den Regeln der Anspruchsberechtigung für EL betrug 1994 der Existenzbedarf für einen Einzelhaushalt pro Monat CHF 1'863.–. Die Arbeitsgemeinschaft Schweizerische Budgetberatungsstellen kommt auf CHF 1'754.–, die Schweizerische Konferenz für öffentliche Fürsorge auf CHF 1'557.– und die Konferenz der Betreibungs- und Konkursbeamten auf CHF 1'602.– (AWP 1. November 1995). Demgegenüber betrug die einfache AHV-Rente 1994 zwischen CHF 970.– und CHF 1'940.– (maximal). Zwischen Existenzbedarf und AHV-Rente besteht somit in Einzelfällen eine Lücke, die durch die Ergänzungsleistungen abgedeckt wird. Der monatliche Bruttolohn für einfache und repetitive Tätigkeiten der Männer betrug 1994 im privaten Sektor durchschnittlich CHF 4'127.– (*Quelle:* BFS).

c) Erwerbsersatzordnung

Die Erwerbsersatzordnung (EO), die seit dem Zweiten Weltkrieg besteht, soll Entschädigungen an Dienstleistende in Armee und Zivilschutz erbringen, um die Folgen des Erwerbsausfalls während des Dienstes zu mildern (BG vom 25. September 1952). Für die EO gelten ab 1. Januar 1994 die folgenden Ansätze: Die Mindestentschädigung beträgt neu CHF 31.– für Alleinstehende sowie CHF 52.– für Verheiratete und die Höchstentschädigung CHF 93.– für Alleinstehende sowie CHF 154.– für Verheiratete pro Tag. Alleinstehende Rekruten erhalten einheitlich CHF 31.– pro Tag. auf den EO-Entschädigungen werden neu ebenfalls Beiträge an die AHV/IV/EO erhoben. Der Beitrag für die EO beträgt 0,3% des AHV-Lohnes. Die Gesamtausgaben für die EO betrugen 1996 CHF 621 Mio.

Die EO ist ein problemloser Zweig der Sozialversicherung. Die seit einiger Zeit angekündigte 6. Revision hat demzufolge wenig politische Priorität. Die gute finanzielle Lage erweckte Begehrlichkeiten, so dass die Eidg. Räte im Herbst 1997 beschlossen, auf den 1. Januar 1998 CHF 2,2 Mrd. an die Invalidenversicherung zu überweisen. Damit kann bei der IV der etwa gleich hohe Verlustvortrag abgedeckt werden. Der Entwurf für die 6. EO-Revision wurde vom Parlament im Dezember 1998 verabschiedet.

d) Arbeitslosenversicherung

Die obligatorische Arbeitslosenversicherung und Insolvenzentschädigung (AVIG) will einen angemessenen Ersatz für Erwerbsausfälle des Arbeitnehmers wegen *Ganzarbeitslosigkeit, Kurzarbeit, Zahlungsunfähigkeit des Arbeitgebers oder schlechten Wetters* garantieren (BG in Kraft seit 1. Januar 1984). Arbeitnehmer und Arbeitgeber zahlen je 1,5% des massgebenden Lohnes (mindestens des AHV-Lohnes, maximal von CHF 97'200.–; für den diesen Betrag übersteigenden Lohnanteil bis CHF 267'000 beträgt der Beitragssatz 1%). Ferner fördert sie durch finanzielle Beiträge die Umschulung, Weiterbildung oder Eingliederung von Versicherten, deren Vermittlung aus Gründen des Arbeitsmarktes unmöglich oder stark erschwert ist.

Die Leistungen betragen bei Arbeitslosigkeit 80% (70% für Versicherte ohne Unterstützungspflichten und Ansprüche über CHF 130.– pro Tag) des versicherten Lohnes, maximal während 250 Tagen, sowie bei Kurzarbeit und schlechtem Wetter 80%, maximal während 12 Monaten innerhalb zweier Jahre. Die Gesamtausgaben für die Arbeitslosenversicherung betrugen 1996 CHF 6,124 Mio.

Infolge der in den letzten Jahren zeitweise relativ hohen Arbeitslosenquote befindet sich die Arbeitslosenversicherung in einer schwierigen finanziellen Lage. Der Ausgleichsfonds wies 1990 noch CHF 2,9 Mrd. aus, Ende 1997 bestand ein erhebliches Defizit. Eine vom Bundesrat mit Bundesbeschluss auf den 1. Januar 1997 in Kraft gesetzte Kürzung des Bundesbeitrags von CHF 260 Mio. musste aufgrund einer durch Referendum zustande gekommenen Volksabstimmung auf den 31. Dezember 1997 wieder ausser Kraft gesetzt werden.

Das 1995 revidierte Arbeitslosenversicherungsgesetz wurde – was die neue Beitragspflicht sowie die neue restriktive Kurzarbeits- und Schlechtwetterregelung anbetrifft – auf den 1. Januar 1996 und – was das neue Taggeldregime und die Pflicht zur Weiterführung der obligatorischen Risikoversicherung der beruflichen Vorsorge bei der Auffangeinrichtung anbetrifft – ab 1. Januar 1997 in Kraft gesetzt.

Die Arbeitslosen sind gemäss Art. 3 der Verordnung über die berufliche Vorsorge von arbeitslosen Personen für die Risiken Tod und Invalidität in der Zweiten Säule obligatorisch versichert, und zwar ab 1. Januar 1999 für einen Tageslohn von minimal CHF 92.60 und maximal CHF 277.90; der versicherte Tageslohn beträgt minimal CHF 11.60 und maximal CHF 185.30. (Zur neueren Entwicklung des Arbeitslosenversicherungsrechts siehe *Gerhards G.,* Grundriss des neuen Arbeitslosenversicherungsrechts, Bern 1996.)

16.4 Weitere Sozialversicherungswerke

e) Familienzulagen/Familienausgleichskassen

Familienzulagen fallen, mit Ausnahme derjenigen der Landwirtschaft (BG vom 20. Juni 1952), in die Kompetenz der Kantone. Die Ansätze der Zulagen, welche sich in den letzten Jahren recht stark entwickelt haben, sind demnach von Kanton zu Kanton verschieden und bewegen sich um CHF 120.– bis CHF 280.– pro Kind und Monat. Anspruchsberechtigt sind in allen Kantonen Arbeitnehmer, in einigen zudem auch Selbständigerwerbende.

Für Kinder in Ausbildung werden die Zulagen in der Regel bis zum 25. Altersjahr ausgerichtet. Einige Kantone gewähren Ausbildungszulagen, welche betragsmässig über den Ansätzen der Kinderzulagen liegen. In verschiedenen Kantonen gelangen zudem Geburtszulagen zur Ausrichtung.

Die Finanzierung der kantonalen Familienzulagen erfolgt durch Arbeitgeberbeiträge. Bei den kantonalen Familienausgleichskassen (daneben existieren noch etwa 800 private) betragen diese zwischen 1,2 und 3,0% der Lohnsumme. Die Gesamtausgaben der Familienausgleichskassen betrugen 1992 CHF 4'100 Mio.

f) Militärversicherung

Das total revidierte Militärversicherungsgesetz ist auf den *1. Januar 1994* in Kraft getreten. Die Militärversicherung erbringt Leistungen an Wehr- und Zivildienstpflichtige oder deren Hinterbliebene bei Unfall oder Krankheit, welche(r) durch einen Militärdienst verursacht wurde. Das Leistungssystem der Militärversicherung ist sehr ausgebaut und geht bis 1852 zurück. Das maximal berücksichtigte Salär beträgt ab 1. Januar 1994 CHF 114'484.–. Das Krankengeld bzw. die Invalidenrente betragen 80–90%. Die Kosten trägt der Bund.

Die Militärversicherung ist ein Überbleibsel aus früherer Zeit. In Anbetracht der ausgebauten übrigen Zweige der Sozialversicherung kann man sich fragen, ob – um auch einmal etwas zu vereinfachen – die Militärversicherung nicht aufgehoben werden könnte.

16. Koordination mit der staatlichen Sozialversicherung

Darstellung 16C
Übersicht zur Sozialversicherung und beruflichen Vorsorge in der Schweiz (Stand 1. Januar 1999)

	Personenkreis	Leistungen			
		Berechnungsgrundlage für die Höhe der Leistung	Heilung, Pflege, Wiederherstellung	Vorübergehende Arbeitsunfähigkeit	Dauernde Erwerbsunfähigkeit
Alters-, Hinterlassenen- und Invalidenversicherung AHV/IV	Obligatorisch versichert: – In der Schweiz wohnende oder arbeitende Personen – Schweizer Bürger, die im Ausland für die Eidgenossenschaft oder für vom Bundesrat bezeichnete Institutionen tätig sind.	**Einzelrente (Vollrente)** Massgebendes durchschnittliches Jahreseinkommen, wird ermittelt aus: – Beitragsjahren – aufgewertetem Erwerbseinkommen (Einkommenssplitting während der Ehe) – Erziehungs- und Betreuungsgutschriften Minimalrente: CHF 12 060.–/Jahr Maximalrente: CHF 24 120.–/Jahr	Wiedereingliederungsmassnahmen, Hilfsmittel, Hilflosenentschädigung für dauernde Hilfe, Pflege, Überwachung.	Taggeld je nach Einkommen, Zivilstand, Kinderzahl verschieden, jedoch nur während den Wiedereingliederungsmassnahmen.	Rente abhängig vom Invaliditätsgrad ab 40%: ¼ Rente ab 50%: ½ Rente ab 66⅔%: Vollrente Invalidenrente: 100% Zusatzrente Ehefrau/-mann 30% Kinderrente 40% der entsprechenden Invalidenrente
Ergänzungsleistungen (EL)	Anspruchsberechtigte: In der Schweiz wohnende AHV/IV-Bezüger; Schweizer, Ausländer mit 10, Flüchtlinge und Staatenlose mit 5 Jahren ununterbrochenem Aufenthalt in der Schweiz.	**Existenzminimum** Unterschied zwischen den anrechenbaren Einkommen und der Einkommensgrenze (Existenzminimum), die von Fall zu Fall festgelegt wird.	Als Nebenleistung werden Kosten für Zahnarzt, Krankenkasse allg. Abt. usw. sowie Pflege und Hilfsmittel vergütet.	Keine Leistungen.	Die EL garantieren die Deckung des Existenzminimums, welches sich nach den individuell notwendigen Auslagen (Wohnung, kantonal übliche Lebenshaltungskosten usw.) ergibt.
Obligatorische berufliche Vorsorge (BVG)	Obligatorisch versichert: AHV-pflichtige Arbeitnehmer ab dem 1.1. nach Vollendung des 17. Altersjahrs mit einem AHV-Jahreslohn von mehr als CHF 24 120.– Freiwillig versichert: Auslandschweizer, Selbständigerwerbende.	**Altersrente** Bei voller Beitragsdauer 36% (Männer) bzw. 34,5% (Frauen) des versicherten Lohnes (AHV-Jahreslohn bis CHF 72 360.– abzüglich CHF 24 120.–, mindestens jedoch CHF 3015.–).	Keine Leistung.	Keine Leistung während der Wartefrist von einem Jahr.	Rente abhängig vom Invaliditätsgrad ab 50%: ½ Rente ab 66⅔%: Vollrente Invalidenrente: 100% Zusatzrente Ehefrau: keine Invalidenkinderrente: 20% der Rente
Unfallversicherung (UVG)	Obligatorisch versichert: In der Schweiz beschäftigte Arbeitnehmer (mit Ausnahmen). Freiwillig versichert: Selbständigerwerbende. (Sonderregelung für Familienangehörige in der Landwirtschaft.)	**Versicherter Lohn** Lohn bis Maximum CHF 97 200.– (kein Minimum). Die Summe der Leistungen aus AHV/IV, UVG und allenfalls BVG darf 90% des versicherten Lohnes nicht übersteigen (Komplementärrente).	Arzt-, Spitalkosten allg. Abteilung, verordnete Kuren, Hilfsmittel, Transport-, Rettungs- und Bestattungskosten.	80% des versicherten Lohnes ab 3. Tag bis zu Beginn der Invalidenrente oder bis zur Wiedererlangung der Erwerbsfähigkeit.	Rente entsprechend dem Invaliditätsgrad: Invalidenrente: 80% Zusatzrente Ehefrau: keine Invalidenkinderrente: keine des versicherten Lohnes
Krankenversicherung (KVG)	Obligatorisch versichert: Jede Person mit Wohnsitz in der Schweiz für die Krankenpflege. Freiwillig versichert: Taggeld für in der Schweiz wohnende und/oder erwerbstätige Personen zwischen dem 15. und 64. Altersjahr.	Obligatorische Krankenpflegeversicherung mit einheitlichen, für alle Versicherten gleichen Leistungen. Freiwillige Taggeldversicherung mit individuell wählbarem Leistungsumfang.	**Leistungen** **Krankenpflegeversicherung** Untersuchungen, Behandlungen, Pflegemassnahmen ambulant, (teil-)stationär sowie im Pflegeheim. Analysen, Arzneimittel, Badekuren, Rehabilitation, Spitalaufenthalte in allg. Abteilung, Beiträge an Transport- und Rettungskosten, Kostenübernahme für verordnete Prävention. Mutterschaft: Kontrolluntersuchungen während und nach der Schwangerschaft. Entbindung und Geburtshilfe, notwendige Stillberatung.		
Arbeitslosenversicherung (ALV)	Obligatorisch versichert: Alle obligatorisch AHV-Versicherten bis zum Pensionierungsalter. Ausnahme: Selbständigerwerbende sind nicht versichert.	**Versicherter Lohn** Lohn bis Maximum CHF 97 200.– (gleiche Höchstgrenze wie UVG).	**Kurzarbeitsentschädigung** 80% des anrechenbaren Verdienstausfalles für max. (ab 1.7.1998) 12 Monate innerhalb 2 Jahren. Begründete Anmeldung bei der kantonalen Amtsstelle im Normalfall mindestens 10 Tage vor Beginn.	**Leistungen** **Arbeitslosenentschädigung** 80% des versicherten Lohnes während max. 520 Tagen. Für nichtinvalide Arbeitslose ohne Unterhaltspflichten, deren Taggeld CHF 130.– übersteigt, beträgt der Versicherungsschutz 70%.	
Militärversicherung (MVG)	Anspruchsberechtigte: Militär-, Zivil- und Zivilschutzdienst-tätige. Ausübende einer ausserdienstlichen militärischen Tätigkeit und Teilnehmer an ausserdienstlichen Schiessübungen.	**Versicherter Lohn** Lohn bis Maximum CHF 123 267.– Summe der Leistungen aus AHV/IV, MVG (und BVG) darf 100% des versicherten Lohnes nicht übersteigen (Komplementärrente).	Arzt-, Spital- oder Hauspflege, Hilfsmittel (z.B. Prothesen), berufliche Eingliederung, Hilflosenentschädigung.	95% des versicherten Lohnes.	Rente entsprechend dem Invaliditätsgrad. Invalidenrente 95% des versicherten Lohnes.

16.4 Weitere Sozialversicherungswerke

Ableben vor der Pensionierung	Leistungen nach der Pensionierung	Anpassung der Leistungen	Beitragssätze	Finanzierung
			\<Finanzierung\>	
Witwen-/Witwerrente 80% – Witwe, wenn Kinder vorhanden – kinderlose Witwen, wenn sie 45 oder älter sind und die Ehe mind. 5 Jahre gedauert hat – Witwer, solange Kinder unter 18 vorhanden Waisenrenten 40% Rente eines Vollwaisen 2 x 40% (plafoniert bei 60% der Maximalrente) der entsprechenden Altersrente	Pensionierungsalter: Männer 65, Frauen 62, ab 2001 63, ab 2005 64, 1- bis 2jähriger Vorbezug der Rente möglich. Einzelrente 100% Zwei Einzelrenten (Ehepaar) 150% (plafoniert bei 150% der Maximalrente) Witwen-/Witwerrente 80% Kinderrente 40%	Anpassung der laufenden Renten an die Lohn- und Preisentwicklung (Mischindex): – alle 2 Jahre – jährlich, sofern der Index mehr als 4% beträgt.	Arbeitnehmer und -geber zusammen: AHV 8,4%, IV 1,4%, EO 0,3% Selbständigerwerbende: AHV/IV/EO: 5,116–9,5% Nichterwerbstätige nach Vermögen, mind. CHF 390.–, max. CHF 10100.– (gilt als bezahlt, sofern der erwerbstätige Ehegatte mindestens den doppelten Mindestbetrag entrichtet hat).	Arbeitnehmer und Arbeitgeber zahlen je 50% der Beiträge, zudem Zuschüsse der öffentlichen Hand. Der beitragspflichtige Lohn ist nach oben nicht begrenzt (kein Lohnmaximum).
Die EL garantieren die Deckung des Existenzminimums, welches sich nach den individuell notwendigen Auslagen (Wohnung, kantonal übliche Lebenshaltungskosten usw.) ergibt.	Die EL garantieren die Deckung des Existenzminimums, welches sich nach den individuell notwendigen Auslagen (Wohnung, kantonal übliche Lebenshaltungskosten usw.) ergibt.	Der Bundesrat kann die Leistungen in angemessener Weise anpassen.	Keine.	Bund, Kantone und Gemeinden.
Kinderlose Witwen erhalten nur dann eine Rente, wenn sie 45 oder älter sind und die Ehe mindestens 5 Jahre gedauert hat. Witwenrente: 60% Witwerrente: keine Waisenrente: 20% der Rente	Pensionierungsalter: Männer 65, Frauen 62. Vorzeitige Pensionierung mit Leistungskürzung zulässig. Altersrente: 100% Witwenrente: 60% Waisenrente: 20% Pensioniertenkinderrente: 20% der Rente	Anpassung der laufenden Invaliden- und Hinterlassenenrenten an die Teuerung.	Ab Alter 25 7–18% des versicherten Lohnes für Altersgutschriften, 1% für Sondermassnahmen, 0,1% für den Sicherheitsfonds und Beiträge für Risikoversicherung (Tod + Invalidität).	Die Vorsorgeeinrichtung legt die Höhe der Beiträge so fest, dass der Beitrag des Arbeitgebers mindestens so hoch ist wie die Summe der Beiträge aller Arbeitnehmer.
Kinderlose Witwen: Rente, sofern 45 oder älter sind und die Ehe mind. ⅔ invalid. Andernfalls: Einmalige Witwenabfindung. Kinderlose Witwer: Rente, sofern zu mind. ⅔ invalid. Witwen-/Witwerrente: 40% Waisenrente: 15% Vollwaisenrente: 25% Insgesamt höchstens: 70% des versicherten Lohnes		Anpassung der laufenden Renten an die Teuerung.	Die Betriebe sind für Berufsunfälle und Nichtberufsunfälle in Risikoklassen unterteilt. Innerhalb einer Risikoklasse bestehen verschiedene Risikostufen.	Die Prämien für die Nichtberufsunfallversicherung gehen zu Lasten der Arbeitnehmer, diejenigen für die Berufsunfallversicherung trägt der Arbeitgeber. Der prämienpflichtige Lohn ist auf CHF 97 200.– beschränkt (Lohnmaximum).
	Taggeldversicherung Möglichkeit einer Kollektivversicherung. Für eine oder mehrere Erkrankungen während mind. 720 Tagen innerhalb von 900 Tagen. Mutterschaft: Taggeldleistung, falls Versicherungsschutz in den 270 Tagen vor der Niederkunft. Taggeld für 16 Wochen, wovon mind. 8 nach der Niederkunft.		Prämien sind unabhängig von Geschlecht und Eintrittsalter. Tiefere Prämien für Kinder bis zum vollendeten 18. Altersjahr. Kantonale und regionale Abstufungen.	Prämien der Versicherten. Kostenbeteiligung in Form von Jahresfranchise und Selbstbehalt auf ambulanten und stationären Behandlungen. Beiträge von Bund und Kantonen an die Prämienverbilligung bei Versicherten in bescheidenen wirtschaftlichen Verhältnissen.
Schlechtwetterentschädigung 80% des anrechenbaren Verdienstausfalles für max. 6 Monate innerhalb 2 Jahren.	Insolvenzentschädigung 100% des versicherten Lohnes für die letzten 6 Monate des Arbeitsverhältnisses.		Bis CHF 97 200.– 3% des versicherten Lohnes, darüber bis CHF 243 000.– 1%.	Arbeitnehmer und Arbeitgeber zahlen je 50% der Beiträge.
Witwen-/Witwerrente: 40% Waisenrente: 15% Vollwaisenrente: 25% Max. für alle Hinterbliebenen gemeinsam 100% des versicherten Lohnes		Anpassung der laufenden Renten an die Teuerung.	Keine.	Die Ausgaben werden vom Bund bestritten.

Quelle: Winterthur 1999

16.5 Koordination der beruflichen Vorsorgeeinrichtungen mit der staatlichen Sozialversicherung

Es wäre wünschbar, die Koordination sowohl unter den verschiedenen obligatorischen Versicherungen der *Ersten Säule unter sich* als auch *zwischen der Ersten und der Zweiten Säule* zu verbessern.

Die Rechtsgrundlage der schweizerischen Sozialversicherung beruht auf verschiedenen eidg. Gesetzen, auf kantonalen Bestimmungen und auf Vereinbarungen in Gesamtarbeitsverträgen, welche nacheinander in Kraft getreten sind und sich oft nebeneinander weiterentwickelt haben. So ergeben sich häufig Fälle, bei denen verschiedene Institutionen Leistungen zu erbringen haben, für welche verschiedene Gesetzesbestimmungen gelten, die wiederum nicht immer genügend miteinander koordiniert sind. Die Sozialversicherungsgerichte sind zudem als Folge dessen stark überlastet. Es werden Massnahmen zu suchen sein, um rascher zu den Urteilen zu kommen.

Trifft ein versichertes Ereignis (Erreichen des Rücktrittsalters, Invalidität, Unfall, Krankheit usw.) ein, kann der Versicherte oft Ansprüche gegenüber mehreren Einrichtungen der Sozial- oder Privatversicherung geltend machen sowie auch gegenüber dem Arbeitgeber oder einem haftpflichtigen Dritten. Gleichzeitige und auch konkurrierende Ansprüche von Leistungen können bestehen gegenüber

- der Alters- und Hinterlassenenversicherung (AHV),
- der Invalidenversicherung,
- der Schweizerischen Unfallversicherungsanstalt (SUVA) oder einem anderen zugelassenen Versicherer im Rahmen des neuen UVG,
- einer vom Bund subventionierten Krankenkasse,
- einer konzessionierten Versicherungsgesellschaft, bei der eine Krankenversicherung abgeschlossen wurde,
- einer oder mehreren Vorsorgeeinrichtungen des gegenwärtigen Arbeitgebers (in einigen Fällen auch des früheren Arbeitgebers),
- dem Versicherer (Leben, Krankheit oder Unfall), bei dem im betreffenden Fall ein privater Versicherungsvertrag abgeschlossen wurde,
- dem Arbeitgeber aufgrund der gesetzlichen Bestimmungen betreffend den Arbeitsvertrag (Obligationenrecht oder Gesamtarbeitsvertrag),
- den Berufsverbänden, welche ihrerseits Vorsorgemassnahmen getroffen haben,
- der Militärversicherung,
- haftpflichtigen Dritten bzw. den entsprechenden Haftpflichtversicherern.

Alle diese Stellen haben ein gemeinsames und berechtigtes Interesse daran, dass durch das Zusammentreffen ihrer Leistungen keine Gesamtleistung entsteht, welche das Versicherungsziel übersteigt, denn dadurch würde die erforderliche Solidarität zwischen allen Versicherten missbraucht.

Die verschiedenen *Schnittstellen* zwischen den einzelnen Sozialversicherungswerken bedürfen somit einer besseren Regelung. Beispielsweise ist ein Arbeitnehmer *gegen das Unfallrisiko an vier und mehr Orten versichert:* durch die eidg. Invalidenversicherung, die obligatorische Unfallversicherung, das Obligatorium der beruflichen Vorsorge, die Krankenversicherung und möglicherweise Haftpflichtversicherungen von schuldhaften Dritten. Ohne Koordination sind Mehrfachabdeckungen und Überversicherungen unvermeidlich, was zu überhöhten Prämien führt. Zur formellen Koordination gehört die Verwendung gleicher Begriffe. Dazu und zur Koordination im allgemeinen besteht ein *Vorschlag der Schweizerischen Gesellschaft für Versicherungsrecht* für ein *Bundesgesetz über einen Allgemeinen Teil zum Sozialversicherungsrecht*. In der Folge könnten zahlreiche Artikel in verschiedenen Gesetzen gestrichen oder kürzer gefasst werden. Der Vorschlag wurde aufgrund eines Vernehmlassungsverfahrens im Jahr 1986 von der Verwaltung zusammen mit einem Experten überarbeitet. Die *vorberatende ständerätliche Kommission* möchte 1990 den Vorschlag vor das Plenum bringen. Die *berufliche Vorsorge* soll dabei *nicht* generell dem allgemeinen Teil des Sozialversicherungsrechts unterstellt werden, sondern es ist vorgesehen, mit der separaten Revision der Zweiten Säule für die nötige Koordination zu sorgen. Auf die Schaffung einer Koordinationskommission für die Sozialversicherung soll verzichtet werden.

Das Projekt des Allgemeinen Teils des Sozialversicherungsrechts (ATSG), das der Koordination und Harmonisierung der sich sehr unterschiedlich entwickelten verschiedenen Sparten der Sozialversicherung dienen sollte, bleibt ungewiss. Der Ständerat hat dem entsprechenden Gesetz bereits 1991 zugestimmt. Das Gesetz liegt seit 1995 vor der nationalrätlichen Kommission für soziale Sicherheit und Gesundheit.

Von den bilateralen Verhandlungen mit der EU im Jahr 1998 wird auch der Sozialversicherungsbereich betroffen. Durch die Gleichbehandlung von EU-Staatsangehörigen entstehen vor allem bei der Arbeitslosenversicherung hohe Zinskosten. Nach einer siebenjährigen Übergangsfrist sollen diese jährlich CHF 370–600 Mio. betragen (bei gleichen Rahmenbedingungen). Für die Übergangsfrist wird jährlich weiterhin mit CHF 200 Mio. gerechnet für die Beiträge der Grenzgänger, die den Nachbarstaaten vergütet werden.

Im Rahmen einer Personalvorsorgeeinrichtung werden hauptsächlich Koordinationsmassnahmen getroffen, um die Leistungen der AHV/IV bei der Festlegung der eigenen Leistungen zu berücksichtigen. Die Koordinationsmassnahmen sind verschiedenster Art und stellen für die Vorsorgeeinrichtungen einen äusserst wichtigen Problemkreis dar.

Im Gegensatz zum BVG, das einen Koordinationsabzug in Form eines absoluten Betrages von jährlich CHF 24'120.– vorsieht (doppelter Betrag der minimalen einfachen AHV-Rente, Stand 1. Januar 1999), *kennt die Praxis eine Vielzahl von Koordinationsformeln.* Von zu komplizierten Verfahren, die eine "gerechte" Koordination vortäuschen, die es letztlich doch nicht gibt, ist abzuraten.

Die Koordination der Leistungen des BVG mit anderen Sozialversicherungsleistungen zur Vermeidung einer "Überentschädigung" und von "ungerechtfertigten Vorteilen" ist in den *Art. 24–27 BVV 2* geregelt.

Es ist rechtlich durchaus zulässig, im *Reglement* festzulegen, dass Leistungen der Personalvorsorgeeinrichtung gekürzt werden, wenn der Versicherte oder die Hinterlassenen bereits von anderen Sozialversicherungsträgern Leistungen erhalten, die zusammen mit jenen der betrieblichen Vorsorgeeinrichtungen ein bestimmtes Mass überschreiten. Dies bestätigt beispielsweise sowohl ein Bundesgerichtsentscheid vom 11. März 1980 (in: SZS 1982, S. 75 f.) als auch schon früher ein Entscheid des Zivilgerichts Basel-Stadt (vgl. Nr. 435 vom 13. November 1979 der Zirkularmitteilungen des Schweizerischen Verbandes für privatwirtschaftliche Personalvorsorge). Dabei kann, ausser dass Leistungen gekürzt werden, auch die Pflicht zur Abtretung von Schadenersatzansprüchen an die Vorsorgeeinrichtung vorgesehen werden.

Nach *Art. 34 Abs. 2 BVG* ist vorgesehen, die *Überversicherung* möglichst zu verhindern. Danach hat der Bundesrat Vorschriften zu erlassen "zur Verhinderung ungerechtfertigter Vorteile des Versicherten oder seiner Hinterlassenen beim Zusammentreffen mehrerer Leistungen …". Zur Erfassung der *Koordinationsgewinne* als Einnahme der Vorsorgeeinrichtung siehe Abschnitt 4.25.

Nach Art. 24 Abs. 1 BVV 2 kann die Vorsorgeeinrichtung "die Hinterlassenen- und Invalidenleistungen kürzen, soweit sie zusammen mit anderen anrechenbaren Einkünften 90% des mutmasslich entgangenen Verdienstes übersteigen".

Manche der in den letzten Jahren vollzogenen und zurzeit geplanten Revisionen am Sozialversicherungswerk erwecken den Eindruck, dass sich die zuständigen Instanzen (BSV, AHV-Kommission, Parlamentarier) *zu sehr um Sonderwünsche kümmern und die Hauptziele bzw. die gesamtheitliche Betrachtung immer mehr aus den Augen verlieren.* Das Ganze ist heute zu kompliziert, zu wenig transparent, zu einzelbezogen und dadurch administrativ – wen wundert's? – zu aufwendig.

Darstellung 16D
Beispiele von Koordinationsmassnahmen, die im Reglement von Personalvorsorgeeinrichtungen vorgesehen werden können

Zusammentreffen von Leistungen der Personalvorsorgeeinrichtung mit solchen der ...	
... staatlichen Versicherungen	Die untereinander koordinierten Leistungen der AHV, IV, UVG und MV (Militärversicherung) sollten durch Reglementsklauseln (Kürzung, Anrechnung, Kumulationsbegrenzung) mit den Leistungen der Vorsorgeeinrichtung koordiniert werden. Ein unterschiedlicher Begrenzungsansatz, je nachdem, ob es sich um Leistungen zugunsten des Versicherten oder zugunsten seiner Hinterbliebenen handelt, ist möglich. Die Indexierung des Bezugslohnes ist wünschenswert.
... Krankenversicherung (Taggelder)	Ausschluss der Leistungen der Vorsorgeeinrichtung während der Dauer der Taggelder.
... Lohnzahlung im Sinne von Art. 324 und 338 OR	Ausschluss der Leistungen der Vorsorgeeinrichtung, solange der volle Lohn ausbezahlt wird.

Fast alle Sozialversicherungswerke sind in den letzten Jahren übermässig teurer geworden und werden weiter teurer, vor allem als Folge von besonderen Massnahmen, wie zusätzlich geplante Leistungen, Koordinationsmassnahmen auf hohem Niveau, Indexanpassungen, vorgezogene Pensionierungen usw. Diese Entwicklung zeigt sich auch im Ausland. Die Sozialausgaben steigen viel rascher als das Bruttosozialprodukt.

Zusätzliche Probleme der Koordination der Sozial- und Personalversicherungen bestehen in einem *multinationalen Konzern zwischen einzelnen Staaten*. Die Sozialversicherungssysteme sind in den einzelnen Ländern im Verlaufe vieler Jahre gewachsen, und auch innerhalb der EU dürfte eine volle Harmonisierung der einzelnen Systeme der Mitgliedstaaten auf absehbare Zeit kaum möglich sein, würde doch dazu eine Vereinheitlichung der Steuern nötig. Innerhalb von Unternehmensgruppen werden die Verhältnisse in den einzelnen Ländern verfolgt werden müssen, um mit der eigenen überobligatorischen Vorsorge flexibel zu sein. Die berufliche Vorsorge hängt dabei auch vom Umfang der staatlichen Sozialversicherung in einem Land ab. Dies ist bei Vergleichen und Reorganisationen von Pensionsversicherungen innerhalb eines Konzerns zu beachten.

17. Zukunftsperspektiven der beruflichen Vorsorge

von *Dr. iur. Hermann Walser*, Rechtsanwalt, Präsident des Schweizerischen Pensionskassenverbandes ASIP, Redaktor der Schweizerischen Zeitschrift für Sozialversicherung und berufliche Vorsorge (SZS), Zürich

1. Die berufliche Vorsorge ist jener *Zweig unseres Systems der sozialen Sicherheit, der am dezentralsten durchgeführt wird*. Dessen Träger, d.h. die Vorsorgeeinrichtungen, stehen damit den versicherten Personen näher als die Träger der übrigen obligatorischen Versicherungen. Es entspricht denn auch dem Willen des Gesetzgebers, dass die berufliche Vorsorge als betriebliche Vorsorge den Vorsorgebedürfnissen des Personals der angeschlossenen Arbeitgeber Rechnung tragen soll. Vorsorgepläne sind deshalb nicht einfach eine starre Gegebenheit. Sie können und sollen sich den gesellschaftlichen Entwicklungen und den sich daraus ergebenden geänderten Vorsorgebedürfnissen anpassen. Dank der gesetzlichen Mitwirkungsrechte haben die versicherten Arbeitnehmerinnen und Arbeitnehmer die Möglichkeit, selber aktiv auf solche Anpassungen hinzuwirken. Zweck der Vorsorgeeinrichtungen ist es, ihren Versicherten gute Vorsorgeleistungen zu attraktiven Bedingungen anzubieten. Diesen Zweck können sie nur erreichen, wenn sie sich gewandelten Anschauungen und Ansprüchen nicht entziehen, sondern diese aufzunehmen versuchen, soweit dies mit dem Vorsorgezweck vereinbar ist.

2. Der Trend der heutigen Gesellschaft geht *in Richtung zunehmender Individualisierung*. Bezogen auf die Vorsorgesysteme bedeutet dies, dass aus Sicht der Versicherten eine grössere Liberalisierung und Flexibilisierung der Leistungssysteme gefordert wird. Unter diesem Gesichtswinkel werden insbesondere die folgenden Postulate erhoben:

- Flexibilisierung des Rentenalters und Schaffung attraktiver Möglichkeiten für den Vorbezug der Altersleistungen
- Wahlmöglichkeit bezüglich der Form der Leistungen, vor allem Möglichkeit, selber zu bestimmen, ob die Altersleistung in Kapital- oder Rentenform bezogen werden soll
- bei ledigen Versicherten flexible Möglichkeiten, im Todesfall begünstigte Personen zu bezeichnen. Vor allem soll die Möglichkeit bestehen, Lebenspartner bzw. Lebenspartnerinnen auf Todesfalleistungen zu begünstigen.
- Einräumung der Möglichkeit für die Versicherten, sich jederzeit in die vollen reglementarischen Leistungen einkaufen und auch bei vollem Einkauf noch freiwillige zusätzliche Beiträge leisten zu können

– Einräumung der Möglichkeit für die Versicherten, selber unter verschiedenen Vorsorgeplänen wählen zu können
– Einräumung der Möglichkeit für die Versicherten, bezüglich der Anlage ihrer Vorsorgevermögen unter verschiedenen Fonds mit unterschiedlichen Anlagestrategien und Anlagevorschriften wählen zu können.

3. Prüft man diese Postulate im Licht des geltenden Vorsorge- und Stiftungsrechts, stehen deren Umsetzbarkeit keine gesetzlichen Schranken entgegen. So lässt das BVG in Art. 13 ff. durchaus *Raum für flexible Pensionierungsregelungen,* die Einräumung von günstigen Vorbezugsbedingungen und die Gewährung von Überbrückungsleistungen für noch fehlende AHV-Renten. Art. 37 Abs. 3 BVG räumt den Vorsorgeeinrichtungen das Recht ein, in ihren Reglementen zu bestimmen, dass die Anspruchsberechtigten anstelle einer Alters-, Witwen- oder Invalidenrente eine Kapitalabfindung verlangen können. Bezüglich der Leistungen im Todesfall schreibt das BVG den registrierten Vorsorgeeinrichtungen nur die Gewährung von Witwen- und Waisenleistungen zwingend vor und belässt den Vorsorgeeinrichtungen grundsätzlich jede Freiheit, zusätzliche Todesfalleistungen an einen erweiterten Begünstigtenkreis zu gewähren.

Weiter schliessen es weder das BVG noch das Stiftungs- oder Arbeitsvertragsrecht aus, dass ein Arbeitgeber seinen Arbeitnehmern im Rahmen der Vorsorgeeinrichtung die *Möglichkeit anbieten kann, unter verschiedenen Vorsorgeplänen zu wählen.* Bei registrierten Vorsorgeeinrichtungen muss nur sichergestellt sein, dass alle Pläne auf jeden Fall die BVG-Mindestanforderungen erfüllen. Das Freizügigkeitsgesetz räumt allen Versicherten das Recht ein, sich beim Eintritt in die Vorsorgeeinrichtung bis zu den vollen reglementarischen Leistungen einzukaufen, und verbietet es den Vorsorgeeinrichtungen keineswegs, solche Einkaufsmöglichkeiten auch noch nach dem Eintritt vorzusehen. Ebensowenig besteht eine vorsorgerechtliche Schranke, die es den Vorsorgeeinrichtungen untersagen würde, von ihren Versicherten selbst *nach dem vollen Leistungseinkauf noch zusätzliche freiwillige Beiträge entgegenzunehmen.* Allerdings ist für alle von Einkaufsleistungen ab dem Jahr 2001 die Limite zu beachten, die hinsichtlich der Höhe der jährlich zulässigen Einkaufsleistungen mit dem Stabilisierungsprogramm in das BVG eingefügt worden ist. In dieser Beziehung hat der Gesetzgeber für die Einkaufsmöglichkeiten vor allem für ältere Versicherte betragsmässige Begrenzungen festgelegt.

4. Was die Möglichkeit anbetrifft, bezüglich der *Anlage der Vorsorgekapitalien unter verschiedenen Fonds* mit unterschiedlichen Anlagestrategien und -vorschriften wählen zu können, ist vorweg darauf hinzuweisen, dass ein solches Vorgehen vor den Anlagevorschriften der BVV 2 standhält, sofern für jeden einzelnen Fonds die Anlagevorschriften eingehalten werden. Eine prak-

tische Schranke wird sich schon dadurch ergeben, dass in bezug auf die BVG-Mindestleistungen die gesetzliche Mindestverzinsung von 4% garantiert sein muss, was in den Anlagestrategien und in der -politik zu berücksichtigen ist.

5. Wenn heute bezüglich verschiedener Postulate *trotzdem Schranken bezüglich der Umsetzung bestehen,* so sind diese nicht im Vorsorgerecht, sondern in den steuerrechtlichen Rahmenbedingungen zu finden. Ausgehend von Art. 80 Abs. 2 BVG, der den Bund und die Kantone verpflichtet, den Vorsorgeeinrichtungen Steuerbefreiung zu gewähren, soweit ihre Einkünfte und Vermögenswerte ausschliesslich der beruflichen Vorsorge dienen, haben der Bund und die Kantone auf dem Weg von Verordnungen, Weisungen und Kreisschreiben näher definiert, was aus steuerlicher Sicht unter beruflicher Vorsorge zu verstehen ist. Dabei wird namentlich gefordert, dass die berufliche Vorsorge die Grundsätze der Kollektivität und Planmässigkeit einzuhalten hat. Weiter ist aus steuerlicher Sicht auch der Rahmen der Personen abgesteckt worden, welche im Falle des Todes einer versicherten Person begünstigt werden können.

Diese Rahmenbedingungen engen die Gestaltungsfreiheit der Vorsorgeeinrichtungen empfindlich ein. Dabei zeigt sich immer deutlicher, dass die von den Steuerbehörden hochgehaltenen Grundsätze der Kollektivität und Planmässigkeit zunehmend in Gegensatz geraten zur von den Versicherten gewünschten höheren Flexibilität der Vorsorgesysteme. So ist es aus steuerlicher Sicht undenkbar, dass eine versicherte Person in ihrer Vorsorgeeinrichtung selber unter verschiedenen Vorsorgeplänen auswählen oder über das Reglement hinausgehende freiwillige Zusatzbeiträge leisten kann. Daneben wirken sich auch die begrenzten Begünstigungsmöglichkeiten für nicht verheiratete Lebenspartner/Lebenspartnerinnen zunehmend hinderlich aus und verunmöglichen es den Vorsorgeeinrichtungen, auf entsprechende Wünsche ihrer Versicherten einzugehen. Neuerdings sind zudem die Einkaufsmöglichkeiten ganz allgemein von den Steuerbehörden ins negative Visier genommen worden. Aus dieser Sicht ist zudem immer häufiger die Auffassung zu hören, Vorsorgeleistungen in Kapitalform müssten beschränkt oder auf jeden Fall steuerlich wesentlich schärfer angefasst werden.

Gerade im Zusammenhang mit dem Stabilisierungsprogramm ist deutlich geworden, dass der Fiskus der beruflichen Vorsorge im Grunde genommen immer noch misstrauisch und mit Vorbehalten gegenübersteht. Er handelt aus dem engen Blickwinkel der Steuerausfälle, sieht *in jeder Individualisierung einen Missbrauch* und nimmt nicht zur Kenntnis, dass die Individualisierung einer allgemeinen gesellschaftlichen Tendenz entspricht. Dass sich so zwischen der Haltung des Fiskus und den Bedürfnissen der Vorsorgenehmer zunehmend ein Graben öffnet, ist bedauerlich und auch bedenklich. Damit hindert der Fiskus die Vorsorgeeinrichtungen daran, ihre Vorsorgepläne den Bedürfnissen ihrer Versicherten anzupassen. Dies setzt die Attraktivität der beruflichen Vorsorge herab, was angesichts des sozialpolitischen und staatspolitischen Werts der beruflichen Vorsorge Bedenken erwecken muss. Bei diesen steuerlichen Rahmenbedingungen muss deshalb angesetzt werden, wenn die berufliche Vorsorge eine grössere Flexibilität anbieten soll.

6. Wenn es bei den heutigen Regelungen bleibt und es deshalb den Vorsorgeeinrichtungen verwehrt wird, in wichtigen Punkten den *Wünschen ihrer Versicherten nach vermehrter Flexibilität* nachzukommen, leistet man all jenen Vorschub, die heute die *freie Wahl der Pensionskasse* fordern. Behindert man die Vorsorgeeinrichtungen, innerhalb des heutigen Systems der betrieblichen Vorsorge weitergehende Flexibilisierungswünsche der Versicherten zu berücksichtigen und sich verändernden Gegebenheiten anzupassen, untergräbt man dieses System und fördert ganz direkt jene Kreise, die von diesem System abgehen, die betriebliche Bindung der Vorsorge aufheben und die freie Wahl der Vorsorgeeinrichtung durch die Versicherten durchsetzen wollen. Diese freie Wahl ist auf den ersten Blick ein verführerisches Postulat, denn es liegt vordergründig ganz auf der Linie der heute geforderten Individualisierung. Unter einem solchen Blickwinkel erscheint es attraktiv, die Vorsorgeeinrichtung selber bestimmen zu können und auch beim Stellenwechsel nicht mehr gezwungen zu sein, diese zu wechseln.

Ob dieser Vorteile wird die *negative Kehrseite einer solchen Entwicklung* noch viel zu wenig wahrgenommen. So darf sicher nicht unterschätzt werden, dass die Loslösung der beruflichen Vorsorge von betrieblichen Systemen das Interesse der Arbeitgeber an den Vorsorgeeinrichtungen merklich zurückgehen lässt. Die Arbeitgeber werden mit Sicherheit nicht bereit sein, Vorsorgeeinrichtungen mit hohen reglementarischen und freiwilligen Beiträgen zu unterstützen, wenn diese auch beliebige Personen aufnehmen muss, die in keinem Arbeitsverhältnis zum Arbeitgeber stehen oder in der Vorsorgeeinrichtung bleiben, wenn das Arbeitsverhältnis zu Ende gegangen ist. Da jeder Arbeitnehmer und jede Arbeitnehmerin die Vorsorgeeinrichtung und den Vorsorgeplan selber wählen können, ist für den Arbeitgeber nicht mehr überblickbar, was für eine Vorsorge für sein Personal eigentlich besteht. Bezüglich der eigenen Beitragsleistung wird er sich deshalb *mehr und mehr auf das obligatorische Minimum zurückziehen* und die Finanzierung im wesentlichen den Arbeitnehmern und Arbeitnehmerinnen überlassen. Ein Absinken des heutigen Niveaus der beruflichen Vorsorge ist auf diese Weise ernsthaft zu befürchten. Dazu kommen die zusätzlichen Probleme der Vorsorgeeinrichtung selber, deren administrativer Aufwand ganz erheblich ansteigen wird, wenn sie es künftig mit einer Vielzahl von Personen und Plänen und mit einer Vielzahl von beitragspflichtigen Personen zu tun haben, ganz abgesehen vom Werbeaufwand, der dann betrieben werden muss, um die möglichst guten Risiken anzuwerben. Mit einem kurzfristigen Performancedenken wird man dann im Wettbewerb bestehen wollen, um ein Abspringen der Versicherten zu vermeiden. Ob dieser zusätzliche Aufwand durch eine möglicherweise effizientere Organisation der Verwaltung einzelner Vorsorgeeinrichtungen aufgefangen werden kann, erscheint mehr als fraglich, zumal die Mehrzahl der heutigen Vorsorgeeinrichtungen in dieser Beziehung bereits gut organisiert ist.

Dazu kommt aus *gesamtwirtschaftlicher Sicht* noch die Frage, wer überhaupt noch die *gewaltigen Kapitalien* kontrolliert, die dann in diesen nicht mehr betrieblich geführten Vorsorgeeinrichtungen verwaltet werden. Eine paritätische Mitverwaltung ist kaum mehr vorstellbar und damit auch nicht mehr eine entsprechende Kontrolle durch die Sozialpartner. Bezüglich der Freiheit der Pläne wäre leicht vorauszusehen, dass bei einem solchen Systemwechsel praktisch nur noch Beitragsprimatkassen mit zusätzlicher Risikoversicherung überhaupt in Frage kommen könnten, denn andere Leistungssysteme mit zusätzlichen Solidaritätskomponenten liessen sich in einem solchen System nicht mehr vertreten. Würdigt man auch diese Nachteile, steht keinesfalls fest, dass die freie Wahl der Pensionskasse den Versicherten letztlich eine bessere Vorsorge bringen wird. Es ist vielmehr zu befürchten, dass die Vorteile der freien Wahl mit einem Abbau der Leistungen, einer völligen Entsolidarisierung und einem erhöhten Verwaltungsaufwand der wohl relativ wenigen verbleibenden, marktmächtigen Vorsorgeeinrichtungen erkauft werden müsste, womit unter dem Strich kaum echte Vorteile bleiben.

7. Diese Perspektiven lassen es auf jeden Fall angezeigt erscheinen, *zuerst einmal die Möglichkeiten der heutigen betrieblichen Vorsorge optimal auszuschöpfen,* bevor ein Systemwechsel mit möglichen gravierenden Folgen ins Auge gefasst wird. Damit sich die Vorsorgeeinrichtungen dieser Herausforderung stellen können, brauchen sie Handlungsfreiheit und Gestaltungsspielraum. Nur so bleiben die Voraussetzungen bestehen, dass sich die Vorsorgeeinrichtungen geänderten Gegebenheiten anpassen und ihren Versicherten weiterhin attraktive Vorsorgelösungen anbieten können. *Unnötige Schranken, die eine Anpassung der Vorsorgesysteme an sinnvolle Individualisierungswünsche der Versicherten verhindern, untergraben letztlich das Fundament der beruflichen Vorsorge und deren Akzeptanz durch die Versicherten.* In dieser Beziehung sind nicht nur die Vorsorgeeinrichtungen selber gefordert, sondern auch die Gesetz- und Verordnungsgeber aller Stufen.

18. Anhang 1: Muster, Tarife, Verzeichnisse

18.1 Mustertexte für Stiftungsurkunden (Kanton Zürich)

1. Mustertext für die Urkunde einer zur Durchführung des BVG registrierten Stiftung
Variante: <u>nur</u> für die Stifter- bzw. Arbeitgeberfirma

(herausgegeben vom Amt für berufliche Vorsorge und Stiftungsaufsicht des *Kantons Zürich,* entspricht im wesentlichen einer Empfehlung der Konferenz der kantonalen BVG-Aufsichtsbehörden)

Art. 1 Name

1.1. *(bei Errichtung)*
Unter dem Namen
"..."
wird eine Stiftung im Sinne von Art. 80 ff. ZGB, Art. 331 OR und Art. 48 Abs. 2 BVG errichtet.

(bei Urkundenänderung)
Unter dem Namen
"..."
besteht eine mit öffentlicher Urkunde vom ... im Sinne von Art. 80 ff. ZGB, Art. 331 OR und Art. 48 Abs. 2 BVG errichtete Stiftung.

1.2. Sitz
Die Stiftung hat ihren Sitz am Domizil der "...*" (nachstehend Firma genannt) in ... Der Stiftungsrat kann den Sitz mit Zustimmung der Aufsichtsbehörde an einen anderen Ort in der Schweiz verlegen.

*Arbeitgeberfima gemäss aktuellem Handelsregisterauszug

Art. 2 Zweck

2.1. Die Stiftung bezweckt die berufliche Vorsorge im Rahmen des BVG und seiner Ausführungsbestimmungen für die Arbeitnehmer** der Firma sowie für deren Angehörige und Hinterlassenen gegen die wirtschaftlichen Folgen von Alter, Invalidität und Tod.

Die Stiftung kann über die gesetzlichen Mindestleistungen hinaus weitergehende Vorsorge betreiben, einschliesslich Unterstützungsleistungen in Notlagen, wie bei Krankheit, Unfall, Invalidität oder Arbeitslosigkeit.

** Für den Einbezug des Arbeitgebers sind Art. 4 Abs. 2 und Art. 44 Abs. 1 BVG massgebend.

2.2. Der Stiftungsrat erlässt ein Reglement über die Leistungen, die Organisation, die Verwaltung und Finanzierung sowie über die Kontrolle der Stiftung. Er legt im Reglement das Verhältnis zum Arbeitgeber, zu den Versicherten und zu den Anspruchsberechtigten fest. Das Reglement kann vom Stiftungsrat unter Wahrung der erworbenen Rechtsansprüche der Destinatäre geändert werden.

Das Reglement und seine Änderungen sind der Aufsichtsbehörde einzureichen.

2.3. Zur Erreichung ihres Zweckes kann die Stiftung Versicherungsverträge abschliessen oder in bestehende Verträge eintreten, wobei sie selbst Versicherungsnehmerin und Begünstigte sein muss.

Art. 3 Vermögen

3.1. *(bei Errichtung)*
Die Firma widmet der Stiftung ein Anfangskapital von Fr. ...

(bei Urkundenänderung)
Die Firma widmete der Stiftung ein Anfangskapital von Fr. ...

Das Stiftungsvermögen wird geäufnet durch reglementarische Arbeitgeber- und Arbeitnehmerbeiträge, freiwillige Zuwendungen der Firma und Dritter sowie durch allfällige Überschüsse aus Versicherungsverträgen und durch die Erträgnisse des Stiftungsvermögens.

3.2. Aus dem Stiftungsvermögen dürfen ausser zu Vorsorgezwecken keine Leistungen entrichtet werden, zu denen die Firma rechtlich verpflichtet ist oder die sie als Entgelt für geleistete Dienste üblicherweise entrichtet (z.B. Teuerungs-, Familien- und Kinderzulagen, Gratifikationen etc.).

3.3. Das Stiftungsvermögen ist unter Beachtung der bundesrechtlichen Anlagevorschriften nach anerkannten Grundsätzen zu verwalten.

3.4. Die Beiträge des Arbeitgebers können aus Mitteln der Stiftung erbracht werden, wenn von ihm vorgängig Beitragsreserven geäufnet worden sind und diese gesondert ausgewiesen sind.

Art. 4 Stiftungsrat

4.1. Organ der Stiftung ist der Stiftungsrat, der aus ... Mitgliedern besteht, welche je zur Hälfte von Arbeitnehmern und Arbeitgebern bezeichnet werden. Die Einzelheiten der paritätischen Verwaltung werden im Reglement geregelt.

4.2. Die Amtsdauer des Stiftungsrates beträgt ... Jahre.

4.3. Der Stiftungsrat vertritt die Stiftung nach aussen, bezeichnet diejenigen Personen, welche die Stiftung rechtsverbindlich vertreten. Es darf nur Kollektivunterschrift zu zweien erteilt werden.

4.4. Der Stiftungsrat leitet die Stiftung gemäss Gesetz und Verordnungen, den Bestimmungen von Stiftungsurkunde und Reglement und den Weisungen der Aufsichtsbehörde.

Art. 5 Kontrolle

5.1. Der Stiftungsrat beauftragt eine Revisionsstelle (Kontrollstelle) mit der jährlichen Prüfung der Geschäftsführung, des Rechnungswesens und der Vermögensanlage (Art. 53 Abs. 1 BVG).

5.2. Der Stiftungsrat beauftragt zur periodischen Überprüfung der Vorsorgeeinrichtung einen anerkannten Experten für berufliche Vorsorge (Art. 53 Abs. 2 und 3 BVG).

Art. 6 Rechtsnachfolge, Aufhebung und Liquidation

6.1. Bei Übergang der Firma an eine Rechtsnachfolgerin oder bei Fusion mit einer anderen Firma folgt ihr die Stiftung ohne gegenteiligen Beschluss des Stiftungsrates nach. Die Rechte und Pflichten der Firma gegenüber der Stiftung gehen auf die Rechtsnachfolgerin über.

6.2. Bei Auflösung der Firma oder ihrer Rechtsnachfolgerin wird die Stiftung ohne gegenteiligen Beschluss des Stiftungsrates weitergeführt. In diesem Fall geht die Befugnis, die Mitglieder des Stiftungsrates zu bestimmen, auf diesen selbst über.

6.3. Im Falle der Aufhebung der Stiftung ist das Stiftungsvermögen in erster Linie zur Sicherstellung der gesetzlichen und reglementarischen Ansprüche der Arbeitnehmer zu verwenden. Ein allfällig verbleibender Rest ist im Rahmen des Stiftungszweckes zu verwenden.

Die Liquidation wird durch den letzten Stiftungsrat besorgt, welcher so lange im Amt bleibt, bis sie beendet ist. Vorbehalten bleibt eine anderslautende Anordnung in der Aufhebungsverfügung der Aufsichtsbehörde.

6.4. Ein Rückfall von Stiftungsmitteln an die Firma oder eine Rechtsnachfolgerin sowie eine andere Verwendung als zu Zwecken der beruflichen Vorsorge sind ausgeschlossen.

6.5. Die Zustimmung der Aufsichtsbehörde zur Aufhebung und Liquidation der Stiftung bleibt vorbehalten.

(Bei Errichtung)
..., den ...   Der/Die Stifter(in):

(Bei Urkundenänderungen)
Diese Urkunde ersetzt diejenige in der Fassung vom ... (Datum der Verfügung)

..., den ...   Der Stiftungsrat:

(Fassung vom Januar 1999)

2. Mustertext für die Urkunde einer zur Durchführung des BVG registrierten Stiftung
Variante: für die Stifter- bzw. Arbeitgeberfirma _und zusätzliche, wirtschaftlich oder finanziell eng verbundene Unternehmen_

(herausgegeben vom Amt für berufliche Vorsorge und Stiftungsaufsicht des *Kantons Zürich*, entspricht im wesentlichen einer Empfehlung der Konferenz der kantonalen BVG-Aufsichtsbehörden)

Art. 1 Name

1.1. *(bei Errichtung)*
Unter dem Namen
"..."
wird eine Stiftung im Sinne von Art. 80 ff. ZGB, Art. 331 OR und Art. 48 Abs. 2 BVG errichtet.

(bei Urkundenänderung)
Unter dem Namen
"..."
besteht eine mit öffentlicher Urkunde vom ... im Sinne von Art. 80 ff. ZGB, Art. 331 OR und Art. 48 Abs. 2 BVG errichtete Stiftung.

1.2. Sitz
Die Stiftung hat ihren Sitz am Domizil der "...*" (nachstehend Firma genannt) in ... Der Stiftungsrat kann den Sitz mit Zustimmung der Aufsichtsbehörde an einen anderen Ort in der Schweiz verlegen.
*Arbeitgeberfima gemäss aktuellem Handelsregisterauszug

Art. 2 Zweck

2.1. Die Stiftung bezweckt die berufliche Vorsorge im Rahmen des BVG und seiner Ausführungsbestimmungen für die Arbeitnehmer** der Firma und mit dieser wirtschaftlich oder finanziell eng verbundener Unternehmungen sowie für deren Angehörige und Hinterlassenen gegen die wirtschaftlichen Folgen von Alter, Invalidität und Tod. Der Anschluss einer verbundenen Unternehmung erfolgt aufgrund einer schriftlichen Anschlussvereinbarung, die der Aufsichtsbehörde zur Kenntnis zu bringen ist.

Die Stiftung kann über die gesetzlichen Mindestleistungen hinaus weitergehende Vorsorge betreiben, einschliesslich Unterstützungsleistungen in Notlagen, wie bei Krankheit, Unfall, Invalidität oder Arbeitslosigkeit.

** Für den Einbezug des Arbeitgebers sind Art. 4 Abs. 2 und Art. 44 Abs. 1 BVG massgebend.

2.2. Der Stiftungsrat erlässt ein Reglement über die Leistungen, die Organisation, die Verwaltung und Finanzierung sowie über die Kontrolle der Stiftung. Er legt im Reglement das Verhältnis zu den Arbeitgebern, zu den Versicherten und zu den Anspruchsberechtigten fest. Das Reglement kann vom Stiftungsrat unter Wahrung der erworbenen Rechtsansprüche der Destinatäre geändert werden.
Das Reglement und seine Änderungen sind der Aufsichtsbehörde einzureichen.

2.3. Zur Erreichung ihres Zweckes kann die Stiftung Versicherungsverträge abschliessen oder in bestehende Verträge eintreten, wobei sie selbst Versicherungsnehmerin und Begünstigte sein muss.

Art. 3 Vermögen

3.1. *(bei Errichtung)*
Die Firma widmet der Stiftung ein Anfangskapital von Fr. ...

(bei Urkundenänderung)
Die Firma widmete der Stiftung ein Anfangskapital von Fr. ...

Das Stiftungsvermögen wird geäufnet durch reglementarische Arbeitgeber- und Arbeitnehmerbeiträge, freiwillige Zuwendungen der Arbeitgeber und Dritter sowie durch allfällige Überschüsse aus Versicherungsverträgen und durch die Erträgnisse des Stiftungsvermögens.

3.2. Aus dem Stiftungsvermögen dürfen ausser zu Vorsorgezwecken keine Leistungen entrichtet werden, zu denen die Firmen rechtlich verpflichtet sind oder die sie als Entgelt für geleistete Dienste üblicherweise entrichten (z.B. Teuerungs-, Familien- und Kinderzulagen, Gratifikationen etc.).

3.3. Das Stiftungsvermögen ist unter Beachtung der bundesrechtlichen Anlagevorschriften nach anerkannten Grundsätzen zu verwalten.

3.4. Die Beiträge der Arbeitgeber können aus Mitteln der Stiftung erbracht werden, wenn von diesen vorgängig Beitragsreserven geäufnet worden und diese gesondert ausgewiesen sind.

Art. 4 Stiftungsrat

4.1. Organ der Stiftung ist der Stiftungsrat, der aus ... Mitgliedern besteht, welche je zur Hälfte von Arbeitnehmern und Arbeitgebern bezeichnet werden. Die Einzelheiten der paritätischen Verwaltung werden im Reglement geregelt.

4.2. Die Amtsdauer des Stiftungsrates beträgt ... Jahre.

4.3. Der Stiftungsrat vertritt die Stiftung nach aussen, bezeichnet diejenigen Personen, welche die Stiftung rechtsverbindlich vertreten. Es darf nur Kollektivunterschrift zu zweien erteilt werden.

4.4. Der Stiftungsrat leitet die Stiftung gemäss Gesetz und Verordnungen, den Bestimmungen von Stiftungsurkunde und Reglement und den Weisungen der Aufsichtsbehörde.

Art. 5 Kontrolle

5.1. Der Stiftungsrat beauftragt eine Revisionsstelle (Kontrollstelle) fmit der jährlichen Prüfung der Geschäftsführung, des Rechnungswesens und der Vermögensanlage (Art. 53 Abs. 1 BVG).

5.2. Der Stiftungsrat beauftragt zur periodischen Überprüfung der Vorsorgeeinrichtung einen anerkannten Experten für berufliche Vorsorge (Art. 53 Abs. 2 und 3 BVG).

Art. 6 Rechtsnachfolge, Aufhebung und Liquidation

6.1. Bei Übergang der Firma an eine Rechtsnachfolgerin oder bei Fusion mit einer anderen Firma folgt ihr die Stiftung ohne gegenteiligen Beschluss des Stiftungsrates nach. Die Rechte und Pflichten der Firma gegenüber der Stiftung gehen auf die Rechtsnachfolgerin über.

6.2. Bei Auflösung der Firma, von angeschlossenen Unternehmungen oder ihrer Rechtsnachfolger wird die Stiftung ohne gegenteiligen Beschluss des Stiftungsrates weitergeführt. In diesem Fall geht die Befugnis, die Mitglieder des Stiftungsrates zu bestimmen, auf diesen selbst über.

6.3. Im Falle der Aufhebung der Stiftung ist das Stiftungsvermögen in erster Linie zur Sicherstellung der gesetzlichen und reglementarischen Ansprüche der Arbeitnehmer zu verwenden. Ein allfällig verbleibender Rest ist im Rahmen des Stiftungszweckes zu verwenden.

Die Liquidation wird durch den letzten Stiftungsrat besorgt, welcher so lange im Amt bleibt, bis sie beendet ist. Vorbehalten bleibt eine anderslautende Anordnung in der Aufhebungsverfügung der Aufsichtsbehörde.

6.4 Entfallen die Voraussetzungen für den Anschluss einer Unternehmung gemäss Art. 2 Abs. 1, so kommt Art. 23 FZG zur Anwendung.

6.5. Ein Rückfall von Stiftungsmitteln an die Firma, an angeschlossene Unternehmungen oder deren Rechtsnachfolger sowie eine andere Verwendung als zu Zwecken der beruflichen Vorsorge sind ausgeschlossen.

6.6. Die Zustimmung der Aufsichtsbehörde zur Aufhebung und Liquidation der Stiftung bleibt vorbehalten.

(Bei Errichtung)
..., den ...   Der/Die Stifter(in):

(Bei Urkundenänderungen)
Diese Urkunde ersetzt diejenige in der Fassung vom ... (Datum der Verfügung)

..., den ...   Der Stiftungsrat:

(Fassung vom Januar 1999)

3. Mustertext für die Stiftungsurkunde der freiwilligen Personalvorsorge
(herausgegeben vom Amt für berufliche Vorsorge und Stiftungsaufsicht des *Kantons Zürich*)

Art. 1 Name

1.1. Unter dem Namen "..." wird eine Stiftung im Sinne von Art. 80 ff. ZGB und Art. 331 OR errichtet. *(bei Errichtung)*

Unter dem Namen "..." besteht eine mit öffentlicher Urkunde vom ... im Sinne von Art. 80 ff. ZGB und Art. 331 OR errichtete Stiftung. *(bei Urkundenänderung)*

1.2. Sitz
Die Stiftung hat ihren Sitz am Domizil der "...*" (nachstehend Firma genannt) in ... Der Stiftungsrat kann den Sitz mit Zustimmung der Aufsichtsbehörde an einen anderen Ort in der Schweiz verlegen.

*Arbeitgeberfirma gemäss aktuellem Handelsregisterauszug

Art. 2 Zweck

2.1. Der Zweck der Stiftung besteht in der Vorsorge zugunsten der Arbeitnehmer der Firma sowie deren Hinterbliebenen gegen die wirtschaftlichen Folgen von Alter, Invalidität und Tod sowie in der Unterstützung des Vorsorgenehmers oder seiner Hinterlassenen in Notlagen, wie bei Krankheit, Unfall, Invalidität oder Arbeitslosigkeit.

Der Arbeitgeber kann in die Vorsorge einbezogen werden. Er darf dabei in keiner Hinsicht bessergestellt werden als die Arbeitnehmer. *zusätzlich (bei Einschluss des Arbeitgebers; nur von Bedeutung für Einzelfirmen, Kollektiv- und Kommanditgesellschaften)*

2.2. Der Stiftung kann durch Beschluss des Stiftungsrates mittels einer schriftlichen Anschlussvereinbarung, die der Aufsichtsbehörde zur Kenntnis zu bringen ist, auch das Personal von mit der Firma wirtschaftlich oder finanziell eng verbundenen Unternehmungen angeschlossen werden, sofern der Stiftung dazu die nötigen Mittel zur Verfügung gestellt und die Rechte der bisherigen Destinatäre nicht geschmälert werden. *(bei Einschluss wirtschaftlich oder finanziell eng verbundener Unternehmungen)*

2.3. Der Stiftungszweck kann erfüllt werden:
a) durch eine autonome Pensionskasse, wenn die versicherungstechnischen Voraussetzungen dafür erfüllt sind,
b) durch Versicherungsverträge, wobei die Stiftung Versicherungsnehmerin und Begünstigte sein muss,
c) durch eine Alterssparkasse, allenfalls mit ergänzender Risikoversicherung.

(Möglichkeit der Finanzierungsstiftung)

2.4. Die Stiftung kann zur Finanzierung von Beiträgen und Versicherungsprämien auch Leistungen an andere steuerbefreite Personalvorsorgeeinrichtungen erbringen, die zugunsten der Destinatäre bestehen.

Art. 3 Reglemente

Der Stiftungsrat kann über die Stiftungsorganisation und die Durchführung des Stiftungszweckes, insbesondere über Art und Umfang der Vorsorgeleistungen, ein oder mehrere Reglemente erlassen. Solche Reglemente können vom Stiftungsrat unter Wahrung der erworbenen Rechtsansprüche der Destinatäre geändert werden. Die Reglemente und ihre Änderungen sind der Aufsichtsbehörde einzureichen.

Art. 4 Vermögen

(bei Errichtung) 4.1. Die Firma widmet der Stiftung ein Anfangskapital von Fr. ...

(bei Urkundenänderung) Die Firma widmete der Stiftung ein Anfangskapital von Fr. ...

Das Stiftungsvermögen wird geäufnet durch reglementarische Arbeitgeber und Arbeitnehmerbeiträge, freiwillige Zuwendungen der Arbeitgeber und Dritter sowie durch allfällige Überschüsse aus Versicherungsverträgen und durch die Erträgnisse des Stiftungsvermögens.

4.2. Aus dem Stiftungsvermögen dürfen ausser zu Vorsorgezwecken keine Leistungen entrichtet werden, zu denen die Firma (evtl. die Firmen) rechtlich verpflichtet ist (evtl. sind) oder die sie als Entgelt für geleistete Dienste üblicherweise entrichtet (evtl. entrichten) (z.B. Teuerungs-, Familien- und Kinderzulagen, Gratifikationen etc.).

4.3 Das Stiftungsvermögen ist unter Beachtung der bundesrechtlichen Anlagevorschriften nach anerkannten Grundsätzen zu verwalten.

4.4. Die Beiträge der Arbeitgeber können aus Mitteln der Stiftung erbracht werden, wenn von diesen vorgängig Beitragsreserven geäufnet worden und diese gesondert ausgewiesen sind.

Art. 5 Rechnungsabschluss

5.1. Der Rechnungsabschluss erfolgt alljährlich auf den ...

5.2. Sofern es die Verhältnisse erfordern, kann der Rechnungsabschluss unter Vorbehalt der Zustimmung der Aufsichtsbehörde auf ein anderes Datum verlegt werden.

Art. 6 Stiftungsrat

6.1. Organ der Stiftung ist der Stiftungsrat, der aus mindestens ... Mitgliedern besteht. Soweit die Arbeitnehmer zur Bildung des Vorsorgekapitals beitragen oder beigetragen haben, sind sie berechtigt, ihre Vertreter in den Stiftungsrat gemäss Art. 89bis Abs. 3 ZGB zu wählen. Die übrigen Mitglieder werden durch die Firma (evtl. die Firmen) bestimmt.

6.2. Der Stiftungsrat leitet die Stiftung gemäss Gesetz, Stiftungsurkunde und Reglementen nach pflichtgemässem Ermessen.

6.3. Die Amtsdauer der Mitglieder des Stiftungsrates beträgt ... Jahre. Mitglieder, welche mit der Firma in einem Arbeitsverhältnis stehen, scheiden mit dessen Auflösung aus dem Stiftungsrat aus. Ein ausscheidendes Mitglied hat jedoch weiterzuwirken, bis sein Nachfolger das Amt angetreten hat.

6.4 Der Stiftungsrat konstituiert sich selbst. Er vertritt die Stiftung nach aussen und bezeichnet diejenigen Personen, welche für die Stiftung rechtsverbindlich zeichnen. Es darf nur Kollektivunterschrift zu zweien erteilt werden.

6.5 Der Stiftungsrat ist beschlussfähig, sofern die Mehrheit der Mitglieder anwesend ist. Die Beschlüsse werden mehrheitlich gefasst. Bei Stimmengleichheit zählt die Stimme des Vorsitzenden doppelt. Über die Verhandlungen ist ein Protokoll zu führen.

Art. 7 Kontrolle

7.1. Der Stiftungsrat beauftragt eine Revisionsstelle (Kontrollstelle) mit der jährlichen Prüfung der Geschäftsführung, des Rechnungswesens und der Vermögensanlage (Art. 89bis Abs. 6 ZGB i.V.m. Art. 53 Abs. 1 BVG).

7.2 Der Stiftungsrat beauftragt zur periodischen Überprüfung der Vorsorgeeinrichtung einen anerkannten Experten für berufliche Vorsorge (Art. 89bis Abs. 6 ZGB i.V.m. Art. 53 Abs. 2 und 3 BVG).

Art. 8 Änderungen

Der Stiftungsrat ist im Einverständnis mit der Firma (evtl. den Firmen) befugt, der zuständigen Änderungsbehörde gemäss Art. 85 und 86 des ZGB Gesuche um Änderung von Organisation und Zweck der Stiftung zu unterbreiten. Die Stiftung darf aber der Personalvorsorge nicht entfremdet werden.

Art. 9 Rechtsnachfolge, Aufhebung und Liquidation

9.1. Bei Übergang der Firma an einen Rechtsnachfolger oder bei Fusion mit einer anderen Firma folgt ihr die Stiftung ohne gegenteiligen Beschluss des Stiftungsrates nach. Die Rechte und Pflichten der Firma gegenüber der Stiftung gehen auf den Rechtsnachfolger über.

9.2. Bei Auflösung der Firma (evtl. von angeschlossenen Unternehmungen) oder ihrer Rechtsnachfolger wird die Stiftung ohne gegenteiligen Beschluss des Stiftungsrates weitergeführt. In diesem Fall geht die Befugnis, die Mitglieder des Stiftungsrates zu bestimmen, auf diesen selbst über.

9.3. Im Falle der Aufhebung der Stiftung ist das Stiftungsvermögen in erster Linie zur Sicherstellung der gesetzlichen und reglementarischen Ansprüche der Arbeitnehmer zu verwenden. Ein allfällig verbleibender Rest ist im Rahmen des Stiftungszweckes zu verwenden. Die Liquidation wird durch den letzten Stiftungsrat besorgt, welcher so lange im Amt bleibt, bis sie beendet ist. Vorbehalten bleibt eine anderslautende Anordung in der Aufhebungsverfügung der Aufsichtsbehörde.

(nur bei Einschluss wirtschaftlich oder finanziell eng verbundener Unternehmungen) 9.4. Entfallen die Voraussetzungen für den Anschluss einer Unternehmung gemäss Art. 2 Abs. 2, so kommt Art. 23 FZG zur Anwendung.

9.5 Ein Rückfall von Stiftungsmitteln an die Firma, an angeschlossene Unternehmungen oder deren Rechtsnachfolger sowie eine andere Verwendung als zu Zwecken der beruflichen Vorsorge sind ausgeschlossen.

9.6. Die Zustimmung der Aufsichtsbehörde zur Aufhebung und Liquidation der Stiftung bleibt vorbehalten.

(bei Errichtung)   ..., den ...   Der/Die Stifter(in):

(bei Urkundenänderung) Diese Urkunde ersetzt diejenige in der Fassung vom ... (Datum der Verfügung)

..., den ...   Der Stiftungsrat:
                                                    (zusätzlich evtl.
                                                    Die Firma, evtl. Firmen):

(Fassung vom Januar 1999)

4. Mustertext für die Urkunde eines reinen Wohlfahrtsfonds bzw. einer Finanzierungsstiftung

(herausgegeben vom Amt für berufliche Vorsorge und Stiftungsaufsicht des *Kantons Zürich*)

Art. 1 Name

1.1. Unter dem Namen "..." wird eine Stiftung im Sinne von Art. 80 ff. ZGB und Art. 331 OR errichtet. *(bei Errichtung)*

Unter dem Namen "..." besteht eine mit öffentlicher Urkunde vom ... im Sinne von Art. 80 ff. ZGB und Art. 331 OR errichtete Stiftung. *(bei Urkundenänderung)*

1.2. Sitz
Die Stiftung hat ihren Sitz am Domizil der "...*" (nachstehend Firma genannt) in ... Der Stiftungsrat kann den Sitz mit Zustimmung der Aufsichtsbehörde an einen anderen Ort in der Schweiz verlegen.

*Arbeitgeberfirma gemäss aktuellem Handelsregisterauszug

Art. 2 Zweck

2.1. Der Zweck der Stiftung besteht in der Vorsorge zugunsten der Arbeitnehmer der Firma sowie deren Hinterbliebenen gegen die wirtschaftlichen Folgen von Alter, Invalidität und Tod. Der Zweck kann insbesondere erfüllt werden durch

– die Erbringung von freiwilligen Zusatzleistungen zu den reglementarischen Vorsorgeleistungen bei Alter, Invalidität und Tod,
– die Erbringung von freiwilligen Einkaufsleistungen bei der reglementarischen Vorsorge der Arbeitnehmer,
– die Erbringung von Leistungen zur Finanzierung von Beiträgen und Versicherungsprämien an andere steuerbefreite Personalvorsorgeeinrichtungen, die zugunsten der Destinatäre bestehen.

Weiter bezweckt die Stiftung die Unterstützung der Arbeitnehmer und deren Hinterbliebenen in Notlagen wie bei Krankheit, Unfall, Invalidität oder Arbeitslosigkeit.

2.2. Der Stiftung kann durch Beschluss des Stiftungsrates, welcher der Aufsichtsbehörde zur Kenntnis zu bringen ist, auch das Personal von mit der Firma wirtschaftlich oder finanziell eng verbundenen Unternehmungen angeschlossen werden, sofern der Stiftung dazu die nötigen Mittel zur Verfügung gestellt und die Rechte der bisherigen Destinatäre nicht geschmälert werden. *(bei Einschluss wirtschaftlich oder finanziell eng verbundener Unternehmungen)*

Art. 3 Reglemente

Der Stiftungsrat kann über die Stiftungsorganisation und die Durchführung des Stiftungszweckes ein oder mehrere Reglemente erlassen. Solche Reglemente können vom Stiftungsrat unter Wahrung der erworbenen Rechtsansprüche der Destinatäre geändert werden.
Die Reglemente und ihre Änderungen sind der Aufsichtsbehörde einzureichen.
Solange der Stiftungsrat keine Reglemente erlassen hat, entscheidet er über die Verwendung der Stiftungsmittel nach pflichtgemässem Ermessen.

Art. 4 Vermögen

(bei Errichtung) 4.1. Die Firma widmet der Stiftung ein Anfangskapital von Fr. ...

(bei Urkundenänderung) Die Firma widmete der Stiftung ein Anfangskapital von Fr. ...

Das Stiftungsvermögen wird geäufnet durch freiwillige Zuwendungen der (des) Arbeitgeber(s) und Dritter sowie durch die Erträgnisse des Stiftungsvermögens.

4.2. Aus dem Stiftungsvermögen dürfen ausser zu Vorsorgezwecken keine Leistungen entrichtet werden, zu denen die Firma (evtl. die Firmen) rechtlich verpflichtet ist (evtl. sind) oder die sie als Entgelt für geleistete Dienste üblicherweise entrichtet (evtl. entrichten) (z.B. Teuerungs-, Familien- und Kinderzulagen, Gratifikationen etc.).

4.3 Das Stiftungsvermögen ist unter Beachtung der bundesrechtlichen Anlagevorschriften nach anerkannten Grundsätzen zu verwalten.

4.4. Die Beiträge der Arbeitgeber können aus Mitteln der Stiftung erbracht werden, wenn von diesen vorgängig Beitragsreserven geäufnet worden und diese gesondert ausgewiesen sind.

Art. 5 Rechnungsabschluss

5.1. Der Rechnungsabschluss erfolgt alljährlich auf den ...

5.2. Sofern es die Verhältnisse erfordern, kann der Rechnungsabschluss unter Vorbehalt der Zustimmung der Aufsichtsbehörde auf ein anderes Datum verlegt werden.

Art. 6 Stiftungsrat

6.1. Organ der Stiftung ist der Stiftungsrat. Dieser besteht aus mindestens zwei Mitgliedern, die von der Firma (bzw. den Firmen) ernannt werden.

6.2. Der Stiftungsrat leitet die Stiftung gemäss Gesetz, Stiftungsurkunde und Reglementen nach pflichtgemässem Ermessen.

6.3. Die Amtsdauer der Mitglieder des Stiftungsrates beträgt ... Jahre. Mitglieder, welche mit der Firma in einem Arbeitsverhältnis stehen, scheiden mit dessen Auflösung aus dem Stiftungsrat aus. Ein ausscheidendes Mitglied hat jedoch weiterzuwirken, bis sein Nachfolger das Amt angetreten hat.

6.4 Der Stiftungsrat konstituiert sich selbst. Er vertritt die Stiftung nach aussen und bezeichnet diejenigen Personen, welche für die Stiftung rechtsverbindlich zeichnen. Es darf nur Kollektivunterschrift zu zweien erteilt werden.

6.5 Der Stiftungsrat ist beschlussfähig, sofern die Mehrheit der Mitglieder anwesend ist. Die Beschlüsse werden mehrheitlich gefasst. Bei Stimmengleichheit zählt die Stimme des Vorsitzenden doppelt. Über die Verhandlungen ist ein Protokoll zu führen.

Art. 7 Kontrolle

Der Stiftungsrat beauftragt eine Revisionsstelle (Kontrollstelle) mit der jährlichen Prüfung der Geschäftsführung, des Rechnungswesens und der Vermögensanlage (Art. 89bis Abs. 6 ZGB i.V.m. Art. 53 Abs. 1 BVG).

Art. 8 Änderungen

Der Stiftungsrat ist im Einverständnis mit der Firma (evtl. den Firmen) befugt, der zuständigen Änderungsbehörde gemäss Art. 85 und 86 des ZGB Gesuche um Änderung von Organisation und Zweck der Stiftung zu unterbreiten. Die Stiftung darf aber der Personalvorsorge nicht entfremdet werden.

Art. 9 Rechtsnachfolge, Aufhebung und Liquidation

9.1. Bei Übergang der Firma an einen Rechtsnachfolger oder bei Fusion mit einer anderen Firma folgt ihr die Stiftung ohne gegenteiligen Beschluss des Stiftungsrates nach. Die Rechte und Pflichten der Firma gegenüber der Stiftung gehen auf den Rechtsnachfolger über.

9.2. Bei Auflösung der Firma (evtl. von angeschlossenen Unternehmungen) oder ihrer Rechtsnachfolger wird die Stiftung ohne gegenteiligen Beschluss des Stiftungsrates weitergeführt. In diesem Fall geht die Befugnis, die Mitglieder des Stiftungsrates zu bestimmen, auf diesen selbst über.

9.3. Im Falle der Aufhebung der Stiftung ist das Stiftungsvermögen in erster Linie zur Sicherstellung der gesetzlichen und reglementarischen Ansprüche der Arbeitnehmer zu verwenden. Ein allfällig verbleibender Rest ist im Rahmen des Stiftungszweckes zu verwenden.
Die Liquidation wird durch den letzten Stiftungsrat besorgt, welcher so lange im Amt bleibt, bis sie beendet ist. Vorbehalten bleibt eine anderslautende Anordung in der Aufhebungsverfügung der Aufsichtsbehörde.

(nur bei Einschluss wirtschaftlich oder finanziell eng verbundener Unternehmungen)

9.4. Sind der Stiftung mehrere Unternehmungen angeschlossen und entfallen für eine oder mehrere davon die Voraussetzungen für den Anschluss, so sind die erworbenen Rechtsansprüche und Anwartschaften für die Destinatäre der ausscheidenden Unternehmung verhältnismässig festzustellen und entweder auf eine diesen Destinatären dienende andere Stiftung zu übertragen oder individuell sicherzustellen.

9.5 Ein Rückfall von Stiftungsmitteln an die Firma, an angeschlossene Unternehmungen oder deren Rechtsnachfolger sowie eine andere Verwendung als zu Zwecken der beruflichen Vorsorge sind ausgeschlossen.

9.6. Die Zustimmung der Aufsichtsbehörde zur Aufhebung und Liquidation der Stiftung bleibt vorbehalten.

(bei Errichtung) ..., den ... Der/Die Stifter(in):

(bei Urkundenänderung) Diese Urkunde ersetzt diejenige in der Fassung vom ... (Datum der Verfügung)

..., den ... Der Stiftungsrat:
(zusätzlich evtl.
Die Firma, evtl. Firmen):

(Fassung vom Januar 1999)

18.2 Beispiel für ein Pensionskassenreglement (Ausschnitte)

Kaum ein Reglement ist gleich wie das andere. Die Vielfalt der Vorsorgeformen und Organisationen führt zu einer grossen Zahl verschiedener Reglementsgestaltungen. Nachstehend sei *als Beispiel* der Rahmen eines Reglements gegeben.

1. Rahmen eines Reglements

Inhalt

* *Das Wichtigste in Kürze*	3–4 Seiten
A. *Allgemeines*	2–3 Seiten

    Art. 1 Zweck
    Art. 2 Kreis der versicherten Arbeitnehmer
    Art. 3 Bestimmung des versicherten Lohnes
    Art. 4 Begriffe Alter, Dienstjahre, Rücktrittsalter

** B. *Finanzierung*	5–7 Seiten

    Art. 5 Ordentliche Beiträge
    Art. 6 Ausserordentliche Beiträge bei Lohnerhöhungen
    Art. 7 Eintrittsgeld
    Art. 8 Weitere Finanzierungsmittel

C. *Vorsorgeleistungen*	7–9 Seiten

    Art. 9 Altersrente
    Art. 10 Invalidenrente
    Art. 11 Witwenrente
    Art. 12 Rente an invalide Witwer
    Art. 13 Kinderrenten
    Art. 14 Todesfallkapital
    Art. 15 Leistungskürzungen bei Überversicherung
    Art. 16 Auszahlung der Vorsorgeleistungen
    Art. 17 Besondere BVG-Vorschriften

D. *Freizügigkeitsleistungen und Wohneigentumsförderung*	4–8 Seiten

    Art. 18 Anspruch bei Auflösung des Arbeitsverhältnisses
    Art. 19 Verwendung der Freizügigkeitsleistung
    Art. 20 Wohneigentumsförderung

  * Sehr zu empfehlende Zugaben zu einem Reglement (fehlen leider sehr oft).
** Häufig wird die "Finanzierung" nach den "Leistungen" behandelt. Meines Erachtens ist aber auch beim Leistungsprimat von den finanziellen Möglichkeiten auszugehen, daher hier zuerst der Abschnitt "Finanzierung".

18. Anhang 1: Muster, Tarife, Verzeichnisse

E. *Organisation, Verwaltung und Kontrolle*	5–6 Seiten

Art. 21 Stiftungsrat
Art. 22 Verwaltung und Rechnungslegung
Art. 23 Orientierung der Arbeitnehmer
Art. 24 Melde- und Auskunftspflichten der Versicherten
Art. 25 Kontrolle
Art. 26 Schweigepflicht, Verantwortlichkeit

F. *Übergangs- und Schlussbestimmungen*	2–3 Seiten

Art. 27 Übergangsbestimmungen
Art. 28 Auslegung des Reglements
Art. 29 Änderung und Inkraftsetzung des Reglements

* *Stichwortverzeichnis* (mit Erläuterung der Abkürzungen)	5–6 Seiten

Aus vorstehendem Reglement sind nachstehend einige Abschnitte im Wortlaut *als Beispiel* aufgeführt:

Das Wichtigste in Kürze**

Versicherter Lohn

- Dieser entspricht dem 13fachen Monatslohn, abzüglich eines Koordinationsbetrags von 30%, höchstens 10/7 der maximalen einfachen AHV-Rente.
- Der maximal versicherte Lohn beträgt Fr. ... (Stand 19xx).

Arbeitnehmerbeiträge

- Als ordentlicher Jahresbeitrag sind vom 17. bis 24. Altersjahr 1,5% und ab 24. Altersjahr 7,5% des versicherten Lohnes zu leisten.
- Bei Erhöhung des versicherten Lohnes ist ab dem 30. Altersjahr ein ausserordentlicher Beitrag von ... – je nach Altersstufe – zu bezahlen (siehe Art. 6). Dieser Beitrag wird durch monatliche Lohnabzüge während eines Jahres erhoben.

Arbeitgeberbeitrag

- Der Arbeitgeber erbringt pauschal ... der Arbeitnehmerbeiträge. Für ältere Versicherte ist dabei der Beitrag höher als für jüngere.

Eintrittsgeld

- Alle über 25jährigen haben bei ihrem Eintritt ein Eintrittsgeld gemäss Skala von Art. 7 zu erbringen.
- ...

Altersrente

- ...

---

*Sehr zu empfehlende Zugaben zu einem Reglement (fehlen leider sehr oft)
**Verbindlich ist allein der Reglementstext.

Invalidenrente
- ...

Witwenrente
- ...

Kinderrenten
- ...

Leistungskürzungen bei Überversicherung
- ...

Todesfallkapital
- ...

Freizügigkeitsleistungen
- ...

Wohneigentumsförderung
- ...

Meldepflicht und Auskünfte
- Der Stiftungsverwaltung sind – durch den zuständigen Personalverantwortlichen Ihres Sitzes – unaufgefordert alle zur Festlegung der Leistungsansprüche benötigten Unterlagen einzureichen (siehe Liste von Art. 24).
- Wenden Sie sich bei Fragen an die für Sie zuständige Personaladministration oder in besonderen Fällen direkt an Herrn ...

Für Einzelheiten siehe die Bestimmungen im Pensionskassenreglement anhand des Stichwortverzeichnisses. Zu den Besitzstandswahrungen aus dem alten Reglement siehe Art. 27.

2. Muster für ein Organisations- und Verwaltungsreglement gemäss BVG

Das Amt für berufliche Vorsorge des Kantons Zürich hat im März 1989 das nachstehende Beispiel für ein Organisations- und Verwaltungsreglement gemäss BVG herausgegeben. Dieses Reglement nimmt Bezug auf Art. 4 der Musterurkunde und geht von der Annahme aus, dass die Stifterin auch, und zwar alleinige Arbeitgeberfirma ist. Es wird vom paritätischen Stiftungsrat erlassen. Diese Bestimmungen können in das allgemeine Pensionskassenreglement integriert oder separat erlassen werden.

"Beispiel für ein Organisations- und Verwaltungsreglement gemäss BVG

Gestützt auf die Stiftungsurkunde (vgl. den vorstehend wiedergegebenen Art. 4 der Musterurkunde des Amtes) erlässt der paritätische Stiftungsrat folgendes Organisations- und Verwaltungsreglement:

Art. 1

Der Stiftungsrat besteht aus 6 Mitgliedern. Je die Hälfte der Stiftungsräte wird vom Verwaltungsrat der Stifterin und aus dem Kreis der versicherten Arbeitnehmer der Stifterin bestellt.

Art. 2

Die Vertreter der Arbeitnehmer in den Stiftungsrat werden in geheimer Wahl gewählt. Die Wahl erfolgt durch das einfache Mehr der abgegebenen Stimmen (relatives Mehr).

Art. 3

Gewählt sind diejenigen Kandidaten, die im ersten Wahlgang die meisten der abgegebenen Stimmen auf sich vereinigen. Haben sich mehr Kandidaten zur Wahl gestellt als Sitze zu vergeben sind, werden diese denjenigen mit dem höchsten Stimmenanteil zugewiesen.

Art. 4

Die Amtsdauer der Stiftungsräte beträgt 3 Jahre. Eine Wiederwahl ist zulässig. Scheidet ein Stiftungsrat aus dem Dienst der Stifterin aus, so endet gleichzeitig sein Stiftungsratsmandat. Während der Amtsdauer bestellte Stiftungsräte treten in die Amtszeit ihrer Vorgänger ein. Ist ein Arbeitnehmervertreter aus dem Stiftungsrat ausgeschieden, wird für die verbleibende Amtsdauer ein Ersatzmann nach dem Wahlverfahren gemäss Art. 2 und 3 gewählt.
 Im Falle der Betriebseinstellung der Stifterin (oder ähnlicher Vorgänge) ist, sofern nötig, die paritätische Verwaltung im Einvernehmen mit der Aufsichtsbehörde sicherzustellen.

Art. 5

Der Stiftungsrat konstituiert sich selbst und bestimmt den Präsidenten aus seiner Mitte.
 Der Stiftungsrat vertritt die Stiftung nach aussen und bezeichnet diejenigen Personen, welche die Stiftung rechtsverbindlich vertreten. Die Zeichnungsberechtigten führen Kollektivunterschrift zu zweien.
 Der Stiftungsrat leitet die Geschäfte der Stiftung nach den Vorschriften des Gesetzes, den Bestimmungen der Stiftungsurkunde und den Weisungen der Aufsichtsbehörde. Er kann einzelne Aufgaben und Befugnisse an besondere Ausschüsse, die Geschäftsstelle der Stiftung oder aussenstehende Drittpersonen delegieren.

18.2 Beispiel für ein Pensionskassenreglement

Art. 6

Die Sitzungen des Stiftungsrats werden durch den Präsidenten mindestens 10 Tage im voraus durch schriftliche Mitteilung an die Mitglieder einberufen unter gleichzeitiger Angabe der Traktanden. Mit Zustimmung aller Mitglieder des Stiftungsrats kann auf die Einhaltung dieser Frist verzichtet werden. Der Stiftungsrat wird auch einberufen, wenn 2 Mitglieder dies verlangen.
Den Vorsitz führt der Präsident des Stiftungsrats, bei dessen Verhinderung der Vizepräsident.

Art. 7

Der Stiftungsrat ist beschlussfähig, wenn mindestens 2 Arbeitgeber- und 2 Arbeitnehmervertreter anwesend sind.
Der Stiftungsrat fasst seine Beschlüsse mit dem einfachen Mehr der abgegebenen Stimmen. Bei Stimmengleichheit gilt der betreffende Antrag als abgelehnt (Variante: hat der Präsident den Stichentscheid).
Beschlüsse über den Erlass oder die Änderung von Reglementen (bei der Variante, nach welcher der Präsident den Stichentscheid hat, auch die Bezeichnung des Präsidenten) bedürfen der Zustimmung von mindestens 4 Stiftungsratsmitgliedern.
Beschlüsse auf dem Zirkularweg sind möglich. Zirkularbeschlüsse bedürfen der schriftlichen Zustimmung aller Mitglieder des Stiftungsrats.

Art. 8

Über die Sitzungsbeschlüsse ist ein Beschlussprotokoll zu erstellen. Zirkularbeschlüsse sind in das Protokoll der nächsten Sitzung aufzunehmen.

Art. 9

Der Stiftungsrat bezeichnet (das Einvernehmen mit der Stifterin wird dabei als sinnvoll vorausgesetzt) den Geschäftsleiter der Stiftung, der zugleich Mitglied des Stiftungsrats sein kann.
Der Geschäftsleiter besorgt die laufenden Verwaltungsangelegenheiten der Stiftung. Seine Aufgaben und Kompetenzen werden vom Stiftungsrat schriftlich festgelegt.
Der Geschäftsleiter, der nicht zugleich Mitglied des Stiftungsrats ist, hat an den Sitzungen des Stiftungsrats lediglich beratende Stimme.

Art. 10

Die Mitglieder des Stiftungsrats und alle mit der Verwaltung der Stiftung betrauten Personen unterliegen gemäss Art. 86 BVG hinsichtlich der ihnen in Ausübung ihrer Tätigkeit zur Kenntnis gelangenden persönlichen und finanziellen Verhältnisse der Versicherten und der Stifterin der Schweigepflicht.
Diese Schweigepflicht besteht auch nach Beendigung der Tätigkeit bei der Stiftung oder der Stifterin weiter."

(Fassung vom März 1989)

3. Muster einer Weisung zur Verwaltung einer Personalvorsorgeeinrichtung

Als Ausführungsbestimmung zum Pensionskassenreglement empfiehlt es sich in vielen Fällen, interne Weisungen an die von der Verwaltung der Einrichtung betroffenen Personen zu erlassen. Dies dient namentlich zur klaren *Aufgabenabgrenzung*. Es gehört zur *Sorgfaltspflicht eines Stiftungsrates*, klare Regelungen zu schaffen. Die Ausführungen sind den Verhältnissen des einzelnen Falles anzupassen. In der Funktionenregelung sollen auch die Grundsätze des durch die Organisation gegebenen *internen Kontrollsystems* zum Ausdruck kommen. Sicherheit ist namentlich bei autonomen Pensionskassen, die grosse Vermögen verwalten, äusserst wichtig. Das nachstehende Beispiel zeigt eine einfache diesbezügliche Weisung.

Weisungen zur Verwaltung der Personalvorsorgestiftung der Firma ...

1. Allgemeines

Der Stiftungsrat der Pensionskasse Firma ... erlässt in Ausführung von Art. 21 des Pensionskassenreglements vom ... und im Sinne der Bestimmungen der BVV 2 zur Delegation der Verwaltung an einzelne Personen nachstehende Weisungen.

2. Übersicht zur Funktionenregelung

	Stiftungsrat	Geschäftsführung der Stiftung und Personalwesen (Herr A)	Rechnungswesen (Herr B)	Vermögensverwaltung (Herr C)	Immobilienverwaltung (Herr D)
– Gesamtüberwachung	x				
– Erledigung des Tagesgeschäftes, insbesondere Verkehr mit den Versicherten und der Versicherungsgesellschaft, Führung der Alterskonten, Einzelfragen und Berechnungen		x			
– Rechnungswesen und Rechnungslegung (Jahresrechnung), Zahlungsverkehr			x		
– Verwaltung der Vermögensanlagen				x	
– Immobilienbewirtschaftung					x

18.2 Beispiel für ein Pensionskassenreglement

Die Koordination obliegt dem *Präsidenten des Stiftungsrats,* der sich periodisch über wichtige Vorkommnisse und Sonderprobleme orientieren lässt. Die einzelnen Instanzen haben in allen wichtigen Vorkommnissen und Belangen den Präsidenten des Stiftungsrates sofort zu orientieren.

3. Einzelne Pflichtenhefte

Den einzelnen in vorstehender Übersicht erwähnten Instanzen obliegen folgende *Aufgaben,* wofür ihnen die dafür notwendigen *Kompetenzen* zustehen und wofür sie die entsprechende *Verantwortung* tragen und Bericht erstatten. Die Aufzählung ist nicht abschliessend und für nicht geregelte Fälle sinngemäss zu ergänzen.

a) Stiftungsrat

- Gesamtaufsicht und -überwachung
- Erlass von internen Richtlinien zur Vermögensanlage im Sinne von Art. 49a BVV 2 (Art. 20 Abs. 2) (siehe Beilage 1)
- Erlass einer internen Richtlinie zum Rechnungswesen und zur Rechnungslegung (Bewertung) (siehe Beilage 2)
- Auftragserteilung an Kontrollstelle und Experten für berufliche Vorsorge (Art. 23)
- Koordination mit dem Arbeitgeber
- Wahrnehmung der im Pensionskassenreglement umschriebenen weiteren Aufgaben und Befugnisse (vgl. insbesondere Art. 19 Abs. 7, Art. 26, 27)
- Behandlung der Jahresrechnung

b) Geschäftsführung der Stiftung und Personalwesen (Herr A)

- Verkehr mit den Versicherten, insbesondere bei Ein- und Austritten (Auskunftserteilung, Abrechnungen usw.)
- Berechnung und Erhebung der Beiträge
- Berechnung und Veranlassung der Auszahlung bzw. Vergütung von Austrittsleistungen
- Abwicklung der einzelnen Fälle (Eintritte, Austritte, Lohnerhöhungen, Altersrücktritte, Invalidität, Todesfälle usw.) gemäss Reglement
- Betreuung und Überwachung des laufenden Verkehrs mit der Versicherungsgesellschaft (Ein- und Austrittsmeldungen, Kontrolle der Abrechnungen)
- Abrechnung über die Quellensteuer bei Auszahlung ins Ausland
- Feststellung des Totals der Altersguthaben BVG
- Feststellung des Totals der Austrittsleistungen auf den Bilanzstichtag (Art. 24 FZG)
- Steuermeldungen
- Führung der einzelnen Versichertenkonten und der BVG-Alterskonten sowie Abrechnung mit dem Sicherheitsfonds (Delegation soweit als möglich an die Versicherungsgesellschaft)
- Rentenauszahlungen
- Betreuung der Rentner
- Führen der individuellen Dossiers der Versicherten und Archivierung der Versichertendaten
- Orientierung der zuständigen Stellen (Arbeitgeber, Stiftungsrat, Präsident, Buchhaltung usw.) und Ausarbeiten der notwendigen Statistiken
- Durchführung aller weiteren mit der Verwaltung der Pensionskasse zusammenhängenden Aufgaben, die nicht einer anderen Stelle zugeteilt sind

- Behandlung aller Fragen im Zusammenhang mit der Wohneigentumsförderung (Vorbezüge bzw. Verpfändungen, Grundbucheintragungen usw.)
- Veranlassung und Durchführung aller Eingaben an Behörden (Aufsichtsbehörden, Handelsregister, Grundbuchämter usw.)
- Protokollführung und Vorbereitung der Stiftungsratssitzungen und Durchführung von Zirkulationsbeschlüssen, Vorbereitung des Jahresabschlusses
- Vorbereitung und Durchführung der Wahlen der Personalvertreter im Stiftungsrat sowie der Suppleanten
- Beizug unserer Rechtsabteilung für Einzelfälle
- Informationsblätter für die Versicherten, Auskunftsbereitschaft schaffen

c) *Rechnungswesen (Herr B)*

- Führen des Rechnungswesens der Pensionskasse unter strikter Funktionentrennung von der Vermögensverwaltung
- Erstellen der Jahresrechnung mit weiterer Berichterstattung an den Stiftungsrat. Die Jahresrechnung bzw. ihr Anhang zeigt die tatsächliche finanzielle Lage der Pensionskasse und die Vorjahreszahlen.
- Belegaufbewahrung
- Veranlassung der Zahlungen gemäss Anweisungen des Arbeitgebers bzw. des Personalwesens und/oder nach Einholung des Visums der zuständigen Stellen (an die Versicherungsgesellschaft, an Austretende, an Berechtigte bei Eintritt des Versicherungsfalles bzw. bei einem Vorbezug usw.)
- Prüfung der richtigen Eingänge der Arbeitnehmer- und Arbeitgeberbeiträge
- Kontrolle der Vollständigkeit und Angemessenheit der Vermögenserträge
- Durchführung der Vermögensanlagen bzw. -umdispositionen nach Weisungen des Zuständigen für die Vermögensanlagen, Erfassung und Ausweis derivativer Geschäfte
- Verantwortung für die sichere Verwahrung der Vermögenswerte (Wertpapiere usw.)
- alle weiteren mit dem Rechnungswesen zusammenhängenden, nicht von anderen Stellen durchgeführten Aufgaben
- Verbindung zur Kontrollstelle
- Rückforderung der Verrechnungssteuer

d) *Vermögensverwaltung (Herr C)*

- Betreuung der Vermögensanlage unter Berücksichtigung der gesetzlichen Bestimmungen, insbesondere der BVV 2, und der Vorschriften von Art. 22 des Pensionskassenreglements mit dem Ziel, ein ausgewogenes Optimum an Rendite und Sicherheit zu erreichen
- laufende Risikobeurteilung
- Bearbeitung der Anlagerichtlinien und/oder eines Anlageplans (ca. alle zwei Jahre), die vom Stiftungsrat zu genehmigen sind (siehe Beilage 1)
- Veranlassung von Neuanlagen und allfälligen Vermögensumdispositionen
- Überwachung der Einhaltung der Anlagerichtlinien (siehe Beilage 1) durch die Banken

e) Immobilienbewirtschaftung (Herr D)

Erstellen der Liegenschaftsabrechnungen
- Erstellen der Heiz- und Nebenkostenabrechnungen inkl. Rückerstattung bzw. Nachforderung der Saldi aus dieser Rechnung an die Mieter
- Prüfung und Bezahlung aller Rechnungen für den Liegenschaftsaufwand
- Überwachung der Mietzinseingänge inkl. Mahnwesen
- Überwachung der Drittverwaltungen
- Abschluss, Änderung und Kündigung der Mietverträge
- Verkehr mit den Mietern
- Anordnung der notwendigen Reparaturen und Unterhaltsarbeiten
- Abschluss und Überwachung von Serviceaufträgen
- Abschluss und Änderung von Versicherungsverträgen sowie Anmeldung und Abwicklung von Schadensfällen
- Unterstützung der Verantwortlichen vor Ort
- Pflege der immobilienrelevanten Stammdaten (Mieterspiegel mit Mieterkontrolle)
- Ermittlung und ständige Überprüfung der Angemessenheit der Mietzinse mit Vorschlag auf Anpassungen
- Beurteilung von möglichen Immobilienanlagen in bezug auf Bauzustand, Vermietbarkeit, Marktakzeptanz und Grundrissorganisation
- Rentabilisierung von Immobilienanlagen
- Ermittlung des Renovations- oder Sanierungsbedarfs mit Antragstellung an Stiftungsrat
- Wirtschaftlichkeitsberechnungen vor baulichen Investitionen
- Antragstellung zu Immobilienkäufen und -verkäufen an den Stiftungsrat

Vorstehende "Weisungen zur Verwaltung der Pensionskasse der Firma ..." wurden vom Stiftungsrat an seiner Sitzung vom ... erlassen und treten sofort in Kraft. Sie ersetzen somit die Weisungen vom ...

Ort/Datum   Für den Stiftungsrat:
                                                 ...
                                                 (Präsident)

Beilagen:

1. Anlagerichtlinie
2. Rechnungswesenrichtlinie

Verteiler (mit Beilagen) ...

Beilage 1

Anlagerichtlinie

Der Stiftungsrat erlässt gemäss Art. 22 des Reglements zur Verwaltung des Vermögens folgende interne Anlagerichtlinien:

1. Depotbank ...

Der Stiftungsrat beschliesst, das gesamte Wertschriftenvermögen der Stiftung in einem offenen Depot bei der Bank ... aufzubewahren.

2. Anlagevorschriften

Bei der Verwaltung des Vermögens der Stiftung hat sich die Bank ... an folgende Richtlinien zu halten, die auch für die übrigen Vermögensanlagen der Stiftung gelten:

a) Einhaltung der Verordnung über die berufliche Alters-, Hinterlassenen- und Invalidenvorsorge BVV 2 (inkl. Änderungen per 1. Juli 1996), insbesondere deren 4. Kapitel, 3. Abschnitt (Anlage des Vermögens, Art. 49–56a)
Für die Berechnung der Begrenzungen gemäss Art. 54, 55 und 56a BVV 2 stellt der Gesamtwert des bei der Bank ... befindlichen Vermögens 100% dar. Bei der Berechnung der Begrenzungseinhaltung ist bei Derivaten die Bewertung gemäss Art. 56a BVV 2 zu beachten. Überschreitungen der Begrenzungen sind nicht zulässig.

b) Einhaltung der Anlagerichtlinien, Ausgabe 1994, der Anlagestiftung für Schweizerische Personalvorsorgeeinrichtungen der UBS AG, Zürich

c) Derivative Produkte dürfen höchstens zu Absicherungszwecken erworben werden und müssen gemäss Art. 56a BVV 2 gedeckt sein. Zu allen anderen Zwecken sind Derivative strikte nicht erlaubt.

d) Immobilienanlagefonds dürfen durch die Bank ... nicht erworben werden. Darüber entscheidet der Stiftungsrat selbst.

3. Überwachung

Die laufende Überwachung der Einhaltung dieser Anlagerichtlinien obliegt Herrn C, der auch die Berichterstattung an den Stiftungsrat und die Geschäftsleitung der Arbeitgeberin veranlasst, insbesondere bei Vorliegen besonderer Umstände oder vor wichtigen Entscheiden.

Ort/Datum   Für den Stiftungsrat:

                                                  ...
                                                  (Präsident)

18.2 Beispiel für ein Pensionskassenreglement 757

Beilage 2

Rechnungswesenrichtlinie

Der Stiftungsrat erlässt im Sinne von Art. 47 und 49a BVV 2 folgende *interne Richtlinie* zum Rechnungswesen und zur Rechnungslegung.

1. Die Jahresrechnung besteht aus der Bilanz, der Betriebsrechnung und dem Anhang; sie enthält die Vorjahreszahlen. Bei der Rechnungslegung ist insbesondere auch der Grundsatz einer guten Transparenz einzuhalten.

2. Wertschriften werden zum Kurswert bewertet. Der offen ausgewiesenen Kursschwankungsreserve werden die nicht realisierten Kursgewinne und -verluste gutgeschrieben bzw. belastet. Der Stiftungsrat entscheidet über weitere Verwendungen der Kursschwankungsreserven.

3. Liegenschaften werden zum Anschaffungswert bewertet. Wenn der Ertragswert, berechnet auf tatsächlichen Erträgen, die auch in Zukunft erreichbar sind, unter den Anschaffungswert sinkt, ist höchstens der Ertragswert als Buchwert einzusetzen. Für grössere und in unregelmässigen Zeitabständen anfallende Reparatur- und Unterhaltsaufwendungen sind systematisch angemessene Rückstellungen zu äufnen.

4. Im alten Jahr beschlossene Leistungsverbesserungen auf den 1. Januar sind bereits in der Bilanz auf den 31. Dezember zu berücksichtigen.

5. Der Anhang der Jahresrechnung zeigt in der Form eines Anlagespiegels die Entwicklung und Zusammensetzung des Vermögens in seinen Hauptkategorien. Die laufenden derivativen Geschäfte werden gemäss Art. 56a BVV 2 bewertet, im Anhang ausgewiesen und deren Deckung sowie die Einhaltung der Begrenzungen erläutert.

6. Der Anhang enthält Angaben büer die Berechnung des notwendigen Deckungskapitals und dessen Gegenüberstellung mit dem vorhandenen (ausgewiesenen) Deckungskapital.

7. Für die Einhaltung dieser Richtlinien ist Herr B zuständig. Der Stiftungsrat überwacht und die Kontrollstelle prüft deren Einhaltung.

Ort/Datum					Für den Stiftungsrat:

						...
						(Präsident)

18.3 Prämien und Einmaleinlagen für einige Versicherungsformen

Vorbemerkung

Die in den folgenden Tabellen aufgeführten Prämienansätze entsprechen den *Kollektivversicherungstarifen 1980* (Sterbetafeln GRM/GKM bzw. GRF/GKF 1980 mit dem technischen Zinsfuss von 3%), die von allen schweizerischen Lebensversicherungsgesellschaften (im folgenden Versicherer genannt) bis 1995 angewandt wurden. Seither bestehen keine einheitlichen Tarife mehr, daher wurde dieser Abschnitt, der nur einen Begriff von der Tarifstruktur geben will, gegenüber den früheren Auflagen stark gekürzt.

Die Berechnungen gehen von folgenden Annahmen aus:

- Die künftigen jährlichen Überschussanteile (Gewinnanteile), die im schweizerischen Durchschnitt (laut Bericht des Bundesamtes für Privatversicherungswesen) in den letzten Jahren rund 15% der Prämien ausmachten und von Versicherer zu Versicherer unterschiedlich sein können, sind *vollständig ausser acht gelassen*.
- Die angegebene Prämie entspricht der in der Definition umschriebenen *Leistung als einem Ganzen*. Sie kann aber gemäss versicherungsmathematischen Prinzipien bei unter sich verbundenen Leistungen variieren. Die Prämie ist jährlich vorschüssig zu bezahlen.
- Alle Angaben über Renten beziehen sich auf *Jahresrenten*, zahlbar zu Beginn des Quartals mit je einem Viertel.
- Den Berechnungen der Prämien für *Witwenrenten* liegt eine feste Altersdifferenz (Alter des Ehemannes ./. Alter der Ehefrau) von drei Jahren zugrunde. Für konkrete Berechnungen ist auf die tatsächliche Altersdifferenz abzustellen, oder es ist die kollektive Methode anzuwenden.
- Die Prämien für die *Waisenrenten* sind unabhängig von der Zahl der bezugsberechtigten Kinder (kollektive Methode).
- Die Tarife für die *Todesfallversicherungen* sind als selbständige Tarife gerechnet; in Verbindung mit einer Leibrente sind sie günstiger (da dann die Rententafeln GRM 1980 und nicht die Todesfalltafeln GKM 1980 zur Anwendung kommen).

Tabelle 1
Sofort beginnende Altersrente (ohne Rückgewähr)

- Bei dieser Form leistet der Versicherer
  - die versicherte Altersrente (Leibrente) ab sofort bis zum Tode des Versicherten.
- Die Einmaleinlage ist zahlbar bei Abschluss der Versicherung und verfällt in jedem Fall.

Jahresrente: Fr. 10'000

	Männer	*Frauen*		*Männer*	*Frauen*
Abschluss-alter	Einmal-einlage Fr.	Einmal-einlage Fr.	Abschluss-alter	Einmal-einlage Fr.	Einmal-einlage Fr.
35	240'795	255'141	60	152'883	171'963
36	237'948	252'735	61	148'720	167'492
37	235'037	250'270	62	144'516	162'960
38	232'062	247'748	63	140'278	158'374
39	229'024	245'164	64	136'011	153'740
40	225'926	242'520	65	131'722	149'066
41	222'768	239'812	66	127'417	144'357
42	219'552	237'038	67	123'104	139'621
43	216'279	234'198	68	118'789	134'865
44	212'950	231'288	69	114'481	130'098
45	209'567	228'304	70	110'187	125'327
46	206'131	225'237	71	105'916	120'561
47	202'643	222'079	72	101'676	115'811
48	199'105	218'826	73	97'476	111'086
49	195'516	215'473	74	93'323	106'395
50	191'879	212'016	75	89'228	101'750
51	188'194	208'456	76	85'199	97'160
52	184'461	204'789	77	81'243	92'637
53	180'682	201'019	78	77'368	88'191
54	176'855	197'146	79	73'584	83'832
55	172'981	193'173	80	69'897	79'570
56	169'060	189'103	81	66'314	75'415
57	165'091	184'942	82	62'841	71'377
58	161'072	180'695	83	59'484	67'464
59	157'002	176'366	84	56'249	63'684
			85	53'140	60'044

Kollektivversicherung 1980

Tabelle 2

Aufgeschobene Altersrente (ohne Prämienrückgewähr)

- Bei dieser Form leistet der Versicherer
  - die versicherte Altersrente (Leibrente) von ihrer Fälligkeit an bis zum Tode des Versicherten. Erlebt der Versicherte den Fälligkeitstermin nicht, so entrichtet die Gesellschaft keine Leistung.
- Die Jahresprämien sind zahlbar bis zum Tode, längstens aber bis zur Fälligkeit der Rente. Die Einmaleinlage ist zahlbar bei Abschluss der Versicherung und verfällt in jedem Fall.

Tarif für Männer *Fälligkeit: 65. Altersjahr*
Jahresrente: Fr. 10'000

Eintritts-alter	Jahres-prämie Fr.	Einmal-einlage Fr.	Eintritts-alter	Jahres-prämie Fr.	Einmal-einlage Fr.
20	1'375	33'687	45	4'465	65'314
21	1'425	34'519	46	4'779	67'282
22	1'478	35'377	47	5'129	69'336
23	1'534	36'263	48	5'522	71'482
24	1'593	37'176	49	5'968	73'728
25	1'655	38'119	50	6'476	76'079
26	1'721	39'091	51	7'060	78'544
27	1'791	40'094	52	7'737	81'131
28	1'866	41'130	53	8'532	83'848
29	1'945	42'198	54	9'475	86'707
30	2'029	43'301	55	10'613	89'717
31	2'119	44'439	56	12'010	92'891
32	2'215	45'615	57	13'764	96'240
33	2'318	46'829	58	16'028	99'781
34	2'428	48'084	59	19'057	103'527
35	2'547	49'381	60	23'311	107'499
36	2'674	50'724	61	29'710	111'719
37	2'812	52'114	62	40'401	116'217
38	2'961	53'554	63	61'824	121'024
39	3'122	55'048	64	126'178	126'178
40	3'298	56'597	65	–	131'722
41	3'490	58'206			
42	3'700	59'878			
43	3'930	61'617			
44	4'184	63'428			

Kollektivversicherung 1980

18.3 Prämien und Einmaleinlagen ...

Tarif für Frauen			Fälligkeit: 62. Altersjahr Jahresrente: Fr. 10'000		
Eintritts-alter	Jahres-prämie Fr.	Einmal-einlage Fr.	Eintritts-alter	Jahres-prämie Fr.	Einmal-einlage Fr.
20	2'019	48'367	40	5'188	83'503
21	2'098	49'640	41	5'518	85'946
22	2'182	50'953	42	5'883	88'474
23	2'271	52'308	43	6'288	91'090
24	2'365	53'707	44	6'740	93'799
25	2'464	55'150	45	7'246	96'602
26	2'570	56'640	46	7'817	99'500
27	2'683	58'179	47	8'466	102'495
28	2'803	59'767	48	9'219	105'590
29	2'931	61'408	49	10'072	108'786
30	3'068	63'102	50	11'079	112'088
31	3'214	64'852	51	12'272	115'500
32	3'371	66'660	52	13'708	119'028
33	3'540	68'529	53	15'466	122'679
34	3'722	70'460	54	17'668	126'460
35	3'919	72'456	55	20'505	130'381
36	4'131	74'519	56	24'294	134'454
37	4'362	76'653	57	29'607	138'691
38	4'613	78'860	58	37'589	143'107
39	4'887	81'142	59	50'908	147'721
			60	77'573	152'551
			61	157'622	157'622
			62	–	162'960

Kollektivversicherung 1980

Tabelle 4

Aufgeschobene Altersrente mit Invalidenrente, Witwen-, Waisen- und Invalidenkinderrente

- Bei dieser Form leistet der Versicherer
  - *wenn der Versicherte den Fälligkeitstermin erlebt*
    1. die versicherte Altersrente (Leibrente) von der Fälligkeit an bis zum Tode des Versicherten;
  - *im Invaliditätsfall*
    2. eine Invalidenrente in der Höhe der Altersrente bis zum Tode, längstens aber bis zur Fälligkeit der Altersrente oder bis zum Ende der Invalidität;
    3. eine Invalidenkinderrente in der Höhe von 20% der Invalidenrente;
  - *im Falle des Todes des Versicherten*
    4. eine Witwenrente in der Höhe von 50% der versicherten Altersrente, zahlbar an die versicherte Witwe bis zu ihrem Tode oder bis zu ihrer Wiederverheiratung;
    5. eine Waisenrente in der Höhe von 20% der Altersrente (Doppelwaisen 40%) für jede minderjährige Waise bis zum 20. Altersjahr.
- Die Jahresprämien sind zahlbar bis zum Tode des Versicherten, längstens aber bis zur Fälligkeit der Altersrente oder bis zum Eintritt der Invalidität. Die Einmaleinlage ist zahlbar bei Abschluss der Versicherung und verfällt in jedem Fall.

Tarif für Männer *Fälligkeit: 65. Altersjahr*
Jährliche Altersrente: Fr. 10'000

Eintritts-alter	Jahres-prämie Fr.	Einmal-einlage Fr.	Eintritts-alter	Jahres-prämie Fr.	Einmal-einlage Fr.
20	2'596	60'628	45	6'849	95'527
21	2'667	61'600	46	7'262	97'515
22	2'743	62'600	47	7'721	99'571
23	2'823	63'628	48	8'235	101'700
24	2'907	64'686	49	8'813	103'904
25	2'996	65'774	50	9'470	106'190
26	3'090	66'894	51	10'221	108'562
27	3'189	68'046	52	11'088	111'027
28	3'294	69'231	53	12'101	113'593
29	3'406	70'451	54	13'300	116'268
30	3'525	71'707	55	14'741	119'061
31	3'652	72'999	56	16'503	121'984
32	3'787	74'329	57	18'709	125'048
33	3'931	75'698	58	21'549	128'267
34	4'086	77'107	59	25'341	131'657
35	4'251	78'556	60	30'656	135'235
36	4'428	80'048	61	38'637	139'022
37	4'619	81'582	62	51'952	143'045
38	4'824	83'159	63	78'603	147'331
39	5'046	84'782	64	158'600	151'916
40	5'286	86'450	65	–	156'839
41	5'546	88'165			
42	5'829	89'928			
43	6'138	91'740			
44	6'476	93'603			

Kollektivversicherung 1980

18.3 Prämien und Einmaleinlagen ... 763

Tabelle 5
Temporäre Todesfallversicherung

- Bei dieser Form leistet der Versicherer
  - die Versicherungssumme, wenn der Versicherte vor Ablauf der Versicherungsdauer stirbt.
- Die Jahresprämien sind zahlbar bis zum Tode, längstens aber bis zum Ablauf der Versicherungsdauer. Die Einmaleinlage ist zahlbar bei Abschluss der Versicherung und verfällt in jedem Falle.

Tarif für Männer *Ablauf: 65. Altersjahr*
Kapital: Fr. 100'000

Eintrittsalter	Jahresprämie Fr.	Einmaleinlage Fr.	Eintrittsalter	Jahresprämie Fr.	Einmaleinlage Fr.
20	499	12'124	45	1'076	15'528
21	510	12'248	46	1'119	15'543
22	521	12'376	47	1'165	15'523
23	533	12'506	48	1'213	15'469
24	546	12'639	49	1'263	15'371
25	559	12'776	50	1'316	15'225
26	573	12'915	51	1'372	15'025
27	588	13'058	52	1'431	14'765
28	604	13'205	53	1'493	14'438
29	620	13'354	54	1'559	14'033
30	638	13'508	55	1'628	13'540
31	657	13'665	56	1'701	12'948
32	677	13'826	57	1'778	12'242
33	698	13'990	58	1'860	11'408
34	721	14'156	59	1'945	10'426
35	745	14'322	60	2'036	9'276
36	771	14'486	61	2'130	7'933
37	798	14'647	62	2'230	6'370
38	827	14'802	63	2'335	4'554
39	857	14'950	64	2'446	2'446
40	889	15'088			
41	923	15'213			
42	958	15'323			
43	995	15'414			
44	1'035	15'484			

Kollektivversicherung 1980

Tabelle 6

Zinseszinsmässige Kapitalisierung (Sparkassenrechnung)

- Die jährlichen Beiträge sind nachschüssig bis zur Fälligkeit des Kapitals zu leisten. Die Einmaleinlage ist zahlbar zu Beginn des Eintrittsalters.
- Die Berechnung der Zinsen erfolgt am Ende des Jahres auf dem am Anfang des Jahres gebildeten Kapital.

Jährlicher Beitrag Fr. 1'000   *Terminalter: 65. Altersjahr*
(Für Terminalter 62 ist die Skala um 3 Jahre zu verschieben.)
Zins: 3, 3 1/2 ... bis 6%

Eintrittsalter	Laufzeit 65-x	Kapital im Alter 65 bei einem jährlichen Beitrag von Fr. 1'000						
		3%	3 1/2%	4%	4 1/2%	5%	5 1/2%	6%
20	45	92'720	105'782	121'029	138'850	159'700	184'119	212'744
21	44	89'048	101'238	115'413	131'914	151'143	173'573	199'758
22	43	85'484	96'849	110'012	125'276	142'993	163'576	187'508
23	42	82'023	92'607	104'820	118'925	135'232	154'101	175'951
24	41	78'663	88'510	99'827	112'847	127'840	145'119	165'048
25	40	75'401	84'550	95'026	107'030	120'800	136'606	154'762
26	39	72'234	80'725	90'409	101'464	114'095	128'536	145'059
27	38	69'159	77'029	85'970	96'138	107'710	120'887	135'904
28	37	66'174	73'458	81'702	91'041	101'628	113'637	127'268
29	36	63'276	70'008	77'598	86'164	95'836	106'765	119'121
30	35	60'462	66'674	73'652	81'497	90'320	100'251	111'435
31	34	57'730	63'453	69'858	77'030	85'067	94'077	104'184
32	33	55'078	60'341	66'210	72'756	80'064	88'225	97'343
33	32	52'509	57'335	62'702	68'666	75'299	82'678	90'890
34	31	50'003	54'430	59'328	64'752	70'761	77'419	84'802
35	30	47'575	51'623	56'085	61'007	66'439	72'436	79'058
36	29	45'219	48'911	52'966	57'423	62'323	67'711	73'640
37	28	42'931	46'291	49'968	53'993	58'403	63'234	68'528
38	27	40'710	43'759	47'084	50'711	54'669	58'989	63'706
39	26	38'553	41'313	44'312	47'571	51'114	54'966	59'156
40	25	36'459	38'950	41'646	44'565	47'727	51'153	54'865
41	24	34'426	36'667	39'083	41'689	44'502	47'538	50'816
42	23	32'453	34'460	36'618	38'937	41'431	44'112	46'996
43	22	30'537	32'329	34'248	36'303	38'505	40'864	43'392
44	21	28'677	30'270	31'969	33'783	35'719	37'786	39'993
45	20	26'870	28'280	29'778	31'371	33'066	34'868	36'786
46	19	25'117	26'357	27'671	29'064	30'539	32'103	33'760
47	18	23'414	24'500	25'645	26'855	28'132	29'481	30'906
48	17	21'762	22'705	23'698	24'742	25'840	26'996	28'213
49	16	20'157	20'971	21'825	22'719	23'658	24'641	25'673
50	15	18'599	19'296	20'024	20'784	21'579	22'409	23'276
51	14	17'086	17'677	18'292	18'932	19'599	20'293	21'015
52	13	15'618	16'113	16'627	17'160	17'713	18'287	18'882
53	12	14'192	14'602	15'026	15'464	15'917	16'386	16'870
54	11	12'808	13'142	13'486	13'841	14'207	14'584	14'972
55	10	11'464	11'731	12'006	12'288	12'578	12'875	13'181
56	9	10'159	10'369	10'583	10'802	11'027	11'256	11'491
57	8	8'892	9'052	9'214	9'380	9'549	9'722	9'898
58	7	7'663	7'779	7'898	8'019	8'142	8'267	8'394
59	6	6'468	6'550	6'633	6'717	6'802	6'888	6'975
60	5	5'309	5'363	5'416	5'471	5'526	5'581	5'637
61	4	4'184	4'215	4'247	4'278	4'310	4'342	4'375
62	3	3'091	3'106	3'122	3'137	3'153	3'168	3'184
63	2	2'030	2'035	2'040	2'045	2'050	2'055	2'060
64	1	1'000	1'000	1'000	1'000	1'000	1'000	1'000

18.3 Prämien und Einmaleinlagen ...

Einmaleinlage Fr. 10'000		Terminalter: 65. Altersjahr (Für Terminalter 62 ist die Skala um 3 Jahre zu verschieben.) Zins: 3, 3 1/2 ... bis 6%						
Eintrittsalter	Laufzeit 65-x	Kapital im Alter 65 für eine Einmaleinlage von Fr. 10'000						
		3%	3 1/2%	4%	4 1/2%	5%	5 1/2%	6%
20	45	37'816	47'024	58'412	72'483	89'850	111'266	137'646
21	44	36'715	45'433	56'165	69'361	85'572	105'465	129'855
22	43	35'645	43'897	54'005	66'374	81'497	99'967	122'505
23	42	34'607	42'413	51'928	63'516	77'616	94'755	115'570
24	41	33'599	40'978	49'931	60'781	73'920	89'815	109'027
25	40	32'620	39'593	48'010	58'164	70'400	85'133	102'857
26	39	31'670	38'254	46'164	55'659	67'048	80'695	97'035
27	38	30'748	36'960	44'388	53'262	63'855	76'488	91'543
28	37	29'852	35'710	42'681	50'969	60'814	72'501	86'361
29	36	28'983	34'503	41'039	48'774	57'918	68'721	81'473
30	35	28'139	33'336	39'461	46'674	55'160	65'138	76'869
31	34	27'319	32'209	37'943	44'664	52'534	61'742	72'510
32	33	26'523	31'119	36'484	42'740	50'032	58'524	68'406
33	32	25'751	30'067	35'081	40'900	47'649	55'478	64'534
34	31	25'001	29'050	33'731	39'139	45'380	52'581	60'881
35	30	24'273	28'068	32'434	37'453	43'219	49'840	57'435
36	29	23'566	27'119	31'187	35'840	41'161	47'241	54'184
37	28	22'879	26'202	29'987	34'297	39'201	44'778	51'117
38	27	22'213	25'316	28'834	32'820	37'335	42'444	48'224
39	26	21'566	24'460	27'725	31'407	35'557	40'231	45'494
40	25	20'938	23'633	26'658	30'054	33'864	38'134	42'919
41	24	20'328	22'833	25'633	28'760	32'251	36'146	40'489
42	23	19'736	22'061	24'647	27'522	30'715	34'262	38'198
43	22	19'161	21'315	23'699	26'337	29'253	32'475	36'035
44	21	18'603	20'594	22'788	25'202	27'860	30'782	33'996
45	20	18'061	19'898	21'911	24'117	26'533	29'178	32'071
46	19	17'535	19'225	21'069	23'079	25'270	27'657	30'256
47	18	17'024	18'575	20'258	22'085	24'066	26'215	28'543
48	17	16'529	17'947	19'479	21'134	22'920	24'848	26'928
49	16	16'047	17'340	18'730	20'224	21'829	23'553	25'404
50	15	15'580	16'754	18'009	19'353	20'789	22'325	23'966
51	14	15'126	16'317	17'317	18'520	19'799	21'161	22'609
52	13	14'685	15'640	16'651	17'722	18'857	20'058	21'329
53	12	14'258	15'111	16'010	16'959	17'959	19'012	20'122
54	11	13'842	14'600	15'395	16'229	17'103	18'021	18'983
55	10	13'439	14'106	14'802	15'530	16'289	17'081	17'909
56	9	13'048	13'629	14'233	14'861	15'513	16'191	16'895
57	8	12'668	13'168	13'686	14'221	14'775	15'347	15'939
58	7	12'299	12'723	13'159	13'609	14'071	14'547	15'036
59	6	11'941	12'293	12'653	13'023	13'401	13'788	14'185
60	5	11'593	11'877	12'167	12'462	12'763	13'070	13'382
61	4	11'255	11'475	11'699	11'925	12'155	12'388	12'625
62	3	10'927	11'087	11'249	11'412	11'576	11'742	11'910
63	2	10'609	10'712	10'816	10'920	11'025	11'130	11'236
64	1	10'300	10'350	10'400	10'450	10'500	10'550	10'600

18.4 Grundsätze und Richtlinien für Pensionsversicherungsexperten*

Vorwort

Die Schweizerische Vereinigung der Versicherungsmathematiker (nachfolgend Vereinigung genannt) und die Schweizerische Kammer der Pensionskassen-Experten (nachfolgend Kammer genannt) betrachten es als ihre Pflicht, für eine fachkundige und verantwortungsbewusste Beratung auf dem Gebiete der beruflichen Vorsorge sowie in dessen Umfeld einzutreten. In diesem Bestreben haben sie gemeinsam diese "Grundsätze und Richtlinien für Pensionsversicherungsexperten" erlassen. Damit werden Regeln für eine fachkundige versicherungstechnische Tätigkeit und für verantwortungsbewusstes Verhalten festgelegt, ohne dass ein Lehrbuch oder Handbuch entstanden ist. Die "Grundsätze und Richtlinien" sind von Mitgliedern der Vereinigung und der Kammer einzuhalten. Drängt sich in einem konkreten Fall eine Abweichung von diesen Richtlinien auf, ist diese entsprechend zu begründen.

Die nach den vorliegenden "Grundsätzen und Richtlinien" vorgesehenen Aufgaben für den Experten verpflichten ihn nicht, der Vorsorgeeinrichtung einen detaillierten Bericht gemäss den "Grundsätzen und Richtlinien" einzureichen, insbesondere wenn dieser Bericht der Information von Dritten dienen soll. Der (kurze oder ausführliche) Bericht des Experten gilt als Bestätigung, dass die "Grundsätze und Richtlinien" berücksichtigt wurden.

Im weiteren besteht eine Standeskommission, welche u.a. Verstösse gegen diese "Grundsätze und Richtlinien" feststellt und gegebenenfalls geeignete Massnahmen zu deren Beseitigung ergreift.

Unter Pensionsversicherungsexperten sind alle Experten (also nicht nur die anerkannten BVG-Experten) beiderlei Geschlechts zu verstehen, die Mitglieder der Vereinigung oder der Kammer sind.

Diese "Grundsätze und Richtlinien" treten am 9. September 1990 in Kraft und ersetzen diejenigen vom Oktober 1972.

Basel, 8. September 1990

Zürich, 28. Juni 1990

Schweizerische Vereinigung
der Versicherungsmathematiker

Schweizerische Kammer der
Pensionskassen-Experten

I. Wichtige Begriffe und Definitionen

Im Sinne einer einheitlichen Bezeichnungsweise sind von Pensionsversicherungsexperten folgende Begriffe und Definitionen zu verwenden (allfällige Abweichungen sind im Gutachten zu erläutern).

Die Übersicht erhebt keinen Anspruch auf Vollständigkeit.

---

*Herausgegeben von der Schweizerischen Vereinigung der Versicherungsmathematiker (heute Schweizer Aktuarvereinigung) und der Schweizerischen Kammer der Pensionskassen-Experten, 1990.

18.4 Grundsätze und Richtlinien für Pensionsversicherungsexperten

Äquivalenz:	Unter Äquivalenz verstehen wir das versicherungstechnische Gleichgewicht von Einnahmen und Ausgaben aufgrund von Rechenannahmen (langfristig/kurzfristig; statisch/dynamisch; offen/geschlossen). Wir sprechen von individueller Äquivalenz, wenn dieses Gleichgewicht für jeden einzelnen Versicherten zutrifft, bzw. von kollektiver Äquivalenz, wenn dieses Gleichgewicht nur für ein gegebenes Versichertenkollektiv zutrifft.
Anwartschaftsdeckungsverfahren (AV) oder Kapitaldeckungsverfahren bzw. Individuelles Anwartschaftsdeckungsverfahren (IAV):	Beim AV werden die Vorsorgeleistungen planmässig vorfinanziert. Man geht vom Grundsatz aus, dass jede Generation die Mittel für den eigenen Versicherungsschutz selbst äufnet. Sämtliche laufenden und anwartschaftlichen Ansprüche sind somit durch ein entsprechendes Deckungskapital sichergestellt. Beim Individuellen Anwartschaftsdeckungsverfahren (IAV) geht man überdies vom Grundsatz aus, dass für jeden Versicherten individuell die Mittel für den eigenen Versicherungsschutz geäufnet werden.
Ausgabenumlageverfahren (UV) oder reines Umlageverfahren:	Beim UV wird der jährliche Beitrag periodisch so festgelegt, dass aus ihm die in der entsprechenden Periode anfallenden Vorsorgeleistungen erbracht werden können. Weder die laufenden noch die anwartschaftlichen Ansprüche sind somit durch ein entsprechendes Deckungskapital sichergestellt.
Barwert:	Der Barwert in einem bestimmten Zeitpunkt entspricht dem Wert, der dann als verzinsliches Kapital vorhanden sein muss, um daraus später zu erwartende Zahlungspflichten erfüllen zu können.
Beharrungszustand:	Eine Vorsorgeeinrichtung ist im relativen Beharrungszustand, wenn sich die Struktur des Versichertenbestandes durch Neuzugänge und Abgänge in bezug auf Alter und Geschlecht im Laufe der Zeit nicht ändert. Die versicherten Bezugsgrössen (Lohn, Rente, Beiträge, usw.) dürfen dagegen variabel sein.
Beitragsprimatkasse:	Wir sprechen von einer Vorsorgeeinrichtung mit Beitragsprimat, wenn die Beitragshöhe im Reglement festgelegt ist (in festen Frankenbeträgen oder in Prozenten einer Bezugsgrösse) und daraus die Höhe der einzelnen Vorsorgeleistungen ermittelt wird.
Bonität der Vorsorgeeinrichtung:	Bonität ist bei einer Vorsorgeeinrichtung dann gegeben, wenn Sicherheit, genügender Ertrag der Anlagen und eine angemessene Verteilung der Anlagerisiken sowie die Deckung des voraussehbaren Bedarfs an flüssigen Mitteln gewährleistet sind.
Bonität des Arbeitgebers:	Bonität eines Arbeitgebers ist dann gegeben, wenn er in der Lage ist, seine Verpflichtungen gegenüber der Vorsorgeeinrichtung auf Dauer zu erfüllen.

Deckungsgrad: Unter dem Deckungsgrad verstehen wir das Verhältnis zwischen dem vorhandenen Vermögen und dem aufgrund des gewählten Finanzierungsverfahrens berechneten Deckungskapital.

Deckungsverhältnis: Unter dem Deckungsverhältnis verstehen wir das Verhältnis zwischen den Aktiven (vorhandenes Vermögen und Barwert der Beiträge) und den Passiven (Barwert der Leistungen) der versicherungstechnischen Bilanz.

Dynamisch berechnete versicherungstechnische Bilanz: Wir sprechen von einer dynamischen versicherungstechnischen Bilanz, wenn eine künftige Lohn-, Beitrags- und Rentenentwicklung miteinbezogen wird (die Deckung des Teuerungsrisikos auf laufenden Renten beinhaltet auch wirtschaftliche Risiken).

Exzedentenversicherung: In der Exzedentenversicherung wird für einzelne Versicherte bzw. Versichertengruppen jener Teil der Risikosumme versichert, welcher eine vorgegebene Schranke (Selbstbehalt) übersteigt.

Geschlossene Kasse: Wir sprechen von einer versicherungstechnischen Berechnung in geschlossener Kasse, wenn keine Neuzugänge von Versicherten, sondern lediglich Abgänge durch Tod, Invalidität und Pensionierung berücksichtigt werden.

Goldene Regel: Wir sprechen von der Goldenen Regel, wenn die eingerechnete jährliche Zuwachsrate der versicherten Löhne langfristig gleich hoch ist wie der Rechnungszinsfuss.

Kapitalisationsgrad: Der Kapitalisationsgrad entspricht dem Verhältnis zwischen dem nach dem gewählten Finanzierungsverfahren berechneten Deckungskapital und dem nach dem AV berechneten Deckungskapital.

Kumulversicherung: Die Kumul- oder Katastrophenversicherung hat zum Zweck, bei einem einzigen Schadensereignis mehrere versicherte Schadensfälle abzudecken.

Leistungsprimatkasse: Wir sprechen von einer Vorsorgeeinrichtung mit Leistungsprimat, wenn Art und Höhe der Vorsorgeleistungen im Reglement festgelegt sind (in festen Frankenbeträgen oder in Prozenten einer Bezugsgrösse) und daraus individuell oder kollektiv die Höhe der Beiträge ermittelt wird.

Offene Kasse: Wir sprechen von einer versicherungstechnischen Berechnung in offener Kasse, wenn künftig neben den Abgängen durch Tod, Invalidität, Pensionierung und Dienstaustritt auch Neuzugänge von Versicherten berücksichtigt werden.

18.4 Grundsätze und Richtlinien für Pensionsversicherungsexperten

Perennität: Wir sprechen von Perennität, wenn gewährleistet ist, dass bei den beitragzahlenden Versicherten die Abgänge in Zukunft grundsätzlich durch Neuzugänge ersetzt werden.

Quotenversicherung: Wir sprechen von einer Quotenversicherung, wenn sich die Versicherungsgesellschaft nur anteilmässig (fester Anteil) an den versicherten Leistungen aller einbezogenen Versicherten beteiligt.

Rentenwertumlageverfahren (RV) oder Rentendeckungsverfahren: Beim RV wird die Finanzierung so festgelegt, dass mit ihr das Deckungskapital für alle in der Periode anfallenden Neurenten bereitgestellt werden kann. Für die aktiven Versicherten wird in reiner Anwendungsform kein planmässiges Deckungskapital gebildet.

Rentnerverhältnis: Das Rentnerverhältnis entspricht dem Verhältnis zwischen der Zahl der aktiven Versicherten und der Zahl der Rentenbezüger (Alters-, Invaliden- und Witwen- ohne Kinderrenten). Der Begriff wird auch im umgekehrten Sinne verwendet.

Reservesatz: Der Reservesatz entspricht dem Verhältnis zwischen dem Deckungskapital der aktiven Versicherten und der versicherten Lohnsumme.

Statisch berechnete versicherungstechnische Bilanz: Wir sprechen von einer statischen versicherungstechnischen Bilanz, wenn keine künftige Lohn-, Beitrags- und Rentenentwicklung miteinbezogen wird.

Stop-Loss-Versicherung: In der Stop-Loss-Versicherung wird jener Teil der gesamten Schadenssumme in einer Abrechnungsperiode rückvergütet, der eine festgesetzte Schranke (Selbstbehalt) übersteigt. In der Regel hängt dieser Selbstbehalt vom erwarteten Schaden ab.

Versicherungsgrad: Der Versicherungsgrad entspricht dem Verhältnis zwischen der effektiv versicherten und der maximal versicherbaren Altersrente. Er kann individuell oder für ein bestimmtes Kollektiv ermittelt werden.

Versicherungstechnische Bilanz: Mit der versicherungstechnischen Bilanz wird festgestellt, ob das Vermögen einer Kasse gemäss kaufmännischer Bilanz – zusammen mit den zu erwartenden Beiträgen und Zinsen – ausreicht, um neben den sonstigen Schuldverpflichtungen und Rückstellungen die eingegangenen Versicherungsverpflichtungen (bezogen auf einen Stichtag) erfüllen zu können.

Vorsorgegrad: Der Vorsorgegrad entspricht dem Verhältnis zwischen dem Rententotal der Ersten und der Zweiten Säule und dem letzten Bruttolohn. Der Vorsorgegrad kann individuell oder für ein bestimmtes Kollektiv ermittelt werden.

II. Der Pensionsversicherungsexperte

1. Anerkennung von Pensionsversicherungsexperten

Als Experte für berufliche Vorsorge wird anerkannt (Art. 37 BVV2), wer das eidg. Diplom als Pensionsversicherungsexperte besitzt bzw. vom Bundesamt für Sozialversicherung anerkannt ist.

Über die Zulassungsbedingungen sowie die Durchführung der Vor- und Hauptprüfungen gibt das "Reglement über die höheren Fachprüfungen für Pensionsversicherungsexperten" im Detail Auskunft.

2. Verhaltensnormen des Pensionsversicherungsexperten

Der Pensionsversicherungsexperte erfüllt eine zentrale Funktion im Rahmen der beruflichen Vorsorge. Es ist daher unabdingbar, dass er seine Tätigkeit verantwortungsbewusst und im Rahmen des gesetzlichen Auftrags ausübt und sich dabei an die folgenden Verhaltensnormen hält:

2.1 Verhalten gegenüber dem Kunden

- Der Pensionsversicherungsexperte führt die ihm erteilten Aufträge frei von anderweitigen Bindungen nach bestem Wissen und Gewissen aus. Ergibt sich für ihn, seine Firma oder den Kunden ein Interessenkonflikt, so hat er zu prüfen, ob er den Auftrag trotzdem durchführen kann. Erscheint ihm das der Fall zu sein, so hat er vor Annahme des Auftrags den Kunden auf den möglichen Interessenkonflikt hinzuweisen.
- Der Pensionsversicherungsexperte, der nicht als Selbständigerwerbender tätig ist, gibt seinem Kunden rechtzeitig darüber Aufschluss, für welche Firma er tätig ist.
- Falls der Pensionsversicherungsexperte, der einen Bericht oder ein Gutachten verfasst hat, dieses nicht persönlich beim Kunden präsentiert, so ist durch ihn zu gewährleisten, dass aus dem Gutachten hervorgeht, wer es verfasst hat.
- Auf Verlangen gibt der Pensionsversicherungsexperte dem Auftraggeber Auskunft über seine Honoraransätze.
- Der Pensionsversicherungsexperte untersteht der Schweigepflicht, insbesondere in bezug auf alle geschäftlichen und persönlichen Verhältnisse, die ihm bei der Arbeit zur Kenntnis gelangen.

2.2 Durchführung der Aufträge

- Die Auswirkungen einer Empfehlung müssen dem Kunden in schriftlicher Form klar und verständlich dargelegt werden. In jedem Bericht oder Gutachten sind die getroffenen Annahmen und die verwendeten Methoden anzugeben. Dabei sind die vorliegenden "Grundsätze und Richtlinien" zu beachten.
- Der Pensionsversicherungsexperte nimmt nur Aufträge an, für deren korrekte Durchführung er über die nötigen Kenntnisse und Erfahrungen verfügt, es sei denn, er führe den Auftrag in Zusammenarbeit oder unter Betreuung eines Pensionsversicherungsexperten durch, der über die entsprechenden Kenntnisse und Erfahrungen verfügt.

18.4 Grundsätze und Richtlinien für Pensionsversicherungsexperten

2.3 Verhalten gegenüber anderen Pensionsversicherungsexperten und der Öffentlichkeit

- Ein Pensionsversicherungsexperte respektiert die geschäftlichen Verbindungen eines anderen Pensionsversicherungsexperten. Von sich aus mischt er sich nicht in solche Verbindungen ein.
- Der Pensionsversicherungsexperte muss anerkennen, dass hinsichtlich der Durchführung der Aufträge und der versicherungstechnischen Empfehlungen ein gewisser Ermessensspielraum besteht. Im Interesse aller Pensionsversicherungsexperten hat er sich daher bei der allfälligen Kritik an anderen Pensionsversicherungsexperten Zurückhaltung aufzuerlegen. Dies schliesst jedoch eine korrekt begründete Kritik bzw. Klage bei der Standeskommission nicht aus.
- Es ist den selbständigen Pensionsversicherungsexperten und den Beratungsbüros gestattet, zu inserieren, doch dürfen sie keine vergleichende Werbung betreiben.
- Der Pensionsversicherungsexperte hat bei Publikationen oder anderen öffentlichen Verlautbarungen die vorliegenden "Grundsätze und Richtlinien" einzuhalten.

III. Aufgaben des Pensionsversicherungsexperten

1. Gestaltung der Vorsorgeeinrichtung

1.1 Gestaltung des Rechtsträgers

Als Rechtsträger einer Vorsorgeeinrichtung kann eine Stiftung, eine Genossenschaft oder eine Einrichtung des öffentlichen Rechts dienen.

Der Pensionsversicherungsexperte stellt sicher, dass die Vorsorgeeinrichtung über die erforderlichen Urkunden oder Statuten verfügt. Er veranlasst bei Bedarf die notarielle Beglaubigung sowie die Eintragung im Handelsregister.

1.2 Wahl des Versicherungsplanes

Bei der Suche nach dem geeigneten Versicherungsplan ist im Rahmen der gesetzlichen Vorschriften den momentanen und künftigen finanziellen und personellen Verhältnissen des Arbeitgebers und seiner Arbeitnehmer bestmöglich Rechnung zu tragen.

1.3 Wahl des Finanzierungsverfahrens

Aufgrund des Leistungsplanes ergeben sich die entsprechenden Versicherungskosten. Die zeitliche und kategorienweise Verteilung dieser Kosten auf die Beitragszahler wird durch das Finanzierungsverfahren bestimmt. Der Pensionsversicherungsexperte ermittelt mit dem Auftraggeber zusammen das geeignete und zulässige Finanzierungsverfahren, indem er ihn über die Anwendbarkeit und die Eigenschaften der möglichen Verfahren orientiert.

Der Pensionsversicherungsexperte hat sich selber über die Bewertung der Aktiven und allfällige zu erwartende Wertschwankungen und die damit verbundenen Anlagerisiken zu informieren.

1.31 Grundtypen von Finanzierungsverfahren

Für die Finanzierung von Vorsorgeleistungen gibt es viele Verfahren, die zwischen den beiden Grundtypen
- Anwartschaftdeckungsverfahren (AV) und
- Ausgabenumlageverfahren (UV)

liegen.

1.32 Eigenschaften der Finanzierungsverfahren

Zur konkreten Beurteilung eines gegebenen Finanzierungsverfahrens muss der Pensionsversicherungsexperte geeignete Annahmen über die künftige Entwicklung der Vorsorgeeinrichtung treffen.

Die gewählten versicherungstechnischen Grundlagen (Sterblichkeit, Invalidität, Zivilstand, technischer Zinsfuss, Verwaltungskosten, Lohnentwicklung, Rentenindexierung usw.) haben einen wesentlichen Einfluss auf die Finanzierung beim AV und beim RV (beim RV, soweit es sich um die Rentner handelt). Beim UV sind die technischen Grundlagen nur dann von Bedeutung, wenn eine Umlageprämie für eine künftige Zeitperiode ermittelt werden soll. Beim UV und RV sind auch Annahmen über die Erneuerung von Bedeutung.

Beim AV werden im statischen Fall keine Annahmen über künftige Lohnentwicklungen getroffen. Eine Erhöhung des versicherten Lohnes wird mit Einmaleinlagen oder periodischen Beiträgen finanziert. Im dynamischen Fall wird beim AV eine künftige Lohnentwicklung zum vornherein eingerechnet, ohne dass sich der Charakter des Finanzierungsverfahrens wesentlich ändert.

Bei einer Erhöhung des versicherten Lohnes ist beim RV keine gesonderte Finanzierung notwendig, sofern die Leistungen und die Finanzierung in Prozenten des versicherten Lohnes festgesetzt sind. Werden dagegen die laufenden Renten erhöht, sind naturgemäss die entsprechenden Deckungskapitalverstärkungen zusätzlich zu finanzieren.

Beim reinen UV ist bei einer prozentual gleichen Erhöhung der Löhne und der laufenden Renten keine zusätzliche Finanzierung notwendig. Der Aufwand bleibt lohnprozentual unverändert. Leistungsansprüche der jeweiligen Rentengeneration werden von den Nachfolgegenerationen finanziert.

Im relativen Beharrungszustand erfordern bei Gültigkeit der Goldenen Regel AV, RV und UV die gleichen Beitragssätze. Bei langfristig positivem Realzins ist der Beitrag beim AV tiefer als beim UV, bei negativem Realzins ist das UV kostengünstiger; das RV liegt jeweils dazwischen.

1.4 Wahl der technischen Grundlagen

Mit der Wahl der technischen Grundlagen versucht der Pensionsversicherungsexperte, die Zukunft möglichst wahrheitsgetreu wiederzugeben. Gegebenenfalls korrigiert er die verwendeten Rechnungsgrundlagen im Hinblick auf langfristige Trends oder spezielle Gegebenheiten des Versichertenbestandes. Solche Abweichungen sind anzugeben und entsprechend zu begründen.

Die Auswirkungen des Unfallausschlusses sind gegebenenfalls zu berücksichtigen.

Die bei einem sich aufdrängenden Wechsel der Rechnungsgrundlagen entstehenden Barwertänderungen sind aufzuzeigen.

18.4 Grundsätze und Richtlinien für Pensionsversicherungsexperten

Die technischen Grundlagen werden im wesentlichen bestimmt durch folgende Elemente:

- *Sterblichkeit*

  Aus den zur Verfügung stehenden Sterbetafeln wählt der Pensionsversicherungsexperte jene Unterlagen, welche das Sterbeverhalten des Versichertenbestandes am getreuesten wiedergeben können. Bei diesen Überlegungen sind künftige Sterblichkeitsänderungen zu berücksichtigen.

- *Invalidität*

  Bei der Wahl der Invaliditätsgrundlagen sind zu beachten:
  - Kreis der Versicherten (z.B. Berufsgruppen, Region)
  - Invaliditätsbegriff
  - Art der Festsetzung des Invaliditätsgrades
  - Wartefrist
  - Höhe der Invaliditätsleistungen (subjektives Risiko)
  - Reaktivierungen, langfristige Trends.

- *Andere Elemente*

  Speziell für die Versicherung von Hinterlassenenleistungen werden weitere statistische Elemente benötigt, so z.B.

  - Wahrscheinlichkeit, beim Tode verheiratet zu sein,
  - Durchschnittsalter des überlebenden Ehegatten,
  - Wiederverheiratungswahrscheinlichkeit,
  - Scheidungswahrscheinlichkeit,
  - durchschnittliche Anzahl Kinder im Rücktrittsalter sowie im Zeitpunkt des Todes und der Invalidierung,
  - Durchschnittsalter der Kinder im Rücktrittsalter sowie im Zeitpunkt des Todes und der Invalidierung.

  Für die versicherungstechnischen Berechnungen werden gelegentlich auch folgende Elemente benötigt:
  - Austrittswahrscheinlichkeit
  - Erneuerungszahl.

- *Technischer Zinsfuss*

  Der technische Zinsfuss ist vom Pensionsversicherungsexperten so festzulegen, dass er – langfristig gesehen – mit einer angemessenen Marge unterhalb der effektiven Vermögensrendite liegt und über einen längeren Zeitraum beibehalten werden kann. Für dynamische versicherungstechnische Bilanzen sind solche Margen nicht im gleichen Masse erforderlich, wobei die übrigen Zukunftsannahmen die Zinswahl mitbestimmen.
  Bei der Wahl des technischen Zinsfusses hat der Pensionsversicherungsexperte auch wirtschaftliche Gesichtspunkte zu berücksichtigen. Er hat dabei die effektiv erzielte Rendite (und Wertveränderungen) mit seinen Annahmen zu vergleichen. Die Langfristigkeit der Überlegungen verbietet es, kurzfristige Zinsschwankungen auf dem Kapitalmarkt zu berücksichtigen.
  Allfällige Zinsgarantien des Arbeitgebers und dessen Bonität sind mit besonderer Vorsicht zu bewerten.

18. Anhang 1: Muster, Tarife, Verzeichnisse

1.5 Gestaltung der Rückdeckung

Bei der Gestaltung der Rückdeckung analysiert der Pensionsversicherungsexperte vorerst das versicherungstechnische Risiko und gegebenenfalls den Risikoverlauf der Vergangenheit, um dann die geeignete Form der Rückdeckung finden zu können (Art. 42 und 43 BVV 2). Dabei stehen ihm insbesondere folgende Formen zur Verfügung:

– *Interne Rückdeckung*
  – Rückdeckung in Form von zusätzlichen ausgewiesenen Reserven

– *Externe Rückdeckung*
  – volle Rückdeckung (Vollvertrag)
  – teilweise Rückdeckung
  – Quotenversicherung
  – Exzedentenversicherung für einzelne Personen bzw. Gruppen
  – Rückdeckung von Risikoteilen (Tod, Invalidität, Langlebigkeit)
  – Stop-Loss-Versicherung
  – Kumul- bzw. Katastrophenversicherung.

1.6 Reglemente bzw. Statuten

Nachdem Art, Höhe und Finanzierung der Vorsorgeleistungen klar festgehalten sind, erarbeitet der Pensionsversicherungsexperte in enger Zusammenarbeit mit den beteiligten Arbeitnehmer- und Arbeitgebervertretern das Reglement bzw. die Statuten.

Im Rahmen der Urkunde, der gesetzlichen Bestimmungen sowie bestehender Verträge ist der Pensionsversicherungsexperte frei bei der Gestaltung des Reglements. Sobald die Vorsorgeeinrichtung ein versicherungstechnisches Risiko selbst trägt, ist darauf zu achten, dass das Reglement eine entsprechende Sanierungsklausel enthält, welche ermöglicht, bei einem finanziellen Ungleichgewicht die Vorsorgeleistungen und/oder die Beiträge dem finanziellen Stand der Kasse anzupassen. Ein bestehendes Reglement kann jederzeit abgeändert werden unter Wahrung der erworbenen Rechte und der eingegangenen Pflichten.

1.7 Organisation der Verwaltung

Der Pensionsversicherungsexperte ist auch ein wichtiger Berater beim Aufbau oder bei der Reorganisation der technischen Verwaltung einer Pensionskasse.

1.8 Registrierung der Vorsorgeeinrichtung

Sofern eine Vorsorgeeinrichtung an der beruflichen Vorsorge gemäss BVG teilnimmt, soll der Pensionsversicherungsexperte bei der Zusammenstellung der erforderlichen Unterlagen und bei der Vorbereitung des Gesuches um Registrierung behilflich sein.

18.4 Grundsätze und Richtlinien für Pensionsversicherungsexperten

2. Versicherungstechnische Bilanz

2.1 Ausgangslage

Soweit eine Vorsorgeeinrichtung die Deckung von Risiken selbst übernimmt (Art. 69 BVG), darf sie für die Sicherung des finanziellen Gleichgewichts nur den vorhandenen Bestand an Versicherten und Rentnern berücksichtigen (Grundsatz der Bilanzierung in geschlossener Kasse). Die Aufsichtsbehörde kann aufgrund einer schriftlichen Empfehlung des Pensionsversicherungsexperten Vorsorgeeinrichtungen von öffentlich-rechtlichen Körperschaften unter den vom Bundesrat festgesetzten Bedingungen ermächtigen, vom Grundsatz der Bilanzierung in geschlossener Kasse abzuweichen.

Bei einer öffentlich-rechtlichen Vorsorgeeinrichtung hat er zu prüfen, ob sie über entsprechend ausreichende Garantien der Körperschaft verfügt.

Nach Art. 53 Abs. 2 BVG hat eine Vorsorgeeinrichtung durch einen anerkannten Experten für berufliche Vorsorge periodisch überprüfen zu lassen, ob die Vorsorgeeinrichtung jederzeit Sicherheit dafür bietet, dass sie ihre Verpflichtungen erfüllen kann. Diese Überprüfung erfolgt insbesondere im Rahmen der versicherungstechnischen Bilanzierung, wobei unterschieden wird zwischen der Bilanzierung in geschlossener und in offener Kasse.

Besteht eine Kollektivversicherung mit weitgehend kongruenter Deckung, so ist keine versicherungstechnische Bilanz zu erstellen. Der Pensionsversicherungsexperte hat jedoch eine entsprechende Bestätigung abzugeben.

2.2 Inhalt des Berichtes

Der umfassende Bericht im Rahmen einer versicherungstechnischen Bilanz soll die folgenden Angaben enthalten, soweit sie von Bedeutung sind:

Berechnungsgrundlagen:	– genaue Bezeichnung der verwendeten Grundlagen
	– individuelle oder kollektive Berechnungsweise bei Hinterlassenenleistungen
	– technischer Zinsfuss
	– eingerechnete Margen oder Zuschläge
Risikoträger:	– Hinweis auf eine allfällige Rückdeckung
Statistische Daten:	– Summe der AHV-Löhne, sofern diese bekannt sind[1]
	– Summe der versicherten Löhne[1]
	– Summe der beitragspflichtigen Löhne[1]
	– Anzahl aktive Versicherte[1]
	– Anzahl Rentenbezüger, getrennt nach Rentenart[1]
	– Durchschnittsalter der Aktiven[1]
	– Durchschnittsalter der Rentner, getrennt nach Rentenart[1]
	– Summe der periodischen reglementarischen Arbeitnehmer- und Arbeitgeberbeiträge[1]
	– durchschnittliches Eintrittsalter bzw. durchschnittliche Versicherungsdauer
	– Summe der massgebenden Grundleistungen, getrennt nach Leistungsart[1]

---

[1] Wenn immer möglich, sind diese Werte getrennt nach Geschlechtern anzugeben.

Versicherungstechnische und damit verbundene Daten:	– Summe der laufenden Jahresrenten und Anwartschaften, getrennt nach Rentenart[1] – Altersguthaben gemäss BVG (bei registrierten Kassen)[1] – Deckungskapital der laufenden Renten, getrennt nach Rentenart[1] – Ausgabenbarwert bzw. Leistungsbarwert der Aktiven, getrennt nach Leistungsart[1] – Einnahmenbarwert bzw. Beitragsbarwert[1] – Nettoertrag der Kapitalanlagen in % des entsprechenden Gesamtvermögens – dem Deckungskapital zugeordnete Deckungswerte unter Berücksichtigung sonstiger Schuldverpflichtungen und Rückstellungen der Vorsorgeeinrichtung – Barwert allfälliger künftiger Amortisationsraten – Art der Berücksichtigung einer allfälligen Rückdeckung – Entwicklung des Vermögens seit der letzten versicherungstechnischen Bilanz – vereinfachter Nachweis für Sondermassnahmen gemäss Art. 46 BVV 2, sofern dies erforderlich ist
Wertung der Ergebnisse:	– Analyse der Gewinne oder Verluste – Folgerungen und Empfehlungen von Massnahmen

2.3 Aufbereitung des Datenmaterials

Das zur Erstellung der versicherungstechnischen Bilanz erforderliche Datenmaterial ist vorerst bezüglich Vollständigkeit und Plausibilität zu prüfen und gegebenenfalls zu bereinigen. Gelingt es dem Pensionsversicherungsexperten nicht, sich von der Qualität des Datenmaterials zu überzeugen, hat er dies im Bericht entsprechend zu vermerken oder den Auftrag abzulehnen.

Als Grundlage der versicherungstechnischen Bilanz gelten grundsätzlich die Daten der kaufmännischen Bilanz unter etwaiger Mitberücksichtigung stiller Reserven. Es ist Aufgabe der Kontrollstelle, zu bestätigen, dass die gesetzlichen Bewertungs- und Vermögensanlagevorschriften eingehalten sind. Dasselbe gilt auch für die Beachtung der Grundsätze der Sicherheit, Risikostreuung, Rendite und Liquidität bei der Vermögensanlage.

Der von einer anerkannten Kontrollstelle revidierte kaufmännische Jahresabschluss per Bilanzstichtag muss bei der definitiven Fassung des Berichtes vorliegen. Ist dies nicht der Fall, muss der Bericht mit einem entsprechenden Vorbehalt versehen werden.

2.4 Berechnungsmethoden

2.41 Bilanzierung in geschlossener Kasse

Nach Art. 69 Abs. 1 BVG darf bei den versicherungstechnischen Berechnungen nur der Bestand an aktiven Versicherten und Rentnern mitberücksichtigt werden. Die Bilanzierung erfolgt somit (abgesehen von ganz bestimmten Ausnahmen) in geschlossener Kasse, und zwar in der Regel nach dem Anwartschaftsdeckungsverfahren. Falls gewisse Leistungen (z.B. Teuerungszulagen) periodisch neu zugesprochen und von der Vorsorgeeinrichtung jederzeit annulliert werden können, darf dafür das reine Umlageverfahren angewendet werden.

---

[1] Wenn immer möglich, sind diese Werte getrennt nach Geschlechtern anzugeben.

Individuelle negative Deckungskapitalien muss der Pensionsversicherungsexperte bei der statischen Bilanzierung in geschlossener Kasse mindestens ausnullen. Er kann sie auf die individuellen reglementarischen Freizügigkeitsleistungen erhöhen. Allfällige Abweichungen von diesem Grundsatz sind zu begründen.

Zur Sicherstellung der Freizügigkeit muss der Pensionsversicherungsexperte beachten, dass das Deckungskapital der Aktiven nicht geringer ist als die Summe der reglementarischen Freizügigkeitsleistungen (näherungsweise oder exakt berechnet).

Bei einer Kasse mit Durchschnittsbeiträgen, von denen ein Teil zur Finanzierung künftiger Lohnerhöhungen bestimmt ist, muss der Beitragsbarwert in der statischen Bilanz mit einem reduzierten (vom Pensionsversicherungsexperten begründeten) Beitragssatz berechnet werden.

Bei dynamischer Finanzierung sind die über die statische Finanzierung hinausgehenden Aufwendungen zu beziffern; die daraus entstehenden Differenzen bei den Deckungsrückstellungen dynamisch/statisch sind auszuweisen.

2.42 Bilanzierung in offener Kasse

Nach Art. 45 BVV 2 kann der Pensionsversicherungsexperte bei Vorsorgeeinrichtungen öffentlichen Rechts mit Zustimmung der Aufsichtsbehörde vom Grundsatz der Bilanzierung in geschlossener Kasse abweichen, wenn der Bund, ein Kanton oder eine Gemeinde die Garantie für die Ausrichtung der Leistungen gemäss BVG übernimmt.

Die Vorsorgeeinrichtungen müssen unter den Passiven eine Rückstellung ausweisen, die mindestens der Summe aller Altersguthaben und aller Barwerte der laufenden Renten gemäss BVG entspricht. Entsteht aufgrund der Garantie eine öffentlich-rechtliche Verpflichtung, so ist der entsprechende Betrag in der Bilanz auszuweisen.

Bei umhüllenden Vorsorgeeinrichtungen sollte eine entsprechend erhöhte Rückstellung gebildet werden.

Bei der Bilanzierung in offener Kasse sind die auf den künftigen Neuzugang entfallenden Leistungs- und Beitragsbarwerte getrennt auszuweisen.

Analog wie bei der Bilanzierung in geschlossener Kasse sind bei dynamischer Finanzierung die über die statische Finanzierung hinausgehenden Aufwendungen zu beziffern; die daraus entstehenden Differenzen bei den Deckungsrückstellungen dynamisch/statisch sind auszuweisen.

2.43 Sicherheitsmassnahmen

Es ist zu prüfen, ob der Risikoausgleich im Versichertenbestand gegeben ist (geringe Versichertenzahl, individuell stark unterschiedliche Leistungshöhe usw.). Gegebenenfalls sind Sicherheitsmassnahmen zu treffen. Diese Prüfung kann mit Hilfe einer Risikoanalyse vorgenommen werden.

2.44 Retrospektive Überprüfung der Grundlagen

Aufgrund der in einer sinnvollen Beobachtungsperiode eingetretenen Sterbe- und Invaliditätsfälle sowie der erwirtschafteten Rendite auf den Kapitalanlagen prüft der Pensionsversicherungsexperte, ob die Berechnungsgrundlagen der Wirklichkeit genügend Rechnung tragen. Gegebenenfalls sind geeignete Korrekturen vorzunehmen.

2.45 Analyse der Ergebnisse der versicherungstechnischen Bilanz

Die ermittelten Überschüsse oder Fehlbeträge der versicherungstechnischen Bilanz sind sorgfältig zu analysieren, und es sind allenfalls geeignete Massnahmen zur Wiederherstellung des finanziellen Gleichgewichts bzw. für die Verwendung der Überschüsse vorzuschlagen. Ein versicherungstechnischer Fehlbetrag ist mindestens versicherungstechnisch zu verzinsen. Für diese Beurteilung bilden der Deckungsgrad, das Deckungsverhältnis und die Perennität eine wichtige Entscheidungsgrundlage.

Muss in Zukunft mit einer ungewöhnlichen Zunahme der Ausgaben gerechnet werden, so ist auf diese Entwicklung speziell hinzuweisen.

2.46 Häufigkeit der Bilanzierung

Bei Errichtung, Fusion oder Aufspaltung einer Kasse ist eine Eröffnungsbilanz zu erstellen. Anschliessend ist die Bilanzierung in der Regel mindestens alle drei Jahre durchzuführen, zudem bei wesentlichen Reglements- und Statutenänderungen. Bei Leistungs- und Finanzierungssystemen, die relativ stark von veränderten Alters- und Lohnstrukturen beeinflusst werden, ist es gegebenenfalls angemessen, die versicherungstechnische Bilanz jährlich zu erstellen. Nur dadurch können gewisse Trends rechtzeitig erkannt und die erforderlichen Massnahmen ergriffen werden.

Bei der Liquidation einer Kasse hat der Pensionsversicherungsexperte eine Liquidationsbilanz zu erstellen. Darin ist für die Kapitalanlagen der Veräusserungswert einzusetzen.

Die Aufgabe des Pensionsversicherungsexperten im Sinne von Art. 53 Abs. 2 lit. a BVG ist durch die blosse Angabe des Deckungskapitals nicht erfüllt.

2.47 Ausländische Bilanzierungsvorschriften

Sofern und soweit ausländische Bilanzierungsvorschriften (z.B. US-Standards SFAS 87, UK-SSAP 24 usw.) von den vorliegenden Grundsätzen und Richtlinien abweichen, sind sie für die versicherungstechnische Begutachtung nicht anwendbar. Dies deshalb, weil sie für die Bilanzierung von Vorsorgeverpflichtungen und -aufwendungen bei Unternehmen erlassen wurden und dabei für schweizerische Verhältnisse nicht massgebende Erwägungen im Vordergrund standen.

3. Laufende Betreuung

Der Pensionsversicherungsexperte prüft nicht nur periodisch die finanzielle Sicherheit und die Gesetzeskonformität der Vorsorgeleistungen und deren Finanzierung, sondern er ist ständiger Berater, insbesondere in folgenden Fragen:

- Reglementsänderungen
- Versicherungsfälle (vor allem Invaliditätsfälle)
- freiwillige und administrative vorzeitige Pensionierungen
- Freizügigkeitsleistungen
- Berechnung der Eintrittsgelder
- Verwendung eingebrachter Freizügigkeitsguthaben
- Einkauf von Versicherungsjahren
- Verwendung von Mutations-, Risiko- und Zinsgewinnen
- Teuerungszulagen auf laufenden Renten
- Abrechnung mit dem Sicherheitsfonds.

4. Liquidation, Teilliquidation, Fusion

Der Pensionsversicherungsexperte erfüllt bei der Liquidation einer Vorsorgeeinrichtung eine wichtige Aufgabe. Diese kann er jedoch nur dann richtig wahrnehmen, wenn er möglichst frühzeitig eingeschaltet wird. Dabei überwacht er den formellen und materiellen Ablauf der Liquidation und ist dafür besorgt, dass die Rechte der verschiedenen Destinatäre gewahrt werden. Er erstellt die schriftlichen Berichte, welche für die Beschlüsse des obersten Organs der Vorsorgeeinrichtung bzw. für die Aufsichtsbehörde notwendig sind. Insbesondere stellt er in seinen Berichten die gesetzlichen und reglementarischen Massnahmen und die damit verbundenen Kosten, getrennt von den Massnahmen, dar, die im Ermessen des obersten Organs liegen. Zudem erarbeitet er Vorschläge betreffend

- allfällig abzuschliessende Versicherungsverträge,
- zusätzliche vorzeitige Pensionierungen (zu den reglementarischen hinzu),
- die statutarisch vorgesehenen Destinatäre ohne reglementarische Ansprüche,
- vor der Liquidation ausgetretene Destinatäre,
- allfällige Härtefälle.

Seine Vorschläge sind mit einem eventuell bestehenden Sozialplan des Unternehmens zu koordinieren; die finanziellen Verpflichtungen der Vorsorgeeinrichtung und des Unternehmens sind dabei streng zu trennen.

Bei einer Teilliquidation oder Aufspaltung müssen die einzelnen Begünstigten analog behandelt werden wie bei einer Totalliquidation.

Die Voraussetzungen für eine Teilliquidation einer Vorsorgeeinrichtung sind jedoch nur gegeben, wenn Ausgliederungs- bzw. Redimensionierungsmassnahmen in grösserem Umfang beim Arbeitgeber stattfinden und dadurch bei der Vorsorgeeinrichtung

- ein erheblicher Teil des notwendigen Deckungskapitals aller aktiven Versicherten oder
- ein erheblicher Teil der aktiven Versicherten (Teilzeitbeschäftigte werden anteilmässig angerechnet) oder
- ein erheblicher Teil der versicherten Jahreslohnsumme der aktiven Versicherten

abgetrennt wird.

Bei einer Fusion zweier Vorsorgeeinrichtungen (bzw. bei einer Integration einer Vorsorgeeinrichtung in eine andere) sind die erworbenen reglementarischen Ansprüche aller Begünstigten sowie die potentiellen Anteile an freien Mitteln und dergleichen (bzw. an einem Fehlbetrag) der beiden Begünstigtengruppen zu wahren (versicherungstechnische Gerechtigkeit).

Die obigen Bemerkungen betreffend Teilliquidation und Fusion gelten auch beim Austritt eines angeschlossenen Unternehmens aus einer Gemeinschaftsstiftung (gemeinsame Vorsorgeeinrichtung wirtschaftlich und finanziell eng miteinander verbundener Unternehmen).

IV. Standeskommission

1. Organisation

Es besteht eine Standeskommission mit sechs Mitgliedern, von denen je drei und je ein Ersatzmitglied durch die Vereinigung und die Kammer für eine Amtsdauer von drei Jahren gewählt werden. Einmalige Wiederwahl ist zulässig.

Die Standeskommission konstituiert sich selbst. Den Vorsitz für eine Amtsdauer führt abwechslungsweise ein Vertreter der Vereinigung und ein Vertreter der Kammer.

Die Standeskommission legt eine Geschäftsordnung und ein Verfahren für die Durchführung ihrer Aufgaben fest. Für einen gültigen Beschluss sind die Stimmen von mindestens vier Mitgliedern erforderlich. Über die Verhandlungen und Beschlüsse ist ein Protokoll zu führen.

2. Aufgaben der Standeskommission

Die Aufgaben der Standeskommission umfassen:
- Stellungnahme betreffend Auslegung in der Anwendung der Grundsätze und Richtlinien;
- Feststellung von Verstössen gegen diese Grundsätze und Richtlinien;
- Beantragen von Massnahmen bei Nichteinhalten der Grundsätze und Richtlinien. Die Intervention der Standeskommission erfolgt in einem solchen Fall auf Einreichen einer diesbezüglichen Klage oder Anfrage, in ausserordentlichen Fällen auch auf eigene Initiative;
- Stellungnahme zur Anwendung versicherungstechnischer Grundsätze bei öffentlichen Verlautbarungen;
- Überprüfung von Gutachten zuhanden von Vorsorgeeinrichtungen.

2.1 Auslegung und Anwendung der Grundsätze und Richtlinien

Auf schriftliche Anfrage eines oder mehrerer Mitglieder der Vereinigung oder der Kammer betreffend die Auslegung oder die Anwendung der Grundsätze und Richtlinien nimmt die Standeskommission schriftlich Stellung. Über ihre Stellungnahmen erstattet sie dem Vorstand der Vereinigung und dem Büro der Kammer jährlich schriftlichen Bericht. Vorschläge der Standeskommission für Änderungen, Ergänzungen oder Neufassungen der Grundsätze und Richtlinien sind der Vereinigung und der Kammer schriftlich zu beantragen.

2.2 Feststellung von Verstössen gegen diese Grundsätze und Richtlinien

Die Standeskommission kann gemäss Ziff. 2 Abs. 5 feststellen, ob ein Verstoss gegen diese Grundsätze und Richtlinien vorliegt. Ist dies der Fall, ergreift sie Massnahmen gemäss der nachfolgenden Ziff. 23.

2.3 Massnahmen bei Nichteinhalten der Grundsätze und Richtlinien

Weist die Standeskommission nach, dass ein Pensionsversicherungsexperte die Grundsätze und Richtlinien ohne triftige Gründe nicht eingehalten hat, so macht sie den betreffenden Pensionsversicherungsexperten schriftlich darauf aufmerksam. Hält sich der Pensionsversicherungsexperte auch weiterhin nicht an die Grundsätze und Richtlinien, so kann die Standeskommission der Vereinigung bzw. der Kammer seinen Ausschluss aus der betreffenden Organisation beantragen. Sie hat ihren Antrag samt Begründung vollumfänglich dem Pensionsversicherungsexperten bekanntzugeben.

2.4 Stellungnahme zur Anwendung versicherungstechnischer Grundsätze bei öffentlichen Verlautbarungen von Pensionsversicherungsexperten

Die Standeskommission kann gemäss Ziff. 2 Abs. 4 Stellung nehmen zu öffentlichen Verlautbarungen von Pensionsversicherungsexperten oder von weiteren Personen, welche sich über versicherungstechnische Belange äussern. Gegebenenfalls ergreift sie zusätzliche Massnahmen nach Ziff. 23.

18.4 Grundsätze und Richtlinien für Pensionsversicherungsexperten

2.5 Überprüfung von Gutachten

Im Auftrag einer Vorsorgeeinrichtung, für die ein versicherungstechnisches Gutachten vorliegt, und auf deren Kosten oder im Auftrag einer Behörde und auf deren Kosten prüft die Standeskommission die Frage, ob im betreffenden Gutachten die Grundsätze und Richtlinien eingehalten worden sind. Gegebenenfalls weist sie auf die ihr richtig scheinende Lösung hin. Vorgängig ihrer Berichterstattung hat sie jedoch den betreffenden Pensionsversicherungsexperten anzuhören.

Die Standeskommission stellt ihren schriftlichen Bericht sowohl der auftraggebenden Vorsorgeeinrichtung bzw. Behörde als auch dem Pensionsversicherungsexperten zu, ohne jedoch gegenüber der Vorsorgeeinrichtung bzw. Behörde auf allfällige Massnahmen hinzuweisen, die intern gegenüber dem Pensionsversicherungsexperten getroffen werden.

18.5 Abkürzungsverzeichnis

AHVG	Bundesgesetz über die Alters- und Hinterlassenenversicherung
AHVV	Verordnung über die Alters- und Hinterlassenenversicherung
AJP	Aktuelle juristische Praxis
ALVG	Bundesgesetz über die Arbeitslosenversicherung
AS	Amtliche Sammlung der Bundesgesetze und Verordnungen
ASA	Archiv für schweizerisches Abgaberecht
ASIP	Schweizerischer Pensionskassenverband (Association suisse des Institutions de prévoyance)
BBl.	Bundesblatt der Schweizerischen Eidgenossenschaft
BdBSt	Bundesratsbeschluss über die Erhebung einer direkten Bundessteuer
BG	Bundesgesetz
BGE	Entscheidungen des Schweizerischen Bundesgerichts (Amtliche Sammlung)
BGer.	Bundesgericht
BIGA	Bundesamt für Industrie, Gewerbe und Arbeit
BK	Eidg. Beschwerdekommission
BS	Bereinigte Sammlung der Bundesgesetze und Verordnungen
BSV	Bundesamt für Sozialversicherung
BV	Schweizerische Bundesverfassung
BVG	Bundesgesetz über die berufliche Alters-, Hinterlassenen- und Invalidenvorsorge
BVV	Verordnungen zum BVG
BVV 1	Verordnung über die Beaufsichtigung und Registrierung von Vorsorgeeinrichtungen
BVV 2	Verordnung über die berufliche Alters-, Hinterlassenen- und Invalidenvorsorge
CHSS	Soziale Sicherheit (Zeitschrift des BSV, bis 1992 ZAK)
DBG	Bundesgesetz über die direkte Bundessteuer
ELG	Bundesgesetz über Ergänzungsleistungen zur Alters-, Hinterlassenen- und Invalidenversicherung
EOG	Bundesgesetz über die Erwerbsersatzordnung für Wehr- und Zivilschutzpflichtige
EVG	Eidg. Versicherungsgericht
EVGE	Entscheidungen des Eidg. Versicherungsgerichts
EVK	Eidg. Versicherungskasse
F+W	Finanz und Wirtschaft
FZG	Freizügigkeitsgesetz
FZGV	Verordnung zum Freizügigkeitsgesetz
GAV	Gesamtarbeitsvertrag

IV	Invalidenversicherung
IVG	Bundesgesetz über die Invalidenversicherung
IVV	Verordnung über die Invalidenversicherung
KUVG	Bundesgesetz über die Kranken- und Unfallversicherung
MVG	Bundesgesetz über die Militärversicherung
MSVVM	Mitteilungen der Schweizerischen Vereinigung der Versicherungsmathematiker (vor 1989 MVSV Mitteilungen der Vereinigung schweizerischer Versicherungsmathematiker)
NZZ	Neue Zürcher Zeitung
OG	Bundesgesetz über die Organisation der Bundesrechtspflege
OR	Schweizerisches Obligationenrecht
PHK	Pensions- und Hilfskasse für das Personal der Schweizerischen Bundesbahnen
RRB	Regierungsratsbeschluss
SAZ	Schweizerische Arbeitgeber-Zeitung
SHZ	Schweizerische Handels-Zeitung
SJZ	Schweizerische Juristen-Zeitung
SozS	Soziale Sicherheit (Zeitschrift des BSV)
SPV	Schweizer Personalvorsorge
SR	Steuer-Revue
ST	Der Schweizer Treuhänder
StHG	Steuerharmonisierungsgesetz
SUVA	Schweizerische Unfallversicherungsanstalt, Luzern
SVP	Schweizerischer Verband für privatwirtschaftliche Personalvorsorge
SVZ	Schweizerische Versicherungszeitschrift
SZS	Schweizerische Zeitschrift für Sozialversicherung und berufliche Vorsorge (auch SZSV abgekürzt)
SZVS	Schweizerische Zeitschrift für Volkswirtschaft und Statistik
SZW	Schweizerische Zeitschrift für Wirtschaftsrecht (bis 1990 SAG Schweizerische Aktiengesellschaft)
TA	Tages-Anzeiger, Zürich
U	Die Unternehmung (Zeitschrift)
UVG	Bundesgesetz über die Unfallversicherung
V	Verordnung
V + O	Verwaltung + Organisation, Solothurn
VZ	Versicherungskasse der Stadt Zürich
WEF	Wohneigentumsförderungsgesetz
WEFV	Verordnung zum Wohneigentumsförderungsgesetz
ZAK	Monatsschrift des Bundesamtes für Sozialversicherung in Bern über die AHV, IV und EO; früher Zeitschrift für die Ausgleichskassen, ab 1993 Soziale Sicherheit

ZBJV	Zeitschrift des Bernischen Juristenvereins
ZBl.	Zentralblatt für Staats- und Gemeindeverwaltung
ZGB	Schweizerisches Zivilgesetzbuch
ZSR	Zeitschrift für schweizerisches Recht
ZStP	Zürcher Steuerpraxis

18.6 Literaturverzeichnis*

Amacher Alain, Die Arbeitnehmer können die Anlagestrategie wählen, SPV 1996, S. 703–708
Ammann Dominique, Das Festlegen einer Anlagestrategie aufgrund der Risikofähigkeit, SPV 1999, S. 675 ff.
Amt für berufliche Vorsorge des Kantons Zürich, Handbuch der Personalvorsorge-Aufsicht, Zürich 1991
– Separatum Freizügigkeit/Wohneigentumsförderung, Zürich 1994
– Unterlagen zu den jährlichen Informationstagungen
Arce Claudia/Wolter Hans-Jürgen, Der Zweck der Anlagevorschriften in der beruflichen Vorsorge, in: ST 1993, S. 405–410
– Berufliche Vorsorge in Europa, in: ST 1993, S. 943–948
Auckenthaler Christoph, Die Ermittlung der Reserven bei Personalvorsorgeeinrichtungen, ST 1996, S. 995–998
Bachmann Pius, Jahresrechnung gemäss BVV 2, Die neuen Anforderungen nach Art. 47 BVV 2 an die Rechnungslegung und Prüfung, ST 1996, S. 985–988
Baigger Günter, Umfang des Rückgriffs von Personalvorsorgeeinrichtungen gegenüber haftpflichtigen Dritten, in: SZS 1992, S. 145–153
Baldenweg-Bölle Ulrike, Kollektive Altersvorsorge und flexibles Rentenalter in der Schweiz, Empirische Untersuchung des Einflusses der kollektiven Altersvorsorge auf den Zeitpunkt des Übertritts in den Ruhestand bei flexibler Ausgestaltung des Rücktrittsalters, Bern 1998
Baumann Bruno, Kapitalabfindung oder Rente – ein Investitionsentscheid, ST 1994, S. 186–193
Beausoleil Jean-Pierre, La prévoyance professionnelle, Genève 1991
Beck Peter, Regress der Vorsorgeeinrichtung auf haftpflichtige Dritte, in: SVZ 1992, S. 176–191
Beerli Andreas, Die Personalvorsorgestiftung – insbesondere die Verfügungsmöglichkeiten der Organe über das Vermögen, Basel 1983
Binswanger Peter, Geschichte der AHV, Zürich 1986
Blatter Jürg, Breite Auslegeordnung von Vorschlägen zur Konsolidierung und Weiterentwicklung der beruflichen Vorsorge, CHSS 1998, S. 250–251
Bollier Gertrud E., Leitfaden schweizerische Personalversicherung, 4. Auflage, Luzern 1998
Bosshard Bruno, Die Besteuerung von Kapitalzahlungen an Empfänger im Ausland – Zürich verhindert Pilotentrick, SPV 1991, S. 391 ff.
Botschaft des Bundesrates an die Bundesversammlung zum Bundesgesetz über die berufliche Alters-, Hinterlassenen- und Invalidenvorsorge vom 19. Dezember 1975
Bräm Verena, Die Auswirkungen des Freizügigkeitsgesetzes vom 17. Dezember 1993 auf scheidungsrechtliche Leistungen i.S. von Art. 151 und 152 ZGB, SZS 1995, S. 1–25
Brandenberger Benjamin, Diskussion der Individualisierung im Anlagebereich in der Schweiz, SPV 1996, S. 709–713
– Zahlreiche Faktoren prägen das Risiko: Überlegungen zur Festlegung der Risikofähigkeit, SPV 1996, S. 555–558
Brandenberger Benjamin/Wolter Hans-Jürgen, Die Umstellung von Leistungs- auf Beitragsprimatkassen, ST 1995, S. 105–109
Brändli Herbert, Sozialversicherung in der Schweiz, 3. Auflage 1988
Brombacher Steiner Verena, EU-Recht und Zweite Säule in der Schweiz, CHSS 1998, S. 285–287

---

*Für weitere Veröffentlichungen vor 1990, wie Zeitschriftenaufsätze, siehe frühere Auflagen dieses Buches.

Bruhin Alexander, Pensionskassenmanagement, Führungsstrategien für Stiftungsräte, Thun 1997

Brühwiler Jürg, Die betriebliche Personalvorsorge in der Schweiz, Bern 1989
- Arbeits- und sozialversicherungsrechtliche Probleme des vorzeitigen Altersrücktritts, in: Der vorzeitige Altersrücktritt, Bern/Stuttgart usw. 1994, S. 21–34

Brühwiler Jürg/Walser Hermann, Obligatorische berufliche Vorsorge und weitergehende berufliche Vorsorge, in: Schweizerisches Bundesverwaltungsrecht, Soziale Sicherheit, Basel/ Genf/München 1998

Bulliger Marianne, Frau und BVG: Verfassungswidrig, aber rechtens, Justitias beschwerlicher Kampf, Schweizer Versicherung und SVK 6/1996, S. 57–59

Bundesamt für Sozialversicherung, Bericht über versicherungstechnische, finanzielle und volkswirtschaftliche Aspekte der Sozialen Sicherheit in der Schweiz, Bern 1982
- Technische Grundlagen-Elemente der 2. Säule, Bern 1983
- Stellungnahmen zu Fragen aus dem BVG:
  - Der Invalide und die Zweite Säule, ZAK 1984, S. 519–523
  - Probleme im Zusammenhang mit der Unterstellung im BVG, ZAK 1985, S. 362 ff.
  - Die Auslegung der Begriffe "Arbeitnehmer" und "Selbständigerwerbender" im BVG, ZAK 1985, S. 498/99
  - Die Berechnung der in der obligatorischen beruflichen Vorsorge nach BVG versicherten Leistungen, ZAK 1985, S. 198 ff. und 253 ff.
  - Einmalige Ergänzungsgutschriften für die Eintrittsgeneration: Tabelle und Anwendungsbeispiele für die Jahre 1986 und 1987

Seit Oktober 1986 erscheinen die Verlautbarungen des BSV zu Fragen des BVG in den "Mitteilungen über die berufliche Vorsorge" (bis Dezember 1999 sind 48 Nummern erschienen).
- Mehr Transparenz und Sicherheit bei der Vermögensanlage in der beruflichen Vorsorge, Wichtige Änderungen der BVV 2 auf 1. Juli 1996 betreffend den Einsatz derivativer Finanzinstrumente, ST 1996, S. 461–463
- Berufliche Vorsorge, Neue Rechnungslegungs- und Anlagevorschriften, Regelung des Einsatzes der derivativen Finanzinstrumente (Änderungen der BVV 2 per 1. Juli 1996), Verordnungstext/Erläuterungen/Fachempfehlungen, 15. Oktober 1996, hrsg. vom BSV und von der Eidg. Kommission für berufliche Vorsorge (EDMZ, Bern)
- Zeitschrift "Soziale Sicherheit", abgekürzt CHSS (bis 1993 ZAK)

Bundesamt für Statistik, Pensionskassenstatistik 1992, Die berufliche Vorsorge in der Schweiz, Bern 1994
- Pensionskassenstatistik 1996, Die berufliche Vorsorge in der Schweiz, Bern 1998

Cahenzli Patrick, Die gesetzlichen Auflagen für den Derivativeinsatz bei Pensionskassen: eine kritische Würdigung, Basel 1996 (Wirtschaftswissenschaftliches Zentrum der Universität Basel)

Centre Patronal (Hrsg.), Handbuch des Arbeitgebers, Loseblattsammlung zum Arbeitsrecht, Lausanne 1984 (auch französisch)

Christe Pierre, Wörterbuch der schweizerischen Beruflichen Vorsorge, Deutsch–Französisch–Italienisch–Englisch, 4. Auflage, Basel 1997
- L'expert et sa responsabilité professionnelle, in: SZS 1991, S. 80–90
- Divorce et transfert des prestations acquises de prévoyance, SPV 1995, S. 449–455

Chuard Claude, Systemwidrige Einkaufsbeschränkungen, SPV 1998, S. 831 ff.

Conrad Hans Peter, Föderalistisch unterschiedliche Steuerbelastungen von Renten- und Kapitalleistungen aus beruflicher Vorsorge, in: SPV 11/88, S. 366–368
- Steuerlicher Zugriff auf die Vorsorgeleistung, Die Besteuerung der Leistungen aus beruflicher Vorsorge und gebundener Selbstvorsorge (Säulen 2 und 3a) durch Bund und Kantone, in: ST 1991, S. 234–242
- Wohneigentumsförderung: Information über die Steuerfolgen, in: SPV 4/94, S. 177–180

Conrad Hans Peter, Zusatzversicherung WEF und Steuerabzug, SPV 1996, S. 299–301
Cortiula Daniele, Der Einkauf von fehlenden Beitragsjahren, SR 1998, S. 458–460
Darbellay Vital, Loi sur la prévoyance professionnelle, LPP: une révision nécessaire, ASS 1998, S. 8–12
Deprez Olivier, Die technischen Rechnungsgrundlagen für Pensionskassen, in: SPV 1989, S. 151–154
Dubs Jürg, Die Besteuerung des Privatvermögens und der Vorsorge: erhebliche Anwendungsprobleme in der Praxis, ST 1993, S. 586–592
Duc Jean-Louis, Les Assurances sociales en Suisse, Lausanne 1995
– Coordination entre les prestations de l'assurance-maladie pour perte de salaire et celles de la prévoyance professionnelle, SZS 1998, S. 432–439
Dupuis Michèle, Zugriffsmöglichkeiten auf Vorsorgeleistungen in der Zwangsverwertung, ST 1995, S. 525–527
Egli J.E., L'indemnité de départ dans le contrat de travail, Lausanne 1979
Eidgenössische AHV/IV-Kommission/Ausschuss für die berufliche Vorsorge, Das Obligatorium der beruflichen Alters-, Hinterlassenen- und Invalidenvorsorge, Bern 1972
Eidgenössisches Versicherungsgericht, Sozialversicherungsrecht im Wandel, Festschrift 75 Jahre, Bern 1992
Eidgenössische Versicherungskasse, Technische Grundlagen für Pensionskassen, EVK 1960, 1970, 1980, 1990
Eisenring Martin Th. Maria, Verantwortlichkeit für Vermögensanlagen von Vorsorgeeinrichtungen, ZStP 153, Zürich 1999
Elrod Julian, Der Arbeitnehmerbegriff des BVG im Rahmen der schweizerischen Rechtsordnung, Diss. Zürich 1989
Erb Heinz, Grundzüge des Versicherungswesens, 5. Auflage, Zürich 1986
EU: Die Regelung der Sozialen Sicherheit im Personenverkehrsabkommen mit der Europäischen Union, diverse Autoren, CHSS 1999, S. 121–144
Eugster Peter, Der Weg zur Pensionierung: ein Führungsproblem, in: Der vorzeitige Altersrücktritt, Bern/Stuttgart usw. 1994, S. 91–114
Fehlmann Ulrich K., Sammel- und Gemeinschaftsstiftungen als Hauptträger der beruflichen Vorsorge, in: SZS 1989, S. 74–86
Fessler Ferdinand, Die steuerrechtliche Behandlung der Vorsorge, in: Steuer-Revue 1986, S. 109–127
– Die Besteuerung von Kapitalzahlungen der 2. Säule bei vorzeitiger Auflösung eines Vorsorgeverhältnisses von Unselbständigerwerbenden nach zürcherischem Recht, in: ASA 1988, S. 426–428
Fleissner Michael/Haag Stephan, Die Umsetzung von IAS 19 (revised 1998) für Vorsorgepläne, ST 1999, S. 803–812
Flütsch Jürg, Vom Abtretungsverbot zum Freizügigkeitsfall, SPV 1995, S. 457–463
– Pensionskassenansprüche und Ehescheidung, SJZ 92/1996, S. 1–7
Franceschina Martin, Welchen Einfluss hat die 10. AHV-Revision auf die berufliche Vorsorge?, ST 1996, S. 602–606
Frauenlob Thomas, Anlagephilosophien von Schweizer Pensionskassen, Bern 1998
Furrer Ivo, Die Vermögensanlagevorschriften gemäss BVG und BVV 2, insbesondere unter dem Gesichtspunkt der Wohneigentumsförderung, Diss. Zürich 1986
Geiser Thomas, Freizügigkeitsgesetz, ZBJV 1995, S. 185–190
– Der Versorgungsausgleich im neuen Scheidungsrecht, ZSR 1996, S. 395–420
Gemischte Kommission der Treuhand-Kammer und der Schweizer Aktuar-Vereinigung (Hrsg.), Berufliche Vorsorge und Kontrolle, Prüfung von Vorsorgeeinrichtungen durch Kontrollstelle und Experte für berufliche Vorsorge, Stellungnahmen und Empfehlungen der Gemischten Kommission "Kontrollen gemäss Art. 53 BVG", Winterthur 1990
Gerber Hans K., Lebensversicherungsmathematik, Berlin 1986

18. Anhang 1: Muster, Tarife, Verzeichnisse

Gerhards Gerhard, Grundriss Zweite Säule, Das Recht der beruflichen Vorsorge in der Schweiz, Bern 1990
- Grundriss des neuen Arbeitslosenversicherungsrechts, Bern 1996

Gerhauser Frohmut, Folgen der 2. Säule für den Wohnungsmarkt, Bern 1987
- Die Wirkungen der beruflichen Vorsorge auf den Arbeitsmarkt, Chur 1991

Ghelfi Fabrice, Espoirs et désenchantements du deuxième pilier à l'évolution du pouvoir d'achat des personnes agées à l'aube du siècle prochain, SZS 1996, S. 352–371

Gibson Rajna/Zimmermann Heinz, Risikokontrolle und Regulierung der derivativen Finanzmärkte aus ökonomischer Sicht, ZSR 1996, S. 77–101

Gottschlich Klaus/Meier-Scherling Philipp, Die zweite Säule vor den Herausforderungen der Zukunft: Vorschläge für eine Neugestaltung der beruflichen Vorsorge, Freiburg i.Ue. 1994

Graf Lucas, Mehrere Vorsorgepläne sind ein Bedürfnis der Versicherten, SPV 1999, S. 435 ff.

Greber Pierre-Yves, Droit suisse de la sécurité sociale, Lausanne 1982
- La responsabilité civile des personnes chargés de l'administration et de la gestion d'une institution de prévoyance, Peseux 1986

Guggenheim Roland/Fides Alexander/Bossard Bruno, Planungsmöglichkeiten in der beruflichen Vorsorge und deren steuerliche Behandlung, SVZ 1996, S. 1 ff.

Häberli Christoph, Freizügigkeitsgesetz: Die Folgen für das Scheidungsverfahren, plädoyer 5/1994, S. 32–36

Häcki Kurt, Sozialversicherungen in der Schweiz, Zürich 1998

Hadorn Peter, Spezielle Anlagebestimmungen sind nötig, Wesentlicher Inhalt des Anlagereglements, SPV 1996, S. 551–554

Haller Matthias (Hrsg.), Zur Verwirklichung der 2. Säule, Auftrag – Probleme – Perspektiven, Festgabe zum 70. Geburtstag von Prof. Peter Steinlin, Schriftenreihe des Instituts für Versicherungswirtschaft an der Hochschule St. Gallen, Bd. 7, St. Gallen 1981

Handbuch der Personalvorsorge-Aufsicht, Amt für berufliche Vorsorge des Kantons Zürich, Zürich 1991 ff.

Harabi Najib, Sozialpolitik in der Bewährung, Bern 1998

Helbling Carl, Autonome Pensionskasse oder Gruppenversicherung, Diss., 2. Auflage, Zürich/St. Gallen 1962
- Personalfürsorge, Bern 1964
- Neuerungen bei der Revision von Stiftungen im Kanton Zürich, in: ST 5/1978, S. 14 f.; 10/1978, S. 32 ff., und 7/1979, S. 20
- Zur Bilanzierung von technischen Rückstellungen für Verpflichtungen aus der beruflichen Vorsorge, in: Festschrift Steinlin 1981, S 183 ff, und in: ST 11/1981, S. 42 ff.
- Vermögensanlage und -bewertung gemäss BVG, in: ST 12/1984, S. 409 ff.
- Zur Behandlung der geschuldeten Eintrittsgelder bei Pensionskassen mit Leistungsprimat, in: SPV 5/88, S. 181–185
- Policendarlehen an Vorsorgeeinrichtungen verbieten?, AWP, 6.5.1998, S. 5
- Sind neue Bewertungsvorschriften für Vorsorgeeinrichtungen notwendig und berechtigt?, SVP, Juni 1993
- Die Führung einer Pensionskasse als unternehmerische Aufgabe, in: SPV 4/96, S. 241–245

Henggeler Oskar, Die Verantwortlichkeit des Stiftungsrats, Schweizer Versicherung und SVK 1/2-1996, S. 38–40

Hepp Stefan W., The Swiss Pension Funds, An Emerging New Investment Force, Zürich 1990

Herzog Bernd, Die Überlebensordnungen AHV VI und AHV VIbis, in: VSVM 1987, S. 147–170
- Die Anpassung der Renten der Zweiten Säule an die wirtschaftliche Entwicklung, CHSS 1996, S. 63–68

Heubeck Klaus, Die Prüfung von Pensionsrückstellungen, Düsseldorf 1987

Heyden Frank, Das Verhältnis zwischen den Kognitionen des Scheidungsrichters und des Versicherungsrichters nach Art. 22 FZG, SJZ 92/1996, S. 21–26
Hierholzer Dieter, Personalvorsorge und Erbrecht, Zürich 1970 (ZBR Nr. 344)
Hofmann Heidi, Arbeitslosenversicherung und Insolvenzentschädigung, Zürich 1998
Hohl Thomas, Die Rechtsstellung der Destinatäre in der Personalvorsorgestiftung mit Bezug auf die Verwendung von versicherungstechnischen Reserven (freie Stiftungsmittel) einerseits und die Tragung von versicherungstechnischen Defiziten andererseits, Diss. Basel 1984
Hollinger Peter, Die Sicherung des Leistungszwecks in der Sozialversicherung, Zürich 1983
Hubatka Martin, Eine verständliche Regelung für die Umsetzung der Abkommen fehlt noch, Auswirkungen der sektorellen Abkommen zwischen der Schweiz und der EU auf die Schweizer Pensionskassen, SPV 1999, S. 379–383
Hug Urs, Das Anlageverhalten der Schweizer und der US-amerikanischen Pensionskassen und dessen Auswirkungen auf das Firmen- und Wirtschaftswachstum, Berichte aus der Rechtswissenschaft, Aachen 1995
Hug Werner, Pensionskasse: Verschärfung der Anlagevorschriften, Derivate mit der Kapitalwanne ausgeschüttet, Schweizer Versicherung und SVK 5/1996, S. 67–69
Hummel Willy, Die Freizügigkeit in der freiwilligen beruflichen Vorsorge, St. Gallen 1983
Hurni Mark Peter, Der zivilrechtliche Aufbau der Investment- oder Anlagestiftung für Personalvorsorge, Zürich 1981
Informationsstelle des Zürcher Sozialwesens (Hrsg.), Leitfaden zum BVG für die Soziale Arbeit, Zürich 1998
Isaak-Dreyfus Liliane, Das Verhältnis des schweizerischen Ehescheidungsrechts zum Sozialversicherungsrecht (1. und 2. Säule) de lege lata und de lege ferenda, Diss. Zürich 1992
Izzo Pierre, Lebensversicherungsansprüche und -anwartschaften bei der güter- und erbrechtlichen Auseinandersetzung (unter Berücksichtigung der beruflichen Vorsorge), Diss. Fribourg 1999
Jäggi André, Pensionskassen – Portefeuille dank Anlagestiftungen stets à jour bewertet, ST 1996, S. 617–620
Jud, Besteuerung von Leistungen aus Sozialplänen im Zürcher Steuerrecht, ZStP 1995, S. 183 ff.
Keel Alex, Fundamentale Führungsaufgabe einer Pensionskasse, SPV 1999, S. 660 ff.
Keiser Andreas, Besteuerung von Personalvorsorgeleistungen beim Arbeitnehmer, Zürich 1977
Kellenberger Thomas, Gesamtarbeitsvertrag und berufliche Vorsorge, Diss. Zürich 1986
Kempkes Helmut, Die betriebliche Altersvorsorge in Deutschland und in der Schweiz und ihre Bedeutung für die Finanzierung von Unternehmungen, Basel 1964
Kieser Ueli, Bundesgesetz über die Alters- und Hinterlassenenversicherung, Zürich 1996
Kieser Ueli/Riemer-Kafka Gabriela, Tafeln zum schweizerischen Sozialversicherungsrecht, 2. Auflage, Zürich 1998
Kirchhofer Thomas, Szenarien zur Entwicklung des Gesamtvermögens der Schweizer Pensionskassen, Frage des Teuerungsausgleichs auf Altersrenten der Zweiten Säule, ST 1996, S. 611–616
Kleeli Willi, Todesfallleistungen aus über- und ausserobligatorischer beruflicher Vorsorge und Pflichtteilsschutz, Ergänzung zum Artikel Reber/Meili, SJZ 92/1996, S. 200
Koller Heinrich/Müller Georg/Rhinow René/Zimmerli Ulrich, Schweizerisches Bundesverwaltungsrecht, Soziale Sicherheit, Basel/Genf/München 1998
Koller Thomas, Begünstigtenordnung zweite und dritte Säule: Gutachten zuhanden des Bundesamtes für Sozialversicherung, Bern (EDMZ) 1998
Konferenz staatlicher Steuerbeamter, Vorsorge und Steuern, Anwendungsfälle zur beruflichen Vorsorge und Selbstvorsorge, 2. Auflage, Bern 2000

Koppenburg Helga, Möglichkeiten der flexiblen Pensionierung im Rahmen der 2. Säule: Modelle und Erfahrungen, in: Der vorzeitige Altersrücktritt, Bern/Stuttgart usw. 1994, S. 35–46
- Das FZG auf dem Prüfstand der praktischen Anwendung, SPV 1995, S. 441–444
- Vorzeitiger Rücktritt: bloss administrativ aufwendige Augenwischerei, SPV 1999, S. 927–930

Kronenberg Anton, Die Weiterführung des Vorsorgeschutzes in der Zweiten Säule bei Arbeitslosigkeit und Kurzarbeit, CHSS 1994, S. 26–29

Küng Rudolf, Flexible Pensionierung, SPV 1994, S. 261–264

Landolt Urs, Die Unternehmungsstiftung im schweizerischen Steuerrecht, Bern 1987

Landry Jean-Pierre, Mehr Transparenz und Sicherheit bei der Vermögensanlage von Pensionskassen, CHSS 1996, S. 130–132

Lang Bruno, Aufsicht und Eigenverantwortung in der Personalvorsorge, in: Festschrift Carl Helbling, Zürich 1992, S. 245–254
- Freizügigkeit in der beruflichen Vorsorge, Kritische Analyse der Freizügigkeitsvorlage aus der Sicht der Aufsichtsbehörde, in: SZS 1992, S. 187–197
- Liquidation und Teilliquidation von Personalvorsorgeeinrichtungen, ST 1994, S. 177–182
- Struktur für die eigenverantwortliche Geschäftsführung, Hintergründe und Zielsetzungen der neuen Vorschriften der BVV 2, SPV 1996, S. 591–596
- Griffige Vorgaben für Führung und Prüfung von Pensionskassen, ST 1996, S. 607–610
- Perspektiven der Aufsicht, SPV 1997, S. 123–127
- Hintergründe und Zielsetzungen der neuen Vorschriften der BVV 2, SZS 1997, S. 154–166
- Aufgaben und aktuelle Probleme der Aufsicht in spezieller Berücksichtigung der Arbeitsteilung mit Revisionsstellen und Experten, SZS 1998, S. 81–102
- Die Aufsicht in der beruflichen Vorsorge, Aufgaben und aktuelle Probleme – Arbeitsteilung mit Revisionsstellen und Experten, ST 1998, S. 231–241

Lang Bruno u.a., Kommentar zum Freizügigkeitsgesetz mit sämtlichen Erlassen auch zum Wohneigentumsförderungsgesetz, Zürich 1994

Lang Bruno/Hollenweger Georg, Aufsicht und Rechtspflege in der beruflichen Vorsorge, Investmentstiftung für Personalvorsorge, Zürich 1985

Lang Bruno/Somma Karin, Prüfung der Reglemente nichtregistrierter Personalvorsorgestiftungen, hrsg. vom Amt für berufliche Vorsorge, Zürich 1989

Lantner Marco, Die Verantwortlichkeit von Stiftungsorganen, Zürich 1984

Lehner Peter, Der institutionelle Anleger als Aktionär, SA 1987

Letsch Walter R., Die Schweiz ist keine Sozialversicherungsinsel in Europa, SPV 1998, S. 527–529

Leutwiler Oskar, Extrapolation der Sterblichkeit und deren Anwendung in der Lebensversicherung, Zürich 1976
- Teilliquidation einer Pensionskasse, Mehr Transparenz durch Freizügigkeitsgesetz und die neue BVV 2, ST 4/1999, S. 323–330

Leuzinger-Näf Susanne, Vorbestehender Gesundheitszustand und Versicherungsschutz in der Sozialversicherung unter besonderer Berücksichtigung der Einschränkung des Versicherungsschutzes in der sozialen Krankenversicherung und der beruflichen Vorsorge, Diss. Zürich 1994

Locher Thomas, Grundriss des Sozialversicherungsrechts, 2. Auflage, Bern 1997

Luke Elrod Julian, Der Arbeitnehmerbegriff des BVG im Rahmen der schweizerischen Rechtsordnung, Diss. Zürich 1989

Lusenti Graziano (Hrsg.), Pensionskassenanlagen 1997, Genf 1998

Lüthy Thomas, Das Rechtsverhältnis zwischen Arbeitgeber und Personalvorsorgestiftung, insbesondere der Anschlussvertrag mit einer Sammel- und Gemeinschaftsstiftung, Diss. Zürich 1989

Manhart Thomas, Die Aufhebung mit Liquidation von Stiftungen, insbesondere Personalvorsorgestiftungen, Zürich 1986
Masshardt Heinz, Die neue steuerrechtliche Behandlung der beruflichen und der individuellen Vorsorge (Beilage zum Kommentar), Zürich 1986
Maurer Alfred, Geschichte des schweizerischen Sozialversicherungsrechts, Berlin 1981
– Schweizerisches Sozialversicherungsrecht, 3. Auflage, Bern 1995
Maute/Steiner/Rufener, Steuern und Versicherungen, 2. Auflage, Muri/Bern 1999
Meier Kurt, Unterschiedliche kantonale Regelungsdichte in der beruflichen Vorsorge, ST 1995, S. 653–656
Meier Markus, Mehr Marktwirtschaft ist möglich, Die Diskussion der Individualisierung im Leistungs- und Finanzierungsbereich in der Schweiz, SPV 1996, S. 715–718
Meyer Ulrich, Die Rechtswege nach dem BVG, in: ZSR 1987, S. 601–634
– 1985–1989: Die Rechtsprechung von Eidgenössischem Versicherungsgericht und Bundesgericht zum BVG, in: SZS 1990, S. 73–92
Minuz Marco, Pensionskassen: Vom passiven Shareholder zur aktiven Corporate Governance, ST 1997, S. 159–166
Mönig Elisabeth, Zur Frage des Umlage- und des Kapitaldeckungsverfahrens in der schweizerischen Altersvorsorge, Diss. Freiburg 1983
Moser Heinrich, Paritätische Verwaltung von Pensionskassen, Basel 1987
Moser Markus, Die zweite Säule und ihre Tragfähigkeit, Diss. Basel 1993
– Die Anforderungen des neuen Wohneigentumsförderungsgesetzes, SZS 1995, S. 115–133 und 200–226
– Bedeutung und Tragweite von Art. 23 BVG – Versuch einer Bestandesaufnahme anhand der jüngeren Rechtsprechung, 2. Teil, SZS 1996, S. 31–41
– Eine Gesetzesnorm sorgt für Verunsicherung: Weitere Fragen zu Art. 23 BVG, SZS 1997, S. 120–133
– Individuelle Begünstigungsabreden im Rahmen der überobligatorischen beruflichen Hinterlassenenvorsorge – Restriktive Auslegung des Begriffs der "erheblichen Unterstützung", SZS 1998, S. 274–281
– Aktuelle Anwendungsfragen im Zusammenhang mit dem Wohneigentumsförderungsrecht der beruflichen Vorsorge, Die "verzwickte" Situation im Scheidungsfall, SJZ 94/1998, S. 15–19
– "Two bits" aus dem Recht der beruflichen Vorsorge: Die Stellung der Vorsorgeeinrichtung im Konkurs des Arbeitgebers gemäss revidiertem Art. 219 Abs. 4 Erste Klasse lit. b SchKG; Vorsorgerechtliche Implikation der Verordnung über die Förderung des Vorruhestandes (nach Art. 65a AVIG), SJZ 1998, S. 349–353
– Das Leistungsrecht der beruflichen Vorsorge im Spiegel jüngerer Grundsatzentscheide des EVG, SJZ 95/1999, S. 285–292
Murer Erwin, Auszug aus dem Vorschlag der Kommission der Europäischen Gemeinschaften für eine Richtlinie zur Wahrung ergänzender Rentenansprüche, SZS 1998, S. 103–112
Niklewicz Konrad, Le coût de la prévoyance professionnelle et les obligations de publication dans le cadre de la consolidation, ST 1994, S. 403–408
Nussbaum Werner, Die Ansprüche der Hinterlassenen nach Erbrecht und aus beruflicher Vorsorge bzw. gebundener Selbstvorsorge, in: SZS 1988, S. 197–206
– Die Prüfung der Rechtmässigkeit der Geschäftsführung einer Vorsorgeeinrichtung, in: Festschrift Carl Helbling, Zürich 1992, S. 307–318
– Die neuen Bundesgesetze über die Freizügigkeit und über die Wohneigentumsförderung, CHSS 1994, S. 15–23
– Das amerikanische System der beruflichen Vorsorge im Vergleich mit dem schweizerischen System, CHSS 1996, S. 112–129
– Ist das Kontroll- und Aufsichtssystem der 2. Säule effizient?, SPV 1997, S. 129–134

Nussbaum Werner, Corporate Governance durch Pensionskassen, SZS 1997, S. 305–317
- Schliessung der Deckungslücke durch den Sicherheitsfonds bei Teilliquidation einer Vorsorgeeinrichtung infolge Austritts eines Arbeitgebers, SZS 1998, S. 329–341
- Das System der beruflichen Vorsorge in den USA, Ein Vergleich zum schweizerischen Recht, Bern 1999
- Die Mitwirkung der Arbeitnehmenden wird erschwert, SPV 1999, S. 221–224

Oberhänsli U., Einfluss der AHV und der beruflichen Vorsorge auf die persönlichen Ersparnisse in der Schweiz, Schriftenreihe des Instituts für Empirische Wirtschaftsforschung der Universität Zürich, Bd. 9, Zürich 1982

Peter Erich, Die Koordination von Invalidenrenten, Diss. Zürich 1997 (Schriften zum Sozialversicherungsrecht 3)
- Das allgemeine Überentschädigungsverbot – Gedanken zu BGE 123 V 88 ff., SVZ 1998, S. 149–165

Petermann Judith, Aufsicht und Oberaufsicht des Bundes, SPV 1997, S. 115–121

Pfiffner Brigitte, Die Vorsorge der nichterwerbstätigen Frau, SVZ 1995, S. 25–33

Pfitzmann Hans J., Tätigkeit und Vorgehen der BVG-Aufsichtsbehörden, in: SZS 1987, S. 273–287
- Die definitive Registrierung der Pensionskassen, in: SAZ 1988, S. 813 ff.
- Mehr als 10 Jahre BVG: Bilanz mit Stärken und Schwächen, SZS 1996, S. 302–313
- Ein Wegbereiter für die Zukunft der beruflichen Vorsorge, SPV 1998, S. 585–590

Pfranger Raeto/Popp Otto, Die Sterblichkeitsgrundlagen für die Kollektivversicherungstarife 1980, in: MVSV 1980, S. 47 ff.

Piller Otto, Neue Wege zur Sicherung der Sozialen Sicherheit, ST 1998, S. 1097–1102

Piotet Paul, La prévoyance professionnelle dans l'actuel projet de la loi modifiant le Code civil, SJZ 92/1996, S. 385–392
- Stipulations pour autrui, prévoyance professionnelle et droit successorial, AJP 1997, S. 537–549
- Prévoyance professionnelle et droit matrimonial, JdT I/1997, S. 651–655

Pittet Meinrad, Les caisses de pensions de droit public dans la prévoyance professionnelle suisse, quel avenir?, Genf 1997
- Quel avenir pour la prévoyance professionnelle suisse?, SVZ 1998, S. 217–223

Rätzer Ernst, Die Pensionskasse aus ökonomischer Sicht, Berner Beiträge zur Nationalökonomie, Bd. 46, Bern 1983
- Abbau oder Ausbau der Zweiten Säule?, CHSS 1995, S. 31–38
- Asset/Liability-Studien als Grundlage der Anlagestrategie, SPV 1999, S. 663 ff.

Reber Alfred/Meili Thomas, Todesfalleistungen aus über- und ausserobligatorischer beruflicher Vorsorge und Pflichtteilsschutz, SJZ 92/1996, S. 117–124

Rechsteiner Rudolf, Das 200-Milliarden-Geschäft, Zürich 1984
- Die 2. Säule – Stolperstein der modernen Personalpolitik, in: SZS 1988, S. 34–45
- Neugestaltung der schweizerischen Alterssicherung: flexibler, funktioneller und sozialer, SZS 1996, S. 372–398

Rechsteiner Urs, Organisatorische Probleme der Vorsorgestiftung, in: Wirtschaft und Recht 1985, S. 233–239

Rehbinder Manfred, Schweizerisches Arbeitsrecht, Bern 1997

Reusser Ruth, Die Vorsorge für die geschiedene Ehefrau unter besonderer Berücksichtigung von Art. 22 des neuen Freizügigkeitsgesetzes, AJP 1994, S. 1510–1518

Richner Felix, Zeitpunkt des Zufliessens von Leistungen der beruflichen Vorsorge und der gebundenen Selbstvorsorge, ASA 1993/94, S. 513–541
- Besteuerung in der 2. und 3. Säule – jetzt und in der Zukunft, in: SVZ 5/6-1994, S. 175–180
- Grenzen und Möglichkeiten der Kadervorsorge aus steuerlicher Sicht, SVZ 1995, S. 139–146

18.6 Literaturverzeichnis

Riemer Hans Michael, Die Stiftungen, Systematischer Teil und Kommentar zu Art. 80–89bis ZGB, Bern 1975, Nachdruck 1981 (Berner Kommentar) *(mit zahlreichen weiteren Literaturangaben im Systematischen Teil, N 259)*
- Das Recht der beruflichen Vorsorge in der Schweiz, Bern 1985
- Verhältnis des BVG (Obligatorium und freiwillige berufliche Vorsorge) zu anderen Sozialversicherungszweigen und zum Haftpflichtrecht, in: SZS 1987, S. 121–131
- Vorsorge-, Fürsorge- und Sparverträge der beruflichen Vorsorge, in: Festschrift Schluep, Zürich 1988, S. 231–251
- Dürfen Mittel der beruflichen Altersvorsorge auch zur Finanzierung von Anteilscheinen von Wohnbaugenossenschaften verpfändet werden?, in: SZS 1990, S. 177–179
- Ist die Forderung der Vorsorgestiftung gegenüber der Arbeitgeberfirma, auch soweit es um freies Stiftungsvermögen geht, konkursprivilegiert?, in: SZS 1990, S. 180
- Fusionen bei klassischen und Personalvorsorgestiftungen, in: SZS 1991, S. 169–175
- Berührungspunkte zwischen beruflicher Vorsorge und Arbeitslosenversicherung, in: SZS 1993, S. 292–296
- Realität und Aussichten der paritätischen Mitbestimmung in der beruflichen Vorsorge – Beziehung zwischen Stiftungsrat und Unternehmung (Fragen des Arbeitsvertragsrechts und des Rechts der beruflichen Vorsorge), SZS 1994, S. 364–369
- Réalité et perspectives de la gestion paritaire de la prévoyance professionnelle – Relations entre le Conseil de fondation et l'entreprise (Questions du contrat de travail et du droit de la prévoyance professionnelle), SZS 1994, S. 358–363
- Berufliche Vorsorge und Revision des SchKG, BlSchK 1996, S. 121–131
- Pensionskassen und Umstrukturierungen in der Wirtschaft, SZS 1996, S. 399–402
- Berufliche Vorsorge und eheliches Vermögensrecht (eheliches Güterrecht; Austrittsleistung bei Ehescheidung i.s.v. Art. 22 FZG; Entwurf zur Revision des Ehescheidungsrechtes), SZS 1977, S. 106–119
- Leere Staats- und Firmenkassen – volle Pensionskassen, Zur Frage der Reduktion von Arbeitgeberbeiträgen, SZS 1998, S. 272–273
- Berührungspunkte zwischen BVG (einschliesslich überobligatorischer Bereich) und VVG, SZS 1998, S. 342–347
- Berufliche Vorsorge und revidiertes Ehescheidungsrecht, SZS 1998, S. 423–431

Riemer-Kafka Gabriela, Die 2. Säule im Scheidungsfall, TREX 1/1997, S. 4–7

Rohrbach Katharina, Die Verteilung der Aufgaben und Verantwortlichkeiten bei betrieblichen Personalvorsorgestiftungen, Basel 1983

Rufener Adrian, Neuerungen bei der Besteuerung von Vorsorgeleistungen, SPV 1995, S. 185–193
- Zur Erfassung von Ersatzeinkünften mit der Quellensteuer ..., ASA 1994/95, S. 97 ff.

Ruggli Christina, Die behördliche Aufsicht über Vorsorgeeinrichtungen, Diss. Basel 1992
- Die Verwendung der freien Mittel macht Sinn, SPV 1998, S. 283–285

Ruh Gregor, Versicherungsdeckung nicht vergessen, Eine ungerechtfertigte fristlose Entlassung kann beim Arbeitgeber ein nicht kalkulierbares versicherungstechnisches Risiko werden, SPV 1999, S. 225–228

Sauter Roland, Anlagen beim Arbeitgeber, Vorschriften der BVV 2 und Prüfung durch die Kontrollstelle, SPV 1996, S. 491–494

Saxer Arnold, Die Soziale Sicherheit in der Schweiz, 4. Auflage, Bern 1977

Saxer Walter, Versicherungsmathematik, 2 Teile, Berlin 1955/58

Schaetzle Marc, Personalvorsorge und Haftpflichtrecht in Konkurrenz, Zürich 1972 (ZBR Nr. 394)

Schärer Christian, Immobilienanlagen schweizerischer Pensionskassen, Analytische Untersuchungen zur Anlagestrategie im Immobilienbereich, Bank- und finanzwirtschaftliche Forschungen 250, Bern 1997

Scheiwiller Beat, Die Besteuerung der Vereine und Stiftungen für ihr Einkommen und Vermögen, Zürich 1982

Schenkel-Luthiger Regula, Drei-Säulen-Bericht: Wunschkatalog ohne Finanzierungskonzept, SVZ 1996, S. 137–143

Scherer-Basler Hansruedi, Anlagestrategien für Schweizer Pensionskassen, Bern 1996

Schiller Jürg, Grosse Vielfalt bei den Strategien, Die Stärken und Schwächen der verschiedenen Anlagekonzepte, SPV 1996, S. 563–567

Schlauri Franz, Beiträge zum Koordinationsrecht der Sozialversicherungen, St. Gallen 1995

Schmid Hans (Hrsg.), Die berufliche Vorsorge in der Praxis, Beiträge diverser Autoren, Grüsch 1989

– Der vorzeitige Altersrücktritt, Möglichkeiten und Grenzen, Forschungsinstitut für Arbeit und Arbeitsrecht 11, Bern 1994

– Eine Einführung in die Problematik um den vorzeitigen Altersrücktritt, in: Der vorzeitige Altersrücktritt, Bern/Stuttgart usw. 1994, S. 3–19

– Berufliche Vorsorge – Freizügigkeit und Wohneigentumsförderung, Bern 1995

– Die Kasse soll über möglichst wenig freie Mittel verfügen, SPV 1998, S. 269–272

Schmid Heinz, Revisionen müssen visionär angegangen werden, SPV 1998, S. 345–350

Schneider Jacques-André, Situation européenne, La participation des syndicats et des salariés à la gestion des fonds de pension, SPV 1998, S. 211–215

Schneiter Arnold, Freizügigkeitsgesetz und Gesetz über die Wohneigentumsförderung mit Mitteln der beruflichen Vorsorge, SVZ 1995, S. 68–75

– Solidaritäten in der sozialen Sicherheit, Zwischen AHV und beruflicher Vorsorge, SPV 1996, S. 687–693

Schnyder Erika, Vorzeitige Pensionierung und Zweite Säule, CHSS 1995, S. 204–207

– Bundesgesetz über die Freizügigkeit: Fragen, Erwartungen, Konsequenzen nach der Inkraftsetzung, CHSS 1995, S. 262–263

– Die Rückwirkung der 10. AHV-Revision auf die Zweite Säule, CHSS 1997, S. 141–144

– Vergessene Pensionskassenguthaben: Lösung in Sicht, CHSS 1998, S. 271–272

– Wohneigentumsförderung: eine erste Bilanz vier Jahre nach Inkrafttreten des Gesetzes, CHSS 1998, S. 311–312

Schnyder Roman, Das nichtstreitige Verfahren in Versicherungsfällen der obligatorischen und der erweiterten beruflichen Vorsorge, Diss. Fribourg 1995

– Das nichtstreitige Entscheidverfahren in der beruflichen Vorsorge, in: Verfahrensfragen in der Sozialversicherung, St. Gallen 1996, S. 99–158

Schöbi Felix, Das Bundesgesetz über die Freizügigkeit in der beruflichen Alters-, Hinterlassenen- und Invalidenvorsorge – ein Überblick, AJP 1994, S. 1499–1509

– Die Wohneigentumsförderung mit den Mitteln der beruflichen Vorsorge, Fragen und Antworten rund um den Eigenbedarf, recht 1995, S. 45–52

Schoop Katharina, Weiterführung der Altersvorsorge in Europa, SPV 1994, S. 393–396

Schubiger Cyrill, Die Rechtsstellung des vorsorgebeteiligten Destinatärs in der Personalvorsorgestiftung, Zürich 1976

– Gefragt sind pragmatische Sofortmassnahmen, SPV 1999, S. 635 ff.

Schulte Bernd (Hrsg.), Soziale Sicherheit in der EU, 3. Auflage, München 1997

Schwab, Personalvorsorge eines Aktionärdirektors, ST 1990, S. 329 ff.

Schwarzenbach Hans Rudolf/Wirz Hans Gerold, Rechtsgrundlagen der beruflichen Vorsorge BVG/BVV (Textausgabe mit Erläuterungen), 2. Auflage 1988

Schwarzenbach-Hanhart Hans Rudolf, Berufliche Vorsorge in Text und Tafeln, 2. Auflage, Stand 1. Januar 1999, inkl. Ergänzungsheft 1999, Zürich 1999

Schweingruber Edwin, Sozialgesetzgebung der Schweiz. Ein Grundriss, 2. Auflage, Zürich 1977

Schweizer Kurt, Rechtliche Grundlagen der Anwartschaft auf eine Stiftungsleistung in der beruflichen Vorsorge, Zürich 1985

Schweizer Thomas, Die Freizügigkeit in der beruflichen Vorsorge seit dem Inkrafttreten des BVG, Zürich 1992

Schweizer Willy, Die wirtschaftliche Lage der Rentner in der Schweiz, Bern 1980
- Probleme der beruflichen Altersvorsorge aus der Sicht empirischer Untersuchungsergebnisse, Investmentstiftung für Personalvorsorge, Bern 1981

Schweizerische Vereinigung privater Lebensversicherer (Hrsg.), BVG-Fibel, Loseblattbuch, 1988

Schweizerischer Versicherungsverband (Technische Kommission Leben), Jahresabschlüsse von börsenkotierten Unternehmungen mit Bezug auf FER 16/IAS 19 betreffend Vorsorgeleistungen, Beschreibungen und Empfehlungen (verfasst von M. Koller, August 1999, 25 Seiten)

Somma Karin, Im Blickpunkt stehen Alters- und Hinterlassenenleistungen, Gleichstellung in der zweiten Säule unter dem Aspekt der Rechtsprechung, SPV 1997, S. 177–180
- Wichtige Entscheide der Eidg. Beschwerdekommission, SR 1998, S. 334–344
- Teilliquidation – Vereinfachung aus der Sicht der Aufsicht, SPV 1998, S. 797–799
- Überblick über neuere Entscheide in der beruflichen Vorsorge, StR 1999, S. 385 ff.

Somma Karin/Küng Rudolf, Keine Pfändung von Vorsorgeleistungen vor Fälligkeit, SPV 1994, S. 257–260

Spühler Karl, Grundriss des Arbeitslosenversicherungsrechts, Bern 1985

Städtische Versicherungskasse Zürich, Technische Grundlagen für Pensionsversicherungen, VZ 1960, 1970, 1980, 1990

Stauffer Hans-Ulrich, Pensionskasse, Das Beste daraus machen!, Zürich 1995
- Die berufliche Vorsorge BVG/FZG/ZGB/OR, Rechtsprechung des Bundesgerichts zur Sozialversicherung, Zürich 1996
- Die paritätische Verwaltung – Eine Auslegeordnung, SPV 1998, S. 189–194
- Vorzeitige Pensionierung, Abgangsentschädigung und Berufliche Vorsorge für Arbeitslose, SZS 1998, S. 282–293
- Die Diskussion zur Weiterentwicklung der Beruflichen Vorsorge, SZS 1999, S. 98–104
- Rechtsweg bei Streitigkeiten mit Freizügigkeitsstiftungen, SZS 1999, S. 231–235
- Informationspflicht mit Hürden, SPV 1999, S. 279–281

Stauffer/Schaetzle, Barwerttafeln, 4. Auflage, Zürich 1989
- Tables de capitalisation, 4e édition, Zurich 1990

Steck Reiner, Voraussetzungen und Kontrolle beim Einsatz von Derivativen, SPV 1995, S. 173–180

Steiner Martin, Überobligatorische berufliche Vorsorge und Steuerrecht, in: SR 1989, S. 361–373
- Steuerliche Behandlung der beruflichen Vorsorge beim Unternehmen, in: ST 1989, S. 137–141
- Barauszahlungen von Freizügigkeitsleistungen aus 2. Säule an Selbständigerwerbende und Steuerrecht, in: SR 1992, S. 191–202
- Bel'étage-Versicherung, Möglichkeiten und Grenzen aus steuerlicher Sicht, in: ASA 1989/90, S. 625–647
- Barauszahlungen von Freizügigkeitsleistungen aus 2. Säule an Selbständigerwerbende und Steuerrecht, in: SR 1992, S. 191–202
- Barauszahlung: EVG schafft neue Voraussetzungen, in: SPV 7-8/1992, S. 243–247
- Berufliche Vorsorge des Alleinaktionärs und Steuerrecht, StR 1995, S. 303–311
- Steuerliche Grenzen einer Individualisierung der zweiten Säule, StR 1997, S. 379 ff.
- Vorsorgerechtliche Grundsätze und steuerliche Behandlung der beruflichen Vorsorge, SPV 1994, S. 65 ff.
- Neue Einschränkungen stoppen, Flexibilisierung der Kollektivität aus der Sicht des Steuerrechts, SPV 1998, S. 603–605

Steinmann Gotthard, Steuerliche Behandlung der beruflichen Vorsorge bei der direkten Bundessteuer, in: SR 1990, S. 469–485
- Steuerliche Behandlung der drei Säulen im neuen Recht der direkten Bundessteuer im Vergleich zum bisherigen Recht, in: SR 1991, S. 591 ff.
- Weitere Anwendungsfälle aus der Steuerpraxis für den Bereich der beruflichen Vorsorge und der gebundenen Selbstvorsorge, in: SR 1992, S. 513–524
- Die steuerliche Behandlung der Vorsorge (Prämien und Einkünfte), in: Höhn/Athanas, Das neue Bundesrecht über die direkten Steuern: Direkte Bundessteuer und Steuerharmonisierung, Bern 1993, S. 109–123
- Fragen und Antworten zur beruflichen Vorsorge und zur gebundenen Selbstvorsorge, publiziert in: ASA 1986/87, S. 187–199; SR 1987, S. 201–206; ASA 1990/91, S. 232–243; SR 1992, S. 513–521; StR 1996, S. 1 ff.; StR 1997, S. 293 ff.
- Steuerliche Behandlung der Säule 3a, SPV 1994, S. 73 ff.
- Aktuelle Anwendungsfälle und Entwicklungen bei der gebundenen und freien Vorsorge aus der Sicht der EStV, SR 1996, S. 16–33

Streiff Ullin/von Kaenel Adrian, Leitfaden zum Arbeitsvertragsrecht, 5. Auflage, Zürich 1993
Streit Anton, Die Rentenanpassung – ein aktuelles Thema, CHSS 1996, S. 56–60
Strub Armin, Zur Teilliquidation nach Art. 23 FZG, AJP 1994, S. 1519–1534
Suter Daniel, Pensionsverpflichtungen gemäss IAS, ST 1995, S. 289–296
- Die Anwendung der FER 16 Vorsorgeverpflichtungen, ST 1999, S. 1247–1252

Treuhand-Kammer, Schweizer Handbuch der Wirtschaftsprüfung, Zürich 1998, insbesondere Abschnitt 8.1 "Personalvorsorgeeinrichtungen"
Treuhand-Kammer, Kontenrahmen für Personalvorsorge-Einrichtungen, Fachmitteilung Nr. 5, 2. Auflage 1989
- *Der Schweizer Treuhänder,* Sondernummern Vorsorge-Einrichtungen 11/1981, 12/1984, 5/1991, 12/1996

Tschudi Hans Peter, Beiträge zum Arbeits- und Sozialrecht (Gesammelte Schriften), Bern 1984
- Die Zukunft der Sozialversicherungen, SZS 1998, S. 410–422

Umbricht-Maurer Marie-Rose, Auszahlung von Guthaben aus der zweiten und dritten Säule, SJZ 92/1996, S. 345–347
Vereinigung Schweizerischer Lebensversicherungsgesellschaften bzw. Direktorenkonferenz der schweizerischen Lebensversicherungsgesellschaften, Technische Grundlagen und Bruttotarife für Gruppen- bzw. Kollektivversicherungen 1960, 1970, 1980, 1984
Vereinigung schweizerischer Versicherungsmathematiker/Kammer der Pensionskassen-Experten, Leitfaden für die höheren Fachprüfungen für Pensionsversicherungsexperten, Manuskript, 3 Ordner, 1975 ff.
Vetter-Schreiber Isabelle, Staatliche Haftung bei mangelhafter BVG-Aufsichtstätigkeit unter besonderer Berücksichtigung der Vorschriften des Bundes sowie des Kantons Zürich, Zürich 1996
- Grundsatz der Gleichbehandlung, SPV 1998, S. 781–787
- Ausgewählte Fragen zum Verfahren der Liquidation von Personalvorsorgestiftungen, insbesondere unter Berücksichtigung haftungsrechtlicher Aspekte, SZS 1998, S. 1–18

Vieli Diego, Die Kontrolle der Stiftungen, insbesondere der Personalvorsorgestiftung (Kontrollstelle und Experte für berufliche Vorsorge), Diss. Zürich 1985
Vogel Heinz, Anhang der Jahresrechnung von Pensionskassen, Inhalt gemäss Art. 47 Abs. 3 BVV 2, ST 1996, S. 989–994
Walder Rudolf, Buchführung von Personalvorsorgeeinrichtungen, Theorie und Praxis, Zürich 1985
Walser Hermann, Die Personalvorsorgestiftung, Diss. Zürich 1975 (ZBR Nr. 464)
- Aktuelle rechtliche Probleme im Hinblick auf den Vollzug des BVG, in: SZS 1988, S. 281–311

Walser Hermann, Der Rechtsschutz der Versicherten bei Rechtsansprüchen aus beruflicher Vorsorge, in: FS EVG, S. 459–482
- Zur Verantwortlichkeit der Kontrollstelle und des Experten für die berufliche Vorsorge gegenüber Vorsorgeeinrichtungen, in: Festschrift Carl Helbling, Zürich 1992, S. 487–502
- Berufliche Vorsorge – wohin?, in: SZS 1993, S. 22–30
- Die Bedeutung der Anlagevorschriften für Personalvorsorgeeinrichtungen, ST 1996, S. 131–138
- Personalvorsorge zwischen Individualisierung und Solidarität, SPV 1997, S. 57–60

Walter Jürg, Anpassung der laufenden BVG-Renten an die Teuerung, SPV 1999, S. 931–934

Weber Ernest, Gleitende Pensionierung als Alternative zur vorzeitigen Pensionierung, in: Der vorzeitige Altersrücktritt, Bern/Stuttgart usw. 1994, S. 115–119

Wechsler Martin, Der Einfluss von Zins, Inflation und Wirtschaftswachstum auf das Kapitaldeckungsverfahren, Basel 1983
- Die Einführung der obligatorischen 2. Säule, Diss. Basel 1984

Wehrli Ulrich, Die Führung autonomer Pensionskassen in bankbetrieblicher Sicht, Diss. Zürich 1976

Weidmann Heinz, Die steuerliche Behandlung von Zuwendungen an patronale Personalvorsorgeeinrichtungen, in: SR 1990, S. 107–115

Weka-Verlag AG (Hrsg.), Das neue Pensionskassengesetz, Zürich 1984 ff. (bearbeitet von *Laur E.M., Umbricht R.-M., Egger W.* u.a.), mit Aktualisierungen – davon besteht auch eine *französische* Ausgabe
- Ratgeber zur beruflichen und persönlichen Vorsorge, Zürich 1998 (2 Ordner, rund 800 Seiten)

Welti Jürg, Wohneigentumsförderung durch Personalvorsorgeeinrichtungen, Bern 1981

Widmer Dieter, Die Sozialversicherung in der Schweiz, 2. Auflage, Zürich 1998

Wirth Peter/Saager Hansjürg, Die zweite Säule, Zürich 1984

Wirz Hans Gerold, Die Personal-Wohlfahrtseinrichtungen der schweizerischen Privatwirtschaft – ihre Stellung im Steuerrecht und ihre Beaufsichtigung, 3 Teile, Stäfa 1955

Wirz Hans u.a., Forderung der Personalvorsorgeeinrichtungen gegen den Arbeitgeber, Investmentstiftung für Personalvorsorge, Zürich 1980

Wolter Hans-Jürgen, Anlagestrategien von Vorsorgeeinrichtungen, ST 1996, S. 693–700

Zobl Manfred, Das Drei-Säulen-System in der Bewährungsprobe, SVZ 1995, S. 61–67

Zünd Christian, Kommentar zum Gesetz über das Sozialversicherungsgericht des Kantons Zürich, Diss. Zürich 1998

Zürich, Amt für berufliche Vorsorge des Kantons – (Hrsg.), Handbuch der Personalvorsorgeaufsicht, mit Nachlieferungen 1993 ff., Zürich

Fachzeitschriften und periodische Veröffentlichungen

AHI-Praxis, Bundesamt für Sozialversicherung, Bern (6mal jährlich)
ASIP, Schweizerischer Pensionskassenverband, Fachmitteilungen (früher Zirkularschreiben), Jahresberichte und andere Veröffentlichungen
AWP-Nachrichten, Soziale Sicherheit, Zürich
Die privaten Versicherungsunternehmungen in der Schweiz, jährliche Berichte des Bundesamtes für Privatversicherungswesen, Bern
Info:sozial, Fakten zur Sozialen Sicherheit, Bundesamt für Statistik, Bern (seit 1999) (2–4mal jährlich)
Kammer der Pensionskassen-Experten, Publikationen
Mitteilungen der Schweizer Aktuarvereinigung (früher Mitteilungen der Schweizerischen Vereinigung der Versicherungsmathematiker [MVSV]), Bern, halbjährlich erscheinende Zeitschrift
Mitteilungen über die berufliche Vorsorge, hrsg. vom Bundesamt für Sozialversicherung, Bern, Nr. 1 vom 24. Oktober 1986 (erscheint 3–4mal jährlich) (bis Dezember 1999 sind 48 Nummern erschienen)
Pensionskassenstatistiken 1941/42, 1955/56, 1966, 1970, 1978, 1987, 1992, 1996
Schweizer Personalvorsorge, Luzern, monatlich
Schweizer Treuhänder, Zürich, mit Sondernummern zum Thema berufliche Vorsorge (11/1981, 12/1984, 5/1991, 12/1996)
Schweizerische Arbeitgeber-Zeitung (SAZ), Zürich, wöchentlich
Schweizerischer Verband für privatwirtschaftliche Personalfürsorge (SVP), Zürich, Zirkularmitteilungen etwa monatlich, mit Jahresberichten
Schweizerische Versicherungszeitschrift (SVZ), Bern, monatlich
Schweizerische Zeitschrift für Sozialversicherung und berufliche Vorsorge (SZS), Publikationsorgan der Konferenz der kantonalen BVG-Aufsichtsbehörden, Bern, jährlich 6 Hefte (u.a. mit aktueller Rechtsprechung des Bundesgerichts und kantonaler Instanzen zur Zweiten Säule)
Soziale Sicherheit, Zeitschrift des Bundesamtes für Sozialversicherung, Bern (6mal jährlich)
Zeitschrift für Ausgleichskassen der AHV ... (ZAK), hrsg. vom Bundesamt für Sozialversicherung, Bern, monatlich (anfangs 1993 abgelöst durch *AHI-Praxis und Soziale Sicherheit*)

Weitere Veröffentlichungen zur 2. Säule werden von Lebensversicherungsgesellschaften, Banken, Treuhandgesellschaften usw. herausgegeben.

19. Anhang 2: Gesetzgebung der beruflichen Vorsorge (im Wortlaut)

Auf den nachstehenden gelben Seiten sind alle für die Praxis der Personalvorsorgeeinrichtungen wichtigen Erlasse der eidg. *Gesetzgebung zur beruflichen Vorsorge (Zweite Säule)**, insbesondere des BVG, wiedergegeben. Die kantonalrechtlichen Erlasse können beim betreffenden kantonalen Amt für Stiftungsaufsicht angefordert werden.

Zur aktuellen Fassung wird auf die Gesetzestexte in der Systematischen Sammlung des Bundesrechts hingewiesen. Siehe auch Website des Bundesamtes für Sozialversicherung (BSV); zur allgemeinen Situation der beruflichen Vorsorge in der Schweiz siehe die Website des Vorsorgeforums 2. Säule:

Internet-Adressen

Gesetzessammlung: www.admin.ch
Bundesgesetz für Sozialversicherung: www.bsv.admin.ch
Vorsorgeforum 2. Säule: www.vorsorgeforum.ch

---

*Erhältlich in den drei Amtssprachen bei der Eidg. Material- und Drucksachenzentrale, Bern: eine *englische* Übersetzung des BVG erschien von der Swiss-American Chamber of Commerce. Hingewiesen ist auch auf die amtliche *Textausgabe der gesetzlichen Erlasse über die Berufliche Alters-, Hinterlassenen- und Invalidenvorsorge*, Ausgabe 1999.

19. Anhang 2: Gesetzgebung der beruflichen Vorsorge

Darstellung 19A

Aktuelle Gesetzgebung der beruflichen Vorsorge
(Stand 1. Januar 2000)

	Wortlaut wiedergegeben in diesem Buch Seite
Bundesverfassung	
• Art. 34quater alte BV (gültig bis 31. Dezember 1999)	41 f.
• Art. 113 neue BV (gültig ab 1. Januar 2000)	43 f.
ZGB, OR, BVG	
• Art. 89bis ZGB (Stiftungsrecht)	802
• Art. 331–331e OR (Arbeitsvertragsrecht)	803 ff.
• *Bundesgesetz über die berufliche Alters-, Hinterlassenen- und Invalidenvorsorge (BVG)* vom 25. Juni 1982 (SR 831.40)	806 ff.
Verordnungen zum BVG	
• *Verordnung über die Inkraftsetzung und Einführung des BVG* vom 29. Juni 1983 (SR 831.401)	842
• *Verordnung über die Beaufsichtigung und die Registrierung der Vorsorgeeinrichtungen (BVV 1)* vom 29. Juni 1983 (SR 831.435.1) mit Änderungen	843 ff.
• *Verordnung über die berufliche Alters-, Hinterlassenen- und Invalidenvorsorge (BVV 2)* vom 18. April 1984 (SR 831.441.1) mit Änderungen	848 ff.
• *Verordnung über die Gebühren für die Beaufsichtigung von Einrichtungen der beruflichen Vorsorge (VGBV)* vom 17. Oktober 1984 (SR 831.435.2)	870 ff.
• *Verordnung über die Anpassung der laufenden Hinterlassenen- und Invalidenrenten an die Preisentwicklung* vom 16. September 1987 (SR 831.426.3)	873
• *Verordnung über die Ausnahmen von der Schweigepflicht in der beruflichen Vorsorge und über die Auskunftspflicht der AHV/IV-Organe (VSABV)* vom 7. Dezember 1987 (SR 831.462.2)	874 f.
• *Verordnung über die Verpfändung von Ansprüchen einer Vorsorgeeinrichtung* vom 17. Februar 1988 (SR 831.447)	876 f.
• *Verordnung über die obligatorische berufliche Vorsorge von arbeitslosen Personen* vom 3. März 1997 (SR 837.174)	878 ff.
• *Verordnung 99 über die Anpassung der Grenzbeträge bei der beruflichen Vorsorge* vom 11. November 1998	881
Weitere Erlasse zum BVG	
• *Weisungen über die Pflicht der registrierten Vorsorgeeinrichtungen zur Auskunfterteilung an ihre Versicherten* vom 11. Mai 1988 (Erlass des Bundesrates)	882 ff.

	Wortlaut wiedergegeben in diesem Buch Seite
Zur Freizügigkeitsregelung und Wohneigentumsförderung	
• Bundesgesetz über die Freizügigkeit in der beruflichen Alters-, Hinterlassenen- und Invalidenvorsorge *(FZG)* vom 17. Dezember 1993 (SR 831.42)	885 ff.
• Verordnung über die Freizügigkeit in der beruflichen Alters-, Hinterlassenen- und Invalidenvorsorge *(FZV)* vom 3. Oktober 1994 (SR 831.425)	898 ff.
• Verordnung des EDI über die Tabelle zur Berechnung der Austrittsleistung nach Art. 22a des FZG vom 24. November 1999 (in Kraft seit 1. Januar 2000)	906 f.
• Bundesgesetz über die Wohneigentumsförderung mit Mitteln der beruflichen Vorsorge (Teilrevision des BVG und des OR) *(WEF)* vom 17. Dezember 1993	908 ff.
• Verordnung über die Wohneigentumsförderung mit Mitteln der beruflichen Vorsorge *(WEFV)* vom 3. Oktober 1994 (SR 831.411)	914 ff.
Zu Auffangeinrichtung und Sicherheitsfonds	
• Verordnung über die Ansprüche der Auffangeinrichtung der beruflichen Vorsorge vom 28. August 1985 (SR 831.434)	920 f.
• Verordnung über den Sicherheitsfonds BVG *(SFV)* vom 22. Juni 1998 (SR 831.432.1)	922 ff.
• Reglement über die Organisation der Stiftung Sicherheitsfonds BVG vom 17. Mai 1985, vom Bundesrat genehmigt am 15. Januar 1986 (SR 831.832.2)	930 ff.
Verordnung und Kreisschreiben zur Besteuerung (Bundesebene)	
• *Kreisschreiben Nr. 1* der Eidg. Steuerverwaltung (zur Anpassung BdBSt an BVG) vom 30. Januar 1986	933 ff.
• *Kreisschreiben Nr. 1a* der Eidg. Steuerverwaltung (Änderung des Kreisschreibens Nr. 1) vom 20. August 1986	942 f.
• Verordnung über die steuerliche Abzugsberechtigung für Beiträge an anerkannte Vorsorgeformen *(BVV 3)* vom 13. November 1985 (SR 831.461.3)	944 ff.
• *Kreisschreiben Nr. 2* der Eidg. Steuerverwaltung (zur BVV 3) vom 31. Januar 1986	948 ff.
• *Kreisschreiben Nr. 22* der Eidg. Steuerverwaltung zur Freizügigkeit vom 4. Mai 1995	953 ff.
• *Kreisschreiben Nr. 23* der Eidg. Steuerverwaltung zur Wohneigentumsförderung vom 5. Mai 1995	956 ff.
• Bundesgesetz über das Stabilisierungsprogramm *1998* vom 19. März 1999 (Auszug): neuer Art. 79a BVG	960 ff.

Stiftungsrecht (Art. 89bis ZGB)

Das Stiftungsrecht, Teil des Zivilgesetzbuches (ZGB), enthält hinsichtlich der Personalvorsorgeeinrichtungen nachstehende Bestimmungen:

Art. 89bis ZGB

G. Personalfürsorgestiftungen

[1] Für Personalfürsorgeeinrichtungen, die gemäss Artikel 331 des Obligationenrechts in Form der Stiftung errichtet worden sind, gelten überdies noch folgende Bestimmungen.

[2] Die Stiftungsorgane haben den Begünstigten über die Organisation, die Tätigkeit und die Vermögenslage der Stiftung den erforderlichen Aufschluss zu erteilen.

[3] Leisten die Arbeitnehmer Beiträge an die Stiftung, so sind sie an der Verwaltung wenigstens nach Massgabe dieser Beiträge zu beteiligen; soweit möglich haben die Arbeitnehmer ihre Vertretung aus dem Personal des Arbeitgebers zu wahren.

[4] *Aufgehoben**

[5] Die Begünstigten können auf Ausrichtung von Leistungen der Stiftung klagen, wenn sie Beiträge an diese entrichtet haben oder wenn ihnen nach den Stiftungsbestimmungen ein Rechtsanspruch auf Leistungen zusteht.

[6] Für Personalfürsorgestiftungen, die auf dem Gebiet der Alters-, Hinterlassenen- und Invalidenvorsorge tätig sind, gelten überdies die folgenden Bestimmungen des Bundesgesetzes vom 25. Juni 1982 über die berufliche Alters-, Hinterlassenen- und Invalidenvorsorge: Artikel 52 (Verantwortlichkeit), Artikel 53 (Kontrolle), die Artikel 56 Absatz 1 Buchstabe c und Absätze 2–5, 56a, 57 und 59 (Sicherheitsfonds), die Artikel 61 und 62 (Aufsicht), Artikel 71 (Vermögensverwaltung), die Artikel 73 und 74 (Rechtspflege) sowie die Artikel 75–79 (Strafbestimmungen).*

---

*Änderung vom 21. Juni 1996. AS **996**/3070 (gültig ab 1. Januar 1997).

Arbeitsvertragsrecht (Art. 331–331e OR)

Das Arbeitsvertragsrecht, Teil des Obligationenrechts (OR), enthält folgende Bestimmgen betreffend die Personalvorsorge:

Art. 331 OR

¹Macht der Arbeitgeber Zuwendungen für die Personalvorsorge oder leisten die Arbeitnehmer Beiträge daran, so hat der Arbeitgeber diese Zuwendungen und Beiträge auf eine Stiftung, eine Genossenschaft oder eine Einrichtung des öffentlichen Rechtes zu übertragen.

D. Personalvorsorge
I. Pflichten des Arbeitgebers

²Werden die Zuwendungen des Arbeitgebers und allfällige Beiträge des Arbeitnehmers zu dessen Gunsten für eine Kranken-, Unfall-, Lebens-, Invaliden- oder Todesfallversicherung bei einer der Versicherungsaufsicht unterstellten Unternehmung oder bei einer anerkannten Krankenkasse verwendet, so hat der Arbeitgeber die Übertragung gemäss vorstehendem Absatz nicht vorzunehmen, wenn dem Arbeitnehmer mit dem Eintritt des Versicherungsfalles ein selbständiges Forderungsrecht gegen den Versicherungsträger zusteht.

³Hat der Arbeitnehmer Beiträge an eine Personalvorsorgeeinrichtung zu leisten, so ist der Arbeitgeber verpflichtet, zur gleichen Zeit mindestens gleich hohe Beiträge wie die gesamten Beiträge aller Arbeitnehmer zu entrichten; er erbringt seine Beiträge aus eigenen Mitteln oder aus Beitragsreserven der Vorsorgeeinrichtung, die von ihm vorgängig hiefür geäufnet worden und gesondert ausgewiesen sind.

⁴Der Arbeitgeber hat dem Arbeitnehmer über die ihm gegen eine Vorsorgeeinrichtung oder einen Versicherungsträger zustehenden Forderungsrechte den erforderlichen Aufschluss zu erteilen.

(Abs. 3 gültig ab 1. Januar 1985; durch das Freizügigkeitsgesetz ist in diesem Artikel der Begriff Personalfürsorge durch -vorsorge ersetzt worden.)

Auf den 1. Januar 1995 sind im Zusammenhang mit dem *Freizügigkeitsgesetz* (Art. 331a–c) und dem *Wohneigentumsförderungsgesetz* (Art. 331d–e) folgende Artikel des Obligationenrechts neu in Kraft getreten (und haben die bisherigen Art. 331a–c ersetzt):

Art. 331a OR*

¹Der Vorsorgeschutz beginnt mit dem Tag, an dem das Arbeitsverhältnis anfängt, und endet an dem Tag, an welchem der Arbeitnehmer die Vorsorgeeinrichtung verlässt.

II. Beginn und Ende des Vorsorgeschutzes

---

*Gültig ab 1. Januar 1995 (zusammen mit dem Freizügigkeitsgesetz).

²Der Arbeitnehmer geniesst jedoch einen Vorsorgeschutz gegen Tod und Invalidität, bis er in ein neues Vorsorgeverhältnis eingetreten ist, längstens aber während eines Monats.

³Für den nach Beendigung des Vorsorgeverhältnisses gewährten Vorsorgeschutz kann die Vorsorgeeinrichtung vom Arbeitnehmer Risikobeiträge verlangen.

Art. 331b OR*

III. Abtretung und Verpfändung

Die Forderung auf künftige Vorsorgeleistungen kann vor der Fälligkeit gültig weder abgetreten noch verpfändet werden.

Art. 331c OR*

IV. Gesundheitliche Vorbehalte

Vorsorgeeinrichtungen dürfen für die Risiken Tod und Invalidität einen Vorbehalt aus gesundheitlichen Gründen machen. Dieser darf höchstens fünf Jahre betragen.

Art. 331d OR**

III. Wohneigentumsförderung
1. Verpfändung

¹Der Arbeitnehmer kann bis drei Jahre vor Entstehung des Anspruchs auf Altersleistungen seinen Anspruch auf Vorsorgeleistungen oder einen Betrag bis zur Höhe seiner Freizügigkeitsleistung für Wohneigentum zum eigenen Bedarf verpfänden.

²Die Verpfändung ist auch zulässig für den Erwerb von Anteilscheinen einer Wohnbaugenossenschaft oder ähnlicher Beteiligungen, wenn der Arbeitnehmer eine dadurch mitfinanzierte Wohnung selbst benutzt.

³Die Verpfändung bedarf zu ihrer Gültigkeit der schriftlichen Anzeige an die Vorsorgeeinrichtung.

⁴Arbeitnehmer, die das 50. Altersjahr überschritten haben, dürfen höchstens die Freizügigkeitsleistung, auf die sie im 50. Altersjahr Anspruch gehabt hätten, oder die Hälfte der Freizügigkeitsleistung im Zeitpunkt der Verpfändung als Pfand einsetzen.

⁵Ist der Arbeitnehmer verheiratet, so ist die Verpfändung nur zulässig, wenn sein Ehegatte schriftlich zustimmt. Kann er die Zustimmung nicht einholen oder wird sie ihm verweigert, so kann er das Gericht anrufen.

⁶Wird das Pfand vor dem Vorsorgefall oder vor der Barauszahlung verwertet, so finden die Artikel 30d–f und 83a des Bundesgesetzes vom 25. Juni 1982 über die berufliche Alters-, Hinterlassenen- und Invalidenvorsorge Anwendung.

⁷Der Bundesrat bestimmt:

a. die zulässigen Verpfändungszwecke und den Begriff "Wohneigentum zum eigenen Bedarf";

**Gültig ab 1. Januar 1995 (Wohneigentumsförderungsgesetz).

b. welche Voraussetzungen bei der Verpfändung von Anteilscheinen einer Wohnbaugenossenschaft oder ähnlicher Beteiligungen zu erfüllen sind.

Art. 331e OR**

¹Der Arbeitnehmer kann bis drei Jahre vor Entstehung des Anspruchs auf Altersleistungen von seiner Vorsorgeeinrichtung einen Betrag für Wohneigentum zum eigenen Bedarf geltend machen.

2. Vorbezug

²Arbeitnehmer dürfen bis zum 50. Altersjahr einen Betrag bis zur Höhe der Freizügigkeitsleistung beziehen. Versicherte, die das 50. Altersjahr überschritten haben, dürfen höchstens die Freizügigkeitsleistung, auf die sie im 50. Altersjahr Anspruch gehabt hätten, oder die Hälfte der Freizügigkeitsleistung im Zeitpunkt des Bezuges in Anspruch nehmen.

³Der Arbeitnehmer kann diesen Betrag auch für den Erwerb von Anteilscheinen einer Wohnbaugenossenschaft oder ähnlicher Beteiligungen verwenden, wenn er eine dadurch mitfinanzierte Wohnung selbst benutzt.

⁴Mit dem Bezug wird gleichzeitig der Anspruch auf Vorsorgeleistungen entsprechend den jeweiligen Vorsorgereglementen und den technischen Grundlagen der Vorsorgeeinrichtung gekürzt. Um eine Einbusse des Vorsorgeschutzes durch eine Leistungskürzung bei Tod oder Invalidität zu vermeiden, bietet die Vorsorgeeinrichtung eine Zusatzversicherung an oder vermittelt eine solche.

Bundesgesetz
über die berufliche Alters-, Hinterlassenen- und Invalidenvorsorge
(BVG)

831.40

→ Hinweise auf BVV 2

vom 25. Juni 1982 (Stand am 27. April 1999)

Die Bundesversammlung der Schweizerischen Eidgenossenschaft,
gestützt auf Artikel 34^{quater} der Bundesverfassung[1] und auf Artikel 11
der Übergangsbestimmungen der Bundesverfassung,
nach Einsicht in eine Botschaft des Bundesrates vom 19. Dezember 1975[2],
beschliesst:

Erster Teil: Zweck und Geltungsbereich

Art. 1   Zweck

[1] Dieses Gesetz regelt die berufliche Vorsorge.

[2] Der Bundesrat beantragt rechtzeitig eine Gesetzesrevision, so dass die berufliche Vorsorge zusammen mit der eidgenössischen Versicherung (AHV/IV) den Betagten, Hinterlassenen und Invaliden die Fortsetzung der gewohnten Lebenshaltung in angemessener Weise ermöglicht.

Art. 2   Obligatorische Versicherung der Arbeitnehmer und der Arbeitslosen[3]

[1] Arbeitnehmer, die das 17. Altersjahr vollendet haben und bei einem Arbeitgeber einen Jahreslohn von mehr als 14880 Franken[4] beziehen (Art. 7), unterstehen der obligatorischen Versicherung.   → 2

[1bis] Bezüger von Taggeldern der Arbeitslosenversicherung unterstehen für die Risiken Tod und Invalidität der obligatorischen Versicherung.[5]

[2] Der Bundesrat bestimmt, welche Arbeitnehmer aus besondern Gründen nicht der obligatorischen Versicherung unterstellt sind.   → 1

AS **1983** 797
[1] SR **101**
[2] BBl **1976** I 149
[3] Fassung gemäss Art. 117*a* des Arbeitslosenversicherungsgesetzes, in Kraft seit 1. Juli 1997 (SR **837.0**).
[4] Heute: mehr als 24120 Franken (Art. 5 der V vom 18. April 1984 über die berufliche Alters-, Hinterlassenen- und Invalidenvorsorge [BVV 2] in der Fassung vom 11. Nov. 1998 - SR **831.441.1**).
[5] Eingefügt durch Art. 117*a* des Arbeitslosenversicherungsgesetzes, in Kraft seit 1. Juli 1997 (SR **837.0**).

Art. 3 Obligatorische Versicherung von Selbständigerwerbenden

Berufsgruppen von Selbständigerwerbenden können vom Bundesrat auf Antrag ihrer Berufsverbände der obligatorischen Versicherung allgemein oder für einzelne Risiken unterstellt werden. Voraussetzung ist, dass in den entsprechenden Berufen die Mehrheit der Selbständigerwerbenden dem Verband angehören.

Art. 4 Freiwillige Versicherung

¹ Arbeitnehmer und Selbständigerwerbende, die der obligatorischen Versicherung nicht unterstellt sind, können sich nach diesem Gesetz freiwillig versichern lassen.

² Die Bestimmungen über die obligatorische Versicherung, insbesondere die in Artikel 8 festgesetzten Einkommensgrenzen, gelten sinngemäss für die freiwillige Versicherung.

Art. 5 Gemeinsame Bestimmungen

¹ Dieses Gesetz gilt nur für Personen, die bei der AHV versichert sind.

² Es gilt nur für die im Register für die berufliche Vorsorge (Art. 48) eingetragenen Vorsorgeeinrichtungen. Es gilt bezüglich der Artikel 56 Absatz 1 Buchstaben c und d und 59 Absatz 2 auch für die dem Freizügigkeitsgesetz vom 17. Dezember 1993 (FZG)[6] unterstellten Vorsorgeeinrichtungen.[7]

Art. 6 Mindestvorschriften

Der zweite Teil dieses Gesetzes enthält Mindestvorschriften.

Zweiter Teil: Versicherung
Erster Titel: Obligatorische Versicherung der Arbeitnehmer
1. Kapitel: Voraussetzungen der obligatorischen Versicherung

Art. 7 Mindestlohn und Alter

¹ Arbeitnehmer, die bei einem Arbeitgeber einen Jahreslohn von mehr als 14880 → 2 Franken[8] beziehen, unterstehen ab 1. Januar nach Vollendung des 17. Altersjahres für die Risiken Tod und Invalidität, ab 1. Januar nach Vollendung des 24. Altersjahres auch für das Alter der obligatorischen Versicherung.

---

[6] SR **831.42**
[7] Zweiter Satz eingefügt durch Anhang Ziff. 3 des Freizügigkeitsgesetzes vom 17. Dez. 1993, in Kraft 1. Jan. 1995 (SR **831.42**).
[8] Heute: mehr als 24120 Franken (Art. 5 BVV 2 in der Fassung vom 11. Nov. 1998 - SR **831.441.1**).

² Dieser Lohn entspricht dem massgebenden Lohn nach dem Bundesgesetz über die → 3
Alters- und Hinterlassenenversicherung[9]. Der Bundesrat kann Abweichungen zulassen.

Art. 8   Koordinierter Lohn   → 3, 4, 29

¹ Zu versichern ist der Teil des Jahreslohnes zwischen 14880 und 44640 Franken[10]. Dieser Teil wird koordinierter Lohn genannt.

² Beträgt der koordinierte Lohn weniger als 1860 Franken[11] im Jahr, so muss er auf diesen Betrag aufgerundet werden.

³ Sinkt der Jahreslohn vorübergehend wegen Krankheit, Unfall, Arbeitslosigkeit oder aus ähnlichen Gründen, so behält der bisherige koordinierte Lohn mindestens solange Gültigkeit, als die Lohnfortzahlungspflicht des Arbeitgebers nach Artikel 324a des Obligationenrechts[12] bestehen würde. Der Versicherte kann jedoch die Herabsetzung des koordinierten Lohnes verlangen.

Art. 9   Anpassung an die AHV   → 5

Der Bundesrat kann die in den Artikeln 2, 7, 8 und 46 erwähnten Grenzbeträge den Erhöhungen der einfachen minimalen Altersrente der AHV anpassen. Bei der obern Grenze des koordinierten Lohnes kann dabei auch die allgemeine Lohnentwicklung berücksichtigt werden.

Art. 10   Beginn und Ende der obligatorischen Versicherung

¹ Die obligatorische Versicherung beginnt mit dem Antritt des Arbeitsverhältnisses, → 6
für Bezüger von Taggeldern der Arbeitslosenversicherung mit dem Tag, für den erstmals eine Arbeitslosenentschädigung ausgerichtet wird.[13]

² Die Versicherungspflicht endet, wenn der Anspruch auf Altersleistung entsteht, das Arbeitsverhältnis aufgelöst, der Mindestlohn unterschritten oder die Ausrichtung von Taggeldern der Arbeitslosenversicherung eingestellt wird.[14] Vorbehalten bleibt Artikel 8 Absatz 3.

³ Für die Risiken Tod und Invalidität bleibt der Arbeitnehmer während eines Monats nach Auflösung des Vorsorgeverhältnisses bei der bisherigen Vorsorgeeinrichtung

---

[9] SR **831.10**
[10] Heute: zwischen 24120 und 72360 Franken (Art. 5 BVV 2 in der Fassung vom 11. Nov. 1998 - SR **831.441.1**).
[11] Heute: weniger als 3015 Franken (Art. 5 BVV 2 in der Fassung vom 11. Nov. 1998 - SR **831.441.1**).
[12] SR **220**
[13] Fassung gemäss Art. 117a des Arbeitslosenversicherungsgesetzes, in Kraft seit 1. Juli 1997 (SR **837.0**).
[14] Fassung gemäss Art. 117a des Arbeitslosenversicherungsgesetzes, in Kraft seit 1. Juli 1997 (SR **837.0**).

versichert.[15] Wird vorher ein neues Vorsorgeverhältnis begründet, so ist die neue Vorsorgeeinrichtung zuständig.[16]

2. Kapitel: Vorsorgepflicht des Arbeitgebers

Art. 11   Anschluss an eine Vorsorgeeinrichtung

¹ Der Arbeitgeber, der obligatorisch zu versichernde Arbeitnehmer beschäftigt, muss   → 10
eine in das Register für die berufliche Vorsorge eingetragene Vorsorgeeinrichtung   → 7
errichten oder sich einer solchen anschliessen.

² Verfügt der Arbeitgeber nicht bereits über eine Vorsorgeeinrichtung, wählt er eine im Einverständnis mit seinem Personal. Kommt keine Einigung zustande, so wird die Vorsorgeeinrichtung von einem neutralen Schiedsrichter gewählt, der im gegenseitigen Einverständnis oder, bei Uneinigkeit, von der Aufsichtsbehörde bezeichnet wird.

³ Der Anschluss erfolgt rückwirkend.

⁴ Die Ausgleichskassen der AHV überprüfen, ob die von ihnen erfassten Arbeitgeber   → 9
einer Vorsorgeeinrichtung angeschlossen sind und erstatten der kantonalen Aufsichtsbehörde Meldung.

⁵ Die kantonale Aufsichtsbehörde fordert den Arbeitgeber auf, der seiner Pflicht nicht nachkommt, sich innert sechs Monaten anzuschliessen. Nach unbenütztem Ablauf dieser Frist wird der Arbeitgeber der Auffangeinrichtung (Art. 60) zum Anschluss gemeldet.

Art. 12   Leistungsansprüche vor dem Anschluss

¹ Die Arbeitnehmer oder ihre Hinterlassenen haben Anspruch auf die gesetzlichen Leistungen, auch wenn sich der Arbeitgeber noch nicht einer Vorsorgeeinrichtung angeschlossen hat. Diese Leistungen werden von der Auffangeinrichtung erbracht.

² In diesem Fall schuldet der Arbeitgeber der Auffangeinrichtung nicht nur die entsprechenden Beiträge samt Verzugszinsen sondern auch einen Zuschlag als Schadenersatz.

---

[15] Fassung gemäss Anhang Ziff. 3 des Freizügigkeitsgesetzes vom 17. Dez. 1993, in Kraft seit 1. Jan. 1995 (SR **831.42**)
[16] Fassung des Satzes gemäss Art. 117a des Arbeitslosenversicherungsgesetzes, in Kraft seit 1. Juli 1997 (SR **837.0**).

3. Kapitel: Versicherungsleistungen
1. Abschnitt: Altersleistungen

Art. 13 Leistungsanspruch

¹ Anspruch auf Altersleistungen haben:

a. Männer, die das 65. Altersjahr zurückgelegt haben;

b. Frauen, die das 62. Altersjahr zurückgelegt haben.

² Die reglementarischen Bestimmungen der Vorsorgeeinrichtung können abweichend davon vorsehen, dass der Anspruch auf Altersleistungen mit der Beendigung der Erwerbstätigkeit entsteht. In diesem Fall ist der Umwandlungssatz (Art. 14) entsprechend anzupassen.

Art. 14 Höhe der Rente → 17

¹ Die Altersrente wird in Prozenten des Altersguthabens (Umwandlungssatz) berechnet, das der Versicherte bei Erreichen des Rentenalters erworben hat. Der Bundesrat bestimmt den Mindestumwandlungssatz unter Berücksichtigung der anerkannten technischen Grundlagen.

² Mit der Zustimmung des Bundesrates können Vorsorgeeinrichtungen einen tieferen Umwandlungssatz anwenden, wenn sie die sich daraus ergebenden Überschüsse zur Leistungsverbesserung verwenden.

Art. 15 Altersguthaben → 11, 14, 15, 16

¹ Das Altersguthaben besteht aus:

a. den Altersgutschriften samt Zinsen für die Zeit, während der der Versicherte der Vorsorgeeinrichtung angehört hat;

b.[17] den Altersguthaben samt Zinsen, die von den vorhergehenden Einrichtungen überwiesen und dem Versicherten gutgeschrieben worden sind.

² Der Bundesrat legt aufgrund der Anlagemöglichkeiten den Mindestzinssatz fest. → 12

Art. 16 Altersgutschriften → 11, 13

Die Altersgutschriften werden jährlich in Prozenten des koordinierten Lohnes berechnet. Dabei gelten folgende Ansätze:

---

[17] Fassung gemäss Anhang Ziff. 3 des Freizügigkeitsgesetzes vom 17. Dez. 1993, in Kraft seit 1. Jan. 1995 (SR **831.42**)

Altersjahr		Ansatz in Prozenten des koordinierten Lohnes
Männer	Frauen	
25–34	25–31	7
35–44	32–41	10
45–54	42–51	15
55–65	52–62	18

Art. 17 Kinderrente

Versicherte, denen eine Altersrente zusteht, haben für jedes Kind, das im Falle ihres Todes eine Waisenrente beanspruchen könnte, Anspruch auf eine Kinderrente in Höhe der Waisenrente.

2. Abschnitt: Hinterlassenenleistungen

Art. 18 Voraussetzungen

Ein Anspruch auf Hinterlassenenleistungen besteht nur, wenn der Verstorbene

a. im Zeitpunkt des Todes oder bei Eintritt der Arbeitsunfähigkeit, deren Ursache zum Tode geführt hat, versichert war oder

b. von der Vorsorgeeinrichtung im Zeitpunkt des Todes eine Alters- oder Invalidenrente erhielt.

Art. 19 Witwen

1 Die Witwe hat Anspruch auf eine Witwenrente, wenn sie beim Tod des Ehegatten:

a. für den Unterhalt eines oder mehrerer Kinder aufkommen muss oder

b. das 45. Altersjahr zurückgelegt hat und die Ehe mindestens fünf Jahre gedauert hat.

2 Erfüllt die Witwe keine dieser Voraussetzungen, so hat sie Anspruch auf eine einmalige Abfindung in Höhe von drei Jahresrenten.

3 Der Bundesrat regelt den Anspruch der geschiedenen Frau auf Hinterlassenenleistungen. → 20

Art. 20 Waisen

Die Kinder des Verstorbenen haben Anspruch auf Waisenrenten, Pflegekinder nur, wenn der Verstorbene für ihren Unterhalt aufzukommen hatte.

Art. 21   Höhe der Rente

¹ Beim Tod eines Versicherten beträgt die Witwenrente 60 Prozent, die Waisenrente 20 Prozent der vollen Invalidenrente, auf die der Versicherte Anspruch gehabt hätte.

² Beim Tod eines Alters- oder Invalidenrentners beträgt die Witwenrente 60 Prozent, die Waisenrente 20 Prozent der Alters- oder der vollen Invalidenrente. → 19

Art. 22   Beginn und Ende des Anspruchs

¹ Der Anspruch auf Hinterlassenenleistung entsteht mit dem Tode des Versicherten, frühestens jedoch mit Beendigung der vollen Lohnfortzahlung.

² Der Anspruch auf Leistungen für Witwen erlischt mit der Wiederverheiratung oder dem Tode der Witwe.

³ Der Anspruch auf Leistungen für Waisen erlischt mit dem Tod des Waisen oder mit Vollendung des 18. Altersjahres. Er besteht jedoch bis zur Vollendung des 25. Altersjahres für Kinder:

   a. bis zum Abschluss der Ausbildung;
   b. bis zur Erlangung der Erwerbsfähigkeit, sofern sie mindestens zu zwei Drittel invalid sind.

3. Abschnitt: Invalidenleistungen

Art. 23   Leistungsanspruch

Anspruch auf Invalidenleistungen haben Personen, die im Sinne der IV zu mindestens 50 Prozent invalid sind und bei Eintritt der Arbeitsunfähigkeit, deren Ursache zur Invalidität geführt hat, versichert waren.

Art. 24   Höhe der Rente

¹ Der Versicherte hat Anspruch auf eine volle Invalidenrente, wenn er im Sinne der IV mindestens zu zwei Dritteln, auf eine halbe Rente, wenn er mindestens zur Hälfte invalid ist.

² Die Invalidenrente wird nach dem gleichen Umwandlungssatz berechnet wie die Altersrente. Das dabei zugrundezulegende Altersguthaben besteht aus:

   a. dem Altersguthaben, das der Versicherte bis zum Beginn des Anspruches auf die Invalidenrente erworben hat;
   b. der Summe der Altersgutschriften für die bis zum Rentenalter fehlenden Jahre, ohne Zinsen.

³ Diese Altersgutschriften werden auf dem koordinierten Lohn des Versicherten → 18 während seines letzten Versicherungsjahres in der Vorsorgeeinrichtung berechnet.

Art. 25 Kinderrente

Versicherte, denen eine Invalidenrente zusteht, haben für jedes Kind, das im Falle ihres Todes eine Waisenrente beanspruchen könnte, Anspruch auf eine Kinderrente in Höhe der Waisenrente. Für die Kinderrente gelten die gleichen Berechnungsregeln wie für die Invalidenrente.

Art. 26 Beginn und Ende des Anspruchs

¹ Für den Beginn des Anspruchs auf Invalidenleistungen gelten sinngemäss die entsprechenden Bestimmungen des Bundesgesetzes über die Invalidenversicherung[18] (Art. 29 IVG).[19]

² Die Vorsorgeeinrichtung kann in ihren reglementarischen Bestimmungen vorsehen, dass der Anspruch aufgeschoben wird, solange der Versicherte den vollen Lohn → 27 erhält.

³ Der Anspruch erlischt mit dem Tode des Anspruchsberechtigten oder mit dem Wegfall der Invalidität. Bei Versicherten, die nach Artikel 2 Absatz 1bis der obligatorischen Versicherung unterstehen oder nach Artikel 47 Absatz 2 ihre Vorsorge freiwillig weiterführen, erlischt die Invalidenrente spätestens bei Entstehen des Anspruches auf eine Altersleistung (Art. 13 Abs. 1).[20]

4. Kapitel: Freizügigkeitsleistung und Wohneigentumsförderung[21]
1. Abschnitt: Freizügigkeitsleistung[22]

Art. 27[23]

Für die Freizügigkeitsleistung gilt das Freizügigkeitsgesetz vom 17. Dezember 1993[24].

---

[18] SR **831.20**
[19] Fassung gemäss Ziff. II 3 des BG vom 9. Okt. 1986 (2. IV-Revision), in Kraft seit 1. Jan. 1988 (AS **1987** 447 455; BBl **1985** I 17).
[20] Satz eingefügt durch Art. 117a des Arbeitslosenversicherungsgesetzes, in Kraft seit 1. Juli 1997 (SR **837.0**).
[21] Fassung gemäss Ziff. I des BG vom 17. Dez. 1993 über die Wohneigentumsförderung mit Mitteln der beruflichen Vorsorge, in Kraft seit 1. Jan. 1995 (AS **1994** 2372 2378; BBl **1992** VI 237).
[22] Eingefügt durch Ziff. I des BG vom 17. Dez. 1993 über die Wohneigentumsförderung mit Mitteln der beruflichen Vorsorge, in Kraft seit 1. Jan. 1995 (AS **1994** 2372 2378; BBl **1992** VI 237).
[23] Fassung gemäss Anhang Ziff. 3 des Freizügigkeitsgesetzes vom 17. Dez. 1993, in Kraft seit 1. Jan. 1995 (SR **831.42**)
[24] SR **831.42**

Art. 28-30[25]

2. Abschnitt:[26] Wohneigentumsförderung

Art. 30a   Begriff

Als Vorsorgeeinrichtung im Sinne dieses Abschnittes gelten alle Einrichtungen, die im Register für die berufliche Vorsorge eingetragen sind oder die den Vorsorgeschutz nach Artikel 1 des Freizügigkeitsgesetzes vom 17. Dezember 1993[27] in anderer Form erhalten.

Art. 30b   Verpfändung

Der Versicherte kann den Anspruch auf Vorsorgeleistungen oder einen Betrag bis zur Höhe seiner Freizügigkeitsleistung nach Artikel 331d des Obligationenrechts[28] verpfänden.

Art. 30c   Vorbezug

¹ Der Versicherte kann bis drei Jahre vor Entstehung des Anspruchs auf Altersleistungen von seiner Vorsorgeeinrichtung einen Betrag für Wohneigentum zum eigenen Bedarf geltend machen.

² Versicherte dürfen bis zum 50. Altersjahr einen Betrag bis zur Höhe der Freizügigkeitsleistung beziehen. Versicherte, die das 50. Altersjahr überschritten haben, dürfen höchstens die Freizügigkeitsleistung, auf die sie im 50. Altersjahr Anspruch gehabt hätten, oder die Hälfte der Freizügigkeitsleistung im Zeitpunkt des Bezuges in Anspruch nehmen.

³ Der Versicherte kann diesen Betrag auch für den Erwerb von Anteilscheinen einer Wohnbaugenossenschaft oder ähnlicher Beteiligungen verwenden, wenn er eine dadurch mitfinanzierte Wohnung selbst benutzt.

⁴ Mit dem Bezug wird gleichzeitig der Anspruch auf Vorsorgeleistungen entsprechend den jeweiligen Vorsorgereglementen und den technischen Grundlagen der Vorsorgeeinrichtung gekürzt. Um eine Einbusse des Vorsorgeschutzes durch eine Leistungskürzung bei Tod oder Invalidität zu vermeiden, bietet die Vorsorgeeinrichtung eine Zusatzversicherung an oder vermittelt eine solche.

---

[25] Aufgehoben durch Anhang Ziff. 3 des Freizügigkeitsgesetzes vom 17. Dez. 1993 (SR **831.42**).
[26] Eingefügt durch Ziff. I des BG vom 17. Dez. 1993 über die Wohneigentumsförderung mit Mitteln der beruflichen Vorsorge, in Kraft seit 1. Jan. 1995 (AS **1994** 2372 2378; BBl **1992** VI 237).
[27] SR **831.42**
[28] SR **220**

⁵ Ist der Versicherte verheiratet, so ist der Bezug nur zulässig, wenn sein Ehegatte schriftlich zustimmt. Kann er die Zustimmung nicht einholen oder wird sie ihm verweigert, so kann er das Gericht anrufen.

⁶ Der Vorbezug gilt im Scheidungsfall als Freizügigkeitsleistung und wird vom Gericht nach Artikel 22 des Freizügigkeitsgesetzes vom 17. Dezember 1993[29] beurteilt.

⁷ Wird durch den Vorbezug oder die Verpfändung die Liquidität der Vorsorgeeinrichtung in Frage gestellt, so kann diese die Erledigung der entsprechenden Gesuche aufschieben. Sie legt in ihrem Reglement eine Prioritätenordnung für das Aufschieben dieser Vorbezüge beziehungsweise Verpfändungen fest. Der Bundesrat regelt die Einzelheiten.

Art. 30d   Rückzahlung

¹ Der bezogene Betrag muss vom Versicherten oder von seinen Erben an die Vorsorgeeinrichtung zurückbezahlt werden, wenn:

a. das Wohneigentum veräussert wird;

b. Rechte an diesem Wohneigentum eingeräumt werden, die wirtschaftlich einer Veräusserung gleichkommen; oder

c. beim Tod des Versicherten keine Vorsorgeleistung fällig wird.

² Der Versicherte kann im übrigen den bezogenen Betrag unter Beachtung der Bedingungen von Absatz 3 jederzeit zurückbezahlen.

³ Die Rückzahlung ist zulässig bis:

a. drei Jahre vor Entstehung des Anspruchs auf Altersleistungen;

b. zum Eintritt eines anderen Vorsorgefalls; oder

c. zur Barauszahlung der Freizügigkeitsleistung.

⁴ Will der Versicherte den aus einer Veräusserung des Wohneigentums erzielten Erlös im Umfang des Vorbezugs innerhalb von zwei Jahren wiederum für sein Wohneigentum einsetzen, so kann er diesen Betrag auf eine Freizügigkeitseinrichtung überweisen.

⁵ Bei Veräusserung des Wohneigentums beschränkt sich die Rückzahlungspflicht auf den Erlös. Als Erlös gilt der Verkaufspreis abzüglich der hypothekarisch gesicherten Schulden sowie der dem Verkäufer vom Gesetz auferlegten Abgaben.

⁶ Die Vorsorgeeinrichtung räumt dem Versicherten im Falle der Rückzahlung einen entsprechend höheren Leistungsanspruch gemäss ihrem Reglement ein.

---

[29]   SR **831.42**

Art. 30e Sicherung des Vorsorgezwecks

¹ Der Versicherte oder seine Erben dürfen das Wohneigentum nur unter Vorbehalt von Artikel 30d veräussern. Als Veräusserung gilt auch die Einräumung von Rechten, die wirtschaftlich einer Veräusserung gleichkommen. Nicht als Veräusserung gilt hingegen die Übertragung des Wohneigentums an einen vorsorgerechtlich Begünstigten. Dieser unterliegt aber derselben Veräusserungsbeschränkung wie der Versicherte.

² Die Veräusserungsbeschränkung nach Absatz 1 ist im Grundbuch anzumerken. Die Vorsorgeeinrichtung hat die Anmerkung dem Grundbuchamt gleichzeitig mit der Auszahlung des Vorbezugs beziehungsweise mit der Pfandverwertung des Vorsorgeguthabens anzumelden.

³ Die Anmerkung darf gelöscht werden:

   a. drei Jahre vor Entstehung des Anspruchs auf Altersleistungen;
   b. nach Eintritt eines anderen Vorsorgefalles;
   c. bei Barauszahlung der Freizügigkeitsleistung; oder
   d. wenn nachgewiesen wird, dass der in das Wohneigentum investierte Betrag gemäss Artikel 30d an die Vorsorgeeinrichtung des Versicherten oder auf eine Freizügigkeitseinrichtung überwiesen worden ist.

⁴ Erwirbt der Versicherte mit dem Vorbezug Anteilscheine einer Wohnbaugenossenschaft oder ähnliche Beteiligungen, so hat er diese zur Sicherstellung des Vorsorgezwecks zu hinterlegen.

⁵ Der Versicherte mit Wohnsitz im Ausland hat vor der Auszahlung des Vorbezugs beziehungsweise vor der Verpfändung des Vorsorgeguthabens nachzuweisen, dass er die Mittel der beruflichen Vorsorge für sein Wohneigentum verwendet.

⁶ Die Pflicht und das Recht zur Rückzahlung bestehen bis drei Jahre vor Entstehung des Anspruchs auf Altersleistungen, bis zum Eintritt eines anderen Vorsorgefalles oder bis zur Barauszahlung.

Art. 30f Ausführungsbestimmungen

Der Bundesrat bestimmt:

   a. die zulässigen Verwendungszwecke und den Begriff «Wohneigentum zum eigenen Bedarf» (Art. 30c Abs. 1);
   b. welche Voraussetzungen beim Erwerb von Anteilscheinen einer Wohnbaugenossenschaft oder ähnlicher Beteiligungen zu erfüllen sind (Art. 30c Abs. 3);
   c. den Mindestbetrag für den Bezug (Art. 30c Abs. 1);
   d. die Modalitäten der Verpfändung, des Vorbezugs, der Rückzahlung und der Sicherstellung des Vorsorgezwecks (Art. 30b–30e);
   e. die Pflicht der Vorsorgeeinrichtungen, die Versicherten im Falle der Verpfändung oder des Vorbezugs über die Auswirkungen auf ihre Vorsorgelei-

stungen, über die Möglichkeit der Zusatzversicherung für die Risiken Tod oder Invalidität und über die steuerlichen Folgen zu informieren.

5. Kapitel: Eintrittsgeneration

Art. 31 Grundsatz

Der Eintrittsgeneration gehören die Personen an, die bei Inkrafttreten dieses Gesetzes das 25. Altersjahr vollendet und das Rentenalter noch nicht erreicht haben.

Art. 32 Sonderbestimmungen der Vorsorgeeinrichtungen

[1] Jede Vorsorgeeinrichtung hat im Rahmen ihrer finanziellen Möglichkeiten Sonderbestimmungen zugunsten der Eintrittsgeneration zu erlassen und dabei namentlich ältere Versicherte, vor allem solche mit kleinen Einkommen, bevorzugt zu behandeln.

[2] Haben Versicherte Leistungsansprüche aufgrund von Vorsorgeverhältnissen, die bei Inkrafttreten des Gesetzes bestehen, so können diese von der Vorsorgeeinrichtung berücksichtigt werden.

Art. 33 Mindestleistungen in der Übergangszeit → 21, 22, 23

[1] Der Bundesrat regelt die Mindestleistungen für Versicherungsfälle während der Übergangszeit. Er setzt diese Übergangszeit nach Artikel 11 Absatz 2 der Übergangsbestimmungen zur Bundesverfassung[30] fest und berücksichtigt dabei insbesondere Versicherte mit kleinen Einkommen.[31]

[2] Die Finanzierung dieser Mindestleistungen hat über die Mittel für Sondermassnahmen nach Artikel 70 zu erfolgen.

6. Kapitel: Gemeinsame Bestimmungen für die Leistungen

Art. 34 Höhe der Leistung in besonderen Fällen

[1] Der Bundesrat regelt die Berechnung der Leistungen in besonderen Fällen, namentlich

  a. wenn das nach Artikel 24 Absatz 3 massgebende Versicherungsjahr nicht → 18
     vollständig ist oder der Versicherte während dieser Zeit nicht voll erwerbsfähig war;

---

[30] SR **101**
[31] Fassung gemäss Ziff. I des BG vom 17. Dez. 1993 (AS **1994** 904; BBl **1993** IV 241).

b. wenn der Versicherte bei Eintritt des neuen Versicherungsfalles nach diesem → 4, 14
Gesetz bereits eine Invalidenrente bezieht oder eine Invalidenleistung bezo- 15, 19
gen hat.

² Er erlässt Vorschriften zur Verhinderung ungerechtfertigter Vorteile des Versi- → 24–27
cherten oder seiner Hinterlassenen beim Zusammentreffen mehrerer Leistungen.
Treffen Leistungen nach diesem Gesetz mit solchen nach dem Unfallversicherungsgesetz[32] oder nach dem Bundesgesetz vom 19. Juni 1992[33] über die Militärversicherung zusammen, so gehen grundsätzlich die Leistungen der Unfallversicherung oder der Militärversicherung vor. Werden Ehegatten- und Waisenrenten bei ungenügenden Vorsorgeleistungen nach Artikel 54 des Bundesgesetzes vom 19. Juni 1992 über die Militärversicherung ausgerichtet, so dürfen Leistungen dieses Gesetzes nicht gekürzt werden.[34]

Art. 35   Kürzung der Leistungen bei schwerem Verschulden

Die Vorsorgeeinrichtung kann ihre Leistungen im entsprechenden Umfang kürzen, wenn die AHV/IV eine Leistung kürzt, entzieht oder verweigert, weil der Anspruchsberechtigte den Tod oder die Invalidität durch schweres Verschulden herbeigeführt hat oder sich einer Eingliederungsmassnahme der IV widersetzt.

Art. 36   Anpassung an die Preisentwicklung

¹ Hinterlassenen- und Invalidenrenten, deren Laufzeit drei Jahre überschritten hat, werden für Männer bis zum vollendeten 65., für Frauen bis zum vollendeten 62. Altersjahr nach Anordnung des Bundesrates der Preisentwicklung angepasst.

² Die Vorsorgeeinrichtung hat im Rahmen ihrer finanziellen Möglichkeiten Bestimmungen über die Anpassung der laufenden Renten in den übrigen Fällen zu erlassen.

Art. 37   Form der Leistungen

¹ Alters-, Hinterlassenen- und Invalidenleistungen werden in der Regel als Rente ausgerichtet.

² Die Vorsorgeeinrichtung kann anstelle der Rente eine Kapitalabfindung ausrichten, wenn die Alters- oder die Invalidenrente weniger als 10 Prozent, die Witwenrente weniger als 6 Prozent, die Waisenrente weniger als 2 Prozent der einfachen Mindestaltersrente der AHV beträgt.

³ Die reglementarischen Bestimmungen können vorsehen, dass der Anspruchsberechtigte anstelle einer Alters-, Witwen- oder Invalidenrente eine Kapitalabfindung verlangen kann. Für die Altersleistung hat der Versicherte die entsprechende Erklärung spätestens drei Jahre vor Entstehung des Anspruches abzugeben.

---

[32] SR **832.20**
[33] SR **833.1**
[34] Fassung gemäss Anhang Ziff. 6 des BG vom 19. Juni 1992 über die Militärversicherung, in Kraft seit 1. Jan. 1994 (SR **833.1**).

4 ... 35

Art. 38 Auszahlung der Renten

Die Renten werden in der Regel monatlich ausgerichtet. Für den Monat, in dem der Anspruch erlischt, wird die Rente voll ausbezahlt.

Art. 39 Abtretung, Verpfändung und Verrechnung

¹ Der Leistungsanspruch kann vor Fälligkeit weder verpfändet noch abgetreten werden. Vorbehalten bleibt Artikel 30b.[36]

² Der Leistungsanspruch darf mit Forderungen, die der Arbeitgeber der Vorsorgeeinrichtung abgetreten hat, nur verrechnet werden, wenn sie sich auf Beiträge beziehen, die nicht vom Lohn abgezogen worden sind.

³ Rechtsgeschäfte, die diesen Bestimmungen widersprechen, sind nichtig.

Art. 40[37]

Art. 41 Verjährung

¹ Forderungen auf periodische Beiträge und Leistungen verjähren nach fünf, andere nach zehn Jahren. Die Artikel 129–142 des Obligationenrechts[38] sind anwendbar.

² Absatz 1 gilt auch für Forderungen aus Verträgen zwischen Vorsorgeeinrichtungen und der Versicherungsaufsicht unterstellten Versicherungseinrichtungen.

Zweiter Titel:
Obligatorische Versicherung der Selbständigerwerbenden

Art. 42 Versicherung von Alter, Tod und Invalidität

Sind die Selbständigerwerbenden obligatorisch für Alter, Tod und Invalidität versichert, so sind die Bestimmungen über die obligatorische Versicherung der Arbeitnehmer sinngemäss anwendbar.

---

[35] Aufgehoben durch Ziff. I des BG vom 17. Dez. 1993 über die Wohneigentumsförderung mit Mitteln der beruflichen Vorsorge (AS **1994** 2372; BBl **1992** VI 237).
[36] Fassung des zweiten Satzes gemäss Ziff. I des BG vom 17. Dez. 1993 über die Wohneigentumsförderung mit Mitteln der beruflichen Vorsorge, in Kraft seit 1. Jan. 1995 (AS **1994** 2372 2378; BBl **1992** VI 237).
[37] Aufgehoben durch Ziff. I des BG vom 17. Dez. 1993 über die Wohneigentumsförderung mit Mitteln der beruflichen Vorsorge (AS **1994** 2372; BBl **1992** VI 237).
[38] SR **220**

Art. 43 Versicherung einzelner Risiken

¹ Umfasst die obligatorische Versicherung nur die Risiken Tod und Invalidität, so kann der Bundesrat ein Leistungssystem zulassen, das von demjenigen in der obligatorischen Versicherung der Arbeitnehmer abweicht.

² Die Bestimmungen über den Sicherheitsfonds sind nicht anwendbar.

Dritter Titel: Freiwillige Versicherung
1. Kapitel: Selbständigerwerbende

Art. 44 Recht auf Versicherung → 28

¹ Selbständigerwerbende können sich bei der Vorsorgeeinrichtung ihres Berufes oder ihrer Arbeitnehmer versichern lassen.

² Wer sich nicht bei einer Vorsorgeeinrichtung versichern lassen kann, ist berechtigt, sich bei der Auffangeinrichtung versichern zu lassen.

Art. 45 Vorbehalt

¹ Für die Risiken Tod und Invalidität darf ein Vorbehalt aus gesundheitlichen Gründen für höchstens drei Jahre gemacht werden.

² Dieser Vorbehalt ist unzulässig, wenn der Selbständigerwerbende mindestens sechs Monate obligatorisch versichert war und sich innert Jahresfrist freiwillig versichert.

2. Kapitel: Arbeitnehmer

Art. 46 Erwerbstätigkeit im Dienste mehrerer Arbeitgeber → 28
→ 29

¹ Der nicht obligatorisch versicherte Arbeitnehmer, der im Dienste mehrerer Arbeitgeber steht und dessen gesamter Jahreslohn 14 880 Franken³⁹ übersteigt, kann sich entweder bei der Auffangeinrichtung oder bei der Vorsorgeeinrichtung, der einer seiner Arbeitgeber angeschlossen ist, freiwillig versichern lassen, sofern deren reglementarische Bestimmungen es vorsehen.

² Ist der Arbeitnehmer bereits bei einer Vorsorgeeinrichtung obligatorisch versichert, kann er sich bei ihr, falls ihre reglementarischen Bestimmungen es nicht ausschliessen, oder bei der Auffangeinrichtung für den Lohn zusätzlich versichern lassen, den er von den anderen Arbeitgebern erhält. → 29

³ Dem Arbeitnehmer, der Beiträge direkt an eine Vorsorgeeinrichtung bezahlt, schuldet jeder Arbeitgeber jeweils die Hälfte der Beiträge, die auf den bei ihm bezo- → 30, 31

---

³⁹ Heute: mehr als 24120 Franken (Art. 5 BVV 2 in der Fassung vom 11. Nov. 1998 - SR **831.441.1**).

genen Lohn entfallen. Die Höhe des Arbeitgeber-Beitrages ergibt sich aus einer Bescheinigung der Vorsorgeeinrichtung.

⁴ Die Vorsorgeeinrichtung übernimmt auf Begehren des Arbeitnehmers das Inkasso → 32
gegenüber den Arbeitgebern.

Art. 47[40]   Ausscheiden aus der obligatorischen Versicherung

¹ Scheidet der Versicherte aus der obligatorischen Versicherung aus, so kann er die Vorsorge oder bloss die Altersvorsorge im bisherigen Umfang bei derselben Vorsorgeeinrichtung, wenn deren Reglement dies zulässt, oder bei der Auffangeinrichtung weiterführen.

² Der aus der obligatorischen Versicherung nach Artikel 2 Absatz 1bis ausscheidende Versicherte kann die Vorsorge für die Risiken Tod und Invalidität im bisherigen Umfang bei der Auffangvorrichtung weiterführen.

Dritter Teil: Organisation
Erster Titel: Vorsorgeeinrichtungen

Art. 48   Registrierung

¹ Vorsorgeeinrichtungen, die an der Durchführung der obligatorischen Versicherung teilnehmen wollen, müssen sich bei der Aufsichtsbehörde, der sie unterstehen (Art. 61), in das Register für die berufliche Vorsorge eintragen lassen.

² Registrierte Vorsorgeeinrichtungen müssen die Rechtsform einer Stiftung oder einer Genossenschaft haben oder eine Einrichtung des öffentlichen Rechts sein. Sie müssen Leistungen nach den Vorschriften über die obligatorische Versicherung erbringen und nach diesem Gesetz organisiert, finanziert und verwaltet werden.

Art. 49   Selbständigkeitsbereich

¹ Die Vorsorgeeinrichtungen sind im Rahmen dieses Gesetzes in der Gestaltung ihrer Leistungen, in deren Finanzierung und in ihrer Organisation frei.

² Gewährt eine Vorsorgeeinrichtung mehr als die Mindestleistungen, so gelten für die weitergehende Vorsorge nur die Vorschriften über die paritätische Verwaltung (Art. 51), die Verantwortlichkeit (Art. 52), die Kontrolle (Art. 53), den Sicherheitsfonds (Art. 56 Abs. 1 Bst. c, Abs. 2–5, Art. 56a, 57 und 59), die Aufsicht (Art. 61, 62 und 64), die finanzielle Sicherheit (Art. 65 Abs. 1, Art. 67, 69 und 71), die Rechtspflege (Art. 73 und 74) sowie die Strafbestimmungen (Art. 75–79).[41]

---

[40] Fassung gemäss Art. 117a des Arbeitslosenversicherungsgesetzes, in Kraft seit 1. Juli 1997 (SR **837.0**).
[41] Fassung gemäss Ziff. I des BG vom 21. Juni 1996, in Kraft seit 1. Jan. 1997 (AS **1996** 3067 3070; BBl **1996** I 564 580).

Art. 50 Reglementarische Bestimmungen

¹ Die Vorsorgeeinrichtungen erlassen Bestimmungen über

a. die Leistungen;

b. die Organisation;

c. die Verwaltung und Finanzierung;

d. die Kontrolle;

e. das Verhältnis zu den Arbeitgebern, zu den Versicherten und zu den Anspruchsberechtigten.

² Diese Bestimmungen können in der Gründungsurkunde, in den Statuten, im Reglement oder bei einer Einrichtung des öffentlichen Rechts in den vom Bund, vom Kanton oder von der Gemeinde erlassenen Vorschriften enthalten sein.

³ Die Vorschriften dieses Gesetzes gehen den von der Vorsorgeeinrichtung erlassenen Bestimmungen vor. Konnte die Vorsorgeeinrichtung jedoch guten Glaubens davon ausgehen, dass eine ihrer reglementarischen Bestimmungen im Einklang mit dem Gesetz stehe, so ist das Gesetz nicht rückwirkend anwendbar.

Art. 51 Paritätische Verwaltung

¹ Arbeitnehmer und Arbeitgeber haben das Recht, in die Organe der Vorsorgeeinrichtung, die über den Erlass der reglementarischen Bestimmungen, die Finanzierung und die Vermögensverwaltung entscheiden, die gleiche Zahl von Vertretern zu entsenden.

² Die Vorsorgeeinrichtung hat die ordnungsgemässe Durchführung der paritätischen Verwaltung zu gewährleisten. Es sind namentlich zu regeln:

a. die Wahl der Vertreter der Versicherten;

b. eine angemessene Vertretung der verschiedenen Arbeitnehmerkategorien;

c. die paritätische Vermögensverwaltung;

d. das Verfahren bei Stimmengleichheit.

³ Die Versicherten wählen ihre Vertreter unmittelbar oder durch Delegierte. Ist dies wegen der Struktur der Vorsorgeeinrichtung nicht möglich, kann die Aufsichtsbehörde andere Formen der Vertretung zulassen.

⁴ Ist das Verfahren bei Stimmengleichheit noch nicht geregelt, so entscheidet ein im gegenseitigen Einvernehmen bestimmter neutraler Schiedsrichter. Kommt keine Einigung über den Schiedsrichter zustande, so wird dieser von der Aufsichtsbehörde bezeichnet.

⁵ Erlässt nach Artikel 50 Absatz 2 der Bund, der Kanton oder die Gemeinde die Bestimmungen der Vorsorgeeinrichtung, so ist das paritätisch besetzte Organ vorher anzuhören.

Art. 52 Verantwortlichkeit

Alle mit der Verwaltung, Geschäftsführung oder Kontrolle der Vorsorgeeinrichtung betrauten Personen sind für den Schaden verantwortlich, den sie ihr absichtlich oder fahrlässig zufügen.

Art. 53 Kontrolle → 33–36

¹ Die Vorsorgeeinrichtung bestimmt eine Kontrollstelle für die jährliche Prüfung der Geschäftsführung, des Rechnungswesens und der Vermögensanlage.

² Die Vorsorgeeinrichtung hat durch einen anerkannten Experten für berufliche Vor- → 37–41
sorge periodisch überprüfen zu lassen:

    a. ob die Vorsorgeeinrichtung jederzeit Sicherheit dafür bietet, dass sie ihre Verpflichtungen erfüllen kann;

    b. ob die reglementarischen versicherungstechnischen Bestimmungen über die Leistungen und die Finanzierung den gesetzlichen Vorschriften entsprechen.

³ Absatz 2 Buchstabe a ist nicht auf die der Versicherungsaufsicht unterstellten Vor- → 37–41
sorgeeinrichtungen anwendbar.

⁴ Der Bundesrat legt die Voraussetzungen fest, welche die Kontrollstellen und aner- → 33–36
kannten Experten erfüllen müssen, damit die sachgemässe Durchführung ihrer Aufgaben gewährleistet ist. → 37–41

Zweiter Titel: Sicherheitsfonds und Auffangeinrichtung
1. Kapitel: Rechtsträger

Art. 54 Errichtung

¹ Die Spitzenorganisationen der Arbeitnehmer und Arbeitgeber errichten zwei paritätisch zu verwaltende Stiftungen.

² Der Bundesrat überträgt:

    a. der einen Stiftung, den Sicherheitsfonds zu führen;

    b. der andern Stiftung, die Verpflichtungen der Auffangeinrichtung zu übernehmen.

³ Kommt die Errichtung einer Stiftung durch die Spitzenorganisationen nicht zustande, so veranlasst der Bundesrat deren Gründung.

⁴ Die Stiftungen gelten als Behörden im Sinne von Artikel 1 Absatz 2 Buchstabe e des Verwaltungsverfahrensgesetzes[42].

---

[42] SR **172.021**

Art. 55 Stiftungsräte

[1] Die Stiftungsräte werden aus gleich vielen Vertretern der Arbeitgeber und Arbeitnehmer gebildet. Die öffentliche Verwaltung ist dabei angemessen zu berücksichtigen. Die Stiftungsräte können von neutralen Vorsitzenden geleitet werden.

[2] Die Mitglieder der Stiftungsräte werden für eine Amtsdauer von vier Jahren gewählt.

[3] Die Stiftungsräte konstituieren sich selbst und erlassen die Reglemente über die Organisation der Stiftung. Sie überwachen deren Geschäftsführung und setzen eine unabhängige Revisionsstelle als Kontrollorgan ein.

[4] Jeder Stiftungsrat bestimmt eine Geschäftsstelle, welche die Stiftung verwaltet und vertritt.

2. Kapitel: Sicherheitsfonds

Art. 56[43] Aufgaben

[1] Der Sicherheitsfonds:

a. richtet Zuschüsse an jene Vorsorgeeinrichtungen aus, die eine ungünstige Altersstruktur aufweisen;

b.[44] stellt die gesetzlichen Leistungen von zahlungsunfähig gewordenen oder im Falle von vergessenen Guthaben liquidierter Vorsorgeeinrichtungen sicher;

c. stellt die über die gesetzlichen Leistungen hinausgehenden reglementarischen Leistungen von zahlungsunfähig gewordenen Vorsorgeeinrichtungen sicher, soweit diese Leistungen auf Vorsorgeverhältnissen beruhen, auf die das Freizügigkeitsgesetz vom 17. Dezember 1993[45] anwendbar ist;

d. entschädigt die Auffangeinrichtung für die Kosten, die ihr aufgrund ihrer Tätigkeit nach Artikel 60 Absatz 2 dieses Gesetzes sowie nach Artikel 4 Absatz 2 des Freizügigkeitsgesetzes vom 17. Dezember 1993 entstehen und die nicht auf den Verursacher überwälzt werden können;

e. schliesst den Vorsorgeeinrichtungen im Falle einer Teil- oder Gesamtliquidation, die innerhalb von fünf Jahren seit Inkrafttreten des Freizügigkeitsgesetzes vom 17. Dezember 1993 erfolgt, eine durch die Anwendung dieses Gesetzes entstandene Deckungslücke;

---

[43] Fassung gemäss Ziff. I des BG vom 21. Juni 1996, in Kraft seit 1. Jan. 1997 (AS **1996** 3067 3070; BBl **1996** I 564 580). Siehe auch die SchlB dieser Änd. am Ende dieses Textes.
[44] Fassung gemäss Ziff. II 1 des BG vom 18. Dez. 1998, in Kraft seit 1. Mai 1999 (AS **1999** 1384 1387; BBl **1998** 5569).
[45] SR **831.42**

f.⁴⁶ fungiert als Zentralstelle 2. Säule für die Koordination, die Übermittlung und die Aufbewahrung der Angaben nach den Artikeln 24a–24f des Freizügigkeitsgesetzes vom 17. Dezember 1993.

² Die Sicherstellung nach Absatz 1 Buchstabe c umfasst höchstens die Leistungen, die sich aufgrund eines massgebenden Lohnes nach dem Bundesgesetz über die Alters- und Hinterlassenenversicherung⁴⁷ in der anderthalbfachen Höhe des oberen Grenzbetrages nach Artikel 8 Absatz 1 dieses Gesetzes ergeben.

³ Sind einer Vorsorgeeinrichtung mehrere wirtschaftlich oder finanziell nicht eng miteinander verbundene Arbeitgeber oder mehrere Verbände angeschlossen, so ist das zahlungsunfähige Versichertenkollektiv jedes einzelnen Arbeitgebers oder Verbandes den zahlungsunfähigen Vorsorgeeinrichtungen grundsätzlich gleichgestellt. Die Zahlungsunfähigkeit der Versichertenkollektive ist getrennt zu beurteilen. Der Bundesrat regelt die Einzelheiten.

⁴ Der Bundesrat regelt die Leistungsvoraussetzungen.

⁵ Der Sicherheitsfonds gewährt keine Sicherstellung der Leistungen, soweit seine Leistungen missbräuchlich in Anspruch genommen werden.

⁶ Der Sicherheitsfonds führt für jede Aufgabe getrennt Rechnung.

Art. 56a⁴⁸   Rückgriff und Rückforderung

¹ Der Sicherheitsfonds hat gegenüber Personen, die für die Zahlungsunfähigkeit der Vorsorgeeinrichtung oder des Versichertenkollektivs ein Verschulden trifft, ein Rückgriffsrecht im Umfang der sichergestellten Leistungen.

² Unrechtmässig bezogene Leistungen sind dem Sicherheitsfonds zurückzuerstatten.

³ Der Rückforderungsanspruch nach Absatz 2 verjährt ein Jahr, nachdem der Sicherheitsfonds vom unrechtmässigen Bezug der Leistung Kenntnis erhalten hat, spätestens aber fünf Jahre nach der Auszahlung der Leistung. Wird der Rückforderungsanspruch aus einer strafbaren Handlung hergeleitet, für welche das Strafrecht eine längere Verjährungsfrist festsetzt, so ist diese Frist massgebend.

Art. 57⁴⁹   Anschluss an den Sicherheitsfonds

Die dem Freizügigkeitsgesetz vom 17. Dezember 1993⁵⁰ unterstellten Vorsorgeeinrichtungen sind dem Sicherheitsfonds angeschlossen.

---

⁴⁶ Eingefügt durch Ziff. II 1 des BG vom 18. Dez. 1998, in Kraft seit 1. Mai 1999 (AS **1999** 1384 1387; BBl **1998** 5569).
⁴⁷ SR **831.10**
⁴⁸ Eingefügt durch Ziff. I des BG vom 21. Juni 1996, in Kraft seit 1. Jan. 1997 (AS **1996** 3067 3070; BBl **1996** I 564 580).
⁴⁹ Fassung gemäss Ziff. I des BG vom 21. Juni 1996, in Kraft seit 1. Jan. 1997 (AS **1996** 3067 3070; BBl **1996** I 564 580).
⁵⁰ SR **831.42**

19. Anhang 2: Gesetzgebung der beruflichen Vorsorge

Art. 58   Zuschüsse bei ungünstiger Altersstruktur

¹ Eine Vorsorgeeinrichtung erhält Zuschüsse aufgrund ungünstiger Altersstruktur (Art. 56 Abs. 1 Bst. a) soweit die Summe der Altersgutschriften 14 Prozent der Summe der entsprechenden koordinierten Löhne übersteigt. Die Zuschüsse werden jährlich auf der Grundlage des vorangegangenen Kalenderjahres berechnet.

² Der Bundesrat kann diesen Ansatz ändern, wenn der Durchschnittssatz der Altersgutschriften gesamtschweizerisch wesentlich von 12 Prozent abweicht.

³ Vorsorgeeinrichtungen können Zuschüsse nur beanspruchen, wenn bei ihnen das gesamte der obligatorischen Versicherung unterstellte Personal der angeschlossenen Arbeitgeber versichert ist.

⁴ Sind mehrere Arbeitgeber der gleichen Vorsorgeeinrichtung angeschlossen, so werden die Zuschüsse für das Personal jedes einzelnen Arbeitgebers getrennt berechnet.

⁵ Selbständigerwerbende werden für die Berechnung der Zuschüsse nur berücksichtigt, wenn sie:

 a. sich innerhalb eines Jahres nach Inkrafttreten des Gesetzes oder Aufnahme der selbständigen Erwerbstätigkeit freiwillig versichern, oder

 b. während mindestens sechs Monaten der obligatorischen Versicherung unterstellt waren und sich unmittelbar danach freiwillig versichern.

Art. 59[51]   Finanzierung

¹ Der Sicherheitsfonds wird von den ihm angeschlossenen Vorsorgeeinrichtungen finanziert.

² Der Bundesrat regelt die Einzelheiten.

³ Er regelt die Finanzierung der Aufgaben, welche vom Sicherheitsfonds nach Artikel 56 Absatz 1 Buchstabe f übernommen werden.[52]

3. Kapitel: Auffangeinrichtung

Art. 60

¹ Die Auffangeinrichtung ist eine Vorsorgeeinrichtung.

² Sie ist verpflichtet:

 a. Arbeitgeber, die ihrer Pflicht zum Anschluss an eine Vorsorgeeinrichtung nicht nachkommen, anzuschliessen;

---

[51] Fassung gemäss Ziff. I des BG vom 21. Juni 1996, in Kraft seit 1. Juli 1998 (AS **1996** 3067, **1998** 1573; BBl **1996** I 564 580).

[52] Eingefügt durch Ziff. II 1 des BG vom 18. Dez. 1998, in Kraft seit 1. Mai 1999 (AS **1999** 1384 1387; BBl **1998** 5569).

b. Arbeitgeber auf deren Begehren anzuschliessen;
c. Personen als freiwillige Versicherte aufzunehmen;
d. die Leistungen nach Artikel 12 auszurichten;
e.[53] die Arbeitslosenversicherung anzuschliessen und für die von dieser Versicherung gemeldeten Bezüger von Taggeldern die obligatorische Versicherung durchzuführen.[54]

³ Der Auffangeinrichtung dürfen keine wettbewerbsverzerrenden Vergünstigungen gewährt werden.

⁴ Die Auffangeinrichtung schafft regionale Zweigstellen.

⁵ Die Auffangeinrichtung führt Freizügigkeitskonten gemäss Artikel 4 Absatz 2 des Freizügigkeitsgesetzes vom 17. Dezember 1993[55]. Sie führt darüber eine besondere Rechnung.[56]

Dritter Titel: Aufsicht

Art. 61 Aufsichtsbehörde

¹ Jeder Kanton bezeichnet eine Behörde, welche die Vorsorgeeinrichtungen mit Sitz auf seinem Gebiet beaufsichtigt.

² Der Bundesrat legt fest, unter welchen Voraussetzungen Vorsorgeeinrichtungen der Aufsicht des Bundes unterstehen.

³ Die Gesetzgebung über die Versicherungsaufsicht bleibt vorbehalten.

Art. 62 Aufgaben

¹ Die Aufsichtsbehörde wacht darüber, dass die Vorsorgeeinrichtung die gesetzlichen Vorschriften einhält, indem sie insbesondere → 35, 36, 41

a. die Übereinstimmung der reglementarischen Bestimmungen mit den gesetzlichen Vorschriften prüft;
b. von den Vorsorgeeinrichtungen periodisch Berichterstattung fordert, namentlich über ihre Geschäftstätigkeit;
c. Einsicht in die Berichte der Kontrollstelle und des Experten für berufliche Vorsorge nimmt;
d. die Massnahmen zur Behebung von Mängeln trifft.

---

[53] Eingefügt durch Art. 117a des Arbeitslosenversicherungsgesetzes, in Kraft seit 1. Juli 1997 (SR **837.0**).
[54] Siehe auch die SchlB Änd. 21. 6. 1996 am Ende dieses Textes.
[55] SR **831.42**
[56] Eingefügt durch Anhang Ziff. 3 des Freizügigkeitsgesetzes vom 17. Dez. 1993, in Kraft 1. Jan. 1995 (SR **831.42**).

² Sie übernimmt bei Stiftungen auch die Aufgaben nach den Artikeln 84 Absatz 2, 85 und 86 des Zivilgesetzbuches[57].

Art. 63 Aufsicht über den Sicherheitsfonds und die Auffangeinrichtung

¹ Der Sicherheitsfonds und die Auffangeinrichtung unterstehen der Aufsicht des Bundes.

² Gründungsurkunde und reglementarische Bestimmungen bedürfen der Genehmigung des Bundesrates. Jahresbericht und Jahresrechnung sind ihm zur Kenntnis zu bringen.

³ ...[58]

Art. 64 Oberaufsicht

¹ Die Aufsichtsbehörden unterstehen der Oberaufsicht des Bundesrates.

² Der Bundesrat kann ihnen Weisungen erteilen.

Vierter Teil: Finanzierung der Vorsorgeeinrichtungen

Art. 65 Grundsatz

¹ Die Vorsorgeeinrichtungen müssen jederzeit Sicherheit dafür bieten, dass sie die übernommenen Verpflichtungen erfüllen können. → 44

² Sie regeln das Beitragssystem und die Finanzierung so, dass die Leistungen im Rahmen dieses Gesetzes bei Fälligkeit erbracht werden können.

³ Sie weisen ihre Verwaltungskosten in der Betriebsrechnung aus.

Art. 66 Aufteilung der Beiträge

¹ Die Vorsorgeeinrichtung legt die Höhe der Beiträge des Arbeitgebers und der Arbeitnehmer in den reglementarischen Bestimmungen fest. Der Beitrag des Arbeitgebers muss mindestens gleich hoch sein wie die gesamten Beiträge aller seiner Arbeitnehmer. Ein höherer Anteil des Arbeitgebers kann nur mit dessen Einverständnis festgelegt werden.

² Der Arbeitgeber schuldet der Vorsorgeeinrichtung die gesamten Beiträge. Für nicht rechtzeitig bezahlte Beiträge kann die Vorsorgeeinrichtung Verzugszinsen verlangen.

³ Der Arbeitgeber zieht den in den reglementarischen Bestimmungen der Vorsorgeeinrichtung festgelegten Beitragsanteil des Arbeitnehmers vom Lohn ab.

---

[57] SR **210**
[58] Aufgehoben durch Ziff. II des BG vom 9. Okt. 1987 (AS **1988** 414; BBl **1986** III 121).

Art. 67 Deckung der Risiken → 42, 43

¹ Die Vorsorgeeinrichtungen entscheiden, ob sie die Deckung der Risiken selbst übernehmen oder sie ganz oder teilweise einer der Versicherungsaufsicht unterstellten Versicherungseinrichtung oder, unter den vom Bundesrat festgesetzten Bedingungen, einer öffentlich-rechtlichen Versicherungseinrichtung übertragen.

² Sie können die Deckung der Risiken selbst übernehmen, wenn sie die vom Bundesrat festgesetzten Voraussetzungen erfüllen.

Art. 68 Versicherungsverträge zwischen Vorsorgeeinrichtungen und Versicherungseinrichtungen

¹ Versicherungseinrichtungen, welche die Risikodeckung einer nach diesem Gesetz registrierten Vorsorgeeinrichtung übernehmen wollen, haben in ihre Angebote Tarife einzubeziehen, die lediglich die gesetzlich vorgeschriebenen Risiken für Todesfall und Invalidität abdecken. Der Bundesrat regelt die Einzelheiten.

² Die für die Genehmigung der Tarife aufgrund von Artikel 20 des Versicherungsaufsichtsgesetzes[59] zuständige Aufsichtsbehörde prüft, ob die für die gesetzlich vorgeschriebene berufliche Vorsorge anwendbaren Tarife auch unter dem Gesichtspunkt des Obligatoriums angebracht sind.

Art. 69 Finanzielles Gleichgewicht

¹ Soweit eine Vorsorgeeinrichtung die Deckung der Risiken selbst übernimmt, darf sie für die Sicherung des finanziellen Gleichgewichts nur den vorhandenen Bestand an Versicherten und Rentnern berücksichtigen (Grundsatz der Bilanzierung in geschlossener Kasse).

² Die Aufsichtsbehörde kann Vorsorgeeinrichtungen von öffentlich-rechtlichen Körperschaften unter den vom Bundesrat festgesetzten Bedingungen ermächtigen, vom Grundsatz der Bilanzierung in geschlossener Kasse abzuweichen. → 45

Art. 70 Sondermassnahmen

¹ Jede Vorsorgeeinrichtung hat 1 Prozent der koordinierten Löhne aller Versicherten, die für die Altersleistungen Beiträge zu entrichten haben, für die Verbesserung der Leistungen an die Eintrittsgeneration nach den Artikeln 32 und 33 sowie für die Anpassung der laufenden Renten an die Preisentwicklung nach Artikel 36 Absatz 2 bereitzustellen. → 46

² Soweit eine Vorsorgeeinrichtung 1 Prozent der koordinierten Löhne nicht nach Absatz 1 verwenden kann oder für diese Zwecke zurückstellt, hat sie diese Mittel zur Erhöhung der Altersgutschriften der Versicherten oder zur Verbesserung der Renten einzusetzen, die vor dem Inkrafttreten dieses Gesetzes entstanden sind. → 23

---

[59] SR **961.01**

19. Anhang 2: Gesetzgebung der beruflichen Vorsorge

³ Beiträge, die nicht der Erhöhung der Altersgutschriften dienen, sind zur Deckung von Risiken zu verwenden.⁶⁰

Art. 71 Vermögensverwaltung → 47–60

¹ Die Vorsorgeeinrichtungen verwalten ihr Vermögen so, dass Sicherheit und genügender Ertrag der Anlagen, eine angemessene Verteilung der Risiken sowie die Deckung des voraussehbaren Bedarfes an flüssigen Mitteln gewährleistet sind.

² Der Bundesrat bestimmt die Fälle, in denen die Verpfändung oder Belastung von Ansprüchen einer Vorsorgeeinrichtung aus Kollektivlebensversicherungsvertrag oder aus Rückversicherungsvertrag zulässig ist.

Art. 72 Finanzierung der Auffangeinrichtung

¹ Die Auffangeinrichtung ist nach dem Grundsatz der Bilanzierung in geschlossener Kasse zu finanzieren, soweit sie die Deckung der Risiken selbst übernimmt.

² Die nach Artikel 12 für die Auffangeinrichtung entstehenden Kosten werden vom Sicherheitsfonds nach Artikel 56 Absatz 1 Buchstabe b getragen.

³ Die der Auffangeinrichtung für ihre Tätigkeit nach Artikel 60 Absatz 2 dieses Gesetzes sowie nach Artikel 4 Absatz 2 des Freizügigkeitsgesetzes vom 17. Dezember 1993⁶¹ entstandenen Kosten, die nicht auf den Verursacher überwälzt werden können, werden vom Sicherheitsfonds getragen.⁶²

Fünfter Teil: Rechtspflege und Strafbestimmungen
Erster Titel: Rechtspflege

Art. 73 Streitigkeiten zwischen Vorsorgeeinrichtungen, Arbeitgebern und Anspruchsberechtigten; Verantwortlichkeitsansprüche⁶³

¹ Jeder Kanton bezeichnet ein Gericht, das als letzte kantonale Instanz über Streitigkeiten zwischen Vorsorgeeinrichtungen, Arbeitgebern und Anspruchsberechtigten entscheidet. Es entscheidet zudem über Verantwortlichkeitsansprüche nach Artikel 52 und über den Rückgriff nach Artikel 56*a* Absatz 1.⁶⁴

---

⁶⁰ Fassung gemäss Anhang Ziff. 3 des Freizügigkeitsgesetzes vom 17. Dez. 1993, in Kraft seit 1. Jan. 1995 (SR **831.42**)
⁶¹ SR **831.42**
⁶² Eingefügt durch Anhang Ziff. 3 des Freizügigkeitsgesetzes vom 17. Dez. 1993 (SR **831.42**). Fassung gemäss Ziff. I des BG vom 21. Juni 1996, in Kraft seit 1. Jan. 1997 (AS **1996** 3067 3070; BBl **1996** I 564 580).
⁶³ Fassung gemäss Ziff. I des BG vom 21. Juni 1996, in Kraft seit 1. Jan. 1997 (AS **1996** 3067 3070; BBl **1996** I 564 580).
⁶⁴ Fassung gemäss Ziff. I des BG vom 21. Juni 1996, in Kraft seit 1. Jan. 1997 (AS **1996** 3067 3070; BBl **1996** I 564 580).

² Die Kantone sehen ein einfaches, rasches und in der Regel kostenloses Verfahren vor; der Richter stellt den Sachverhalt von Amtes wegen fest.

³ Gerichtsstand ist der schweizerische Sitz oder Wohnsitz des Beklagten oder der Ort des Betriebes, bei dem der Versicherte angestellt wurde.

⁴ Die Entscheide der kantonalen Gerichte können auf dem Wege der Verwaltungsgerichtsbeschwerde beim Eidgenössischen Versicherungsgericht angefochten werden.

Art. 74 Eidgenössische Beschwerdekommission

¹ Der Bundesrat setzt eine von der Verwaltung unabhängige Beschwerdekommission ein.

² Diese beurteilt Beschwerden gegen:
- a. Verfügungen der Aufsichtsbehörden;
- b. Verfügungen des Sicherheitsfonds;
- c. Verfügungen der Auffangeinrichtung betreffend den Anschluss von Arbeitgebern;
- d.[65] Verfügungen des Sicherheitsfonds über Rückforderungsansprüche nach Artikel 56*a* Absatz 2.

³ Für das Verfahren vor der Beschwerdekommission gilt das Verwaltungsverfahrensgesetz[66].

⁴ Entscheide der Beschwerdekommission können mit Verwaltungsgerichtsbeschwerde beim Bundesgericht angefochten werden.

Zweiter Titel: Strafbestimmungen

Art. 75 Übertretungen

1. Wer die Auskunftspflicht verletzt, indem er wissentlich unwahre Auskunft erteilt oder die Auskunft verweigert,

wer sich einer von der zuständigen Behörde angeordneten Kontrolle widersetzt oder diese auf eine andere Weise verunmöglicht,

wer die erforderlichen Formulare nicht oder nicht wahrheitsgetreu ausfüllt,

wird mit Haft oder mit Busse bis zu 5000 Franken bestraft, sofern nicht ein Vergehen nach Artikel 285 des Strafgesetzbuches[67] vorliegt.

2. Bei geringfügigen Fällen kann von der Durchführung eines Verfahrens abgesehen werden.

---

[65] Eingefügt durch Ziff. I des BG vom 21. Juni 1996, in Kraft seit 1. Jan. 1997 (AS **1996** 3067 3070; BBl **1996** I 564 580).
[66] SR **172.021**
[67] SR **311.0**

Art. 76 Vergehen

Wer durch unwahre oder unvollständige Angaben oder in anderer Weise für sich oder einen anderen eine Leistung der Vorsorgeeinrichtung oder des Sicherheitsfonds erwirkt, die ihm nicht zukommt,

wer sich durch unwahre oder unvollständige Angaben oder in anderer Weise der Beitragspflicht gegenüber einer Vorsorgeeinrichtung oder dem Sicherheitsfonds entzieht,

wer als Arbeitgeber einem Arbeitnehmer Beiträge vom Lohn abzieht und diese nicht an die zuständige Vorsorgeeinrichtung überweist,

wer die Schweigepflicht verletzt oder bei der Durchführung dieses Gesetzes seine Stellung als Organ oder Funktionär zum Nachteil Dritter oder zum eigenen Vorteil missbraucht,

wer als Inhaber oder Mitglied einer Kontrollstelle oder als anerkannter Experte für berufliche Vorsorge die Pflichten nach Artikel 53 in grober Weise verletzt,

wird, sofern nicht ein mit schwererer Strafe bedrohtes Vergehen oder Verbrechen des Strafgesetzbuches[68] vorliegt, mit Gefängnis bis zu sechs Monaten oder mit Busse bis zu 20000 Franken bestraft.

Art. 77 Widerhandlungen in Geschäftsbetrieben

[1] Wird eine Widerhandlung beim Besorgen der Angelegenheiten einer juristischen Person, Kollektiv- oder Kommanditgesellschaft, Einzelfirma oder Personengesamtheit ohne Rechtspersönlichkeit oder sonst in Ausübung geschäftlicher oder dienstlicher Verrichtungen für einen andern begangen, so finden die Strafbestimmungen auf diejenigen natürlichen Personen Anwendung, welche die Tat verübt haben.

[2] Der Geschäftsherr oder Arbeitgeber, Auftraggeber oder Vertretene, der es vorsätzlich oder fahrlässig in Verletzung einer Rechtspflicht unterlässt, eine Widerhandlung des Untergebenen, Beauftragten oder Vertreters abzuwenden oder in ihren Wirkungen aufzuheben, untersteht den Strafbestimmungen, die für den entsprechend handelnden Täter gelten.

[3] Ist der Geschäftsherr oder Arbeitgeber, Auftraggeber oder Vertretene eine juristische Person, Kollektiv- oder Kommanditgesellschaft, Einzelfirma oder Personengesamtheit ohne Rechtspersönlichkeit, so findet Absatz 2 auf die schuldigen Organe, Organmitglieder, geschäftsführenden Gesellschafter, tatsächlich leitenden Personen oder Liquidatoren Anwendung.

[4] Fällt eine Busse von höchstens 2000 Franken in Betracht und würde die Ermittlung der nach den Absätzen 1–3 strafbaren Personen Untersuchungsmassnahmen bedingen, die im Hinblick auf die verwirkte Strafe unverhältnismässig wären, so kann von einer Verfolgung dieser Personen Umgang genommen und an ihrer Stelle

---

[68] SR 311.0

die juristische Person, die Kollektiv- oder Kommanditgesellschaft oder die Einzelfirma zur Bezahlung der Busse verurteilt werden.

Art. 78   Verfahren

Die Verfolgung und die Beurteilung ist Sache der Kantone. Artikel 258 des Bundesstrafrechtspflegegesetzes[69] ist anwendbar.

Art. 79   Ordnungswidrigkeiten

¹ Wer einer Verfügung der zuständigen Aufsichtsbehörde trotz Mahnung und Hinweis auf die Strafdrohung dieses Artikels innert nützlicher Frist nicht nachkommt, wird von der Aufsichtsbehörde mit einer Ordnungsbusse bis zu 2000 Franken bestraft. Bei geringfügigen Ordnungswidrigkeiten kann eine Verwarnung ausgesprochen werden.

² Die Bussenverfügungen können mit Beschwerde nach Artikel 74 angefochten werden.

Sechster Teil: Steuerrecht und besondere Bestimmungen
Erster Titel: Steuerrechtliche Behandlung der Vorsorge

Art. 80   Vorsorgeeinrichtungen

¹ Die Bestimmungen dieses Titels gelten auch für die Vorsorgeeinrichtungen, die nicht im Register für die berufliche Vorsorge eingetragen sind.

² Die mit Rechtspersönlichkeit ausgestatteten Vorsorgeeinrichtungen des privaten und des öffentlichen Rechts sind, soweit ihre Einkünfte und Vermögenswerte ausschliesslich der beruflichen Vorsorge dienen, von den direkten Steuern des Bundes, der Kantone und der Gemeinden und von Erbschafts- und Schenkungssteuern der Kantone und Gemeinden befreit.

³ Liegenschaften dürfen mit Grundsteuern, insbesondere Liegenschaftensteuern vom Bruttowert der Liegenschaft und Handänderungssteuern belastet werden.

⁴ Mehrwerte aus der Veräusserung von Liegenschaften können entweder mit der allgemeinen Gewinnsteuer oder mit einer speziellen Grundstückgewinnsteuer erfasst werden. Bei Fusionen und Aufteilungen von Vorsorgeeinrichtungen dürfen keine Gewinnsteuern erhoben werden.

Art. 81   Abzug der Beiträge

¹ Die Beiträge der Arbeitgeber an Vorsorgeeinrichtungen gelten bei den direkten Steuern des Bundes, der Kantone und der Gemeinden als Geschäftsaufwand.

---

[69] SR 312.0

² Die von den Arbeitnehmern und Selbständigerwerbenden an Vorsorgeeinrichtungen nach Gesetz oder reglementarischen Bestimmungen geleisteten Beiträge sind bei den direkten Steuern des Bundes, der Kantone und Gemeinden abziehbar.

³ Für den versicherten Arbeitnehmer sind die vom Lohn abgezogenen Beiträge im Lohnausweis anzugeben; andere Beiträge sind durch die Vorsorgeeinrichtungen zu bescheinigen.

Art. 82   Gleichstellung anderer Vorsorgeformen

¹ Arbeitnehmer und Selbständigerwerbende können auch Beiträge für weitere, ausschliesslich und unwiderruflich der beruflichen Vorsorge dienende, anerkannte Vorsorgeformen abziehen.

² Der Bundesrat legt in Zusammenarbeit mit den Kantonen die anerkannten Vorsorgeformen und die Abzugsberechtigung für Beiträge fest.

Art. 83   Besteuerung der Leistungen

Die Leistungen aus Vorsorgeeinrichtungen und Vorsorgeformen nach den Artikeln 80 und 82 sind bei den direkten Steuern des Bundes, der Kantone und der Gemeinden in vollem Umfang als Einkommen steuerbar.

Art. 83a[70]   Steuerliche Behandlung der Wohneigentumsförderung

¹ Der Vorbezug und der aus einer Pfandverwertung des Vorsorgeguthabens erzielte Erlös sind als Kapitalleistung aus Vorsorge steuerbar.

² Bei Wiedereinzahlung des Vorbezugs oder des Pfandverwertungserlöses kann der Steuerpflichtige verlangen, dass ihm die beim Vorbezug oder bei der Pfandverwertung für den entsprechenden Betrag bezahlten Steuern zurückerstattet werden. Für solche Wiedereinzahlungen ist ein Abzug zur Ermittlung des steuerbaren Einkommens ausgeschlossen.

³ Das Recht auf Rückerstattung der bezahlten Steuern erlischt nach Ablauf von drei Jahren seit Wiedereinzahlung des Vorbezugs oder des Pfandverwertungserlöses an eine Einrichtung der beruflichen Vorsorge.

⁴ Alle Vorgänge gemäss den Absätzen 1–3 sind der Eidgenössischen Steuerverwaltung von der betreffenden Vorsorgeeinrichtung unaufgefordert zu melden.

⁵ Die Bestimmungen dieses Artikels gelten für die direkten Steuern von Bund, Kantonen und Gemeinden.

---

[70] Eingefügt durch Ziff. I des BG vom 17. Dez. 1993 über die Wohneigentumsförderung mit Mitteln der beruflichen Vorsorge, in Kraft seit 1. Jan. 1995 (AS **1994** 2372 2378; BBl **1992** VI 237).

Art. 84 Ansprüche aus Vorsorge

Vor ihrer Fälligkeit sind die Ansprüche aus Vorsorgeeinrichtungen und Vorsorgeformen nach den Artikeln 80 und 82 von den direkten Steuern des Bundes, der Kantone und der Gemeinden befreit.

Zweiter Titel: Besondere Bestimmungen

Art. 85 Eidgenössische Kommission für die berufliche Vorsorge

¹ Der Bundesrat bestellt eine Eidgenössische Kommission für die berufliche Vorsorge mit höchstens 21 Mitgliedern. Sie setzt sich zusammen aus Vertretern des Bundes und der Kantone sowie mehrheitlich aus Vertretern der Arbeitgeber, Arbeitnehmer und Vorsorgeeinrichtungen.

² Die Kommission begutachtet zuhanden des Bundesrates Fragen über die Durchführung und Weiterentwicklung der beruflichen Vorsorge.

Art. 86 Schweigepflicht

¹ Personen, die an der Durchführung, der Kontrolle oder der Beaufsichtigung der beruflichen Vorsorge beteiligt sind, unterliegen hinsichtlich der persönlichen und finanziellen Verhältnisse der Versicherten und der Arbeitgeber der Schweigepflicht.

² Ausnahmen regelt der Bundesrat.

Art. 87 Auskunftspflicht der Organe der AHV/IV

Der Bundesrat kann die mit dem Vollzug der AHV/IV betrauten Organe verpflichten, den Vorsorgeeinrichtungen, dem Sicherheitsfonds und den Aufsichtsbehörden die erforderlichen Auskünfte zu erteilen.

Art. 88 Berufliche Vorsorge in der Landwirtschaft

Der Bundesrat kann den kantonalen Ausgleichskassen der AHV die Erhebung der Beiträge sowie weitere Aufgaben im Rahmen der beruflichen Vorsorge für die Landwirtschaft gegen Entschädigung übertragen.

Art. 89[71]

---

[71] Aufgehoben durch Anhang Ziff. 10 des Bundesstatistikgesetzes vom 9. Okt. 1992 (SR **431.01**).

Siebenter Teil: Schlussbestimmungen
Erster Titel: Änderung von Bundesgesetzen

Art. 90

Die Änderungen des geltenden Bundesrechtes stehen im Anhang; dieser ist Bestandteil des Gesetzes.

Zweiter Titel: Übergangsbestimmungen

Art. 91 Garantie der erworbenen Rechte

Dieses Gesetz greift nicht in Rechte der Versicherten ein, die sie vor seinem Inkrafttreten erworben haben.

Art. 92 Bestehende Vorsorgestiftungen

Auf Verlangen von mindestens der Hälfte der Mitglieder des Stiftungsrates nehmen die bei Inkrafttreten des Gesetzes bestehenden Vorsorgestiftungen an der Durchführung der obligatorischen Versicherung teil. Sie lassen sich zu diesem Zweck entweder in das Register für die berufliche Vorsorge eintragen, oder sie überführen ihr Vermögen in eine registrierte Vorsorgeeinrichtung.

Art. 93 Provisorische Registrierung der Vorsorgeeinrichtungen

[1] Vorsorgeeinrichtungen, die an der Durchführung der obligatorischen Versicherung teilnehmen wollen, können sich während der Einführungszeit des Gesetzes provisorisch in das Register für die berufliche Vorsorge eintragen lassen.

[2] Sie haben sich darüber auszuweisen, dass sie in der Lage sein werden, den gesetzlichen Erfordernissen innert der vom Bundesrat festgesetzten Frist zu genügen.

Art. 94 Provisorischer Anschluss der Arbeitgeber → 8

Während der Einführungszeit kann sich der Arbeitgeber einer Vorsorgeeinrichtung provisorisch anschliessen.

Art. 95 Übergangsordnung für die Altersgutschriften

Während der ersten zwei Jahre nach Inkrafttreten des Gesetzes gelten für die Berechnung der Altersgutschriften folgende Mindestansätze:

Altersjahr		Ansatz in Prozenten des koordinierten Lohnes
Männer	Frauen	
25–34	25–31	7
35–44	32–41	10
45–54	42–51	11
55–65	52–62	13

Art. 96   Freiwillige Versicherung der Selbständigerwerbenden

Der Vorbehalt nach Artikel 45 Absatz 1 ist unzulässig gegenüber einem Selbständigerwerbenden, der sich innert eines Jahres nach Inkrafttreten des Gesetzes freiwillig versichern lässt.

Dritter Titel: Vollzug und Inkrafttreten

Art. 97   Vollzug

¹ Der Bundesrat überwacht die Anwendung des Gesetzes und trifft die Massnahmen zur Durchführung der beruflichen Vorsorge.

² Die Kantone erlassen die Ausführungsbestimmungen. Bis zu deren Erlass können die Kantonsregierungen eine provisorische Regelung treffen.

³ Die Kantone bringen die Ausführungsvorschriften dem Eidgenössischen Departement des Innern zur Kenntnis.[72]

Art. 98   Inkrafttreten

¹ Dieses Gesetz untersteht dem fakultativen Referendum.

² Der Bundesrat bestimmt den Zeitpunkt des Inkrafttretens und berücksichtigt dabei insbesondere die sozialen und wirtschaftlichen Verhältnisse. Er kann einzelne Vorschriften vor diesem Zeitpunkt in Kraft setzen.

³ Die Vorschriften in Artikel 81 Absätze 2 und 3 und in den Artikeln 82 und 83 sind innerhalb dreier Jahre nach Inkrafttreten des Gesetzes in Kraft zu setzen.

⁴ Artikel 83 findet keine Anwendung auf Renten und Kapitalabfindungen aus Vorsorgeeinrichtungen und Vorsorgeformen im Sinne der Artikel 80 und 82, die:

    a.   vor Inkrafttreten von Artikel 83 zu laufen beginnen oder fällig werden oder

---

[72]   Fassung gemäss Ziff. II 411 des BG vom 15. Dez. 1989 über die Genehmigung kantonaler Erlasse durch den Bund, in Kraft seit 1. Febr. 1991 (AS **1991** 362 369; BBl **1988** II 1333).

b. innerhalb von 15 Jahren seit Inkrafttreten von Artikel 83 zu laufen beginnen oder fällig werden und auf einem Vorsorgeverhältnis beruhen, das bei Inkrafttreten bereits besteht.

Datum des Inkrafttretens: [73] 1. Januar 1985
Art. 54, 55, 61, 63, 64 und 97: 1. Juli 1983
Art. 48 und 93: 1. Januar 1984
Art. 60: 1. Juli 1984
Art. 81 Abs. 2 und 3. 82 und 83: 1. Januar 1987

Schlussbestimmungen der Änderung vom 21. Juni 1996[74]

[1] Bei zahlungsunfähig gewordenen Vorsorgeeinrichtungen erbringt der Sicherheitsfonds die Leistungen nach Artikel 56 Absatz 1 Buchstabe c, sofern das Liquidationsverfahren im Zeitpunkt des Inkrafttretens dieser Gesetzesänderung noch nicht rechtskräftig abgeschlossen ist. Er erbringt zudem die Leistungen nach Artikel 56 Absatz 1 Buchstabe c in Verbindung mit Artikel 56 Absatz 3[75], wenn die Insolvenz auf ein Konkurs- oder ein ähnliches Verfahren gegen den Arbeitgeber zurückzuführen ist, das nach Inkrafttreten dieser Gesetzesänderung eröffnet worden ist.

[2] Der Sicherheitsfonds entschädigt die Auffangeinrichtung für die Kosten, die ihr aufgrund ihrer Tätigkeit nach Artikel 60 Absatz 2 seit dem 1. Januar 1995 entstanden und nicht anderweitig abgegolten worden sind.

---

[73] Art. 1 der V vom 29. Juni 1983 (SR **831.401**)
[74] AS **1996** 3067; BBl **1996** I 564 580
[75] Berichtigt von der Redaktionskommission der BVers (Art. 33 des Geschäftsverkehrsgesetzes - SR **171.11**).

Anhang

Änderung von Bundeserlassen

1. Zivilgesetzbuch[76]

Art. 89bis Abs. 4 und 6
...

2. Obligationenrecht[77]

Art. 331 Abs. 3
...

Art. 331a Abs. 3bis
...

Art. 331b Abs. 3bis
...

Art. 331c Abs. 1
...

Art. 339d Abs. 1
..

Art. 342 Abs. 1 Bst. a
...

3. Versicherungsvertragsgesetz[78]

Art. 46 Abs. 1
...

---

[76] SR **210**. Die hiernach aufgeführten Änd. sind eingefügt im genannten BG.
[77] SR **220**. Die hiernach aufgeführten Änd. sind eingefügt im genannten BG.
[78] SR **221.229.1**. Die hiernach aufgeführte Änd. ist eingefügt im genannten BG.

4. Schuldbetreibungs- und Konkursgesetz[79]

Art. 92 Ziff. 13 [80]

...

5. Bundesgesetz über die Alters- und Hinterlassenenversicherung[81]

Art. 43quinquies[82]
Aufgehoben

Art. 49
Die Wörter «anerkannte Versicherungseinrichtungen» werden gestrichen.

Art. 73 Abs. 1
Das Wort «anerkannten» wird gestrichen.

Art. 74–83
Aufgehoben

Art. 109 Abs. 1
Das Wort «anerkannten» wird gestrichen.

6. Bundesgesetz über die Invalidenversicherung[83]

Art. 68
Aufgehoben

7. Bundesgesetz vom 19. März 1965[84] über Ergänzungsleistungen zur Alters-, Hinterlassenen- und Invalidenversicherung

Art. 3 Abs. 4 Bst. d[85]

...

---

[79] SR **281.1**
[80] Diese Ziff. ist heute aufgehoben.
[81] SR **831.10**
[82] Berichtigt von der Redaktionskommission der BVers (Art. 33 GVG - SR **171.11**).
[83] SR **831.20**
[84] SR **831.30**
[85] Diese Bestimmung hat heute eine neue Fassung.

8. Unfallversicherungsgesetz[86]

Art. 40
...

---

[86] SR **832.20**. Die hiernach aufgeführte Änd. ist eingefügt im genannten BG.

Verordnung 831.401
über die Inkraftsetzung und Einführung des Bundesgesetzes über die berufliche Alters-, Hinterlassenen- und Invalidenvorsorge

vom 29. Juni 1983

Der Schweizerische Bundesrat,
gestützt auf Artikel 98 des Bundesgesetzes vom 25. Juni 1982[1] über die berufliche Alters-, Hinterlassenen- und Invalidenvorsorge (BVG),
verordnet:

Art. 1   Inkraftsetzung

[1] Das Gesetz tritt vorbehältlich der Absätze 2–5 am 1. Januar 1985 in Kraft.

[2] Die Artikel 54, 55, 61, 63, 64 und 97 treten am 1. Juli 1983 in Kraft.

[3] Die Artikel 48 und 93 treten am 1. Januar 1984 in Kraft.

[4] Artikel 60 tritt am 1. Juli 1984 in Kraft.

[5] Die Artikel 81 Absätze 2 und 3, 82 und 83 treten am 1. Januar 1987 in Kraft.

Art. 2   Massnahmen der Kantone

[1] Die Kantone sorgen dafür, dass die Vorsorgeeinrichtungen ab 1. Januar 1984 bei den kantonalen Aufsichtsbehörden in das Register für berufliche Vorsorge eingetragen werden können.

[2] Die Kantone unterbreiten bis zum 1. Oktober 1983 dem Bundesamt für Sozialversicherung in drei Exemplaren die Ausführungsbestimmungen zu Artikel 61 Absatz 1 BVG oder die provisorischen Regelungen.

[3] Die Kantone unterbreiten bis zum 1. Juli 1984 dem Bundesamt für Sozialversicherung in drei Exemplaren die Ausführungsbestimmungen zu Artikel 73 BVG oder die provisorischen Regelungen.

Art. 3   Auffangeinrichtung

[1] Die Spitzenorganisationen der Arbeitnehmer und Arbeitgeber errichten bis zum 1. Januar 1984 die in Artikel 54 Absatz 2 Buchstabe b BVG vorgesehene Stiftung. Ist bis zu diesem Zeitpunkt die Gründung nicht erfolgt, errichtet der Bundesrat die Stiftung.

[2] Die Auffangeinrichtung muss in der Lage sein, ab 1. Juli 1984 Arbeitgeber anzuschliessen.

Art. 4   Inkrafttreten

Diese Verordnung tritt am 1. Juli 1983 in Kraft.

AS **1983** 827
[1] SR **831.40**

Verordnung
über die Beaufsichtigung und die Registrierung der Vorsorgeeinrichtungen
(BVV 1)

831.435.1

vom 29. Juni 1983 (Stand am 11. August 1998)

Der Schweizerische Bundesrat,
gestützt auf Artikel 97 des Bundesgesetzes vom 25. Juni 1982[1] über die berufliche Alters-, Hinterlassenen- und Invalidenvorsorge (BVG) sowie die Artikel 42 Absatz 1 Buchstabe a und 44 des Versicherungsaufsichtsgesetzes (VAG)[2]
verordnet:

1. Abschnitt: Aufsicht über die Vorsorgeeinrichtungen

Art. 1 Kantonale Aufsichtsbehörde

[1] Aufsichtsbehörde nach Artikel 61 Absatz 1 BVG ist eine zentrale kantonale Instanz.

[2] Die Kantone können zur Unterstützung der kantonalen Aufsichtsbehörde Aufgaben weiteren Kantons- und Gemeindeinstanzen übertragen. Entscheide, die mit Rechtsmitteln anfechtbar sind, dürfen aber nur von der zentralen kantonalen Aufsichtsbehörde getroffen werden.

[3] Die kantonale Aufsichtsbehörde hat gegenüber den weiteren Kantons und Gemeindeinstanzen Weisungs- und Kontrollrecht.

Art. 2 Kantonale öffentlich-rechtliche Vorsorgeeinrichtungen

Die kantonale Aufsichtsbehörde trägt bei der Ausübung der Aufsicht über die öffentlich-rechtlichen Vorsorgeeinrichtungen der Aufsicht Rechnung, die nach dem geltenden Recht bereits durch eine andere kantonale Behörde ausgeübt wird.

Art. 3 Aufsicht des Bundes

[1] Das Bundesamt für Sozialversicherung beaufsichtigt:
   a. die Vorsorgeeinrichtungen mit nationalem und internationalem Charakter;
   b.[3] die Vorsorgeeinrichtungen der SBB, der Nationalbank, der SUVA, und die Pensionskasse des Bundes (PKB).

AS **1983** 829
[1] SR **831.40**
[2] SR **961.01**
[3] Fassung gemäss Ziff. I der V vom 1. Juli 1998, in Kraft seit 1. Jan. 1998 (AS **1998** 1840).

19. Anhang 2: Gesetzgebung der beruflichen Vorsorge

² ...⁴

³ ...⁵

⁴ Das Bundesamt für Privatversicherungswesen beaufsichtigt die Vorsorgeeinrichtungen, die dem VAG unterstehen.

⁵ Vorsorgeeinrichtungen, die der vereinfachten Versicherungsaufsicht nach Artikel 6 VAG unterstehen und noch keine Bewilligung des Eidgenössischen Justiz- und Polizeidepartementes nach Artikel 7 VAG haben, bleiben bis zur Erteilung der Bewilligung unter der Aufsicht des Bundesamtes für Sozialversicherung oder, wenn sie bei Inkrafttreten des BVG schon der kantonalen Stiftungsaufsicht unterstehen, unter der bisherigen Aufsicht.

⁶ Das Bundesamt für Sozialversicherung legt in einer Verfügung fest, ob eine Vorsorgeeinrichtung nationalen oder internationalen Charakter hat.

Art. 4 Oberaufsicht

¹ Das Bundesamt für Sozialversicherung kann die zur Ausübung der Oberaufsicht notwendigen Auskünfte und Unterlagen verlangen. Es erarbeitet zuhanden des Bundesrates Weisungen und bereitet Verfügungen gegen die Aufsichtsbehörden vor.

² Das Bundesamt für Sozialversicherung kann den Aufsichtsbehörden direkt Weisungen erteilen über:

a. die Eintragung und Streichung von Vorsorgeeinrichtungen im Register für die berufliche Vorsorge;

b. die Kontrolle des Anschlusses der Arbeitgeber an eine Vorsorgeeinrichtung;

c. ihre Zusammenarbeit mit den Experten für berufliche Vorsorge und den Kontrollstellen;

d. ihre Zusammenarbeit mit den kantonalen Behörden, die für die Dienstaufsicht über die öffentlich-rechtlichen Vorsorgeeinrichtungen zuständig sind;

e. die Anlage des Vermögens der Vorsorgeeinrichtungen.

Art. 4a⁶ Verwaltungsgerichtsbeschwerde

¹ Die Entscheide der kantonalen Gerichte nach Artikel 73 Absatz 1 BVG oder Artikel 89bis Absatz 6 des Zivilgesetzbuches⁷ und die Entscheide der Eidgenössischen Beschwerdekommission nach Artikel 74 Absatz 2 BVG sind sofort und unentgeltlich dem Bundesamt für Sozialversicherung zuzustellen.

---

⁴ Aufgehoben durch Ziff. I der V vom 1. Juli 1998 (AS **1998** 1840).
⁵ Aufgehoben durch Ziff. I 10 der V vom 18. Dez. 1995 über den Abbau der Regelungsdichte im öffentlichen Verkehr (AS **1996** 146).
⁶ Eingefügt durch Ziff. I der V vom 18. Aug. 1993, in Kraft seit 1. Jan. 1994 (AS **1993** 2475).
⁷ SR **210**

² Das Bundesamt für Sozialversicherung ist berechtigt, gegen Entscheide der kantonalen Gerichte (Art. 73 BVG) beim Eidgenössischen Versicherungsgericht und gegen Entscheide der Eidgenössischen Beschwerdekommission (Art. 74 BVG) beim Bundesgericht Verwaltungsgerichtsbeschwerde zu erheben.

2. Abschnitt: Registrierung der Vorsorgeeinrichtungen

Art. 5 Provisorische Registrierung

Vorsorgeeinrichtungen werden bis zum 31. Dezember 1989 provisorisch registriert.

Art. 6 Voraussetzungen

¹ Provisorisch registriert wird eine Vorsorgeeinrichtung nur, wenn sie die Rechtsform einer Stiftung oder einer Genossenschaft hat oder eine Einrichtung des öffentlichen Rechts ist.

² Die Vertretungsorgane der Vorsorgeeinrichtung müssen ordnungsgemäss nach geltendem Recht bestellt sein.

³ Die Vorsorgeeinrichtung muss erklären, dass sie willens und in der Lage ist, von Anfang an die Alterskonten zu führen und die Leistungen gemäss BVG zu erbringen und die dafür erforderlichen Beiträge zu erheben.

Art. 7 Unterlagen

¹ Die Vorsorgeeinrichtung muss mit dem Antrag auf provisorische Registrierung folgende Unterlagen einreichen, wenn diese nicht bereits bei den Aufsichtsakten liegen:

    a. einen aktuellen Handelsregisterauszug, wenn sie privatrechtlich organisiert ist;

    b. die Gründungsurkunde, die Statuten und die Reglemente sowie alle Bestimmungen nach Artikel 50 Absatz 1 BVG;

    c. die Jahresrechnung;

    d. den neuesten Bericht der Kontrollstelle, wenn diese bereits eine Kontrolle durchgeführt hat;

    e. eine Bestätigung der verantwortlichen Organe der Vorsorgeeinrichtung, dass die nach dem Grundsatz der Bilanzierung in geschlossener Kasse erstellte technische Bilanz ausgeglichen ist oder, wenn dies nicht der Fall ist, einen Sanierungsplan;

    f. den Nachweis, dass ein Kollektivversicherungsvertrag besteht, wenn die Vorsorgeeinrichtung die vollständige Deckung der Risiken nicht selbst übernimmt.

² Absatz 1 Buchstaben c, d und e gelten nicht für neu geschaffene Vorsorgeeinrichtungen.

³ Anstelle der unter Absatz 1 Buchstabe e aufgeführten Unterlagen kann bei öffentlich-rechtlichen Vorsorgeeinrichtungen der Beweis erbracht werden, dass das Gemeinwesen die gesetzlichen Leistungen garantiert.

⁴ Liegen nicht alle Unterlagen vor, kann die Vorsorgeeinrichtung trotzdem provisorisch registriert werden. Die Aufsichtsbehörde setzt ihr dann eine angemessene Frist zur Nachlieferung.

Art. 8   Anpassung an das Gesetz

¹ Bis zum 31. Dezember 1986 muss die Vorsorgeeinrichtung die paritätische Verwaltung einführen und eine Kontrollstelle bestimmen.

² Bis zum 31. Dezember 1989 müssen die reglementarischen Bestimmungen, die Organisation, die Finanzierung und die Verwaltung an die gesetzlichen Vorschriften angepasst worden sein. Diese Anpassungen sind im Rahmen der paritätischen Verwaltung vorzunehmen.

³ Erfüllt die Vorsorgeeinrichtung diese Verpflichtungen nicht, so setzt die Aufsichtsbehörde eine angemessene Nachfrist zur Anpassung. Kommt sie dieser Aufforderung nicht nach, wird sie im Register gestrichen (Art. 10).

Art. 9   Definitive Registrierung

Erfüllt die Vorsorgeeinrichtung die gesetzlichen Verpflichtungen, so wird sie spätestens bis zum 31. Dezember 1989 definitiv registriert.

Art. 10   Streichung im Register

¹ Eine Vorsorgeeinrichtung wird im Register gestrichen, wenn sie

a. die Voraussetzungen für die definitive Registrierung nicht erfüllt;

b. nach der definitiven Registrierung die gesetzlichen Voraussetzungen nicht mehr erfüllt und innerhalb der von der Aufsichtsbehörde gesetzten Frist die erforderlichen Anpassungen nicht vornimmt;

c. freiwillig auf die provisorische oder definitive Registrierung verzichtet.

² ...⁸

³ Die im Register gestrichene Vorsorgeeinrichtung muss die bei ihr angeschlossenen Arbeitgeber darüber orientieren, dass sie sich bei einer registrierten Vorsorgeeinrichtung anschliessen müssen. Sie meldet der Aufsichtsbehörde die bei ihr bisher angeschlossenen Arbeitgeber.

⁴ Sie muss den Nachfolgeeinrichtungen für die von diesen übernommenen Versicherten die Vermögensbeträge überweisen, die dem Wert der erworbenen Rechte nach dem BVG entsprechen.

---

⁸   Aufgehoben durch Art. 28 der V vom 22. Juni 1998 über den Sicherheitsfonds BVG (SR **831.432.1**).

⁵ Sie muss der Aufsichtsbehörde einen Schlussbericht vorlegen. Solange dieser nicht genehmigt ist, bleibt sie der jeweiligen Aufsichtsbehörde hinsichtlich der Verpflichtungen, die ihr für die Vergangenheit nach BVG noch obliegen, unterstellt.

Art. 11 Führung des Registers

¹ Jede Aufsichtsbehörde führt das Register der Vorsorgeeinrichtungen, die ihr unterstehen.

² Die Register sind öffentlich.

³ Jede Eintragung muss die Bezeichnung der Vorsorgeeinrichtung, eine Ordnungsnummer und das Datum der Registrierung enthalten. Es ist zu unterscheiden zwischen den für einen einzigen oder den für mehrere Arbeitgeber tätigen Vorsorgeeinrichtungen.

3. Abschnitt: Inkrafttreten

Art. 12

Diese Verordnung tritt am 1. Juli 1983 in Kraft.

Verordnung über die berufliche Alters-, Hinterlassenen- und Invalidenvorsorge
(BVV 2)

831.441.1

vom 18. April 1984 (Stand am 24. Dezember 1998)

Der Schweizerische Bundesrat,
gestützt auf Artikel 97 Absatz 1 des Bundesgesetzes vom 25. Juni 1982[1] über die berufliche Alters-, Hinterlassenen- und Invalidenvorsorge (BVG),
verordnet:

1. Kapitel: Obligatorische Versicherung der Arbeitnehmer
1. Abschnitt: Versicherter Personenkreis und koordinierter Lohn

Art. 1 Von der obligatorischen Versicherung ausgenommene Arbeitnehmer
(Art. 2 Abs. 2 BVG)

[1] Folgende Arbeitnehmer sind der obligatorischen Versicherung nicht unterstellt:

a. Arbeitnehmer, deren Arbeitgeber gegenüber der AHV nicht beitragspflichtig ist;

b. Arbeitnehmer mit einem befristeten Arbeitsvertrag von höchstens drei Monaten. Wird das Arbeitsverhältnis über die Dauer von drei Monaten hinaus verlängert, so sind sie von dem Zeitpunkt an versichert, in dem die Verlängerung vereinbart wurde;

c. Arbeitnehmer, die nebenberuflich tätig sind und bereits für eine hauptberufliche Erwerbstätigkeit obligatorisch versichert sind oder im Hauptberuf eine selbständige Erwerbstätigkeit ausüben;

d. Personen, die im Sinne der IV zu mindestens zwei Dritteln invalid sind;

e. die folgenden Familienglieder des Betriebsleiters, die in einem landwirtschaftlichen Betrieb mitarbeiten:
   1. die Verwandten des Betriebsleiters in auf- und absteigender Linie sowie ihre Ehegatten;
   2. die Schwiegersöhne des Betriebsleiters, die voraussichtlich den Betrieb zur Selbstbewirtschaftung übernehmen werden.

[2] Arbeitnehmer, die nicht oder voraussichtlich nicht dauernd in der Schweiz tätig sind und im Ausland genügend versichert sind, werden von der obligatorischen

AS **1984** 543
[1] SR **831.40**

Versicherung befreit, wenn sie ein entsprechendes Gesuch an die Vorsorgeeinrichtung stellen.

³ Arbeitnehmer, die nach Absatz 1 Buchstaben a und e der obligatorischen Versicherung nicht unterstellt sind, können sich zu den gleichen Bedingungen wie Selbständigerwerbende freiwillig versichern lassen.

⁴ Arbeitnehmer, die nach Absatz 1 Buchstaben b und c der obligatorischen Versicherung nicht unterstellt sind, können sich im Rahmen von Artikel 46 BVG versichern lassen.

Art. 2 Jahreslohn in Sonderfällen
(Art. 2 Abs. 1 und 7 Abs. 1 BVG)

Ist der Arbeitnehmer weniger als ein Jahr lang bei einem Arbeitgeber beschäftigt, so gilt als Jahreslohn der Lohn, den er bei ganzjähriger Beschäftigung erzielen würde.

Art. 3 Bestimmung des koordinierten Lohnes
(Art. 7 Abs. 2 und 8 BVG)

¹ Die Vorsorgeeinrichtung kann in ihrem Reglement vom massgebenden Lohn der AHV abweichen, indem sie:

- a. Lohnbestandteile weglässt, die nur gelegentlich anfallen;
- b. den koordinierten Jahreslohn zum voraus aufgrund des letzten bekannten Jahreslohnes bestimmt; sie muss dabei die für das laufende Jahr bereits vereinbarten Änderungen berücksichtigen;
- c. bei Berufen, in denen der Beschäftigungsgrad oder die Einkommenshöhe stark schwanken, die koordinierten Löhne pauschal nach dem Durchschnittslohn der jeweiligen Berufsgruppe festsetzt.

² Die Vorsorgeeinrichtung kann bei der Bestimmung des koordinierten Lohnes ferner vom Jahreslohn abweichen und dafür auf den für eine bestimmte Zahlungsperiode ausgerichteten Lohn abstellen. Die in den Artikeln 2, 7, 8 und 46 BVG aufgeführten Beträge werden dann auf die entsprechende Zahlungsperiode umgerechnet. Sinkt der Lohn vorübergehend unter den gesetzlichen Mindestbetrag, so bleibt der Arbeitnehmer dennoch der obligatorischen Versicherung unterstellt.

Art. 4 Koordinierter Lohn eines zur Hälfte Invaliden
(Art. 8 und 34 Abs. 1 Bst. b BVG)

Für Personen, die im Sinne des Bundesgesetzes über die Invalidenversicherung[2] zur Hälfte invalid sind, werden die Grenzbeträge nach den Artikeln 2, 7, 8 und 46 BVG um die Hälfte gekürzt.

---

[2] SR **831.20**

19. Anhang 2: Gesetzgebung der beruflichen Vorsorge

Art. 5[3]   Anpassung an die AHV

Die Grenzbeträge nach den Artikeln 2, 7, 8 und 46 BVG werden wie folgt

bisherige Beträge Franken	neue Beträge Franken
23 880	24 120
71 640	72 360
2 985	3 015

Art. 6   Beginn der Versicherung
(Art. 10 Abs. 1 BVG)

Die Versicherung beginnt an dem Tag, an dem der Arbeitnehmer aufgrund der Anstellung die Arbeit antritt oder hätte antreten sollen, in jedem Falle aber im Zeitpunkt, da er sich auf den Weg zur Arbeit begibt.

2. Abschnitt: Anschlusspflicht des Arbeitgebers

Art. 7   Auswirkungen des Anschlusses an eine oder mehrere
              Vorsorgeeinrichtungen
(Art. 11 Abs. 1 BVG)

[1] Schliesst sich ein Arbeitgeber einer registrierten Vorsorgeeinrichtung an, so sind alle dem Gesetz unterstellten Arbeitnehmer bei dieser Vorsorgeeinrichtung versichert.

[2] Will sich der Arbeitgeber verschiedenen registrierten Vorsorgeeinrichtungen anschliessen, so muss er die Gruppen der Versicherten so bestimmen, dass alle dem Gesetz unterstellten Arbeitnehmer versichert sind. Entstehen bei der Umschreibung der Gruppen Lücken, so haften die Vorsorgeeinrichtungen für die gesetzlichen Leistungen solidarisch. Sie können gegen den Arbeitgeber Rückgriff nehmen.

Art. 8   Provisorischer Anschluss
(Art. 94 BVG)

[1] Bis zum 31. Dezember 1987 kann sich der Arbeitgeber einer Vorsorgeeinrichtung provisorisch anschliessen.

[2] Während dieser Einführungszeit kann der Arbeitgeber unter Beachtung einer sechsmonatigen Frist auf Ende des Kalenderjahres kündigen.

---

[3]   Fassung gemäss Ziff. I der V 99 vom 11. Nov. 1998 über die Anpassung der Grenzbeträge bei der beruflichen Vorsorge, in Kraft seit 1. Jan. 1999 (AS **1998** 3026).

Art. 9 Überprüfung des Anschlusses
(Art. 11 Abs. 4 BVG)

¹ Der Arbeitgeber muss seiner AHV-Ausgleichskasse alle für die Überprüfung seines Anschlusses notwendigen Auskünfte erteilen.

² Er muss ihr eine Bescheinigung seiner Vorsorgeeinrichtung zustellen, aus der hervorgeht, dass der Anschluss nach den Vorschriften des BVG erfolgt ist. Ist er der Vorsorgeeinrichtung als einziger Arbeitgeber angeschlossen, so gilt die Kopie des Entscheides der Aufsichtsbehörde über die Registrierung als Bescheinigung.

³ Die AHV-Ausgleichskasse meldet der zuständigen Aufsichtsbehörde Arbeitgeber, die ihre Anschlusspflicht nicht erfüllen. Sie überweist ihr die Unterlagen.

⁴ Das Bundesamt für Sozialversicherung erteilt den AHV-Ausgleichskassen Weisungen, namentlich über das Vorgehen und über den Zeitpunkt der Kontrolle.

Art. 10 Auskunftspflicht des Arbeitgebers
(Art. 11 BVG)

Der Arbeitgeber muss der Vorsorgeeinrichtung alle versicherungspflichtigen Arbeitnehmer melden und alle Angaben machen, die zur Führung der Alterskonten und zur Berechnung der Beiträge nötig sind. Er muss ausserdem der Kontrollstelle alle Auskünfte erteilen, die sie zur Erfüllung ihrer Aufgaben benötigt (Art. 35).

3. Abschnitt: Individuelle Alterskonten und Freizügigkeitsleistungen

Art. 11 Führung der individuellen Alterskonten
(Art. 15 und 16 BVG)

¹ Die Vorsorgeeinrichtung muss für jeden Versicherten ein Alterskonto führen, aus dem das Altersguthaben nach Artikel 15 Absatz 1 BVG ersichtlich ist.

² Am Ende des Kalenderjahres muss sie dem individuellen Alterskonto gutschreiben:

    a. den jährlichen Zins auf dem Altersguthaben nach dem Kontostand am Ende des Vorjahres;

    b. die unverzinsten Altersgutschriften für das abgelaufene Kalenderjahr.

³ Tritt ein Versicherungsfall ein oder verlässt der Versicherte die Vorsorgeeinrichtung während des laufenden Jahres, so muss sie dem Alterskonto gutschreiben:

    a.[4] den Zins nach Absatz 2 Buchstabe a anteilsmässig berechnet bis zum Eintritt des Versicherungsfalles oder des Freizügigkeitsfalles nach Artikel 2 des Freizügigkeitsgesetzes vom 17. Dezember 1993[5] (FZG);

    b. die unverzinsten Altersgutschriften bis zum Eintritt des Versicherungsfalles oder bis zum Austritt des Versicherten.

---

[4] Fassung gemäss Ziff. I der V vom 9. Dez. 1996 (AS **1996** 3452).
[5] SR **831.42**

⁴ Tritt der Versicherte während des Jahres in die Vorsorgeeinrichtung ein, so muss sie seinem Alterskonto am Ende dieses Kalenderjahres gutschreiben:

a. das eingebrachte Altersguthaben in der Höhe des gesetzlichen Mindestschutzes;

b. den Zins auf dem eingebrachten Altersguthaben von der Überweisung der Freizügigkeitsleistung an berechnet;

c. die unverzinsten Altersgutschriften für den Teil des Jahres, während dem der Versicherte der Vorsorgeeinrichtung angehörte.

Art. 12 Mindestzinssatz
(Art. 15 Abs. 2 BVG)

Das Altersguthaben wird mindestens mit 4 Prozent verzinst.

Art. 13 Massgebendes Alter für die Berechnung der Altersgutschrift
(Art. 16 BVG)

Das für die Berechnung der Altersgutschrift massgebende Alter des Versicherten ergibt sich aus der Differenz zwischen dem laufenden Kalenderjahr und dem Geburtsjahr.

Art. 14 Das Alterskonto invalider Versicherter
(Art. 15, 34 Abs. 1 Bst. b BVG und 18 FZG⁶)⁷

¹ Die Vorsorgeeinrichtung muss das Alterskonto eines Invaliden, dem sie eine Rente ausrichtet, für den Fall eines Wiedereintrittes in das Erwerbsleben bis zum Rentenalter weiterführen.

² Das Altersguthaben des Invaliden ist zu verzinsen.

³ Der koordinierte Lohn während des letzten Versicherungsjahres (Art. 18) dient als Berechnungsgrundlage für die Altersgutschriften während der Invalidität.

⁴ Erlischt der Anspruch auf eine Invalidenrente, weil der Versicherte nicht mehr invalid ist, so hat er Anspruch auf eine Freizügigkeitsleistung in der Höhe seines weitergeführten Altersguthabens.

Art. 15 Vorgehen bei Teilinvalidität
(Art. 15 und 34 Abs. 1 Bst. b BVG)

Wird dem Versicherten eine halbe Invalidenrente zugesprochen, so teilt die Vorsorgeeinrichtung das Altersguthaben in zwei gleiche Teile. Sie behandelt die eine Hälfte nach Artikel 14. Die andere Hälfte ist dem Altersguthaben eines voll erwerbstätigen Versicherten gleichgestellt und wird bei Beendigung des Arbeitsverhältnisses nach den Artikeln 3, 4 und 5 des FZG⁸ behandelt.⁹

---

6   SR **831.42**
7   Fassung gemäss Ziff. I der V vom 9. Dez. 1996 (AS **1996** 3452).
8   SR **831.42**
9   Fassung des letzten Satzes gemäss Ziff. I der V vom 9. Dez. 1996 (AS **1996** 3452).

Art. 16 Bestimmung der Freizügigkeitsleistung nach dem Obligatorium
(Art. 15 BVG und 18 FZG[10])[11]

¹ Bei der Übertragung der Freizügigkeitsleistung muss die Vorsorgeeinrichtung das nach dem BVG erworbenen Altersguthaben gesondert angeben. Hat der Versicherte das 50. Altersjahr erreicht, muss sie auch den Stand des Altersguthabens zu diesem Zeitpunkt angeben ...[12].

² Als Bestandteile des nach dem BVG erworbenen Altersguthabens gelten auch:

a. die Zinsen, die sich aus einem Zinssatz ergeben, der über dem Mindestzinssatz nach Artikel 12 liegt;

b. die zusätzlichen Altersgutschriften, die nach Artikel 70 Absatz 2 BVG den Alterskonten gutgeschrieben werden.

4. Abschnitt: Versicherungsleistungen

Art. 17 Umwandlungssatz für die Altersrente
(Art. 14 BVG)

¹ Der Mindestumwandlungssatz für die Altersrente beträgt 7,2 Prozent des Altersguthabens. Er gilt unabhängig von Geschlecht und Zivilstand.

² - ³ ...[13]

Art. 18 Koordinierter Lohn für die Berechnung der Hinterlassenen- und Invalidenleistungen
(Art. 24 Abs. 3 und 34 Abs. 1 Bst. a BVG)

¹ Im Todesfall oder bei Eintritt der Invalidität entspricht der koordinierte Lohn während des letzten Versicherungsjahres dem letzten koordinierten Jahreslohn, der für die Altersgutschriften festgelegt wurde (Art. 3 Abs. 1).

² Weicht die Vorsorgeeinrichtung bei der Bestimmung des koordinierten Lohnes vom Jahreslohn ab (Art. 3 Abs. 2), so muss sie auf die koordinierten Löhne während der letzten zwölf Monate abstellen. Hat der Versicherte ihr jedoch weniger lang angehört, so wird der koordinierte Jahreslohn durch Umrechnung des bis dahin angefallenen Lohnes bestimmt.

³ War der Versicherte während des Jahres vor dem Versicherungsfall wegen Krankheit, Unfall oder aus ähnlichen Gründen nicht voll erwerbsfähig, so wird der koordinierte Jahreslohn aufgrund des Lohnes bei voller Erwerbsfähigkeit berechnet.

---

[10] SR **831.42**
[11] Fassung gemäss Ziff. I der V vom 9. Dez. 1996 (AS **1996** 3452).
[12] Klammer gestrichen durch Ziff. I der V vom 9. Dez. 1996 (AS **1996** 3452).
[13] Aufgehoben durch Ziff. I der V vom 9. Dez. 1996 (AS **1996** 3452).

Art. 19 Hinterlassenenleistungen beim Tod des Bezügers einer halben Invalidenrente
(Art. 21 Abs. 2 und 34 Abs. 1 Bst. b BVG)

¹ Stirbt der Bezüger einer halben Invalidenrente, so werden die Hinterlassenenleistungen auf der Grundlage einer in eine volle Rente umgewandelten Invalidenrente berechnet.

² Die Vorsorgeeinrichtung kann jedoch andere Hinterlassenenleistungen, die den Anspruchsberechtigten aufgrund des BVG zustehen, bis höchstens zur Hälfte ihrer gesetzlichen Leistungen abziehen. Leistungen aus Freizügigkeitspolicen oder anderen gleichwertigen Formen der Erhaltung des Vorsorgeschutzes (Art. 4 Abs. 1 FZG[14])[15] können in gleichem Umfang berücksichtigt werden.

Art. 20 Anspruch der geschiedenen Frau auf Hinterlassenleistungen
(Art. 19 Abs. 3 BVG)

¹ Die geschiedene Frau ist nach dem Tod ihres geschiedenen Ehemannes der Witwe gleichgestellt, sofern die Ehe mindestens zehn Jahre gedauert hat und der geschiedenen Frau im Scheidungsurteil eine Rente oder eine Kapitalabfindung für eine lebenslängliche Rente zugesprochen wurde.

² Die Leistungen der Vorsorgeeinrichtung können jedoch um jenen Betrag gekürzt werden, um den sie zusammen mit den Leistungen der übrigen Versicherungen, insbesondere AHV und IV, den Anspruch aus dem Scheidungsurteil übersteigen.

5. Abschnitt: Eintrittsgeneration

Art. 21 Einmalige Ergänzungsgutschriften
(Art. 33 BVG)

¹ Der Versicherte hat Anspruch auf eine einmalige ergänzende Altersgutschrift (Ergänzungsgutschrift), wenn sein koordinierter Lohn weniger als 19 440 Franken beträgt.[16]

² Die Ergänzungsgutschrift entspricht dem Altersguthaben des Versicherten. Sie wird jedoch gekürzt, soweit das Gesamtaltersguthaben (Altersguthaben und Ergänzungsgutschrift) das Altersguthaben übersteigt, das auf einem koordinierten Lohn von 13 360 Franken im Jahre 1985, von 13 940 Franken in den Jahren 1986 sowie 1987, von 14 520 Franken in den Jahren 1988 sowie 1989, von 15 480 Franken in den Jahren 1990 sowie 1991, von 17 400 Franken im Jahr 1992, von 18 240 Franken in den Jahren 1993 sowie 1994, von 18 720 Franken in den Jahren 1995 sowie 1996, von 19 200 Franken in den Jahren 1997 sowie 1998 und von

---

[14] SR **831.42**
[15] Fassung gemäss Ziff. I der V vom 9. Dez. 1996 (AS **1996** 3452).
[16] Fassung gemäss Ziff. I der V 99 vom 11. Nov. 1998 über die Anpassung der Grenzbeträge bei der beruflichen Vorsorge, in Kraft seit 1. Jan. 1999 (AS **1998** 3026).

19 440 Franken ab 1. Januar 1999 beruht. beruht.[17] Das Bundesamt für Sozialversicherung erstellt Tabellen, die diese obere Grenze präzisieren.

³ Bei Invalidität oder Tod wird die Ergänzungsgutschrift gleich wie beim Erreichen des Rentenalters berechnet. Sie wird jedoch um den Betrag der Altersgutschriften für die bis zum Rentenalter fehlenden Jahre (Art. 24 Abs. 2 Bst. b BVG) gekürzt.

⁴ Haben Versicherte Leistungsansprüche aufgrund von Vorsorgeverhältnissen, die bei Inkrafttreten des BVG bestehen, so können diese von der Vorsorgeeinrichtung ebenfalls berücksichtigt werden (Art. 32 Abs. 2 BVG).

Art. 22 Herabsetzung der Ergänzungsgutschriften
(Art. 33 BVG)

Die Vorsorgeeinrichtung kann die vorgesehenen Ergänzungsgutschriften herabsetzen, wenn:

a. die geringe Höhe des koordinierten Lohnes auf besondere Umstände zurückzuführen ist und deshalb offensichtlich kein kleines Einkommen darstellt;

b. die der Vorsorgeeinrichtung nach Artikel 70 BVG zur Verfügung stehenden Mittel nicht ausreichen, um die Ergänzungsgutschriften zu finanzieren.

Art. 23 Jährliche Zusatzgutschriften in besonderen Fällen
(Art. 33 und 70 Abs. 2 BVG)

¹ Die Vorsorgeeinrichtung kann anstelle der einmaligen Ergänzungsgutschriften jährliche Zusatzgutschriften gewähren, wenn sie nicht in der Lage ist, ein Prozent der koordinierten Löhne nach Artikel 70 Absatz 1 BVG zu verwenden. Diese Voraussetzung ist erfüllt, wenn:

a. die Vorsorgeeinrichtung vor allem Versicherte hat, die vor Erreichen der Altersgrenze austreten;

b. die Vorsorgeeinrichtung nur wenige Versicherte hat;

c. die Versicherungsfälle wegen der Struktur der Vorsorgeeinrichtung voraussichtlich besonders unregelmässig eintreten werden.

² Gibt es in einer Vorsorgeeinrichtung mehrere Risikogemeinschaften, so gilt Absatz 1 für die einzelnen Gemeinschaften.

³ Die Vorsorgeeinrichtung muss die jährlichen Zusatzgutschriften vor allem für die älteren Versicherten verwenden und dabei insbesondere diejenigen mit kleinen Einkommen begünstigen.

---

[17] Fassung des Satzes gemäss Ziff. I der V 99 vom 11. Nov. 1998 über die Anpassung der Grenzbeträge bei der beruflichen Vorsorge, in Kraft seit 1. Jan. 1999 (AS **1998** 3026).

6. Abschnitt:
Überentschädigung und Koordination mit anderen Sozialversicherungen

Art. 24 Ungerechtfertigte Vorteile
(Art. 34 Abs. 2 BVG)

[1] Die Vorsorgeeinrichtung kann die Hinterlassenen- und Invalidenleistungen kürzen, soweit sie zusammen mit anderen anrechenbaren Einkünften 90 Prozent des mutmasslich entgangenen Verdienstes übersteigen.

[2] Als anrechenbare Einkünfte gelten Leistungen gleicher Art und Zweckbestimmung, die der anspruchsberechtigten Person aufgrund des schädigenden Ereignisses ausgerichtet werden, wie Renten oder Kapitalleistungen mit ihrem Rentenumwandlungswert in- und ausländischer Sozialversicherungen und Vorsorgeeinrichtungen, mit Ausnahme von Hilflosenentschädigungen, Abfindungen und ähnlichen Leistungen. Bezügern von Invalidenleistungen wird überdies das weiterhin erzielte Erwerbseinkommen angerechnet.[18]

[3] Ehepaarrenten der AHV/IV dürfen nur zu zwei Dritteln angerechnet werden. Die Einkünfte der Witwe und der Waisen werden zusammengerechnet.[19]

[4] Der Leistungsberechtigte muss der Vorsorgeeinrichtung über alle anrechenbaren Einkünfte Auskunft geben.

[5] Die Vorsorgeeinrichtung kann die Voraussetzungen und den Umfang einer Kürzung jederzeit überprüfen und ihre Leistungen anpassen, wenn die Verhältnisse sich wesentlich ändern.

Art. 25[20] Koordination mit der Unfall- und Militärversicherung
(Art. 34 Abs. 2 BVG)

[1] Ist die Unfallversicherung oder die Militärversicherung für den gleichen Versicherungsfall leistungspflichtig, so kann die Vorsorgeeinrichtung ihre Leistungen nach Artikel 24 kürzen.

[2] Die Vorsorgeeinrichtung ist nicht verpflichtet, Leistungsverweigerungen oder -kürzungen der Unfallversicherung oder der Militärversicherung auszugleichen, wenn der Anspruchsberechtigte den Versicherungsfall schuldhaft herbeigeführt hat.

[3] Für Versicherte, die zu mindestens 50 Prozent invalid sind und keine Invalidenrente der Vorsorgeeinrichtung beziehen, muss diese gleich wie für ihre eigenen Leistungsbezüger (Art. 14):

a. die Altersgutschriften weiterführen;

b. allfällige Freizügigkeitsleistungen erbringen.

---

[18] Fassung gemäss Ziff. I der V vom 28. Okt. 1992, in Kraft seit 1. Jan. 1993 (AS **1992** 2234).

[19] Fassung gemäss Ziff. I der V vom 28. Okt. 1992, in Kraft seit 1. Jan. 1993 (AS **1992** 2234).

[20] Fassung gemäss Ziff. I der V vom 28. Okt. 1992, in Kraft seit 1. Jan. 1993 (AS **1992** 2234).

Art. 26 Ansprüche gegen haftpflichtige Dritte
(Art. 34 Abs. 2 BVG)

Die Vorsorgeeinrichtung kann in ihrem Reglement bestimmen, dass der Anwärter auf eine Hinterlassenen- oder Invalidenleistung ihr seine Forderungen gegen haftpflichtige Dritte bis zur Höhe ihrer Leistungspflicht abtreten muss.

Art. 27 Krankengelder als Lohnersatz
(Art. 34 Abs. 2 und 26 Abs. 2 BVG)

Die Vorsorgeeinrichtung kann den Anspruch auf Invalidenleistung bis zur Erschöpfung des Taggeldanspruchs aufschieben, wenn:

a. der Versicherte anstelle des vollen Lohnes Taggelder der Krankenversicherung erhält, die mindestens 80 Prozent des entgangenen Lohnes betragen, und

b. die Taggeldversicherung vom Arbeitgeber mindestens zur Hälfte mitfinanziert wurde.

2. Kapitel: Freiwillige Versicherung

Art. 28 Beitritt zur freiwilligen Versicherung
(Art. 4, 44 und 46 BVG)

Wer sich nach dem BVG freiwillig versichern lassen will, muss dies der Auffangeinrichtung oder einer anderen zuständigen Vorsorgeeinrichtung beantragen.

Art. 29 Koordinierter Lohn
(Art. 4 Abs. 2, 8 und 46 Abs. 1 und 2 BVG)

¹ Der koordinierte Lohn bei der freiwilligen Versicherung wird nach Artikel 8 BVG und Artikel 3 dieser Verordnung bestimmt. Dabei werden die gesamten Erwerbseinkünfte des Versicherten berücksichtigt.

² Ist der Versicherte auch der obligatorischen Versicherung unterstellt, so wird der koordinierte Lohn bei der freiwilligen Versicherung bestimmt, indem der von der obligatorischen Versicherung bereits abgedeckte koordinierte Lohn vom gesamten koordinierten Lohn abgezogen wird.

³ Der Versicherte muss der Vorsorgeeinrichtung seine gesamten Erwerbseinkünfte aus unselbständiger und aus selbständiger Erwerbstätigkeit angeben.

Art. 30 Beitragspflichtige Arbeitgeber
(Art. 46 Abs. 3 BVG)

¹ An den Beiträgen der Versicherten müssen sich nur Arbeitgeber beteiligen, die auch gegenüber der AHV beitragspflichtig sind.

² Der Versicherte kann nur dann verlangen, dass sich der Arbeitgeber an den Beiträgen beteiligt, wenn er ihn über seinen Beitritt zur freiwilligen Versicherung infor-

miert hat. Der Arbeitgeber ist erst für die Versicherungszeit nach der Mitteilung beitragspflichtig.

Art. 31 Beiträge des Arbeitgebers
(Art. 46 Abs. 3 BVG)

[1] Die Beiträge jedes Arbeitgebers werden in Prozenten des koordinierten Lohnes berechnet. Der koordinierte Lohn wird auf die Arbeitgeber entsprechend den von ihnen ausgerichteten Löhnen aufgeteilt.

[2] Ist der Arbeitnehmer bereits für einen Teil seines Lohnes der obligatorischen Versicherung unterstellt, so wird dieser Lohn für die Bestimmung des auf jeden Arbeitgeber entfallenden koordinierten Lohnteils ebenfalls berücksichtigt. Der Arbeitgeber, dessen Arbeitnehmer dem Obligatorium untersteht, muss für die freiwillige Versicherung so weit Beiträge bezahlen, als die obligatorische Versicherung den nach Absatz 1 bestimmten koordinierten Lohn nicht bereits abdeckt. Ist der koordinierte Lohn der obligatorischen Versicherung grösser als der Teil des koordinierten Lohnes, der auf diesen Arbeitgeber entfällt, so ist der Teil der anderen Arbeitgeber anteilsmässig herabzusetzen.

[3] Deckt die Vorsorgeeinrichtung, die den Arbeitnehmer obligatorisch versichert, mehr als den koordinierten Lohn gemäss BVG, so kann der Arbeitgeber verlangen, dass der überschiessende Lohn zur Bestimmung des Anteils am gesamten koordinierten Lohn, den er in der freiwilligen Versicherung zu decken hat, ebenfalls berücksichtigt wird.

[4] Die Vorsorgeeinrichtung übergibt dem Versicherten am Ende des Kalenderjahres eine Abrechnung über die geschuldeten Beiträge sowie Bescheinigungen, die für jeden Arbeitgeber einzeln ausgestellt sind. Die Bescheinigungen geben Auskunft über:

    a. den vom Arbeitgeber ausgerichteten Lohn, wie er der Vorsorgeeinrichtung mitgeteilt wurde (Art. 29 Abs. 3);

    b. den diesem Lohn entsprechenden koordinierten Lohn;

    c. den Beitragssatz in Prozenten des koordinierten Lohnes;

    d. den vom Arbeitgeber geschuldeten Betrag.

Art. 32 Inkasso der Beiträge durch die Vorsorgeeinrichtung
(Art. 46 Abs. 4 BVG)

[1] Hat der Arbeitnehmer die Vorsorgeeinrichtung mit dem Inkasso der Beiträge beim Arbeitgeber beauftragt und gelingt es ihr nicht, diese Beiträge einzufordern, so muss der Arbeitnehmer die geschuldeten Beiträge selbst bezahlen.

[2] Die Kosten für das Inkasso gehen zu Lasten des Arbeitnehmers.

3. Kapitel: Organisation
1. Abschnitt: Kontrollstelle

Art. 33 Voraussetzungen
(Art. 53 Abs. 1 und 4 BVG)

Als Kontrollstelle können tätig sein:

a. Mitglieder einer der Schweizerischen Treuhand- und Revisionskammer angeschlossenen Gruppe sowie Mitglieder des Schweizerischen Verbandes akademischer Wirtschaftsprüfer;

b. kantonale und eidgenössische Finanzkontrollstellen;

c. andere Revisionsstellen, die aufgrund ihrer Befähigung vom Bundesamt für Sozialversicherung anerkannt werden;

d. Personen, die aufgrund der bisherigen Tätigkeit als Revisionsstelle von Vorsorgeeinrichtungen von der zuständigen Aufsichtsbehörde ermächtigt werden, bestimmte Vorsorgeeinrichtungen zu kontrollieren.

Art. 34 Unabhängigkeit
(Art. 53 Abs. 1 und 4 BVG)

Die Kontrollstelle nach Artikel 33 Buchstaben a, c und d darf nicht weisungsgebunden sein gegenüber:

a. Personen, die für die Geschäftsführung oder Verwaltung der Vorsorgeeinrichtung verantwortlich sind;

b. dem Arbeitgeber, wenn die Vorsorgeeinrichtung betriebseigen ist; hat der Arbeitgeber sein Unternehmen in verschiedene selbständige juristische Personen aufgeteilt, so gilt als Arbeitgeber der Konzern;

c. den leitenden Organen des Verbandes, wenn die Vorsorgeeinrichtung eine Verbandseinrichtung ist;

d. dem Stifter, wenn die Vorsorgeeinrichtung eine Stiftung ist.

Art. 35 Aufgaben
(Art. 53 Abs. 1 und 4, 62 Abs. 1 BVG)

¹ Die Kontrollstelle muss jährlich die Gesetzes-, Verordnungs-, Weisungs- und Reglementskonformität (Rechtmässigkeit) der Jahresrechnung und der Alterskonten prüfen.

² Sie muss ebenso jährlich die Rechtmässigkeit der Geschäftsführung, insbesondere die Beitragserhebung und die Ausrichtung der Leistungen, sowie die Rechtmässigkeit der Anlage des Vermögens prüfen.

³ Die Kontrollstelle muss dem obersten Organ der Vorsorgeeinrichtung schriftlich über das Ergebnis ihrer Prüfung berichten. Sie empfiehlt Genehmigung, mit oder ohne Einschränkung, oder Rückweisung der Jahresrechnung. Stellt die Kontrollstel-

le bei der Durchführung ihrer Prüfung Verstösse gegen Gesetz, Verordnung, Weisungen oder Reglemente fest, so hält sie dies in ihrem Bericht fest.

⁴ Überträgt die Vorsorgeeinrichtung die Geschäftsführung oder die Verwaltung ganz oder teilweise einem Dritten, so ist auch die Tätigkeit dieses Dritten ordnungsgemäss zu prüfen.

⁵ Das Bundesamt für Sozialversicherung kann gegenüber den Aufsichtsbehörden Weisungen über den Inhalt und die Form der Kontrollen erlassen.

Art. 36   Verhältnis zur Aufsichtsbehörde
(Art. 53 Abs. 1 und 4, 62 Abs. 1 BVG)

¹ Die Kontrollstelle muss die jährliche Prüfung der Geschäftsführung, des Rechnungswesens und der Vermögensanlage nach den hiefür erlassenen Weisungen durchführen. Sie übermittelt der Aufsichtsbehörde ein Doppel des Kontrollberichts.

² Stellt die Kontrollstelle bei ihrer Prüfung Mängel fest, so muss sie der Vorsorgeeinrichtung eine angemessene Frist zur Herstellung des ordnungsgemässen Zustandes ansetzen. Wird die Frist nicht eingehalten, so muss sie die Aufsichtsbehörde benachrichtigen.

³ Die Kontrollstelle muss die Aufsichtsbehörde unverzüglich benachrichtigen, wenn die Lage der Vorsorgeeinrichtung ein rasches Einschreiten erfordert oder wenn ihr Mandat abläuft.

2. Abschnitt: Experte für berufliche Vorsorge

Art. 37   Anerkennung
(Art. 53 Abs. 2–4 BVG)

¹ Als Experte für berufliche Vorsorge wird anerkannt, wer das eidgenössische Diplom als Pensionsversicherungsexperte besitzt.

² Das Bundesamt für Sozialversicherung kann bis zum 31. Dezember 1989 beruflich qualifizierte Personen, die kein eidgenössisches Diplom als Pensionsversicherungsexperte besitzen, als Experten anerkennen, namentlich Personen, die von der Vereinigung Schweizerischer Versicherungsmathematiker als erfahrene Versicherungsmathematiker anerkannt werden.

Art. 38   Nicht anerkannte Experten
(Art. 53 Abs. 2–4 BVG)

Stehen nicht genügend Experten zur Verfügung, kann die zuständige Aufsichtsbehörde in Einzelfällen einen qualifizierten nicht anerkannten Experten zulassen.

Art. 39 Juristische Personen
(Art. 53 Abs. 2–4 BVG)

Aufträge können auch einer juristischen Person übertragen werden, wenn diese einen Experten nach Artikel 37 oder 38 beschäftigt. Der Experte muss in diesem Fall die Erarbeitung des Gutachtens leiten und dieses persönlich unterzeichnen.

Art. 40 Unabhängigkeit
(Art. 53 Abs. 2–4 BVG)

Der Experte muss unabhängig sein. Er darf gegenüber Personen, die für die Geschäftsführung oder Verwaltung der Vorsorgeeinrichtung verantwortlich sind, nicht weisungsgebunden sein.

Art. 41 Verhältnis zur Aufsichtsbehörde
(Art. 53 Abs. 2–4, 62 Abs. 1 BVG)

Der Experte muss bei der Ausübung seines Mandates die Weisungen der Aufsichtsbehörde befolgen. Er muss die Aufsichtsbehörde unverzüglich orientieren, wenn die Lage der Vorsorgeeinrichtung ein rasches Einschreiten erfordert oder wenn sein Mandat abläuft.

4. Kapitel: Finanzierung

1. Abschnitt: Finanzierung der Vorsorgeeinrichtungen

Art. 42 Definition der Risiken
(Art. 67 BVG)

Als Risiken nach Artikel 67 BVG gelten die Risiken Alter, Tod und Invalidität.

Art. 43 Rückdeckung
(Art. 67 BVG)

¹ Eine Vorsorgeeinrichtung, welche die Risiken selbst tragen will, muss über eine Rückdeckung verfügen, wenn:

a. der Experte für berufliche Vorsorge dies als notwendig erachtet, oder
b. ihr weniger als hundert aktive Versicherte angehören.

² Über Art und Ausmass der Rückdeckung entscheidet das nach den reglementarischen Bestimmungen zuständige Organ; es holt vorher ein Gutachten des Experten ein.

³ Die Garantie eines privatrechtlichen Arbeitgebers gilt nicht als Rückdeckung.

⁴ Besteht die Rückdeckung in einer zusätzlichen Reserve, so ist diese gesondert auszuweisen.

19. Anhang 2: Gesetzgebung der beruflichen Vorsorge

Art. 44 Deckungslücken
(Art. 65 BVG)

¹ Die Vorsorgeeinrichtung muss Deckungslücken selbst beheben. Der Sicherheitsfonds tritt erst dafür ein, wenn sie zahlungsunfähig ist.

² Sie muss die Aufsichtsbehörde über Deckungslücken und über die dagegen ergriffenen Massnahmen unterrichten.

Art. 45 Abweichung vom Grundsatz der Bilanzierung in geschlossener Kasse
(Art. 69 Abs. 2 BVG)

¹ Vorsorgeeinrichtungen von öffentlich-rechtlichen Körperschaften können mit Zustimmung der Aufsichtsbehörde vom Grundsatz der Bilanzierung in geschlossener Kasse abweichen, wenn der Bund, ein Kanton oder eine Gemeinde die Garantie für die Ausrichtung der Leistungen gemäss BVG übernimmt.

² Sie müssen unter den Passiven eine Rückstellung ausweisen, die mindestens der Summe aller Altersguthaben und aller Barwerte der laufenden Renten gemäss BVG entspricht. Entsteht aufgrund der Garantie gemäss Absatz 1 eine öffentlich-rechtliche Verpflichtung, so ist der entsprechende Betrag in der Bilanz auszuweisen.

Art. 46 Vereinfachter Nachweis für die Sondermassnahmen
(Art. 70 BVG)

¹ Die Vorsorgeeinrichtung kann den Nachweis für die Erfüllung der Verpflichtungen aus Artikel 70 BVG pauschal erbringen.

² Die Verpflichtung gilt in der Regel als erfüllt, wenn die Vorsorgeeinrichtung:

a. sich reglementarisch verpflichtet, mindestens die Leistungen nach Artikel 21 zu erbringen, und

b. beweist, dass der Gesamtaufwand um mehr als 1 Prozent der koordinierten Löhne der Versicherten, die für die Altersleistungen Beiträge zu entrichten haben, höher ist als dies zur Erfüllung aller gesetzlichen Leistungen ohne Berücksichtigung der Sondermassnahmen notwendig wäre.

2. Abschnitt: Rechnungswesen und Rechnungslegung[21]

Art. 47[22] Ordnungsmässigkeit
(Art. 71 Abs. 1 BVG)

¹ Die Vorsorgeeinrichtung legt die Grundsätze des Rechnungswesens und der Rechnungslegung fest und ist für die Erstellung der Jahresrechnung verantwortlich.

---

[21] Fassung gemäss Ziff. I der V vom 24. April 1996, in Kraft seit 1. Juli 1996 (AS **1996** 1494).
[22] Fassung gemäss Ziff. I der V vom 24. April 1996, in Kraft seit 1. Juli 1996 (AS **1996** 1494).

Die Jahresrechnung besteht aus der Bilanz, der Betriebsrechnung und dem Anhang. Sie enthält die Vorjahreszahlen.

2 Die Jahresrechnung wird nach den Grundsätzen der ordnungsmässigen Rechnungslegung aufgestellt und gegliedert. Die tatsächliche finanzielle Lage muss daraus deutlich hervorgehen.

3 Der Anhang enthält ergänzende Angaben und Erläuterungen zur Vermögensanlage, zur Finanzierung und zu einzelnen Positionen der Bilanz und der Betriebsrechnung. Auf Ereignisse nach dem Bilanzstichtag ist einzugehen, wenn diese die Beurteilung der Lage der Vorsorgeeinrichtung erheblich beeinflussen.

4 Im übrigen gelten die Artikel 957–964 des Obligationenrechts[23] über die kaufmännische Buchführung.

Art. 48 Bewertung
(Art. 71 Abs. 1 BVG)

1 Auf einen festen Geldbetrag lautende Forderungen, wie Obligationen oder nicht wertpapiermässig verurkundete Forderungsrechte, dürfen höchstens zum Nennwert in die Bilanz eingesetzt werden. Ausgenommen sind Wandelobligationen, die zum Verkehrswert eingesetzt werden dürfen.

2 Sachwerte, wie Grundstücke[24], Aktien, Partizipationsscheine und andere Beteiligungsrechte, dürfen höchstens zum Verkehrswert eingesetzt werden, der ihnen im Zeitpunkt zukommt, auf den die Bilanz errichtet wird. Die Bewertung kann auch zum Anschaffungs-, Kurs- oder Ertragswert erfolgen, sofern dieser nicht über dem Verkehrswert liegt.

3 Von der einmal gewählten Bewertungsmethode soll ohne wichtigen Grund nicht abgewichen werden.

3. Abschnitt: Anlage des Vermögens

Art. 49[25] Begriff des Vermögens
(Art. 71 Abs. 1 BVG)

1 Als Vermögen im Sinne der Artikel 50–60 gilt die in der kaufmännischen Bilanz ausgewiesene Summe der Aktiven, ohne einen allfälligen Verlustvortrag.

2 Zum Vermögen können auch Rückkaufswerte aus Kollektivversicherungsverträgen hinzugerechnet werden. Sie sind als Forderung im Sinne von Artikel 53 Buchstabe b zu betrachten.

---

[23] SR **220**
[24] Ausdruck gemäss Ziff. I der V vom 28. Okt. 1992, in Kraft seit 1. Jan. 1993 (AS **1992** 2234). Diese Änderung ist im ganzen Erlass berücksichtigt.
[25] Fassung gemäss Ziff. I der V vom 28. Okt. 1992, in Kraft seit 1. Jan. 1993 (AS **1992** 2234).

Art. 49a[26]   Führungsaufgabe
(Art. 51 Abs. 1, 2 und 71 Abs. 1 BVG)

Die Vorsorgeeinrichtung legt die Ziele und Grundsätze, die Durchführung und Überwachung der Vermögensanlage nachvollziehbar so fest, dass das paritätische Organ seine Führungsaufgabe vollumfänglich wahrnehmen kann.

Art. 50   Sicherheit und Risikoverteilung
(Art. 71 Abs. 1 BVG)

¹ Bei der Anlage des Vermögens einer Vorsorgeeinrichtung steht die Sicherheit im Vordergrund.

² Die Vorsorgeeinrichtung muss ihre Vermögensanlagen sorgfältig auswählen und dabei auch ihren Zweck und ihre Grösse beachten.

³ Sie muss ihre Mittel auf die verschiedenen Anlagekategorien, auf bonitätsmässig einwandfreie Schuldner sowie auf verschiedene Regionen und Wirtschaftszweige verteilen.

Art. 51   Ertrag
(Art. 71 Abs. 1 BVG)

Die Vorsorgeeinrichtung muss einen dem Geld-, Kapital- und Immobilienmarkt entsprechenden Ertrag anstreben.

Art. 52   Liquidität
(Art. 71 Abs. 1 BVG)

Die Vorsorgeeinrichtung muss darauf achten, dass sie die Versicherungs- und die Freizügigkeitsleistungen bei deren Fälligkeit erbringen kann. Sie sorgt für eine entsprechende Aufteilung ihres Vermögens in kurz-, mittel- und langfristige Anlagen.

Art. 53   Zulässige Anlagen
(Art. 71 Abs. 1 BVG)

Das Vermögen einer Vorsorgeeinrichtung kann angelegt werden in:

a. Bargeld;

b. Forderungen, die auf einen festen Geldbetrag lauten, namentlich Postcheck- und Bankguthaben, Anleihensobligationen, inbegriffen solche mit Wandel- oder Optionsrechten, sowie andere Schuldanerkennungen, unabhängig davon, ob sie wertpapiermässig verurkundet sind oder nicht;

c.[27] Wohn- und Geschäftshäusern, auch Stockwerkeigentum und Bauten im Baurecht, sowie Bauland;

---

[26] Eingefügt durch Ziff. I der V vom 24. April 1996, in Kraft seit 1. Juli 1996 (AS **1996** 1494).
[27] Fassung gemäss Ziff. I der V vom 28. Okt. 1992, in Kraft seit 1. Jan. 1993 (AS **1992** 2234).

d.[28] Beteiligungen an Gesellschaften, deren Geschäftszweck einzig Erwerb und Verkauf sowie Vermietung und Verpachtung eigener Grundstücke ist (Immobiliengesellschaften);

e.[29] Aktien, Partizipations- und Genussscheinen und ähnlichen Wertschriften und Beteiligungen sowie in Genossenschaftsanteilscheinen; Beteiligungen an Gesellschaften mit Sitz im Ausland sind zugelassen, wenn sie an einer Börse kotiert sind.

Art. 54 Begrenzung der einzelnen Anlagen
(Art. 71 Abs. 1 BVG)

Für die Anlage gelten folgende Begrenzungen:

a.[30] 100 Prozent: Für Forderungen gegen Schuldner mit Sitz oder Wohnsitz in der Schweiz, je Schuldner aber höchstens 15 Prozent, wenn es sich nicht um Forderungen gegen Bund, Kantone, Banken oder Versicherungseinrichtungen handelt;

b. 75 Prozent: Für Grundpfandtitel auf Grundstücken nach Artikel 53 Buchstabe c; diese dürfen bis höchstens 80 Prozent des Verkehrswertes belehnt werden; die schweizerischen Pfandbriefe werden wie Grundpfandtitel behandelt;

c.[31] 50 Prozent: Für Grundstücke nach Artikel 53 Buchstabe c in der Schweiz und Beteiligungen an Immobiliengesellschaften, deren Vermögen zu mindestens der Hälfte aus Grundstücken in der Schweiz besteht;

d. 30 Prozent: Für Aktien, ähnliche Wertschriften sowie andere Beteiligungen an Gesellschaften mit Sitz in der Schweiz, je Gesellschaft aber höchstens 10 Prozent;

e. 30 Prozent: Für Forderungen gegen Schuldner mit Sitz oder Wohnsitz im Ausland, je Schuldner aber höchstens 5 Prozent;

f. 20 Prozent: Für Fremdwährungen sowie konvertible Fremdwährungsforderungen, je Schuldner aber höchstens 5 Prozent; ausgenommen von dieser Begrenzung sind Fremdwährungsanlagen zur Deckung von Versicherungsansprüchen in Fremdwährungen;

g.[32] 25 Prozent: Für Aktien und ähnliche Wertschriften einer Gesellschaft mit Sitz im Ausland, je Gesellschaft aber höchstens 5 Prozent;

---

[28] Fassung gemäss Ziff. I der V vom 28. Okt. 1992, in Kraft seit 1. Jan. 1993 (AS **1992** 2234).
[29] Fassung gemäss Ziff. I der V vom 29. Mai 1985 (AS **1985** 710).
[30] Fassung gemäss Ziff. I der V vom 28. Okt. 1992, in Kraft seit 1. Jan. 1993 (AS **1992** 2234).
[31] Fassung gemäss Ziff. I der V vom 28. Okt. 1992, in Kraft seit 1. Jan. 1993 (AS **1992** 2234).
[32] Fassung gemäss Ziff. I der V vom 28. Okt. 1992, in Kraft seit 1. Jan. 1993 (AS **1992** 2234).

h.[33] 5 Prozent: Für Grundstücke nach Artikel 53 Buchstabe c im Ausland und Beteiligungen an Immobiliengesellschaften, deren Vermögen zu mehr als zur Hälfte aus ausländischen Grundstücken besteht.

Art. 55 Gesamtbegrenzungen
(Art. 71 Abs. 1 BVG)

Für die Anlage des Vermögens gelten überdies folgende Gesamtbegrenzungen:

a. 100 Prozent: Für Bargeld und Forderungen, die auf einen festen Geldbetrag lauten;

b. 70 Prozent: Für Grundstücke, Aktien, ähnliche Wertschriften und andere Beteiligungen;

c.[34] 50 Prozent: Für Anlagen nach Artikel 54 Buchstaben d und g;

d. 30 Prozent: Für Anlagen nach Artikel 54 Buchstaben e und f;

e.[35] 30 Prozent: Für Anlagen nach Artikel 54 Buchstaben f und g.

Art. 56 Indirekte Anlagen
(Art. 71 Abs. 1 BVG)

[1] Anteile an schweizerischen Anlagefonds und Ansprüche gegenüber Einrichtungen, die ausschliesslich Vermögen von Vorsorgeeinrichtungen anlegen und unter Bundesaufsicht stehen, sind den entsprechenden direkten Anlagen gleichgestellt.

[2] Die Vorsorgeeinrichtungen können ihr Vermögen ohne Rücksicht auf die Schuldner- oder Unternehmungsbegrenzung bei diesen Einrichtungen anlegen, sofern deren Anlagerichtlinien im Hinblick auf diese Begrenzung dem Artikel 54 entsprechen.

Art. 56a[36] Derivative Finanzinstrumente
(Art. 71 Abs. 1 BVG)

[1] Die Vorsorgeeinrichtung darf nur derivative Finanzinstrumente einsetzen, die von Anlagen nach Artikel 53 abgeleitet sind.

[2] Der Bonität der Gegenpartei und der Handelbarkeit ist entsprechend der Besonderheit des eingesetzten Derivats Rechnung zu tragen.

[3] Sämtliche Verpflichtungen, die sich für die Vorsorgeeinrichtung aus derivativen Finanzgeschäften ergeben oder sich im Zeitpunkt der Ausübung des Rechtes ergeben können, müssen gedeckt sein.

---

[33] Eingefügt durch Ziff. I der V vom 28. Okt. 1992, in Kraft seit 1. Jan. 1993 (AS **1992** 2234).
[34] Fassung gemäss Ziff. I der V vom 28. Okt. 1992, in Kraft seit 1. Jan. 1993 (AS **1992** 2234).
[35] Fassung gemäss Ziff. I der V vom 28. Okt. 1992, in Kraft seit 1. Jan. 1993 (AS **1992** 2234).
[36] Eingefügt durch Ziff. I der V vom 24. April 1996, in Kraft seit 1. Juli 1996 (AS **1996** 1494).

4 Der Einsatz derivativer Finanzinstrumente darf auf das Gesamtvermögen keine Hebelwirkung ausüben.

5 Die Begrenzungen nach den Artikeln 54 und 55 sind unter Einbezug der derivativen Finanzinstrumente einzuhalten.

6 Für die Einhaltung der Deckungspflicht und der Begrenzungen sind die Verpflichtungen massgebend, die sich für die Vorsorgeeinrichtung aus den derivativen Finanzinstrumenten bei Wandlung in die Basisanlage im extremsten Fall ergeben können.

7 In der Jahresrechnung müssen alle laufenden derivativen Finanzinstrumente vollumfänglich dargestellt werden.

Art. 57 Anlagen beim Arbeitgeber
(Art. 71 Abs. 1 BVG)

1 Das Vermögen darf, soweit es zur Deckung der Freizügigkeitsleistungen sowie zur Deckung der laufenden Renten gebunden ist, nicht ungesichert beim Arbeitgeber angelegt werden.[37]

2 Ungesicherte Anlagen beim Arbeitgeber dürfen 20 Prozent des Vermögens nicht übersteigen.[38]

3 Eine Beteiligung beim Arbeitgeber darf jedoch höchstens 10 Prozent des Vermögens ausmachen.

4 Die Ansprüche der Vorsorgeeinrichtung gegen den Arbeitgeber sind zu marktüblichen Ansätzen zu verzinsen.

Art. 58[39] Sicherstellung der Ansprüche gegen den Arbeitgeber
(Art. 71 Abs. 1 BVG)

1 Die Ansprüche gegen den Arbeitgeber müssen wirksam und ausreichend sichergestellt werden.

2 Als Sicherstellung gelten:
   a. die Garantie des Bundes, eines Kantons, einer Gemeinde oder einer dem Bankengesetz[40] unterstehenden Bank;
   b. Grundpfänder bis zu zwei Dritteln des Verkehrswertes; Grundstücke des Arbeitgebers, welche ihm als Industrie-, Gewerbe- oder Geschäftsliegenschaft dienen, können jedoch höchstens bis zur Hälfte des Verkehrswertes verpfändet werden.

3 Die Aufsichtsbehörde kann im Einzelfall andere Arten der Sicherstellung zulassen.

---

[37] Fassung gemäss Ziff. I der V vom 1. Juni 1993 (AS **1993** 1881).
[38] Fassung gemäss Ziff. I der V vom 28. Okt. 1992, in Kraft seit 1. Jan. 1993 (AS **1992** 2234).
[39] Fassung gemäss Ziff. I der V vom 1. Juni 1993 (AS **1993** 1881).
[40] SR **952.0**

Art. 58a[41]   Meldepflicht
(Art. 71 Abs. 1 BVG)

¹ Die Vorsorgeeinrichtung muss ihrer Aufsichtsbehörde innert drei Monaten nach dem vereinbarten Fälligkeitstermin melden, wenn reglementarische Beiträge noch nicht überwiesen sind.

² Bevor die Vorsorgeeinrichtung beim Arbeitgeber Mittel ungesichert neu anlegt, die nicht zweifelsfrei nach Artikel 57 Absätze 1 und 2 auf diese Weise angelegt werden dürfen, muss sie ihrer Aufsichtsbehörde von dieser Neuanlage mit ausreichender Begründung Meldung erstatten.

³ Die Vorsorgeeinrichtung muss ihre Kontrollstelle über Meldungen nach den Absätzen 1 und 2 unverzüglich informieren.

Art. 59   Abweichungen
(Art. 71 Abs. 1 BVG)

¹ Die Vorsorgeeinrichtung darf im Einzelfall von den Artikeln 53–55, 56a Absätze 1 und 5 sowie Artikel 57 nur abweichen, wenn:[42]

    a.   besondere Verhältnisse dies rechtfertigen, und

    b.   die Erfüllung des Vorsorgezweckes nicht gefährdet ist.

² Sie muss die Abweichungen bei der jährlichen Berichterstattung an die Aufsichtsbehörde fachmännisch begründen.

³ Übersteigen die ungesicherten Anlagen beim Arbeitgeber die Grenze nach Artikel 57 Absatz 2, so muss die Vorsorgeeinrichtung dem Bericht an die Aufsichtsbehörde einen Bonitätsausweis beilegen.

Art. 60   Anpassungsfristen
(Art. 71 Abs. 1 BVG)

¹ Sind die Voraussetzungen für eine Abweichung nicht erfüllt oder erbringt die Vorsorgeeinrichtung keine genügende Begründung, so verlangt die Aufsichtsbehörde eine Anpassung der Vermögensanlage.

² Die Aufsichtsbehörde setzt für die Anpassung eine Frist von höchstens fünf Jahren. Sie beachtet dabei die Dringlichkeit der Anpassung.

---

[41] Eingefügt durch Ziff. I der V vom 1. Juni 1993 (AS **1993** 1881).
[42] Fassung gemäss Ziff. I der V vom 24. April 1996, in Kraft seit 1. Juli 1996 (AS **1996** 1494).

5. Kapitel: Schlussbestimmungen
1. Abschnitt: Änderung bisherigen Rechts

Art. 61 Verordnung über die Alters- und Hinterlassenenversicherung

Die Verordnung vom 31. Oktober 1947[43] über die Alters- und Hinterlassenenversicherung wird wie folgt geändert:

Art. 70

...

Art. 74 Abs. 1

...

Art. 136 Abs. 2 und 3
² *Aufgehoben*
³ ...

Fünfter Abschnitt (Art. 181–199)
Aufgehoben

Art. 209 Abs. 1 und 3

...

Art. 62 Verordnung über die Invalidenversicherung

Die Verordnung vom 17. Januar 1961[44] über die Invalidenversicherung wird wie folgt geändert:

Art. 89[45]

...

2. Abschnitt: Inkrafttreten

Art. 63

Diese Verordnung tritt am 1. Januar 1985 in Kraft.

---

[43] SR **831.101**. Die Hiernach aufgeführten Änd. sind eingefügt in der genannten V.
[44] SR **831.201**
[45] Dieser Art. hat heute eine neue Fassung.

Verordnung   **831.435.2**
über die Gebühren für die Beaufsichtigung
von Einrichtungen der beruflichen Vorsorge
(VGBV)

vom 17. Oktober 1984

Der Schweizerische Bundesrat,

gestützt auf Artikel 4 des Bundesgesetzes vom 4. Oktober 1974[1] über Massnahmen zur Verbesserung des Bundeshaushaltes,

verordnet:

1. Abschnitt: Gebührenpflicht

Art. 1   Geltung

[1] Gebührenpflichtig sind:

    a. die Vorsorgeeinrichtungen, die nach dem Bundesgesetz vom 25. Juni 1982[2] über die berufliche Alters-, Hinterlassenen- und Invalidenvorsorge (BVG) registriert und der Aufsicht des Bundes unterstellt sind;

    b. die nichtregistrierten Einrichtungen der beruflichen Vorsorge, über die der Bund die Aufsicht ausübt.

[2] Von der Gebührenpflicht nach dieser Verordnung sind die Vorsorgeeinrichtungen ausgenommen, die der Aufsicht nach dem Versicherungsaufsichtsgesetz (VAG)[3] unterstehen.

Art. 2   Gebühren

Erhoben werden eine jährliche Aufsichtsgebühr und weitere Gebühren.

2. Abschnitt: Aufsichtsgebühr

Art. 3   Zusammensetzung

Als Aufsichtsgebühr müssen die Vorsorgeeinrichtungen eine Grundgebühr und, soweit sie die Deckung der Risiken einem Dritten übertragen, eine Zusatzgebühr bezahlen.

AS **1984** 1224
[1]   SR **611.010**
[2]   SR **831.40**
[3]   SR **961.01**

Art. 4 Grundgebühr

¹ Die Grundgebühr wird nach dem Vermögen berechnet. Als Vermögen gilt dabei die in der kaufmännischen Bilanz ausgewiesene Summe der Aktiven ohne Rückkaufswerte aus Rückversicherungsverträgen.

² Die Grundgebühr beträgt:

1 Promille	auf dem Vermögensteil jedoch mindestens 100 Franken;	bis	400 000 Franken,
0,5 Promille	auf dem Vermögensteil	ab bis	400 001 Franken 1 000 000 Franken;
0,1 Promille	auf dem Vermögensteil	ab bis	1 000 001 Franken 10 000 000 Franken;
0,01 Promille	auf dem Vermögensteil	über	10 000 000 Franken.

Die Maximalgebühr beträgt 3500 Franken.[4]

Art. 5 Zusatzgebühr

¹ Die Zusatzgebühr wird nach der Höhe der Prämien für die Risikoübertragung berechnet.

² Sie beträgt:

a.	50 Franken für Prämien	bis	10 000 Franken;
b.	100 Franken für Prämien	bis	100 000 Franken;
c.	200 Franken für Prämien	bis	1 000 000 Franken;
d.	300 Franken für Prämien	bis	50 000 000 Franken;
e.[5]	500 Franken für Prämien	über	50 000 000 Franken.

3. Abschnitt: Weitere Gebühren

Art. 6 Ordentliche Massnahmen

Eine einmalige Gebühr wird je nach Aufwand erhoben für:

		Fr.
a.	die provisorische Registrierung	200;
b.	die definitive Registrierung	200–2000;
c.	die Änderung oder Löschung eines Eintrages im Register für die berufliche Vorsorge	50– 200;
d.	die Genehmigung des Schlussberichtes einer im Register für die berufliche Vorsorge zu streichenden Vorsorgeeinrichtung	200–2000;
e.	Massnahmen zur Beseitigung von Mängeln (Art. 62 Abs. 1 Bst. d BVG)	200–2000.

---

[4] Fassung des letzten Satzes gemäss Ziff. I der V vom 7. Juni 1993 (AS **1993** 2005)
[5] Fassung gemäss Ziff. I der V vom 7. Juni 1993 (AS **1993** 2005)

Art. 7   Ausserordentliche Massnahmen und Abklärungen

¹ Gibt eine Vorsorgeeinrichtung Anlass zu einer ausserordentlichen Revision oder Kontrolle oder zu ausserordentlichen Abklärungen, so muss sie eine dem Aufwand angemessene Gebühr bezahlen.

² Für Arbeiten, die von wissenschaftlichen Mitarbeitern der zuständigen Bundesbehörde ausgeführt werden, beträgt die Gebühr 60–120 Franken je Arbeitsstunde.

4. Abschnitt: Gebührenentrichtung

Art. 8   Gebührenverfügung; Rechtsmittel

¹ Die Gebühren werden im nachhinein in Rechnung gestellt.

² Gegen die Gebührenverfügung kann innert 30 Tagen Beschwerde an die vorgesetzte Verwaltungseinheit erhoben werden. Die Bestimmungen der Bundesverwaltungsrechtspflege sind anwendbar.

Art. 9   Fälligkeit

¹ Die Gebühr wird fällig:
  a. mit der Zustellung der Gebührenrechnung;
  b. im Fall ihrer Anfechtung mit der Rechtskraft des Beschwerdeentscheides.

² Die Zahlungsfrist beträgt 30 Tage.

Art. 10   Verjährung

¹ Die Gebührenforderung verjährt fünf Jahre nach Eintritt der Fälligkeit.

² Die Verjährung wird durch jede Verwaltungshandlung unterbrochen, mit der die Gebührenforderung beim Pflichtigen geltend gemacht wird.

5. Abschnitt: Schlussbestimmungen

Art. 11   Übergangsbestimmung

Die Aufsichtsgebühren werden das erste Mal für das Jahr 1985 erhoben.

Art. 12   Inkrafttreten

Diese Verordnung tritt am 17. Oktober 1984 in Kraft.

831.426.3

Verordnung
über die Anpassung der laufenden Hinterlassenen- und Invalidenrenten an die Preisentwicklung

vom 16. September 1987

Der Schweizerische Bundesrat,

gestützt auf Artikel 36 Absatz 1 des Bundesgesetzes vom 25. Juni 1982[1] über die berufliche Alters-, Hinterlassenen- und Invalidenvorsorge (BVG),

verordnet:

Art. 1   Erstmalige Anpassung

[1] Die Hinterlassenen- und Invalidenrenten werden erstmals nach einer Laufzeit von drei Jahren auf den Beginn des folgenden Kalenderjahres der Preisentwicklung angepasst.

[2] Der Anpassungssatz entspricht der Zunahme des Landesindexes der Konsumentenpreise zwischen dem Stand im September des Jahres, in dem die Rente zu laufen beginnt und dem Stand im September des Jahres vor der Anpassung. Das Bundesamt für Sozialversicherung gibt den Anpassungssatz bekannt.[2]

Art. 2   Nachfolgende Anpassungen

[1] Die nachfolgenden Anpassungen erfolgen auf den gleichen Zeitpunkt wie die Anpassungen der Renten der Alters- und Hinterlassenenversicherung.[3]

[2] Der Anpassungssatz entspricht der Zunahme des Landesindexes der Konsumentenpreise zwischen dem Stand im September des Jahres vor der letzten Anpassung und dem Stand im September des Jahres vor der neuen Anpassung. Das Bundesamt für Sozialversicherung gibt die Anpassungssätze bekannt.[4]

Art. 3   Sonderfälle

Wird eine Invalidenrente durch eine Hinterlassenenrente ersetzt oder erfährt eine laufende Rente Änderungen, so wird die bisherige Laufzeit berücksichtigt.

Art. 4   Inkrafttreten

Diese Verordnung tritt am 1. Januar 1988 in Kraft.

AS **1987** 1343
[1]   SR **831.40**
[2]   Siehe BBl **1992** VI 452
[3]   Fassung gemäss Ziff. I der V vom 24. Juni 1992, in Kraft seit 1. Jan. 1992 (AS **1992** 1289; BBl **1992** VI 452).
[4]   Siehe BBl **1992** VI 452

Verordnung 831.462.2
**über die Ausnahmen von der Schweigepflicht
in der beruflichen Vorsorge und über
die Auskunftspflicht der AHV/IV-Organe**
(VSABV)

vom 7. Dezember 1987

Der Schweizerische Bundesrat,

gestützt auf die Artikel 86 Absatz 2, 87 und 97 Absatz 1 des Bundesgesetzes vom 25. Juni 1982[1] über die berufliche Alters-, Hinterlassenen- und Invalidenvorsorge (BVG),

verordnet:

Art. 1 Ausnahmen von der Schweigepflicht

[1] Sofern kein schützenswertes Interesse des Versicherten und anderer Begünstigter oder des Arbeitgebers entgegensteht, ist die Schweigepflicht im Sinne von Artikel 86 Absatz 1 BVG aufgehoben, gegenüber:

- a. Personen, Behörden und Einrichtungen, die an der Durchführung, Kontrolle oder Aufsicht der beruflichen Vorsorge beteiligt sind, soweit sie die Angaben für die Erfüllung ihrer Aufgaben benötigen;
- b. den Organen der Alters-, Hinterlassenen- und Invalidenversicherung (AHV/IV) für die Auskünfte nach Artikel 93 AHVG[2];
- c. den Organen der anderen Sozialversicherungen sowie gegenüber Dienststellen des Bundes, der Kantone und der Gemeinden für die Auskünfte und Unterlagen, die für die Berechnung von Versicherungs oder Sozialleistungen sowie für die Geltendmachung eines gesetzlichen Rückgriffsrechts erforderlich sind;
- d. den eidgenössischen und kantonalen Steuerbehörden hinsichtlich der Ausrichtung von Leistungen der beruflichen Vorsorge;
- e. gerichtlichen Behörden, die sich in einem Verfahren mit einer Frage der beruflichen Vorsorge zu befassen haben;
- f. Anspruchsberechtigten für die Geltendmachung ihres Anspruchs auf Vorsorge- oder Freizügigkeitsleistung.

[2] Die Schweigepflicht entfällt gegenüber weiteren Personen, Behörden und Dienststellen, wenn der Betroffene oder sein gesetzlicher Vertreter schriftlich eingewilligt hat.

AS **1988** 97
[1] SR **831.40**
[2] SR **831.10**

Art. 2 Auskunftspflicht der AHV/IV-Organe

¹ Sofern kein schützenswertes Privatinteresse entgegensteht, müssen die Ausgleichskassen, die Zentrale Ausgleichsstelle der AHV und die Arbeitgeber den Einrichtungen der beruflichen Vorsorge, dem Sicherheitsfonds und den Aufsichtsbehörden im Einzelfall die Auskünfte erteilen und die Unterlagen herausgeben, die für die Erfassungskontrolle der Arbeitgeber oder für die Festsetzung von Beiträgen oder Leistungen notwendig sind.

² Das Bundesamt für Sozialversicherung kann Weisungen erlassen über das Verfahren, namentlich Angaben über Änderungen von Rentenleistungen der AHV/ IV.

Art. 3 Gebühren

¹ Die Auskünfte sind grundsätzlich kostenlos.

² Wenn die Auskünfte besondere Abklärungen oder andere, kostenverursachende Aufwendungen erfordern, kann eine Gebühr erhoben werden. Artikel 16 der Verordnung vom 10. September 1969[3] über die Kosten und Entschädigung im Verwaltungsverfahren gilt sinngemäss. Auskünfte an Aufsichtsbehörden, die Auffangeinrichtung sowie den Sicherheitsfonds sind jedoch in jedem Fall kostenlos.

Art. 4 Inkrafttreten

Diese Verordnung tritt am 1. Januar 1988 in Kraft.

---

[3] SR 172.041.0

Verordnung
über die Verpfändung von Ansprüchen
einer Vorsorgeeinrichtung

831.447

vom 17. Februar 1988

Der Schweizerische Bundesrat,
gestützt auf Artikel 71 Absatz 2 des Bundesgesetzes vom 25. Juni 1982[1] über die berufliche Alters-, Hinterlassenen- und Invalidenvorsorge (BVG),
verordnet:

Art. 1   Zulässigkeit

[1] Zur Sicherstellung eines Darlehens, das der Vorsorgeeinrichtung von der Versicherungseinrichtung gewährt wird, können die Ansprüche der Vorsorgeeinrichtung aus Kollektivlebens- bzw. Rückversicherungsvertrag zugunsten der Versicherungseinrichtung verpfändet werden.

[2] Die Verpfändung darf nur erfolgen, wenn durch die Verwendung des Darlehens die Erfüllung der gesetzlichen und reglementarischen Verpflichtungen der Vorsorgeeinrichtung nicht gefährdet ist.

Art. 2   Kündigung

Wird der Kollektivlebens- oder Rückversicherungsvertrag gekündigt, so muss das Darlehen spätestens am Tag, auf den die Kündigung erfolgt, zurückbezahlt werden.

Art. 3   Spezielle Pflichten der Vorsorgeeinrichtung

[1] Die Verpfändung kann nur vom obersten paritätischen Organ der Vorsorgeeinrichtung beschlossen werden.

[2] Das oberste paritätische Organ muss der Kontrollstelle die Verpfändung und Darlehensaufnahme unverzüglich melden und den Nachweis erbringen, dass die Anlagevorschriften der Verordnung vom 18. April 1984[2] über die berufliche Alters-, Hinterlassenen- und Invalidenvorsorge (BVV 2) eingehalten werden.

[3] Das oberste paritätische Organ der Vorsorgeeinrichtung muss die Versicherten sowie den Arbeitgeber über die Darlehensaufnahme und die Verpfändung der Kollektivlebens- bzw. Rückversicherungsansprüche informieren.

[4] Die Vorsorgeeinrichtung muss in ihrem Jahresbericht über den Umfang sämtlicher Verpfändungen ihrer Ansprüche informieren und auf allfällige Sicherstellungen hinweisen.

AS **1988** 382
[1]   SR **831.40**
[2]   SR **831.441.1**

Art. 4 Spezielle Pflichten der Kontrollstelle

¹ Die Kontrollstelle muss die Meldung gemäss Artikel 3 Absatz 2 unverzüglich dahingehend prüfen, ob die Vorsorgeeinrichtung für die Verpfändung ihrer Ansprüche gegenüber der Versicherungseinrichtung die Bestimmungen dieser Verordnung beachtet hat.

² Stellt die Kontrollstelle fest, dass für die Verpfändung der Ansprüche der Vorsorgeeinrichtung gegenüber der Versicherungseinrichtung die Voraussetzungen dieser Verordnung nicht erfüllt sind, so macht sie die Vorsorgeeinrichtung darauf aufmerksam.

³ Weigert sich die Vorsorgeeinrichtung, diesbezüglichen Empfehlungen und Hinweisen der Kontrollstelle nachzukommen, so erstattet diese der Aufsichtsbehörde unverzüglich Bericht.

Art. 5 Inkrafttreten

Diese Verordnung tritt rückwirkend auf den 1. Januar 1988 in Kraft.

Verordnung über die obligatorische berufliche Vorsorge von arbeitslosen Personen

837.174

vom 3. März 1997 (Stand am 19. Oktober 1999)

Der Schweizerische Bundesrat,
gestützt auf Artikel 22a Absatz 3 des Arbeitslosenversicherungsgesetzes[1] (AVIG) und auf Artikel 97 Absatz 1 des Bundesgesetzes vom 25. Juni 1982[2] über die berufliche Alters-, Hinterlassenen- und Invalidenvorsorge (BVG),
verordnet:

Art. 1 Versicherte Personen

[1] Für die Risiken Tod und Invalidität sind obligatorisch versichert arbeitslose Personen, welche:

a. die Anspruchsvoraussetzungen nach Artikel 8 AVIG für den Bezug von Taggeldern der Arbeitslosenversicherung erfüllen oder Entschädigungen nach Artikel 29 AVIG beziehen; und

b. einen koordinierten Tageslohn nach den Artikeln 4 oder 5 erzielen.

[2] Nicht versichert sind Personen, die bereits nach Artikel 47 Absatz 1 BVG mindestens in dem Umfang versichert sind, in dem sie nach dieser Verordnung versichert wären.

Art. 2 Versicherungsschutz

[1] Die Versicherung beginnt nach Ablauf der Wartezeiten nach den Artikeln 18 Absatz 1, 11 Absatz 2 und 14 Absatz 4 AVIG.

[2] Personen, deren Anspruchsberechtigung eingestellt ist, sind versichert (Art. 30 AVIG).

Art. 3 Grundlage zur Bestimmung des koordinierten Lohnes

[1] Die Grenzbeträge nach den Artikeln 2, 7 und 8 BVG werden durch 260,4 geteilt (Tagesgrenzbeträge). Für Personen, die im Sinne des Bundesgesetzes über die Invalidenversicherung[3] zur Hälfte invalid sind, werden die Grenzbeträge um die Hälfte gekürzt.

[2] Die Löhne aus Zwischenverdiensttätigkeit (Art. 24 AVIG) und Teilzeitbeschäftigung (Art. 10 Abs. 2 Bst. b AVIG) innerhalb einer Kontrollperiode werden durch

AS **1997** 1101
[1] SR **837.0**
[2] SR **831.40**
[3] SR **831.20**

die Zahl der in die Kontrollperiode fallenden kontrollierten Tage geteilt (Tageslohn).[4]

Art. 4 Koordinierter Tageslohn

[1] Zu versichern ist der koordinierte Tageslohn.

[2] Der koordinierte Tageslohn ist die positive Differenz aus dem Arbeitslosentaggeld abzüglich des auf einen Tag nach Artikel 3 Absatz 1 umgerechneten Koordinationsabzuges.

[3] Beträgt der koordinierte Tageslohn weniger als der auf den Tag umgerechnete Betrag nach Artikel 8 Absatz 2 BVG, so muss er auf diesen Betrag aufgerundet werden.

Art. 5 Koordinierter Tageslohn bei Zwischenverdienst und Teilzeitbeschäftigung[5]

[1] Der koordinierte Tageslohn ist die positive Differenz aus:

a.[6] dem Tageslohn aus Zwischenverdiensttätigkeit oder Teilzeitbeschäftigung und

b. dem analog zu Artikel 3 Absatz 2 auf einen Tag umgerechneten entschädigungsberechtigten Verdienstausfall

c. abzüglich des auf einen Tag nach Artikel 3 Absatz 1 umgerechneten Koordinationsabzuges.

[2] Ist der Tageslohn aus Zwischenverdiensttätigkeit oder Teilzeitbeschäftigung nach Artikel 2 Absatz 1 BVG versichert, so wird vom koordinierten Tageslohn nach Absatz 1 der koordinierte Tageslohn aus Zwischenverdiensttätigkeit oder Teilzeitbeschäftigung abgezogen.[7]

Art. 6 Koordinierter Lohn für die Berechnung der Hinterlassenen- und Invalidenleistungen

[1] Als Grundlage für die Berechnung der Leistungen im Todesfalle oder bei Invalidität gilt der koordinierte Tageslohn jener Kontrollperiode, in welcher das versicherte Ereignis eingetreten ist. Konnte die versicherte Person aufgrund des Ereignisses ihre Kontrollpflicht nicht ordnungsgemäss erfüllen, so gelten die Tage jener Kontrollperiode bis und mit auslösendem Ereignis als kontrolliert.

[2] Die Höhe der Renten berechnet sich aus der Summe der Altersgutschriften für die vom Beginn der Versicherung bis zum Rentenalter fehlenden Jahre, ohne Zins.

---

[4] Fassung gemäss Ziff. I der V vom 15. September 1999, in Kraft seit 1. Jan. 2000 (AS **1999** 2551).
[5] Fassung gemäss Ziff. I der V vom 15. September 1999, in Kraft seit 1. Jan. 2000 (AS **1999** 2551).
[6] Fassung gemäss Ziff. I der V vom 15. September 1999, in Kraft seit 1. Jan. 2000 (AS **1999** 2551).
[7] Fassung gemäss Ziff. I der V vom 15. September 1999, in Kraft seit 1. Jan. 2000 (AS **1999** 2551).

Art. 7 Ausscheiden der arbeitslosen Personen aus der obligatorischen Versicherung

Die Weiterführung der Vorsorge für die Risiken Tod und Invalidität für Versicherte, die aus der obligatorischen Versicherung der arbeitslosen Personen (Art. 2 Abs. 1bis BVG) ausscheiden, ist nur möglich, solange die Versicherten:

a. nicht der obligatorischen Versicherung nach Artikel 2 Absatz 1 oder erneut Absatz 1bis BVG unterstehen; oder

b. keiner freiwilligen Versicherung nach Artikel 44 oder Artikel 46 BVG beitreten können.

Art. 8 Festsetzung des Beitragssatzes

[1] Der Beitragssatz für die Risiken Tod und Invalidität beträgt für Frauen und für Männer 5,28 Prozent des koordinierten Tageslohnes.

[2] Die Auffangeinrichtung prüft regelmässig, ob der Beitragssatz kostendeckend ist und erstattet der Ausgleichsstelle der Arbeitslosenversicherung mindestens einmal jährlich Bericht. Ist auf Grund des Risikoverlaufs der Beitragssatz anzupassen, stellt die Auffangeinrichtung der Ausgleichsstelle der Arbeitslosenversicherung zuhanden des Bundesrates Antrag auf Anpassung.[8]

[3] Der Antrag auf Änderung des Beitragssatzes ist der Ausgleichsstelle der Arbeitslosenversicherung spätestens drei Monate vor dem Zeitpunkt einzureichen, auf den die Anpassung wirksam werden soll.[9]

[4] Die Auffangeinrichtung führt eine Statistik über die Risiken Tod und Invalidität der arbeitslosen Personen.

Art. 9 Beiträge

[1] Die arbeitslose Person und die Arbeitslosenversicherung tragen die Beiträge je zur Hälfte.

[2] Während Tagen, an denen die arbeitslose Person keine Leistungen erhält, übernimmt die Arbeitslosenversicherung den ganzen Beitrag.

Art. 10 Steuerrechtliche Behandlung der Vorsorge der arbeitslosen Personen

Die von den Bezügern von Taggeldern der Arbeitslosenversicherung geleisteten Beiträge sind bei den direkten Steuern des Bundes, der Kantone und der Gemeinden von den steuerbaren Einkünften abziehbar.

Art. 11 Inkrafttreten

Diese Verordnung tritt am 1. Juli 1997 in Kraft.

---

[8] Fassung gemäss Ziff. I der V vom 15. September 1999, in Kraft seit 1. Jan. 2000 (AS **1999** 2551).

[9] Fassung gemäss Ziff. I der V vom 15. September 1999, in Kraft seit 1. Jan. 2000 (AS **1999** 2551).

Verordnung 99 über die Anpassung der Grenzbeträge bei der beruflichen Vorsorge

Änderung vom 11. November 1998

Der Schweizerische Bundesrat
verordnet:

I

Die Verordnung vom 18. April 1984[1] über die berufliche Alters-, Hinterlassenen- und Invalidenvorsorge (BVV 2) wird wie folgt geändert:

Art. 5 Anpassung an die AHV

Die Grenzbeträge nach den Artikeln 2, 7, 8 und 46 BVG werden wie folgt erhöht:

Bisherige Beträge Franken	Neue Beträge Franken
23 880	24 120
71 640	72 360
2 985	3 015

Art. 21 Abs. 1 und Abs. 2 zweiter Satz

¹ Der Versicherte hat Anspruch auf eine einmalige ergänzende Altersgutschrift (Ergänzungsgutschrift), wenn sein koordinierter Lohn weniger als 19 440 Franken beträgt.

² ... Sie wird jedoch gekürzt, soweit das Gesamtaltersguthaben (Altersguthaben und Ergänzungsgutschrift) das Altersguthaben übersteigt, das auf einem koordinierten Lohn von 13 360 Franken im Jahre 1985, von 13 940 Franken in den Jahren 1986 sowie 1987, von 14 520 Franken in den Jahren 1988 sowie 1989, von 15 480 Franken in den Jahren 1990 sowie 1991, von 17 400 Franken im Jahr 1992, von 18 240 Franken in den Jahren 1993 sowie 1994, von 18 720 Franken in den Jahren 1995 sowie 1996, von 19 200 Franken in den Jahren 1997 sowie 1998 und von 19 440 Franken ab 1. Januar 1999 beruht. ...

II

Diese Änderung tritt am 1. Januar 1999 in Kraft.

---

[1] SR **831.441.1**

Weisungen
über die Pflicht der registrierten Vorsorgeeinrichtungen zur Auskunftserteilung an ihre Versicherten

vom 11. Mai 1988

Der Schweizerische Bundesrat,
gestützt auf Artikel 64 Absatz 2 des Bundesgesetzes vom 25. Juni 1982[1]) über die berufliche Alters-, Hinterlassenen- und Invalidenvorsorge (BVG),
erlässt folgende Weisungen:

1 Allgemeines

11   Die Weisungen richten sich an die Aufsichtsbehörden nach Artikel 61 BVG.

12   Sie gelten für die im Register für die berufliche Vorsorge eingetragenen Vorsorgeeinrichtungen.

13   Die Aufsichtsbehörden sorgen dafür, dass die registrierten Vorsorgeeinrichtungen:
   a. den Versicherten mindestens die Auskünfte in den unter Ziffer 2 erwähnten Bereichen erteilen;
   b. die Arbeitgeber anweisen, die Arbeitnehmer über deren Auskunftsrechte nach diesen Weisungen zu informieren.

14   Die Weisungen enthalten Minimalvorschriften. Die Aufsichtsbehörden können die Vorsorgeeinrichtungen jedoch anweisen, weitere Auskünfte zu erteilen.

2 Mindestauskünfte

Die Vorsorgeeinrichtungen müssen ihren Versicherten auf Anfrage Auskunft erteilen:

21   Über die Vorsorgeeinrichtung, d.h. über:

211 die juristische Form und die Organisationsstruktur sowie Angaben darüber, ob es sich um eine Einrichtung des Arbeitgebers, um die Sammeleinrichtung einer Versicherungseinrichtung oder einer Bank oder um eine Gemeinschaftseinrichtung (z.B. eines Verbandes) handelt;

---

[1]) SR **831.40**

212	die Art der Risikodeckung, d.h. ob die Vorsorgeeinrichtung sämtliche Risiken (Alter, Tod und Invalidität) selber deckt oder ob diese ganz oder zum Teil einer Versicherungseinrichtung übertragen worden sind;
213	die Wahl, Zusammensetzung und Organisation des paritätischen Organs;
214	die Urkunde, Statuten und Reglemente und allenfalls den Anschlussvertrag sowie die Kollektivlebens- bzw. Rückversicherungsverträge mit den Versicherungseinrichtungen;
215	den Jahresbericht, die Jahresrechnung und den Bericht der Kontrollstelle;
216	die Bezeichnung und Adresse der Kontrollstelle, des Experten und der zuständigen Aufsichtsbehörde.
22	Bei Eintritt eines Versicherungsfalles über die:
221	Höhe und Berechnungsfaktoren des Vorsorgeanspruchs;
222	Höhe und Berechnungsfaktoren der Minimalleistung gemäss BVG.
23	Bei Eintritt und unabhängig vom Eintritt eines Freizügigkeitsfalles über:
231	die Höhe und Berechnungsfaktoren des Freizügigkeitsanspruchs;
232	alle gesetzlich und reglementarisch vorgesehenen Möglichkeiten der Erhaltung des Vorsorgeschutzes.
24	Am Ende des Geschäftsjahres der Vorsorgeeinrichtung über die:
241	Höhe des versicherten Lohnes;
242	Höhe und die Berechnungsfaktoren des Arbeitnehmerbeitrages;
243	Höhe der Altersgutschriften nach Artikel 16 BVG und Stand des Altersguthabens gemäss Artikel 15 BVG;
244	Höhe der Versicherungsleistungen im Falle von Tod oder Invalidität des Versicherten.

3   Datenschutz

31	Die Vorsorgeeinrichtung muss dem Versicherten alle Daten, die sie über seine Person verwaltet, auf Verlangen mitteilen.
32	Die Vorsorgeeinrichtung muss unrichtige oder unvollständige Daten berichtigen und unnütze oder unrechtmässig bearbeitete Daten vernichten.

4 Form und Unentgeltlichkeit der Auskunft

41 Die Auskünfte müssen auf Verlangen schriftlich erteilt werden.

42 Die Auskünfte müssen allgemein verständlich sein.

43 Für Auskünfte werden keine Kosten erhoben.

5 Inkrafttreten

Diese Weisungen treten am 11. Mai 1988 in Kraft.

831.42

Bundesgesetz
über die Freizügigkeit in der beruflichen Alters-, Hinterlassenen- und Invalidenvorsorge
(Freizügigkeitsgesetz, FZG)

vom 17. Dezember 1993 (Stand am 27. April 1999)

Die Bundesversammlung der Schweizerischen Eidgenossenschaft,
gestützt auf die Artikel 34^{quater} und 64 der Bundesverfassung[1],
nach Einsicht in die Botschaft des Bundesrates vom 26. Februar 1992[2],
beschliesst:

1. Abschnitt: Geltungsbereich

Art. 1

[1] Dieses Gesetz regelt im Rahmen der beruflichen Alters-, Hinterlassenen- und Invalidenvorsorge die Ansprüche der Versicherten im Freizügigkeitsfall.

[2] Es ist anwendbar auf alle Vorsorgeverhältnisse, in denen eine Vorsorgeeinrichtung des privaten oder des öffentlichen Rechts aufgrund ihrer Vorschriften (Reglement) bei Erreichen der Altersgrenze, bei Tod oder bei Invalidität (Vorsorgefall) einen Anspruch auf Leistungen gewährt.

[3] Es ist sinngemäss anwendbar auf Ruhegehaltsordnungen, nach denen die Versicherten im Vorsorgefall Anspruch auf Leistungen haben.

2. Abschnitt: Rechte und Pflichten der Vorsorgeeinrichtung bei Austritt von Versicherten

Art. 2   Austrittsleistung

[1] Versicherte, welche die Vorsorgeeinrichtung verlassen, bevor ein Vorsorgefall eintritt (Freizügigkeitsfall), haben Anspruch auf eine Austrittsleistung.

[2] Die Vorsorgeeinrichtung bestimmt in ihrem Reglement die Höhe der Austrittsleistung; diese muss mindestens so hoch sein wie die nach den Bestimmungen des 4. Abschnitts berechnete Austrittsleistung.

[3] Die Austrittsleistung wird fällig mit dem Austritt aus der Vorsorgeeinrichtung. Ab diesem Zeitpunkt ist ein Verzugszins zu zahlen.

AS **1994** 2386
[1] SR **101**
[2] BBl **1992** III 533

Art. 3 Übertragung an die neue Vorsorgeeinrichtung

¹ Treten Versicherte in eine neue Vorsorgeeinrichtung ein, so hat die frühere Vorsorgeeinrichtung die Austrittsleistung an die neue zu überweisen.

² Muss die frühere Vorsorgeeinrichtung Hinterlassenen- oder Invalidenleistungen erbringen, nachdem sie die Austrittsleistung an die neue Vorsorgeeinrichtung überwiesen hat, so ist ihr diese Austrittsleistung soweit zurückzuerstatten, als dies zur Auszahlung der Hinterlassenen- oder Invalidenleistungen nötig ist.

³ Die Hinterlassenen- und Invalidenleistungen der früheren Vorsorgeeinrichtung können gekürzt werden, soweit eine Rückerstattung unterbleibt.

Art. 4 Erhaltung des Vorsorgeschutzes in anderer Form

¹ Versicherte, die nicht in eine neue Vorsorgeeinrichtung eintreten, haben ihrer Vorsorgeeinrichtung mitzuteilen, in welcher zulässigen Form sie den Vorsorgeschutz erhalten wollen.

² Bleibt diese Mitteilung aus, so hat die Vorsorgeeinrichtung spätestens zwei Jahre nach dem Freizügigkeitsfall die Austrittsleistung samt Verzugszins der Auffangeinrichtung (Art. 60 Bundesgesetz vom 25. Juni 1982[3] über die berufliche Alters-, Hinterlassenen- und Invalidenvorsorge [BVG]) zu überweisen.

³ Bei der Ausübung der Aufgabe gemäss Absatz 2 wird die Auffangeinrichtung als Freizügigkeitseinrichtung für die Führung von Freizügigkeitskonten tätig.

Art. 5 Barauszahlung

¹ Versicherte können die Barauszahlung der Austrittsleistung verlangen, wenn:
   a. sie die Schweiz endgültig verlassen;
   b. sie eine selbständige Erwerbstätigkeit aufnehmen und der obligatorischen beruflichen Vorsorge nicht mehr unterstehen; oder
   c. die Austrittsleistung weniger als ihr Jahresbeitrag beträgt.

² An verheiratete Anspruchsberechtigte ist die Barauszahlung nur zulässig, wenn der Ehegatte[4] schriftlich zustimmt.

³ Kann die Zustimmung nicht eingeholt werden oder wird sie ohne triftigen Grund verweigert, so kann das Gericht angerufen werden.

Art. 6 Nicht eingebrachte Eintrittsleistung und Erhöhungsbeiträge

¹ Haben sich Versicherte bei Eintritt in die Vorsorgeeinrichtung verpflichtet, einen Teil der Eintrittsleistung selber zu bezahlen, so ist dieser Teil bei der Berechnung der Austrittsleistung mitzuberücksichtigen, selbst wenn er nicht oder nur teilweise

---

[3] SR **831.40**
[4] Da es sich um einen feststehenden Rechtsbegriff handelt, der sich auf Personen beider Geschlechter bezieht (im Gegensatz zu den Ausdrücken «Ehemann» und «Ehefrau»), wird dem Grundsatz der sprachlichen Gleichbehandlung nicht Rechnung getragen.

beglichen wurde. Der noch nicht beglichene Teil kann jedoch samt Zinsen von der Austrittsleistung abgezogen werden.

² Haben Versicherte infolge einer Leistungsverbesserung Erhöhungsbeiträge zu entrichten, so ist die Austrittsleistung aufgrund der verbesserten Leistungen zu berechnen. Die noch nicht beglichenen Erhöhungsbeiträge können jedoch von der Austrittsleistung abgezogen werden.

Art. 7 Vom Arbeitgeber oder von der Arbeitgeberin übernommene Eintrittsleistung

¹ Hat der Arbeitgeber oder die Arbeitgeberin die Eintrittsleistung von Versicherten ganz oder teilweise übernommen, so kann die Vorsorgeeinrichtung den entsprechenden Betrag von der Austrittsleistung abziehen.

² Der Abzug vermindert sich mit jedem Beitragsjahr um mindestens einen Zehntel des vom Arbeitgeber oder von der Arbeitgeberin übernommenen Betrags. Der nicht verbrauchte Teil fällt an ein Beitragsreservenkonto des Arbeitgebers oder der Arbeitgeberin.

Art. 8 Abrechnung und Information

¹ Im Freizügigkeitsfall muss die Vorsorgeeinrichtung den Versicherten eine Abrechnung über die Austrittsleistung erstellen. Daraus müssen die Berechnung der Austrittsleistung, die Höhe des Mindestbetrages (Art. 17) und die Höhe des Altersguthabens (Art. 15 BVG[5]) ersichtlich sein.

² Die Vorsorgeeinrichtung muss die Versicherten auf alle gesetzlich und reglementarisch vorgesehenen Möglichkeiten der Erhaltung des Vorsorgeschutzes hinweisen; namentlich hat sie die Versicherten darauf aufmerksam zu machen, wie diese den Vorsorgeschutz für den Todes- und Invaliditätsfall beibehalten können.

3. Abschnitt:
Rechte und Pflichten der Vorsorgeeinrichtung bei Eintritt der Versicherten

Art. 9 Aufnahme in die reglementarischen Leistungen

¹ Die Vorsorgeeinrichtung muss den eintretenden Versicherten ermöglichen, ihren Vorsorgeschutz aufrechtzuerhalten und weiter aufzubauen, und ihnen die mitgebrachten Austrittsleistungen gutschreiben.

² Hält die Vorsorgeeinrichtung ihre Leistungen in einem Leistungsplan fest, so hat sie den Versicherten zu ermöglichen, sich bis zu ihren vollen reglementarischen Leistungen einzukaufen.

---

[5] SR **831.40**

³ Bei der Bemessung ihrer Leistungen darf die Vorsorgeeinrichtung nicht unterscheiden, ob die Leistungen auf Beiträge oder auf Eintrittsleistungen zurückzuführen sind.

Art. 10 Bemessung und Fälligkeit der Eintrittsleistung

¹ Die Vorsorgeeinrichtung bestimmt in ihrem Reglement die Höhe der Eintrittsleistung. Diese darf den höheren der Beträge nicht übersteigen, der aus dem Vergleich zwischen ihrer Austrittsleistung nach Artikel 15 und 16 und derjenigen nach ihrer Tabelle, die Artikel 17 sinngemäss darstellt, resultiert.

² Die Eintrittsleistung wird fällig mit dem Eintritt in die Vorsorgeeinrichtung. Ab diesem Zeitpunkt ist ein Verzugszins zu zahlen.

³ Die Amortisation und Verzinsung jenes Teils der Eintrittsleistung, der durch die Austrittsleistung der früheren Vorsorgeeinrichtung nicht gedeckt ist und der auch nicht sofort bezahlt wird, richtet sich nach den reglementarischen Bestimmungen oder einer Vereinbarung zwischen der versicherten Person und der Vorsorgeeinrichtung.

Art. 11 Recht auf Einsicht und Einforderung

¹ Die Versicherten haben der Vorsorgeeinrichtung Einsicht in die Abrechnungen über die Austrittsleistung aus dem früheren Vorsorgeverhältnis zu gewähren.

² Die Vorsorgeeinrichtung kann die Austrittsleistung aus dem früheren Vorsorgeverhältnis für Rechnung der Versicherten einfordern.

Art. 12 Vorsorgeschutz

¹ Mit dem Eintritt in die Vorsorgeeinrichtung sind die Versicherten zu den Leistungen versichert, die ihnen nach dem Reglement aufgrund der einzubringenden Eintrittsleistung zustehen.

² Haben sich Versicherte bei Eintritt in die Vorsorgeeinrichtung verpflichtet, einen Teil der Eintrittsleistung selber zu bezahlen, und haben sie diesen Teil bei Eintritt eines Vorsorgefalls nicht oder nur teilweise beglichen, so stehen ihnen die reglementarischen Leistungen gleichwohl zu. Der noch nicht bezahlte Teil kann jedoch samt Zinsen von den Leistungen abgezogen werden.

Art. 13 Nicht verwendete Austrittsleistung

¹ Verbleibt ein Teil der eingebrachten Austrittsleistung, nachdem sich die Versicherten in die vollen reglementarischen Leistungen eingekauft haben, so können sie damit den Vorsorgeschutz in einer anderen zulässigen Form erhalten.

² Die Versicherten können mit dem verbleibenden Teil der eingebrachten Austrittsleistung auch künftige reglementarisch höhere Leistungen erwerben. Die Vorsorgeeinrichtung hat jährlich darüber abzurechnen.

Art. 14 Gesundheitliche Vorbehalte

¹ Der Vorsorgeschutz, der mit den eingebrachten Austrittsleistungen erworben wird, darf nicht durch einen neuen gesundheitlichen Vorbehalt geschmälert werden.

² Die bei der früheren Vorsorgeeinrichtung abgelaufene Zeit eines Vorbehalts ist auf die neue Vorbehaltsdauer anzurechnen. Für die Versicherten günstigere Bedingungen der neuen Vorsorgeeinrichtung gehen vor.

4. Abschnitt: Berechnung der Austrittsleistung

Art. 15 Ansprüche im Beitragsprimat

¹ Bei Spareinrichtungen entsprechen die Ansprüche der Versicherten dem Sparguthaben; bei versicherungsmässig geführten Beitragsprimatkassen entsprechen sie dem Deckungskapital.

² Das Sparguthaben ist die Summe aller im Hinblick auf Altersleistungen gutgeschriebenen Beiträge des Arbeitgebers oder der Arbeitgeberin und der versicherten Person sowie der sonstigen Einlagen; sämtliche Zinsen sind zu berücksichtigen.

³ Das Deckungskapital ist nach anerkannten Regeln der Versicherungsmathematik im Anwartschaftsdeckungsverfahren gemäss dem Grundsatz der Bilanzierung in geschlossener Kasse zu berechnen.

⁴ Beiträge für Sondermassnahmen und Solidaritätsleistungen sind zu berücksichtigen, wenn sie das persönliche Sparguthaben oder das Deckungskapital erhöht haben.

Art. 16 Ansprüche im Leistungsprimat

¹ Bei Vorsorgeeinrichtungen im Leistungsprimat entsprechen die Ansprüche der Versicherten dem Barwert der erworbenen Leistungen.

² Die erworbenen Leistungen werden wie folgt berechnet:

$$\text{versicherte Leistungen} \times \frac{\text{anrechenbare Versicherungsdauer}}{\text{mögliche Versicherungsdauer}}$$

³ Die versicherten Leistungen sind im Reglement niedergelegt. Sie bestimmen sich aufgrund der möglichen Versicherungsdauer. Temporäre Leistungen gemäss Artikel 17 Absatz 2 können bei der Barwertbestimmung weggelassen werden, wenn sie nicht nach dem Deckungskapitalverfahren finanziert werden.

⁴ Die anrechenbare Versicherungsdauer setzt sich zusammen aus der Beitragsdauer und der eingekauften Versicherungsdauer. Sie beginnt frühestens mit der Leistung von Beiträgen an die Altersvorsorge.

⁵ Die mögliche Versicherungsdauer beginnt zur gleichen Zeit wie die anrechenbare Versicherungsdauer und endet mit der ordentlichen reglementarischen Altersgrenze.

⁶ Der Barwert ist nach anerkannten Regeln der Versicherungsmathematik zu ermitteln. Die Barwerte sind im Reglement tabellarisch darzustellen.

Art. 17 Mindestbetrag bei Austritt aus der Vorsorgeeinrichtung

¹ Bei Austritt aus der Vorsorgeeinrichtung hat die versicherte Person zumindest Anspruch auf die eingebrachten Eintrittsleistungen samt Zinsen sowie auf die von ihr während der Beitragsdauer geleisteten Beiträge samt einem Zuschlag von 4 Prozent pro Altersjahr ab dem 20. Altersjahr, höchstens aber von 100 Prozent. Das Alter ergibt sich aus der Differenz zwischen dem Kalenderjahr und dem Geburtsjahr.

² Aufwendungen zur Deckung von Leistungen können von den Beiträgen der versicherten Person nur abgezogen werden, wenn das Reglement den Abzug in Beitragsprozenten festlegt und wenn mit den Aufwendungen finanziert wurden:

   a. Ansprüche auf Invalidenleistungen bis zum Erreichen der ordentlichen Altersgrenze;
   b. Ansprüche auf Hinterlassenenleistungen, die vor Erreichen der ordentlichen Altersgrenze entstehen;
   c. Ansprüche auf Überbrückungsrenten bis zum Erreichen der ordentlichen Altersgrenze. Der Bundesrat setzt die näheren Bedingungen für diese Abzugsmöglichkeit fest.

³ Sofern das Reglement diesen Abzug in Beitragsprozenten vorsieht, können auch Aufwendungen zur Deckung von Sondermassnahmen im Sinne von Artikel 70 des Bundesgesetzes vom 25. Juni 1982[6] über die berufliche Alters-, Hinterlassenen- und Invalidenvorsorge von den Beiträgen der versicherten Person abgezogen werden.

⁴ Aufwendungen zur Deckung von Leistungen nach Absatz 2 und von Sondermassnahmen nach Absatz 3 können nur dann von den Beiträgen der versicherten Person abgezogen werden, wenn der dafür nicht verwendete Teil der Beiträge verzinst wird.

⁵ Von den gesamten reglementarischen Beiträgen, die der Arbeitgeber oder die Arbeitgeberin und der Arbeitnehmer oder die Arbeitnehmerin leisten, ist mindestens ein Drittel als Arbeitnehmerbeitrag zu betrachten.

Art. 18 Gewährleistung der obligatorischen Vorsorge

Registrierte Vorsorgeeinrichtungen haben den austretenden Versicherten mindestens das Altersguthaben nach Artikel 15 des Bundesgesetzes vom 25. Juni 1982[7] über die berufliche Alters-, Hinterlassenen- und Invalidenvorsorge mitzugeben.

Art. 19 Versicherungstechnischer Fehlbetrag

Vorsorgeeinrichtungen von öffentlich-rechtlichen Körperschaften, die mit Zustimmung der Aufsichtsbehörde vom Grundsatz der Bilanzierung in geschlossener Kasse abweichen, dürfen bei der Berechnung von Austrittsleistungen versicherungstechnische Fehlbeträge nicht berücksichtigen. Andere Vorsorgeeinrichtungen dürfen versicherungstechnische Fehlbeträge nur bei Teil- oder bei Gesamtliquidation abziehen (Art. 23 Abs. 3).

[6] SR **831.40**
[7] SR **831.40**

5. Abschnitt: Erhaltung des Vorsorgeschutzes in besonderen Fällen

Art. 20 Änderung des Beschäftigungsgrades

¹ Ändern Versicherte ihren Beschäftigungsgrad für die Dauer von mindestens sechs Monaten, so hat die Vorsorgeeinrichtung wie im Freizügigkeitsfall abzurechnen.

² Sieht das Reglement eine für die Versicherten mindestens ebenso günstige Regelung oder die Berücksichtigung des durchschnittlichen Beschäftigungsgrades vor, so kann eine Abrechnung unterbleiben.

Art. 21 Wechsel innerhalb der Vorsorgeeinrichtung

¹ Sind zwei Arbeitgeber[8] der gleichen Vorsorgeeinrichtung angeschlossen und wechselt die versicherte Person vom einen zum anderen, so ist wie im Freizügigkeitsfall abzurechnen, sofern die versicherte Person das Vorsorgewerk oder den Vorsorgeplan wechselt.

² Sieht das Reglement eine für die versicherte Person mindestens ebenso günstige Regelung vor, so kann eine Abrechnung unterbleiben.

Art. 22 Ehescheidung

¹ Bei Ehescheidung kann das Gericht bestimmen, dass ein Teil der Austrittsleistung, die ein Ehegatte[9] während der Dauer der Ehe erworben hat, an die Vorsorgeeinrichtung des andern übertragen und auf scheidungsrechtliche Ansprüche, welche die Vorsorge sicherstellen, angerechnet wird.

² Das Gericht teilt der Vorsorgeeinrichtung den zu übertragenden Betrag mit den nötigen Angaben über die Erhaltung des Vorsorgeschutzes von Amtes wegen mit; für die Übertragung sind die Artikel 3 bis 5 sinngemäss anwendbar.

³ Die Vorsorgeeinrichtung hat dem verpflichteten Ehegatten die Möglichkeit zu gewähren, sich im Rahmen der übertragenen Austrittsleistung wieder einzukaufen. Die Bestimmungen über den Eintritt in die neue Vorsorgeeinrichtung finden Anwendung.

Art. 23 Teil- oder Gesamtliquidation

¹ Bei einer Teil- oder Gesamtliquidation der Vorsorgeeinrichtung besteht neben dem Anspruch auf die Austrittsleistung ein individueller oder ein kollektiver Anspruch auf freie Mittel. Die Aufsichtsbehörde entscheidet darüber, ob die Voraussetzungen für eine Teil- oder Gesamtliquidation erfüllt sind. Sie genehmigt den Verteilungsplan.

---

[8] Da die Verwendung von Paarformen die Lesbarkeit des vorliegenden Artikels erschwert, wird die männliche Personenbezeichnung als Ausdruck gewählt, der sich auf Personen beider Geschlechter bezieht.

[9] Da es sich um einen feststehenden Rechtsbegriff handelt, der sich auf Personen beider Geschlechter bezieht (im Gegensatz zu den Ausdrücken «Ehemann» und «Ehefrau»), wird dem Grundsatz der sprachlichen Gleichbehandlung nicht Rechnung getragen.

¹² Die freien Mittel sind aufgrund des Vermögens, das zu Veräusserungswerten einzusetzen ist, zu berechnen.

³ Vorsorgeeinrichtungen, die sich an den Grundsatz der Bilanzierung in geschlossener Kasse halten müssen, dürfen versicherungstechnische Fehlbeträge anteilsmässig abziehen, sofern dadurch nicht das Altersguthaben (Art. 18) geschmälert wird.

⁴ Die Voraussetzungen für eine Teilliquidation sind vermutungsweise erfüllt, wenn:
- a. eine erhebliche Verminderung der Belegschaft erfolgt;
- b. eine Unternehmung restrukturiert wird;
- c. ein Arbeitgeber oder eine Arbeitgeberin den Anschlussvertrag mit einer Vorsorgeeinrichtung auflöst und diese Einrichtung nach der Auflösung weiterbesteht.

6. Abschnitt: Information der Versicherten

Art. 24

Die Vorsorgeeinrichtung hat den Versicherten auf Wunsch, aber mindestens alle drei Jahre die reglementarische Austrittsleistung nach Artikel 2 und das Altersguthaben nach Artikel 15 des Bundesgesetzes vom 25. Juni 1982[10] über die berufliche Alters-, Hinterlassenen- und Invalidenvorsorge mitzuteilen.

6a. Abschnitt:[11] Meldepflichten, Zentralstelle 2. Säule

Art. 24a[12]   Vergessene Guthaben

Vorsorgeeinrichtungen und Einrichtungen, welche Freizügigkeitskonten oder -policen führen, melden der Zentralstelle 2. Säule die Ansprüche von Personen im Rentenalter im Sinne von Artikel 13 Absatz 1 BVG[13], die noch nicht geltend gemacht worden sind (vergessene Guthaben).

Art. 24b[14]   Meldepflicht der Einrichtungen

¹ Vorsorgeeinrichtungen und Einrichtungen, welche Freizügigkeitskonten oder -policen führen, müssen periodisch mit ihren Versicherten in Kontakt treten.

² Können sie diese Kontakte nicht herstellen. müssen sie der Zentralstelle 2. Säule Meldung erstatten.

---

[10] SR **831.40**
[11] Eingefügt durch Ziff. I des BG vom 18. Dez. 1998, in Kraft seit. 1. Mai 1999 (AS **1999** 1384 1387; BBl **1998** 5569).
[12] Siehe dazu die SchlB der Änd. vom 18. Dez. 1998 am Schluss dieses BG.
[13] SR **831.40**
[14] Siehe dazu die SchlB der Änd. vom 18. Dez. 1998 am Schluss dieses BG.

³ Ersatzweise können sie diese Verpflichtungen ebenfalls erfüllen, indem sie periodisch ihren gesamten Versichertenbestand der Zentralstelle 2. Säule melden.

Art. 24c Umfang der Meldepflicht

Die Meldung umfasst:

a. Name und Vorname des Versicherten;

b. seine AHV-Versichertennummer;

c. sein Geburtsdatum;

d. Name der Vorsorgeeinrichtung oder der Einrichtung, welche die Freizügigkeitskonten oder -policen führt.

Art. 24d Zentralstelle 2. Säule

¹ Die Zentralstelle 2. Säule ist die Verbindungsstelle zwischen den Vorsorgeeinrichtungen, den Einrichtungen, welche Freizügigkeitskonten oder -policen führen, und den Versicherten.

² Sie meldet der Zentralen Ausgleichsstelle der AHV die vergessenen Guthaben, um die zur Identifikation und Lokalisierung der Berechtigten erforderlichen Angaben zu erhalten.

³ Die Zentrale Ausgleichsstelle der AHV liefert der Zentralstelle 2. Säule folgende Angaben, sofern diese in den zentralen Registern oder elektronischen Dossiers enthalten sind:

a. für in der Schweiz wohnhafte Personen den Namen der AHV-Ausgleichskasse, welche die Rente auszahlt;

b. die Adressen von Personen im Ausland.

⁴ Die Zentralstelle 2. Säule leitet die erhaltenen Angaben an die zuständige Einrichtung weiter. Sie nimmt Anfragen einzelner Versicherter betreffend deren Vorsorgeguthaben entgegen und gibt ihnen die erforderlichen Angaben zur Geltendmachung ihrer Ansprüche.

⁵ Die Vorsorgeeinrichtungen und die Einrichtungen, welche Freizügigkeitskonten oder -policen führen, arbeiten mit der Zentralstelle 2. Säule zusammen.

Art. 24e Verfahren

¹ Das zuständige Departement regelt das Verfahren.

² Das zuständige Bundesamt kann technische Weisungen erlassen. Diese sind verbindlich:

a. für die kantonalen Aufsichtsbehörden;

b. für die diesem Gesetz unterstehenden Vorsorgeeinrichtungen und Einrichtungen, welche Freizügigkeitskonten oder -policen führen.

Art. 24f   Aktenaufbewahrung

Die Zentralstelle 2. Säule bewahrt die Meldungen auf. Die Aufbewahrungspflicht erlischt mit Ablauf von zehn Jahren, nachdem der Versicherte das Rentenalter im Sinne von Artikel 13 Absatz 1 BVG[15] erreicht hat.

7. Abschnitt: Rechtspflege

Art. 25

Bei Streitigkeiten gelten die Artikel 73 und 74 des Bundesgesetzes vom 25. Juni 1982[16] über die berufliche Alters-, Hinterlassenen- und Invalidenvorsorge.

8. Abschnitt: Schlussbestimmungen

Art. 26   Vollzug

[1] Der Bundesrat erlässt die Ausführungsvorschriften und regelt die zulässigen Formen der Erhaltung des Vorsorgeschutzes.

[2] Er setzt den Verzugszinssatz fest und bestimmt einen Zinsrahmen für den technischen Zinssatz von mindestens einem Prozent. Bei der Bestimmung des Zinsrahmens sind die tatsächlich verwendeten technischen Zinssätze zu berücksichtigen.

Art. 27   Übergangsbestimmungen

[1] Die Eintritts- und die Austrittsleistung berechnen sich nach dem Recht, das zum Zeitpunkt des Eintritts in eine Vorsorgeeinrichtung beziehungsweise des Austritts aus einer solchen gilt.

[2] Die formelle Anpassung der Verträge und Reglemente muss spätestens fünf Jahre nach Inkrafttreten dieses Gesetzes abgeschlossen sein.

[3] Versicherungstechnische Fehlbeträge, die sich als Folge dieses Gesetzes ergeben, müssen spätestens zehn Jahre nach dessen Inkrafttreten abgebaut sein.

Art. 28   Referendum und Inkrafttreten

[1] Dieses Gesetz untersteht dem fakultativen Referendum.

[2] Der Bundesrat bestimmt das Inkrafttreten.

Datum des Inkrafttretens: 1. Januar 1995[17]

---

[15] SR **831.40**
[16] SR **831.40**
[17] BRB vom 3. Okt. 1994 (AS **1994** 2394)

Schlussbestimmung der Änderung vom 18. Dez. 1998[18]

Die Artikel 24*a* und 24*b* des Freizügigkeitsgesetzes vom 17. Dezember 1993[19] gelten sinngemäss für Vorsorgeeinrichtungen, die Vorsorge- oder Freizügigkeitsguthaben führen, welche aus der Zeit vor dem Inkrafttreten dieser Änderung des Freizügigkeitsgesetzes stammen.

---

[18] AS **1999** 1384; BBl **1998** 5569
[19] SR **831.42**

Anhang

Änderung des bisherigen Rechts

1. Das Zivilgesetzbuch[20] wird wie folgt geändert:

Art. 89bis Abs. 4

...

2. Das Obligationenrecht[21] wird wie folgt geändert:

Art. 331 Randtitel, Abs. 1, 3 und 4

...

Art. 331a

...

Art. 331b

...

Art. 331c

...

Art. 361 Abs. 1

...

Art. 362 Abs. 1

...

3. Das Bundesgesetz vom 25. Juni 1982[22] über die berufliche Alters-, Hinterlassenen- und Invalidenvorsorge wird wie folgt geändert:

Art. 5 Abs. 2 zweiter Satz

...

---

[20] SR **210**. Die hiernach aufgeführte Änd. ist eingefügt im genannten BG.
[21] SR **220**. Die hiernach aufgeführten Änd. sind eingefügt im genannten BG.
[22] SR **831.40**. Die hiernach aufgeführten Änd. sind eingefügt im genannten BG.

Art. 10 Abs. 3 erster Satz
...

Art. 15 Abs. 1 Bst. b
...

Art. 27
...

Art. 28–30
Aufgehoben

Art. 56 Abs. 1 Bst. c und d
...

Art. 59 Abs. 2
...

Art. 60 Abs. 5
...

Art. 70 Abs. 3
...

Art. 72 Abs. 3
...

Verordnung 831.425
über die Freizügigkeit in der beruflichen Alter-, Hinterlassenen- und Invalidenvorsorge
(Freizügigkeitsverordnung, FZV)

vom 3. Oktober 1994 (Stand am 13. Juli 1999/1. Januar 2000)

Der Schweizerische Bundesrat,

gestützt auf Artikel 26 des Freizügigkeitsgesetzes (FZG) vom 17. Dezember 1993[1] und Artikel 99 des Bundesgesetzes über den Versicherungsvertrag[2] (VVG),

verordnet:

1. Abschnitt: Freizügigkeitsfall

Art. 1   Informationspflichten

[1]Die Arbeitgeber müssen die Adresse oder, wenn diese fehlt, die AHV-Versichertennummer der Versicherten, deren Arbeitsverhältnis aufgelöst oder deren Beschäftigungsgrad reduziert wird, unverzüglich der Vorsorgeeinrichtung melden. Gleichzeitig ist mitzuteilen, ob die Auflösung des Arbeitsverhältnisses oder die Änderung des Beschäftigungsgrades aus gesundheitlichen Gründen erfolgt ist.

[2]Die Versicherten geben der Vorsorgeeinrichtung vor dem Austritt bekannt, an welche neue Vorsorgeeinrichtung oder an welche Freizügigkeitseinrichtung die Austrittsleistung zu überweisen ist.

[3]Die Arbeitgeber müssen Versicherte, die heiraten, der Vorsorgeeinrichtung melden.

Art. 2   Feststellungs- und Mitteilungspflicht

[1]Die Vorsorgeeinrichtung hat für Versicherte, die nach dem 1. Januar 1995 das 50. Altersjahr erreicht haben oder eine Ehe schliessen, die Austrittsleistung zu diesem Zeitpunkt festzuhalten.

[2]Sie hat ferner für alle Versicherten festzuhalten:
a. die erste aufgrund von Artikel 24 FZG mitgeteilte Austrittsleistung nach dem 1. Januar 1995 und den Zeitpunkt dieser Mitteilung; oder
b. die erste Austrittsleistung, die nach dem 1. Januar 1995, aber vor der ersten Mitteilung nach Artikel 24 FZG fällig wird, sowie den Zeitpunkt ihrer Fälligkeit.

[3]Im Freizügigkeitsfall teilt die Vorsorgeeinrichtung die Angaben nach den Absätzen 1 und 2 der neuen Vorsorgeeinrichtung oder der Freizügigkeitseinrichtung mit.

AS **1994** 2399
[1]SR **831.42**
[2]SR **221.229.1**

Art. 3 Übermittlung medizinischer Daten

Medizinische Daten dürfen nur vom vertrauensärztlichen Dienst der bisherigen Vorsorgeeinrichtung demjenigen der neuen Vorsorgeeinrichtung übermittelt werden. Es bedarf dazu der Einwilligung der Versicherten.

Art. 4 Rückerstattung der Austrittsleistung

Muss die neue Vorsorgeeinrichtung Austrittsleistungen an die frühere nach Artikel 3 Absatz 2 FZG zurückerstatten, dürfen allfällige Kürzungen der Leistungen wegen Überentschädigung bei der Berechnung des Barwerts unberücksichtigt bleiben. Der Barwert berechnet sich aufgrund der versicherungstechnischen Grundlagen der leistungspflichtigen Vorsorgeeinrichtung.

Art. 5 Berechnung der Austrittsleistung

Die Vorsorgeeinrichtung hat in ihrem Reglement festzulegen, ob sie die Austrittsleistung nach Artikel 15 FZG (Beitragsprimat) oder nach Artikel 16 FZG (Leistungsprimat) berechnet.

Art. 6 Berechnung des Mindestbetrags

[1] Als Grundlage für die Berechnung des Mindestbetrags nach Artikel 17 FZG gelten die Beiträge und Eintrittsleistungen der Versicherten. Wurden während einer gewissen Zeit nur Risikobeiträge bezahlt, so fallen diese ausser Betracht.

[2] Der Zinssatz nach Artikel 17 Absätze 1 und 4 FZG entspricht dem BVG[3]-Mindestzinssatz.

[3] Teile von eingebrachten Eintrittsleistungen, welche für Aufwendungen nach Artikel 17 Absatz 2 Buchstaben a–c FZG verwendet wurden, müssen bei der Ermittlung der Mindestleistung nicht berücksichtigt werden.

[4] Beiträge für die Finanzierung von AHV-Überbrückungsrenten können nach Artikel 17 Absatz 2 Buchstabe c FZG abgezogen werden, wenn diese Renten frühestens fünf Jahre vor Erreichen des ordentlichen AHV-Rentenalters zu laufen beginnen. Bei hinreichender Begründung kann diese Frist höchstens zehn Jahre betragen.

[5] Der Zuschlag nach Artikel 17 Absatz 1 FZG beträgt im Alter 21 4% und erhöht sich jährlich um 4%.

Art. 7 Verzugszinssatz

Der Verzugszinssatz entspricht dem BVG[4]-Mindestzinssatz plus einem Viertel Prozent[4a].

---

[3] SR **831.40**
[4] SR **831.40**
[4a] Ab 1. Januar 2000 (ein Viertel Prozent anstatt 1%).

Art. 8 Technischer Zinssatz

Der Zinsrahmen für den technischen Zinssatz beträgt 3,5–4,5%.

Art. 8a Zinssatz bei der Teilung der Austrittsleistung infolge Scheidung[4b]

[1]Bei der Teilung der Austrittsleistung infolge Scheidung nach Artikel 22 FZG wird für die Aufzinsung der im Zeitpunkt der Eheschliessung erworbenen Austritts- und Freizügigkeitsleistungen und der Einmaleinlagen bis zum Zeitpunkt der Ehescheidung der im entsprechenden Zeitraum gültige Mindestzinssatz nach Artikel 12 BVV 2 angewandt.

[2]Für die Zeit vor dem 1. Januar 1985 gilt der Zinssatz von 4%.

Art. 9 Teilliquidation

Für die Berechnung der freien Mittel nach Artikel 23 Absatz 2 FZG muss sich die Vorsorgeeinrichtung auf eine kaufmännische und technische Bilanz mit Erläuterungen abstützen, aus denen die tatsächliche finanzielle Lage deutlich hervorgeht.

2. Abschnitt: Erhaltung des Vorsorgeschutzes

Art. 10 Formen

[1]Der Vorsorgeschutz wird durch eine Freizügigkeitspolice oder durch ein Freizügigkeitskonto erhalten.

[2]Als Freizügigkeitspolicen gelten besondere, ausschliesslich und unwiderruflich der Vorsorge dienende Kapital- oder Rentenversicherungen, einschliesslich allfälliger Zusatzversicherungen für den Todes- oder Invaliditätsfall bei

a. einer der ordentlichen Versicherungsaufsicht unterstellten Versicherungseinrichtung oder einer durch diese Versicherungseinrichtungen gebildeten Gruppe; oder
b. einer öffentlich-rechtlichen Versicherungseinrichtung nach Artikel 67 Absatz 1 des Bundesgesetzes vom 25. Juni 1982[5] über die berufliche Alters-, Hinterlassenen- und Invalidenvorsorge (BVG).

[3]Als Freizügigkeitskonten gelten besondere, ausschliesslich und unwiderruflich der Vorsorge dienende Verträge mit einer Stiftung, welche die Voraussetzungen nach Artikel 19 erfüllt. Diese Verträge können durch eine Versicherung für den Todes- oder Invaliditätsfall ergänzt werden.

[4b]Neuer Artikel, gültig ab 1. Januar 2000.
[5] SR 831.40

Art. 11 Gesundheitliche Vorsorge

Artikel 14 FZG und Artikel 331c des Obligationenrechts (OR)[6] gelten sinngemäss für Freizügigkeitspolicen sowie für Zusatzversicherungen nach Artikel 10 Absatz 3 Satz 2.

Art. 12 Übertragung

[1] Die Austrittsleistung darf von der bisherigen Vorsorgeeinrichtung höchstens an zwei Freizügigkeitseinrichtungen übertragen werden.

[2] Treten die Versicherten innerhalb eines Jahres nach Austritt aus der bisherigen Vorsorgeeinrichtung in eine neue ein, so haben sie dies ihrer Freizügigkeitseinrichtung mitzuteilen.

[3] Die Freizügigkeitseinrichtung hat das Vorsorgekapital an die neue Vorsorgeeinrichtung zu überweisen, soweit es für die Finanzierung der Eintrittsleistung benötigt wird.

[4] Die Versicherten können jederzeit die Freizügigkeitseinrichtung oder die Form der Erhaltung des Vorsorgeschutzes wechseln.

Art. 13 Umfang und Art der Leistungen

[1] Der Umfang der Leistungen bei Alter, Tod und Invalidität ergibt sich aus dem Vertrag oder Reglement.

[2] Die Leistungen werden nach Vertrag oder Reglement als Rente oder als Kapitalabfindung ausbezahlt. Als Leistungen gelten auch die Barauszahlung (Art. 5 FZG) und der Vorbezug (Art. 30c BVG[7] und Art. 331e OR[8]).

[3] Die Hinterlassenen- und die Invalidenrenten sind im Umfange der gesetzlichen Mindestvorsorge der Preisentwicklung nach Artikel 36 Absatz 1 BVG anzupassen. Die gesetzliche Mindestvorsorge wird aufgrund des nach BVG erworbenen Altersguthabens im Freizügigkeitsfall berechnet.

[4] Die Höhe des Vorsorgekapitals entspricht

a. bei der Freizügigkeitspolice dem Deckungskapital;
b. beim Freizügigkeitskonto der eingebrachten Austrittsleistung mit Zins; Aufwendungen für die Deckung der Risiken können abgezogen werden, ebenso Verwaltungskosten, wenn dies schriftlich vereinbart ist.

Art. 14 Barauszahlung

Für die Barauszahlung gilt Artikel 5 FZG sinngemäss.

---

[6] SR **220**
[7] SR **831.40**
[8] SR **220**

Art. 15 Begünstigte Personen

[1]Für die Erhaltung des Vorsorgeschutzes gelten als Begünstigte
a. im Erlebensfall die Versicherten;
b. im Todesfall in nachstehender Reihe:
  1. die Hinterlassenen nach BVG[9] sowie der Witwer,
  2. natürliche Personen, die von den Versicherten in erheblichem Masse unterstützt worden sind,
  3. übrige gesetzliche Erben unter Ausschluss des Gemeinwesens.

[2]Die Versicherten können im Vertrag die Ansprüche der Begünstigten näher bezeichnen und den Kreis von Personen nach Absatz 1 Buchstabe b Ziffer 1 mit solchen nach Ziffer 2 erweitern.

Art. 16[10] Auszahlung der Altersleistungen

[1]Altersleistungen von Freizügigkeitspolicen und Freizügigkeitskonten dürfen frühestens fünf Jahre vor und spätestens fünf Jahre nach Erreichen des Rentenalters nach Artikel 13 Absatz 1 BVG[11] ausbezahlt werden.

[2]Beziehen die Versicherten eine volle Invalidenrente der Eidgenössischen Invalidenversicherung und wird das Invaliditätsrisiko nach Artikel 10 Absätze 2 und 3 Satz 2 nicht zusätzlich versichert, so wird die Altersleistung auf Begehren der Versicherten vorzeitig ausbezahlt.

Art. 17 Abtretung und Verpfändung

Das Vorsorgekapital oder der nicht fällige Leistungsanspruch kann weder verpfändet noch abgetreten werden. Vorbehalten bleiben Artikel 22 FZG sowie die Artikel 30b BVG[12] und 331d OR[13].

Art. 18 Finanzierung

[1]Die Leistungen werden durch die eingebrachte Austrittsleistung finanziert.

[2]Aufwendungen für die zusätzliche Deckung der Risiken Tod und Invalidität können auf dem Vorsorgekapital erhoben oder durch zusätzliche Prämien finanziert werden.

---

[9]SR **831.40**
[10]Fassung gemäss Ziff. I der V vom 9. Dezember 1996 (AS **1996** 3450).
[11]SR **831.40**
[12]SR **831.40**
[13]SR **220**

Art. 19   Anlagevorschriften für Freizügigkeitsstiftungen

¹Die Gelder der Freizügigkeitsstiftungen sind nach Artikel 71 Absatz 1 BVG[14] und den Artikeln 49–60 der Verordnung vom 18. April 1984[15] über die berufliche Alters-, Hinterlassenen- und Invalidenvorsorge (BVV 2) und nur bei oder durch Vermittlung einer dem Bundesgesetz über die Banken und Sparkassen (Bankengesetz)[16] unterstellten Bank anzulegen.

²Gelder, die eine Stiftung im eigenen Namen bei einer Bank anlegt, gelten als Spareinlagen der einzelnen Versicherten im Sinne des Bankengesetzes.

Abschnitt 2a[17]: Zentralstelle Zweite Säule

Art. 19a   Register der vergessenen Guthaben

¹Die Zentralstelle Zweite Säule führt ein zentrales Register (Register), in dem eingetagen werden
a. die vergessenen Guthaben im Sinne von Artikel 24a FZG;
b. die Freizügigkeitskonten und -policen von Versicherten, mit denen die entsprechenden Einrichtungen keinen Kontakt mehr herstellen können (Art. 24b Abs. 2 FZG);
c. der gesamte Versichertenbestand im Sinne von Artikel 24b Absatz 3 FZG.

²Der Sicherheitsfonds ist für die Führung und die Verwaltung des Registers verantwortlich. Er sorgt insbesondere für die Beachtung der Bestimmungen der Datenschutzgesetzgebung und für die Datensicherheit.

³In das Register werden folgende Daten aufgenommen:
a. Name und Vorname, Geburtsdatum und AHV-Versichertennummer der Versicherten sowie
b. der Name der Vorsorgeeinrichtungen oder der Einrichtungen, die für die betroffenen Versicherten Freizügigkeitskonten oder -policen führen.

Art. 19b   Einsicht in das Register

Das Register kann eingesehen werden durch
a. das Bundesamt für Sozialversicherung (BSV);
b. die kantonalen Aufsichtsbehörden.

---

[14] SR **831.40**
[15] SR **831.441.1**
[16] SR **952.0**
[17] Eingefügt durch Ziff. I der V vom 19. April 1999 (AS **1999** 1773).

Art. 19c Meldepflicht

[1]Vorsorgeeinrichtungen oder Einrichtungen, die Freizügigkeitskonten und -policen führen, melden Versicherte der Zentralestelle Zweite Säule, soweit sie die betreffende Person nicht mehr erreichen können.

[2]Die Vorsorgeeinrichtungen oder Einrichtungen, die Freizügigkeitskonten und -policen führen und die auf die periodische Kontaktaufnahme verzichten, melden der Zentralstelle Zweite Säule ihren gesamten Versichertenbestand mindestens einmal im Jahr (Art. 24b Abs. 3 FZG).

Art. 19d Auskünfte an Versicherte und Begünstigte

[1]Auf Verlangen teilt die Zentralstelle Zweite Säule den Versicherten mit, welche Einrichtungen sie betreffend Vorsorgeguthaben, Freizügigkeitskonten oder -policen führen könnten.

[2]Dieselbe Auskunftspflicht besteht im Todesfall des Versicherten gegenüber den Begünstigten.

Art. 19e Berichterstattung

Der Sicherheitsfonds berichtet in seinem Jahresbericht über die Tätigkeit der Zentralstelle Zweite Säule, insbesondere über die eingegangenen Anfragen und über die Anzahl der behandelten und der erledigten Fälle.

Art. 19f Finanzierung

[1]Der Sicherheitsfonds deckt die in seiner Rechnung separat auszuweisenden Kosten für die Zentralstelle Zweite Säule aus den Beiträgen nach Artikel 16 der Verordnung vom 22. Juni 1998[18] über den Sicherheitsfonds BVG (SFV).

[2]Der Sicherheitsfonds kann von Einrichtungen, die Freizügigkeitskonten oder -policen führen, jeweils per Jahresende einen kostendeckenden Beitrag für die vermittelten Fälle erheben.

3. Abschnitt: Schlussbestimmungen

Art. 20 Wirkungsanalyse

Das Bundesamt für Sozialversicherung führt mit den Fachkreisen eine Analyse über die Wirkungen der Freizügigkeit bei den Versicherten, den Vorsorgeeinrichtungen und den Freizügigkeitseinrichtungen durch.

---

[18] SR 831.432.1

Art. 21 Aufhebung bisherigen Rechts

Die Verordnung vom 12. November 1986[19] über die Erhaltung des Vorsorgeschutzes und die Freizügigkeit wird aufgehoben.

Art. 22 Änderung bisherigen Rechts

1Die Verordnung vom 18. April 1984[20] über die berufliche Alters-, Hinterlassenen- und Invalidenvorsorge (BVV 2) wird wie folgt geändert:

Art. 11 Abs. 3 lit. a

...

2Die Verordnung vom 13. November 1985[21] über die steuerliche Abzugsberechtigung für Beiträge an anerkannte Vorsorgeformen (BVV 3) wird wie folgt geändert:

Art. 3 Abs. 2 lit. d

...

Art. 23 Übergangsbestimmungen

Die Kantonalbanken, welche Freizügigkeitskonten ausserhalb einer Stiftung führen, müssen diese Konten spätestens ein Jahr nach Inkrafttreten dieser Verordnung in eine Stiftung eingebracht haben.

Art. 23a Übergangsbestimmungen zur Änderung des FZG
vom 18. Dezember 1998[23]

1Die Vorsorgeeinrichtungen sowie die Einrichtungen, die Freizügigkeitskonten und -policen führen, müssen ihre Meldepflicht nach den Artikeln 24a und 24b Absätzen 2 und 3 FZG erstmals bis 31. Dezember 1999 erfüllt haben.

2Die im Zeitpunkt des Inkrafttretens dieser Änderung beim Bundesamt für Sozialversicherung hängigen Anfragen von Versicherten und Begünstigten (Art. 19d) sind zur weiteren Bearbeitung der Zentralstelle Zweite Säule zu übertragen.

Art. 24 Inkrafttreten

Diese Verordnung tritt am 1. Januar 1995 in Kraft.

---

[19] AS **1986** 2008
[20] SR **831.441.1**. Die hiernach aufgeführte Änd. ist eingefügt in der genannten V.
[21] SR **831.461.3**. Die hiernach aufgeführte Änd. ist eingefügt in der genannten V.
[22] Eingefügt durch Ziff. I der V vom 19. April 1999 (AS **1999** 1773).
[23] AS **1999** 1384 Ziff. III

Verordnung des EDI
über die Tabelle zur Berechnung der Austrittsleistung nach Artikel 22a des Freizügigkeitsgesetzes

vom 24. November 1999

Das Eidgenössische Departement des Innern

gestützt auf Artikel 22a Absatz 1 des Freizügigkeitsgesetzes vom 17. Dezember 1993[1] (FZG),

verordnet:

Art. 1

[1]Für die Berechnung der Austrittsleistung im Zeitpunkt der Eheschliessung nach Artikel 22a FZG gilt die Tabelle im Anhang.

[2]Die Tabelle gibt in Prozenten den Anteil am errechneten Betrag nach Artikel 22a Absatz 2 FZG an, der als Austrittsleistung im Zeitpunkt der Eheschliessung gilt.

[3]Massgebend für die Bestimmung des Anteils nach Absatz 2 sind

a. die Beitragsdauer zwischen der Erbringung der Eintrittsleistung nach Artikel 22a Absatz 2 Buchstabe b FZG und der Austrittsleistung nach Artikel 22a Absatz 2 Buchstabe a FZG;
b. die in der Beitragsdauer nach Buchstabe a liegende Ehedauer.

[4]Die Beitragsdauern nach Absatz 3 werden auf ganze Jahre gerundet. Betragen beide Beitragsdauern weniger als 3,05 Jahre, so erfolgt die Rundung auf 0,1 Jahre genau.

Art. 2

Diese Verordnung tritt am 1. Januar 2000 in Kraft.

...

Eidgenössisches Departement des Innern:

Ruth Dreifuss

---

[1] SR **831.42**

Anhang

(Art. 1)

Tabelle zur Berechnung der Austrittsleistung im Zeitpunkt der Eheschliessung nach Art. 22a FZG

Anzahl Beitragsjahre zwischen der Eintrittsleistung vor Eheschliessung und der Austrittsleistung nach Eheschliessung								
Anzahl Ehejahre, welche in der obengenannten Beitragsdauer liegen								
	0,1	*0,2*	*0,3*	*0,4*	*0,5*	*0,6*	*0,7*	
0,1	0							
0,2	50	0						→ bis 45 Jahre
0,3	66	33	0					
0,4	75	49	25	0				
0,5	80	59	39	20	0			
0,6	83	66	49	33	16	0		
0,7	85	71	56	42	28	14	0	

usw.

↓
bis
45
Jahre

Diese Tabelle ist ab Internet abrufbar.

Bundesgesetz
über die Wohneigentumsförderung mit Mitteln der beruflichen Vorsorge
(Teilrevision des Bundesgesetzes über die berufliche Alters-, Hinterlassenen- und Invalidenvorsorge sowie des Obligationenrechts)

vom 17. Dezember 1993

Die Bundesversammlung der Schweizerischen Eidgenossenschaft,
nach Einsicht in die Botschaft des Bundesrates vom 19. August 1992 [1],
beschliesst:

I

Das Bundesgesetz vom 25. Juni 1982 [2] über die berufliche Alters-, Hinterlassenen- und Invalidenvorsorge wird wie folgt geändert:

Gliederungstitel vor Art. 27

4. Kapitel: Freizügigkeitsleistung und Wohneigentumsförderung
1. Abschnitt: Freizügigkeitsleistung

2. Abschnitt: Wohneigentumsförderung

Art. 30a Begriff

Als Vorsorgeeinrichtung im Sinne dieses Abschnittes gelten alle Einrichtungen, die im Register für die berufliche Vorsorge eingetragen sind oder die den Vorsorgeschutz nach Artikel 29 dieses Gesetzes und nach Artikel 1 des Freizügigkeitsgesetzes vom 17. Dezember 1993 [3] in anderer Form erhalten.

Art. 30b Verpfändung

Der Versicherte kann den Anspruch auf Vorsorgeleistungen oder einen Betrag bis zur Höhe seiner Freizügigkeitsleistung nach Artikel 331*d* des Obligationenrechts [4] verpfänden.

Art. 30c Vorbezug

¹ Der Versicherte kann bis drei Jahre vor Entstehung des Anspruchs auf Altersleistungen von seiner Vorsorgeeinrichtung einen Betrag für Wohneigentum zum eigenen Bedarf geltend machen.

---

[1] BBl **1992** VI 237
[2] SR **831.40**
[3] AS ...
[4] SR **220**

² Versicherte dürfen bis zum 50. Altersjahr einen Betrag bis zur Höhe der Freizügigkeitsleistung beziehen. Versicherte, die das 50. Altersjahr überschritten haben, dürfen höchstens die Freizügigkeitsleistung, auf die sie im 50. Altersjahr Anspruch gehabt hätten, oder die Hälfte der Freizügigkeitsleistung im Zeitpunkt des Bezuges in Anspruch nehmen.

³ Der Versicherte kann diesen Betrag auch für den Erwerb von Anteilscheinen einer Wohnbaugenossenschaft oder ähnlicher Beteiligungen verwenden, wenn er eine dadurch mitfinanzierte Wohnung selbst benutzt.

⁴ Mit dem Bezug wird gleichzeitig der Anspruch auf Vorsorgeleistungen entsprechend den jeweiligen Vorsorgereglementen und den technischen Grundlagen der Vorsorgeeinrichtung gekürzt. Um eine Einbusse des Vorsorgeschutzes durch eine Leistungskürzung bei Tod oder Invalidität zu vermeiden, bietet die Vorsorgeeinrichtung eine Zusatzversicherung an oder vermittelt eine solche.

⁵ Ist der Versicherte verheiratet, so ist der Bezug nur zulässig, wenn sein Ehegatte schriftlich zustimmt. Kann er die Zustimmung nicht einholen oder wird sie ihm verweigert, so kann er das Gericht anrufen.

⁶ Der Vorbezug gilt im Scheidungsfall als Freizügigkeitsleistung und wird vom Gericht nach Artikel 22 des Freizügigkeitsgesetzes vom 17. Dezember 1993 [1]) beurteilt.

⁷ Wird durch den Vorbezug oder die Verpfändung die Liquidität der Vorsorgeeinrichtung in Frage gestellt, so kann diese die Erledigung der entsprechenden Gesuche aufschieben. Sie legt in ihrem Reglement eine Prioritätenordnung für das Aufschieben dieser Vorbezüge beziehungsweise Verpfändungen fest. Der Bundesrat regelt die Einzelheiten.

Art. 30d Rückzahlung

¹ Der bezogene Betrag muss vom Versicherten oder von seinen Erben an die Vorsorgeeinrichtung zurückbezahlt werden, wenn:
a. das Wohneigentum veräussert wird;
b. Rechte an diesem Wohneigentum eingeräumt werden, die wirtschaftlich einer Veräusserung gleichkommen; oder
c. beim Tod des Versicherten keine Vorsorgeleistung fällig wird.

² Der Versicherte kann im übrigen den bezogenen Betrag unter Beachtung der Bedingungen von Absatz 3 jederzeit zurückbezahlen.

³ Die Rückzahlung ist zulässig bis:
a. drei Jahre vor Entstehung des Anspruchs auf Altersleistungen;
b. zum Eintritt eines anderen Vorsorgefalls; oder
c. zur Barauszahlung der Freizügigkeitsleistung.

⁴ Will der Versicherte den aus einer Veräusserung des Wohneigentums erzielten Erlös im Umfang des Vorbezugs innerhalb von zwei Jahren wiederum für sein Wohneigentum einsetzen, so kann er diesen Betrag auf eine Freizügigkeitseinrichtung überweisen.

---

[1]) AS ...

⁵ Bei Veräusserung des Wohneigentums beschränkt sich die Rückzahlungspflicht auf den Erlös. Als Erlös gilt der Verkaufspreis abzüglich der hypothekarisch gesicherten Schulden sowie der dem Verkäufer vom Gesetz auferlegten Abgaben.

⁶ Die Vorsorgeeinrichtung räumt dem Versicherten im Falle der Rückzahlung einen entsprechend höheren Leistungsanspruch gemäss ihrem Reglement ein.

Art. 30e Sicherung des Vorsorgezwecks

¹ Der Versicherte oder seine Erben dürfen das Wohneigentum nur unter Vorbehalt von Artikel 30*d* veräussern. Als Veräusserung gilt auch die Einräumung von Rechten, die wirtschaftlich einer Veräusserung gleichkommen. Nicht als Veräusserung gilt hingegen die Übertragung des Wohneigentums an einen vorsorgerechtlich Begünstigten. Dieser unterliegt aber derselben Veräusserungsbeschränkung wie der Versicherte.

² Die Veräusserungsbeschränkung nach Absatz 1 ist im Grundbuch anzumerken. Die Vorsorgeeinrichtung hat die Anmerkung dem Grundbuchamt gleichzeitig mit der Auszahlung des Vorbezugs beziehungsweise mit der Pfandverwertung des Vorsorgeguthabens anzumelden.

³ Die Anmerkung darf gelöscht werden:
a. drei Jahre vor Entstehung des Anspruchs auf Altersleistungen;
b. nach Eintritt eines anderen Vorsorgefalles;
c. bei Barauszahlung der Freizügigkeitsleistung; oder
d. wenn nachgewiesen wird, dass der in das Wohneigentum investierte Betrag gemäss Artikel 30*d* an die Vorsorgeeinrichtung des Versicherten oder auf eine Freizügigkeitseinrichtung überwiesen worden ist.

⁴ Erwirbt der Versicherte mit dem Vorbezug Anteilscheine einer Wohnbaugenossenschaft oder ähnliche Beteiligungen, so hat er diese zur Sicherstellung des Vorsorgezwecks zu hinterlegen.

⁵ Der Versicherte mit Wohnsitz im Ausland hat vor der Auszahlung des Vorbezugs beziehungsweise vor der Verpfändung des Vorsorgeguthabens nachzuweisen, dass er die Mittel der beruflichen Vorsorge für sein Wohneigentum verwendet.

⁶ Die Pflicht und das Recht zur Rückzahlung bestehen bis drei Jahre vor Entstehung des Anspruchs auf Altersleistungen, bis zum Eintritt eines anderen Vorsorgefalles oder bis zur Barauszahlung.

Art. 30f Ausführungsbestimmungen

Der Bundesrat bestimmt:
a. die zulässigen Verwendungszwecke und den Begriff «Wohneigentum zum eigenen Bedarf» (Art. 30*c* Abs. 1);
b. welche Voraussetzungen beim Erwerb von Anteilscheinen einer Wohnbaugenossenschaft oder ähnlicher Beteiligungen zu erfüllen sind (Art. 30*c* Abs. 3);
c. den Mindestbetrag für den Bezug (Art. 30*c* Abs. 1);
d. die Modalitäten der Verpfändung, des Vorbezugs, der Rückzahlung und der Sicherstellung des Vorsorgezwecks (Art. 30*b*–30*e*);
e. die Pflicht der Vorsorgeeinrichtungen, die Versicherten im Falle der Verpfändung oder des Vorbezugs über die Auswirkungen auf ihre Vorsorgeleistungen,

über die Möglichkeit der Zusatzversicherung für die Risiken Tod oder Invalidität und über die steuerlichen Folgen zu informieren.

Art. 37 Abs. 4
Aufgehoben

Art. 39 Abs. 1 zweiter Satz
¹ ... Vorbehalten bleibt Artikel 30b.

Art. 40
Aufgehoben

Art. 83a Steuerliche Behandlung der Wohneigentumsförderung
¹ Der Vorbezug und der aus einer Pfandverwertung des Vorsorgeguthabens erzielte Erlös sind als Kapitalleistung aus Vorsorge steuerbar.

² Bei Wiedereinzahlung des Vorbezugs oder des Pfandverwertungserlöses kann der Steuerpflichtige verlangen, dass ihm die beim Vorbezug oder bei der Pfandverwertung für den entsprechenden Betrag bezahlten Steuern zurückerstattet werden. Für solche Wiedereinzahlungen ist ein Abzug zur Ermittlung des steuerbaren Einkommens ausgeschlossen.

³ Das Recht auf Rückerstattung der bezahlten Steuern erlischt nach Ablauf von drei Jahren seit Wiedereinzahlung des Vorbezugs oder des Pfandverwertungserlöses an eine Einrichtung der beruflichen Vorsorge.

⁴ Alle Vorgänge gemäss den Absätzen 1-3 sind der Eidgenössischen Steuerverwaltung von der betreffenden Vorsorgeeinrichtung unaufgefordert zu melden.

⁵ Die Bestimmungen dieses Artikels gelten für die direkten Steuern von Bund, Kantonen und Gemeinden.

II

Das Obligationenrecht[1] wird wie folgt geändert:

Art. 331d
¹ Der Arbeitnehmer kann bis drei Jahre vor Entstehung des Anspruchs auf Altersleistungen seinen Anspruch auf Vorsorgeleistungen oder einen Betrag bis zur Höhe seiner Freizügigkeitsleistung für Wohneigentum zum eigenen Bedarf verpfänden.

III. Wohneigentumsförderung
1. Verpfändung

² Die Verpfändung ist auch zulässig für den Erwerb von Anteilscheinen einer Wohnbaugenossenschaft oder ähnlicher Beteiligungen, wenn der Arbeitnehmer eine dadurch mitfinanzierte Wohnung selbst benutzt.

[1] SR 220

³ Die Verpfändung bedarf zu ihrer Gültigkeit der schriftlichen Anzeige an die Vorsorgeeinrichtung.

⁴ Arbeitnehmer, die das 50. Altersjahr überschritten haben, dürfen höchstens die Freizügigkeitsleistung, auf die sie im 50. Altersjahr Anspruch gehabt hätten, oder die Hälfte der Freizügigkeitsleistung im Zeitpunkt der Verpfändung als Pfand einsetzen.

⁵ Ist der Arbeitnehmer verheiratet, so ist die Verpfändung nur zulässig, wenn sein Ehegatte schriftlich zustimmt. Kann er die Zustimmung nicht einholen oder wird sie ihm verweigert, so kann er das Gericht anrufen.

⁶ Wird das Pfand vor dem Vorsorgefall oder vor der Barauszahlung verwertet, so finden die Artikel 30d–30f und 83a des Bundesgesetzes vom 25. Juni 1982 [1] über die berufliche Alters-, Hinterlassenen- und Invalidenvorsorge Anwendung.

⁷ Der Bundesrat bestimmt:
a. die zulässigen Verpfändungszwecke und den Begriff «Wohneigentum zum eigenen Bedarf»;
b. welche Voraussetzungen bei der Verpfändung von Anteilscheinen einer Wohnbaugenossenschaft oder ähnlicher Beteiligungen zu erfüllen sind.

Art. 331e

2. Vorbezug

¹ Der Arbeitnehmer kann bis drei Jahre vor Entstehung des Anspruchs auf Altersleistungen von seiner Vorsorgeeinrichtung einen Betrag für Wohneigentum zum eigenen Bedarf geltend machen.

² Arbeitnehmer dürfen bis zum 50. Altersjahr einen Betrag bis zur Höhe der Freizügigkeitsleistung beziehen. Versicherte, die das 50. Altersjahr überschritten haben, dürfen höchstens die Freizügigkeitsleistung, auf die sie im 50. Altersjahr Anspruch gehabt hätten, oder die Hälfte der Freizügigkeitsleistung im Zeitpunkt des Bezuges in Anspruch nehmen.

³ Der Arbeitnehmer kann diesen Betrag auch für den Erwerb von Anteilscheinen einer Wohnbaugenossenschaft oder ähnlicher Beteiligungen verwenden, wenn er eine dadurch mitfinanzierte Wohnung selbst benutzt.

⁴ Mit dem Bezug wird gleichzeitig der Anspruch auf Vorsorgeleistungen entsprechend den jeweiligen Vorsorgereglementen und den technischen Grundlagen der Vorsorgeeinrichtung gekürzt. Um eine Einbusse des Vorsorgeschutzes durch eine Leistungskürzung bei Tod oder Invalidität zu vermeiden, bietet die Vorsorgeeinrichtung eine Zusatzversicherung an oder vermittelt eine solche.

[1] SR **831.40**

⁵ Ist der Arbeitnehmer verheiratet, so ist der Bezug nur zulässig, wenn sein Ehegatte schriftlich zustimmt. Kann er die Zustimmung nicht einholen oder wird sie ihm verweigert, so kann er das Gericht anrufen.

⁶ Der Vorbezug gilt im Scheidungsfall als Freizügigkeitsleistung und wird vom Gericht nach Artikel 22 des Freizügigkeitsgesetzes vom 17. Dezember 1993 [1] beurteilt.

⁷ Wird durch den Vorbezug oder die Verpfändung die Liquidität der Vorsorgeeinrichtung in Frage gestellt, so kann diese die Erledigung der entsprechenden Gesuche aufschieben. Sie legt in ihrem Reglement eine Prioritätenordnung für das Aufschieben dieser Vorbezüge beziehungsweise Verpfändungen fest. Der Bundesrat regelt die Einzelheiten.

⁸ Im übrigen gelten die Artikel 30d–30f und 83a des Bundesgesetzes vom 25. Juni 1982 [2] über die berufliche Alters-, Hinterlassenen- und Invalidenvorsorge.

Art. 342 Abs. 1 Bst. a

¹ Vorbehalten bleiben:
a. Vorschriften des Bundes, der Kantone und Gemeinden über das öffentlich-rechtliche Dienstverhältnis, soweit sie nicht die Artikel 331a–331e betreffen;

III

¹ Dieses Gesetz untersteht dem fakultativen Referendum.

² Der Bundesrat bestimmt das Inkrafttreten.

Nationalrat, 17. Dezember 1993	Ständerat, 17. Dezember 1993
Die Präsidentin: Gret Haller	Der Präsident: Jagmetti
Der Protokollführer: Anliker	Der Sekretär: Lanz

Datum der Veröffentlichung: 28. Dezember 1993 [3]

Ablauf der Referendumsfrist: 28. März 1994

[1] AS ...
[2] SR **831.40**
[3] BBl **1993** IV 580

Verordnung
über die Wohneigentumsförderung mit Mitteln der beruflichen Vorsorge
(WEFV)

831.411

vom 3. Oktober 1994 (Stand am 1. Januar 1995)

Der Schweizerische Bundesrat,
gestützt auf die Artikel 30c Absatz 7, 30f und 97 Absatz 1 des Bundesgesetzes vom 25. Juni 1982[1] über die berufliche Alters-, Hinterlassenen- und Invalidenvorsorge (BVG)
sowie Artikel 331d Absatz 7 des Obligationenrechts (OR)[2],
verordnet:

1. Kapitel: Allgemeine Bestimmungen

Art. 1 Zulässige Verwendungszwecke

[1] Die Mittel der beruflichen Vorsorge dürfen verwendet werden für:

a. Erwerb und Erstellung von Wohneigentum;
b. Beteiligungen am Wohneigentum;
c. Rückzahlung von Hypothekardarlehen.

[2] Die versicherte Person darf die Mittel der beruflichen Vorsorge gleichzeitig nur für ein Objekt verwenden.

Art. 2 Wohneigentum

[1] Zulässige Objekte des Wohneigentums sind:

a. die Wohnung;
b. das Einfamilienhaus.

[2] Zulässige Formen des Wohneigentums sind:

a. das Eigentum;
b. das Miteigentum, namentlich das Stockwerkeigentum;
c. das Eigentum der versicherten Person mit ihrem Ehegatten zu gesamter Hand;
d. das selbständige und dauernde Baurecht.

AS **1994** 2379
[1] SR **831.40**
[2] SR **220**

Art. 3 Beteiligungen

Zulässige Beteiligungen sind:

a. der Erwerb von Anteilscheinen an einer Wohnbaugenossenschaft;

b. der Erwerb von Aktien einer Mieter-Aktiengesellschaft;

c. die Gewährung von partiarischen Darlehen an einen gemeinnützigen Wohnbauträger.

Art. 4 Eigenbedarf

[1] Als Eigenbedarf gilt die Nutzung durch die versicherte Person an ihrem Wohnsitz oder an ihrem gewöhnlichen Aufenthalt.

[2] Wenn die versicherte Person nachweist, dass die Nutzung vorübergehend nicht möglich ist, so ist die Vermietung während dieser Zeit zulässig.

2. Kapitel: Modalitäten
1. Abschnitt: Vorbezug

Art. 5 Mindestbetrag und Begrenzung

[1] Der Mindestbetrag für den Vorbezug beträgt 20 000 Franken.

[2] Dieser Mindestbetrag gilt nicht für den Erwerb von Anteilscheinen an Wohnbaugenossenschaften und von ähnlichen Beteiligungen sowie für Ansprüche gegenüber Freizügigkeitseinrichtungen.

[3] Ein Vorbezug kann alle fünf Jahre geltend gemacht werden.

[4] Hat die versicherte Person das Alter 50 überschritten, darf sie höchstens den grösseren der beiden nachfolgenden Beträge beziehen:

a. den im Alter 50 ausgewiesenen Betrag der Freizügigkeitsleistung, erhöht um die nach dem Alter 50 vorgenommenen Rückzahlungen und vermindert um den Betrag, der aufgrund von Vorbezügen oder Pfandverwertungen nach dem Alter 50 für das Wohneigentum eingesetzt worden ist.

b. die Hälfte der Differenz zwischen der Freizügigkeitsleistung im Zeitpunkt des Vorbezugs und der für das Wohneigentum in diesem Zeitpunkt bereits eingesetzten Freizügigkeitsleistung.

Art. 6 Auszahlung

[1] Die Vorsorgeeinrichtung zahlt den Vorbezug spätestens nach sechs Monaten aus, nachdem die versicherte Person ihren Anspruch geltend gemacht hat. Im ersten Jahr nach dem Inkrafttreten dieser Verordnung kann die Vorsorgeeinrichtung diese Frist längstens auf zwölf Monate erstrecken.

[2] Die Vorsorgeeinrichtung zahlt den Vorbezug gegen Vorweis der entsprechenden Belege und im Einverständnis der versicherten Person direkt an den Verkäufer, Er-

steller, Darlehensgeber oder an die nach Artikel 1 Absatz 1 Buchstabe b Berechtigten aus.

³ Absatz 2 gilt sinngemäss für die Auszahlung aufgrund einer Verwertung der verpfändeten Freizügigkeitsleistung.

⁴ Ist eine Auszahlung innerhalb von sechs Monaten aus Liquiditätsgründen nicht möglich oder zumutbar, so erstellt die Vorsorgeeinrichtung eine Prioritätenordnung, die der Aufsichtsbehörde zur Kenntnis zu bringen ist.

Art. 7 Rückzahlung

¹ Der Mindestbetrag für eine Rückzahlung beträgt 20 000 Franken.

² Ist der ausstehende Vorbezug kleiner als der Mindestbetrag, so ist die Rückzahlung in einem einzigen Betrag zu leisten.

³ Die Vorsorgeeinrichtung hat der versicherten Person die Rückzahlung des Vorbezugs auf dem von der Eidgenössischen Steuerverwaltung herausgegebenen Formular zu bescheinigen.

2. Abschnitt: Verpfändung

Art. 8 Begrenzung

¹ Der Anspruch auf Verpfändung eines Betrages maximal in der Höhe der Freizügigkeitsleistung ist für eine versicherte Person vor dem Alter 50 auf die Freizügigkeitsleistung im Zeitpunkt der Pfandverwertung begrenzt.

² Der Anspruch auf Verpfändung der Freizügigkeitsleistung einer versicherten Person, die das Alter 50 überschritten hat, richtet sich sinngemäss nach Artikel 5 Absatz 4.

Art. 9 Zustimmung des Pfandgläubigers

¹ Die schriftliche Zustimmung des Pfandgläubigers ist, soweit die Pfandsumme betroffen ist, erforderlich für:

   a. die Barauszahlung der Freizügigkeitsleistung;

   b. die Auszahlung der Vorsorgeleistung;

   c. die Übertragung eines Teils der Freizügigkeitsleistung infolge Scheidung auf eine Vorsorgeeinrichtung des anderen Ehegatten (Art. 22 des Freizügigkeitsgesetzes vom 17. Dez. 1993[3]).

² Verweigert der Pfandgläubiger die Zustimmung, so hat die Vorsorgeeinrichtung den entsprechenden Betrag sicherzustellen.

---

[3] SR **831.42**

³ Wechselt die versicherte Person die Vorsorgeeinrichtung, so muss die bisherige Vorsorgeeinrichtung dem Pfandgläubiger mitteilen, an wen und in welchem Umfang die Freizügigkeitsleistung übertragen wird.

3. Abschnitt: Nachweis und Information

Art. 10 Nachweis

Macht die versicherte Person ihren Anspruch auf Vorbezug oder Verpfändung geltend, so hat sie gegenüber der Vorsorgeeinrichtung den Nachweis zu erbringen, dass die Voraussetzungen dafür erfüllt sind.

Art. 11 Information der versicherten Person

Die Vorsorgeeinrichtung informiert die versicherte Person bei einem Vorbezug, bei einer Verpfändung oder auf ihr schriftliches Gesuch hin über:

a. das ihr für das Wohneigentum zur Verfügung stehende Vorsorgekapital;
b. die mit einem Vorbezug oder mit einer Pfandverwertung verbundene Leistungskürzung;
c. die Möglichkeit zur Schliessung einer durch den Vorbezug oder durch die Pfandverwertung entstehenden Lücke im Vorsorgeschutz für Invalidität oder Tod;
d. die Steuerpflicht bei Vorbezug oder bei Pfandverwertung;
e. den bei Rückzahlung des Vorbezugs oder den bei Rückzahlung nach einer vorgängig erfolgten Pfandverwertung bestehenden Anspruch auf Rückerstattung der bezahlten Steuern sowie über die zu beachtende Frist.

Art. 12 Mitteilungspflicht der bisherigen Vorsorgeeinrichtung

Die bisherige Vorsorgeeinrichtung hat der neuen Vorsorgeeinrichtung unaufgefordert mitzuteilen, ob und in welchem Umfang die Freizügigkeits- oder die Vorsorgeleistung verpfändet ist oder Mittel vorbezogen wurden.

3. Kapitel: Steuerliche Bestimmungen

Art. 13 Meldepflichten

¹ Die Vorsorgeeinrichtung hat den Vorbezug oder die Pfandverwertung der Freizügigkeitsleistung sowie die Rückzahlung an die Vorsorgeeinrichtung der Eidgenössischen Steuerverwaltung innerhalb von 30 Tagen auf dem dafür vorgesehenen Formular zu melden.

² Die Eidgenössische Steuerverwaltung führt Buch über die gemeldeten Vorbezüge und Pfandverwertungen sowie über die Rückzahlungen der Vorbezüge.

³ Sie bestätigt der versicherten Person auf deren schriftliches Ersuchen hin die Höhe der ausstehenden Vorbezüge und weist sie auf die für die Rückerstattung der bezahlten Steuern zuständige Behörde hin.

Art. 14   Steuerliche Behandlung

¹ Einkäufe von Beitragsjahren können vom steuerbaren Einkommen abgezogen werden, soweit sie zusammen mit den Vorbezügen die reglementarisch maximal zulässigen Vorsorgeansprüche nicht überschreiten.

² Bei Rückzahlung des Vorbezugs wird der bezahlte Steuerbetrag ohne Zins zurückerstattet. Liegen mehrere Vorbezüge vor, so erfolgt bei deren Rückzahlung die Rückerstattung der bezahlten Steuern in der Reihenfolge der ausbezahlten Vorbezüge. Die gleiche Reihenfolge gilt, wenn mehrere Kantone betroffen sind.

³ Für die Rückerstattung des Steuerbetrages ist ein schriftliches Gesuch an diejenige Behörde zu richten, die ihn erhoben hat. Der Gesuchsteller hat eine Bescheinigung einzureichen über:

   a. die Rückzahlung;

   b. das im Wohneigentum investierte Vorsorgekapital;

   c. den für den Bund, den Kanton und die Gemeinde aufgrund eines Vorbezugs oder einer Pfandverwertung bezahlten Steuerbetrag.

4. Kapitel: Besondere Bestimmungen

Art. 15   Berechnung des Verkaufserlöses

Für die Berechnung des Verkaufserlöses nach Artikel 30*d* Absatz 5 BVG werden die innerhalb von zwei Jahren vor dem Verkauf des Wohneigentums eingegangenen Darlehensverpflichtungen nicht berücksichtigt, es sei denn, die versicherte Person weise nach, dass diese zur Finanzierung ihres Wohneigentums notwendig gewesen sind.

Art. 16   Beteiligung an Wohnbaugenossenschaften und an ähnlichen Formen

¹ Das Reglement der Wohnbaugenossenschaft muss vorsehen, dass die von der versicherten Person für den Erwerb von Anteilscheinen einbezahlten Vorsorgegelder bei Austritt aus der Genossenschaft entweder einer anderen Wohnbaugenossenschaft oder einem anderen Wohnbauträger, von dem die versicherte Person eine Wohnung selbst benutzt, oder einer Einrichtung der beruflichen Vorsorge überwiesen werden.

² Absatz 1 gilt sinngemäss für Beteiligungen nach Artikel 3 Buchstaben b und c.

³ Anteilscheine und ähnliche Beteiligungspapiere sind bis zur Rückzahlung oder bis zum Eintritt des Vorsorgefalles oder der Barauszahlung bei der betreffenden Vorsorgeeinrichtung zu hinterlegen.

Art. 17 Kosten der Zusatzversicherung

Die Kosten der Zusatzversicherung nach Artikel 30c Absatz 4 BVG und Artikel 331e Absatz 4 OR trägt die versicherte Person.

5. Kapitel: Schlussbestimmungen

Art. 18 Wirkungsanalyse

Das Bundesamt für Sozialversicherung führt mit den Fachkreisen der beruflichen Vorsorge eine Analyse über die Wirkungen der Wohneigentumsförderung bei den Vorsorgeeinrichtungen und bei den Versicherten durch.

Art. 19 Aufhebung bisherigen Rechts

Die Verordnung vom 7. Mai 1986[4] über die Wohneigentumsförderung mit den Mitteln der beruflichen Altersvorsorge wird aufgehoben.

Art. 20 Änderung bisherigen Rechts

Die Verordnung vom 13. November 1985[5] über die steuerliche Abzugsberechtigung für Beiträge an anerkannte Vorsorgeformen (BVV 3) wird wie folgt geändert:

Art. 3 Abs. 3–5

...[6]

Art. 4 Abs. 1 und 2

...[7]

Art. 21 Inkrafttreten

Diese Verordnung tritt am 1. Januar 1995 in Kraft.

---

[4] [AS **1986** 864]
[5] SR **831.461.3**
[6] Text eingefügt in der genannten V.
[7] Text eingefügt in der genannten V.

Verordnung über die Ansprüche der Auffangeinrichtung der beruflichen Vorsorge

831.434

vom 28. August 1985

Der Schweizerische Bundesrat,

gestützt auf Artikel 97 Absatz 1 des Bundesgesetzes vom 25. Juni 1982[1]
über die berufliche Alters-, Hinterlassenen- und Invalidenvorsorge (BVG),
verordnet:

Art. 1   Gegenstand

Diese Verordnung regelt:

a. die Ansprüche der Auffangeinrichtung gegenüber einem Arbeitgeber, der sich noch keiner Vorsorgeeinrichtung angeschlossen hat, wenn sie seinen Arbeitnehmern oder deren Hinterlassenen die gesetzlichen Leistungen zu erbringen hat (Art. 12 BVG);

b. die Übernahme der Kosten der Auffangeinrichtung durch den Sicherheitsfonds (Art. 72 Abs. 2 BVG).

Art. 2   Anschluss des Arbeitgebers von Gesetzes wegen

[1] Entsteht der gesetzliche Anspruch eines Arbeitnehmers auf Versicherungs- oder Freizügigkeitsleistung zu einem Zeitpunkt, an dem sein Arbeitgeber noch keiner Vorsorgeeinrichtung angeschlossen ist, so wird der Arbeitgeber von Gesetzes wegen für alle dem Obligatorium unterstellten Arbeitnehmer der Auffangeinrichtung angeschlossen.

[2] Weist der Arbeitgeber nach, dass eine andere Vorsorgeeinrichtung auch die bisherigen Verpflichtungen der Auffangeinrichtung übernimmt, so wird der Anschluss des Arbeitgebers bei der Auffangeinrichtung auf den Zeitpunkt der Verpflichtungsübernahme durch die andere Vorsorgeeinrichtung aufgehoben.

Art. 3   Ansprüche der Auffangeinrichtung gegenüber dem Arbeitgeber

[1] Der Arbeitgeber hat der Auffangeinrichtung die Beiträge für alle dem Gesetz unterstellten Arbeitnehmer von dem Zeitpunkt an zu entrichten, von dem an er bei einer Vorsorgeeinrichtung hätte angeschlossen sein müssen.

[2] Der Verzugszins entspricht dem jeweils von der Auffangeinrichtung für geschuldete Beiträge geforderten Zinssatz.

AS **1985** 1256
[1] SR **831.40**

³ Der Arbeitgeber muss bei Tod oder Invalidität eines dem Obligatorium unterstellten Arbeitnehmers einen Zuschlag in der Höhe der vierfachen Beiträge für die Risiken Tod und Invalidität aller dem Obligatorium unterstellten Arbeitnehmer als Schadenersatz entrichten. Dieser Zuschlag wird von dem Zeitpunkt an berechnet, von dem an der Arbeitgeber bei einer Vorsorgeeinrichtung hätte angeschlossen sein müssen bis zum Eintritt des Versicherungsfalles. Der Zuschlag ist auf das versicherungstechnisch notwendige Deckungskapital, vermindert um das Altersguthaben des betreffenden Arbeitnehmers, begrenzt.

⁴ Der Arbeitgeber muss der Auffangeinrichtung alle Aufwendungen ersetzen, die ihr im Zusammenhang mit seinem Anschluss entstehen.

Art. 4 Leistungen des Sicherheitsfonds an die Auffangeinrichtung

¹ Der Sicherheitsfonds ersetzt der Auffangeinrichtung:

   a. den Barwert der Hinterlassenen- und Invalidenleistung nach Artikel 12 Absatz 1 BVG; davon werden abgezogen:
      1. das Altersguthaben des Versicherten,
      2. die Summe der für alle obligatorisch zu versichernden Arbeitnehmer rückwirkend geschuldeten Beiträge für die Risiken Tod und Invalidität, und
      3. der vom Arbeitgeber gemäss Artikel 3 Absatz 3 geschuldete Schadenersatz;

   b. die Aufwendungen für die spätere Anpassung der Hinterlassenen- und Invalidenrenten nach Buchstabe a an die Preisentwicklung (Art. 36 Abs. 1 BVG).

² Ist der Arbeitgeber zahlungsunfähig, so ersetzt der Sicherheitsfonds der Auffangeinrichtung zudem:

   a. die gemäss Absatz 1 Buchstabe a abgezogenen, jedoch nicht einbringbaren Beträge;

   b. die nicht einbringbaren Beiträge im Fall von erbrachten Alters- oder Freizügigkeitsleistungen zugunsten des Versicherten;

   c. die nicht einbringbaren Beträge gemäss Artikel 3 Absatz 4.

³ Wird die Auffangeinrichtung nachträglich von ihrer Leistungspflicht befreit (Art. 2 Abs. 2) oder erhält sie erbrachte Leistungen zurück, so erstattet sie dem Sicherheitsfonds die von ihm erhaltenen Beträge entsprechend zurück.

Art. 5 Inkrafttreten

Diese Verordnung tritt rückwirkend auf den 1. Januar 1985 in Kraft.

Verordnung über den Sicherheitsfonds BVG
(SFV)

831.432.1

vom 22. Juni 1998 (Stand am 13. Juli 1999)

Der Schweizerische Bundesrat,
gestützt auf die Artikel 56 Absätze 3 und 4, 59 Absatz 2 und 97 Absatz 1 des Bundesgesetzes vom 25. Juni 1982[1] über die berufliche Alters-, Hinterlassenen- und Invalidenvorsorge (BVG),
verordnet:

1. Kapitel: Organisation

Art. 1 Name, Rechtsform und Sitz

[1] Unter dem Namen «Sicherheitsfonds BVG» besteht eine öffentlich-rechtliche Stiftung mit eigener Rechtspersönlichkeit.

[2] Der Sitz der Stiftung ist in Bern.

Art. 2 Zweck und Aufgabe

[1] Die Stiftung führt den Sicherheitsfonds nach Artikel 54 Absatz 2 Buchstabe a BVG.

[2] Sie erfüllt die Aufgaben nach Artikel 56 BVG.

Art. 3 Aufsicht

Die Stiftung wird vom Bundesamt für Sozialversicherung (BSV) beaufsichtigt.

Art. 4 Stiftungsrat

Der Stiftungsrat ist das oberste Organ der Stiftung. Er setzt sich zusammen aus drei Vertretern der Arbeitnehmer, drei Vertretern der Arbeitgeber, zwei Vertretern der öffentlichen Verwaltung sowie aus einem weiteren Mitglied, das keinem dieser Kreise angehört.

Art. 5 Wahl des Stiftungsrates

[1] Der Bundesrat wählt die Vertreter der Arbeitnehmer und der Arbeitgeber auf Vorschlag der entsprechenden Spitzenorganisationen und die Vertreter der öffentlichen Verwaltung auf Vorschlag des Eidgenössischen Departementes des Innern.

AS **1998** 1662
[1] SR **831.40**

² Er wählt das neunte Mitglied des Stiftungsrates auf Vorschlag der bereits gewählten Mitglieder.

Art. 6 Geschäftsstelle des Sicherheitsfonds

¹ Eine vom Stiftungsrat beauftragte Geschäftsstelle verwaltet den Sicherheitsfonds. Sie trifft alle zur Erfüllung ihres Auftrages erforderlichen Massnahmen. Sie vertritt den Sicherheitsfonds nach aussen.

² Das Verhältnis zwischen dem Stiftungsrat und der Geschäftsstelle wird vertraglich geregelt. Der Vertrag muss dem BSV zur Genehmigung vorgelegt werden.

³ Die Geschäftsstelle gibt den Aufsichtsbehörden, der Auffangeinrichtung und den dem Freizügigkeitsgesetz vom 17. Dezember 1993² (FZG) unterstellten Vorsorgeeinrichtungen ihre Organisation sowie das Verfahren für die Erhebung der Beiträge und die Geltendmachung von Leistungen bekannt.

Art. 7 Kontrollstelle des Sicherheitsfonds

Die Kontrollstelle des Sicherheitsfonds prüft jährlich die Geschäftsführung, das Rechnungswesen und die Vermögensanlage des Sicherheitsfonds.

Art. 8 Berichterstattung

¹ Der Sicherheitsfonds reicht den Jahresbericht und die Jahresrechnung dem BSV zuhanden des Bundesrates ein.

² Die Kontrollstelle des Sicherheitsfonds reicht dem BSV jährlich den Prüfungsbericht ein.

Art. 9 Verzeichnis der Vorsorgeeinrichtungen

¹ Die Geschäftsstelle des Sicherheitsfonds führt ein Verzeichnis der dem FZG unterstellten Vorsorgeeinrichtungen.

² Das Verzeichnis enthält Namen und Adressen der dem FZG unterstellten Vorsorgeeinrichtungen und gibt an, ob eine Vorsorgeeinrichtung registriert ist.

³ Den Aufsichtsbehörden ist das Verzeichnis zugänglich zu machen.

Art. 10 Meldepflicht der Aufsichtsbehörden

Die Aufsichtsbehörden melden der Geschäftsstelle des Sicherheitsfonds innerhalb von drei Monaten die Änderungen von Vorsorgeeinrichtungen, die dem FZG unterstellt sind, insbesondere Neugründungen, Zusammenschlüsse, Aufhebungen und Namensänderungen.

---

² SR **831.42**

Art. 11 Meldepflicht nicht beaufsichtigter Vorsorgeeinrichtungen

Die Vorsorgeeinrichtungen, die dem FZG unterstellt sind und keiner Aufsicht unterstehen, melden der Geschäftsstelle des Sicherheitsfonds innerhalb von drei Monaten die sie betreffenden Änderungen, insbesondere Neugründungen, Zusammenschlüsse, Aufhebungen und Namensänderungen.

2. Kapitel: Finanzierung

Art. 12 Finanzierung des Sicherheitsfonds

Der Sicherheitsfonds wird mit den jährlichen Beiträgen der Vorsorgeeinrichtungen, die dem FZG unterstellt sind, sowie mit dem Ertrag aus seinem Vermögen finanziert.

Art. 13 Vermögensanlage und Rechnungswesen

Das Vermögen des Sicherheitsfonds wird nach den Artikeln 49 ff. der Verordnung vom 18. April 1984[3] über die berufliche Alters-, Hinterlassenen- und Invalidenvorsorge (BVV 2) angelegt. Für das Rechnungswesen und die Rechnungslegung sind die Artikel 47 und 48 BVV 2 anwendbar.

Art. 14 Beitragssystem

[1] Die Zuschüsse wegen ungünstiger Altersstruktur (Art. 56 Abs. 1 Bst. a BVG) werden durch Beiträge der registrierten Vorsorgeeinrichtungen finanziert, die anderen Leistungen (Art. 56 Abs. 1 Bst. b–e BVG) durch Beiträge aller Vorsorgeeinrichtungen, die dem FZG unterstellt sind.

[2] Die Berechnungsgrundlagen für die Beiträge sind für das Kalenderjahr zu ermitteln, für welches die Beiträge geschuldet werden.

Art. 15 Beiträge für Zuschüsse wegen ungünstiger Altersstruktur

[1] Berechnungsgrundlage der Beiträge für Zuschüsse wegen ungünstiger Altersstruktur ist die Summe der koordinierten Löhne aller versicherten Personen nach Artikel 8 BVG, die für Altersleistungen Beiträge zu entrichten haben.

[2] Für Personen, die während des Kalenderjahres ein- oder austreten, wird der koordinierte Lohn anteilmässig berechnet.

Art. 16 Beiträge für Leistungen bei Insolvenz und für andere Leistungen

[1] Berechnungsgrundlage für Beiträge für Leistungen bei Insolvenz und für andere Leistungen ist die Summe:
- a. der per 31. Dezember berechneten reglementarischen Austrittsleistungen aller Versicherten nach Artikel 2 FZG; und

---

[3] SR 831.441.1

b. des mit zehn multiplizierten Betrages sämtlicher Renten, wie er aus der Betriebsrechnung hervorgeht.

² Falls per 31. Dezember keine aktuelle Berechnung der reglementarischen Austrittsleistungen vorliegt, wird der letzte nach Artikel 24 FZG berechnete Wert verwendet.

Art. 17   Meldung der Berechnungsgrundlagen für die Beiträge

¹ Die registrierten Vorsorgeeinrichtungen melden der Geschäftsstelle des Sicherheitsfonds:

a. die Summe der koordinierten Löhne;

b. die Summe der Altersgutschriften für ein Kalenderjahr;

c. die Summe der reglementarischen Austrittsleistungen nach Artikel 2 FZG;

d. die Summe der laufenden Renten aus der Betriebsrechnung.

² Die dem FZG unterstellten, nicht registrierten Vorsorgeeinrichtungen melden der Geschäftsstelle des Sicherheitsfonds:

a. die Summe der reglementarischen Austrittsleistungen nach Artikel 2 FZG;

b. die Summe der laufenden Renten aus der Betriebsrechnung.

³ Die Meldungen für das Kalenderjahr haben jährlich bis zum 30. Juni des nachfolgenden Kalenderjahres in der von der Geschäftsstelle vorgeschriebenen Form zu erfolgen.

⁴ Die Kontrollstelle der Vorsorgeeinrichtung bestätigt die Richtigkeit und Vollständigkeit der Meldungen.

Art. 18   Beitragssätze

¹ Der Stiftungsrat legt jährlich die Beitragssätze fest und unterbreitet diese dem BSV zur Genehmigung.

² Er teilt die Beitragssätze für ein Kalenderjahr jeweils bis zum 31. Oktober des Vorjahres den Vorsorgeeinrichtungen mit.

Art. 19   Fälligkeit der Beiträge

¹ Die Beiträge für ein Kalenderjahr werden am 30. Juni des Folgejahres fällig. Sie werden auf dieses Datum hin belastet oder sie sind bis zu diesem Datum einzuzahlen.

² Bei der Überprüfung der Abrechnung festgestellte Differenzbeträge werden eingefordert oder gutgeschrieben.

3. Kapitel: Leistungen
1. Abschnitt: Geltendmachung der Ansprüche

Art. 20

[1] Ansprüche gegenüber dem Sicherheitsfonds sind bei der Geschäftsstelle des Sicherheitsfonds in der von ihr vorgeschriebenen Form geltend zu machen.

[2] Der Antragsteller muss der Geschäftsstelle des Sicherheitsfonds alle zur Prüfung des Gesuches erforderlichen Unterlagen zur Verfügung stellen und Auskünfte erteilen.

[3] Die Geschäftsstelle des Sicherheitsfonds prüft, ob die gesetzlichen Voraussetzungen für Leistungen erfüllt sind und hält ihren Entscheid auf Verlangen der Vorsorgeeinrichtung in einer Verfügung fest.

2. Abschnitt: Zuschüsse bei ungünstiger Altersstruktur

Art. 21 Meldung und Auszahlung

[1] Die Gesuche um Zuschüsse bei ungünstiger Altersstruktur müssen bis zum 30. Juni nach dem massgeblichen Kalenderjahr eingereicht werden. Die Kontrollstelle der Vorsorgeeinrichtung bestätigt die Richtigkeit und Vollständigkeit der Angaben.

[2] Die Geschäftsstelle des Sicherheitsfonds verrechnet die Zuschüsse mit den Beiträgen und bezahlt allfällige Restguthaben aus.

Art. 22 Anschluss eines Arbeitgebers bei einer einzigen Vorsorgeeinrichtung

[1] Ist der Arbeitgeber bei einer einzigen Vorsorgeeinrichtung angeschlossen, so ist die Vorsorgeeinrichtung Antragstellerin. Diese lässt sich vom Arbeitgeber bestätigen, dass sein gesamtes Personal bei ihr versichert ist.

[2] Sind der Vorsorgeeinrichtung mehrere Arbeitgeber angeschlossen, so muss die Vorsorgeeinrichtung den Arbeitgeber bezeichnen, für dessen Personal sie Zuschüsse verlangt. Auf Verlangen des Sicherheitsfonds muss sie die koordinierten Löhne und Altersgutschriften von allen Versicherten dieses Arbeitgebers vorlegen.

Art. 23 Anschluss eines Arbeitgebers bei verschiedenen Vorsorgeeinrichtungen

[1] Ist der Arbeitgeber bei mehreren Vorsorgeeinrichtungen angeschlossen, so ist er der Antragsteller.

[2] Der Arbeitgeber muss allen beteiligten Vorsorgeeinrichtungen mitteilen, dass er bei verschiedenen Vorsorgeeinrichtungen angeschlossen ist.

[3] Die Vorsorgeeinrichtungen melden dem Arbeitgeber die Summe der koordinierten Löhne und Altersgutschriften seiner Arbeitnehmer in der von der Geschäftsstelle des

Sicherheitsfonds vorgeschriebenen Form. Die Kontrollstelle der Vorsorgeeinrichtung bestätigt die Richtigkeit und Vollständigkeit der Angaben.

4 Für die Berechnung der Altersstruktur ist das gesamte bei verschiedenen Vorsorgeeinrichtungen sich befindende Personal des Arbeitgebers massgebend.

5 Die Geschäftsstelle des Sicherheitsfonds verteilt die Zuschüsse direkt an die berechtigten Vorsorgeeinrichtungen.

3. Abschnitt: Sicherstellung bei zahlungsunfähig gewordenen Vorsorgeeinrichtungen

Art. 24 Antragstellerin

1 Antragstellerin für die Leistungen des Sicherheitsfonds ist die zahlungsunfähig gewordene Vorsorgeeinrichtung oder die Rechtsträgerin des insolvent gewordenen Versichertenkollektivs.

2 Die Aufsichtsbehörde bestätigt zuhanden des Sicherheitsfonds, dass über die Vorsorgeeinrichtung ein Liquidations- oder Konkursverfahren oder ein ähnliches Verfahren eröffnet worden ist.

Art. 25 Zahlungsunfähigkeit

1 Zahlungsunfähig ist eine Vorsorgeeinrichtung oder ein Versichertenkollektiv, wenn die Vorsorgeeinrichtung oder das Versichertenkollektiv fällige gesetzliche oder reglementarische Leistungen nicht erbringen kann und eine Sanierung nicht mehr möglich ist.

2 Nicht mehr möglich ist die Sanierung:
- a. einer Vorsorgeeinrichtung, wenn über sie ein Liquidations- oder Konkursverfahren oder ein ähnliches Verfahren eröffnet worden ist;
- b. eines Versichertenkollektivs, wenn der Arbeitgeber mit der Prämienzahlung im Verzug ist und über ihn ein Konkursverfahren oder ein ähnliches Verfahren eröffnet worden ist.

3 Die Aufsichtsbehörde informiert die Geschäftsstelle des Sicherheitsfonds, wenn über eine Vorsorgeeinrichtung ein Liquidations- oder Konkursverfahren oder ein ähnliches Verfahren eröffnet worden ist.

Art. 26 Art und Umfang der Sicherstellung

1 Der Sicherheitsfonds stellt den Betrag sicher, welcher der Vorsorgeeinrichtung zur Erfüllung ihrer gesetzlichen oder reglementarischen Verpflichtungen fehlt. Der Sicherheitsfonds kann bis zum Abschluss des Liquidations- oder Konkursverfahrens Vorschüsse leisten.

2 Die Geschäftsstelle des Sicherheitsfonds legt im Einzelfall die geeignetste Art der Sicherstellung fest.

³ Der Sicherheitsfonds leistet die Sicherheit zweckgebunden zugunsten der zahlungsunfähigen Vorsorgeeinrichtung. Die Liquidations- oder Konkursverwaltung hat die Sicherheitsleistung neben der Liquidations- oder Konkursmasse gesondert zu verwalten. Sind die versicherten Personen einer anderen Vorsorgeeinrichtung oder einer Einrichtung im Sinne von Artikel 4 Absatz 1 FZG angeschlossen, so hat der Liquidations- oder Konkursverwalter die Sicherheitsleistung an die betreffende Einrichtung zu übertragen.

Art. 26a[4] Sicherstellung der vergessenen Guthaben

Der Sicherheitsfonds stellt den Betrag der vergessenen Guthaben von liquidierten Vorsorgeeinrichtungen nur dann sicher, wenn die Versicherten nachweisen, dass das Guthaben bei der liquidierten Vorsorgeeinrichtung bestand.

4. Kapitel: Schlussbestimmungen

Art. 27 Aufhebung bisherigen Rechts

Es werden aufgehoben:

- a. die Verordnung vom 17. Dezember 1984[5] über die Errichtung der Stiftung Sicherheitsfonds BVG;
- b. die Verordnung vom 7. Mai 1986[6] über die Verwaltung des Sicherheitsfonds BVG;
- c. das Beitrags- und Leistungsreglement vom 23. Juni 1986[7] der Stiftung Sicherheitsfonds BVG.

Art. 28 Änderung bisherigen Rechts

Die Verordnung vom 29. Juni 1983[8] über die Beaufsichtigung und Registrierung der Vorsorgeeinrichtungen wird wie folgt geändert:

Art. 10 Abs. 2
Aufgehoben

Art. 29 Übergangsbestimmung

¹ Im Zeitpunkt des Inkrafttretens dieser Verordnung müssen sich bereits bestehende Vorsorgeeinrichtungen, die dem FZG unterstellt und nicht nach Artikel 48 BVG registriert sind, bis zum 31. Oktober 1998 schriftlich bei der Geschäftsstelle des

---

[4] Eingefügt durch Ziff. II der V vom 19. April 1999 (AS **1999** 1773).
[5] [AS **1985** 12]
[6] [AS **1986** 867, **1989** 1900, **1996** 2243 Ziff. I 212 3451]
[7] [AS **1986** 1703]
[8] SR **831.435.1**

Sicherheitsfonds melden. Die Aufsichtsbehörden machen sie auf diese Meldepflicht aufmerksam.

2 Die Kontrollstellen der Vorsorgeeinrichtungen, die sich bei der Geschäftsstelle des Sicherheitsfonds melden müssen, prüfen, ob diese der Meldepflicht nachgekommen sind. Sie vermerken im Kontrollstellenbericht, wenn keine Meldung erfolgt ist und teilen dies unverzüglich der Geschäftsstelle des Sicherheitsfonds mit.

3 Die Beiträge an den Sicherheitsfonds nach Artikel 12 werden erstmals für das Jahr 2000 erhoben.

4 Die Beiträge für die Jahre 1998 und 1999 werden nach altem Recht erhoben.

Art. 30 Inkrafttreten

Diese Verordnung tritt am 1. Juli 1998 in Kraft.

Reglement
über die Organisation der Stiftung Sicherheitsfonds BVG

831.432.2

vom 17. Mai 1985 (Stand am 24. Dezember 1998)
Vom Bundesrat genehmigt am 15. Januar 1986

Der Stiftungsrat der Stiftung Sicherheitsfonds BVG,
gestützt auf die Artikel 55 Absatz 3 und 63 Absatz 2 des Bundesgesetzes vom 25. Juni 1982[1] über die berufliche Alters-, Hinterlassenen- und Invalidenvorsorge (BVG),
verordnet:

Art. 1   Stiftungsrat

[1] Der Präsident des Stiftungsrates wird von der Mehrheit der Mitglieder für die Dauer von zwei Jahren gewählt. Er kann für eine weitere zweijährige Periode wiedergewählt werden.[2]

[2] Der Stiftungsrat hat ein eigenes Sekretariat.

[3] Der Stiftungsrat kann Arbeitsgruppen bilden, in die auch aussenstehende Personen aufgenommen werden können.

Art. 2   Sitzungen des Stiftungsrates

[1] Der Präsident beruft den Stiftungsrat ein, wenn es die Geschäfte erfordern, jedoch mindestens einmal im Jahr.

[2] Der Stiftungsrat wird auch einberufen, wenn mindestens drei Mitglieder es verlangen.

Art. 3   Beschlussfassung

[1] Zur Beschlussfassung muss die Mehrheit der Mitglieder anwesend sein.

[2] Beschlüsse werden mit der Mehrheit der Stimmen gefasst. Der Präsident stimmt mit. Bei Stimmengleichheit hat er den Stichentscheid.

[3] Beschlüsse können auch auf dem Zirkulationsweg gefasst werden. Auf Verlangen eines Mitgliedes wird jedoch der betreffende Gegenstand an einer Sitzung behandelt.

AS **1986** 101
[1]   SR **831.40**
[2]   Fassung des Satzes gemäss Ziff. I der V des Stiftungsrats der Stiftung Sicherheitsfonds BVG vom 13. Mai 1998, vom BR genehmigt am 5. Okt. 1998, in Kraft seit 5. Okt. 1998 (AS **1998** 3025).

Art. 4 Aufgaben des Stiftungsrates

1 Der Stiftungsrat trifft alle Massnahmen, die für die Verwaltung und Vertretung des Sicherheitsfonds erforderlich sind.

2 Er hat insbesondere folgende Aufgaben:

- a. er überwacht die Tätigkeit der Geschäftsstelle;
- b. er vertritt die Stiftung gegenüber der Aufsichtsbehörde und der Auffangeinrichtung;
- c. er beauftragt die Geschäftsstelle mit der Verwaltung und Vertretung des Sicherheitsfonds;
- d. er schliesst Verträge im Rahmen des Stiftungszwecks;
- e. er erlässt Reglemente;
- f. er ernennt die Kontrollstelle;
- g. er legt die Jahresberichte und Jahresrechnungen der Aufsichtsbehörde vor.

Art. 5 Zeichnungsberechtigung

Der Präsident und ein weiteres Mitglied des Stiftungsrates zeichnen kollektiv zu zweien.

Art. 6 Geschäftsstelle des Sicherheitsfonds BVG

1 Die Geschäftsstelle des Sicherheitsfonds BVG wird von einer einfachen Gesellschaft geführt, die von folgenden Organisationen gebildet wird:

- a. Schweizerischer Pensionskassenverband (ASIP);
- b. Schweizerischer Versicherungsverband (SVV);
- c. Vereinigung der Verbandsausgleichskassen;
- d. Verband schweizerischer Kantonalbanken.[3]

2 Der Stiftungsrat schliesst mit der Gesellschaft einen öffentlich-rechtlichen Vertrag, in dem insbesondere die Organisation und die Aufgaben der Geschäftsstelle sowie die Verantwortlichkeit ihrer Organe festgehalten werden.

3 Der Stiftungsrat legt den Vertrag dem Bundesrat zur Kenntnis vor.

Art. 7 Entschädigung der Mitglieder des Stiftungsrates

1 Die Mitglieder des Stiftungsrates werden vom Sicherheitsfonds entschädigt.

2 Die Entschädigung richtet sich nach der Verordnung vom 1. Oktober 1973[4] über die Entschädigungen für Kommissionsmitglieder, Experten und Beauftragte.

---

[3] Fassung gemäss Ziff. I der V des Stiftungsrats der Stiftung Sicherheitsfonds BVG vom 13. Mai 1998, vom BR genehmigt am 5. Okt. 1998, in Kraft seit 5. Okt. 1998 (AS **1998** 3025).

[4] SR **172.32**

Art. 8   Schlussbestimmungen

Dieses Reglement unterliegt der Genehmigung durch den Bundesrat; es tritt mit der Genehmigung in Kraft.

Direkte Bundessteuer *Veranlagungsperiode 1987/88*

Eidg. Steuerverwaltung
Hauptabteilung
Direkte Bundessteuer

Bern, 30. Januar 1986

An die kantonalen Verwaltungen
für die direkte Bundessteuer

Kreisschreiben Nr. 1

Bundesgesetz zur Anpassung des BdBSt an das Bundesgesetz über die berufliche Vorsorge

I. Allgemeines

Das BVG enthält steuerrechtliche Vorschriften, die auf die gesamte berufliche Vorsorge (Säule 2a und Säule 2b) sowie auf bestimmte Formen der gebundenen Selbstvorsorge (Säule 3a) anwendbar sind (vgl. Beilage 1: Darstellung des Systems des BVG).

Der Bundesratsbeschluss über die Erhebung einer direkten Bundessteuer (BdBSt) ist durch das Bundesgesetz vom 22. März 1985 an die steuerrechtlichen Vorschriften des BVG angepasst worden. Beides sind gleichrangige Erlasse; das Bundesgesetz vom 22. März 1985 stützt sich denn auch nicht auf das BVG, sondern auf die Artikel 34quater und 41ter der Bundesverfassung (vgl. Ingress). Die Gesetzesnovelle ist im Vergleich zum BVG indessen die lex specialis und posterior, d.h. für die bundessteuerliche Behandlung der Vorsorge ist ausschliesslich auf den angepassten Bundessteuerbeschluss abzustellen; dies ist vor allem dort von praktischer Bedeutung, wo der Bundessteuerbeschluss in Einzelheiten nicht völlig mit den steuerrechtlichen Bestimmungen des BVG übereinstimmt (vgl. insb. Art. 155 BdBSt, Ziff. VI/2 hienach).

Die neuen Bestimmungen des Bundesgesetzes zur Anpassung des BdBSt an das BVG treten am 1. Januar 1987 in Kraft. Gegenstand dieses Kreisschreibens ist die Erläuterung der Bestimmungen des Anpassungsgesetzes.

Über die anerkannten Formen der gebundenen Selbstvorsorge besteht eine Verordnung des Bundesrates vom 13. November 1985 sowie für den Bereich der direkten Bundessteuer ein besonderes Kreisschreiben Nr. 2 der Veranlagungsperiode 1987/88.

II. Steuerbefreiung der Vorsorgeeinrichtung (VE)

1. Rechtsformen

Einrichtungen der beruflichen Vorsorge (Säulen 2a und 2b) sind rechtlich verselbständigte Vermögen, welche ausschliesslich und dauernd dem Zweck der kollektiven Vorsorge dienen. Sie müssen die Rechtsformen der Stiftung, der Genossenschaft oder einer Einrichtung des öffentlichen Rechts haben (Art. 48 Abs. 2 BVG, Art. 6 Abs. 1 BVV 1 und Art. 331 Abs. 1 OR).

2. Voraussetzungen der Steuerbefreiung

a) Beziehung zur Schweiz

– Vorsorgeeinrichtungen von Unternehmen mit Wohnsitz, Sitz oder Betriebsstätte in der Schweiz sind von der direkten Bundessteuer befreit (Art. 16 Ziff. 4 BdBSt; Teile der bisherigen Ziffern 4 und 5 sind in Ziffer 5 neu gefasst worden).
– Vorsorgeeinrichtungen von ausländischen Unternehmen sind dagegen grundsätzlich steuerpflichtig.
Ausnahmsweise kann der schweizerischen VE eines im Ausland domizilierten Unternehmens die Steuerbefreiung erteilt werden, sofern dieses einer schweizerischen Unternehmung nahesteht (z.B. als Tochtergesellschaft) und die Vorsorgenehmer mindestens zu einem Drittel Arbeitnehmer mit Wohnsitz in der Schweiz oder Schweizerbürger im Ausland (Auslandschweizer) sind.

b) Direkte oder indirekte Vorsorge

Von der direkten Bundessteuer sind sämtliche VE befreit, die unmittelbar der Personalvorsorge dienen.

Die Steuerbefreiung kann aber auch indirekt an der Vorsorge beteiligten Einrichtungen gewährt werden, deren Zweck ausschliesslich dahin geht, Vermögen steuerbefreiter VE anzulegen und zu verwalten (Anlagestiftungen) oder Beiträge des Arbeitgebers an steuerbefreite VE zu leisten (Finanzierungsstiftungen).

c) Dauernde und ausschliessliche Bindung an den Vorsorgezweck

Aus dem Erfordernis, dass die Mittel einer VE dauernd und ausschliesslich dem Zweck der Vorsorge für Alter, Tod und/oder Invalidität verhaftet sein müssen, ergibt sich, dass die VE keine Leistungen arbeitsrechtlicher Natur (Löhne oder lohnähnliche Zahlungen wie Gratifikationen, Jubiläums- oder Dienstaltersgeschenke, Geburts-, Heirats- oder Ferienzulagen) erbringen darf.
Ferner fallen Wohlfahrtseinrichtungen wie Kantinen, Sportplätze, Klubhäuser und Weiterbildungszentren – im Gegensatz zum bisherigen Recht, das eine Bindung für Zwecke der Wohlfahrt vorsah (Art. 16 Ziff. 4bis BdBSt) – nicht unter den Begriff der beruflichen Vorsorge bzw. der Personalvorsorge. VE, die bisher neben der Vorsorge auch Wohlfahrtsleistungen erbracht haben, müssen letztere aufgeben oder auf einen andern Rechtsträger übertragen, ansonst sie den Anspruch auf Steuerbefreiung verlieren; die Anpassung ist spätestens bis zum 31. Dezember 1990 vorzunehmen.

d) Versicherter Personenkreis

Einer VE können sich sowohl Arbeitnehmer als auch Arbeitgeber anschliessen, letztere aber nur, wenn für das gesamte Personal in gleicher Weise Vorsorgemassnahmen getroffen worden sind. Als Arbeitgeber gilt, wer mindestens eine Drittperson arbeitsvertraglich angestellt hat, die auf die Dauer voll für den Betrieb tätig ist; Drittpersonen in diesem Sinn können auch der mitarbeitende Ehegatte und die mitarbeitenden Nachkommen des Arbeitgebers sein.
Selbständigerwerbende ohne Personal können sich nur der VE ihres Berufsverbandes oder der Auffangeinrichtung anschliessen.

e) Gleichwertigkeit der Vorsorge bei mehreren VE*

Eine Unternehmung kann mehrere VE begründen – jede für eine bestimmte Kategorie des Personals (Arbeiter, Angestellte, höheres Personal usw.) –, sofern auf diese Weise für die Gesamtheit des Personals die angemessene Vorsorge getroffen wird.

Die Gleichwertigkeit der Vorsorge zugunsten des Personals ist aber nicht in einem absoluten, sondern in einem relativen Sinn zu verstehen. Sie ist gewahrt, wenn bei den verschiedenen Einrichtungen

- der Prozentsatz der Versicherungsleistungen im Vergleich zum tatsächlichen Salär der Versicherten derselbe ist,
- die Beiträge in gleicher Weise zwischen Versicherten und Unternehmung aufgeteilt werden und
- die Versicherungsleistungen gemessen an den einbezahlten Beiträgen für die Kaderangehörigen der Unternehmung in keinerlei Hinsicht günstiger sind als für die übrigen Angestellten und die Arbeiter (vgl. Botschaft vom 1.5.1984 über die Anpassung der direkten Bundessteuer an das BVG, BBl. *1984* II 725 Ziff. 131).

f) Begünstigte Personen*

Der aus dem Vorsorgeverhältnis begünstigte Personenkreis muss dem Vorsorgezweck entsprechen. Aus dem der kollektiven Vorsorge innewohnenden Grundsatz der Solidarität rechtfertigt es sich, diesen Personenkreis auf den Vorsorgenehmer selber und für den Fall seines Ablebens auf diejenigen Personen zu beschränken, für deren Lebensunterhalt er aufzukommen hatte. In diesem Sinne wird im Einvernehmen mit der Finanzdirektorenkonferenz folgende Begünstigtenordnung zugelassen:

- Im Erlebensfall der Vorsorgenehmer;
- nach dessen Ableben der überlebende Ehegatte, die direkten Nachkommen und die Pflegekinder, sofern sie unmündig sind oder sich in Ausbildung befinden, sowie der geschiedene Ehegatte, die Eltern, Nachkommen oder Geschwister, sofern sie auf die Unterstützung angewiesen sind und der Vorsorgenehmer zu deren Unterhalt wesentlich beigetragen hat.

III. Abzugsfähigkeit der Beiträge

Die Abzugsfähigkeit der Beiträge der Arbeitnehmer und Selbständigerwerbenden (ohne Personal) ist in Artikel 22 Absatz 1 Buchstabe h BdBSt geregelt.

Die Beiträge der Arbeitgeber zugunsten des eigenen Personals gelten wie bisher als Geschäftsaufwand. Entsprechend sind sie grundsätzlich in vollem Umfange zum Abzug zulässig (Art. 22 Abs. 1 Bst. fbis und 49 Abs. 2 BdBSt). Soweit es sich bei den Arbeitgebern um natürliche Personen handelt, wird auf das bisherige Erfordernis der Buchführungspflicht verzichtet.

Die Beiträge des Unternehmers (Einzelunternehmer, Personengesellschafter) für seine eigene berufliche Vorsorge können nur insoweit die geschäftliche Erfolgsrechnung belasten, als sie dem "Arbeitgeberanteil" entsprechen, d.h. demjenigen Anteil, den der Arbeitgeber für sein Personal leistet. Der "Arbeitnehmeranteil" gilt als aus privaten Mitteln erbracht; er ist nach Artikel 22 Absatz 1 Buchstabe h BdBSt abziehbar, darf jedoch die Erfolgsrechnung der Unternehmung nicht belasten. Die Unterscheidung ist von praktischer Bedeutung für die Berechnung von Geschäftsverlusten nach Artikel 22 Absatz 1 Buchstabe c sowie für Verlustverrechnungen und -vorträge nach Artikel 41 Absatz 2 BdBSt.

* Geändert mit Kreisschreiben 1a vom 20.8.1986 (siehe S. 786): Anstatt Gleichwertigkeit gilt Angemessenheit, und der Begünstigtenkreis wurde erweitert.

Wird eine Zwischenveranlagung wegen Aufnahme oder Aufgabe der Erwerbstätigkeit oder wegen Berufswechsels vorgenommen, so ist die neue Situation auch für die Abzugsfähigkeit der Vorsorgebeiträge massgebend.

Schliesslich ist in Artikel 22 Absatz 1 Buchstabe g BdBSt die Abzugsfähigkeit der Beiträge, die aufgrund des Bundesgesetzes vom 20. März 1981 über die Unfallversicherung (UVG, SR *832.20*) geleistet werden, im Hinblick auf die enge Verbindung der Unfallversicherung mit der AHV/IV einerseits und der beruflichen Vorsorge anderseits eingeführt worden. Gemeint sind in dieser Bestimmung die obligatorischen Beiträge für Nicht-Berufsunfälle, die grundsätzlich zu Lasten des Arbeitnehmers gehen. Die Bestimmung von Buchstabe k (bisher h) über den Versicherungsprämien- und Sparkapitalzinsenabzug musste daher angepasst werden. Die Prämien, die der Arbeitgeber aufgrund des UVG leistet, sind als allgemeine Geschäftsunkosten abzugsfähig.

IV. Besteuerung der Leistungen aus beruflicher Vorsorge

Der vollen Abzugsfähigkeit der nach Gesetz, Statut oder Reglement geleisteten Beiträge entspricht gemäss der neuen Bestimmung von Artikel 21bis Absatz 4 BdBSt die volle Besteuerung der Leistungen. Unter dem Vorbehalt der Übergangsbestimmungen in Artikel 155 BdBSt lautet die Regelung wie folgt:

– Die Renten und anderen periodisch wiederkehrenden Leistungen aus beruflicher Vorsorge und/oder gebundener Selbstvorsorge werden mit den anderen Einkünften des Steuerpflichtigen zusammengerechnet und in vollem Umfang besteuert (Art. 21bis Abs. 4 BdBSt);
– die entsprechenden, ab 1.1.1987 anfallenden Kapitalleistungen werden gesondert besteuert (Art. 40 Abs. 3 und 4 BdBSt).

Die gesonderte Besteuerung erfolgt zum Satz, der anwendbar wäre, wenn anstelle der einmaligen Leistung eine entsprechende jährliche Leistung ausgerichtet würde. Die gesonderte Besteuerung ist nicht nur, wie aus dem Gesetzestext hervorgeht, für die Kapitalleistungen aus Einrichtungen der beruflichen Vorsorge und aus anerkannten Formen der gebundenen Selbstvorsorge vorgesehen, sondern ebenso für Leistungen, die bei Tod sowie für bleibende körperliche oder gesundheitliche Nachteile ausgerichtet werden, d.h. also im wesentlichen für Kapitalleistungen bei Invalidität und Todesfall, die aus Unfallversicherung und Haftpflichtversicherung stammen. Allerdings kann aus dem Wortlaut von Artikel 40 Absatz 3 BdBSt nicht geschlossen werden, dass die erwähnten Leistungen einer besonderen Jahressteuer unterworfen würden (entgegen der Meinung von Heinz Masshardt, Kommentar zur direkten Bundessteuer, 2. Auflage 1985, N 13 zu Art. 41). Es gilt vielmehr die übliche Regelung, wonach die Steuer für zwei Jahre veranlagt wird (vgl. Berechnungsbeispiele in Beilage 2). Die gesonderte Besteuerung dieser Kapitalleistungen schliesst auch ihren Einbezug in ein Zwischenveranlagungsverfahren aus.

V. Bescheinigung über Vorsorgebeiträge

Vorsorgebeiträge, die vom Lohn abgezogen werden, sind im Lohnausweis anzugeben (Art. 90 Abs. 4 BdBSt).

Andere Beiträge, die nicht im Lohnausweis aufzuführen sind, sind durch die VE dem Versicherten zu bescheinigen (Art. 87 Abs. 4 und 90 Abs. 5 Bst. c BdBSt).

Die Vorsorgeträger (Vorsorgeeinrichtungen, Versicherungseinrichtungen, Bankstiftungen) haben den mit ihnen in einem Vertragsverhältnis stehenden Vorsorgenehmern Bescheinigungen über Einlagen, Prämien und Beiträge sowie über Leistungen aufgrund von Vorsorgeverhältnissen oder anerkannten Vorsorgeformen auszustellen (Art. 90 Abs. 5 Bst. c BdBSt). Die Steuerbehörden haben zu diesem Zweck ein einheitliches gesamtschweizerisch verwendbares Formular geschaffen (Formular 21 EDP dfi). Dieses Formular kann von allen Versicherern für ihre sämtlichen Versicherten ohne Einholung einer besonderen Genehmigung in der ganzen Schweiz verwendet und bei der Eidg. Steuerverwaltung, Sektion Meldewesen, 3003 Bern, bezogen werden. Versicherer, die nicht das offizielle Formular verwenden, haben ihre privaten Bescheinigungsformulare der genannten Amtsstelle zur Genehmigung einzureichen.

Mit dem Formular 21 EDP dfi sind zu bescheinigen:

- die nach Gesetz, Statut oder Reglement geleisteten Einlagen, Prämien und anderen Beiträge zum Erwerb von Ansprüchen aus Einrichtungen der beruflichen Vorsorge (2. Säule);
- die im Sinne von Artikel 82 BVG und der BVV 3 zum Erwerb von vertraglichen Ansprüchen aus anerkannten Formen der gebundenen Selbstvorsorge (Säule 3a) entrichteten Einlagen, Prämien und Beiträge.

Beiträge an andere Versicherungsformen sowie alle vom Lohn abgezogenen Beiträge – diese sind im Lohnausweis aufzuführen – dürfen von der Vorsorgeeinrichtung nicht im Formular 21 EDP dfi bescheinigt werden. Dies bedeutet aber gleichzeitig, dass alle vom Arbeitnehmer aus eigenen Mitteln aufgebrachten, aber ihm nicht vom Lohn abgezogenen Beiträge nur im Formular 21 EDP dfi angegeben werden dürfen, nicht aber im Lohnausweis.

Die so erstellte Bescheinigung ist dem Vorsorgenehmer zuzustellen, der sie seiner Steuererklärung beizulegen hat.

VI. Übergangsrecht

1. Leistungen aus Einrichtungen der beruflichen Vorsorge (Art. 155 BdBSt)

Für den Wechsel zur vollen Besteuerung der Renten und Kapitalabfindungen aus Einrichtungen der beruflichen Vorsorge ist in Artikel 155 eine differenzierte Lösung vorgesehen. Zu unterscheiden sind vier Kategorien von Leistungen:

a) Vorsorgeleistungen, die vor dem 1. Januar 1987 als massgeblichem Stichtag zu laufen beginnen oder fällig werden.

b) Leistungen, die innerhalb einer Frist von 15 Jahren, also vom 1. Januar 1987 bis zum 31. Dezember 2001, zu laufen beginnen oder fällig werden, sofern das Vorsorgeverhältnis am 31. Dezember 1986 bereits bestanden hat.

c) Leistungen, die in der Zeit vom 1. Januar 1987 bis zum 31. Dezember 2001 zu laufen beginnen oder fällig werden und auf einem Vorsorgeverhältnis beruhen, das nach dem 31. Dezember 1986 abgeschlossen worden ist.

d) Leistungen, die nach dem 31. Dezember 2001 zu laufen beginnen oder fällig werden.

Sämtliche Leistungen der Kategorien a und b sind weiterhin wie nach der bisher massgeblichen Regelung von Artikel 21bis zu besteuern, Renten auch unbesehen darum, wie lange sie ausgerichtet werden. Jede solche Rente, die bis und mit dem 31. Dezember 2001 zu laufen beginnt, wird also während ihrer ganzen Laufzeit nach Artikel 155 zur Besteuerung herangezogen. Alle Leistungen der Kategorien c und d dagegen unterstehen der Neuregelung, d.h. der vollen Besteuerung.

2. Leistungen aus anerkannten Formen der gebundenen Selbstvorsorge (keine Anwendung von Art. 155 BdBSt)

Renten und Kapitalleistungen aus anerkannten Formen der gebundenen Selbstvorsorge sind in Artikel 155 (im Unterschied zu Art. 98 Abs. 4 BVG) zu Recht nicht erwähnt. Da diese Vorsorgeformen erst ab 1. Januar 1987 steuerlich anerkannt werden, kann es sich hier nicht um Vorsorgeverhältnisse handeln, die bereits vor 1987 bestanden. Solche Leistungen unterstehen deshalb von Anfang an der vollen Besteuerung nach Artikel 21bis Absatz 4 (entgegen der Meinung von Masshardt, a.a.O., N 2 zu Art. 155, die in diesem Punkt mit Wortlaut und Sinn von Art. 155 nicht zu vereinbaren ist). Vorzubehalten sind allenfalls Umwandlungen von Vorsorgeverhältnissen im Rahmen der 2. Säule in eine der neuen Formen der gebundenen Selbstvorsorge auf den 1. Januar 1987, insbesondere in Form einer Personalvorsorge-Freizügigkeitspolice.

3. Einkauf von Beitragsjahren (Art. 156 BdBSt)

Vollumfänglich abzugsfähig sind vom 1. Januar 1987 an grundsätzlich auch die Einlagen für den sogenannten Einkauf von Beitragsjahren im Rahmen der beruflichen Vorsorge. Allerdings soll diese Möglichkeit nicht dazu benützt werden können, dass für einzelne Steuerpflichtige das neue Recht materiell rückwirkend in Kraft tritt. Deshalb sind entsprechende Einlagen nach Artikel 156 nur dann zum Abzug zugelassen, wenn ein allfälliger Anspruch auf Altersleistungen frühestens im Jahre 2002 geltend gemacht werden kann, und zwar unabhängig davon, ob das entsprechende Vorsorgeverhältnis am 1. Januar 1987 bereits bestanden hat oder nicht. Damit ist sichergestellt, dass der Konnex "voller Abzug der Beiträge, volle Besteuerung der Leistungen" auch in diesen Fällen gewahrt bleibt.

Der Hauptabteilungschef

Jung

Beilagen:

1. Darstellung des Systems des BVG
2. Berechnungsbeispiele zu Artikel 40 Absatz 3 BdBSt
3. Bundesgesetz vom 22. März 1985 zur Anpassung des BdBSt an das BVG (2 Exemplare pro Kanton; weitere Exemplare sind bei der Eidg. Drucksachen- und Materialzentrale, 3000 Bern, zu beziehen)

Beilage 1

Darstellung des Systems des BVG

2. Säule (Berufliche Vorsorge)		3. Säule (Selbstvorsorge)	
a	b	a	b
Obligatorium und freiwillige Vorsorge nach BVG (von 18'000 Fr. bis 54'000 Fr.)* *gemäss Art. 8 BVG Stand: 1.1.1986	Freiwillige Vorsorge ausserhalb des BVG (überobligatorisch; d.h. über Fr. 54'000)* Freie Vorsorge ausserhalb des BVG *gemäss Art. 8 BVG Stand: 1.1.1988	Individuell gebundene Vorsorge	Privates Sparen

Die steuerrechtlichen Vorschriften des BVG (Art. 80–84) sind auf die gesamte kollektive Vorsorge (Säule 2a und b) und die individuell gebundene Vorsorge (Säule 3a) anwendbar.

Beilage 2

Berechnungsbeispiele zu Artikel 40 Absatz 3 BdBSt

1. Ein 65jähriger Steuerpflichtiger erhält eine Kapitalleistung aus einer Vorsorgeeinrichtung im Umfang von Fr. 150'000.–. Daneben erzielt er ein durchschnittliches Einkommen von Fr. 50'000.–.

   – Das Einkommen von Fr. 50'000.– wird der ordentlichen Besteuerung unterworfen.
   – Die Kapitalleistung von Fr. 150'000.– unterliegt einer gesonderten Besteuerung (Art. 40 Abs. 3 BdBSt).

     – Umrechnung auf eine jährliche lebenslängliche Rente
       Rentensatz 150 x 70,37 (Rentensatztabelle 1981)   = Fr. 10'555.50
     – Der nach Artikel 40 Absätze 1 und 1bis errechnete steuerbare Mindestbetrag wird nicht erreicht; die gesamte Kapitalleistung von Fr. 150'000.– unterliegt daher nicht der direkten Bundessteuer.

2. Eine 62jährige Witwe erhält eine Kapitalleistung aus gebundener Selbstvorsorge im Umfang von Fr. 300'000.–.

   – Die Kapitalleistung unterliegt einer gesonderten Besteuerung:

     – Umrechnung auf eine jährliche lebenslängliche Rente
       Rentensatz 300 x 57,22   = Fr. 17'166.–
     – Steuersatz auf Fr. 17'166.–   0,396%
     – Die Steuer für ein Jahr beträgt
       Fr. 300'000.– 2 = 150'000.– zum Satz von 0,396%   = Fr.   594.–
       Die Steuer für beide Jahre beträgt   Fr. 1'188.–

3. Ein 65jähriger Ehemann erhält eine Kapitalabfindung aus einer Vorsorgeeinrichtung im Umfang von Fr. 150'000.–; seine 60jährige Ehefrau erhält eine Kapitalleistung aus gebundener Selbstvorsorge von Fr. 100'000.–.

   – Die Kapitalleistungen von Fr. 250'000.– unterliegen einer gesonderten Besteuerung:

     a) Satzbestimmendes Einkommen

     Kapitalabfindung Ehemann Fr. 150'000.–,
     davon steuerbar 80% (Art. 155) = Fr. 120'000.–
     zum Rentenansatz von 70,37 x 120   = Fr. 8'444.40

     Kapitalleistung Ehefrau Fr. 100'000.–
     zum Rentensatz von 54,34 x 100   = Fr. 5'434.–
                                                           Fr. 13'878.40

     Steuersatz auf Fr. 13'878.40   0,306%

Kreisschreiben Nr. 1 der EStV (Anpassung BdBSt an BVG)

b) Durchschnittliches steuerbares Einkommen

Kapitalabfindung des Ehemannes Fr. 150'000.–, davon steuerbar 80% (Art. 155) = Fr. 120'000.– : 2	= Fr.	60'000.–
Kapitalleistung der Ehefrau Fr. 100'000.– : 2	= Fr.	50'000.–
	Fr.	110'000.–

c) Steuerberechnung

Die Steuer für ein Jahr beträgt Fr. 110'000.– zum Satz von 0,306%	Fr.	336.60
Die Steuer für beide Jahre beträgt	Fr.	673.20

Direkte Bundessteuer *Veranlagungsperiode 1987/88*

Eidg. Steuerverwaltung
Hauptabteilung
Direkte Bundessteuer

Bern, 20. August 1986

An die kantonalen Verwaltungen
für die direkte Bundessteuer

Kreisschreiben Nr. 1a

Bundesgesetz zur Anpassung des BdBSt an das Bundesgesetz über die berufliche Vorsorge; Änderung des Kreisschreibens Nr. 1

Es hat sich gezeigt, dass unser Kreisschreiben Nr. 1 vom 30. Januar 1986 in zwei Punkten in der Praxis nicht restlos zu befriedigen vermag. Es handelt sich um die Ausführungen unter Ziffer II/2 Buchstaben e und f zum Grundsatz der relativen Gleichwertigkeit der Vorsorge bei mehreren Vorsorgeeinrichtungen sowie zum Kreis der begünstigten Personen. Die entsprechenden Richtlinien werden wie folgt geändert:

e) Angemessenheit der Vorsorge

Eine Unternehmung kann ihre Vorsorge bei mehreren Vorsorgeeinrichtungen durchführen, bei jeder für eine bestimmte Kategorie des Personals (z.B. Arbeiter, Angestellte, höheres Personal usw.). Die an die Vorsorgeeinrichtungen geleisteten Beiträge müssen aber den Vorsorgebedürfnissen der Betriebsangehörigen angemessen sein. Die Steuerbehörden werden deshalb offensichtlich übersetzte Zahlungen von Unternehmungen an Einrichtungen der beruflichen Vorsorge auf ihre Angemessenheit zum Vorsorgezweck überprüfen. Das gleiche gilt, wenn eine Unternehmung innerhalb derselben Vorsorgeeinrichtung verschiedene Vorsorgepläne aufweist.

f) Begünstigte Personen

Aus dem (unter Bst. c bereits erwähnten) Erfordernis, dass die Mittel der Vorsorgeeinrichtung "dauernd und ausschliesslich der beruflichen Vorsorge" dienen müssen (Art. 16 Ziff. 4 BdBSt), ergibt sich auch, dass der aus dem Vorsorgeverhältnis begünstigte Personenkreis auf den Vorsorgenehmer selber und im Fall seines Ablebens, unabhängig vom Erbrecht, grundsätzlich auf den überlebenden Ehegatten, auf die nahen Verwandten und auf die von ihm wirtschaftlich abhängigen Personen zu beschränken ist. Zusätzliche Unterstützungsleistungen in Notlagen sind zulässig.

Beim Tod des Vorsorgenehmers können deshalb folgende Personen begünstigt werden:

1. die Anspruchsberechtigten nach den Artikeln 18–22 BVG, d.h. die Witwe, die Waisen und die geschiedene Frau (vgl. Art. 20 BVV 2),

2. der Witwer sowie die Personen, die vom Vorsorgenehmer im Zeitpunkt seines Todes oder in den letzten Jahren vor seinem Tod in erheblichem Masse unterstützt worden sind,
3. die Kinder, die Eltern, die Geschwister und die Geschwisterkinder, soweit diese Personen nicht schon unter die Ziffern 1 und 2 fallen.

Fehlen Personen gemäss den Ziffern 1–3, können entweder die vom Vorsorgenehmer einbezahlten Beiträge oder 50% des Vorsorgekapitals an die übrigen gesetzlichen Erben unter Ausschluss des Gemeinwesens ausgerichtet werden. Fehlen solche Erben, hat das Vorsorgekapital vollumfänglich an die Vorsorgeeinrichtung zu fallen.

Wir ersuchen Sie, bei der künftigen Anwendung des Kreisschreibens Nr. 1 diese Änderungen zu berücksichtigen.

Der Hauptabteilungschef

Jung

Verordnung über die steuerliche Abzugsberechtigung für Beiträge an anerkannte Vorsorgeformen
(BVV 3)

831.461.3

vom 13. November 1985 (Stand am 1. Januar 1997)

Der Schweizerische Bundesrat,

gestützt auf Artikel 82 Absatz 2 des Bundesgesetzes vom 25. Juni 1982[1] über die berufliche Alters-, Hinterlassenen- und Invalidenvorsorge (BVG) und Artikel 99 des Versicherungsvertragsgesetzes (VVG)[2],
verordnet:

1. Abschnitt: Anerkannte Vorsorgeformen

Art. 1 Vorsorgeformen

[1] Als anerkannte Vorsorgeformen im Sinne von Artikel 82 BVG gelten:
  a. die gebundene Vorsorgeversicherung bei Versicherungseinrichtungen;
  b. die gebundene Vorsorgevereinbarung mit Bankstiftungen.

[2] Als gebundene Vorsorgeversicherungen gelten besondere Kapital- und Rentenversicherungen auf den Erlebens-, Invaliditäts- oder Todesfall, einschliesslich allfälliger Zusatzversicherungen für Unfalltod oder Invalidität, die[3]
  a. mit einer der Versicherungsaufsicht unterstellten oder mit einer öffentlichrechtlichen Versicherungseinrichtung gemäss Artikel 67 Absatz 1 BVG abgeschlossen werden und
  b. ausschliesslich und unwiderruflich der Vorsorge dienen.

[3] Als gebundene Vorsorgevereinbarungen gelten besondere Sparverträge, die mit Bankstiftungen abgeschlossen werden und ausschliesslich und unwiderruflich der Vorsorge dienen. Sie können durch eine Risiko-Vorsorgeversicherung ergänzt werden.

[4] Vertragsmodelle für gebundene Vorsorgeversicherungen und -vereinbarungen sind der Eidgenössischen Steuerverwaltung einzureichen. Diese prüft, ob Form und Inhalt den gesetzlichen Vorschriften entsprechen und teilt das Ergebnis mit.

AS **1985** 1778
[1] SR **831.40**
[2] SR **221.229.1**
[3] AS **1986** 326

Art. 2 Begünstigte Personen

¹ Als Begünstigte sind folgende Personen zugelassen:
   a. im Erlebensfall der Vorsorgenehmer;
   b. nach dessen Ableben die folgenden Personen in nachstehender Reihenfolge:
      1. der überlebende Ehegatte;
      2. die direkten Nachkommen sowie Personen, für deren Unterhalt der Verstorbene in massgeblicher Weise aufgekommen ist;
      3. die Eltern;
      4. die Geschwister;
      5. die übrigen Erben.

² Der Vorsorgenehmer hat das Recht, die Reihenfolge der Begünstigten nach Absatz 1 Buchstabe b Ziffern 3–5 zu ändern und deren Ansprüche näher zu bezeichnen.

Art. 3 Ausrichtung der Leistungen

¹ Altersleistungen dürfen frühestens fünf Jahre vor Erreichen des Rentenalters nach Artikel 13 Absatz 1 BVG ausgerichtet werden.[4]

² Eine vorzeitige Ausrichtung der Altersleistungen ist zulässig bei Auflösung des Vorsorgeverhältnisses aus einem der folgenden Gründe:
   a. wenn der Vorsorgenehmer eine ganze Invalidenrente der eidgenössischen Invalidenversicherung bezieht und das Invaliditätsrisiko nicht versichert ist;
   b. wenn der Vorsorgenehmer die ausgerichtete Leistung für den Einkauf in eine steuerbefreite Vorsorgeeinrichtung oder für eine andere anerkannte Vorsorgeform verwendet;
   c. wenn der Vorsorgenehmer seine bisherige selbständige Erwerbstätigkeit aufgibt und eine andersartige selbständige Erwerbstätigkeit aufnimmt;
   d.[5] wenn die Vorsorgeeinrichtung nach Artikel 5 des Freizügigkeitsgesetzes vom 17. Dezember 1993[6] zur Barauszahlung verpflichtet ist.

³ Die Altersleistung kann ferner vorher ausgerichtet werden für:
   a. Erwerb und Erstellung von Wohneigentum zum Eigenbedarf;
   b. Beteiligungen am Wohneigentum zum Eigenbedarf;
   c. Rückzahlung von Hypothekardarlehen.[7]

---

[4] Fassung gemäss Ziff. I der V vom 9. Dez. 1996 (AS **1996** 3454).
[5] Fassung gemäss Art. 22 Ziff. 2 der Freizügigkeitsverordnung vom 3. Okt. 1994, in Kraft seit 1. Jan. 1995 (SR **831.425**).
[6] SR **831.42**
[7] Eingefügt durch Ziff. I der V vom 18. Sept. 1989 (AS **1989** 1903). Fassung gemäss Art. 20 der V vom 3. Okt. 1994 über die Wohneigentumsförderung mit Mitteln der beruflichen Vorsorge, in Kraft seit 1. Januar 1995 (SR **831.411**).

⁴ Eine solche Ausrichtung kann alle fünf Jahre geltend gemacht werden.[8]

⁵ Die Begriffe Wohneigentum, Beteiligungen und Eigenbedarf richten sich nach den Artikeln 2–4 der Verordnung vom 3. Oktober 1994[9] über die Wohneigentumsförderung mit Mitteln der beruflichen Vorsorge.[10]

Art. 4   Abtretung, Verpfändung und Verrechnung

¹ Für die Abtretung, Verpfändung und Verrechnung von Leistungsansprüchen gilt Artikel 39 BVG sinngemäss.[11]

² Für die Verpfändung des Vorsorgekapitals oder des Anspruchs auf Vorsorgeleistungen für das Wohneigentum der versicherten Person gilt Artikel 30b BVG oder Artikel 331d des Obligationenrechts[12] und die Artikel 8–10 der Verordnung vom 3. Oktober 1994[13] über die Wohneigentumsförderung mit Mitteln der beruflichen Vorsorge sinngemäss.[14]

³ Ansprüche auf Altersleistungen können dem Ehegatten ganz oder teilweise vom Vorsorgenehmer abgetreten oder vom Gericht zugesprochen werden, wenn der Güterstand anders als durch Tod aufgelöst wird. Die Einrichtung des Vorsorgenehmers hat den zu übertragenden Betrag an eine vom Ehegatten bezeichnete Einrichtung nach Artikel 1 Absatz 1 oder an eine Vorsorgeeinrichtung zu überweisen; vorbehalten bleibt Artikel 3.[15]

Art. 5   Anlagevorschriften

¹ Die Gelder der gebundenen Vorsorgevereinbarung dürfen nur bei oder durch Vermittlung einer dem Bankengesetz[16] unterstellten Bank angelegt werden.

² Anlagen, welche die Bankstiftung in eigenem Namen bei einer Bank macht, gelten als Spareinlagen jedes einzelnen Vorsorgenehmers im Sinne des Bankengesetzes.

³ Für die Anlage des Vermögens gelten die Artikel 71 Absatz 1 BVG und die Artikel 49–60 der Verordnung vom 18. April 1984[17] über die berufliche Alters-, Hinterlassenen- und Invalidenvorsorge (BVV 2). Die in Artikel 54 Buchstabe b BVV 2 vorgesehenen Begrenzungen gelten jedoch nicht für die Gewährung oder Ablösung von Hypothekardarlehen auf Wohneigentum, das dem Eigenbedarf des Vorsorgenehmers dient.

---

[8] Eingefügt durch Art. 20 der V vom 3. Okt. 1994 über die Wohneigentumsförderung mit Mitteln der beruflichen Vorsorge, in Kraft seit 1. Januar 1995 (SR **831.411**).
[9] SR **831.411**
[10] Eingefügt durch Art. 20 der V vom 3. Okt. 1994 über die Wohneigentumsförderung mit Mitteln der beruflichen Vorsorge, in Kraft seit 1. Januar 1995 (SR **831.411**).
[11] Fassung gemäss Art. 20 der V vom 3. Okt. 1994 über die Wohneigentumsförderung mit Mitteln der beruflichen Vorsorge, in Kraft seit 1. Januar 1995 (SR **831.411**).
[12] SR **220**
[13] SR **831.411**
[14] Eingefügt durch Art. 20 der V vom 3. Okt. 1994 über die Wohneigentumsförderung mit Mitteln der beruflichen Vorsorge, in Kraft seit 1. Januar 1995 (SR **831.411**).
[15] Eingefügt durch Ziff. 1 der V vom 9. Dez. 1996 (AS **1996** 3455).
[16] SR **952.0**
[17] SR **831.441.1**

2. Abschnitt: Steuerliche Behandlung

Art. 6   Bankstiftungen

Bankstiftungen, deren Einkünfte und Vermögenswerte ausschliesslich der Vorsorge im Sinne dieser Verordnung dienen, sind für die Steuerpflicht den Vorsorgeeinrichtungen nach Artikel 80 BVG gleichgestellt.

Art. 7   Abzugsberechtigung für Beiträge

[1] Arbeitnehmer und Selbständigerwerbende können bei den direkten Steuern von Bund, Kantonen und Gemeinden ihre Beiträge an anerkannte Vorsorgeformen in folgendem Umfang von ihrem Einkommen abziehen:

    a. jährlich bis 8 Prozent des oberen Grenzbetrages nach Artikel 8 Absatz 1 BVG, wenn sie einer Vorsorgeeinrichtung nach Artikel 80 BVG angehören;

    b. jährlich bis 20 Prozent des Erwerbseinkommens, jedoch höchstens bis 40 Prozent des oberen Grenzbetrages nach Artikel 8 Absatz 1 BVG, wenn sie keiner Vorsorgeeinrichtung nach Artikel 80 BVG angehören.

[2] Sind beide Ehegatten erwerbstätig und leisten sie Beiträge an eine anerkannte Vorsorgeform, so können beide diese Abzüge für sich beanspruchen.

Art. 8   Bescheinigungspflichten

Versicherungseinrichtungen und Bankstiftungen müssen den Vorsorgenehmern die erbrachten Beiträge und Leistungen bescheinigen.

3. Abschnitt: Inkrafttreten

Art. 9

[1] Diese Verordnung tritt mit Ausnahme von Artikel 6 am 1. Januar 1987 in Kraft.

[2] Artikel 6 tritt rückwirkend auf den 1. Januar 1985 in Kraft.

Direkte Bundessteuer *Veranlagungsperiode 1987/88*

Eidg. Steuerverwaltung
Hauptabteilung
Direkte Bundessteuer

Bern, 31. Januar 1986

An die kantonalen Verwaltungen
für die direkte Bundessteuer

Kreisschreiben Nr. 2

Verordnung über die steuerliche Abzugsberechtigung für Beiträge an anerkannte Vorsorgeformen (BVV 3)

Durch das Bundesgesetz vom 22. März 1985 zur Anpassung des Bundesratsbeschlusses über die Erhebung einer direkten Bundessteuer (BdBSt) an das Bundesgesetz über die berufliche Vorsorge (BVG) wurde in Artikel 22 Absatz 1 BdBSt ein neuer Buchstabe i eingefügt. Danach werden vom rohen Einkommen abgezogen Einlagen, Prämien und Beiträge zum Erwerb von vertraglichen Ansprüchen aus anerkannten Formen der gebundenen Selbstvorsorge im Sinne und im Umfang von Artikel 82 BVG. Die in Absatz 2 dieses Artikels vorgesehene nähere Regelung ist durch die beiliegende Verordnung des Bundesrates vom 13. November 1985 über die steuerliche Abzugsberechtigung für Beiträge an anerkannte Vorsorgeformen (BVV 3) erfolgt. Zu den einzelnen Punkten dieser Verordnung teilen wir Ihnen unter dem Gesichtspunkt der direkten Bundessteuer folgendes mit:

1. Prüfung der Vertragsmodelle

Vertragsmodelle für anerkannte Vorsorgeformen (gebundene Vorsorgeversicherungen bei Versicherungseinrichtungen und gebundene Vorsorgevereinbarungen bei Bankstiftungen) sind von den Vorsorgeträgern vor Abschluss entsprechender Vorsorgeverträge der Eidg. Steuerverwaltung, Sektion Meldewesen, 3003 Bern, einzureichen. Diese prüft aufgrund der eingereichten Unterlagen (Mustervertrag, Reglement usw.) und unter Berücksichtigung der Belange der Verrechnungssteuer, ob Form und Inhalt den gesetzlichen Vorschriften entsprechen (Art. 1 Abs. 4 BVV 3). Da die gebundene Selbstvorsorge im Sinne von Artikel 82 BVG den Berechtigten nur anwartschaftliche Ansprüche vermittelt, haben sich die entsprechenden Vorsorgeverträge von den übrigen Versicherungs- und Sparverträgen deutlich zu unterscheiden. Die Bezeichnungen "gebundene Vorsorgeversicherung" und "gebundene Vorsorgevereinbarung" dürfen nur für von der Eidg. Steuerverwaltung genehmigte Vertragsmodelle verwendet werden. Bei Fehlen dieser Genehmigung kann die Abzugsberechtigung für die entsprechenden Vorsorgebeiträge verweigert werden.

2. Kreis der Vorsorgenehmer

Vorsorgeverträge für anerkannte Formen der gebundenen Selbstvorsorge können nur von Personen abgeschlossen werden, die in der Schweiz der unbeschränkten Steuerpflicht unterliegen (Art. 3 Ziff. 1 BdBSt) und für ihr Erwerbseinkommen der AHV/IV-Pflicht unterstellt sind.

3. Begünstigte Personen

Als begünstigte Personen sind neben dem Vorsorgenehmer in erster Linie der Ehegatte sowie die direkten Nachkommen vorgesehen. Darunter fallen die leiblichen Kinder, aber auch die Adoptivkinder, weil deren Rechtsstellung vollumfänglich derjenigen der eigenen Kinder entspricht (Art. 267 ZGB). Zu den Begünstigten können ferner jene Personen gehören, für die der Vorsorgenehmer tatsächlich aufgekommen ist. Schliesslich können ebenfalls die Eltern, Geschwister und die übrigen – gesetzlichen oder eingesetzten – Erben begünstigt werden (Art. 2 BVV 3).

4. Ausrichtung der Leistungen

Die gebundene Selbstvorsorge dient ausschliesslich und unwiderruflich der Vorsorge und vermittelt nur anwartschaftliche Ansprüche. Altersleistungen dürfen deshalb frühestens fünf Jahre vor Erreichen des AHV-Alters ausgerichtet werden (Art. 3 Abs. 1 BVV 3). Die vorzeitige Ausrichtung von Leistungen ist nur in den in Artikel 3 Absatz 2 BVV 3 vorgesehenen Ausnahmefällen möglich. Dies gilt auch für Zinsen, Gewinnanteile und dergleichen, die erst zusammen mit den eigentlichen Vorsorgeleistungen ausbezahlt und auch nicht mit geschuldeten Beiträgen verrechnet werden dürfen.

Andererseits ergibt sich aus Artikel 3 durch Umkehrschluss, dass es nicht zulässig ist, einen nach dem AHV-Alter liegenden Termin für die Beendigung des Vorsorgeverhältnisses zu vereinbaren oder nach Erreichen dieses Alters ein Vorsorgeverhältnis neu zu begründen. Mit Erreichen des AHV-Alters fällt der anwartschaftliche Charakter des Vorsorgeguthabens dahin, was die Steuerbarkeit der Leistung bewirkt.

5. Abzugsberechtigung für Beiträge

a) Allgemeines

Arbeitnehmer und Selbständigerwerbende können nach Artikel 7 BVV 3 ihre Beiträge an anerkannte Vorsorgeformen in begrenztem Umfang steuerlich zum Abzug bringen. Diese Beiträge gelten auch bei den Selbständigerwerbenden stets als Kosten der privaten Lebenshaltung. Sie dürfen deshalb der Erfolgsrechnung nicht belastet werden.

Der Umfang der Abzugsberechtigung entspricht zugleich der Höhe der zulässigen Beiträge an diese Vorsorgeformen; die Leistung höherer als der steuerlich abzugsberechtigten Beiträge ist daher nicht möglich. Überschiessende Beiträge stellen freies Sparen dar. Die Erträge aus den entsprechenden Vermögenswerten unterliegen der ordentlichen Besteuerung.

Die Begrenzung nach Artikel 7 BVV 3 umfasst auch allfällige Beiträge an eine ergänzende Risiko-Vorsorgeversicherung (Art. 1 Abs. 3 Satz 2 BVV 3).

Jeglicher Abzug setzt die Erwerbstätigkeit des Steuerpflichtigen voraus. Bei vorübergehendem Unterbruch der Erwerbstätigkeit (Militärdienst, Arbeitslosigkeit, Krankheit usw.) bleibt die Abzugsberechtigung erhalten. Bei Aufgabe der Erwerbstätigkeit entfällt die Möglichkeit der Beitragsleistungen, selbst wenn das für die Ausrichtung von Altersleistungen vorgesehene Terminalter noch nicht erreicht ist (z.B. bei vorzeitiger Pensionierung, bei Aufgabe der Erwerbstätigkeit zufolge Heirat, dauernder Invalidität). Die gleiche Folge ergibt sich bei Beendigung der unbeschränkten Steuerpflicht.

b) Oberer Grenzbetrag

Nach Artikel 7 Absatz 1 BVV 3 sind Beiträge an anerkannte Vorsorgeformen bis jährlich 8 Prozent (Bst. a) bzw. 40 Prozent (Bst. b) des oberen Grenzbetrages nach Artikel 8 Absatz 1 BVG abziehbar. Unter dem oberen Grenzbetrag ist jener Betrag zu verstehen, bis zu dem der Jahreslohn der Arbeitnehmer der obligatorischen Versicherung in der 2. Säule unterliegt. Im vorerwähnten Artikel 8 Absatz 1 BVG ist dieser Grenzbetrag mit 44'640 Franken angegeben. Zu beachten ist jedoch, dass Artikel 9 BVG den Bundesrat zur Anpassung dieses Betrages an die Altersrenten der AHV und die allgemeine Lohnentwicklung ermächtigt. Seit Erlass des BVG hat der Bundesrat von dieser Kompetenz bereits zweimal Gebrauch gemacht und den oberen Grenzbetrag in Artikel 5 der Verordnung vom 18. April 1984 über die berufliche Alters-, Hinterlassenen- und Invalidenvorsorge (BVV 2) mit Wirkung per 1. Januar 1985 auf 49'680 Franken und mit Verordnung 86 vom 11. September 1985 über die Anpassung der Grenzbeträge bei der beruflichen Vorsorge mit Wirkung per 1. Januar 1986 auf 51'840 Franken erhöht.

c) Abzug für Steuerpflichtige, die einer Einrichtung der beruflichen Vorsorge (2. Säule) angehören

In der 2. Säule versicherte Arbeitnehmer und Selbständigerwerbende können gemäss Artikel 7 Absatz 1 Buchstabe a BVV 3 ihre im betreffenden Jahr tatsächlich geleisteten Beiträge an anerkannte Vorsorgeformen bis 8 Prozent des oberen Grenzbetrages abziehen. Dieser Abzug kann von allen in Frage kommenden erwerbstätigen Steuerpflichtigen beansprucht werden, unabhängig davon, ob sie in der 2. Säule obligatorisch oder freiwillig versichert sind.

Für die Veranlagungsperiode 1987/88 der direkten Bundessteuer ergeben sich für in der 2. Säule versicherte Arbeitnehmer und Selbständigerwerbende folgende Höchstabzüge:

Bemessungsjahr 1985   Fr. 3'974.–
Bemessungsjahr 1986   Fr. 4'147.–*

d) Abzug für Steuerpflichtige, die keiner Einrichtung der beruflichen Vorsorge (2. Säule) angehören

Nicht in der 2. Säule versicherte Arbeitnehmer und Selbständigerwerbende können nach Artikel 7 Absatz 1 Buchstabe b BVV 3 ihre im betreffenden Jahr tatsächlich geleisteten Beiträge an anerkannte Vorsorgeformen bis 20 Prozent des Erwerbseinkommens, jedoch höchstens bis 40 Prozent des oberen Grenzbetrages abziehen.

Der Abzug setzt voraus, dass ein Einkommen aus Erwerbstätigkeit erzielt wird. Kein Abzug kommt deshalb in Betracht, wenn sich aus der Erwerbstätigkeit ein Verlust ergibt. Bei vorübergehendem Unterbruch der Erwerbstätigkeit treten die entsprechenden Erwerbsausfallentschädigungen (für Militärdienst, Taggelder aus Arbeitslosen-, Kranken-, Unfall- und Invalidenversicherung) an die Stelle des Erwerbseinkommens.

* ab 1.1.1988 Fr. 4'320.–, ab 1.1.1990 Fr. 4'608.–, ab 1.1.1992 Fr. 5'184.–, ab 1.1.1993 Fr. 5'414.–, ab 1.1.1995 Fr. 5'587.–.

Unter Erwerbseinkommen ist die Gesamtheit des Einkommens eines Steuerpflichtigen aus selbständiger und unselbständiger, haupt- und nebenberuflicher Erwerbstätigkeit gemäss Steuererklärung zu verstehen. Bei Einkommen aus unselbständiger Erwerbstätigkeit ist dies der Bruttolohn nach Abzug der AHV/IV/EO/ALV-Beiträge, bei Einkommen aus selbständiger Erwerbstätigkeit der Saldo der Gewinn- und Verlustrechnung nach Vornahme allfälliger steuerlicher Berichtigungen (auch hier nach Abzug der persönlichen Beiträge an die AHV/IV/EO, aber ohne Abzug irgendwelcher Beiträge an anerkannte Vorsorgeformen). Das Erwerbseinkommen umfasst auch allfällige realisierte Wertzuwachsgewinne auf dem Geschäftsvermögen. Der Abzug für Vorsorgebeiträge, die mangels genügendem Erwerbseinkommen steuerlich nicht geltend gemacht werden können, darf in späteren Jahren nicht nachgeholt werden.

Selbständigerwerbende, die ihre Bücher mit dem Ende des Kalenderjahres abschliessen, haben die Möglichkeit, den Beitrag für dieses Kalenderjahr bis Ende März des folgenden Jahres zu leisten.

Für die Veranlagungsperiode 1987/88 der direkten Bundessteuer ergeben sich für nicht in der 2. Säule versicherte Arbeitnehmer und Selbständigerwerbende folgende Höchstabzüge:

Bemessungsjahr 1985   Fr. 19'872.–
Bemessungsjahr 1986   Fr. 20'736.–*

e) Ehepaare

Nach Artikel 7 Absatz 2 BVV 3 stehen die vorerwähnten Abzüge jedem erwerbstätigen Ehegatten einzeln zu, soweit er Beiträge an eine anerkannte Vorsorgeform leistet. Unerlässlich ist, dass der entsprechende Vorsorgevertrag auf ihn als Vorsorgenehmer lautet. Der höchstzulässige Abzug richtet sich für jeden einzelnen Ehegatten danach, ob er selber in der 2. Säule versichert ist oder nicht. Voraussetzung für einen Abzug bildet, dass in der Steuererklärung für den betreffenden Ehegatten ein Erwerbseinkommen ausgewiesen wird. Bei Mitarbeit im Beruf oder im Betrieb des Ehegatten wird vermutet, sie halte sich im Rahmen der ehelichen Beistandspflicht; es obliegt den Ehegatten, das Vorliegen eines diesen Rahmen übersteigenden Arbeitsverhältnisses darzutun, wenn sie für den mitarbeitenden Ehegatten einen Abzug nach Artikel 7 BVV 3 beanspruchen wollen (vgl. analog BGE in Archiv für Schweiz. Abgaberecht Bd. 53 S. 211 ff.).

f) Zwischenveranlagung

Da der Abzug der Beiträge an anerkannte Vorsorgeformen in jedem Fall eine Erwerbstätigkeit voraussetzt, ist es folgerichtig, ihn in ein das Erwerbseinkommen betreffendes Zwischenveranlagungsverfahren einzubeziehen und auf die neue Situation abzustellen (vgl. in diesem Sinn auch die Wegleitung der Eidg. Steuerverwaltung zur Zwischenveranlagung, Ausgabe 1985, S. 9 oben).

6. *Bescheinigungspflicht*

Versicherungseinrichtungen und Bankstiftungen haben gemäss Artikel 8 BVV 3 und Artikel 90 Absatz 5 Buchstabe c BdBSt dem Vorsorgenehmer die erbrachten Beiträge und Leistungen zu bescheinigen. Für die Bescheinigung der Beiträge im besonderen verweisen wir auf die Ausführungen in unserem Kreisschreiben Nr. 1 der Veranlagungsperiode 1987/88.

Die Bescheinigung der Leistungen richtet sich – weitergehende Bestimmungen der Kantone vorbehalten – weiterhin nach dem Bundesgesetz vom 13. Oktober 1965 über die Verrechnungssteuer und die zugehörige Vollziehungsverordnung vom 19. Dezember 1966. Die entsprechenden Formulare S-562 FE "Meldung über Kapitalleistungen" und S-564 FE "Rentenmeldung" können bei der Eidg. Steuerverwaltung, Sektion Meldewesen, 3003 Bern, bezogen werden.

* ab 1.1.1988 Fr. 21'600.–, ab 1.1.1990 Fr. 23'040.–, ab 1.1.1992 Fr. 25'920.–, ab 1.1.1993 Fr. 27'072.–, ab 1.1.1995 Fr. 27'936.–.

7. Bankstiftungen

Bankstiftungen, die unter dem Titel der gebundenen Selbstvorsorge höhere Beiträge entgegennehmen als der Abzugsberechtigung entspricht (vgl. vorne unter Ziff. 5 Bst. a), verlieren den Anspruch auf Steuerbefreiung (Art. 6 BVV 3), weil sie in diesem Fall nicht ausschliesslich der Vorsorge im Sinne der BVV 3 dienen.

8. Inkrafttreten

Mit Ausnahme von Artikel 6, der die Bankstiftungen hinsichtlich der Steuerpflicht den Vorsorgeeinrichtungen gemäss Artikel 80 BVG gleichstellt und deshalb ebenfalls ab 1. Januar 1985 gilt, tritt die Verordnung am 1. Januar 1987 in Kraft (Art. 9 BVV 3). Für die direkte Bundessteuer mit zweijährlicher Vergangenheitsbemessung werden somit in der Veranlagungsperiode 1987/88 die in den Bemessungsjahren 1985 und 1986 entrichteten Beiträge für anerkannte Vorsorgeformen im vorstehend umschriebenen Umfang abziehbar sein.

9. Besteuerung der Leistungen

Die Besteuerung der Leistungen aus anerkannten Formen der gebundenen Selbstvorsorge ist nicht in der BVV 3, sondern im Bundesgesetz vom 22. März 1985 über die Anpassung des BdBSt an das BVG geregelt. Es gelten die diesbezüglichen Ausführungen in unserem Kreisschreiben Nr. 1 der Veranlagungsperiode 1987/88 (vgl. insb. die Ziff. IV und VI/2).

Der Hauptabteilungschef

Jung

Kreisschreiben Nr. 22 der EStV zur Freizügigkeit

Direkte Bundessteuer   *Steuerperiode 1995/96*

Eidg. Steuerverwaltung   Bern, 4. Mai 1995
Hauptabteilung
Direkte Bundessteuer

                                                                                An die kantonalen Verwaltungen
                                                                                für die direkte Bundessteuer

Kreisschreiben Nr. 22

Freizügigkeit in der beruflichen Alters-, Hinterlassenen- und Invalidenvorsorge

I. Allgemeines

Am 1. Januar 1995 ist das Bundesgesetz über die Freizügigkeit in der beruflichen Alters-, Hinterlassenen- und Invalidenvorsorge (Freizügigkeitsgesetz vom 17.12.1993, FZG SR 831.42) in Kraft getreten. Auf den nämlichen Zeitpunkt hat der Bundesrat auch die entsprechende Ausführungsverordnung vom 3. Oktober 1994 (SR 831.425) in Kraft gesetzt (FZV).
Gegenstand dieses Kreisschreibens bildet die Erläuterung ihrer steuerlichen Auswirkungen.

II. Freizügigkeit

1. Zweck und Inhalt

Das neue Freizügigkeitsgesetz regelt im Rahmen der beruflichen Vorsorge die Ansprüche der Versicherten im Freizügigkeitsfall. Der Freizügigkeitsfall tritt ein, wenn der Versicherte die Vorsorgeeinrichtung verlässt, bevor ein Vorsorgefall eingetreten ist (Art. 2 Abs. 1 FZG), und demnach Anspruch auf eine Austrittsleistung hat. Die Verordnung zum FZG regelt insbesondere die Erhaltung des Vorsorgeschutzes, wenn der Versicherte aus der bisherigen Vorsorgeeinrichtung austritt und nicht unmittelbar in eine neue eintritt. Der Vorsorgeschutz wird durch eine Freizügigkeitspolice oder durch ein Freizügigkeitskonto erhalten.
Sieht die Vorsorgeeinrichtung die Möglichkeit der vorzeitigen Pensionierung vor, tritt der Vorsorgefall nicht erst mit dem Erreichen des reglementarischen Schlussalters (z.B. Alter 62 für Frauen bzw. 65 für Männer) ein, sondern bereits im Zeitpunkt, in dem der Versicherte das Arbeitsverhältnis auflöst, vorausgesetzt, die Kündigung des Arbeitsvertrags erfolge in einem Alter, in dem ein reglementarischer Anspruch auf Altersleistungen besteht. Deshalb ist klar, dass bei einer reglementarischen, vorzeitigen Pensionierung kein Freizügigkeitsfall vorliegt und daher das Alterskapital nicht auf eine Freizügigkeitsform übertragen werden darf. Dies gilt selbst dann, wenn der Versicherte danach eine neue Erwerbstätigkeit aufnimmt (vgl. EVG vom 29.12.1994, wird publiziert).
Ab 1. Januar 1995 gilt der Grundsatz, dass die Austrittsleistung (Freizügigkeitsleistung) von der bisherigen Kasse zur Vorsorgeeinrichtung des neuen Arbeitgebers übertragen werden muss. Die Übertragung der Austrittsleistung auf eine Freizügigkeitspolice oder auf ein Frei-

zügigkeitskonto ist nur dann zulässig, wenn der Versicherte keiner neuen Vorsorgeeinrichtung beitritt. Das könnte dann der Fall sein, wenn der Versicherte in der Schweiz keinen neuen Arbeitgeber hat, eine selbständige Erwerbstätigkeit aufnimmt oder die Schweiz endgültig verlässt, ferner wenn der AHV-beitragspflichtige Lohn unter dem BVG-Mindestjahreslohn liegt und nicht versichert ist. Wird in der neuen Vorsorgeeinrichtung nicht die gesamte mitgebrachte Austrittsleistung zum Einkauf des Versicherten in die vollen reglementarischen Leistungen benötigt, kann die Differenz ebenfalls auf eine Freizügigkeitseinrichtung übertragen werden.

Bei Barauszahlung der Austrittsleistung durch die Vorsorgeeinrichtung bzw. Freizügigkeitseinrichtung wird der Vorsorgeschutz abgebrochen. Daher kann der Barauszahlungsbetrag später nicht mehr auf ein (neues oder bestehendes) Freizügigkeitskonto oder eine Freizügigkeitspolice eingebracht werden. Eine Rückzahlung des Betrages ist somit – entgegen der Bestimmung von Artikel 24 Buchst abe c DBG – nicht zulässig, ausgenommen es besteht eine Rückzahlungsverpflichtung gemäss der Verordnung über die Wohneigentumsförderung mit Mitteln der beruflichen Vorsorge (WEFV).

2. Steuerliche Auswirkungen

2.1 Bei Übertragung der Austrittsleistung auf die neue Vorsorgeeinrichtung oder auf eine Freizügigkeitseinrichtung

Wird die Austrittsleistung (Freizügigkeitsleistung) auf die Vorsorgeeinrichtung des neuen Arbeitgebers, auf eine Freizügigkeitspolice oder ein Freizügigkeitskonto übertragen, handelt es sich dabei um steuerlich neutrale Vorgänge. Das Vorsorgeguthaben bleibt nach wie vor in der Zweiten Säule gebunden und der Verfügung des Vorsorgenehmers entzogen, weshalb folgerichtig auch eine Besteuerung unterbleibt.

2.2 Einkauf von Beitragsjahren bei bestehenden Freizügigkeitspolicen und -konti

Beim Einkauf in eine Vorsorgeeinrichtung sind vorerst die Austrittsleistung der bisherigen Vorsorgeeinrichtung sowie allfällige Freizügigkeitspolicen und -konti zu verwenden. Dies bedeutet, dass Beiträge für den Einkauf von Beitragsjahren gemäss Artikel 205 DBG in Analogie zu Artikel 3 Absatz 1 FZG vom steuerbaren Einkommen nur so weit in Abzug gebracht werden können, als mit dem Einkauf und mit allen bestehenden Freizügigkeitspolicen und -konti die reglementarisch maximal zulässigen Vorsorgeansprüche nicht überschritten werden. Der Steuerpflichtige hat auf Verlangen der Steuerbehörde über allfällig bestehende Freizügigkeitsguthaben Auskunft zu erteilen.

2.3 Bei Auszahlung des Vorsorgeguthabens

Kommt es zur Auszahlung des Vorsorgeguthabens, sei dies im Vorsorgefall (bei Alter, Tod, Invalidität), sei dies in den Fällen der Barauszahlung (namentlich bei Verlassen der Schweiz, bei Aufnahme einer selbständigen Erwerbstätigkeit oder beim Vorbezug für die Wohneigentumsförderung), wird die entsprechende Leistung besteuert.

Das ausbezahlte Vorsorgeguthaben wird entweder im Rahmen der ordentlichen Besteuerung einer vollen Jahressteuer gemäss Artikel 38 DBG unterstellt oder – bei ausländischem Wohnsitz des Empfängers (z.B. Grenzgänger) – im Rahmen der Besteuerung an der Quelle gemäss Artikel 96 DBG erfasst. Die Jahressteuer wird zu einem Fünftel der Tarife nach Artikel 36 DBG berechnet (auch in den Kantonen mit einjähriger Veranlagung) und für das Steuerjahr festgesetzt, in welchem die entsprechende Kapitalleistung zugeflossen (d.h. ausbezahlt oder gutgeschrieben) ist (Art. 48 DBG).

Die Besteuerung an der Quelle erfolgt aufgrund der entsprechenden Bestimmungen der Quellensteuerverordnung (SR 642.118.2). Gemäss Artikel 11 dieser Verordnung wird die Vorsorgeleistung ungeachtet staatsvertraglicher Regelung stets der Quellensteuer unterstellt; der bezahlte Quellensteuerbetrag wird jedoch unter gewissen Bedingungen wieder zurückerstattet (so etwa dann, wenn der Empfänger der seinerzeitigen Leistung belegen kann, dass die zuständige ausländische Steuerbehörde von der Kapitalleistung Kenntnis hat). In Artikel 3 des Anhangs zur Verordnung sind die massgebenden Quellensteuersätze festgelegt, welche in die kantonalen Quellensteuertarife integriert sind.

Sowohl im Rahmen der ordentlichen Besteuerung wie bei der Besteuerung an der Quelle ist die Vorschrift von Artikel 204 DBG anwendbar: Danach werden Renten und Kapitalabfindungen, die bis und mit dem 31. Dezember 2001 zu laufen beginnen oder fällig werden und auf einem vor 1987 abgeschlossenen Vorsorgeverhältnis beruhen, im Regelfall nur im Umfang von 80% zur Besteuerung herangezogen (in Quellensteuertarifen bereits enthalten).

Dabei ist zu berücksichtigen, dass ein Bezug "in Tranchen" steuerlich unbeachtlich ist: Tritt ein entsprechender Vorsorgefall oder Barauszahlungstatbestand (mit Barauszahlungsbegehren) ein, wird steuerlich stets über das ganze Vorsorgeguthaben abgerechnet (Ausnahme beim Vorbezug für die Wohneigentumsförderung, wo nur der ausgerichtete Betrag zur Besteuerung kommt).

III. Auskunftsstelle

Fragen zu den steuerlichen Auswirkungen können an die Eidg. Steuerverwaltung, Sektion Meldewesen, Eigerstrasse 65, 3003 Bern, gerichtet werden.

Der Hauptabteilungschef

Samuel Tanner

Kreisschreiben Nr. 23 der EStV zur Wohneigentumsförderung

Direkte Bundessteuer   *Steuerperiode 1995/96*

Eidg. Steuerverwaltung   Bern, 4. Mai 1995
Hauptabteilung
Direkte Bundessteuer

                                                             An die kantonalen Verwaltungen
                                                             für die direkte Bundessteuer

Kreisschreiben Nr. 23

Wohneigentumsförderung mit Mitteln der beruflichen Vorsorge

I. Allgemeines

Am 1. Januar 1995 ist das Bundesgesetz über die Wohneigentumsförderung mit Mitteln der beruflichen Vorsorge (als Teilrevision des BVG und des OR) in Kraft getreten. Auf den nämlichen Zeitpunkt hat der Bundesrat auch die entsprechende Ausführungsverordnung vom 3. Oktober 1994 (WEFV; SR 831.411) in Kraft gesetzt.
    Gegenstand dieses Kreisschreibens bildet die Erläuterung ihrer steuerlichen Auswirkungen.

II. Wohneigentumsförderung mit Mitteln der Zweiten Säule

1. Zweck und Inhalt

Neu können die Pensionskassenversicherten die Mittel der beruflichen Vorsorge für Wohneigentum verwenden, soweit dieses dem eigenen Bedarf dient. Als Eigenbedarf gilt die Nutzung durch die versicherte Person an ihrem Wohnsitz oder an ihrem gewöhnlichen Aufenthalt. Diese Voraussetzungen müssen auch bei Wohnsitz im Ausland vorliegen (Grenzgänger). Die Wohneigentumsförderung stellt den Versicherten zwei Möglichkeiten zur Verfügung: den Vorbezug des Vorsorgeguthabens einerseits und die Verpfändung dieses Guthabens oder des Anspruchs auf die künftigen Vorsorgeleistungen andererseits. Die Vorsorgegelder können eingesetzt werden für Wohneigentum, ferner für Beteiligungen an einem Wohneigentum (z.B. Kauf von Anteilscheinen an einer Wohnbaugenossenschaft) sowie zur Amortisation von bereits bestehenden Hypothekarschulden.
    Als Grundlage und Mass für den Vorbezug gilt der individuelle Freizügigkeitsanspruch der versicherten Person. Betragsmässig bestehen jedoch Einschränkungen: Es kann stets nur die Summe der Freizügigkeitsleistung beansprucht werden, wie sie im Zeitpunkt des Gesuches besteht (relative Begrenzung). Sodann können Vorsorgenehmer, die über 50 Jahre alt sind, gesamthaft höchstens den Betrag der Freizügigkeitsleistung im Alter 50 oder die hälftige Freizügigkeitsleistung vorbeziehen (absolute Begrenzung). Die gleiche Beschränkung gilt auch für die Verpfändung des Vorsorgeguthabens.
    Das entsprechende Gesuch für den Vorbezug kann bis drei Jahre vor Entstehung des Anspruchs auf Altersleistungen (vgl. Art. 13 Abs. 2 BVG) bei der Vorsorgeeinrichtung geltend gemacht werden. Weitere Einschränkungen für den Vorbezug bestehen darin, dass pro Bezug

mindestens CHF 20'000 beansprucht werden müssen und ein Vorbezug nur alle fünf Jahre geltend gemacht werden kann.

Jeder Vorbezug, nicht aber die Verpfändung, hat eine Kürzung des künftigen Leistungsanspruchs zur Folge.

(Zur ganzen Ziff. 1 vgl. die Art. 1–5 WEFV.)

2. Steuerliche Auswirkungen des Vorbezugs

2.1 Besteuerung

Das gesamte vorbezogene Vorsorgeguthaben kommt im Zeitpunkt des Vorbezugs als Kapitalleistung aus Vorsorge zur Besteuerung, entweder im Rahmen der ordentlichen Besteuerung mit einer vollen Jahressteuer gemäss Artikel 38 DBG oder – bei ausländischem Wohnsitz des Empfängers (Grenzgänger) – im Rahmen der Besteuerung an der Quelle gemäss Artikel 96 DBG. Die Jahressteuer wird zu einem Fünftel der Tarife nach Artikel 36 DBG berechnet (auch in den Kantonen mit einjähriger Veranlagung) und für das Steuerjahr festgesetzt, in welchem die entsprechende Kapitalleistung zugeflossen ist (Art. 48 DBG).

Die Besteuerung an der Quelle erfolgt aufgrund der entsprechenden Bestimmungen der Quellensteuerverordnung (SR 642.118.2). Gemäss Artikel 11 dieser Verordnung wird die vorbezogene Vorsorgeleistung ungeachtet staatsvertraglicher Regelung stets der Quellensteuer unterstellt; der bezahlte Quellensteuerbetrag wird jedoch unter gewissen Bedingungen wieder zurückerstattet (so etwa dann, wenn der Empfänger der seinerzeitigen Leistung belegen kann, dass die zuständige ausländische Steuerbehörde von der Kapitalleistung Kenntnis hat). In Artikel 3 des Anhangs zur Verordnung sind die massgebenden Quellensteuersätze festgelegt, welche in die kantonalen Quellensteuertarife integriert sind.

Sowohl im Rahmen der ordentlichen Besteuerung wie bei der Besteuerung an der Quelle ist die Vorschrift von Artikel 204 DBG anwendbar: Danach werden Renten und Kapitalabfindungen, die bis und mit dem 31. Dezember 2001 zu laufen beginnen oder fällig werden und auf einem vor 1987 abgeschlossenen Vorsorgeverhältnis beruhen, im Regelfall nur im Umfang von 80% zur Besteuerung herangezogen (in Quellensteuertarifen bereits enthalten).

2.2 Einkauf von Beitragsjahren bei ausstehendem Vorbezug

Beiträge für den Einkauf von Beitragsjahren sind – unter den Bedingungen von Artikel 205 DBG – grundsätzlich auch dann zum Abzug zugelassen, wenn ein Vorbezug getätigt worden ist; es ist also nicht nötig, dass vor dem entsprechenden Einkauf der vorbezogene Teil des Vorsorgeguthabens an die Vorsorgeeinrichtung zurückbezahlt wird. Allerdings können Einkäufe nur so weit getätigt und vom steuerbaren Einkommen abgezogen werden, soweit sie zusammen mit den Vorbezügen die reglementarisch maximal zulässigen Vorsorgeansprüche nicht überschreiten (Art. 14 Abs. 1 WEFV).

2.3 Rückzahlung des Vorbezugs

Die Rückzahlung des Vorbezugs – erfolge sie aus den im Gesetz genannten Gründen zwingend oder fakultativ (Art. 30d Abs. 1 BVG) – gibt dem Vorsorgenehmer Anspruch auf zinslose Rückerstattung der seinerzeit an Bund, Kanton und Gemeinde bezahlten Steuern. Folgerichtig ist anderseits der Abzug der wieder einbezahlten Vorbezugs vom steuerbaren Einkommen ausgeschlossen. Das Recht auf Rückerstattung erlischt nach Ablauf von drei Jahren seit der Wiedereinzahlung des Vorbezugs (Art. 83a Abs. 2 und 3 BVG).

Für die Rückerstattung der Steuern ist ein schriftliches Gesuch an diejenige Steuerbehörde zu richten, die seinerzeit den Steuerbetrg erhoben hat. Dem Gesuch ist je eine Bescheinigung beizulegen über

- die Rückzahlung, wobei hiefür das besondere Formular der EStV (Formular WEF) zu verwenden ist (Art. 7 Abs. 3 WEFV);
- das im Wohneigentum investierte Vorsorgekapital (gestützt auf einen Registerauszug der EStV);
- den für Bund, Kanton und Gemeinde entrichteten Steuerbetrag (Art. 14 Abs. 3 WEFV).

Bei mehreren Vorbezügen erfolgt die Rückerstattung der bezahlten Steuern in der gleichen zeitlichen Reihenfolge wie damals die Vorbezüge stattgefunden haben, d.h. eine Wiedereinzahlung führt bei mehreren Vorbezügen zur Tilgung des früheren vor dem späteren Vorbezug und dementsprechend auch zur Rückerstattung der auf diesem früheren Vorbezug bezahlten Steuern. Bei teilweiser Rückzahlung des vorbezogenen Betrages wird der Steuerbetrag im Verhältnis zum Vorbezug zurückerstattet.

Eine ausländische Steuer, die gegebenenfalls zu bezahlen war (vgl. bei Ziff. 2.1), kann gestützt auf die Massnahmen der Wohneigentumsförderung mit Mitteln der Zweiten Säule, die internes Recht darstellen, nicht zurückverlangt werden.

2.4 Zusatzversicherung

Die nach einem Vorbezug entstandene Verminderung der Risikodeckung bei Tod und Invalidität kann mit einer Zusatzversicherung ausgeglichen werden (Art. 30c Abs. 4 BVG):

Ob und in welchem Ausmass die Prämien für eine solche Zusatzversicherung steuerlich in Abzug gebracht werden können, hängt von der Ausgestaltung des Versicherungsvertrags ab.

Eine Vorsorgeeinrichtung der Zweiten Säule hat in ihrem Reglement die Grundsätze der beruflichen Vorsorge (Kollektivität, Solidarität, Planmässigkeit, Angemessenheit) zu beachten, will sie die Steuerbefreiung ihrer Einrichtung nicht gefährden. Aus steuerlicher Sicht handelt es sich aber bei der Zusatzversicherung um *individuelle* Vorsorge.

Die Vorsorgeeinrichtung kann solche Zusatzversicherungen vermitteln. Für diesen Fall stehen die Möglichkeiten der gebundenen Selbstvorsorge (Säule 3a) oder der freien Vorsorge (Säule 3b) zur Verfügung. Die Abzüge für die entsprechenden Beiträge richten sich nach den jeweiligen Vorsorgeformen (Art. 33 Abs. 1 lit. e bzw. g DBG).

3. Steuerliche Auswirkungen der Verpfändung

3.1 Verpfändung als solche

Aus der Verpfändung als solcher entstehen keine unmittelbaren steuerlichen Folgen, weil dabei nicht über das Vorsorgeguthaben oder Teile davon verfügt wird.

3.2 Pfandverwertung

Führt die Verpfändung hingegen zu einer Pfandverwertung, sind damit die nämlichen steuerlichen Folgen wie beim Vorbezug verbunden: Der Erlös aus der Pfandverwertung wird besteuert, wobei hiefür die gleichen Regeln wie bei der Besteuerung des Vorbezugs gelten. Folgerichtig sind nach einer Pfandverwertung dieselben Möglichkeiten einer Rückzahlung und daran anknüpfend der Rückerstattung der bezahlten Steuern wie beim Vorbezug gegeben.

4. Pflichten der Vorsorgeeinrichtungen

4.1 Gegenüber dem Vorsorgenehmer

Die Vorsorgeeinrichtung hat dem Vorsorgenehmer die Rückzahlung des Vorbezugs auf dem von der Eidg. Steuerverwaltung herausgegebenen Formular WEF zu bescheinigen (Art. 7 Abs. 3 WEFV).

4.2 Gegenüber der Eidg. Steuerverwaltung

Die Vorsorgeeinrichtung hat den Vorbezug wie auch die Pfandverwertung sowie die Rückzahlung der Eidg. Steuerverwaltung (Sektion Meldewesen) innerhalb von 30 Tagen auf dem offiziellen Formular WEF unaufgefordert zu melden (Art. 13 Abs. 1 WEFV). In der Meldung ist der Bruttobetrag anzugeben. Diese Meldung ersetzt jene, welche von der Vorsorgeeinrichtung gestützt auf das Verrechnungssteuergesetz (Verrechnungssteuer auf Versicherungsleistungen) zu erstatten gewesen wäre. Die im Verrechnungssteuergesetz vorgesehene Möglichkeit des Einspruchs gegen die Meldung wird im Falle eines Vorbezugs hinfällig.

5. Aufgaben der Eidg. Steuerverwaltung

Die Eidg. Steuerverwaltung (Sektion Meldewesen) führt über sämtliche ihr von den Vorsorgeeinrichtungen gemeldeten Vorbezüge, Pfandverwertungen sowie Rückzahlungen Buch, d.h. sie unterhält für alle diese Transaktionen ein Register. Gestützt darauf erteilt sie den Vorsorgenehmern auf schriftliches Gesuch hin Auskunft über den Stand des im Wohneigentum investierten Vorsorgekapitals und weist sie auch auf die für die Steuerrückerstattung zuständige Behörde hin (Art. 13 Abs. 2 und 3 WEFV).

III. Änderung der Verordnung über die steuerliche Bezugsberechtigung für Beiträge an anerkannte Vorsorgeformen (BVV 3)

Die BVV 3 wurde in ihren Artikeln 3 und 4 durch die WEFV modifiziert:
Die Altersleistung aus der gebundenen Selbstvorsorge kann neu nicht nur für den Erwerb und die Erstellung von Wohneigentum sowie für die Amortisation von Hypothekardarlehen, sondern auch für Beteiligungen am Wohneigentum ausgerichtet werden. Als Beteiligung gilt vorab der Erwerb von Anteilscheinen an einer Wohnbaugenossenschaft. Während sodann eine vorzeitige Ausrichtung der Altersleistung bisher grundsätzlich nur eimal zulässig war, kann ein entsprechender Vorbezug künftig alle fünf Jahre geltend gemacht werden. Eine Rückzahlung, wie sie beim Vorbezug in der Zweiten Säule vorgesehen ist, ist dagegen in der Säule 3a nicht möglich.
Im übrigen kann der Versicherte den Anspruch auf Vorsorgeleistungen oder einen Betrag bis zur Höhe seiner Freizügigkeitsleistung nach Artikel 331d OR verpfänden. Für die Verpfändung gelten die Artikel 8–10 WEFV sinngemäss.
Die Begriffe "Wohneigentum" und "Eigenbedarf" richten sich nach den Artikeln 2 und 4 WEFV.

Der Hauptabteilungschef

Samuel Tanner

Bundesgesetz
über das Stabilisierungsprogramm 1998 (Auszug)

vom 19. März 1999

Die Bundesversammlung der Schweizerischen Eidgenossenschaft,
nach Einsicht in die Botschaft des Bundesrates vom 28. September 1998[1],
beschliesst:

I.

Die nachstehenden Erlasse werden wie folgt geändert:

...

10. Bundesgesetz vom 25. Juni 1982[12] über die berufliche Alters-, Hinterlassenen- und Invalidenvorsorge

Sechster Teil: Umfang der Leistungen, Steuerrecht und besondere Bestimmungen

Erster Titel: Umfang der Leistungen

Art. 79a Einkauf

[1] Dieser Artikel gilt für alle Vorsorgeverhältnisse, unabhängig davon, ob die Vorsorgeeinrichtung im Register für die berufliche Vorsorge eingetragen ist oder nicht.

[2] Die Vorsorgeeinrichtung darf dem Versicherten den Einkauf in die reglementarischen Leistungen höchstens bis zum oberen Grenzbetrag nach Artikel 8 Absatz 1, multipliziert mit der Anzahl Jahre vom Eintritt in die Vorsorgeeinrichtung bis zum Erreichen des reglementarischen Rücktrittsalters, ermöglichen.

[3] Die nach Absatz 2 zulässige Einkaufssumme entspricht der möglichen Differenz zwischen der benötigten und der zur Verfügung stehenden Eintrittsleistung.

[4] Die Begrenzung nach Absatz 2 gilt für folgende Einkäufe:
a. beim Eintritt des Versicherten in die Vorsorgeeinrichtung;
b. in die reglementarischen Leistungen nach dem Eintritt des Versicherten in die Vorsorgeeinrichtung.

---

1 BBl 1999 4
...
12 SR **831.40**

⁵Von der Begrenzung nach Absatz 2 ausgenommen sind die Wiedereinkäufe im Falle der Ehescheidungnach Artikel 22 Absatz 3 des Freizügigkeitsgesetzes vom 17. Dezember 1993[13].

Gliederungstitel vor Art. 80

Zweiter Titel: Steuerrechtliche Behandlung der Vorsorge

Gliederungstitel vor Art. 85

Dritter Titel: Besondere Bestimmungen

Art. 96a Altrechtliche Renten

Bei Alters-, Hinterlassenen- und Invalidenrenten, auf welche der Anspruch vor Inkrafttreten des Artikels 79a entstanden ist, finden diese Bestimmungen keine Anwendung.

11. Freizügigkeitsgesetz vom 17. Dezember 1993[14]

Art. 4 Abs. 2bis

²ᵇⁱˢTreten die Versicherten in eine neue Vorsorgeeinrichtung ein, so müssen die Freizügigkeitseinrichtungen das Vorsorgekapital für die Erhaltung des Vorsorgeschutzes der neuen Vorsorgeeinrichtung überweisen. Die Versicherten melden:
a. der Freizügigkeitseinrichtung den Eintritt in die neue Vorsorgeeinrichtung;
b. der neuen Vorsorgeeinrichtung die bisherige Freizügigkeitseinrichtung sowie die Form des Vorsorgeschutzes.

Art. 9 Abs. 2 zweiter Satz

² ... Vorbehalten bleibt Artikel 79a des BVG[15].

Art. 11 Abs. 2

²Die Vorsorgeeinrichtung kann die Austrittsleistung aus dem früheren Vorsorgeverhältnis sowie das Vorsorgekapital aus einer Form der Vorsorgeschutzerhaltung für Rechnung der Versicherten einfordern.

...

Nationalrat, 19. März 1999   Ständerat, 19. März 1999

13 SR **831.42**
14 SR **831.42**
15 SR **831.40**; AS **1999** 2381

Ablauf der Referendumsfrist und Inkraftsetzung

[1]Die Referendumsfrist für dieses Gesetz ist am 8. Juli 1999 unbenützt abgelaufen.
[2]Es wird wie folgt in Kraft gesetzt:

...

4. Am 1. Januar 2001 treten die in den nachstehenden Ziffern aufgeführten Gesetzesänderungen in Kraft:

   c. Ziffer I/10   Bundesgesetz über die berufliche Alters-, Hinterlassenen- und Invalidenvorsorge;
   d. Ziffer I/11   Freizügigkeitsgesetz.

11. August 1999

Stichwortverzeichnis

Hinweis

Verfassung, Gesetze und Verordnungen (BV, ZGB, OR, BVG, BVV 1, BVV 2, FZG, FZGV, WEFV u.a.) sind mit den *Artikelnummern* aufgeführt. Blosse Zahlen bedeuten *Seiten* dieses Buches.

A

Abgangsentschädigung bei langer Dienstdauer *OR 339b–d; 233 ff.*
Absterbeordnungen *351*
Abtretung der Leistungsansprüche
– *BVG 39/40* (siehe auch Verpfändung) *220*
– *OR 331b* (neu ab 1.1.1995)
AHV (Eidg. Alters- und Hinterlassenenversicherung)
– allgemein *695 ff.*
– Anpassung des BVG an die AHV *BVG 9, BVV 2 5; 722 ff.*
– AHV-Beiträge auf Vorsorgeleistungen *336*
– AHV-Rechnungsgrundlagen (Tafeln) *327, 352, 357, 387*
– AHV-Lohn, Festsetzung *697*
– 10. AHV-Revision *695, 704*
– 11. AHV-Revision *59*
AIDS-Virusträger *102*
Akkordanten, BVG-Erfassung der A. *103*
Aktien
– als Vermögensanlage *BVV 2 53; 507 ff., 530*
– Bewertung der A. *441 ff.*
Altersgrenze (siehe Pensionierungsalter)

Altersgutschriften nach BVG *BVG 15/16, BVV 2 11–16; 171, 435 ff.*
– Übergangsordnung der A. *BVG 90*
Alterskonten nach BVG
– Führung der A. *BVV 2 11; 435 ff., 452, 677* (Beispiele)
– für Invalide *BVV 2 14*
– Prüfung der A. *BVV 2 35; 576 ff.*
– für Rentner *436*
– Beispiele zur Führung der A. *438, 678 ff.*
Altersleistungen
– allgemein *197 ff., 695 ff.*
– nach BVG *BVG 436 ff.*
Altersrente
– sofort beginnende A. (Tarife) *759 ff.*
– aufgeschobene A. (Tarife) *760 ff.*
Altersrücktritt (siehe Pensionierungsalter)
Altersstruktur, ungünstige A. *BVG 56*
Amerikanisches Leistungssystem *164*
Anerkannte Experten für berufliche Vorsorge (siehe Experten)
Anhang der Jahresrechnung *428 ff.*
Anlagerichtlinie, interne *756*
Anlagestiftungen *531 f.*
Anlagevorschriften (siehe Vermögensanlage)

Anpassung der laufenden Renten an die Preisentwicklung *BVG 36/70; 224 ff.*
Anschlusspflicht an eine registrierte Einrichtung nach BVG *BVG 11–12/ 58/91–94, BVV 2 7–10, BVV 1 5–10; 108 f., 615 ff.*
Anschlussvertrag (eines Unternehmens an eine Vorsorgeeinrichtung
– allgemein *108 ff., 736*
– Richtlinien des BSV zur Auflösung *590 ff.*
Anwartschafts-Kapitaldeckungsverfahren *203, 373, 767*
Äquivalenzprinzip
– individuelles Ä. *171, 203 f., 767*
– kollektives Ä. *171, 203 f., 767*
Arbeitgeber
– Erwerbstätigkeit bei mehreren A. *BVG 46, BVV 2 28/29; 105 f.*
– Forderungen der Vorsorgeeinrichtung beim A. *ZGB 89bis, BVV 2 57–59; 459 ff., 511, 540 ff.*
– Pflichten des A. in der Vorsorge *OR 331; 48*
– Arbeitgeberbeiträge (siehe Beiträge)
– Bonitätsnachweis für Forderungen beim A. *BVV 2 59; 581 ff.*
Arbeitgeberbeitragsreserven *OR 331, BVG 66; 185 ff., 270, 298 f., 420, 650 ff.*
Arbeitnehmer
– Beteiligung der A. an der Verwaltung *ZGB 89bis, BVG 51; 125 ff., 621 ff.*
– Forderungen des Arbeitnehmers *OR 331a–c; 46 ff.*
Arbeitsgemeinschaft berufliche Vorsorge *31*
Arbeitslose und 2. Säule *141*

Arbeitslosenversicherung *718 f.*
Arbeitsunfähigkeit *BVG 18 und 23; 200*
ASIP *31*
Auffangeinrichtung gemäss BVG *BVG 60–64/72; 140 ff.*
– Verordnung zur A. *920 ff.*
Aufschub des Rentenbezugs *216 ff.*
Aufsicht
– des Gemeinwesens über Stiftungen *ZGB 84; 555 ff.*
– der Kantone über die registrierten Einrichtungen *BVG 61–64, BVV 1 4; 555 ff.*
– Organisation der A. *635 ff.*
– vereinfachte A. des Bundesamtes für Privatversicherungswesen *VAG 6/31–36; 66*
Aufsichtsbehörden
– Aufgaben der A. *BVG 73, 645 ff.*
– Zustimmung der A. *109 ff., 187*
Ausgaben-Umlageverfahren *156, 205, 326 ff., 373, 767*
Ausgaben- und Einnahmenrechnung (siehe Jahresrechnung)
Auskunftspflicht
– des Arbeitgebers *OR 331, BVG 11/ 75, BVV 2 10; 456 ff., 874 ff.*
– der Stiftungsorgane *ZGB 89bis; 286 ff.*
– Weisung des Bundesrates *882 ff.*
Ausland
– Anlagen im Ausland *546*
– Berufliche Vorsorge im Ausland *28 ff.*
Austrittsgewinne (siehe Mutationsgewinne)
Austrittswahrscheinlichkeiten *246*
Autonome Kasse *92 f., 168, 192*
Aversalversicherung *102*

B

Bagatellrenten *212*
Barauszahlung der Freizügigkeitsleistung *OR 331c, BVG 30, FZG 5; 49, 256 f., 573 f.*
Befristete Anstellungen, BVG-Erfassung der b. A. *106*
Beharrungszustand einer Kasse *379 f., 767*
Beiträge
– Arbeitgeber-B. *158, 184 ff.*
– Arbeitnehmer-B. *159, 184 ff.*
– gleichbleibende oder altersabhängige B. *171 ff., 688 ff.*
– konjunkturgerechte B. *165*
– ordentliche/ausserordentliche B. *185 f.*
– Parität der B. *OR 331; 184 ff.*
– wirtschaftlich tragbare Höhe der B. *192 f.*
Beitragsbefreiung (siehe Contribution Holiday) *183 ff.*
Beitragsprimat *FZG 15; 167 ff., 202, 248, 474 ff., 767*
Bel'étage-Versicherung *98, 194*
Beschäftigungsgrad, Änderung des B. *FZG 20*
Bescheinigung, steuerliche B. der Vorsorgebeiträge *306 f.*
Beschwerdekommission nach BVG *BVG 74; 449 ff.*
Beschwerdeweg (siehe Verwaltungsweg)
Besitzesstandsgarantie für Versicherte nach BVG *BVG 91*
Besteuerung (siehe Steuern)
Betriebsrechnung (siehe Jahresrechnung)
Bewertung (Bilanzierung) der Aktiven *BVV 2 48; 440 ff., 446*

Bilanz
– kaufmännische B. *391 ff., 448 ff.*
– technische B. *391 ff., 448 ff., 775*
– Muster zur Darstellung der kaufmännischen B. *421 ff.*
– Muster zur Darstellung der technischen B. *451*
– Analyse der versicherungstechnischen B. *397 ff.*
Bilanzierungswahlrecht oder -pflicht für Verpflichtungen aus Personalvorsorge *459 ff.*
– Deutsches Bilanzrichtlinien-Gesetz *484 ff.*
– 4. EU-Richtlinie *484 ff.*
– US-GAAP *480 ff.*
– IAS *473 ff.*
– FER *465 ff.*
Bodenrecht, Bundesbeschlüsse zum B. *529 ff.*
Bonität der Aktiven *140 ff., 443, 286 ff.*
Bonitätsnachweis (-ausweis) *BVV 2 59; 567, 582 ff.*
Buchführung
– Ordnungsmässigkeit der B. *BVV 2 47; 407 ff.*
– technische B. *435 ff.*
Bundespersonal, Einführung des BVG beim B. *53 ff.*
Bundesverfassung, Bestimmung über die berufliche Vorsorge in der B. *41 ff.*
Bundessteuer (siehe Direkte Bundessteuer)
BVG-Index (Pictet) *522 ff.*
BVG-Revision, Erste B. *54 ff.*
BVG-Vorschriften in einem Pensionskassenreglement *748 f.*

C

Contribution Holiday *183 ff.*

D

Dachstiftung *76, 186*
Datenverarbeitung als Hilfsmittel (siehe Informatik)
DAX *527*
Deckungskapital (siehe auch Rückstellungen, technische)
– bei Austritt *OR 331b; 45 ff.*
– Begriff *383 f.*
– erforderliches D. *389 ff.*
– Bilanzierung *448 ff.*
– Belehnung *451*
Deckungslücken *BVV 2 52*
Definitive Registrierung (siehe Registrierung)
Demographische Elemente *349 ff., 361*
Derivative Finanzinstrumente *535*
Deutsches Bilanzierungsrecht (EU) *484 ff.*
Deutschland, Personalvorsorge in D. *28, 187, 363 f., 484 ff.*
Direkte Bundessteuer *291 ff.*
– Anpassung an das BVG *291 ff.*
Dow Jones Index *527*
Drei-Säulen-Konzept *BV 34quater; 24 ff., 937*
Durchschnittsbeiträge *172, 202*
Durchschnittslohn *BVV 2 3; 103 ff.*
Dynamische versicherungstechnische Bilanz *404, 768*

E

Edelmetalle als Vermögensanlage *511*
EG-Richtlinie, Vorschrift der 4. EU-Richtlinie zur Bilanzierung von Vorsorgeverpflichtungen *484 ff.*
Eherecht und BVG *68 ff.*
Ehescheidung *68 ff.*
Eidg. Versicherungskasse EVK *66 f., 354, 362, 380, 497*
Einkauf (siehe Eintrittsgelder)
Einkommen (siehe Lohn)
Einmaleinlage *164, 194*
Eintrittsgelder, Behandlung der E.
– zahlungsmässig *177 ff.*
– steuerlich *301 f.*
Eintrittsgeneration nach BVG (Jahrgänge 1920–1960)
– allgemein *BV 11 der Übergangsbestimmungen, BVG 31–33/70; 153*
– Mindestleistungen an die E. *BVG 33/70, BVV 2 21–23*
Enveloppe Kasse (siehe Umhüllende Vorsorgeeinrichtung)
Erbschaftssteuern *BVG 80; 336*
Ergänzungsleistungen zur AHV/IV *716*
Erhaltung des Vorsorgeschutzes *BVG 27*
Errichtung einer Stiftung *ZGB 81, BVG 11/48; 75, 109*
Ertrag, angemessener E. *499 f.*
Ertragswert als Bewertungsgrundsatz *440 f.*
Erwerbsersatzordnung *717*

EVK (siehe Eidg. Versicherungskasse)
EVK-Grundlagen *359, 380 f., 387 ff.*
Excess-of-Loss-Versicherung *98, 370 f.*
Expatriats *286 ff.*
Experten für berufliche Vorsorge
– allgemein *BVG 53, BVV 2 37–41; 596 ff.*
– Anerkennung *BVV 2 37–39; 598 ff.*
– Unabhängigkeit *BVV 2 40; 599*
– Verhältnis zur Aufsichtsbehörde *BVV 2 41; 599, 648 f.*
– Zusammenarbeit mit Kontrollstelle *601 ff.*
Exzedentenversicherung *768*

F

Familienzulagen/Familienausgleichskassen *719*
FASB (siehe US-GAAP)
FAZ-Index *527*
Fehlbetrag, Massnahmen bei einem technischen F. *FZG 19; 402*
FER *460 ff.*
FER 16 *273, 404 f., 465*
FER 16 *466 ff.* (Wortlaut)
Final-Pay-Plan *206 f.*
Finanzierung der Vorsorge *BVG 65–72; 151 ff., 372*
Finanzierungsminima gemäss BVG *152 ff.*
Flexibilisierung der beruflichen Vorsorge *110 ff.*
Flexibles Pensionierungsalter *215*
Fluktuationsraten *246*
Forderungsverzicht zugunsten der Firma *542*
Freie Mittel bei Teilliquidationen *271 ff., 445*
Freie Wahl der Pensionskasse *112 ff.*

Freiwillige Versicherung nach BVG *BVG 4, BVV 2 28–32*
Freizügigkeit
– Freizügigkeitsgesetz *FZG 885 ff.* (Wortlaut); *245*
– allgemein *243 ff.*
– Freizügigkeitskonten *FZV 10; 244*
– Freizügigkeitspolicen *FZV 10; 244*
– Höhe der Austrittsleistung *FZG 15 ff.; 248*
– Informationspflicht *FZG 24, FZV 1–3*
– bei Ehescheidung *FZG 22; 248*
– Abrechnungsbeispiel *251*
– Barauszahlung *FZG 5; 256 f.*
– Teil- oder Gesamtliquidation *FZG 23; 68, 188, 259 ff., 445*
– Besteuerung *328*
– Bewertungsgrundsätze *443*
– Freizügigkeitsstiftungen FZV 19
Freizügigkeitspolice *BVG 29; 184, 573 f.*
Freizügigkeitsstiftung *FZV 19; 90*
Fremdwährungen, Anlagen in F. *BVV 2 54; 546*
Frühpensionierung *213 f.*
Fusion von Stiftungen *259 ff.*
Futures *538*

G

Garantiekapital (Deckungskapital) *349, 449 ff.*
Geldentwertung (siehe Preisentwicklung)
Geldflussrechnung *398*
Geltungsbereich des BVG (Versichertenkreis) *BVG 2–5; 103 ff.*
Gemeinschaftsstiftungen (siehe Sammelstiftungen)
Gemischte Kommission, Stellungnahmen *600, 604 ff.*

Gemischte Versicherung *367*
Genossenschaft *BVG 48, OR 331;
78 f.*
Gesamtarbeitsverträge *73*
Geschäftsführung, Prüfung der G.
BVG 53, BVV 2 35; 566 f., 576 ff.
Geschichte (Entwicklung) der Personalvorsorge *32*
Geschlossene Kasse, Bilanzierung nach dem Grundsatz einer geschlossenen Kasse *BVG 69; 391 f., 768, 776*
Gesundheitliche Vorbehalte
– allgemein *FZG 14; 101, 108, 758* (siehe auch Invalidität)
– nach BVG für Selbständigerwerbende *BVG 45*
– *OR 331c* (neu ab 1.1.1995)
Gewinnanteile der Kollektivversicherung (siehe Überschussanteile)
Gewinne, technische G. (oder Verluste) *161, 397 ff.*
Goldene Regel *768*
Grundlagen, technische G. *BVG 14*
Grundsätze und Richtlinien für Pensionsversicherungsexperten *766 ff.*
Grundsteuern *BVG 80*
Grundstückgewinnsteuern *BVG 80*
Gruppenversicherung (siehe Kollektivversicherung)
Güterrecht und BVG *68*

H

Haftung (siehe Verantwortlichkeit)
Halbautonome Kasse (siehe Teilautonome Kasse)
Handelsregister *ZGB 81; 45, 557*
Hinterlassenenleistungen (siehe auch Witwen- und Waisenrenten)
– allgemein *199, 367*
– nach BVG *BVG 18–22*

– Beginn und Ende des Anspruchs *BVG 22*
Höchsteintrittsalter *103*
Hypotheken an Arbeitgeberfirma und Mitarbeiter als Vermögensanlage *545*

I

IAS *189, 460 ff., 778*
IAS 19 *274, 404 f., 473 ff.*
Indexierte Rente, Barwert *224 f.*
Indexierung (siehe Preisentwicklung)
Inflation (siehe Preisentwicklung)
Inflationsraten *506*
Informatik als Hilfsmittel *439*
Information der Versicherten
OR 331, ZGB 89bis, BVV 2 10, FZG 24; 286 ff.
Inkraftsetzung der BVG-Bestimmungen *BVV 1*
Invalide, BVG-Erfassung der I. *106*
Invalidenleistungen
– allgemein *200, 367*
– nach BVG *BVG 23–26, BVV 2*
– Beginn und Ende des Anspruchs *BVG 26*
Invalidierungswahrscheinlichkeiten *360 f.*
IV (Eidg. Invalidenversicherung) *705 ff.*

J

Jahreslohn nach BVG, Bestimmung des J. *BVG 7, BVV 2 und 3* (siehe auch Lohn)
Jahresrechnung
– Erstellung der J. *417*
– Muster zur Darstellung der J. *421 ff.*

– Prüfung der J. *BVG 53, BVV 2 35; 566 f.*

K

Kadervorsorge *84, 86, 194*
Kantonale Aufsicht (siehe Aufsicht)
Kapital oder Rente (siehe Kapitalabfindung)
Kapitalabfindungen/-leistungen *BVG 37; 209 ff., 367, 685 ff.*
Kapitaldeckungsverfahren (siehe Anwartschafts-Kapitaldeckungsverfahren)
Kapitalflussrechnung, technische K. (siehe Geldflussrechnung)
Kapitalmarkt *37 ff.*
Karenzfrist *101*
Kinderrenten
– an Invalide *BVG 25*
– an Rentner *BVG 17*
– an Waisen *BVG 20*
Klageweg nach BVG *BVG 73; 640*
Kollektivschuld an den Versicherer *203*
Kollektivversicherung (Gruppenversicherung)
– allgemein *95 ff., 358 ff., 386 ff., 517, 573 f.*
– Hinweis auf die K. als Bilanzanmerkung *452*
– Tarife für K. *358, 758 ff.*
Komplementäreinrichtung *83, 669 ff.*
Konkursprivileg *SchKG 219 (Abs. 4 lit. e); 67, 443*
Kontenrahmen *416 f.*
Kontrollstelle
– allgemein *558 ff.*
– nach BVG *BVG 53, BVV 2 33–36; 566 f.*
– Berichterstattung der K. *579 ff.*

– Prüfung aufsichtsrechtlicher Vorschriften durch die K. *575*
– Verhältnis der K. zur Aufsichtsbehörde *BVV 2 36; 581 f.*
– Zusammenarbeit mit dem Experten *601 ff.*
Kontrollsystem, Prüfung des internen K. *568*
Konzern *58, 736 ff.*
Koordination der Leistungen nach BVG mit anderen Sozialversicherungen *BVG 8/34, BVV 2 24–27; 695 ff., 722 f.*
Koordinationsabzug *BVG 7–9, BVV 2 2–6; 165 ff.*
Koordinationsgewinne *162*
Koordinierter Lohn *BVG 8, BVV 2 3/39; 164 f.*
Krankenversicherung *230*
Kumulversicherung *768*
Kürzung der Leistungen *BVG 35; 232*

L

Landwirtschaft, berufliche Vorsorge in der L. *BVG 89*
Lebenserwartung, mittlere L. *357*
Lebenshaltung, gewohnte L. *BVG 1*
Lebensversicherungsgesellschaften *96, 286 ff., 386 ff., 574*
Leibrenten *367*
Leistungen (siehe auch Alters-, Hinterlassenen-, Invalidenleistungen)
– Abtretung, Verpfändung und Verrechnung *BVG 39 und 40*
– Arten *197 ff., 367*
– Auszahlung (Kapital oder Rente) *209*
– Kürzung bei Überversicherung *BVG 35; 235*
– Kürzung bei schwerem Verschulden *BVG 35*

Leistungsprimat *FZG 16; 167, 202, 249, 476 ff.*
Leistungsziele *151*
Liegenschaften
- Besteuerung *336*
- Bewertung *440 f.*
- als Vermögensanlage *524*
- im Ausland als Vermögensanlage *286 ff., 546*
- Anlagevorschriften (dringliche Bundesbeschlüsse vom 6.10.1989) *530 ff.*
Liquidation (siehe Teil- oder Gesamtliquidation)
Liquidität *BVG 71, BVV 2 52; 500 f.*
Lohn
- anrechenbarer L. *164*
- effektiver oder tatsächlicher L. *164*
- koordinierter L. *BVG 8, BVV 2 3/29 u.a.; 164*
- massgebender L. *BVG 7, BVV 2 3; 164*
- versicherter L. (siehe koordinierter L.) *164*
- Durchschnittslohn *BVV 2 3*
- Mindestlohn *BVG 7/10*
- Lohnerhöhungen *174, 235*
- Lohnbegriffe bei der AHV *697*
Lohnfortzahlungspflicht
- bei Krankheit und Unfall *OR 324a und b; 230 ff.*
- bei Tod *OR 338; 232 f.*

M

Maximalbesoldung (Plafonds) *165 f., 202*
Mehrere Arbeitgeber, BVG-Erfassung einer Anstellung bei m. A. *125*

Militärversicherung *719*
Mindestalter *BVG 7*
Mindestansätze für Altersgutschriften *BVG 16/95*
Mindestleistungen in der Übergangszeit *BVG 33*
Mindestlohn *BVG 7*
Mindestumwandlungssatz nach BVG (von Kapital in Rente) *BVG 14, BVV 2 17*
Mindestvorschriften gemäss BVG (des Obligatoriums) *BVG 7–47*
Mindestzinssatz nach BVG (zur Verzinsung der BVG-Altersgutschriften) *BVG 15, BVV 2 12*
Minimalkosten des BVG-Obligatoriums *198*
Mittelflussrechnung für technische Bilanz (siehe Geldflussrechnung)
Mündelsicherheit *286 ff.*
Muster
- von Stiftungsurkunden *733 ff.*
- eines Reglements *747 ff.*
- einer Weisung zur Verwaltung *752 ff.*
Mutationsgewinne *160, 184, 194, 362, 400 f.*

N

Nachzahlungen *177*
Nationalität (Gastarbeiter) *104*
Nichtregistrierte Einrichtungen, Anwendung von BVG-Normen auf n. E. *101*
Niedrigsteintrittsalter *104*
Nominalwert (Nennwert), Bewertung der Aktiven zum N. *BVV 2 48; 440 f.*

O

Obligatorium nach BVG
- für Arbeitnehmer *BVG 2, BVV 2 1–2*
- für Selbständigerwerbende *BVG 3/ 42/43*
- Beginn und Ende des O. *BVG 10, BVV 2 6*
- Entwicklung des O. *33*
- Flow Chart zum O. *664*
- Voraussetzungen für das O. *BVG 7–10*

Offene Kasse, Bilanzierung nach dem Grundsatz der o. K. *159, 395 f., 768, 777*

Öffentlich-rechtliche Einrichtung *79, 391*

Ordnungsmässigkeit der Buchführung *BVV 2 47; 408 ff.*

Organisation (siehe Verwaltung)

Organisations- und Verwaltungsreglement *750 f.*

Orientierungspflicht (siehe Information)

P

Parität der Beiträge *OR 350; 184*

Paritätische Verwaltung nach BVG *BVG 51; 125 ff.*

Patronaler Fonds (Stiftung) *73 f., 188, 194 f.*

Pensioniertenkinderrente *169*

Pensionierungsalter
- vorzeitiges P. *BVV 2 23; 156, 213 ff.*
- flexibles P. *156, 213 ff.*

Pensionsfunds, Ländervergleich *38*

Pensionskasse, klassische P. *167, 189, 421 ff.*

Pensionskassenstatistik *33*

Pensionsversicherungsexperte, dipl. *BVV 2 37; 598*

Perennität *381, 769*

Performance *286 ff., 447, 526, 532 f.*

Perioden- und Generationentafel *352*

Personalfluktuationen (siehe Mutationsgewinne)

Policendarlehen *546*

Prämien
- Kollektivversicherungsprämien *95 ff., 286 ff., 386 ff., 574, 758 ff.*
- Prämienrückgewähr *366*

Prämienansätze für ausgewählte Versicherungsformen (nach Kollektivversicherungstarif 1980) *758 ff.*

Preisentwicklung, Anpassung der Leistungen an die P. nach BVG *BVG 36/70; 153 ff., 224 ff., 499, 873 ff.*

Q

Quellensteuern für Empfänger im Ausland *337 ff.*

Quotenversicherung *769*

R

Realwerterhaltung des Vermögens *498 f.*

Rechnungsgrundlagen
- versicherungstechnische R. *347 ff., 383 ff.*
- Wahl der angemessenen R. *386 ff.*
- Umstellung der R. *443*

Rechnungswesen
- Ordnungsmässigkeit des R. *BVV 2 47; 407 ff.*
- Prüfung des R. *BVG 53, BVV 2 35; 566 ff.*

Rechnungswesenrichtlinie, interne *757*

Rechtsbeziehungen in der Vorsorge *121*
Rechtsform der Vorsorgeeinrichtungen *OR 331, BVG 48; 75 f.*
Rechtsweg nach BVG *BVG 73; 643*
Reformvorschläge zum BVG *58 ff.*
Register für berufliche Vorsorge *BVG 5/11/48, BVV 1 4/11; 618 ff.*
Registrierung nach BVG (siehe auch Register) *BVG 48, BVV 1 4; 81 ff., 628 ff., 733 ff.*
Reglement der Vorsorgeeinrichtung
– Inhalt eines R. *BVG 50, BVV 1 7/8; 117 ff.*
– Muster eines R. *747 ff.*
Rendite *499 ff.*
Rente oder Kapital (siehe Kapitalabfindung)
Rentenwert-Umlageverfahren *378, 769*
Rentner im Stiftungsrat *131*
Rentnerverhältnis *769*
Revision des BVG, Themenbereiche *55 ff.*
Revisionsstelle (siehe Kontrollstelle)
Risiko
– Deckung des R. *BVG 67, BVV 2 42–46*
– Risikoelemente *349 ff., 399*
– positives und negatives R. *350*
– verschiedene Risikoarten *350*
– erhöhtes R. *101*
– Risikoversicherung mit Spareinrichtung *133 ff.*
– Versicherung des R. *OR 331a*
– Verteilung des R. der Vermögensanlage *BVG 71, BVV 2 50; 497 ff.*
Risikofähigkeit *502 ff.*
Risikoträgerformen, Bedeutung der R. *92, 93*
Rückgriffsrecht des Sicherheitsfonds *BVG 56*

Rückkaufswert *160, 510*
Rückstellungen, technische
– Begriff *383 ff.*
– Bilanzierung *443 ff.*
– Prüfung *577 ff.*

S

Sachwerte als Vermögensanlagen *BVV 2 53–56; 522 ff.*
Saisonarbeiter, BVG-Erfassung der S. *104, 140 ff.*
Salär (siehe Lohn)
Sammelstiftungen *88 ff., 570, 577*
Säulen, die drei S. (Graphik) *24*
Schattenrechnung (siehe Alterskonten nach BVG)
Scheidungsrecht *68 ff.*
Schenkungssteuern *BVG 80*
Schuldbetreibungs- und Konkursgesetz (SchKG) *72, 541 ff.*
Schwankende Löhne, BVG-Erfassung von s. L. *106*
Schwankungsreserven *269 ff., 502 ff.*
Schweigepflicht *614, 874 ff.*
Selbständigerwerbende
– Obligatorium für S. *BVG 42 ff.*
– freiwillige Versicherung für S. *BVG 96; 102 f.*
Separate Accounts *546 ff.*
Sicherheit der Vermögensanlage *BVG 71, BVV 2 50; 497*
Sicherheitsfonds nach BVG *BVG 56–59; 140 ff., 920 ff.*
– Verordnungen über die Errichtung und Verwaltung des S. *922 ff.*
– Beitrags- und Leistungsreglement des S. *567, 930 ff.*
Sicherungsfonds nach VAG *522*
Sicherungssteuer *336*
Sitzverlegung einer Stiftung *557*

Skala für Freizügigkeitsleistungen
  OR 331a
Sonderbestimmungen nach BVG zugunsten der Eintrittsgeneration
  BVG 32
Sondermassnahmen nach BVG
  BVG 70, BVV 2 46/23; 224 ff.
Sozialaufwand, Messung des S. *21*
Sozialplan bei Liquidation *258 ff.*
Sozialpolitik des Unternehmens *21, 650 ff.*
Sozialversicherung
– Begriff *25*
– Aufwendungen der S. in den letzten Jahren *27*
– Etappen in der Entwicklung der S. *32*
– Übersicht *720 f.*
Spareinrichtungen
– allgemein *OR 331a; 366*
– mit Risikoversicherung *133 f.*
– Bilanzierung bei Sp. *421 ff.*
Splittung der bestehenden Einrichtung *83, 650 ff., 672 ff.*
– Vor- und Nachteile der Sp. *672 ff.*
Stabilisierungsprogramm 1998 *64*
Staffelung der Beiträge *172*
Standeskommission (der Pensionsversicherungsexperten) *779 ff.*
Sterbenswahrscheinlichkeiten *351 ff.*
Sterbetafeln, Vergleich von St. *357 ff.*
Sterblichkeit
– allgemein *351 ff.*
– Sterblichkeitsrückgang *352*
Steuern
– Behandlung der St. nach BVG
  BVG 80–84, BVV 3; 62 ff., 295 ff.
– bei Vorsorgeeinrichtung *291 ff.*
– beim Arbeitgeber *297 ff.*
– beim Arbeitnehmer *300*
– beim Begünstigten *300*
– auf Renten *311 ff.*

– auf Kapitalauszahlungen (mit Umrechnungstabelle und Beispiel) *314 ff.*
– auf Freizügigkeitsleistungen *323*
– Anpassung der dBSt an das BVG *63, 291 ff.*
– Begünstigung der freiwilligen privaten Vorsorge (BVV 3) *326 f., 942 ff.*
– Kreisschreiben der EStV zur Anpassung der dBSt und der BVV 3 *942 ff.*
Stifterfirma, Forderungen an die St.
  ZGB 89bis (siehe Arbeitgeber-Forderungen)
Stiftungskapital
– gebundenes St. *186, 417 ff., 448*
– freies St. *77, 116, 186, 417 ff., 448, 650 ff.*
Stiftungsrat
– allgemein *116 ff., 650 ff.*
– Parität im St. nach BVG *BVG 51; 125 ff., 650 ff.*
– Verantwortlichkeit des St. *BVG 52; 609 ff.*
Stiftungsrecht
– allgemein *ZGB 80–89bis; 42, 75 ff.*
– Anwendung von BVG-Normen im St. *ZGB 89bis Abs. 6*
Stiftungsreglement (siehe Reglement)
Stiftungsurkunde
– allgemein *ZGB 81/83; 109*
– Muster einer St.
  – für eine registrierte Einrichtung *733 ff.*
  – für eine registrierte Einrichtung für verbundene Unternehmen *736 ff.*
  – für nichtregistrierte Einrichtungen *739 ff.*
Stimmengleichheit, Verfahren bei St.
  BVG 51; 125 ff., 650 ff.

Stichwortverzeichnis

Stop-Loss-Versicherung *366 ff., 769*
Strafbestimmungen nach BVG
   BVG 75–79; 609 ff.

T

Technische Bilanz (siehe Bilanz)
Technischer Zinsfuss (siehe Zinsfuss)
Teilautonome Kasse *97 f.*
Teilinvalidität *BVV 2 15*
Teil- oder Gesamtliquidation *BVG 71, BVV 2 52, FZG 23, FZV 9; 68, 188, 262 ff., 275 ff., 445, 650 ff., 779*
Teilzeitbeschäftigte beim BVG *103 f., 693*
Todesfalleistungen (siehe Hinterlassenenleistungen)
Todesfallversicherung *199, 367, (Tarif) 763*

U

Übergangsbestimmungen des BVG
   BVG 90
Überlebenszeitrenten *367*
Überobligatorische Einrichtungen *84 ff., 101 ff.*
Überschussanteile *93, 161 f., 347, 386*
Umhüllende Vorsorgeeinrichtung *82 f., 171, 437, 650 ff., 669 ff.*
Umlageverfahren (siehe Ausgaben- bzw. Rentenwert-Umlageverfahren)
Umstellung Beitrags-/Leistungsprimat *236 ff.*
Umwandlungssatz für die Altersrente nach BVG *BVG 13/14, BVV 2 17*
Unpfändbarkeit der Ansprüche auf Vorsorgeleistungen vor Fälligkeit *SchKG 92; 68*
Unabhängigkeit
– der Kontrollstelle *BVV 2 34; 560*

– des Experten *BVV 2 40; 598*
Unfallversicherung *709 f.*
Unternehmensstiftungen *538*
USA, Personalvorsorge in den USA *28 ff., 193, 204, 530 f.*
US-GAAP *404 f., 460 ff., 480 ff., 778*

V

Venture Capital *514*
Verantwortlichkeit der Organe und Beauftragten *BVG 52/86; 609 ff.*
Veräusserungswert *441 f.*
Verdienst (siehe Lohn)
Vergessene Freizügigkeitskonti *141, 254*
Verjährung von Beiträgen und Leistungen *BVG 41*
Verkehrswert, Bewertung der Aktiven zum V. *BVV 2 48; 441 f.*
Vermögen, Entwicklung des V. der Personalvorsorgeeinrichtungen *33*
Vermögensanlage
– Grundsätze für die V. *BVG 71, BVV 2 49–60; 495 ff.*
– zulässige V. nach BVG *BVG 2 53 ff.; 507 ff., 512*
– Vorschriften der V. im Kanton Zürich *507 ff.*
– interne Vorschriften zur V. (Anlagerichtlinien) *516 f., 609 ff.*
– Struktur der V. gemäss Pensionskassenstatistiken *501*
– Bewertung der V. *BVV 2 48; 440 ff.*
– Prüfung der V. *BVG 53, BVV 2 35; 566 ff.*
– Bundesbeschlüsse zum Bodenrecht *529 ff.*
Vermögenserträge *160*

Vermögensverwaltung *BVG 51/71;*
552 ff.
Vermögensverwaltungsstiftung *552*
Verpfändung der Leistungsansprüche
– allgemein *OR 331b, BVG 39; 49,
230, 876 ff.*
– aus Kollektivversicherungen *BVG
84 ff.*
– Unpfändbarkeit *SchKG 92
(Ziff. 13)*
Verrechnung der Leistungsansprüche
BVG 39
Verrechnungssteuer auf Vermögenserträgen *336*
Verrechnungssteuerabzug auf Versicherungsleistungen *336 ff.*
Versichertenkonten *435 ff.*
Versicherungsaufsicht
– allgemein *VAG 1 ff.*
– vereinfachte V. *VAG 6/13,
BVV 13; 66 ff.*
Versicherungsdeckung *BVG 67–69,
BVV 2 42*
Versicherungseinrichtung
– (im Sinne einer autonomen Vorsorgeeinrichtung) *OR 331b; 92 f., 168,
192*
– konzessionierte (im Sinne einer
Lebensversicherungsgesellschaft)
*BVG 67; 92 ff., 386 ff., 440, 517,
573 f.*
Versicherungsgrad *769*
Versicherungskasse der Stadt Zürich
(VZ) *352, 387 ff.*
Verwaltung (Organisation)
– Mitwirkung der Arbeitnehmer an
der V. *ZGB 89bis, BVG 51; 125 ff.*
– Vorschriften zur V. *BVG 50/51;
123*
– Muster einer Weisung zur V.
747 ff.
Verwaltungskosten *BVG 65; 365*

Verwaltungsräte, BVG-Erfassung der
V. *107 f.*
Verwaltungsweg nach BVG *BVG 74;
637*
Volkssterbetafeln *309 ff., 387 ff.*
Volkswirtschaftliche Aspekte der Personalvorsorge *37 ff.*
Vorbehalt aus gesundheitlichen Gründen *BVG 45; 101*
Vorbezug (Wohneigentumsförderung)
BVG 30c; 280 ff., 335
Vorbezug von Altersrenten *216 ff.*
Vorobligatorische Einrichtungen bzw.
Mittel *84 ff., 101 ff., 173*
Vorsorgeforum Zweite Säule *31*
Vorsorgegrad *769*
Vorsorgekapital *418 f., 448*
Vorzeitige Pensionierung (siehe Pensionierungsalter)
VZ-Grundlagen *355, 359, 387 ff.*

W

Wahlverfahren für Stiftungsräte
125 ff.
Wahrscheinlichkeiten, kollektive Methode *361*
Wahrscheinlichkeitsabweichungen
(Risikogewinne/-verluste) *400 ff.*
Wahrscheinlichkeitstafeln *348 ff.*
Waisenrenten
– allgemein *199, 366 ff.*
– nach BVG *BVG 17/20*
Wertsteigerung von Sachwertanlagen
497
Witwenrenten bzw. -abfindungen
– allgemein *199, 366 ff.*
– nach BVG *BVG 19; 692 f.*
– an geschiedene Frauen nach BVG
BVV 2 20; 692 f.
– bei Wiederverheiratung *BVG 22*

Wohlfahrtsfonds (siehe Patronaler Fonds)
Wohneigentumsförderung
- Gesetzestext, siehe auch *BVG 30a–f/83a, OR 331d–e*
- Verpfändung *OR 331d, BVG 30b, WEFV 9*
- Verordnungstext mit Erläuterungen des BSV *914 ff.*
- allgemein *280 ff.*
- Vorbezug *OR 331e, BVG 30c*
- Besteuerung *BVG 83a, WEFV 13 ff.; 329, 330 ff.*
- Beispiele zur Besteuerung der Vorbezüge *331*
- Meldepflicht an die EStV *332*
- Rückzahlung des Vorbezugs *BVG 30d; 332*
- Zusatzversicherung *WEFV 11; 334*
- Information *WEFV 10*

Z

Zahlungsunfähigkeit von Vorsorgeeinrichtungen *BVG 56*

Zeitrenten *366 ff.*
Zentralstelle 2. Säule *145*
Zinsen
- auf Altersguthaben *BVG 15, BVV 2 11–16; 185, 436, 677 ff.*
- auf Anlagen beim Arbeitgeber *BVV 2 57; 541 f.*
Zinsenlauf gemäss BVG *184*
Zinseszinsmässige Kapitalisierung (Tabellen) *764 ff.*
Zinsfuss
- technischer Z. *FZV 8; 160, 362 ff., 400, 499, 773*
- modifizierter technischer Z. *673*
Zufallsschwankungen *349*
Zukunftsentwicklung der beruflichen Vorsorge *650 ff.*
Zukunftsperspektiven der beruflichen Vorsorge *727 ff.*
Zusammentreffen mehrerer Leistungen (siehe Koordination)
Zuschüsse bei ungünstiger Altersstruktur nach BVG *BVG 56/58; 140 ff.*
Zweitstiftung *84 ff.*

Bücher von Carl Helbling

Unternehmensbewertung und Steuern

Unternehmensbewertung in Theorie und Praxis, insbesondere die Berücksichtigung der Steuern aufgrund der Verhältnisse in der Schweiz und in der Bundesrepublik Deutschland

IdW-Verlag GmbH Düsseldorf und Schriftenreihe der Treuhand-Kammer Zürich (Band 10), 842 Seiten, 9. Auflage 1998, CHF 162.–

L'évaluation d'entreprises

Théorie et pratique

Editions Paul Haupt Berne/Stuttgart et Publication de la Chambre fiduciaire Zurich (vol. 25), 333 pages, 3e édition 1995, CHF 94.–

Personalvorsorge und BVG

Gesamtdarstellung der rechtlichen, betriebswirtschaftlichen, organisatorischen und technischen Grundlagen der beruflichen Vorsorge in der Schweiz

mit Beiträgen von Hans Peter Conrad, Bruno Lang, Oskar Leutwiler und Hermann Walser sowie der Gesetzgebung im Anhang

Verlag Paul Haupt Bern und Schriftenreihe der Treuhand-Kammer Zürich (Band 63), 976 Seiten, 7. Auflage 2000, CHF 195.–

Les institutions de prévoyance et la LPP

Présentation générale des bases juridiques, économiques et techniques de la prévoyance professionnelle en Suisse

avec des exposés de Bruno Lang, Oskar Leutwiler, Hans J. Pfitzmann et Hermann Walser et la législation LPP en annexe

Editions Paul Haupt Berne et Publication de la Chambre fiduciaire Zurich (vol. 100), 638 pages, 1991, CHF 130.–

Revisions- und Bilanzierungspraxis

Beiträge zum Revisionswesen in der Schweiz und zur Prüfung und Erstellung des Jahresabschlusses

Verlag Paul Haupt Bern und Schriftenreihe der Treuhand-Kammer Zürich (Band 103), 737 Seiten, 3. Auflage von "Revisionstechnik", 1992, CHF 148.– (vergriffen, 4. Auflage in Vorbereitung)

Bilanz- und Erfolgsanalyse

Lehrbuch und Nachschlagewerk für die Praxis mit besonderer Berücksichtigung der Darstellung im Jahresabschluss- und Revisionsbericht

Verlag Paul Haupt Bern und Schriftenreihe der Treuhand-Kammer Zürich (Band 70), 559 Seiten, 10. Auflage 1997, CHF 120.–

> **L'analyse du bilan et du résultat**
>
> Manuel d'enseignement et ouvrage de référence pour la pratique – en particulier pour la présentation de l'analyse dans les rapports
>
> Editions Paul Haupt Berne et Publication de la Chambre fiduciaire Zurich (vol. 4), 483 pages, 7e édition 1996, CHF 108.–

Steuerschulden und Steuerrückstellungen

Bilanzierungsgrundsätze mit besonderer Berücksichtigung der Steuerabgrenzung bei der Vergangenheitsbemessung, der latenten Steuern bei Aufrechnung von stillen Reserven und der Steuerrückstellungen im Konzernabschluss

Verlag Paul Haupt Bern und Schriftenreihe der Treuhand-Kammer Zürich (Band 20), 103 Seiten, 3. Auflage 1988, CHF 38.–

> **Provisions pour impôts au bilan**
>
> Principes d'inscription au bilan concernant la délimitation périodique des impôts, les impôts latents sur les réserves latentes et les provisions pour impôts dans les comptes consolidés
>
> Editions Paul Haupt Berne et Publication de la Chambre fiduciaire Zurich (vol. 37), 139 pages, 2e édition 1993, CHF 44.–